¹ab|hän|gen ['aphɛŋən], hängt ab, hing ab, hat abgehangen:
1. *von einer Person, Sache abhängig sein:* Wie es weitergeht, hängt jetzt von dir ab. · Das hängt davon ab, ob noch genug Zeit ist. · Für mich hängt viel von seiner Entscheidung ab.
2. (Jugendsprache) *entspannen:* Nach der Schule will er nur noch abhängen.

²ab|hän|gen ['aphɛŋən], hängt ab, hängte ab, hat abgehängt:
1. *von der Stelle trennen, wo es befestigt ist:* ein Bild von der Wand abhängen · Die hinteren Waggons werden am nächsten Bahnhof abgehängt.
2. (umgangssprachlich) *schneller sein und daher weit hinter sich lassen:* Er konnte die Polizei / die anderen Teilnehmer abhängen.

Homonyme (sehr unterschiedliche Bedeutung oder Grammatik)

Stilschicht, zu der das Wort gehört

das **Abi|tur** [abi'tu:ɐ̯], des Abiturs, die Abiture ⟨Plural selten⟩:
1. *letzte Prüfung an höheren Schulen, besonders am Gymnasium:* das Abitur machen / bestehen · das schriftliche Abitur in Deutsch.
2. *höchster Abschluss an Schulen, der zum Studium an Hochschulen berechtigt:* das / kein Abitur haben · Für diesen Beruf braucht man kein Abitur.

Das Wort hat zwei Bedeutungen.

ag|gres|siv [agrɛ'si:f], aggressiver, am aggressivsten:
bereit, andere anzugreifen: eine aggressive Spielweise · aggressiv reagieren · Jetzt sei doch nicht gleich so aggressiv!

Komparativ beim Adjektiv

Superlativ beim Adjektiv

an|kli|cken ['anklɪkn̩], klickt an, klickte an, hat angeklickt (EDV):
auf dem Bildschirm des Computers mit der Maus wählen und die Taste drücken: ein Menü anklicken · Bitte klicken Sie das Bild an, um es zu vergrößern.

(Fach)bereich, zu dem das Wort gehört

an|schau|en ['anʃau̯ən], schaut an, schaute an, hat angeschaut (besonders süddeutsch, österreichisch, schweizerisch):
ansehen: Schau mich an, wenn ich mit dir rede! · Ich schaue mir erst die Nachrichten im Fernsehen an.

Region, in der das Wort (so) verwendet wird

der **Ap|fel** ['apfl̩], des Apfels, die Äpfel ['ɛpfl̩]:
runde Frucht mit kleinen braunen Kernen in der Mitte: einen Apfel schälen / in vier Teile schneiden; * **in den sauren Apfel beißen** (umgangssprachlich): *eine unangenehme Aufgabe übernehmen.*

Redewendung mit dem Stichwort

Basiswörterbuch
Deutsch als Fremdsprache

Basiswörterbuch
Deutsch als Fremdsprache

Herausgegeben von der Dudenredaktion
und dem Verlagsbereich Erwachsenenbildung
der Cornelsen Schulverlage

Dudenverlag
Berlin · Mannheim · Zürich

Cornelsen

Projektleitung Dr. Kathrin Kunkel-Razum (Duden), Wolfgang Worsch (Cornelsen) †
Redaktion Christine Beil, Susanne Billes, Angelika Haller-Wolf, Ursula Kraif, Dr. Ralf Osterwinter, Carsten Pellengahr, Dr. Werner Scholze-Stubenrecht, Dr. Christine Tauchmann
unter Mitarbeit von Melanie Marth und Loreen Sommer

Bibliografische Information der Deutschen Nationalbibliothek
Die Deutsche Nationalbibliothek verzeichnet diese Publikation in der Deutschen Nationalbibliografie; detaillierte bibliografische Daten sind im Internet über http://dnb.d-nb.de abrufbar.

Herstellung Monika Schoch, Monique Markus
Typografisches Konzept Horst Bachmann
Umschlaggestaltung Hemm-communication.design, Filderstadt
Umschlagabbildung © iStockphoto.com
Satz Dörr + Schiller GmbH, Curiestraße 4, 70563 Stuttgart
Sigrid Hecker Typografie, Mannheim
Druck und Bindung CPI books GmbH, Birkstraße 10, 25917 Leck
Printed in Germany

ISBN 978-3-411-04154-1
www.duden.de

Vorwort

Liebe Leserinnen und Leser,

wir freuen uns sehr, dass Sie sich für das DaF-Wörterbuch der Verlage Duden und Cornelsen entschieden haben.

Der Dudenverlag ist mit über 100 Jahren Erfahrung in der Entwicklung von Wörterbüchern und Lernhilfen ein kompetenter und verlässlicher Ansprechpartner für Ihren Lernweg. Auch Cornelsen ist durch ein breites Angebot an übersichtlichen Lernhilfen und Schulbüchern ein idealer Begleiter für alle Lernenden.

Dieses Wörterbuch ist speziell für Deutschlerner und Deutschlernerinnen des Sprachniveaus A1–B1 (Gemeinsamer Europäischer Referenzrahmen für Sprachen) ausgelegt und umfasst 7 000 Stichwörter, mit denen Sie in den ersten Lernjahren sehr gut für alle Anforderungen gerüstet sein werden.

Zahlreiche Anwendungsbeispiele und Bilder sowie die sehr sparsame Verwendung von Abkürzungen innerhalb des Wörterbuchs werden Ihnen das Verstehen und Lernen deutscher Wörter erleichtern.

Neben dem lexikalischen Teil enthält dieses Wörterbuch hilfreiche Zusatzseiten mit Grammatiktabellen, Aussprachehilfen und Wortbildungsmitteln.

Wir wünschen Ihnen viel Erfolg und Freude beim Erlernen der deutschen Sprache,

die Redakteurinnen und Redakteure der Dudenredaktion
und der Cornelsen-Wörterbuchredaktion

Inhaltsverzeichnis

Benutzungshinweise

Eintrag Typ 1: Substantiv

Substantive sucht man immer im Nominativ Singular. Jedes Wort hat ein unterschiedliches grammatikalisches Geschlecht (Maskulinum, Femininum oder Neutrum).

❶ ❷ ❸ ❹ ❺

▸ das **Haus** [haus], des Hauses, die Häuser [hɔyzɐ]:
❻ *Gebäude mit Fenstern und Türen (besonders zum Wohnen oder Arbeiten):* ein schönes / neues / großes Haus · Wir
❼ haben uns ein Haus gekauft. · Ich hole dich zu Hause ab. · Nach dem Kino gehen wir nach Hause.

❶ Dieses Wort gehört zum Zertifikatswortschatz B1.
❷ Substantiv mit Artikel (und Worttrennung)
❸ Aussprache des Substantivs in Lautschrift
❹ Genitiv des Substantivs
❺ Plural des Substantivs
❻ Definition des Substantivs (kursiv)
Bei sehr verschiedenen Bedeutungen eines Substantivs gibt es zwei Einträge, die durch hochgestellte Zahlen gekennzeichnet sind, z. B. 1 Ball (Sportgerät), 2 Ball (festliche Tanzveranstaltung).
❼ Beispiele

Eintrag Typ 2: Adjektiv

Adjektive sucht man immer in der unflektierten, nicht gesteigerten Form.

❶ ❷ ❸ ❹
▶ **groß** [gro:s], größer, am größten:
❺ **1.** *so , dass es höher, länger, breiter als etwas Ähnliches ist:* eine große Stadt / Fläche / Halle.
❻ **2.** *von einer bestimmten Länge / Höhe / Breite:* Mein Sohn ist knapp zwei Meter groß.
3. *so, dass es lange dauert:* die großen Ferien.
4. *intensiv, erheblich:* in großer Eile sein · Sie hat ihre große Liebe wiedergefunden. · Er hat große Schwierigkeiten in der Schule.
5. *wichtig:* ein großer Erfolg · Er hat große Pläne.
6. *älter als eine andere Person, etwas anderes:* Sie hat einen großen und einen kleinen Bruder.

❶ Dieses Wort gehört zum Zertifikatswortschatz B1.
❷ unflektierte Grundform des Adjektivs (mit Worttrennung)
❸ Aussprache des Adjektivs in Lautschrift
❹ Steigerungsformen des Adjektivs: Komparativ, Superlativ
❺ Definition des Adjektivs (kursiv)
❻ Beispiele

Eintrag Typ 3: Verb

Verben sucht man immer im Infinitiv Präsens. Bei einem Verb sind jeweils auch die 3. Person Singular Präsens, Präteritum und das Partizip Perfekt angegeben. Von diesen Formen lassen sich alle anderen Verbformen ableiten.

❶ ❷ ❸ ❹

▸ **fal|len** ['falən], fällt, fiel, ist gefallen:
❺ **1.** *sich (durch sein Gewicht) zu Boden bewegen:* Die Blätter fallen von den Bäumen. · Gestern ist etwas Regen / Schnee
❻ gefallen. · Sie ist vom Rad / aus dem Bett gefallen. · Lass das Geschirr nicht fallen!
2. *das Gleichgewicht verlieren und mit dem Körper auf dem Boden landen:* Die alte Frau ist gefallen. · Das Kind ist nach hinten / aufs Knie / über einen Stein / in den Dreck gefallen. · Pass auf, dass du nicht fällst!
3. *niedriger werden:* Die Preise sind deutlich gefallen. · Die Temperatur / Das Thermometer ist um 10 Grad gefallen. · Der Kurs des Euro fällt weiter.
4. *als Soldat im Krieg sterben:* Er ist im Zweiten Weltkrieg gefallen. · Ihr Vater ist in Russland gefallen.
5. *zu einem bestimmten Bereich gehören:* Diese Entscheidung fällt nicht in meine Verantwortung.
6. mit bestimmten Substantiven: Die Entscheidung wird morgen fallen *(getroffen).* · In diesem Spiel ist nur ein Tor gefallen *(geschossen worden).* · Es fielen immer wieder Schüsse *(wurde immer wieder geschossen).*
❼ **7.** ***etwas fallen lassen:** *etwas aufgeben:* Sie wurde krank und musste ihre Pläne fallen lassen.

❶ Dieses Wort gehört zum Zertifikatswortschatz B1.
❷ Infinitiv Präsens des Verbs (mit Worttrennung)
❸ Aussprache des Verbs in Lautschrift
❹ weitere Verbformen: 3. Person Singular Präsens, Präteritum, Partizip Perfekt
❺ Definition des Verbs (kursiv)
❻ Beispiele
❼ idiomatische Wendungen, in denen sich die Grundbedeutung des Wortes verändert (***fett gedruckt**)

Eintrag Typ 4: restliche Wortarten

In diese Kategorie fallen alle Wortarten, die unveränderlich sind und zu denen keine weiteren Formen angegeben werden müssen. Es finden sich in Einträgen des Typs 4 aber häufig Bemerkungen, wie diese Worte im Satz verwendet werden (z. B. mit welchem Kasus).

❶ ❷ ❸
▸ **in** [ɪn]:
❹ **1.** ⟨räumlich; mit Dativ; Frage: wo?⟩ bezeichnet den Ort, wo jemand oder etwas ist: Sie ist in der Stadt. · Ich lebe in Hamburg. · Die Kinder sind in der Schule. · Der Pullover ist in der Kommode.
❺ **2.** ⟨räumlich; mit Akkusativ; Frage: wohin?⟩ bezeichnet das Ziel, wohin jemand oder etwas kommt: Wir fahren in die
❻ Schweiz. · Sie bringt ihn in den Kindergarten. · Ich setze mich in den Sessel.
3. ⟨zeitlich; mit Dativ; Frage: wann?⟩ bezeichnet einen Zeitpunkt oder Zeitraum: In zwei Wochen beginnen die Ferien. · In diesem Jahr fahren wir nicht in den Urlaub.
4. ⟨mit Dativ⟩ bezeichnet die Art, die Umstände: Ich suche ein Paar Schuhe in Größe 43. · Sie ist in großer Eile.
5. ⟨mit Dativ und Akkusativ; abhängig von bestimmten Wörtern⟩ In Englisch bin ich ganz gut. · Er hat sich in sie verliebt. · In diesem Punkt bin ich anderer Meinung.

❶ Dieses Wort gehört zum Zertifikatswortschatz B1.
❷ unveränderliche Form des Wortes (mit Worttrennung)
❸ Aussprache des Wortes in Lautschrift
❹ Erklärung des Wortes (gerade) oder Definition des Wortes *(kursiv)*
❺ grammatikalische Zusatzangaben in ⟨ ⟩
❻ Beispiele

Wichtige grammatikalische Grundbegriffe

Adjektiv Eigenschaftswort, z. B. *ein großes Haus, das Haus ist groß, er läuft schnell.*

Adverb Umstandswort, z. B. *gern, so, oft.*

Akkusativ Wenfall, *z. B. Ich habe heute* [wen?] *eine Freundin getroffen.*

Apostroph Auslassungszeichen, z. B. *Wie du's* [du es] *willst.*

Apposition Beisatz. Erklärender Zusatz, der im gleichen Fall wie das Substantiv steht, z. B. *Konrad Duden, der Vater der deutschen Einheitsorthografie, wurde am 3. 1. 1829 auf Gut Bossigt bei Wesel geboren.*

Artikel Geschlechtswort. Man unterscheidet zwei Arten: den bestimmten Artikel *(der, die, das)* und den unbestimmten Artikel *(ein, eine).*

Attribut Beifügung, z. B. *das kleine Mädchen* (*kleine* = Adjektivattribut), *das Haus meiner Eltern* (*meiner Eltern* = Genitivattribut).

Bestimmungswort erstes bzw. am Anfang stehendes Wort eines zusammengesetzten Wortes, das das Grundwort näher bestimmt, z. B. *Kaffeetasse, Couchtisch.*

Dativ Wemfall, z. B.: *Lara hilft* [wem?] *ihrem Vater.*

deklinieren (Substantive, Adjektive, Pronomen und Zahladjektive) beugen, z. B. *das Haus* (Nominativ und Akkusativ Singular) – *des Hauses* (Genitiv Singular) – *die Häuser* (Nominativ Plural).

Demonstrativpronomen hinweisendes Fürwort, z. B.: *Dieses Auto gefällt ihm gut, jenes nicht.*

Diphthong Doppellaut, Zwielaut [aus zwei Vokalen], z. B. *ei* in *leicht, eu* in *heute.*

feminin weiblich.

Futur Zukunft, z. B.: *Sie wird kommen.* (Futur I); *Er wird bis dahin schon angekommen sein.* (Futur II).

Genitiv Wesfall, z. B. *das Haus des Vaters, die Trainerin der Handballmannschaft.*

Genus Geschlecht eines Wortes, z. B. Maskulinum.

Grundwort zweites bzw. am Ende stehendes Wort eines zusammengesetzten Wortes, z. B. *Bahnhof, Kinderzimmer.*

Imperativ Befehlsform, z. B.: *Geh!, Komm!, Handle!*

Indikativ Wirklichkeitsform des Verbs. Der Indikativ stellt einen Sachverhalt als gegeben dar, z. B.: »*Klara sitzt im Café.*«, »*Heute scheint die Sonne.*« Gegensatz: Konjunktiv.

indirekte Rede berichtende, nicht wörtliche Rede, z. B.: »*Er sagt, dass das Geld gestohlen worden sei.*« Gegensatz: direkte (= wörtliche) Rede.

Infinitiv Grundform, Nennform des Verbs, z. B. *sagen, helfen.* Gegensatz: konjugierte Formen wie z. B. *ich sage, du hilfst.*

Interjektion Empfindungs-, Ausrufewort, z. B. *ach!, aua!, basta!, miau!*

Interrogativpronomen Fragefürwort, z. B. *wer, wen?*

Kasus Fall eines Wortes, z. B. Nominativ.

Komparativ erste Steigerungsstufe, z. B. *dicker* (zu: *dick*); *besser* (zu: *gut*).

konjugieren (Verben) beugen, z. B. *ich sehe, du siehst, er sieht, wir sehen ...*

Konjunktion Bindewort, z. B. *und, oder, denn, weil.*

Konjunktiv Möglichkeitsform. Man unterscheidet zwischen Konjunktiv I (z. B.: *Alexander sagt, er habe keine Lust*) und Konjunktiv II (z. B.: *Wenn sie Zeit hätte, würde sie bestimmt kommen*). Gegensatz: Indikativ.

Konsonant Mitlaut, z. B. *m, n, p, s, t.*

maskulin männlich.

Modalverb Verb, das in Verbindung mit dem Infinitiv eines anderen Verbs dessen Inhalt modifiziert, z. B. *können, sollen.*

neutral sächlich.

Nominativ Werfall, z. B.: *Dann schrieb* [wer?] *meine Tochter einen Brief.*

Ordinalzahl Ordnungszahl, z. B. *erste, zweite, dritte.*

Partizip Mittelwort. Man unterscheidet Partizip I (Mittelwort der Gegenwart, z. B. *hoffend, lachend, bindend, lügend*) und Partizip II (Mittelwort der Vergangenheit, z. B. *gehofft, geweint, verwundet, interessiert*). Partizip I und Partizip II können oft wie Adjektive verwendet werden (z. B. *das lachende Mädchen, die reich beschenkten Kinder*); das Partizip II wird außerdem zur Bildung der zusammengesetzten Zeitformen gebraucht (z. B. *wir haben gehofft, sie wurden gesehen*).

Plural Mehrzahl.

Prädikat Satzaussage, z. B.: *Die Rose blüht. Er spielt Gitarre.*

Präposition Verhältniswort, z. B.: *Der Apfel liegt auf dem Tisch. Das Kind spielt mit der Eisenbahn. Er tut es aus Liebe.*

Präsens Gegenwartsform des Verbs, z. B.: *Sie sitzt auf der Terrasse.*

Präteritum Vergangenheitsform des Verbs, z. B.: *Sie saß auf der Terrasse.*

Pronomen Fürwort, z. B. *du, sie, mein, dieses.*

Relativpronomen bezügliches Fürwort, z. B.: *Der Mantel, der im Schaufenster hängt, gefällt mir gut.*

Semikolon Strichpunkt *(;).*

Singular Einzahl.

Subjekt Satzgegenstand. Satzglied im Nominativ, z. B.: *Die Katze fing eine Maus.*

Substantiv Namenwort, Hauptwort, Nomen, Dingwort, z. B. *der Mensch, das Glas, die Idee.*

Superlativ höchste Steigerungsstufe, z. B. *dickst...* (zu: *dick*), *best...* (zu: *gut*).

Umlaut *ä, ö, ü.*

Verb Zeitwort, Tätigkeitswort, Tunwort, z. B. *gehen, liegen, singen, tanzen, blühen.*

Vokal Selbstlaut: *a, e, i, o, u.*

Zahladjektiv Zahlwort, z. B. *drei, siebzehn.*

Die Wortarten im Deutschen

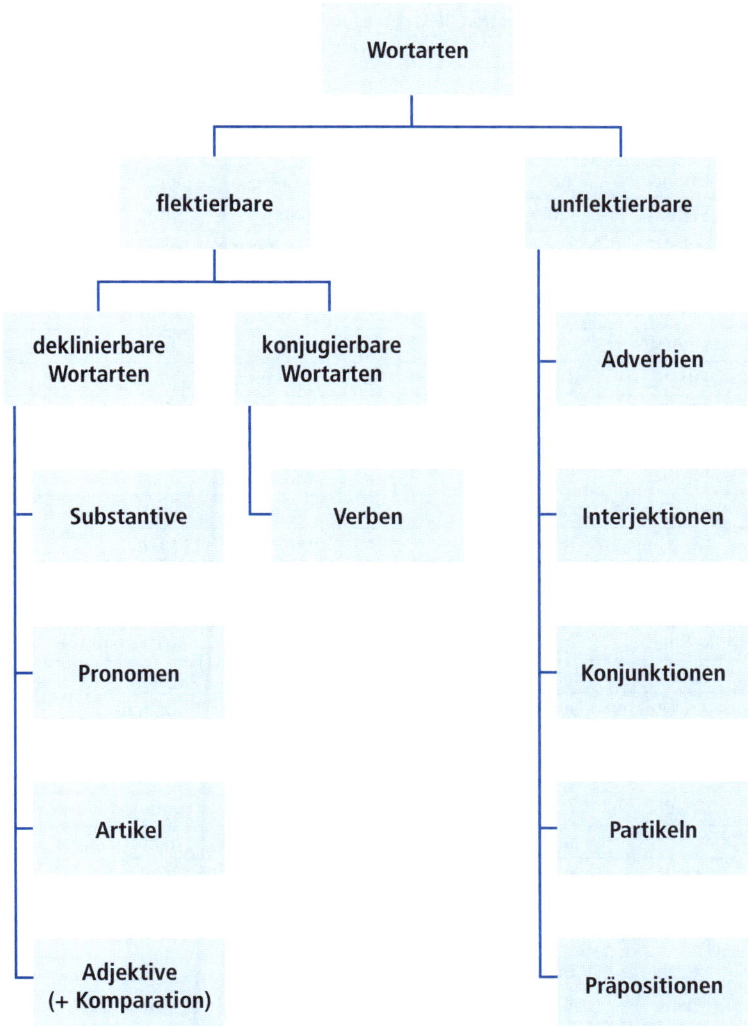

Lautschrift

Laut	Beispielwort	Transkription (IPA)
a	Apfel	ˈapfl̩
aː	Zahl	tsaːl
ɐ	Teller	ˈtɛlɐ
ɐ̯	Uhr	uːɐ̯
ãː	Chance	ˈʃãːsə
ai̯	Seife	ˈzai̯fə
au̯	Haus	hau̯s
b	bauen	ˈbau̯ən
ç	Milch	mɪlç
d	Duden	ˈdʊdn̩
d͜ʒ	Job	d͜ʒɔp
e	Akademie	akadeˈmiː
eː	Leben	ˈleːbn̩
ɛ	Eltern	ˈɛltɐn
ɛː	gefährlich	gəˈfɛːɐ̯lɪç
ɛ̃ː	Cousin	kuˈzɛ̃ː
ə	Schule	ˈʃuːlə
f	frei	frai̯
g	gehen	ˈgeːən
h	Hand	hant
i	Architektin	arçiˈtɛktɪn
iː	ihn	iːn
i̯	Familie	faˈmiːli̯ə
ɪ	singen	ˈzɪŋən
j	ja	jaː
k	krank	kraŋk
l	Liebe	ˈliːbə
l̩	Klingel	ˈklɪŋl̩
m	Mutter	ˈmʊtɐ
n	Nacht	naxt
n̩	essen	ˈɛsn̩
ŋ	Klang	klaŋ
o	Tomate	toˈmaːtə
oː	Zoo	tsoː
o̯	Toilette	to̯aˈlɛtə
õ	Annonce	aˈnõːsə
ɔ	offen	ˈɔfn̩
ø	ökologisch	økoˈloːgɪʃ
øː	Österreich	ˈøːstərai̯ç
œ	geöffnet	gəˈ|œfnɛt
ɔɪ̯	freuen	ˈfrɔɪ̯ən
p	praktisch	ˈpraktɪʃ
p͜f	Pfeffer	ˈp͜fɛfɐ
r	Rose	ˈroːzə
s	Mast	mast
ʃ	Schnee	ʃneː
t	teuer	ˈtɔy̯ɐ
t͜s	zwei	t͜svai̯
t͜ʃ	Matsch	mat͜ʃ
u	Argument	arguˈmɛnt
uː	Zug	t͜suːk
u̯	aktuell	akˈtu̯ɛl
ʊ	rund	rʊnt
ui̯	pfui	p͜fui̯
v	weil	vai̯l
x	Nacht	naxt
y	Physik	fyˈzɪk
yː	trüb	ˈtryːp
ʏ	Hülle	ˈhʏlə
z	Sahne	ˈzaːnə
ʒ	Girokonto	ˈʒiːrokɔnto
|	be|eilen	bəˈ|ai̯lən

Unregelmäßige Verben

Verben mit Vorsilbe werden nur in Ausnahmefällen aufgeführt; in der Regel sind ihre Formen unter dem entsprechenden einfachen Verb nachzuschlagen. Bei der 1. Stammform wird die 2. Person Singular Präsens hinzugesetzt, wenn Umlaut oder *e/i*-Wechsel auftritt; bei der 2. Stammform wird der Konjunktiv II angegeben, wenn er einen Umlaut aufweist; bei der 3. Stammform wird deutlich gemacht, ob das Perfekt mit *haben* oder *sein* gebildet wird.

1. Stammform (Infinitiv)	2. Stammform (Präteritum)	3. Stammform (Partizip II)
backen du bäckst/ backst	*backte/buk büke*	*hat gebacken*
befehlen du befiehlst	*befahl beföhle/befähle*	*hat befohlen*
beginnen	*begann begänne/ begönne*	*hat begonnen*
beißen	*biss*	*hat gebissen*
bergen du birgst	*barg bärge*	*hat geborgen*
bersten du birst	*barst bärste*	*ist geborsten*
bewegen	*bewog bewöge*	*hat bewogen*
biegen	*bog böge*	*hat/ist gebogen*
bieten	*bot böte*	*hat geboten*
binden	*band bände*	*hat gebunden*
bitten	*bat bäte*	*hat gebeten*

1. Stammform (Infinitiv)	2. Stammform (Präteritum)	3. Stammform (Partizip II)
blasen du bläst	*blies*	*hat geblasen*
bleiben	*blieb*	*ist geblieben*
braten du brätst	*briet*	*hat gebraten*
brechen du brichst	*brach bräche*	*hat/ist gebrochen*
brennen	*brannte brennte*	*hat gebrannt*
bringen	*brachte brächte*	*hat gebracht*
denken	*dachte dächte*	*hat gedacht*
dringen	*drang dränge*	*hat/ist gedrungen*
dürfen	*durfte dürfte*	*hat gedurft*
empfangen du empfängst	*empfing*	*hat empfangen*
empfehlen du empfiehlst	*empfahl empfähle/ empföhle*	*hat empfohlen*
erlöschen du erlischst	*erlosch erlösche*	*ist erloschen*

1. Stammform (Infinitiv)	2. Stammform (Präteritum)	3. Stammform (Partizip II)
erschrecken *du erschrickst*	*erschrak* *erschräke*	*ist erschrocken*
essen *du isst*	*aß* *äße*	*hat gegessen*
fahren *du fährst*	*fuhr* *führe*	*hat/ist gefahren*
fallen *du fällst*	*fiel*	*ist gefallen*
fangen *du fängst*	*fing*	*hat gefangen*
fechten *du fichtst*	*focht* *föchte*	*hat gefochten*
finden	*fand* *fände*	*hat gefunden*
flechten *du flichtst*	*flocht* *flöchte*	*hat geflochten*
fliegen	*flog* *flöge*	*hat/ist geflogen*
fliehen	*floh* *flöhe*	*ist geflohen*
fließen	*floss* *flösse*	*ist geflossen*
fressen *du frisst*	*fraß* *fräße*	*hat gefressen*
frieren	*fror* *fröre*	*hat gefroren*
gären	*gor/gärte* *göre/gärte*	*hat/ist gegoren*
gebären *du gebierst*	*gebar* *gebäre*	*hat geboren*
geben *du gibst*	*gab* *gäbe*	*hat gegeben*
gedeihen	*gedieh*	*ist gediehen*

1. Stammform (Infinitiv)	2. Stammform (Präteritum)	3. Stammform (Partizip II)
gehen	*ging*	*ist gegangen*
gelingen	*gelang* *gelänge*	*ist gelungen*
gelten *du giltst*	*galt* *gälte/gölte*	*hat gegolten*
genießen	*genoss* *genösse*	*hat genossen*
geschehen *es geschieht*	*geschah* *geschähe*	*ist geschehen*
gewinnen	*gewann* *gewänne/* *gewönne*	*hat gewonnen*
gießen	*goss* *gösse*	*hat gegossen*
gleichen	*glich*	*hat geglichen*
gleiten	*glitt*	*ist geglitten*
glimmen	*glomm* *glömme*	*hat geglommen*
graben *du gräbst*	*grub* *grübe*	*hat gegraben*
greifen	*griff*	*hat gegriffen*
haben	*hatte* *hätte*	*hat gehabt*
halten *du hältst*	*hielt*	*hat gehalten*
hängen	*hing*	*hat gehangen*
hauen	*haute/hieb*	*hat gehauen*
heben	*hob* *höbe*	*hat gehoben*
heißen	*hieß*	*hat geheißen*
helfen *du hilfst*	*half* *hälfe/hülfe*	*hat geholfen*

1. Stammform (Infinitiv)	2. Stammform (Präteritum)	3. Stammform (Partizip II)
kennen	*kannte* *kennte*	*hat gekannt*
klingen	*klang* *klänge*	*hat geklungen*
kneifen	*kniff*	*hat gekniffen*
kommen	*kam* *käme*	*ist gekommen*
können	*konnte* *könnte*	*hat gekonnt*
kriechen	*kroch* *kröche*	*ist gekrochen*
laden *du lädst*	*lud* *lüde*	*hat geladen*
lassen *du lässt*	*ließ*	*hat gelassen*
laufen *du läufst*	*lief*	*ist gelaufen*
leiden	*litt*	*hat gelitten*
leihen	*lieh*	*hat geliehen*
lesen *du liest*	*las* *läse*	*hat gelesen*
liegen	*lag* *läge*	*hat gelegen*
lügen	*log* *löge*	*hat gelogen*
mahlen	*mahlte*	*hat gemahlen*
meiden	*mied*	*hat gemieden*
messen *du misst*	*maß* *mäße*	*hat gemessen*
misslingen	*misslang* *misslänge*	*ist misslungen*
mögen	*mochte* *möchte*	*hat gemocht*

1. Stammform (Infinitiv)	2. Stammform (Präteritum)	3. Stammform (Partizip II)
müssen	*musste* *müsste*	*hat gemusst*
nehmen *du nimmst*	*nahm* *nähme*	*hat genommen*
nennen	*nannte* *nennte*	*hat genannt*
pfeifen	*pfiff*	*hat gepfiffen*
preisen	*pries*	*hat gepriesen*
quellen *du quillst*	*quoll* *quölle*	*ist gequollen*
raten *du rätst*	*riet*	*hat geraten*
reiben	*rieb*	*hat gerieben*
reißen	*riss*	*hat/ist gerissen*
reiten	*ritt*	*hat/ist geritten*
rennen	*rannte* *rennte*	*ist gerannt*
riechen	*roch* *röche*	*hat gerochen*
ringen	*rang* *ränge*	*hat gerungen*
rinnen	*rann* *ränne/rönne*	*ist geronnen*
rufen	*rief*	*hat gerufen*
saufen *du säufst*	*soff* *söffe*	*hat gesoffen*
schaffen	*schuf* *schüfe*	*hat geschaffen*
scheiden	*schied*	*hat/ist geschieden*
scheinen	*schien*	*hat geschienen*
scheißen	*schiss*	*hat geschissen*

1. Stammform (Infinitiv)	2. Stammform (Präteritum)	3. Stammform (Partizip II)
schelten *du schiltst*	*schalt* *schölte*	*hat gescholten*
schieben	*schob* *schöbe*	*hat geschoben*
schießen	*schoss* *schösse*	*hat/ist geschossen*
schlafen *du schläfst*	*schlief*	*hat geschlafen*
schlagen *du schlägst*	*schlug* *schlüge*	*hat geschlagen*
schleichen	*schlich*	*ist geschlichen*
schleifen	*schliff*	*hat geschliffen*
schließen	*schloss* *schlösse*	*hat geschlossen*
schlingen	*schlang* *schlänge*	*hat geschlungen*
schmeißen	*schmiss*	*hat geschmissen*
schmelzen *du schmilzt*	*schmolz* *schmölze*	*ist geschmolzen*
schneiden	*schnitt*	*hat geschnitten*
schreiben	*schrieb*	*hat geschrieben*
schreien	*schrie*	*hat geschrien*
schreiten	*schritt*	*ist geschritten*
schweigen	*schwieg*	*hat geschwiegen*
schwimmen	*schwamm* *schwämme/ schwömme*	*hat/ist geschwommen*
schwinden	*schwand* *schwände*	*ist geschwunden*
schwingen	*schwang* *schwänge*	*hat geschwungen*

1. Stammform (Infinitiv)	2. Stammform (Präteritum)	3. Stammform (Partizip II)
schwören	*schwor* *schwöre/ schwüre*	*hat geschworen*
sehen *du siehst*	*sah* *sähe*	*hat gesehen*
sein	*war* *wäre*	*ist gewesen*
senden	*sandte* *sendete*	*hat gesandt*
singen	*sang* *sänge*	*hat gesungen*
sinken	*sank* *sänke*	*ist gesunken*
sinnen	*sann* *sänne/sönne*	*hat gesonnen*
sitzen	*saß* *säße*	*hat gesessen*
sollen	*sollte*	*hat gesollt*
spalten	*spaltete*	*hat gespalten*
speien	*spie*	*hat gespien*
sprechen *du sprichst*	*sprach* *spräche*	*hat gesprochen*
sprießen	*spross* *sprösse*	*ist gesprossen*
springen	*sprang* *spränge*	*ist gesprungen*
stechen *du stichst*	*stach* *stäche*	*hat gestochen*
stecken (= sich in etwas befinden)	*stak* *stäke*	*hat gesteckt*
stehen	*stand* *stände/stünde*	*hat gestanden*

1. Stammform (Infinitiv)	2. Stammform (Präteritum)	3. Stammform (Partizip II)
stehlen *du stiehlst*	*stahl* *stähle/stöhle*	*hat gestohlen*
steigen	*stieg*	*ist gestiegen*
sterben *du stirbst*	*starb* *stürbe*	*ist gestorben*
stinken	*stank* *stänke*	*hat gestunken*
stoßen *du stößt*	*stieß*	*hat/ist gestoßen*
streichen	*strich*	*hat gestrichen*
streiten	*stritt*	*hat gestritten*
tragen *du trägst*	*trug* *trüge*	*hat getragen*
treffen *du triffst*	*traf* *träfe*	*hat getroffen*
treiben	*trieb*	*hat getrieben*
treten *du trittst*	*trat* *träte*	*hat/ist getreten*
trinken	*trank* *tränke*	*hat getrunken*
trügen	*trog* *tröge*	*hat getrogen*
tun	*tat* *täte*	*hat getan*
verderben *du verdirbst*	*verdarb* *verdürbe*	*hat/ist verdorben*
vergessen *du vergisst*	*vergaß* *vergäße*	*hat vergessen*
verlieren	*verlor* *verlöre*	*hat verloren*

1. Stammform (Infinitiv)	2. Stammform (Präteritum)	3. Stammform (Partizip II)
verlöschen *du verlischst*	*verlosch* *verlösche*	*ist verloschen*
wachsen *du wächst*	*wuchs* *wüchse*	*ist gewachsen*
waschen *du wäschst*	*wusch* *wüsche*	*hat gewaschen*
weben	*wob/webte* *wöbe/webte*	*hat gewoben*
weichen	*wich*	*ist gewichen*
weisen	*wies*	*hat gewiesen*
wenden	*wandte/wendete* *wendete*	*hat gewandt*
werben *du wirbst*	*warb* *würbe*	*hat geworben*
werden *du wirst*	*wurde* *würde*	*ist geworden*
werfen *du wirfst*	*warf* *würfe*	*hat geworfen*
wiegen	*wog* *wöge*	*hat gewogen*
winden	*wand* *wände*	*hat gewunden*
wissen	*wusste* *wüsste*	*hat gewusst*
wollen	*wollte*	*hat gewollt*
ziehen	*zog* *zöge*	*hat/ist gezogen*
zwingen	*zwang* *zwänge*	*hat gezwungen*

Präpositionen und deren Rektion

ab Dat./Akk.	*entgegen* Dat.	*neben* Dat./Akk.
(an)statt Gen./Dat.	*entlang* Gen./Dat./Akk.	*oberhalb* Gen.
abseits Gen.	*entsprechend* Dat.	*ohne* Akk.
abzüglich Gen./Dat.	*exklusive* Gen./Dat.	*seit* Dat.
an Dat./Akk.	*für* Akk.	*trotz* Gen./Dat.
angesichts Gen.	*gegen* Akk.	*über* Dat./Akk.
anhand Gen.	*gegenüber* Dat.	*um – willen* Gen.
anlässlich Gen.	*gemäß* Dat.	*um* Akk.
anstelle Gen.	*hinsichtlich* Gen./Dat.	*ungeachtet* Gen.
auf Dat./Akk.	*hinter* Dat./Akk.	*unter* Dat./Akk.
aufgrund Dat.	*in* Dat./Akk.	*unterhalb* Gen.
aus Dat.	*infolge* Gen.	*von* Dat.
ausschließlich Gen./Dat.	*inklusive* Gen./Dat.	*vor* Dat./Akk.
außer Dat.	*inmitten* Gen.	*während* Gen./Dat.
außerhalb Gen./Dat.	*innerhalb* Gen./Dat.	*wegen* Gen./Dat.
bei Dat.	*jenseits* Gen.	*wider* Akk.
bezüglich Gen./Dat.	*längs* Gen./Dat.	*zu* Dat.
bis Akk.	*laut* Gen./Dat.	*zu(un)gunsten* Gen.
dank Gen./Dat.	*mangels* Gen./Dat.	*zufolge* Gen./Dat.
diesseits Gen.	*mit* Dat.	*zuliebe* Dat.
durch Akk.	*mittels* Gen./Dat.	*zuzüglich* Gen./Dat.
einschließlich Gen./Dat.	*nach* Dat.	*zwischen* Dat./Akk.

Nom. = Nominativ Gen. = Genitiv Dat. = Dativ Akk. = Akkusativ

Verschmelzung von Präposition und Artikel

• Einige Präpositionen können mit Formen des Artikels zu einer Wortform verschmelzen.	*an/in + dem → am/im, bei + dem → beim, an/in + das → ans/ins, von + dem → vom, zu + dem/der → zum/zur*
• In vielen Fügungen und festen Wendungen sind nur die verschmolzenen Formen möglich.	*am schönsten **sein**, zum Tanzen **auffordern**, im Juli **beginnen**, aufs Ganze **gehen**, hinters Licht **führen***

Vor- und Nachsilben für die Bildung deutscher Wörter

Element	Bedeutung, Funktion	Beispiele
ab-	• wenn man sich von etwas wegbewegt • wenn etwas von etwas getrennt wird • wenn man etwas von etwas entfernt • wenn man etwas beendet	Wir reisen morgen ab. Hast du die Mail schon abgesendet? Er hat den Knopf einfach abgerissen. Schneidest du mir ein Stück von der Pizza ab? Sie hat sich die Beinhaare abrasiert. Ich schalte den Fernseher ab. Hast du die Heizung abgedreht? Ich habe die Zeitung abbestellt.
aller-, Aller-	• wenn etwas nicht mehr zu übertreffen ist	am allerbesten der allergrößte Fisch von allen Das ist ja das Allerbeste!
an-	• wenn man sich zu etwas hinbewegt • wenn man etwas befestigt • wenn etwas nicht lange dauert • wenn etwas auf eine Person gerichtet ist	Wann kommen wir in Köln an? Wann seid ihr angekommen? Hast du dein Fahrrad auch sicher angekettet? Das Steak nur kurz anbraten! Wir haben das Thema nur andiskutiert. Sie hat mich angeschrien. Sieh mich an! Hast du mich angelogen?
anti-, Anti-	• wenn etwas oder eine Person gegen etwas ist	die antiautoritäre Erziehung eine antiamerikanische Politik Er ist Antialkoholiker.
auf-	• wenn etwas geöffnet wird • wenn etwas noch einmal gemacht wird • wenn etwas begonnen wird	Kannst du diese Dose aufmachen? Soll ich dir die Nudeln aufwärmen? Er soll in der Firma eine neue Abteilung aufbauen.

Element	Bedeutung, Funktion	Beispiele
aus-	• wenn etwas leer gemacht wird • wenn etwas beendet wird • wenn etwas intensiv und sorgfältig gemacht wird	Ich leere den Eimer aus. Hilfst du mir, den Schrank auszuräumen? Ich mache jetzt den Fernseher aus. Willst du die Kerze ausblasen? Ich habe mir einen Plan ausgedacht. Wir müssen das Thema ausdiskutieren.
beiseite-	• wenn etwas in seitliche Richtung bewegt wird	Leg doch mal das Buch beiseite.
bio-, Bio-	• wenn etwas natürlich und ohne chemische Zusätze ist • Ort, wo es so etwas zu kaufen gibt	Wir kaufen nur Biofleisch und Biogemüse. Das Brot ist aus dem Bioladen.
-chen	• wenn etwas sprachlich verkleinert wird	Wir wohnen in einem Häuschen [von Haus] am Wald. Wie wäre es mit einem Tässchen [von Tasse] Tee?
durch-	• wenn etwas oder eine Person sich in eine Richtung bewegt • wenn etwas gründlich gemacht wird • wenn etwas länger dauert	Soll ich etwa unter dem Zaun durchkriechen? Ich kenne die Stadt nicht – ich bin nur einmal durchgefahren. Kannst du meine Übersetzung mal durchsehen? Ich habe die ganze Nacht durchgeschlafen. Die Party war super – ich habe bis 3 Uhr durchgetanzt.
ein-	• wenn etwas von außen nach innen kommt oder gebracht wird • wenn etwas von etwas umgeben wird • wenn etwas kaputtgeht • wenn etwas begonnen wird • wenn etwas nur eines von etwas hat	Der Arzt sagte: »Atmen Sie jetzt tief ein.« Hast du die Briefe eingeworfen? Ich muss noch diese Daten eingeben, dann bin ich fertig. Darf ich Ihnen noch etwas Wein eingießen? Gurken in Essig einlegen Können Sie das Geschenk einpacken? Soll ich die Blumen in Papier einwickeln? Jemand hat das Fenster eingeschlagen. Der Turm der Kirche ist eingestürzt. Kannst du das Radio einschalten? Man musste die Geburt einleiten. Die Straße ist nur einspurig. »Tal« ist ein einsilbiges Wort.

Element	Bedeutung, Funktion	Beispiele
End-	• wenn etwas oder eine Person am Schluss von etwas kommt	Das Endergebnis war 86 : 77 für die Berliner Mannschaft. Die Wünsche der Endverbraucher müssen wir berücksichtigen. Im Endeffekt ist das egal.
ent-	• wenn etwas beginnt	Wer hat Amerika entdeckt? Die Firma entwickelt gerade ein neues Programm.
	• wenn etwas von etwas weggenommen wird	Wie kann man die Flecken wieder entfernen? Ludwig XVI. wurde 1793 enthauptet.
	• wenn ein Zustand beendet wird	Die Spülmaschine muss entkalkt werden.
extra-, Extra	• wenn etwas besonders hervorgehoben werden soll; meist umgangssprachlich	Das neue Handy ist extraflach. Er kaufte das Hemd extraweit.
	• wenn etwas zusätzlich gemacht wird	Das Theater bot eine Extravorstellung an. Über Weihnachten macht die Bahn Extrafahrten.
-förmig	• wenn etwas oder eine Person eine bestimmte Form hat	eine pilzförmige Frisur Er hat einen kugelförmigen Bauch.
-frei	• wenn etwas nicht erforderlich ist	Das Medikament ist rezeptfrei. Ist das Hemd bügelfrei?
	• wenn etwas nicht stattfindet	Morgen ist schulfrei.
	• wenn etwas nicht da ist	Sie spricht akzentfrei Deutsch. Alkoholfreies Bier schmeckt mir nicht.
-freundlich	• wenn etwas gut für eine Person ist	Die Ferien liegen dieses Jahr arbeitnehmerfreundlich. Das neue Gesetz ist nicht familienfreundlich. Erlangen ist eine radlerfreundliche Stadt.
-geil	• wenn eine Person etwas sehr gut findet und haben oder erreichen möchte	Sie war schon immer karrieregeil. Dieser Sänger ist einfach nur mediengeil.

Element	Bedeutung, Funktion	Beispiele
-haft	• wenn etwas oder eine Person so ist, wie der erste Teil des Wortes es ausdrückt	Sein lehrerhaftes Verhalten geht mir auf den Geist. Der Urlaub war einfach märchenhaft schön.
halb-, Halb-	• drückt aus, dass etwas nur zur Hälfte der Fall ist oder geschieht	Sie arbeitet halbtags. Er hatte früher einen Halbtagsjob. Sie war schon mit 11 Jahren Halbwaise (= Vater oder Mutter waren gestorben).
Haupt-	• wenn eine Person oder etwas am wichtigsten ist	Kennen Sie den Weg zum Hauptbahnhof? An deinem Geburtstag bist du natürlich die Hauptperson.
her-	• wenn man etwas zu etwas bewegt oder eine Person sich auf eine Person zubewegt	Kannst du mir das Buch herbringen? Würdest du mal kurz herkommen? »Wie bist du hergekommen?« – »Kim hat mich hergefahren.«
herab-	• von (dort) oben nach (hier) unten	In dem Sturm ist viel Obst von den Bäumen herabgefallen.
herauf-	• von (dort) unten nach (hier) oben	Danke, dass du zu mir heraufgekommen bist.
heraus-	• von (dort) innen nach (hier) außen • im übertragenen Sinn	Du kannst schon mal das Auto aus der Garage herausfahren. Die Band wird nächstes Jahr ein neues Album herausbringen. Sie kann einfach nicht aus sich herausgehen (= ihre Gefühle offen zeigen).
herein-	• von (dort) außen nach (hier) innen	Kommen Sie bitte herein.
herüber-	• von dort (der gegenüberliegenden Seite) nach hier	Wenn Sie bei Gelegenheit herüberkommen, führe ich Ihnen die neue Software vor.

Element	Bedeutung, Funktion	Beispiele
herunter-	• von (dort) oben nach (hier) unten	In dem Sturm sind die meisten Birnen vom Baum heruntergefallen. Der Chef möchte, dass du zu ihm herunterkommst. [= Er hat sein Zimmer in einem Stockwerk unter mir.] Ich habe mir das Programm aus dem Internet heruntergeladen.
hin-	• wenn man etwas von etwas wegbewegt oder eine Person sich von einer Person wegbewegt	Wo hast du das Buch hingelegt? Soll ich zu dir hinkommen? »Ich muss zum Rathaus.« – »Ich fahre dich hin.«
hinab-	• von (hier) oben nach (dort) unten	Pass auf, dass du nicht die Treppe hinabfällst.
hinauf-	• von (hier) unten nach (dort) oben	Der Chef möchte, dass ich zu ihm hinaufgehe. [= Er hat sein Zimmer in einem Stockwerk über mir]
hinaus-	• von (hier) innen nach (dort) außen	Wer hat die Katze hinausgelassen?
hinein-	• von (hier) außen nach (dort) innen	Ich ging einfach hinein, ohne zu klopfen.
hinüber-	• von hier (dieser Seite) nach dort drüben	Kommt – schwimmen wir zum anderen Ufer hinüber.
hinunter-	• von (hier) oben nach (dort) unten	Sei vorsichtig, sonst stürzt du die Treppe hinunter.
Hobby-	• wenn eine Person etwas aus Spaß und nicht als Beruf macht	Ich bin Hobbykoch. Christine ist begeisterte Hobbygärtnerin.
-ig	• wenn eine Eigenschaft ausgedrückt werden soll • wenn eine Zeitdauer ausgedrückt werden soll	Sie ist eine fleißige Schülerin. Du hast da einen riesigen Pickel. Er spricht recht flüssig Deutsch. eine dreimonatige Tournee eine einstündige Veranstaltung
-in	• wenn weibliche Personen gemeint sind	Sie wird später Lehrerin. Die Spielerinnen jubelten. Kennst du diese Sängerin?

Element	Bedeutung, Funktion	Beispiele
-isch	• wenn etwas zu etwas gehört • wenn etwas oder eine Person so ist	Er hat psychische Probleme. Sie ist modisch angezogen. Sei nicht so egoistisch.
-ist **-istin**	• wenn eine männliche Person etwas macht oder denkt • wenn eine weibliche Person etwas macht oder denkt	Mozart war ein genialer Komponist. Bist du Buddhist? Kennst du den Gitarristen der Band? Sie ist überzeugte Pazifistin.
Klasse-	• wenn eine Person etwas oder eine Person sehr gut findet	Das war mal wieder ein Klassefilm. Udo ist ein Klassetyp.
-lein	• wenn etwas sprachlich verkleinert wird [vergleiche -chen, das häufiger verwendet wird]	Ich schreibe es in mein Notizbüchlein. Im Urlaub wohnten wir in einem Häuslein auf dem Berg.
-lich	• wenn eine Eigenschaft von etwas oder einer Person ausgedrückt wird • wenn ein Turnus ausgedrückt wird	Das ist ja unglaublich, wie unordentlich dein Zimmer ist. Er ist ziemlich kleinlich. Ich bin nicht bestechlich. Sie ist immer fröhlich und freundlich. Was machst du beruflich? [= Was ist dein Beruf?] Die Züge von hier nach München gehen stündlich [= einmal in der Stunde] Die Zahlung der Miete erfolgt monatlich. [= einmal im Monat]
Lieblings-	• wenn man etwas sehr gern hat	Hähnchen vom Grill ist mein Lieblingsessen. Hast du ein Lieblingsbuch?
-los	• wenn etwas nicht da ist	Er ist seit einem Jahr arbeitslos. Sie plapperte sinnloses Zeug.

Element	Bedeutung, Funktion	Beispiele
los-	• wenn eine Person mit etwas anfängt	Beeile dich – wir wollen pünktlich losfahren. Wenn alle da sind, kann Till mit seinem Referat loslegen.
	• wenn etwas oder eine Person von etwas getrennt wird	Ich mache schon mal das Boot los. Sie kann sich einfach nicht vom Computer losreißen.
massen-, Massen-	• wenn etwas von sehr vielen Personen gemacht wird oder für sie von Bedeutung ist	Es gab massenhaft Proteste gegen die Sparpläne der Regierung. Das Radio war das erste Massenmedium. Die Umwelt der Region leidet unter dem Massentourismus. Es gab Massenproteste gegen die Sparpläne der Regierung.
-maßen	• wenn man ausdrücken will, wie etwas getan, gedacht wird	Er ist anerkanntermaßen der beste Basketballspieler im Land. Wir machen dieses Jahr gezwungenermaßen keinen Urlaub. Da hat sie zugegebenermaßen Recht.
-mäßig	• wenn etwas oder eine Person dem Inhalt des ersten Wortteils entspricht	Wir müssen planmäßig vorgehen. Ab Juni wird der Wagen serienmäßig produziert. [umgangssprachlich]: Wie sieht es bei Euch urlaubsmäßig aus? [= Was habt ihr im Urlaub vor?]
mega-, Mega-	• wenn man etwas sehr gut oder sehr schlecht findet	Die Party war megastark! Die Band ist doch mega-out. Das war eine Megaparty!
miss-, Miss-	• wenn etwas falsch oder schlecht ist	Du hast mich missverstanden. Das war ein Missverständnis. Sie hat sein Vertrauen missbraucht. Der Missbrauch von Kindern wird in Zukunft härter bestraft. Für den Misserfolg der Mannschaft wird der Trainer verantwortlich gemacht.

Element	Bedeutung, Funktion	Beispiele
mit-, Mit-	• wenn etwas oder eine Person etwas zusammen mit anderen macht • wenn etwas zur gleichen Zeit geschieht	Kann ich mitspielen? Sie möchte in der Arbeitsgruppe mitarbeiten. Das ist Olaf, mein Mitbewohner. [= der, der mit mir in dieser Wohnung wohnt] Du kannst gerne bei uns mitessen.
nach-, Nach-	• wenn eine andere Person schon nicht mehr da ist • wenn etwas zum wiederholten Mal gemacht wird • wenn eine Person etwas gründlich macht	Sie ist vor 10 Minuten gegangen – du musst ihr nachlaufen. Moment – das muss ich nachrechnen. Ich habe morgen bei meinem Arzt eine Nachuntersuchung. Da muss ich erst mal nachdenken. Ich brauche Zeit zum Nachdenken.
neu-, Neu-	• wenn etwas schon Bekanntes plötzlich wieder aktuell ist • wenn etwas wirklich neu ist	Das ist eine Neuverfilmung des Romans. Dieses Wörterbuch ist eine Neuentwicklung. Was das Land braucht, ist ein völliger Neubeginn.
neo-, Neo-	• wenn etwas schon Bekanntes plötzlich wieder aktuell ist	Der Brandanschlag wurde von Neonazis ausgeführt.
nicht-, Nicht-	• wenn ein Zustand verneint wird • zur Verneinung einer Fähigkeit	Die Entscheidung fiel in nichtöffentlicher Sitzung. Ich bin seit 17 Jahren Nichtraucher.
ober-, Ober-	• wird umgangssprachlich zur Verstärkung einer Eigenschaft verwendet • drückt eine gehobene Position in einer Rangordnung aus	Du hältst dich wohl für oberschlau? Er tut so, als wäre er der Oberschlaue im Team. [= die wichtigste Person] Er ist Oberleutnant bei der Bundeswehr. Sie war über 10 Jahre Oberbürgermeisterin von Frankfurt.
öko-, Öko-	• die Umwelt bzw. den Umweltschutz betreffend	Die »Grünen« sind im Ursprung eine Ökopartei. In unserer Straße gibt es jetzt einen Ökoladen.

Element	Bedeutung, Funktion	Beispiele
Pilot-	• wird für etwas verwendet, das zum ersten Mal oder als Versuch oder Test gemacht wird	Heute kommt im Fernsehen der Pilotfilm zu der neuen Serie.
pseudo-, Pseudo	• wenn etwas oder jemand nur scheint, aber nicht wirklich ist	Sein pseudochristliches Gerede nervt. In dem Land herrscht eine Pseudodemokratie.
rauf-	• umgangssprachlich für herauf-	Kannst du schnell mal raufkommen?
raus-	• umgangssprachlich für heraus-	Du kannst schon mal den Wagen rausfahren.
rein-	• umgangssprachlich für hinein- • umgangssprachlich für herein-	Geh schon mal rein. Komm rein!
rüber-	• umgangssprachlich für herüber- • umgangssprachlich für hinüber-	Kannst du bitte kurz rüberkommen? Du hast eine Frage? Moment, ich komm gleich rüber.
runter-	• umgangssprachlich für herunter- • umgangssprachlich für hinunter- • umgangssprachlich für hinab-	Ich habe mir das Programm aus dem Internet runtergeladen. Ich gehe mal schnell in den Keller runter. Pass auf, dass du nicht die Treppe runterfällst.
-sam	• zeigt, dass etwas oder jemand eine bestimmte Eigenschaft hat	Zum Flechten von Körben braucht man biegsames Holz. Du bist heute so schweigsam. [= redest sehr wenig] Gegen diese Krankheit gibt es noch keine wirksamen Medikamente.
scheiß-, Scheiß-	• wird verwendet, um eine negative Aussage zu verstärken • zeigt an, dass man etwas total ablehnt	Das ist mir scheißegal. Sie tut immer so scheißvornehm. Ich war gestern im Kino – es war ein Scheißfilm. Ein Scheißladen ist das hier.

Element	Bedeutung, Funktion	Beispiele
schwarz-, Schwarz-	• drückt aus, dass etwas illegal ist bzw. dass jemand etwas Illegales tut	Als Student bin ich oft schwarzgefahren (= ohne Fahrkarte). Durch Schwarzarbeit entsteht großer Schaden für den Staat.
stink-, stock-	• wird umgangssprachlich verwendet, um eine Aussage zu verstärken	Er war gestern stinkbesoffen, weshalb seine Freundin heute stocksauer ist.
über-, Über-	• zeigt, dass eine Eigenschaft höher ausgeprägt ist als normal • drückt aus, dass etwas zu viel, zu stark ausgeprägt ist • zeigt, dass es von etwas zu viel gibt	Man muss bei ihm genau nachdenken, was man sagt – er ist nämlich überempfindlich. Viele Schüler werden durch die Schule überbelastet. Er ist mit dieser Aufgabe einfach überfordert. Man kann es auch übertreiben. Der Film hat Überlänge. Er starb an einer Überdosis Heroin. In ihrem Übereifer unterliefen ihr einige Fehler.
un-	• drückt das Gegenteil einer Eigenschaft aus	Das war unanständig von dir. Die Entscheidung der Regierung war von Anfang an unpopulär. Sie will finanziell unabhängig sein. Dieser Name ist mir unbekannt.
Un-	• drückt das Gegenteil eines Zustands aus • verstärkt eine Mengenangabe	Ich kann Unordnung nicht ausstehen. Keine Angst – der Chef ist kein Unmensch. Er gibt Unsummen für technische Spielereien aus. Die Menschen produzieren Tag für Tag eine Unmenge an Müll.

Element	Bedeutung, Funktion	Beispiele
unter-, Unter-	• zeigt, dass eine Eigenschaft weniger ausgeprägt ist als normal • drückt in Verben aus, dass etwas unter etwas kommt, sich befindet • zeigt, dass es von etwas zu wenig gibt • drückt aus, dass sich etwas unter etwas befindet	Sie fühlt sich am Arbeitsplatz unterfordert. Für das, was ich leiste, bin ich unterbezahlt. Deine Leistungen sind unterdurchschnittlich. Bitte unterschreiben Sie hier. Übersetze die unterstrichenen Wörter. Nach der langen Krankheit hat er Untergewicht. Ich wechsle täglich die Unterwäsche. Bei dem Sturz platzte ihre Unterlippe.
Vize-	• bedeutet, dass jemand Zweiter bei einem Wettbewerb ist • gleichbedeutend mit „Stellvertreter"	Bayern München wurde in der letzten Saison nur Vizemeister. Der Außenminister ist meistens auch gleichzeitig Vizekanzler.
voll-, Voll-	• verstärkend; drückt aus, dass etwas ganz der Fall ist • verstärkend; drückt aus, dass ein Zustand erreicht ist, der nicht mehr steigerungsfähig ist	Das Programm läuft vollautomatisch. In dem Land herrscht Vollbeschäftigung. [= Es gibt kaum Arbeitslose.] Ich wurde unter Vollnarkose operiert. Sie war bereits mit 11 Jahren Vollwaise. [= beide Eltern waren gestorben]
-voll	• bezeichnet eine Eigenschaft	Der Aufstieg auf den Berg war mühevoll. Er ist ein humorvoller Mensch. Ich habe in der Firma eine verantwortungsvolle Position.
vor-, Vor-	• wird räumlich im Sinne von »vor« oder »nach vorn« verwendet • wird zeitlich im Sinne von »vorher« verwendet	Könntest du bitte die Vorhänge vorziehen? Ich arbeite im Vorzimmer des Chefs. Muss ich die Nudeln vorkochen? Der Pulli muss nicht vorgewaschen werden. Vorfreude ist die schönste Freude. Vorehelicher Sex ist in manchen Religionen tabu.

Element	Bedeutung, Funktion	Beispiele
-welle	• wird verwendet, wenn etwas plötzlich und dabei massenhaft oder intensiv auftritt	Am letzten Wochenende rollte die erste Reisewelle durch Bayern. Die Hitzewelle wird auch in den nächsten Tagen anhalten.
-würdig	• drückt aus, dass etwas gemacht werden sollte	Dein Vorschlag ist durchaus diskussionswürdig. Das Projekt erschien nicht förderungswürdig.
zer-	• drückt aus, dass etwas beschädigt wird	Das Glas ist zerbrochen. Das Buch sieht ziemlich zerlesen aus. Ich lasse mir meine Idee nicht von dir zerreden. Sie beschränkten sich darauf, das Spiel der anderen Mannschaft zu zerstören.
zu-	• drückt aus, dass etwas in einer bestimmten Richtung geschieht • drückt aus, dass etwas geschlossen, bedeckt wird	Wir schicken Ihnen die Rechnung zu. Sie ging lächelnd auf ihn zu. Wir werden in dieser Sache noch auf Sie zukommen. Unsere Katze ist uns zugelaufen. Die Tür geht nicht zu. Mit deiner Grippe solltest du dich im Bett gut zudecken. Du solltest auch mal ein Auge zudrücken. [= nicht immer so übergenau sein]
zusammen-	• drückt aus, dass jemand etwas mit anderen gemeinsam macht • drückt aus, dass etwas, das getrennt war, zu einer Einheit wird • wird umgangssprachlich verwendet, wenn ausgedrückt wird, dass jemand durch Gewalt verletzt wird • wird umgangssprachlich verwendet, wenn ausgedrückt wird, dass jemand etwas schlecht macht	Wir leben seit fast 20 Jahren zusammen. Mit ihr zusammenzuarbeiten macht einfach Spaß. Die Städte Fürth und Nürnberg sind längst zusammengewachsen. Sie haben ihn grundlos zusammengeschlagen. Was redest du wieder zusammen? Was die Mannschaft heute zusammengespielt hat, ist einfach unglaublich.

A

ab [ap]:
1. ⟨bei Angaben zur Zeit oder zu einer Reihenfolge; mit Dativ und Akkusativ⟩ *von ... an, von:* Ab erstem / ersten September fährt der Zug täglich. · Jugendliche ab 16 Jahren / Jahre dürfen Wein kaufen. · Sie arbeitet ab kommendem / kommenden Mittwoch als Praktikantin bei uns.
2. ⟨elliptisch⟩ (umgangssprachlich) *los(e), weg:* Der Knopf ist ab. · Wir müssen die Fenster streichen, die Farbe ist fast ab.
3. * **ab und zu:** *manchmal:* Er kommt ab und zu vorbei.

ab|bie|gen ['apbi:gn̩], biegt ab, bog ab, ist abgebogen:
die Straße, auf der man gerade fährt, verlassen und in einer anderen Richtung weiterfahren: falsch / links / rechts abbiegen · An der Ampel müssen wir abbiegen.

die **Ab|bil|dung** ['apbɪldʊŋ], der Abbildung, die Abbildungen:
Darstellung in Form von Bildern oder Zeichnungen: Das ist ein Wörterbuch mit vielen / zahlreichen / farbigen Abbildungen.

ab|bu|chen ['apbu:xn̩], bucht ab, buchte ab, hat abgebucht:
von einem Konto nehmen: Die Miete wird Anfang des Monats automatisch [vom Konto] abgebucht.

die **Ab|bu|chung** ['apbu:xʊŋ], der Abbuchung, die Abbuchungen:
das Abbuchen: Die Abbuchung des Rechnungsbetrags von Ihrem Konto erfolgt in den nächsten Wochen.

das **Abc** [a(:)be(:)'t͜se:], des ABC[s]:
1. *Alphabet:* das Abc lernen / aufsagen.
2. *Wissen, das man als Grundlage braucht:* Mein Vater hat mir das Abc des Fußballs beigebracht.

ab|dre|hen ['apdre:ən], dreht ab, drehte ab, abgedreht:
1. ⟨hat⟩ *etwas stoppen, indem man einen Hahn schließt oder Schalter benutzt:* das Licht / Radio / Wasser abdrehen · Wenn du nicht bald zahlst, drehen sie dir den Strom ab.
2. ⟨hat / ist⟩ *den Kurs ändern:* Das Boot fuhr erst auf uns zu, drehte dann aber ab.

der **Abend** ['a:bn̩t], des Abends, die Abende:
1. *Zeit zwischen Nachmittag und Nacht, wenn es draußen dunkel wird:* den ganzen Abend fernsehen · Sehen wir uns heute / morgen Abend? · Eines Abends stand sie plötzlich vor meiner Tür. · (Gruß): Guten Abend! · Wann esst ihr zu *(am)* Abend?; * **der Heilige Abend:** *der 24. Dezember:* Den Weihnachtsbaum stellen wir erst am Heiligen Abend auf.
2. *Veranstaltung am Abend:* Für die Senioren findet einmal monatlich ein gemütlicher Abend im Gemeindezentrum statt.

abends ['a:bn̩t͜s]:
am, jeden Abend: Er kam erst spät abends zurück. · Der Kurs findet abends statt.

das **Aben|teu|er** ['a:bn̩tɔ͜yɐ], des Abenteuers, die Abenteuer:
außergewöhnliche Situation [voller Gefahr]: ein großes / spannendes / aufregendes Abenteuer · ein Abenteuer suchen / erleben / bestehen.

aber ['a:bɐ]:
1. drückt einen Gegensatz aus: jetzt nicht, aber später · Er schlief, aber sie war wach. · Aber ich will das nicht!
2. verstärkt eine Aussage: Aber ja / gern / natürlich! · Das ist aber ein schönes Bild! · Das war aber knapp!
3. wird verwendet, um gegen etwas zu protestieren oder ein Verhalten zu kritisieren: Aber, aber, meine Herren! · Aber ich bitte Sie!

ab|fah|ren ['apfa:rən], fährt ab, fuhr ab, ist abgefahren:
einen Ort mit einem Fahrzeug verlassen: Der Zug ist pünktlich abgefahren. · Schade, dass wir morgen schon wieder abfahren müssen.

die **Ab|fahrt** ['apfa:ɐ̯t], der Abfahrt, die Abfahrten:
1. *Beginn einer Fahrt:* sich vor der Abfahrt von allen verabschieden · Vorsicht bei Abfahrt des Zuges!
2. *Stelle, an der man eine Autobahn verlassen kann:* An der nächsten Abfahrt müssen wir die Autobahn verlassen.

der **Ab|fall** ['apfal], des Abfall[e]s, die Abfälle ['apfɛlə]:
Reste, die übrig bleiben, oder Dinge, die man nicht mehr behalten will: Abfälle in die Tonne werfen · Die Socken sind kaputt und kommen in den Abfall.

der **Ab|fall|ei|mer** ['apfal|a͜imɐ], des Abfalleimers, die Abfalleimer:
Eimer für den Abfall: den Abfalleimer säubern.

ab|flie|gen ['apfli:gn̩], fliegt ab, flog ab, ist abgeflogen:

einen Ort mit einem Flugzeug verlassen: Das Flugzeug fliegt in zehn Minuten ab. · Morgen fliegen wir schon wieder ab.

der **Ab|flug** ['apflu:k], des Abflug[e]s, die Abflüge ['apfly:gə]:
Beginn eines Fluges: sich zum / beim Abflug anschnallen · Das Flugzeug ist bereit zum Abflug.

▶ das **Ab|gas** ['apga:s], des Abgases, die Abgase ⟨meist Plural⟩:
Gas, das beim Verbrennen entsteht und nicht mehr genutzt werden kann: schädliche Abgase · die Abgase der Motoren.

▶ **ab|ge|ben** ['apge:bn̩], gibt ab, gab ab, hat abgegeben:
1. *einer Person geben, weil es für sie bestimmt ist oder damit sie etwas Bestimmtes damit tut:* Diese Blumen wurden gerade für Sie abgegeben. · Ich habe meinen Mantel an der Garderobe abgegeben. · Ich war noch nicht mit allen Aufgaben fertig, als wir abgeben mussten.
2. *mit einer Person teilen:* Gibst du mir ein Stück Kuchen ab?
3. *verkaufen oder verschenken:* Gebrauchter Kinderwagen günstig / kostenlos abzugeben.
4. *zu einem Spieler der eigenen Mannschaft spielen:* Gib endlich ab!
5. *aussprechen oder mitteilen:* seine Stimme abgeben *(an einer Abstimmung oder Wahl teilnehmen)* · Der Minister gab eine Erklärung zu den Vorfällen ab.

▶ [1]**ab|hän|gen** ['aphɛŋən], hängt ab, hing ab, hat abgehangen:
1. *von einer Person, Sache abhängig sein:* Wie es weitergeht, hängt jetzt von dir ab. · Das hängt davon ab, ob noch genug Zeit ist. · Für mich hängt viel von seiner Entscheidung ab.
2. (Jugendsprache) *entspannen:* Nach der Schule will er nur noch abhängen.

[2]**ab|hän|gen** ['aphɛŋən], hängt ab, hängte ab, hat abgehängt:
1. *von der Stelle trennen, wo es befestigt ist:* ein Bild von der Wand abhängen · Die hinteren Waggons werden am nächsten Bahnhof abgehängt.
2. (umgangssprachlich) *schneller sein und daher weit hinter sich lassen:* Er konnte die Polizei / die anderen Teilnehmer abhängen.

▶ **ab|hän|gig** ['aphɛŋɪç]:
1. *von bestimmten Einflüssen entschieden:* Das ist vom Preis / Zufall abhängig. · Seine Eltern machten ihre Erlaubnis davon abhängig, dass er um zehn wieder zu Hause sei.
2. *nicht selbstständig (entscheiden oder leben könnend):* abhängig Beschäftigte *(Angestellte)* · finanziell noch von den Eltern abhängig sein.
3. ⟨abhängiger, am abhängigsten⟩ *mit der Sucht besonders nach einer Droge; süchtig:* vom Alkohol / von Drogen / von Schmerzmitteln abhängig sein.

▶ **ab|he|ben** ['aphe:bn̩], hebt ab, hob ab, hat abgehoben:
1. *etwas in die Hand nehmen und nach oben bewegen:* vor dem Austeilen der Karten abheben lassen · Das Telefon klingelte, aber sie hob [den Hörer] nicht ab.
2. *vom eigenen Konto holen:* am Automaten / bei der Bank Geld abheben · Ich habe 200 Euro zum Einkaufen von meinem Konto abgehoben.
3. *sich vom Boden lösen:* Das Flugzeug beschleunigt stark, bevor es abhebt.

▶ **ab|ho|len** ['apho:lən], holt ab, holte ab, hat abgeholt:
1. *sich geben lassen und mitnehmen:* Der Müll wird immer dienstags abgeholt. · Du kannst dein Heft nach der Stunde bei mir abholen.
2. *zu einem Ort kommen, um eine Person mitzunehmen:* die Kinder nach / von der Schule abholen · Kannst du mich bitte am / vom Bahnhof abholen?

▶ das **Abi|tur** [abi'tu:ɐ̯], des Abiturs, die Abiture ⟨Plural selten⟩:
1. *letzte Prüfung an höheren Schulen, besonders am Gymnasium:* das Abitur machen / bestehen · das schriftliche Abitur in Deutsch.
2. *höchster Abschluss an Schulen, der zum Studium an Hochschulen berechtigt:* das / kein Abitur haben · Für diesen Beruf braucht man kein Abitur.

die **Ab|kür|zung** ['apkʏrtsʊŋ], der Abkürzung, die Abkürzungen:
1. *Weg, der kürzer ist:* eine Abkürzung gehen / nehmen / wählen.
2. *Wort, das gekürzt wird:* Die Abkürzung »usw.« bedeutet »und so weiter«.

ab|lau|fen ['aplaufn̩], läuft ab, lief ab, abgelaufen:
1. ⟨ist⟩ *fließend einen Behälter oder Ort verlassen:* mit dem Abtrocknen warten, bis das Wasser von den Tellern abgelaufen ist · Das Wasser läuft im Waschbecken schlecht ab.
2. ⟨ist / hat⟩ *der Reihe nach zu verschiedenen Zielen gehen:* alle Läden nach einem passenden Geschenk ablaufen · Ich habe / bin die ganze Gegend abgelaufen, konnte die Katze aber nicht finden.

3. ⟨ist⟩ *nicht mehr weiter bestehen, gelten:* Die Frist / Mein Pass ist abgelaufen. · Kann man die Milch noch trinken, wenn sie *(das Datum auf der Packung)* abgelaufen ist?
4. ⟨ist⟩ *in bestimmter Weise geschehen:* Alles ist abgelaufen wie geplant. · Das ist noch einmal gut abgelaufen.

► **ab|leh|nen** ['aple:nən], lehnt ab, lehnte ab, hat abgelehnt:
1. *Nein sagen und etwas nicht akzeptieren:* ein Angebot / einen Antrag / einen Vorschlag ablehnen · ein ablehnender Bescheid · Ich bot ihm etwas zu trinken an, aber er lehnte dankend ab. · Sie hat sich für / auf die Stelle beworben, wurde aber abgelehnt.
2. *nicht mögen; nicht gut oder richtig finden:* Solche Methoden lehne ich grundsätzlich ab. · Er wird von seinen Mitschülern abgelehnt.
3. *sich weigern, etwas zu tun:* Er lehnte es ab, uns zu empfangen.

die **Ab|leh|nung** ['aple:nʊŋ], der Ablehnung, die Ablehnungen:
1. *das Ablehnen:* Wie wurde die Ablehnung deines Antrags begründet? · Sie stößt mit ihrer Art bei den anderen Kindern auf Ablehnung.
2. *ablehnendes Schreiben:* Ich habe auf meine Bewerbungen nur Ablehnungen bekommen.

► **ab|ma|chen** ['apmaxn̩], macht ab, machte ab, hat abgemacht:
1. *entfernen:* das Schild von der Tür abmachen · Der Arzt machte ihm den Verband ab.
2. *vereinbaren:* Wir hatten doch abgemacht, dass du vorher anrufst! · So war das aber nicht abgemacht! · Gut, abgemacht!

ab|mel|den ['apmɛldn̩], meldet ab, meldete ab, hat abgemeldet:
1. *der zuständigen Stelle mitteilen, dass man etwas nicht mehr benutzt:* das Auto / das Telefon abmelden.
2. *mitteilen, dass eine Person, man selbst weggeht, an etwas nicht mehr teilnimmt oder etwas nicht mehr besucht:* ein Kind vom Kindergarten abmelden · sich beim Chef abmelden, bevor man nach Hause geht · Hast du dich an deinem alten Wohnort auch abgemeldet?
3. *** (bei jemandem) abgemeldet sein** (umgangssprachlich): *die Achtung einer Person verloren haben:* Wer sich so gemein verhält, ist bei mir abgemeldet!

► **ab|neh|men** ['apne:mən], nimmt ab, nahm ab, hat abgenommen:
1. *von einer Stelle wegnehmen:* die Brille / die Mütze / das Tischtuch abnehmen.
2. *[schneidend] entfernen:* Er hat sich den Bart abgenommen. · Nach dem Unfall musste ihr linkes Bein abgenommen werden.
3. *ans Telefon gehen und einen Anruf annehmen; abheben:* Ich habe mehrmals dort angerufen, aber es hat keiner abgenommen.
4. *einer Person wegnehmen oder stehlen:* Die größeren Jungen haben ihn verprügelt und ihm sein Geld abgenommen. · Warum wurde ihm der Führerschein abgenommen?
5. *von einer Person nehmen und für sie tragen oder erledigen:* Kann ich dir etwas abnehmen? · Die Verantwortung kann dir leider keiner abnehmen.
6. *von einer Person verlangen:* jemandem ein Versprechen abnehmen · Wie viel hat er dir für die Reparatur abgenommen?
7. *an Gewicht verlieren:* Ich sollte dringend ein paar Kilo abnehmen.
8. *kleiner, weniger, schwächer werden; zurückgehen:* bei abnehmendem Mond · Die Zahl der Unfälle hat leicht abgenommen. · Seine Kräfte nahmen rasch ab.

► das **Abo** ['abɔ], des Abos, die Abos (umgangssprachlich):
Abonnement: ein Abo für das Stadttheater.

► das **Abon|ne|ment** [abɔnə'mã:], des Abonnements, die Abonnements:
Bestellung von etwas, was man regelmäßig bekommt, nutzt: ein Abonnement für die neue Frauenzeitschrift / das Theater / die Oper · das Abonnement erneuern / verlängern.

► **abon|nie|ren** [abɔ'ni:rən], abonniert, abonnierte, hat abonniert:
sich regelmäßig liefern lassen: eine Zeitung abonnieren / abonniert haben.

ab|räu|men ['aprɔymən], räumt ab, räumte ab, hat abgeräumt:
1. *[vom Tisch] nehmen:* das Geschirr abräumen.
2. *leer machen:* den Tisch abräumen · Kannst du bitte abräumen?

ab|rech|nen ['aprɛçnən], rechnet ab, rechnete ab, hat abgerechnet:
1. *von einer Summe durch Rechnen wegnehmen; abziehen:* die Ausgaben von den Einnahmen abrechnen.

2. *am Ende ausrechnen, wie viel Geld eine Summe beträgt:* mit jemandem abrechnen und die Ausgaben teilen · nach Ladenschluss die Einnahmen abrechnen.
3. *an jemandem Rache nehmen:* In seiner Biografie rechnet er mit seinen Gegnern ab.

die **Ab|rech|nung** ['aprɛçnʊŋ], der Abrechnung, die Abrechnungen:
1. *das Ausrechnen eines Betrags am Ende:* die Abrechnung machen · Habt ihr schon die Abrechnung über die Heizungskosten bekommen?
2. *Rache:* Die Stunde der Abrechnung wird kommen.

ab|rei|ßen ['apraisn̩], reißt ab, riss ab, abgerissen:
1. ⟨hat⟩ *durch Reißen entfernen:* ein Blatt Papier vom Block abreißen · Bei dem Unfall wurde ihr ein Arm abgerissen.
2. ⟨hat⟩ *ein Haus o. Ä., das nicht mehr gebraucht wird, zerstören:* die alte Brücke abreißen und eine neue bauen.
3. ⟨ist⟩ *sich reißend lösen:* An der Jacke ist ein Knopf abgerissen.
4. ⟨ist⟩ *plötzlich aufhören, unterbrochen werden:* Warum hast du den Kontakt zu ihr abreißen lassen? · Ihre Serie an Siegen reißt nicht ab.

▶ **ab|sa|gen** ['apza:gn̩], sagt ab, sagte ab, hat abgesagt:
1. *nicht stattfinden lassen:* Das Konzert musste leider abgesagt werden.
2. *mitteilen, dass eine Person, man selbst nicht kommen kann:* Ich habe den Handwerkern / meinen Besuch abgesagt, weil ich krank bin.

der **Ab|satz** ['apzats], des Absatzes, die Absätze ['apzɛtsə]:
1. *Teil unten am Schuh:* hohe / flache Absätze.
2. *Abschnitt eines Textes:* einen Absatz machen / einfügen.

ab|schaf|fen ['apʃafn̩], schafft ab, schaffte ab, hat abgeschafft:
1. *nicht mehr gelten lassen:* Dieses Gesetz ist schon lange abgeschafft.
2. *nicht mehr in seinem Besitz behalten:* Wir mussten die Katze leider wieder abschaffen.

ab|schal|ten ['apʃaltn̩], schaltet ab, schaltete ab, hat abgeschaltet:
1. *außer Betrieb setzen; abstellen:* das Radio / den Motor abschalten · Das Kraftwerk wurde nach einem Betriebsunfall abgeschaltet.
2. *sich nicht mehr konzentrieren:* Wenn es zu kompliziert wird, schalten die Schüler ab.
3. *nicht mehr an seine Pflichten und Probleme denken:* Du musst einfach mal ein paar Tage abschalten und dich erholen.

▶ der **Ab|schied** ['apʃi:t], des Abschied[e]s, die Abschiede:
Trennung: jemandem zum Abschied winken · Beim Abschied von ihr musste ich weinen.; * **Abschied nehmen:** *sich verabschieden:* von den Eltern Abschied nehmen.

ab|schlie|ßen ['apʃli:sn̩], schließt ab, schloss ab, hat abgeschlossen:
1. *mit einem Schlüssel sicher schließen:* Hast du [das Haus] auch abgeschlossen? · Die Tür war von innen abgeschlossen.
2. *zum geplanten Ende bringen:* ein abgeschlossenes Studium haben · Wir konnten die Verhandlungen erfolgreich abschließen. · Diese Angelegenheit ist für mich abgeschlossen.
3. *[durch einen Vertrag] vereinbaren:* ein Geschäft / einen Vertrag mit jemandem abschließen · Sollen wir eine Wette darüber abschließen?

▶ der **Ab|schluss** ['apʃlʊs], des Abschlusses, die Abschlüsse ['apʃlʏsə]:
1. ⟨ohne Plural⟩ *Ende:* Die Verhandlungen nähern sich dem Abschluss / stehen kurz vor dem Abschluss.
2. *das Vereinbaren:* nach Abschluss der Versicherung.

ab|schnei|den ['apʃnaidn̩], schneidet ab, schnitt ab, hat abgeschnitten:
1. *mit Messer oder Schere von etwas trennen:* einen Faden abschneiden · Ich habe mir ein Stück [vom] Käse abgeschnitten.
2. *so trennen, dass eine Person, ein Ort nicht erreicht werden kann:* Es hatte so viel geschneit, dass die Hütte völlig vom Rest der Welt abgeschnitten war.
3. *[keinen] Erfolg haben:* bei einer Prüfung gut / schlecht abschneiden.

▶ der **Ab|schnitt** ['apʃnɪt], des Abschnitt[e]s, die Abschnitte:
1. *[zusammenhängender] Teil, der sich von anderen unterscheidet:* der nächste Abschnitt des Textes / Weges · ein wichtiger Abschnitt im Leben · Ein neuer Abschnitt der Autobahn wird demnächst fertiggestellt.
2. *Teil, der z. B. von einer Eintrittskarte abgerissen wird:* Ich habe den Abschnitt von der Eintrittskarte aufgehoben.

▶ **ab|schrei|ben** ['apʃraibn̩], schreibt ab, schrieb ab, hat abgeschrieben:

1. *[noch einmal] schreiben:* Du musst das Ganze noch einmal abschreiben.
2. *ohne Erlaubnis einen Text[teil] verwenden, der von einer anderen Person geschrieben wurde:* Der Schüler hat im Diktat bei / von seinem Nachbarn abgeschrieben.

ab|se|hen ['apze:ən], sieht ab, sah ab, hat abgesehen:
1. *durch genaues Beobachten lernen:* Diesen Trick habe ich mir bei meinem Bruder abgesehen.
2. *auf eine Aktion verzichten:* Ich will noch einmal von einer Strafe absehen.
3. *nicht beachten:* Wenn man von dem einen Gewitter absieht, war das Wetter ausgezeichnet. · Von wenigen Ausnahmen abgesehen waren alle begeistert.
4. *** es auf jemanden / etwas abgesehen haben:** *für sich haben wollen oder als Ziel haben:* Er hat es auf die Tochter unseres Nachbarn / auf meinen Job abgesehen. · Hast du es eigentlich darauf abgesehen, mich zu ärgern?

▸ der **Ab|sen|der** ['apzɛndɐ], des Absenders, die Absender:
1. *männliche Person, die etwas abschickt:* Wir suchen den Absender dieses Pakets.
2. *Name und Adresse der Person, von der die Post stammt:* Absender nicht vergessen! · Steht kein Absender auf dem Brief?

▸ die **Ab|sen|de|rin** ['apzɛndərɪn], der Absenderin, die Absenderinnen:
weibliche Person, die etwas abschickt: die Absenderin des geheimnisvollen Briefes.

▸ die **Ab|sicht** ['apzɪçt], der Absicht, die Absichten:
Wille, etwas zu tun oder zu erreichen: Das geschah völlig ohne (böse) Absicht. · Das hat er doch mit Absicht getan! · Ich habe die Absicht, mir ein Auto zu kaufen.

▸ **ab|so|lut** [apzo'lu:t]:
1. *nicht mit Bedingungen verbunden; völlig:* Das weiß ich mit absoluter Sicherheit. · Sie ist immer absolut zuverlässig.
2. *nicht zu steigern oder zu übertreffen:* Das ist absolut der beste Film, den ich je gesehen habe.

ab|sol|vie|ren [apzɔl'vi:rən], absolviert, absolvierte, hat absolviert:
mit Erfolg hinter sich bringen: eine Ausbildung / Prüfung / Schule absolvieren · Als ich kam, hatte er bereits zwei Stunden Training absolviert.

ab|sper|ren ['apʃpɛrən], sperrt ab, sperrte ab, hat abgesperrt (besonders österreichisch, süddeutsch):
mit einem Schlüssel schließen; abschließen: das Haus / die Tür absperren · Ich habe vergessen abzusperren.

ab|spie|len ['apʃpi:lən], spielt ab, spielte ab, hat abgespielt:
1. *[von Anfang bis Ende] spielen:* Ich hätte gern ein Gerät, mit dem man / das auch Blu-Rays abspielen kann.
2. *(den Ball) zu einem Spieler der eigenen Mannschaft spielen; abgeben:* Er müsste schneller abspielen.
3. ⟨+ sich⟩ *geschehen:* Der Streit spielt sich hinter verschlossenen Türen ab. · Alles spielte sich so schnell ab, dass ich nicht reagieren konnte.

ab|spre|chen ['apʃprɛçn̩], spricht ab, sprach ab, hat abgesprochen:
sich über etwas einigen und gemeinsam beschließen: Wir müssen [uns] noch absprechen, wie wir weiter vorgehen wollen. · Sie haben ihre Aussagen miteinander abgesprochen.

der **Ab|stand** ['apʃtant], des Abstand[e]s, die Abstände ['apʃtɛndə]:
1. *Entfernung, Raum zwischen zwei Punkten, Personen, Dingen:* beim Autofahren genügend Abstand halten · die Abstände zwischen den Zeilen vergrößern · Er folgte ihr in 50 Meter Abstand.
2. *Zeitraum zwischen zwei Aktionen, Ereignissen:* jemanden in regelmäßigen Abständen besuchen · Die Kontrolle wird im Abstand von 15 Minuten wiederholt.
3. *Unterschied:* mit einem Abstand von 15 Punkten führen / verlieren; *** mit Abstand:** *mit großem Abstand:* Das ist mit Abstand das Dümmste, was ich je gehört habe.
4. *Zustand, in dem andere Personen, bestimmte Dinge einen emotional wenig berühren:* Er hat zu seinen Kollegen immer Abstand gehalten. · Ich muss endlich von diesen Vorfällen Abstand gewinnen.

ab|stel|len ['apʃtɛlən], stellt ab, stellte ab, hat abgestellt:
1. *etwas, was man getragen hat, an einen Platz stellen:* Mir taten die Arme weh und ich musste die Taschen kurz abstellen.
2. *für bestimmte Zeit an einem geeigneten Ort lassen:* das Auto in der Garage abstellen · Kann ich meine Sachen bei euch abstellen, bis ich eine Wohnung gefunden habe?

3. *bewirken, dass etwas nicht mehr fließt:* das Gas / das Wasser / den Strom abstellen.
4. *außer Betrieb setzen; ausschalten:* den Motor / das Radio / die Heizung abstellen.

▶ **ab|stim|men** ['apʃtɪmən], stimmt ab, stimmte ab, hat abgestimmt:
1. *eine Entscheidung treffen, indem gezählt wird, wie viele Personen dafür und wie viele dagegen sind:* Lasst uns über den Vorschlag abstimmen.
2. *für oder gegen etwas sein, wenn abgestimmt wird:* mit Ja / Nein abstimmen · Wie hast du abgestimmt?

die **Ab|stim|mung** ['apʃtɪmʊŋ], der Abstimmung, die Abstimmungen:
Entscheidung durch Abstimmen: Der Antrag kam / gelangte zur Abstimmung.

der **Ab|sturz** ['apʃtʊrts], des Absturzes, die Abstürze ['apʃtʏrtsə]:
Unfall, bei dem eine Person, Sache aus großer Höhe fällt: beim Absturz eines Flugzeugs ums Leben kommen.

ab|stür|zen ['apʃtʏrtsn̩], stürzt ab, stürzte ab, ist abgestürzt:
1. *aus großer Höhe nach unten fallen:* Das Flugzeug stürzte gestern in den Bergen ab.
2. (EDV) *nicht mehr funktionieren, reagieren:* Der Computer / Der Rechner ist eben abgestürzt.

ab|surd [ap'zʊrt], absurder, am absurdesten:
der Vernunft widersprechend: ein absurder Gedanke · Der Plan ist für mich völlig absurd.

▶ die **Ab|tei|lung** [ap'tailʊŋ], der Abteilung, die Abteilungen:
Teil einer Firma, Behörde oder Organisation mit eigenen Aufgaben: die medizinische Abteilung der Bibliothek · Fragen Sie doch mal in der Abteilung für Spielwaren.

ab|trock|nen ['aptrɔknən], trocknet ab, trocknete ab, hat abgetrocknet:
mit einem Tuch trocken reiben: Du bist dran mit [Geschirr] abtrocknen. · Ich trocknete mir die Hände / mich ab.

▶ der **Ab|wart** ['apvart], des Abwarts, die Abwarte (schweizerisch):
Hausmeister: Hat der Abwart einen Schlüssel zu der Wohnung?

ab|war|ten ['apvartn̩], wartet ab, wartete ab, hat abgewartet:
1. *so lange warten, bis etwas geschieht oder die Zeit für etwas kommt:* eine günstige Gelegenheit / den richtigen Zeitpunkt abwarten · Warte doch mal ab, vielleicht kommt er ja noch. · Wir konnten kaum abwarten, das neue Spiel auszuprobieren.
2. *warten, bis etwas zu Ende ist:* den Regen abwarten.

▶ die **Ab|war|tin** ['apvartɪn], der Abwartin, die Abwartinnen (schweizerisch):
weibliche Person, die als Abwart arbeitet: Die Abwartin hat den Einbruch entdeckt.

▶ **ab|wärts** ['apvɛrts]:
nach unten: der Weg abwärts · Er kann sich vom Hals abwärts nicht mehr bewegen.

▶ **ab|wa|schen** ['apvaʃn̩], wäscht ab, wusch ab, hat abgewaschen:
mit Wasser säubern: Ich wasche noch schnell (das Geschirr) ab.

ab|wech|seln ['apvɛksl̩n], wechselt ab, wechselte ab, hat abgewechselt:
eines nach dem anderen geschehen lassen oder im Wechsel von Personen: Wir wechseln uns beim Kochen ab. · Gute und schlechte Zeiten wechseln [sich] im Leben ab. · Sie lachte und weinte abwechselnd. · Die Kinder schaukelten abwechselnd.

▶ **ab|we|send** ['apve:zn̩t]:
1. *nicht da, sondern an einem anderen Ort:* Welche Schüler sind heute abwesend?
2. *in Gedanken mit etwas anderem beschäftigt:* ein abwesender Gesichtsausdruck · abwesend lächeln.

ach [ax]:
1. drückt Überraschung (und ein am Ton zu erkennendes Gefühl) aus: Ach, das ist mir neu! · Ach, das tut mir leid! · Ach, wie schön / schade / doof! · Ach ja / so! *(Jetzt habe ich verstanden.)* · Ach ja / nein? *(Ich habe meine Zweifel.)*.
2. drückt Sehnsucht aus: Ach, wäre er doch hier bei mir! · Ach, wäre das schön!
3. drückt Bedauern aus: Ach, warum hab ich das nur getan? · Ach, ich wünschte, das wäre nie passiert!
4. widerspricht der Aussage oder Vermutung einer anderen Person: »Ist er krank?« – »Ach wo, er hat nur keine Zeit!« · Ach was, das ist doch gar nicht wahr!

▶ **acht** [axt] (als Ziffer: 8):
die Zahl 8: auf Seite acht im Buch · Sie ist heute acht [Jahre alt] geworden. · Das Konzert fängt um acht [Uhr] an. · Es ist jetzt fünf vor / zehn nach acht. · Sie kommt in acht Tagen *(am gleichen Wochentag).*; *** zu acht:** *in einer Gruppe*

von acht Personen: Wir haben uns zu acht eine Skihütte gemietet.

acht... [axt...]:
in einer Reihenfolge, Aufzählung an 8. Stelle: am achten Januar · jeder Achte · als Achte / Achter durchs Ziel gehen.

▸ **ach|ten** [ˈaxtn̩], achtet, achtete, hat geachtet:
1. *aufpassen:* auf Sauberkeit achten · Er achtete nicht auf ihre Worte. · Achte bitte auf deinen kleinen Bruder, während ich weg bin.
2. *mit Achtung und Respekt behandeln:* die Gefühle anderer achten · ein international geachteter Politiker · Ich achte deinen guten Willen, aber ich finde, du solltest das nicht tun.
3. *tun, was verlangt wird; sich an etwas halten:* die Gesetze achten · Vorfahrt achten!

▸ die **Ach|tung** [ˈaxtʊŋ], der Achtung:
1. *Einstellung, dass eine Person, Sache hohen Wert hat und entsprechend behandelt werden muss:* aus Achtung vor seinen Eltern · Durch diese Tat ist sie sehr in meiner Achtung gestiegen.
2. dient dazu, vor etwas zu warnen oder um Aufmerksamkeit zu bitten: Achtung, Stufe! · Achtung, Achtung, eine Durchsage!

▸ **acht|zig** [ˈaxt͜sɪç] (in Ziffern: 80):
achtzig Personen · Mit achtzig [Jahren] fühlt er sich dazu zu alt.

▸ die **Ad|res|se** [aˈdrɛsə], der Adresse, die Adressen:
1. *genaue Angabe, wo eine Person wohnt:* Wie ist / lautet Ihre Adresse?
2. *Folge von Buchstaben und Zeichen, die ein Ziel im Internet bezeichnet:* Ich schicke dir eine E-Mail, wie ist denn deine Adresse? · Kannst du mir mal bitte die Adresse dieser Website geben?

der **Ad|vent** [atˈvɛnt], des Advent[e]s, die Advente:
die vier Wochen vor Weihnachten: die Stimmung im Advent genießen.

▸ der **Af|fe** [ˈafə], des Affen, die Affen:
1. *Tier, das mit dem Menschen nah verwandt ist:* Der Affe schälte die Banane wie ein Mensch.
2. drückt aus, dass man für einen Mann, Jungen wenig Achtung empfindet: Blöder Affe!

ag|gres|siv [agrɛˈsiːf], aggressiver, am aggressivsten:
bereit, andere anzugreifen: eine aggressive Spielweise · aggressiv reagieren · Jetzt sei doch nicht gleich so aggressiv!

ähm [ɛ(ː)m]:
füllt eine Pause beim Sprechen, während man nachdenkt: Ähm, Moment, gleich hab ichs!

äh|neln [ˈɛːnl̩n], ähnelt, ähnelte, hat geähnelt:
im Aussehen oder in der Art an eine andere Person, Sache erinnern: Das Opernhaus ähnelt in der Form einer Muschel. · Wir ähneln uns mehr, als du denkst.

ah|nen [ˈaːnən], ahnt, ahnte, hat geahnt:
vermuten, fühlen, dass etwas der Fall ist oder geschehen wird: Dunkle Wolken am Himmel ließen nichts Gutes ahnen. · Ich hab ja geahnt, dass das nicht klappt!

▸ **ähn|lich** [ˈɛːnlɪç], ähnlicher, am ähnlichsten:
fast gleich: ähnliche Interessen / Gedanken · Er sieht seinem Bruder sehr ähnlich.; * **jemandem ähnlich sehen** (umgangssprachlich): *so, dass es zum Charakter einer Person passt:* Es sieht dir ähnlich, dass du mal wieder zu spät kommst.

▸ die **Ah|nung** [ˈaːnʊŋ], der Ahnung, die Ahnungen:
Gefühl, dass etwas geschieht: eine dunkle / böse Ahnung haben; * **keine Ahnung haben** (umgangssprachlich): *nicht wissen:* Ich habe keine Ahnung, wo sie ist.

Aids [eɪt͜s] ⟨meist ohne Artikel⟩:
sehr gefährliche Infektion, bei der sich der Körper nicht gegen Bakterien und Viren wehren kann: Bisher kann Aids noch nicht geheilt werden.

die **Aka|de|mie** [akadeˈmiː], der Akademie, die Akademien [akadeˈmiːən]:
Institution für Forschung oder Bildung: die Akademie der Wissenschaften / Künste.

▸ der **Ak|ku** [ˈakuː], des Akkus, die Akkus:
Gerät zum Speichern von Strom: Der Akku von meinem Handy ist leer. · Der Akku vom Laptop hält bis zu acht Stunden *(speichert Strom für acht Stunden Betrieb).*

▸ die **Ak|ti|on** [akˈt͜si̯oːn], der Aktion, die Aktionen:
1. *gemeinsam geplante und durchgeführte Maßnahme:* eine Aktion zugunsten krebskranker Kinder · militärische Aktionen gegen ein Land.
2. *etwas, was man tut; Handlung:* Das war eine reichlich sinnlose Aktion.

▸ **ak|tiv** [akˈtiːf], aktiver, am aktivsten:
(gern und oft) selbst handelnd oder sich für ein Ziel einsetzend: ein sehr aktives

Kind · ein aktives Mitglied des Sportvereins · politisch / sexuell aktiv sein · Die Regierung sollte endlich in dieser Angelegenheit aktiv werden.

▸ die **Ak|ti|vi|tät** [aktivi'tɛ:t], der Aktivität, die Aktivitäten:
aktives Verhalten: politische Aktivitäten · seine Aktivität verstärken.

▸ **ak|tu|ell** [ak'tu̯ɛl], aktueller, am aktuellsten:
jetzt interessant, wichtig, gültig oder neu: aus aktuellem Anlass · die aktuelle Entwicklung · Dieses Problem ist heute nicht mehr aktuell *(besteht nicht mehr).*

▸ **ak|zep|tie|ren** [aktsɛp'ti:rən], akzeptiert, akzeptierte, hat akzeptiert:
1. *einverstanden sein:* eine Entschuldigung akzeptieren · Hat der Chef deinen Vorschlag akzeptiert? · Sie wird von den anderen Kindern nicht akzeptiert.
2. *annehmen, anerkennen:* Akzeptieren Sie auch Kreditkarten?

▸ der **Alarm** [a'larm], des Alarm[e]s, die Alarme:
Ton oder Signal, das bei Gefahr warnt: Durch den Rauch wurde Alarm ausgelöst.; * **blinder Alarm:** *Alarm oder Aufregung aufgrund eines Irrtums;* * **Alarm schlagen:** *vor einer aktuellen Gefahr warnen.*

▸ der **Al|ko|hol** ['alkoho:l], des Alkohols:
1. *Flüssigkeit, die brennen kann und die besonders in [anregenden] Getränken enthalten ist:* eine Wunde mit Alkohol reinigen · Der Schnaps enthält 40 Prozent Alkohol.
2. *Getränk, das Alkohol enthält:* Ich trinke / vertrage keinen Alkohol.

das **All** [al], des Alls:
Weltraum; Universum: eine Reise durchs All.

▸ **all ...** [al ...]:
1. *das Ganze oder jeden Einzelnen betreffend, ohne Rest oder Ausnahme:* Vielen Dank für all deine Mühe! · Alles Gute zum Geburtstag! · Was soll das alles? · Sind jetzt alle (Kinder) da?; * **vor allem:** *hauptsächlich; besonders:* Der Kranke braucht jetzt vor allem Ruhe.
2. *in regelmäßigen Abständen von ...:* alle zehn Meter einen Baum pflanzen · Der Bus fährt alle fünf Minuten.

▸ **al|lein** [a'lai̯n], **al|lei|ne** [a'lai̯nə]:
1. *ohne andere:* Heute Abend bin ich allein zu Hause. · Lass mich nicht allein!
2. *einsam:* Unter so vielen Fremden fühle ich mich ziemlich allein.
3. *ohne Hilfe:* Lass mich, ich kann das allein!; * **von allein:** 1) *ohne Aufforderung:* Sie hat ganz von allein ihr Zimmer aufgeräumt. 2) *ohne dass eine Person aktiv wird:* Ich war das nicht, die Tür ist von allein aufgegangen.
4. *nur diese Person, Sache und keine andere:* Das kannst nur du allein wissen. · Schon allein für die erste Aufgabe habe ich zwei Stunden gebraucht.

▸ **al|ler|dings** ['alɐ'dɪŋs], ['alɐdɪŋs]:
1. schränkt mit dieser eine andere Aussage ein: Ich war dort, allerdings hat mir keiner aufgemacht. · Das Buch ist gut, allerdings etwas lang.
2. *ja natürlich:* »Kommt er denn auch?« – »Allerdings! Hast du das nicht gewusst?«.
3. stimmt einer Person tröstend zu: Da hast du allerdings großes Pech gehabt!

die **Al|ler|gie** [alɛr'gi:], der Allergie, die Allergien [alɛr'gi:ən]:
[empfindliche] Reaktion des Körpers auf bestimmte Stoffe: Sie hat mehrere Allergien.

▸ **all|ge|mein** ['algə'mai̯n]:
1. *bei, von (fast) allen oder für (fast) alle:* auf allgemeinen Wunsch · ein allgemein bekannter Politiker · Es ist allgemein bekannt, dass ...
2. ⟨allgemeiner, am allgemeinsten⟩ *nicht auf Einzelheiten beschränkt oder konzentriert:* eine allgemeine Einführung in ein Thema · Wir haben über diese Dinge gesprochen, aber nur ganz allgemein, nicht im Einzelnen.; * **im Allgemeinen:** *von wenigen Ausnahmen abgesehen:* Im Allgemeinen verstehen wir uns gut, aber im Moment haben wir Streit.

all|mäh|lich [al'mɛ:lɪç]:
drückt aus, dass ein Vorgang lange dauert, sich etwas langsam entwickelt: Es wurde allmählich kalt / kälter. · Ich verliere allmählich die Geduld mit ihm.

▸ der **All|tag** ['alta:k], des Alltag[e]s:
tägliches Leben, das immer ähnlich abläuft: Der Urlaub ist vorbei, der Alltag hat uns wieder.

▸ **all|täg|lich** ['al'tɛ:klɪç], alltäglicher, am alltäglichsten:
so, dass es nichts Besonderes hat: die alltäglichen Dinge erledigen · Das ist eine ganz alltägliche Geschichte.

all|zu ['altsu:]:
viel zu: Der Urlaub war nur allzu bald vorbei. · Sie hat sich nicht allzu sehr *(nicht besonders)* angestrengt.

▸ das **Al|pha|bet** [alfa'be:t], des Alphabet[e]s, die Alphabete:
festgelegte Reihenfolge der Buchstaben

einer Sprache; Abc: Das deutsche Alphabet hat 26 Buchstaben.

al|pha|be|tisch [alfa'be:tɪʃ]:
wie im Alphabet: in alphabetischer Reihenfolge · die Bücher alphabetisch nach Autor ordnen.

▸ **als** [als]:
1. ⟨zeitlich⟩ drückt aus, dass die Handlung des Nebensatzes vor, während oder nach der Handlung des Hauptsatzes stattfindet: Als ich auf die Party kam, wurde schon getanzt.
2. drückt aus, dass etwas nicht so ist wie etwas anderes: Ich bin älter als mein Bruder. · Er ist ganz anders als mein Mann. · Ich komme lieber heute als morgen.
3. * **nichts als:** *nur:* Mit ihr hat man nichts als Ärger.; * **alles andere als:** *überhaupt nicht:* Er ist alles andere als schüchtern.
4. * **als ob:** drückt aus, dass ein wirkliches Ereignis gleich einem nicht wirklichen Ereignis ist: Mir kam es vor, als ob ich schon Stunden gewartet hätte. · Er schaute aus dem Fenster, als ob er nichts gehört habe.
5. leitet eine nähere Erläuterung ein: Du fühlst dich als Held. · Die Geschichte erwies sich als wahr.

▸ **al|so** ['alzo]:
1. als logische Folge; *daher:* Sie ist krank, also wird sie nicht kommen.
2. drückt aus, dass man ein Thema, Gespräch zu Ende bringen will: Also, bleibt es dabei? · Bis später dann also!

▸ **alt** [alt], älter, am ältesten:
1. *schon seit langer Zeit lebend:* Ältere *(nicht mehr junge)* Arbeitslose finden schwer eine neue Stelle. · Für diesen Sport bin ich schon zu alt.
2. *mit dem genannten Alter:* ein zwei Jahre altes Kind / Haus.
3. *schon seit langer Zeit existierend, bekannt:* ein altes Problem · Der Trick ist doch schon alt!
4. *früher; ehemalig:* Unser alter Lehrer war nicht so streng wie der neue.

▸ das **Al|ten|heim** ['altn̩haim], des Altenheim[e]s, die Altenheime:
Einrichtung, in der alte Menschen versorgt werden: Meine Großmutter lebt im Altenheim.

▸ das **Al|ter** ['altɐ], des Alters:
1. *Zeit des Lebens, in der man schon alt ist:* Sie war auch im Alter noch sehr aktiv.
2. *bestimmter Abschnitt des Lebens:* Er kommt jetzt in das Alter, wo man über Familie und Kinder nachdenkt.
3. *Zeit, die eine Person, ein Tier bereits lebt oder etwas bereits existiert:* im Alter von 60 Jahren · Das Alter der Funde wurde auf mehrere Hunderttausend Jahre geschätzt.

▸ **al|ter|na|tiv** [altɛrna'ti:f]:
eine Alternative [zum Normalen, bisher Üblichen] darstellend: ein alternatives Konzept entwickeln · alternative Energien / Medizin · Alternativ könnten wir auch Folgendes versuchen: ...

▸ die **Al|ter|na|ti|ve** [altɛrna'ti:və], der Alternative, die Alternativen:
1. *andere Möglichkeit:* Gibt es dazu eine preiswertere Alternative?
2. *Wahl zwischen zwei Möglichkeiten:* Wir standen vor der Alternative, zu kündigen oder uns zu wehren.

▸ das **Al|ters|heim** ['altɐshaim], des Altersheim[e]s, die Altersheime:
Altenheim: in einem Altersheim leben.

das **Alt|pa|pier** ['altpapi:ɐ̯], des Altpapier[e]s:
alte Zeitungen u. Ä., die entsorgt werden sollen: die Tonne für das Altpapier.

▸ **am** [am] ⟨Verschmelzung von »an« + »dem«⟩:
1. ⟨kann aufgelöst werden⟩ Die Personen, die am Projekt mitarbeiten, treffen sich heute.
2. ⟨kann nicht aufgelöst werden⟩ eine Stadt am Meer · am Anfang der Ferien · Er hat am 9. Juni Geburtstag.
3. ⟨kann nicht aufgelöst werden; mit Superlativ⟩ Am besten, du gehst zur Touristeninformation. · Am liebsten trinke ich Rotwein.

▸ der **Am|mann** ['aman], des Ammann[e]s, die Ammänner ['amɛnɐ], die **Am|män|nin** ['amɛnɪn], der Ammännin, die Ammänninnen (schweizerisch):
Bürgermeister(in): der Ammann von unserem Dorf.

▸ die **Am|pel** ['ampl̩], der Ampel, die Ampeln:
Anlage, die mit bunten Lichtern den Verkehr regelt: an der roten Ampel halten · Die Ampel stand auf Grün.

▸ das **Amt** [amt], des Amt[e]s, die Ämter ['ɛmtɐ]:
1. *offizielle Aufgabe oder Stellung:* die Kandidaten für das Amt des Bürgermeisters · Sie ist von ihrem Amt als Vereinsvorsitzende zurückgetreten.
2. *Behörde (besonders als Teil des Namens):* Mitarbeiter des Amtes für Statistik.

▸ **amü|sie|ren** [amy'zi:rən], amüsiert, amüsierte, hat amüsiert:

1. ⟨+ sich⟩ *Spaß und Freude haben:* Habt ihr euch auf dem Fest gut amüsiert?
2. *einer Person Vergnügen machen:* Der Gedanke amüsierte ihn. · Sie lächelte amüsiert über seine Unsicherheit.
3. ⟨+ sich⟩ *lachen (und Witze) machen:* Er amüsiert sich immer darüber, dass ich so ungeschickt bin.

▶ **an** [an]:
1. ⟨mit Dativ; Frage: wo?⟩ drückt aus, dass etwas ganz nah ist, etwas anderes direkt berührt: Der Tisch steht an der Wand. · Potsdam liegt an der Havel.
2. ⟨mit Akkusativ; Frage: wohin?⟩ drückt eine bestimmte Richtung, eine Bewegung zu etwas hin aus: Wir stellen den Tisch an die Wand. · Im Sommer fahren wir an die Ostsee.
3. ⟨mit Dativ; Frage: wann?⟩ bezeichnet einen Zeitpunkt: an Ostern · An diesem Tag kann ich nicht kommen.
4. ⟨mit Dativ und Akkusativ; zusammen mit bestimmten Wörtern⟩ Sie ist schuld an dem Unfall. · Er starb an Krebs. · Ich schreibe an meiner Doktorarbeit.
5. *in Betrieb sein; funktionieren:* Das Licht / Die Heizung ist an.

die **Ana|ly|se** [anaˈly:zə], der Analyse, die Analysen:
systematische Prüfung der Eigenschaften oder Zusammensetzung: eine Analyse des Urins im Labor · eine gründliche Analyse des Problems.

▶ **ana|ly|sie|ren** [analyˈzi:rən], analysiert, analysierte, hat analysiert:
eine Analyse machen: Proben im Labor analysieren · Wir müssen die Fehler / Situation genau analysieren.

▶ **an|bie|ten** [ˈanbi:tn̩], bietet an, bot an, hat angeboten:
1. *einer Person mitteilen, dass man ihr etwas geben oder etwas für sie tun will:* jemandem einen Job / seine Hilfe / eine Tasse Kaffee anbieten · Sie bot mir an, mich zum Arzt zu begleiten.
2. *als Ware verkaufen:* Auf dem Markt werden jetzt schon Erdbeeren angeboten.

▶ der **An|bie|ter** [ˈanbi:tɐ], des Anbieters, die Anbieter:
Firma, die etwas als Ware verkauft: beim Strom die Tarife verschiedener Anbieter vergleichen.

an|brin|gen [ˈanbrɪŋən], bringt an, brachte an, hat angebracht:
1. *an einer Stelle befestigen:* ein Schild an der Tür anbringen.
2. *in einem Gespräch äußern:* ein Argument / eine Bemerkung / einen Vorschlag anbringen.

an|dau|ernd [ˈandaʊ̯ɐnt]:
1. *ohne Pause:* der seit Stunden andauernde Sturm · Ich muss andauernd daran denken, was gestern passiert ist.
2. *viel zu oft (vorkommend):* Immer diese andauernden Störungen! · Musst du mich denn andauernd unterbrechen?

▶ **an|de|r...** [ˈandər...]:
1. *nicht diese Person oder Sache (betreffend), sondern eine zweite, weitere, alle übrigen:* Mit der anderen Hand kann ich das nicht. · Die anderen Fenster putze ich später. · Was machen denn die anderen, während du weg bist? · Alles andere erzähle ich dir später.
2. *verschieden, nicht gleich:* Er hatte eine andere Vorstellung von seinem Leben [als seine Eltern]. · Das sind ja ganz andere Farben, als ich haben wollte!

▶ **an|de|rer|seits** [ˈandərɐzaɪ̯ts]:
aber auch; auf der anderen Seite: Die Worte kränkten sie, andererseits machten sie sie auch wütend. · ⟨oft in Verbindung mit »einerseits«⟩ Das macht mich einerseits traurig, andererseits wütend.

▶ **än|dern** [ˈɛndɐn], ändert, änderte, hat geändert:
1. *anders werden lassen:* Sie sah sich gezwungen, ihren Plan zu ändern. · Das ändert nichts an der Tatsache, dass ...
2. ⟨+ sich⟩ *anders werden:* Du hast dich sehr geändert. · Im Moment sieht es schlecht aus, aber das kann sich ja noch ändern.

▶ **an|ders** [ˈandɐs]:
nicht so (wie), sondern verschieden: Es geht nicht anders. · Kommst du jetzt oder hast du es dir anders überlegt? · Es ist ganz anders, als du denkst!

▶ die **Än|de|rung** [ˈɛndərʊŋ], der Änderung, die Änderungen:
Vorgang, etwas oder sich zu verändern: Es wird nur geringfügige Änderungen geben. · Ist im Zustand des Kranken eine Änderung eingetreten?

an|ei|nan|der [an|aɪ̯ˈnandɐ]:
eine Person, Sache an die andere oder der anderen: aneinander denken · Wir müssen gerade aneinander vorbeigefahren sein.

▶ **an|er|ken|nen** [ˈan|ɛɐ̯kɛnən], erkennt an, erkannte an, hat anerkannt:
1. *offiziell als gültig, richtig oder zulässig akzeptieren:* einen Staat / jemandes Forderungen anerkennen · Meine Ausbildung wird in Deutschland nicht aner-

kannt. · Das Finanzamt hat mein Arbeitszimmer nicht anerkannt.
2. *positiv beurteilen (und loben):* jemandes Leistungen anerkennen · Du solltest mehr anerkennen, was ich für dich tue.

die **An|er|ken|nung** [ˈanlɛɐ̯kɛnʊŋ], der Anerkennung, die Anerkennungen:
1. *Handlung, mit der man etwas als gültig oder zulässig akzeptiert:* die Anerkennung seiner Forderungen.
2. *positive Bewertung (und lobende Worte):* Ihre Leistung verdient unsere volle Anerkennung.

▶ der **An|fang** [ˈanfaŋ], des Anfang[e]s, die Anfänge [ˈanfɛŋə]:
der erste Teil oder die erste Zeit von etwas: Am Anfang hatte ich noch Probleme damit. · Ich habe den Anfang des Films verpasst. · Die Miete wird Anfang des Monats abgebucht.

▶ **an|fan|gen** [ˈanfaŋən], fängt an, fing an, hat angefangen:
1. *tun, was man gerade noch nicht getan hat:* Ich habe das Bild / mit dem Bild gerade erst angefangen. · Sie fing an zu singen / zu singen an. · Können wir jetzt endlich anfangen?
2. *etwas als Erste[r] tun:* Wer hat mit dem Streit angefangen? · Kann ich anfangen oder möchtest du?
3. *seinen Anfang haben:* da, wo der Wald anfängt · Morgen fängt die Schule wieder an. · Das Wort fängt mit »p« an.
4. *machen:* Was willst du mit dem freien Tag anfangen? · Wenn du ihn täuschen willst, musst du das schlau anfangen. · Kannst du damit noch etwas anfangen oder soll ich es wegwerfen?

▶ **an|fangs** [ˈanfaŋs]:
in der ersten Zeit oder im ersten Teil: Anfangs ging alles gut.

an|fas|sen [ˈanfasn̩], fasst an, fasste an, hat angefasst:
1. *mit der Hand berühren oder greifen:* Fass hier bitte nichts an.
2. *helfen:* Wenn alle mit anfassen, ist die Arbeit schnell getan.

▶ die **An|ga|be** [ˈanga:bə], der Angabe, die Angaben:
Information, die man einer Person gibt: ohne Angabe der Adresse · jemandes Angaben überprüfen · Können Sie nähere Angaben zum Unfall machen?

▶ **an|ge|ben** [ˈange:bn̩], gibt an, gab an, hat angegeben:
1. *nennen, mitteilen:* Bitte geben Sie Namen und Adresse genau an!
2. *bestimmen:* Das kleinste Kind gibt das Tempo an.
3. *so tun, als sei man, etwas besonders wichtig:* Der gibt mit seinem neuen Auto ganz schön an! · Gib doch nicht immer so an!

an|geb|lich [ˈange:plɪç]:
drückt aus, dass man Zweifel daran hat, dass etwas wahr ist: ihr angeblicher Onkel · Er hat angeblich nichts davon gewusst.

▶ das **An|ge|bot** [ˈangəbo:t], des Angebot[e]s, die Angebote:
1. *etwas, was angeboten wird; Vorschlag:* ein Angebot von jemandem bekommen / annehmen · Sie machte mir das Angebot, meinen Aufsatz zu korrigieren.
2. *etwas, was den Bürgern, Kunden zur Verfügung steht:* eine Stadt mit einem guten kulturellen Angebot · Der Supermarkt hat ein großes Angebot an Süßigkeiten.
3. *Ware zu einem günstigen Preis:* Was ist denn heute im Angebot?

an|ge|hen [ˈange:ən], geht an, ging an, ist angegangen:
1. *zu brennen, funktionieren beginnen:* Als das Licht / Radio anging ... · Das Feuer / Der Ofen will einfach nicht angehen.
2. *eine Person betreffen, für sie interessant sein:* ein Problem, das uns alle angeht · Was ich mit meinem Geld mache, geht dich überhaupt nichts an!
3. *in bestimmter Weise handeln:* gegen die Umweltverschmutzung / gegen ein Gerichtsurteil angehen · Wie wollen wir die Probleme angehen?

▶ der **An|ge|hö|ri|ge** [ˈangəhø:rɪgə], der Angehörige / ein Angehöriger, des / eines Angehörigen, die Angehörigen / zwei Angehörige:
[männliche] Person, die zur [engeren] Familie gehört: ein naher Angehöriger · Er hat keine Angehörigen mehr.

▶ die **An|ge|hö|ri|ge** [ˈangəhø:rɪgə], die / eine Angehörige, der / einer Angehörigen, die Angehörigen / zwei Angehörige:
weibliche Person, die zur [engeren] Familie gehört: Sie ist seine nächste Angehörige.

die **An|ge|le|gen|heit** [ˈangəle:gn̩hai̯t], der Angelegenheit, die Angelegenheiten:
Sache, mit der sich eine Person beschäftigt oder die sie betrifft: Wie ich das mache, ist meine Angelegenheit. · Ich muss ihn in einer wichtigen Angelegenheit sprechen.

▸ **an|ge|nehm** ['angəne:m], angenehmer, am angenehmsten:
als positiv erlebt: eine angenehme Überraschung · Ist das Wasser so angenehm? · Es wäre mir sehr angenehm, wenn du das für mich erledigen könntest. · Die Atmosphäre war angenehm entspannt.

an|ge|stellt ['angəʃtəlt]:
mit fester Stelle als Mitarbeiter: Die Zeitung beschäftigt 20 fest angestellte und mehrere freie Journalisten.

▸ der **An|ge|stell|te** ['angəʃtɛltə], der Angestellte / ein Angestellter, des / eines Angestellten, die Angestellten / zwei Angestellte:
[männliche] Person, die in einem Betrieb, einer Firma, einer Behörde angestellt ist: Er arbeitet als Angestellter bei den Stadtwerken.

▸ die **An|ge|stell|te** ['angəʃtɛltə], die / eine Angestellte, der / einer Angestellten, die Angestellten / zwei Angestellte:
weibliche Person, die in einem Betrieb, in einer Firma, in einer Behörde angestellt ist: Sie ist kaufmännische Angestellte.

an|grei|fen ['angrai̯fn̩], greift an, griff an, hat angegriffen:
1. *einen Kampf beginnen und Gewalt einsetzen:* Der Feind griff [die Stadt] am frühen Morgen an. · Der Hund knurrte drohend, griff [mich] aber nicht an.
2. *heftig kritisieren:* Für diese Äußerung wurde er in den Zeitungen scharf angegriffen.
3. *den Zustand einer Sache verschlechtern:* eine angegriffene Gesundheit haben · Das Eisen war bereits stark von Rost angegriffen.
4. (besonders österreichisch) *anfassen:* Greif das nicht an, das ist heiß.

der **An|griff** ['angrɪf], des Angriff[e]s, die Angriffe:
1. *das Angreifen mit Gewalt:* Er hob die Fäuste und ging zum Angriff über *(griff an).* · Der Angriff der feindlichen Truppen konnte abgewehrt werden.
2. *heftige Kritik:* Meine Kritik war nicht als persönlicher Angriff gegen Sie gemeint.
3. (Sport) *Aktion mit dem Ziel, einen Vorteil gegenüber dem Gegner zu erreichen:* Der Angriff ist leider misslungen.

▸ die **Angst** [aŋst], der Angst, die Ängste ['ɛŋstə]:
unangenehmes Gefühl, dass man selbst oder eine Person, Sache in Gefahr ist: Du brauchst keine Angst vor dem Hund zu haben. · Ich hatte solche Angst, dass dir etwas passiert ist! · Sie war sehr in Angst um ihre Kinder.

▸ **ängst|lich** ['ɛŋstlɪç], ängstlicher, am ängstlichsten:
[schnell] Angst empfindend: Sie warf mir ängstliche Blicke zu. · Unser Kind ist sehr ängstlich.

▸ **an|ha|ben** ['anha:bn̩], hat an, hatte an, hat angehabt:
1. (umgangssprachlich) *als Kleidung am Körper haben:* ein Kleid / neue Schuhe anhaben · Es war ihm unangenehm, weil er nichts anhatte.
2. * **jemandem / einer Sache nichts anhaben können:** *nicht schaden können:* Sie hat keine Beweise und kann dir nichts anhaben. · Der Sturm konnte dem Boot nichts anhaben.
3. (umgangssprachlich) *eingeschaltet haben:* Sie hatte kein Licht an.

an|hal|ten ['anhaltn̩], hält an, hielt an, hat angehalten:
1. *zum Stehen bringen:* Er hielt ein Auto an und fragte, ob er mitfahren könne. · Ich hielt gespannt den Atem an *(hörte auf zu atmen).*
2. *stehen bleiben:* an einer roten Ampel anhalten.
3. *noch nicht aufhören:* Hoffentlich hält das schöne Wetter noch lange an.

an|hand [an'hant]:
mit der Hilfe der genannten Sache: etwas anhand eines Beispiels / anhand von Beispielen erklären.

[1]**an|hän|gen** ['anhɛŋən], hängt an, hängte an, hat angehängt:
1. *an einer Stelle befestigen:* Am nächsten Bahnhof wurden zusätzliche Wagen an den Zug angehängt.
2. *hinzufügen:* noch ein paar Tage an den Urlaub anhängen · eine Datei an die E-Mail anhängen.
3. (umgangssprachlich) *zu Unrecht beschuldigen:* Ich lasse mir von dir doch keinen Diebstahl anhängen!

[2]**an|hän|gen** ['anhɛŋən], hängt an, hing an, hat angehangen:
von einer Sache, Person überzeugt oder begeistert sein: Sie hängt der Theorie an, dass ...

der **An|hän|ger** ['anhɛŋɐ], des Anhängers, die Anhänger:
1. *Wagen ohne Motor, der an ein Fahrzeug gehängt wird:* Er lud die Gartenabfälle auf / in den Anhänger.
2. *Schmuck, der an einer Kette getragen wird:* Sie trug eine Kette mit einem auffälligen Anhänger.

3. *Person, die von einer Sache, Person überzeugt oder begeistert ist:* Die Partei verliert immer mehr Anhänger.

die **An|hän|ge|rin** ['anhɛŋərɪn], der Anhängerin, die Anhängerinnen:
Frau, die von einer Person, Sache überzeugt oder begeistert ist: Diese Sportart hat bereits viele Anhängerinnen gefunden.

an|he|ben ['anhe:bn̩], hebt an, hob an, hat angehoben:
1. *ein kleines Stück nach oben heben:* Heb mal dein Glas an, damit ich den Tisch abwischen kann.
2. *erhöhen:* die Miete / Preise anheben · Die gute Note hebt seinen Durchschnitt an.

an|hö|ren ['anhø:rən], hört an, hörte an, hat angehört:
1. *aufmerksam zuhören:* Hast du [dir] die CD schon angehört? · Bitte hören Sie meine Vorschläge / mich doch erst einmal an!
2. ⟨+ sich⟩ *beim Hören einen bestimmten Eindruck bewirken:* Er / Seine Stimme hörte sich heiser an. · Für mich hört sich das so an, als ob sie schon aufgegeben hat.
3. *etwas beim Hören erkennen:* Man konnte ihr anhören, wie traurig sie war.

▸ **an|kli|cken** ['anklɪkn̩], klickt an, klickte an, hat angeklickt (EDV):
auf dem Bildschirm des Computers mit der Maus wählen und die Taste drücken: ein Menü anklicken · Bitte klicken Sie das Bild an, um es zu vergrößern.

▸ **an|kom|men** ['ankɔmən], kommt an, kam an, ist angekommen:
1. *einen Ort erreichen:* Ist der Brief schon bei dir angekommen? · Um wie viel Uhr kommen wir in London an?
2. *positive Reaktionen bekommen:* Das Buch / Der Sänger kam beim Publikum gut an.
3. *für eine Person, Sache wichtig oder entscheidend sein:* Auf Geschwindigkeit kommt es [mir] nicht an, arbeite lieber sorgfältig. · Jetzt kommt es ganz auf dich an, ob wir das schaffen. · Wenn es darauf ankommt, strengt er sich an.
4. * **es auf etwas ankommen lassen:** *etwas riskieren:* Ich will es auf einen Streit mit ihm nicht ankommen lassen. · Sie ließ es darauf ankommen, entdeckt zu werden.

▸ **an|kreu|zen** ['ankrɔy̯tsn̩], kreuzt an, kreuzte an, hat angekreuzt:
durch ein [kleines] Kreuz in einem Text oder auf einer Liste markieren: die Lottozahlen ankreuzen.

▸ **an|kün|di|gen** ['ankʏndɪgn̩], kündigt an, kündigte an, hat angekündigt:
1. *mitteilen, dass etwas geplant ist oder geschehen wird:* Sie hat ihren Besuch / sich für morgen angekündigt. · Der Kurs kann leider nicht wie angekündigt stattfinden.
2. ⟨+ sich⟩ *schon vorher zu erkennen sein:* Das Gewitter hatte sich schon Stunden vorher angekündigt.

▸ die **An|kunft** ['ankʊnft], der Ankunft:
das Ankommen an einem Ort: Die Ankunft des Zuges verzögert sich etwas. · Wir wurden bei unserer Ankunft bereits erwartet.

▸ die **An|la|ge** ['anla:gə], der Anlage, die Anlagen:
1. *Park:* das Grillen in öffentlichen Anlagen.
2. *Gelände und Gebäude für einen bestimmten Zweck:* militärische Anlagen · Die Schule darf die Anlagen des Sportvereins benutzen.
3. *Gerät(e) für einen bestimmten Zweck:* Die Heizung muss gegen eine neue Anlage ausgetauscht werden. · Ich möchte gerne eine neue Anlage fürs Wohnzimmer haben *(Gerät, mit dem man Musik hören kann).*
4. *etwas, was man zusammen mit einem Brief, einer E-Mail schickt:* In der / Als Anlage sende ich Ihnen die gewünschten Fotos.
5. *Art, Geld anzulegen:* eine langfristige / sichere Anlage.

der **An|lass** ['anlas], des Anlasses, die Anlässe ['anlɛsə]:
1. *Grund für eine Aktion:* Er wird schon beim geringsten Anlass aggressiv. · Ich habe keinen Anlass zur Klage. · Die Ausstellung findet aus Anlass des 200. Todestages des Malers statt.
2. *Situation, in der man etwas tut:* bei festlichen Anlässen · Er nahm ihren Geburtstag zum Anlass, ihr zu gratulieren.

an|läss|lich ['anlɛslɪç]:
wegen eines Anlasses: eine Feier anlässlich des zehnten Firmenjubiläums.

an|le|gen ['anle:gn̩], legt an, legte an, hat angelegt:
1. *am Ufer ankommen:* Am nächsten Tag legte unser Schiff in Hamburg an.
2. (gehoben) *anziehen:* Sie legte ein Abendkleid und eine Perlenkette an.
3. *neu schaffen oder gestalten:* eine Liste / einen Garten / Vorräte anlegen.

4. *Geld so verwenden, dass man hofft, dass es mehr wird; investieren:* sein Geld sicher / Gewinn bringend anlegen.

▶ die **An|lei|tung** [ˈanlai̯tʊŋ], der Anleitung, die Anleitungen:
[Text zur] Erklärung, wie etwas zu tun, benutzen ist: in der Anleitung nachsehen, welche Teile zusammengehören · einen Versuch unter Anleitung des Lehrers durchführen.

das **An|lie|gen** [ˈanli:gn̩], des Anliegens, die Anliegen:
Sache, die einer Person wichtig ist: dem Direktor ein Anliegen vortragen · Der Umweltschutz ist ein zentrales Anliegen unserer Partei.

an|ma|chen [ˈanmaxn̩], macht an, machte an, hat angemacht:
1. *befestigen, anbringen:* Gardinen anmachen · ein Schild an der Haustür anmachen.
2. *einschalten:* die Heizung / das Radio / das Licht anmachen · Mach doch mal bitte den Fernseher an!
3. *ansprechen und zeigen, dass man [sexuelles] Interesse an jemandem hat:* in der Disco Mädchen anmachen.

▶ **an|mel|den** [ˈanmɛldn̩], meldet an, meldete an, hat angemeldet:
1. *mitteilen, dass man, eine Person kommen wird:* seinen Besuch telefonisch anmelden · Ich bin für zehn Uhr zur Untersuchung angemeldet.
2. *der zuständigen Stelle mitteilen, um etwas tun oder benutzen zu dürfen:* ein Auto / ein Gewerbe / den Strom anmelden · Du musst dich nach dem Umzug gleich bei der Gemeinde anmelden.
3. *mitteilen, dass man, eine Person teilnehmen oder etwas besuchen will:* ein Kind in der Schule / bei einem Verein anmelden · sich zu einem Kurs / Wettkampf anmelden.

▶ die **An|mel|dung** [ˈanmɛldʊŋ], der Anmeldung, die Anmeldungen:
1. *das Anmelden:* Zur Teilnahme ist eine schriftliche Anmeldung erforderlich.
2. *Stelle, wo man sich anmeldet:* Die Formulare bekommen Sie in der Anmeldung.

die **An|nah|me** [ˈanna:mə], der Annahme, die Annahmen:
1. ⟨ohne Plural⟩ *Empfang von Lieferungen oder Post:* die Annahme eines Pakets verweigern.
2. ⟨ohne Plural⟩ *das Akzeptieren, Zustimmen:* die einstimmige Annahme eines Antrags.
3. *Vermutung:* Die Annahme, die Geldanlage sei sicher, erwies sich als falsch. · Ich war der Annahme, dass ihr verreist seid.

▶ **an|neh|men** [ˈanne:mən], nimmt an, nahm an, hat angenommen:
1. *nehmen, was einem eine Person gibt, schickt:* ein Paket für den Nachbarn annehmen · Er hat Bestechungsgelder angenommen.
2. *etwas akzeptieren, damit einverstanden sein:* ein Angebot / einen Antrag / eine Einladung annehmen.
3. *glauben, dass etwas der Fall ist oder geschehen wird:* Ich nehme an, er kommt später. · Das dauerte länger als angenommen.

▶ die **An|non|ce** [aˈnõ:sə], der Annonce, die Annoncen:
Anzeige in einer Zeitung oder Zeitschrift: eine Annonce aufgeben.

ano|nym [anoˈny:m]:
ohne dass der Name bekannt wird: ein anonymer Brief · Der Spender möchte gern anonym bleiben.

an|ord|nen [ˈan|ɔrdnən], ordnet an, ordnete an, hat angeordnet:
1. *festlegen oder befehlen, dass etwas geschieht:* Der Arzt ordnete weitere Tests an. · Wegen der Vogelgrippe wurde angeordnet, dass Geflügel im Stall zu halten sei.
2. *in eine bestimmte Ordnung bringen:* Hast du die Bücher alphabetisch oder nach Sachgruppen angeordnet? · Die Stühle waren im Kreis angeordnet.

die **An|ord|nung** [ˈan|ɔrdnʊŋ], der Anordnung, die Anordnungen:
1. *Äußerung, mit der man etwas bestimmt:* auf Anordnung des Arztes / Richters · eine dienstliche Anordnung nicht befolgen.
2. *die Art, wie Dinge geordnet sind:* eine übersichtliche / Platz sparende Anordnung.

an|pas|sen [ˈanpasn̩], passt an, passte an, hat angepasst:
1. ⟨+ sich⟩ *sein Verhalten nach einer Person, Situation richten:* Mir macht das nicht so viel Spaß, aber ich passe mich euch gern an. · Ich finde ihn ein bisschen zu sehr angepasst.
2. *so ändern, dass etwas zu einer Situation passt:* dem Wetter angepasste Kleidung tragen · Die Renten sollen angepasst werden.

▶ die **An|re|de** [ˈanre:də], der Anrede, die Anreden:

Bezeichnung für eine Person, die man benutzt, wenn man mit ihr spricht: Sie vermied eine direkte Anrede, weil sie nicht wusste, ob sie ihn duzen oder siezen sollte. · Unter Studenten ist die Anrede mit Vornamen üblich.

an|re|gen ['anre:gn̩], regt an, regte an, hat angeregt:
1. *einen Grund für ein bestimmtes Verhalten geben:* ein Buch, das zum Nachdenken anregt · Ihr Vorbild regte ihn dazu an, fleißig zu lernen.
2. *vorschlagen:* Sie regte an, die Sitzung zu verschieben.
3. *bewirken, dass etwas aktiver, besser oder schneller wird:* den Appetit / den Kreislauf / die Fantasie / das Wachstum anregen.

▸ der **An|ruf** ['anru:f], des Anruf[e]s, die Anrufe:
Gespräch am Telefon: auf jemandes Anruf warten · Ich muss noch ein paar Anrufe erledigen.

▸ der **An|ruf|be|ant|wor|ter** ['anru:fbə|antvɔrtɐ], des Anrufbeantworters, die Anrufbeantworter:
Gerät, auf das man eine Nachricht sprechen kann, wenn man eine Person nicht am Telefon erreicht: jemandem etwas auf den Anrufbeantworter sprechen.

▸ **an|ru|fen** ['anru:fn̩], ruft an, rief an, hat angerufen:
eine Nummer wählen, um eine Person am Telefon zu sprechen: Ruf an, wenn du mich brauchst. · Ich habe ihn auf dem Handy angerufen.

▸ **ans** [ans]:
an das: sich ans Tor lehnen · eine Reise ans Meer · Sie hat mich ans Aufräumen erinnert.

▸ die **An|sa|ge** ['anza:gə], der Ansage, die Ansagen:
Information über Lautsprecher oder im Radio: die Ansage, dass der Zug 15 Minuten Verspätung hat · die Ansage des nächsten Musiktitels.

an|sa|gen ['anza:gn̩], sagt an, sagte an, hat angesagt:
bei einer Veranstaltung oder Sendung Informationen bekannt geben: den Punktestand / die Zeit / einen Musiktitel ansagen · Im Radio wurde gerade angesagt, dass die Straße gesperrt werden musste.

▸ **an|schaf|fen** ['anʃafn̩], schafft an, schaffte an, hat angeschafft:
1. ⟨+ sich⟩ *etwas, was teuer, groß ist, kaufen:* sich einen Computer / ein Haus anschaffen.
2. ⟨+ sich⟩ *sich für ein Haustier oder Kind entscheiden:* Wir wollen uns eine Katze / noch keine Kinder anschaffen.
3. (süddeutsch, österreichisch) *Anordnungen oder Aufträge geben:* Sie hat mir angeschafft, dich anzurufen. · Wer zahlt, schafft an.

die **An|schaf|fung** ['anʃafʊŋ], der Anschaffung, die Anschaffungen:
Sache, die man sich anschafft: Ein Haus ist eine Anschaffung, die man sich gut überlegen muss.

an|schal|ten ['anʃaltn̩], schaltet an, schaltete an, hat angeschaltet:
in Betrieb nehmen; anmachen: die Heizung / das Licht anschalten.

an|schau|en ['anʃau̯ən], schaut an, schaute an, hat angeschaut (besonders süddeutsch, österreichisch, schweizerisch):
ansehen: Schau mich an, wenn ich mit dir rede! · Ich schaue mir erst die Nachrichten im Fernsehen an.

an|schei|nend ['anʃai̯nənt]:
wie es den Eindruck macht; offenbar: Anscheinend ist sie noch auf, in ihrem Zimmer ist Licht an.

▸ **an|schlie|ßen** ['anʃli:sn̩], schließt an, schloss an, hat angeschlossen:
1. *mit einem Schloss befestigen:* das Fahrrad am / (seltener:) an den Zaun anschließen.
2. *mit etwas verbinden; installieren:* den Kühlschrank / die Waschmaschine / den Herd / den Computer anschließen.
3. *sich an etwas beteiligen, bei etwas mitmachen:* sich den Demonstranten anschließen.

an|schlie|ßend ['anʃli:sn̩t]:
direkt danach: Ich war einkaufen und anschließend beim Arzt.

▸ der **An|schluss** ['anʃlʊs], des Anschlusses, die Anschlüsse ['anʃlʏsə]:
1. *Verbindung über eine Leitung:* Sie haben dort noch keinen Anschluss ans Internet. · Mitten im Anruf wurde der Anschluss unterbrochen.
2. *Möglichkeit, in ein anderes Verkehrsmittel umzusteigen:* Wir hatten in Frankfurt sofort Anschluss nach Stuttgart. · Wegen der Verspätung habe ich meinen Anschluss verpasst.
3. *gesellschaftlicher Kontakt:* Ich habe hier noch keinen Anschluss gefunden.
4. * **im Anschluss an etwas:** *direkt danach:* Im Anschluss an die Nachrichten sehen Sie eine Sondersendung zu diesen Ereignissen.

▶ **an|schnal|len** [ˈanʃnalən], schnallt an, schnallte an, hat angeschnallt:
mit einem Gurt am Sitz festhalten: Sie schnallte sich und ihre Tochter vor dem Abflug an.

die **An|schrift** [ˈanʃrɪft], der Anschrift, die Anschriften:
Adresse: Bitte nennen Sie mir Ihre Anschrift.

▶ **an|se|hen** [ˈanzeːən], sieht an, sah an, hat angesehen:
1. *die Augen auf ein Ziel richten; betrachten:* Er sah mich wütend an. · Ich kann das nicht mit ansehen, wenn ein Tier geschlachtet wird.
2. ⟨+ sich⟩ *mit den Augen aufmerksam Informationen und Eindrücke aufnehmen:* Die Wunde sollte sich mal ein Arzt ansehen. · Hast du dir die Fotos / den Film schon angesehen?
3. *am Gesicht oder an anderen Zeichen erkennen:* Man sah ihm sein Alter / seine Enttäuschung an.

die **An|sicht** [ˈanzɪçt], der Ansicht, die Ansichten:
1. *persönliche Meinung:* vernünftige Ansichten haben · Ich bin der Ansicht, dass es dafür zu früh ist.
2. *Bild:* Das Titelblatt zeigt eine Ansicht der berühmten Brücke.

an|sons|ten [anˈzɔnstn̩]:
1. *was alles andere betrifft:* Das Buch ist etwas lang, aber ansonsten sehr gut.
2. *wenn nicht, dann:* Gibts noch was? Ansonsten würde ich jetzt gern ins Bett gehen.

▶ **an|spre|chen** [ˈanʃprɛçn̩], spricht an, sprach an, hat angesprochen:
1. *mit jemandem ein Gespräch beginnen:* Sie hat die Frau höflich angesprochen und nach der Uhrzeit gefragt.
2. *sich mit einer Frage an jemanden wenden:* Sie sprach ihn auf den Vorfall im Büro an.
3. *zur Sprache bringen, behandeln:* das Thema / die Schwierigkeiten ansprechen.

▶ der **An|spruch** [ˈanʃprʊx], des Anspruch[e]s, die Ansprüche [ˈanʃprʏçə]:
1. *etwas, was man fordert oder erwartet:* seine Ansprüche bei der Versicherung anmelden · Welche Ansprüche stellen Sie an Ihren Urlaub / an einen Bewerber?
2. *das Recht, etwas zu bekommen:* Jedes Kind hat Anspruch auf einen Platz im Kindergarten.

an|statt [anˈʃtat]:
als Alternative, Ersatz oder Vertretung: Kann ich auch Reis anstatt der Kartoffeln haben? · Er kommt erst morgen anstatt heute. · Wir sahen fern, anstatt auszugehen.

an|stel|le [anˈʃtɛlə]:
anstatt: Kann ich anstelle meines Freundes mitmachen? · Sie trank Tee anstelle von Kaffee.

▶ **an|stel|len** [ˈanʃtɛlən], stellt an, stellte an, hat angestellt:
1. ⟨+ sich⟩ *sich ans Ende einer Reihe von Personen stellen, die warten:* Stell dich doch schon mal an der Kasse an.
2. *zum Fließen bringen:* die Heizung / das Gas / das Wasser anstellen.
3. *in Betrieb nehmen, setzen:* das Radio / den Fernseher anstellen.
4. *jemandem einen Stelle geben; einstellen:* Er ist fest / zur Probe angestellt.
5. (umgangssprachlich) *etwas Dummes machen:* Habt ihr etwa schon wieder was angestellt?

der **An|stieg** [ˈanʃtiːk], des Anstieg[e]s, die Anstiege:
Vorgang, bei dem etwas steigt oder zunimmt: ein Anstieg der Temperaturen im Laufe des Tages · Es ist mit einem Anstieg der Arbeitslosenzahlen / Kosten zu rechnen.

▶ **an|stren|gen** [ˈanʃtrɛŋən], strengt an, strengte an, hat angestrengt:
1. ⟨+ sich⟩ *sich Mühe geben:* angestrengt nachdenken · Wenn du das schaffen willst, musst du dich aber anstrengen.
2. *stark beanspruchen und müde machen:* Das Arbeiten am Computer strengt die Augen an. · Er ist noch schwach und der viele Besuch strengt ihn an.

▶ **an|stren|gend** [ˈanʃtrɛŋənt], anstrengender, am anstrengendsten:
so, dass es mit Anstrengung verbunden, nicht leicht ist: Das ist eine sehr anstrengende Arbeit. · Der Tag war sehr anstrengend.

die **An|stren|gung** [ˈanʃtrɛŋʊŋ], der Anstrengung, die Anstrengungen:
1. *Mühe, die man sich gibt, um etwas zu erreichen:* Wir dürfen jetzt in unseren Anstrengungen nicht nachlassen. · Nur mit äußerster Anstrengung gelang es uns, das Tor zu öffnen. · Anstrengung lohnt sich.
2. *etwas, was viel Kraft verbraucht:* Sie muss sich erst von den Anstrengungen der letzten Tage erholen.

der **An|teil** [ˈantai̯l], des Anteil[e]s, die Anteile:

Teil, der (zu) einer Person, Sache gehört: jemandem seinen Anteil am Gewinn auszahlen · Der Konzern hat seine Anteile am Unternehmen verkauft. · Du hast / Dein Einsatz hat großen Anteil an diesem Erfolg.

die **An|ti|ba|by|pil|le** [anti'be:bipɪlə], der Antibabypille, die Antibabypillen:
Medikament, das eine Schwangerschaft verhindert: die / eine Antibabypille nehmen / verschreiben.

das **An|ti|bio|ti|kum** [anti'bi̯o:tikʊm], des Antibiotikums, die Antibiotika [anti'bi̯o:tika]:
Medikament gegen Infektionen: Ich verschreibe Ihnen ein Antibiotikum.

der **An|trag** ['antra:k], des Antrag[e]s, die Anträge ['antrɛ:gə]:
1. *schriftliche Bitte an eine offizielle Stelle:* Sie stellte bei der Krankenkasse einen Antrag auf eine Kur. · Sein Antrag auf vorzeitige Entlassung aus der Haft wurde abgelehnt.
2. *Vorschlag, über den abgestimmt wird:* für / gegen einen Antrag stimmen · eine Debatte im Bundestag über einen Antrag der Opposition.

die **Ant|wort** ['antvɔrt], der Antwort, die Antworten:
1. *Worte, mit denen man antwortet:* Das Kind gab mir eine freche Antwort. · Der Lehrer bekam auf seine Frage keine Antwort.
2. *Reaktion:* Zur Antwort nickte sie stumm. · Die Strafe ist eine deutliche Antwort auf sein Verhalten.

ant|wor|ten ['antvɔrtn̩], antwortet, antwortete, hat geantwortet:
auf eine Frage, Bitte oder Aufforderung hin etwas sagen oder schreiben: mit Ja / Nein antworten · Sie hat mir auf meine Frage / meinen Brief nicht geantwortet.

der **An|walt** ['anvalt], des Anwalt[e]s, die Anwälte ['anvɛltə], die **An|wäl|tin** ['anvɛltɪn], der Anwältin, die Anwältinnen:
Person, die andere Menschen rechtlich berät und ihnen vor Gericht hilft: Nimm dir einen Anwalt und verklage die Firma auf Schadenersatz.

die **An|wei|sung** ['anvai̯zʊŋ], der Anweisung, die Anweisungen:
1. *Anordnung, Befehl:* Ich habe Anweisung, niemanden ins Gebäude zu lassen.
2. *Anleitung:* in der Anweisung nachlesen, wie ein Gerät zu bedienen ist.

an|wen|den ['anvɛndn̩], wendet an, wandte / wendete an, hat angewandt / angewendet:
zu einem bestimmten Zweck benutzen: eine Methode / ein Programm / sein Wissen anwenden · Ich musste Gewalt anwenden, um das Schloss zu öffnen. · Technik ist angewandte Wissenschaft.

der **An|wen|der** ['anvɛndɐ], des Anwenders, die Anwender, die **An|wen|de|rin** ['anvɛndərɪn], der Anwenderin, die Anwenderinnen:
Person, die etwas (besonders ein Programm am Computer) anwendet: Allen Anwendern wird empfohlen, die neue Version zu installieren.

die **An|wen|dung** ['anvɛndʊŋ], der Anwendung, die Anwendungen:
1. *das Anwenden:* Die neuen Vorschriften kommen ab nächster Woche zur Anwendung.
2. *Programm für Benutzer von Computern:* Welche Anwendungen haben Sie installiert?

▶ **an|we|send** ['anve:zn̩t]:
so, dass man an dem Ort, wo etwas geschieht, ist: die Namen aller anwesenden Mitglieder notieren · Ich war nicht anwesend, als das besprochen wurde.

die **An|we|sen|heit** ['anve:zn̩hai̯t], der Anwesenheit:
das Anwesend-Sein, Da-Sein einer Person: die Anwesenheit der Schüler überprüfen · Das möchte ich in Anwesenheit der Kinder nicht diskutieren.

der **An|woh|ner** ['anvo:nɐ], des Anwohners, die Anwohner, die **An|woh|ne|rin** ['anvo:nərɪn], der Anwohnerin, die Anwohnerinnen:
Person, die in einer bestimmten Straße oder Nachbarschaft wohnt: Parken nur für Anwohner! · Eine Anwohnerin hatte die Feuerwehr alarmiert.

▶ die **An|zahl** ['ant͜sa:l], der Anzahl:
Zahl von Personen, Dingen: Die Anzahl der Kinderkrippenplätze ist begrenzt. · Ab einer Anzahl von 33 Kindern wird die Klasse geteilt.

▶ die **An|zei|ge** ['ant͜sai̯gə], der Anzeige, die Anzeigen:
1. *Mitteilung einer Person, Firma oder Behörde in einer Zeitung oder Zeitschrift:* Auf unsere Anzeige hat sich niemand gemeldet, der die Katze haben will. · In der Anzeige wurden erfahrene Krankenpfleger gesucht.
2. *Meldung eines verbotenen Verhaltens bei der Polizei oder der zuständigen Behörde:* Sie erstattete Anzeige wegen Körperverletzung gegen ihn.
3. *das, was ein Gerät anzeigt:* die Anzeige der Waage ablesen · eine Uhr mit digitaler Anzeige.

an|zei|gen ['antsaign̩], zeigt an, zeigte an, hat angezeigt:
1. *der Polizei oder zuständigen Behörde melden:* jemanden wegen Betrug anzeigen · eine Geburt beim Standesamt anzeigen · Hast du den Diebstahl angezeigt?
2. *Informationen für den Benutzer darstellen:* Die Waage zeigte 50 kg an. · Wie kann ich mir die Größe der Dateien anzeigen lassen?

an|zie|hen ['antsi:ən], zieht an, zog an, hat angezogen:
1. *einen Teil des Körpers mit Kleidung bedecken:* Zieh dir bitte eine Jacke / dich warm an. · Er war sportlich angezogen. · Sie wartete bereits fertig angezogen vor der Tür.
2. *durch Ziehen fester machen:* die Handbremse / die Schraube / das Seil anziehen.
3. *attraktiv wirken:* anziehend aussehen · Süßes zieht Wespen an. · Die Messe hat viele Besucher angezogen.

der **An|zug** ['antsu:k], des Anzug[e]s, die Anzüge:
Jacke und Hose, die zueinander gehören: Zur Abschlussfeier erschien er in Anzug und Krawatte.

an|zün|den ['antsʏndn̩], zündet an, zündete an, hat angezündet:
zum Brennen bringen: die Kerze mit einem Streichholz anzünden.

das **Apart|ment** [a'partmənt], des Apartments, die Apartments:
kleine Wohnung: Wir haben für den Urlaub ein Apartment gemietet.

der **Ap|fel** ['apfl̩], des Apfels, die Äpfel ['ɛpfl̩]:
runde Frucht mit kleinen braunen Kernen in der Mitte: einen Apfel schälen / in vier Teile schneiden; * **in den sauren Apfel beißen** (umgangssprachlich): *eine unangenehme Aufgabe übernehmen.*

der **Ap|fel|saft** ['apfl̩zaft], des Apfelsaft[e]s, die Apfelsäfte ['apfl̩zɛftə]:
Saft aus Äpfeln: Apfelsaft trinken.

die **Ap|fel|schor|le** ['apfl̩ʃɔrlə], der Apfelschorle, die Apfelschorlen:
Getränk aus Apfelsaft und Mineralwasser: eine Apfelschorle bestellen.

die **Ap|fel|si|ne** [apfl̩'zi:nə], der Apfelsine, die Apfelsinen:
saftige, runde orange Frucht mit dicker Schale; Orange: Apfelsinen schälen / auspressen.

die **Apo|the|ke** [apo'te:kə], der Apotheke, die Apotheken:
Geschäft, das Medikamente verkauft: Solche Medikamente bekommst du nur in der Apotheke.

der **Apo|the|ker** [apo'te:kɐ], des Apothekers, die Apotheker, die **Apo|the|ke|rin** [apo'te:kərɪn], der Apothekerin, die Apothekerinnen:
Person, die eine Apotheke leiten darf: Dieses Mittel hat mir die Apothekerin empfohlen.

der **Ap|pa|rat** [apa'ra:t], des Apparat[e]s, die Apparate:
technisches (besonders elektrisches) Gerät: Ein Fernseher ist ein komplizierter Apparat.

der **Ap|pe|tit** [ape'ti:t], des Appetits:
Lust auf oder Freude am Essen: Ich hätte jetzt Appetit auf einen Salat. · Bei euren Gesprächsthemen kann einem ja der Appetit vergehen! · Guten Appetit!

der **Ap|plaus** [a'plaus], des Applauses:
positive Reaktion des Publikums, besonders durch Klatschen; Beifall: Er bekam viel Applaus für seinen Auftritt.

die **Apri|ko|se** [apri'ko:zə], der Aprikose, die Aprikosen:
kleine, weiche, orange Frucht mit flachem Kern in der Mitte: Marmelade aus Aprikosen kochen.

der **Ap|ril** [a'prɪl], des Aprils:
vierter Monat im Jahr: Ostern liegt dieses Jahr im April.; * **jemanden in den April schicken:** *jemanden am 1. April zum Scherz täuschen.*

die **Ar|beit** ['arbait], der Arbeit, die Arbeiten:
1. *etwas, was getan werden muss:* Ich habe heute noch viel Arbeit vor mir. · Sie sang bei der Arbeit. · Kinder machen viel Arbeit. · Wie kommen die Arbeiten an eurem neuen Haus voran?
2. ⟨ohne Plural⟩ *Tätigkeit im Beruf, für die man Geld bekommt:* Ich muss jetzt zur / in die Arbeit. · Sie hat bei einer Zeitung Arbeit *(eine Stelle)* gefunden.
3. *schriftliche Aufgaben in der Schule, für die es Noten gibt:* Wir haben heute eine Arbeit in Deutsch geschrieben. · Sie hat fleißig für die Arbeit gelernt.

ar|bei|ten ['arbaitn̩], arbeitet, arbeitete, hat gearbeitet:
1. *eine bestimmte Arbeit erledigen:* Sie arbeitet gerade im Garten / an ihrer Steuererklärung. · Stör ihn nicht beim Arbeiten!
2. *mit einer Tätigkeit Geld verdienen:* als Maurer / bei einer Bank / fürs Radio / in einer Fabrik arbeiten · Andere in deinem Alter arbeiten schon. · Wenn die Kinder größer sind, will sie wieder arbeiten gehen

3. *funktionieren:* Ihr Herz arbeitet nicht richtig. · Mein Computer arbeitet so langsam.

der **Ar|bei|ter** ['arbaitɐ], des Arbeiters, die Arbeiter, die **Ar|bei|te|rin** ['arbaitərɪn], der Arbeiterin, die Arbeiterinnen:
1. *Person, die mit körperlicher Arbeit Geld verdient:* als Arbeiter in der Fabrik / auf der Baustelle arbeiten.
2. *Person, die auf bestimmte Weise arbeitet:* Sie ist eine langsame, aber sorgfältige Arbeiterin.

der **Ar|beit|ge|ber** ['arbaitge:bɐ], des Arbeitgebers, die Arbeitgeber, die **Ar|beit|ge|be|rin** ['arbaitge:bərɪn], der Arbeitgeberin, die Arbeitgeberinnen:
Firma, Institution oder Person, die Mitarbeiter beschäftigt: Eine Schwangerschaft sollten Sie Ihrem Arbeitgeber möglichst bald melden.

der **Ar|beit|neh|mer** ['arbaitne:mɐ], des Arbeitnehmers, die Arbeitnehmer, die **Ar|beit|neh|me|rin** ['arbaitne:mərɪn], der Arbeitnehmerin, die Arbeitnehmerinnen:
Person, die in einer Firma oder Institution angestellt ist: Schwangere Arbeitnehmerinnen sind vor einer Kündigung gesetzlich geschützt.

die **Ar|beits|er|laub|nis** ['arbaitslɛɐ̯laupnɪs], der Arbeitserlaubnis:
Erlaubnis eines Staates, dort als Ausländer zu arbeiten: eine Arbeitserlaubnis beantragen / erhalten.

ar|beits|los ['arbaitslo:s]:
in der Situation, keinen Arbeitsplatz zu haben, aber einen zu suchen, seiend: Hilfe für arbeitslose Jugendliche · arbeitslos werden / sein.

das **Ar|beits|lo|sen|geld** ['arbaitslo:zn̩gɛlt], des Arbeitslosengeld[e]s:
Geld, das die meisten Arbeitslosen eine bestimmte Zeit lang vom Staat bekommen: Wie lange bekommst du noch Arbeitslosengeld?; * **Arbeitslosengeld II:** *Geld, das Personen vom Staat bekommen, die keine anderen Möglichkeiten haben, sich zu ernähren.*

die **Ar|beits|lo|sig|keit** ['arbaitslo:zɪçkait], der Arbeitslosigkeit:
1. *Zustand, arbeitslos zu sein:* Während seiner langen Arbeitslosigkeit bekam er eine Depression.
2. *Anteil der Bürger, der arbeitslos ist:* die erschreckend hohe Arbeitslosigkeit in manchen Gebieten.

der **Ar|beits|platz** ['arbaitsplats], des Arbeitsplatzes, die Arbeitsplätze ['arbaitsplɛtsə]:
1. *Platz, an dem man arbeitet:* Fahrten zwischen Wohnung und Arbeitsplatz · Zum Lernen braucht das Kind einen ruhigen Arbeitsplatz.
2. *berufliche Arbeit mit Vertrag, festen Zeiten und Arbeitgeber; Stelle:* seinen Arbeitsplatz verlieren · Der Betrieb will weitere Arbeitsplätze einsparen.

▸ die **Ar|beits|stel|le** ['arbaitsʃtɛlə], der Arbeitsstelle, die Arbeitsstellen:
berufliche Tätigkeit: eine Arbeitsstelle finden · Ich möchte [mir] eine neue Arbeitsstelle suchen.

der **Ar|beits|ver|trag** ['arbaitsfɛɐ̯tra:k], des Arbeitsvertrag[e]s, die Arbeitsverträge ['arbaitsfɛɐ̯trɛ:gə]:
Vertrag [zwischen Arbeitgeber und Arbeitnehmer] über einen Arbeitsplatz: den neuen Arbeitsvertrag aushandeln / unterschreiben.

die **Ar|beits|zeit** ['arbaitstsait], der Arbeitszeit, die Arbeitszeiten:
1. *Zeit, in der man in seinem Beruf arbeitet:* eine wöchentliche Arbeitszeit von 40 Stunden haben · Private Telefongespräche während der Arbeitszeit werden nicht gern gesehen.
2. *Zeit, die für eine bestimmte Arbeit gebraucht wird:* Der Klempner hat mir zwei Stunden Arbeitszeit berechnet.

▸ der **Ar|chi|tekt** [arçi'tɛkt], des Architekten, die Architekten, die **Ar|chi|tek|tin** [arçi'tɛktɪn], der Architektin, die Architektinnen:
Person, die Pläne für Bauwerke entwirft und die den Bau überwacht: Das Theater ist das Werk eines berühmten Architekten.

die **Ar|chi|tek|tur** [arçitɛk'tu:ɐ̯], der Architektur:
1. *(Wissen über) das Errichten von Bauwerken:* Architektur studieren.
2. *Stil eines Bauwerks:* ein schönes Beispiel moderner Architektur.

▸ der **Är|ger** ['ɛrgɐ], des Ärgers:
1. *Gefühl, wenn man unzufrieden, enttäuscht oder mit etwas nicht einverstanden ist:* Sie empfand großen Ärger über die ungerechte Behandlung.
2. *Situation, in der es Streit oder unangenehme Erlebnisse gibt:* Wir hatten wegen der Katze schon viel Ärger mit den Nachbarn. · Wenn du da parkst, bekommst du bestimmt Ärger.

▸ **är|ger|lich** ['ɛrgɐlɪç], ärgerlicher, am ärgerlichsten:
1. *voll Ärger:* Er war sehr ärgerlich auf mich / über den Vorfall. · Kommst du

jetzt endlich oder muss ich erst ärgerlich werden?
2. *Ärger verursachend:* ein ärgerliches Missverständnis · Ich finde die vielen Staus sehr ärgerlich.

▶ **är|gern** [ˈɛrgɐn], ärgert, ärgerte, hat geärgert:
1. *ärgerlich machen:* Das hat sie nur getan, um mich zu ärgern. · Es ärgert mich, dass alle Mühe umsonst war.
2. ⟨+ sich⟩ *ärgerlich sein:* Ich habe mich über sie / den Fehler sehr geärgert. · Ärgerst du dich, dass es nicht geklappt hat?

das **Ar|gu|ment** [arguˈmɛnt], des Argument[e]s, die Argumente:
etwas, was man als Grund nennt, um eine Person zu überzeugen: Sie brachte überzeugende Argumente für / gegen den Vorschlag vor.

▶ **arm** [arm], ärmer, am ärmsten:
1. *nur sehr wenig Geld und Dinge zum Leben habend:* ein armer Bettler · Sie waren so arm, dass sie oft hungern mussten.; * **Arm und Reich:** *alle Menschen ohne Unterschied.*
2. *zu bedauern:* Jetzt lass den armen Kerl doch mal in Ruhe! · Die Ärmste ist schon wieder krank!
3. * **arm an etwas sein:** *wenig von etwas haben:* eine Ernährung, die arm an Vitaminen ist · Der Juni war ungewöhnlich arm an Niederschlägen.

▶ der **Arm** [arm], des Arm[e]s, die Arme:
1. *einer der zwei schmalen Teile des Körpers, an deren Ende die Hände sind:* Das Kind streckte die Arme nach seinem Vater aus. · Sie nahm mich zur Begrüßung in den Arm / die Arme *(umarmte mich).*
2. *einer von mehreren schmalen Teilen, in die sich etwas trennt:* Kurz vor der Mündung in die Nordsee teilt sich der Fluss in mehrere Arme.
3. *Ärmel:* ein Hemd mit langen / kurzen Armen.

die **Ar|mee** [arˈmeː], der Armee, die Armeen [arˈmeːən]:
1. *die Soldaten eines Landes:* Das Gebiet wurde von der feindlichen Armee besetzt.
2. *sehr große Anzahl:* Wir hatten ganze Armeen von Spinnen im Haus.

der **Är|mel** [ˈɛrml̩], des Ärmels, die Ärmel:
Teil der Kleidung, der den Arm oder einen Teil des Armes bedeckt: die Ärmel hochschieben, damit sie beim Händewaschen nicht nass werden.

die **Ar|mut** [ˈarmuːt], der Armut:
Zustand, nur sehr wenig Geld und Besitz zu haben: ein Leben in bitterer Armut.

▶ die **Art** [aːɐ̯t], der Art, die Arten:
1. ⟨ohne Plural⟩ *Verhalten, das typisch für eine Person ist; Wesen:* Mit ihrer natürlichen Art gewinnt sie schnell Freunde. · Entschuldige, es ist sonst eigentlich nicht meine Art, so unhöflich zu sein.
2. *eine von mehreren Möglichkeiten, etwas zu tun; Weise:* eine billige Art zu reisen · Er hat mich auf sehr geschickte Art überzeugt.
3. *Gruppe von Exemplaren, die sich durch bestimmte Eigenschaften von ähnlichen unterscheidet:* Welche Art Hund wollt ihr euch denn anschaffen? · In dem Museum sind alle möglichen Arten von Werkzeugen ausgestellt.

▶ der **Ar|ti|kel** [arˈtiːkl̩], des Artikels, die Artikel:
1. *Text, der in einer Zeitung, Zeitschrift oder in einem Buch erscheint:* In der Zeitung steht heute ein langer Artikel über alternative Energien.
2. *Teil eines Gesetzes oder Vertrages mit einer Nummer:* Artikel 3 des Grundgesetzes lautet: »Alle Menschen sind vor dem Gesetz gleich.«
3. *Gegenstand als Ware:* An der Schnellkasse kann man bezahlen, wenn man nicht mehr als acht Artikel kauft.
4. *Wort, das das grammatische Geschlecht des darauffolgenden Wortes zeigt:* der bestimmte / unbestimmte Artikel.

▶ der **Arzt** [aːɐ̯t͜st], des Arztes, die Ärzte [ˈɛːɐ̯t͜stə]:
[männliche] Person, die Medizin studiert hat und Kranke behandelt: Mit der Verletzung solltest du zum Arzt gehen.

der **Arzt|hel|fer** [ˈaːɐ̯t͜sthɛlfɐ], des Arzthelfers, die Arzthelfer, die **Arzt|hel|fe|rin** [ˈaːɐ̯t͜sthɛlfərɪn], der Arzthelferin, die Arzthelferinnen:
Person, die dem Arzt in der Praxis hilft: Das Blut hat mir die Arzthelferin abgenommen.

▶ die **Ärz|tin** [ˈɛːɐ̯t͜stɪn], der Ärztin, die Ärztinnen:
weibliche Person, die als Arzt arbeitet: Meine Ärztin hat mir eine Kur verschrieben.

ärzt|lich [ˈɛːɐ̯t͜stlɪç]:
1. *als Arzt, Ärztin:* der ärztliche Leiter des Rettungsdienstes.
2. *von, durch einen Arzt, eine Ärztin:* auf ärztlichen Rat · sich ärztlich behandeln lassen.

die **Asche** ['aʃə], der Asche:
graues Pulver, das übrig bleibt, wenn etwas verbrennt: Die Asche im Ofen war noch heiß.

der **Ast** [ast], des Ast[e]s, die Äste ['ɛstə]:
Teil aus Holz, der aus dem Stamm eines Baumes wächst: Ein großer Ast war abgebrochen und blockierte die Straße.

das **Asyl** [a'zy:l], des Asyls, die Asyle:
1. *Unterkunft für Menschen, die keine Wohnung haben:* Bei schlechtem Wetter übernachtet er im städtischen Asyl.
2. *das Aufnehmen und Schützen von Personen, die verfolgt werden:* als politischer Flüchtling Asyl beantragen · Deutschland gewährte der Familie Asyl.

der **Asy|lant** [azy'lant], des Asylanten, die Asylanten, die **Asy|lan|tin** [azy'lantɪn], der Asylantin, die Asylantinnen:
(manchmal als negativ empfundene) Bezeichnung für Asylbewerber: ein Heim für Asylanten.

der **Asyl|be|wer|ber** [a'zy:lbəvɛrbɐ], des Asylbewerbers, die Asylbewerber, die **Asyl|be|wer|be|rin** [a'zy:lbəvɛrbərɪn], der Asylbewerberin, die Asylbewerberinnen:
Person, die um politisches Asyl bittet: einen Asylbewerber ablehnen / anerkennen.

der **Atem** ['a:təm], des Atems:
1. *das Atmen:* Der Kranke hatte einen sehr schnellen Atem. · Sie hielt gespannt den Atem an.
2. *Luft, die beim Atmen durch den Körper bewegt wird:* schlecht riechender Atem · Sie holte tief Atem und sprang ins Wasser.

at|men ['a:tmən], atmet, atmete, hat geatmet:
Luft durch Nase oder Mund in den Körper holen und wieder nach außen bringen: Atmet sie noch oder ist sie schon tot? · Dem Kranken fiel das Atmen schwer.

die **At|mo|sphä|re** [atmo'sfɛ:rə], der Atmosphäre:
1. *Schicht aus Luft, die die Erde umgibt:* Abgase heizen die Atmosphäre auf.
2. *Stimmung in einer Gruppe von Menschen:* Die Gespräche fanden in einer entspannten Atmosphäre statt.

die **At|mung** ['atmʊŋ], der Atmung:
das Atmen: Der Arzt kontrollierte Herzschlag und Atmung des Bewusstlosen.

das **Atom** [a'to:m], des Atoms, die Atome:
kleinste Menge eines chemischen Stoffes: zur Energieerzeugung Atome spalten.

die **Atom|ener|gie** [a'to:menɛrgi:], der Atomenergie:
Energie, die in einem Atomkraftwerk erzeugt wird: Risiken der Atomenergie.

die **Atom|kraft** [a'to:mkraft], der Atomkraft:
Atomenergie: Die Demonstranten hatten Schilder mit der Aufschrift: »Atomkraft? Nein danke!«.

das **Atom|kraft|werk** [a'to:mkraftvɛrk], des Atomkraftwerk[e]s, die Atomkraftwerke:
Kraftwerk, in dem Atome gespalten werden, um Energie zu erzeugen: Das Atomkraftwerk soll in zwei Jahren abgeschaltet werden.

das **At|ten|tat** ['atn̩ta:t], des Attentat[e]s, die Attentate:
Versuch, einen politischen Mord zu begehen: Bei dem Attentat auf die amerikanische Botschaft kamen fünf Menschen ums Leben.

der **At|ten|tä|ter** ['atn̩tɛ:tɐ], des Attentäters, die Attentäter, die **At|ten|tä|te|rin** ['atn̩tɛ:tərɪn], der Attentäterin, die Attentäterinnen:
Person, die ein Attentat plant oder durchführt: Der Attentäter sprengte sich vor dem Parlamentsgebäude selbst in die Luft.

die **At|trak|ti|on** [atrak'ts̮i̯o:n], der Attraktion, die Attraktionen:
Sache, die für viele Menschen interessant ist: Konzerte, Ausstellungen und andere Attraktionen · Burg und Altstadt gehören zu den Attraktionen der Stadt.

at|trak|tiv [atrak'ti:f], attraktiver, am attraktivsten:
1. *mit Eigenschaften, die etwas für eine Person interessant machen:* attraktive Preise · Ein breites Freizeitangebot macht die Stadt für junge Leute attraktiv.
2. *gut aussehend:* eine attraktive Frau · Ich finde ihn sehr attraktiv.

au [au̯]:
1. drückt Schmerzen aus: Au, mich hat was gestochen!
2. drückt Begeisterung aus: Au ja, das machen wir!

▸ **auch** [au̯x]:
1. drückt aus, dass für eine Person, Sache das Gleiche gilt; *ebenfalls:* Rainer ist krank und Peter auch. · Unser Fernseher ist auch kaputt.
2. drückt aus, dass etwas zusätzlich der Fall ist; *außerdem:* Und eine Tasse Kaffee hätte ich auch noch gern. · Das Gemälde ist nicht nur teuer, sondern auch schlecht.

3. drückt Ärger aus: Auch das noch! · Das ist aber auch dumm!
4. drückt Zweifel oder Unsicherheit aus: Ob das denn auch stimmt? · Hast du dir das auch gut überlegt?
5. begründet oder bestätigt eine andere Aussage: Ich bin müde, es ist ja auch schon spät. · Er hatte Angst zu verlieren, und so kam es dann ja auch.
6. drückt aus, dass etwas für alle, alles gilt: Du kannst dir nehmen, was du auch willst. · Ich denke an ihn, wo auch immer ich bin.

▶ **auf** [auf]:
1. ⟨mit Dativ; Frage: wo?⟩ sagt, dass etwas etwas anderes von oben her berührt: Die Tasse steht auf dem Tisch.
2. ⟨mit Dativ; Frage: wo?⟩ sagt, dass jemand an einem bestimmten Ort ist, dort etwas [regelmäßig] tut: Ich bin auf dem Rathaus / auf der Post. · Er arbeitet auf dem Bau.
3. ⟨zeitlich; mit Akkusativ⟩ drückt aus, dass zwei Dinge nacheinander geschehen: in der Nacht vom 4. auf den 5. Mai · Auf Regen folgt Sonne.
4. ⟨mit Akkusativ; Frage: wohin?⟩ gibt die Richtung [in einem bestimmten Bereich] an: auf eine Tagung fahren · Sonnabends gehe ich immer auf den Markt.
5. ⟨mit Akkusativ; Frage: wohin?⟩ gibt den Beginn einer Handlung an, die Teilnahme an etwas: Wir gehen auf den Ball der Mediziner.
6. ⟨mit Akkusativ; Frage: wohin?; verbindet zwei gleiche Substantive⟩ gibt an, dass sich etwas wiederholt: Dann ging es Schlag auf Schlag.
7. ⟨vor dem Superlativ; mit Akkusativ⟩ jemanden aufs / auf das Herzlichste begrüßen.
8. ⟨mit Dativ und Akkusativ; abhängig von bestimmten Wörtern⟩ auf etwas warten / hoffen / beruhen · Du musst mir das nicht auf diese Art sagen.
9. *Los! Vorwärts!:* Auf gehts! · Auf ins Kino!
10. *offen:* Ist das Fenster noch auf?
11. *nicht im Bett:* Ich bin schon lange / seit sechs Uhr auf.
12. zusammen mit bestimmten anderen Wörtern: Im Leben geht es immer auf und ab.
13. zusammen mit »von« und bestimmten anderen Wörtern: Er war von klein auf ein sehr freundliches Kind.

auf|bau|en ['aufbauən], baut auf, baute auf, hat aufgebaut:
1. *aus Teilen zusammensetzen oder bauen:* Auf dem Platz wurde eine Bühne für das Konzert aufgebaut. · Die zerstörte Kirche wurde nach dem Krieg wieder aufgebaut.
2. *aktiv werden, damit etwas entsteht:* Beziehungen / Kontakte aufbauen · Die Firma wurde von ihrem Vater aufgebaut.
3. *eine bestimmte Gestalt oder Ordnung geben:* Wie ist das Buch / die Organisation aufgebaut?

auf|be|wah|ren ['aufbəva:rən], bewahrt auf, bewahrte auf, hat aufbewahrt:
an einem geeigneten Ort lassen: Könntest du das Geld für mich sicher aufbewahren? · Sie hat alle Bilder ihrer Kinder aufbewahrt *(nicht weggeworfen).*

auf|bre|chen ['aufbrɛçn̩], bricht auf, brach auf, aufgebrochen:
1. ⟨hat⟩ *mit Gewalt öffnen:* Jemand hat unser Auto aufgebrochen und die Kamera gestohlen.
2. ⟨ist⟩ *einen Riss bekommen:* Die Wunde ist aufgebrochen und blutet wieder.
3. ⟨ist⟩ *sich auf den Weg machen:* Sie sind schon früh am Morgen zu einer Wanderung aufgebrochen.

der **Auf|bruch** ['aufbrʊx], des Aufbruch[e]s, die Aufbrüche ['aufbrʏçə]:
das Aufbrechen zu einem Ziel: Bei ihrem überstürzten Aufbruch vergaß sie, die Tür abzuschließen.

auf|ei|nan|der [auf|ai̯'nandɐ]:
eine Person, Sache auf die andere oder der anderen: Die Autos fuhren mit hoher Geschwindigkeit aufeinander zu. · Nach der Schule warten sie immer aufeinander.

▶ der **Auf|ent|halt** ['auf|ɛnthalt], des Aufenthalt[e]s, die Aufenthalte:
1. *Unterbrechung einer Fahrt:* Wir hatten in Köln eine halbe Stunde Aufenthalt. · Der Zug fuhr ohne Aufenthalt weiter.
2. *das Bleiben an einem Ort:* Sie plant einen längeren Aufenthalt im Ausland.

die **Auf|ent|halts|er|laub|nis** ['auf|ɛnthalts|ɛɐ̯laupnɪs], der Aufenthaltserlaubnis:
offizielle Erlaubnis, längere Zeit in einem fremden Land zu bleiben: Um hier studieren zu können, brauchen Sie zunächst eine Aufenthaltserlaubnis.

auf|es|sen ['auf|ɛsn̩], isst auf, aß auf, hat aufgegessen:
1. *essen, bis nichts mehr übrig ist:* den ganzen Kuchen aufessen.
2. *fertig essen:* erst aufstehen, wenn alle aufgegessen haben.

die **Auf|fahrt** ['auffa:ɐ̯t], der Auffahrt, die Auffahrten:

Straße, auf der man zu einem Gebäude oder auf eine Autobahn fährt: Schon an der Auffahrt gab es einen Stau. · Die Auffahrt zum Schloss ist durch ein Tor gesichert.

auf|fal|len ['auffalən], fällt auf, fiel auf, ist aufgefallen:
1. *Aufmerksamkeit erregen:* auffallende Unterschiede · Sie fiel durch ihre Größe / ihr selbstbewusstes Auftreten auf. · Es fällt kaum auf, dass ...
2. *von einer Person bemerkt werden:* Ist dir an ihr nichts aufgefallen? · Mir fiel gleich auf, dass ...

auf|for|dern ['auffɔrdɐn], fordert auf, forderte auf, hat aufgefordert:
1. *einer Person sagen, dass sie etwas tun soll:* Die Bevölkerung wurde zur Ruhe aufgefordert. · Der Polizist forderte ihn auf, aus dem Auto auszusteigen.
2. *eine Person höflich um etwas bitten, zu etwas einladen:* Hat er dich schon zum Tanz aufgefordert? · Sie forderte uns auf, uns zu setzen.

die **Auf|for|de|rung** ['auffɔrdərʊŋ], der Aufforderung, die Aufforderungen:
Äußerung oder Schreiben, mit denen man eine Person zu etwas auffordert: Sie hat ohne Aufforderung ihr Zimmer aufgeräumt. · Der Mieter kam der Aufforderung, die Wohnung zu räumen, nicht nach.

auf|füh|ren ['auffy:rən], führt auf, führte auf, hat aufgeführt:
1. *vor einem Publikum zeigen:* Die Schüler führen ein Theaterstück auf.
2. ⟨+ sich⟩ *sich in bestimmter Weise benehmen:* Hast du dich bei der Oma auch anständig aufgeführt? · Deswegen brauchst du dich doch nicht gleich so aufzuführen!
3. *(besonders in einer Liste) nennen:* Kannst du dafür ein paar Beispiele aufführen? · Seine Nummer ist im Telefonbuch nicht aufgeführt.

die **Auf|füh|rung** ['auffy:rʊŋ], der Aufführung, die Aufführungen:
das Spielen vor Publikum: eine gelungene Aufführung des Stückes.

die **Auf|ga|be** ['aufga:bə], der Aufgabe, die Aufgaben:
1. *etwas, was eine Person tun soll:* Zu den Aufgaben der Feuerwehr gehört auch die Hilfe bei Unfällen. · Kinder zu erziehen ist eine lohnende Aufgabe.
2. *Übung, die bearbeitet, oder Problem, das gelöst werden soll:* Der Lehrer rechnete die Aufgabe an der Tafel vor. · Bei dieser Aufgabe sollen die passenden Wörter ergänzt werden.
3. *Zweck oder Funktion:* Aufgabe der Leber ist es, das Blut zu reinigen.
4. ⟨ohne Plural⟩ *Vorgang, mit etwas aufzuhören, nicht weiterzumachen:* Ihre Krankheit zwang sie zur Aufgabe ihres Berufes / Geschäftes.

auf|ge|ben ['aufge:bn̩], gibt auf, gab auf, hat aufgegeben:
1. *als Aufgabe geben:* Die Lehrerin hat uns bis morgen einen Aufsatz aufgegeben. · Der Fall gab der Polizei Rätsel auf.
2. *mit etwas aufhören (besonders weil keine Hoffnung auf Erfolg besteht):* den Kampf / das Rauchen / das Studium aufgeben · Ich gebe auf, du hast gewonnen. · Gibs auf, das schaffst du nie!
3. *zum Transport geben:* einen Brief bei der Post / einen Koffer bei der Bahn aufgeben.
4. *seine Wünsche zum Bearbeiten nennen:* beim Kellner eine Bestellung / bei der Zeitung eine Annonce aufgeben.

auf|ge|hen ['aufge:ən], geht auf, ging auf, ist aufgegangen:
1. *am Himmel erscheinen:* Der Mond / Die Sonne ist aufgegangen.
2. *sich öffnen:* Die Tür ging auf und Klaus kam herein.
3. *nicht gebunden bleiben:* Der Knoten / Die Schleife ist aufgegangen. · Meine Schuhe gehen dauernd auf.
4. *sich öffnen oder lösen lassen:* Der Deckel geht nur schwer / nicht auf.
5. (umgangssprachlich) *klar werden:* Mir geht erst jetzt auf, warum er das getan hat.
6. *ohne Probleme funktionieren:* Die Rechnung / Sein Plan ging nicht auf.

auf|grund [auf'grʊnt]:
aus dem genannten Grund: Aufgrund zahlreicher Fehler / von zahlreichen Fehlern musste der Vorgang wiederholt werden.

auf|hal|ten ['aufhaltn̩], hält auf, hielt auf, hat aufgehalten:
1. *daran hindern, weiterzumachen oder voranzukommen:* eine Entwicklung / den Fortschritt aufhalten · Sie versuchte vergeblich, ihn aufzuhalten. · Entschuldige die Verspätung, ich bin noch aufgehalten worden.
2. (umgangssprachlich) *offen halten:* jemandem die Tür aufhalten · die Augen kaum noch aufhalten können.
3. ⟨+ sich⟩ *an einem Ort sein:* Sie hält sich gerade in Berlin / im Garten auf.

auf|hän|gen ['aufhɛŋən], hängt auf, hängte auf, hat aufgehängt:
1. *oben befestigen:* die Wäsche zum Trocknen / Bilder aufhängen.
2. *mit einem oben befestigten Seil töten:* einen Verräter / sich aufhängen.

▶ **auf|he|ben** ['aufhe:bn̩], hebt auf, hob auf, hat aufgehoben:
1. *in die Hand nehmen und nach oben bewegen:* das Spielzeug aufheben, das am Boden liegt.
2. *für später behalten:* Die Konzertkarte habe ich [mir] zur Erinnerung aufgehoben. · Ich komme später, hebt mir bitte was vom Kuchen auf.
3. *für ungültig erklären:* Das Urteil wurde von einem höheren Gericht aufgehoben.

▶ **auf|hö|ren** ['aufhø:rən], hört auf, hörte auf, hat aufgehört:
1. *ein Ende haben:* Der Weg hört am Waldrand auf. · Das muss endlich aufhören!
2. *etwas nicht weiter tun:* Es will einfach nicht zu regnen aufhören. · Jetzt hört schon auf mit dem Unsinn!

auf|klä|ren ['aufklɛ:rən], klärt auf, klärte auf, hat aufgeklärt:
1. *herausfinden, was wahr ist oder was geschehen ist:* ein Missverständnis / Unglück / Verbrechen aufklären.
2. *einer Person Informationen geben, besonders einem Kind über sexuelle Dinge:* Meine Eltern haben mich eigentlich nie aufgeklärt. · Würden Sie mich bitte darüber aufklären, was hier los ist?

die **Auf|klä|rung** ['aufklɛ:rʊŋ], der Aufklärung, die Aufklärungen:
das Aufklären: zur Aufklärung eines Mordes beitragen · Wir brauchen bessere Aufklärung über die Gefahren falscher Ernährung.

▶ **auf|la|den** ['aufla:dn̩], lädt auf, lud auf, hat aufgeladen:
1. *zum Transport auf etwas legen oder stellen:* Sind schon alle Kisten aufgeladen? · Er lud dem Esel einen schweren Sack auf.
2. *mit einem Vorrat (besonders an elektrischem Strom) füllen:* die Akkus / die elektrische Zahnbürste aufladen · das Handy / die Geldkarte mit 20 Euro Guthaben aufladen.

die **Auf|la|ge** ['aufla:gə], der Auflage, die Auflagen:
1. *(Zahl der) Exemplare, die zur gleichen Zeit gedruckt werden:* die zweite, völlig neu bearbeitete Auflage · Wie hoch ist die Auflage der Zeitung?
2. *Bedingung, die besonders mit einer Erlaubnis verbunden ist:* Sie vererbte ihm das Geld unter der Auflage, dass er sich um ihre Tiere kümmert.

▶ **auf|lö|sen** ['auflø:zn̩], löst auf, löste auf, hat aufgelöst:
1. *Teil einer Flüssigkeit werden lassen:* ein Pulver in Wasser auflösen.
2. ⟨+ sich⟩ *seine Gestalt verlieren und verschwinden:* Die Tablette / Der Stau hat sich aufgelöst. · Er kann sich doch nicht in Luft aufgelöst haben!
3. *nicht länger bestehen lassen:* ein Konto / einen Vertrag / einen Verein auflösen · Die Demonstration wurde von der Polizei aufgelöst.

die **Auf|lö|sung** ['auflø:zʊŋ], der Auflösung, die Auflösungen:
1. *der Vorgang, etwas nicht weiter bestehen zu lassen:* die vorzeitige Auflösung des Parlaments und Neuwahlen beschließen.
2. *Lösung:* die Auflösung eines Rätsels.
3. *Fähigkeit, Details eines Bildes gut zu zeigen:* ein Bildschirm / Bild mit hoher Auflösung.

auf|ma|chen ['aufmaxn̩], macht auf, machte auf, hat aufgemacht:
1. *öffnen:* die Augen / das Fenster / eine Dose aufmachen · Ich habe lange geklingelt, aber keiner hat mir aufgemacht.
2. *für Kunden oder Publikum geöffnet werden:* Um wie viel Uhr macht die Bank / das Museum auf? · Neulich hat dort ein neues Restaurant aufgemacht.

▶ **auf|merk|sam** ['aufmɛrkza:m], aufmerksamer, am aufmerksamsten:
1. *mit Interesse in Gedanken folgend:* ein aufmerksamer Leser / Zuschauer · Sie hörte meinem Bericht aufmerksam zu.
2. *so, dass man etwas bewusst wahrnimmt:* Sie machte mich auf einen Fehler aufmerksam. · Sie wurde erst auf ihn aufmerksam, als er hustete.
3. *höflich und bereit zu helfen:* Vielen Dank, das ist sehr aufmerksam von Ihnen.

die **Auf|merk|sam|keit** ['aufmɛrkza:mkait], der Aufmerksamkeit, die Aufmerksamkeiten:
1. ⟨ohne Plural⟩ *Zustand, aufmerksam zu sein:* Er schenkte ihren Worten keine Aufmerksamkeit. · Der Fehler war ihrer Aufmerksamkeit entgangen.
2. *kleines Geschenk:* jemandem eine kleine Aufmerksamkeit mitbringen.

▶ die **Auf|nah|me** ['aufna:mə], der Aufnahme, die Aufnahmen:

1. *das Aufnehmen einer Person in eine Unterkunft, Gruppe oder Institution:* jemandem die Aufnahme in einen Verein verweigern.
2. *das Beginnen (mit einer Tätigkeit):* die Aufnahme von Verhandlungen beschließen · nach Aufnahme des Studiums.
3. *Foto, Film oder gespeicherte Töne, Musik:* Die Band ist gerade zu Aufnahmen im Studio. · Er ließ sich die Aufnahme vergrößern.

auf|neh|men ['aufne:mən], nimmt auf, nahm auf, hat aufgenommen:
1. *eine Unterkunft bieten:* Flüchtlinge bei sich aufnehmen · im Krankenhaus aufgenommen werden.
2. *in einer Gruppe oder Institution akzeptieren:* jemanden in eine Schule / in einen Verein aufnehmen.
3. *mit etwas beginnen:* nach dem Streik die Arbeit wieder aufnehmen · mit jemandem Kontakt aufnehmen.
4. *fotografieren, filmen oder speichern:* Ich habe heute keine Zeit, nimmst du mir die Sendung bitte auf? · Wo hast du das Foto denn aufgenommen?
5. *darauf reagieren:* Mein Vorschlag wurde begeistert aufgenommen.

auf|pas|sen ['aufpasn̩], passt auf, passte auf, hat aufgepasst:
1. *aufmerksam sein:* Du musst in der Schule besser aufpassen! · Pass auf, dass / damit du nicht hinfällst! · Pass genau auf, wie ich das mache!
2. *aufmerksam beobachten, damit nichts Schlimmes passiert:* Passt du bitte mal kurz auf die Kinder / mein Gepäck auf?

auf|pum|pen ['aufpʊmpn̩], pumpt auf, pumpte auf, hat aufgepumpt:
[Teile] mit Luft füllen, indem man pumpt: das Fahrrad / die Reifen aufpumpen.

auf|räu|men ['aufrɔymən], räumt auf, räumte auf, hat aufgeräumt:
in einen ordentlichen Zustand bringen: Räumt bitte euer Zimmer / das Spielzeug auf.

auf|re|gen ['aufre:gn̩], regt auf, regte auf, hat aufgeregt:
1. *nervös oder ärgerlich machen:* Vor der Prüfung war sie sehr aufgeregt. · Der Dreck regt mich echt auf!
2. ⟨+ sich⟩ *nervös oder ärgerlich werden:* Sie regte sich fürchterlich darüber auf. · Jetzt reg dich nicht so auf, es wird schon nichts passiert sein!

auf|re|gend ['aufre:gn̩t], aufregender, am aufregendsten:
1. *spannend:* Das war wirklich eine aufregende Zeit.
2. *sehr interessant:* Er hat ein paar aufregende Bilder von der Reise mitgebracht.

die **Auf|re|gung** ['aufre:gʊŋ], der Aufregung, die Aufregungen:
Zustand oder Situation, in dem, der Personen aufgeregt sind: Vor Aufregung brachte sie kein Wort heraus. · Wegen des Einbruchs gab es viel Aufregung.

auf|ru|fen ['aufru:fn̩], ruft auf, rief auf, hat aufgerufen:
1. *laut nennen, um eine Person damit zu etwas aufzufordern:* Der Flug / Meine Nummer wurde gerade aufgerufen. · Er meldete sich, aber die Lehrerin rief einen anderen auf.
2. *ohne bestimmte Personen zu nennen, zu etwas auffordern:* zum Blutspenden / Streik aufrufen · Wir sind alle aufgerufen zu helfen.
3. *anzeigen lassen:* eine Datei / ein Programm im Computer aufrufen.

▶ **aufs** [aufs]:
auf das: sich aufs Bett legen · aufs Land ziehen · immer wieder aufs Neue.

der **Auf|satz** ['aufzats], des Aufsatzes, die Aufsätze ['aufzɛtsə]:
1. *Text, den Schüler über ein Thema schreiben:* Die Kinder sollen einen Aufsatz über ihr schönstes Ferienerlebnis schreiben.
2. *wissenschaftlicher Text in einer Zeitschrift oder einem Buch:* Sie hat mehrere Aufsätze zu diesem Thema veröffentlicht.

▶ **auf|schrei|ben** ['aufʃraibn̩], schreibt auf, schrieb auf, hat aufgeschrieben:
schriftlich festhalten: Schreib dir die Nummer auf, damit du sie nicht vergisst.

der **Auf|schwung** ['aufʃvʊŋ], des Aufschwung[e]s, die Aufschwünge ['aufʃvʏŋə]:
positive Entwicklung (der Wirtschaft): Das Land erlebt gerade einen wirtschaftlichen Aufschwung.

▶ **auf|ste|hen** ['aufʃte:ən], steht auf, stand auf, aufgestanden:
1. ⟨ist⟩ *zum Stehen kommen:* nach einem Sturz nicht mehr aufstehen können · Er stand auf und bot der alten Frau seinen Platz an.
2. ⟨ist⟩ *nicht mehr im Bett bleiben:* Am Wochenende stehen wir später auf.
3. ⟨hat⟩ (umgangssprachlich) *geöffnet sein:* Das Fenster hatte die ganze Nacht aufgestanden.

auf|stel|len ['aufʃtɛlən], stellt auf, stellte auf, hat aufgestellt:

A

1. *an einen Ort (in einer bestimmten Ordnung) stellen:* auf der Terrasse Stühle, Tisch und Sonnenschirm aufstellen · Wir stellten uns alle im Kreis auf.
2. *für eine Wahl oder einen Wettkampf melden:* eine Kandidatin / Spielerin aufstellen · Er hat sich für das Amt des Bürgermeisters aufstellen lassen.
3. *sich überlegen und formulieren:* Behauptungen / Forderungen / Regeln aufstellen.
4. *aus verschiedenen Dingen, Personen zusammenstellen:* eine Liste / ein Programm / eine Mannschaft aufstellen.

die **Auf|stel|lung** [ˈaufʃtɛlʊŋ], der Aufstellung, die Aufstellungen:
1. *Liste:* eine Aufstellung der Dinge, die für ein Fest besorgt werden müssen.
2. *für ein Spiel ausgewählte Spieler:* Die Mannschaft wird auch nächste Woche in dieser Aufstellung antreten.
3. *das Aufstellen von Kandidaten, Teilnehmern:* ihre Aufstellung für die Bundestagswahl.
4. *das Formulieren oder Zusammenstellen:* die Aufstellung des nächsten Haushalts / einer Liste.

der **Auf|stieg** [ˈaufʃti:k], des Aufstieg[e]s, die Aufstiege:
1. *Weg nach oben:* Der Aufstieg zum Gipfel war steil und anstrengend.
2. *Vorgang, eine bessere Position zu bekommen:* der schnelle Aufstieg der Sängerin zu Starruhm · Der Verein hat gute Chancen für den Aufstieg in die Bundesliga.

auf|tau|chen [ˈauftauxn̩], taucht auf, tauchte auf, ist aufgetaucht:
1. *aus dem Wasser nach oben kommen:* Pinguine können lange unter Wasser bleiben, ohne aufzutauchen.
2. *an einem Ort sichtbar werden oder erscheinen:* Am Horizont tauchten die ersten Wolken auf. · Er tauchte erst am Nachmittag bei uns auf.
3. *entstehen oder entdeckt werden:* Wenn Fragen oder Probleme auftauchen, ruf mich an. · In dem Fall sind neue Beweise aufgetaucht.

auf|tau|en [ˈauftauən], taut auf, taute auf, aufgetaut:
1. ⟨hat⟩ *Gefrorenes warm werden lassen:* Ich könnte einen Kuchen aus der Gefriertruhe auftauen.
2. ⟨ist⟩ *wärmer werden und nicht gefroren bleiben:* In der Mittagssonne taute das Eis etwas auf.

auf|tei|len [ˈauftailən], teilt auf, teilte auf, hat aufgeteilt:
1. *verschiedenen Personen einen Teil von etwas geben:* Wir teilten das Geld unter uns auf.
2. *in Teile gliedern, trennen:* Das Buch ist in zehn Kapitel aufgeteilt. · Danach teilten sich die Teilnehmer in fünf Arbeitsgruppen auf.

die **Auf|tei|lung** [ˈauftailʊŋ], der Aufteilung, die Aufteilungen:
1. *Vorgang, Personen, Dinge aufzuteilen oder aufgeteilt zu werden:* die Aufteilung der Posten in der Regierung · Danach erfolgte die Aufteilung der Kinder auf / in einzelne Klassen.
2. *Gliederung:* Die Aufteilung der Räume in dem Haus entsprach nicht unseren Bedürfnissen.

▶ der **Auf|trag** [ˈauftra:k], des Auftrag[e]s, die Aufträge [ˈauftrɛ:gə]:
1. *etwas, was eine Person auf Wunsch oder Befehl einer anderen tun soll; Aufgabe:* Seine Mutter gab ihm den Auftrag, Brot einzukaufen. · Er hatte offenbar im Auftrag der Regierung gehandelt.
2. *Vertrag über die Lieferung einer Ware oder Arbeit:* Mit dem letzten Auftrag haben wir kaum Gewinn gemacht.

▶ **auf|tre|ten** [ˈauftre:tn̩], tritt auf, trat auf, ist aufgetreten:
1. *den Fuß auf den Boden setzen:* Der Fuß tat so weh, dass ich kaum auftreten konnte.
2. *sich anderen gegenüber in bestimmter Weise benehmen:* sehr selbstbewusst auftreten.
3. *vor Publikum erscheinen (und spielen):* bei einem Konzert / im Fernsehen / als Hauptdarsteller auftreten.
4. *entstehen oder vorkommen:* Ist dieses Problem schon einmal aufgetreten?

▶ der **Auf|tritt** [ˈauftrɪt], des Auftritt[e]s, die Auftritte:
das Auftreten vor Publikum: ihr erster Auftritt in dieser Rolle · Die Band hat ihren Auftritt abgesagt.

▶ **auf|wa|chen** [ˈaufvaxn̩], wacht auf, wachte auf, ist aufgewacht:
wach werden: aus der Narkose aufwachen · Ich bin mitten in der Nacht aufgewacht und konnte nicht wieder einschlafen.

auf|wach|sen [ˈaufvaksn̩], wächst auf, wuchs auf, ist aufgewachsen:
seine Kindheit verbringen: auf dem Land / bei den Großeltern aufwachsen.

der **Auf|wand** [ˈaufvant], des Aufwand[e]s:

alles, was man benutzt oder tut, um ein Ziel zu erreichen: Alles noch einmal zu kontrollieren ist mir zu viel Aufwand. · Sie haben die Hochzeit mit großem Aufwand gefeiert.

auf|wär|men [ˈaufvɛrmən], wärmt auf, wärmte auf, hat aufgewärmt:
1. *wieder warm machen:* Ich könnte dir die Suppe von gestern aufwärmen.
2. (umgangssprachlich) *Unangenehmes wieder zum Thema machen:* Jetzt wärm doch diese alten Geschichten nicht wieder auf!
3. ⟨+ sich⟩ *den Körper warm werden lassen:* Komm rein und wärm dich bei uns auf.
4. ⟨+ sich⟩ *vor dem Sport die Muskeln durch leichte Übungen vorbereiten:* sich vor dem Wettkampf aufwärmen.

auf|wärts [ˈaufvɛrts]:
nach oben: Preise von 100 Euro aufwärts · Der Weg aufwärts erschien mir sehr lang.

auf|wei|sen [ˈaufvaizn̩], weist auf, wies auf, hat aufgewiesen:
erkennen lassen: Der Aufsatz weist einige Fehler / Mängel auf. · Die beiden Fälle weisen deutliche Unterschiede auf.

auf|wen|den [ˈaufvɛndn̩], wendet auf, wandte/wendete auf, hat aufgewandt/aufgewendet:
benutzen oder tun, um ein Ziel zu erreichen: Ich musste Kraft aufwenden, um die Tür zu schließen. · Für den Umbau wurden zwei Millionen Euro aufgewendet.

auf|wen|dig [ˈaufvɛndɪç], aufwendiger, am aufwendigsten:
mit großem Aufwand verbunden (und teuer): eine aufwendige Produktion aus Hollywood · Der Saal war sehr aufwendig geschmückt.

auf|zäh|len [ˈauftsɛːlən], zählt auf, zählte auf, hat aufgezählt:
nacheinander nennen: Sie zählte mir alle ihre Lieblingsbücher auf.

die **Auf|zäh|lung** [ˈauftsɛːlʊŋ], der Aufzählung, die Aufzählungen:
Reihe von aufgezählten Dingen: eine endlose Aufzählung von Namen.

auf|zeich|nen [ˈauftsaiçnən], zeichnet auf, zeichnete auf, hat aufgezeichnet:
für später in Schrift, Bild oder Ton festhalten: Das Interview ist nicht live, sondern wurde schon gestern aufgezeichnet. · Der Forscher hat seine Beobachtungen sorgfältig aufgezeichnet.

die **Auf|zeich|nung** [ˈauftsaiçnʊŋ], der Aufzeichnung, die Aufzeichnungen:
etwas, was aufgezeichnet wurde: seine Aufzeichnungen durchlesen · Die Sendung ist eine Aufzeichnung.

auf|zie|hen [ˈauftsiːən], zieht auf, zog auf, aufgezogen:
1. ⟨hat⟩ *ziehend öffnen:* den Reißverschluss / die Schublade / die Vorhänge aufziehen.
2. ⟨hat⟩ *an einem Teil ziehen oder drehen, um ein Gerät in Betrieb zu setzen:* ein Spielzeugauto / einen Wecker aufziehen.
3. ⟨ist⟩ *näher kommen:* Am Nachmittag zog ein Gewitter / zogen schwarze Wolken auf.
4. ⟨hat⟩ *sich um ein Kind oder Tier kümmern, bis es groß ist:* ein fremdes Kind wie sein eigenes aufziehen · ein Tier mit der Flasche aufziehen.

▶ der **Auf|zug** [ˈauftsuːk], des Aufzug[e]s, die Aufzüge [ˈauftsyːgə]:
Anlage, um Personen oder Sachen nach oben zu bringen; Fahrstuhl, Lift: den Aufzug nehmen / benutzen.

▶ das **Au|ge** [ˈaugə], des Auges, die Augen:
das Organ, mit dem man sieht: Das Kind sah mich mit staunenden Augen an. · Sie rieb sich müde die Augen.; *** ein Auge / beide Augen zudrücken** (umgangssprachlich): *großzügig etwas Negatives nicht beachten:* Eigentlich hatte ich dir das ja verboten, aber ich will noch mal ein Auge zudrücken.; *** jemandem die Augen öffnen:** *einer Person etwas Unangenehmes bewusst machen:* Dieser Vorfall hat mir die Augen über seine wahren Absichten geöffnet.; *** jemanden aus den Augen verlieren:** *den Kontakt zu einer Person verlieren:* Nach seinem Umzug haben wir uns aus den Augen verloren.; *** unter vier Augen:** *zu zweit und ohne Zeugen:* Könnten wir das bitte unter vier Augen besprechen?

▶ der **Au|gen|blick** [ˈaugn̩blɪk], des Augenblick[e]s, die Augenblicke:
sehr kurzer Zeitraum; Moment: in diesem / im nächsten Augenblick · Das dauert nur einen Augenblick. · Wenige Augenblicke später war alles vorbei.

au|gen|blick|lich [ˈaugn̩blɪklɪç]:
1. *sofort:* Er gehorchte augenblicklich.
2. *in diesem Augenblick; momentan:* unsere augenblickliche Situation · Sie ist augenblicklich nicht hier.

▶ der **Au|gust** [auˈgʊst], des Augusts:
achter Monat im Jahr: Wir fahren im August ans Meer.

▶ **aus** [a͜us]:
1. ⟨mit Dativ⟩ gibt die Richtung oder die Bewegung von innen nach außen an: aus dem Zimmer / dem Haus gehen.
2. ⟨mit Dativ⟩ gibt an, wo etwas herkommt oder wann es entstanden ist: Er stammt aus Potsdam. · Das ist ein Bild aus dem 17. Jahrhundert.
3. ⟨mit Dativ⟩ gibt das Material an, aus dem etwas besteht: eine Bank aus Holz / Stein.
4. ⟨mit Dativ⟩ gibt die Ursache oder den Grund für etwas an: Sie hat nur aus Spaß gesagt, dass sie ihn liebt. · Er hat aus Versehen den Kaffee verschüttet.
5. *so, dass es nicht angeschaltet ist:* Der Fernseher / Das Radio / Das Licht ist aus.
6. *so, dass es zu Ende ist:* Das Theater / Das Kino ist um zehn [Uhr] aus.
7. zusammen mit »von«: Von diesem Fenster aus hat man einen wunderbaren Blick auf die Stadt. · Von hier aus sind es drei Kilometer bis zum Bahnhof.; * **von mir aus** (umgangssprachlich): *ich wäre damit einverstanden:* Von mir aus können wir im Urlaub auch zu Hause bleiben.

aus|bau|en ['a͜usba͜uən], baut aus, baute aus, hat ausgebaut:
1. *etwas hinzufügen und so größer oder besser machen:* eine Scheune als Wohnung ausbauen · eine Straße / das Schienennetz ausbauen · Bei den Wahlen konnte die Partei ihre Mehrheit noch ausbauen.
2. *mit Werkzeugen entfernen:* den Motor aus dem Auto / das alte Türschloss ausbauen.

▶ **aus|bil|den** ['a͜usbɪldn̩], bildet aus, bildete aus, hat ausgebildet:
auf einen Beruf vorbereiten: Lehrlinge ausbilden · gut ausgebildete Fachleute.

▶ die **Aus|bil|dung** ['a͜usbɪldʊŋ], der Ausbildung, die Ausbildungen:
Vorbereitung auf einen Beruf mit anschließender Prüfung: Sie macht gerade eine Ausbildung zur / als Bäckerin. · Er hat bereits eine abgeschlossene Ausbildung.

der **Aus|bil|dungs|platz** ['a͜usbɪldʊŋsplat͜s], des Ausbildungsplatzes, die Ausbildungsplätze ['a͜usbɪldʊŋsplɛt͜sə]:
Stelle als Lehrling: Viele Jugendliche sind noch ohne Ausbildungsplatz.

aus|bor|gen ['a͜usbɔrgn̩], borgt aus, borgte aus, hat ausgeborgt:
1. *einer Person leihen:* Borgst du mir mal bitte einen Stift aus?
2. ⟨sich⟩ *von einer Person oder Institution leihen:* Das Buch habe ich mir gestern aus der Bücherei / von Kerstin ausgeborgt.

aus|bre|chen ['a͜usbrɛçn̩], bricht aus, brach aus, ist ausgebrochen:
1. *sich besonders aus einem Gefängnis oder Käfig befreien:* Ein Tiger ist aus dem Zoo ausgebrochen.
2. *plötzlich aktiv, wirksam werden oder anfangen:* Wenn ein Vulkan / ein Feuer / ein Krieg ausbricht … · Am nächsten Tag brach die Krankheit auch bei den anderen aus. · Bei dieser Nachricht brach Jubel aus.
3. *plötzlich starke Gefühle zeigen:* Als er das sagte, brach ich in Tränen / Jubel aus.

der **Aus|bruch** ['a͜usbrʊx], des Ausbruch[e]s, die Ausbrüche ['a͜usbrʏçə]:
1. *das Ausbrechen aus einem Gefängnis; Flucht:* Drei Gefangenen gelang gestern der Ausbruch aus der Strafanstalt.
2. *plötzlicher Beginn:* Zwischen Ansteckung und Ausbruch der Krankheit vergehen drei bis vier Tage. · Ein erneuter Ausbruch des Vulkans wird befürchtet.
3. *Vorgang, bei dem eine Person plötzlich starke Gefühle zeigt:* Die Kinder fürchteten sich vor den häufigen Ausbrüchen ihres Vaters.

die **Aus|dau|er** ['a͜usda͜uɐ], der Ausdauer:
Fähigkeit, lange durchzuhalten: Für eine so lange Wanderung fehlt den Kindern noch die Ausdauer. · Man braucht viel Ausdauer, um Geige spielen zu lernen.

aus|deh|nen ['a͜usdeːnən], dehnt aus, dehnte aus, hat ausgedehnt:
1. ⟨+ sich⟩ *an Umfang oder Volumen zunehmen:* Die Flasche platzte, als sich das Wasser ausdehnte. · Die Hose dehnt sich beim Tragen noch etwas aus.
2. ⟨+ sich⟩ *ein größeres Gebiet, mehr Personen, Dinge oder eine längere Zeit erfassen:* Der Brand dehnte sich schnell auf den ganzen Wald aus. · Dieses Problem hat sich inzwischen auch auf andere Branchen ausgedehnt. · Die Sitzung dehnte sich bis in den späten Abend aus.
3. *lange oder länger dauern lassen:* Wir dehnten unseren Aufenthalt noch ein paar Tage aus. · Er machte einen ausgedehnten Spaziergang.

die **Aus|deh|nung** ['a͜usdeːnʊŋ], der Ausdehnung, die Ausdehnungen:
1. *Vorgang, etwas, sich auszudehnen:* die geplante Ausdehnung des Streiks.

2. *Größe oder Umfang:* Die Stadt hatte schon damals eine große Ausdehnung.

aus|den|ken ['ausdɛŋkn̩] ⟨+ sich⟩, denkt sich aus, dachte sich aus, hat sich ausgedacht:
durch Nachdenken auf etwas kommen: Ich habe mir eine Überraschung für sie ausgedacht. · Wer hat sich denn diesen Unsinn ausgedacht?; * **nicht auszudenken:** *so schlimm, dass man es sich nicht vorstellen will:* Nicht auszudenken, was passiert, wenn er das erfährt!

der [1]**Aus|druck** ['ausdrʊk], des Ausdruck[e]s, die Ausdrücke ['ausdrʏkə]:
1. *eines oder mehrere Wörter mit bestimmter (gemeinsamer) Bedeutung:* ein passender / schwer verständlicher Ausdruck · Ich möchte nicht, dass ihr solche Ausdrücke gebraucht!
2. *Miene:* Ihr Gesicht bekam / hatte einen überraschten Ausdruck.
3. ⟨ohne Plural⟩ *Zeichen, an dem man etwas erkennt:* Sie brachte ihr Bedauern in einem Brief zum Ausdruck. · Sein aggressives Verhalten ist nur Ausdruck seiner Angst.

der [2]**Aus|druck** ['ausdrʊk], des Ausdruck[e]s, die Ausdrucke:
ausgedruckter Inhalt: Sie machte einen Ausdruck von der Datei.

aus|dru|cken ['ausdrʊkn̩], druckt aus, druckte aus, hat ausgedruckt:
etwas, was im Computer gespeichert ist, drucken: Sie druckte sich die Wegbeschreibung aus.

aus|drü|cken ['ausdrʏkn̩], drückt aus, drückte aus, hat ausgedrückt:
1. *so drücken, dass Flüssigkeit nach außen kommt:* den Schwamm / eine Zitrone ausdrücken.
2. *so drücken, dass etwas nicht mehr brennt:* eine Zigarette im Aschenbecher ausdrücken.
3. ⟨+ sich⟩ *in bestimmter Weise sprechen oder schreiben:* Drück dich bitte deutlicher aus.
4. *in bestimmter Weise formulieren oder zeigen:* Er hat seine Gedanken und Gefühle klar ausgedrückt. · Was bedeutet das in Zahlen ausgedrückt? · Das Bild drückt aus, wie es mir geht.

aus|drück|lich ['ausdrʏklɪç]:
deutlich (geäußert): Es war ihr ausdrücklicher Wunsch, dass ... · Das habe ich den Kindern ausdrücklich verboten.

aus|ei|nan|der [aus|ai'nandɐ]:
mit Abstand dazwischen voneinander getrennt: Unsere Wohnungen / Ergebnisse sind nicht weit auseinander.

aus|ei|nan|der|hal|ten [aus|ai'nandɐhaltn̩], hält auseinander, hielt auseinander, hat auseinandergehalten:
unterscheiden und nicht verwechseln: Ich kann die beiden nicht auseinanderhalten.

aus|ei|nan|der|neh|men [aus|ai'nandɐne:mən], nimmt auseinander, nahm auseinander, hat auseinandergenommen:
in seine Teile zerlegen: Der Schrank musste für den Umzug auseinandergenommen werden.

aus|ei|nan|der|set|zen [aus|ai'nandɐzɛtsn̩], setzt auseinander, setzte auseinander, hat auseinandergesetzt:
1. ⟨+ sich⟩ *sich mit etwas beschäftigen:* Wir können das Problem nicht ignorieren, sondern müssen uns damit auseinandersetzen.
2. *an Plätze mit größerem Abstand setzen:* Weil es so oft Streit gab, setzte der Lehrer die beiden auseinander / setzten sie sich auseinander.

die **Aus|ei|nan|der|set|zung** [aus|ai'nandɐzɛtsʊŋ], der Auseinandersetzung, die Auseinandersetzungen:
Streit mit Worten: Seine Mutter hatte eine heftige Auseinandersetzung mit seiner Lehrerin.

▸ die **Aus|fahrt** ['ausfa:ɐ̯t], der Ausfahrt, die Ausfahrten:
Stelle, an der Fahrzeuge ein Gebäude, Grundstück oder eine Autobahn verlassen: Ausfahrt frei halten! · Bei der nächsten Ausfahrt müssen wir raus.

der **Aus|fall** ['ausfal], des Ausfall[e]s, die Ausfälle ['ausfɛlə]:
Fall, dass etwas nicht stattfindet, funktioniert: Im Herbst gab es viel Ausfall / viele Ausfälle der Kurse wegen Krankheit der Lehrer.

▸ **aus|fal|len** ['ausfalən], fällt aus, fiel aus, ist ausgefallen:
1. *sich wegen Krankheit oder Alter vom Körper lösen:* Dem Kranken fallen die Haare / Zähne aus.
2. *aufgrund von Problemen nicht stattfinden, eintreten oder teilnehmen:* Heute Nachmittag fällt die Schule aus. · Er ist krank und fällt daher leider aus.
3. *plötzlich nicht mehr funktionieren:* Beide Motoren fielen aus und das Flugzeug stürzte ab.
4. *ein bestimmtes Ergebnis haben:* Das Zeugnis ist gut ausgefallen.

▸ der **Aus|flug** ['ausflu:k], des Ausflug[e]s, die Ausflüge ['ausfly:gə]:

Wanderung oder kurze Fahrt zum Vergnügen: Wollen wir am Wochenende einen Ausflug in die Berge machen?

aus|füh|ren ['ausfy:rən], führt aus, führte aus, hat ausgeführt:
1. *tun, was nötig, geplant oder gewünscht ist:* einen Auftrag / Befehl / Plan ausführen · Die Reparatur wurde sorgfältig ausgeführt.
2. *Waren ins Ausland verkaufen; exportieren:* Unsere Produkte werden in die ganze Welt ausgeführt.

aus|führ|lich ['ausfy:ɐ̯lɪç], ausführlicher, am ausführlichsten:
viele Einzelheiten berücksichtigend: ein ausführlicher Brief · Sie hat mir den Weg ausführlich beschrieben.

die **Aus|füh|rung** ['ausfy:rʊŋ], der Ausführung, die Ausführungen:
1. *das Ausführen einer Handlung:* Die Ausführung Ihres Auftrags verzögert sich etwas.
2. *Art, wie etwas gemacht ist:* Das Modell gibt es in mehreren Ausführungen.

▶ **aus|fül|len** ['ausfʏlən], füllt aus, füllte aus, hat ausgefüllt:
1. *Lücken mit den nötigen Angaben füllen:* die Anmeldung / ein Formular / einen Fragebogen ausfüllen.
2. *als Raum beanspruchen:* Das Regal füllte eine ganze Wand aus.

▶ die **Aus|ga|be** ['ausga:bə], der Ausgabe, die Ausgaben:
1. ⟨ohne Plural⟩ *das Austeilen:* Sie kam zu spät zur Ausgabe der Schulbücher.
2. *Geld, das man ausgibt:* die Ausgaben reduzieren · Da kommen hohe Ausgaben auf uns zu.
3. *zu einem bestimmten Zeitpunkt erscheinende Zeitung, Zeitschrift oder Auflage eines Buches:* eine neue Ausgabe seiner gesammelten Werke · Der Artikel stand in der Ausgabe vom Montag.

▶ der **Aus|gang** ['ausgaŋ], des Ausgang[e]s, die Ausgänge ['ausgɛŋə]:
1. *Tür, durch die man etwas verlässt:* Die Zuschauer drängten sich zum Ausgang.
2. *Ergebnis oder Ende eines Vorgangs:* der überraschende Ausgang des Spiels.

▶ **aus|ge|ben** ['ausge:bn̩], gibt aus, gab aus, hat ausgegeben:
1. *Geld verbrauchen:* Gib im Urlaub nicht wieder so viel aus. · Für so etwas gebe ich mein Geld nicht gern aus.
2. *verschiedenen Personen geben; austeilen:* Morgen werden die Schulbücher (an die Schüler) ausgegeben.
3. *für jemanden bezahlen, kaufen:* Ich gebe heute einen aus! *(Ich lade euch heute [zu einem Getränk] ein!).*

▶ **aus|ge|hen** ['ausge:ən], geht aus, ging aus, ist ausgegangen:
1. *aufhören zu brennen oder zu leuchten:* Das Feuer / Der Ofen / Das Licht ging aus
2. *das Haus verlassen, um ein Lokal oder eine Veranstaltung zu besuchen:* Gehst du heute Abend mit mir zum Essen / Tanzen aus?
3. *in bestimmter Weise enden:* Wie ist die Geschichte / das Spiel ausgegangen? · Das ist noch einmal gut ausgegangen.
4. *nicht mehr laufen:* Der Kühlschrank / Motor ging aus.
5. *ausfallen:* Warum gehen mir denn auf einmal so viele Haare aus?

aus|ge|spro|chen ['ausgəʃprɔxn̩]:
sehr: ein ausgesprochen interessantes Buch · Das Essen schmeckte ausgesprochen gut.

▶ **aus|ge|zeich|net** ['ausgətsaiçnət]:
sehr, besonders gut; hervorragend: ausgezeichnete Weine · Der Film ist ausgezeichnet. · Er kann ausgezeichnet kochen / tanzen.

aus|hal|ten ['aushaltn̩], hält aus, hielt aus, hat ausgehalten:
1. *etwas, was schlimm ist, erleben und nicht zusammenbrechen oder verzweifeln; ertragen:* Ich halte diese Schmerzen nicht mehr aus! · Er hielt es zu Hause nicht mehr aus. · Es ist nicht zum Aushalten mit ihr.
2. *durch eine Belastung nicht zerstört oder beschädigt werden:* Hält das Regal das Gewicht aus?

▶ die **Aus|hil|fe** ['aushɪlfə], der Aushilfe, die Aushilfen:
Person, die für eine bestimmte Zeit mitarbeitet: Wir suchen für vier Wochen eine Aushilfe.

aus|kom|men ['auskɔmən], kommt aus, kam aus, ist ausgekommen:
1. *nicht mehr brauchen als die genannte, verfügbare Menge:* Kommst du mit deinem Geld / mit 20 Euro aus?; *** ohne jemanden / etwas auskommen:** *eine Person, Sache nicht brauchen:* Ich komme auch ohne dich / deine Hilfe / ein Auto aus.
2. *sich vertragen, verstehen:* Er kommt mit den anderen Kindern gut aus.

▶ die **Aus|kunft** ['auskʊnft], der Auskunft, die Auskünfte ['auskʏnftə]:
1. *Information als Antwort auf eine Frage:* jemanden um eine Auskunft bitten.

A

2. ⟨ohne Plural⟩ *Stelle, die für bestimmte Auskünfte zuständig ist:* Ich weiß die Nummer auch nicht, ruf doch die Auskunft an.

das **Aus|land** ['auslant], des Ausland[e]s: *der Teil der Erde, der nicht zum eigenen Land gehört:* ins Ausland reisen · Gäste aus dem Ausland.

der **Aus|län|der** ['auslɛndɐ], des Ausländers, die Ausländer, die **Aus|län|de|rin** ['auslɛndərɪn], der Ausländerin, die Ausländerinnen: *Person aus dem Ausland:* Sprachkurse für Ausländer.

die **Aus|län|der|be|hör|de** ['auslɛndɐbəhøːɐ̯də], der Ausländerbehörde, die Ausländerbehörden: *Behörde, die besonders für Aufenthaltserlaubnisse für Ausländer zuständig ist:* Nach Beschluss der Ausländerbehörde wurde er ausgewiesen.

aus|län|disch ['auslɛndɪʃ]: *aus dem, im, vom Ausland:* ausländische Freunde / Regierungen / Währungen.

aus|lau|fen ['auslaufn̩], läuft aus, lief aus, ist ausgelaufen:
1. *aus einem Gefäß fließen:* Die Milch / Das Wasser / Das Benzin ist ausgelaufen.
2. *leer werden:* Die Flasche fiel um und lief aus.
3. *den Hafen verlassen:* Das Schiff läuft heute Abend [nach Helsinki] aus.
4. *zu Ende gehen, enden:* Der Mietvertrag läuft nächstes Jahr aus.

aus|lee|ren ['ausleːrən], leert aus, leerte aus, hat ausgeleert: *[ein Gefäß] leer machen, indem man den Inhalt entfernt:* den Eimer / den Papierkorb / die Taschen ausleeren.

aus|le|gen ['ausleːgn̩], legt aus, legte aus, hat ausgelegt:
1. *zum Ansehen, Nehmen an einen Ort legen:* Waren im Schaufenster auslegen · Prospekte / eine Unterschriftenliste / Rattengift auslegen.
2. *mit einer Schicht bedecken:* ein Zimmer mit Teppichen auslegen · die Kuchenform mit Backpapier auslegen.
3. *vorläufig für eine andere Person bezahlen:* Sie hat mir das Geld für die Fahrkarte ausgelegt, weil ich nicht genug bei mir hatte.
4. *interpretieren:* jemandes Worte falsch auslegen · Er legte ihr Schweigen als Kritik aus.

aus|lei|hen ['auslaiən], leiht aus, lieh aus, hat ausgeliehen:
1. *einer Person oder Institution für eine bestimmte Zeit geben:* Sie hat mir das Buch ausgeliehen. · Das Museum hat mehrere Gemälde an ein anderes ausgeliehen.
2. ⟨sich⟩ *von einer Person oder Institution für eine bestimmte Zeit bekommen:* sich ein Buch in der Bücherei / von jemandem ausleihen · Ich wollte mir ein Rad ausleihen und einen Ausflug machen.

aus|lie|fern ['ausliːfɐn], liefert aus, lieferte aus, hat ausgeliefert:
1. *auf eine Forderung hin übergeben:* einen Verbrecher an ein Land ausliefern; *** jemandem / einer Sache ausgeliefert sein:** *in der Gewalt einer Person sein oder etwas ertragen müssen:* Sie waren den Entführern hilflos ausgeliefert. · Die Kühe waren dem Gewitter schutzlos ausgeliefert.
2. *zum Verkauf an den Handel liefern:* Das Buch wird am Montag ausgeliefert.

aus|lö|sen ['ausløːzn̩], löst aus, löste aus, hat ausgelöst:
1. *eine Funktion starten:* mit einem Knopfdruck Feueralarm / den Bremsvorgang auslösen.
2. *bewirken, dass etwas entsteht oder passiert:* Der Vulkanausbruch hat ein Erdbeben ausgelöst. · Die Nachricht löste große Freude bei uns aus.

aus|ma|chen ['ausmaxn̩], macht aus, machte aus, hat ausgemacht:
1. (umgangssprachlich) *vereinbaren:* einen Termin / Treffpunkt ausmachen · So war das aber nicht ausgemacht!
2. (umgangssprachlich) *außer Betrieb setzen; abschalten:* Mach bitte das Licht / die Heizung aus.
3. *für eine Person unangenehm sein:* Würde es dir etwas ausmachen, wenn ich rauche / mir zu helfen?
4. *darstellen:* Computerspiele machen 20 Prozent unseres Umsatzes aus.

das **Aus|maß** ['ausmaːs], des Ausmaßes, die Ausmaße: *Größe oder Umfang einer Sache:* Das wahre Ausmaß des Problems wurde nicht erkannt. · Der Missbrauch von Alkohol unter Jugendlichen nimmt erschreckende Ausmaße an.

die **Aus|nah|me** ['ausnaːmə], der Ausnahme, die Ausnahmen: *Person, Sache, die sich vom Normalen unterscheidet:* alle ohne Ausnahme · Du bildest in dieser Hinsicht eine erfreuliche Ausnahme. · Na gut, ich will für dich mal eine Ausnahme machen.

aus|nahms|wei|se ['au̯snaːmsvai̯zə]:
als Ausnahme: Ich fange heute ausnahmsweise später an.

aus|neh|men ['au̯sneːmən], nimmt aus, nahm aus, hat ausgenommen:
1. *die inneren Organe entfernen:* ein Huhn schlachten und ausnehmen.
2. *nicht berücksichtigen, sondern anders behandeln:* Wir müssen uns mehr anstrengen, ich möchte mich davon nicht ausnehmen. · Täglich geöffnet, ausgenommen montags.

aus|nut|zen ['au̯snʊt͜sn̩], nutzt aus, nutzte aus, hat ausgenutzt (besonders norddeutsch):
auf kluge oder rücksichtslose Weise für sich nutzen: jemandes Schwäche ausnutzen · So eine gute Gelegenheit muss man ausnutzen! · Ich fühle mich von dir ausgenutzt.

aus|nüt|zen ['au̯snʏt͜sn̩], nützt aus, nützte aus, hat ausgenützt (besonders süddeutsch, österreichisch, schweizerisch):
↑ausnutzen.

aus|pa|cken ['au̯spakn̩], packt aus, packte aus, hat ausgepackt:
1. *aus einem Behälter oder der Verpackung nehmen:* ein Geschenk auspacken · Hast du schon (deine Sachen) ausgepackt?
2. *leer machen:* den Koffer / seine Tasche auspacken.

aus|pro|bie|ren ['au̯sprobiːrən], probiert aus, probierte aus, hat ausprobiert:
kurz benutzen oder tun, um zu prüfen, wie es ist: eine Methode / ein Rezept ausprobieren · Hast du das neue Rad schon ausprobiert?

aus|räu|men ['au̯srɔymən], räumt aus, räumte aus, hat ausgeräumt:
1. *aus einem Raum oder Behälter nehmen:* die Möbel aus dem Haus ausräumen.
2. *leer machen:* das Haus / den Schreibtisch ausräumen.
3. *beseitigen:* Ich konnte den Verdacht / das Missverständnis ausräumen.

aus|rech|nen ['au̯srɛçnən], rechnet aus, rechnete aus, hat ausgerechnet:
1. *durch Rechnen ermitteln:* Rechne doch mal aus, wie viel das kostet.
2. ⟨+ sich⟩ *aufgrund von Informationen vermuten, erwarten:* Ich rechne mir gute Chancen auf den Sieg aus.

die **Aus|re|de** ['au̯sreːdə], der Ausrede, die Ausreden:
nicht wahre Begründung, die als Entschuldigung genannt wird: Ich habe eigentlich keine Lust dazu, aber mir fällt keine gute Ausrede ein.

▶ **aus|rei|chen** ['au̯srai̯çn̩], reicht aus, reichte aus, hat ausgereicht:
genügen: Das Geld reicht für diese lange Reise nicht aus. · Seine Deutschkenntnisse reichen für diese Arbeit schon aus.

▶ **aus|rei|chend** ['au̯srai̯çn̩t]:
1. *nicht zu wenig oder zu schlecht; genügend:* eine gerade noch ausreichende Leistung · Hast du ausreichend Geld dabei?
2. *die Note »ausreichend« (4):* Er hat ein »Ausreichend« in Mathe bekommen.

▶ **aus|rich|ten** ['au̯srɪçtn̩], richtet aus, richtete aus, hat ausgerichtet:
1. *im Auftrag einer anderen Person mitteilen:* Ich soll dir Grüße von ihr ausrichten. · Richte ihm bitte aus, dass ich auf ihn warte.
2. *Erfolg haben; erreichen:* Ich glaube nicht, dass man da noch etwas ausrichten kann.
3. *veranstalten:* einen Wettkampf / eine Tagung ausrichten · Zu seinem Geburtstag haben seine Eltern für ihn ein großes Fest ausgerichtet.

▶ **aus|ru|hen** ['au̯sruːən] ⟨+ sich⟩, ruht sich aus, ruhte sich aus, hat sich ausgeruht:
eine Pause machen, um danach mehr leisten zu können: Ich muss mich erst ein bisschen ausruhen, bevor wir weitermachen.

die **Aus|rüs|tung** ['au̯srʏstʊŋ], der Ausrüstung, die Ausrüstungen:
alle Dinge, die man für einen bestimmten Zweck braucht: Camping würde mir schon Spaß machen, aber ich habe keine Ausrüstung dafür.

aus|rut|schen ['au̯srʊt͜ʃn̩], rutscht aus, rutschte aus, ist ausgerutscht:
auf glattem Boden mit den Füßen den Halt verlieren: Ich bin auf der nassen Straße ausgerutscht und hingefallen.

die **Aus|sa|ge** ['au̯szaːgə], der Aussage, die Aussagen:
1. *Angaben, die eine Person vor Gericht oder bei der Polizei macht:* die belastende Aussage eines Zeugen · Sie verweigerte die Aussage.
2. *Äußerung einer Meinung:* Nach Aussage des Ministers besteht keine Gefahr.

aus|sa|gen ['au̯szaːgn̩], sagt aus, sagte aus, hat ausgesagt:
1. *eine Aussage machen:* Sie sagte als Zeugin gegen ihn aus.
2. *erkennen lassen:* Was sagen diese Zahlen über die Entwicklung aus?

aus|schal|ten ['au̯sʃaltn̩], schaltet aus, schaltete aus, hat ausgeschaltet:

außer Betrieb setzen; abschalten: den Fernseher / das Licht ausschalten.

aus|schau|en ['aus∫auən], schaut aus, schaute aus, hat ausgeschaut (süddeutsch, österreichisch):
1. *beim Betrachten einen bestimmten Eindruck machen; aussehen:* Du schaust krank / traurig aus. · Das schaut nach einem Gewitter aus.
2. *etwas erwarten oder vermuten lassen:* Mit dem Job schaut es nicht gut aus. · Es schaut so aus, als ob es funktioniert.

aus|schei|den ['aus∫aidn̩], scheidet aus, schied aus, ist ausgeschieden:
1. *bei etwas nicht mehr mitmachen:* aus dem Amt / einer Firma / dem Wettkampf ausscheiden · Sie schied wegen einer Verletzung aus.
2. *nicht infrage kommen:* Diese Möglichkeit scheidet aus.

aus|schla|fen ['aus∫la:fn̩], schläft aus, schlief aus, hat ausgeschlafen:
so lange schlafen, bis man genug hat: [sich] in den Ferien richtig ausschlafen · Du bist wohl nicht ganz ausgeschlafen?

aus|schlie|ßen ['aus∫li:sn̩], schließt aus, schloss aus, hat ausgeschlossen:
1. *nicht [mehr] mitmachen oder Mitglied sein lassen:* jemanden aus einem Verein / einer Partei ausschließen · Die anderen Kinder schließen ihn aus. · Sie fühlt sich oft ausgeschlossen.
2. *nicht zulassen:* Aber das eine schließt das andere doch nicht aus! · Solche Risiken sind von der Versicherung ausgeschlossen.
3. *für unmöglich halten:* Ein Irrtum ist völlig ausgeschlossen. · Ich kann nicht ausschließen, dass das wahr ist.

aus|schließ|lich ['aus∫li:slıç]:
nur: Das ist ausschließlich dein Problem. · Du solltest dich jetzt ausschließlich aufs Lernen konzentrieren.

der **Aus|schnitt** ['aus∫nıt], des Ausschnitt[e]s, die Ausschnitte:
1. *Teil, der aus etwas geschnitten wurde:* Ausschnitte aus der Zeitung aufheben.
2. *Teil, der zeigt, wie das Ganze ist:* Ausschnitte aus einem Film zeigen · Ich kenne den Brief nur in den Ausschnitten, die er mir vorgelesen hat.

aus|se|hen ['ausze:ən], sieht aus, sah aus, hat ausgesehen:
1. *beim Betrachten einen bestimmten Eindruck machen; ausschauen:* Das sieht sehr hübsch aus. · Du siehst so aus, als ob dir schlecht ist. · Es sieht nach Regen aus.
2. *etwas erwarten oder vermuten lassen:* Es sieht ganz so aus, als ob er nicht mehr kommt. · Wie sieht es mit morgen aus, hast du da Zeit?

das **Aus|se|hen** ['ausze:ən], des Aussehens:
Eindruck, der beim Betrachten entsteht: Auf der Flucht hat er mit Brille und falschem Bart sein Aussehen verändert.

▸ **au|ßen** ['ausn̩]:
an der Seite, die zur Umgebung zeigt: Der Topf ist außen rot und innen blau. · Wir haben das Haus nur von außen angesehen und sind nicht hineingegangen.

der **Au|ßen|mi|nis|ter** ['ausn̩minıstɐ], des Außenministers, die Außenminister, die **Au|ßen|mi|nis|te|rin** ['ausn̩minıstərın], der Außenministerin, die Außenministerinnen:
Minister[in], der bzw. die für Außenpolitik zuständig ist: ein Treffen der Außenminister der EU.

die **Au|ßen|po|li|tik** ['ausn̩politi:k], der Außenpolitik:
Politik, die die Beziehungen zu anderen Staaten betrifft: eine aggressive Außenpolitik verfolgen.

au|ßen|po|li|tisch ['ausn̩poli:tı∫]:
1. *für Außenpolitik zuständig:* der außenpolitische Sprecher der Partei.
2. *die Außenpolitik betreffend:* außenpolitische Konflikte.

der **Au|ßen|sei|ter** ['ausn̩zaitɐ], des Außenseiters, die Außenseiter, die **Au|ßen|sei|te|rin** ['ausn̩zaitərın], der Außenseiterin, die Außenseiterinnen:
1. *Person, die nicht in eine Gruppe integriert ist:* gesellschaftliche Außenseiter.
2. *Teilnehmer mit schlechten Chancen auf den Sieg:* Griechenland ist bei der Europameisterschaft nur Außenseiter.

▸ **au|ßer** ['ausɐ]:
1. *mit Ausnahme von:* Alle außer mir haben davon gewusst. · Sie steht täglich außer sonntags um sechs Uhr auf. · Wer außer dir war noch dort? · Ich übe täglich, außer ich bin krank / außer wenn ich krank bin.
2. *nicht im genannten Zustand, Bereich; nicht von etwas betroffen:* außer Gefahr / Kontrolle / Sichtweite sein.
3. * **außer Betrieb sein:** *nicht [mehr] funktionieren:* Der Fahrstuhl ist außer Betrieb.; * **außer sich sein:** *seine Gefühle nicht mehr unter Kontrolle haben:* Er war völlig außer sich vor Wut / Begeisterung.

äu|ßer... ['ɔysər...]:
1. *sich außen befindend:* die äußere Seite / Schale.
2. *von außen erkennbar:* Es macht einen

A

guten äußeren Eindruck. · Die äußere Ähnlichkeit täuscht.
3. *von außen, anderen kommend:* äußere Einflüsse.

▶ **au|ßer|dem** ['au̯sɐde:m]:
zusätzlich zu anderen, anderem: Das schmeckt gut und ist außerdem gesund. · Britta kommt bestimmt, außerdem wahrscheinlich Ralph, Bernd und Sven.

au|ßer|ge|wöhn|lich ['au̯sɐgə'vø:nlɪç], außergewöhnlicher, am außergewöhnlichsten:
deutlich anders als normal und daher auffallend: ein außergewöhnliches Ereignis · Ich finde das ganz außergewöhnlich. · Er sieht außergewöhnlich gut aus.

▶ **au|ßer|halb** ['au̯sɐhalp]:
1. *nicht in einem Bereich oder Raum:* außerhalb des Gartens / der Stadt · außerhalb von Bremen / Deutschland · Sie wohnen weit außerhalb auf dem Land.
2. *nicht in einem bestimmten Zeitraum:* Er rief außerhalb der Bürostunden an.

▶ **äu|ßer|lich** ['ɔy̯sɐlɪç]:
von außen erkennbar: Äußerlich macht das Haus einen gepflegten Eindruck. · Sie blieb äußerlich ruhig.

äu|ßern ['ɔy̯sɐn], äußert, äußerte, hat geäußert:
1. ⟨+ sich⟩ *seine Meinung sagen:* Er wollte sich nicht zu den Vorwürfen äußern.
2. *in Worte fassen und mitteilen:* Sie äußerte den Wunsch nach einer Pause.

au|ßer|or|dent|lich ['au̯sɐl'ɔrdn̩tlɪç]:
ganz besonders: ein außerordentlich kompliziertes Problem · Sie ist außerordentlich beliebt bei den Schülern.

äu|ßerst ['ɔy̯sɐst]:
in höchstem Maße; extrem: ein äußerst kalter Winter · Wir müssen äußerst vorsichtig sein.

die **Äu|ße|rung** ['ɔy̯sərʊŋ], der Äußerung, die Äußerungen:
Meinung, die eine Person äußert: Er bedauerte seine unvorsichtige Äußerung. · Sie wurde für ihre Äußerungen scharf kritisiert.

aus|set|zen ['au̯szɛtsn̩], setzt aus, setzte aus, hat ausgesetzt:
1. *eine Tätigkeit unterbrechen:* im Spiel eine Runde lang aussetzen müssen · Die Atmung / Das Herz des Patienten setzte aus.
2. *an einem Ort allein lassen und sich nicht mehr darum kümmern:* ein Kind / einen Hund / eine Katze aussetzen.
3. *in eine unangenehme Lage bringen:* Ich möchte mich / dich dieser Gefahr nicht aussetzen. · Hier sind wir zu sehr der Sonne ausgesetzt.
4. *kritisieren:* Am Essen gab es / hatte ich nichts auszusetzen. · Du findest ja immer etwas auszusetzen.

▶ die **Aus|sicht** ['au̯szɪçt], der Aussicht, die Aussichten:
1. ⟨ohne Plural⟩ *Sicht in die Ferne:* Von unserem Zimmer hatten wir Aussicht aufs Meer.
2. *Möglichkeit für die Zukunft:* Besteht denn noch Aussicht auf den Sieg? · Sie hat gute Aussichten, befördert zu werden. · Das sind ja schöne (ironisch; *schlechte*) Aussichten!

aus|sichts|los ['au̯szɪçtslo:s], aussichtsloser, am aussichtslosesten:
ohne Aussicht auf Erfolg: Unsere Lage schien aussichtslos. · Es ist doch aussichtslos, ihn überzeugen zu wollen.

▶ die **Aus|spra|che** ['au̯sʃpra:xə], der Aussprache:
1. *Art, wie etwas richtig gesprochen wird:* die richtige Aussprache eines Wortes.
2. *Art, wie eine Person spricht:* Sie hat eine schlechte Aussprache. · An der Aussprache erkennt man gleich, dass er Schweizer ist.
3. *Gespräch, in dem etwas geklärt werden soll:* eine offene / vertrauliche Aussprache.

▶ **aus|spre|chen** ['au̯sʃprɛçn̩], spricht aus, sprach aus, hat ausgesprochen:
1. *auf bestimmte Weise sprechen:* Wie wird dieses Wort ausgesprochen?
2. *mündlich äußern:* eine Bitte / ein Urteil / einen Wunsch aussprechen · jemandem sein Beileid / seinen Dank aussprechen · Er hat nur ausgesprochen, was alle gedacht haben.
3. ⟨+ sich⟩ *eine ablehnende oder zustimmende Meinung äußern:* sich für einen Vorschlag / gegen einen Bewerber aussprechen.
4. ⟨+ sich⟩ *über etwas sprechen, was einen belastet:* Hast du keine Freundin, bei der du dich aussprechen kannst? · Es ist alles wieder gut, ich habe mich gestern mit ihm ausgesprochen.
5. *miteinander sprechen, um etwas zu klären:* Wir müssen uns mal in Ruhe aussprechen.

aus|stat|ten ['au̯sʃtatn̩], stattet aus, stattete aus, hat ausgestattet:
etwas geben, hinzufügen, das für einen Zweck nötig ist: Sie stattete uns mit

Vorräten aus. · Der Computer ist mit Drucker und großem Bildschirm ausgestattet. · Er war mit umfangreichen Vollmachten ausgestattet.

die **Aus|stat|tung** ['aus∫tatʊŋ], der Ausstattung, die Ausstattungen:
Dinge, mit denen eine Person, Sache ausgestattet ist: Sicherheitsgurte gehören zur üblichen Ausstattung eines Autos.

aus|stei|gen ['aus∫taign̩], steigt aus, stieg aus, ist ausgestiegen:
1. *ein Fahrzeug verlassen:* aus dem Auto aussteigen · Lässt du mich an der nächsten Ecke bitte aussteigen?
2. *nicht mehr mitmachen:* aus einem Geschäft / Spiel / Wettkampf aussteigen.

▸ **aus|stel|len** ['aus∫tɛlən], stellt aus, stellte aus, hat ausgestellt:
1. *zum Ansehen an einen Ort bringen:* Bilder im Museum / Waren im Schaufenster ausstellen.
2. *für eine Person schreiben:* jemandem einen Pass / eine Rechnung / ein Zeugnis ausstellen.
3. (umgangssprachlich) *abschalten:* Stell bitte das Radio aus!

▸ die **Aus|stel|lung** ['aus∫tɛlʊŋ], der Ausstellung, die Ausstellungen:
Veranstaltung, bei der etwas ausgestellt wird: Ich würde mir gern die neue Ausstellung in der Galerie ansehen.

der **Aus|stieg** ['aus∫ti:k], des Ausstieg[e]s, die Ausstiege:
Entscheidung, nicht mehr mitzumachen: den Ausstieg aus der Atomenergie fordern · sein überraschender Ausstieg aus der Politik.

aus|strah|len ['aus∫tra:lən], strahlt aus, strahlte aus, hat ausgestrahlt:
um sich herum verbreiten: Die Heizung strahlte angenehme Wärme aus. · Sie strahlt immer solche Ruhe aus.

▸ **aus|su|chen** ['auszu:xn̩], sucht aus, suchte aus, hat ausgesucht:
aus einer Menge wählen: Er wurde ausgesucht, um unseren Verein beim Wettkampf zu vertreten. · Du darfst dir gern ein Bild aussuchen.

der **Aus|tausch** ['austau∫], des Austausches:
1. *Vorgang, bei dem man sich gegenseitig etwas von gleichem Wert gibt:* sich zum Austausch von Erfahrungen / Meinungen treffen · Im Austausch für ihre Hilfe bot er ihr an, auf ihre Kinder aufzupassen.
2. *Vorgang, bei dem eine Person, Sache durch eine andere ersetzt wird:* der Austausch eines Spielers in der zweiten Halbzeit · Beim Austausch des beschädigten Reifens wurden die Schrauben nicht richtig angezogen.

aus|tau|schen ['austau∫n̩], tauscht aus, tauschte aus, hat ausgetauscht:
1. *durch ein anderes Exemplar ersetzen:* die Batterien / den defekten Motor austauschen.
2. *gegenseitig geben, mitteilen oder schicken:* Sie tauschten Erfahrungen / Geschenke / ihre Telefonnummern aus. · Die beiden Staaten tauschten Gefangene aus.
3. ⟨+ sich⟩ *über ein Thema sprechen:* Ich würde mich mit ihr gern einmal über das Projekt austauschen.

aus|tei|len ['austailən], teilt aus, teilte aus, hat ausgeteilt:
einzeln verschiedenen Personen geben: die Post austeilen · An die Flüchtlinge wurden Decken und Lebensmittel ausgeteilt.

aus|üben ['aus|y:bn̩], übt aus, übte aus, hat ausgeübt:
1. *etwas als Beruf tun:* Er hat Maler gelernt, übt den Beruf aber nicht aus.
2. *Einfluss auf jemanden oder etwas nehmen:* Sie übte Druck auf mich aus, mich zu entscheiden.

▸ die **Aus|wahl** ['ausva:l], der Auswahl:
1. *die Möglichkeit, auszuwählen:* Du hast die Auswahl unter fünf Modellen.
2. *Menge, aus der man auswählen kann:* Das Lokal bietet eine große Auswahl an Weinen an.

▸ **aus|wäh|len** ['ausvɛ:lən], wählt aus, wählte aus, hat ausgewählt:
sich für eine von mehreren Möglichkeiten entscheiden: sorgfältig ausgewählte Kleidung · Welches Buch hast du ausgewählt?

aus|wär|tig ['ausvɛrtɪç]:
1. *mit Wohnung, Sitz an einem anderen Ort:* Der Auftrag wurde an eine auswärtige Firma vergeben. · So viele auswärtige Schüler kann die Schule nicht annehmen.
2. *** das Auswärtige Amt:** *deutsches Außenministerium:* Das Auswärtige Amt warnt vor Reisen in das Krisengebiet.

aus|wärts ['ausvɛrts]:
1. *nach außen:* Türen an Notausgängen müssen auswärts aufgehen.
2. *nicht zu Hause:* auswärts essen · Am Sonntag spielt unsere Mannschaft auswärts.

der **Aus|weg** ['ausve:k], des Ausweg[e]s, die Auswege:
Hilfe, Lösung in einer komplizierten Situation: einen Ausweg aus der Krise suchen · Ich sah keinen anderen Ausweg, als zu kündigen.

der **Aus|weis** ['au̯svai̯s], des Ausweises, die Ausweise:
Karte, mit der man beweist, wer man ist (und dass man etwas darf): Ohne Ausweis kommst du nicht in die Diskothek. · Ermäßigter Eintritt für Studenten gegen Vorlage eines Ausweises.

aus|wei|sen ['au̯svai̯zn̩], weist aus, wies aus, hat ausgewiesen:
1. *dazu zwingen, das Land zu verlassen:* einen kriminellen Ausländer ausweisen.
2. ⟨+ sich⟩ *seinen Ausweis zeigen:* Er bat den Polizisten, sich auszuweisen.

aus|wen|dig ['au̯svɛndɪç]:
aus dem Gedächtnis: etwas auswendig lernen *(so, dass man es dann auswendig kann)* · Kannst du das Lied auswendig?

aus|wer|ten ['au̯sve:ɐ̯tn̩], wertet aus, wertete aus, hat ausgewertet:
prüfen, welche Informationen enthalten sind: Daten / Statistiken auswerten.

die **Aus|wer|tung** ['au̯sve:ɐ̯tʊŋ], der Auswertung, die Auswertungen:
das Auswerten: eine Auswertung der Messergebnisse vornehmen.

aus|wir|ken ['au̯svɪrkn̩], wirkt sich aus, wirkte sich aus, hat sich ausgewirkt:
Folgen für eine Person, Sache haben: Der Umzug wirkte sich positiv auf seine Noten aus. · Der geringe Unterschied wirkt sich kaum aus.

die **Aus|wir|kung** ['au̯svɪrkʊŋ], der Auswirkung, die Auswirkungen:
Folge für eine Person, Sache: Die Erfindung hatte große Auswirkungen auf die Wirtschaft.

aus|zah|len ['au̯stsa:lən], zahlt aus, zahlte aus, hat ausgezahlt:
1. *einer Person Geld geben, auf das sie Anspruch hat:* Er ließ sich seinen Anteil am Gewinn auszahlen. · Sie bekam das Haus und zahlte die anderen Erben aus.
2. ⟨+ sich⟩ (umgangssprachlich) *sich lohnen:* Hat es sich ausgezahlt, dass du so viel gelernt hast?

die **Aus|zah|lung** ['au̯stsa:lʊŋ], der Auszahlung, die Auszahlungen:
1. *das Auszahlen von Geld:* Ist auch eine Auszahlung in bar möglich?
2. *ausgezahlter Betrag:* eine hohe Auszahlung von der Versicherung bekommen.

die **Aus|zeich|nung** ['au̯stsai̯çnʊŋ], der Auszeichnung, die Auszeichnungen:
etwas, mit dem man für eine besondere Leistung geehrt wird: Für ihre mutige Tat bekam sie eine Auszeichnung vom Bürgermeister.

aus|zie|hen ['au̯stsi:ən], zieht aus, zog aus, ausgezogen:
1. ⟨hat⟩ *Kleidung vom Körper entfernen:* das Hemd / die Schuhe / seinen Mantel ausziehen · Sie zog sich aus und stieg in die Badewanne. · Er zog dem Kind die Handschuhe aus.
2. ⟨ist⟩ *eine Wohnung verlassen, um an einem anderen Ort zu leben:* Wenn sie mit der Schule fertig ist, will sie von zu Hause ausziehen.

der **¹Aus|zu|bil|den|de** ['au̯stsubɪldn̩də], der Auszubildende / ein Auszubildender; des / eines Auszubildenden, die Auszubildenden / zwei Auszubildende:
[männliche] Person, die für einen Beruf ausgebildet wird: Wir stellen in diesem Jahr zwei Auszubildende ein. · Die Auszubildenden gehen an zwei Tagen der Woche in die Schule.

die **²Aus|zu|bil|den|de** ['au̯stsubɪldn̩də], die / eine Auszubildende; der / einer Auszubildenden, die Auszubildenden / zwei Auszubildende:
weibliche Person, die für einen Beruf ausgebildet wird: In unserer Abteilung arbeitet eine Auszubildende.

der **Aus|zug** ['au̯stsu:k], des Auszug[e]s, die Auszüge ['au̯stsy:gə]:
1. *das Ausziehen* (2) *aus einer Wohnung:* Nach unserem Auszug mussten wir die Wohnung noch streichen.
2. *Teil eines Textes:* Auszüge aus einer Rede / einem Roman veröffentlichen.
3. *Beleg über die Einnahmen und Ausgaben auf einem Konto:* Hast du schon die Auszüge geholt / ausgedruckt?

das **Au|to** ['au̯to], des Autos, die Autos:
Fahrzeug mit vier Rädern und Motor für die Straße: mit dem Auto zur Arbeit fahren · Sie hat ihr Auto vor dem Haus geparkt.

die **Au|to|bahn** ['au̯toba:n], der Autobahn, die Autobahnen:
breite Straße ohne Kreuzungen, auf der keine Fußgänger und Fahrräder erlaubt sind: Auf der Autobahn geht es schneller als auf der Landstraße.

der **Au|to|mat** [au̯to'ma:t], des Automaten, die Automaten:
1. *Apparat, in den man Geld oder eine Karte steckt und dafür etwas anderes bekommt:* eine Fahrkarte / ein Getränk / Zigaretten am Automaten kaufen · Die Bank hat schon zu, du musst dir Geld am Automaten holen.
2. *Maschine, die Arbeiten ausführt, ohne dass eine Person sie bedient:* Die Dosen

B

Autokennzeichen

Wenn man auf deutschen Straßen und Autobahnen unterwegs ist, sieht man auf fast jedem Auto andere Buchstaben auf der linken Seite des Nummernschildes. Es können bis zu drei Buchstaben sein und sie geben an, in welcher Stadt bzw. welcher Region das Auto zugelassen wurde. Ein Buchstabe zeigt an, dass das Auto in einer großen Stadt zugelassen wurde, bei drei Buchstaben handelt es sich um eine kleine Stadt oder eine Region mit mehreren kleinen Städten: »B« steht für Berlin (ca. 3,5 Millionen Einwohner), »BA« steht für Bamberg (ca. 70 000 Einwohner) und »BAD« steht für Baden-Baden (ca. 54 000 Einwohner). Neben den »normalen« Kennzeichen gibt es auch noch Sonderkennzeichen. Alle Autos der Bundeswehr haben beispielsweise den Buchstaben »Y«, Diplomaten haben statt der Buchstaben am Anfang eine »0« auf dem Nummernschild. Die restlichen Buchstaben und Nummern eines Kennzeichens dienen zur Unterscheidung einzelner Fahrzeuge aus einer Stadt.

werden von Automaten gefüllt, verschlossen und mit Etiketten beklebt.

▸ **au|to|ma|tisch** [auto'ma:tɪʃ]:
1. *von einem Automaten oder Computer (gesteuert):* automatische Türen · Die Heizung schaltet sich nachts automatisch ab.
2. *ohne dass man aktiv werden muss:* eine automatische Verlängerung eines Vertrags · Das Programm bekomme ich seit Jahren automatisch zugeschickt.
3. *ohne bewusste Entscheidung:* eine automatische Reaktion · Sie schloss automatisch hinter sich ab, ohne sich später daran zu erinnern.

▸ der **Au|tor** ['auto:ɐ̯], des Autors, die Autoren, die **Au|to|rin** [au'to:rɪn], der Autorin, die Autorinnen:
Person, die einen Text verfasst hat: die Autorin der beliebten Kinderbücher · In der Zeitung werden die Autoren der Artikel oft nicht genannt.

▸ der **Azu|bi** [a'tsu:bi], des Azubis, die Azubis, die **Azu|bi,** der Azubi, die Azubis (umgangssprachlich):
Person, die gerade eine Ausbildung im Betrieb macht; Lehrling: Die Bäckerei beschäftigt mehrere Azubis.

B

▸ das **Ba|by** ['be:bi], des Babys, die Babys:
Kind vor und im ersten Jahr nach der Geburt: dem Baby die Windel wechseln.

der **Ba|by|sit|ter** ['be:bizɪtɐ], des Babysitters, die Babysitter, die **Ba|by|sit|te|rin** ['be:bizɪtərɪn], der Babysitterin, die Babysitterinnen:
Person, die auf Kinder aufpasst, wenn die Eltern nicht zu Hause sind: Ich kann leider nicht mitkommen, ich habe keinen Babysitter gefunden.

der **Bach** [bax], des Bach[e]s, die Bäche ['bɛçə]:
kleiner Fluss: So nah an der Quelle ist der Main noch eher ein Bach als ein Fluss.

die **Ba|cke** ['bakə], der Backe, die Backen:
einer der zwei weichen Teile des Gesichts neben Mund und Nase; Wange: mit vollen Backen kauen · Er gab ihr einen Kuss auf die Backe.

▸ **ba|cken** ['bakn̩], bäckt / backt, backte, hat gebacken:
1. *einen Teig herstellen und im Ofen gar werden lassen:* frisch gebackenes Brot · für Weihnachten Plätzchen backen.
2. *im Ofen gar werden:* Der Kuchen muss eine Stunde bei 180 Grad backen.

der **Bä|cker** ['bɛkɐ], des Bäckers, die Bäcker:
1. *[männliche] Person, deren Beruf es ist, Brot und Gebäck herzustellen:* eine Ausbildung zum Bäcker machen.
2. *Bäckerei:* Ich kaufe mein Brot lieber beim Bäcker als im Supermarkt.

▸ die **Bä|cke|rei** [bɛkə'rai̯], der Bäckerei, die Bäckereien:
Betrieb und Laden eines Bäckers: In der Bäckerei riecht es immer so gut.

die **Bä|cke|rin** ['bɛkərɪn], der Bäckerin, die Bäckerinnen:
weibliche Person, deren Beruf es ist, Brot und Gebäck herzustellen: Sie ist gelernte Bäckerin.

▸ der **Back|ofen** ['bak|o:fn̩], des Backofens, die Backöfen ['bak|ø:fn̩]:
Gerät in der Küche zum Backen und Braten: Ist die Ente noch nicht lange genug im Backofen?

das **Back|pul|ver** ['bakpʊlfɐ], des Backpulvers:

Pulver, das bewirkt, dass der Teig beim Backen größer wird: eine Tüte / zwei Teelöffel Backpulver in den Teig geben.

▶ das **Bad** [ba:t], des Bad[e]s, die Bäder ['bɛ:dɐ]:
1. *das Baden:* ein heißes Bad nehmen · ein Bad im See.
2. *Badezimmer:* Beeil dich, ich muss auch noch ins Bad.
3. *Schwimmbad:* Die meisten Bäder haben noch geschlossen.

der **Ba|de|an|zug** ['ba:dəlantsu:k], des Badeanzug[e]s, die Badeanzüge ['ba:də-antsy:gə]:
Kleidung zum Baden für Frauen in einem Teil: Zum Schwimmen trage ich lieber einen Badeanzug als einen Bikini.

die **Ba|de|ho|se** ['ba:dəho:zə], der Badehose, die Badehosen:
kurze Hose zum Baden für Männer: die nasse Badehose ausziehen.

der **Ba|de|man|tel** ['ba:dəmantl̩], des Bademantels, die Bademäntel ['ba:dəmɛntl̩]:
weicher Mantel, den man besonders nach dem Baden oder der Sauna trägt: Er lag im Bademantel auf dem Liegestuhl.

▶ **ba|den** ['ba:dn̩], badet, badete, hat gebadet:
1. *(sich) im Wasser waschen:* das Baby / den Hund baden · Badest oder duschst du lieber?
2. *zum Vergnügen ins Wasser gehen:* im Meer baden · baden gehen · zum Baden an einen See fahren.

▶ die **Ba|de|wan|ne** ['ba:dəvanə], der Badewanne, die Badewannen:
große Wanne im Badezimmer: Sie liegt gern lange in der Badewanne.

das **Ba|de|zim|mer** ['ba:dətsɪmɐ], des Badezimmers, die Badezimmer:
Raum mit Waschbecken, Dusche und, oder Wanne, in dem man sich wäscht: Wir haben zwei Badezimmer.

das **Ba|föq** ['ba:fø:k], des Bafögs:
finanzielle Unterstützung vom Staat für arme Studenten: Er bekommt kein Bafög, seine Eltern verdienen zu viel.

der **Bag|ger** ['bagɐ], des Baggers, die Bagger:
Fahrzeug, mit dem man große Löcher graben und Erde bewegen kann: mit dem Bagger eine Baugrube ausheben *(graben).*

das **Ba|guette** [ba'gɛt], des Baguettes, die Baguettes:
langes, schmales Weißbrot: Zum Salat gab es frisches Baguette.

▶ die **Bahn** [ba:n], der Bahn, die Bahnen:
1. *Eisenbahn:* mit der Bahn reisen.
2. *Strecke für Wettkämpfe:* zehn Bahnen schwimmen · Sie startet auf der innersten Bahn / auf Bahn eins. · Das Pferd hat auf einer weichen Bahn bessere Siegchancen.
3. *langer Streifen einer Sache:* Wie viele Bahnen Tapeten brauchen wir noch?

die **Bahn|card**® ['ba:nka:ɐ̯t], der Bahncard, die Bahncards:
Karte, mit der man für Fahrkarten der Bahn weniger bezahlt: Wenn du so oft mit der Bahn fährst, würde sich eine Bahncard für dich lohnen.

▶ der **Bahn|hof** ['ba:nho:f], des Bahnhof[e]s, die Bahnhöfe ['ba:nhø:fə]:
Gebäude, an oder in dem Züge halten: Holst du mich vom Bahnhof ab? · Am nächsten Bahnhof muss ich aussteigen.

▶ der **Bahn|steig** ['ba:nʃtai̯k], des Bahnsteig[e]s, die Bahnsteige:
erhöhter Weg für die Reisenden zwischen den Gleisen im Bahnhof: Wir haben uns erst am Bahnsteig verabschiedet. · Der Zug fährt heute von Gleis 3, am selben Bahnsteig.

die **Bak|te|rie** [bak'te:ri̯ə], der Bakterie, die Bakterien ⟨meist Plural⟩:
Lebewesen, das so klein ist, dass man es nicht sieht: gefährliche / harmlose Bakterien.

▶ **bald** [balt]:
1. *nach kurzer Zeit:* bald danach · Wir sind bald fertig, in einer Stunde oder noch eher. · Tschüss, bis bald!
2. (umgangssprachlich) *fast:* Das hätte ich jetzt bald vergessen.

▶ der **Bal|kon** [bal'kõ:], des Balkons, die Balkons; (besonders süddeutsch) [bal'ko:n], des Balkons, die Balkone:
eine Art Terrasse mit Geländer oben am Haus: Sie haben eine Wohnung im achten Stock mit schönem Balkon nach Süden.

▶ der [1]**Ball** [bal], des Ball[e]s, die Bälle ['bɛlə]:
Kugel aus Plastik, Leder oder Stoff zum Spielen: Ball spielen · Sie schoss / warf den Ball ins Tor.

der [2]**Ball** [bal], des Ball[e]s, die Bälle ['bɛlə]:
festliche Veranstaltung, bei der getanzt wird: auf einen Ball gehen · den Ball mit einem Tanz eröffnen.

▶ das **Bal|lett** [ba'lɛt], des Ballett[e]s, die Ballette:
1. *klassischer Tanz auf der Bühne oder die dazu gehörende Musik:* ein Ballett aufführen · Ballett tanzen lernen.
2. *Gruppe, die Ballett tanzt:* Sie möchte später mal zum Ballett.

B

Bahn

Auch wenn viele Deutsche darüber schimpfen, dass die Züge in Deutschland immer unpünktlich sind, kann man trotzdem sehr gut und umweltschonend mit dem Zug verreisen. Je nachdem, wie weit und schnell man reisen möchte und wie viel Geld man bezahlen möchte, gibt es unterschiedliche Arten von Zügen: 1. S-Bahnen: S-Bahn steht für Schnellbahn. S-Bahnen fahren in den Gebieten rund um größere Städte und halten an vielen kleinen Bahnhöfen. Oft halten sie auch an mehreren Bahnhöfen in einer Stadt.
2. RB: RB steht für Regionalbahn. Regionalbahnen fahren kürzere Strecken innerhalb einer Region Deutschlands und halten auch an kleineren Bahnhöfen. 3. RE: RE steht für Regionalexpress. Regionalexpresse fahren im selben Gebiet wie Regionalbahnen, halten aber nicht an allen Bahnhöfen, an denen Regionalbahnen halten. Deshalb ist man mit einem Regionalexpress schneller am Ziel. Die Züge von Typ 1–3 fasst man unter dem Begriff »Nahverkehr« zusammen, weil sie nur kurze Strecken zurücklegen. Die Fahrkarten für Züge des Nahverkehrs kauft man nicht bei der Deutschen Bahn, sondern bei den Verkehrsverbünden. Jedes Gebiet in Deutschland hat einen eigenen Verkehrsverbund. 4. IC: IC steht für Intercity. Intercityzüge machen nur in den größeren Städten halt und fahren durch ganz Deutschland.
5. ICE: ICE steht für Intercityexpress. ICEs fahren ebenfalls durch ganz Deutschland, halten aber an weniger Bahnhöfen als ICs und fahren mit einer höheren Geschwindigkeit. Je nach Strecke kann ein ICE eine Geschwindigkeit von bis zu 300 km/h erreichen. 6. EC: EC steht für Eurocity. Diese Züge verbinden große deutsche Städte mit großen europäischen Städten wie Basel, Budapest oder Luxemburg. Die Züge von Typ 4–6 fasst man unter dem Begriff »Fernverkehr« zusammen, weil sie sehr weite Strecken zurücklegen. Die Fahrkarten für den Fernverkehr kauft man bei der Deutschen Bahn. Der Fahrpreis für eine Bahnfahrt hängt von der Entfernung ab, die man zurücklegt, und von der Art des Zuges, die man wählt. Die Fahrkarten für Züge des Nahverkehrs sind immer günstiger als für die des Fernverkehrs. Möchte man beim Bahnfahren Geld sparen, kann man sich in allen Bahnhöfen eine Bahncard kaufen, die jede Fahrt um 25% oder 50% günstiger macht. Fahrkarten sind auch dann preiswerter, wenn man sie mehrere Wochen vor dem Reisetag kauft. Dann bietet die Bahn sogenannte Sparpreise an.

der **Bal|lon** [ba'lõ:], des Ballons, die Ballons; (besonders süddeutsch) [ba'lo:n], der Ballons, die Ballone:
1. *Luftballon:* Für die Party war das Zimmer mit bunten Ballons geschmückt.
2. *runde, mit Gas gefüllte Hülle, mit der man durch die Luft fliegen kann:* Sie wünschte sich, einmal im Ballon über das Land zu fliegen.

die **Ba|na|ne** [ba'na:nə], der Banane, die Bananen:
lange, gebogene Frucht mit dicker, gelber Schale: Sie gab dem Baby eine Banane zum Essen.

das **¹Band** [bant], des Band[e]s, die Bänder ['bɛndɐ]:
1. *langer, schmaler Streifen, besonders aus Stoff oder Leder:* Das Paket war mit einem roten Band umwickelt.
2. *langer Streifen Plastik, auf dem Ton oder ein Film gespeichert werden kann:* Ich hatte das Konzert damals auf Band aufgenommen.

der **²Band** [bant], des Band[e]s, die Bände ['bɛndə]:
Buch (aus einer Reihe): ein Lexikon in sechs Bänden · Der nächste Band der Geschichte wird schon ungeduldig erwartet.

▶ die **³Band** [bɛnt], der Band, die Bands:
Gruppe von Musikern, die moderne Musik spielt: Welche Band spielt bei dem Schulfest?

▶ die **¹Bank** [baŋk], der Bank, die Bänke ['bɛŋkə]:
eine Art breiter Stuhl für mehrere Personen: Wir setzten uns im Park auf eine Bank und unterhielten uns.

▶ die **²Bank** [baŋk], der Bank, die Banken:
Unternehmen, das Geschäfte mit Geld macht: Bei welcher Bank hast du dein Konto? · Ich muss noch zur Bank, Geld holen.

▶ die **Bank|leit|zahl** ['baŋklaittsa:l], der Bankleitzahl, die Bankleitzahlen:
Zahl aus acht Ziffern, mit der eine Bank gekennzeichnet ist: Bitte geben Sie Ihre Kontonummer und Bank mit Bankleitzahl an.

▶ der **Ban|ko|mat®** [baŋko'ma:t], des Banko-

maten, die Bankomaten (besonders österreichisch, schweizerisch):
Geldautomat: zum Bankomaten gehen.

▶ die **Ban|ko|mat|kar|te** [baŋkoˈmaːtkartə], der Bankomatkarte, die Bankomatkarten (besonders österreichisch, schweizerisch):
Karte, mit der man Geld abheben oder bezahlen kann: Ich bezahle häufig mit der Bankomatkarte.

die **Bank|ver|bin|dung** [ˈbaŋkfɛɐ̯bɪndʊŋ], der Bankverbindung, die Bankverbindungen:
Angaben, welches Konto bei welcher Bank eine Person hat: Bitte Adresse und Bankverbindung angeben!

▶ **bar** [baːɐ̯]:
in Münzen und Scheinen: Zahlen Sie bar oder mit Karte?

▶ die **Bar** [baːɐ̯], der Bar, die Bars:
1. *langer, hoher Tisch in Lokalen, an dem Getränke in Gläser gefüllt werden:* Sie setzte sich an die Bar und bestellte sich ein Bier.
2. *Lokal, das abends lange geöffnet ist und in dem viel Alkohol getrunken wird:* Nach dem Essen gingen wir noch in eine Bar.

▶ der **Bär** [bɛːɐ̯], des Bären, die Bären:
1. *großes, schweres Tier mit kurzem Schwanz und oft braunem Fell:* Bären lieben Honig.
2. *** jemandem einen Bären aufbinden** (umgangssprachlich): *jemandem eine unwahrscheinliche Geschichte erzählen:* Da hat dir aber jemand einen Bären aufgebunden!

bar|fuß [ˈbaːɐ̯fuːs]:
mit nackten Füßen: Im Sommer laufen die Kinder gern barfuß.

▶ das **Bar|geld** [ˈbaːɐ̯gɛlt], des Bargeld[e]s:
Geld in Form von Münzen und Scheinen: Ich hatte nicht genug Bargeld dabei und musste mit Karte zahlen.

▶ der **Bart** [baːɐ̯t], des Bart[e]s, die Bärte [ˈbɛːɐ̯tə]:
dichte Haare im unteren Teil des Gesichts bei Männern: Er ließ sich einen Bart stehen / wachsen. · Der Weihnachtsmann hat einen langen, weißen Bart.

die **Ba|sis** [ˈbaːzɪs], der Basis, die Basen [ˈbaːzn̩]:
Grundlage: auf Basis der vorliegenden Daten · Das Projekt steht auf einer guten finanziellen Basis.

▶ der **Bas|ket|ball** [ˈbaːskətbal], des Basketballs, die Basketbälle [ˈbaːskətbɛlə]:
1. ⟨ohne Plural⟩ *Spiel von zwei Mannschaften, bei dem ein Ball in einen Korb geworfen werden muss:* Spielst du mit uns Basketball?
2. *Ball, der im Spiel verwendet wird:* Ich brauche einen neuen Basketball.

▶ **bas|teln** [ˈbastl̩n], bastelt, bastelte, hat gebastelt:
in der Freizeit mit Werkzeugen Dinge herstellen oder reparieren: ein Futterhäuschen für die Vögel basteln · Im Kindergarten wird mit den Kindern viel gebastelt. · Er ist in der Garage und bastelt an seinem Auto.

▶ die **Bat|te|rie** [batəˈriː], der Batterie, die Batterien [batəˈriːən]:
kleines Gerät, das Strom erzeugt oder speichert: eine neue Batterie in die Uhr einlegen · Die Batterie vom Auto ist wohl leer.

▶ der **Bau** [bau̯], des Bau[e]s, die Baue / Bauten:
1. ⟨ohne Plural⟩ *das Bauen:* der geplante Bau einer neuen Brücke · Die Straße ist noch im / in Bau *(wird gerade gebaut).*
2. ⟨ohne Plural⟩ *Form, Figur oder Struktur:* der schlanke Bau der Giraffe · ein Satz mit kompliziertem Bau.
3. ⟨Plural: Bauten⟩ *Bauwerk:* die historischen Bauten in der Innenstadt · Die Schule ist ein hässlicher Bau mit Flachdach.
4. ⟨ohne Plural⟩ *Baustelle:* auf dem Bau arbeiten.
5. ⟨Plural: Baue⟩ *Höhle, die sich bestimmte Tiere bauen, in die Erde graben:* Der Hund jagte den Fuchs / das Kaninchen in seinen Bau.

▶ der **Bauch** [bau̯x], des Bauch[e]s, die Bäuche [ˈbɔy̯çə]:
1. *vorderer, weicher Teil des Körpers zwischen Brust und Hüfte:* auf dem Bauch schlafen · einen (dicken) Bauch bekommen · Sie kraulte dem Hund den Bauch.
2. *Magen:* Ich bin gerade erst aufgestanden und habe noch nichts im Bauch.

▶ **bau|en** [ˈbau̯ən], baut, baute, hat gebaut:
1. *aus verschiedenen Materialien oder Teilen zusammensetzen:* In der Fabrik werden Flugzeuge gebaut. · Wir wollen [ein Haus] bauen *(für uns bauen lassen).* · Ein Vogel hat im Apfelbaum sein Nest gebaut.
2. *fest vertrauen:* Du kannst immer auf mich / meine Unterstützung bauen. · Ich baue darauf, dass er Wort hält.

▶ der **Bau|er** [ˈbau̯ɐ], des Bauern, die Bauern:
1. *[männliche] Person, die Landwirtschaft betreibt:* Der Bauer ist gerade auf

dem Feld / im Stall. · Wir kaufen unsere Kartoffeln direkt beim Bauern.
2. *niedrigste Figur beim Schach:* einen / mit einem Bauern ziehen.

die **Bäu|e|rin** ['bɔyərɪn], der Bäuerin, die Bäuerinnen:
weibliche Person, die Landwirtschaft betreibt: Die Bäuerin füttert gerade die Hühner.

der **Bau|ern|hof** ['bau̯ɐnho:f], des Bauernhof[e]s, die Bauernhöfe ['bau̯ɐnhø:fə]:
Betrieb für Landwirtschaft: Sie ist auf einem Bauernhof aufgewachsen.

das **Bau|jahr** ['bau̯ja:ɐ̯], des Baujahr[e]s, die Baujahre:
Jahr, in dem etwas gebaut wurde: ein Auto / Haus älteren Baujahrs.

der **Baum** [bau̯m], des Baum[e]s, die Bäume ['bɔymə]:
große Pflanze mit einem Stamm und Ästen aus Holz: auf einen Baum klettern · Wir setzten uns im Garten unter einen Baum.

der **Bau|markt** ['bau̯markt], des Baumarkt[e]s, die Baumärkte ['bau̯mɛrktə]:
1. *Bereich der Wirtschaft, der das Bauen von Bauwerken betrifft:* die Entwicklung des Baumarkts.
2. *Geschäft, in dem Werkzeuge und Materialien zum Bauen verkauft werden:* Im Baumarkt haben sie eine große Auswahl an Schrauben.

die **Baum|wol|le** ['bau̯mvɔlə], der Baumwolle:
1. *Pflanze mit weißen Haaren an den Samen, aus denen Garn gemacht wird:* Baumwolle anpflanzen.
2. *Stoff oder Garn aus Baumwolle:* ein Hemd aus reiner Baumwolle.

der **Bau|stein** ['bau̯ʃtai̯n], des Baustein[e]s, die Bausteine:
einer der Teile, aus denen etwas besteht: Eiweiß und Fett sind wichtige Bausteine unserer Ernährung.

die **Bau|stel|le** ['bau̯ʃtɛlə], der Baustelle, die Baustellen:
Platz, wo ein Gebäude oder eine Straße gebaut oder repariert wird: auf der Baustelle arbeiten · Wegen einer Baustelle gab es Stau auf der Autobahn.

das **Bau|werk** ['bau̯vɛrk], des Bauwerk[e]s, die Bauwerke:
Gebäude, Brücke oder Straße (besonders, wenn sie groß und beeindruckend sind): Die alten Pyramiden sind gewaltige Bauwerke.

be|ab|sich|ti|gen [bə'lapzɪçtɪgn̩], beabsichtigt, beabsichtigte, hat beabsichtigt:
bewirken, erreichen oder tun wollen: Sie beabsichtigt, sich eine neue Wohnung zu suchen. · Entschuldige bitte, das war nicht von mir beabsichtigt. · Die beabsichtigte Wirkung blieb aus.

▶ **be|ach|ten** [bə'laxtn̩], beachtet, beachtete, hat beachtet:
1. *tun, was verlangt oder empfohlen wird:* die Spielregeln / die Vorschriften / jemandes Ratschläge beachten.
2. *seine Aufmerksamkeit auf eine Person, Sache richten:* Sie hat mich / mein Geschenk überhaupt nicht beachtet.

be|acht|lich [bə'laxtlɪç], beachtlicher, am beachtlichsten:
so groß oder wichtig, dass es Aufmerksamkeit verdient: eine beachtliche Leistung / Summe · Ich finde es durchaus beachtlich, dass ...

die **Be|ach|tung** [bə'laxtʊŋ], der Beachtung:
Vorgang, eine Person, Sache zu beachten oder beachtet zu werden: die Beachtung der Vorschriften · Lange Zeit fanden seine Bilder kaum Beachtung. · Sie schenkte ihrer Umgebung zu wenig Beachtung.

▶ der **Be|am|te** [bə'lamtə], der Beamte / ein Beamter; des / eines Beamten, die Beamten / zwei Beamte:
[männliche] Person, die für den Staat o. Ä. arbeitet: ein höherer / mittlerer Beamter · Er wurde zum Beamten ernannt.

▶ die **Be|am|tin** [bə'lamtɪn], der Beamtin, die Beamtinnen:
weibliche Person, die für den Staat o. Ä. arbeitet: Als Lehrerin ist sie Beamtin.

be|an|spru|chen [bə'lanʃprʊxn̩], beansprucht, beanspruchte, hat beansprucht:
1. *für sich fordern:* Er beansprucht immer den besten Platz für sich. · Ich möchte Ihre Zeit nicht länger beanspruchen.
2. *anstrengen oder belasten:* In den Gängen werden die Teppiche stark beansprucht. · Meine Arbeit beansprucht mich sehr.
3. *brauchen:* Der Schrank beansprucht zu viel Platz in dem kleinen Zimmer. · Der Umbau beansprucht gerade meine ganze Zeit.

▶ **be|an|tra|gen** [bə'lantra:gn̩], beantragt, beantragte, hat beantragt:
offiziell um etwas bitten: Arbeitslosengeld / ein Stipendium / ein Visum beantragen · Hast du deinen Urlaub schon beantragt?

▶ **be|ant|wor|ten** [bə'lantvɔrtn̩], beantwortet, beantwortete, hat beantwortet:
1. *auf eine Frage eine Antwort geben:* eine Frage mit Ja / Nein beantworten ·

In der Prüfung habe ich mindestens zwei Fragen falsch beantwortet.
2. *auf etwas in gleicher Art reagieren:* einen Brief / eine E-Mail beantworten.

die **Be|ant|wor|tung** [bəˈ|antvɔrtʊŋ], der Beantwortung:
das Beantworten: Ich hatte nicht genug Zeit für die Beantwortung aller Fragen.

be|ar|bei|ten [bəˈ|arbai̯tn̩], bearbeitet, bearbeitete, hat bearbeitet:
1. *in den gewünschten Zustand oder die gewünschte Form bringen:* ein Buch für einen Film bearbeiten · Er bearbeitete die schmutzigen Schuhe mit einer Bürste.
2. *dafür verantwortlich sein, etwas zu klären oder prüfen und Entscheidungen zu treffen:* einen Antrag / Fall bearbeiten.
3. *schriftlich behandeln:* Welches Thema hast du im Aufsatz bearbeitet?
4. (umgangssprachlich) *hartnäckig versuchen, eine Person zu überzeugen:* Die Kinder haben sie so lange bearbeitet, bis sie nachgab.

die **Be|ar|bei|tung** [bəˈ|arbai̯tʊŋ], der Bearbeitung, die Bearbeitungen:
1. *das Bearbeiten:* die Bearbeitung der Bilder am Computer · Die Behörde versprach eine schnelle Bearbeitung des Antrags.
2. *neu bearbeitete Form, Version:* eine leichte Bearbeitung des Stücks für das Klavier.

be|auf|tra|gen [bəˈ|au̯ftraːgn̩], beauftragt, beauftragte, hat beauftragt:
einer Person einen Auftrag geben: Er hat mich beauftragt, dich abzuholen. · Sie wurde mit der Leitung des Projekts beauftragt. · Dazu waren Sie aber nicht beauftragt!

der **Be|cher** [ˈbɛçɐ], des Bechers, die Becher:
relativ hohes Gefäß zum Trinken (ohne Henkel): sich am Automaten einen Becher Kaffee holen · die Zahnbürste zurück in den Becher stellen.

▶ **be|dan|ken** [bəˈdaŋkn̩] ⟨+ sich⟩, bedankt sich, bedankte sich, hat sich bedankt:
danke sagen: Hat er sich bei dir für das Geschenk bedankt?

▶ der **Be|darf** [bəˈdarf], des Bedarf[e]s:
Situation, etwas Bestimmtes zu brauchen: Im Moment besteht / herrscht großer Bedarf an neuen Lehrern. · Ich habe keinen Bedarf an solchen Diskussionen! · Bei Bedarf / Je nach Bedarf kann diese Menge erhöht werden.

be|dau|ern [bəˈdau̯ɐn], bedauert, bedauerte, hat bedauert:
1. *Mitleid haben:* Er wurde von den anderen sehr bedauert, weil er nicht mitkommen konnte.
2. *traurig finden (und das ausdrücken):* einen Fehler bedauern · Er bedauerte, das Treffen verpasst zu haben. · Bedaure *(es tut mir leid),* er ist nicht im Büro.

be|de|cken [bəˈdɛkn̩], bedeckt, bedeckte, hat bedeckt:
1. *als Schicht auf etwas legen:* den Tisch mit einem Tuch bedecken · Der Himmel hatte sich (mit Wolken) bedeckt.
2. *als Schicht auf etwas liegen:* Schnee bedeckte die Wiesen. · Der Boden war mit / von Blättern bedeckt.

be|den|ken [bəˈdɛŋkn̩], bedenkt, bedachte, hat bedacht:
1. *berücksichtigen, nicht vergessen:* Diese Möglichkeit hatte ich leider nicht bedacht. · Du musst bedenken, dass das nicht so einfach ist.
2. (gehoben) *einer Person geben, schenken:* Sie bedachte mich mit einem strafenden Blick. · Ich war überrascht, dass er mich in seinem Testament bedacht hatte.

das **Be|den|ken** [bəˈdɛŋkn̩], des Bedenkens, die Bedenken ⟨meist im Plural⟩:
Zweifel daran, ob etwas gut oder richtig ist: Bedenken gegen einen Plan äußern / haben · Ich halte diese Bedenken für übertrieben.

▶ **be|deu|ten** [bəˈdɔy̯tn̩], bedeutet, bedeutete, hat bedeutet:
1. *eine bestimmte Bedeutung haben:* Was bedeutet dieses Zeichen / Wort? · Ich weiß wirklich nicht, was das alles bedeuten soll.
2. *zur Folge haben:* Was bedeutet das für unsere Zukunft? · Das bedeutet ja noch lange nicht, dass es nicht funktionieren wird.
3. *(für eine Person) wichtig sein:* Das hat nichts zu bedeuten. · Es bedeutet mir viel, dass ihr heute alle gekommen seid.

be|deu|tend [bəˈdɔy̯tn̩t], bedeutender, am bedeutendsten:
1. *wichtig:* ein bedeutender Politiker / Unterschied.
2. *viel oder sehr; erheblich:* Es geht ihr schon wieder bedeutend besser. · Unsere Lage hat sich bedeutend verschlechtert.

▶ die **Be|deu|tung** [bəˈdɔy̯tʊŋ], der Bedeutung, die Bedeutungen:
1. *Inhalt oder Sinn von Wörtern, Zeichen oder Verhalten:* ein Wort in einer neuen Bedeutung verwenden · Kennst du die Bedeutung dieses Symbols?

2. *Eigenschaft, in bestimmtem Maß wichtig zu sein:* Für uns hat die Reform wenig Bedeutung. · Er hat die Bedeutung der Vorfälle unterschätzt.

be|die|nen [bə'di:nən], bedient, bediente, hat bedient:
1. *(beraten und) die gewünschten Dinge bringen, geben:* Wir wurden von einer netten Verkäuferin bedient. · Tut mir leid, an Ihrem Tisch bediene ich nicht. · Er lässt sich gern von seiner Mutter bedienen.
2. ⟨+ sich⟩ *sich etwas nehmen:* Bitte, bedienen Sie sich! · Sie hat sich einfach aus meinem Geldbeutel bedient.
3. *das tun, was nötig ist, damit ein Gerät, eine Maschine richtig arbeitet:* Die Maschine ist gar nicht schwer zu bedienen.

die **Be|die|nung** [bə'di:nʊŋ], der Bedienung, die Bedienungen:
1. *das Bedienen eines Kunden, Gastes:* Das nenne ich prompte Bedienung!
2. *das Bedienen von Geräten, Maschinen:* ein Handy mit einfacher Bedienung.
3. *Person, die in einem Lokal Gäste bedient:* die Bedienung um die Speisekarte bitten.

die **Be|die|nungs|an|lei|tung** [bə'di:nʊŋs|anlai̯tʊŋ], der Bedienungsanleitung, die Bedienungsanleitungen:
Text, der beschreibt, wie man ein Gerät, eine Maschine richtig benutzt: Lies mal in der Bedienungsanleitung nach, wie man neue Sender programmiert.

die **Be|din|gung** [bə'dɪŋʊŋ], der Bedingung, die Bedingungen:
1. *Forderung oder Voraussetzung, die zuerst erfüllt sein muss:* Du kannst das Auto haben, aber nur unter einer Bedingung: Du bist pünktlich zurück. · Sie haben unsere Bedingungen nicht akzeptiert.
2. ⟨meist im Plural⟩ *Dinge oder Vorgänge, die einen Einfluss haben:* Wir mussten unter sehr ungünstigen Bedingungen arbeiten. · Die Bedingungen für Sportler sind dort ideal.

be|din|gungs|los [bə'dɪŋʊŋslo:s]:
nicht zu erschüttern: bedingungslose Liebe · Sie vertraute mir bedingungslos.

be|dür|fen [bə'dʏrfn̩], bedarf, bedurfte, hat bedurft (gehoben):
brauchen: Kleine Kinder bedürfen ständiger Aufsicht. · Es bedurfte nicht viel, sie zu überreden.

das **Be|dürf|nis** [bə'dʏrfnɪs], des Bedürfnisses, die Bedürfnisse:
1. *Gefühl, etwas zu brauchen oder dringend zu wollen:* Er fühlte / hatte ein dringendes Bedürfnis nach Schlaf. · Es war mir ein Bedürfnis, ihnen zu helfen.
2. ⟨nur Plural⟩ *das, was man zum Leben braucht:* Das Haus entspricht ganz unseren Bedürfnissen.

▶ **be|ei|len** [bə'|ai̯lən] ⟨+ sich⟩, beeilt sich, beeilte sich, hat sich beeilt:
versuchen, möglichst schnell zu sein: Beeil dich, wir müssen los! · Sie beeilte sich beim / mit dem Essen, weil sie ins Schwimmbad wollte.

be|ein|dru|cken [bə'|ai̯ndrʊkn̩], beeindruckt, beeindruckte, hat beeindruckt:
starken positiven Eindruck machen: Der Film hat mich sehr beeindruckt. · Ich war von ihren Kenntnissen schwer beeindruckt. · Er hat eine beeindruckende Menge an Informationen gesammelt.

be|ein|flus|sen [bə'|ai̯nflʊsn̩], beeinflusst, beeinflusste, hat beeinflusst:
Einfluss oder Wirkung auf eine Person, Sache haben: Lass dich von ihm nicht beeinflussen! · Die Umweltverschmutzung beeinflusst das Klima.

be|ein|träch|ti|gen [bə'|ai̯ntrɛçtɪgn̩], beeinträchtigt, beeinträchtigte, hat beeinträchtigt:
negative Wirkung auf eine Person, Sache haben: Nebel beeinträchtigte die Sicht. · Das Kind ist durch eine Behinderung in der Entwicklung beeinträchtigt.

▶ **be|en|den** [bə'|ɛndn̩], beendet, beendete, hat beendet:
zu einem Ende bringen: ein Gespräch / einen Streit beenden · Sie beendete ihre Ausbildung mit sehr guten Noten.

die **Be|en|di|gung** [bə'|ɛndɪgʊŋ], der Beendigung:
Vorgang, durch den etwas beendet wird: nach Beendigung einer Aufgabe mit der nächsten anfangen.

be|er|di|gen [bə'|e:ɐ̯dɪgn̩], beerdigt, beerdigte, hat beerdigt:
ins Grab legen: Sie ist gestern gestorben und wird am Freitag beerdigt.

die **Be|er|di|gung** [bə'|e:ɐ̯dɪgʊŋ], der Beerdigung, die Beerdigungen:
Feier, bei der eine Person ins Grab gelegt wird: Viele Nachbarn und Freunde waren zur Beerdigung gekommen.

die **Bee|re** ['be:rə], der Beere, die Beeren:
kleine, saftige Frucht von kleinen Pflanzen oder Sträuchern: Beeren für einen Kuchen pflücken.

das **Beet** [be:t], des Beet[e]s, die Beete:
Stück Erde, auf das man Blumen oder

Gemüse pflanzt: In Beeten entlang des Zauns wuchsen bunte Blumen.

be|fas|sen [bəˈfasn̩] ⟨+ sich⟩, befasst sich, befasste sich, hat sich befasst:
sich mit etwas beschäftigen: Mit diesem Problem haben wir uns bereits ausreichend befasst. · Er befasst sich zu wenig mit seinen Kindern.

der **Be|fehl** [bəˈfeːl], des Befehl[e]s, die Befehle:
Auftrag von einer Person, die einem sagen darf, was man tun muss: Die Soldaten bekamen den / hatten Befehl zum Angriff. · Sie gab dem Hund den Befehl, sich hinzulegen.

be|feh|len [bəˈfeːlən], befiehlt, befahl, hat befohlen:
einen Befehl geben: Sie befahl den Kindern, ins Bett zu gehen. · Du hast mir gar nichts zu befehlen!

be|fes|ti|gen [bəˈfɛstɪgn̩], befestigt, befestigte, hat befestigt:
1. *fest mit etwas verbinden:* das Boot mit einem Seil am Ufer befestigen · Das Schild ist mit zwei Schrauben an der Tür befestigt.
2. *etwas bauen, was Schutz vor Angriffen oder Gefahren bietet:* das Ufer / die Grenze / eine Stadt befestigen.

▶ **be|fin|den** [bəˈfɪndn̩], befindet, befand, hat befunden:
1. ⟨+ sich⟩ *an einem bestimmten Ort sein:* Mein Zimmer befindet sich im dritten Stock. · Um diese Zeit befinde ich mich sonst schon im Bett.
2. ⟨+ sich⟩ *im genannten Zustand oder in der genannten Situation sein:* Ich glaube nicht, dass wir uns in Gefahr befinden. · Das Haus befand sich in einem üblen Zustand.
3. *eine Entscheidung treffen oder ein Urteil sprechen:* Das Gericht befand ihn für schuldig. · Wann wird über den Antrag befunden? · Ich habe nicht darüber zu befinden, ob das richtig ist.

be|för|dern [bəˈfœrdɐn], befördert, beförderte, hat befördert:
1. *dafür sorgen, dass eine Person, Sache an einen Ort kommt:* Güter / Reisende mit der Bahn befördern · den Ball ins Tor / die Kinder ins Bett befördern.
2. *eine wichtigere, besser bezahlte Stelle geben:* Sie wurde zur Direktorin befördert.

die **Be|för|de|rung** [bəˈfœrdərʊŋ], der Beförderung, die Beförderungen:
1. ⟨ohne Plural⟩ *Transport:* die Beförderung von Waren auf der Straße / Schiene.
2. *das Befördern von Mitarbeitern:* Er wartet schon lange auf eine Beförderung.

be|fra|gen [bəˈfraːgn̩], befragt, befragte, hat befragt:
Fragen zu einem Thema stellen: Sie wurde vor Gericht als Zeugin befragt. · Ausgewählte Personen wurden nach ihren Fernsehgewohnheiten befragt.

▶ **be|frei|en** [bəˈfrai̯ən], befreit, befreite, hat befreit:
1. *dafür sorgen, dass eine Person, ein Tier oder ein Land wieder frei ist:* Die Geiseln konnten von der Polizei befreit werden. · Er befreite den Fuchs aus dem Käfig / der Falle.
2. *bewirken, dass etwas Unangenehmes oder Störendes verschwindet:* die Schuhe vom Schmutz befreien · Ich konnte mich nicht von der Vorstellung befreien, dass ihr etwas passiert war. · Von dieser Sorge sind wir jetzt befreit.
3. *etwas, was üblich ist, nicht von einer Person verlangen:* Er ist heute wegen einer Familienfeier vom Unterricht befreit. · Sie können sich von der Versicherungspflicht befreien lassen.

die **Be|frei|ung** [bəˈfrai̯ʊŋ], der Befreiung, die Befreiungen:
1. *Vorgang, durch den Personen oder Tiere befreit werden:* Sie mussten lange auf ihre Befreiung warten.
2. *das Befreien von einer Pflicht:* die Befreiung vom Sportunterricht beantragen.

be|freun|det [bəˈfrɔy̯ndət]:
mit einer Beziehung als Freund(e): Beziehungen zwischen befreundeten Staaten · Den Tipp habe ich von einer [mit mir] befreundeten Ärztin. · Wir sind schon sehr lange miteinander befreundet.

▶ **be|frie|di|gend** [bəˈfriːdɪgn̩t], befriedigender, am befriedigendsten:
1. *so, dass eine Person damit zufrieden ist:* eine befriedigende Aufgabe / Lösung · Es ist sehr befriedigend, wenn die Kinder sich so gut entwickeln.
2. *die Note »befriedigend« (3):* Sie hat ein »Befriedigend« in Chemie.

be|fürch|ten [bəˈfʏrçtn̩], befürchtet, befürchtete, hat befürchtet:
glauben, dass etwas Unangenehmes der Fall sein oder geschehen könnte: Nachteile / eine Verschlechterung / das Schlimmste befürchten · Keine Angst, du hast von mir nichts zu befürchten. · Ich hatte schon so etwas befürchtet.

be|gabt [bəˈgaːpt], begabter, am begabtesten:

mit guten Fähigkeiten geboren: ein begabter Künstler / Musiker · Stipendien für Begabte · Sie ist für diesen Beruf ausgesprochen begabt.

be|ge|ben [bəˈgeːbn̩] ⟨+ sich⟩, begibt sich, begab sich, hat sich begeben (gehoben):
1. *an einen bestimmten Ort gehen oder fahren:* Er begab sich nach Hause / zu Bett. · Sie begab sich auf die Suche nach einem Hotel.
2. *sich ereignen:* Nun begab es sich zu dieser Zeit, dass der Prinz eine Braut suchte und …

▸ **be|geg|nen** [bəˈgeːgnən], begegnet, begegnete, ist begegnet:
1. *eine Person zufällig treffen:* Ich bin ihm erst neulich auf der Straße begegnet. · Sind wir uns schon mal begegnet?
2. (gehoben) *einer unangenehmen Sache nicht ausweichen:* Wie können wir diesen Problemen angemessen begegnen?

die **Be|geg|nung** [bəˈgeːgnʊŋ], der Begegnung, die Begegnungen:
zufälliges Treffen: Bei der ersten Begegnung war er mir durchaus sympathisch.

be|ge|hen [bəˈgeːən], begeht, beging, hat begangen:
1. (gehoben) *feiern:* Ich würde Weihnachten gern im Kreis meiner Familie begehen.
2. *etwas Schlechtes tun:* einen Fehler / ein Verbrechen / Selbstmord begehen.

be|gehrt [bəˈgeːrt], begehrter, am begehrtesten:
von vielen Menschen gewünscht: Der Oscar ist eine sehr begehrte Auszeichnung. · Auf Kinderfesten sind Würstchen sehr begehrt. · Er ist bei den Frauen sehr begehrt.

be|geis|tern [bəˈgai̯stɐn], begeistert, begeisterte, hat begeistert:
1. *bewirken, dass eine Person Begeisterung empfindet:* Er konnte die anderen für seine Idee begeistern.
2. ⟨+ sich⟩ *in Begeisterung geraten:* Sie begeisterte sich sehr für meinen Vorschlag. · Für kalte Duschen kann ich mich wirklich nicht begeistern.

▸ **be|geis|tert** [bəˈgai̯stɐt], begeisterter, am begeistertsten:
voller Begeisterung: die begeisterten Zuschauer · Ich war sofort begeistert von ihrem Vorschlag. · Die Kinder erzählten begeistert von dem Ausflug.

die **Be|geis|te|rung** [bəˈgai̯stərʊŋ], der Begeisterung:
Zustand, bei dem eine Person starkes Interesse und Freude zeigt: Sie erzählte voller Begeisterung von ihren Plänen. · Seine Begeisterung für das neue Spiel hielt nicht lange an.

▸ der **Be|ginn** [bəˈgɪn], des Beginns:
erste Zeit von etwas; Anfang: kurz vor / nach Beginn der Vorstellung · Bei / Zu Beginn der Prüfung war sie noch sehr nervös.

▸ **be|gin|nen** [bəˈgɪnən], beginnt, begann, hat begonnen:
1. *etwas Neues oder als Erste(r) tun; anfangen:* Sie begann, das Zimmer aufzuräumen. · Wir hatten gerade mit dem Essen begonnen, als er kam. · Wer hat mit dem Streit begonnen?
2. *seinen Anfang haben; anfangen:* dort, wo der Strand beginnt · Der Film hatte bereits begonnen, als ich ankam. · Es begann zu regnen.

be|glau|bi|gen [bəˈglau̯bɪgn̩], beglaubigt, beglaubigte, hat beglaubigt:
als Behörde bestätigen, dass etwas echt ist: sich das Zeugnis beglaubigen lassen. · Reichen Sie bitte alle Zeugnisse in beglaubigter Kopie ein.

▸ **be|glei|ten** [bəˈglai̯tn̩], begleitet, begleitete, hat begleitet:
mit einer Person gehen, damit sie nicht allein ist: Er begleitete uns noch zur Tür. · Würdest du mich auf das Fest begleiten?

die **Be|glei|tung** [bəˈglai̯tʊŋ], der Begleitung, die Begleitungen:
1. ⟨ohne Plural⟩ *Vorgang, eine Person zu begleiten oder begleitet zu werden:* jemandem seine Begleitung anbieten · Kommst du allein oder in Begleitung?
2. *begleitende Person(en):* Kennst du ihre Begleitung?

be|grei|fen [bəˈgrai̯fn̩], begreift, begriff, hat begriffen:
1. *erkennen, was warum geschieht oder zu tun ist:* Physik habe ich eigentlich nie richtig begriffen. · Ich begreife einfach nicht, wie das funktioniert / warum er das tut.
2. *Fähigkeit und Wille, etwas zu akzeptieren:* Er kann / will einfach nicht begreifen, dass es zwischen uns aus ist. · Begreif doch endlich, dass es so nicht weitergeht.

▸ **be|gren|zen** [bəˈgrɛntsn̩], begrenzt, begrenzte, hat begrenzt:
beschränken: die Geschwindigkeit / die Redezeit begrenzen · Die Teilnehmerzahl ist auf 100 begrenzt.

der **Be|griff** [bəˈgrɪf], des Begriff[e]s, die Begriffe:

1. *Wort oder Wörter mit einem bestimmten Inhalt; Ausdruck, Bezeichnung:* Ist das der korrekte medizinische Begriff dafür?; * **für jemandes Begriffe:** *nach jemandes Meinung:* Für meine Begriffe ist die Aufgabe zu schwer für die Kinder.; * **etwas ist jemandem ein Begriff:** *eine Person hat von einer Sache, Person schon gehört:* Ist dir der Name ein Begriff?
2. * **im Begriff sein/stehen:** *kurz davor sein, etwas zu tun:* Ich war gerade im Begriff einzuschlafen, als es klingelte.

▶ **be|grün|den** [bəˈgrʏndn̩], begründet, begründete, hat begründet:
Gründe nennen: ein begründeter *(berechtigter)* Verdacht · Wie / Womit hat er sein Fehlen begründet? · Ich kann es nicht begründen, aber ich habe kein gutes Gefühl dabei.

▶ die **Be|grün|dung** [bəˈgrʏndʊŋ], der Begründung, die Begründungen:
genannte oder bestehende Gründe: »Zu teuer!« war die offizielle Begründung.

▶ **be|grü|ßen** [bəˈgry:sn̩], begrüßt, begrüßte, hat begrüßt:
1. *bei der Ankunft, beim Treffen (höfliche) Worte zu einer Person sagen:* Wir wurden bei unserer Ankunft freundlich begrüßt. · Ich freue mich sehr, Sie heute hier begrüßen zu dürfen.
2. *sich über etwas freuen:* Ich würde es begrüßen, wenn das schneller ginge.

die **Be|grü|ßung** [bəˈgry:sʊŋ], der Begrüßung, die Begrüßungen:
Vorgang, bei dem eine Person begrüßt wird: Sie umarmten sich zur Begrüßung. · Vielen Dank für die freundliche Begrüßung!

▶ **be|hal|ten** [bəˈhaltn̩], behält, behielt, hat behalten:
1. *in seinem Besitz oder an einem Ort lassen:* Den Rest vom Geld kannst du behalten. · Sie haben ihn gleich über Nacht im Krankenhaus behalten.; * **etwas für sich behalten:** *niemandem davon erzählen:* Bitte behalte das aber für dich!
2. *nicht verlieren:* Wir müssen jetzt unbedingt die Kontrolle behalten. · Gold behält immer seinen Wert.
3. *sich merken:* Ich kann die Nummer einfach nicht behalten.

der **Be|häl|ter** [bəˈhɛltɐ], des Behälters, die Behälter:
Gegenstand, in dem man etwas aufbewahren und transportieren kann: Sie füllten alle verfügbaren Behälter mit Wasser.

▶ **be|han|deln** [bəˈhandl̩n], behandelt, behandelte, hat behandelt:
1. *sich einer Person gegenüber auf bestimmte Weise verhalten:* Der Lehrer hat sie ungerecht behandelt.
2. *auf bestimmte Weise benutzen:* Du solltest das Geschirr vorsichtiger behandeln.
3. *sich mit etwas beschäftigen und es auf bestimmte Weise darstellen:* Dieses Thema wurde im Unterricht noch nicht behandelt.
4. *zu heilen versuchen:* eine Wunde mit einer Salbe behandeln · Von welchem Arzt wurden Sie behandelt?

die **Be|hand|lung** [bəˈhandlʊŋ], der Behandlung, die Behandlungen:
medizinische Versorgung: sich in ärztliche Behandlung begeben · Tabletten zur Behandlung von Kopfschmerzen.

▶ **be|haup|ten** [bəˈhau̯ptn̩], behauptet, behauptete, hat behauptet:
1. *zu Unrecht oder ohne Beweise als richtig oder wahr darstellen:* Er behauptet, allein gewesen zu sein, dabei habe ich Stimmen gehört. · Ich kann nicht behaupten, dass ich mich damit auskenne.
2. (gehoben) *mit Erfolg verteidigen:* Die Mannschaft konnte ihren Tabellenplatz behaupten.
3. ⟨+ sich⟩ (gehoben) *sich durchsetzen:* Sie muss lernen, sich gegen ihre Brüder zu behaupten. · Das Verfahren hat sich in der Praxis nicht behauptet.

die **Be|haup|tung** [bəˈhau̯ptʊŋ], der Behauptung, die Behauptungen:
Äußerung, mit der man etwas behauptet: Können Sie diese Behauptung beweisen? · Sie blieb bei der Behauptung, das Opfer nicht zu kennen.

be|he|ben [bəˈhe:bn̩], behebt, behob, hat behoben:
in Ordnung bringen; beseitigen: einen Fehler / Mangel / Schaden beheben.

be|herr|schen [bəˈhɛrʃn̩], beherrscht, beherrschte, hat beherrscht:
1. *die Macht haben, zu regieren:* Große Teile Europas wurden damals von den Römern beherrscht.
2. *als entscheidendes Element bestimmen:* den Markt beherrschende Produkte / Hersteller · Dieses Thema beherrschte den ganzen Abend die Diskussion.
3. ⟨+ sich⟩ *sich unter Kontrolle halten:* Ich konnte mich nicht mehr beherrschen und schrie ihn an. · Sie musste sich beherrschen, um nicht laut loszulachen.

4. *gut können:* mehrere Sprachen / ein Musikinstrument beherrschen · Er beherrscht die Kunst, sich bei allen beliebt zu machen.

be|hin|dern [bəˈhɪndɐn], behindert, behinderte, hat behindert:
etwas schwieriger machen; stören: Viele Baustellen behinderten den Verkehr. · Es war so eng, dass wir uns bei der Arbeit gegenseitig behinderten.

be|hin|dert [bəˈhɪndɐt]:
mit einer körperlichen, geistigen oder seelischen Behinderung: ein behindertes Kind haben · Steuererleichterungen für Behinderte.

die **Be|hin|de|rung** [bəˈhɪndərʊŋ], der Behinderung, die Behinderungen:
1. *ständiger Zustand von Körper, Geist oder Seele, der einen Nachteil darstellt:* eine geistige Behinderung haben.
2. *Situation, in der eine Person, Sache behindert wird:* Die Kinder stellen für mich keine Behinderung bei der Arbeit dar. · Wegen des Nebels kommt es zu Behinderungen im Flugverkehr.

die **Be|hör|de** [bəˈhøːɐ̯də], der Behörde, die Behörden:
Teil der Verwaltung mit bestimmten Aufgaben: Viele Behörden haben ihre Büros im Rathaus. · Welche Behörde ist für meinen Antrag zuständig?

bei [bai̯] ⟨mit Dativ⟩:
1. ⟨räumlich⟩ gibt einen Ort, eine Nähe, einen Bereich an: Potsdam liegt bei Berlin. · Er wohnt nicht mehr bei seiner Mutter. · Sie arbeitet bei einem großen, bekannten Unternehmen.
2. ⟨zeitlich⟩ gibt einen Zeitpunkt an: bei Tag / Nacht · Berlin bei Nacht.
3. gibt Umstände an: Bei Glatteis muss gestreut werden. · Bei diesem Regen bleiben wir lieber zu Hause. · Er wurde bei dem Unfall schwer verletzt.

bei|brin|gen [ˈbai̯brɪŋən], bringt bei, brachte bei, hat beigebracht:
1. *etwas so erklären oder zeigen, dass es eine Person danach kann:* Mein Vater hat mir das Schwimmen beigebracht. · Kannst du mir beibringen, wie man das repariert?
2. *etwas Unangenehmes mitteilen:* Er brachte ihr schonend bei, dass ihr Freund einen Unfall hatte.

bei|de [ˈbai̯də]:
jede, jeder, jedes von zwei verschiedenen: Ich hätte gern diese beiden Bilder. · Der Kurs dauerte nur zwei Tage und er kam an beiden Tagen zu spät. · Ihr beide seid euch sehr ähnlich. · Muss ich mich zwischen Salat und Suppe entscheiden oder kann ich beides haben?

der **Bei|fall** [ˈbai̯fal], des Beifall[e]s:
1. *Applaus:* Beifall klatschen.
2. *Zustimmung:* Ihr Vorschlag fand allgemeinen Beifall.

die **Bei|la|ge** [ˈbai̯laːgə], der Beilage, die Beilagen:
1. *etwas, was man zusätzlich bekommt, wenn man eine Zeitung oder Zeitschrift kauft:* Das Fernsehprogramm gibt es als Beilage zur Freitagsausgabe.
3. *alles, was man zum Fleisch oder Fisch dazu isst:* Als Beilage zum Schnitzel konnte man zwischen Pommes frites und Kartoffelsalat wählen. · Alle Fleischgerichte servieren wir mit zwei Beilagen.

bei|läu|fig [ˈbai̯lɔyfɪç]:
so, als wäre es nicht wichtig: eine beiläufige Frage · Er hat mal beiläufig erwähnt, dass er Kinder hat, aber nie von ihnen erzählt.

das **Bei|leid** [ˈbai̯lai̯t], des Beileid[e]s:
drückt aus, dass es einem leidtut, dass jemand tot ist: Darf ich Ihnen mein Beileid aussprechen? · Herzliches Beileid!

▶ **beim** [bai̯m] ⟨Verschmelzung von »bei« + »dem«⟩:
1. ⟨kann aufgelöst werden⟩ das Haus dort beim See.
2. ⟨kann nicht aufgelöst werden⟩ Es bleibt alles beim Alten. · Ich nehme dich beim Wort.
3. ⟨kann nicht aufgelöst werden⟩ *bei der genannten Tätigkeit:* Stör mich nicht beim Lesen! · Wir waren gerade beim Essen, als er kam.

▶ das **Bein** [bai̯n], des Bein[e]s, die Beine:
1. *einer der Teile des Körpers, mit denen ein Mensch oder Tier steht und geht:* Ich habe mir das rechte Bein gebrochen. · Insekten haben sechs Beine.
2. *Teil, auf dem besonders ein Stuhl oder Tisch steht:* An dem Stuhl ist ein Bein abgebrochen.

▶ **bei|na|he** [ˈbai̯naːə]:
nur wenig von etwas entfernt; fast: Er ist beinahe zwei Meter groß / 20 Jahre alt. · Das hätte ich jetzt beinahe vergessen!

das **Bei|sel** [ˈbai̯zl̩], des Beisels, die Beiseln (österreichisch umgangssprachlich):
Kneipe: im Beisel sitzen.

die **Bei|set|zung** [ˈbai̯zɛtsʊŋ], der Beisetzung, die Beisetzungen (gehoben):
Beerdigung: Die Beisetzung fand im engsten Familienkreis statt.

B

▶ das **Bei|spiel** ['baiʃpi:l], des Beispiel[e]s, die Beispiele:
1. *einzelner Fall, den man nennt, um etwas deutlicher zu machen:* Welche Beispiele für Schwimmvögel könnt ihr mir außer Enten noch nennen?; * **zum Beispiel:** *um ein Beispiel, mehrere Beispiele zu nennen* (Abkürzung: z. B.): viele Haustiere, zum Beispiel Hunde und Katzen · Das macht sie oft so, zum Beispiel gestern: Da hat sie …
2. *Vorbild:* Du solltest dir an ihm ein Beispiel nehmen.

bei|spiels|wei|se ['baiʃpi:lsvaizə]:
zum Beispiel: Zu anderen Zeiten, beispielsweise im Urlaub, verstehen sie sich sehr gut.

▶ **bei|ßen** ['baisn̩], beißt, biss, hat gebissen:
1. *die Zähne in etwas drücken (und Stücke davon trennen):* in einen Apfel / ins Brot beißen · Au, ich habe mir auf die Zunge gebissen! · Lass mich auch mal (von der Wurst) beißen!
2. *mit den Zähnen fassen und verletzen:* Der Hund hat mir in die Hand gebissen. · Sie wurde von einer giftigen Schlange gebissen.

▶ der **Bei|trag** ['baitra:k], des Beitrag[e]s, die Beiträge:
1. *etwas, was zu etwas beiträgt:* Viele leisteten einen Beitrag, damit das Fest ein Erfolg wurde.
2. *Betrag, der regelmäßig zu zahlen ist:* Der Verein hat die Beiträge erhöht.
3. *einer von mehreren Texten oder Filmen in einer Zeitschrift, Zeitung oder Sendung:* Ich habe im Radio einen interessanten Beitrag über gesunde Ernährung gehört.

bei|tra|gen ['baitra:gn̩], trägt bei, trug bei, hat beigetragen:
helfen, sodass ein Ziel erreicht wird: Wenn wir das schaffen wollen, muss jeder seinen Teil dazu beitragen. · Der herzliche Empfang trug sehr dazu bei, dass ich mich dort wohlfühlte.

bei|tre|ten ['baitre:tn̩], tritt bei, trat bei, ist beigetreten:
Mitglied werden: einem Verein / der EU beitreten.

der **Bei|tritt** ['baitrɪt], des Beitritt[e]s, die Beitritte:
das Beitreten: Sie hat ihren Beitritt zu der Partei bald bereut.

be|ja|hen [bə'ja:ən], bejaht, bejahte, hat bejaht:
1. *mit Ja beantworten:* Diese Frage kann ich bejahen.
2. *mit etwas einverstanden sein:* radikale Gruppen, die Gewalt bejahen.

be|kämp|fen [bə'kɛmpfn̩], bekämpft, bekämpfte, hat bekämpft:
gegen eine Person, Sache kämpfen: die Gewalt / die Kriminalität / den Krebs bekämpfen · In der Klasse gibt es mehrere Gruppen, die sich gegenseitig bekämpfen.

▶ **be|kannt** [bə'kant]:
1. ⟨bekannter, am bekanntesten⟩ *so, dass viele Menschen eine Person, Sache kennen oder davon wissen:* ein bekannter Politiker · die bekanntesten Hits der Band · Sie ist für ihren Mut bekannt. · Gerade wurde bekannt, dass der Minister zurücktreten will.; * **etwas bekannt geben / machen:** *etwas öffentlich mitteilen:* Auf dem Fest gaben sie bekannt, dass sie heiraten wollen. · Die Stadt machte in der Zeitung ihre Pläne für den Bau eines Flughafens bekannt.
2. *so, dass eine Person etwas weiß oder eine andere Person bzw. etwas kennt:* Mir war nicht bekannt, dass er verreist ist. · Darf ich Sie mit meiner Schwester bekannt machen *(Ihnen meine Schwester vorstellen)?* · Der Name kommt mir bekannt vor, vielleicht haben wir uns mal kennengelernt.

▶ der **Be|kann|te** [bə'kantə], der Bekannte / ein Bekannter; des / eines Bekannten, die Bekannten / zwei Bekannte:
[männliche] Person, mit der jemand bekannt ist: Er ist ein alter Bekannter von mir.

▶ die **Be|kann|te** [bə'kantə], die / eine Bekannte; der / einer Bekannten, die Bekannten / zwei Bekannte:
weibliche Person, mit der jemand bekannt ist: Sie ist eine gute Bekannte von mir.

be|kannt|lich [bə'kantlɪç]:
wie es allgemein bekannt ist: Krähen sind bekanntlich kluge Vögel.

die **Be|kannt|schaft** [bə'kantʃaft], der Bekanntschaft, die Bekanntschaften:
1. ⟨ohne Plural⟩ *Kreis der Personen, zu denen man persönlichen Kontakt hat:* Ist in deiner Bekanntschaft denn niemand, der dir bei Computerproblemen helfen kann? · Zu seiner Bekanntschaft gehören mehrere Musiker.
2. *Person, die man persönlich kennt:* Dort traf ich zufällig eine alte Bekanntschaft.
3. *persönlicher Kontakt:* Nach längerer Bekanntschaft boten sie sich endlich

das Du an. · Wir haben im Urlaub ein paar nette Bekanntschaften gemacht / geschlossen.; *** jemandes Bekanntschaft machen:** *eine Person kennenlernen:* Ich fand ihn sehr nett, als ich seine Bekanntschaft machte.; *** mit etwas Bekanntschaft machen:** (umgangssprachlich) *etwas Unangenehmes selbst erleben:* Bei dieser Gelegenheit machte ich erstmals Bekanntschaft mit dieser Krankheit.

be|kla|gen [bəˈklaːɡn̩], beklagt, beklagte, hat beklagt:
1. *sein Bedauern äußern:* Es waren mehrere Todesopfer zu beklagen. · Sie beklagte den Mangel an freiwilligen Helfern.
2. ⟨+ sich⟩ *sich beschweren:* Die Kinder beklagten sich bei ihren Eltern über die Lehrerin. · Sie beklagte sich, dass sie zu viel Arbeit habe.

die **Be|klei|dung** [bəˈklai̯dʊŋ], der Bekleidung, die Bekleidungen:
Kleidung: die Kosten für Bekleidung und Körperpflege · Bitte die Kirche nur in angemessener Bekleidung betreten!

be|kom|men [bəˈkɔmən], bekommt, bekam, hat bekommen:
1. *in den Besitz von etwas kommen:* eine Belohnung / ein Geschenk bekommen · Kann ich noch ein Stück Kuchen bekommen? · Hat der Klempner schon sein Geld bekommen?
2. *Empfänger oder Ziel einer Handlung sein:* Besuch / einen Brief / einen Kuss / Schläge bekommen · Ich bekam den Auftrag, nach ihr zu suchen.
3. *in einen bestimmten Zustand oder eine Situation kommen:* Angst / Hunger / Fieber / Probleme / Zweifel / einen Schnupfen bekommen · Das Hemd hat einen Fleck bekommen.
4. *Erfolg haben und etwas erreichen:* Er bekommt einfach keine neue Arbeit. · Karten für das Spiel waren schwer zu bekommen.
5. *eine Person dazu bringen, dass sie etwas Bestimmtes tut:* In den Ferien bekomme ich die Kinder nicht vor zehn Uhr aus dem Bett. · Meinst du, du bekommst sie dazu, sich zu entschuldigen?
6. *von einer Person gut vertragen werden:* Das Essen dort ist mir nicht bekommen. · Die Ruhe im Urlaub ist ihr gut bekommen.

be|kräf|ti|gen [bəˈkrɛftɪɡn̩], bekräftigt, bekräftigte, hat bekräftigt:
bestätigen, was bereits gesagt wurde: Er bekräftigte sein Versprechen, sich um eine Lösung zu bemühen.

be|las|ten [bəˈlastn̩], belastet, belastete, hat belastet:
1. *Gewicht auf etwas legen:* Ich darf den verletzten Fuß erst mal nicht belasten. · Um die Brücke nicht zu stark zu belasten, ist die Geschwindigkeit auf 60 km/h begrenzt.
2. *eine schädliche Wirkung auf etwas haben:* mit Schwermetallen belastete Lebensmittel · Industrieabfälle belasten die Umwelt.
3. *eine negative Wirkung auf jemandes Gesundheit oder Stimmung haben:* Durch die Hitzewelle wird der Kreislauf belastet. · Es belastet mich sehr, wenn er böse auf mich ist.
4. *schuldig erscheinen lassen:* Die Aussage des Zeugen belastete ihn sehr. · In dem Fall sind belastende Fotos aufgetaucht.
5. *Geld von etwas abbuchen:* Ihr Konto wurde mit einem Betrag von 300 Euro belastet.

be|läs|ti|gen [bəˈlɛstɪɡn̩], belästigt, belästigte, hat belästigt:
stören, ärgern oder lästig werden: Sie wurde in der Straßenbahn von einem Betrunkenen belästigt. · Ich fühlte mich durch den Rauch belästigt.

die **Be|las|tung** [bəˈlastʊŋ], der Belastung, die Belastungen:
Situation, in der eine Person, Sache belastet ist: eine enorme finanzielle / seelische Belastung · die Belastung der Luft durch Feinstaub.

▶ der **Be|leg** [bəˈleːk], des Beleg[e]s, die Belege:
etwas, was als Beweis dient: Haben Sie denn noch den Kassenzettel als Beleg? · Die ältesten schriftlichen Belege für dieses Wort stammen aus dem 15. Jahrhundert.

be|le|gen [bəˈleːɡn̩], belegt, belegte, hat belegt:
1. *etwas auf etwas legen:* ein Brötchen mit Käse / Wurst belegen · ein belegtes Brot essen.
2. *für eine Person, sich selbst beanspruchen oder reservieren:* Ich habe dir eine Liege belegt. · Ist der Platz neben Ihnen schon belegt? · Das Hotel ist vollständig belegt.
3. *in einem Wettkampf erreichen:* in einem Rennen den ersten Platz belegen.
4. *mit etwas beweisen:* seine Ausgaben durch Quittungen belegen · Kannst du das durch Beispiele belegen?

die **Be|leg|schaft** [bə'le:kʃaft], der Belegschaft, die Belegschaften:
alle Personen, die in einem Betrieb arbeiten: Der Direktor hielt eine Rede vor der versammelten Belegschaft.

▸ **be|lei|di|gen** [bə'laidɪgn̩], beleidigt, beleidigte, hat beleidigt:
jemandes Ehre oder Gefühle [meist durch Worte] verletzen: Sie hat mich mit ihrer Bemerkung schwer beleidigt. · Er ist schnell beleidigt, wenn man ihn kritisiert. · Ich fand sein Benehmen beleidigend.

die **Be|lei|di|gung** [bə'laidɪgʊŋ], der Beleidigung, die Beleidigungen:
beleidigende Äußerung oder Handlung: Sie antwortete mit einer persönlichen Beleidigung. · Er fasste es als Beleidigung auf, dass der Schüler ihn nicht grüßte.

be|leuch|ten [bə'lɔyçtn̩], beleuchtet, beleuchtete, hat beleuchtet:
mit Licht versorgen: Die Bühne wurde mit / von Scheinwerfern beleuchtet. · Der Tisch war mit Kerzen festlich beleuchtet.

die **Be|leuch|tung** [bə'lɔyçtʊŋ], der Beleuchtung, die Beleuchtungen:
1. *Licht:* eine festliche Beleuchtung · Du solltest nicht bei so schwacher Beleuchtung lesen.
2. *die vorhandenen Lampen:* die Beleuchtung einschalten.

be|lie|big [bə'li:bɪç]:
aus einer Menge frei oder zufällig gewählt: Setz dich an einen beliebigen Platz. · Das gilt für jeden beliebigen Teilnehmer. · Die Reihenfolge ist beliebig. · Ich könnte Ihnen beliebig viele Beispiele nennen.

▸ **be|liebt** [bə'li:pt], beliebter, am beliebtesten:
so, dass es, ihn, sie viele mögen: eine beliebte Band · ein beliebtes Urlaubsziel · Sie ist bei den anderen Schülern sehr beliebt. · Er versuchte, sich durch Geschenke beliebt zu machen.

be|lie|fern [bə'li:fɐn], beliefert, belieferte, hat beliefert:
(regelmäßig) an einen Kunden liefern: Der Bäcker beliefert die meisten Hotels der Umgebung mit Backwaren.

bel|len ['bɛlən], bellt, bellte, hat gebellt:
die kurzen, lauten Laute von sich geben, die für Hunde typisch sind: Der Hund warnte uns mit seinem Bellen.

be|loh|nen [bə'lo:nən], belohnt, belohnte, hat belohnt:
1. *als Anerkennung oder zum Dank etwas geben:* Er belohnte die Kinder für ihre Hilfe mit 20 Euro. · So viel Fleiß muss belohnt werden. · Ich fühlte mich durch ihr Lächeln reich belohnt.
2. *als positive Folge von etwas geschehen:* Das harte Training wurde mit einem Sieg belohnt.

die **Be|loh|nung** [bə'lo:nʊŋ], der Belohnung, die Belohnungen:
etwas, womit eine Person belohnt wird: Er versprach jedem, der ihm die Katze wiederbringen würde, 100 Euro Belohnung. · Zur Belohnung für die guten Leistungen verzichtete der Lehrer auf Hausaufgaben.

be|merk|bar [bə'mɛrkba:ɐ̯]:
1. *deutlich wahrzunehmen:* kaum bemerkbare Schmerzen · Ist schon ein Fortschritt bemerkbar?
2. *** sich bemerkbar machen: 1)** *auf sich aufmerksam machen:* Wir versuchten, uns durch Klopfen und Rufen bemerkbar zu machen. · Mach dich bemerkbar, wenn du mich brauchst. **2)** *Wirkung zeigen:* Allmählich macht sich der Stress / mein krankes Bein bemerkbar.

▸ **be|mer|ken** [bə'mɛrkn̩], bemerkt, bemerkte, hat bemerkt:
1. *aufmerksam werden und bewusst wahrnehmen:* Den Fehler habe ich leider zu spät bemerkt. · Sie bemerkte nicht, dass er sie beobachtete. · Er bemerkte kaum, was um ihn herum geschah.
2. *eine Bemerkung machen:* Das ist, nebenbei bemerkt, schon lange bekannt. · Ich habe dazu nur zu bemerken, dass ich mich nicht beteiligen werde.

be|mer|kens|wert [bə'mɛrkn̩sve:ɐ̯t], bemerkenswerter, am bemerkenswertesten:
positiv auffallend; beachtlich: bemerkenswerte Fortschritte machen · bemerkenswert großen Eifer zeigen · Ich finde diesen Roman wirklich bemerkenswert.

die **Be|mer|kung** [bə'mɛrkʊŋ], der Bemerkung, die Bemerkungen:
kurze Äußerung nebenbei: Er machte eine ironische Bemerkung über seinen Chef. · Spar dir deine unpassenden Bemerkungen!

be|mü|hen [bə'my:ən] ⟨+ sich⟩, bemüht sich, bemühte sich, hat sich bemüht:
1. *sich Mühe geben:* Sie bemühte sich, alles richtig zu machen. · Er ist stets um Höflichkeit bemüht.
2. *sich kümmern:* Sie bemühte sich um das Wohl der Gäste. · Mehrere Ärzte bemühten sich um den Verletzten.

3. *zu bekommen versuchen:* sich um eine Stelle / einen Termin bemühen · Sie bemühte sich erfolglos um Aufnahme in den Kurs.

die **Be|mü|hung** [bəˈmyːʊŋ], der Bemühung, die Bemühungen ⟨meist Plural⟩: *Handlung, mit der man sich bemüht:* Alle Bemühungen um eine friedliche Einigung waren umsonst. · Vielen Dank für Ihre Bemühungen!

be|nach|bart [bəˈnaxbaːɐ̯t]: *sich in unmittelbarer Nähe befindend:* Am Umzug nahmen viele Vereine aus den benachbarten Orten teil. · In den benachbarten Häusern bemerkte niemand den Einbruch.

be|nach|rich|ti|gen [bəˈnaːxrɪçtɪɡn̩], benachrichtigt, benachrichtigte, hat benachrichtigt: *von einem aktuellen Ereignis informieren:* die Polizei von einem Unfall benachrichtigen · Bitte benachrichtigen Sie mich, sobald die Arbeiten beginnen.

be|nach|tei|li|gen [bəˈnaːxta̯ilɪɡn̩], benachteiligt, benachteiligte, hat benachteiligt: *schlechter behandeln als andere:* Die Regelung benachteiligt Familien mit Kindern. · Sie fühlte sich ihrem Bruder gegenüber benachteiligt. · Das Programm ist für sozial Benachteiligte gedacht.

die **Be|nach|tei|li|gung** [bəˈnaːxta̯ilɪɡʊŋ], der Benachteiligung, die Benachteiligungen: *Vorgang, eine Person zu benachteiligen oder benachteiligt zu werden:* eine unangemessene Benachteiligung von Frauen / aufgrund des Geschlechts · Das Gesetz soll soziale Benachteiligungen verhindern.

be|neh|men [bəˈneːmən] ⟨+ sich⟩, benimmt sich, benahm sich, hat sich benommen:
1. *sich in Bezug auf soziale Regeln in bestimmter Weise verhalten:* Ich habe mich ihm gegenüber immer anständig benommen. · Sie hat sich auf dem Fest unmöglich benommen.
2. *sich so verhalten, wie es die sozialen Regeln verlangen:* Er kann sich einfach nicht benehmen. · Benimm dich!

be|nei|den [bəˈna̯idn̩], beneidet, beneidete, hat beneidet: *gegenüber einer Person Neid empfinden:* Ich beneide ihn um seinen Job. · So viel Stress, wie sie hat: Sie ist wirklich nicht zu beneiden.

be|nö|ti|gen [bəˈnøːtɪɡn̩], benötigt, benötigte, hat benötigt: *[für einen bestimmten Zweck] brauchen:* Er benötigt ein Visum. · Benötigen Sie Hilfe?

▶ **be|nut|zen** [bəˈnʊt͡sn̩], benutzt, benutzte, hat benutzt: *als Mittel für einen Zweck oder ein Ziel einsetzen; gebrauchen, verwenden:* Ich benutze den Computer vor allem zum Arbeiten. · Sie benutzte die Abkürzung durch den Park. · Das Boot wird kaum noch benutzt. · Benutz doch mal deinen Verstand! · Sie warf das benutzte Handtuch in die Wäsche.

be|nüt|zen [bəˈnʏt͡sn̩], benützt, benützte, hat benützt (besonders süddeutsch, österreichisch, schweizerisch): ↑benutzen.

der **Be|nut|zer** [bəˈnʊt͡sɐ], des Benutzers, die Benutzer, die **Be|nut|ze|rin** [bəˈnʊt͡sərɪn], der Benutzerin, die Benutzerinnen: *Person, die eine Sache benutzt:* die Benutzer von Bussen und Bahnen · Die Internetseite hat fast 30.000 registrierte Benutzer.

die **Be|nut|zung** [bəˈnʊt͡sʊŋ], der Benutzung, die Benutzungen: *Vorgang, etwas zu benutzen:* Handschuhe zur einmaligen Benutzung · Großer Parkplatz zur kostenlosen Benutzung für unsere Gäste!

▶ das **Ben|zin** [bɛnˈt͡siːn], des Benzins: *Flüssigkeit, die viele Motoren brauchen, um zu arbeiten:* Unser Auto verbraucht sechs Liter Benzin auf hundert Kilometer. · Wir müssen bald tanken, wir haben kaum noch Benzin.

▶ **be|ob|ach|ten** [bəˈ|oːbaxtn̩], beobachtet, beobachtete, hat beobachtet:
1. *eine Zeit lang aufmerksam ansehen, mit den Augen verfolgen:* Vögel / die Sterne beobachten · Hat einer von euch den Unfall beobachtet? · Sie wurde dabei beobachtet, wie sie das Fahrrad stahl.
2. *überwachen:* Der Patient muss Tag und Nacht beobachtet werden.
3. *bewusst wahrnehmen oder feststellen:* eine Entwicklung mit Sorge beobachten · Ich habe schon oft beobachtet, dass so etwas nicht funktioniert.

die **Be|ob|ach|tung** [bəˈ|oːbaxtʊŋ], der Beobachtung, die Beobachtungen:
1. *Vorgang, zu beobachten oder beobachtet zu werden:* unter ärztlicher Beobachtung stehen · Durch genaue Beobachtung kann man feststellen, dass …
2. *das, was man durch Beobachten feststellt:* eine interessante Beobachtung machen · Er schreibt alle seine Beobachtungen in ein Heft.

be|quem [bəˈkveːm], bequemer, am bequemsten:
1. *so, dass man sich entspannen kann und wohlfühlt:* ein bequemes Sofa · Nach der Arbeit ziehe ich mir etwas Bequemeres an. · Liegst du so bequem oder soll ich dir noch ein Kissen bringen?
2. *keine Mühe oder Anstrengung verursachend:* eine bequeme Lösung für ein Problem · E-Mails sind für mich eine sehr bequeme Art der Kommunikation.
3. *faul:* Er war zu bequem, um noch einmal in den Keller zu gehen.

be|ra|ten [bəˈraːtn̩], berät, beriet, hat beraten:
1. *durch Ratschläge unterstützen:* Er ließ sich über seine Möglichkeiten beraten. · Wir fühlten uns von der Verkäuferin gut beraten.
2. *gemeinsam über etwas diskutieren:* Wir berieten [uns], was als Nächstes zu tun sei. · Er wollte sich zuerst mit seinem Anwalt beraten. · Dieses Problem wird in der nächsten Sitzung beraten.

der **Be|ra|ter** [bəˈraːtɐ], des Beraters, die Berater, die **Be|ra|te|rin** [bəˈraːtərɪn], der Beraterin, die Beraterinnen:
Person, deren Aufgabe es ist, jemanden zu beraten: die persönliche Beraterin des Ministers · Er besprach sich mit seinen engsten Beratern.

die **Be|ra|tung** [bəˈraːtʊŋ], der Beratung, die Beratungen:
1. *das Beraten einer Person:* Die Beratung ist kostenlos.
2. *Gespräch, in dem über etwas Bestimmtes diskutiert wird; Besprechung:* Das Gericht zog sich zur Beratung zurück. · Nach tagelangen Beratungen wurde ein Beschluss gefasst.

be|rech|nen [bəˈrɛçnən], berechnet, berechnete, hat berechnet:
1. *durch Rechnen auf ein Ergebnis kommen:* Berechne doch mal die Zinsen für drei Jahre. · Sie berechnete, wie viel alles zusammen kosten würde. · Die Zeit für die Aufgaben war zu knapp berechnet.
2. *auf eine Rechnung schreiben, die eine Person bezahlen muss:* Die Maler haben mir zu viele Arbeitsstunden berechnet. · Für Brot vom Vortag berechnen wir nur den halben Preis.

die **Be|rech|nung** [bəˈrɛçnʊŋ], der Berechnung, die Berechnungen:
1. *Vorgang, ein Ergebnis durch Rechnen zu bestimmen:* eine genaue Berechnung der Entfernung · Nach meiner Berechnung müsste unser Geld reichen.
2. ⟨ohne Plural⟩ (abwertend) *das Achten auf den eigenen Vorteil:* Er war nur aus Berechnung so freundlich zu ihr.

be|rech|ti|gen [bəˈrɛçtɪgn̩], berechtigt, berechtigte, hat berechtigt:
einer Person das Recht zu etwas geben: Der Gutschein berechtigt zu einmaligem freien Eintritt. · Ich bin nicht berechtigt, Ihnen darüber Auskunft zu geben.

be|rech|tigt [bəˈrɛçtɪçt]:
mit Recht oder gutem Grund: berechtigtes Interesse an etwas haben · Ich halte deine Zweifel durchaus für berechtigt.

die **Be|rech|ti|gung** [bəˈrɛçtɪgʊŋ], der Berechtigung, die Berechtigungen:
1. *Recht:* Ihm wurde die Berechtigung entzogen, Lehrlinge auszubilden.
2. *guter Grund:* Man kann mit einiger Berechtigung behaupten, dass ...

der **Be|reich** [bəˈrai̯ç], des Bereich[e]s, die Bereiche:
1. *Teil einer Fläche, eines Raums von unbestimmter Größe:* in manchen Bereichen des Landes · Schmerzen im Bereich des Bauchnabels.
2. *Gruppe von Aufgaben oder Themen, die miteinander im Zusammenhang stehen:* eine Tätigkeit im sozialen Bereich · Bücher aus dem Bereich der Kunst · Ich kann Ihnen nicht helfen, das fällt leider nicht in meinen Bereich.
3. für die ungefähre Angabe einer Größe, Höhe oder Menge verwendet: Kosten im fünfstelligen Bereich *(zwischen 10.000 und 100.000 Euro)* · Gehälter im unteren Bereich.

be|reit [bəˈrai̯t]:
1. *fertig, um benutzt werden oder etwas tun zu können:* Sind alle bereit, können wir anfangen? · Unser Zimmer war noch nicht bereit, als wir ankamen. · Macht euch zum Start bereit.
2. *den Willen habend, etwas zu tun:* Er war nicht bereit, sich zu entschuldigen. · Wer erklärt sich bereit, ihr zu helfen?

be|rei|ten [bəˈrai̯tn̩], bereitet, bereitete, hat bereitet:
1. *zum Benutzen bereit machen:* Sie bereitete ihm das Abendessen / das Bett / ein Bad.
2. *für eine Person bewirken:* Mit dem Geschenk hast du ihr eine große Freude bereitet. · Ich möchte dir keine Schwierigkeiten bereiten. · Bereitet dir das Bein noch Schmerzen?

be|reits [bəˈrai̯ts]:
schon: Das Essen war bereits fertig. · Er ist bereits 90 Jahre alt.

die **Be|reit|schaft** [bəˈraitʃaft], der Bereitschaft:
der Wille, etwas zu tun: Er kritisierte die mangelnde Bereitschaft der Schüler, sich anzustrengen.

be|reu|en [bəˈrɔyən], bereut, bereute, hat bereut:
Reue empfinden: Das wirst du noch bereuen! · Sie bereute, gelogen zu haben / dass sie gelogen hatte.

der **Berg** [bɛrk], des Berg[e]s, die Berge:
1. *Teil der Landschaft, der sehr viel höher ist als normal:* Der Mount Everest ist der höchste Berg der Welt.
2. *Gebirge:* in die Berge fahren · ein Dorf in den Bergen.
3. *ein großer Haufen oder sehr viel:* Im Bad lagen Berge schmutziger Wäsche. · Ich habe noch Berge von / einen Berg Arbeit zu erledigen.

berg|ab [bɛrkˈlap]:
den Berg abwärts: Bergab kamen wir recht schnell voran.; *** mit jemandem / etwas geht es bergab:** *der Zustand einer Person, Sache wird schlechter:* In der achten Klasse ging es mit seinen Noten bergab.

berg|auf [bɛrkˈlauf]:
den Berg aufwärts: Bergauf machten wir mehrere Pausen.; *** mit jemandem / etwas geht es bergauf:** *der Zustand einer Person, Sache wird besser:* Das erste Jahr war schwierig, aber jetzt geht es mit dem Geschäft bergauf.

der **Be|richt** [bəˈrɪçt], des Bericht[e]s, die Berichte:
sachliche Mitteilung über etwas: Im Fernsehen kam ein Bericht über die Lage im Katastrophengebiet.

be|rich|ten [bəˈrɪçtn̩], berichtet, berichtete, hat berichtet:
auf sachliche Weise über Vorgänge informieren: dem Chef alles Neue berichten · Im Radio wurde gerade von einem schweren Unfall berichtet.

be|rich|ti|gen [bəˈrɪçtɪɡn̩], berichtigt, berichtigte, hat berichtigt:
etwas, was falsch ist, ändern, sodass es richtig wird; korrigieren: In der neuen Auflage wurden diese Fehler berichtigt. · Bitte berichtigen Sie mich, wenn ich etwas Falsches sage.

die **Be|rich|ti|gung** [bəˈrɪçtɪɡʊŋ], der Berichtigung, die Berichtigungen:
das Berichtigen; Korrektur: die Berichtigung von Rechtschreibfehlern.

be|rück|sich|ti|gen [bəˈrʏkzɪçtɪɡn̩], berücksichtigt, berücksichtigte, hat berücksichtigt:
neben anderen Dingen ebenfalls beachten: Wir sollten die Wünsche der Kinder bei der Urlaubsplanung stärker berücksichtigen. · Hast du das bei der Berechnung der Kosten auch berücksichtigt?

die **Be|rück|sich|ti|gung** [bəˈrʏkzɪçtɪɡʊŋ], der Berücksichtigung:
das Berücksichtigen: Bei / Mit / Unter Berücksichtigung der Fahrzeit brauchen wir 50 Stunden.

▶ der **Be|ruf** [bəˈruːf], des Beruf[e]s, die Berufe:
Arbeit, mit der man sein Geld verdient: einen Beruf erlernen / ergreifen / ausüben · Sie ist Ärztin von Beruf.

▶ **be|ruf|lich** [bəˈruːflɪç]:
auf den Beruf bezogen, mit ihm verbunden: die berufliche Ausbildung · Was machen Sie beruflich?

▶ die **Be|rufs|schu|le** [bəˈruːfsʃuːlə], der Berufsschule, die Berufsschulen:
Schule, in der die theoretische Ausbildung für einen Beruf stattfindet: Sie ist an zwei Tagen in der Woche in der Berufsschule.

▶ **be|rufs|tä|tig** [bəˈruːfstɛːtɪç]:
in einem Beruf arbeitend: berufstätige Mütter · Wer macht den Haushalt, wenn beide Partner berufstätig sind?

▶ **be|ru|hi|gen** [bəˈruːɪɡn̩], beruhigt, beruhigte, hat beruhigt:
1. *bewirken, dass eine Person, Sache ruhig(er) wird:* die Nerven / sein Gewissen beruhigen · Ich kann dich beruhigen, es ist überhaupt nicht gefährlich. · Es ist ein beruhigendes Gefühl zu wissen, dass ... · Danke, jetzt bin ich beruhigt.
2. ⟨+ sich⟩ *ruhig(er) werden:* Bitte beruhigen Sie sich doch! · Die Lage hat sich etwas beruhigt.

▶ **be|rühmt** [bəˈryːmt], berühmter, am berühmtesten:
aus positiven Gründen vielen Menschen bekannt: die für ihre Kinderbücher berühmte Autorin · der Diebstahl eines berühmten Gemäldes · Durch diese Erfindung wurde er berühmt.

be|rüh|ren [bəˈryːrən], berührt, berührte, hat berührt:
1. *die Hand oder Finger auf etwas legen:* Er berührte sie leicht an der Schulter, um sie auf sich aufmerksam zu machen. · Bitte die Ausstellungsstücke nicht berühren!
2. *direkten Kontakt und keinen Abstand zu etwas haben:* Das Kleid berührte beim Gehen den Boden. · Sein Kopf berührte fast die Decke.

3. *kurz erwähnen:* Dieses Ereignis wurde in dem Buch nur kurz berührt.
4. *bestimmte Gefühle bei einer Person bewirken:* Ihre traurige Geschichte hat mich tief berührt. · Er war von der peinlichen Szene unangenehm berührt.

▶ **be|schä|di|gen** [bəˈʃɛːdɪgn̩], beschädigt, beschädigte, hat beschädigt:
an etwas Schaden verursachen: Der Baum wurde vom Sturm schwer beschädigt. · Die Waschmaschine habe ich billiger bekommen, weil der Lack leicht beschädigt ist.

die **Be|schä|di|gung** [bəˈʃɛːdɪgʊŋ], der Beschädigung, die Beschädigungen:
1. *Vorgang, bei dem etwas beschädigt wird:* Dabei kam es zu einer Beschädigung des Zaunes.
2. *Schaden:* Nicht alle Beschädigungen konnten repariert werden.

be|schaf|fen [bəˈʃafn̩], beschafft, beschaffte, hat beschafft:
mit Mühe für etwas sorgen, das nötig ist: Zuerst sollten wir uns etwas zu essen beschaffen. · Den Job hat ihm sein Vater beschafft. · Es war schwer, in so kurzer Zeit so viel Geld zu beschaffen.

▶ **be|schäf|ti|gen** [bəˈʃɛftɪgn̩], beschäftigt, beschäftigte, hat beschäftigt:
1. ⟨+ sich⟩ *mit einer Tätigkeit oder bestimmten Gedanken seine Zeit verbringen:* Du solltest dich mehr mit deinen Schulbüchern beschäftigen. · Mit diesem Thema habe ich mich noch nie beschäftigt. · Ich war gerade damit beschäftigt, das Bad zu putzen.
2. *zum Nachdenken bringen:* Diese Frage beschäftigt mich schon lange.
3. *angestellt haben:* Wie viele Mitarbeiter beschäftigt Ihr Unternehmen? · Wo sind Sie beschäftigt *(angestellt)?*
4. *etwas zu tun geben:* Womit könnte ich denn mein krankes Kind beschäftigen?

▶ die **Be|schäf|ti|gung** [bəˈʃɛftɪgʊŋ], der Beschäftigung, die Beschäftigungen:
1. *Vorgang, sich zu beschäftigen:* Bei der Beschäftigung mit diesem Thema bin ich auf ein Problem gestoßen.
2. *Tätigkeit:* Ich halte Gartenarbeit für eine sehr befriedigende, sinnvolle Beschäftigung.
3. *Arbeit in einem Beruf, als Angestellter:* eine Beschäftigung suchen · Zu viele Jugendliche sind ohne Beschäftigung.

▶ der **Be|scheid** [bəˈʃai̯t], des Bescheid[e]s, die Bescheide:
1. *Mitteilung einer Behörde über eine offizielle Entscheidung:* Gegen diesen Bescheid kann innerhalb von vier Wochen Widerspruch erhoben werden. · Hast du schon einen schriftlichen Bescheid über das Kindergeld bekommen?
2. *** jemandem Bescheid geben / sagen:** *eine Person informieren:* Gib mir Bescheid, wenn du mich brauchst. · Hast du ihr schon Bescheid gesagt, dass du später kommst?; *** Bescheid wissen:** *informiert sein:* Wissen deine Eltern [darüber] Bescheid, dass du hier bist?

be|schei|den [bəˈʃai̯dn̩], bescheidener, am bescheidensten:
1. *geringe Ansprüche stellend:* Er ist immer so bescheiden. · ..., wenn ich mir die bescheidene Frage erlauben dürfte.
2. *nur geringen Ansprüchen genügend:* Sie konnte sich nur ein sehr bescheidenes Zimmer leisten. · Er konnte nur bescheidene Erfolge vorweisen. · Das Wetter war ziemlich bescheiden *(schlecht).*

be|schei|ni|gen [bəˈʃai̯nɪgn̩], bescheinigt, bescheinigte, hat bescheinigt:
schriftlich bestätigen: den Empfang des Geldes bescheinigen · Lass dir vom Arzt bescheinigen, dass du nicht schwer heben darfst.

die **Be|schei|ni|gung** [bəˈʃai̯nɪgʊŋ], der Bescheinigung, die Bescheinigungen:
schriftliche Bestätigung: eine Bescheinigung vom Arzt vorlegen, wenn man wegen Krankheit eine Prüfung versäumt.

▶ **be|schlie|ßen** [bəˈʃliːsn̩], beschließt, beschloss, hat beschlossen:
1. *zu einer Entscheidung kommen:* Auf der Sitzung wurden Sparmaßnahmen beschlossen. · Sie beschloss, Kunst zu studieren. · Wir ziehen um, das ist bereits beschlossene Sache.
2. *beenden:* Er beschloss das Gespräch mit Grüßen an meine Mutter.

der **Be|schluss** [bəˈʃlʊs], des Beschlusses, die Beschlüsse [bəˈʃlʏsə]:
Entscheidung: Der Vorstand kam zu einem einstimmigen Beschluss. · Auf Beschluss des Gerichts kommt er aus der Haft frei. · Sie fasste den Beschluss *(beschloss),* Italienisch zu lernen.

▶ **be|schrän|ken** [bəˈʃrɛŋkn̩], beschränkt, beschränkte, hat beschränkt:
1. *bestimmte, enge Grenzen festlegen:* die Redezeit auf zehn Minuten beschränken · Wir wurden in unseren Rechten beschränkt. · Es steht nur eine beschränkte Zahl von Tickets zur Verfügung.

2. ⟨+ sich⟩ *eine Menge, Grenze nicht überschreiten:* Er beschränkte sich am Telefon auf die wichtigsten Neuigkeiten.

be|schrei|ben [bəˈʃrai̯bn̩], beschreibt, beschrieb, hat beschrieben:
1. *mit Schrift bedecken:* Ich habe in dem Heft nur wenige Seiten beschrieben.
2. *darüber sprechen, schreiben, wie eine Person, Sache ist:* Der Zeuge konnte den Dieb genau beschreiben. · Ich kann dir gar nicht beschreiben, wie sehr ich mich gefreut habe.

die **Be|schrei|bung** [bəˈʃrai̯bʊŋ], der Beschreibung, die Beschreibungen:
Worte, mit denen eine Person, Sache beschrieben wird: Ich habe ihn aufgrund deiner Beschreibung sofort erkannt. · Sie ließ sich eine genaue Beschreibung des Weges geben.

be|schul|di|gen [bəˈʃʊldɪgn̩], beschuldigt, beschuldigte, hat beschuldigt:
einer Person etwas vorwerfen: Er wird des Mordes / Betrugs beschuldigt. · Sie beschuldigte ihn, nicht flexibel genug zu sein.

be|schüt|zen [bəˈʃʏt͜sn̩], beschützt, beschützte, hat beschützt:
vor einer Gefahr, etwas Unangenehmem schützen: Du kannst die Kinder nicht vor allem beschützen. · Er stellte sich beschützend vor seinen kleinen Bruder.

die **Be|schwer|de** [bəˈʃveːɐ̯də], der Beschwerde, die Beschwerden:
1. *Äußerung, mit der man sich beschwert:* Die Schüler trugen ihm ihre Beschwerden vor. · Uns liegt eine Beschwerde gegen Sie wegen Ruhestörung vor.
2. ⟨nur Plural⟩ *körperliche Probleme:* dem Arzt seine Beschwerden schildern · Verursacht Ihnen das Bein / die Verletzung noch Beschwerden?

be|schwe|ren [bəˈʃveːrən] ⟨+ sich⟩, beschwert sich, beschwerte sich, hat sich beschwert:
einer Person, Behörde mitteilen, dass einen etwas ärgert oder stört: sich beim Lehrer über einen anderen Schüler beschweren · Wenn du so viel isst, brauchst du dich nicht zu beschweren, dass du dick bist.

be|sei|ti|gen [bəˈzai̯tɪgn̩], beseitigt, beseitigte, hat beseitigt:
1. *dafür sorgen, dass etwas verschwindet; entfernen:* alle Hindernisse beseitigen · Der Fleck ließ sich nicht beseitigen.
2. (verhüllend) *ermorden:* Zeugen des Verbrechens wurden brutal beseitigt.

der **Be|sen** [ˈbeːzn̩], des Besens, die Besen:
Gegenstand, mit dem man Schmutz vom Boden kehrt: Sie kehrte die Krümel mit dem Besen zusammen.

▶ **be|set|zen** [bəˈzɛt͜sn̩], besetzt, besetzte, hat besetzt:
1. *in Besitz nehmen:* Besetzt du bitte für mich auch einen Platz? · Der nördliche Teil des Landes ist von feindlichen Truppen besetzt.
2. *einer Person etwas geben, was noch frei ist:* eine Rolle / Stelle mit jemandem besetzen · Der Hamlet war mit ihm hervorragend besetzt.

▶ **be|setzt** [bəˈzɛt͜st]:
nicht frei: Alle Toiletten waren besetzt. · Ich wollte dich anrufen, aber deine Nummer / dein Telefon / bei dir war dauernd besetzt.

▶ **be|sich|ti|gen** [bəˈzɪçtɪgn̩], besichtigt, besichtigte, hat besichtigt:
etwas ansehen, um es kennenzulernen oder zu prüfen: Ich würde gern die Stadt / Wohnung besichtigen.

be|sie|gen [bəˈziːgn̩], besiegt, besiegte, hat besiegt:
im Kampf, Spiel oder Wettkampf gewinnen: den Gegner zwei zu null besiegen · Beim Schach hat er mich noch nie besiegt.

der **Be|sitz** [bəˈzɪt͜s], des Besitzes:
1. *etwas, alles, was einer Person oder Institution gehört:* Wälder im staatlichen Besitz · Du erbst einmal meinen ganzen Besitz. · Das Buch war ihr wertvollster Besitz.
2. *Zustand, etwas zu besitzen:* Er wurde wegen des Besitzes von Drogen verurteilt. · Sind Sie in Besitz einer Waffe?

be|sit|zen [bəˈzɪt͜sn̩], besitzt, besaß, hat besessen:
als Eigentum oder Eigenschaft haben: Sie besitzt nur wenig Geld / einen deutschen Pass. · Er besitzt großen Mut.

der **Be|sit|zer** [bəˈzɪt͜sɐ], des Besitzers, die Besitzer, die **Be|sit|ze|rin** [bəˈzɪt͜sərɪn], der Besitzerin, die Besitzerinnen:
Person, die etwas als Eigentum besitzt: Das Haus hat den Besitzer gewechselt. · Seit gestern ist sie glückliche Besitzerin eines Führerscheins.

▶ **be|son|der...** [bəˈzɔndər...]:
speziell; groß: eine besondere Freude.

▶ **be|son|ders** [bəˈzɔndɐs]:
1. *das Normale übertreffend:* Es gab besonders gutes Essen. · Zu dem Spiel kamen besonders viele Zuschauer.
2. betont einen Teil der Aussage; *vor*

allem: Das Hotel ist besonders bei Familien mit Kindern beliebt. · Besonders an der Küste hat der Sturm große Schäden angerichtet.
3. * **nicht besonders** (umgangssprachlich): *relativ schlecht:* Das Essen war echt nicht besonders.

▸ **be|sor|gen** [bəˈzɔrgn̩], besorgt, besorgte, hat besorgt:
holen oder kaufen: Besorgst du uns mal was zum Trinken? · Ich muss noch ein paar Dinge für den Urlaub besorgen.

be|sorgt [bəˈzɔrkt], besorgter, am besorgtesten:
voller Sorge: ein Anruf der besorgten Eltern · »Gehts wieder?«, fragte er besorgt.

▸ **be|spre|chen** [bəˈʃprɛçn̩], bespricht, besprach, hat besprochen:
gemeinsam diskutieren: Das Problem wurde in der Sitzung besprochen. · Ich würde gern mit dir besprechen, wohin wir dieses Jahr verreisen.

▸ die **Be|spre|chung** [bəˈʃprɛçʊŋ], der Besprechung, die Besprechungen:
Gespräch über eine bestimmte Sache: Sie ist gerade in einer Besprechung und darf nicht gestört werden.

bes|ser [ˈbɛsɐ]:
lieber: Komm besser schon morgen als übermorgen. · Fahr besser nicht so schnell.

bes|sern [ˈbɛsɐn] ⟨+ sich⟩, bessert sich, besserte sich, hat sich gebessert:
besser werden: Unsere Lage / Sein Zustand hat sich gebessert. · Er versprach, sich zu bessern und nicht mehr zu lügen.

▸ die **Bes|se|rung** [ˈbɛsərʊŋ], der Besserung, die Besserungen:
Vorgang, bei dem etwas besser wird: einem Kranken gute Besserung wünschen · Es regnet seit Tagen und eine Besserung ist nicht in Sicht.

der **Be|stand|teil** [bəˈʃtanttai̯l], des Bestandteil[e]s, die Bestandteile:
einer von mehreren Teilen, aus denen etwas besteht: einen Motor in seine Bestandteile zerlegen · Die Pressefreiheit ist ein wichtiger Bestandteil der Demokratie.

▸ **be|stä|ti|gen** [bəˈʃtɛːtɪgn̩], bestätigt, bestätigte, hat bestätigt:
1. *zeigen oder erklären, dass etwas richtig oder wahr ist:* den Empfang eines Pakets durch seine Unterschrift bestätigen · Ja, das stimmt, das kann ich bestätigen. · Das Untersuchungsergebnis bestätigt meine Vermutung.
2. ⟨+ sich⟩ *sich als richtig oder wahr herausstellen:* Mein Verdacht hat sich leider bestätigt.

▸ die **Be|stä|ti|gung** [bəˈʃtɛːtɪgʊŋ], der Bestätigung, die Bestätigungen:
1. *Vorgang, bei dem etwas bestätigt wird oder sich bestätigt:* eine klare Bestätigung einer Vermutung.
2. *Worte, mit denen man etwas bestätigt:* eine schriftliche Bestätigung der Eltern vorlegen.

be|ste|chen [bəˈʃtɛçn̩], besticht, bestach, hat bestochen:
mit Geschenken dazu bringen, einem einen ungerechten Vorteil zu verschaffen: die Zeugen mit Geld bestechen, damit sie falsch aussagen · Die Beamten waren bestochen.

be|stech|lich [bəˈʃtɛçlɪç]:
sich bestechen lassend: ein bestechlicher Beamter / Politiker / Polizist.

die **Be|ste|chung** [bəˈʃtɛçʊŋ], der Bestechung, die Bestechungen:
das Bestechen: die Bestechung eines Zeugen.

das **Be|steck** [bəˈʃtɛk], des Besteck[e]s, die Bestecke:
Messer, Gabel(n) und Löffel: zuerst die Teller spülen, dann das Besteck · Sie legte ihr Besteck weg.

▸ **be|ste|hen** [bəˈʃteːən], besteht, bestand, hat bestanden:
1. *existieren:* Besteht das Problem schon lange? · Es besteht kaum noch Aussicht auf Erfolg. · Trotz der Behandlung blieben die Schmerzen bestehen.
2. *als Material oder Teile haben:* Das Regal besteht aus Holz. · Seine Kleidung bestand aus T-Shirt, Hose und Sportschuhen.
3. *bei etwas erfolgreich sein:* eine Prüfung / einen Test bestehen · Bis dahin galt es noch manches Abenteuer zu bestehen.
4. *etwas fordern und nicht darauf verzichten:* Er bestand auf einer Überprüfung der Rechnung. · Ich bestehe darauf, dass er sich entschuldigt.

▸ **be|stel|len** [bəˈʃtɛlən], bestellt, bestellte, hat bestellt:
1. *sich bringen, liefern lassen:* ein Buch in der Buchhandlung / im Internet bestellen · Möchten Sie schon mal die Getränke bestellen? · Ich mag nicht kochen, ich habe uns stattdessen eine Pizza bestellt.

2. *kommen lassen:* Bestell doch schon mal ein Taxi. · Der Chef hat mich für zehn Uhr zu sich bestellt.
3. *reservieren lassen:* die bestellten Karten abholen · Ich würde gern für acht Uhr einen Tisch für vier Personen bestellen.
4. *im Auftrag einer anderen Person mitteilen; ausrichten:* Ich soll dir Grüße von ihm bestellen.

die **Be|stel|lung** [bəˈʃtɛlʊŋ], der Bestellung, die Bestellungen:
Auftrag, etwas zu bringen oder zu liefern: Der Kellner nahm unsere Bestellung auf. · Bei Bestellung bis 20. 12. liefern wir pünktlich zum Fest.

be|stim|men [bəˈʃtɪmən], bestimmt, bestimmte, hat bestimmt:
1. *über etwas entscheiden:* Die Nachfrage bestimmt (über) den Preis. · Du darfst (darüber) bestimmen, was wir als Nächstes tun.
2. *herausfinden:* Weißt du, wie man das Alter eines Baumes bestimmen kann?

be|stimmt [bəˈʃtɪmt]:
1. *festgelegt und bekannt, aber nicht näher genannt:* Bestimmte Leute wären da anderer Meinung. · Ich suche ein ganz bestimmtes Buch, weiß den Titel aber nicht mehr. · Hast du etwas Bestimmtes damit vor?
2. *für einen Zweck, eine Person vorgesehen:* die zum / für den Verkauf bestimmten Waren · Der Kuchen war eigentlich nicht für dich bestimmt.
3. *ganz sicher:* Weißt du das auch bestimmt? · Sie hat bestimmt nur den Bus verpasst.
4. ⟨bestimmter, am bestimmtesten⟩ *energisch:* Sie war höflich, aber ihr Ton sehr bestimmt. · Er lehnte das Angebot sehr bestimmt ab.

die **Be|stim|mung** [bəˈʃtɪmʊŋ], der Bestimmung, die Bestimmungen:
1. *Vorschrift:* Das ist nach den gesetzlichen Bestimmungen verboten.
2. *Aufgabe, für die eine Sache, Person vorgesehen ist:* eine Brücke ihrer Bestimmung übergeben · Er glaubt an seine Bestimmung als Priester.

be|stra|fen [bəˈʃtraːfn̩], bestraft, bestrafte, hat bestraft:
1. *einer Person eine Strafe geben:* Seine Eltern haben ihn dafür hart bestraft.
2. *für etwas eine Strafe vorsehen:* Betrug wird mit Gefängnis oder einer Geldstrafe bestraft.

be|strei|ten [bəˈʃtrai̯tn̩], bestreitet, bestritt, hat bestritten:
1. *erklären, dass etwas nicht stimmt:* Der Angeklagte hat alle Vorwürfe bestritten. · Ich bestreite ja gar nicht, dass du recht hast, aber es gefällt mir nicht.
2. *finanzieren:* Wovon bestreitet sie ihr Studium?

der **Best|sel|ler** [ˈbɛstzɛlɐ], des Bestsellers, die Bestseller:
Buch, von dem besonders viele Exemplare verkauft werden: einen Bestseller schreiben.

▶ der **Be|such** [bəˈzuːx], des Besuch[e]s, die Besuche:
1. *das Besuchen:* Er war erst vor Kurzem bei uns zu Besuch. · Mit dem Besuch eines Schwimmbads solltest du noch etwas warten.
2. ⟨ohne Plural⟩ *Person oder Gruppe, die jemanden besucht:* Wann kommt denn dein Besuch?

▶ **be|su|chen** [bəˈzuːxn̩], besucht, besuchte, hat besucht:
1. *zu einer Person gehen, fahren, um mit ihr zusammen zu sein:* Ich will einen Freund im Krankenhaus besuchen.
2. *(regelmäßig) an einen Ort gehen, um dort etwas zu tun:* Welche Schule haben Sie besucht? · Ich besuche dieses Land zum ersten Mal. · Die Ausstellung war gut *(von vielen Leuten)* besucht.

der **Be|su|cher** [bəˈzuːxɐ], des Besuchers, die Besucher, die **Be|su|che|rin** [bəˈzuːxərɪn], der Besucherin, die Besucherinnen:
Person, die eine andere oder einen Ort besucht: An seinem Geburtstag kamen viele Besucher, um zu gratulieren. · Als tausendste Besucherin musste sie keinen Eintritt zahlen.

▶ **be|tei|li|gen** [bəˈtai̯lɪgn̩], beteiligt, beteiligte, hat beteiligt:
1. ⟨+ sich⟩ *einen Teil übernehmen und mitmachen:* sich finanziell an einer Firma beteiligen · Möchtest du dich nicht auch an der Diskussion beteiligen? · Mehrere Männer waren an dem Überfall beteiligt.
2. *einer Person einen Teil von etwas geben:* seine Mitarbeiter am Gewinn beteiligen.

die **Be|tei|li|gung** [bəˈtai̯lɪgʊŋ], der Beteiligung, die Beteiligungen:
Vorgang, sich, eine Person zu beteiligen: Die Veranstalter waren enttäuscht über die schwache Beteiligung an der Demonstration. · Der Konzern hat seine Beteiligung am Verlag um 20 Prozent erhöht.

be|ten [ˈbeːtn̩], betet, betete, hat gebetet:

zu (einem) Gott sprechen: Er betete um Frieden / für die Toten / zu seinem Gott.

der **Be|ton** [be'tõ:], [be'tɔŋ], [be'to:n], des Betons:
graue Masse zum Bauen, die nach dem Trocknen sehr hart wird: Beton mischen · hässliche Bauten aus Beton.

be|to|nen [bə'to:nən], betont, betonte, hat betont:
1. *einen Teil eines Satzes, Wortes stärker sprechen als andere:* ein Wort richtig / falsch betonen.
2. *deutlich machen, dass einem etwas wichtig ist:* Ich möchte noch betonen, dass wir vorsichtig sein müssen.

be|tont [bə'to:nt]:
in auffälliger Weise einen bestimmten Eindruck erreichen wollend: Sie fragte betont beiläufig, ob ich von ihm gehört hätte. · Er gibt sich immer betont lässig.

Be|tracht [bə'traxt]:
*** etwas in Betracht ziehen:** *als möglich berücksichtigen:* Du solltest durchaus in Betracht ziehen, dass du durchfallen könntest.; *** etwas außer Betracht lassen:** *nicht berücksichtigen:* Diese unwahrscheinliche Möglichkeit können wir außer Betracht lassen.

be|trach|ten [bə'traxtn̩], betrachtet, betrachtete, hat betrachtet:
1. *aufmerksam ansehen:* ein Bild betrachten · sich im Spiegel betrachten.
2. *in bestimmter Weise beurteilen:* Ich habe ihn immer als (meinen) Freund betrachtet. · Sie betrachtete als falsch, was er tat. · So betrachtet, haben wir ja noch Glück gehabt.

be|trächt|lich [bə'trɛçtlɪç], beträchtlicher, am beträchtlichsten:
1. *ziemlich groß:* eine beträchtliche Summe · Der Schaden ist beträchtlich.
2. *mit deutlichem Unterschied; erheblich:* Die Kosten sind beträchtlich gestiegen / höher.

▶ der **Be|trag** [bə'tra:k], des Betrag[e]s, die Beträge [bə'trɛ:gə]:
bestimmte Menge Geld: Es wurden hohe Beträge gespendet. · Sie überwies mir einen Betrag von 325 Euro.

be|tra|gen [bə'tra:gn̩], beträgt, betrug, hat betragen:
1. *eine bestimmte Größe oder einen Wert erreichen:* Die Rechnung betrug 340 Euro. · Der Unterschied beträgt 15 Meter / Kilo / Liter / Grad.
2. ⟨+ sich⟩ *sich benehmen:* Sie hat sich anständig / ordentlich / schlecht betragen. · Im Zeugnis wurde sein Betragen gelobt.

be|tref|fen [bə'trɛfn̩], betrifft, betraf, hat betroffen:
für eine Person, Sache gelten: die von den Kündigungen betroffenen Mitarbeiter · Die Regelung betrifft vor allem alte Autos. · Was die Umsätze betrifft, war es ein gutes Jahr. · Am betreffenden Tag war ich krank.

be|trei|ben [bə'trai̯bn̩], betreibt, betrieb, hat betrieben:
1. *als Beruf ausüben, in Betrieb halten:* ein Geschäft / Handwerk / Hotel / Lokal betreiben.
2. *etwas tun oder sich mit etwas beschäftigen:* großen Aufwand / Forschung betreiben · Wir sollten jetzt Schadensbegrenzung betreiben.

be|tre|ten [bə'tre:tn̩], betritt, betrat, hat betreten:
auf eine Fläche oder in einen Raum gehen: Sie betrat die Bühne und fing zu sprechen an. · Ich werde dieses Lokal nie wieder betreten! · Baustelle / Rasen betreten verboten!

▶ **be|treu|en** [bə'trɔy̯ən], betreut, betreute, hat betreut:
sich um eine Person, Sache kümmern: Welcher Trainer betreut die Mannschaft? · Ich habe die Beamtin angerufen, die unseren Fall betreut.

▶ der **Be|treu|er** [bə'trɔy̯ɐ], des Betreuers, die Betreuer, die **Be|treu|e|rin** [bə'trɔy̯ərɪn], der Betreuerin, die Betreuerinnen:
betreuende Person: Die Jugendgruppe hat einen neuen Betreuer.

▶ die **Be|treu|ung** [bə'trɔy̯ʊŋ], der Betreuung, die Betreuungen:
1. *Vorgang, zu betreuen oder betreut zu werden:* Wer übernimmt die Betreuung der Reisegruppe? · Ich war mit der Betreuung sehr zufrieden.
2. *betreuende Person(en):* Die Betreuung auf der Klassenfahrt bestand aus zwei Lehrern und einer Mutter.

▶ der **Be|trieb** [bə'tri:p], des Betrieb[e]s, die Betriebe:
1. *Unternehmen der Industrie oder Wirtschaft; Firma:* Der Betrieb beschäftigt 200 Mitarbeiter.
2. ⟨ohne Plural⟩ *Kommen und Gehen verschiedener Personen; viele Vorgänge an einem Ort:* Im Schwimmbad herrscht an solchen Tagen wenig / viel Betrieb. · Jetzt halt nicht den ganzen Betrieb auf!
3. ⟨ohne Plural⟩ *Zustand einer Maschine, Anlage, wenn sie arbeitet:* den Drucker

in / außer Betrieb setzen · Wann wurde das Kraftwerk in Betrieb genommen? · Die Fabrik hat den Betrieb aufgenommen / eingestellt.

der **Be|triebs|rat** [bəˈtriːpsraːt], des Betriebsrat[e]s, die Betriebsräte [bəˈtriːpsrɛːtə]:
1. *Gruppe von gewählten Vertretern der Arbeitnehmer eines Betriebs:* in den Betriebsrat gewählt werden.
2. *[männlicher] Vertreter der Arbeitnehmer:* Er ist schon seit Jahren Betriebsrat.

die **Be|triebs|rä|tin** [bəˈtriːpsrɛːtɪn], der Betriebsrätin, die Betriebsrätinnen:
weibliches Mitglied des Betriebsrats: Ich habe schon mit einer Betriebsrätin über dieses Problem gesprochen.

be|trof|fen [bəˈtrɔfn̩], betroffener, am betroffensten:
von etwas Traurigem oder Peinlichem berührt: betroffen schweigen · Die Bilder der hungernden Kinder machen sehr betroffen.

der **Be|trug** [bəˈtruːk], des Betrug[e]s:
das Betrügen: Das ist doch Betrug! · Gegen ihn wird wegen des Verdachts auf Betrug ermittelt.

be|trü|gen [bəˈtryːgn̩], betrügt, betrog, hat betrogen:
1. *mit der Absicht täuschen, für sich selbst Vorteile zu bekommen:* beim Kartenspiel betrügen · Er hat Kunden der Bank um viel Geld betrogen.
2. *heimlich mit einer anderen Person Sex haben:* Er hat seine Frau mit der Nachbarin betrogen.

der **Be|trü|ger** [bəˈtryːgɐ], des Betrügers, die Betrüger, die **Be|trü|ge|rin** [bəˈtryːgərɪn], der Betrügerin, die Betrügerinnen:
Person, die betrügt: Die Betrüger hatten im Internet Kontodaten ihrer Opfer gesammelt.

be|trun|ken [bəˈtrʊŋkn̩], betrunkener, am betrunkensten:
sich nicht normal benehmend, weil man zu viel Alkohol getrunken hat: Auf der Party war sie völlig betrunken. · Der Betrunkene fing im Zug Streit an.

das **Bett** [bɛt], des Bett[e]s, die Betten:
Teil der Einrichtung, den man zum Schlafen benutzt: Sie liegt mit einer Grippe im Bett. · Wann gehen denn die Kinder ins Bett?; *** mit jemandem ins Bett gehen:** *mit jemandem Sex haben.*

bet|teln [ˈbɛtl̩n], bettelt, bettelte, hat gebettelt:
1. *fremde Menschen auf der Straße um Geld, Essen bitten:* Das Land ist so arm, dass viele Kinder betteln gehen müssen. · Sie saß in der Fußgängerzone und bettelte.
2. *mehrmals dringend bitten:* Der Verurteilte bettelte um Gnade / sein Leben. · Die Kinder bettelten so lange, bis ich ihnen ein Eis kaufte.

der **Bett|ler** [ˈbɛtlɐ], des Bettlers, die Bettler, die **Bett|le|rin** [ˈbɛtlərɪn], der Bettlerin, die Bettlerinnen:
Person, die vom Betteln lebt: Sie warf dem Bettler ein paar Münzen in den Hut.

die **Bett|wä|sche** [ˈbɛtvɛʃə], der Bettwäsche:
Laken und Bezüge für Kissen und Decke, die man fürs Bett braucht: die Bettwäsche wechseln.

beu|gen [ˈbɔy̯gn̩], beugt, beugte, hat gebeugt:
1. *krumm machen:* ein vom Alter gebeugter Mensch · die Knie abwechselnd beugen und strecken.
2. *nach vorn und unten neigen:* Sie saß, den Kopf über ein Buch gebeugt, auf dem Sofa. · Ich beugte mich aus dem Fenster / über das Geländer.
3. ⟨+ sich⟩ *seinen Widerstand aufgeben:* Ich beuge mich der Gewalt.
4. *die Form eines Wortes dem Satz anpassen:* Welche Wortarten können gebeugt werden?

be|un|ru|hi|gen [bəˈlʊnruːɪgn̩], beunruhigt, beunruhigte, hat beunruhigt:
Sorge fühlen lassen: Es beunruhigt mich, dass sie noch nicht angerufen haben. · Das ist ein beunruhigender Gedanke. · Ich war ziemlich beunruhigt.

be|ur|tei|len [bəˈlʊrtai̯lən], beurteilt, beurteilte, hat beurteilt:
eine begründete Meinung über eine Person, Sache haben oder äußern: Er hat die Situation falsch beurteilt. · Ich kann nicht beurteilen, ob das Gedicht gut ist. · Es ist schwer zu beurteilen, wie lange das dauern wird.

die **Be|ur|tei|lung** [bəˈlʊrtai̯lʊŋ], der Beurteilung, die Beurteilungen:
Text, mit dem etwas beurteilt wird: Die Waschmaschine hat im Test eine gute Beurteilung bekommen. · Er schreibt monatliche Beurteilungen über die Leistungen der Mitarbeiter.

die **Beu|te** [ˈbɔy̯tə], der Beute:
1. *Dinge, die eine Person einer anderen (mit Gewalt) wegnimmt:* Die Diebe / Bankräuber machten reiche *(viel)* Beute.
2. *Tier, das von einem anderen Tier oder einem Jäger getötet wird:* Katzen spielen oft erst mit ihrer Beute, bevor sie sie töten.

B

der **Beu|tel** [ˈbɔytl̩], des Beutels, die Beutel: *kleiner Sack:* den Beutel mit den Abfällen in die Mülltonne werfen · Der Beutel im Staubsauger ist voll.

▶ die **Be|völ|ke|rung** [bəˈfœlkərʊŋ], der Bevölkerung, die Bevölkerungen: *alle Menschen, die in einem Gebiet leben:* Im Osten des Landes nimmt die Bevölkerung ab. · Die Bevölkerung wurde zu spät vor der Flutwelle gewarnt.

▶ **be|vor** [bəˈfoːɐ̯]:
1. *vor dem Zeitpunkt, an dem etwas anderes geschieht; ehe:* Ruf mich an, bevor du abfährst. · Ich ging ins Bett, bevor der Film aus war.
2. * **bevor nicht:** drückt aus, dass zuerst eine Bedingung erfüllt werden muss: Bevor das nicht fertig ist, können wir nicht ins Bett gehen.

be|vor|zu|gen [bəˈfoːɐ̯tsuːɡn̩], bevorzugt, bevorzugte, hat bevorzugt:
1. *lieber mögen, tun:* Ich bevorzuge milden Käse. · Sie bevorzugte es, darauf nicht zu antworten.
2. *besser behandeln als andere:* Sie wird von den Lehrern bevorzugt.

be|wa|chen [bəˈvaxn̩], bewacht, bewachte, hat bewacht: *beobachten, um Verbotenes zu verhindern:* ein bewachter Parkplatz · Die Gefangenen werden streng bewacht.

be|wäh|ren [bəˈvɛːrən], bewährt sich, bewährte sich, hat sich bewährt: *sich als geeignet oder zuverlässig erweisen:* ein bewährter Mitarbeiter · Diese Methode hat sich bewährt. · Jetzt hat sie Gelegenheit, sich zu bewähren.

be|wäl|ti|gen [bəˈvɛltɪɡn̩], bewältigt, bewältigte, hat bewältigt: *etwas Schwieriges gut hinter sich bringen:* Zunächst waren einige Schwierigkeiten zu bewältigen. · Kannst du denn so viel Arbeit bewältigen?

▶ **be|we|gen** [bəˈveːɡn̩], bewegt, bewegte, hat bewegt:
1. *die Position, Lage oder Haltung verändern:* Können Sie Ihre Zehen bewegen? · Die Tür lässt sich nicht mehr bewegen.
2. ⟨+ sich⟩ *seine eigene Position, Lage oder Haltung verändern:* Vor Schmerzen konnte er sich kaum bewegen. · Die Zweige bewegten sich im Wind. · Die Zuschauer bewegten sich langsam zum Ausgang.
3. ⟨+ sich⟩ *sich verändern:* Die Preise bewegen sich nach oben. · Endlich bewegt sich was!
4. *in Gedanken beschäftigen:* Diese Frage bewegt mich schon lange.
5. *Gefühle wie Mitleid, Erleichterung oder Dankbarkeit bewirken:* eine bewegende Szene · Die Nachricht von seiner Rettung hat mich sehr bewegt. · Sie nahm tief bewegt Abschied.

be|weg|lich [bəˈveːklɪç], beweglicher, am beweglichsten:
1. *sich bewegen lassend:* eine Puppe mit beweglichen Armen und Beinen · bewegliche *(transportierbare)* Güter · ein leicht / schwer beweglicher Hebel.
2. *sich geschickt und schnell bewegend:* Zum Turnen muss man beweglich sein. · Alte Menschen sind nicht mehr so beweglich.

▶ die **Be|we|gung** [bəˈveːɡʊŋ], der Bewegung, die Bewegungen:
1. *Veränderung der Position, Lage oder Haltung:* die eleganten Bewegungen des Tigers · Der Zug setzte sich langsam in Bewegung. · Mit einer schnellen Bewegung fegte sie die Blätter vom Tisch.
2. ⟨ohne Plural⟩ *besonders Mitleid, Erleichterung oder Dankbarkeit fühlend:* Ihre Stimme zitterte vor Bewegung.
3. *Gruppe von Menschen, die sich für ein Ziel einsetzt:* sich einer politischen Bewegung anschließen.

▶ der **Be|weis** [bəˈvai̯s], des Beweises, die Beweise: *Sache, die zeigt, dass etwas existiert, richtig oder wahr ist:* Haben Sie Beweise für diese Behauptung? · Das ist doch der Beweis, dass die Methode nicht funktioniert!

▶ **be|wei|sen** [bəˈvai̯zn̩], beweist, bewies, hat bewiesen:
1. *einen Beweis für etwas liefern:* Er konnte seine Unschuld beweisen. · Es ist längst bewiesen, dass diese Theorie richtig ist.
2. *zeigen, dass man eine Eigenschaft hat:* Sie hat Mut / Intelligenz bewiesen.

▶ **be|wer|ben** [bəˈvɛrbn̩] ⟨+ sich⟩, bewirbt sich, bewarb sich, hat sich beworben: *sich als Kandidat für etwas vorstellen und versuchen, es zu bekommen:* sich um eine Stelle / ein Amt / ein Stipendium bewerben · Zwei der Firmen, bei denen sie sich beworben hat, haben sie zum Vorstellungsgespräch eingeladen.

der **Be|wer|ber** [bəˈvɛrbɐ], des Bewerbers, die Bewerber, die **Be|wer|be|rin** [bəˈvɛrbərɪn], der Bewerberin, die Bewerberinnen: *Person, die sich um etwas bewirbt:* Für diesen Job gibt es zahlreiche Bewerber.

die **Be|wer|bung** [bəˈvɛrbʊŋ], der Bewerbung, die Bewerbungen:
1. *Vorgang, sich zu bewerben:* Die Firma zog ihre Bewerbung um den Auftrag zurück.
2. *Brief, mit dem man sich bewirbt:* Er schreibt jede Woche mehrere Bewerbungen, aber er findet keinen Job.

be|wer|ten [bəˈveːɐ̯tn̩], bewertet, bewertete, hat bewertet:
Wert, Qualität oder Bedeutung beurteilen: Ihr Aufsatz wurde mit einer Eins bewertet. · Nach welchen Kriterien wurden die Programme im Test bewertet? · Ich bewerte seine Anstrengungen durchaus als positiv.

die **Be|wer|tung** [bəˈvɛrtʊŋ], der Bewertung, die Bewertungen:
1. *das Bewerten:* eine Bewertung der Qualität vornehmen.
2. *Note oder Urteil, mit denen etwas bewertet wird:* eine positive Bewertung erhalten.

be|wil|li|gen [bəˈvɪlɪgn̩], bewilligt, bewilligte, hat bewilligt:
einer Person, Institution das geben, was sie beantragt hat: Hat der Chef deinen Urlaubsantrag bewilligt? · Der Kredit für den Bau des Hauses wurde bewilligt.

be|wir|ken [bəˈvɪrkn̩], bewirkt, bewirkte, hat bewirkt:
als Folge, Wirkung oder Erfolg haben: Mit dem Geld können wir schon einiges bewirken. · Die vielen Enttäuschungen bewirkten, dass sie jeden Mut verlor.

der **Be|woh|ner** [bəˈvoːnɐ], des Bewohners, die Bewohner, die **Be|woh|ne|rin** [bəˈvoːnərɪn], der Bewohnerin, die Bewohnerinnen:
Person, die in einer Wohnung, einem Gebäude oder einem Gebiet wohnt: Die Insel hat nur wenige Bewohner. · Die momentane Bewohnerin hat ihren Mietvertrag gekündigt.

be|wun|dern [bəˈvʊndɐn], bewundert, bewunderte, hat bewundert:
1. *einen starken positiven Eindruck von einer Person, Sache haben:* Ich bewundere deinen Mut! · Es ist wirklich zu bewundern, wie viel Geduld er mit den Kindern hat.
2. *mit großer Anerkennung betrachten:* Habt ihr schon sein neues Haus bewundert? · Bewundernde Blicke folgten ihr durch den Raum.

be|wusst [bəˈvʊst], bewusster, am bewusstesten:
1. *mit Absicht, nicht aus Versehen:* eine bewusste Täuschung · Er hat mich ganz bewusst provoziert.
2. *mit dem Verstand wahrnehmend, erkennend:* eine bewusste Entscheidung · Mir war nicht bewusst, warum ich das tat. · Mir ist eben erst bewusst geworden, dass das ein Fehler war. · Mach dir doch mal bewusst, wie du ihn behandelst.

be|wusst|los [bəˈvʊstloːs]:
in einem körperlichen Zustand, in dem man nichts wahrnimmt und nicht reagieren kann: bewusstlos sein / werden / zusammenbrechen · Bei dem Kampf wurde er bewusstlos geschlagen.

das **Be|wusst|sein** [bəˈvʊstza̯in], des Bewusstseins:
1. *körperlicher Zustand, in dem man wach ist und reagieren kann:* Nach dem Unfall war sie mehrere Stunden ohne Bewusstsein. · Er war sehr verwirrt, als er wieder zu Bewusstsein kam.
2. *geistiger Zustand, in dem man sich einer Sache bewusst ist:* Sie rief sich den Vorfall noch mal ins Bewusstsein. · Im Bewusstsein, alles Wichtige erledigt zu haben, konnte ich entspannt Urlaub machen.

▸ **be|zah|len** [bəˈt͜saːlən], bezahlt, bezahlte, hat bezahlt:
1. *einer Person, Institution für etwas Geld geben:* Hat die Versicherung schon bezahlt? · Die Arbeit wird / Ich werde für diese Arbeit gut bezahlt. · Wie viel / Was hast du für die Hose bezahlt?
2. *etwas Unangenehmes als Folge oder Strafe erleben:* Diesen Irrtum bezahlte sie mit ihrem Leben *(sie starb deswegen).* · Dafür wird er mir bezahlen!

be|zeich|nen [bəˈt͜sa̯içnən], bezeichnet, bezeichnete, hat bezeichnet:
1. *sagen, dass eine Person, Sache etwas ist; nennen:* Sie bezeichnet dich als Lügner. · In Österreich würde man so ein Lokal als »Beisel« bezeichnen. · Man kann dieses Sofa wirklich nicht als bequem bezeichnen.
2. *als Name für einen Inhalt stehen:* Das englische Wort »handy« bezeichnet etwas ganz anderes als das deutsche »Handy«.

die **Be|zeich|nung** [bəˈt͜sa̯içnʊŋ], der Bezeichnung, die Bezeichnungen:
Wort, das etwas bezeichnet: Ich kenne die Salbe unter einer anderen Bezeichnung. · »Chaos« ist eine passende Bezeichnung für den Zustand ihrer Wohnung.

be|zie|hen [bəˈtsi:ən], bezieht, bezog, hat bezogen:
1. *mit einer Hülle (aus Stoff) bedecken:* Ich habe dir das Bett im Gästezimmer bezogen.
2. *etwas mit seinen Sachen füllen, um dort zu bleiben:* Die neuen Büros können noch nicht bezogen werden. · Sie bezog eine Wohnung im Erdgeschoss.
3. *regelmäßig bekommen:* ein gutes Gehalt / eine Rente / eine Zeitung beziehen.
4. ⟨+ sich⟩ *einen Zusammenhang herstellen:* Du solltest nicht alle Kritik auf dich beziehen. · Darf ich mich in dem Brief auf dich beziehen? · Ich verstehe nicht, worauf sich Ihre Frage bezieht.

▸ die **Be|zie|hung** [bəˈtsi:ʊŋ], der Beziehung, die Beziehungen:
1. ⟨meist Plural⟩ *Kontakt; Verbindung:* wirtschaftliche / diplomatische Beziehungen · die Beziehungen zwischen Deutschland und Polen / den USA.
2. *Verhältnis unter Partnern:* eine Beziehung haben / abbrechen / beenden · Sie führen eine gute Beziehung.
3. *Zusammenhang, Verbindung:* Gibt es eine Beziehung zwischen den beiden Teilen?

be|zie|hungs|wei|se [bəˈtsi:ʊŋsvaizə]:
1. *oder:* ein Kredit für den Bau beziehungsweise Kauf eines Hauses.
2. *genauer gesagt:* Die Katze bleibt in der Nacht im Haus beziehungsweise im Wohnzimmer.
3. drückt aus, dass für einen das Erste und für den anderen das Zweite gilt: Ihre beiden Kinder sind vier beziehungsweise sechs Jahre alt.

der **Be|zirk** [bəˈtsɪrk], des Bezirk[e]s, die Bezirke:
Gebiet mit bestimmten Grenzen für die Verwaltung: die Wahlergebnisse in den einzelnen Bezirken Berlins / Bayerns · Jeder Briefträger hat seinen eigenen Bezirk.

der **Be|zug** [bəˈtsu:k], des Bezug[e]s, die Bezüge [bəˈtsy:gə]:
1. *Hülle aus Stoff, mit der etwas bedeckt wird:* Er holte frische Bezüge für das Bett aus dem Schrank.
2. *Zusammenhang, der hergestellt wird:* Er vermied in seiner Rede jeden Bezug auf diese Vorfälle.; * **in Bezug auf:** *in der genannten Hinsicht:* Sie unterscheiden sich in Bezug auf Größe und Wert kaum.
3. *das regelmäßige Bekommen:* Voraussetzungen für den Bezug einer Rente.

be|züg|lich [bəˈtsy:klɪç]:
im Zusammenhang mit: neue Erkenntnisse bezüglich der Unfallursache · Bezüglich Ihrer Anfrage teilen wir Ihnen mit, dass …

be|zwei|feln [bəˈtsvaifl̩n], bezweifelt, bezweifelte, hat bezweifelt:
Zweifel haben oder äußern: In dem Artikel wurde der Sinn der Maßnahme bezweifelt. · Ich bezweifle, dass das notwendig ist.

die **Bi|bel** [ˈbi:bl̩], der Bibel, die Bibeln:
das heilige Buch der Christen: Weisheiten aus der Bibel · Wer legt die Bibeln in Hotelzimmern aus?

▸ die **Bi|blio|thek** [biblioˈte:k], der Bibliothek, die Bibliotheken:
Raum, Institution mit einer großen Sammlung von Büchern: Sie saß in der Bibliothek und las. · Das Buch habe ich mir in / von der Bibliothek ausgeliehen.

bie|gen [ˈbi:gn̩], biegt, bog, gebogen:
1. ⟨hat⟩ *die Form oder Haltung ändern, sodass etwas nicht mehr gerade ist:* Sie bog den Draht zu einer Schlinge. · Er bog die Zweige zur Seite, um sich durch die Lücke zu quetschen. · Das Regal bog sich unter der Last der Bücher. · Wir haben uns vor Lachen gebogen.
2. ⟨ist⟩ *beim Gehen, Fahren die Richtung ändern:* Der Wagen ist um die Ecke / in eine Einfahrt gebogen.

bieg|sam [ˈbi:kza:m], biegsamer, am biegsamsten:
sich leicht biegen lassend: ein biegsames Blech · Die Körper von Balletttänzern sind sehr biegsam.

▸ die **Bie|ne** [ˈbi:nə], der Biene, die Bienen:
Insekt, das Honig macht: Bienen züchten / halten · von einer Biene gestochen werden · fleißig wie eine Biene sein.

▸ das **Bier** [bi:ɐ̯], des Bier[e]s, die Biere ⟨aber: zwei Bier⟩:
leicht bitteres Getränk, das Alkohol enthält: einen Kasten Bier holen · Möchtest du ein helles oder ein dunkles Bier? · Er bestellte zwei Bier.; * **etwas ist jemandes Bier** (umgangssprachlich): *etwas ist jemandes Angelegenheit:* Das geht dich nichts an, das ist mein Bier! · Was du damit tust, ist echt nicht mein Bier!

der **Bier|gar|ten** [ˈbi:ɐ̯gartn̩], des Biergartens, die Biergärten [ˈbi:ɐ̯gɛrtn̩]:
Platz mit Tischen und Sitzen im Freien als Lokal oder Teil eines Lokals: eine Wirtschaft mit Biergarten · Im Sommer treffen wir uns abends gern mit Freunden im Biergarten.

Bier

Man sagt, dass Bier das Nationalgetränk der Deutschen ist. Das ist ein Klischee [= von vielen Menschen geglaubtes Vorurteil], ähnlich dem vom Whisky trinkenden Schotten oder dem Rotwein trinkenden Franzosen. Nicht alle Deutschen trinken gerne Bier, aber Tatsache ist, dass Bier insgesamt das beliebteste alkoholische Getränk in Deutschland ist – 121 Liter trinkt ein Deutscher durchschnittlich im Jahr. Bier wird seit 5000 Jahren hergestellt – seit 1516 gibt es das Reinheitsgebot, nach dem zum Brauen [= Herstellung] von Bier nur natürliche Zutaten verwendet werden dürfen. Ob das Bier nun Hell, Alt, Kölsch, Weizen, Pils, Märzen oder Bock heißt – jede Region hat ihre spezielle Biersorte, die traditionell dort gebraut und getrunken wird. Der Biergarten war ursprünglich der unmittelbar um die Brauerei gelegene Bereich, in dem die Brauer ihr Bier ausschenken [= verkaufen] durften. Heute haben nicht nur Brauereien [= Gebäude, in dem Bier hergestellt wird] einen Biergarten, sondern auch viele Kneipen und Restaurants. Der Biergarten ist bei schönem Wetter ein beliebter Treffpunkt zum Essen, Trinken und für Gespräche. In vielen Biergärten kann man sein Essen selbst mitbringen und kauft lediglich die Getränke.

bie|ten [ˈbiːtn̩], bietet, bot, hat geboten:
1. *etwas als Angebot oder Möglichkeit für jemanden haben oder nennen:* Das Fest bot mir die Chance, sie besser kennenzulernen. · Die Versicherung bietet Sicherheit vor vielen Risiken. · Sie hat mir 20 Euro für das Buch geboten. · Hier bekommt man viel geboten für sein Geld.
2. ⟨+ sich⟩ *als Möglichkeit für eine Person entstehen oder existieren:* Da bot sich mir die Gelegenheit, zu zeigen, was ich kann.

der **Bi|ki|ni** [biˈkiːni], des Bikinis, die Bikinis: *Kleidung zum Baden für Frauen in zwei Teilen:* Sie lag im Bikini am Strand in der Sonne.

die **Bi|lanz** [biˈlant͜s], der Bilanz, die Bilanzen:
1. *Vergleich von Einnahmen und Ausgaben, Vermögen und Schulden:* Die Bilanz am Jahresende war positiv.
2. *zusammengefasstes Ergebnis:* Zehn Siege und zwei Niederlagen sind die Bilanz der aktuellen Saison. · Ich kann für mich eine erfreuliche Bilanz der letzten Jahre ziehen *(formulieren).*

das **Bild** [bɪlt], des Bild[e]s, die Bilder:
1. *künstlerische Darstellung auf einer Fläche:* Bilder an die Wand hängen · Sie malte / zeichnete ein Bild von ihm.
2. *Foto:* Er machte ein paar Bilder vom Baby.
3. *das, was man an einem Ort, am Computer oder beim Fernsehen sieht:* Bei diesem Sender ist das Bild eigentlich nie scharf. · Der Garten bot ein friedliches Bild.
4. *Vorstellung:* Ich gewann ein klares Bild von der Situation. · Ich glaube, du machst dir ein falsches Bild von ihr.

bil|den [ˈbɪldn̩], bildet, bildete, hat gebildet:
1. *in einer bestimmten Form entstehen lassen:* Die Linien bilden ein Dreieck. · Das Konzert bildet den Höhepunkt der Veranstaltungsreihe. · Wann wird die neue Regierung gebildet? · Ich konnte mir noch keine Meinung darüber bilden.
2. ⟨+ sich⟩ *entstehen:* Auf dem Wasser hat sich eine Eisschicht gebildet. · Vor der Kasse bildete sich eine lange Schlange.
3. *durch Wissen die persönliche Entwicklung fördern:* Sie versuchte, sich durch Kurse künstlerisch zu bilden. · Der Umgang mit dem Computer hat mich gebildet. · Reisen bildet.

das **Bil|der|buch** [ˈbɪldɐbuːx], des Bilderbuch[e]s, die Bilderbücher [ˈbɪldɐbyːçɐ]: *Buch für kleine Kinder mit vielen Bildern und wenig Text:* mit den Kindern zusammen ein Bilderbuch anschauen · ein Wetter wie im Bilderbuch *(sehr schönes Wetter).*

▸ der **Bild|schirm** [ˈbɪltʃɪrm], des Bildschirm[e]s, die Bildschirme: *die Fläche eines Computers oder Fernsehers, auf der das Bild erscheint:* sich für den Computer einen größeren Bildschirm kaufen · am Bildschirm arbeiten · Die Kinder sitzen zu viel vor dem Bildschirm.

die **Bil|dung** [ˈbɪldʊŋ], der Bildung, die Bildungen:
1. *Vorgang, bei dem etwas entsteht oder gebildet wird:* die Bildung einer Koalition beschließen · Das Auto verbrannte unter Bildung von sehr viel Rauch.
2. ⟨ohne Plural⟩ *Wissen, das zur persönlichen Entwicklung beiträgt:* Sie hat eine

ausgezeichnete Bildung genossen. · Wir müssen mehr Geld in Bildung und Wissenschaft investieren.

das **Bil|dungs|sys|tem** [ˈbɪldʊŋszʏsteːm], des Bildungssystems, die Bildungssysteme: *das System von Schulen und Möglichkeiten, sich zu bilden:* Mängel und Vorteile des deutschen Bildungssystems.

► das **Bil|lett** [bɪlˈjɛt], des Billett[e]s, die Billetts oder Billette:
1. (schweizerisch, sonst veraltet) *Fahrkarte:* vor der Fahrt ein Billett lösen *(kaufen).*
2. (schweizerisch, sonst veraltend) *Eintrittskarte:* ein Billett fürs Kino kaufen.
3. (österreichisch) *Karte in einem Umschlag:* Sie bekam viele Billetts mit Glückwünschen.

► **bil|lig** [ˈbɪlɪç], billiger, am billigsten:
1. *für wenig Geld [zu bekommen]:* billige Arbeitskräfte · Das Auto war bestimmt nicht billig. · Das Kleid habe ich wegen des kleinen Flecks billiger bekommen.
2. *schlecht (gemacht):* Das sind doch nur billige Ausreden! · Das Buch war absolut billig gemacht.

bin|den [ˈbɪndn̩], bindet, band, hat gebunden:
1. *eine Schlinge oder einen Knoten formen:* Kannst du schon Schleifen / deine Schuhe binden? · Sie band sich einen Schal um den Hals.
2. *mit Schnur und Knoten befestigen:* den Hund an den Zaun binden · Die Gefangenen waren an Händen und Füßen gebunden.
3. *zu etwas verpflichten:* Er fühlte sich nicht an den Vertrag / an sein Versprechen gebunden. · Das Urteil ist für beide Seiten bindend.
4. ⟨+ sich⟩ *heiraten:* Du solltest dich nicht so früh binden.

die **Bin|dung** [ˈbɪndʊŋ], der Bindung, die Bindungen:
Gefühl, zu einer Person, Sache zu gehören: Er ließ keine Bindung zu ihr zu. · Bei Katzen ist die Bindung an das Haus oft stärker als die an die Besitzer.

die **Bio|gra|fie** [biograˈfiː], der Biografie, die Biografien [biograˈfiːən]:
(Buch über die) Geschichte des Lebens einer Person: Ich lese gern Biografien von Künstlern. · Sie hat eine sehr interessante Biografie.

► die **Bio|lo|gie** [biologiː], der Biologie:
Wissenschaft vom Leben der Pflanzen, Tiere und Menschen: Sie interessiert sich sehr für Biologie.

bio|lo|gisch [bioˈloːgɪʃ]:
1. *die Biologie betreffend:* biologische Forschungen / Vorgänge.
2. *mit natürlichen Methoden oder Stoffen (erzeugt):* Gemüse aus biologischem Anbau. · biologisch erzeugte Lebensmittel.

die **Bio|ton|ne** [ˈbiːotɔnə], der Biotonne, die Biotonnen:
Tonne für Abfälle von Pflanzen: Gekochtes und Fleisch gehören nicht in die Biotonne.

die **Bir|ke** [ˈbɪrkə], der Birke, die Birken:
Laubbaum mit weißer Rinde: Er setzte sich unter eine Birke am Fluss.

► die **Bir|ne** [ˈbɪrnə], der Birne, die Birnen:
1. *süße Frucht, die unten rund und oben schmal ist:* Das sind Birnen aus unserem eigenen Garten.
2. *leuchtender Teil einer Lampe:* eine kaputte Birne austauschen.

► **bis** [bɪs]:
1. ⟨mit Akkusativ⟩ gibt das Ende eines Zeitraums an: bis heute / Freitag / Oktober · bis jetzt · Bis nachher / später! · Bis wann brauchst du das Buch?
2. ⟨mit Akkusativ⟩ gibt das Ende einer Strecke an: Der Zug fährt bis Berlin. · Ich fliege erst bis Frankfurt, dort steige ich um.
3. in Verbindung mit bestimmten Präpositionen: bis an die Spree · Wir wollen bis nach Spanien fahren.; *** bis auf:** *außer:* Alle sind gekommen, außer eine.; *** bis zu:** gibt die obere Grenze von Maßen und Mengen an: In den Lift passen bis zu 10 Leute.
4. leitet einen Nebensatz ein, der eine zeitliche Grenze angibt: Ich warte mit dem Essen, bis du kommst. · Bis es Abendbrot gibt, könnt ihr noch spielen.
5. verbindet die obere und die untere Grenze von Maßen und Gewichten: Er muss zwei bis drei Wochen im Krankenhaus bleiben. · In fünf bis sechs Stunden sind wir fertig.

► **bis|her** [bɪsˈheːɐ̯]:
bis jetzt: Sie hat bisher 50 Seiten gelesen, 120 fehlen noch.

bis|he|ri|g... [bɪsˈheːrɪg...]:
bisher gültig, vorhanden oder gewesen: Unsere bisherige Lehrerin geht in Rente. · Sie hat den bisherigen Rekord heute um drei Sekunden verbessert.

bis|lang [bɪsˈlaŋ]:
bis jetzt; bisher: Das hatte ich bislang nicht gewusst.

Bildungssystem

In Deutschland treffen die einzelnen Bundesländer ihre Entscheidungen in der Bildungspolitik zu einem großen Teil selbst. Das führt dazu, dass in manchen Bundesländern die Schulzeit bis zum Abitur acht Jahre dauert, in anderen Bundesländern neun Jahre. Oder dass es für ein Schulfach je nach Bundesland unterschiedliche Schulbücher gibt. Auch manche Schularten gibt es in einem Bundesland, in einem anderen nicht. Kinder und Jugendliche, die in Deutschland leben, müssen ab dem 6. Lebensjahr neun oder zehn Jahre lang in die Schule gehen. Die Länge der Schulpflicht bestimmen die Bundesländer. Die Primarstufe umfasst die ersten vier Schuljahre, die Grundschule. In manchen Bundesländern sind aber auch noch die Klassen 5 und 6 Primarstufe. Die Kinder erwerben hier die für den weiteren Bildungsweg wichtigen Kenntnisse (Lesen, Schreiben, Rechnen). Immer häufiger gibt es an den Grundschulen auch schon Unterricht in einer Fremdsprache. Die Leistungen in der vierten Klasse entscheiden in vielen Bundesländern darüber, welche Schulform die Schüler in der Sekundarstufe besuchen können. Die Sekundarstufe I umfasst im Wesentlichen die Klassen 5–10, wobei verschiedene Schulformen infrage kommen. Zur Hauptschule geht man in der Regel von der 5. bis zur 9. (in manchen Bundesländern 10.) Klasse. Sie wurde in vielen Bundesländern abgeschafft und mit der Realschule zusammengelegt. In der Hauptschule wird eine breites Angebot an Fächern (einschließlich einer Fremdsprache) unterrichtet, um die Schüler mit einer umfassenden Allgemeinbildung auszustatten, die den Übergang in einen Ausbildungsberuf (mit Besuch einer Berufsschule) ermöglichen soll. Von allen Schultypen des Sekundarbereichs ist die Hauptschule die Schule mit dem niedrigsten Bildungsabschluss. Die Realschule bietet über die Fächer der Hauptschule hinaus oft eine zweite Fremdsprache an, dazu spezielle Fächer wie Sozialwesen, Hauswirtschaft oder Technik. Nach der 10. Klasse kann man durch eine Prüfung seinen Realschulabschluss machen, die sogenannte mittlere Reife. Das Gymnasium bereitet in der Sekundarstufe I (Klassen 5–10) auf die Oberstufe (= Sekundarstufe II, Klassen 11–12 bzw. 11–13) vor. Zu den Fächern gehören je nach Schwerpunkt der Schule ab dem 5. Schuljahr die erste, ab dem 7. Schuljahr die zweite Fremdsprache und eventuell eine dritte Fremdsprache ab dem 9. Schuljahr. Als erste Fremdsprache wird in Deutschland meistens Englisch unterrichtet, als zweite Fremdsprache Französisch oder Latein und als dritte Fremdsprache werden je nach Schule zusätzlich Spanisch, Italienisch, Russisch oder Altgriechisch angeboten. In manchen Bundesländern gibt es integrierte Gesamtschulen, in denen alle Schüler nach der Grundschule gemeinsam unterrichtet werden. Der Sekundarbereich II umfasst im Wesentlichen die gymnasiale Oberstufe (Klassen 11–12 bzw. 11–13) beziehungsweise die entsprechenden Klassen an den Gesamtschulen. Die Abschlussprüfung des Sekundarbereichs II, das Abitur, ist die Voraussetzung für ein Studium an einer Hochschule. Die Abschlüsse an Fachoberschulen, auch Fachabitur genannt, berechtigen zu einem Studium an einer Fachhochschule. In manchen Bundesländern, wie z. B. Hessen, gibt es das Zentralabitur. Das bedeutet, dass alle Schüler des Bundeslandes dieselbe schriftliche Abiturprüfung ablegen müssen. In den anderen Bundesländern sind die Prüfungen je nach Schule auch innerhalb eines Bundeslandes unterschiedlich. Unter dem Tertiärbereich versteht man zunächst den Universitätsbereich (es gibt in Deutschland über 120 Universitäten und rund 215 Fachhochschulen). Auch die Erwachsenenbildung (Volkshochschulen etc.) wird zum Tertiärbereich gezählt. Universitäten und Fachhochschulen unterscheiden sich darin, dass an den Universitäten der Schwerpunkt auf der wissenschaftlichen Forschung und Lehre liegt. Im Gegensatz dazu konzentrieren sich die Fachhochschulen verstärkt auf die praktischen Aspekte der unterrichteten Fächer. Mittlerweile studiert man in Deutschland fast überall und in allen Fachbereichen nach dem Bachelor-Master-System. Der Bachelor dauert 6 Semester, der Master weitere 4 Semester, die zur Vertiefung der Inhalte und zur Spezialisierung dienen. Die »alten« Studienabschlüsse in Deutschland waren »Magister« (Geisteswissenschaften), »Staatsexamen« (Lehramt) und »Diplom« (Naturwissenschaften). Die Bedeutung der Erwachsenenbildung, die hauptsächlich an den Volkshochschulen stattfindet, ist in den letzten Jahren gestiegen.

bitte

Im Deutschen wird *bitte* in verschiedenen Situationen verwendet: Wenn man etwas haben will: *Kannst du mir bitte mal das Salz geben?* Wenn man möchte, dass eine Person etwas tut: *Mach bitte den Fernseher aus.* Wenn man möchte, dass eine Person etwas nicht tut: *Darf ich rauchen? – Oh, bitte nicht!* Wenn man jemandem etwas gibt: *Gib mir doch mal die Butter. – Hier, bitte (schön).* Wenn sich jemand bedankt hat: *Danke für die Auskunft. – Bitte, gern geschehen. / Danke für die Einladung. – Bitte. / Hier, dein Buch. – Danke. – Bitte (schön).* Wenn man etwas nicht richtig verstanden hat: *Wie bitte? Was haben Sie gesagt? / Ich möchte bei Steffi übernachten. – Wie bitte? Das soll wohl ein Witz sein?* Im Deutschen wird *danke* in verschiedenen Situationen verwendet: Wenn man etwas bekommen hat: *Hier, dein Buch. – Danke.* Wenn eine Person etwas macht, worum man sie gebeten hat: *Laura, machst du bitte die Tür zu?* [Sie tut es.] – *Danke.* Wenn man ein Angebot annehmen möchte: *Möchtest du etwas zu trinken? – Ja gern, danke.* Wenn man ein Angebot ablehnen möchte: *Möchtest du etwas zu trinken? – Nein, danke. / Danke, nein.* Beachte: Im Deutschen kann man ein Angebot durch ein einfaches *Danke* (begleitet von einem Kopfschütteln oder einer ähnlichen Geste) ablehnen. Generell wird die Verwendung von *bitte* und *danke* als höflich angesehen und sie ist daher zu empfehlen.

▸ **biss|chen** ['bɪsçən]:
*** ein / das bisschen:** *eine, diese kleine Menge:* Du musst noch ein bisschen Geduld haben. · Das bisschen Wasser ist nicht genug!

bis|sig ['bɪsɪç], bissiger, am bissigsten:
1. *gefährlich, weil er schnell beißt:* ein bissiger Hund.
2. *durch scharfe Worte verletzend:* jemandem eine bissige Antwort geben · Warum bist du denn heute so bissig?

▸ **bit|te** ['bɪtə]:
1. benutzt, damit eine Aufforderung oder Frage höflich klingt: Entschuldige bitte! · Wo sind denn hier bitte die Toiletten?
2. fordert eine Person höflich dazu auf, etwas zu wiederholen, was man nicht verstanden hat: Bitte / Wie bitte?
3. als Antwort benutzt, wenn sich jemand bedankt hat: »Danke!« – »Bitte sehr, gern geschehen!«.
4. als Kommentar benutzt, während man einer Person etwas gibt: »Kann ich mal das Salz haben?« – »Bitte schön!«.
5. benutzt, um höflich Ja zu sagen: »Darf ich rauchen?« / »Möchtest du etwas trinken?« – »Ja, bitte!«.
6. drückt aus, dass man etwas dringend wünscht: Bitte, bitte, hilf mir doch!

▸ die **Bit|te** ['bɪtə], der Bitte, die Bitten:
an eine Person gerichteter Wunsch: Ich hätte da eine kleine Bitte an dich: … · Auf seine Bitte hin wurde der Termin verschoben.

▸ **bit|ten** ['bɪtn̩], bittet, bat, hat gebeten:
eine Bitte formulieren: Ich muss erst meine Eltern um Erlaubnis bitten. · Sie bat ihn, sich zu setzen.

▸ **bit|ter** ['bɪtɐ], bitterer, am bittersten:
1. *mit unangenehm starkem Geschmack, der weder süß, salzig noch sauer ist:* eine bittere Medizin · Das Bier schmeckt mir zu bitter.
2. *sehr unangenehm und verletzend:* eine bittere Enttäuschung · Die überraschende Niederlage war sehr bitter für uns.
3. *zornig und ohne Hoffnung:* Seine Worte klangen sehr bitter. · Die Enttäuschungen haben sie bitter gemacht.

die **Bla|se** ['bla:zə], der Blase, die Blasen:
1. *mit Gas gefülltes Loch in etwas:* Der Kuchenteig wirft *(bekommt)* Blasen. · Die Luft stieg in Blasen zur Wasseroberfläche auf.
2. *mit Flüssigkeit gefüllte wunde Stelle an der Haut:* Von den neuen Schuhen habe ich Blasen an den Füßen bekommen.
3. *Organ, in dem der Urin entsteht:* Sie hat eine schwache Blase und muss ständig aufs Klo.

bla|sen ['bla:zn̩], bläst, blies, hat geblasen:
1. *mit dem Mund Luft in Bewegung versetzen:* Sie blies in ihre kalten Hände / ins Feuer. · Er blies mir den Rauch direkt ins Gesicht.
2. *ein Musikinstrument wie Flöte oder Trompete spielen:* Er blies ins Horn / das Signal zur Jagd.
3. *Luft in Bewegung versetzen (und dabei Dinge durch die Luft bewegen):* Draußen bläst ein eisiger Wind. · Der Wind blies mir Sand in die Augen.

blass [blas], blasser / blässer, am blassesten:
1. *ohne die natürliche, gesunde Farbe:* blasse Haut haben · vor Schreck blass werden.
2. *schwach (mit viel Weiß gemischt):* ein blasses Blau / Gelb / Grün · nur noch eine blasse Erinnerung an etwas haben.

das **Blatt** [blat], des Blatt[e]s, die Blätter [ˈblɛtɐ]:
1. *flacher, meist grüner Teil einer Pflanze:* Es wird Herbst, die ersten Bäume verlieren schon ihre Blätter.
2. ⟨Plural mit Zahlen auch: Blatt⟩ *Stück Papier in der Größe, wie es verkauft wird:* seinen Namen auf ein Blatt Papier schreiben · zwei Blätter aus dem Block reißen · 500 Blatt Papier.
3. *Zeitung:* Die großen Blätter haben ausführlich über die Ereignisse berichtet.

blät|tern [ˈblɛtɐn], blättert, blätterte, hat geblättert:
die Seiten flüchtig ansehen und nur Teile lesen: Während ich wartete, blätterte ich in einer Zeitschrift.

blau [blau̯], blauer, am blau[e]sten:
1. *wie die Farbe des Himmels, wenn die Sonne scheint:* blaue Augen haben · ein Kleid in leuchtendem Blau.
2. * **blau sein** (umgangssprachlich): *betrunken sein:* Am Ende der Party war er total blau.

das **Blech** [blɛç], des Blech[e]s, die Bleche:
1. *dünnes, flaches Stück Metall:* Das Auto hat ein paar Beulen im Blech.
2. *Stück Blech, auf dem man zum Beispiel Kuchen backen kann:* die Pizza auf ein Blech legen · Wir haben heute schon drei Bleche (voll) Plätzchen gebacken.

blei|ben [ˈblai̯bn̩], bleibt, blieb, ist geblieben:
1. *einen Ort nicht verlassen:* Bleib doch noch ein bisschen bei mir. · Bleibt das Boot hier oder nehmen wir es mit? · Du solltest heute lieber im Bett bleiben. · Wo bleiben denn die Kinder so lange? *(Warum kommen sie so lange nicht?).*
2. *einen Zustand oder eine Position, Haltung nicht ändern:* gesund / wach / am Leben bleiben · Du kannst ruhig liegen / sitzen bleiben. · Das Schwimmbad bleibt heute geschlossen. · Es bleibt dir überlassen, was du tun willst.
3. *(weiter) vorhanden sein oder existieren:* Uns bleibt nur noch wenig Zeit. · Nachdem du so fleißig warst, bleibt nicht mehr viel zu tun.
4. *etwas nicht ändern oder aufgeben:* bei seiner Meinung / seinem Entschluss bleiben · Ich bleibe dabei *(bei der Meinung),* dass er lügt.

bleich [blai̯ç], bleicher, am bleichsten:
sehr blass: Sie sah schrecklich bleich aus. · Er wurde bleich vor Angst.

▶ der **Blei|stift** [ˈblai̯ʃtɪft], des Bleistift[e]s, die Bleistifte:
Stift mit grauer Mine zum Schreiben und Zeichnen: Ich habe immer Bleistift und Radiergummi zum Zeichnen dabei.

▶ der **Blick** [blɪk], des Blick[e]s, die Blicke:
1. *Vorgang, die Augen auf ein Ziel zu richten:* Das erkennt man ja auf den ersten Blick! · Sie warf einen kurzen Blick auf die Uhr / ins Buch. · Ich wich seinem prüfenden Blick aus.
2. ⟨ohne Plural⟩ *Ausdruck der Augen:* Ihr Blick war offen und freundlich.
3. ⟨ohne Plural⟩ *Aussicht:* Von meinem Zimmer aus hat man einen schönen Blick auf die Berge.

bli|cken [ˈblɪkn̩], blickt, blickte, hat geblickt:
1. *die Augen auf ein Ziel richten; sehen, schauen:* auf die Uhr / aus dem Fenster / zu Boden blicken · Er blickte ängstlich um sich.
2. *einen bestimmten Ausdruck im Gesicht haben:* Warum blickst du so finster?
3. * **sich blicken lassen:** *an einen Ort kommen:* Lass dich hier ja nie wieder blicken! · Hat er sich eigentlich in letzter Zeit mal bei euch blicken lassen?

▶ **blind** [blɪnt]:
1. *nicht sehen könnend:* Er ist auf dem linken Auge blind. · Katzen werden blind geboren.
2. *ohne Vernunft:* blindes Vertrauen · Blind vor Eifersucht zerstörte er ihre Beziehung.

▶ der **Blitz** [blɪts], des Blitzes, die Blitze:
kurzes, helles Licht am Himmel bei Gewitter: Der Baum wurde vom Blitz getroffen. · Das Haus brannte ab, nachdem ein Blitz eingeschlagen hatte.; * **wie der Blitz** (umgangssprachlich): *sehr schnell:* Die Kinder waren wie der Blitz verschwunden.; * **wie ein Blitz aus heiterem Himmel:** *so überraschend, dass man nicht darauf vorbereitet ist:* Die Kündigung kam wie ein Blitz aus heiterem Himmel.

▶ **blit|zen** [ˈblɪtsn̩], blitzt, blitzte, hat geblitzt:
1. ⟨es blitzt⟩ *als Blitz zu sehen sein:* Bei dem Gewitter heute hat es ganz oft geblitzt.
2. *kurz im Licht glänzen:* Die Küche blitzte vor Sauberkeit. · Sie erzählte mit vor Begeisterung blitzenden Augen von der Fahrt.

3. *fotografieren, wer zu schnell fährt:* An dieser Straße wird oft / wurde ich schon einmal geblitzt.

der **Block** [blɔk], des Block[e]s, die Blocks oder Blöcke ['blœkə]:
1. ⟨Plural nur: Blöcke⟩ *hartes Stück mit Kanten:* ein Block aus Beton · Blöcke aus dem Eis schneiden.
2. *Gruppe von Häusern in einer Stadt, die ein Viereck bilden:* Ich gehe noch mit dem Hund einmal um den Block.
3. *Blätter Papier, die an einer Kante miteinander verbunden sind und die man einzeln abreißen kann:* ein karierter Block · ein Block für Notizen.
4. ⟨Plural meist: Blöcke⟩ *Gruppe:* ein konservativer Block im Europaparlament.

blo|ckie|ren [blɔ'ki:rən], blockiert, blockierte, hat blockiert:
durch Hindernisse sperren: Demonstranten blockierten die Gleise. · Unser Weg war durch eine Lawine blockiert.

blöd [blø:t], **blö|de** ['blø:də], blöder, am blödesten (umgangssprachlich):
dumm: ein blöder Fehler · Zu blöd, dass es jetzt regnet! · Jetzt stell dich doch nicht so blöd an!

der **Blöd|sinn** ['blø:tzɪn], des Blödsinn[e]s (umgangssprachlich abwertend):
sinnlose Worte oder Taten; Unsinn: Mach / Red keinen Blödsinn! · Ich halte diese Reform für völligen Blödsinn.

▶ das *oder* der **Blog** [blɔg], des Blogs, die Blogs:
Seite im Internet, auf der man über etwas berichtet, die ständig durch Kommentare oder Notizen erweitert wird und öffentlich ist: sein eigenes / seinen eigenen Blog führen.

▶ **blog|gen** ['blɔgn̩], bloggt, bloggte, hat gebloggt:
an einem Blog [mit]schreiben: Sie bloggt über die aktuellen Ereignisse in ihrer Heimat.

▶ **blond** [blɔnt], blonder, am blondesten:
(von Haaren) hell; gelb oder in der Farbe von Gold: Sie ist blond / hat blondes Haar.

▶ **bloß** [blo:s]:
1. *ohne schützende Schicht oder Kleidung:* auf dem bloßen Boden schlafen · mit bloßen Füßen.
2. *nichts anderes als:* Der bloße Verdacht reicht nicht, wir brauchen Beweise. · Keine Angst, ich bin es bloß!
3. (umgangssprachlich) *nur:* Das kostet bloß fünf Euro. · Wir haben bloß bis morgen Zeit.
4. verstärkt Aufforderungen und Fragen: Pass bloß auf, dass das keiner merkt! · Wo sind bloß meine Schlüssel?

▶ **blü|hen** ['bly:ən], blüht, blühte, hat geblüht:
1. *Blüten haben:* gelb blühende Tulpen · Der Apfelbaum blüht schon.
2. *sich gut entwickeln:* Das Geschäft blüht! · Das Kind hat eine blühende Fantasie.

▶ die **Blu|me** ['blu:mə], der Blume, die Blumen:
1. *kleine Pflanze mit auffallenden Blüten:* Die Wiese war voller Blumen.
2. *Blüte mit Stiel:* Blumen pflücken · Er schenkte ihr einen Strauß Blumen zum Geburtstag.

▶ die **Blu|se** ['blu:zə], der Bluse, die Blusen:
eine Art Hemd für Frauen: Sie kam in Rock und Bluse.

▶ das **Blut** [blu:t], des Blut[e]s:
rote Flüssigkeit, die durch den Körper fließt: Sie hat bei dem Unfall viel Blut verloren. · Der Arzt nahm ihm Blut ab, um es auf Drogen zu testen.

der **Blut|druck** ['blu:tdrʊk], des Blutdruck[e]s:
Kraft, mit der das Blut auf die Adern drückt: hohen / niedrigen Blutdruck haben · Im Krankenhaus wurde bei mir täglich der Blutdruck gemessen.

die **Blü|te** ['bly:tə], der Blüte, die Blüten:
1. *bunter Teil einer Pflanze, aus dem später die Frucht entsteht:* Rosen mit weißen Blüten · Bienen summten um die Blüten des Apfelbaums.
2. ⟨ohne Plural⟩ *Zeit oder Vorgang des Blühens:* Die Blüte der Apfelbäume ist bereits vorbei. · Die Rosen stehen noch in voller Blüte.
3. ⟨ohne Plural⟩ *hoher Stand der Entwicklung:* eine Zeit der wirtschaftlichen Blüte.

▶ **blu|ten** ['blu:tn̩], blutet, blutete, hat geblutet:
1. *Blut verlieren:* eine stark blutende Wunde · Sie blutete an der Hand / aus der Nase.
2. (umgangssprachlich) *viel Geld zahlen:* Für den Urlaub mussten wir ganz schön bluten.

blu|tig ['blu:tɪç], blutiger, am blutigsten:
1. *mit Blut bedeckt:* ein blutiger Verband.
2. *so, dass Menschen verletzt oder getötet werden:* Es kam zu blutigen Unruhen in der Hauptstadt.

▶ der **Bo|den** ['bo:dn̩], des Bodens, die Böden ['bø:dn̩]:
1. *obere Schicht der Erde:* fruchtbarer Boden · ein Loch in den Boden graben.
2. *Fläche, auf der man geht und steht:* Sie ließ das Glas zu Boden fallen. · Er hob einen Stein vom Boden auf.

3. *untere Fläche von etwas:* zum Boden des Meeres sinken · Am Boden der Schachtel lag ein Brief.

der **Bo|gen** ['bo:gn̩], des Bogens, die Bogen oder (besonders süddeutsch, österreichisch und schweizerisch) Bögen ['bø:gn̩]:
1. *Bewegung oder Form, die wie ein Teil eines Kreises aussieht:* ein Tor mit einem hohen Bogen · Das Pferd machte einen Bogen um das Hindernis. · Der Ball flog im hohen Bogen über den Zaun.
2. *Waffe aus einem gebogenen Stab, mit der man Pfeile schießt:* mit Pfeil und Bogen schießen / auf die Jagd gehen.
3. *großes Blatt Papier:* ein Bogen Geschenkpapier.

die **Boh|ne** ['bo:nə], der Bohne, die Bohnen:
1. *Pflanze, deren schmale, meist grüne Früchte oder Samen als Gemüse gegessen werden:* Bohnen anbauen.
2. *als Gemüse verwendete Früchte oder Samen dieser Pflanze:* eine Suppe mit grünen / dicken Bohnen.

boh|ren ['bo:rən], bohrt, bohrte, hat gebohrt:
1. *durch drehende Bewegung herstellen:* einen Brunnen bohren · ein Loch in die Wand bohren.
2. *durch Bohren nach etwas suchen:* nach Erdöl / Wasser bohren.
3. *in etwas drücken (und ein Loch entstehen lassen):* [mit dem Finger] in der Nase bohren · Der Pfeil bohrte sich in ihr Bein.

der **Boh|rer** ['bo:rɐ], des Bohrers, die Bohrer:
Werkzeug, mit dem man Löcher bohrt: Er machte mit dem Bohrer Löcher in das Brett. · Der Zahnarzt griff zum Bohrer.

die **Bom|be** ['bɔmbə], der Bombe, die Bomben:
Gegenstand, der explodieren und dadurch [großen] Schaden verursachen soll: Im Krieg wurde das Haus durch eine Bombe zerstört. · Terroristen haben im Bahnhof eine Bombe gelegt. · Die Nachricht schlug ein wie eine Bombe *(sorgte für große Aufregung).*

der **Bon** [bɔŋ], [bõ:], des Bons, die Bons:
Zettel, der als Gutschein oder Quittung dient: Heb den Bon gut auf, falls du das Gerät umtauschen willst. · Jeder von uns bekam einen Bon für ein Getränk.

der *oder* das **Bon|bon** [bɔŋ'bɔŋ], des Bonbons, die Bonbons:
kleine Süßigkeit zum Lutschen: eine Tüte Bonbons · ein Bonbon gegen Halsweh lutschen.

das **Boot** [bo:t], des Boot[e]s, die Boote:
kleines Fahrzeug, in dem man sich über das Wasser bewegt: Wir ruderten / segelten mit einem Boot über den See. · Er stieg aus und zog das Boot an Land.

der **Bord|stein** ['bɔrtʃtai̯n], des Bordstein[e]s, die Bordsteine:
Kante aus Steinen, die den Bürgersteig von der Straße trennt: Er stieß mit dem Reifen gegen den Bordstein.

bor|gen ['bɔrgn̩], borgt, borgte, hat geborgt:
1. *vorübergehend benutzen lassen:* Kannst du mir mal deine Schere / zehn Euro borgen?
2. ⟨+ sich⟩ *vorübergehend benutzen dürfen:* Ich habe mir für den Umzug ihr Auto geborgt. · Kann ich mir eine Briefmarke bei / von dir borgen?

die **Bör|se** ['bœrzə], der Börse, die Börsen:
1. *Markt, an dem zum Beispiel mit Geld und Anteilen von Firmen gehandelt wird:* Der Preis für Gold an der Börse ist gestiegen.
2. *kleine Tasche für Geld zum Mitnehmen; Geldbeutel:* Sie holte eine Münze aus ihrer Börse und gab sie dem Bettler.

▶ **bö|se** ['bø:zə], böser, am bösesten:
1. *moralisch schlecht:* Das geschah nicht mit böser Absicht. · Er hat in seinem Leben viel Böses getan.
2. *unangenehm oder schlimm:* eine böse Überraschung erleben · Er hat sich bei dem Sturz böse verletzt.
3. (umgangssprachlich) *voll Ärger; wütend:* Bist du noch böse auf mich / mit mir? · Ich kann ihm nie lange böse sein. · Guck doch nicht so böse!

▶ die **Bot|schaft** ['bo:tʃaft], der Botschaft, die Botschaften:
1. *Nachricht, die eine Person einer anderen mitteilt:* Hat sie keine Botschaft für mich hinterlassen?
2. *Behörde mit einem Büro im Ausland:* bei der amerikanischen Botschaft in Frankfurt ein Visum für die USA beantragen.

die **Box** [bɔks], der Box, die Boxen:
1. *Behälter (mit Deckel), besonders aus Plastik:* Sie hatten eine Box mit belegten Broten dabei. · Die Kinder haben eine große Box voller Spielzeugautos.
2. *einzelner Lautsprecher:* ein CD-Player mit großen Boxen.

bo|xen ['bɔksn̩], boxt, boxte, hat geboxt:
1. *als Sport mit den Fäusten kämpfen:* gegen jemanden boxen · die Weltmeisterschaft im Boxen.
2. *mit der Faust schlagen oder stoßen:* Er boxte mich / mir zur Begrüßung in die Seite.

die **Bran|che** ['brã:ʃə], der Branche, die Branchen:
Bereich der Wirtschaft: In welcher Branche sind Sie tätig?

der **Brand** [brant], des Brand[e]s, die Brände ['brɛndə]:
großes Feuer, das etwas zerstört: In der Schule brach ein Brand aus.; *** etwas in Brand stecken / setzen:** *einen Brand verursachen:* Eine weggeworfene Zigarette setzte die Scheune in Brand. · Er drohte damit, den Wald in Brand zu stecken.

▶ **bra|ten** ['bra:tn̩], brät, briet, hat gebraten:
1. *im Ofen oder in der Pfanne braun und gar werden lassen:* Sie briet sich zum Frühstück zwei Spiegeleier.
2. *in Fett braun und gar werden:* Die Gans muss noch eine Stunde braten.

▶ der **Bra|ten** ['bra:tn̩], des Bratens, die Braten:
großes Stück Fleisch, das im Ofen gebraten wird oder wurde: den Braten in den Ofen schieben · Schneidest du mir noch eine Scheibe von dem Braten ab?

die **Brat|kar|tof|fel** ['bra:tkartɔfl̩], der Bratkartoffel, die Bratkartoffeln ⟨meist im Plural⟩:
in Scheiben geschnittene Kartoffel, die in der Pfanne gebraten wird: Bratkartoffeln mit Spiegelei essen.

die **Brat|pfan|ne** ['bra:tpfanə], der Bratpfanne, die Bratpfannen:
flaches Gefäß aus Metall zum Braten: Er stellte eine Bratpfanne auf den Herd und gab Fett hinein.

▶ **brau|chen** ['brauxn̩], braucht, brauchte, hat gebraucht:
1. *für einen Zweck haben müssen oder voraussetzen:* Die Pflanzen brauchen dringend Wasser. · Es braucht viel Geduld, das zu lernen.
2. *verwenden:* Das kann ich gut brauchen. · Ich habe zwei Stunden / drei Meter Stoff dafür gebraucht.
3. *verbrauchen:* Das Auto braucht zu viel Benzin.
4. ⟨mit Infinitiv mit »zu«; verneint oder eingeschränkt⟩ *müssen:* Wenn du was wissen willst, brauchst du mich nur zu fragen. · Das hättest du doch nicht zu tun brauchen!

die **Braue** ['brauə], der Braue, die Brauen:
schmaler Streifen Haare über dem Auge: Sie zog fragend die Brauen hoch.

die **Brau|e|rei** [brauə'rai], der Brauerei, die Brauereien:
Betrieb, in dem Bier hergestellt wird: Die Gaststätte gehört einer Brauerei.

▶ **braun** [braun], brauner, am braunsten:
von der Farbe von Holz und Erde: braune Augen / Haare haben · Du bist ja so braun, warst du im Urlaub?; *** braun gebrannt:** *in der Sonne braun geworden:* braun gebrannt aus dem Urlaub kommen.

die **Braut** [braut], der Braut, die Bräute ['brɔytə]:
Frau kurz vor oder am Tag der Hochzeit: eine Braut im weißen Kleid.

der **Bräu|ti|gam** ['brɔytɪgam], des Bräutigams, die Bräutigame:
Mann kurz vor oder am Tag der Hochzeit: Der Bräutigam hatte die Ringe vergessen.

brav [bra:f], braver, am bravsten:
sich so verhaltend, wie es die Erwachsenen wünschen: ein braves Kind · Sei schön brav bei der Oma! · Er räumte brav sein Zimmer auf.

bra|vo ['bra:vo]:
wird verwendet, um Anerkennung auszudrücken: Bravo, gut gespielt!

die **BRD** [be:|ɛr'de:], der BRD:
Abkürzung von: Bundesrepublik Deutschland: sowohl in der BRD als auch in der DDR.

▶ **bre|chen** ['brɛçn̩], bricht, brach, gebrochen:
1. ⟨ist⟩ *durch Druck oder Gewalt in Stücke getrennt werden:* Der Ast brach unter ihrem Gewicht. · Das Glas brach in tausend Stücke.
2. ⟨hat⟩ *durch Druck oder Gewalt in Stücke trennen:* einen Ast in zwei Teile / vom Baum brechen.
3. ⟨hat⟩ *einen Unfall haben, bei dem ein Knochen bricht:* Ich habe mir beim Skifahren ein Bein gebrochen.
4. ⟨hat⟩ *ein Hindernis überwinden:* einen Rekord brechen *(verbessern)* · jemandes Widerstand brechen.
5. ⟨hat⟩ *sich nicht an etwas halten:* sein Versprechen / einen Vertrag brechen · Endlich brach er sein Schweigen *(fing zu reden an).*; *** sein Wort brechen:** *ein gegebenes Versprechen nicht halten.*
6. ⟨hat⟩ *nichts mehr mit einer Person, Sache zu tun haben wollen:* mit seiner Familie / einer Gewohnheit / einer Tradition brechen.
7. ⟨hat⟩ *erbrechen:* Ihr wurde schlecht und sie musste brechen.

der **Brei** [brai], des Brei[e]s, die Breie:
weiche, fast flüssige Speise: das Baby mit Brei füttern · einen Brei aus Milch, Zucker und Grieß kochen.

▶ **breit** [brait], breiter, am breitesten:

1. *mit großer Ausdehnung nach den Seiten:* ein breiter Fluss · Der Weg ist nicht breit genug, um nebeneinanderzugehen.
2. *mit der genannten Breite:* ein zwei Meter breites Bett.
3. *viele Menschen, Dinge betreffend:* die breite Masse *(die meisten)* · ein breites Publikum ansprechen · ein breites Angebot.

die **Brei|te** ['braitə], der Breite, die Breiten:
seitliche Ausdehnung: Der Bach hat eine Breite von zwei Metern.

die **Brem|se** ['brɛmzə], der Bremse, die Bremsen:
Teil eines Fahrzeugs, der dazu dient, langsamer zu werden oder anzuhalten: auf die Bremse treten · Das Fahrrad kam mit quietschenden Bremsen zum Stehen.

brem|sen ['brɛmzn̩], bremst, bremste, hat gebremst:
1. *die Bremse(n) benutzen:* Sie musste scharf bremsen.
2. *bewirken, dass etwas langsamer wird:* eine Entwicklung bremsen.

bren|nen ['brɛnən], brennt, brannte, hat gebrannt:
1. *Flammen und Hitze produzieren (und dadurch zerstört werden):* eine brennende Kerze / Zigarette · Im Kamin brannte schon ein Feuer. · In der Schule hat es gestern gebrannt. · Nasses Holz brennt schlecht.
2. *eingeschaltet sein und leuchten:* Lass das Licht brennen!
3. *durch Hitze entstehen lassen:* Er hat mir mit der Zigarette ein Loch in den Ärmel gebrannt.
4. *durch starke Hitze hart werden lassen:* Ziegel / Porzellan brennen · Gefäße aus gebranntem Ton.
5. ⟨+ sich⟩ *sich durch Hitze oder Feuer verletzen:* Ich habe mich an der heißen Pfanne gebrannt.
6. *ein unangenehmes Gefühl verursachen:* brennender Durst · Die scharfe Soße brennt auf der Zunge. · Seine Augen brannten vor Müdigkeit / von dem Rauch.
7. *Daten auf Dauer darauf speichern:* Sie hat mir eine CD mit ihren Lieblingsliedern gebrannt.

das **Brett** [brɛt], des Brett[e]s, die Bretter:
ein flaches, langes Stück Holz: Das Buch steht auf dem obersten Brett des Regals.

die **Bre|zel** ['bre:ts̩l], der Brezel, die Brezeln:
meist salziges Gebäck mit der Form einer Schlinge: eine Brezel essen.

der **Brief** [bri:f], des Brief[e]s, die Briefe:
schriftliche Mitteilung in einem Umschlag, die man mit der Post schickt: Sie schrieb ihm einen langen Brief. · Dein Brief ist wohl in der Post verloren gegangen.

▶ der **Brief|kas|ten** ['bri:fkastn̩], des Briefkastens, die Briefkästen ['bri:fkɛstn̩]:
1. *Kasten, in den man Briefe und Karten wirft, die die Post befördern soll:* Der Briefkasten am Bahnhof wird täglich geleert.
2. *Kasten am Eingang, in den der Briefträger die Post wirft:* Mein Briefkasten war wieder voller Reklame.

▶ die **Brief|mar|ke** ['bri:fmarkə], der Briefmarke, die Briefmarken:
kleines, buntes Stück Papier, das man auf Post klebt, um zu zahlen: Briefmarken sammeln.

▶ die **Brief|ta|sche** ['bri:ftaʃə], der Brieftasche, die Brieftaschen:
kleine, flache Tasche für Geld, Ausweis, Führerschein und ähnliche Dinge: Der Dieb hat ihm die Brieftasche aus der Hose gestohlen.

▶ der **Brief|trä|ger** ['bri:ftrɛ:gɐ], des Briefträgers, die Briefträger, die **Brief|trä|ge|rin** ['bri:ftrɛ:gərɪn], der Briefträgerin, die Briefträgerinnen:
Person, die die Post zu den Empfängern bringt: Der Briefträger hat das Paket bei den Nachbarn abgegeben.

▶ der **Brief|um|schlag** ['bri:f|ʊmʃla:k], des Briefumschlag[e]s, die Briefumschläge ['bri:f|ʊmʃlɛ:gə]:
Hülle aus Papier, in die man einen Brief steckt, den man mit der Post schickt: die Adresse auf den Briefumschlag schreiben.

▶ die **Bril|le** ['brɪlə], der Brille, die Brillen:
Konstruktion mit zwei Gläsern, die man vor den Augen trägt, um besser sehen zu können: Er nahm seine Brille ab und putzte sie. · Zum Lesen brauche ich eine Brille.

▶ **brin|gen** ['brɪŋən], bringt, brachte, hat gebracht:
1. *an einen anderen Ort schaffen:* die Wäsche in den Keller bringen · Er brachte ihr das Frühstück ans Bett.
2. *mit einer Person an einen Ort fahren, gehen:* die Kinder zur Schule bringen · Er brachte sie nach dem Kino noch nach Hause.
3. *dafür sorgen, dass eine Person, Sache an einen Ort kommt:* ein neues Produkt auf den Markt bringen · Dafür bringe ich ihn vor Gericht / ins Gefängnis!

4. *bewirken, dass eine Person, Sache in eine Situation oder einen Zustand kommt:* Du bringst uns alle in Gefahr! · Seine Worte brachten sie zum Lachen / Weinen. · Ich muss erst noch diese Arbeit zu Ende bringen.; *** etwas hinter sich bringen** (umgangssprachlich): *etwas Schwieriges oder Unangenehmes bewältigen:* Komm, bringen wir die Arbeit hinter uns!; *** es nicht über sich bringen:** *sich nicht entschließen können:* Er brachte es nicht über sich, das Huhn zu schlachten.
5. *im Leben oder Beruf ein Ziel erreichen:* Du wirst es im Leben noch weit bringen. · Sie hat es zu Ruhm / zu einem Vermögen / zu nichts gebracht.
6. *(für eine Person) zur Folge oder als Ergebnis haben:* Lass das, das bringt nur Ärger. · Und was hat dir das Ganze jetzt gebracht?
7. *bewirken, dass eine Person etwas verliert oder nicht bekommt:* Bring die Kinder nicht um den Spaß! · Die Sorgen brachten ihn um den Schlaf.
8. *veröffentlichen, senden oder vorführen:* Die Zeitung brachte neulich einen Bericht darüber. · Den Film haben sie doch erst letzte Woche im Fernsehen gebracht!

die **Bron|ze** ['brõ:sə], der Bronze:
1. *braunes Metall:* Schmuck aus Bronze.
2. *Medaille aus Bronze, die man für den dritten Platz bekommt:* Die deutsche Mannschaft holte *(gewann)* Bronze.

▶ die **Bro|schü|re** [brɔ'ʃy:rə], der Broschüre, die Broschüren:
Heft, das über ein Thema informiert oder für etwas wirbt: Im Wartezimmer lagen Broschüren über gesunde Ernährung aus.

▶ das **Brot** [bro:t], des Brot[e]s, die Brote:
1. *Gebäck aus Mehl, Wasser und Salz:* zwei Brote kaufen · Zum Frühstück gibt es bei uns immer Brot. · Er schnitt sich eine Scheibe (vom) Brot ab.
2. *eine (belegte) Scheibe Brot:* ein Brot mit Käse / Wurst essen · den Kindern Brote für die Schule machen.

▶ das **Bröt|chen** ['brø:tçən], des Brötchens, die Brötchen:
kleines, helles Gebäck aus Mehl, Wasser und Salz; Semmel: frische Brötchen fürs Frühstück holen · ein Brötchen mit Marmelade essen.

▶ das **Bröt|li** ['brø:tli], des Brötlis, die Brötli (schweizerisch):
Brötchen: Ich hol noch schnell ein paar Brötli.

der **Bruch** [brʊx], des Bruch[e]s, die Brüche ['brʏçə]:
1. *Vorgang, bei dem etwas in Stücke bricht:* Beim Bruch der Leitung trat Gas aus.; *** in die Brüche / zu Bruch gehen:** *zerbrechen:* Bei der Explosion gingen zahlreiche Fenster zu Bruch. · Ich will nicht, dass unsere Freundschaft deswegen in die Brüche geht.
2. *Verletzung, bei der ein Knochen bricht:* Sie erlitt einen Bruch des Handgelenks. · Der Bruch ist gut verheilt.
3. *Vorgang, bei dem sich eine Person nicht an etwas hält:* Das ist ein Bruch unseres Vertrages!
4. *plötzliches Ende einer Beziehung:* Er hat nie erklärt, wie es zum Bruch mit seinen Eltern kam.
5. *durch einen waagerechten oder schrägen Strich getrennte Zahlen, die zusammen einen Teil eines Ganzen darstellen:* mit Brüchen rechnen.

▶ die **Brü|cke** ['brʏkə], der Brücke, die Brücken:
Bauwerk, das den Verkehr über ein Hindernis führt: eine Brücke über den Fluss bauen · Ein paar Obdachlose schliefen unter der Brücke.

▶ der **Bru|der** ['bru:dɐ], des Bruders, die Brüder ['bry:dɐ]:
männliche Person mit denselben Eltern: Peter ist mein kleiner *(jüngerer)* Bruder. · Sie hat drei Brüder und eine Schwester.

die **Brü|he** ['bry:ə], der Brühe, die Brühen:
1. *Wasser, in dem man Fleisch und, oder Gemüse gekocht hat:* aus der Brühe eine Nudelsuppe machen · eine Tasse heiße Brühe trinken.
2. (abwertend) *schmutziges Wasser:* Das Wasser im Hafen ist eine stinkende, trübe Brühe.

brül|len ['brʏlən], brüllt, brüllte, hat gebrüllt:
1. *laut schreien:* vor Schmerzen / Wut brüllen · Du brauchst nicht so zu brüllen, ich höre dich ganz gut. · Der Trainer brüllte Anweisungen über den Platz.
2. *laute Töne von sich geben:* Das Vieh brüllte vor Durst. · Man konnte einen Löwen brüllen hören.

brum|men ['brʊmən], brummt, brummte, hat gebrummt:
1. *einen gleichmäßigen, tiefen Ton produzieren:* Der Bär / Kühlschrank brummte. · das Brummen der Käfer / Motoren.
2. *mit tiefer Stimme leise singen oder undeutlich sprechen:* ein Lied brum-

men · Er brummte etwas Unverständliches und ging.

der **Brun|nen** ['brʊnən], des Brunnens, die Brunnen:
1. *Stelle, an der man Wasser aus dem Boden holt:* Wasser vom Brunnen holen.
2. *Anlage mit ständig fließendem Wasser:* Sie saßen am Brunnen vor dem Rathaus.

die **Brust** [brʊst], der Brust, die Brüste ['brʏstə]:
1. *Teil des Körpers zwischen Hals und Bauch:* Das Herz schlug heftig in ihrer Brust. · Das Kind drückte die Puppe an seine Brust.
2. *die beiden oder eines der beiden Organe der Frau, die Milch produzieren können:* ein Kleid, das die Brust betont · Sie hat große Brüste. · Ihre linke Brust ist größer als die rechte.

bru|tal [bru'ta:l], brutaler, am brutalsten:
Gewalt oder Kraft rücksichtslos einsetzend: ein brutaler Mensch · jemanden brutal misshandeln.

brut|to ['brʊto]:
insgesamt, ohne Dinge wie Verpackung oder Steuern abzuziehen: Die Dose Bohnen wiegt brutto 250 Gramm. · Wie viel verdienst du monatlich brutto?

der **Bub** [bu:p], des Buben, die Buben (süddeutsch, österreichisch, schweizerisch):
männliches Kind; Junge: Ist das Baby ein Bub oder ein Mädchen?

das **Buch** [bu:x], des Buch[e]s, die Bücher ['by:çɐ]:
viele, miteinander verbundene Seiten mit einem gedruckten Text: Er las ein spannendes Buch. · Sie sitzt in ihrem Zimmer über ihren Büchern und lernt.

bu|chen ['bu:xn̩], bucht, buchte, hat gebucht:
reservieren lassen: Habt ihr euren Urlaub schon gebucht? · Ich habe Ihnen Plätze auf dem nächsten Flug nach Paris gebucht.

die **Bü|che|rei** [by:çə'rai̯], der Bücherei, die Büchereien:
öffentliche Bibliothek: Die Bücherei in unserer Gemeinde ist in den Sommerferien geschlossen.

die **Buch|hand|lung** ['bu:xhandlʊŋ], der Buchhandlung, die Buchhandlungen:
Geschäft, in dem Bücher verkauft werden: Ich habe mir das Buch in der Buchhandlung bestellt.

die **Büch|se** ['bʏksə], der Büchse, die Büchsen:
kleiner Behälter mit Deckel, besonders für Konserven: eine Büchse Fisch / Pfirsiche aufmachen.

▸ der **Buch|sta|be** ['bu:xʃta:bə], des Buchstabens, die Buchstaben:
Zeichen einer Schrift, das einem Laut entspricht: ein Wort mit vier Buchstaben · Sie schrieb ihren Namen in großen Buchstaben an die Tafel.

▸ **buch|sta|bie|ren** [bu:xʃta'bi:rən], buchstabiert, buchstabierte, hat buchstabiert:
die Buchstaben eines Wortes der Reihe nach einzeln nennen: Könntest du mir bitte buchstabieren, wie man das schreibt?

die **Bu|chung** ['bu:xʊŋ], der Buchung, die Buchungen:
das Buchen: Bei früher Buchung gibt es fünf Prozent Preisnachlass.

bü|cken ['bʏkn̩] ⟨+ sich⟩, bückt sich, bückte sich, hat sich gebückt:
den Oberkörper nach vorn beugen: Sie bückte sich nach dem Brief, der auf den Boden gefallen war. · Die Tür war so niedrig, dass ich mich bücken musste.

bud|deln ['bʊdl̩n], buddelt, buddelte, hat gebuddelt (umgangssprachlich):
graben: Der Hund buddelt Löcher im Garten. · Die Kinder buddelten eifrig im Sand.

der **Bud|dhis|mus** [bʊ'dɪsmʊs], des Buddhismus:
Religion, in der es keinen Gott gibt: Die meisten Anhänger des Buddhismus leben in Asien.

das **Bud|get** [by'd͜ʒe:], des Budgets, die Budgets:
1. *Plan für die öffentlichen Einnahmen und Ausgaben; Haushalt:* ein Budget für das nächste Jahr aufstellen.
2. *Geld, das für einen Zweck zur Verfügung steht:* Dafür reicht unser Budget leider nicht.

büf|feln ['bʏfl̩n], büffelt, büffelte, hat gebüffelt (umgangssprachlich):
(für eine Prüfung) intensiv lernen: Ich muss dringend Vokabeln / (für) Physik büffeln.

▸ das **Buf|fet** [bʏ'fe:], des Buffets, die Buffets:
1. *verschiedene Speisen auf einem langen Tisch, von denen man sich selbst holt, was man essen will:* ein kaltes / warmes Buffet *(mit kalten / warmen Speisen)* · Das Frühstück gibt es im Hotel als Buffet.
2. *Schrank für Geschirr und Gläser:* ein Buffet mit Glastüren.

der **Bü|gel** ['by:gl̩], des Bügels, die Bügel:
1. *kleiner Gegenstand mit einem Haken, auf den man Kleidung hängt:* Sie hängte das Kleid auf einem Bügel in den Schrank.

2. *am Ende gebogene Stange, mit der eine Brille auf dem Ohr liegt:* Bei meiner Brille ist ein Bügel abgebrochen.

das **Bü|gel|ei|sen** ['by:gl̩|ai̯zn̩], des Bügeleisens, die Bügeleisen:
elektrisches Gerät, das man mit einer heißen Fläche auf Wäsche drückt, um sie glatt zu machen: sich am Bügeleisen verbrennen.

bü|geln ['by:gl̩n], bügelt, bügelte, hat gebügelt:
(Wäsche) mit dem Bügeleisen glatt machen: Bügelst du die Handtücher? · Ich muss heute noch bügeln.

▶ die **Büh|ne** ['by:nə], der Bühne, die Bühnen:
erhöhte Fläche, auf der Schauspieler oder Musiker vor einem Publikum spielen: Wir saßen in der ersten Reihe, direkt vor der Bühne.

bum|meln ['bʊml̩n], bummelt, bummelte, gebummelt:
1. ⟨ist⟩ (umgangssprachlich) *in der Stadt spazieren gehen und Geschäfte ansehen:* Wir sind noch durch die Fußgängerzone gebummelt. · Wollen wir ein bisschen bummeln gehen?
2. ⟨hat⟩ (umgangssprachlich abwertend) *sich nicht bemühen, schnell fertig zu werden:* Nachdem er gestern so gebummelt hat, muss er sich heute sehr beeilen.

▶ der [1]**Bund** [bʊnt], des Bundes, die Bünde ['byndə]:
1. *Gruppe, die einen Vertrag über gemeinsames Handeln geschlossen hat; Vereinigung:* einem Bund beitreten · Wir schlossen einen feierlichen Bund, dass wir nie heiraten würden.
2. ⟨ohne Plural⟩ *der gesamte Bundesstaat im Gegensatz zu den einzelnen Bundesländern:* Einen Teil der Kosten übernimmt der Bund, den Rest die Länder.
3. ⟨ohne Plural⟩ (umgangssprachlich) *Bundeswehr:* Er musste nach der Schule zum Bund.
4. *oberer, fester Rand bei Hosen und Röcken:* Der Rock ist mir am Bund zu eng.

das *oder* der [2]**Bund** [bʊnt], des Bund[e]s, die Bunde:
Dinge, die mit einem Band oder Draht zusammengefasst sind: ein Bund Radieschen / Stroh.

▶ der **Bun|des|kanz|ler** ['bʊndəskant͜slɐ], des Bundeskanzlers, die Bundeskanzler, die **Bun|des|kanz|le|rin** ['bʊndəskant͜slərɪn], der Bundeskanzlerin, die Bundeskanzlerinnen:
Person, die die Regierung von Deutschland oder Österreich leitet: Angela Merkel, die erste Bundeskanzlerin der Bundesrepublik Deutschland.

▶ das **Bun|des|land** ['bʊndəslant], des Bundesland[e]s, die Bundesländer ['bʊndəslɛndɐ]:
einzelner Staat eines Bundesstaates: In einigen Bundesländern sind bereits Schulferien. · Bayern ist das größte Bundesland Deutschlands.

die **Bun|des|li|ga** ['bʊndəsli:ga], der Bundesliga, die Bundesligen ['bʊndəsli:gn̩]:
Gruppe der besten Vereine, die in Deutschland oder Österreich um die Meisterschaft kämpfen: Welcher Fußballverein ist schon am längsten in der Bundesliga?

der **Bun|des|mi|nis|ter** ['bʊndəsmɪnɪstɐ], des Bundesministers, die Bundesminister, die **Bun|des|mi|nis|te|rin** ['bʊndəsmɪnɪstərɪn], der Bundesministerin, die Bundesministerinnen:
Mitglied der Bundesregierung: der neue Bundesminister für Wirtschaft und Arbeit.

das **Bun|des|mi|nis|te|ri|um** ['bʊndəsmɪnɪste:ri̯ʊm], des Bundesministeriums, die Bundesministerien ['bʊndəsmɪnɪste:ri̯ən]:
Behörde, die ein Mitglied der Bundesregierung leitet: eine Broschüre des Bundesministeriums für Bildung und Forschung.

▶ der **Bun|des|prä|si|dent** ['bʊndəsprɛzidɛnt], des Bundespräsidenten, die Bundespräsidenten, die **Bun|des|prä|si|den|tin** ['bʊndəsprɛzidɛntɪn], der Bundespräsidentin, die Bundespräsidentinnen:
1. *Person, die eine Bundesrepublik repräsentiert:* Theodor Heuss war der erste deutsche Bundespräsident.
2. *Person, die die Regierung der Schweiz vertritt:* die Schweizer Bundespräsidentin auf Besuch in Deutschland.

▶ der **Bun|des|rat** ['bʊndəsra:t], des Bundesrat[e]s, die Bundesräte ['bʊndəsrɛ:tə]:
1. ⟨ohne Plural⟩ *Vertretung der Bundesländer Deutschlands, Österreichs:* Der Bundestag hat mit Zustimmung des Bundesrates das folgende Gesetz erlassen.
2. ⟨ohne Plural⟩ *Regierung der Schweiz:* die Wahlen zum Schweizerischen Bundesrat.
3. *[männliches] Mitglied des Bundesrates in Österreich oder in der Schweiz:* Der Bundesrat sagte im Interview, …

▶ die **Bun|des|rä|tin** ['bʊndəsrɛ:tɪn], der Bundesrätin, die Bundesrätinnen:

weibliches Mitglied des Bundesrates in Österreich und in der Schweiz: die neue Bundesrätin.

die **Bun|des|re|gie|rung** ['bʊndəsregi:rʊŋ], der Bundesregierung, die Bundesregierungen:
Regierung eines Bundesstaates wie Österreich oder Deutschland: ein Mitglied der Bundesregierung.

die **Bun|des|re|pu|blik** ['bʊndəsrepubli:k], der Bundesrepublik:
Republik, die aus mehreren Bundesländern besteht: die Regierung der Bundesrepublik Deutschland / Österreich.

der **Bun|des|staat** ['bʊndəsʃta:t], des Bundesstaat[e]s, die Bundesstaaten:
1. *Staat, der aus mehreren Ländern mit eigener Regierung besteht:* Die Schweiz ist ein Bundesstaat, dessen einzelne Länder »Kantone« heißen.
2. *einzelnes Land eines Bundesstaates:* die 50 Bundesstaaten der USA · im Bundesstaat Ohio.

die **Bun|des|stra|ße** ['bʊndəsʃtra:sə], der Bundesstraße, die Bundesstraßen:
große Straße für lange Strecken in Deutschland oder Österreich: Stau auf der Bundesstraße 12 (B 12) · Der Verkehr wurde von der Autobahn auf die Bundesstraße umgeleitet.

der **Bun|des|tag** ['bʊndəsta:k], des Bundestag[e]s:
Parlament der Bundesrepublik Deutschland: eine Debatte im Bundestag · ein Mitglied des Bundestags.

der **Bun|des|tags|prä|si|dent** ['bʊndəsta:kspreːzidɛnt], des Bundestagspräsidenten, die Bundestagspräsidenten, die **Bun|des|tags|prä|si|den|tin** ['bʊndəsta:kspreːzidɛntɪn], der Bundestagspräsidentin, die Bundestagspräsidentinnen:
Person, die die Sitzungen des Bundestags leitet: Er wurde vom Bundestagspräsidenten zur Ordnung gerufen *(ermahnt, sich an die Regeln zu halten).*

die **Bun|des|ver|samm|lung** ['bʊndəsfɛɐ̯zamlʊŋ], der Bundesversammlung:
1. *Gruppe von Mitgliedern des Bundestags und Vertretern der deutschen Bundesländer:* Der Bundespräsident wird von der Bundesversammlung gewählt.
2. *Parlament der Schweiz:* Die Bundesversammlung wählt die Mitglieder der Schweizer Regierung.

die **Bun|des|wehr** ['bʊndəsve:ɐ̯], der Bundeswehr:
Armee der Bundesrepublik Deutschland: Der Bundestag hat einen weiteren Auslandseinsatz der Bundeswehr beschlossen.

das **Bünd|nis** ['bʏntnɪs], des Bündnisses, die Bündnisse:
(Gruppe mit einem) Vertrag über gemeinsames Handeln: Die beiden Parteien schlossen ein Bündnis zur Bildung einer Koalition. · Die NATO ist ein militärisches Bündnis.

▶ **bunt** [bʊnt], bunter, am buntesten:
1. *mit verschiedenen leuchtenden Farben:* ein Buch mit bunten Bildern · bunt bemalte Ostereier.
2. *aus vielen verschiedenen Dingen:* eine bunte Mischung · ein bunt gemischtes Programm.

der **Bunt|stift** ['bʊntʃtɪft], des Buntstift[e]s, die Buntstifte:
Stift mit farbiger Mine zum Zeichnen: den Kinder ein paar Buntstifte zum Malen geben.

▶ die **Burg** [bʊrk], der Burg, die Burgen:
sehr altes Gebäude mit dicken, hohen Mauern und Türmen, die vor Feinden schützen sollten: Entlang des Rheins sieht man sehr viele alte Burgen.

▶ der **Bür|ger** ['bʏrɡɐ], des Bürgers, die Bürger, die **Bür|ge|rin** ['bʏrɡərɪn], der Bürgerin, die Bürgerinnen:
Person, die in einer Gemeinde oder einem Staat lebt und dort wählen darf: Viele Bürger der Stadt hatten gegen den Bau der Straße protestiert.

die **Bür|ger|ini|ti|a|ti|ve** ['bʏrɡɐ|initsi̯ati:və], der Bürgerinitiative, die Bürgerinitiativen:
Gruppe von Bürgern, die sich gemeinsam für ein bestimmtes Ziel einsetzen: Die neu gegründete Bürgerinitiative hat das Ziel, die geplante Müllverbrennungsanlage zu verhindern.

▶ der **Bür|ger|meis|ter** ['bʏrɡɐmai̯stɐ], des Bürgermeisters, die Bürgermeister, die **Bür|ger|meis|te|rin** ['bʏrɡɐmai̯stərɪn], der Bürgermeisterin, die Bürgermeisterinnen:
gewählte Person, die die Verwaltung einer Gemeinde leitet: die Kandidaten für das Amt des Bürgermeisters.

der **Bür|ger|steig** ['bʏrɡɐʃtai̯k], des Bürgersteig[e]s, die Bürgersteige:
erhöhter Weg für Fußgänger an der Seite einer Straße: Kleine Kinder dürfen auf dem Bürgersteig Rad fahren.

▶ das **Bü|ro** [by'ro:], des Büros, die Büros:
Raum oder Räume zum Arbeiten an Schreibtisch und Computer: Du sollst ins

Büro des Direktors kommen. · Musst du morgen ins Büro oder hast du frei?

die **Bü|ro|klam|mer** [byˈroːklamɐ], der Büroklammer, die Büroklammern:
Stück gebogener Draht, mit dem man Papiere aneinander befestigen kann: Er klemmte den Zettel mit einer Büroklammer an die Rechnung.

▶ die **Bürs|te** [ˈbʏrstə], der Bürste, die Bürsten:
Gegenstand mit vielen kurzen, dicken Haaren oder Drähten zum Kämmen oder Putzen: mit einer Bürste die Fingernägel reinigen · die Kartoffeln mit einer Bürste von Erde befreien.

bürs|ten [ˈbʏrstn̩], bürstet, bürstete, hat gebürstet:
1. *mit der Bürste entfernen:* die Haare vom Anzug bürsten.
2. *mit einer Bürste bearbeiten:* Bürste dir doch mal die Haare / Fingernägel.

▶ der **Bus** [bʊs], des Busses, die Busse:
großes Auto mit Platz für viele Personen: an der Haltestelle auf den Bus warten · Die Kinder fahren jeden Morgen mit dem Bus zur Schule.

der **Busch** [bʊʃ], des Busch[e]s, die Büsche [ˈbʏʃə]:
Pflanze mit vielen Zweigen aus Holz, die kleiner ist als ein Baum; Strauch: Die Büsche am Rand des Feldes sind ein guter Schutz vor dem Wind.

der **Bu|sen** [ˈbuːzn̩], des Busens, die Busen:
die Brüste einer Frau: Sie hat einen großen Busen.

▶ die **But|ter** [ˈbʊtɐ], der Butter:
von der Milch getrenntes, festes Fett: ein Stück Butter kaufen · Butter aufs Brot streichen · etwas in Butter braten.

das **But|ter|brot** [ˈbʊtɐbroːt], des Butterbrot[e]s, die Butterbrote:
Scheibe Brot, auf die man Butter gestrichen hat: Wir hatten Butterbrote mit Schinken und Käse dabei.

C

▶ das **Ca|fé** [kaˈfeː], des Cafés, die Cafés:
Lokal, das besonders Kaffee und Kuchen anbietet: ein kleines / gemütliches Café · Sonntags gehen sie gern zum Frühstücken ins Café.

▶ die **Ca|fe|te|ria** [kafetəˈriːa], der Cafeteria, die Cafeterias und die Cafeterien [kafetəˈriːən]:
Restaurant, in dem man sich Getränke und Essen selbst holt: Treffen wir uns nachher in der Cafeteria?

der **Ca|mem|bert** [ˈkaməmbeːɐ̯], des Camemberts, die Camemberts:
ein französischer Käse mit einer Rinde aus weißem Schimmel: fetter / reifer / gebackener Camembert · ein Brot mit Camembert.

der **Ca|mi|on** [kaˈmi̯õː], des Camions, die Camions (schweizerisch):
Lastkraftwagen.

▶ das **Camp** [kɛmp], des Camps, die Camps:
Anlage mit Zelten oder kleinen Häusern, in denen man Urlaub machen kann (besonders für Kinder und Jugendliche): seine Ferien in / auf einem Camp verbringen.

▶ **cam|pen** [ˈkɛmpn̩], campt, campte, hat gecampt:
[das Wochenende oder den Urlaub] in einem Zelt o. Ä. verbringen: an der Küste / in einer Bucht campen.

das **Cam|ping** [ˈkɛmpɪŋ], des Campings:
das Leben im Zelt oder in einem Wagen (besonders im Urlaub): In den Sommerferien fahren wir meistens zum Camping nach Italien.

der **Cam|ping|platz** [ˈkɛmpɪŋplat͜s], des Campingplatzes, die Campingplätze [ˈkɛmpɪŋplɛt͜sə]:
Platz, auf dem gegen Gebühr Camping gemacht werden darf: einen Stellplatz auf dem Campingplatz buchen · Der Campingplatz lag direkt am Meer.

der **Cap|puc|ci|no** [kapʊˈt͜ʃiːno], des Cappuccino[s], die Cappuccino[s]:
heißes Getränk aus Kaffee und geschäumter Milch: Zwei [Tassen] Cappuccino, bitte! · Die Cappuccinos waren nicht mehr heiß.

die **CD** [t͜seːˈdeː], der CD, die CDs:
1. *kleine Scheibe aus Kunststoff, auf der Töne gespeichert sind:* eine CD abspielen / hören · Sie wünschte sich eine CD von Abba zum Geburtstag.
2. *kurz für CD-ROM:* eine CD brennen / ins Laufwerk legen · Sie suchte die CD mit den Fotos vom letzten Urlaub.

▶ der **CD-Play|er** [t͜seːˈdeːpleɪɐ], des CD-Players, die CD-Player:
Gerät zum Abspielen von CDs: den CD-Player anstellen / einschalten · den CD-Player abstellen / abschalten · Mach bitte den CD-Player leiser!

die **CD-ROM** [t͜seːdeːˈrɔm], der CD-ROM, die CD-ROMs:
kleine dünne Scheibe aus Kunststoff, auf der Daten elektronisch gespeichert sind,

die vom Computer gelesen, aber nicht verändert werden können: Zu dem Buch gibt es eine CD-ROM mit Übungen zur Grammatik.

das **Cel|si|us** ['tsɛlzi̯ʊs]:
Einheit zur Messung der Temperatur: Mittags zeigte das Thermometer eine Temperatur von 30 Grad Celsius an.

der **Cent** [sɛnt], des Cent[s], die Cents ‹aber: 10 Cent›:
kleinste Einheit der Währungen verschiedener Länder und des Euros: eine Briefmarke zu 58 Cent · Er hatte viele Cents und leider nur wenige Scheine in seinem Geldbeutel.

die **Chan|ce** ['ʃã:sə], der Chance, die Chancen:
günstige Gelegenheit, etwas zu erreichen; Aussicht auf Erfolg: eine Chance sehen / nutzen / verpassen · Die Mannschaft hatte keine Chance, das Spiel zu gewinnen. · Er hat gute Chancen, den Auftrag zu erhalten.

das **Cha|os** ['ka:ɔs], des Chaos:
völliges Durcheinander: ein Chaos auslösen / verursachen · ein wildes / irres / unglaubliches Chaos · Der Schnee führte zu einem totalen Chaos auf den Straßen.

der **Cha|rak|ter** [ka'raktɐ], des Charakters, die Charaktere [karak'te:rə]:
1. *durch Psyche und Geist bestimmte persönliche Art eines Menschen, sein Wesen:* einen guten / schwierigen Charakter haben · Solche Erlebnisse prägen den Charakter. · Sie hat Charakter *(ist eine Persönlichkeit).*
2. *besondere Art einer Sache:* der spezifische / unverwechselbare Charakter einer Landschaft · Die Veranstaltung hatte eindeutig politischen Charakter.

der **Charme** [ʃarm], des Charmes:
anziehende, sympathische Art: Sie setzte all ihren Charme ein, um ihn zu überzeugen. · Das Hotel war modern und ohne jeden Charme.

der **Chat|room** ['tʃɛtru:m], ['tʃætru:m], des Chatrooms, die Chatrooms:
Bereich im Internet, in dem (zu einem bestimmten Thema) gechattet wird: in den Chatroom gehen · sich im Chatroom anmelden.

chat|ten [tʃætn̩], chattet, chattete, hat gechattet:
über den Computer elektronisch im Internet kommunizieren: Sie chattet regelmäßig im Internet.

der **Chauf|feur** [ʃɔ'fø:ɐ̯], des Chauffeurs, die Chauffeure, die **Chauf|feu|rin** [ʃɔ'fø:rɪn], der Chauffeurin, die Chauffeurinnen:
Person mit dem Beruf, andere im Auto zu fahren: Für die Hochzeit hatten sie einen weißen Mercedes mit Chauffeur gemietet. · Sie hat eine Stelle als Chauffeurin gefunden.

C

▶ **che|cken** ['tʃɛkn̩], checkt, checkte, hat gecheckt:
1. (besonders Technik) *kontrollieren:* ein Flugzeug vor dem Start checken.
2. *merken, begreifen, verstehen:* Hast du das endlich gecheckt?

▶ der **Chef** [ʃɛf], des Chefs, die Chefs, die **Chefin** ['ʃɛfɪn], der Chefin, die Chefinnen:
Person, die eine Gruppe von Personen, eine Firma, Organisation leitet: Der Chef genehmigte ihr den Urlaub nicht. · Die Abteilung bekommt eine neue Chefin.

▶ die **Che|mie** [çe'mi:], der Chemie:
1. *Naturwissenschaft, die die Eigenschaften und das Verhalten von chemischen Stoffen erforscht:* Er studiert Chemie.
2. (umgangssprachlich) *(als schädlich und ungesund abgelehnte) chemische Stoffe, die von der Industrie hergestellt werden:* Der Pudding schmeckt nach Chemie.

che|misch ['çe:mɪʃ]:
die Chemie betreffend; chemische Stoffe enthaltend, einsetzend: die chemische Industrie · chemische Waffen · eine Hose chemisch reinigen lassen.

chic [ʃɪk]:
1. *modisch, elegant:* Du siehst chic aus mit deiner neuen Frisur.
2. *dem Trend entsprechend, modern:* Es ist jetzt chic, sich mit Kuss auf die Wangen zu begrüßen.

▶ der **Chip** [tʃɪp], des Chips, die Chips:
1. *knusprige, in Fett gebackene dünne Scheiben von rohen Kartoffeln:* eine Tüte / Hand voll Chips · Beim Fernsehen knabberten sie meistens Chips und Erdnüsse.
2. *winzige, sehr dünne Platte zum Speichern von elektronischen Informationen:* Mit dem neuen Chip werden Handys noch einmal um ein Vielfaches leistungsfähiger.

die **Chi|rur|gie** [çirʊr'gi:], der Chirurgie:
1. *medizinische Behandlung durch Operation:* Die moderne Chirurgie hat große Erfolge bei künstlichen Knien und Hüften aufzuweisen.
2. *Abteilung für Chirurgie in einem Krankenhaus:* Er ließ sich einen Termin in der Chirurgie geben.

der **Chor** [koːɐ̯], des Chor[e]s, die Chöre [ˈkøːrə]:
Gruppe von Menschen, die gemeinsam singen: Der Chor sang einen Kanon mit vier Stimmen.

der **Christ** [krɪst], des Christen, die Christen:
[männliche] Person, die dem Christentum angehört: ein überzeugter / gläubiger Christ.

das **Chris|ten|tum** [ˈkrɪstn̩tuːm], des Christentums:
Religion, die auf Jesus Christus zurückgeht: Mit etwa 2 Milliarden Anhängern ist das Christentum die größte Religion der Welt.

die **Chris|tin** [ˈkrɪstɪn], der Christin, die Christinnen:
weibliche Person, die dem Christentum angehört: eine engagierte Christin.

das **Christ|kind** [ˈkrɪstkɪnt], des Christkind[e]s:
weibliche Gestalt mit blonden Locken und Flügeln, die den Kindern angeblich an Weihnachten Geschenke bringt: Sie glaubt nicht mehr ans Christkind.

christ|lich [ˈkrɪstlɪç]:
auf Christus und seine Lehre zurückgehend, seiner Lehre entsprechend: der christliche Glaube · Sie ließen das Kind christlich taufen.

chro|nisch [ˈkroːnɪʃ]:
1. *sich langsam entwickelnd und lange dauernd:* eine chronische Krankheit · Sein Husten war inzwischen chronisch geworden.
2. (umgangssprachlich) *gar nicht mehr aufhörend, ständig:* chronisch überfordert sein · Deine Faulheit wird langsam chronisch.

▶ **cir|ca** [ˈt͜sɪrka]:
ungefähr, etwa (Abkürzung: ca.): eine Verspätung von circa zwei Stunden · Sie verdient circa 3000 Euro.

▶ die **Ci|ty** [ˈsɪti], der City, die Citys:
Zentrum [mit den großen Geschäften] einer Stadt; Innenstadt: die Düsseldorfer City · Die Mieten in den Citys sind für kleine Läden kaum mehr zu bezahlen.

der **Cock|tail** [ˈkɔkteːl], des Cocktails, die Cocktails:
kaltes Getränk, das z. B. aus Früchten, Säften und meist Alkohol enthaltenden Getränken gemixt ist: Sie ließ sich an der Bar den teuersten Cocktail mixen.

▶ der **Coif|feur** [ko̯aˈføːɐ̯], des Coiffeurs, die Coiffeure, die **Coif|feu|se** [ko̯aˈføːzə], der Coiffeuse, die Coiffeusen (schweizerisch):
Friseur[in].

▶ das **Co|la** [ˈkoːla], des Colas, die Colas, die **Cola,** der Cola, die Colas:
ein kaltes, braunes, sprudelndes Getränk: Sie bestellten zwei kleine Cola und zwei Hamburger.

▶ der *oder* das **Co|mic** [ˈkɔmɪk], des Comics, die Comics:
Geschichte, die in vielen Bildern und mit wenig Text erzählt wird: einen neuen Comic lesen / kaufen.

▶ der **Com|pu|ter** [kɔmˈpjuːtɐ], des Computers, die Computer:
elektronisches Gerät, das Daten verarbeitet; PC: den Computer einschalten / starten / ausschalten.

der **Con|tai|ner** [kɔnˈteːnɐ], des Containers, die Container:
großer viereckiger Behälter zum Transport von Waren: Der Container wurde im Hafen vom Lkw aufs Schiff geladen.

▶ **cool** [kuːl], cooler, am coolsten (umgangssprachlich):
1. *gelassen und keine Gefühle zeigend:* ein cooler Typ · Bleib cool und lass dich nicht provozieren!
2. *sehr gut gefallend, toll:* coole Musik / Klamotten · Die Party / Der Film war echt cool.

▶ die **Couch** [kau̯t͜ʃ], der Couch, die Couchs:
niedriges Sofa: Wir haben eine Couch und zwei Sessel fürs Wohnzimmer gekauft.

▶ der **Cou|sin** [kuˈzɛ̃ː], des Cousins, die Cousins:
Sohn eines Onkels oder einer Tante: Ich habe zwei Cousins.

▶ die **Cou|si|ne** [kuˈziːnə], die Cousine, die Cousinen:
Tochter eines Onkels oder einer Tante: Meine Cousine wohnt in Dresden.

▶ das **Cou|vert** [kuˈveːɐ̯], des Couverts, die Couverts (schweizerisch):
Kuvert; Briefumschlag: Er klebte eine Briefmarke aufs Couvert.

▶ die **Creme** [kreːm], der Creme, die Cremes:
1. *Salbe zur Pflege der Haut:* eine Creme auftragen / einziehen lassen · Die Creme schützt gegen Sonnenbrand.
2. *weiche, süße Masse, als Nachtisch oder zur Füllung von Torten und Pralinen:* eine lockere / schaumige Creme · Ich fragte sie nach dem Rezept für ihre köstliche Creme aus Himbeeren, Sahne und Likör.

das **Crois|sant** [kro̯aˈsãː], des Croissants, die Croissants:
Gebäck aus einem besonders lockeren Teig, das gern zum Frühstück gegessen wird: Fünf Croissants, bitte.

der **Cur|sor** ['kø:ɐ̯zɐ], des Cursors, die Cursor[s]:
Zeichen auf dem Bildschirm, das anzeigt, wo die nächste Eingabe erscheint: den Cursor auf dem Bildschirm nach oben / nach unten bewegen · Gehen Sie mit dem Cursor auf das Feld für »Geheimzahl«.

D

da [da:]:
1. *an einer bestimmten Stelle:* da hinten · Da ist die Haltestelle. · Es ist niemand da *(anwesend).* · Es muss noch Brot da *(vorhanden)* sein.
2. *in diesem Moment, zu diesem Zeitpunkt:* Da klingelte es plötzlich. · Da hatte ich noch keine Kinder.
3. *in dieser Hinsicht; unter dieser Bedingung:* Das Radio ist kaputt, da kann man nichts machen. · Drei Euro für einen Fahrschein – da gehe ich lieber zu Fuß!
4. *weil:* Da er krank war, konnte er nicht kommen.

da|bei [da'bai̯]:
1. *zu der Sache hinzugefügt; unter diesen Personen, Dingen:* Ich wollte das neue Regal aufbauen, aber es war keine Anleitung dabei. · Drei Bewerber wurden eingeladen, er war leider nicht dabei. · Es ist nichts dabei, was mir gefällt.
2. *bei dieser Sache, Angelegenheit:* Ich unterschrieb, aber ich fühlte mich nicht wohl dabei. · Es bleibt dabei. *(Es ändert sich nichts.).* · Ich bin dabei *(mache mit)!*
3. *während dieses Vorgangs, während dieser Tätigkeit; gleichzeitig:* Sie las ein Buch und hörte dabei Musik.
4. ⟨leitet einen Hauptsatz ein⟩ *obwohl:* Sie hatte immer noch Hunger, dabei hatte sie drei Brötchen gegessen.

da|bei|blei|ben [da'bai̯blai̯bn̩], bleibt dabei, blieb dabei, ist dabeigeblieben:
bei einer Sache, Tätigkeit bleiben, nicht damit aufhören: Wichtig für einen Erfolg beim Vokabellernen ist, dass Sie dabeibleiben.

da|bei|ha|ben [da'bai̯ha:bn̩], hat dabei, hatte dabei, hat dabeigehabt (umgangssprachlich):
bei sich haben: Ich kann leider nicht nachsehen, ich habe meinen Terminkalender nicht dabei. · Sie wollte bei dem Gespräch gern ihren Mann dabeihaben.

▶ das **Dach** [dax], des Dach[e]s, die Dächer ['dɛçɐ]:
Teil eines Gebäudes oder Fahrzeugs, der es nach oben hin abschließt: ein steiles / flaches Dach · Die Ziegel des alten Dachs mussten dringend erneuert werden.

da|durch ['da:dʊrç]:
1. *durch diese Stelle, durch diese Öffnung:* Auf der Rückseite ist ein Loch, dadurch muss das Kabel geführt werden.
2. *durch dieses Mittel; aufgrund dieser Sache, deshalb:* Gib den Pflanzen Dünger, dadurch wachsen sie schneller. · Es gab einen Unfall, dadurch kam es zum Stau.

▶ **da|für** [da'fy:ɐ̯]:
1. *für dies, für diese Sache:* Sie hat dafür viel Geld ausgegeben. · Alles spricht dafür, dass er es war. · Es war ein Unfall, er kann nichts dafür *(hat keine Schuld).* · Wer ist dafür *(stimmt mit Ja)?*
2. *im Austausch, als Entschädigung:* Das Auto ist gebraucht, dafür aber billig. · Was bekomme ich dafür, wenn ich für dich hingehe?

▶ **da|ge|gen** ['da:ge:gn̩]:
1. *gegen, in Richtung auf diese Stelle oder Sache:* Der Motorradfahrer übersah das Auto und prallte dagegen.
2. *gegen diese Angelegenheit, Sache:* Nächtliches Schnarchen – wer kennt ein Mittel dagegen? · Dagegen ist nichts zu sagen. · Wer ist dagegen *(stimmt mit Nein)?*
3. *im Vergleich, im Gegensatz dazu:* Das Unwetter im letzten Monat war furchtbar, dagegen war das heute harmlos.

da|heim [da'hai̯m] (besonders süddeutsch, österreichisch, schweizerisch):
zu Hause: Er war krank und blieb deshalb daheim.

▶ **da|her** ['da:he:ɐ̯]:
1. *von dort, von dorther:* Ich weiß, dass der Supermarkt geschlossen hat, ich komme gerade daher.
2. *aus dieser Quelle, durch diesen Umstand:* Er arbeitet bei der Zeitung, daher hat er seine Informationen. · Sie hatte mit einer Eins gerechnet, daher ihre Enttäuschung.
3. *aus diesem Grund; deshalb:* Sie musste arbeiten und konnte daher nicht mitfahren.

▶ **da|hin** ['da:hɪn]:
1. *an diesen Ort, dorthin:* Ich muss zum

Bahnhof, ist es noch weit bis dahin? · Das gehört nicht dahin, räum es bitte auf!
2. *zu diesem Zeitpunkt:* Der Zug fährt um zehn, bis dahin ist noch viel Zeit.

da|hin|ter [daˈhɪntɐ]:
1. *hinter dieser Sache, diesem Ort:* Sie saß auf dem Stuhl und er stand dahinter. · Sie fahren bis zur Kirche und gleich dahinter biegen Sie rechts ab.
2. *hinter diese Sache, hinter diesen Ort:* In der Garage ist kein Platz, ihr müsst die Fahrräder dahinter abstellen.

da|ma|lig [ˈdaːmaːlɪç]:
aus, zu jener Zeit, von damals: Ihr damaliger Freund ist heute ihr Ehemann. · Das war normal in der damaligen Zeit.

▸ **da|mals** [ˈdaːmaːls]:
zu jener Zeit: Er lebte damals noch zu Hause. · Es war viel passiert seit damals *(seit jener Zeit).*

▸ die **Da|me** [ˈdaːmə], der Dame, die Damen:
1. *elegante, vornehme Frau:* sich wie eine Dame benehmen · Setz dich ordentlich hin, wie eine Dame!
2. *höfliches Wort für Frau:* Die Dame vor Ihnen ist zuerst dran. · Sehr geehrte Damen und Herren!

▸ **da|mit** [daˈmɪt]:
mit dieser Sache, Tätigkeit; zu dem Zweck, dass: Sie nahm die Schaufel und grub damit ein Loch. · Hör auf damit! · Damit das klar ist, dies war die letzte Warnung! · Sprich bitte langsam, damit alle es verstehen.

däm|lich [ˈdɛːmlɪç], dämlicher, am dämlichsten:
dumm, nicht besonders intelligent, ungeschickt: ein dämliches Gesicht machen · dämliche Fragen stellen · Stell dich nicht so dämlich an!

der **Damm** [dam], des Damm[e]s, die Dämme [ˈdɛmə]:
lang gezogener Bau aus Erde und Steinen, der das Land bei gefährlich hohem Stand des Wassers von Flüssen und Seen schützen soll: einen Damm bauen · Nach den starken Regenfällen droht der Damm zu brechen.

die **Däm|me|rung** [ˈdɛmərʊŋ], der Dämmerung:
Übergang vom Tag zur Nacht, von der Nacht zum Tag: bei / mit Einbruch der Dämmerung · im Licht der Dämmerung · Im Sommer setzt die Dämmerung in Schweden erst gegen 23 Uhr ein.

der **Dampf** [dampf], des Dampf[e]s, die Dämpfe [ˈdɛmpfə]:
Wasser, das durch Hitze als Gas nach oben steigt: Die Kartoffeln kochten so stark, dass die ganze Küche voller Dampf war.

der **Damp|fer** [ˈdampfɐ], des Dampfers, die Dampfer:
Schiff, das durch eine mit Dampf betriebene Maschine bewegt wird: Ihr größter Wunsch war, einmal mit einem Dampfer auf dem Mississippi zu fahren.

▸ **da|nach** [daˈnaːx]:
1. *nach diesem Zeitpunkt, dieser Sache, diesem Vorgang:* Ich bleibe bis zur Pause, danach gehe ich. · Er schluckte 20 Tabletten, eine halbe Stunde danach war er tot.
2. *hinter dieser Person, Sache:* Vorne lief das Brautpaar, danach kamen die Gäste.
3. *nach dieser Sache:* Er hatte von ihrer Krankheit erfahren und erkundigte sich danach. · So sind die Vorschriften, richten Sie sich bitte danach.

▸ **da|ne|ben** [daˈneːbn̩]:
1. *neben dieser Stelle oder Sache:* Sie saß in der Mitte, links daneben ihr Vater und rechts ihre Mutter.
2. *neben diese Stelle oder Sache:* Sie baute den Liegestuhl auf und stellte den Sonnenschirm daneben.
3. *außerdem:* Er liebt klassische Musik, hört daneben aber auch gerne Jazz.

▸ der **Dank** [daŋk], des Dank[e]s:
[in Worten geäußertes] Gefühl gegenüber jemandem, der einem Gutes getan hat: jemandem Dank sagen, schulden · Vielen / Besten / Herzlichen Dank! · Zum Dank durfte ich die Hälfte des Geldes behalten. · Sie sprach ihm ihren Dank für sein großes Engagement aus.

▸ **dank|bar** [ˈdaŋkbaːɐ̯], dankbarer, am dankbarsten:
1. *voller Dank:* ein dankbarer Blick · Sie war ihm dankbar für seine Hilfe. · Sie nahm das Angebot dankbar an.
2. *zufrieden machend, lohnend:* Diese Arbeit war eine schwierige und nicht immer dankbare Aufgabe. · eine dankbare *(nicht viel Arbeit machende)* Pflanze.

▸ **dan|ke** [ˈdaŋkə]:
1. *höfliche Erwiderung auf ein Angebot:* Möchten Sie noch Kaffee? Ja danke / Nein danke. · »Soll ich den Koffer für Sie tragen?« – »[Nein] danke, das ist nicht nötig!« · Hast du schon Danke gesagt? · Danke schön! · Danke sehr!
2. kurze Form zur Äußerung seines Dankes: Danke, Mama! · Danke für die Ein-

ladung! · Danke, das war sehr freundlich von Ihnen.

dan|ken ['daŋkn̩], dankt, dankte, hat gedankt:
Danke sagen: Sie dankte kurz und ging. · Ich kann Ihnen für Ihre Hilfe nicht genug danken. · Er dankte ihr mit einem Strauß Blumen.

dann [dan]:
1. *nach dieser Sache, Tätigkeit:* Erst denken, dann sprechen!
2. *zu diesem späteren Zeitpunkt, in dieser Zeit:* Noch ein Jahr, dann ist sie mit dem Studium fertig. · Morgen habe ich frei, dann kümmere ich mich darum.;
* **bis dann** (umgangssprachlich): Gruß zum Abschied.
3. *in dem Fall:* Das kann nur dann gelingen, wenn alle mitmachen. · Gut, dann ist ja alles in Ordnung!
4. *außerdem:* Und dann kommt noch die Mehrwertsteuer dazu.

da|ran [da'ran]:
1. *an dieser Stelle, Sache:* Der Zaun ist wacklig, du darfst dich nicht daran lehnen. · Der Käse ist nicht mehr gut, riech mal daran. · Daran ist nichts zu ändern.
2. *an diese Stelle, Sache:* Sie schlug einen Nagel in die Wand und hängte das Bild daran auf. · Du hast heute Klavierunterricht, denk bitte daran.

da|rauf [da'rau̯f]:
1. *auf dieser Stelle, Sache:* An der Wand hing ein Regal, darauf standen Bücher. · Er schnitzte sich eine Flöte und spielte darauf.
2. *auf diese Stelle, Sache:* Sie nahm einen Hocker und legte die Beine darauf. · Ich komme, darauf kannst du dich verlassen.
3. *danach:* Am Tag darauf schien bereits wieder die Sonne.

da|rauf|hin [darau̯f'hɪn]:
aus diesem Grund, im Anschluss daran: Sie verpasste den Bus und musste daraufhin mit dem Taxi fahren.

da|raus [da'rau̯s]:
aus diesem Raum, Gefäß; aus dieser Sache: Das ist mein Glas, wer hat daraus getrunken? · Sie hat ihm nie einen Vorwurf daraus gemacht. · Tut mir leid, daraus wird nichts.

da|rin [da'rɪn]:
in diesem Raum, Gefäß; in dieser Sache, Angelegenheit: Ein Zimmer stand leer, darin bewahrten sie die leeren Kartons auf. · Die Frage war schwierig, darin stimme ich dir zu. · Ich sehe kein Problem darin.

das **Dar|le|hen** ['da:ɐ̯le:ən], des Darlehens, die Darlehen:
größere Summe Geld, die man sich [bei einer Bank] geliehen hat: ein Darlehen aufnehmen / abbezahlen · Mithilfe des zinslosen Darlehens seines Bruders konnten sie das Haus kaufen.

der **Darm** [darm], des Darm[e]s, die Därme ['dɛrmə]:
Organ, das unter dem Magen liegt, einem Schlauch ähnelt und in dem Nahrung verdaut wird: Sie hatte einen empfindlichen Darm und bekam von Sauerkraut sofort Durchfall.

▶ **dar|stel|len** ['da:ɐ̯ʃtɛlən], stellt dar, stellte dar, hat dargestellt:
1. *in einem Bild zeigen:* eine Statistik grafisch darstellen · Der Künstler hat ihn als Clown dargestellt.
2. *als Schauspieler eine bestimmte Rolle spielen:* Er hatte den Othello schon an mehreren Bühnen dargestellt.
3. *beschreiben:* Er hatte seine Überlegungen so klar und ausführlich dargestellt, dass jeder ihn verstand.
4. *bedeuten, sein:* Das stellt für mich kein besonderes Problem dar.

▶ die **Dar|stel|lung** ['da:ɐ̯ʃtɛlʊŋ], der Darstellung, die Darstellungen:
1. *Bild:* Sie betrachteten eine moderne Darstellung der Kreuzigung.
2. *Art, wie man eine Rolle im Theater oder Film gestaltet:* Seine Darstellung des Mephisto war sehr eindrucksvoll.
3. *Beschreibung:* eine ausführliche / realistische / verständliche Darstellung · Ihre Darstellung der Geschehnisse entsprach nicht der Wahrheit.

da|rü|ber [da'ry:bɐ]:
1. *über dieser Stelle oder Sache:* Er trug ein weißes Hemd und darüber ein schwarzes Sakko.
2. *über diese Stelle oder Sache:* Damit der Sessel nicht schmutzig wurde, legte sie eine Decke darüber. · Wir reisen früher ab, habt ihr darüber gesprochen?
3. * **darüber hinaus:** *außerdem:* Lest zu dem Thema bitte im Buch nach und informiert euch darüber hinaus auch im Internet.

da|rum ['da:rʊm]:
1. *um diese Stelle herum; um diese Sache, Angelegenheit:* Sie stellte den Strauß in die Mitte und baute darum die Geschenke auf. · Ich erledige das, du brauchst dich nicht darum zu kümmern.
2. *aus diesem Grund; deshalb:* Ich fand

D

das Auto zu teuer und habe es darum nicht gekauft.

da|run|ter [daˈrʊntɐ]:
1. *unter dieser Stelle oder Sache:* Wir wohnen im 2. Stock und er genau darunter. · Sie trug nur einen Bademantel und nichts darunter.
2. *unter diese Stelle oder Sache:* Sie hob den Kopf der Patientin an und schob ein Kissen darunter. · Das ist kein gutes Motto, darunter kann ich mir nichts vorstellen.
3. *in der Menge dieser Personen oder Sachen:* Es gab vier 20 Tote, darunter 4 Kinder.

▶ **das** [das]:
1. ⟨bestimmter Artikel der Neutra⟩ zeigt an, dass jemand, etwas bekannt ist oder bereits erwähnt wurde: das Auto · Das Kind kommt bald in die Schule.
2. bezieht sich auf eine bereits erwähnte Person, Sache: Das Kind, das dort kommt, ist mein Sohn.
3. *dies, dasjenige:* Das schaffen die nie bis nächste Woche.

▶ **dass** [das]:
leitet Nebensätze ein:
1. ⟨in Inhaltssätzen⟩ Ich weiß, dass du immer sehr wenig Zeit hast. · Er hat sich sehr [darüber] gefreut, dass sie gekommen ist.
2. ⟨in Adverbialsätzen⟩ Es regnete so stark / doll, dass sie nicht weggehen wollte. · Das kommt davon, dass du nicht aufräumst.
3. ⟨mit bestimmten Präpositionen⟩ Ich habe nichts erfahren, außer dass er sehr krank ist. · Er hat den Computer gekauft, ohne dass wir etwas davon wussten.

das|sel|be [dasˈzɛlbə]:
↑ derselbe.

▶ die **Da|tei** [daˈtai̯], der Datei, die Dateien:
elektronisches Dokument mit eigenem Namen: eine Datei erstellen / speichern / löschen · Ich habe dir die Datei mit den zu bearbeitenden Kapiteln gestern geschickt.

▶ die **Da|ten** [ˈdaːtn̩], der Daten ⟨Plural⟩:
[durch Untersuchung einer Sache erhaltene] Angaben, Zahlen: Daten gewinnen / sammeln / weiterleiten · Gestern wurden die technischen Daten des neuen Airbus bekannt gegeben. · Wir versichern, dass wir Ihre Daten vertraulich behandeln.

die **Da|ten|bank** [ˈdaːtn̩baŋk], der Datenbank, die Datenbanken:
elektronisches System, mit dem man viele Daten speichern und bearbeiten kann: Der Arzt suchte in der Datenbank nach einem passenden Organspender.

der **Da|ten|schutz** [ˈdaːtn̩ʃʊts], des Datenschutzes:
Schutz des Bürgers vor Missbrauch seiner Daten: Die Firma versicherte den Bewerbern, dass die Bestimmungen zum Datenschutz eingehalten würden.

▶ das **Da|tum** [ˈdaːtʊm], des Datums, die Daten [ˈdaːtn̩]:
1. *Tag im Kalender:* Welches Datum ist heute / haben wir heute? · Schreibt das Datum bitte an den Rand.
2. ⟨Plural⟩ ↑ Daten.

▶ die **Dau|er** [ˈdau̯ɐ], der Dauer:
bestimmte begrenzte Zeit: für die Dauer von einem Jahr · Es ließ sich noch nichts über Verlauf und Dauer der Krankheit sagen.; * **auf Dauer:** *für immer:* Auf Dauer halte ich das Tempo nicht durch.; * **auf die Dauer:** *über einen längeren Zeitraum:* Auf die Dauer geht einem das Gejammer ganz schön auf die Nerven.

▶ **dau|ern** [ˈdau̯ɐn], dauert, dauerte, hat gedauert:
eine bestimmte Zeit brauchen: Die Sitzung dauerte zwei Stunden. · Es hat drei Wochen gedauert, bis die Wunde verheilt war. · Das dauert mir zu lange.

▶ **dau|ernd** [ˈdau̯ɐnt]:
(in ärgerlicher Weise) immer wieder, häufig: Ihr dauerndes Räuspern ging ihm auf die Nerven. · Sie erzählt dauernd das Gleiche.

der **Dau|men** [ˈdau̯mən], des Daumens, die Daumen:
erster, dickster Finger der Hand: Das Kind lutscht am Daumen.; * **jemandem die Daumen drücken:** *jemandem bei einer wichtigen Sache Erfolg wünschen:* Drück mir die Daumen, dass ich den Job bekomme!

da|von [daˈfɔn]:
von dieser Stelle oder Sache: Links ist die Schule, wir wohnen nicht weit entfernt davon · Ich trinke keinen Alkohol, ich bekomme davon Kopfschmerzen. · Davon wusste ich leider nichts.

da|vor [ˈdaːfoːɐ̯]:
1. *vor dieser Stelle oder Sache, vor diesem Zeitpunkt:* Er konnte nicht in die Garage fahren, weil ein Auto davor parkte. · Ich gehe nicht zur Prüfung, ich habe Angst davor. · Das Spiel beginnt um 15 Uhr, davor findet noch ein Training statt.

2. *vor diese Stelle oder Sache:* Man sieht dich schlecht hinter der Pflanze, stell dich bitte davor.

da|zu [daˈtsuː], [ˈdaːtsuː]:
1. *(in Ergänzung) zu dieser Sache, Angelegenheit:* Dazu schmecken am besten Kartoffeln. · Dazu kann ich nichts sagen. · Kehr du bitte, ich habe keine Lust dazu. · Er ist dumm und dazu *(außerdem)* auch noch faul.
2. *zu diesem Zweck, Ergebnis:* Dazu reicht dein Geld nicht! · Ihr Drängeln führte dazu, dass er gar nichts mehr sagte.

da|zu|ge|hö|ren [daˈtsuːgəhøːrən], gehört dazu, gehörte dazu, hat dazugehört:
zu dieser Sache oder Person gehören: Zu Pommes frites gehört auf jeden Fall Ketchup dazu. · Sie bewunderte die Coolen in der Klasse und wollte gern dazugehören.

da|zwi|schen [ˈdaːtsvɪʃn̩]:
1. *zwischen diesen Personen, Sachen; zwischen diesen Zeitpunkten, Ereignissen:* Links saß Mutter, rechts Vater und dazwischen er. · Die Oper hat zwei Akte, dazwischen gibt es eine Pause.
2. *zwischen diese Personen oder Sachen; zwischen diesen Zeitpunkten:* Sie schob die Stühle auseinander und stellte den Tisch dazwischen. · Morgens gibt es schon zwei Vorträge, ich schiebe Ihren dazwischen ein.
3. *in, unter dieser Menge:* Ich habe alle Rechnungen durchgesehen, Ihre war nicht dazwischen.

da|zwi|schen|kom|men [daˈtsvɪʃn̩kɔmən], kommt dazwischen, kam dazwischen, ist dazwischengekommen:
unerwartet als Störung, Unterbrechung eintreten: Ich kann nicht kommen, mir ist etwas dazwischengekommen. · Bis morgen also, wenn nichts dazwischenkommt.

die **DDR** [deːdeːˈlɛr], der DDR:
Abkürzung von: Deutsche Demokratische Republik (1949–1990): die ehemalige / frühere DDR · Im geteilten Deutschland verlief eine Mauer zwischen der BRD und der DDR.

die **De|bat|te** [deˈbatə], der Debatte, die Debatten:
Diskussion [im Parlament]: eine Debatte anstoßen / führen · Der Reaktorunfall löste eine lebhafte öffentliche Debatte über die Nutzung von Kernenergie aus.

das **De|büt** [deˈbyː], des Debüts, die Debüts:
erster Auftritt in der Öffentlichkeit: ein gelungenes / missglücktes Debüt · Die Band gab gestern vor 1000 Zuhörern ihr Debüt.

► die **De|cke** [ˈdɛkə], der Decke, die Decken:
1. *größeres Stück Stoff, mit dem eine Person oder Sache bedeckt ist, wird:* die Decke ausschütteln / glatt streichen · sich mit einer warmen Decke zudecken · Leg bitte eine saubere Decke auf den Tisch.
2. *oberer Abschluss eines Raumes:* das Zimmer hat eine niedrige / hohe Decke · eine Lampe an die Decke hängen.

der **De|ckel** [ˈdɛkl̩], des Deckels, die Deckel:
flacher Gegenstand, mit dem man ein Gefäß bedeckt oder verschließt: den Deckel auf den Topf setzen / vom Topf nehmen · den Deckel des Marmeladenglases abschrauben / zuschrauben · Der Deckel passt nicht.

de|cken [ˈdɛkn̩], deckt, deckte, hat gedeckt:
1. *den Tisch für das Essen vorbereiten, indem man Geschirr und Besteck auflegt:* [den Tisch] für 4 Personen decken · eine festlich gedeckte Tafel · Kannst du bitte schon mal decken?
2. *nicht verraten und damit vor Strafe schützen:* Er log, um seine Komplizen zu decken. · Viele Verbrechen der Mafia werden von den Behörden gedeckt.
3. ⟨+ sich⟩ *einander genau gleich sein; übereinstimmen:* Die beiden Dreiecke decken sich. · Die Aussagen der beiden Zeugen decken sich nicht.

de|fekt [deˈfɛkt]:
einen Schaden, Fehler habend: ein defekter Fernseher · Die Toilettenspülung ist defekt.

der **De|fekt** [deˈfɛkt], des Defekt[e]s, die Defekte:
Schaden, Fehler: einen Defekt beheben · Der Motor hat einen Defekt.

de|fi|nie|ren [defiˈniːrən], definiert, definierte, hat definiert:
erklären; bestimmen, festlegen: einen Begriff / ein Wort definieren · klar definierte Vorgaben · Definieren Sie bitte, was man unter Spannung versteht.

die **De|fi|ni|ti|on** [definiˈtsi̯oːn], der Definition, die Definitionen:
Erklärung, Bestimmung eines Begriffs: eine genaue / exakte Definition für ein Wort geben · Was ist deine Definition von Glück?

de|fi|ni|tiv [definiˈtiːf]:
endgültig, ganz sicher: eine definitive Entscheidung / Erklärung · Meine Ant-

wort ist definitiv. · Ich weiß definitiv, dass das nicht stimmt.

deh|nen ['de:nən], dehnt, dehnte, hat gedehnt:
1. *durch Ziehen länger, breiter machen:* ein Gummiband / einen Muskel dehnen · ein Wort gedehnt aussprechen.
2. ⟨+ sich⟩ *länger, breiter werden:* Die Jeans dehnt sich bestimmt beim Tragen noch.

▸ **dein** [dai̯n]:
deiner, deine, dein[e]s; drückt aus, dass jemand, etwas [zu] einer mit »du« angeredeten Person gehört: dein Bruder / Auto / Buch · deine Meinung · meine Freunde · Viele liebe Grüße, deine Anja. · Ist das ihr Geld oder deins?

▸ das **De|ka|gramm** ['dɛkagram], des Dekagramms (österreichisch):
Einheit der Masse (Abkürzung: dkg, dag); *10 Gramm:* Ich hätte gern 20 Dekagramm *(200 Gramm)* Pralinen.

▸ **de|ko|rie|ren** [deko'ri:rən], dekoriert, dekorierte, hat dekoriert:
gestalten; mit Schmuck versehen: die Schaufenster / den Saal / die Kirche dekorieren.

der **Del|fin** [dɛl'fi:n], des Delfins, die Delfine:
Säugetier mit einem wie ein Schnabel lang gezogenen Maul, das im Wasser lebt und springen kann: Der Delfin sprang durch den hochgehaltenen Reifen.

das **Del|ta** ['dɛlta], des Deltas, die Deltas:
Gebiet, in dem mehrere Arme eines Flusses münden und das dadurch die Form eines Dreiecks hat: Das Delta des Nils ist sehr fruchtbar.

▸ **dem** [de:m]:
Dativ Singular von ↑der, ↑das: Ich helfe dem alten Mann beim Einkaufen.

dem|nach ['de:m'na:x]:
nach dem gerade Gesagten; also: Die Tür war nicht beschädigt, der Einbrecher muss demnach einen Schlüssel gehabt haben.

dem|nächst ['de:m'nɛ:çst]:
in nächster Zeit; bald: Ich werde mich demnächst darum kümmern.

der **De|mo|krat** [demokra't], des Demokraten, die Demokraten:
Anhänger der Demokratie; jemand, der die Entscheidungen der Mehrheit achtet: ein überzeugter / echter Demokrat.

▸ die **De|mo|kra|tie** [demokra'ti:], der Demokratie, die Demokratien:
1. *Staat, in dem die Bürger durch Wahl eines Parlaments die Möglichkeit zur Mitbestimmung haben.*
2. ⟨ohne Plural⟩ *Mitbestimmung:* Die Mitarbeiter forderten mehr Demokratie am Arbeitsplatz.

die **De|mo|kra|tin** [demokra'tɪn], der Demokratin, die Demokratinnen:
Anhängerin der Demokratie.

▸ **de|mo|kra|tisch** [demo'kra:tɪʃ]:
1. *wie eine Demokratie aufgebaut:* ein demokratischer Staat.
2. *nach den Prinzipien der Mitbestimmung:* eine demokratische Entscheidung · Wir haben das demokratisch beschlossen, also keine Widerrede mehr.

der **De|mons|trant** [demɔn'strant], des Demonstranten, die Demonstranten, die **De|mons|tran|tin** [demɔn'strantɪn], der Demonstrantin, die Demonstrantinnen:
Person, die an einer Demonstration teilnimmt: Die Demonstranten protestierten gegen die Sparpläne der Regierung.

die **De|mons|tra|ti|on** [demɔnstra'tsi̯o:n]:
öffentliche Versammlung für oder gegen etwas: zu einer Demonstration aufrufen · an einer Demonstration teilnehmen · Die Demonstration gegen Atomkraft verlief weitgehend friedlich.

▸ **den** [de:n]:
1. Akkusativ Singular von: ↑der: Siehst du dort den Jungen?
2. Dativ Plural von: ↑der, ↑die, ↑das: Wir helfen den Freunden beim Umzug.

denk|bar ['dɛŋkba:ɐ̯]:
1. *möglich [gedacht zu werden]:* alle nur denkbaren Schäden · Es wäre durchaus denkbar, den Termin zu verschieben.
2. *sehr, äußerst:* ein denkbar günstiges Angebot.

▸ **den|ken** ['dɛŋkn̩], denkt, dachte, hat gedacht:
1. *geistig arbeiten; überlegen:* vor Müdigkeit nicht mehr klar denken können · Bei dieser Aufgabe ist logisches Denken gefragt. · Erst denken, dann handeln!
2. *eine bestimmte Meinung von etwas haben:* gut / schlecht von jemandem denken · Was denken denn die Leute, wenn du so aussiehst! · Wie denkst du darüber?
3. *annehmen, meinen:* Ich dachte, du wüsstest das. · Ich denke, du solltest es noch einmal versuchen.
4. ⟨+sich⟩ *sich etwas vorstellen:* Du kannst dir doch denken, dass ich mir Sorgen mache!
5. *sich erinnern:* Ich denke oft an meinen Vater. · Denk bitte daran, abzuschließen.

▸ das **Denk|mal** ['dɛŋkma:l], des Denkmal[e]s, die Denkmäler ['dɛŋkmɛ:lɐ]:

Figur o. Ä. zur Erinnerung an eine Person oder ein Ereignis: ein Denkmal für die gefallenen Soldaten / für den Frieden errichten · Auf dem Platz steht ein Denkmal Beethovens.

denn [dɛn]:
1. leitet einen Hauptsatz ein; *weil:* Ich werfe das Radio weg, denn es ist kaputt.
2. drückt in Fragesätzen Interesse, Überraschung, Zweifel aus: Wie war es denn? · Wie lang hast du die Schmerzen denn schon? · Kommst du denn nicht mit? · Glaubst du das denn?
3. drückt Ärger, einen Vorwurf aus [und fordert eine Erklärung]: Was soll das denn! · Da steht es doch, bist du denn blind? · Was hat sie sich denn dabei gedacht?

den|noch [ˈdɛnɔx]:
trotzdem: Im Zimmer war es sehr warm, dennoch fror sie. · Ich habe eigentlich keine Zeit, aber ich komme dennoch.

das **Deo** [ˈdeːo], des Deos, die Deos:
Deodorant: Du solltest öfter mal ein Deo benutzen.

das **De|o|do|rant** [de|odoˈrant], des Deodorants, die Deodorants, auch: Deodorante:
Mittel, das man unter die Arme sprüht, um nicht nach Schweiß zu riechen: ein Deodorant benutzen / verwenden · Ihr neues Deodorant duftete nach Aprikosen.

das **De|pot** [deˈpoː], des Depots, die Depots:
1. *Lager für Vorräte:* Man entdeckte mehrere Depots, in denen Waffen gelagert wurden.
2. *zentrale Stelle, an der Omnibusse und Straßenbahnen abgestellt werden, wenn sie nicht unterwegs sind:* die Straßenbahn abends ins Depot fahren.

die **De|pres|si|on** [deprɛˈsi̯oːn], der Depression, die Depressionen (Medizin, Psychologie):
sehr traurige Stimmung (als psychische Krankheit): an Depressionen leiden · Er hat eine schwere Depression.

de|pri|mie|rend [depriˈmiːrənt], deprimierender, am deprimierendsten:
traurig stimmend: deprimierende Nachrichten · Das Urlaubswetter war wieder einmal deprimierend.

der [deːɐ̯]:
1. ⟨bestimmter Artikel der Maskulina⟩ zeigt an, dass jemand, etwas bekannt ist oder bereits erwähnt wurde: der Sommer · Der Mann dort hat mir geholfen.
2. (wird als unhöflich empfunden, wenn es auf eine Person bezogen ist) kennzeichnet eine männliche Person, Sache: Ausgerechnet dem bin ich gestern begegnet.
3. bezieht sich auf eine bereits erwähnte männliche Person, Sache: Der Mann, der gestern angerufen hat, meldet sich heute noch einmal.

▸ **de|ren** [ˈdeːrən]:
1. ⟨Genitiv Singular von ↑die; demonstrativ⟩ Vor der Stadt betrachtete er die Stadtmauer und deren Türme.
2. ⟨Genitiv Singular von ↑die; relativisch⟩ die Malerin, deren Bilder wir in Berlin gesehen haben.
3. ⟨Genitiv Plural von ↑der, ↑die, ↑das; demonstrativ⟩ Er lud alle Freunde und auch deren Kinder zu seinem Fest ein.
4. ⟨Genitiv Plural von ↑der, ↑die, ↑das; relativisch⟩ Nachrichten, deren Bedeutung er nicht erkannte.

de|rer [ˈdeːrɐ]:
⟨Genitiv Plural von ↑der, ↑die⟩ Wir erinnern uns derer, die bei dem Attentat starben.

der|je|ni|ge [ˈdeːɐ̯jeːnɪɡə], diejenige, dasjenige:
weist besonders intensiv auf eine Person oder Sache hin: Derjenige, der das getan hat, soll sich melden. · Diejenige, die gestern gefehlt hat, soll bitte morgen zu mir kommen. · Dasjenige, was sie am liebsten tut, ist lesen.

▸ **der|sel|be** [deːɐ̯ˈzɛlbə], dieselbe, dasselbe:
kennzeichnet eine Person oder Sache als identisch (mit sich selbst), als sie selbst (und keine andere): Er trägt denselben Anzug wie gestern. · Sie ist in dieselbe Schule wie ich gegangen. · Es ist jedes Jahr dasselbe: Weihnachten gibt es Streit.

der|weil [deːɐ̯ˈvai̯l]:
während dieser Zeit; unterdessen: Kümmer du dich ums Essen, ich decke derweil den Tisch.

der|zeit [ˈdeːɐ̯ˈtsai̯t]:
zurzeit, momentan: Das lässt sich derzeit noch nicht sagen.

der|zei|tig [ˈdeːɐ̯ˈtsai̯tɪç]:
derzeit bestehend; jetzig: Nach unseren derzeitigen Erkenntnissen wurde der Mann erstochen.

▸ **des|halb** [ˈdɛsˈhalp]:
aus diesem Grund; daher: Mein Auto ist kaputt, deshalb komme ich mit dem Fahrrad. · Er ist noch beim Arzt und kommt deshalb später.

das **De|sign** [diˈzai̯n], des Designs, die Designs:

die Art und Weise, wie ein Gegenstand des täglichen Gebrauchs gestaltet und geformt ist: ein modernes / ansprechendes / funktionales Design haben · Das Design des Stuhls wurde von einem schwedischen Künstler entworfen.

der **De|si|gner** [di'zainɐ], des Designers, die Designer, die **De|si|gne|rin** [di'zainərɪn], der Designerin, die Designerinnen: *Person, deren Beruf es ist, Designs zu entwerfen:* Sie möchte Designerin werden.

▶ **des|sen** ['dɛsn̩]: ⟨Genitiv Singular von: ↑der, ↑das⟩ Der Mann, dessen Wagen gestohlen wurde, hat Anzeige erstattet.

▶ das **Des|sert** [dɛ'seːɐ̯], des Desserts, die Desserts: *[kleines] süßes Essen nach dem normalen Essen:* Als / Zum Dessert gab es Eis mit heißen Himbeeren.

des|to ['dɛsto]: *umso:* je eher, desto besser · Je mehr du drängelst, desto weniger habe ich Lust.

▶ **des|we|gen** ['dɛs'veːgn̩]: *aus diesem Grund; deshalb:* Sie hat sich am Fuß verletzt, deswegen hinkt sie. · Die Bremsen sind nicht geölt und quietschen deswegen.

▶ das **De|tail** [de'tai̯], des Details, die Details: *Einzelheit:* ein interessantes / unwichtiges Detail · einen Vorgang in allen Details / bis in das kleinste Detail schildern · Erspare mir die Details!

deu|ten ['dɔy̯tn̩], deutet, deutete, hat gedeutet:
1. *(mit etwas) auf eine Person oder Sache, in eine Richtung zeigen:* Sie deutete [mit dem Finger] nach Norden / auf ihn / in diese Richtung.
2. *eine Sache in einer bestimmten Weise verstehen; interpretieren:* Träume, Zeichen deuten · Ihr Schweigen lässt sich nur als fehlendes Interesse deuten.

▶ **deut|lich** ['dɔy̯tlɪç], deutlicher, am deutlichsten: *klar, sich klar erkennen lassend:* eine deutliche Schrift / Aussprache · ein deutlicher Hinweis / Sieg · Ich habe ihr endlich einmal deutlich meine Meinung gesagt! · Bitte sprechen / schreiben Sie deutlich!

▶ **deutsch** [dɔy̯tʃ]:
1. *die Deutschen, Deutschland betreffend:* die deutsche Sprache · das deutsche Schulsystem · die deutsche Staatsangehörigkeit besitzen · Das ist typisch deutsch *(für die Deutschen charakteristisch).*
2. *in der Sprache besonders der Bevölkerung Deutschlands, Österreichs und mancher Teile der Schweiz:* eine deutsche Tageszeitung · Sie spricht mit ihren Kindern nur deutsch.

das **Deutsch** [dɔy̯tʃ], des Deutschs:
1. *die deutsche Sprache:* Deutsch lernen / verstehen · etwas auf Deutsch sagen · Er spricht gut / fließend / akzentfrei Deutsch. · Der Text ist in gutem / fehlerfreiem Deutsch geschrieben.
2. *die deutsche Sprache und Literatur als Fach in der Schule:* in Deutsch eine Zwei haben · Sie unterrichtet Deutsch und Mathematik. · Morgen haben wir in der dritten Stunde kein Deutsch, sondern Englisch.

Deutsch

Die meisten wissen sicher schon, dass man Deutsch nicht nur in Deutschland spricht. Deutsch hört man auch in Österreich und in der Schweiz. In diesen drei Ländern ist Deutsch Amtssprache. Was viele aber nicht wissen, ist, dass man Deutsch auch an anderen Orten spricht: Belgien, Luxemburg, Südtirol (Norditalien), Elsass und Lothringen (Frankreich), Namibia und Südafrika. Zu den circa 95 Millionen Menschen, die Deutsch als Muttersprache sprechen, kommen noch alle Menschen hinzu, die Deutsch als Fremdsprache lernen.

▶ der **Deut|sche** ['dɔy̯tʃə], der Deutsche / ein Deutscher; des / eines Deutschen, die Deutschen / zwei Deutsche: *[männliche] Person, die aus Deutschland stammt oder zum deutschen Volk gehört:* Wie ist ein typischer Deutscher? · Die Deutschen haben *(die deutsche Mannschaft hat)* gewonnen.

▶ die **Deut|sche** ['dɔy̯tʃə], die / eine Deutsche; der / einer Deutschen, die Deutschen / zwei Deutsche: *weibliche Person, die aus Deutschland stammt oder zum deutschen Volk gehört:* Sie ist [eine] Deutsche.

▶ **Deutsch|land** ['dɔy̯tʃlant], Deutschlands: Staat in Mitteleuropa: die Bundesrepublik Deutschland · in Deutschland wohnen · aus Deutschland kommen · Deutschland hat über 80 Millionen Einwohner.

deutsch|spra|chig ['dɔy̯tʃʃpraːxɪç]:
1. *so, dass man die deutsche Sprache spricht:* die deutschsprachigen Länder · die deutschsprachige Bevölkerung der Schweiz.

Dialekt

Dialekte gibt es in allen Sprachen. Sie weichen in Aussprache und Wortschatz von der sogenannten »Hochsprache« ab. Manche Wissenschaftler vertreten die Meinung, dass das »Hochdeutsche« in Wirklichkeit nicht existiert, andere meinen, dass man rund um Hannover (Niedersachsen) Hochdeutsch spricht. Zwischen den einzelnen Dialekten des Deutschen bestehen zum Teil so große Unterschiede in Aussprache und Wortschatz, dass Sprecher bestimmter Dialekte Schwierigkeiten haben, sich gegenseitig zu verstehen, wenn sie nicht auch noch »Hochdeutsch« sprechen können. Der Begriff »Toilette« lautet im Plattdeutschen [Dialekt aus dem Norden Deutschlands] *dat Gemack* oder *dat Schiethus,* im Schwäbischen [Dialekt aus dem Südwesten Deutschlands] *Gloo,* im Sächsischen [Dialekt aus Ostdeutschland] *dä Hidde* oder *s' Glou* und im Bayerischen [Dialekt aus dem Südosten Deutschlands] *s' Hoisl.* Wer zum Frühstück ein Brötchen möchte, erhält in Franken (in Nordbayern) *a Weggla,* in Sachsen *een Breedchn* und im plattdeutschen Dialektgebiet nördlich von Hamburg ein *Rundstück* – in Berlin schließlich bekommt man eine *Schrippe.* Auch bei der Begrüßung gibt es große Unterschiede. Das hochdeutsche »Guten Tag!« lautet im Fränkischen *Hawedeehre,* im Bayerischen *Griasgood,* im Schwäbischen *Grißgoddle,* im Sächsischen *Mohrschn* oder *Dahch ooch* und im Plattdeutschen *Moin, moin.* Der lockere und hauptsächlich norddeutsche Abschiedsgruß *Tschüss* schließlich gilt für den echten Oberbayern als sprachliches Vergehen. Der verabschiedet sich mit *Pfiadi* oder *Pfiagod,* der Franke mit *Servus* und in Ostwestfalen wird man *Jo, dann bis de Tage* hören. Der größte Unterschied besteht zwischen nord- und süddeutschen Dialekten. Das hat sprachgeschichtlich mit der 2. Lautverschiebung zu tun, die in den norddeutschen Dialekten nicht stattgefunden hat. Insbesondere entlang des Rheins gibt es auf kleinem Raum eine große Vielzahl unterschiedlicher Dialekte. Diese Region wird deshalb in der Sprachwissenschaft »Rheinischer Fächer« genannt.

2. *in deutscher Sprache verfasst:* deutschsprachige Literatur.

der **Deutsch|un|ter|richt** [ˈdɔyt͜ʃlʊntɐrɪçt], des Deutschunterrichts:
Unterricht in der deutschen Sprache [und Literatur]: In der Schule hatte ich nur ein Jahr Deutschunterricht. · Sie nimmt seit zwei Monaten Deutschunterricht bei einer Studentin.

die **De|vi|se** [deˈviːzə], der Devise, die Devisen:
1. ⟨Plural⟩ *Geld oder Schecks in ausländischer Währung:* Wer in dieses Land reist, sollte ausreichend Devisen mitbringen.
2. *Worte, nach denen man sich richtet:* Er handelte stets nach der Devise »lieber zu viel als zu wenig«. · Üben, üben, üben heißt / lautet für sie die Devise.

der **De|zem|ber** [deˈt͜sɛmbɐ], des Dezember[s]:
zwölfter Monat im Jahr: Anfang / Ende / Mitte Dezember · Ich habe im Dezember Geburtstag.

der *oder* das **De|zi|li|ter** [ˈdeːt͜siliːtɐ], des Deziliters, die Deziliter:
100 Milliliter: Für die Soße brauche ich zwei Deziliter *(200 Milliliter)* Sahne.

das **Dia** [ˈdiːa], des Dias, die Dias:
durchsichtiges Foto, das mithilfe eines speziellen Geräts auf einer weißen Fläche vergrößert gezeigt werden kann: Dias vom Urlaub zeigen.

die **Di|a|gno|se** [diaˈgnoːzə], der Diagnose, die Diagnosen:
Bestimmung einer Krankheit: eine richtige / falsche Diagnose stellen · Die ärztliche Diagnose lautete auf Lungenentzündung.

dia|go|nal [diagoˈnaːl]:
zwei nicht benachbarte Ecken besonders eines Vierecks auf kürzestem Weg verbindend: eine diagonale Linie · diagonal verlaufende Linien · Er spielte den Ball diagonal über das Fußballfeld.

▶ der **Di|a|lekt** [diaˈlɛkt], des Dialekts, die Dialekte:
besondere Form der Sprache in einer Landschaft; Mundart: der fränkische / bayerische Dialekt · Zu Hause spricht er nur Dialekt, in der Schule meist Hochdeutsch.

▶ der **Di|a|log** [diaˈloːk], des Dialogs, die Dialoge:
Gespräche, die zwei Gruppen führen, um ihre gegenseitigen Standpunkte kennenzulernen: Die Gewerkschaft sucht den Dialog mit den Parteien. · Der Papst rief

zum Dialog zwischen Christen und Muslimen auf.

der **Di|a|mant** [dia'mant], des Diamanten, die Diamanten:
sehr harter, fast farbloser kostbarer Stein: ein Diamant von 20 Karat · Der Diamant strahlt / funkelt. · Er schenkte ihr einen goldenen, mit Diamanten besetzten Ring.

▸ die **Di|ät** [di'ɛ:t], der Diät, die Diäten:
besondere Art der Ernährung für kranke oder zu dicke Menschen: Sie machte eine Diät, damit ihre Hosen wieder passten. · Seit sie zuckerkrank ist, muss sie streng Diät halten / kochen / leben.

▸ **dich** [dɪç]:
1. Akkusativ von »du«: Ich liebe dich.
2. ⟨reflexiv⟩ Kannst du dich daran erinnern?

▸ **dicht** [dɪçt], dichter, am dichtesten:
1. *ohne [größere] Zwischenräume:* dichter Wald / Nebel / Verkehr · ein dicht besiedeltes Land · Die Stühle stehen zu dicht. · Er ist am ganzen Körper dicht behaart.
2. *keine Flüssigkeit, kein Gas durchlassend:* ein dichtes Fass · Die Luftmatratze / Der Gummistiefel / Der Verschluss ist nicht mehr dicht.; * **nicht ganz dicht sein** (umgangssprachlich abwertend): *nicht ganz bei Verstand sein.*
3. *sehr nah:* dicht neben der Kirche · dicht beim Haus · zu dicht auffahren · Er stand dicht vor mir. · Der Termin liegt mir zu dicht vor den Ferien.

dich|ten ['dɪçtn̩], dichtet, dichtete, hat gedichtet:
in künstlerischer Sprache schreiben: ein Gedicht / ein Lied dichten · Sie dichtet gerne.

der **Dich|ter** ['dɪçtɐ], des Dichters, die Dichter, die **Dichterin** ['dɪçtərɪn], der Dichterin, die Dichterinnen:
Person, die dichtet: Goethe ist einer der bekanntesten deutschen Dichter.

die **¹Dich|tung** ['dɪçtʊŋ], der Dichtung, die Dichtungen:
1. *Gesamtheit der sprachlichen Kunstwerke:* die klassische Dichtung der Griechen · Das Buch gibt einen guten Überblick über Schillers Dichtung.
2. *sprachliches Kunstwerk:* Von allen Dichtungen Schillers gefällt mir dieses Gedicht am besten.

die **²Dich|tung** ['dɪçtʊŋ], der Dichtung, die Dichtungen:
Schicht (meist aus Gummi) zwischen zwei Teilen eines Geräts oder Behälters, die den Verlust von Gas oder Flüssigkeit verhindert: Die Dichtung des Wasserhahns ist kaputt. · Wir müssen die Dichtung am Kühlschrank austauschen.

▸ **dick** [dɪk], dicker, am dicksten:
1. *einen ziemlich großen Umfang habend, nicht dünn:* ein dicker Bauch / Baum / Mann · ein dickes Brett / Buch · Du bist dick geworden! · Die Salbe muss dick aufgetragen werden.
2. *eine bestimmte Dicke habend:* ein drei cm dicker Rand · Die Matratze ist 15 cm dick.
3. *nicht sehr flüssig:* ein dicker Brei · Die Soße ist zu dick geworden.
4. (umgangssprachlich) *besonders stark, intensiv:* ein dickes Lob · Sie sind dick befreundet.

▸ **die** [di:]:
1. ⟨bestimmter Artikel der Feminina⟩ zeigt an, dass jemand, etwas bekannt ist oder bereits erwähnt wurde: die Küche · Die Frau dort hat mir den Weg gezeigt.
2. ⟨bestimmter Artikel⟩ bezeichnet alle drei Genera der Substantive: die Häuser / Frauen / Männer / Kinder.
3. (wird als unhöflich empfunden, wenn es auf eine Person bezogen ist) kennzeichnet eine weibliche Person, Sache: Ausgerechnet die ist in meinem Team.
4. bezieht sich auf eine bereits erwähnte weibliche Person, Sache: Die Frau, die dort kommt, ist meine Tante.

▸ der **Dieb** [di:p], des Dieb[e]s, die Diebe, die **Die|bin** ['di:bɪn], der Diebin, die Diebinnen:
Person, die stiehlt: einen Dieb verfolgen / fangen / erwischen · Diebe waren in das Museum eingebrochen und hatten zwei Bilder gestohlen.

der **Dieb|stahl** ['di:pʃta:l], des Diebstahl[e]s, die Diebstähle ['di:pʃtɛ:lə]:
das Stehlen; das unerlaubte An-sich-Nehmen von fremdem Eigentum: einen Diebstahl begehen / entdecken / anzeigen · jemanden beim Diebstahl ertappen / erwischen · Er wurde wegen Einbruch und Diebstahl von Autos verurteilt.

▸ **die|nen** ['di:nən], dient, diente, hat gedient:
1. *genutzt werden als:* Das alte Schloss dient jetzt als Museum. · Wozu dient dieser Schlauch?
2. *nützlich sein:* Ihre Forschungen dienten friedlichen Zwecken / der ganzen Menschheit.
3. *helfen:* Mit 50 Euro wäre mir schon

gedient. · Womit kann ich [Ihnen] dienen?
4. *beim Militär arbeiten:* Er hat ein Jahr bei der Luftwaffe gedient.
5. *im Dienst stehen für:* dem König / dem Staat dienen.

der **Dienst** [di:nst], des Dienst[e]s, die Dienste:
berufliche Arbeit [beim Staat, in einem Krankenhaus]: Der Arzt hat heute von 7 bis 15 Uhr Dienst · Kannst du morgen mit mir den Dienst tauschen / meinen Dienst übernehmen? · Ich habe heute keinen Dienst.; *** der öffentliche Dienst:** *vom Staat bezahlter Dienst:* Sie arbeitet als Angestellte im öffentlichen Dienst.

der **Diens|tag** ['di:nsta:k], des Dienstag[e]s, die Dienstage:
zweiter Tag der Woche: die Nacht von Dienstag auf Mittwoch · Sie kommt [am] Dienstag.

diens|tags ['di:nsta:ks]:
an jedem Dienstag: Dienstags treffe ich mich immer mit meinen Freundinnen.

die **Dienst|leis|tung** ['di:nstlaistʊŋ], der Dienstleistung, die Dienstleistungen (Wirtschaft):
Arbeit, bei der keine Ware produziert wird, sondern Tätigkeiten für einen Kunden verrichtet werden: eine Dienstleistung in Anspruch nehmen / anbieten · Das Angebot der Agentur umfasst sämtliche Dienstleistungen im Bereich von Haushalt und Garten.

dienst|lich ['di:nstlɪç]:
den Dienst, die Arbeit betreffend, beruflich: Sie ist dienstlich viel unterwegs. · Es handelt sich um eine rein dienstliche Angelegenheit.

dies [di:s]:
↑dieser.

die|se ['di:zə]:
↑dieser.

der **Die|sel** ['di:zl̩], des Diesels, die Diesel:
1. ⟨ohne Plural⟩ *Öl, mit dem eine bestimmte Art von Motoren betrieben wird:* Musst du bei dem Auto Diesel oder Benzin tanken?
2. *Fahrzeug, das mit Diesel fährt:* einen Diesel fahren · Ist das ein Diesel oder ein Benziner?

die|sel|be [di:'zɛlbə]: ↑derselbe.

die|ser ['di:zɐ], diese, dieses:
weist auf eine Person oder Sache besonders hin: Dieser Schüler ist besonders begabt. · Diese [Frau] hat besonders gut gesungen. · Im Juli dieses Jahres ziehen wir um.

▶ **dies|mal** ['di:sma:l]:
dieses Mal: Diesmal wird er es schaffen.

die **Dif|fe|renz** [dɪfə'rɛnts], der Differenz, die Differenzen:
1. *Unterschied (zwischen zwei Zahlen, Größen):* eine Differenz von zwei Euro / von 20 Minuten · Die Differenz zwischen 2 und 5 ist / beträgt 3. · die Differenz zwischen den Kulturen / Geschlechtern.
2. *Unterschiede in der Meinung, Auseinandersetzungen:* Bei diesem Thema bestehen noch erhebliche Differenzen. · Sie hatte ständig Differenzen mit dem Chef. · Zwischen den beiden kommt es oft zu Differenzen.

▶ **di|gi|tal** [digi'ta:l]:
1. (Technik) *in Ziffern dargestellt:* Die Uhrzeit wird digital angezeigt.
2. (EDV) *mit einem Verfahren arbeitend, das Informationen ausschließlich mit Folgen aus den Ziffern 0 und 1 darstellt:* eine digitale Kamera · das digitale Fernsehen.

das **Dik|tat** [dɪk'ta:t], des Diktats, die Diktate:
wörtlich aufgeschriebener Text, den jemand vorgesprochen hat: Wir haben heute in der Schule ein Diktat geschrieben und ich habe null Fehler. · Die Sekretärin ist gerade beim Chef zum Diktat.

▶ das **Ding** [dɪŋ], des Ding[e]s, die Dinge:
1. *Gegenstand, Sache:* ein merkwürdiges Ding · nützliche Dinge für den Haushalt · Nägel und ähnliche Dinge · auf viele Dinge verzichten müssen.
2. ⟨Plural⟩ *Tatsachen, Angelegenheiten:* die Dinge nicht ändern können · Es handelt sich um private Dinge, die dich nichts angehen.
3. ⟨Plural: Dinger⟩ (umgangssprachlich) *etwas, was [absichtlich] nicht mit seinem Namen benannt wird:* Die alten Dinger solltest du endlich wegwerfen. · Was ist das denn für ein Ding?

▶ das **Di|plom** [di'plo:m], des Diplom[e]s, die Diplome:
Zeugnis für das Studium an einer Hochschule: Dieses Jahr hat er sein Diplom als Chemiker erworben. · Sie hat ein Diplom in Physik.

▶ **dir** [di:ɐ̯]:
1. Dativ von »du«: Ich leihe dir das Auto gerne.
2. ⟨reflexiv⟩ Stell dir sein Gesicht vor!

▶ **di|rekt** [di'rɛkt], direkter, am direktesten:
1. *auf kürzestem Weg, ohne Umweg:* der

direkte Weg · eine direkte Zugverbindung · Ich komme direkt von zu Hause.
2. *unmittelbar, ohne einen Zwischenraum:* Ich komme direkt nach der Schule bei dir vorbei. · Das Haus steht direkt am Bahnhof.
3. (umgangssprachlich) *unmissverständlich, ganz offen:* ein direkter Mensch · eine direkte Frage · Er sagt seine Meinung immer sehr direkt. · Sie ist immer sehr direkt [in ihren Äußerungen].

▶ der **Di|rek|tor** [di'rɛkto:ɐ̯], des Direktors, die Direktoren [dirɛk'to:rən], die **Di|rek|to|rin** [dirɛk'to:rɪn], der Direktorin, die Direktorinnen:
Person, die eine Institution oder ein Unternehmen leitet: die Direktorin der Schule / des Krankenhauses / der Bank.

der **Dis|coun|ter** [dɪs'ka̯untɐ], des Discounters, die Discounter:
Geschäft, das Waren zu sehr niedrigen Preisen verkauft: Obst und Gemüse kaufte sie frisch auf dem Markt, den Rest beim Discounter.

▶ die **Dis|ko** ['dɪsko], der Disko, die Diskos:
Diskothek: in die Disko gehen.

▶ die **Dis|ko|thek** [dɪsko'te:k], der Diskothek, die Diskotheken:
Lokal, in das besonders jüngere Leute gehen, um zu tanzen: In dieser Diskothek legen die bekanntesten DJs Deutschlands auf.

▶ die **Dis|kus|si|on** [dɪskʊ'si̯o:n], der Diskussion, die Diskussionen:
Gespräch, Austausch von Meinungen zu einem bestimmten Thema: eine lebhafte / sachliche Diskussion führen · Beim Stichwort Arbeitszeitverkürzung entbrannte eine heftige Diskussion zwischen den Anwesenden. · An den Vortrag schließt sich eine Diskussion an.

▶ **dis|ku|tie|ren** [dɪsku'ti:rən], diskutiert, diskutierte, hat diskutiert:
besprechen; in einem Gespräch Meinungen austauschen: mit jmdm. über ein Thema diskutieren · eine Frage / einen Punkt ausführlich diskutieren · Wir haben über alles Mögliche diskutiert. · Wir machen das jetzt so, ich will nicht länger diskutieren.

▶ die **Dis|tanz** [dɪs'tant͜s], der Distanz, die Distanzen:
1. *Entfernung, räumlicher Abstand:* Die Distanz zwischen beiden Punkten beträgt 300 Meter. · Das Licht ist auch über große Distanzen gut sichtbar.
2. ⟨ohne Plural⟩ *innerer Abstand:* auf Distanz gehen / bleiben · Sie hatte zu den Ereignissen noch keine Distanz und weinte schnell. · Sie war sehr auf Distanz gegenüber ihren Schwiegereltern bedacht.

die **Dis|zi|plin** [dɪst͜si'pli:n], der Disziplin, die Disziplinen:
1. ⟨ohne Plural⟩ *das Einhalten von bestimmten Vorschriften, Ordnung:* auf Disziplin achten · Die Polizei fordert die Autofahrer zu mehr Disziplin im Straßenverkehr auf. · Hier herrscht Disziplin!
2. ⟨ohne Plural⟩ *das Beherrschen des eigenen Willens, der eigenen Gefühle, um etwas zu erreichen:* ein Mensch ohne Disziplin · Für das Examen musst du mehr Disziplin aufbringen.
3. *Art des Wettkampfs innerhalb eines bestimmten Sports:* die olympischen Disziplinen Gerätturnen und Trampolinturnen · Der Riesenslalom ist ihre stärkste Disziplin.

▶ **doch** [dɔx]:
1. verstärkt eine Aussage, Aufforderung oder einen Wunsch: Das ist doch zu dumm! · Kommen Sie doch herein! · Wenn sie doch endlich gehen würde!
2. drückt aus, dass man etwas als bekannt voraussetzt und nur daran erinnern möchte: Darauf hatten wir uns doch schon geeinigt. · Er kommt doch morgen sowieso.
3. drückt aus, dass man nach etwas eigentlich Bekanntem fragt, das einem aber im Moment nicht einfällt: Wie heißt sie doch gleich? · Wie war das doch noch?
4. drückt aus, dass man eine zustimmende Antwort erhofft oder erwartet: Das stimmt doch, oder? · Das wird man doch wohl noch fragen dürfen!
5. als widersprechende Antwort auf eine negativ formulierte Aussage oder Frage: »Da kannst du nichts machen.« – »Doch, ich werde ihn anzeigen!« · »Kommst du morgen nicht?« – »Doch [natürlich komme ich].«
6. drückt aus, dass etwas entgegen der Erwartung eingetreten ist: Er ist also dọch der Täter. · Sie blieb dann dọch zu Hause.
7. *dennoch, trotzdem:* Er sagte es höflich und doch bestimmt. · Seine Erklärung klang überzeugend, und doch glaubte sie ihm nicht.
8. *aber:* Die Menschen dort sind arm, doch nicht unglücklich. · Ich habe laut gerufen, doch niemand hat geantwortet.

▶ der **Dok|tor** ['dɔkto:ɐ̯], des Doktors, die Dok-

toren, die **Dok|to|rin** [dɔk'to:rɪn], der Doktorin, die Doktorinnen:
1. *höchster Grad, den man an einer Universität erwerben kann* (Abkürzung: Dr.): seinen / den Doktor machen *(promovieren)* · den Doktor in Chemie machen · zum Doktor promovieren.
2. ⟨ohne Plural⟩ *Person, die den Titel eines Doktors besitzt* (Abkürzung: Dr.): Sie ist jetzt Doktor der Physik. · Sehr geehrte Frau Dr. Schulz!
3. (umgangssprachlich) *Arzt:* Ich muss mal zum Doktor gehen.

das **Do|ku|ment** [doku'mɛnt], des Dokuments, die Dokumente:
offizielles Schreiben, Urkunde: Dokumente einsehen / einreichen / veröffentlichen · Das Dokument ist gefälscht. · Legen Sie der Bewerbung bitte Dokumente wie Zeugnisse und Diplome bei.

der **Dol|lar** ['dɔlar], des Dollar[s], die Dollars ⟨aber: 10 Dollar⟩:
Währung in den USA und einigen anderen Staaten: in Dollar zahlen · Sie hat in Hollywood jede Menge Dollars verdient.

der **Dol|met|scher** ['dɔlmɛtʃɐ], des Dolmetschers, die Dolmetscher, die **Dol|met|sche|rin** ['dɔlmɛtʃərɪn], der Dolmetscherin, die Dolmetscherinnen:
Person mit dem Beruf, etwas in eine andere Sprache zu übersetzen: Sie arbeitet als Dolmetscherin für Russisch und Polnisch.

der **Dom** [do:m], des Dom[e]s, die Dome:
große Kirche: der Kölner Dom · den Dom besichtigen / restaurieren.

der **Dö|ner** ['dø:nɐ], des Döners, die Döner:
Gericht, das aus Stücken von Fleisch besteht, die in ein Brötchen gelegt werden: Mittags holte er sich meist nur schnell einen Döner an der Imbissbude.

der **Don|ner** ['dɔnɐ], des Donners, die Donner:
lautes Geräusch nach einem Blitz bei Gewitter: In der Ferne hörten sie den Donner grollen. · Es blitzte und kurz darauf krachte der Donner.

don|nern ['dɔnɐn], donnert, donnerte, hat gedonnert:
1. ⟨es donnert⟩ *(bei einem Gewitter) als Donner zu hören sein:* Kommt rein, es blitzt und donnert schon.
2. *ein Geräusch verursachen, das einem Donner ähnelt:* Die Flugzeugmotoren donnern.

der **Don|ners|tag** ['dɔnɐsta:k], des Donnerstag[e]s, die Donnerstage:
vierter Tag der Woche: die Nacht von Mittwoch auf Donnerstag · [Am] Donnerstag habe ich frei.

▶ **don|ners|tags** ['dɔnɐsta:ks]:
an jedem Donnerstag: Unsere Teamsitzungen finden ab sofort donnerstags statt.

doof [do:f], doofer, am doofsten (umgangssprachlich):
1. *dumm:* doofe Fragen stellen · Er ist so doof, dass man ihm alles dreimal erklären muss.
2. *uninteressant, langweilig, Ärger bereitend:* Das war gestern ein doofer Abend. · An dieser doofen Kante habe ich mich gestoßen.

▶ das **Dop|pel|bett** ['dɔpl̩bɛt], des Doppelbetts, die Doppelbetten:
breites Bett für zwei Personen: In der Ferienwohnung gibt es ein Doppelbett und ein Etagenbett.

▶ **dop|pelt** ['dɔpl̩t]:
zweimal: die doppelte Länge / Menge · ein doppelt vorhandenes Exemplar · die doppelte Staatsbürgerschaft haben / beantragen · Die CD habe ich doppelt. · Russland ist fast doppelt so groß wie die USA.

▶ das **Dop|pel|zim|mer** ['dɔpl̩tsɪmɐ], des Doppelzimmers, die Doppelzimmer:
Zimmer mit zwei Betten zusammen (in Hotels): Bitte buchen Sie für morgen ein Doppelzimmer und zwei Einzelzimmer.

▶ das **Dorf** [dɔrf], des Dorf[e]s, die Dörfer ['dœrfɐ]:
kleiner Ort auf dem Land: auf dem Dorf / in einem Dorf wohnen · Sie stammt aus einem kleinen Dorf mit nur 100 Einwohnern.

▶ **dort** [dɔrt]:
an jenem Platz, Ort; nicht hier: dort unten / hinten · von dort aus · Der Mann dort war es.

▶ **dort|hin** ['dɔrt'hɪn]:
nach jenem Ort [hin], nach dort: Stell dich dorthin! · Welcher Bus fährt dorthin?

▶ die **Do|se** ['do:zə], der Dose, die Dosen:
1. *kleiner [runder] Behälter mit Deckel:* Zucker, Mehl und Tee bewahrte sie in hübschen bunten Dosen auf.
2. *Büchse für Konserven, Getränke:* eine Dose Cola · Zum Nachtisch gab es Pfirsiche aus der Dose.

die **Do|sis** ['do:zɪs], der Dosis, die Dosen:
bestimmte, genau abgemessene Menge (von einem Medikament): Die Kranke bekam zuletzt täglich eine starke Dosis Morphium. · Du musst dich bei den

Tropfen genau an die vorgeschriebene Dosis halten.

der *oder* das **Down|load** ['daunlo͜ʊt], des Downloads, die Downloads:
1. *das Übertragen von Daten aus dem Internet auf den eigenen Computer:* Der Hersteller bietet das Programm im Internet kostenlos zum Download an.
2. *Software, Datei, die man sich aus dem Internet auf den eigenen Computer laden kann:* In welchem Verzeichnis willst du deine Downloads speichern? · Den kostenlosen Download finden Sie auf unserer Homepage.

der **Do|zent** [do'tsɛnt], des Dozenten, die Dozenten, die **Do|zen|tin** [do'tsɛntɪn], der Dozentin, die Dozentinnen:
Person, die an einer Hochschule oder Volkshochschule unterrichtet: Sie arbeitet an der Uni als Dozentin für Deutsch als Fremdsprache.

der **Dra|che** ['draxə], des Drachen, die Drachen:
(in Märchen oder Sagen) großes Tier mit Flügeln, das Feuer spuckt: eine Darstellung des heiligen Georgs im Kampf mit dem Drachen · Am Ende des Märchens tötet der Ritter schließlich den Drachen.

der **Dra|chen** ['draxn̩], des Drachens, die Drachen:
Gerät aus Stäben, die mit Papier oder Stoff bespannt sind, das einen langen Schwanz hat und vom Wind in der Luft getragen wird: Im Herbst lassen die Kinder bunte Drachen steigen.

der **Draht** [dra:t], des Draht[e]s, die Drähte ['drɛ:tə]:
in die Form einer Schnur lang gezogenes Metall: zwei dünne Drähte zusammenlöten · ein Stück Draht aus Kupfer · etwas mit Draht umwickeln.

das **Dra|ma** ['dra:ma], des Dramas, die Dramen:
1. *Schauspiel (mit tragischem Ende):* ein Drama in fünf Akten · ein Drama inszenieren / aufführen.
2. *ein erschütterndes, trauriges Geschehen:* das Drama der Geiselbefreiung · Ihre Kindheit war ein einziges Drama. · Vor dem Scheidungsrichter spielen sich täglich Dramen ab.

dra|ma|tisch [dra'ma:tɪʃ], dramatischer, am dramatischsten:
aufregend, spannend: ein dramatischer Zwischenfall / Augenblick · Das Spiel verlief äußerst dramatisch.

dran [dran] (umgangssprachlich):
daran: Heute ist Sonntag, denk dran! · An dem Gerücht ist sicher etwas dran *(es hat sicher einen wahren Hintergrund).*; * **dran sein:** *an der Reihe sein:* Du bist dran.

der **Drang** [draŋ], des Drang[e]s:
großes Bedürfnis, etwas zu tun oder zu erleben: der Drang nach Freiheit · Ich verspürte einen starken Drang, ihm eine herunterzuhauen.

drän|geln ['drɛŋl̩n], drängelt, drängelte, hat gedrängelt:
1. *in einer Menge andere [zur Seite] schieben, damit man schneller nach vorn kommt:* Drängeln Sie nicht so, ich bin vor Ihnen dran! · Die Fans drängelten sich vor der Bühne, um ein Autogramm zu bekommen.
2. *jemanden ungeduldig und immer wieder zu etwas zu bewegen suchen:* Die Kinder drängelten so lange, bis wir nachgaben und nach Hause gingen.

drän|gen ['drɛŋən], drängt, drängte, hat gedrängt:
1. *jemanden in eine bestimmte Richtung schieben:* jemanden an die Seite drängen · Es war voll und sie wurde ständig von hinten gedrängt.
2. *sich in einer Menge schiebend und drückend bewegen:* Nach dem Spiel drängten die Zuschauer zu den Ausgängen. · Auf dem Bahnsteig drängten sich die Menschen.
3. *jemanden ungeduldig dazu bewegen, etwas zu tun:* Er drängte mich, den Vertrag zu unterschreiben.

dran|kom|men ['drankɔmən], kommt dran, kam dran, ist drangekommen (umgangssprachlich):
an die Reihe kommen: Obwohl er als Erster da war, kam er als Letzter dran. · Die unregelmäßigen Verben kommen nächste Woche dran. · Zum Glück bin ich in Englisch nicht drangekommen *(vom Lehrer aufgerufen worden).*

dras|tisch ['drastɪʃ], drastischer, am drastischsten:
1. *sehr deutlich und [in grober Weise] direkt:* ein drastisches Beispiel · etwas drastisch schildern · Seine Ausdrucksweise ist recht drastisch.
2. *sehr deutlich in seiner [negativen] Wirkung zu spüren:* drastische Maßnahmen / Auswirkungen · Die Preise wurden drastisch erhöht.

▶ **drau|ßen** ['drausn̩]:
außerhalb eines Raumes, im Freien: Der Chef telefoniert noch, warten Sie bitte draußen. · Wollen wir uns zum Kaffee-

trinken nach draußen setzen oder drinnen bleiben?

ler **Dreck** [drɛk], des Dreck[e]s (umgangssprachlich):
1. *Schmutz:* den Dreck aufkehren · Handwerker machen viel Dreck.
2. (emotional abwertend) *wertloses Zeug:* Diesen Dreck kannst du selbst behalten. · Herrgott noch mal, um jeden Dreck *(jede Kleinigkeit)* muss ich mich selbst kümmern!

re|ckig [ˈdrɛkɪç], dreckiger, am dreckigsten (umgangssprachlich):
1. *schmutzig:* dreckiges Geschirr · dreckige *(unanständige)* Witze · Pass auf, dass du dich nicht dreckig machst!
2. (umgangssprachlich abwertend) *frech, unverschämt:* Lach nicht so dreckig!

re|hen [ˈdreːən], dreht, drehte, hat gedreht:
1. *jemanden oder etwas um sich selbst im Kreis oder in eine andere Richtung bewegen:* den Schlüssel im Schloss drehen · Zum Ausschalten des Geräts den Schalter ganz nach links drehen! · Dreh den Kopf für das Foto bitte etwas zur Seite.
2. ⟨+ sich⟩ *sich im Kreis um sich selbst bewegen:* Warum drehen sich Räder im Film rückwärts? · Der Hund bellte und drehte sich dabei im Kreis. · Das Baby kann sich schon auf den Bauch drehen.
3. *seine Richtung [durch eine Bewegung im Kreis] ändern:* Das Auto drehte und kam zurück. · Das Schiff / Der Wind dreht [nach Norden].
4. *Aufnahmen für einen Film machen:* Den nächsten Film will der Regisseur in Schweden drehen. · Für die Sendung wurde 12 Tage lang gedreht.
5. ⟨+ sich⟩ *zum Thema haben:* Die Verhandlungen drehten sich ausschließlich um die Frage der Wiedervereinigung. · In dem Prozess dreht es sich um Betrügereien. · Alles dreht sich ständig nur um sie *(sie steht bei allen Überlegungen im Vordergrund).*

rei [drai̯] (als Ziffer: 3):
die Zahl 3: alle drei Minuten · Drei mal drei ist / gibt / macht neun. · Die Vorstellung beginnt um drei [Uhr].; * **nicht bis drei zählen können** (umgangssprachlich): *nicht sehr intelligent sein.*

las **Drei|eck** [ˈdrai̯|ɛk], des Dreiecks, die Dreiecke:
Fläche, die drei gerade Linien als Grenze hat: ein spitzwinkliges Dreieck.

rei|ßig [ˈdrai̯sɪç] (in Ziffern: 30):
die Zahl 30: dreißig Personen · Mit dreißig ist man noch jung.

▸ **drei|zehn** [ˈdrai̯t͜seːn] (in Ziffern: 13):
die Zahl 13: dreizehn Personen · Er ist dreizehn Jahre alt.

▸ **drin|gend** [ˈdrɪŋənt], dringender, am dringendsten:
sehr eilig, wichtig: dringende Arbeiten / Probleme · etwas dringend benötigen.

▸ **drin|nen** [ˈdrɪnən]:
innerhalb [eines Raumes]: Die Kinder spielen drinnen.

▸ **dritt...** [ˈdrɪt...]:
die Nummer drei in einer Reihe: Sie hat letzte Woche ihren dritten Mann geheiratet.

das **Drit|tel** [ˈdrɪtl̩], des Drittels, die Drittel:
dritter Teil von etwas: ein Drittel des Kuchens / der Reise / der Bevölkerung.

▸ die **Dro|ge** [ˈdroːɡə], der Droge, die Drogen:
Substanz, von der man abhängig werden kann: harte / weiche Drogen · Alkohol und Zigaretten sind auch Drogen.

▸ die **Dro|ge|rie** [droɡəˈriː], der Drogerie, die Drogerien [droɡəˈriːən]:
Geschäft, in dem man Kosmetik und Mittel zum Putzen kaufen kann: Ich muss noch in die Drogerie gehen.

dro|hen [ˈdroːən], droht, drohte, hat gedroht:
1. *versuchen, jemandem mit Worten o. Ä. Angst zu machen:* Er drohte ihr offen.
2. *bevorstehen, eintreffen können:* Es droht ein Unwetter.
3. *in Gefahr sein (etwas zu tun):* Er drohte vor Erschöpfung zusammenzubrechen.

die **Dro|hung** [ˈdroːʊŋ], der Drohung, die Drohungen:
drohende Äußerung: eine offene / versteckte Drohung · Drohungen aussprechen / ausstoßen.

▸ **drü|ben** [ˈdryːbn̩]:
auf der anderen Seite: da / dort drüben · Sie wohnt drüben am anderen Ufer.

▸ der **[1]Druck** [drʊk], des Druck[e]s, die Drücke:
1. *Kraft, die auf eine Fläche wirkt:* den Druck messen / kontrollieren / erhöhen · In der Leitung ist kein Druck.
2. *etwas, was jemanden belastet, was ihn dazu zwingen könnte, etwas zu tun:* Der Druck auf der Arbeit steigt ständig.

▸ der **[2]Druck** [drʊk], des Druck[e]s, die Drucke:
Vorgang, bei dem Texte oder Bilder auf Papier, Stoff o. Ä. übertragen werden: Der Druck der Bücher erfolgt in Asien.

▸ **dru|cken** [ˈdrʊkn̩], druckt, druckte, hat gedruckt:
durch Druck herstellen: Bücher / Zeitungen / Zeitschriften drucken.

▸ **drü|cken** [ˈdrʏkn̩], drückt, drückte, hat gedrückt:

D

1. *Druck auf etwas bringen:* auf den Knopf / die Hupe drücken.
2. *pressen:* Die Mutter drückt das Kind ganz fest an sich.
3. *mit Kraft machen, dass sich jemand oder etwas bewegt:* das Gesicht in die Kissen drücken · Ich drücke dir einen Kuss auf die Nase.
4. *das Gefühl eines unangenehmen Druckes verursachen:* Die neuen Schuhe drücken.
5. ⟨+ sich⟩ (umgangssprachlich) *eine Arbeit o. Ä. nicht machen [wollen]:* Sie drückt sich immer / vor allen anstrengenden Arbeiten.

▶ der **Dru|cker** [ˈdrʊkɐ], des Druckers, die Drucker:
Gerät zum Drucken von Daten, die im Computer gespeichert sind: Mein Drucker ist kaputt, ich brauche einen neuen.

▶ **du** [duː]:
bezeichnet eine Person, die man gut kennt und mit diesem Wort anspricht: Kommst du mit ins Kino? · Lass uns zum Du übergehen / Du sagen!

der **Duft** [dʊft], des Duft[e]s, die Düfte [ˈdʏftə]:
Geruch, der angenehm ist: der Duft von Rosen / von Parfüm.

dul|den [ˈdʊldn̩], duldet, duldete, hat geduldet:
1. *akzeptieren:* Ich dulde nicht länger, dass du keine Hausaufgaben machst.
2. (gehoben) *etwas Schweres ertragen:* Sie haben viele Jahre Not geduldet.
3. *an einem bestimmten Ort leben, sich aufhalten lassen:* Wir sind in diesem Land nur geduldet.

▶ **dumm** [dʊm], dümmer, am dümmsten:
1. *nicht klug; wenig intelligent:* ein dummer Mensch · Er stellt sich dümmer, als er ist.
2. *ungeschickt, nicht klug bei dem, was man tut:* Es war dumm von dir, ihn zu belügen.
3. (umgangssprachlich) *unangenehm; so, dass man sich ärgert:* ein dummer Fehler · Es war ein dummer Zufall, dass wir meinen früheren Freund getroffen haben.

die **Dumm|heit** [ˈdʊmhai̯t], der Dummheit, die Dummheiten:
1. ⟨ohne Plural⟩ *Mangel an Intelligenz:* etwas aus reiner Dummheit tun / sagen.
2. *Handlung, die nicht klug war:* Als Kind hat er viele Dummheiten gemacht. · Macht keine Dummheiten!

▶ **dun|kel** [ˈdʊŋkl̩], dunkler, am dunkelsten:
1. *nicht hell; fast ohne Licht:* dunkle Straßen / Wege / Fenster · Es wird langsam dunkel.
2. *nicht hell, eher so, dass es sich Schwarz nähert:* dunkles Bier / Brot · dunkle Farben / Kleider / Haare · ein dunkles Blau / Rot / Grün.

die **Dun|kel|heit** [ˈdʊŋkl̩hai̯t], der Dunkelheit:
Zustand, in dem es [fast] kein Licht gibt: völlige / totale Dunkelheit · Die Dunkelheit überraschte uns.

▶ **dünn** [dʏn], dünner, am dünnsten:
1. *so, dass es nur einen geringen Umfang, Durchmesser o. Ä. hat:* eine dünne Wand · dünner Stoff / dünnes Papier · ein dünner Ast · Durch die Krankheit ist sie sehr dünn geworden.
2. *nicht dicht; wenig:* Sie hat sehr dünnes Haar. · Der Nordosten des Landes ist dünn besiedelt.
3. *so, dass es wenig Substanz[, aber viel Wasser] enthält:* dünner Kaffee / Tee · Die Suppe ist mir zu dünn.

▶ **durch** [dʊrç] ⟨mit Akkusativ⟩:
1. ⟨räumlich⟩ kennzeichnet eine Bewegung, die zunächst in etwas führt und dann [auf der anderen Seite] wieder hinaus: durch die Stadt / den Wald gehen · die Suppe durch ein Sieb gießen · Gehen Sie bitte durch die Tür links!
2. kennzeichnet eine Person, die etwas vermittelt, etwas bewirkt, oder eine Ursache: Ich habe durch einen Freund von der freien Stelle gehört. · Die Stadt wurde durch ein Hochwasser / Erdbeben zerstört.

durch|aus [dʊrçˈlau̯s]:
völlig; ganz: Das ist durchaus richtig / möglich.

▶ **durch|ei|nan|der** [dʊrçlai̯ˈnandɐ]:
1. *ohne jede Ordnung:* Hier liegt mal wieder alles durcheinander.
2. (umgangssprachlich) *so, dass man nicht mehr klar denken kann:* Nach dem Gespräch mit ihrem Chef war sie völlig durcheinander.

der **Durch|fall** [ˈdʊrçfal], des Durchfalls, die Durchfälle [ˈdʊrçfɛlə]:
Krankheit, bei der man sehr häufig auf die Toilette muss und sehr dünnen Stuhl hat: ein Mittel gegen den Durchfall · an Durchfall erkranken / leiden · Ich muss zum Arzt, ich habe [schweren] Durchfall.

durch|fal|len [ˈdʊrçfalən], fällt durch, fiel durch, ist durchgefallen:
[eine Prüfung] nicht bestehen: Ich bin im Examen / bei der Fahrschulprüfung durchgefallen.

durch|füh|ren ['dʊrçfy:rən], führt durch, führte durch, hat durchgeführt:
stattfinden lassen; veranstalten: eine Veranstaltung / eine Lesung / ein Projekt durchführen.

durch|hal|ten ['dʊrçhaltn̩], hält durch, hielt durch, hat durchgehalten:
1. *nicht aufgeben:* Das Projekt macht viel Arbeit, aber wir werden durchhalten.
2. *aushalten:* Die Belastungen / Strapazen halte ich nicht mehr lange durch.

durch|le|sen ['dʊrçle:zn̩], liest durch, las durch, hat durchgelesen:
von Anfang bis Ende, ganz lesen: einen Vertrag / eine Gebrauchsanweisung durchlesen · Bitte lest den Text genau / sorgfältig / gründlich durch.

der **Durch|mes|ser** ['dʊrçmɛsɐ], des Durchmessers, die Durchmesser:
gerade Linie, die durch den Mittelpunkt eines Kreises geht: Der Durchmesser beträgt 50 Zentimeter. · Berechnet bitte den Durchmesser dieses Kreises / dieser Kugel!

die **Durch|sa|ge** ['dʊrçza:gə], der Durchsage, die Durchsagen:
[offizielle] Mitteilung, die über Funk, Radio o. Ä. verbreitet wird: eine Durchsage der Polizei · Achtung, Achtung, eine wichtige Durchsage!

durch|schnei|den ['dʊrçʃnaidn̩], schneidet durch, schnitt durch, hat durchgeschnitten:
in zwei Teile schneiden: das Brot in der Mitte durchschneiden.

der **Durch|schnitt** ['dʊrçʃnɪt], des Durchschnitt[e]s, die Durchschnitte:
mittlerer Wert aus zwei oder mehreren Größen[, die miteinander verglichen werden können]: der Durchschnitt der Bevölkerung · den Durchschnitt ermitteln · etwas liegt über / unter dem Durchschnitt · Der Durchschnitt liegt bei 10 Prozent.

durch|schnitt|lich ['dʊrçʃnɪtlɪç]:
1. *so, dass es dem Durchschnitt entspricht; im Allgemeinen:* das durchschnittliche Alter / Einkommen · die durchschnittliche Lebenserwartung / Leistung.
2. *so, dass es von mittlerer Qualität ist, dem Durchschnitt entspricht, nicht besonders ist:* ein durchschnittliches Ergebnis · Ihre Leistung ist nur durchschnittlich.

durch|sich|tig ['dʊrçzɪçtɪç], durchsichtiger, am durchsichtigsten:
transparent; so, als wäre es aus Glas: eine durchsichtige Folie / Bluse.

durch|su|chen [dʊrç'zu:xn̩], durchsucht, durchsuchte, hat durchsucht:
gründlich suchen, genau prüfen: eine Wohnung / ein Auto / das Gepäck [nach / auf Waffen] durchsuchen.

▶ **dür|fen** ['dʏrfn̩], darf, durfte, hat gedurft / dürfen:
1. ⟨2. Partizip: dürfen⟩ *die Erlaubnis haben, etwas zu tun:* Dürfen wir Sie kurz stören? · Ich habe nicht fahren dürfen. · Darf ich bitten?
2. ⟨2. Partizip: dürfen⟩ drückt (oft mit »nicht«) eine Bitte, einen Wunsch oder eine Aufforderung aus: Das darf doch alles nicht wahr sein! · Mach weiter, du darfst jetzt nicht aufgeben!
3. ⟨2. Partizip: dürfen⟩ *das Recht haben, etwas zu tun:* Das hättest du nicht tun dürfen. · So etwas darfst du nicht sagen.
4. ⟨2. Partizip: dürfen; im 2. Konjunktiv⟩ *es ist wahrscheinlich, dass ...:* Es dürfte heute noch ein Gewitter geben. · Es dürfte nicht schwer sein, diese Aufgaben zu lösen.
5. ⟨2. Partizip: gedurft⟩ *die Erlaubnis haben, etwas zu tun, an einen bestimmten Ort zu gehen:* Wegen meiner Erkältung durfte ich nicht ins Schwimmbad gehen. · Darfst du das denn? · Er hat nicht mit auf die Reise gedurft.

▶ der **Durst** [dʊrst], des Durst[e]s:
[starkes] Bedürfnis zu trinken: großen / starken Durst haben · Durst bekommen / verspüren · Durst auf ein Bier haben.

▶ **durs|tig** ['dʊrstɪç], durstiger, am durstigsten:
so, dass man Durst hat: durstige Wanderer · Wir sind hungrig und durstig.

▶ die **Du|sche** ['dʊʃə], der Dusche, die Duschen:
1. *Gerät im Bad, aus dem Wasser kommt und mit dem man sich von oben bis unten nass machen kann:* ein Bad / Zimmer mit Dusche · Ich geh mal unter die Dusche.
2. *das Duschen:* eine warme / kalte Dusche nehmen.

▶ **du|schen** ['dʊʃn̩], duscht, duschte, hat geduscht:
1. *sich unter einer Dusche* (1) *waschen:* jeden Tag / warm / kalt / lange duschen · Ich geh mal schnell duschen.
2. *mit der Dusche* (1) *nass machen:* sich / die Kinder / den Rücken duschen.

das **Dut|zend** ['dʊtsn̩t], des Dutzends, die Dutzende:
1. ⟨ohne Plural⟩ *12 Stück von etwas:* zwei Dutzend frische Eier.

2. ⟨nur Plural⟩ *sehr viele:* Ich habe ihn Dutzende Male gesehen. · Es kamen Dutzende zu der Kundgebung.

▸ **du|zen** ['du:tsn̩], duzt, duzte, hat geduzt: *zu jemandem Du sagen:* Sie duzen sich schon lange.

duzen

Im Deutschen wird bei der gesprochenen und geschriebenen Anrede zwischen dem förmlichen *Sie* und dem eher ungezwungenen *Du* unterschieden.
Du sagt man in der Familie (Eltern, Kinder, Geschwister, Tanten, Onkel ...), unter Freunden und am Arbeitsplatz, wenn die Kollegen mit dem *Du* einverstanden sind. Jüngere Menschen sprechen sich fast immer mit *Du* an. Eine Person, die man duzt, spricht man auch mit dem Vornamen an.
Wenn man sich mit Menschen eine längere Zeit gesiezt hat und man sich gut versteht, kann eine(r) von beiden anbieten, dass man sich duzt. Die Anrede mit *Sie* (zusammen mit *Herr* oder *Frau*) ist unter Erwachsenen üblich, wenn man nicht verwandt oder befreundet ist. Wenn man einer fremden Person vorgestellt wird, siezt man diese normalerweise.

die **DVD** [de:fau̯'de:], der DVD, die DVDs: *Scheibe, auf der sehr viele Informationen gespeichert werden können:* den Film auf / als DVD kaufen.

der **DVD-Play|er** [de:fau̯'de:pleɪɐ], des DVD-Players, die DVD-Player: *Gerät, mit dem DVDs abgespielt werden können:* einen neuen DVD-Player kaufen.

E

[1]eben ['e:bn̩], ebener, am ebensten: *gleichmäßig flach:* ebenes Land · Der Fußboden ist nicht ganz eben.

▸ **[2]eben** ['e:bn̩]:
1. *jetzt; in diesem Augenblick:* Warte mal, er kommt eben zur Tür herein.
2. *vor wenigen Sekunden, Minuten:* Der Film hat eben erst angefangen.
3. *für kurze Zeit, schnell:* Ich komme gleich, ich muss nur eben noch telefonieren.
4. drückt aus, dass sich etwas nicht ändern lässt: So ist er eben. · Du hättest dich eben mehr beeilen müssen.
5. betont als Antwort, dass man etwas Bestimmtes bestätigt: Eben! Genau das wollte ich auch sagen.
6. * **nicht eben:** *wirklich nicht:* Das finde ich nicht eben höflich von dir.

die **Ebe|ne** ['e:bənə], der Ebene, die Ebenen:
1. *flaches Land:* Vom Turm hat man einen schönen Blick über die weite Ebene.
2. *Bereich, der sich im Niveau von anderen unterscheidet:* Maßnahmen auf nationaler Ebene.

▸ **eben|falls** ['e:bn̩fals]: *gleichfalls, auch:* »Vielen Dank!« – »Danke, ebenfalls!« · Ich bin ebenfalls dieser Meinung.

▸ **eben|so** ['e:bn̩zo:]: *im gleichen Maß oder in der gleichen Weise:* Mir geht es ebenso. · Heute ist es ebenso kalt wie gestern.

▸ das **E-Bike** ['i:bai̯k], des E-Bikes, die E-Bikes: *Fahrrad mit Motor:* Ich spare auf ein E-Bike.

▸ das **E-Book** ['i:bʊk], des E-Book[s], die E-Books:
1. *Inhalt eines Buches, der digital vorliegt [und mit einem speziellen Gerät gelesen werden kann]:* Ich kaufe mir den neuen Roman von ihr als E-Book.
2. *Gerät, mit dem man digitale Bücher lesen kann:* Die Preise für E-Books sinken ständig.

▸ die **E-Card** ['i:kɑ:d], der E-Card, die E-Cards: *Karte in elektronischer Form:* Ich schicke ihr zum Geburtstag schnell eine E-Card.

▸ **echt** [ɛçt]:
1. *nicht von Menschen oder mit der Absicht zu täuschen gemacht:* echte Perlen · Ist das Gemälde / die Unterschrift echt?
2. *wahr, wirklich:* Das ist jetzt ein echtes / echt ein Problem. · Er hat sich wie ein echter Held benommen.; * **in echt** (umgangssprachlich): *im wirklichen Leben:* Ich kenne sie nur aus dem Internet. In echt haben wir uns noch nie getroffen.

die **EC-Kar|te** [e:'tse:...], der EC-Karte, die EC-Karten: *kleine Karte aus Plastik, mit der man an Automaten Geld holen und in Geschäften bezahlen kann:* Kann ich auch mit der EC-Karte zahlen?

▸ die **Ecke** ['ɛkə], der Ecke, die Ecken:
1. *Stelle, an der sich zwei Seiten einer Fläche oder eines Gegenstands treffen:* Ich habe mich an der Ecke des Tischs gestoßen.

2. *Stelle, an der sich zwei Seiten oder Wände eines Raumes treffen:* den Besen in die Ecke stellen · Die Schlüssel habe ich in der hintersten Ecke der Schublade gefunden.
3. *Stelle, an der sich zwei Straßen treffen:* Mein Auto steht an der nächsten Ecke. · Sie wohnen gleich hier um die Ecke.

eckig ['ɛkɪç]:
mit Ecken oder Kanten: Willst du eine eckige Dose für die Plätzchen oder eine runde?

edel ['e:dl̩], edler, am edelsten:
1. *mit sehr guten, wertvollen Eigenschaften:* ein edles Pferd · Die Einrichtung sieht sehr edel aus.
2. *großzügig und freundlich:* Vielen Dank an den edlen Spender! · Es war sehr edel von dir, ihm zu verzeihen.

die **EDV** [e:de:'fau̯], der EDV:
Abkürzung von: elektronische Datenverarbeitung; *das Arbeiten mit Computern:* Heute kommt keine Firma mehr ohne EDV aus.

der **Ef|fekt** [ɛ'fɛkt], des Effekt[e]s, die Effekte:
Wirkung, die man beobachten kann: Die Strafe hatte nicht den gewünschten Effekt.

ef|fek|tiv [ɛfɛk'ti:f], effektiver, am effektivsten:
mit großer, der gewünschten Wirkung: eine effektive Methode · effektiv arbeiten.

egal [e'ga:l]:
überhaupt nicht wichtig; gleichgültig: Wichtig ist, dass du kommst. Wann ist egal. · Mir ist das eigentlich egal.

ehe ['e:ə]:
bevor etwas geschieht oder getan wird: Trink doch noch ein Glas, ehe du gehst. · Wir können nicht fahren, ehe es nicht zu regnen aufhört.

die **Ehe** ['e:ə], der Ehe, die Ehen:
offizielle Partnerschaft zwischen einem Mann und einer Frau: Sie führen eine glückliche Ehe. · Jede dritte Ehe wird geschieden.

die **Ehe|frau** ['e:əfrau̯], der Ehefrau, die Ehefrauen:
Partnerin in der Ehe: Bringen Sie zum Betriebsausflug ruhig auch Ihre Ehefrauen mit.

ehe|ma|lig ['e:əma:lɪç]:
früher: Mein ehemaliger Mann lebt jetzt im Ausland.

ehe|mals ['e:əma:ls]:
einst, früher: In dem ehemals ruhigen Ort wimmelt es heute von Touristen.

▸ der **Ehe|mann** ['e:əman], des Ehemann[e]s, die Ehemänner['e:əmɛnɐ]:
Mann als Partner in der Ehe: Sie kam ohne ihren Ehemann.

▸ das **Ehe|paar** ['e:əpa:ɐ̯], des Ehepaar[e]s, die Ehepaare:
Ehefrau und Ehemann: Immer mehr Ehepaare planen ein Leben ohne Kinder.

▸ **eher** ['e:ɐ]:
1. *zu einem noch früheren Zeitpunkt; früher:* Könntest du morgen ein bisschen eher kommen? · Je eher, desto besser!
2. drückt aus, dass man eine Möglichkeit für besser, wahrscheinlicher oder passender hält als eine andere: Diese Schuhe gefallen mir schon eher. · Ich würde eher sterben, als ihn zu verraten.

die **Eh|re** ['e:rə], der Ehre, die Ehren:
1. ⟨ohne Plural⟩ *Wert und Ansehen eines Menschen:* Sie fühlte sich in ihrer Ehre verletzt. · Deine Ehrlichkeit macht dir Ehre.
2. *Handlungen oder Zeichen, mit denen man eine Person ehrt:* eine Feier zu Ehren meines Bruders · Es ist mir eine große Ehre, Sie heute hier begrüßen zu dürfen.

eh|ren ['e:rən], ehrt, ehrte, hat geehrt:
zeigen, dass man eine Person bewundert oder ihr dankbar ist: Er wurde für seine mutige Tat mit einem Preis geehrt. · Ich fühle mich durch dieses Angebot geehrt.;
*** sehr geehrte / geehrter / geehrtes ...:** als höfliche Anrede in offiziellen Briefen und Reden verwendet: Herzlich willkommen, sehr geehrte Damen und Herren!

der **Ehr|geiz** ['e:ɐ̯gai̯ts], des Ehrgeizes:
der Wunsch, Erfolg zu haben und ein Ziel zu erreichen: Vom Ehrgeiz getrieben, übte er Tag und Nacht. · Sie hatte den Ehrgeiz, als Erste fertig zu werden.

ehr|gei|zig ['e:ɐ̯gai̯tsɪç], ehrgeiziger, am ehrgeizigsten:
voll Ehrgeiz: Sie haben ehrgeizige Pläne. · Er ist sehr ehrgeizig.

▸ **ehr|lich** ['e:ɐ̯lɪç], ehrlicher, am ehrlichsten:
so, dass eine Person nicht lügt oder betrügt: eine ehrliche Antwort · Sei ehrlich: Ist das denn wahr? · Wir haben ehrlich geteilt. · Die Pause haben wir uns ehrlich verdient.

▸ das **Ei** [ai̯], des Ei[e]s, die Eier:
1. *feste Hülle, in der ein junges Tier entsteht, besonders ein Vogel:* ein Nest mit vier Eiern · Schildkröten legen ihre Eier in den warmen Sand.
2. *Ei von einem Huhn als Nahrung für Menschen:* Eier braten / kochen · Zuta-

ten: vier Eier, 200 Gramm Zucker, 200 Gramm Butter …

die **Ei|che** ['ai̯çə], der Eiche, die Eichen: *großer Laubbaum mit schwerem, hartem Holz:* Auf dem Marktplatz steht eine mächtige alte Eiche.

die **Ei|chel** ['ai̯çl̩], der Eichel, die Eicheln: *Frucht der Eiche:* aus Eicheln und Kastanien Tiere basteln.

das **Eich|hörn|chen** ['ai̯çhœrnçən], des Eichhörnchens, die Eichhörnchen: *kleines Tier mit braunem Fell und dickem Schwanz, das auf Bäumen lebt:* Das Eichhörnchen knabbert an einer Nuss.

der **Eid** [ai̯t], des Eid[e]s, die Eide: *feierliches Versprechen, die Wahrheit zu sagen oder etwas zu tun:* vor Gericht unter Eid aussagen · Beamte müssen einen Eid auf die Verfassung schwören.

der **Ei|fer** ['ai̯fɐ], des Eifers: *Freude und Interesse an einer Aufgabe:* voller Eifer an die Arbeit gehen; *** im Eifer des Gefechts:** *in der Aufregung, in der Eile:* Das habe ich im Eifer des Gefechts völlig übersehen.

die **Ei|fer|sucht** ['ai̯fɐzʊxt], der Eifersucht: *Gefühl, die Liebe oder Aufmerksamkeit einer Person nicht mit anderen teilen zu wollen:* Er wird von Eifersucht geplagt, wenn sie mit anderen Männern tanzt.

ei|fer|süch|tig ['ai̯fɐzʏçtɪç], eifersüchtiger, am eifersüchtigsten: *voll Eifersucht:* Sie ist eifersüchtig auf ihren kleinen Bruder. · Die Kinder achten eifersüchtig darauf, dass keines mehr bekommt als die anderen.

eif|rig ['ai̯frɪç], eifriger, am eifrigsten: *voll Eifer:* eine eifrige Schülerin · eifrig lernen · Er erklärte mir eifrig seinen Plan.

das **Ei|gelb** ['ai̯gɛlp], des Eigelbs, die Eigelbe ⟨aber: zwei Eigelb⟩: *runder, gelber Teil in einem Ei:* Die beiden Eigelb, Zucker und Butter verrühren.

▶ **ei|gen** ['ai̯gn̩]:
1. *einer Person selbst gehörend, für sie selbst bestimmt:* ein eigenes Auto haben · etwas vom eigenen Geld kaufen.
2. *zu einer Person selbst gehörend:* Dazu habe ich meine eigene Meinung. · Kümmere dich um deine eigenen Angelegenheiten!

ei|gen|ar|tig ['ai̯gn̩|a:ɐ̯tɪç], eigenartiger, am eigenartigsten: *so ungewöhnlich, dass man sich wundert; seltsam, merkwürdig:* ein eigenartiges Gefühl · Das ist aber eigenartig! · Hier riecht es aber eigenartig.

die **Ei|gen|schaft** ['ai̯gn̩ʃaft], der Eigenschaft, die Eigenschaften: *etwas, womit man das Verhalten oder die Art einer Person oder Sache beschreiben kann:* gute / schlechte Eigenschaften haben · Kaffee hat die Eigenschaft, munter zu machen.

▶ **ei|gent|lich** ['ai̯gn̩tlɪç]:
1. *wirklich, tatsächlich:* Das eigentliche Problem wurde erst später deutlich.
2. *in Wirklichkeit; wenn man es genau nimmt:* Eigentlich heißt sie Franziska, aber jeder nennt sie nur Franzi. · Pilze sind eigentlich keine Pflanzen.
3. *obwohl jemand nicht entsprechend handelt:* Ich wollte eigentlich heute noch ausgehen, aber jetzt bin ich zu müde.
4. drückt freundliches Interesse aus: Wo wohnt ihr eigentlich?
5. drückt Ärger oder einen Vorwurf aus: Weißt du eigentlich, wie spät es schon ist?

das **Ei|gen|tum** ['ai̯gn̩tu:m], des Eigentums: *etwas, was einer Person, Firma oder Institution gehört; Besitz:* Dieser Wald ist öffentliches Eigentum. · Nach seinem Tod ging die Firma in ihr Eigentum über.

der **Ei|gen|tü|mer** ['ai̯gn̩ty:mɐ], des Eigentümers, die Eigentümer, die **Ei|gen|tü|me|rin** ['ai̯gn̩ty:mərɪn], der Eigentümerin, die Eigentümerinnen: *Person, der eine Sache gehört; Besitzer[in]:* der neue Eigentümer des Grundstücks.

▶ **eig|nen** ['ai̯gnən] ⟨+ sich⟩, eignet sich, eignete sich, hat sich geeignet: *die richtigen Eigenschaften oder Fähigkeiten für einen Zweck oder eine Aufgabe haben:* Ich weiß nicht, ob ich mich für diesen Beruf eigne. · Blumen eignen sich gut als Geschenk. · Dieses Wasser eignet sich nicht zum Trinken.

▶ die **Ei|le** ['ai̯lə], der Eile: *Zustand, in dem wenig Zeit vorhanden ist, um etwas zu erledigen:* Ich kann nicht lange bleiben, ich bin etwas in Eile. · Die Sache hat keine Eile. · Das hätte ich in der Eile beinahe vergessen.

▶ **ei|len** ['ai̯lən], eilt, eilte, geeilt:
1. ⟨ist⟩ *in Eile an einen Ort gehen oder fahren:* jemandem zu Hilfe eilen · Nach der Arbeit ist sie sofort nach Hause geeilt.
2. ⟨hat⟩ *schnell erledigt werden müssen, dringend sein:* Dieses Schreiben eilt sehr. · Eilt es denn damit so sehr?

ei|lig ['ai̯lɪç], eiliger, am eiligsten:
1. *schnell, in Eile:* ein eiliger Blick ins

Buch; * **es eilig haben:** *in Eile sein:* Ich habe es gerade besonders eilig.
2. *so, dass es bald und schnell erledigt werden muss; dringend:* ein eiliger Auftrag.

der **Ei|mer** ['aimɐ], des Eimers, die Eimer: *Gefäß zum Transport und Lagern besonders von Flüssigkeiten:* ein Eimer (voll) Sand / Wasser · Der Eimer ist voll / läuft über.

ein [ain]:
1. ⟨ein, eine, ein; unbestimmter Artikel⟩ kennzeichnet ein einzelnes Wesen, Ding: ein Teller / eine Tasse / ein Messer · Ein Auto kostet viel Geld. · Sie kauft sich einen Computer. · Er wollte ihr eine Freude machen. · So eine Enttäuschung!
2. ⟨einer, eine, ein[e]s⟩ (umgangssprachlich) *jemand:* Kann bitte eine / einer von euch mal mit anfassen? · Ich kenne einen, der dir sicher helfen kann.
3. ⟨einer, eine, ein[e]s⟩ *man:* Man sollte nicht so viel trinken, wenn es einem nicht bekommt.
4. bezeichnet den Wert der Zahl 1: ein Euro siebzig · Bitte einen Tisch für eine Person! · Sie war in diesem Jahr nur einen Tag krank.

ei|nan|der [ai'nandɐ] (gehoben): *mehrere Personen, Sachen gegenseitig:* Sie kennen einander noch nicht. · Ihr solltet einander lieber helfen, als euch zu streiten.

die **Ein|bahn|stra|ße** ['ainba:nʃtra:sə], der Einbahnstraße, die Einbahnstraßen: *Straße, in der man nur in einer Richtung fahren darf:* In der Altstadt gibt es viele Einbahnstraßen.

ein|bau|en ['ainbauən], baut ein, baute ein, hat eingebaut: *in etwas nachträglich oder zusätzlich bauen, einfügen:* neue Fenster einbauen · nach der Reparatur den Motor wieder einbauen.

ein|bre|chen ['ainbrɛçn̩], bricht ein, brach ein, ist eingebrochen:
1. *Gewalt anwenden, um heimlich in ein Gebäude zu gelangen:* Unbekannte Täter sind nachts in den Laden eingebrochen. · Bei unseren Nachbarn ist gestern eingebrochen worden.
2. *durch sein Gewicht ein Loch in eine Oberfläche machen:* Sie brach auf dem Eis ein und ertrank.

der **Ein|bre|cher** ['ainbrɛçɐ], des Einbrechers, die Einbrecher, die **Ein|bre|che|rin** ['ainbrɛçərɪn], der Einbrecherin, die Einbrecherinnen: *Person, die einbricht:* Die Einbrecher sind durch ein Fenster im Keller eingedrungen.

▸ der **Ein|bruch** ['ainbrʊx], des Einbruch[e]s, die Einbrüche ['ainbrʏçə]:
1. *das Einbrechen in ein Gebäude mit Gewalt:* Der Schmuck stammt von einem Einbruch.
2. *plötzlicher Beginn:* vor / bei / nach Einbruch der Nacht.
3. *starke Verluste, unerwünschter Rückgang:* ein Einbruch der Kurse an der Börse · Die Partei erlebte bei den Wahlen einen schweren Einbruch.

ein|bür|gern ['ainbʏrgɐn], bürgert ein, bürgerte ein, hat eingebürgert:
1. *einer Person die Staatsangehörigkeit des Landes verleihen, in dem sie jetzt lebt:* Ausländer einbürgern · Er lebt schon lange in Deutschland und will sich jetzt einbürgern lassen.
2. ⟨+ sich⟩ *üblich werden:* Bei uns hat es sich so eingebürgert, dass wir nach dem Essen spazieren gehen.

ein|cre|men ['ainkre:mən], cremt ein, cremte ein, hat eingecremt: *Creme in die Haut reiben:* jemandem den Rücken eincremen · Crem dich nach dem Baden ein.

▸ **ein|deu|tig** ['aindɔytɪç], eindeutiger, am eindeutigsten: *klar, deutlich:* ein eindeutiger Fall · Dieses Ergebnis ist eindeutig falsch.

ein|drin|gen ['aindrɪŋən], dringt ein, drang ein, ist eingedrungen: *in etwas gelangen, wo es, man nicht sein sollte:* Durch den Riss drang Wasser ins Boot ein. · Wie konnten die Täter ins Haus eindringen?

ein|dring|lich ['aindrɪŋlɪç], eindringlicher, am eindringlichsten: *so, dass deutlich wird, dass eine Sache wichtig ist:* eindringliche Worte · Sie ermahnte uns eindringlich, nichts zu verraten.

▸ der **Ein|druck** ['aindrʊk], des Eindruck[e]s, die Eindrücke ['aindrʏkə]: *Vorstellung im Kopf, die durch eine Wahrnehmung entsteht:* Sie hat einen guten Eindruck auf mich gemacht / bei mir hinterlassen. · Ich habe den Eindruck, du magst mich nicht.

▸ **ei|ner|seits** ['ainɐzaits]:
* **einerseits ... andererseits:** nennt zwei Dinge, von denen das eine für eine Person, Sache spricht und das andere dagegen: Einerseits gefällt mir das Bild sehr gut, andererseits ist es schon etwas teuer.

▶ **ein|fach** ['ainfax]:
1. ⟨einfacher, am einfachsten⟩ *ohne großen Aufwand oder Luxus; bescheiden:* eine einfache Mahlzeit · aus einfachen Verhältnissen kommen.
2. ⟨einfacher, am einfachsten⟩ *ohne Mühe oder Probleme; leicht:* eine einfache Aufgabe · Das ist gar nicht so einfach zu verstehen.
3. drückt aus, dass ein Vorschlag ein Problem lösen könnte: Mach doch einfach mal eine Pause!
4. verwendet, um das, was man sagt, zu verstärken: Dazu bräuchte ich einfach mehr Geld. · Der Film ist einfach super!

▶ die **Ein|fahrt** ['ainfa:ɐ̯t], der Einfahrt, die Einfahrten:
1. ⟨ohne Plural⟩ *Vorgang, bei dem ein Fahrzeug in ein Gebäude oder Gebiet kommt:* Vorsicht bei der Einfahrt des Zuges! · Einfahrt verboten!
2. *Stelle, an der man in ein Gebäude oder Gebiet fahren kann:* Sein Auto stand in der Einfahrt. · Einfahrt frei halten!

▶ der **Ein|fall** ['ainfal], des Einfall[e]s, die Einfälle ['ainfɛlə]:
Gedanke, den man plötzlich hat; Idee: Sie hat immer viele tolle Einfälle.

▶ **ein|fal|len** ['ainfalən], fällt ein, fiel ein, ist eingefallen:
1. *einer Person als Idee oder Erinnerung bewusst werden:* Ihre Telefonnummer fällt mir gerade nicht ein. · Wir müssen uns eine Lösung für dieses Problem einfallen lassen.
2. *einstürzen:* Das Dach der alten Scheune ist eingefallen.

▶ der **Ein|fluss** ['ainflʊs], des Einflusses, die Einflüsse ['ainflʏsə]:
Wirkung auf das Verhalten einer Person oder Sache: Bei dem Unfall stand er unter dem Einfluss von Drogen. · Er hat keinen guten Einfluss auf meine Kinder. · Sie hat viel / großen Einfluss. · Das hatte auf meine Entscheidung keinen Einfluss.

ein|fluss|reich ['ainflʊsraiç], einflussreicher, am einflussreichsten:
großen Einfluss besitzend, mächtig: Er gehört zu den einflussreichsten Männern im Land.

ein|frie|ren ['ainfri:rən], friert ein, fror ein, eingefroren:
1. ⟨ist⟩ *durch Frost nicht zu benutzen sein:* Die Wasserleitung ist eingefroren.
2. ⟨hat⟩ *bei Temperaturen weit unter null Grad lagern:* Wir haben das Fleisch eingefroren.

▶ **ein|fü|gen** ['ainfy:gn̩], fügt ein, fügte ein, hat eingefügt:
etwas nachträglich, zusätzlich in etwas bringen: An dieser Stelle solltest du noch einen Satz über deine Sprachkenntnisse einfügen.

▶ **ein|füh|ren** ['ainfy:rən], führt ein, führte ein, hat eingeführt:
1. *neu schaffen, verbreiten:* Die Regierung will eine neue Steuer einführen.
2. *Waren aus einem anderen ins eigene Land bringen:* illegal eingeführte Drogen · Wein aus dem Ausland nach Deutschland einführen.
3. *einer Person eine neue Aufgabe zeigen, erklären:* einen neuen Mitarbeiter in seine Arbeit einführen.
4. *vorsichtig in eine Öffnung schieben:* ein Zäpfchen / einen Tampon einführen.

▶ die **Ein|füh|rung** ['ainfy:rʊŋ], der Einführung, die Einführungen:
1. *das Einführen neuer Dinge:* mit der Einführung der neuen Gebühr noch warten.
2. *Text oder Kurs, mit dem man etwas Neues kennenlernt:* eine Einführung in das Thema · Nach einer kurzen Einführung durften wir alle das Programm selbst ausprobieren.

die **Ein|ga|be** ['ainga:bə], der Eingabe, die Eingaben:
1. *Schreiben mit einem Antrag an eine Behörde:* Er versucht mit der Eingabe zu verhindern, dass die Bäume gefällt werden.
2. *das Eingeben von Daten in einen Computer:* Ich habe bei der Eingabe meines Namens einen Fehler gemacht.

▶ der **Ein|gang** ['aingaŋ], des Eingang[e]s, die Eingänge ['aingɛŋə]:
Tür in ein Gebäude hinein: am / vor dem Eingang stehen · Der Eingang wird nachts verschlossen.

ein|ge|ben ['ainge:bn̩], gibt ein, gab ein, hat eingegeben:
in einen Computer, ein elektronisches Gerät tippen: Jetzt musst du dein Passwort eingeben.

ein|ge|hen ['ainge:ən], geht ein, ging ein, ist eingegangen:
1. *etwas akzeptieren und entsprechend handeln:* ein Bündnis / eine Wette mit jemandem eingehen · Dieses Risiko würde ich nicht eingehen.
2. *sich mit einer Sache beschäftigen:* Auf diesen Punkt würde ich gern näher eingehen. · Du solltest mehr auf die Kinder *(auf das, was sie sagen)* eingehen.

3. *beim Waschen kleiner oder enger werden:* Das T-Shirt ist in der Wäsche eingegangen.
4. *wegen eines Mangels aufhören zu existieren oder zu leben:* Der Baum / Hund ist eingegangen. · Wir sind fast vor Durst / Hitze eingegangen. · Mehrere kleine Geschäfte sind eingegangen, als der Supermarkt eröffnet wurde.

ein|ge|hend ['ainge:ənt], eingehender, am eingehendsten:
alles beachtend; sorgfältig: eine eingehende Analyse des Problems · Wir haben die Möglichkeiten eingehend besprochen.

ein|ge|schrie|ben ['aingəʃri:bn̩] (österreichisch):
als Einschreiben: ein eingeschriebener Brief.

ein|grei|fen ['aingraifn̩], greift ein, griff ein, hat eingegriffen:
aktiv werden, um etwas zu beeinflussen oder zu stoppen: vermittelnd in einen Streit eingreifen · Durch rechtzeitiges Eingreifen hätte das Problem verhindert werden können.

der **Ein|griff** ['aingrɪf], des Eingriff[e]s, die Eingriffe:
1. *Operation:* Der Eingriff erfolgte unter Narkose.
2. *Handlung, die etwas einschränkt oder auf negative Weise ändert:* ein Eingriff in die Natur · Das ist ein empörender Eingriff in meine Rechte!

ein|hal|ten ['ainhaltn̩], hält ein, hielt ein, hat eingehalten:
sich so verhalten, wie man soll, muss: einen Vertrag / die Vorschriften einhalten · einen Termin / sein Versprechen einhalten.

ein|hei|misch ['ainhaimɪʃ]:
zu einem Ort, Land gehörend: die einheimische Tier- und Pflanzenwelt.

die **Ein|heit** ['ainhait], der Einheit, die Einheiten:
1. *mehrere Personen, Dinge, die zusammen ein Ganzes darstellen:* die nationale Einheit eines Volkes stärken.
2. *Teil einer Menge oder Größe, den man zum Messen oder Zählen unterscheidet:* In welcher Einheit ist die Entfernung angegeben – in Metern oder in Kilometern?
3. *mehrere Personen (z. B. Polizisten, Soldaten), die zusammen eingesetzt werden:* zu einer anderen Einheit versetzt werden · Mehrere Einheiten der Feuerwehr bekämpften den Brand.

▶ **ein|heit|lich** ['ainhaitlɪç], einheitlicher, am einheitlichsten:
ohne große Unterschiede: eine einheitliche Regelung finden · Wir sollten versuchen, einheitlich vorzugehen.

ein|ho|len ['ainho:lən], holt ein, holte ein, hat eingeholt:
einen Rückstand auf eine Person verschwinden lassen: Sie lief hinter ihm her, konnte ihn aber nicht einholen. · In Mathe hatte sie den Rest der Klasse bald wieder eingeholt.

ei|nig ['ainɪç]:
der gleichen Meinung: Seid ihr euch über den Preis einig geworden? · Wir sind uns nur noch nicht einig, wann es losgehen soll.

▶ **ei|nig...** ['ainɪg...]:
1. *unbestimmte kleine Menge:* vor einiger Zeit · Man könnte noch einiges verbessern.
2. *unbestimmte kleine Zahl:* an einigen Stellen · Die meisten waren schon weg, aber einige waren noch da.
3. ⟨betont⟩ *relativ große Menge oder Zahl:* Das wird aber einige Leute überraschen. · Sie haben sich die Hochzeit einiges kosten lassen *(viel Geld dafür ausgegeben).*

▶ **ei|ni|gen** ['ainɪgn̩] ⟨+ sich⟩, einigt sich, einigte sich, hat sich geeinigt:
eine gemeinsame Entscheidung oder Lösung finden: Habt ihr euch endlich geeignet? · Wir konnten uns nicht über den / auf einen Preis einigen.

ei|ni|ger|ma|ßen ['ainɪgɐ'ma:sn̩]:
so, dass man fast, aber nicht ganz zufrieden sein kann: eine einigermaßen vernünftige Lösung · »Wie geht es dir?« – »Einigermaßen!«.

▶ der **Ein|kauf** ['ainkauf], des Einkauf[e]s, die Einkäufe:
1. *das Einkaufen:* Einkäufe machen / erledigen.
2. *eingekaufte Ware:* Sie packte ihre Einkäufe aus.

▶ **ein|kau|fen** ['ainkaufn̩], kauft ein, kaufte ein, hat eingekauft:
Dinge kaufen, die man für das tägliche Leben braucht: einkaufen gehen · Ich kaufe mein Gemüse immer auf dem Markt ein.

▶ das **Ein|kom|men** ['ainkɔmən], des Einkommens, die Einkommen:
Geld, das man regelmäßig bekommt und von dem man lebt: Wie hoch ist dein monatliches Einkommen? · Beamte haben ein sicheres Einkommen.

▶ **ein|la|den** ['ainla:dn̩], lädt ein, lud ein, hat eingeladen:
1. *in ein Fahrzeug bringen:* das Gepäck ins Auto / in den Kofferraum einladen.
2. *als Gast zu sich bitten:* Wir sind morgen bei ihr zum Essen eingeladen.
3. *einer Person vorschlagen, etwas gemeinsam zu tun und für sie zu bezahlen:* Darf ich dich ins Kino / auf ein Bier einladen?

▶ die **Ein|la|dung** ['ainla:dʊŋ], der Einladung, die Einladungen:
Aufforderung zum Besuch oder zur Teilnahme: Hast du auch eine Einladung zu ihrem Geburtstag bekommen? · Zahlreiche Wissenschaftler folgten der Einladung zur Tagung.

ein|lau|fen ['ainlaufn̩], läuft ein, lief ein, ist eingelaufen:
1. *in einen Behälter fließen:* sich rasieren, während das Wasser [in die Wanne] einläuft · Ich lasse mir gerade ein Bad einlaufen.
2. *in ein Gebäude oder Gebiet fahren oder laufen:* Der Zug läuft gerade ein. · Die Mannschaften laufen gleich ins Stadion ein.
3. *beim Waschen kleiner oder enger werden; eingehen:* Der Pullover ist beim Waschen eingelaufen.

ein|le|ben ['ainle:bn̩], lebt sich ein, lebte sich ein, hat sich eingelebt:
sich an eine neue Umgebung gewöhnen und dort wohlfühlen: Habt ihr euch in der neuen Wohnung gut eingelebt?

ein|lei|ten ['ainlaitn̩], leitet ein, leitete ein, hat eingeleitet:
1. *besonders einen Text an den Anfang stellen:* ein paar einleitende Worte sprechen · Einleitend möchte ich sagen, wie sehr ich mich über Ihr Kommen freue.
2. *das Nötige tun, damit etwas beginnt:* Maßnahmen / Reformen / eine Untersuchung einleiten · die Geburt künstlich einleiten.

die **Ein|lei|tung** ['ainlaitʊŋ], der Einleitung, die Einleitungen:
1. *Teil, mit dem z. B. ein Aufsatz oder ein Buch beginnt:* in der Einleitung zum Thema hinführen.
2. *das Einleiten eines Vorgangs:* die Einleitung eines Strafverfahrens gegen jemanden beschließen.

▶ **ein|mal** ['ainma:l]:
1. *ein einziges Mal:* einmal am Tag · Mach das nicht noch einmal!; * **auf einmal:** 1) *gleichzeitig:* Sie kamen alle auf einmal. 2) *plötzlich:* Auf einmal stand sie auf und ging.; * **einmal ist keinmal:** *das zählt nicht, wenn es nicht wiederholt wird.*
2. *zu einer unbestimmten Zeit in der Vergangenheit oder Zukunft:* Es wäre schlimm, wenn es einmal so weit kommen sollte. · Hier stand einmal eine Burg.
3. verstärkt eine Aussage oder Aufforderung: Lass mich doch auch einmal gucken! · Hör doch endlich einmal auf damit!
4. * **erst / zunächst einmal:** *vor allem anderen:* Wir sollten erst einmal etwas essen.; * **nicht einmal:** *auch nicht ..., was schon wenig gewesen wäre:* Sie hat nicht einmal Danke gesagt.; * **nun einmal:** *daran ist nichts zu ändern:* Nachts ist es nun einmal dunkel.

ein|ma|lig ['ainma:lɪç]:
1. *sehr gut; einzigartig:* ein einmalig schöner Abend · Nutzen Sie diese einmalige Gelegenheit! · Dieser Film ist wirklich einmalig!
2. *nur ein einziges Mal vorkommend:* eine einmalige Anschaffung / Zahlung.

▶ die **Ein|nah|me** ['ainna:mə], der Einnahme, die Einnahmen:
1. *eingenommenes Geld:* Das Unternehmen konnte seine Einnahmen letztes Jahr steigern.
2. ⟨ohne Plural⟩ *das Schlucken von Medikamenten:* Der Sportler hat die Einnahme verbotener leistungssteigernder Mittel zugegeben.

▶ **ein|neh|men** ['ainne:mən], nimmt ein, nahm ein, hat eingenommen:
1. *Geld besonders durch Arbeit oder Verkauf bekommen:* Na, wie viel habt ihr denn auf dem / beim Flohmarkt eingenommen?
2. *essen oder schlucken:* Vergiss nicht, deine Medizin einzunehmen! · Wann haben Sie Ihre letzte Mahlzeit eingenommen?
3. *als Platz beanspruchen:* Das Regal nimmt in meinem Zimmer die ganze Wand ein.
4. *im Kampf erobern:* eine Burg / Stadt einnehmen.

▶ **ein|pa|cken** ['ainpakn̩], packt ein, packte ein, hat eingepackt:
1. *in einen Koffer oder eine Tasche packen:* Hast du uns auch etwas zum Trinken eingepackt?; * **einpacken können** (umgangssprachlich): *keine Aussicht auf Erfolg haben:* Wenn unsere Mannschaft in der zweiten Halbzeit

weiter so schlecht spielt, kann sie einpacken.
2. *in Papier wickeln:* Geschenke einpacken; * **jemanden / sich warm einpacken** (umgangssprachlich): *warm anziehen oder in eine warme Decke wickeln:* Es weht ein kalter Wind, pack dich warm ein.

ein|prä|gen ['ai̯nprɛ:gn̩] ⟨+ sich⟩, prägt sich ein, prägte sich ein, hat sich eingeprägt:
1. *so lernen, dass man es nicht wieder vergisst:* Ich habe mir den Text / Weg gut eingeprägt.
2. *im Gedächtnis bleiben:* Jede Einzelheit hat sich mir für immer eingeprägt.

ein|räu|men ['ai̯nrɔy̯mən], räumt ein, räumte ein, hat eingeräumt:
1. *an seinen Platz in einem Raum legen, stellen:* Bücher / Kleider / Wäsche in den Schrank einräumen.
2. *mit den Dingen füllen, die dafür bestimmt sind:* den Schrank / das Zimmer einräumen.
3. *zugeben:* Sie räumte ein, einen Fehler gemacht zu haben.

ein|rei|chen ['ai̯nrai̯çn̩], reicht ein, reichte ein, hat eingereicht:
(einen Antrag o. Ä.) einer Behörde oder Vorgesetzten schicken: die Scheidung einreichen · Nach diesem Vorfall hat er seine Kündigung eingereicht.

die **Ein|rei|se** ['ai̯nrai̯zə], der Einreise, die Einreisen:
Vorgang, über die Grenze in ein Land zu reisen: jemandem die Einreise verweigern · Er braucht für die Einreise in die Schweiz ein Visum.

ein|rei|sen ['ai̯nrai̯zn̩], reist ein, reiste ein, ist eingereist:
über die Grenze in ein Land reisen: Sie sind illegal nach Österreich / in die Schweiz eingereist.

ein|rich|ten ['ai̯nrɪçtn̩], richtet ein, richtete ein, hat eingerichtet:
1. *mit Möbeln und Geräten ausstatten:* Sie hat sich das Zimmer als Büro eingerichtet. · Das Hotel ist modern eingerichtet.
2. *neu schaffen, eröffnen:* ein Konto einrichten · eine Arbeitsgruppe einrichten.
3. *möglich machen:* Kannst du es einrichten, heute mit mir zu essen? · Es ließ sich leider nicht anders einrichten.
4. ⟨+ sich⟩ *sich vorbereiten:* sich auf Gäste / auf eine lange Wartezeit einrichten.

die **Ein|rich|tung** ['ai̯nrɪçtʊŋ], der Einrichtung, die Einrichtungen:
1. *Möbel und Geräte, mit denen etwas eingerichtet ist, wird:* eine neue Einrichtung fürs Kinderzimmer kaufen.
2. *Betrieb oder Organisation mit öffentlichen Aufgaben; Institution:* Krankenhäuser, Schulen und andere öffentliche Einrichtungen.
3. ⟨ohne Plural⟩ *Vorgang, etwas neu zu schaffen, einzurichten:* die Einrichtung eines neuen Services.

▸ **eins** [ai̯ns] (als Ziffer: 1):
1. *die Zahl 1:* Eins plus drei ist / gibt / macht vier. · Die Mannschaft gewann eins zu null.; * **eins a** (umgangssprachlich): *prima, hervorragend:* Das musst du probieren, das ist eins a!
2. *1 Uhr nachts oder 13 Uhr mittags:* Es ist jetzt fünf vor eins. · Sie wollte um eins hier sein.
3. (umgangssprachlich) *eine Sache; eines:* Eins sag ich dir: Ich glaub ihm nicht!

▸ **ein|sam** ['ai̯nza:m], einsamer, am einsamsten:
1. *traurig, weil einem andere Menschen fehlen:* sich einsam fühlen · Ich bin so einsam ohne dich!
2. *nicht dort, wo viele Menschen sind oder leben:* eine einsame Gegend · ein einsam gelegener Bauernhof.

die **Ein|sam|keit** ['ai̯nza:mkai̯t], der Einsamkeit:
der Zustand, einsam zu sein: Der Hund tröstete sie in ihrer Einsamkeit.

der **Ein|satz** ['ai̯nzats], des Einsatzes, die Einsätze ['ai̯nzɛtsə]:
1. ⟨ohne Plural⟩ *das Verwenden einer Person oder Sache für eine Aufgabe oder einen Zweck:* Mit dem Einsatz von Schmerzmitteln sollte man vorsichtig sein. · Bei den Aufräumarbeiten nach dem Erdbeben kamen Soldaten zum Einsatz.
2. *gemeinsame Aktion einer Gruppe besonders von Soldaten oder Polizisten:* Er wurde beim letzten Einsatz verletzt.
3. ⟨ohne Plural⟩ *das Bemühen, ein Ziel zu erreichen:* Die Mannschaft kämpfte mit vollem Einsatz.
4. *Geld, das man gibt, um an einem Spiel oder einer Wette teilzunehmen:* um hohe Einsätze spielen.
5. *Zeitpunkt, in dem eine Person anfangen muss, zu singen oder spielen:* seinen Einsatz verpassen *(als Musiker / Schauspieler).*

▸ **ein|schal|ten** ['ai̯nʃaltn̩], schaltet ein, schaltete ein, hat eingeschaltet:

E

1. *einen Schalter drücken, um ein Gerät oder eine Maschine zu starten:* den Computer / den Herd / das Licht einschalten.
2. ⟨+ sich⟩ *in eine Angelegenheit eingreifen:* sich in eine Diskussion einschalten.
3. *veranlassen, dass eine Person in eine Angelegenheit eingreift:* Die Familie des entführten Kindes hatte Angst, die Polizei einzuschalten.

ein|schät|zen [ˈai̯nʃɛtsn̩], schätzt ein, schätzte ein, hat eingeschätzt:
eine Meinung über eine Person, Sache haben; beurteilen: Ich habe die Entfernung falsch eingeschätzt. · So wie ich ihn einschätze, wird er das bestimmt nicht tun.

die **Ein|schät|zung** [ˈai̯nʃɛtsʊŋ], der Einschätzung, die Einschätzungen:
das Einschätzen; Bewertung, Beurteilung: Nach meiner Einschätzung / Meiner Einschätzung nach werden die Umsätze steigen.

ein|schla|fen [ˈai̯nʃla:fn̩], schläft ein, schlief ein, ist eingeschlafen:
1. *anfangen zu schlafen:* nicht einschlafen können · Ich bin beim Lesen / über dem Buch eingeschlafen.
2. *für kurze Zeit so schlecht mit Blut versorgt werden, dass es ohne Gefühl ist:* Mir ist das linke Bein eingeschlafen.
3. *allmählich aufhören:* Anfangs haben wir noch oft telefoniert, aber dann ist der Kontakt eingeschlafen.

ein|schlie|ßen [ˈai̯nʃli:sn̩], schließt ein, schloss ein, hat eingeschlossen:
1. *eine Tür abschließen, damit eine Person in einem Raum (allein) bleibt:* die Gefangenen in ihre Zellen einschließen · Sie schloss sich weinend im Bad ein.
2. *sicher in einem Behälter oder Raum aufbewahren, zu dem niemand sonst Zugang hat:* das Gepäck am Bahnhof in ein Schließfach einschließen.
3. *bei etwas mit berücksichtigen:* Die Untersuchung schließt einen Bluttest mit ein. · Das Frühstück ist im Preis eingeschlossen.

► **ein|schließ|lich** [ˈai̯nʃli:slɪç]:
bei etwas mit berücksichtigt, bereits enthalten: die Kosten einschließlich Porto / des Portos · Einschließlich Kindern / [der] Kinder waren wir 20 Personen. · Wir bleiben bis einschließlich Mittwoch.

ein|schrän|ken [ˈai̯nʃrɛŋkn̩], schränkt ein, schränkte ein, hat eingeschränkt:
1. *verringern; reduzieren:* das Gepäck auf das Nötigste einschränken · jemandes Macht / Rechte einschränken.
2. ⟨+ sich⟩ *wenig Geld ausgeben können:* Sie muss sich sehr einschränken, um mit dem Stipendium auszukommen.

ein|schrei|ben [ˈai̯nʃrai̯bn̩] ⟨+ sich⟩, schreibt sich ein, schrieb sich ein, hat sich eingeschrieben:
seinen Namen für die Teilnahme in eine Liste schreiben; sich anmelden: sich an einer Hochschule / Universität einschreiben · Für welchen Kurs hast du dich eingeschrieben?

► das **Ein|schrei|ben** [ˈai̯nʃrai̯bn̩], des Einschreibens, die Einschreiben:
Brief mit höherem Porto, bei dem man eine Bestätigung bekommt, wenn er angekommen ist: einen Brief als Einschreiben schicken.

ein|schu|len [ˈai̯nʃu:lən], schult ein, schulte ein, hat eingeschult:
ein Kind mit der Schule anfangen lassen: Kinder werden bei uns in der Regel mit sechs Jahren eingeschult.

ein|se|hen [ˈai̯nze:ən], sieht ein, sah ein, hat eingesehen:
1. *erkennen oder sich davon überzeugen lassen, dass etwas der Fall oder richtig ist:* einen Fehler / Irrtum einsehen · Sieh doch endlich ein, dass das keinen Sinn hat. · Ich sehe nicht ein, warum immer ich das machen soll.
2. *etwas lesen, um es zu prüfen:* Prüfungsergebnisse / Unterlagen einsehen.
3. *einen Blick in etwas werfen können:* Der Garten kann von der Straße her nicht eingesehen werden.

ein|sei|tig [ˈai̯nzai̯tɪç], einseitiger, am einseitigsten:
1. *andere Alternativen oder Gesichtspunkte nicht beachtend:* eine einseitige Beurteilung / Darstellung der Situation · sich einseitig ernähren.
2. *nur auf, von einer von zwei Seiten:* der einseitige Rückzug von Truppen aus dem Kampfgebiet · Das Papier ist nur einseitig bedruckt.

► **ein|set|zen** [ˈai̯nzɛtsn̩], setzt ein, setzte ein, hat eingesetzt:
1. *für eine Aufgabe oder einen Zweck verwenden:* Handschuhe zum Schutz der Hände einsetzen · Polizisten / Soldaten einsetzen · Er setzte all seinen Charme ein, um mich zu überzeugen.
2. *für eine Aufgabe oder Funktion neu schaffen oder bestimmen:* eine Arbeitsgruppe / Kommission einsetzen · Sein

Onkel setzte ihn zu seinem Erben / als seinen Erben ein.
3. ⟨+ sich⟩ *sich bemühen, eine Person oder Sache zu unterstützen:* sich für ein Ziel einsetzen · Sie hat sich bei ihrem Chef für mich eingesetzt.
4. *eine Lücke mit einem passenden Teil füllen:* eine neue Scheibe ins Fenster einsetzen.
5. *beginnen:* Als die Musik einsetzte, standen alle von ihren Plätzen auf.

ein|spa|ren ['ai̯nʃpa:rən], spart ein, sparte ein, hat eingespart:
1. *nicht verbrauchen, indem man spart:* Wir könnten viel Geld einsparen, wenn wir den Stromanbieter wechseln.
2. *reduzieren, indem man spart:* Kosten / Personal / Stellen einsparen.

der **Ein|spruch** ['ai̯nʃprʊx], des Einspruch[e]s, die Einsprüche ['ai̯nʃprʏçə]: *offizieller Protest gegen eine Entscheidung:* Der Einspruch des Anwalts wurde abgelehnt.; * **Einspruch erheben:** *(gegen etwas) protestieren:* gegen einen Bescheid / ein Urteil Einspruch erheben.

ein|ste|cken ['ai̯nʃtɛkn̩], steckt ein, steckte ein, hat eingesteckt:
1. *in die Steckdose stecken:* den Stecker einstecken · Das Bügeleisen war noch eingesteckt.
2. *etwas in die Tasche stecken, um es bei sich zu haben:* seine Schlüssel / ein Taschentuch einstecken · Hast du [dir] auch genug Geld eingesteckt?
3. (umgangssprachlich) *erleiden:* Kritik / Schläge / eine Niederlage einstecken müssen.

ein|stei|gen ['ai̯nʃtai̯gn̩], steigt ein, stieg ein, ist eingestiegen:
1. *in ein Fahrzeug steigen:* in ein Auto / einen Zug einsteigen · Das Boot schaukelte, als ich einstieg.
2. *bei etwas mitmachen:* in ein Geschäft einsteigen · Fangt schon mal an zu spielen, ich steige dann später ein.

ein|stel|len ['ai̯nʃtɛlən], stellt ein, stellte ein, hat eingestellt:
1. *einer Person Arbeit in einer Firma geben:* neue Mitarbeiter einstellen.
2. *eine Tätigkeit oder einen Vorgang beenden:* Bitte stellen Sie jetzt das Rauchen ein! · Das Verfahren gegen ihn wurde eingestellt. · Der Sender hat seinen Betrieb eingestellt.
3. *bei einem Gerät eine bestimmte Funktion oder Leistung wählen:* Auf welche Temperatur soll ich den Backofen einstellen? · Stell bitte einen anderen Sender ein!

die **Ein|stel|lung** ['ai̯nʃtɛlʊŋ], der Einstellung, die Einstellungen:
1. *Meinung, die man über eine Person oder Sache hat und die das Verhalten bestimmt:* den Kindern eine positive Einstellung zur Natur vermitteln.
2. *das Einstellen eines Mitarbeiters:* die geplante Einstellung neuer Lehrer.
3. *das Beenden:* auf eine Einstellung der Kampfhandlungen hoffen.

der **Ein|stieg** ['ai̯nʃti:k], des Einstieg[e]s, die Einstiege (umgangssprachlich): *das Beginnen mit einer Tätigkeit:* Jugendlichen den Einstieg ins Berufsleben erleichtern.

ein|stim|mig ['ai̯nʃtɪmɪç]: *so, dass niemand dagegen ist, mit Nein stimmt:* ein einstimmiger Beschluss · Er wurde einstimmig gewählt.

ein|stür|zen ['ai̯nʃtʏrtsn̩], stürzt ein, stürzte ein, ist eingestürzt: *in Teile zerbrechen, die nach unten fallen:* Das Dach / Haus ist unter der Last des Schnees eingestürzt.

einst|wei|lig ['ai̯nstvai̯lɪç]: *vorläufig, vorübergehend:* Das Gericht hat eine einstweilige Verfügung *(Anordnung)* erlassen, dass …

ein|tei|len ['ai̯ntai̯lən], teilt ein, teilte ein, hat eingeteilt:
1. *in mehrere Gruppen oder Teile trennen oder gliedern:* Die Kinder wurden in verschiedene Klassen eingeteilt. · Das Buch ist in zehn Kapitel eingeteilt.
2. *planen, welche Teile für welche Person, Sache oder Zeit bestimmt sind:* Du musst dir deine Zeit besser einteilen. · Für welche Arbeit habt ihr mich eingeteilt? · Heute bist du zum Einkaufen eingeteilt.

der **Ein|topf** ['ai̯ntɔpf], des Eintopf[e]s, die Eintöpfe ['ai̯ntœpfə]: *Essen aus verschiedenen Speisen, die zusammen in einem Topf gekocht werden:* Eintopf aus Gemüse, Kartoffeln und Rindfleisch.

▶ **ein|tra|gen** ['ai̯ntra:gn̩], trägt ein, trug ein, hat eingetragen:
1. *in etwas schreiben, besonders in eine Liste:* einen Termin in den Kalender eintragen · Hast du dich / uns schon für den Kurs eingetragen?
2. *etwas als Ergebnis oder Erfolg mit sich bringen:* Sein Geschäft trägt wenig ein. · Diese Bemerkung hat ihr viel Kritik eingetragen.

E

ein|tref|fen ['ai̯ntrɛfn̩], trifft ein, traf ein, ist eingetroffen:
1. *ankommen:* Ist der Brief schon bei dir eingetroffen? · Werden wir pünktlich dort eintreffen?
2. *Wirklichkeit werden:* Alles ist genauso eingetroffen, wie sie es vorausgesagt hat.

▸ **ein|tre|ten** ['ai̯ntre:tn̩], tritt ein, trat ein, ist eingetreten:
1. *in einen Raum gehen oder kommen:* Bitte, treten Sie doch ein!
2. *sich ereignen; Wirklichkeit werden:* Wenn nicht bald eine Besserung eintritt, muss er ins Krankenhaus.
3. *Mitglied werden:* in einen Verein / eine Partei eintreten.

▸ der **Ein|tritt** ['ai̯ntrɪt], des Eintritt[e]s, die Eintritte:
1. *(Geld für die) Erlaubnis, etwas für einen bestimmten Zweck zu betreten:* Der Eintritt ins Museum kostet fünf Euro / ist frei. · Wie viel Eintritt haben sie verlangt?
2. *das Betreten eines Raumes:* Eintritt verboten!

die **Ein|tritts|kar|te** ['ai̯ntrɪtskartə], der Eintrittskarte, die Eintrittskarten:
kleines Stück Papier oder Karton, das man braucht, um z. B. ins Kino, Museum oder Konzert zu gehen: die Eintrittskarte am Eingang vorzeigen.

▸ **ein|ver|stan|den** ['ai̯nfɛɐ̯ʃtandn̩]:
*** (mit jemandem / etwas) einverstanden sein:** *keine Einwände gegen eine Person, Sache haben:* mit einem Vorschlag / Kandidaten einverstanden sein.

der **Ein|wand** ['ai̯nvant], des Einwand[e]s, die Einwände ['ai̯nvɛndə]:
das Nennen von Gründen, warum man etwas nicht mag oder nicht tun will: Hat jemand Einwände gegen diesen Plan?

der **Ein|wan|de|rer** ['ai̯nvandərɐ], des Einwanderers, die Einwanderer, die **Ein|wan|de|rin** ['ai̯nvandərɪn], der Einwanderin, die Einwanderinnen:
Person, die aus einem anderen Land kommt oder gekommen ist, um hier zu leben: Viele Einwanderer lernen schnell Deutsch.

die **Ein|wan|de|rung** ['ai̯nvandərʊŋ], der Einwanderung, die Einwanderungen:
Vorgang, aus einem anderen Land in ein neues zu kommen, um dort zu leben: Was ist bei der Einwanderung nach Deutschland zu beachten?

ein|wand|frei ['ai̯nvantfrai̯]:
1. *ohne Fehler oder Mängel:* Das Fleisch ist nicht mehr ganz einwandfrei. · Die neue Maschine funktioniert einwandfrei.
2. *ohne dass Zweifel bestehen:* einwandfreie Beweise · Das war einwandfrei zu erkennen.

ein|wei|hen ['ai̯nvai̯ən], weiht ein, weihte ein hat eingeweiht:
1. *zum ersten Mal der Öffentlichkeit zeigen oder benutzen:* eine Brücke / ein Denkmal einweihen · Morgen wollen wir die neue Wohnung mit einer Party einweihen.
2. *einer Person etwas erzählen oder zeigen, was sie noch nicht weiß oder kennt:* Er hat mich in seinen Plan / in die Kunst des Kochens eingeweiht.

▸ der **Ein|woh|ner** ['ai̯nvo:nɐ], des Einwohners die Einwohner, die **Ein|woh|ne|rin** ['ai̯nvo:nərɪn], der Einwohnerin, die Einwohnerinnen:
Person, die z. B. in einer Stadt oder einem Land wohnt: Wie viele Einwohner hat Berlin?

▸ **ein|zah|len** ['ai̯nt͜sa:lən], zahlt ein, zahlte ein hat eingezahlt:
[einer Bank o. Ä.] Geld geben, damit mehr davon auf einem Konto ist: freiwillige Beiträge in die Rentenversicherung einzahlen · Ich habe 500 Euro auf mein Konto eingezahlt.

▸ die **Ein|zah|lung** ['ai̯nt͜sa:lʊŋ], der Einzahlung, die Einzahlungen:
1. *das Einzahlen:* Ich möchte ein paar Einzahlungen vornehmen.
2. *Geld, das eingezahlt wurde:* die Einzahlungen zurückbekommen.

▸ die **Ein|zel|heit** ['ai̯nt͜sl̩hai̯t], der Einzelheit, die Einzelheiten:
eines von vielen Elementen, die zu etwas gehören; Detail: Ich kann mich nur noch an wenige Einzelheiten des Vorfalls erinnern.

▸ **ein|zeln** ['ai̯nt͜sl̩n]:
1. *allein und nicht mit anderen zusammen:* die Zeugen einzeln befragen · ein einzelner Baum; *** jede / jeder / jedes einzelne:** *alle ohne Ausnahme:* jeden einzelnen Satz prüfen · jeder Einzelne von uns.
2. *nur wenige:* Der Aufsatz war trotz einzelner Fehler sehr gut.

▸ das **Ein|zel|zim|mer** ['ai̯nt͜sl̩t͜sɪmɐ], des Einzelzimmers, die Einzelzimmer:
Zimmer im Hotel oder Krankenhaus, in dem man allein schläft: Ich hätte gern ein Einzelzimmer.

▸ **ein|zie|hen** ['ai̯nt͜si:ən], zieht ein, zog ein, eingezogen:

1. ⟨ist⟩ *seine Sachen in eine Wohnung bringen, um dort zu leben:* Sobald die Wände gestrichen sind, können wir einziehen.
2. ⟨ist⟩ *als Gruppe in etwas kommen:* Die Mannschaft ist ins Finale eingezogen.
3. ⟨ist⟩ *von der Haut, einer Oberfläche aufgenommen werden:* Die Salbe ist schnell eingezogen.
4. ⟨hat⟩ *zum Körper hin nach innen, unten ziehen:* den Bauch / den Kopf einziehen · Der Hund hatte vor Angst den Schwanz eingezogen.
5. ⟨hat⟩ *Geld, das eine Person zahlen muss, von ihrem Gehalt oder Konto nehmen:* Die Versicherungsbeiträge werden automatisch eingezogen.

ein|zig ['aintsɪç]:
nur eine Person, Sache, nicht mehrere: nur einen / keinen einzigen Fehler machen · unsere einzige Möglichkeit · das Einzige, was ich vergessen habe · Du bist der Einzige, der mich versteht.;
* **einzig und allein:** *nur … und niemand, nichts sonst:* Es kommt einzig und allein darauf an, wie du dich entscheidest.

ein|zig|ar|tig ['aintsɪçla:ɐ̯tɪç]:
außergewöhnlich [gut] und mit nichts zu vergleichen: ein einzigartiger Erfolg · Das Buch ist wirklich einzigartig [gut].

das **Eis** [ais], des Eises:
1. *Wasser, das bei großer Kälte hart geworden ist:* Das Eis auf dem See ist noch zu dünn, um es zu betreten.
2. *sehr kalte, süße Speise aus Milch oder Wasser und anderen Zutaten:* ein Becher Eis mit Sahne · Was für ein Eis möchtest du: Nuss oder Schokolade?

die **Eis|die|le** ['aisdi:lə], der Eisdiele, die Eisdielen:
Café, das viele Sorten Eis im Angebot hat: Die Eisdiele hat / ist im Winter geschlossen.

das **Ei|sen** ['aizn̩], des Eisens:
hartes, graues Metall: eine Kette / ein Tor aus Eisen.

die **Ei|sen|bahn** ['aizn̩ba:n], der Eisenbahn, die Eisenbahnen:
langes Fahrzeug, das auf Schienen fährt; Zug: mit der Eisenbahn fahren; * **es ist höchste Eisenbahn** (umgangssprachlich): *es ist fast schon zu spät:* Es ist höchste Eisenbahn, dass wir endlich losfahren.

ei|sig ['aizɪç], eisiger, am eisigsten:
1. *sehr kalt:* ein eisiger Wind · Sobald die Sonne weg war, wurde es eisig kalt.
2. *sehr unfreundlich und ablehnend:* Am Tisch herrschte eisiges Schweigen.

eis|kalt ['ais'kalt]:
1. *sehr kalt; eisig:* Das Wasser ist noch eiskalt.
2. *ohne freundliche Gefühle oder Mitleid:* ein eiskalter Mord / Mörder · Ihr Leid ließ ihn eiskalt.

ei|tel ['aitl̩], eitler, am eitelsten:
übertrieben stolz auf sein Aussehen: ein eitler Mensch · Sie ist zu eitel, um einen Helm aufzusetzen.

der **Ei|ter** ['aitɐ], des Eiters:
gelbe Flüssigkeit, die entsteht, wenn sich eine Wunde entzündet: Die Wunde war voller Eiter.

eit|rig ['aitrɪç], eitriger, am eitrigsten:
voll Eiter: eine eitrige Wunde.

das **Ei|weiß** ['aivais], des Eiweißes, die Eiweiße ⟨aber: zwei Eiweiß⟩:
1. *Teil von Eiern, der beim Kochen weiß wird:* Eiweiß und Eigelb trennen · zwei Eiweiß steif schlagen.
2. *wichtiger Stoff im Körper von Tieren und in Pflanzen:* Fleisch enthält viel wertvolles Eiweiß.

der **Ekel** ['e:kl̩], des Ekels:
Gefühl, wenn ein Geruch, Geschmack oder Aussehen sehr unangenehm wirkt: Mir wurde ganz schlecht vor Ekel.

ekel|haft ['e:kl̩haft], ekelhafter, am ekelhaftesten:
1. *eklig:* ein ekelhafter Geruch / Geschmack · Der Herd ist ekelhaft klebrig vor Fett.
2. *unangenehm schlecht oder intensiv:* ekelhaftes Wetter · Das tut ekelhaft weh.
3. *sehr unfreundlich oder gemein:* Sei doch nicht so ekelhaft zu ihr!

ek|lig ['e:klɪç], ekliger, am ekligsten (umgangssprachlich):
so, dass es Ekel verursacht: Pfui, das sieht ja eklig aus!

▸ der **Ele|fant** [ele'fant], des Elefanten, die Elefanten:
großes graues Tier mit einer langen Nase, die bis zum Boden reicht: die Elefanten im Zoo.

▸ **ele|gant** [ele'gant], eleganter, am elegantesten:
1. *von guter Qualität und edlem Stil:* ein eleganter Mantel.
2. *geschickt und harmonisch oder mühelos:* elegante Bewegungen · eine elegante Lösung dieses Problems.

▸ **elek|trisch** [e'lɛktrɪʃ]:
durch Elektrizität funktionierend: elek-

E

trische Geräte wie Staubsauger, Radio und Waschmaschine.

die **Elek|tri|zi|tät** [elɛktritsi'tɛ:t], der Elektrizität:
Energie, mit der Licht erzeugt und technische Geräte betrieben werden; Strom: eine Stadt mit Elektrizität versorgen.

▶ die **Elek|tro|nik** [elɛk'tro:nɪk], der Elektronik:
komplizierte technische Geräte wie Computer und Roboter: Die Elektronik versagte und das Flugzeug stürzte ab.

▶ **elek|tro|nisch** [elɛk'tro:nɪʃ]:
auf moderner, komplizierter Technik beruhend: Computer, DVD-Player und andere elektronische Geräte · eine elektronisch gesteuerte Anlage.

das **Ele|ment** [ele'mɛnt], des Element[e]s, die Elemente:
1. *natürlicher chemischer Stoff, der die Grundlage für Zusammensetzungen ist:* Sauerstoff ist eines der chemischen Elemente, aus denen Luft besteht.
2. *einzelner Teil, aus dem etwas besteht:* einen Satz / Schrank in seine einzelnen Elemente zerlegen.
3. *Sache, die für etwas eine Bedeutung hat; Faktor:* Der Beruf ist ein prägendes / zentrales Element seines Lebens.

elend ['e:lɛnt], elender, am elendsten:
1. *voller Leid:* ein elendes Leben · Sie sind elend verhungert.
2. *deutlich zeigend, dass Not und Armut herrscht:* eine elende Hütte.
3. *krank und schwach:* elend aussehen · Ich fühle mich / Mir ist ganz elend.

das **Elend** ['e:lɛnt], des Elends:
große Armut und Not: das Elend der Flüchtlinge lindern.

▶ **elf** [ɛlf] (in Ziffern: 11):
die Zahl 11: Eine Fußballmannschaft besteht aus elf Spielern. · Er schläft am Wochenende immer bis elf [Uhr]. · Gestern bin ich schon um elf [Uhr] ins Bett gegangen.

der **El|len|bo|gen** ['ɛlənbo:gn̩], des Ellenbogens, die Ellenbogen:
Gelenk in der Mitte des Arms: Ich habe mir den Ellenbogen am Schrank gestoßen.

die **Els|ter** ['ɛlstɐ], der Elster, die Elstern:
Vogel mit schwarzen und weißen Federn, der zu den Raben gehört: Auf dem Baum sitzt eine Elster.; * **diebische Elster:** *Person, die oft kleine Diebstähle begeht:* Sie ist eine richtige diebische Elster.

▶ die **El|tern** ['ɛltɐn] ⟨Plural⟩:
Vater und Mutter: Da muss ich erst meine Eltern fragen.

der **El|tern|abend** ['ɛltɐn'|a:bn̩t], des Elternabends, die Elternabende:
Veranstaltung in der Schule, bei der die Eltern mit den Lehrern über ihre Kinder sprechen können: eine Einladung zum Elternabend bekommen / erhalten.

das **El|tern|geld** ['ɛltɐngɛlt], des Elterngeld[e]s:
Geld, das Eltern vom Staat bekommen können, wenn sie sich um ihr Baby kümmern wollen, statt zu arbeiten: Sie können Elterngeld beantragen.

die **E-Mail** ['i:me:l], der E-Mail, die E-Mails, (besonders schweizerisch:) das **E-Mail,** des E-Mails, die E-Mails:
eine Art Brief, den man mit dem Computer schickt: Ich muss noch meine E-Mails lesen / beantworten.

die **E-Mail-Adres|se** ['i:me:ladrɛsə], der E-Mail-Adresse, die E-Mail-Adressen:
Folge von Buchstaben und Zeichen, die man am Computer als Ziel für eine E-Mail eingibt: Gib mir doch deine E-Mail-Adresse, dann schicke ich dir die Datei.

die **Eman|zi|pa|ti|on** [emantsipa'tsio:n], der Emanzipation:
das Erreichen von Unabhängigkeit und Gleichberechtigung, besonders der Frauen: für die Emanzipation der Frau kämpfen.

eman|zi|piert [emantsi'pi:ɐ̯t], emanzipierter, am emanzipiertesten:
die traditionelle Rolle der Frau nicht mehr akzeptierend; unabhängig und selbstbewusst: eine emanzipierte Frau.

der **Emi|grant** [emi'grant], des Emigranten, die Emigranten, die **Emi|gran|tin** [emi'grantɪn], der Emigrantin, die Emigrantinnen:
Person, die emigriert ist: Viele Emigranten sind nach dem Krieg nach Deutschland zurückgekehrt.

die **Emi|gra|ti|on** [emigra'tsio:n], der Emigration, die Emigrationen:
das Emigrieren: Die rechtzeitige Emigration bewahrte ihn vor dem Tod.

emi|grie|ren [emi'gri:rən], emigriert, emigrierte, ist emigriert:
sein Land besonders aus politischen Gründen verlassen, um in einem anderen zu leben: Viele Juden sind damals in die Schweiz emigriert.

emo|ti|o|nal [emotsio'na:l], emotionaler, am emotionalsten:
von psychischen Gefühlen bestimmt: eine emotionale Beziehung / Reaktion · Die Debatte wurde sehr emotional geführt.

der **Emp|fang** [ɛmˈp͜fan̩], des Empfang[e]s, die Empfänge [ɛmˈp͜fɛŋə]:
1. ‹ohne Plural› *Vorgang, etwas zu bekommen, das einem eine Person gibt oder schickt:* den Empfang einer Ware bestätigen; * **etwas in Empfang nehmen:** *sich etwas geben lassen:* ein Paket für den Nachbarn in Empfang nehmen.
2. ‹ohne Plural› *Begrüßung:* Der Empfang, als wir dort ankamen, war herzlich.; * **jemanden in Empfang nehmen:** *eine Person begrüßen:* Sie nahm uns an der Haustür in Empfang und nahm uns unsere Mäntel ab.
3. *offizielle festliche Veranstaltung:* Der Bürgermeister gab einen Empfang für die prominenten Gäste.
4. ‹ohne Plural› *Qualität, mit der ein Signal bei einem Handy, Radio oder Fernseher ankommt:* Das Handy hat hier keinen / schlechten Empfang.

emp|fan|gen [ɛmˈp͜faŋən], empfängt, empfing, hat empfangen:
1. (gehoben) *bekommen, erhalten:* Briefe / Glückwünsche empfangen.
2. *etwas im Radio oder Fernsehen hören bzw. sehen können:* Wir können diesen Sender nur ganz schlecht empfangen.
3. *als Gast begrüßen:* Die Ministerin empfing die Gäste am Eingang.

der **Emp|fän|ger** [ɛmˈp͜fɛŋɐ], des Empfängers, die Empfänger, die **Emp|fän|ge|rin** [ɛmˈp͜fɛŋərɪn], der Empfängerin, die Empfängerinnen:
Person, für die eine Lieferung, Zahlung, E-Mail oder Post bestimmt ist: die Empfänger von Arbeitslosengeld · Der Brief ist nie beim Empfänger angekommen.

emp|feh|len [ɛmˈp͜feːlən], empfiehlt, empfahl, hat empfohlen:
einer Person vorschlagen, etwas zu wählen oder zu tun: Diesen Film kann ich nur *(sehr)* empfehlen. · Ich würde dir empfehlen, den Flug so früh wie möglich zu buchen.

emp|feh|lens|wert [ɛmˈp͜feːlənsveːɐ̯t], empfehlenswerter, am empfehlenswertesten:
gut genug, um empfohlen zu werden: ein empfehlenswertes Hotel.

die **Emp|feh|lung** [ɛmˈp͜feːlʊŋ], der Empfehlung, die Empfehlungen:
1. *Worte, mit denen man einer Person etwas empfiehlt:* auf Empfehlung des Arztes eine Diät machen.
2. *Schreiben, in dem man Charakter, Fähigkeiten oder Kenntnisse einer Person lobt:* Der Lehrer hat mir eine Empfehlung für die Stellensuche geschrieben.

emp|fin|den [ɛmˈp͜fɪndn̩], empfindet, empfand, hat empfunden:
1. *etwas mit dem Körper oder der Psyche fühlen:* Schmerz empfinden · Ich empfinde wenig Mitleid mit ihm.
2. *in bestimmter Weise erleben, wahrnehmen:* Sie empfand seine Bemerkung als beleidigend / Beleidigung.

emp|find|lich [ɛmˈp͜fɪntlɪç], empfindlicher, am empfindlichsten:
1. *schnell psychisch verletzt, beleidigt:* Die Kritik traf mich an einer empfindlichen Stelle. · Was ihr Aussehen angeht, ist sie sehr empfindlich.
2. *schon bei geringen Belastungen krank werdend oder Schäden bekommend:* eine empfindliche Haut haben · Die Blüten sind empfindlich und vertragen keinen Frost.
3. *geringe Änderungen oder Reize wahrnehmend, darauf reagierend:* ein empfindliches Messgerät · Hunde haben eine empfindliche Nase.
4. *als sehr unangenehm empfunden:* eine empfindliche Niederlage / Strafe · Nachts wurde es empfindlich kalt.

em|pö|ren [ɛmˈpøːrən], empört, empörte, hat empört:
1. *Ärger, Zorn bewirken:* Es hat mich sehr empört, was da geschah. · Er ist empörend leichtsinnig.
2. ‹+ sich› *wütend werden:* Die Mitarbeiter empörten sich über die ungerechte Maßnahme.

die **Em|pö|rung** [ɛmˈpøːrʊŋ], der Empörung:
der Zustand, empört zu sein: Das Urteil sorgte im ganzen Land für Empörung.

▶ das **En|de** [ˈɛndə], des Endes, die Enden:
1. *Stelle, wo etwas aufhört:* am Ende der Straße / des Dorfes · das vordere / hintere Ende des Zugs.
2. ‹ohne Plural› *Zeitpunkt, an dem etwas aufhört; Schluss:* bis zum Ende der Party bleiben · Ende April *(die letzten Tage im April)* · Die Ferien gehen zu Ende *(sind bald vorbei).*
3. *Teil, mit dem etwas aufhört:* ein Roman mit traurigem Ende · Das wird noch ein schlimmes Ende nehmen *(schlimm enden)!*

▶ **en|den** [ˈɛndn̩], endet, endete, hat geendet:
an einer Stelle oder zu einem Zeitpunkt ein Ende haben; nicht weitergehen: Der Weg endet hier. · Der Film endet traurig / mit dem Tod des Helden.

▶ **end|gül|tig** [ˈɛntɡʏltɪç]:
so bestimmt und nicht mehr zu ändern: Das endgültige Ergebnis steht noch nicht

E

fest. · Ich sage dies jetzt zum endgültig letzten Mal.

▶ **end|lich** ['ɛntlɪç]:
drückt aus, dass man schon ungeduldig auf etwas wartet, gewartet hat: Kommst du jetzt endlich? · Endlich hörte der Regen auf.

end|los ['ɛntlo:s]:
sehr lang, lange; scheinbar ohne Ende: endlose Diskussionen / Autoschlangen · ein endlos langer Nachmittag / Strand.

die **End|sta|ti|on** ['ɛntʃtatsi̯o:n], der Endstation, die Endstationen:
letzte Station, Haltestelle: Endstation, alles aussteigen! · Schon in der zweiten Runde war für sie Endstation und sie schieden aus dem Wettbewerb aus.

▶ die **Ener|gie** [enɛr'gi:], der Energie, die Energien [enɛr'gi:ən]:
1. *körperliche und geistige Kraft:* Er steckt voller Energie. · Dafür fehlt mir jetzt die Energie.
2. *physikalische Kraft, die für einen Vorgang nötig ist, besonders zum Erzeugen von Strom und Wärme:* alternative Energien.

ener|gisch [e'nɛrgɪʃ], energischer, am energischsten:
mit Energie ein Ziel verfolgend, auch gegen Widerstand: energischer Protest · Mein Vater ist sehr energisch. · Sie schob ihn energisch zur Seite.

▶ **eng** [ɛŋ], enger, am engsten:
1. *mit wenig Platz zwischen den Seiten, Personen oder Dingen:* enge Gassen · eng nebeneinandersitzen / -stehen.
2. *den Körper mit Druck berührend:* enge Hosen / Schuhe · Der Rock ist mir zu eng geworden.
3. *sehr vertraut:* im engsten Kreis feiern · Wir sind sehr eng befreundet.

das **En|gage|ment** [ãgaʒ(ə)'mã:], des Engagements:
persönlicher Einsatz für ein (politisches, soziales) Ziel: Für das Stipendium braucht man gute Noten und soziales Engagement.

der **En|gel** ['ɛŋl̩], des Engels, die Engel:
1. *(nach christlicher Vorstellung) Wesen mit Flügeln im Himmel, das Gott hilft:* Der Engel des Todes kam zu ihm.
2. *Person, die sehr gutmütig oder hilfsbereit ist:* Er ist ein wahrer Engel und verliert nie die Geduld mit den Kindern.

▶ der **En|kel** ['ɛŋkl̩], des Enkels, die Enkel, die **En|ke|lin** ['ɛŋkəlɪn], der Enkelin, die Enkelinnen:
Kind eines Sohnes oder einer Tochter: Sie hat drei Kinder und acht Enkel.

das **En|kel|kind** ['ɛŋkl̩kɪnt], des Enkelkind[e]s, die Enkelkinder:
(besonders noch nicht erwachsener) Enkel: Sie las ihren Enkelkindern eine Geschichte vor.

enorm [e'nɔrm] (umgangssprachlich):
weit über das normale Ausmaß hinaus: ein enormer Unterschied · Das ist enorm wichtig für mich.

die **Ent|bin|dung** [ɛnt'bɪndʊŋ], der Entbindung, die Entbindungen:
Geburt eines Kindes (aus Sicht der Mutter oder des Arztes): Sie ging zur Entbindung ins Krankenhaus.

▶ **ent|de|cken** [ɛnt'dɛkn̩], entdeckt, entdeckte, hat entdeckt:
1. *als Erster finden, was bisher nicht bekannt war:* eine Insel / eine neue Tierart / Talente entdecken.
2. *etwas, was verborgen ist, finden oder etwas Überraschendes bemerken:* einen Fehler entdecken · Ich hab in meiner Hose einen Geldschein entdeckt, von dem ich gar nichts mehr wusste.

die **Ent|de|ckung** [ɛnt'dɛkʊŋ], der Entdeckung, die Entdeckungen:
1. *das Entdecken:* die Entdeckung Amerikas; * **eine Entdeckung machen:** *etwas entdecken:* Sie hat eine bahnbrechende Entdeckung gemacht.
2. *etwas, was entdeckt worden ist:* Sie meldete ihre Entdeckung der Polizei.

▶ die **En|te** ['ɛntə], der Ente, die Enten:
Vogel mit breitem Schnabel, der am Wasser lebt: die Enten auf dem Teich mit Brot füttern.

ent|fal|len [ɛnt'falən], entfällt, entfiel, ist entfallen:
1. *nicht stattfinden; ausfallen:* Heute entfällt die letzte Stunde.
2. *nicht mehr gelten; weggelassen werden:* Paragraf 2, Absatz 3 entfällt.
3. * **auf jemanden / etwas entfallen:** *als Anteil zu einer Person, Sache gehören:* Auf den anderen Kandidaten entfielen 25 % der Stimmen.

▶ **ent|fer|nen** [ɛnt'fɛrnən], entfernt, entfernte, hat entfernt:
1. *dafür sorgen, dass etwas nicht mehr da ist; beseitigen:* Das Schild wurde entfernt. · Womit hast du den Fleck entfernt?
2. ⟨+ sich⟩ *einen Ort verlassen; weggehen:* Entfernt euch bitte nicht zu weit. · Sie hat sich unerlaubt vom Schulgelände entfernt.

ent|fernt [ɛnt'fɛrnt], entfernter, am entferntesten:
weit weg; fern: in die entferntesten Länder reisen · weit entfernt von hier · Ich bin weit davon entfernt, dir zu glauben. *(Ich glaube dir auf keinen Fall.);* *** nicht im Entferntesten:** *überhaupt nicht:* Ich bin nicht im Entferntesten bereit, diesem Plan zuzustimmen.

die **Ent|fer|nung** [ɛnt'fɛrnʊŋ], der Entfernung, die Entfernungen:
1. *Länge des Weges von einem Punkt zum anderen:* aus sicherer Entfernung zusehen · Wir nehmen das Auto nur für größere Entfernungen.
2. *das Entfernen, Beseitigen:* Die Entfernung des Tumors ist leider nicht mehr möglich.

ent|füh|ren [ɛnt'fy:rən], entführt, entführte, hat entführt:
mit Gewalt an einen Ort bringen und dort festhalten: ein Kind / ein Flugzeug entführen.

die **Ent|füh|rung** [ɛnt'fy:rʊŋ], der Entführung, die Entführungen:
Vorgang, bei dem eine Person entführt wird: Seit ihrer Entführung ist sie sehr ängstlich.

ent|ge|gen [ɛnt'ge:gn̩]:
1. ⟨mit Dativ⟩ *im Widerspruch, Gegensatz zu etwas:* Entgegen meinen / den geäußerten Befürchtungen wurde es doch ein netter Abend.
2. *in Richtung auf eine Person oder Sache zu:* Wir machen uns auf den Weg, dem Meer entgegen.

ent|ge|gen|ge|setzt [ɛnt'ge:gn̩gəzɛtst]:
1. *gegenüber auf der anderen Seite liegend:* Er arbeitet am entgegengesetzten Ende der Stadt.
2. *in die Richtung, aus der eine andere Person, Sache kommt; umgekehrt:* in die entgegengesetzte Richtung gehen.
3. *völlig verschieden, anders:* Er war entgegengesetzter Meinung.

ent|ge|gen|kom|men [ɛnt'ge:gn̩kɔmən], kommt entgegen, kam entgegen, ist entgegengekommen:
1. *sich in die Richtung bewegen, aus der eine Person, Sache kommt:* die entgegenkommenden Autos · Als ich das Gartentor öffnete, kam mir schon der Hund entgegen.
2. *die Wünsche, Forderungen einer Person berücksichtigen:* Können Sie mir mit dem Preis ein bisschen entgegenkommen? · Dieses Modell kommt meinen Vorstellungen sehr entgegen. · Sie zeigte sich in dieser Frage wenig entgegenkommend.

ent|geg|nen [ɛnt'ge:gnən], entgegnet, entgegnete, hat entgegnet:
eine (meist ablehnende oder widersprechende) Antwort geben; erwidern: »Das glaube ich nicht!«, entgegnete er.

ent|ge|hen [ɛnt'ge:ən], entgeht, entging, ist entgangen:
1. *von etwas Unangenehmem nicht betroffen werden:* einer Gefahr / einer Strafe entgehen.
2. *von einer Person nicht bemerkt werden:* Dieser Fehler ist mir leider entgangen. · Mir / Meiner Aufmerksamkeit ist nicht entgangen, dass …

▶ **ent|hal|ten** [ɛnt'haltn̩], enthält, enthielt, hat enthalten:
1. *etwas als Teil oder Inhalt in sich haben:* Frisches Gemüse enthält reichlich Vitamine. · Die Bedienung ist im Preis enthalten.
2. *** sich [der Stimme] enthalten:** *bei einer Abstimmung weder mit Ja noch mit Nein stimmen:* Drei Personen enthielten sich der Stimme.

ent|kom|men [ɛnt'kɔmən], entkommt, entkam, ist entkommen:
fliehen können: Er ist aus dem Gefängnis / über die Grenze / seinen Verfolgern entkommen.

▶ **ent|lang** [ɛnt'laŋ]:
an der Seite von etwas, was lang ist: Der Weg verläuft die nächsten Kilometer am Ufer / den Fluss entlang.

▶ **ent|las|sen** [ɛnt'lasn̩], entlässt, entließ, hat entlassen:
1. *Mitarbeiter nicht behalten:* Sie wurde entlassen. · Die Fabrik musste zahlreiche Arbeiter entlassen.
2. *einer Person erlauben zu gehen:* jemanden aus dem Gefängnis / Krankenhaus entlassen.

▶ die **Ent|las|sung** [ɛnt'lasʊŋ], der Entlassung, die Entlassungen:
Vorgang, bei dem eine Person entlassen wird: jemandem mit der Entlassung drohen · seine vorzeitige Entlassung aus der Haft / dem Gefängnis.

ent|las|ten [ɛnt'lastn̩], entlastet, entlastete, hat entlastet:
1. *einen Teil einer Belastung wegnehmen:* Familien finanziell entlasten · eine stark befahrene Straße vom Verkehr entlasten · Kann ich dich bei der Hausarbeit etwas entlasten?
2. *bewirken, dass ein Verdacht gegen eine Person schwächer wird:* entlasten-

E

des Beweismaterial · Die Zeugin / Ihre Aussage hat ihn entlastet.

ent|le|gen [ɛntˈleːgn̩], entlegener, am entlegensten:
weit entfernt von allem; abgelegen: bis in die entlegensten Winkel der Erde.

ent|neh|men [ɛntˈneːmən], entnimmt, entnahm, hat entnommen:
1. *aus etwas holen, nehmen:* [aus] der Kasse Geld entnehmen · jemandem eine Blutprobe entnehmen.
2. *aus etwas als Information gewinnen:* Ihrem Schreiben haben wir entnommen, dass ...

die **Ent|schä|di|gung** [ɛntˈʃɛːdɪgʊŋ], der Entschädigung, die Entschädigungen:
1. *Ersatz für einen Schaden:* eine großzügige Entschädigung für die Ernteausfälle bekommen.
2. *etwas, was einen eine Enttäuschung oder Belastung leichter ertragen lässt:* Darf ich dich zur Entschädigung zum Essen einladen?

▸ **ent|schei|den** [ɛntˈʃai̯dn̩], entscheidet, entschied, hat entschieden:
1. *unter mehreren Möglichkeiten eine als Antwort, Lösung oder Urteil wählen:* Wann wird über den Antrag entschieden? · Wer entscheidet, was damit geschehen soll?
2. ⟨+ sich⟩ *zwischen mehreren Möglichkeiten wählen:* Ich kann mich nicht entscheiden, ob ich mitkommen soll. · Für welche Hose haben Sie sich entschieden? · Die Firma hat sich gegen den Bewerber entschieden.
3. *bewirken, dass das eine oder andere geschieht:* eine entscheidende Rolle spielen · Dieses Spiel entscheidet darüber, wer Meister wird.
4. ⟨+ sich⟩ *in der einen oder anderen Weise geschehen, enden:* Morgen wird es sich entscheiden, wer recht behält.

▸ die **Ent|schei|dung** [ɛntˈʃai̯dʊŋ], der Entscheidung, die Entscheidungen:
von einer Person gewählte oder von einer Sache bestimmte Lösung: Die Entscheidung für eine der Möglichkeiten fiel ihm schwer. · Das erste Tor brachte bereits die Entscheidung über das Spiel.; * **eine Entscheidung treffen:** *sich entscheiden:* Du musst endlich eine Entscheidung treffen, was mit dem Geld geschehen soll.

▸ **ent|schlie|ßen** [ɛntˈʃliːsn̩] ⟨+ sich⟩, entschließt sich, entschloss sich, hat sich entschlossen:
sich nach einer Zeit des Nachdenkens entscheiden, etwas zu tun: Zu einer Entschuldigung konnte sie sich nicht entschließen. · Wir haben uns jetzt dazu entschlossen, das Haus zu verkaufen.

▸ **ent|schlos|sen** [ɛntˈʃlɔsn̩], entschlossener, am entschlossensten:
energisch, ohne zu zögern: entschlossenes Eingreifen / Vorgehen · ein Problem entschlossen bekämpfen · Sie ist fest entschlossen zu kündigen.

der **Ent|schluss** [ɛntˈʃlʊs], des Entschlusses, die Entschlüsse [ɛntˈʃlʏsə]:
Entscheidung, etwas Bestimmtes zu tun: Die Kündigung war ein weiser Entschluss von dir.; * **einen Entschluss fassen:** *sich entschließen:* Ich habe den Entschluss gefasst, meinen Mann zu verlassen.

▸ **ent|schul|di|gen** [ɛntˈʃʊldɪgn̩], entschuldigt, entschuldigte, hat entschuldigt:
1. ⟨+ sich⟩ *sagen, dass einem etwas leidtut und eine Person nicht böse sein soll:* Sie entschuldigte sich für die / wegen der Verspätung. · Du musst dich unbedingt bei ihr entschuldigen.
2. *Verständnis haben; etwas verzeihen:* Entschuldige bitte meine Verspätung. · Entschuldige bitte, dass / wenn ich unterbreche. · Entschuldigen Sie bitte, könnten Sie das wiederholen?
3. *einen Grund darstellen, nennen, der etwas rechtfertigt:* So ein Verhalten ist durch nichts zu entschuldigen! · Er entschuldigte seine Verspätung mit einem Stau.
4. *mitteilen, dass man selbst, eine Person nicht kommt, und den Grund dafür nennen:* ein Kind beim Lehrer / in der Schule entschuldigen · Sie entschuldigte sich wegen eines dringenden Termins.

▸ die **Ent|schul|di|gung** [ɛntˈʃʊldɪgʊŋ], der Entschuldigung, die Entschuldigungen:
1. *Äußerung, mit der man sich entschuldigt:* Er wollte meine Entschuldigung nicht annehmen. · Ich erwarte eine Entschuldigung von dir.
2. ⟨ohne Plural⟩ *Verständnis; Verzeihung:* jemanden für / wegen etwas um Entschuldigung bitten; * **Entschuldigung!:** leitet eine höfliche Bitte ein oder bittet eine Person darum, einem Platz zu machen.
3. *Grund, der etwas entschuldigt, rechtfertigt:* Das schlechte Wetter ist keine ausreichende Entschuldigung für deine Verspätung.
4. *Mitteilung über das Fehlen:* Reicht eine mündliche Entschuldigung? · Sie gab die Entschuldigung beim Lehrer ab.

ent|setz|lich [ɛnt'zɛts̮lɪç], entsetzlicher, am entsetzlichsten:
1. *viel Angst, Leid oder Schrecken bewirkend; schrecklich, furchtbar:* ein entsetzliches Unglück / Verbrechen · Der Anblick der Unfallopfer war einfach entsetzlich.
2. (umgangssprachlich) *sehr unangenehm (intensiv); schrecklich, furchtbar:* entsetzliche Schmerzen haben · sich entsetzlich aufregen · entsetzlich durstig sein.

ent|sor|gen [ɛnt'zɔrgn̩], entsorgt, entsorgte, hat entsorgt:
(Abfall, Müll) beseitigen: Altpapier / Altglas entsorgen · Wo kann ich meinen alten Computer entsorgen?

ent|span|nen [ɛnt'ʃpanən], entspannt, entspannte, hat entspannt:
1. ⟨+ sich⟩ *locker werden:* Im Urlaub habe ich mich gut entspannt. · Als er einschlief, entspannten sich seine Gesichtszüge.
2. *locker machen:* ein entspannendes Bad nehmen · Die Massage hat mich sehr entspannt.
3. ⟨+ sich⟩ *nicht mehr so gefährlich, unangenehm bleiben:* Die Lage an der Börse hat sich entspannt.

die **Ent|span|nung** [ɛnt'ʃpanʊŋ], der Entspannung, die Entspannungen:
Situation, in der sich eine Person oder ein Zustand entspannt: zur Entspannung ein Buch lesen · eine leichte Entspannung am Arbeitsmarkt.

ent|spre|chen [ɛnt'ʃprɛçn̩], entspricht, entsprach, hat entsprochen:
1. *die gleiche Menge, Größe, Höhe oder den gleichen Wert darstellen:* Ein Zentimeter auf der Landkarte entspricht zehn Kilometern in der Natur.
2. *so sein, wie es beschrieben, festgelegt ist:* Seine Leistung entspricht nicht unseren Anforderungen. · Das Wetter entsprach ganz meiner Erwartung.

ent|spre|chend [ɛnt'ʃprɛçn̩t]:
zu etwas passend: sich dem Wetter entsprechend warm anziehen · Es geht ihm den Umständen entsprechend.

ent|ste|hen [ɛnt'ʃteːən], entsteht, entstand, ist entstanden:
anfangen zu existieren oder geschaffen werden: Auf dem Gelände des ehemaligen Flughafens entstehen jetzt Hotels. · Ich möchte nicht, dass der Eindruck entsteht, ich wäre nicht interessiert.

die **Ent|ste|hung** [ɛnt'ʃteːʊŋ], der Entstehung:
das Entstehen: Darwins Lehre über die Entstehung der Arten.

▶ **ent|täu|schen** [ɛnt'tɔy̮ʃn̩], enttäuscht, enttäuschte, hat enttäuscht:
die Hoffnungen oder Erwartungen einer Person nicht erfüllen und sie dadurch traurig machen: ein enttäuschendes Ergebnis · die enttäuschten Fans · Ich war sehr enttäuscht von ihm / dem Fest. · Gib mir eine Chance, ich werde dich bestimmt nicht enttäuschen!

▶ die **Ent|täu|schung** [ɛnt'tɔy̮ʃʊŋ], der Enttäuschung, die Enttäuschungen:
1. *Person oder Sache, die jemanden enttäuscht:* Der Lehrer / Der Tag war eine einzige *(große)* Enttäuschung für mich. · Sehr zu meiner Enttäuschung regnete es an dem Tag.
2. ⟨ohne Plural⟩ *trauriges Gefühl, wenn man enttäuscht wurde:* Er konnte seine Enttäuschung über die schlechte Note nicht verbergen. · Zu unserer Enttäuschung hat sie sich anders entschieden.

▶ **ent|we|der** ['ɛntveːdɐ]:
*** entweder … oder:** betont, dass nur eine von zwei Möglichkeiten besteht: Morgens trinke ich entweder Kaffee oder Tee. · Entweder du gehst jetzt ins Bett oder es passiert was!

ent|wer|fen [ɛnt'vɛrfn̩], entwirft, entwarf, hat entworfen:
planend zeichnen oder entwickeln: Mode / Möbel entwerfen · das Konzept für einen neuen Roman entwerfen.

▶ **ent|wi|ckeln** [ɛnt'vɪkl̩n], entwickelt, entwickelte, hat entwickelt:
1. ⟨+ sich⟩ *allmählich entstehen und sich dabei verändern:* Das kleine Pflänzchen hat sich zu einem schönen Baum entwickelt. · Das Kind hat sich prächtig entwickelt. · Ich möchte nicht, dass sich aus dem Streit noch Schlimmeres entwickelt.
2. *etwas Neues erfinden oder planen und schaffen:* ein neues Computerspiel entwickeln · eine Methode entwickeln, mit der eine Arbeit leichter wird.

▶ die **Ent|wick|lung** [ɛnt'vɪklʊŋ], der Entwicklung, die Entwicklungen:
1. *Vorgang, bei dem sich eine Person, Sache entwickelt:* positive wirtschaftliche Entwicklungen erwarten · Krankheiten können die Entwicklung des Kindes stören.
2. *Erfindung:* die Entwicklung sparsamerer Autotypen.

der **Ent|wurf** [ɛnt'vʊrf], des Entwurf[e]s, die Entwürfe [ɛnt'vʏrfə]:
Plan, Zeichnung für etwas, was neu

E

geschaffen werden soll: Wer hat die Entwürfe für das neue Rathaus gezeichnet?

ent|zün|den [ɛnt'tsʏndn̩] ⟨+ sich⟩, entzündet sich, entzündete sich, hat sich entzündet:
rot und dick werden und schmerzen: entzündete Augen haben · Die Wunde hat sich entzündet.

die **Ent|zün|dung** [ɛnt'tsʏndʊŋ], der Entzündung, die Entzündungen:
Zustand, wenn sich etwas entzündet hat: eine gefährliche Entzündung des Herzmuskels · eine schmerzhafte Entzündung im Mund haben.

die **Epo|che** [e'pɔxə], der Epoche, die Epochen:
relativ langer Zeitraum in der Geschichte, der durch bestimmte Merkmale gekennzeichnet ist: Diese Erfindung leitete eine neue Epoche ein.

▶ **er** [eːɐ̯]:
bezeichnet eine männliche Person, Sache oder ein männliches Tier: Er ist mein bester Freund. · Wo ist denn der Hund, ist er draußen? · Da ist ein Fehler, aber er ist nicht schlimm.

er|ar|bei|ten [ɛɐ̯'|arbai̯tn̩], erarbeitet, erarbeitete, hat erarbeitet:
1. ⟨+ sich⟩ *etwas durch Arbeit oder Bemühen bekommen:* sich ein Vermögen erarbeiten · Den Vorsprung / Ihren guten Ruf hat sie sich hart erarbeitet.
2. *[mit mehreren Personen] erstellen:* Wir haben das Konzept in der letzten Woche gemeinsam erarbeitet.

das **¹Er|be** ['ɛrbə], des Erbes:
1. *Dinge, die einer Person gehört haben und die nach ihrem Tod andere bekommen:* Das Erbe wurde unter seinen Kindern und Enkeln aufgeteilt.
2. *Auswirkungen, die die Handlungen einer Person später für andere haben:* Der zurückgetretene Minister hinterlässt seinem Nachfolger ein schweres Erbe.

der **²Er|be** ['ɛrbə], des Erben, die Erben:
[männliche] Person, die etwas erbt oder erben wird: ein Vermögen unter den Erben aufteilen · Außer ihrem Ehemann gibt es keine weiteren Erben.

er|ben ['ɛrbn̩], erbt, erbte, hat geerbt:
1. *nach dem Tod einer Person aus deren Besitz bekommen:* Diesen Ring habe ich von meiner Mutter geerbt.
2. *von Geburt an eine Eigenschaft haben, die schon Mutter, Vater oder andere Verwandte hatten:* Die musikalische Begabung / Die roten Haare hat sie von ihrer Großmutter geerbt.

die **Er|bin** ['ɛrbɪn], der Erbin, die Erbinnen:
weibliche Person, die etwas erbt oder erben wird: Seine Schwester ist seine einzige Erbin.

er|bre|chen [ɛɐ̯'brɛçn̩], erbricht, erbrach, hat erbrochen:
etwas aus dem Magen wieder durch den Mund aus dem Körper befördern: eine Infektion mit Übelkeit und Erbrechen · Auf der Fahrt wurde mir schlecht und ich musste erbrechen. · Sie hat ihr Frühstück erbrochen.

die **Erb|schaft** ['ɛrpʃaft], der Erbschaft, die Erbschaften:
das, was es nach jemandes Tod zu erben gibt: Es ist keine große Erbschaft zu erwarten.

die **Erb|se** ['ɛrpsə], der Erbse, die Erbsen:
kleine runde, grüne Samen, die als Gemüse gegessen werden beziehungsweise die Pflanze, von der diese Samen kommen: Erbsen pflanzen / ernten · Zum Essen gab es Schnitzel mit Kartoffeln und Erbsen.

▶ der **Erd|ap|fel** ['eːɐ̯t|apfl̩], des Erdapfels, die Erdäpfel ['eːɐ̯t|ɛpfl̩] (besonders österreichisch):
Kartoffel: Ich hätte gern Erdäpfel zum Schnitzel.

das **Erd|be|ben** ['eːɐ̯tbeːbn̩], des Erdbebens, die Erdbeben:
Ereignis, bei dem sich der Boden bewegt und alles erschüttert: In dieser Region kommt es häufig zu Erdbeben.

die **Erd|bee|re** ['eːɐ̯tbeːrə], der Erdbeere, die Erdbeeren:
weiche und saftige, süße, rote Frucht einer kleinen Pflanze beziehungsweise diese Pflanze: Erdbeeren pflanzen / pflücken · Eis mit frischen Erdbeeren und Sahne.

▶ die **Er|de** ['eːɐ̯də], der Erde:
1. *Planet, auf dem die Menschen leben:* der höchste Berg der Erde · Die Erde dreht sich um die Sonne.
2. *Fläche im Freien, auf der man geht und steht; Boden:* die Äpfel aufsammeln, die vom Baum auf die / zur Erde fallen.
3. *(Schicht aus dem) Material, in dem Pflanzen wachsen:* Der Hund hat den Knochen in der Erde vergraben.

das **Erd|gas** ['eːɐ̯tgaːs], des Erdgases:
Gas, das im Boden vorkommt und mit dem man heizen und kochen kann: Erdgas fördern · Die Wohnung wird mit Erdgas beheizt.

▶ das **Erd|ge|schoss** ['eːɐ̯tgəʃɔs], des Erdgeschosses, die Erdgeschosse:

Stockwerk, das auf gleicher Höhe liegt wie die Straße: im Erdgeschoss wohnen.

die **Erd|nuss** ['e:ɐ̯tnʊs], der Erdnuss, die Erdnüsse ['e:ɐ̯tnʏsə]:
Kern mit einer festen Schale, der in heißen Ländern unter der Erde wächst: beim Kartenspielen gesalzene Erdnüsse knabbern.

das **Erd|öl** ['e:ɐ̯t|ø:l], des Erdöls:
Öl, das im Boden vorkommt und aus dem man z. B. Benzin und Plastik macht: in der Wüste nach Erdöl bohren.

er|eig|nen [ɛɐ̯'|ai̯gnən] ⟨+ sich⟩, ereignet sich, ereignete sich, hat sich ereignet:
geschehen; passieren: Die Explosion ereignete sich gestern Vormittag. · Hat sich in der Zwischenzeit etwas Besonderes ereignet?

das **Er|eig|nis** [ɛɐ̯'|ai̯gnɪs], des Ereignisses, die Ereignisse:
besonderer Vorgang, der den Alltag unterbricht: Der erste Schultag ist ein wichtiges Ereignis im Leben eines Kindes. · In den Nachrichten wird über die aktuellen Ereignisse berichtet.

er|fah|ren [ɛɐ̯'fa:rən], erfährt, erfuhr, hat erfahren:
1. *Informationen über Dinge bekommen, die geschehen:* Die Wahrheit werden wir wohl nie erfahren. · Als er von ihrem Unfall erfuhr, kam er sofort. · Könnte ich bitte Näheres darüber erfahren?
2. *erleben:* Er hat in seinem Leben schon viel Leid / Schönes erfahren. · Als er starb, musste ich selbst erfahren, wie sehr so ein Verlust schmerzt.

er|fah|ren [ɛɐ̯'fa:rən], erfahrener, am erfahrensten:
mit viel Erfahrung auf einem Gebiet: ein erfahrener Arzt / Pilot · Er ist sexuell / in Sachen Sex noch nicht sehr erfahren.

die **Er|fah|rung** [ɛɐ̯'fa:rʊŋ], der Erfahrung, die Erfahrungen:
1. ⟨ohne Plural⟩ *Fähigkeiten und Kenntnisse, die man bekommt, wenn man etwas oft genug tut, erlebt:* Sie hat viel Erfahrung mit dieser Art von Problemen. · Um das zu beurteilen, fehlt mir die nötige Erfahrung.
2. *Erlebnis, aus dem man etwas lernt:* positive / unangenehme Erfahrungen mit etwas machen · Die Erfahrungen der letzten Wochen lehren uns, dass ...

er|fas|sen [ɛɐ̯'fasn̩], erfasst, erfasste, hat erfasst:
1. *mit dem Verstand oder Gefühl wahrnehmen und verstehen:* die Situation sofort erfassen · Du hast es erfasst!
2. *Daten in einen Computer eingeben oder in eine Liste, Statistik aufnehmen:* Es wird einige Wochen dauern, bis alle Schäden erfasst sind. · Solche Fälle werden von der Statistik nicht erfasst.
3. *mit sich reißen:* Das Auto wurde vom Zug erfasst und mehrere Meter mitgeschleift. · Das Boot wurde von der Strömung erfasst.

► **er|fin|den** [ɛɐ̯'fɪndn̩], erfindet, erfand, hat erfunden:
1. *durch Forschen und Experimente etwas Neues schaffen:* Wer hat den Computer erfunden?
2. *sich etwas ausdenken, das nicht wahr ist oder nicht existiert:* Alle Personen des Films sind frei erfunden. · Die Geschichte hat er doch erfunden, kein Wort davon ist wahr!

► die **Er|fin|dung** [ɛɐ̯'fɪndʊŋ], der Erfindung, die Erfindungen:
etwas, was erfunden wurde: Das Rad war eine der wichtigsten Erfindungen der Menschheit. · Die Geschichte ist doch reine Erfindung!

► der **Er|folg** [ɛɐ̯'fɔlk], des Erfolg[e]s, die Erfolge:
positive Folge einer Handlung oder eines Vorgangs: Er hatte mit dem Versuch, ihr zu helfen, wenig Erfolg. · Die Aufführung war ein großer Erfolg. · Ich halte den Plan für erfolgversprechend.

er|fol|gen [ɛɐ̯'fɔlgn̩], erfolgt, erfolgte, ist erfolgt:
als Folge von etwas geschehen: Auf ihre Frage erfolgte keine Antwort. · Die Lieferung wird in den nächsten Tagen erfolgen.

er|folg|los [ɛɐ̯'fɔlklo:s], erfolgloser, am erfolglosesten:
ohne Erfolg: erfolglose Versuche · erfolglos bleiben.

► **er|folg|reich** [ɛɐ̯'fɔlkrai̯ç], erfolgreicher, am erfolgreichsten:
mit (viel, großem) Erfolg: ein erfolgreicher Sportler / Versuch · Die Behandlung war erfolgreich und der Patient wurde als geheilt entlassen.

► **er|for|der|lich** [ɛɐ̯'fɔrdɐlɪç]:
notwendig: die für eine Aufgabe erforderlichen Kenntnisse · Für die Einreise in dieses Land ist ein Visum erforderlich.

► **er|for|dern** [ɛɐ̯'fɔrdɐn], erfordert, erforderte, hat erfordert:
als Voraussetzung brauchen: Es erfordert viel Geduld und Ausdauer, Kinder zu erziehen.

E

er|for|schen [ɛɐ̯ˈfɔrʃn̩], erforscht, erforschte, hat erforscht:
etwas untersuchen, um möglichst viel darüber zu lernen: den Weltraum erforschen · Die Zusammenhänge sind noch nicht erforscht.

er|freu|en [ɛɐ̯ˈfrɔy̯ən], erfreut, erfreute, hat erfreut:
1. *einer Person Freude bereiten:* Sein Besuch hat mich sehr erfreut. · Sehr erfreut, Sie kennenzulernen!
2. ⟨+ sich⟩ (gehoben) *etwas Positives haben:* sich bester Gesundheit / großer Beliebtheit erfreuen.

er|freu|lich [ɛɐ̯ˈfrɔy̯lɪç], erfreulicher, am erfreulichsten:
so, dass man sich darüber freut: ein erfreuliches Ergebnis · Dieser Anblick ist nicht gerade erfreulich. · Das ist erfreulich zu hören.

er|frie|ren [ɛɐ̯ˈfriːrən], erfriert, erfror, ist erfroren:
durch Kälte sterben: Auf der Flucht mitten im Winter sind viele erfroren. · Mach das Fenster zu, bevor wir hier noch erfrieren!

▸ **er|fül|len** [ɛɐ̯ˈfʏlən], erfüllt, erfüllte, hat erfüllt:
1. *tun, was eine Person wünscht:* Kannst du ihr diese Bitte / ihren Wunsch nicht erfüllen?
2. *so sein, wie es eine Sache verlangt:* Das Gerät erfüllt seinen Zweck.
3. ⟨+ sich⟩ *Wirklichkeit werden:* Mein Wunsch hat sich leider nicht erfüllt.

▸ **er|gän|zen** [ɛɐ̯ˈgɛnt͡sn̩], ergänzt, ergänzte, hat ergänzt:
1. *etwas hinzufügen, was fehlt oder passt:* Ergänzen Sie folgende Sätze mit den richtigen Wörtern.
2. ⟨+ sich⟩ *durch unterschiedliche Eigenschaften gut zueinander passen:* Wir ergänzen uns hervorragend: Was der eine nicht kann, kann der andere.

die **Er|gän|zung** [ɛɐ̯ˈgɛnt͡sʊŋ], der Ergänzung, die Ergänzungen:
1. *Vorgang, bei dem etwas ergänzt wird:* ein Vorschlag zur Ergänzung der Spielregeln.
2. *Sache, die etwas ergänzt:* Der Zusatz stellt eine sinnvolle Ergänzung dar.

er|ge|ben [ɛɐ̯ˈgeːbn̩], ergibt, ergab, hat ergeben:
1. *als Ergebnis haben:* Die Umfrage ergab, dass ... · Meine Recherchen haben nichts Neues ergeben.
2. ⟨+ sich⟩ *erklären, dass man besiegt ist und nicht mehr kämpfen will:* Nicht schießen, ich ergebe mich!

▸ das **Er|geb|nis** [ɛɐ̯ˈgeːpnɪs], des Ergebnisses, die Ergebnisse:
1. *Folge oder Wirkung von etwas, was geschieht oder getan wird:* Das Ergebnis von dem Streit war, dass sie sich trennten.
2. *das, was man bekommt, wenn man sich darum bemüht:* Im letzten Jahr hat das Geschäft ein positives Ergebnis erzielt. · Bist du mit dem Ergebnis der Prüfung zufrieden?
3. *Zahl, die man durch Zählen, Messen oder Rechnen bekommt:* Welches Ergebnis hast du bei der zweiten Aufgabe ausgerechnet?

er|grei|fen [ɛɐ̯ˈgra͡ifn̩], ergreift, ergriff, hat ergriffen:
1. *in die Hand nehmen:* Er ergriff ihre Hand und führte sie zum Tanz.
2. *finden und verhaften:* Die Polizei hofft, den flüchtigen Täter bald zu ergreifen.
3. *starke Gefühle auslösen:* eine ergreifende Liebesgeschichte · Sie seufzte ergriffen.
4. *sich für eine Aktion entscheiden:* einen Beruf ergreifen · geeignete Maßnahmen ergreifen · Er ergriff die Gelegenheit zur Flucht.

▸ **er|hal|ten** [ɛɐ̯ˈhaltn̩], erhält, erhielt, hat erhalten:
1. *bekommen:* Hast du meinen Brief erhalten? · Ich sorge dafür, dass er seine gerechte Strafe erhält.
2. *dafür sorgen, dass etwas in gutem Zustand bleibt oder weiter existiert:* Arbeitsplätze / den Frieden erhalten · Die alte Burg ist noch recht gut erhalten. · Die Vitamine bleiben bei diesem Verfahren erhalten.

er|hält|lich [ɛɐ̯ˈhɛltlɪç]:
zu kaufen: Dieses Modell ist leider nicht mehr erhältlich.

er|he|ben [ɛɐ̯ˈheːbn̩], erhebt, erhob, hat erhoben:
1. ⟨+ sich⟩ *aufstehen:* Bitte erheben Sie sich von Ihren Plätzen!
2. *in die Höhe heben:* Sie verließ mit hoch erhobenem Kopf den Raum. · Er hat nie die Hand gegen mich erhoben *(mich nie geschlagen).*
3. *mündlich oder schriftlich äußern:* Einspruch / Widerspruch gegen einen Bescheid erheben · Erhebt jemand Anspruch auf das letzte Stück Kuchen?

er|heb|lich [ɛɐ̯ˈheːplɪç]:

mit, in einem solchen Ausmaß, dass es wichtig ist: Der Plan hat erhebliche Nachteile / Mängel. · Für unsere Zwecke ist der Unterschied nicht erheblich. · Er ist erheblich älter als ich.

er|hit|zen [ɛɐ̯'hɪtsn̩], erhitzt, erhitzte, hat erhitzt:
heiß machen: das Öl in der Pfanne erhitzen.

er|hö|hen [ɛɐ̯'hø:ən], erhöht, erhöhte, hat erhöht:
1. *höher machen:* die Preise erhöhen · sein Arbeitstempo erhöhen · Der Damm muss um einen Meter erhöht werden. · Raucher haben ein erhöhtes Krebsrisiko.
2. ⟨+ sich⟩ *höher oder mehr werden; steigen:* Durch die Operation haben sich seine Überlebenschancen erhöht.

die **Er|hö|hung** [ɛɐ̯'hø:ʊŋ], der Erhöhung, die Erhöhungen:
das Mehr-werden[-Lassen]: die Erhöhung der Geschwindigkeit / der Löhne / des Blutdrucks.

er|ho|len [ɛɐ̯'ho:lən] ⟨+ sich⟩, erholt sich, erholte sich, hat sich erholt:
ohne Belastung wieder in einen besseren Zustand kommen: sich von einem Schreck / einer Krankheit erholen · Die Kurse an der Börse haben sich wieder erholt.

die **Er|ho|lung** [ɛɐ̯'ho:lʊŋ], der Erholung:
Vorgang, sich zu erholen: dringend Erholung brauchen · zur Erholung ans Meer fahren.

er|in|nern [ɛɐ̯'ɪnɐn], erinnert, erinnerte, hat erinnert:
1. ⟨+ sich⟩ *Erlebtes oder Informationen im Gedächtnis haben:* Erinnerst du dich noch an ihn? · Daran kann ich mich beim besten Willen nicht mehr erinnern.
2. *eine Person auf etwas hinweisen, damit sie es nicht vergisst:* Erinnere mich bitte daran, dass ich ihn heute Abend anrufe.
3. *durch eine Ähnlichkeit an eine Person, Sache denken lassen:* Das Theater erinnert in der Form an eine Muschel.

die **Er|in|ne|rung** [ɛɐ̯'ɪnərʊŋ], der Erinnerung, die Erinnerungen:
1. *etwas, was man im Gedächtnis hat:* Die Erinnerung an diese Zeit schmerzt. · Mir sind nur meine Erinnerungen an ihn geblieben.
2. ⟨ohne Plural⟩ *Fähigkeit, sich an etwas zu erinnern:* Tut mir leid, da lässt mich meine Erinnerung in Stich.

er|käl|ten [ɛɐ̯'kɛltn̩] ⟨+ sich⟩, erkältet sich, erkältete sich, hat sich erkältet:
eine Erkältung bekommen: Ich muss mich gestern erkältet haben.

▶ **er|käl|tet** [ɛɐ̯'kɛltət]:
an einer Erkältung leidend: Meine Kollegin ist ziemlich stark erkältet.

▶ die **Er|käl|tung** [ɛɐ̯'kɛltʊŋ], der Erkältung, die Erkältungen:
Schnupfen: Zieh dich wärmer an, damit du dir keine Erkältung holst.

▶ **er|ken|nen** [ɛɐ̯'kɛnən], erkennt, erkannte, hat erkannt:
1. *so deutlich hören oder sehen, dass man weiß, wer oder was das ist:* jemandes Stimme am Telefon erkennen · Von hier aus kann ich das nicht erkennen.
2. *durch bestimmte Merkmale feststellen oder richtig beurteilen:* eine Gefahr rechtzeitig erkennen · Woran erkennt man, wann der richtige Zeitpunkt gekommen ist? · Er erkannte, dass er einen Fehler gemacht hatte.

die **Er|kennt|nis** [ɛɐ̯'kɛntnɪs], der Erkenntnis, die Erkenntnisse:
Wissen, das durch Nachdenken oder Forschen entsteht: neue wissenschaftliche Erkenntnisse · Er kam zu der Erkenntnis, dass sie recht hatte.

▶ **er|klä|ren** [ɛɐ̯'klɛ:rən], erklärt, erklärte, hat erklärt:
1. *so beschreiben, dass es eine Person versteht:* eine Aufgabe an einem Beispiel erklären · Ich erklär dir gleich, wie das geht. · Kannst du mir bitte mal erklären, warum immer noch nicht aufgeräumt ist?
2. *einen Grund darstellen, den man verstehen kann:* Er ist verreist? Das erklärt, warum er nie ans Telefon geht.
3. *offiziell mitteilen:* eine Sitzung für beendet erklären · jemanden zum Sieger erklären · Du kannst nur mitfahren, wenn sich deine Eltern einverstanden erklären. · Der Zeuge erklärte, ihn am Tatort gesehen zu haben / dass er ihn am Tatort gesehen habe.

▶ die **Er|klä|rung** [ɛɐ̯'klɛ:rʊŋ], der Erklärung, die Erklärungen:
1. *Begründung oder Beschreibung, die etwas erklärt:* ein Buch mit ausführlichen Erklärungen zu den Bildern · Für dieses Verhalten verlange ich eine Erklärung von Ihnen!
2. *offizielle Mitteilung:* Die Regierung will heute eine Erklärung zu den Vorfällen abgeben *(verkünden).*

▶ **er|kun|di|gen** [ɛɐ̯'kʊndɪgn̩] ⟨+ sich⟩, erkundigt sich, erkundigte sich, hat sich erkundigt:

E

nach einer Person, Sache fragen: sich nach dem Preis erkundigen · sich danach erkundigen, wie es jemandem geht · Erkundige dich bitte, wann das Schiff ankommt.

er|las|sen [ɛɐ̯ˈlasn̩], erlässt, erließ, hat erlassen:
1. *als Behörde oder Parlament offiziell beschließen und verkünden:* Gesetze / Vorschriften erlassen · einen Haftbefehl gegen jemanden erlassen.
2. *auf die Pflicht oder Strafe einer Person verzichten:* jemandem einen Teil seiner Schulden / Haftstrafe erlassen.

▶ **er|lau|ben** [ɛɐ̯ˈlau̯bn̩], erlaubt, erlaubte, hat erlaubt:
1. *sagen, dass eine Person etwas tun darf; genehmigen, gestatten:* Ihre Eltern erlauben ihr nicht mitzufahren. · Fotografieren ist hier nicht erlaubt. · Erlauben Sie, dass ich rauche?
2. *möglich machen:* wenn es die Zeit / das Wetter erlaubt · Mein Einkommen erlaubt mir solche Anschaffungen nicht.
3. ⟨+ sich⟩ *sich für etwas entscheiden, ohne andere zu fragen:* Ich kann mir kein Urteil darüber erlauben. · Jetzt erlaube ich mir erst einmal eine Pause / ein Bier. · Darf ich mir eine Bemerkung / einen Vorschlag erlauben?

▶ die **Er|laub|nis** [ɛɐ̯ˈlau̯pnɪs], der Erlaubnis:
Worte, mit denen man einer Person etwas erlaubt; Genehmigung: Er muss erst seine Eltern um Erlaubnis bitten / fragen. · Er hat den Wagen mit / ohne Erlaubnis des Chefs benutzt.

er|läu|tern [ɛɐ̯ˈlɔy̯tɐn], erläutert, erläuterte, hat erläutert:
beschreiben, damit eine Person etwas versteht; erklären: Würden Sie mir bitte Ihre Theorie an einem Beispiel erläutern?

▶ **er|le|ben** [ɛɐ̯ˈleːbn̩], erlebt, erlebte, hat erlebt:
in seinem Leben kennenlernen oder bei etwas dabei sein: So ein Unwetter habe ich noch nicht erlebt! · Ich würde gern einmal erleben, dass er sich entschuldigt. · Er hat seinen 90. Geburtstag nicht mehr erlebt.

▶ das **Er|leb|nis** [ɛɐ̯ˈleːpnɪs], des Erlebnisses, die Erlebnisse:
etwas, was jemand erlebt hat: Sie hatten viele schöne gemeinsame Erlebnisse. · Der Zoo ist wirklich ein Erlebnis *(etwas, was sich zu erleben lohnt)!*

▶ **er|le|di|gen** [ɛɐ̯ˈleːdɪɡn̩], erledigt, erledigte, hat erledigt:
1. *tun, was getan werden soll:* Er wollte erst seine Arbeit erledigen. · Ich komme, wenn das hier erledigt ist.
2. (umgangssprachlich) *vernichten:* Den werde ich erledigen! · Wenn das herauskommt, sind wir erledigt!

▶ **er|leich|tern** [ɛɐ̯ˈlai̯çtɐn], erleichtert, erleichterte, hat erleichtert:
1. *weniger anstrengend oder unangenehm machen:* jemandem die Arbeit erleichtern · Die Bilder erleichtern das Verständnis sehr.
2. *von einer Sorge befreien:* Diese Nachricht erleichterte sie sehr. · Es erleichtert mich zu hören, dass es ihr wieder besser geht.

er|leich|tert [ɛɐ̯ˈlai̯çtɐt], erleichterter, am erleichtertsten:
von einer Sorge befreit: Ich bin ja so erleichtert, dass ich die Prüfung hinter mir habe!

die **Er|leich|te|rung** [ɛɐ̯ˈlai̯çtərʊŋ], der Erleichterung, die Erleichterungen:
1. ⟨ohne Plural⟩ *Gefühl, wenn eine Sorge oder Angst nachlässt:* Sie stellte mit / voller Erleichterung fest, dass das Geld noch da war.
2. *Sache, die einem etwas leichter macht:* Die Erleichterung für mich besteht darin, dass ich damit Zeit spare.

er|lei|den [ɛɐ̯ˈlai̯dn̩], erleidet, erlitt, hat erlitten:
etwas Unangenehmes erleben: Schmerzen / eine Niederlage / schwere Verluste erleiden · Er hat einen Unfall erlitten.

er|ler|nen [ɛɐ̯ˈlɛrnən], erlernt, erlernte, hat erlernt:
lernen oder üben, bis man etwas praktisch beherrscht: ein Instrument / eine Sprache erlernen · Er hat in seinem erlernten Beruf keine Stelle gefunden.

er|mah|nen [ɛɐ̯ˈmaːnən], ermahnt, ermahnte, hat ermahnt:
(mehrmals) dringend zu einem bestimmten Verhalten auffordern: jemanden zur Vorsicht ermahnen · die Kinder ermahnen, brav zu sein.

▶ die **Er|mä|ßi|gung** [ɛɐ̯ˈmɛːsɪɡʊŋ], der Ermäßigung, die Ermäßigungen:
Betrag, um den ein Preis gesenkt wird: Gibt es eine Ermäßigung für Studenten?

er|mit|teln [ɛɐ̯ˈmɪtl̩n], ermittelt, ermittelte, hat ermittelt:
1. *herausfinden oder feststellen:* den Täter / die Unfallursache ermitteln · In vier Runden wird der Sieger ermittelt. · Von wem der Brief kam, ließ sich später nicht mehr ermitteln.
2. *(als Polizei) Untersuchungen durch-*

führen: Gegen ihn wird wegen Sachbeschädigung ermittelt.

die **Er|mitt|lung** [ɛɐ̯ˈmɪtlʊŋ], der Ermittlung, die Ermittlungen:
Vorgang des Ermittelns: Der Staatsanwalt hat die Ermittlungen eingestellt.

er|mög|li|chen [ɛɐ̯ˈmøːklɪçn̩], ermöglicht, ermöglichte, hat ermöglicht:
möglich machen: Die Erbschaft ermöglicht [es] mir, ein Auto zu kaufen.

er|mor|den [ɛɐ̯ˈmɔrdn̩], ermordet, ermordete, hat ermordet:
eine Person mit Absicht töten: Er wurde von politischen Gegnern ermordet.

er|näh|ren [ɛɐ̯ˈnɛːrən], ernährt, ernährte, hat ernährt:
1. *mit Nahrung versorgen:* sich vegetarisch ernähren · Wovon ernähren sich diese Tiere? · Der Kranke muss künstlich ernährt werden. · Das Kind ist schlecht ernährt.
2. *dafür sorgen, dass eine Person genug zum Leben hat:* Von ihrem Gehalt hat sie vier Kinder zu ernähren.

die **Er|näh|rung** [ɛɐ̯ˈnɛːrʊŋ], der Ernährung:
Versorgung mit Nahrung: Zu einer gesunden Ernährung gehört viel frisches Gemüse.

er|nen|nen [ɛɐ̯ˈnɛnən], ernennt, ernannte, hat ernannt:
einer Person eine offizielle Aufgabe geben: Hat sie schon einen / ihren Nachfolger ernannt? · Er wurde durch einstimmigen Beschluss zum Vorsitzenden ernannt.

er|neut [ɛɐ̯ˈnɔyt]:
noch ein(mal): Sie unternahm einen erneuten Versuch, das Problem zu lösen. · Er betonte erneut, nichts davon gewusst zu haben.

ernst [ɛrnst], ernster, am ernstesten:
1. *sachlich über etwas nachdenkend, keine Scherze machend:* ein ernstes Gesicht machen · Sie wurde plötzlich ernst.
2. *zu Sorgen Anlass gebend:* eine ernste Situation · ernste Verletzungen · Ist es etwas Ernstes?
3. *** etwas ernst meinen:** *etwas wirklich so meinen:* eine ernst gemeinte Drohung; *** jemanden / etwas ernst nehmen:** *als wichtig oder echt behandeln:* eine Drohung / eine Gefahr / ein Problem ernst nehmen · Du nimmst mich einfach nicht ernst *(hörst nicht auf das, was ich sage).*

ernst|haft [ˈɛrnsthaft], ernsthafter, am ernsthaftesten:
1. *sachlich; nicht heiter oder lustig:* ein ernsthafter Mann / Charakter · Ich muss mal ernsthaft mit dir sprechen.
2. *so, dass man es nicht leichtnehmen oder unterschätzen kann:* Die Arbeit zeigt ernsthafte Mängel. · Er ist ernsthaft bemüht, seine Leistungen zu verbessern.
3. *wirklich so gemeint, wie es gesagt wird:* ein ernsthafter Vorschlag · Das hat niemand ernsthaft geglaubt.
4. *sehr [stark], gefährlich:* eine ernsthafte Gefahr / Bedrohung / Verletzung · Er ist ernsthaft erkrankt.

▶ die **Ern|te** [ˈɛrntə], der Ernte, die Ernten:
1. *das Ernten:* bei der Ernte helfen.
2. *die Teile von Pflanzen, die geerntet werden (sollen):* Die Ernten in diesem Jahr waren gut.

ern|ten [ˈɛrntn̩], erntet, erntete, hat geerntet:
1. *reife Teile von Pflanzen sammeln:* Getreide / Kartoffeln / Obst ernten.
2. *als Reaktion bekommen:* Sie erntete viel Lob für ihren Aufsatz. · Der Vorschlag erntete nur Kritik.

er|obern [ɛɐ̯ˈ|oːbɐn], erobert, eroberte, hat erobert:
1. *(fremdes Gebiet) durch eine militärische Aktion in Besitz nehmen:* Die Burg ist nie vom Feind erobert worden.
2. *für sich gewinnen:* sich jemandes Herz / Sympathie erobern · Ich hatte mir einen guten Platz erobert.

▶ **er|öff|nen** [ɛɐ̯ˈ|œfnən], eröffnet, eröffnete, hat eröffnet:
1. *zum ersten Mal für das Publikum, die Kunden öffnen:* In unserer Straße wurde / hat gestern eine neue Bäckerei eröffnet.
2. *neu schaffen; einrichten:* ein Konto bei der Bank eröffnen.
3. *offiziell beginnen lassen:* eine Sitzung / eine Diskussion / eine Verhandlung eröffnen.
4. *etwas Unerwartetes mitteilen:* Er eröffnete ihr, dass er ausziehen wolle.

▶ die **Er|öff|nung** [ɛɐ̯ˈ|œfnʊŋ], der Eröffnung, die Eröffnungen:
das Eröffnen neuer Einrichtungen, Geschäfte, Konten: eine Feier zur Eröffnung des neuen Schwimmbads.

er|ör|tern [ɛɐ̯ˈ|œrtɐn], erörtert, erörterte, hat erörtert:
ausführlich besprechen: Das Problem wurde auf der Sitzung eingehend erörtert.

die **Er|ör|te|rung** [ɛɐ̯ˈ|œrtərʊŋ], der Erörterung, die Erörterungen:
1. *ausführliche Besprechung, Behand-*

lung: die gründliche Erörterung eines Themas.
2. *Aufsatz, in dem positive und negative Argumente besprochen werden:* Als nächsten Aufsatz müssen wir eine Erörterung schreiben.

er|pres|sen [ɛɐ̯ˈprɛsn̩], erpresst, erpresste, hat erpresst:
1. *durch Drohungen zu etwas zwingen:* Er wurde mit den Fotos erpresst. · Ich lasse mich doch von dir nicht erpressen!
2. *durch Drohungen von einer Person bekommen:* Das Geständnis wurde mit Gewalt erpresst.

er|ra|ten [ɛɐ̯ˈraːtn̩], errät, erriet, hat erraten: *durch richtiges Beurteilen oder Zufall herausfinden:* Du errätst nie, was gerade passiert ist!

er|rech|nen [ɛɐ̯ˈrɛçnən], errechnet, errechnete, hat errechnet: *mithilfe einer Rechnung bestimmen:* Die Flugbahn des Satelliten wird von Computern errechnet.

er|re|gen [ɛɐ̯ˈreːgn̩], erregt, erregte, hat erregt:
1. *bewirken, dass eine Person sexuell aktiv werden will:* Die Vorstellung erregte sie. · Er fand die Fotos sehr erregend.
2. *wütend machen:* Der Brief erregte sie sehr. · Erregt schlug er ihr die Tür vor der Nase zu.
3. *bewirken:* Der Fall erregte viel Aufmerksamkeit. · Das hat meine Neugier erregt.

▸ **er|rei|chen** [ɛɐ̯ˈrai̯çn̩], erreicht, erreichte, hat erreicht:
1. *berühren können:* Ich kann das oberste Fach nur auf Zehenspitzen erreichen.
2. *mit einer Person sprechen können:* Morgen können Sie mich den ganzen Tag im Büro erreichen. · Hast du Franz schon erreicht?
3. *an ein Ziel gelangen:* Gegen Mittag erreichten wir die Berghütte. · Was willst du damit eigentlich erreichen?
4. *rechtzeitig dort sein, wo etwas abfährt:* Wir müssen uns beeilen, wenn wir den Zug noch erreichen wollen.

er|rich|ten [ɛɐ̯ˈrɪçtn̩], errichtet, errichtete, hat errichtet: *(aus Teilen) bauen:* ein Gebäude / Denkmal errichten.

▸ der **Er|satz** [ɛɐ̯ˈzat͡s], des Ersatzes: *Person oder Sache, die eine andere ersetzt:* einen Ersatz für einen kranken Spieler finden · ein neues Radio als Ersatz für das alte.

das **Er|satz|teil** [ɛɐ̯ˈzat͡stai̯l], des Ersatzteil[e]s, die Ersatzteile: *neues Teil für eine Maschine, ein Fahrzeug oder Gerät, wenn ein altes kaputtgeht:* Für dieses alte Modell gibt es leider keine Ersatzteile mehr.

er|schei|nen [ɛɐ̯ˈʃai̯nən], erscheint, erschien, ist erschienen:
1. *dorthin kommen, wo man erwartet wird:* zu spät zum Unterricht erscheinen.
2. *sichtbar werden:* Die Küste erschien am Horizont.
3. *veröffentlicht werden:* Es sind bereits mehrere Bücher von ihm erschienen.
4. *einen bestimmten Eindruck machen:* Eine solche Lösung erscheint [mir] wenig sinnvoll.

die **Er|schei|nung** [ɛɐ̯ˈʃai̯nʊŋ], der Erscheinung, die Erscheinungen: *etwas, was man beobachten kann:* Dieses Verhalten ist eine weitverbreitete Erscheinung.; *** in Erscheinung treten:** *deutlich, sichtbar oder bekannt werden.*

er|schie|ßen [ɛɐ̯ˈʃiːsn̩], erschießt, erschoss, hat erschossen: *durch einen Schuss töten:* Er wurde auf der Flucht erschossen.

er|schla|gen [ɛɐ̯ˈʃlaːgn̩], erschlägt, erschlug, hat erschlagen: *durch einen oder mehrere Schläge töten:* Er versuchte, sie mit einem Stein zu erschlagen. · Sie wurde vom Blitz / von einem Baum erschlagen.

er|schlie|ßen [ɛɐ̯ˈʃliːsn̩], erschließt, erschloss, hat erschlossen: *bewirken, dass man etwas für einen Zweck nutzen kann:* ein Gebiet als Bauland erschließen · für ein Produkt neue Märkte erschließen.

▸ **er|schöpft** [ɛɐ̯ˈʃœp͡ft], erschöpfter, am erschöpftesten:
1. *nach einer Anstrengung ohne Kraft und müde:* Sie ließ sich erschöpft aufs Sofa fallen.
2. ⟨ohne Steigerung⟩ *verbraucht und nicht mehr vorhanden:* Meine Geduld mit dir ist erschöpft! · Unsere Kapazitäten / Vorräte sind erschöpft.

▸ ¹**er|schre|cken** [ɛɐ̯ˈʃrɛkn̩], erschrickt, erschrak, ist erschrocken: *einen Schreck bekommen:* ein erschrockenes Gesicht machen · Er erschrak, als er den Knall hörte.

▸ ²**er|schre|cken** [ɛɐ̯ˈʃrɛkn̩], erschreckt, erschreckte, hat erschreckt: *einer Person oder einem Tier (plötzlich für kurze Zeit) Angst machen:* erschreckende Folgen haben · Huch, hast du mich erschreckt! · Die Tauben flogen erschreckt auf.

er|schüt|tern [ɛɐ̯ˈʃʏtɐn], erschüttert, erschütterte, hat erschüttert:
1. *eine eigentlich stabile Sache in Bewegung bringen und unsicher machen:* Ein Erdbeben erschütterte die Stadt. · Das Land wurde von schweren Unruhen erschüttert. · Der Fall hat meinen Glauben an das Gute im Menschen erschüttert.
2. *einen Schock für eine Person darstellen:* Die Bilder vom Unglück haben uns schwer erschüttert. · Sie war erschüttert über seinen Tod.

er|schwe|ren [ɛɐ̯ˈʃveːrən], erschwert, erschwerte, hat erschwert:
schwierig machen: Die Suche nach den vermissten Bergsteigern wird durch das schlechte Wetter erschwert.

er|set|zen [ɛɐ̯ˈzɛt͡sn̩], ersetzt, ersetzte, hat ersetzt:
1. *anstelle einer Person, Sache, die diese Aufgabe nicht mehr erfüllen kann, verwenden:* kaputte Teile / verbrauchte Vorräte ersetzen · Der Trainer ersetzte den verletzten Kowalski durch Heiner Schulze.
2. *die Funktion, Aufgabe einer Person oder Sache übernehmen:* Er versuchte, den Kindern den verstorbenen Vater zu ersetzen. · Die neuen Bestimmungen sollen die frühere Regelung ersetzen.
3. *zahlen, um etwas auszugleichen; erstatten:* jemandem die Fahrtkosten / einen Schaden ersetzen.

erst [eːɐ̯st]:
1. *bevor etwas anderes getan wird, geschieht; zuerst:* Erst die Arbeit, dann das Spiel! · Lass mich erst mal ein bisschen ausruhen.
2. *nicht früher als:* Ich komme morgen erst um neun, nicht schon um acht Uhr.
3. *vor kurzer Zeit, nämlich …:* Das Kleid habe ich erst gestern gekauft und schon ist es kaputt.
4. *nicht mehr als; nur:* Ich habe erst zwei Sätze geschrieben und mir fällt schon nichts mehr ein. · Geh noch nicht, es ist doch erst zehn Uhr.
5. drückt aus, dass man dringend auf etwas wartet: Wenn ich nur endlich mit der Arbeit fertig wäre!
6. drückt eine starke Steigerung aus: Er ist schon frech, aber sein Bruder erst *(noch viel mehr)!*; * **erst recht:** *in besonderem Maße, umso mehr:* Wenn er es darf, darf ich es erst recht.; * **erst recht nicht:** *noch weniger:* Wenn du ihn so hetzt, beeilt er sich erst recht nicht.

▶ **erst…** [eːɐ̯st…]:
in einer Reihenfolge am Anfang: schon beim ersten Mal · Wir ziehen am ersten Mai / nächsten Ersten um. · Die ersten Erdbeeren sind schon reif. · Du kommst als Erste / Erster dran, dann Peter und zuletzt ich.

er|stat|ten [ɛɐ̯ˈʃtatn̩], erstattet, erstattete, hat erstattet:
1. *zahlen, um etwas auszugleichen; ersetzen:* Die Fahrtkosten erstattet mir meine Firma.
2. *in offizieller Form einer Behörde oder einem Vorgesetzten gegenüber ausführen:* bei der Polizei Anzeige gegen jemanden erstatten · über einen Vorfall Bericht / Meldung erstatten.

er|stau|nen [ɛɐ̯ˈʃtau̯nən], erstaunt, erstaunte, hat erstaunt:
bewirken, dass eine Person staunt; überraschen: Seine frühe Rückkehr hat mich erstaunt. · Sie war erstaunt über die vielen Geschenke.

er|staun|lich [ɛɐ̯ˈʃtau̯nlɪç], erstaunlicher, am erstaunlichsten:
so ungewöhnlich, dass man staunt: Er hatte erstaunlichen Erfolg damit. · Die Wirtschaft hat sich erstaunlich schnell wieder erholt.

▶ **er|stel|len** [ɛɐ̯ˈʃtɛlən], erstellt, erstellte, hat erstellt:
als Text oder Zeichnung entstehen lassen: ein Gutachten / einen Plan / ein Programm / ein Konzept erstellen.

ers|tens [ˈeːɐ̯stn̩s]:
als Erstes; an erster Stelle: Erstens habe ich kein Geld und zweitens keine Zeit.

er|sti|cken [ɛɐ̯ˈʃtɪkn̩], erstickt, erstickte, ist erstickt:
durch Mangel an Luft oder Sauerstoff sterben: vor Lachen fast ersticken · Das Kind ist an einer Gräte erstickt.; * **in etwas ersticken:** *viel zu viel von etwas haben und damit nicht fertig werden:* Wir sind in Anträgen / Arbeit fast erstickt.

erst|mals [ˈeːɐ̯stmaːls]:
zum ersten Mal: Den Wissenschaftlern ist jetzt erstmals gelungen, diese Theorie zu beweisen.

er|stre|cken [ɛɐ̯ˈʃtrɛkn̩] ⟨+ sich⟩, erstreckt sich, erstreckte sich, hat sich erstreckt:
eine bestimmte Ausdehnung oder Dauer haben oder einen Inhalt behandeln: Der Wald erstreckt sich von hier bis zum Stadtrand. · Diese Entwicklung erstreckt

E

sich über die letzten fünf Jahre. · Erstreckt sich der Kurs auch auf dieses Thema?

er|tei|len [ɛɐ̯ˈtai̯lən], erteilt, erteilte, hat erteilt:
geben: jemandem einen Rat / einen Befehl / eine Vollmacht / eine Auskunft erteilen.

der **Er|trag** [ɛɐ̯ˈtra:k], des Ertrag[e]s, die Erträge [ɛɐ̯ˈtrɛ:gə]:
1. *Menge, die man ernten kann:* Diese Sorte Kartoffeln liefert besonders hohe Erträge.
2. *finanzieller Gewinn:* Kapitalanlagen mit hohen Erträgen.

er|tra|gen [ɛɐ̯ˈtra:gn̩], erträgt, ertrug, hat ertragen:
etwas, was unangenehm ist, erleben und aushalten: Ich kann diese Hitze / seine Launen nicht mehr ertragen. · Er erträgt es nicht, kritisiert zu werden.

er|träg|lich [ɛɐ̯ˈtrɛ:klɪç], erträglicher, am erträglichsten:
so, dass man es ertragen kann: Die Aussicht auf den Urlaub macht den Stress erträglich.

er|trin|ken [ɛɐ̯ˈtrɪŋkn̩], ertrinkt, ertrank, ist ertrunken:
im Wasser sterben, weil die Luft fehlt: jemanden vor dem Ertrinken retten.

er|wa|chen [ɛɐ̯ˈvaxn̩], erwacht, erwachte, ist erwacht:
1. *wach werden:* aus der Narkose / der Ohnmacht / einem Traum erwachen · Als er erwachte, war es schon Tag.
2. *entstehen:* Ihr Ehrgeiz / Ihre Neugier / Ihr Interesse ist erwacht.

▶ **er|wach|sen** [ɛɐ̯ˈvaksn̩], erwachsener, am erwachsensten:
alt (und reif) genug, um nicht mehr als Kind zu gelten: Er wirkt schon sehr erwachsen.

▶ der **Er|wach|se|ne** [ɛɐ̯ˈvaksənə], der Erwachsene / ein Erwachsener; des / eines Erwachsenen, die Erwachsenen / zwei Erwachsene:
[männliche] erwachsene Person: Der Film ist nur für Erwachsene.

▶ die **Er|wach|se|ne** [ɛɐ̯ˈvaksənə], die / eine Erwachsene; der / einer Erwachsenen, die Erwachsenen / zwei Erwachsene:
erwachsene weibliche Person: Sie als Erwachsene zahlen 10 Euro Eintritt. · Zwei Erwachsene und ein Kind, bitte.

er|wäh|nen [ɛɐ̯ˈvɛ:nən], erwähnt, erwähnte, hat erwähnt:
unter anderem auch darüber sprechen: Davon hat er mir gegenüber nichts / kein Wort erwähnt. · Ich vergaß zu erwähnen, dass ...

er|wär|men [ɛɐ̯ˈvɛrmən], erwärmt, erwärmte hat erwärmt:
1. *warm machen:* die Milch in der Mikrowelle erwärmen.
2. ⟨+ sich⟩ *warm werden:* Der Stein hatte sich in der Sonne erwärmt.; *** sich für jemanden / etwas nicht erwärmen können:** *eine Person, Sache nicht mögen.*

▶ **er|war|ten** [ɛɐ̯ˈvartn̩], erwartet, erwartete, hat erwartet:
1. *darauf warten, dass eine Person kommt oder etwas geschieht:* Da bist du ja, wir haben dich schon erwartet. · Die Kinder können die Ferien kaum erwarten. · Als ich nach Hause kam, erwartete mich ein warmes Abendessen. · Sie erwartet ein Kind *(ist schwanger).*
2. *mit etwas rechnen:* Niemand hätte erwartet, dass das geschieht. · Das war ja leider nicht anders zu erwarten. *(Ich hatte so etwas befürchtet.);* *** wider Erwarten:** *obwohl man etwas anderes erwartet hatte:* Wider Erwarten kam er doch zu der Sitzung.
3. *verlangen, als selbstverständlich voraussetzen:* Ich erwarte von dir, dass du uns hilfst.

die **Er|war|tung** [ɛɐ̯ˈvartʊŋ], der Erwartung, die Erwartungen:
Sache, die man sich wünscht oder mit der man rechnet: Der Film hat meine Erwartungen weit übertroffen. · Seine Leistungen entsprechen nicht unseren Erwartungen. · Sie ging in der Erwartung, dass wir ihr folgen würden.

er|wei|sen [ɛɐ̯ˈvai̯zn̩], erweist, erwies, hat erwiesen:
1. ⟨+ sich⟩ *sich in bestimmter Weise zeigen; sich herausstellen:* Meine Vermutung hat sich als richtig erwiesen. · Er erwies sich als Betrüger.
2. *beweisen:* Der Prozess hat ihre Unschuld erwiesen.
3. *für eine Person tun:* jemandem einen Dienst / Gefallen erweisen.

er|wei|tern [ɛɐ̯ˈvai̯tɐn], erweitert, erweiterte hat erweitert:
größer machen: eine Durchfahrt / einen Flugplatz erweitern · seine Kenntnisse / das Warenangebot erweitern.

die **Er|wei|te|rung** [ɛɐ̯ˈvai̯tərʊŋ], der Erweiterung, die Erweiterungen:
1. *das Erweitern; das Erweitertwerden:* eine Erweiterung der EU um neue Mitgliedsländer.
2. *Sache, die etwas ergänzt oder erwei-*

tert: Das Programm soll mit neuen Erweiterungen attraktiver werden.

er|wer|ben [ɛɐ̯ˈvɛrbn̩], erwirbt, erwarb, hat erworben:
1. *bekommen, indem man dafür aktiv wird:* den Führerschein / Rentenansprüche erwerben · Sie hatte (sich) die nötigen Kenntnisse in einem Kurs erworben.
2. *kaufen:* Von wem haben Sie das Auto erworben?

er|wi|dern [ɛɐ̯ˈviːdɐn], erwidert, erwiderte, hat erwidert:
1. *antworten; entgegnen:* Darauf wusste sie nichts zu erwidern. · Auf meine Frage erwiderte er, dass mich das nichts anginge.
2. *auf etwas in gleicher Weise reagieren:* einen Besuch / einen Blick erwidern · jemandes Gefühle erwidern.

er|wi|schen [ɛɐ̯ˈvɪʃn̩], erwischt, erwischte, hat erwischt (umgangssprachlich):
1. *bei der Tat überraschen oder danach finden, fangen:* Die Polizei hat den Falschen erwischt.
2. *mit Mühe oder Glück bekommen oder erreichen:* Er hat den Zug noch erwischt. · Hast du noch ein Stück Kuchen erwischt?

er|zäh|len [ɛɐ̯ˈt͜sɛːlən], erzählt, erzählte, hat erzählt:
1. *über Ereignisse sprechen oder schreiben, um andere zu unterhalten:* den Kindern ein Märchen erzählen · gut / spannend erzählen können.
2. *mitteilen:* Wer hat dir denn das erzählt? · Ich glaub dir kein Wort, das kannst du einem anderen erzählen!

die **Er|zäh|lung** [ɛɐ̯ˈt͜sɛːlʊŋ], der Erzählung, die Erzählungen:
Geschichte, die eine Person erzählt: Die Kinder lauschten seinen spannenden Erzählungen.

er|zeu|gen [ɛɐ̯ˈt͜sɔyɡn̩], erzeugt, erzeugte, hat erzeugt:
1. *entstehen lassen; bewirken:* Diese Maschinen erzeugen viel Lärm. · Lass das lieber, das erzeugt nur Probleme.
2. *produzieren:* Strom erzeugen · Sie erzeugten auf dem Bauernhof fast alles, was sie zum Leben brauchten.

er|zie|hen [ɛɐ̯ˈt͜siːən], erzieht, erzog, hat erzogen:
besonders Kindern das gewünschte Verhalten beibringen: jemanden zur Sparsamkeit erziehen · ein gut erzogenes Kind · Ihre Kinder wurden mit Liebe erzogen.

der **Er|zie|her** [ɛɐ̯ˈt͜siːɐ], des Erziehers, die Erzieher, die **Er|zie|he|rin** [ɛɐ̯ˈt͜siːərɪn], der Erzieherin, die Erzieherinnen:
Person, die Kinder und Jugendliche erzieht: Nicht alle Eltern nehmen ihre Aufgabe als Erzieher ernst. · Der Kindergarten beschäftigt sechs Erzieherinnen.

▶ die **Er|zie|hung** [ɛɐ̯ˈt͜siːʊŋ], der Erziehung:
1. *das Erziehen:* Sie sollten die Erziehung ihres Hundes nicht vernachlässigen.
2. *[höfliches] Benehmen, das man als Kind lernt:* Vergiss deine gute Erziehung nicht!

der **Er|zie|hungs|be|rech|tig|te** [ɛɐ̯ˈt͜siːʊŋsbərɛçtɪçtə], der Erziehungsberechtigte / ein Erziehungsberechtigter; des / eines Erziehungsberechtigten, die Erziehungsberechtigten / zwei Erziehungsberechtigte:
[männliche] Person, die die Rechte und Pflichten von Eltern hat: Dazu ist die Unterschrift eines Erziehungsberechtigten nötig.

die **Er|zie|hungs|be|rech|tig|te** [ɛɐ̯ˈt͜siːʊŋsbərɛçtɪçtə], die / eine Erziehungsberechtigte; der / einer Erziehungsberechtigten, die Erziehungsberechtigten / zwei Erziehungsberechtigte:
weibliche Person, die die Rechte und Pflichten von Eltern hat: Als Erziehungsberechtigte kann sie das entscheiden.

▶ **es** [ɛs]:
1. bezeichnet Personen, Sachen oder Tiere, die (grammatisch) sächliches Geschlecht haben: Das Baby schreit, es hat Hunger. · Dein Hemd liegt auf dem Boden – heb es bitte auf!
2. steht für etwas, was bereits erwähnt wurde: Da kommt eine Frau, es ist Laura. · Ich habe in Deutsch eine Eins. – Ich habe es erwartet.
3. mit bestimmten Verben verwendet: Es regnet. · Es klopft. · Es zieht – machst du bitte die Tür zu?
4. mit »gehen« verwendet: »Wie geht es dir?« – »Mir geht es gut.«

der **Esel** [ˈeːzl̩], des Esels, die Esel:
1. *Tier, das wie ein kleines Pferd mit langen Ohren aussieht:* Er ist stur wie ein Esel.
2. drückt aus, dass eine Person einen dummen Fehler gemacht hat: Wie dumm, ich / du Esel!

der **Es|pres|so** [ɛsˈprɛso], des Espressos, die Espressos:
starker Kaffee, der aus kleinen Tassen getrunken wird: nach dem Essen noch einen Espresso trinken.

E

▶ **es|sen** ['ɛsn̩], isst, aß, hat gegessen:
1. *[als] Nahrung zu sich nehmen:* ein Eis essen · Ich esse kein Fleisch. · Iss doch nicht so schnell! · Wir essen erst abends warm *(warme Speisen).*
2. *in einen bestimmten Zustand bringen, indem man isst:* sich satt essen · seinen Teller leer essen.

▶ das **Es|sen** ['ɛsn̩], des Essens, die Essen:
1. *für eine Mahlzeit zubereitete Nahrung:* Das Essen ist fertig! · Ich habe dir das Essen warm gehalten.
2. ⟨ohne Plural⟩ *Vorgang, eine Mahlzeit zu essen:* jemanden zum Essen einladen · Kommt jetzt bitte zum Essen!
3. *offizielle, festliche Mahlzeit:* Nach dem Empfang findet ein Essen statt.

▶ der **Es|sig** ['ɛsɪç], des Essigs:
saure Flüssigkeit, mit der man z. B. Salat würzt: eine Salatsoße aus Essig und Öl.

der **Ess|löf|fel** ['ɛslœfl̩], des Esslöffels, die Esslöfel:
Löffel, mit dem man besonders Suppe isst: ein Esslöffel [voll] Zucker.

der **Ess|tisch** ['ɛstɪʃ], des Esstischs, die Esstische:
Tisch, an dem man bei den Mahlzeiten sitzt: Der Esstisch steht im Wohnzimmer.

▶ die **Eta|ge** [e'ta:ʒə], der Etage, die Etagen:
eine der Ebenen eines Gebäudes (besonders über dem Erdgeschoss): ein Parkhaus mit vier Etagen · Sportartikel finden Sie in der zweiten Etage.

die **Etap|pe** [e'tapə], der Etappe, die Etappen:
Teil einer Strecke, der in einem bestimmten Zeitraum absolviert wird: Auf der nächsten Etappe unserer Reise begeben wir uns in die Wüste.

das **Eti|kett** [eti'kɛt], des Etikett[e]s, die Etikette[n], auch: Etiketts:
kleines Schild an einer Ware, mit dem Preis oder einer Beschreibung: Bei der Flasche löst sich das Etikett. · Welche Waschtemperatur steht auf dem Etikett?

et|li|ch... ['ɛtlɪç...]:
mehrere, nicht wenige: In dem Text waren aber etliche Fehler!

▶ **et|wa** ['ɛtva]:
1. *geschätzt und nicht genau gemessen, berechnet, bestimmt; ungefähr:* Der Hund ist etwa zehn Jahre alt / 15 Kilo schwer. · Wir haben etwa gleich viele Punkte.
2. *zum Beispiel:* Im Zoo kann man viele Tiere sehen, wie etwa Affen, Elefanten und Giraffen.
3. drückt in Fragen aus, dass man hofft, mit einer Vermutung, Befürchtung nicht recht zu haben: Bist du etwa / Du bist doch nicht etwa krank? · Hast du mir etwa nicht zugehört?

▶ **et|was** ['ɛtvas]:
1. *ein bisschen, ein wenig:* Machst du den Fernseher bitte etwas lauter? · Du kannst noch etwas Salz an / in die Suppe tun.
2. bezeichnet eine Sache, ein Ding o. Ä., was nicht näher bestimmt ist: Es muss etwas geschehen. · Du darfst dir etwas wünschen. · Ich habe etwas gelesen, was auch dich interessieren wird.

▶ die **EU** [e:'|u:], der EU:
Abkürzung von: Europäische Union: Dieses Land gehört nicht zur EU.

▶ **euch** [ɔy̆ç]
1. Dativ und Akkusativ von »ihr«: Ich rufe euch nachher an. · Kann ich euch kurz sprechen?
2. ⟨reflexiv⟩ Ihr müsst euch mal die Haare kämmen. · Ihr müsst euch keine Sorgen machen.
3. *einander:* Ihr helft euch gegenseitig.

▶ **eu|er** ['ɔy̆ɐ]:
1. euer, eure, euer; drückt aus, dass jemand, etwas [zu] mit »ihr« angeredeten Personen gehört: euer Garten / eure Straße / euer Haus · eure Kinder · Sollen wir mit unserem Auto fahren oder mit eu[e]rem? · Dieser Hund ist eurer.
2. Genitiv von »ihr«: Wir gedenken euer.

die **Eu|le** ['ɔy̆lə], der Eule, die Eulen:
Vogel mit großen Augen, der nachts Mäuse jagt: Eine Eule schrie.

▶ der **Eu|ro** ['ɔy̆ro], des Euros, die Euros ⟨aber: 10 Euro⟩:
gemeinsame Währung vieler Länder der EU: ihre ersten selbst verdienten Euros · Er bekommt 30 Euro Taschengeld.

▶ **Eu|ro|pa** [ɔy̆'ro:pa], Europas:
Teil der Erde, zu dem Deutschland, Österreich und die Schweiz gehören: Wölfe waren früher in ganz Europa verbreitet.

▶ der **Eu|ro|pä|er** [ɔy̆ro'pɛ:ɐ], des Europäers, die Europäer, die **Eu|ro|pä|e|rin** [ɔy̆ro'pɛ:ərɪn], der Europäerin, die Europäerinnen:
Person, die in Europa lebt oder aus Europa stammt: Dem Goethe-Institut zufolge spricht jeder dritte Europäer Deutsch.

▶ **eu|ro|pä|isch** [ɔy̆ro'pɛ:ɪʃ]:
zu Europa gehörend: unsere europäischen Nachbarn · die Mitgliedsländer der Europäischen Union (EU).

evan|ge|lisch [evaŋˈge:lɪʃ]:
zu einer reformierten christlichen Kirche gehörend; protestantisch: die evangelische Kirche · Bist du evangelisch oder katholisch?

even|tu|ell [evɛnˈtu̯ɛl]:
drückt aus, dass etwas möglich, aber nicht wahrscheinlich ist: Für eventuelle Notfälle habe ich etwas Geld gespart. · Eventuell brauche ich morgen deine Hilfe.

ewig [ˈe:vɪç]:
1. *nie endend:* das ewige Leben nach dem Tod · Wir schworen einander ewige Treue.
2. (umgangssprachlich) *unangenehm häufig oder lange:* Immer diese ewigen Diskussionen! · Warum hat das so ewig gedauert?

die **Ewig|keit** [ˈe:vɪçkai̯t], der Ewigkeit, die Ewigkeiten:
1. ⟨ohne Plural⟩ *endlose Dauer:* von jetzt an bis in alle Ewigkeit *(für immer).*
2. (umgangssprachlich) *unangenehm lange Zeit:* Das hat ja wieder mal eine Ewigkeit gedauert! · Sein letzter Besuch ist auch schon wieder Ewigkeiten / eine halbe Ewigkeit *(sehr lange)* her.

ex|akt [ɛˈksakt], exakter, am exaktesten:
ganz genau: Die exakte Höhe des Schadens ist noch nicht bekannt. · Die Angaben müssen sehr exakt sein. · Es dauerte exakt 2 Stunden, 45 Minuten und 3 Sekunden.

das **Ex|a|men** [ɛˈksa:mən], des Examens, die Examen und Examina [ɛˈksa:mina]:
Prüfung (besonders am Ende eines Studiums): Im nächsten Semester macht sie ihr Examen.

das **Ex|em|p|lar** [ɛksɛmˈpla:ɐ̯], des Exemplars, die Exemplare:
einzelnes Stück oder Wesen einer Art, Sorte: Die Zeitschrift erscheint in einer Auflage von 2000 Exemplaren. · Dieser Tiger ist ein besonders schönes Exemplar.

die **Exis|tenz** [ɛksɪsˈtɛnts], der Existenz:
1. *das Existieren in der Wirklichkeit:* an die Existenz Gottes glauben.
2. *Beruf und Einkommen als Grundlage für das Leben:* eine sichere Existenz haben · Er hat sich eine Existenz als Musiker aufgebaut.

exis|tie|ren [ɛksɪsˈti:rən], existiert, existierte, hat existiert:
1. *jetzt, tatsächlich in der Welt vorhanden sein:* Existiert der Brief denn noch oder hast du ihn weggeworfen? · Drachen gibt es nicht wirklich, sie existieren nur in der Fantasie.
2. *sich ernähren:* Von solchen Löhnen kann man eigentlich nicht existieren.

ex|klu|siv [ɛkskluˈzi:f], exklusiver, am exklusivsten:
edel und teuer: ein exklusives Hotel / Restaurant.

das **Ex|pe|ri|ment** [ɛksperiˈmɛnt], des Experiment[e]s, die Experimente:
1. *wissenschaftlicher Versuch:* Diese Wirkung konnte im Experiment mit / an Mäusen nachgewiesen werden.
2. *Aktion mit unnötig großem Risiko:* Die Schulreform muss gut geplant werden: keine Experimente mit unseren Kindern!

▸ der **Ex|per|te** [ɛksˈpɛrtə], des Experten, die Experten, die **Ex|per|tin** [ɛksˈpɛrtɪn], der Expertin, die Expertinnen:
Person mit besonders gutem Wissen auf einem Gebiet; Fachmann, Fachfrau: Experten rechnen mit einer Entspannung der Lage. · Sie ist eine anerkannte Expertin auf dem Gebiet der Herzchirurgie.

ex|plo|die|ren [ɛksploˈdi:rən], explodiert, explodierte, ist explodiert:
1. *durch zu starken Druck von innen plötzlich zerstört werden:* Vor dem Rathaus ist eine Bombe explodiert.
2. *plötzlich stark steigen, zunehmen:* In diesem Jahr explodierten die Kosten / Preise.
3. *vor Wut zu schreien anfangen:* Als er das hörte, explodierte er.

die **Ex|plo|si|on** [ɛksploˈzi̯o:n], der Explosion, die Explosionen:
1. *Ereignis, bei dem etwas explodiert und so zerstört wird:* Zwei Menschen kamen bei der Explosion einer Autobombe ums Leben.
2. *plötzliches starkes Wachsen, Zunehmen:* Eine weitere Explosion der Kosten ist zu befürchten.

▸ der **Ex|port** [ɛksˈpɔrt], des Export[e]s, die Exporte:
1. *das Exportieren:* für den Export bestimmte Waren.
2. *exportierte Ware:* Exporte im Wert von mehreren Millionen Euro.

ex|por|tie|ren [ɛkspɔrˈti:rən], exportiert, exportierte, hat exportiert:
Waren ins Ausland verkaufen, liefern: Der dort produzierte Kakao wird in die ganze Welt exportiert.

der **Ex|press** [ɛksˈprɛs], des Expresses, die Expresse (österreichisch, sonst veraltet):
schneller (regionaler) Zug: mit dem Express fahren.

ex|tern [ɛksˈtɛrn]:
1. *nicht zur eigenen Firma gehörend:* externe Berater / Mitarbeiter / Spezialisten.
2. *zu anderen gehörend; fremd:* externe Einflüsse.
3. *nicht in den Computer eingebaut:* externe Geräte / eine externe Festplatte anschließen.

▶ **ex|tra** [ˈɛkstra]:
1. *nicht mit anderen zusammen, sondern davon getrennt; einzeln:* Jedes Glas war extra eingewickelt. · Das Frühstück wurde uns extra berechnet.
2. *zusätzlich:* Meine Eltern haben mir noch 20 Euro extra mitgegeben.
3. *mit einer ganz bestimmten Absicht:* Den Kuchen hab ich extra für dich gebacken. · Das hat er doch extra gemacht, um mich zu ärgern!

▶ **ex|trem** [ɛksˈtreːm], extremer, am extremsten:
so, dass es viel mehr als normal ist, eine Grenze erreicht: extreme Gegensätze / Hitze / Kälte · extreme politische Ansichten haben · Die Lage hat sich extrem verschlechtert.

ex|zel|lent [ɛkstsɛˈlɛnt], exzellenter, am exzellentesten:
mit höchster Qualität; ausgezeichnet, hervorragend: eine Mannschaft mit exzellenten Spielern.

F

▶ die **Fa|brik** [faˈbriːk], der Fabrik, die Fabriken:
Betrieb, der bestimmte Produkte in großer Menge hergestellt: eine chemische Fabrik · Er arbeitet in der Fabrik.

▶ das **Fach** [fax], des Fach[e]s, die Fächer [ˈfɛçɐ]:
1. *Teil des Raumes in einem Möbel oder einer Tasche:* ein Fach im Regal / im Schrank / in der Handtasche.
2. *Gebiet des Wissens, einer praktischen Tätigkeit:* Sie studiert das Fach Geschichte. · Der Schüler hat im Fach Englisch oft gefehlt. · Der Maler beherrscht sein Fach.

der **Fach|ar|bei|ter** [ˈfax|arbaitɐ], des Facharbeiters, die Facharbeiter, die **Fach|ar|bei|te|rin** [ˈfax|arbaitərɪn], der Facharbeiterin, die Facharbeiterinnen:
Arbeiter, Arbeiterin mit fertiger Ausbildung in einem Beruf: Unsere Firma sucht dringend Facharbeiter.

der **Fach|arzt** [ˈfax|aːɐ̯tst], des Facharztes, die Fachärzte [ˈfax|ɛːɐ̯tstə], die **Fach|ärz|tin** [ˈfax|ɛːɐ̯tstɪn], der Fachärztin, die Fachärztinnen:
Arzt, Ärztin mit einer zusätzlichen Ausbildung auf einem speziellen Gebiet der Medizin: Sie überweist den Patienten zum Facharzt.

▶ die **Fach|frau** [ˈfaxfrau̯], der Fachfrau, die Fachfrauen:
weibliche Form zu ↑Fachmann.

die **Fach|hoch|schu|le** [ˈfaxhoːxʃuːlə], der Fachhochschule, die Fachhochschulen:
Hochschule, die auf bestimmte Fächer spezialisiert ist: Sie studiert an der Fachhochschule Architektur.

▶ die **Fach|leu|te** [ˈfaxlɔy̯tə] ⟨Plural⟩:
Plural von ↑Fachmann.

fach|lich [ˈfaxlɪç]:
in einem bestimmten Gebiet: Die Ministerin hat große fachliche Kompetenz. · Fachlich weiß er sehr gut Bescheid.

▶ der **Fach|mann** [ˈfaxman], des Fachmann[e]s, die Fachleute [ˈfaxlɔy̯tə] und Fachmänner [ˈfaxmɛnɐ]:
[männliche] Person mit einer Ausbildung in einem bestimmten Fach: den Fachmann fragen · Er ist Fachmann auf diesem Gebiet.

der **Fa|den** [ˈfaːdn̩], des Fadens, die Fäden [ˈfɛːdn̩]:
langer, dünner, weicher Gegenstand [auf einer Rolle], den man zum Nähen benutzt: ein schwarzer / weißer / fester Faden · einen Faden abschneiden · Du musst den Faden durch das Loch in der Nadel ziehen.

fä|hig [ˈfɛːɪç], fähiger, am fähigsten:
1. *begabt, geschickt; mit dem nötigen Können, Geschick:* Er ist ein fähiger Handwerker / Arzt.
2. *** zu etwas fähig sein:** *etwas tun können; zu etwas in der Lage sein:* Aus Angst bin ich zu keiner Antwort fähig. · Sind die Schüler nicht mehr fähig, korrekt Französisch zu schreiben?

▶ die **Fä|hig|keit** [ˈfɛːɪçkait], der Fähigkeit, die Fähigkeiten:
das Können; etwas, wozu man fähig ist: besondere geistige / künstlerische / sprachliche Fähigkeiten haben · Sie ist ein begabter Mensch mit außergewöhnlichen Fähigkeiten. · Sie besitzt die Fähigkeit zuzuhören.

die **Fah|ne** [ˈfaːnə], der Fahne, die Fahnen:
*Stück Stoff mit den Farben [und dem Zei

chen] eines Landes oder eines Vereins: die französische / schwarz-rot-goldene Fahne · Die Fahne der EU flattert vor dem Gebäude.

der **Fahr|aus|weis** ['fa:ɐ̯|au̯svai̯s], des Fahrausweises, die Fahrausweise:
Fahrkarte: einen Fahrausweis kaufen / lösen · Sie fahren ohne gültigen Fahrausweis.

die **Fahr|bahn** ['fa:ɐ̯ba:n], der Fahrbahn, die Fahrbahnen:
Teil der Straße, auf dem die Fahrzeuge fahren: die Fahrbahn überqueren · Der Radfahrer stürzte auf die Fahrbahn.

die **Fäh|re** ['fɛ:rə], der Fähre, die Fähren:
Schiff, das Fahrzeuge und Personen über das Meer, einen Fluss oder einen See transportiert: mit einer Fähre [nach Norwegen] fahren · Wir überquerten den Fluss mit einer kleinen Fähre.

fah|ren ['fa:rən], fährt, fuhr, gefahren:
1. ⟨ist⟩ *(von Fahrzeugen) sich [auf Rädern] vorwärts bewegen:* Welcher Bus fährt zum Zoo? · Wann fährt der nächste Zug nach München? · Das Schiff fährt langsam [aus dem Hafen].
2. ⟨ist⟩ *sich mit einem Fahrzeug an einen bestimmten Ort bewegen:* mit dem Auto / dem Fahrrad / der Bahn / dem Schiff fahren · zur Arbeit / nach Hause / in den Urlaub fahren · Sie fährt nächste Woche nach Paris.
3. ⟨ist⟩ *ein Fahrzeug lenken, steuern:* Er fährt sehr vorsichtig. · Ich fahre nur ungern in der Dunkelheit. · Kannst du fahren?
4. ⟨hat⟩ *(ein Fahrzeug) als Fahrer irgendwohin bewegen:* Hast du den Wagen in die Garage / die Werkstatt gefahren?
5. ⟨ist⟩ *sich mit einem bestimmten Gerät, Gegenstand bewegen:* Karussell / Rollschuh / Schlitten fahren · Er fährt sehr gut Ski.
6. ⟨hat⟩ *mit einem Fahrzeug transportieren:* ein Baby spazieren fahren · Kannst du mich heute Abend zum Bahnhof fahren?

der **Fah|rer** ['fa:rɐ], des Fahrers, die Fahrer, die **Fah|re|rin** ['fa:rərɪn], der Fahrerin, die Fahrerinnen:
Person, die ein Fahrzeug fährt: der Fahrer / die Fahrerin eines Taxis / eines Busses · Er ist ein sicherer Fahrer.

die **Fahr|er|laub|nis** ['fa:rɛɐ̯lau̯pnɪs], der Fahrerlaubnis, die Fahrerlaubnisse (Amtssprache):
Genehmigung zum Fahren eines Kraftfahrzeugs; Führerschein: eine Fahrerlaubnis besitzen · Er fuhr ohne Fahrerlaubnis.

der **Fahr|gast** ['fa:ɐ̯gast], des Fahrgastes, die Fahrgäste ['fa:ɐ̯gɛstə]:
Person, die mit einem öffentlichen Verkehrsmittel fährt: Alle Fahrgäste bitte aussteigen!

▶ die **Fahr|kar|te** ['fa:ɐ̯kartə], der Fahrkarte, die Fahrkarten:
Karte, die das Fahren mit einem öffentlichen Verkehrsmittel erlaubt; Fahrschein: eine Fahrkarte lösen · Du kannst die Fahrkarte am Automaten / am Schalter / beim Fahrer kaufen.

der **Fahr|kar|ten|au|to|mat** ['fa:ɐ̯kartn̩|au̯toma:t], des Fahrkartenautomaten, die Fahrkartenautomaten:
Automat, an dem man Fahrkarten kaufen kann: Der Fahrkartenautomat funktioniert nicht. · An der Haltestelle steht ein Fahrkartenautomat.

fahr|läs|sig ['fa:ɐ̯lɛsɪç], fahrlässiger, am fahrlässigsten:
nicht vorsichtig, nicht aufmerksam: fahrlässiges Verhalten · Sie hat fahrlässig gehandelt und dadurch den Unfall verursacht.

▶ der **Fahr|plan** ['fa:ɐ̯pla:n], des Fahrplan[e]s, die Fahrpläne ['fa:ɐ̯plɛ:nə]:
Plan, der anzeigt, wann Züge, Busse usw. abfahren und wohin sie fahren: im Fahrplan nachsehen · Schau mal auf den Fahrplan! · Im Fahrplan steht, dass der nächste Bus um 9:44 Uhr abfährt.

▶ das **Fahr|rad** ['fa:ɐ̯ra:t], des Fahrrad[e]s, die Fahrräder ['fa:ɐ̯rɛ:dɐ]:
Fahrzeug mit zwei Rädern hintereinander, das der Fahrer durch Treten bewegt: Fahrrad / auf einem Fahrrad fahren · Ich fahre mit dem Fahrrad zur Arbeit. · Sein Fahrrad ist gestohlen worden.

der **Fahr|schein** ['fa:ɐ̯ʃai̯n], des Fahrschein[e]s, die Fahrscheine:
Fahrkarte: Wer ohne Fahrschein fährt, muss 40 Euro Strafe zahlen.

der **Fahr|stuhl** ['fa:ɐ̯ʃtu:l], des Fahrstuhl[e]s, die Fahrstühle ['fa:ɐ̯ʃty:lə]:
Aufzug: den Fahrstuhl benutzen · Sie fahren mit dem Fahrstuhl in die vierte Etage.

die **Fahrt** [fa:ɐ̯t], der Fahrt, die Fahrten:
1. *das Fahren:* Bitte während der Fahrt nicht mit dem Fahrer sprechen.
2. *Reise:* Es war eine anstrengende Fahrt. · Die Fahrt nach Hamburg dauert vier Stunden. · Gute Fahrt!

das **Fahr|zeug** ['fa:ɐ̯tsɔy̯k], des Fahrzeug[e]s, die Fahrzeuge:

Maschine [auf Rädern], mit der man fahren und Menschen oder Dinge transportieren kann: Fahrzeuge aller Art, vom Fahrrad über das Motorrad bis zum Auto.

▶ **fair** [fɛːɐ̯], fairer, am fairsten:
gerecht, korrekt gegenüber anderen Menschen: ein faires Angebot · jemanden fair behandeln · Er verlangt einen fairen Preis. · Dein Verhalten [ihr gegenüber] ist nicht fair!

▶ der **Fak|tor** [ˈfaktoːɐ̯], des Faktors, die Faktoren [fakˈtoːrən]:
etwas, was von Bedeutung ist; Umstand: ein wichtiger / wesentlicher / entscheidender Faktor · Die Entscheidung hängt von mehreren Faktoren ab. · Der Faktor Zeit spielt eine wichtige Rolle.

▶ der **Fall** [fal], des Fall[e]s, die Fälle [ˈfɛlə]:
1. *Angelegenheit:* ein dringender / schwieriger / seltener Fall · Sein Fall macht mir Sorgen. · Ich komme noch auf den Fall zurück. · Ich werde dich auf jeden Fall *(bestimmt, sicherlich)* morgen anrufen.
2. Form der Beugung, z. B. bei Substantiven oder Adjektiven: ein Wort in den 4. Fall *(Akkusativ)* setzen · Wie lautet der 2. Fall *(Genitiv)* von »der Mensch«?

▶ **fal|len** [ˈfalən], fällt, fiel, ist gefallen:
1. *sich (durch sein Gewicht) zu Boden bewegen:* Die Blätter fallen von den Bäumen. · Gestern ist etwas Regen / Schnee gefallen. · Sie ist vom Rad / aus dem Bett gefallen. · Lass das Geschirr nicht fallen!
2. *das Gleichgewicht verlieren und mit dem Körper auf dem Boden landen:* Die alte Frau ist gefallen. · Das Kind ist nach hinten / aufs Knie / über einen Stein / in den Dreck gefallen. · Pass auf, dass du nicht fällst!
3. *niedriger werden:* Die Preise sind deutlich gefallen. · Die Temperatur / Das Thermometer ist um 10 Grad gefallen. · Der Kurs des Euro fällt weiter.
4. *als Soldat im Krieg sterben:* Er ist im Zweiten Weltkrieg gefallen. · Ihr Vater ist in Russland gefallen.
5. *zu einem bestimmten Bereich gehören:* Diese Entscheidung fällt nicht in meine Verantwortung.
6. mit bestimmten Substantiven: Die Entscheidung wird morgen fallen *(getroffen).* · In diesem Spiel ist nur ein Tor gefallen *(geschossen worden).* · Es fielen immer wieder Schüsse *(wurde immer wieder geschossen).*
7. * **etwas fallen lassen:** *etwas aufgeben:* Sie wurde krank und musste ihre Pläne fallen lassen.

fäl|len [ˈfɛlən], fällt, fällte, hat gefällt:
1. *(einen Baum) zum Umfallen bringen:* Der Baum soll gefällt werden.
2. mit bestimmten Substantiven: eine Entscheidung fällen *(etwas entscheiden)* · ein Urteil fällen *(urteilen).*

▶ **fäl|lig** [ˈfɛlɪç]:
1. *(zu einem bestimmten Zeitpunkt) zu zahlen:* eine fällige Gebühr / Zahlung · Die Miete ist am ersten Tag des Monats fällig.
2. *zu machen, zu erledigen:* Die Änderung des Gesetzes war längst fällig.

▶ **falls** [fals]:
wenn: Falls du nicht kommen kannst, ruf mich bitte an.

▶ **falsch** [falʃ], falscher, am falschesten:
1. *nicht richtig, nicht korrekt:* eine falsche Antwort · Wir haben den falschen Bus genommen. · Du hast die falsche Nummer gewählt. · Seine Lösung der Aufgabe ist falsch. · Meine Uhr geht falsch. · Wer singt hier falsch? · Das hast du falsch verstanden.
2. *künstlich, nicht echt:* falsche Zähne · falsche Haare · Er hat mit falschem *(gefälschtem)* Geld bezahlt.

die **Fal|te** [ˈfaltə], der Falte, die Falten:
1. *Linie, an der etwas geknickt ist:* Seine Hose / Ihr Rock hat [vom Sitzen] viele Falten. · Nach dem Waschen hat der Stoff deutliche Falten.
2. *[tiefe] Linie in der Haut:* Das Gesicht der alten Frau war voller Falten. · Eine tiefe Falte zeigte sich auf seiner Stirn.

fal|ten [ˈfaltn̩], faltet, faltete, hat gefaltet:
1. *so zusammenlegen, dass eine Falte entsteht; knicken:* ein Blatt Papier / eine Zeitung falten · Sie faltet den Brief und steckt ihn in den Umschlag.
2. *(die Hände) zum Beten zusammenlegen:* Sie falten die Hände und beten zu Gott.

▶ die **Fa|mi|lie** [faˈmiːli̯ə], der Familie, die Familien:
1. *Gemeinschaft von Eltern und Kindern:* Sie hat eine große Familie. · Neben uns wohnt eine Familie mit zwei Kindern. · Möchtest du später mal eine Familie haben / gründen?
2. *Gruppe aller Personen aus mehreren Generationen, die miteinander verwandt sind:* Zu Weihnachten trifft sich die ganze Familie bei meinen Großeltern. · Sie stammt aus einer guten / reichen / stolzen Familie.

der **Fa|mi|li|en|na|me** [fa'mi:li̯ənna:mə], des Familiennamens, die Familiennamen:
Name der Familie; Nachname: Sein Familienname ist »Schmidt«, sein Vorname »Klaus«. · »Müller« ist ein sehr häufiger Familienname.

der **Fa|mi|li|en|stand** [fa'mi:li̯ənʃtant], des Familienstand[e]s:
Information, ob jemand verheiratet oder ledig usw. ist: Alter: 32 Jahre, Familienstand: ledig · Hat sich Ihr Familienstand geändert?

der **Fan** [fɛn], des Fans, die Fans:
Person, die sich für jemanden oder etwas besonders begeistert; Anhänger[in]: treue / begeisterte / jubelnde Fans · Zum Konzert der Band kamen viele Fans aus ganz Deutschland.

fan|gen ['faŋən], fängt, fing, hat gefangen:
1. *verfolgen und [als Beute] festhalten:* Schmetterlinge / Fische fangen · Die Katze hat eine Maus gefangen. · Die Kinder spielten Fangen.
2. *etwas, was geworfen wird, mit der Hand ergreifen und festhalten:* einen Ball fangen.

die **Fan|ta|sie** [fanta'zi:], der Fantasie, die Fantasien [fanta'zi:ən]:
1. ⟨ohne Plural⟩ *Fähigkeit, sich etwas auszudenken:* Dieses Kind hat / besitzt viel Fantasie. · Die Bilder sollen die Fantasie anregen.
2. *Vorstellung, die nicht der Wirklichkeit entspricht, die nur ausgedacht ist:* Seine Beschreibung ist reine / pure Fantasie.

fan|tas|tisch [fan'tastɪʃ], fantastischer, am fantastischsten:
großartig, außergewöhnlich, außerordentlich: Sie ist eine fantastische Köchin. · Er hat mit seinem Buch einen fantastischen Erfolg.

die **Far|be** ['farbə], der Farbe, die Farben:
1. *Eigenschaft, die durch das Licht für das Auge sichtbar wird:* Gelb, Rot, Grün, Blau und andere Farben · Die Farbe des Himmels ist Blau. · Die meisten Bilder sind in Farbe.
2. *Mittel zum Färben, Malen:* Farben mischen · Für diesen Raum verwendet er grüne / gelbe / weiße Farbe. · Es riecht nach [frischer] Farbe.

fär|ben ['fɛrbn̩], färbt, färbte, hat gefärbt:
1. *farbig, bunt machen:* Ich habe mir die Haare gefärbt.
2. ⟨+ sich⟩ *eine bestimmte Farbe bekommen:* Der Himmel färbt sich rot. · Die Blätter der Bäume färben sich gelb.

far|big ['farbɪç], farbiger, am farbigsten:
1. *mit einer oder mehreren Farben; bunt:* farbiges Papier · eine farbige Zeichnung.
2. *mit dunkler Haut, nicht mit weißer Haut:* die farbige Bevölkerung · Dort sind die meisten Menschen farbig.

farb|los ['farplo:s], farbloser, am farblosesten:
ohne Farbe, nicht farbig: ein farbloser Umschlag.

▸ das **Fa|schier|te** [fa'ʃi:ɐ̯tə], des Faschierten (österreichisch):
1. *Hackfleisch:* Sie kauft ein Kilo Faschiertes.
2. *Speise, Gericht aus Hackfleisch:* Heute gibt es zum Mittagessen Faschiertes.

▸ der **Fa|sching** ['faʃɪŋ], des Faschings:
Fest mit Umzügen, Kostümen und Masken; Karneval: Fasching feiern.

Fasching

Der Höhepunkt der Faschingszeit (die »offiziell« am 11. 11. um 11:11 Uhr beginnt) sind die letzten sechs Tage vor Aschermittwoch (meist im Februar). In dieser Zeit gibt es große Umzüge durch die Straßen und Faschingsfeste, bei denen die Menschen verkleidet sind. Auf den Umzügen gibt es immer eine Musikkapelle und die Menschen tanzen auf den Straßen. Auf den Festen werden Reden gehalten, in denen man sich über bekannte Persönlichkeiten, besonders über Politiker, lustig macht. Die größten Umzüge und Feiern gibt es traditionell im Rheinland (Mainz, Köln, Düsseldorf) und in Basel.

der **Fa|schis|mus** [fa'ʃɪsmʊs], des Faschismus:
extrem nationalistische, nicht demokratische politische Bewegung, die einer Person bedingungslos folgt: Der Faschismus trieb viele Künstler ins Ausland.

das **Fass** [fas], des Fasses, die Fässer ['fɛsɐ]:
großes Gefäß aus Holz oder Metall, in dem besonders Flüssigkeiten aufbewahrt werden: ein Fass Bier / Wein · Hier gibt es Bier vom Fass. · Der Wein lagert in alten Fässern.

die **Fas|sa|de** [fa'sa:də], der Fassade, die Fassaden:
vordere Seite eines Gebäudes, die an der Straße liegt: Das Haus hat eine schöne Fassade. · Die Fassade des Theaters wird gestrichen / gereinigt.

▸ **fas|sen** ['fasn̩], fasst, fasste, hat gefasst:
1. *ergreifen und festhalten:* jemanden am Arm / an der Hand fassen · Sie fasst das Seil mit beiden Händen. · Die Polizei hat

den Dieb schnell gefasst *(festgenommen).*

2. *mit der Hand an eine bestimmte Stelle greifen:* nach einem Glas fassen · Vorsicht, dass das Kind nicht an den heißen Ofen fasst!

3. *verstehen, begreifen:* Ich kann es nicht fassen, dass alles vorbei sein soll. · Das ist doch nicht zu fassen!

4. ⟨+ sich⟩ *wieder sein inneres Gleichgewicht finden:* Sie erschrak, fasste sich aber schnell wieder.

5. mit bestimmten Substantiven: einen Entschluss fassen *(sich zu etwas entschließen).*

fas|sungs|los ['fasʊŋsloːs], fassungsloser, am fassungslosesten:
erschüttert und völlig verwirrt: ein fassungsloses Gesicht machen · Fassungslos sah sie ihn an. · Er war fassungslos vor Schmerz / vor Wut / vor Verzweiflung.

▶ **fast** [fast]:
beinahe: Der Computer kostet fast 700 Euro. · Wir sind fast derselben Meinung. · Ich bin fast mit der Arbeit fertig.

▶ **faul** [fau̯l], fauler, am faulsten:
1. *so, dass man es nicht mehr essen oder trinken kann; verdorben:* faule Äpfel / Eier / Tomaten.
2. *nicht in Ordnung, zweifelhaft:* eine faule Ausrede · ein fauler Kompromiss · An der Sache ist etwas faul.
3. *nicht fleißig:* eine faule Schülerin · Sie sitzen faul vor dem Fernseher. · Sei nicht so faul und hilf mir bei der Arbeit!

▶ **fau|len|zen** ['fau̯lɛnt͡sn̩], faulenzt, faulenzte, hat gefaulenzt:
die Zeit vebringen, ohne etwas zu tun: Am liebsten faulenzt er den ganzen Tag.

die **Faul|heit** ['fau̯lhai̯t], der Faulheit:
faules Verhalten, bequeme Einstellung: Der Lehrer kennt die Faulheit seiner Schüler. · Ich ärgere mich über deine Faulheit.

die **Faust** [fau̯st], der Faust, die Fäuste ['fɔy̯stə]:
fest geschlossene Hand: eine Faust machen · Er schlug mit der Faust auf den Tisch.

▶ der **Fau|teuil** [fo'tœj], des Fauteuils, die Fauteuils (österreichisch, schweizerisch):
Sessel: Ich setzte mich in einen bequemen Fauteuil.

der **Fa|vo|rit** [favo'riːt], des Favoriten, die Favoriten, die **Fa|vo|ri|tin** [favo'riːtɪn], der Favoritin, die Favoritinnen:
Person, von der man in einem Wettbewerb einen Sieg erwartet: Sie geht als Favoritin an den Start. · Er ist der klare Favorit im Rennen über 400 Meter.

▶ das **Fax** [faks], des Fax, die Faxe:
1. *Gerät, das Dokumente über das Telefon sendet:* Unser Fax ist kaputt.
2. *über das Telefon gesendetes Dokument:* jemandem ein Fax schicken / senden · Hast du denn mein Fax nicht bekommen?

▶ **fa|xen** ['faksn̩], faxt, faxte, hat gefaxt:
ein Fax schicken: Am besten faxt du mir den Text.

das **Fa|zit** ['faːt͡sɪt], des Fazits:
Zusammenfassung, Ergebnis: Das Fazit der Untersuchung ist positiv. · Welches Fazit ziehst du am Ende des Artikels?

▶ der **Fe|ber** ['feːbɐ], des Febers (österreichisch):
Februar: Sie hat am 18. Feber Geburtstag.

▶ der **Fe|bru|ar** ['feːbruaːɐ̯], des Februar[s]:
zweiter Monat im Jahr: In diesem Jahr hat der Februar 29 Tage.

die **Fe|der** ['feːdɐ], der Feder, die Federn:
1. *Gegenstand mit weichen Haaren, der bei Vögeln wächst, zum Fliegen dient und vor Kälte schützt:* ein Vogel mit schwarzen Federn · Das Kissen ist mit Federn gefüllt.
2. *Spitze aus Metall, die Teil eines Gerätes zum Schreiben oder Zeichnen ist:* Er schreibt mit einer breiten Feder. · Mein Füller hat eine Feder aus Gold.
3. *bewegliches Teil aus Metall, mit dem eine Spannung erzeugt werden kann:* Die Federn in der Matratze quietschten.

fe|gen ['feːgn̩], fegt, fegte, hat gefegt:
1. (besonders norddeutsch) *mit einem Besen von Staub, Schmutz befreien; kehren:* Ich habe die Straße / die Küche / den Fußboden gefegt. · Hast du hier schon gefegt?
2. *mit dem Besen (an einen Ort) bewegen:* Er hat den Schmutz / die Krümel in die Ecke gefegt.

▶ **feh|len** ['feːlən], fehlt, fehlte, hat gefehlt:
1. *nicht anwesend, nicht vorhanden sein* Der Schüler fehlt schon eine Woche / seit einer Woche. · Sie hat wegen einer Grippe bei der Arbeit gefehlt. · Auf dem Brief fehlt das Datum.
2. *vermisst werden:* Die Mutter fehlt den Kindern sehr. · In der Kasse fehlen zehn Euro. · Was fehlt ihm [denn]? *(Welche Krankheit hat er?)* · Mir fehlt nichts. *(Ich bin nicht krank.).*
3. ⟨unpersönlich⟩ *nicht reichen, zu wenig*

Feiertag

Feiertage sind wie Sonntage – die meisten Menschen gehen nicht zur Arbeit, da Geschäfte, Fabriken, Büros, Schulen usw. geschlossen sind. Viele Menschen arbeiten aber auch an Feiertagen: Bus-, Zug- und Taxifahrer, Krankenhauspersonal, Angestellte in Restaurants usw. Obwohl immer wieder von Arbeitgebern kritisiert wird, dass es in Deutschland zu viele Feiertage gibt, zeigt ein Vergleich mit anderen europäischen Ländern, dass Deutschland nicht mehr oder weniger Feiertage hat als andere Länder. Man unterscheidet zwischen gesetzlichen Feiertagen, die in ganz Deutschland gelten, und Feiertagen, die nur in einzelnen Regionen begangen werden. Die meisten Feiertage haben religiöse Wurzeln.

sein: Es fehlt an Zeit / Geld / Mitarbeitern. · Auf der Feier fehlte es an nichts. · Daran soll es nicht fehlen! *(Das soll kein Hindernis sein!).*

der **Feh|ler** ['fe:lɐ], des Fehlers, die Fehler:
1. *etwas, was falsch ist:* ein kleiner / leichter / schwerer / dummer Fehler · Ich habe die Fehler im Text korrigiert. · Sie macht in Englisch noch viele Fehler. · Aus Fehlern kann man lernen!
2. *falsches Verhalten:* einen Fehler begehen / machen · Das war mein Fehler. · Wir bedauern diesen Fehler.
3. *etwas, was die Funktion stört oder verhindert:* Die Werkstatt hat den Fehler gefunden und den Wagen repariert.
4. *schlechte Eigenschaft:* Er hat viele Fehler. · Ich liebe ihn trotz seiner Fehler.

die **Fei|er** ['fai̯ɐ], der Feier, die Feiern:
Veranstaltung, auf der etwas gefeiert wird; Fest: eine kleine Feier veranstalten · zu einer Feier einladen · An meinem Geburtstag mache ich eine große Feier.

der **Fei|er|abend** ['fai̯ɐ|a:bn̩t], des Feierabends, die Feierabende:
1. *Ende der Arbeitszeit:* Wir haben freitags schon um drei Uhr Feierabend. · Ich mache heute früher Feierabend.
2. *Freizeit nach der Arbeit:* Einen schönen Feierabend! · Er verbringt seinen Feierabend oft vor dem Fernseher.

fei|er|lich ['fai̯ɐlɪç], feierlicher, am feierlichsten:
voll Ernst, Würde: ein feierlicher Augenblick · Die Hochzeit war sehr feierlich.

fei|ern ['fai̯ɐn], feiert, feierte, hat gefeiert:
1. *feierlich, festlich gestalten:* einen Geburtstag / ein Fest / Weihnachten feiern · Wo feierst du in diesem Jahr Silvester?
2. *(eine Zeit) fröhlich, lustig gemeinsam verbringen:* Wir haben die ganze Nacht gefeiert.

▸ der **Fei|er|tag** ['fai̯ɐta:k], des Feiertag[e]s, die Feiertage:
gesetzlich festgelegter Tag, an dem (zur Feier von etwas) nicht gearbeitet wird: ein kirchlicher / gesetzlicher / hoher Feiertag · Der 1. Mai ist ein Feiertag.

fei|len ['fai̯lən], feilt, feilte, hat gefeilt:
mit einem bestimmten Werkzeug bearbeiten, gestalten: etwas rund / glatt feilen · Sie feilt ihre Fingernägel.

fein [fai̯n], feiner, am feinsten:
1. *dünn, zart, nicht grob:* feiner Sand · Sie hat feine Haare. · Er hat viele feine Falten um die Augen.
2. *von hoher Qualität:* feines Gebäck · die feinste Marke · Er kauft immer nur das Feinste.
3. *genau, präzise:* Er ist ein feiner Beobachter. · Du hast eine feine Nase!
4. *anständig, vornehm:* ein feiner Herr · Du bist ein feiner Mensch! · Sein Benehmen ist nicht fein.
5. *prima, sehr gut:* Das hast du fein gemacht! · Fein, dass du wieder da bist!

der **Feind** [fai̯nt], des Feindes, die Feinde:
1. *[männliche] Person, die jemanden oder etwas hasst, bekämpft:* ein mächtiger / persönlicher / gefährlicher Feind · Sie hat viele / keine Feinde. · Wir haben uns damit viele Feinde gemacht. · Mach dir deinen besten Freund nicht zum Feind!
2. *militärischer Gegner:* Der Feind greift an.

die **Fein|din** ['fai̯ndɪn], der Feindin, die Feindinnen:
weibliche Person, die jemanden oder etwas hasst, bekämpft: Sie hatte ihre Feindin zuerst ignoriert.

feind|lich ['fai̯ntlɪç]:
1. ⟨feindlicher, am feindlichsten⟩ *von Ablehnung, Hass bestimmt:* eine feindliche Haltung / Atmosphäre · Das Unternehmen will eine feindliche *(nicht gewünschte)* Übernahme verhindern.

F

2. *zum militärischen Gegner gehörend:* feindliche Truppen · feindliche Flugzeuge / Schiffe.

▶ das **Feld** [fɛlt], des Feld[e]s, die Felder:
1. *Stück Land, auf dem man Obst oder Gemüse pflanzt:* Felder und Wiesen · Der Bauer arbeitet auf dem Feld.
2. *kleine [eckige oder runde] Fläche:* die leeren Felder eines Formulars ausfüllen · eine Tür mit farbigen Feldern.
3. *Bereich, Gebiet:* das Feld der Außenpolitik · Auf diesem Feld wird viel geforscht.

das **Fell** [fɛl], des Fell[e]s, die Felle:
(bei bestimmten Tieren) Haut mit vielen Haaren: das Fell eines Hasen / Hundes / Bären · ein dichtes / weiches Fell · Er bürstet seinem Pferd das Fell.

der **Fels** [fɛls], des Fels:
harter Stein: Sie hauen Stufen in den Fels. · Das Haus steht auf [dem] Fels.

▶ das **Fens|ter** [ˈfɛnstɐ], des Fensters, die Fenster:
Öffnung in einer Wand oder im Dach mit einer Scheibe aus Glas: das Fenster öffnen / schließen · Sie sieht / schaut aus dem Fenster. · Die Fenster müssen geputzt werden.

▶ die **Fe|ri|en** [ˈfeːri̯ən] ⟨Plural⟩:
1. *Zeit, in der kein Unterricht ist:* Morgen beginnen die Ferien. · Im Sommer haben wir sechs Wochen Ferien.
2. *Zeit, in der nicht gearbeitet wird:* Das Theater hat im Sommer Ferien. · Die Bäckerei macht zwei Wochen Ferien.
3. *Zeit, in der man verreist; Urlaub:* Wir machen Ferien am Meer. · Ich brauche dringend Ferien.

fern [fɛrn], ferner, am fernsten:
1. *weit weg:* Man hört fernes Donnern. · Er reist oft in ferne Länder. · Wir schauen von fern zu.
2. *lange vergangen:* Er erzählt eine Geschichte aus fernen Zeiten.
3. *in weiter Zukunft:* Der Tag ist nicht mehr fern.

▶ die **Fern|be|die|nung** [ˈfɛrnbədiːnʊŋ], der Fernbedienung, die Fernbedienungen:
Gerät, mit dem man ein anderes Gerät aus einiger Entfernung ohne Kabel bedienen kann: Wo ist die Fernbedienung für den CD-Player?

die **Fer|ne** [ˈfɛrnə], der Ferne, die Fernen:
weit entfernter Bereich: In der Ferne blitzt und donnert es. · Tante Gerda schickt Grüße aus der Ferne *(aus einem fernen Land).*

der **Fern|seh|ap|pa|rat** [ˈfɛrnzeː|aparaːt], des Fernsehapparat[e]s, die Fernsehapparate:
Gerät zum Empfang von Sendungen mit Bild und Ton: Der Fernsehapparat ist kaputt. · Er schaltet den Fernsehapparat ein.

▶ **fern|se|hen** [ˈfɛrnzeːən], sieht fern, sah fern, hat ferngesehen:
Sendungen im Fernsehen sehen: Kinder sollen nicht so viel fernsehen. · Wir haben den ganzen Abend ferngesehen.

▶ das **Fern|se|hen** [ˈfɛrnzeːən], des Fernsehens:
Medium für Sendungen mit Bild und Ton: Habt ihr kein Fernsehen? · Im Fernsehen läuft gerade ein guter Spielfilm. · Was gibt es heute Abend im Fernsehen?

▶ der **Fern|se|her** [ˈfɛrnzeːɐ], des Fernsehers, die Fernseher (umgangssprachlich):
Fernsehapparat: den Fernseher einschalten / ausschalten · Im Wohnzimmer läuft der Fernseher. · Die Kinder sitzen vor dem Fernseher.

▶ **fer|tig** [ˈfɛrtɪç]:
1. *beendet:* Das Haus ist fertig. · Hast du die Hausaufgaben schon fertig?
2. *zu Ende:* Er hat die Koffer fertig gepackt. · Du kannst noch in Ruhe fertig essen. · Wirst du mit deiner Arbeit heute noch fertig?
3. *bereit, vorbereitet:* Sie sind fertig zur Abreise. · Er macht die Kinder fertig für die Nacht. · Kommt ihr, das Essen ist fertig! · Auf die Plätze – fertig – los!
4. (umgangssprachlich) *sehr müde, erschöpft:* Nach der schweren Arbeit war er völlig fertig. · Dieser Lärm macht mich fertig!

fes|seln [ˈfɛsl̩n], fesselt, fesselte, hat gefesselt
1. *jemanden [mit einem Seil] an etwas binden, damit er nicht weggehen kann:* Sie fesselten den Gefangenen an einen Baum.
2. *jemandem [mit einem Seil] die Hände, Füße binden:* Die Geisel wurde gefesselt und im Keller eingesperrt. · Seine Hände waren auf dem Rücken gefesselt.

▶ **fest** [fɛst], fester, am festesten:
1. *hart, nicht flüssig:* Ist der Pudding schon fest? · Das flüssige Wachs wird langsam fest.
2. *stabil, robust:* festes Holz / fester Stoff / festes Leder · Sie zieht feste Schuhe an. · Der Tisch steht nicht fest.
3. *tief, völlig, ganz:* Die Kinder schlafen schon fest. · Ich glaube fest an dich! · Sie ist fest davon überzeugt.
4. *verbindlich, endgültig, definitiv:* ein fester Termin / eine feste Verabredung ·

Fernsehen

In Deutschland werden manche Fernsehsender mit Geld von privaten Geschäftsleuten geführt (private Sender), manche werden aber auch durch sogenannte Rundfunkgebühren aller Bürger finanziert (öffentlich-rechtliche Sender). Fernsehsender, die durch Rundfunkgebühren Geld bekommen, haben einen großen Vorteil: Sie sind unabhängig und können frei berichten. Es gibt keine einzelne Person, die vorgeben kann, was gesendet werden soll, weil sie dem Sender Geld bezahlt. Öffentlich-rechtliche Sender können sicher sein, dass sie eine bestimmte Geldsumme über die Rundfunkgebühren bekommen. Deshalb gibt es auf diesen Sendern weniger Werbung. Rundfunkgebühren muss man dann bezahlen, wenn man ein Radio, einen Fernseher oder einen Laptop besitzt. Die größten öffentlich-rechtlichen Rundfunkanstalten in Deutschland sind ARD (Arbeitsgemeinschaft der öffentlich-rechtlichen Rundfunkanstalten der Bundesrepublik Deutschland) und ZDF (Zweites Deutsches Fernsehen). Zu ARD und ZDF gehören viele weitere regionale Sender, wie der MDR (Mitteldeutscher Rundfunk) oder der NDR (Norddeutscher Rundfunk). Private Sender können dagegen durch Werbung so viel Geld verdienen, dass sie sich auch die Senderechte für teure Filme, z. B. aus Hollywood, kaufen können. Die bekanntesten privaten Sender in Deutschland sind RTL, SAT1 und ProSieben. Sie sind besonders bei jüngeren Menschen sehr beliebt. Interessant ist, dass alle Filme aus dem Ausland ins Deutsche übersetzt werden. Diesen Vorgang nennt man Synchronisation. Deshalb weiß kaum jemand in Deutschland, wie die Stimmen von George Clooney oder Kate Winslet im Original klingen.

Haben Sie ein festes *(regelmäßiges)* Einkommen? · Sie leben in einer festen Beziehung. · Er hat sich fest vorgenommen, mehr Sport zu machen.

das **Fest** [fɛst], des Fest[e]s, die Feste:
1. *Feier, fröhliche Veranstaltung:* ein Fest feiern / veranstalten · Zu ihrer Hochzeit gibt es ein großes Fest.
2. *religiöser, kirchlicher Feiertag:* Ostern ist ein bewegliches Fest.

fest|hal|ten [ˈfɛsthaltn̩], hält fest, hielt fest, hat festgehalten:
1. *halten und nicht loslassen:* Halt den Hund gut fest! · Halt mich fest, mir ist schwindelig!
2. ⟨+ sich⟩ *nach jemandem, etwas greifen (um nicht zu fallen):* Im Bus musst du dich gut festhalten. · Die alte Frau hielt sich am Geländer [der Treppe] fest.

das **Fes|ti|val** [ˈfɛstivl̩], des Festivals, die Festivals:
kulturelle Veranstaltung, die über mehrere Tage geht und regelmäßig stattfindet: ein Festival des deutschen Films.

fest|le|gen [ˈfɛstleːɡn̩], legt fest, legte fest, hat festgelegt:
verbindlich bestimmen, auswählen: Wir haben den Tag der Abreise jetzt festgelegt. · Er will sich nicht auf einen Termin festlegen.

fest|lich [ˈfɛstlɪç], festlicher, am festlichsten:
feierlich: ein festliches Konzert · Alle tragen festliche Kleidung. · Die Räume sind festlich geschmückt.

▸ **fest|neh|men** [ˈfɛstneːmən], nimmt fest, nahm fest, hat festgenommen:
verhaften: Die Polizei hat die Diebe festgenommen. · Gestern wurden die Einbrecher festgenommen.

▸ die **Fest|plat|te** [ˈfɛstplatə], der Festplatte, die Festplatten:
Medium zum Speichern von Daten, das fest im Computer eingebaut ist: eine Datei auf der Festplatte speichern.

▸ **fest|set|zen** [ˈfɛstzɛt͜sn̩], setzt fest, setzte fest, hat festgesetzt:
1. *bestimmen, beschließen, vereinbaren:* Bedingungen / einen Termin festsetzen.
2. ⟨+ sich⟩ *kleben bleiben:* In den Ritzen hat sich Schmutz festgesetzt.
3. *in Haft nehmen:* Sie wurde wegen Steuerhinterziehung festgesetzt.

▸ **fest|ste|hen** [ˈfɛstʃteːən], steht fest, stand fest, hat festgestanden:
abgemacht, vereinbart sein: Der Termin für die Prüfung steht fest. · Steht schon fest, wann ihr umzieht?

▸ **fest|stel|len** [ˈfɛstʃtɛlən], stellt fest, stellte fest, hat festgestellt:
1. *herausfinden:* Können Sie feststellen, wo er jetzt wohnt? · Sie stellte fest, dass das Bild nicht echt war.
2. *etwas merken, erkennen:* Ich muss feststellen, dass ich mich geirrt habe. · Sie stellte fest, dass sie den Schlüssel vergessen hatte.

▸ **fett** [fɛt], fetter, am fettesten:
1. *mit viel Fett:* fetter Käse / fettes

Fleisch · Die Suppe ist sehr fett. · Du isst zu fett.
2. (emotional) *sehr dick:* ein fetter Kerl · Er ist in letzter Zeit ziemlich fett geworden.

▶ das **Fett** [fɛt], des Fett[e]s, die Fette:
Bestandteil der Nahrung mit vielen Kalorien: Fleisch in Fett braten · Das Fett schwimmt auf der Suppe. · Der Käse hat 60 % Fett.

▶ **feucht** [fɔy̯çt], feuchter, am feuchtesten:
ein bisschen nass: feuchtes Gras / feuchte Erde · Die Wäsche ist noch feucht. · Seine Jacke ist feucht vom Regen.

die **Feuch|tig|keit** ['fɔy̯çtɪçkai̯t], der Feuchtigkeit:
leichte Nässe: die Feuchtigkeit der Luft / des Bodens · Die Feuchtigkeit kam durch die Wand.

▶ das **Feu|er** ['fɔy̯ɐ], des Feuers, die Feuer:
das Brennen von etwas mit Flammen und Hitze: Er machte im Ofen Feuer. · Wir sitzen um das Feuer und wärmen uns. · Haben Sie Feuer *(ein Feuerzeug oder Streichhölzer)?*

der **Feu|er|lö|scher** ['fɔy̯ɐlœʃɐ], des Feuerlöschers, die Feuerlöscher:
rotes Gerät, mit dem man ein kleines Feuer löschen kann: Den Feuerlöscher bitte nur im Notfall benutzen! · Der Brand konnte mit dem Feuerlöscher gelöscht werden.

▶ die **Feu|er|wehr** ['fɔy̯ɐve:ɐ̯], der Feuerwehr, die Feuerwehren:
Mannschaft, die bei einem Brand hilft und das Feuer löscht: die Feuerwehr rufen · Die Feuerwehr hatte den Brand schnell gelöscht. · Die Feuerwehr konnte alle Bewohner retten.

das **Feu|er|werk** ['fɔy̯ɐvɛrk], des Feuerwerk[e]s, die Feuerwerke:
Explosion von kleinen Raketen am dunklen Himmel, die dabei bunt leuchten: ein buntes / prächtiges Feuerwerk · Die Stadt veranstaltet ein großes Feuerwerk. · Das Fest endet mit einem Feuerwerk.

▶ das **Feu|er|zeug** ['fɔy̯ɐt͜sɔy̯k], des Feuerzeug[e]s, die Feuerzeuge:
kleines Gerät, das eine Flamme erzeugt: Sie zündet die Zigarette / die Kerze mit ihrem Feuerzeug an.

▶ das **Fie|ber** ['fi:bɐ], des Fiebers:
Temperatur des Körpers, wenn sie (durch eine Krankheit) auf über 38 Grad steigt: Fieber messen · Die Patientin hat hohes Fieber. · Er liegt mit 39° Fieber im Bett.

fies [fi:s], fieser, am fiesesten:
unangenehm, unsympathisch: Was für ein fieser Kerl / Typ! · Er hat einen fiesen Charakter. · Sie wohnen in einer fiesen Gegend.

▶ die **Fi|gur** [fi'gu:ɐ̯], der Figur, die Figuren:
1. *Form des Körpers eines Menschen:* Sie hat eine gute / tolle Figur. · Ich muss [beim Essen] auf meine Figur achten *(darauf achten, dass ich nicht [zu] dick werde).*
2. *künstlerische Darstellung eines Menschen oder Tieres:* Der Künstler arbeitet an einer Figur aus Holz / Stein. · Beim Schach fehlen vier Figuren *(Steine zum Spielen).*
3. *Person in der Literatur:* die Figuren eines Dramas / Romans.

das **Fi|let** [fi'le:], des Filets, die Filets:
zartes Stück Fleisch ohne Knochen: Er bestellt ein Filet vom Schwein.

die **Fi|li|a|le** [fi'li̯a:lə], der Filiale, die Filialen:
kleineres Geschäft oder Unternehmen, das zu einem größeren Geschäft oder Unternehmen gehört: Diese Bäckerei hat mehrere Filialen in der Stadt. · Die Bank hat dieses Jahr viele Filialen geschlossen.

▶ der **Film** [fɪlm], des Film[e]s, die Filme:
1. *zu einer Rolle gedrehtes transparentes Material, auf dem Fotos gespeichert werden:* Er legt einen Film in die Kamera. · Der Film hat 24 Bilder.
2. *Folge von bewegten Bildern für das Kino oder das Fernsehen:* Der Film ist ab nächster Woche in den Kinos zu sehen. · Diesen Film habe ich leider verpasst.

der **Fil|ter** ['fɪltɐ], des Filters, die Filter:
Gegenstand, mit dem aus einem Gas oder einer Flüssigkeit bestimmte [feste] Stoffe von den übrigen Bestandteilen getrennt werden können: eine Zigarette mit Filter · Der Filter im Staubsauger ist voll.

das **Fi|na|le** [fi'na:lə], des Finales, die Finale und Finals:
letzte Runde eines Turniers, in der der Sieger ermittelt wird: das Finale der Weltmeisterschaft · Unsere Mannschaft hat das Finale erreicht.

das **Fi|nanz|amt** [fi'nant͜s|amt], des Finanzamt[e]s, die Finanzämter [fi'nant͜s|ɛmtɐ]:
Behörde, die die Steuern berechnet und einzieht: Er hat ein Schreiben vom Finanzamt bekommen. · Hast du das Geld schon ans Finanzamt überwiesen?

die **Fi|nan|zen** [fi'nant͜sn̩] ⟨Plural⟩:
1. *Einkünfte des Staates, einer*

Gemeinde: Die Gemeinde muss ihre Finanzen in Ordnung bringen.
2. (umgangssprachlich) *Geld, das jemand besitzt:* Mit meinen Finanzen steht es schlecht.

fi|nan|zi|ell [finanˈtsi̯ɛl]:
das Geld, Vermögen betreffend: Die finanzielle Situation des Unternehmens ist gut. · Unsere Familie hat finanzielle Sorgen. · Meine Eltern können mich finanziell nicht unterstützen.

fi|nan|zie|ren [finanˈtsi:rən], finanziert, finanzierte, hat finanziert:
1. *Geld zur Verfügung stellen, das für etwas nötig ist:* Das Land und die Stadt finanzieren das Projekt gemeinsam. · Er muss arbeiten, um sein Studium zu finanzieren.
2. *mit einem Kredit kaufen, bezahlen:* ein Auto / eine Küche / eine Reise finanzieren.

fin|den [ˈfɪndn̩], findet, fand, hat gefunden:
1. *zufällig oder durch Suchen entdecken:* Er hat gestern 20 Euro gefunden. · Wir können den Ausgang nicht finden. · Hast du deinen Schlüssel gefunden?
2. *durch Überlegen, Nachdenken auf etwas kommen:* Wir finden sicher eine Lösung für dieses Problem. · Sie fand keine Worte für ihre Trauer. · Hast du eine Antwort auf die Frage gefunden?
3. *einschätzen, beurteilen:* Ich finde ihn sehr nett / sympathisch. · Wie findest du unsere neue Wohnung? · Ich finde, dass du recht hast.

der **Fin|ger** [ˈfɪŋɐ], des Fingers, die Finger:
eines der fünf beweglichen Glieder der Hand des Menschen: der kleine Finger · Er hat sich in den Finger geschnitten. · Sie kann auf zwei Fingern pfeifen.

der **Fin|ger|na|gel** [ˈfɪŋɐna:gl̩], des Fingernagels, die Fingernägel [ˈfɪŋɐnɛ:gl̩]:
kleine, feste Platte an der Spitze eines Fingers: Sie schneidet / feilt / lackiert sich die Fingernägel. · Er kaut Fingernägel / an den Fingernägeln.

fins|ter [ˈfɪnstɐ], finst[e]rer, am finstersten:
1. *[sehr] dunkel, ohne Licht:* eine finstere Nacht / ein finsterer Keller · In der finsteren Wohnung kann er nichts erkennen.
2. *unfreundlich, bedrohlich:* Sie macht ein finsteres Gesicht. · Der Typ sieht aber finster aus!

die **Fir|ma** [ˈfɪrma], der Firma, die Firmen [ˈfɪrmən]:
Betrieb, Unternehmen (Abkürzung: Fa.): eine Firma gründen · Die Firma beschäftigt 200 Arbeiter. · Er arbeitet jetzt in einer anderen Firma.

▶ der **Fisch** [fɪʃ], des Fische[e]s, die Fische:
1. *im Wasser lebendes Tier, das schwimmt:* Fische angeln / fangen / füttern · In dem See schwimmen viele Fische.
2. *Fleisch von Fischen als Nahrung:* Freitags essen wir immer Fisch.

die **Fi|so|le** [fiˈzo:lə], der Fisole, die Fisolen:
grüne Bohne: Fisolen pflücken / ernten.

▶ **fit** [fɪt], fitter, am fittesten:
gut trainiert, in Form: eine fitte Sportlerin · Er geht täglich schwimmen und hält sich fit. · In Mathematik ist sie fit *(ist sie sehr gut).*

▶ die **Fit|ness** [ˈfɪtnɛs], der Fitness:
gute körperliche Verfassung: die Fitness erhalten / verbessern · Er tut etwas für seine Fitness und geht regelmäßig joggen.

fix [fɪks], fixer, am fixesten:
1. (umgangssprachlich) *flink, schnell:* Das geht ganz fix. · Mach fix! · Du arbeitest wirklich fix.
2. * **fix und fertig** (umgangssprachlich): **1)** *ganz fertig:* Das Essen stand fix und fertig auf dem Tisch. **2)** *völlig erschöpft:* Nach der Arbeit im Garten war ich fix und fertig.

▶ **flach** [flax], flacher, am flachsten:
1. *eben, platt, waagerecht:* Wir haben uns flach auf den Boden gelegt. · An der Küste ist die Landschaft sehr flach.
2. *nicht sehr hoch oder tief:* ein flaches Gebäude / ein flacher See · Sie trägt flache Schuhe. · Gib uns bitte flache Teller zum Essen.

▶ die **Flä|che** [ˈflɛçə], der Fläche, die Flächen:
[ebenes] Gebiet: eine freie / große / glatte Fläche · eine Fläche von 1000 Quadratmetern.

die **Flam|me** [ˈflamə], der Flamme, die Flammen:
blau, gelb oder rot leuchtende Erscheinung, die bei dem Verbrennen bestimmter Stoffe entsteht: die Flamme der Kerze · Die Flammen des Feuers werden kleiner.

▶ die **Fla|sche** [ˈflaʃə], der Flasche, die Flaschen:
(meist aus Glas oder Kunststoff) Gefäß mit enger Öffnung [und Verschluss], besonders für Flüssigkeiten: eine Flasche Wasser / Saft / Bier / Wein · Wir kaufen nur Milch in Flaschen.

flat|tern [ˈflatɐn], flattert, flatterte, geflattert:

F

1. ⟨ist⟩ *mit schnellen Bewegungen der Flügel fliegen:* Schmetterlinge flattern durch die Luft.
2. ⟨hat⟩ *heftig vom Wind bewegt werden; wehen:* Die Fahne / die Wäsche flattert im Wind.

▶ der **Fleck** [flɛk], des Fleck[e]s, die Flecke:
1. *schmutzige Stelle:* einen Fleck entfernen · Er hat einen Fleck auf dem Hemd. · Die Tischdecke hat Flecke.
2. *Stelle mit einer anderen Farbe:* Sie hat helle Flecke auf der Haut. · Ich habe vom Sport mehrere blaue Flecke.

▶ das **Fleisch** [flai̯ʃ], des Fleisch[e]s:
1. *(bei Mensch und Tier) weiche Teile des Körpers, die aus Muskeln bestehen:* In der Wunde sah man das rohe *(wunde)* Fleisch.
2. *Teile des tierischen Körpers, die man essen kann:* Wir essen nur einmal die Woche Fleisch. · Isst du gerne Fleisch?

der **Flei|scher** [ˈflai̯ʃɐ], des Fleischers, die Fleischer:
[männliche] Person, die Tiere schlachtet, das Fleisch verarbeitet und verkauft: Sein Vater ist Fleischer von Beruf. · Bei welchem Fleischer kaufst du ein?

die **Flei|sche|rei** [flai̯ʃəˈrai̯], der Fleischerei, die Fleischereien:
Geschäft, Betrieb eines Fleischers, einer Fleischerin: In der Fleischerei kauft sie Wurst und Koteletts.

die **Flei|sche|rin** [ˈflai̯ʃərɪn], der Fleischerin, die Fleischerinnen:
weibliche Person, die Tiere schlachtet, das Fleisch verarbeitet und verkauft.

▶ der **Fleisch|hau|er** [ˈflai̯ʃhau̯ɐ], des Fleischhauers, die Fleischhauer (österreichisch):
Fleischer: Er ist wie sein Vater Fleischhauer.

die **Fleisch|hau|e|rei** [flai̯ʃhau̯əˈrai̯], der Fleischhauerei, die Fleischhauereien (österreichisch):
Fleischerei.

▶ die **Fleisch|hau|e|rin** [ˈflai̯ʃhau̯ərɪn], der Fleischhauerin, die Fleischhauerinnen (österreichisch):
Fleischerin.

der **Fleiß** [flai̯s], des Fleißes:
fleißiges Arbeiten: Du kannst nur mit viel Fleiß deine Note verbessern.

▶ **flei|ßig** [ˈflai̯sɪç], fleißiger, am fleißigsten:
mit viel Einsatz, großem Engagement; unermüdlich: Sie ist eine fleißige Schülerin. · Er bereitet sich fleißig auf seine Prüfungen vor.

▶ **fle|xi|bel** [flɛˈksi:bl̩], flexibler, am flexibelsten:
1. *biegsam, beweglich:* Der Kamm / Das Lineal ist flexibel.
2. *fähig, sich der Situation anzupassen:* flexibel handeln / reagieren · Bei meinen Terminen bin ich flexibel.

▶ die **Flie|ge** [ˈfli:gə], der Fliege, die Fliegen:
1. *kleines Insekt mit zwei Flügeln:* eine Fliege fangen / erschlagen · Die Fliegen saßen auf dem Kopf des Pferdes.
2. *Schleife mit zwei Flügeln, die Männer (statt einer Krawatte) um den Kragen des Hemdes binden:* eine Fliege umbinden · Zu seinem Anzug trägt er eine blaue Fliege.

▶ **flie|gen** [ˈfli:gn̩], fliegt, flog, geflogen:
1. ⟨ist⟩ *(mit Flügeln oder durch einen Motor) sich in der Luft bewegen:* Das Flugzeug fliegt in großer Höhe. · Die Vögel fliegen in den Süden.
2. ⟨ist⟩ *mit einem Fahrzeug in der Luft oder im All fahren, reisen:* Morgen fliegen wir in den Urlaub. · Sie ist nach Athen / nach Spanien / nach Amerika geflogen. · Die Astronauten fliegen zum Mond.
3. ⟨hat⟩ *als Pilot steuern:* Diese Maschine würde ich gern mal fliegen.
4. ⟨ist⟩ *sich (im Fall) durch die Luft bewegen:* Der Ball fliegt über das Tor. · Der Hut ist mir vom Kopf geflogen.

der **Flie|ger** [ˈfli:gɐ], des Fliegers, die Flieger:
1. *[männliche] Person, die ein Flugzeug fliegt; Pilot:* Er will Flieger werden.
2. (umgangssprachlich) *Flugzeug:* Der Flieger aus Rom hat Verspätung. · Wann geht euer Flieger?

die **Flie|ge|rin** [ˈfli:gərɪn], der Fliegerin, die Fliegerinnen:
Pilotin: Viele Fliegerinnen absolvieren ihre Ausbildung in den USA.

▶ **flie|hen** [ˈfli:ən], flieht, floh, ist geflohen:
sich schnell entfernen: vor einer Gefahr fliehen · Die Tiere fliehen vor dem Feuer. · Der Täter konnte ins Ausland fliehen.

▶ **flie|ßen** [ˈfli:sn̩], fließt, floss, ist geflossen:
(von Flüssigkeiten) sich gleichmäßig bewegen; strömen: Das Wasser fließt in einen Bach. · Wohin fließt dieser Fluss? · Blut floss aus der Wunde.

▶ **flie|ßend** [ˈfli:sn̩t], fließender, am fließendsten:
1. *flüssig:* Ich spreche fließend Englisch und Französisch. · Das Kind liest schon fließend.
2. *nicht klar markiert:* Der Übergang zwischen den Farben ist fließend.

flink [flɪŋk], flinker, am flinksten:

schnell und geschickt: Sie hat noch flinke Beine. · Sie verpackte das Buch mit flinken Fingern.

flit|zen ['flɪtsn̩], flitzt, flitzte, ist geflitzt (umgangssprachlich):
sich sehr schnell bewegen: Die Maus flitzte unter das Bett. · Sie flitzte mit dem Fahrrad um die Ecke.

die **Flo|cke** ['flɔkə], der Flocke, die Flocken:
kleines weiches, leichtes Stück: Der Schnee fällt in dicken Flocken.

der **Floh|markt** ['flo:markt], des Flohmarkt[e]s, die Flohmärkte ['flo:mɛrktə]:
Markt, auf dem gebrauchte Gegenstände verkauft werden: auf den Flohmarkt gehen · Das alte Fahrrad habe ich vom Flohmarkt.

die **Flö|te** ['flø:tə], der Flöte, die Flöten:
Instrument aus Holz oder Metall, das wie ein Rohr mit Löchern geformt ist und geblasen wird: Flöte spielen · Unsere Tochter lernt Flöte.

flott [flɔt], flotter, am flottesten:
1. *schnell, flink:* Du fährst ein flottes Tempo. · Wir haben heute sehr flott gearbeitet. · Geht es nicht etwas flotter?
2. *schick, hübsch:* ein flotter Hut, ein flottes Kleid · Du siehst aber flott heute aus!

flu|chen ['flu:xn̩], flucht, fluchte, hat geflucht:
mit groben Wörtern schimpfen: Sie fluchte auf ihren Chef / über das schlechte Essen.

die **Flucht** [flʊxt], der Flucht:
das Fliehen: Ihm gelang die Flucht vor der Polizei. · Sie planen die Flucht aus dem Gefängnis. · Wir sind auf der Flucht.; * **die Flucht ergreifen:** *[vor jemandem, etwas] fliehen:* Er klaut ihm die Tasche und ergreift die Flucht.

flüch|ten ['flʏçtn̩], flüchtet, flüchtete, ist geflüchtet:
1. *(vor einer Gefahr) fliehen:* Die Katze flüchtet [vor dem Hund] auf den Baum. · Sie ist über die Grenze / ins Ausland / nach Österreich geflüchtet. · Die Menschen flüchten vor der Gewalt des Militärs.
2. ⟨+ sich⟩ *sich in Sicherheit bringen:* Das Kind flüchtet sich ängstlich zu seiner Mutter. · Er flüchtet sich in seine Träume.

flüch|tig ['flʏçtɪç], flüchtiger, am flüchtigsten:
1. *schnell, kurz:* ein flüchtiger Blick · Sie gab ihm einen flüchtigen Kuss.
2. *oberflächlich, ungenau:* einen Text flüchtig lesen · Ich kenne ihn nur flüchtig.

der **Flücht|ling** ['flʏçtlɪŋ], des Flüchtlings, die Flüchtlinge:
Person, die vor jemandem oder etwas flieht oder geflohen ist: ein politischer Flüchtling · Die Flüchtlinge kamen mit einem Boot über das Meer. · Das Land wird die Flüchtlinge aufnehmen.

► der **Flug** [flu:k], des Flug[e]s, die Flüge ['fly:gə]:
1. *das Fliegen:* Wann beginnt der Flug der Vögel nach Süden?
2. *Reise mit dem Flugzeug:* ein teurer / billiger Flug · ein Flug nach Rom / nach Italien · einen Flug buchen · Der Flug über die Alpen war ein Erlebnis.

der **Flü|gel** ['fly:gl̩], des Flügels, die Flügel:
1. *Teil des Körpers, mit dem Vögel und Insekten fliegen:* der bunte Flügel eines Schmetterlings · mit den Flügeln schlagen · Der Vogel gleitet auf breiten Flügeln durch die Luft.; * **die Flügel hängen lassen:** *den Mut verlieren:* Lass nach einem Misserfolg nicht gleich die Flügel hängen!
2. *großes Musikinstrument, dass dem Klavier ähnlich ist:* jemanden am / auf dem Flügel begleiten · Der Pianist setzt sich an den Flügel.

► der **Flug|ha|fen** ['flu:kha:fn̩], des Flughafens, die Flughäfen ['flu:khɛ:fn̩]:
großes Gelände (mit Gebäuden), auf dem Flugzeuge starten und landen: ein internationaler Flughafen · jemanden zum Flughafen bringen / vom Flughafen abholen · Der nächste Flughafen ist 120 km entfernt.

► das **Flug|zeug** ['flu:ktsɔyk], des Flugzeug[e]s, die Flugzeuge:
Gerät mit Flügeln, das fliegen kann: Das Flugzeug startet / landet. · Das Flugzeug fliegt sehr hoch / niedrig.

► der **Flur** [flu:ɐ̯], des Flur[e]s, die Flure:
[schmaler] Raum, der die anderen Räume einer Wohnung oder eines Gebäudes miteinander verbindet: ein langer, dunkler Flur · Die Schuhe stehen im Flur.

► der **Fluss** [flʊs], des Flusses, die Flüsse ['flʏsə]:
größeres fließendes Wasser: im Fluss baden / schwimmen · auf dem Fluss fahren · Sie überqueren den Fluss mit einer Fähre. · Unser Haus steht direkt am Fluss.

flüs|sig ['flʏsɪç], flüssiger, am flüssigsten:
1. *nicht fest:* Die Sahne ist immer noch

F

flüssig. · Der Honig ist sehr flüssig und läuft schnell vom Brot.
2. *fließend:* flüssiger Verkehr · Ich schreibe und spreche flüssig Englisch.

▸ die **Flüs|sig|keit** ['flʏsɪçkai̯t], der Flüssigkeit, die Flüssigkeiten:
flüssiger Stoff: eine helle / blaue / zähe Flüssigkeit · Die Flüssigkeit verdunstet.

flüs|tern ['flʏstɐn], flüstert, flüsterte, hat geflüstert:
sehr leise sprechen: Sie flüstert ihm etwas ins Ohr. · Warum flüsterst du?

die **Flut** [flu:t], der Flut, die Fluten:
steigendes Wasser des Meeres: Die Flut kommt / steigt. · Wir müssen die Flut abwarten. · Sie badeten bei Flut.

der **Fö|de|ra|lis|mus** [fødera'lɪsmʊs], des Föderalismus:
Organisation eines Bundesstaates, in der die einzelnen Staaten relativ selbstständig sind: In Deutschland hat sich der Föderalismus bewährt.

der **Föhn** [fø:n], des Föhn[e]s, die Föhne:
1. *warmer, trockener Wind von den Hängen eines Gebirges:* Wir haben Föhn. · Morgen gibt es Föhn. · Bei Föhn habe ich oft Kopfschmerzen.
2. *elektrisches Gerät zum Trocknen der Haare:* Hast du den Föhn eingepackt? · Mit dem Föhn trocknet sie sich die Haare.

▸ die **Fol|ge** ['fɔlgə], der Folge, die Folgen:
1. *Auswirkung, Konsequenz:* etwas hat böse / üble / unangenehme / unerwartete Folgen · Du solltest an die Folgen denken. · Sie starb an den Folgen eines Unfalls.
2. *Reihe:* eine Folge von Tönen · Es kam zu einer ganzen Folge von Unfällen.

▸ **fol|gen** ['fɔlgn̩], folgt, folgte, ist gefolgt:
1. *hinter jemandem in die gleiche Richtung gehen; nachgehen:* Er folgte seiner Schwester in den Keller. · Bitte folgen Sie dem blauen Wagen! · Sie folgte immer den roten Pfeilen.
2. *aufmerksam zuhören, zusehen; verstehen:* Er war müde und konnte der Rede nicht folgen. · Kannst du meinen Gedanken folgen?
3. *zeitlich nach jemandem, etwas kommen:* Fortsetzung folgt! · Dem schönen Sommer folgte ein kalter Herbst. · Es folgt der Wetterbericht.

▸ **fol|gend** ['fɔlgn̩t]:
nach etwas kommend: Bitte bringt folgende Dinge mit: Papier, Klebstoff, Lineal, Schere. · Am folgenden Tag hatte er den Streit schon wieder vergessen. · Auf den folgenden Seiten werde ich diesen Gedanken genauer darstellen.

die **Fo|lie** ['fo:li̯ə], der Folie, die Folien:
sehr dünnes Material aus Metall oder Kunststoff, das zum Verpacken benutzt wird: Die Blumen waren in Folie verpackt. · Er packte die Butterbrote in Folie ein.

▸ **for|dern** ['fɔrdɐn], fordert, forderte, hat gefordert:
1. *etwas eindringlich, energisch verlangen:* Er forderte die Bestrafung der Täter. · Die Opposition fordert den Rücktritt des Ministers. · Die Demonstranten fordern, dass der neue Bahnhof nicht gebaut wird.
2. *eine große Leistung von jemandem verlangen:* Der Job fordert ihn sehr. · Sie müssen die Spieler beim Training mehr fordern!

▸ **för|dern** ['fœrdɐn], fördert, förderte, hat gefördert:
unterstützen: den Handel / den Tourismus fördern · Sie sollten die Talente ihres Kindes mehr fördern. · Werden schwache Schüler genug gefördert?

▸ die **For|de|rung** ['fɔrdərʊŋ], der Forderung, die Forderungen:
1. *Wunsch, der intensiv geäußert wird; Anspruch:* berechtigte Forderungen · Forderungen stellen / erheben / erfüllen / nachkommen.
2. *finanzieller Anspruch:* ausstehende Forderungen.

die **För|de|rung** ['fœrdərʊŋ], der Förderung, die Förderungen:
das Fördern; Unterstützung: staatliche / öffentliche / private Förderung · die Förderung aller Schüler / der Kinder · die Förderung des Projekts einstellen.

▸ die **Form** [fɔrm], der Form, die Formen:
1. *äußere Gestalt:* Dieses Auto hat eine schöne / elegante Form. · Das Haus hat die Form eines Würfels. · Die Form der Wolke erinnert an einen Drachen.
2. *gesellschaftlicher Umgang:* die Form wahren / verletzen · ein Mensch ohne Formen *(ohne gutes Benehmen).*
3. *hohler Gegenstand, der einer weichen Masse eine feste Gestalt gibt:* flüssiges Metall in eine Form gießen · Sie drückt den Teig in eine Form.
4. ⟨ohne Plural⟩ *körperliche Verfassung:* Der Sportler hält / verbessert / steigert seine Form. · Er ist [nicht] gut in Form.

das **For|mat** [fɔr'ma:t], des Format[e]s, die Formate:
Größe eines Gegenstandes nach Länge

und Breite: Das Buch hat ein großes / kleines Format. · Welches Format hat das Bild?

for|men ['fɔrmən], formt, formte, hat geformt:
1. *eine bestimmte Form geben:* Aus dem Teig formt sie zwei Brote. · Er formt eine Vase aus Ton.
2. *bleibend verändern, prägen:* Diese Ereignisse haben ihn / seinen Charakter geformt.

das **For|mu|lar** [fɔrmu'la:ɐ̯], des Formular[e]s, die Formulare:
gedrucktes Blatt mit Lücken zum Ausfüllen; Vordruck: ein Formular ausfüllen / unterschreiben · Die Formulare für die Steuererklärung bekommen Sie beim Finanzamt.

for|mu|lie|ren [fɔrmu'li:rən], formuliert, formulierte, hat formuliert:
mit Worten ausdrücken: einen Brief formulieren · ein gut / schlecht formulierter Satz / Text · Bitte formulieren Sie Ihre Fragen schriftlich. · Wie kann man das anders formulieren?

for|schen ['fɔrʃn̩], forscht, forschte, hat geforscht:
1. *intensiv suchen:* Die Polizei forschte nach den Tätern. · Sie forscht nach den Gründen für ihr Scheitern. · Er schaut mich mit forschendem Blick an.
2. *Forschung betreiben:* Er forscht auf dem Gebiet der Medizin.

die **For|schung** ['fɔrʃʊŋ], der Forschung, die Forschungen:
1. *Suche nach neuen Erkenntnissen in der Wissenschaft:* Unsere Forschungen haben überraschende Ergebnisse. · Die Forschung auf diesem Gebiet ist von großer Bedeutung.
2. ⟨ohne Plural⟩ *die forschende Wissenschaft:* Er arbeitet in der Forschung.

fort [fɔrt]:
(von einem Ort) weg: Er ist schon seit vier Stunden fort. · Ich will so schnell wie möglich fort von hier! · (umgangssprachlich) Das Buch ist fort *(nicht zu finden).*

die **Fort|bil|dung** ['fɔrtbɪldʊŋ], der Fortbildung, die Fortbildungen:
zusätzliche Ausbildung, Weiterbildung: Mein Kollege ist auf einer Fortbildung. · Sie hat sich für eine Fortbildung angemeldet.

der **Fort|schritt** ['fɔrtʃrɪt], des Fortschritt[e]s, die Fortschritte:
positive Entwicklung: der Fortschritt der Technik · Die Schülerin macht Fortschritte beim Lesen. · Die Medizin hat große Fortschritte gemacht.

▶ **fort|set|zen** ['fɔrtzɛts̮n̩], setzt fort, setzte fort, hat fortgesetzt:
nach einer Unterbrechung mit etwas weitermachen: eine Arbeit fortsetzen · Nach einer Pause an der Raststätte setzten wir die Fahrt fort.

▶ die **Fort|set|zung** ['fɔrtzɛts̮ʊŋ], der Fortsetzung, die Fortsetzungen:
Teil eines Werkes, das in mehreren Teilen veröffentlicht wird: Sie lesen heute die 21. Fortsetzung des Romans. · Wann ist die Fortsetzung der Geschichte im Kino zu sehen?

▶ das **Fo|rum** ['fo:rʊm], des Forums, die Foren ['fo:rən]:
1. *Kreis von Experten:* ein internationales Forum.
2. *Ort, Platz, der für etwas geeignet ist:* ein Forum für die Diskussion bieten.
3. *öffentliche Diskussion:* an einem Forum zu / über Umweltfragen teilnehmen.
4. *Gruppe im Internet:* sich bei dem Forum anmelden.

▶ das **Fo|to** ['fo:to], des Fotos, die Fotos:
Bild, das mit einem Apparat gemacht wird: ein altes / farbiges / unscharfes Foto · ein Foto von jemandem / etwas machen · Auf dem Foto ist mein Bruder zu sehen. · Er klebt die Fotos der Familie in ein Album ein.

▶ der **Fo|to|ap|pa|rat** ['fo:to|apara:t], des Fotoapparat[e]s, die Fotoapparate:
Apparat zum Fotografieren: Er hängt sich den Fotoapparat um. · Auf unserer letzten Reise hatten wir den Fotoapparat vergessen.

▶ der **Fo|to|graf** [foto'gra:f], des Fotografen, die Fotografen:
[männliche] Person, die [als Beruf] Fotos macht: Der Fotograf macht vier Aufnahmen von ihr. · Ist das Bild vom Fotografen?

▶ die **Fo|to|gra|fie** [fotogra'fi:], der Fotografie, die Fotografien:
1. *Foto:* alte Fotografien von Heidelberg sammeln.
2. ⟨ohne Plural⟩ *Verfahren zur Herstellung von Fotos:* angewandte / experimentelle Fotografie.

▶ **fo|to|gra|fie|ren** [fotogra'fi:rən], fotografiert, fotografierte, hat fotografiert:
Fotos machen: Im Urlaub hat er viel fotografiert. · Ich fotografiere gerne die Natur. · Kannst du uns drei mal zusammen fotografieren?

F

▶ die **Fo|to|gra|fin** [foto'gra:fɪn], der Fotografin, die Fotografinnen:
weibliche Person, die [als Beruf] Fotos macht: Sie arbeitet als Fotografin.

die **Fo|to|ko|pie** [fotoko'pi:], der Fotokopie, die Fotokopien [fotoko'pi:ən]:
Kopie, die durch eine besondere Art des Fotografierens hergestellt wird: eine Fotokopie von etwas machen · Bitte schicken Sie uns eine Fotokopie Ihres Zeugnisses.

die **Fracht** [fraxt], der Fracht, die Frachten:
Ladung: eine gefährliche / wertvolle Fracht · die Fracht einladen / befördern · Das Schiff nimmt die Fracht an Bord.

▶ die **Fra|ge** ['fra:gə], der Frage, die Fragen:
1. *Äußerung, auf die man eine Antwort erwartet:* eine dumme / gute / kluge / wichtige Frage · jemandem eine Frage stellen · Du hast meine Frage nicht beantwortet. · Hat noch jemand eine Frage [zu diesem Thema]?
2. *Angelegenheit, Problem, Thema:* eine offene / wichtige / zentrale Frage · eine politische / soziale / wirtschaftliche Frage · Diese Frage wurde lange diskutiert. · Das ist eine Frage des Geldes *(hängt vom Geld ab).*

der **Fra|ge|bo|gen** ['fra:gəbo:gn̩], des Fragebogens, die Fragenbögen ['fra:gəbø:gn̩]:
Blatt, auf das bestimmte Fragen gedruckt sind und auf dem Platz für die Antworten ist: einen Fragebogen ausfüllen · Es dauert ungefähr 30 Minuten, den Fragebogen zu beantworten.

▶ **fra|gen** ['fra:gn̩], fragt, fragte, hat gefragt:
1. *jemandem eine Frage stellen:* Sie fragt den Schaffner, ob der Zug pünktlich ist. · Frag den Kellner doch mal, was der Kuchen kostet. · Darf / Kann ich Sie etwas fragen? · Du, ich habe dich was gefragt!
2. ⟨+ sich⟩ *sich überlegen, über etwas nachdenken:* Ich frage mich, ob ich den Vertrag unterschreiben soll. · Hast du dich schon mal gefragt, welche Gründe das hat? · Das habe ich mich auch schon gefragt.
3. *versuchen, etwas durch eine Frage herauszufinden; sich nach etwas erkundigen:* Er fragte uns nach dem Weg. · Frag ihn doch mal nach seinen Interessen!

▶ der **Fran|ken** ['fraŋkn̩], des Frankens, die Franken:
Einheit der Währung in der Schweiz: Das Zimmer kostet 120 Franken pro Nacht. · Ich möchte gern 200 Euro in Franken wechseln.

▶ die **Frau** [frau̯], der Frau, die Frauen:
1. *erwachsene weibliche Person:* eine ledige / verheiratete / berufstätige Frau · eine junge / alte / kluge / hübsche / starke Frau · Wir waren vier Männer und drei Frauen.
2. *Ehefrau:* Wie geht es Ihrer Frau? · Viele Grüße an Ihre Frau! · Er hat eine Italienerin zur Frau. · Er fand keine passende Frau.
3. in der Anrede: Frau Professorin, Ministerin · Sehr geehrte Frau Mayer ... · Liebe Frau Fischer ...

der **Frau|en|arzt** ['frau̯ən|a:ɐ̯tst], des Frauenarztes, die Frauenärzte ['frau̯ən|ɛ:ɐ̯tstə], die **Frau|en|ärz|tin** ['frau̯ən|ɛ:ɐ̯tstɪn], der Frauenärztin, die Frauenärztinnen:
Arzt, Ärztin für die Krankheiten von Frauen: Sie geht regelmäßig zur Frauenärztin.

das **Fräu|lein** ['frɔy̯lai̯n], des Fräuleins, die Fräulein:
1. (veraltet) *nicht verheiratete (junge) Frau ohne Kinder:* Seine Schwester ist ein älteres Fräulein.
2. (veraltet) in der Anrede für eine nicht verheiratete weibliche Person (heute allgemein durch »Frau« ersetzt): Guten Tag, Fräulein Müller!

▶ **frech** [frɛç], frecher, am frechsten:
auf unangenehme Art ohne Respekt; unverschämt: eine freche Antwort · Die Kinder sind sehr frech zu ihren Eltern.

die **Frech|heit** ['frɛçhai̯t], der Frechheit, die Frechheiten:
unangenehm freches Benehmen: Dein Benehmen ist eine Frechheit! · Er hat die Frechheit, einfach zu lügen. · Was für eine Frechheit!

▶ **frei** [frai̯], freier, am freisten:
1. *ohne Zwang, nicht zu etwas verpflichtet:* freie Wahlen · Ich bin ein freier Mensch! · Es ist seine freie Entscheidung. · Du kannst frei entscheiden, ob du mitmachst oder nicht. · Am Samstag hat sie frei *(braucht sie nicht zu arbeiten).*
2. *nicht besetzt:* Ist dieser Platz noch frei? · Haben Sie noch ein Zimmer frei? · Die Autobahn war frei *(ohne Stau).* · Bitte die Ausfahrt frei halten!
3. *nicht bekleidet, bedeckt:* Machen Sie bitte den Oberkörper frei.
4. *kostenlos, ohne Bezahlung:* Kinder bis zu 6 Jahren haben freien Eintritt. · Ein

Getränk ist frei. · Jeder Reisende hat 30 kg Gepäck frei.

frei|hal|ten ['fraihaltn̩], hält frei, hielt frei, hat freigehalten:
(in einem Lokal) auch die Rechnung einer anderen Person zahlen: Kannst du mich heute Abend mal freihalten?

die **Frei|heit** ['fraihait], der Freiheit, die Freiheiten:
1. *Zustand, in dem jemand unabhängig ist und sich nicht eingeschränkt fühlt:* die persönliche / politische Freiheit · die Freiheit der Presse · Sie legt großen Wert auf ihre Freiheit.
2. ⟨ohne Plural⟩ *Möglichkeit, sich frei zu bewegen:* einem Gefangenen die Freiheit schenken · einen Häftling in die Freiheit entlassen · Nach vier Jahren Haft ist er wieder in Freiheit.

frei|las|sen ['frailasn̩], lässt frei, ließ frei, hat freigelassen:
einer Person, einem Tier die Freiheit geben: Der Gefangene wird freigelassen. · Du solltest den Frosch wieder freilassen.

frei|lich ['frailɪç]:
1. *allerdings, jedoch:* Das ist freilich nicht so einfach. · Du solltest freilich vorsichtig sein.
2. als bekräftigende Antwort; *selbstverständlich, gewiss:* »Du machst doch mit?« – »Freilich!«.

der **Frei|tag** ['fraita:k], des Freitags, die Freitage:
fünfter Tag der Woche: Am Freitag kommt sie früher von der Arbeit nach Hause. · Am Freitag hat sie nur vier Stunden Unterricht.

frei|tags ['fraita:ks]:
an jedem Freitag: Gehst du freitags auch immer zum Sport?

frei|wil|lig ['fraivɪlɪç]:
aus freiem Willen, ohne Zwang: ein freiwilliger Helfer · Ich mache ein freiwilliges soziales Jahr. · Die Teilnahme ist freiwillig. · Er geht freiwillig zur Bundeswehr.

die **Frei|zeit** ['fraitsait], der Freizeit:
Zeit, in der man nicht arbeitet: viel / wenig Freizeit haben · Er verbringt seine Freizeit oft mit Lesen.

fremd [frɛmt], fremder, am fremdesten:
1. *nicht bekannt, nicht vertraut:* eine fremde Stadt · fremde Menschen · Sie sind sich fremd geworden. · Ich bin hier fremd *(kenne mich hier nicht aus).*
2. *einem anderen gehörend:* fremdes Eigentum · Schafft du das ohne fremde Hilfe *(ohne Hilfe anderer)?*

▸ die **Fremd|spra|che** ['frɛmtʃpra:xə], der Fremdsprache, die Fremdsprachen:
fremde Sprache: eine Fremdsprache sprechen / beherrschen · Unser Sohn lernt Französisch als zweite Fremdsprache. · Sie unterrichtet Deutsch als Fremdsprache.

▸ **fres|sen** ['frɛsn̩], frisst, fraß, hat gefressen:
1. *(von Tieren) essen:* Die Tiere fressen gerade. · Die Ziege frisst ihr aus der Hand. · Die Löwen fressen ihre Beute. · Kühe fressen Gras.
2. (derb) *(von Menschen) viel essen (ohne sich zu benehmen):* Er hat den Nachtisch ganz allein gefressen. · Du frisst wie ein Schwein!

▸ die **Freu|de** ['frɔydə], der Freude, die Freuden:
Gefühl des Glücks: eine große / tiefe / unerwartete Freude · Die Arbeit macht mir keine Freude. · Mit ihrem Besuch hat sie mir eine große Freude gemacht. · Er hat viel Freude an seinen Kindern. · Was für eine Freude, dich zu sehen!

▸ **freu|en** ['frɔyən] ⟨+ sich⟩, freut sich, freute sich, hat sich gefreut:
1. *glücklich, zufrieden über etwas sein:* Ich habe mich über dein Geschenk sehr gefreut. · Ich freue mich, Sie kennenzulernen. · Er freut sich mit mir über meinen Erfolg.
2. *mit Freude auf etwas warten:* Die Schüler freuen sich auf die Ferien. · Die Kinder freuen sich auf den Besuch der Oma.
3. *glücklich, zufrieden machen:* Dein Brief hat mich sehr gefreut. · Es freut mich, dass du mir helfen kannst.

▸ der **Freund** [frɔynt], des Freund[e]s, die Freunde, die **Freun|din** ['frɔyndɪn], der Freundin, die Freundinnen:
1. *Person, die man gut kennt und sehr mag:* ein guter / alter / treuer Freund · viele Freunde haben / besitzen · Sie ist eine gute Freundin von uns. · Wir treffen uns heute Abend mit Freunden. · Paul ist mein bester Freund!
2. *Person, die mit einer anderen ein Paar ist; Partner(in):* Sie hat einen neuen Freund. · Wohnst du mit deiner Freundin zusammen?

▸ **freund|lich** ['frɔyntlɪç], freundlicher, am freundlichsten:
höflich, aufmerksam, nett: ein freundlicher Mensch · eine freundliche Begrüßung · freundlich lächeln · Er macht ein

freundliches Gesicht. · Der Verkäufer war sehr freundlich zu uns.

die **Freund|lich|keit** ['frɔyntlɪçkai̯t], der Freundlichkeit:
höfliches, aufmerksames, nettes Verhalten: Seine Freundlichkeit ist nicht echt. · Ich danke für Ihre Freundlichkeit. · Hätten Sie die Freundlichkeit, mir zu helfen?

▶ die **Freund|schaft** ['frɔyntʃaft], der Freundschaft, die Freundschaften:
Beziehung zwischen Personen, die sich gut kennen und sehr mögen: eine enge / tiefe / lange / alte Freundschaft · mit jemandem Freundschaft schließen · Deine Freundschaft bedeutet mir sehr viel. · Ihre Freundschaft dauerte ein ganzes Leben lang.

▶ der **Frie|den** ['fri:dn̩], des Friedens:
1. *Verhältnis zwischen Staaten, die sich nicht mit Waffen angreifen:* Frieden schließen · Es ist / herrscht Frieden. · Der Frieden zwischen beiden Ländern ist stabil.
2. *Harmonie, Ruhe:* den Frieden der Natur stören · Er will in Frieden mit seinen Nachbarn leben.

der **Fried|hof** ['fri:tho:f], des Friedhof[e]s, die Friedhöfe ['fri:thø:fə]:
Ort, an dem die Toten begraben werden: ein alter Friedhof · auf den Friedhof gehen · auf dem Friedhof liegen *(begraben sein).*

fried|lich ['fri:tlɪç], friedlicher, am friedlichsten:
1. *ohne Gewalt, ohne Krieg:* friedlich zusammenleben · Der Konflikt konnte friedlich gelöst werden.
2. *ruhig, sanft:* ein friedlicher Mensch · Unser Vater ist friedlich eingeschlafen *(gestorben).*

▶ **frie|ren** ['fri:rən], friert, fror, gefroren:
1. ⟨hat⟩ *Kälte empfinden:* an den Händen / Füßen frieren · Das Kind friert. · Trotz der dicken Jacke hat sie gefroren.
2. ⟨hat⟩ *(von der Temperatur) unter null Grad Celsius sinken:* Draußen friert es. · Heute Nacht hat es gefroren.
3. ⟨ist⟩ *durch Kälte fest, zu Eis werden:* Das Wasser ist gefroren. · Sie kauft gefrorene Himbeeren.

die **Fri|ka|del|le** [frika'dɛlə], der Frikadelle, die Frikadellen:
gebratener Kloß aus Hackfleisch: Er bestellt eine Frikadelle mit Kartoffelsalat.

▶ **frisch** [frɪʃ], frischer, am frischesten:
1. *vor kurzer Zeit entstanden, noch nicht alt:* frisches Brot / Obst / Gemüse · Der Salat ist nicht mehr frisch. · Wir verkaufen nur frische Ware.
2. *nicht benutzt, nicht gebraucht; sauber:* Sie nimmt sich ein frisches Handtuch. · Er zieht ein frisches Hemd an. · Durch das offene Fenster kommt frische Luft herein.

▶ der **Fri|seur** [fri'zø:ɐ̯], des Friseurs, die Friseure, die **Fri|seu|rin** [fri'zø:rɪn], der Friseurin, die Friseurinnen:
Person, die anderen (als Beruf) die Haare schneidet: zum Friseur gehen · Er macht einen Termin beim Friseur. · Bei welchem Friseur warst du?

▶ die **Frist** [frɪst], der Frist, die Fristen:
Zeitraum, den man für etwas hat: eine Frist für etwas setzen · Die Frist für die Abgabe der Arbeit wurde um eine Woche verlängert. · Sie kommen zu spät, die Frist ist leider schon abgelaufen.

▶ die **Fri|sur** [fri'zu:ɐ̯], der Frisur, die Frisuren:
Art, in der eine Person die Haare trägt: eine moderne / praktische / sportliche Frisur · Die Frisur sitzt nicht mehr.

▶ **froh** [fro:], froher, am frohesten:
voll Freude, glücklich: frohe Menschen / Gesichter · Du kannst froh sein, dass sich niemand verletzt hat. · Wir sind froh über die guten Nachrichten.

▶ **fröh|lich** ['frø:lɪç], fröhlicher, am fröhlichsten:
heiter, guter Laune: ein fröhliches Kind · fröhliche Lieder / Feste · Sie ist immer fröhlich. · Sie lachten fröhlich.

fromm [frɔm], frommer / frömmer, am frommsten / am frömmsten:
gläubig, religiös: Er ist ein frommer Mensch. · Sie führt ein frommes Leben.

der **Frosch** [frɔʃ], des Frosch[e]s, die Frösche ['frœʃə]:
Tier mit großen Augen, breitem Maul und langen Beinen hinten, das im Wasser lebt: Die Frösche quaken. · Der Frosch hüpft in den Teich.

der **Frost** [frɔst], des Frost[e]s, die Fröste ['frœstə]:
Temperatur unter null Grad Celsius: Heute Nacht gibt es Frost. · Draußen herrscht strenger Frost.

▶ die **Frucht** [frʊxt], der Frucht, die Früchte ['frʏçtə]:
Produkt von Bäumen und Sträuchern, das man essen kann: eine reife / saftige / süße Frucht · Die Früchte reifen / fallen ab. · Wir pflücken / sammeln Früchte.

▶ **früh** [fry:]:
1. ⟨früher, am frühesten⟩ *zu Beginn, am Anfang eines Zeitraumes:* am frühen

Morgen / Nachmittag / Abend · Es ist noch früh am Nachmittag. · Seit früher Jugend treibt er intensiv Sport.
2. ⟨früher, am frühesten⟩ *vor dem gedachten Zeitpunkt:* ein früher Herbst · Ich konnte einen früheren Zug nehmen. · Er ist früh gestorben. · Er kam früher als erwartet. · Können wir uns nicht etwas früher treffen?
3. *morgens, am Morgen:* um vier Uhr früh aufstehen · Kommst du schon morgen früh? · Sie arbeitet von früh bis spät.

▸ **frü|her** ['fry:ɐ]:
1. *ehemalig:* mein früherer Chef · eine frühere Freundin · in früheren *(vergangenen)* Jahren.
2. *in der Vergangenheit:* Sie war früher Lehrerin. · Ich muss oft an früher denken. · Früher war er noch nicht so reich.
3. ⟨mit Angabe der Zeit⟩ *vorher, zuvor:* ein paar Tage früher · Ein Jahr früher wohnte ich noch in Hamburg.

▸ **frü|hes|tens** ['fry:əstn̩s]:
nicht früher als, nicht vor: Ich komme frühestens um vier Uhr nach Hause. · Die Brücke wird frühestens 2014 fertig. · Wir können frühestens am Freitag in den Urlaub fahren.

das **Früh|jahr** ['fry:ja:ɐ̯], des Frühjahr[e]s, die Frühjahre:
Frühling: Das Frühjahr war zu trocken.

der **Früh|ling** ['fry:lɪŋ], des Frühlings, die Frühlinge:
Jahreszeit zwischen Winter und Sommer: ein zeitiger / später / warmer / milder Frühling · Es wird Frühling. · Der Frühling war sonnig und trocken.

das **Früh|stück** ['fry:ʃtʏk], des Frühstück[e]s, die Frühstücke:
Mahlzeit am Morgen: ein einfaches / kräftiges / reichliches Frühstück · (das) Frühstück machen · Ich hole uns Brötchen zum Frühstück. · Trinkst du zum Frühstück Kaffee oder Tee?

▸ **früh|stü|cken** ['fry:ʃtʏkn̩], frühstückt, frühstückte, hat gefrühstückt:
das Frühstück einnehmen: Wann willst du frühstücken? · Hast du schon gefrühstückt? · Sie frühstücken immer in der Küche.

der **Fuchs** [fʊks], des Fuchses, die Füchse ['fʏksə]:
kleineres Raubtier mit großen Ohren, spitzer Schnauze und breitem Schwanz: Der Fuchs hat ein Huhn gestohlen. · Der Fuchs gilt als besonders schlaues Tier.

▸ **fü|gen** ['fy:gn̩], fügt sich, fügte sich, hat sich gefügt:
gehorchen, sich anpassen: Sie fügt sich dem Willen ihrer Eltern. · Er fügt sich in sein Schicksal.

▸ **füh|len** ['fy:lən], fühlt, fühlte, hat gefühlt:
1. *durch Berühren feststellen:* Man kann die Beule an seinem Kopf fühlen. · Der Arzt fühlte ihm den Puls. · Fühl mal, wie kalt meine Hände sind.
2. *körperlich oder seelisch spüren, empfinden:* Abneigung / Mitleid fühlen · Sie fühlte einen starken Schmerz im Bein. · Was hast du in der Situation gefühlt?
3. ⟨+ sich⟩ *sich halten für:* sich schuldig fühlen · Sie fühlt sich krank. · Ich fühlte mich beobachtet.

F

▸ **füh|ren** ['fy:rən], führt, führte, hat geführt:
1. *mit jemandem gehen, um ihm den Weg zu zeigen:* einen Blinden führen · einen Hund an der Leine führen · Die Mutter führt das Kind an der Hand. · Er führt eine Gruppe Touristen durch die Stadt.
2. *leiten:* ein Geschäft / ein Hotel führen · Sie führt dem alten Mann den Haushalt. · Sie hat das Restaurant zehn Jahre lang geführt.
3. *(in einem Wettbewerb) Bester, Erster sein:* Unsere Mannschaft führt 2:1. · Sie führte bei dem Rennen.
4. *in eine bestimmte Richtung, an einen bestimmten Ort verlaufen:* Wohin führt diese Straße? · Dieser Weg führt nicht zum Parkplatz.
5. *ein bestimmtes Ergebnis haben:* Das führt sicher zum Erfolg / zu einer Lösung. · Das führt doch zu nichts.
6. *bringen:* Seine Reise führt ihn nach Afrika / durch fünf Länder. · Der Hinweis führte die Polizei auf die richtige Spur.
7. mit bestimmten Substantiven: ein Gespräch führen *(sprechen)* · Klage führen *(klagen)*.

▸ der **Füh|rer|aus|weis** ['fy:rɐ|ausvais], des Führerausweises, die Führerausweise (schweizerisch):
Führerschein: Haben Sie Ihren Führerausweis dabei?

▸ der **Füh|rer|schein** ['fy:rɐʃain], des Führerschein[e]s, die Führerscheine:
Dokument, das jemandem erlaubt, ein bestimmtes Fahrzeug zu fahren: Ich habe keinen Führerschein. · Er muss für zwei Monate den Führerschein abgeben. · Unsere Tochter macht gerade den Führerschein *(lernt fahren und macht eine Prüfung)*.

▶ die **Füh|rung** ['fy:rʊŋ], der Führung, die Führungen:
1. ⟨ohne Plural⟩ *erste Position:* die Führung verlieren · in Führung gehen · Der Favorit liegt in Führung.
2. *Gruppe von Personen, die wichtige Entscheidungen trifft; Leitung:* die Führung des Konzerns / der Firma / des Sportvereins.
3. *Besichtigung mit Erklärungen:* eine Führung mitmachen · an einer Führung teilnehmen · Die nächste Führung durch die Ausstellung findet um 16 Uhr statt.

fül|len ['fʏlən], füllt, füllte, hat gefüllt:
1. *bewirken, dass etwas voll ist:* einen Ballon mit Gas füllen · Er füllt mein Glas bis zum Rand.
2. *(in ein Gefäß) gießen, schütten:* Sie füllt den Saft in die Flasche. · Er hat die Kartoffeln in den Sack gefüllt.
3. ⟨+ sich⟩ *voll werden:* Der Eimer füllt sich mit Wasser. · Das Theater / Das Stadion füllt sich.

der **Fül|ler** ['fʏlɐ], des Füllers, die Füller (umgangssprachlich):
Stift mit Feder, der mit Tinte schreibt: Die Schüler schreiben mit einem Füller.

▶ das **Fund|bü|ro** ['fʊntbyro:], des Fundbüros, die Fundbüros:
amtliche Stelle, wo man gefundene Sachen abgeben oder verlorene Sachen abholen kann: etwas im Fundbüro abgeben.

▶ **fünf** [fʏnf] (als Ziffer: 5):
die Zahl 5: fünf Personen · fünf Finger an einer Hand · Um fünf [Uhr] bei dir?

▶ **fünf|zig** ['fʏnftsɪç] (in Ziffern: 50):
die Zahl 50: fünfzig Euro · Wir haben fünfzig Gäste eingeladen.

der **Funk** [fʊŋk], des Funks:
Senden und Empfangen von Nachrichten durch elektrische Wellen: Die Polizei wurde über Funk benachrichtigt. · Der Fahrer spricht über Funk mit der Zentrale.

der **Fun|ke** ['fʊŋkə], des Funkens, die Funken:
kleines glühendes Teil, das aus einem Feuer fliegt oder fällt: Bei dem Brand fliegen Funken durch die Luft.

die **Funk|ti|on** [fʊŋk'tsi̯o:n], der Funktion, die Funktionen:
Position, Aufgabe: eine Funktion ausüben · Welche Funktion hast du in dem Unternehmen?

▶ **funk|ti|o|nie|ren** [fʊŋktsi̯o'ni:rən], funktioniert, funktionierte, hat funktioniert:
1. *(als Maschine, Gerät) arbeiten, laufen:* Das Radio funktioniert nicht. · Kannst du mir erklären, wie der Apparat funktioniert?
2. *ablaufen, verlaufen:* Unsere Ehe hat immer gut funktioniert. · Die Arbeit im Team funktioniert gut.

▶ **für** [fy:ɐ̯]:
1. bezeichnet einen Zweck, ein Ziel: Sie lernt für das Abitur. · Wir demonstrieren für höhere Löhne.
2. bezeichnet den Empfänger, die Empfängerin: Das Geschenk ist für dich. · Der Brief ist für Frau Schneider.
3. bezeichnet den Preis, Wert: Er hat sich Schuhe für 150 Euro gekauft. · Eine Schale Erdbeeren gibt es jetzt für 2 Euro.
4. bezeichnet den Grund, die Ursache: Er entschuldigt sich für sein Fehlen. · Vielen Dank für deine Hilfe!
5. drückt einen Vergleich aus: Für dein Alter bist du ganz schön frech! · Für diese Jahreszeit ist es zu kalt.
6. bezeichnet die Dauer: Wir fahren für vier Tage nach Paris. · Ich werde für drei Wochen verreisen.
7. *** was für [ein]:** 1) fragt nach der Art oder Qualität; *welch:* Was für einen Kuchen bäckst du? · Was für ein Auto willst du dir kaufen? 2) betont etwas besonders; *so [ein]:* Was für eine Hitze! · Was für ein blöder Witz!

die **Furcht** [fʊrçt], der Furcht:
Angst: Sie hat Furcht vor der Prüfung. · Er hatte große Furcht vor seinem Vater.

▶ **furcht|bar** ['fʊrçtba:ɐ̯]:
1. ⟨furchtbarer, am furchtbarsten⟩ *schrecklich, sehr schlimm:* ein furchtbares Unglück · Ich habe furchtbare Schmerzen. · Er ist ein furchtbarer Mensch.
2. ⟨furchtbarer, am furchtbarsten⟩ *sehr groß, sehr stark:* eine furchtbare Hitze · In seinem Zimmer herrscht furchtbare Unordnung.
3. *sehr:* Alles ist furchtbar teuer. · Das ist furchtbar nett. · Sie haben sich furchtbar beeilt.

▶ **fürch|ten** ['fʏrçtn̩], fürchtet, fürchtete, hat gefürchtet:
1. *vor jemandem oder etwas Angst haben:* Sie fürchtet den Tod. · Er fürchtet seinen Zorn. · Ich fürchte, meinen Arbeitsplatz zu verlieren.
2. ⟨+ sich⟩ *Angst haben:* Sie fürchtet sich vor Gewitter. · Fürchtest du dich vor Hunden?

fürch|ter|lich ['fʏrçtɐlɪç], fürchterlicher, am fürchterlichsten:

1. *schrecklich, furchtbar:* eine fürchterliche Katastrophe.
2. (umgangssprachlich) *sehr groß, sehr stark:* ein fürchterlicher Lärm · Was für eine fürchterliche Hitze!
3. (umgangssprachlich) *sehr:* Ich bin fürchterlich erschrocken. · Wir haben uns fürchterlich geärgert.

fürs [fy:ɐ̯s] (umgangssprachlich):
1. ⟨kann aufgelöst werden⟩ Kleidung fürs Kind.
2. ⟨kann nicht aufgelöst werden⟩ ein Freund fürs Leben; * **fürs Erste:** *erst einmal, zunächst:* Fürs Erste haben wir genug eingekauft.

der **Fuß** [fu:s], des Fußes, die Füße ['fy:sə]:
unterster Teil des Beines: ein schmaler / breiter Fuß · kalte Füße haben · Mir tun vom Laufen die Füße weh. · Er geht zu Fuß einkaufen. · Bist du zu Fuß (oder mit dem Fahrrad) gekommen?

der **Fuß|ball** ['fu:sbal], des Fußball[e]s, die Fußbälle ['fu:sbɛlə]:
1. ⟨ohne Plural⟩ *Spiel mit zwei Mannschaften, die versuchen, einen Ball mit dem Fuß oder Kopf ins Tor des Gegners zu befördern:* Unser Sohn spielt im Verein Fußball. · Er schaut Fußball im Fernsehen.
2. *Ball, mit dem man Fußball spielt:* Sie hat zum Geburtstag einen Fußball geschenkt bekommen.

der **Fuß|bo|den** ['fu:sbo:dn̩], des Fußbodens, die Fußböden ['fu:sbø:dn̩]:
untere Fläche eines Raumes, auf der man geht: Der Fußboden ist aus Holz. · Die Matratze liegt auf dem Fußboden.

der **Fuß|gän|ger** ['fu:sgɛŋɐ], des Fußgängers, die Fußgänger, die **Fuß|gän|ge|rin** ['fu:sgɛŋərɪn], der Fußgängerin, die Fußgängerinnen:
Person, die zu Fuß geht: Dieser Weg ist nur für Fußgänger. · Eine Fußgängerin wurde bei dem Unfall verletzt.

die **Fuß|gän|ger|zo|ne** ['fu:sgɛŋɐtso:nə], der Fußgängerzone, die Fußgängerzonen:
Bereich in einem Ort, der nur für Fußgänger ist und in dem keine Autos fahren dürfen: Das Geschäft liegt in der Fußgängerzone. · In der Fußgängerzone waren viele Menschen unterwegs.

das **Fut|ter** ['fʊtɐ], des Futters:
Nahrung für Tiere: frisches / grünes / trockenes Futter · Sie gibt dem Hund sein Futter.

füt|tern ['fʏtɐn], füttert, fütterte, hat gefüttert:
(jemandem, einem Tier) Nahrung geben: Die Mutter füttert das Baby. · Wir füttern die Enten mit Brot.

G

▸ die **Ga|bel** ['ga:bl̩], der Gabel, die Gabeln:
Gerät, mit dem man z. B. Kartoffeln essen kann: mit Messer und Gabel essen.

ga|ckern ['gakɐn], gackert, gackerte, hat gegackert:
ein Huhn macht die typischen Laute: Das Huhn hat laut gegackert.

gäh|nen ['gɛ:nən], gähnt, gähnte, hat gegähnt:
den Mund weit öffnen müssen, weil man müde ist: laut / herzhaft gähnen · Sie musste immerzu gähnen.

▸ die **Ga|le|rie** [galə'ri:], der Galerie, die Galerien:
1. *Raum oder Gebäude, in dem Kunstwerke ausgestellt werden:* Die Stadt hat eine bedeutende Galerie.
2. *Geschäft, in dem man Kunstwerke kaufen kann:* Sie hat das Foto in einer Galerie in Berlin gekauft.

▸ der **Gang** [gaŋ], des Gang[e]s, die Gänge ['gɛŋə]:
1. *Hausflur:* ein langer Gang · auf dem / im Gang warten.
2. (Technik) *Stufe, in der man ein Fahrrad oder Auto fährt:* ein Fahrrad mit sieben Gängen · im vierten Gang fahren.
3. ⟨ohne Plural⟩ *Art, wie jemand geht:* ein schwerfälliger Gang · Sie hat einen leichten Gang.

die **Gans** [gans], der Gans, die Gänse ['gɛnzə]:
größerer, meist weißer Vogel, der einen langen Hals hat und gern als Braten gegessen wird: eine junge / fette Gans · Die Gänse schnattern und watscheln über die Wiese. · Zu Weihnachten gibt es eine Gans.

▸ **ganz** [gants]:
1. *gesamt, alle, vollständig:* die ganze Familie / Welt.
2. *in Ordnung, nicht kaputt:* Sind die Gläser noch ganz *(nicht zerbrochen oder angeschlagen)?*
3. *ziemlich, einigermaßen:* Es ist ganz schön hier, aber leider sehr laut. · Sie spricht schon ganz gut Deutsch.
4. *sehr:* Er war ganz begeistert. · Sie war ganz glücklich, als ihre Mannschaft gesiegt hatte.

Gartenzwerg

Wohl um 1800 tauchten die ersten Gartenzwerge in Thüringen auf. Sie breiteten sich langsam in Thüringen und den angrenzenden Ländern aus – und während die »große Welt« mit Revolution (1848), dem österreichisch-preußischen Krieg (1866) oder dem preußisch-französischen Krieg und der Reichsgründung (1870/71) beschäftigt war, eroberten sie ihre kleine Welt – die Gärten der Deutschen. Der internationale Durchbruch gelang den Gartenzwergen dann im 20. Jahrhundert. Nicht nur in deutschen, auch in englischen oder französischen Gärten, ja weltweit sieht man Gartenzwerge als »Schmuck« in meist sehr ordentlich gepflegten Gärten.

▶ **¹gar** [ga:ɐ̯]:
fertig gekocht, gebraten, gebacken: gares Gemüse / Fleisch · Die Kartoffeln sind gar, du kannst sie abgießen!

▶ **²gar** [ga:ɐ̯]:
überhaupt, absolut: Ich habe gar keine Lust mitzukommen. · »Was hast du, du siehst so traurig aus?« – »Gar nichts!«.

▶ die **Ga|ra|ge** [ga'ra:ʒə], der Garage, die Garagen:
Raum, in dem man sein Auto parkt: das Auto in die Garage bringen / fahren · Sie holte das Motorrad aus der Garage.

▶ die **Ga|ran|tie** [garan'ti:], der Garantie, die Garantien:
1. *Sicherheit, dass etwas so ist:* Es gibt keine Garantie dafür, dass der Zug pünktlich ist. · Sie kommt unter Garantie noch.
2. *Versprechen einer Firma, von ihr hergestellte Produkte kostenlos zu reparieren:* Garantie gewähren · Die Waschmaschine hat zwei Jahre Garantie.

▶ **ga|ran|tie|ren** [garan'ti:rən], garantiert, garantierte, hat garantiert:
1. *dafür sorgen, dass etwas so ist:* Die Verfassung garantiert das Recht auf Bildung.
2. *versprechen, zusagen:* Ich garantiere dir, dass Max pünktlich nach Hause kommt.

▶ die **Gar|de|ro|be** [gardə'ro:bə], der Garderobe, die Garderoben:
1. *Gegenstand, an dem man seine Jacke, seinen Mantel aufhängt:* Sie hängte ihre Jacke an die Garderobe.
2. *Ort im Theater, an dem man seinen Mantel abgibt:* Ich bringe meinen Mantel an die / zur Garderobe.
3. *gesamte Kleidung, die jemand besitzt oder gerade anhat:* Sie hat eine elegante Garderobe.

die **Gar|di|ne** [gar'di:nə], der Gardine, die Gardinen:
leichter Stoff an den Fenstern: die Gardinen aufhängen / zuziehen / waschen.

das **Garn** [garn], des Garn[e]s, die Garne:
Faden, mit dem man Löcher stopft: Ich hätte gern eine Rolle blaues Garn.

▶ der **Gar|ten** ['gartn̩], des Gartens, die Gärten ['gɛrtn̩]:
kleineres Stück Land, in dem man Gemüse, Blumen oder Obst pflanzen kann: ein kleiner / großer / schöner Garten · Die Kinder spielen im Garten. · Suche Haus mit Garten.

der **Gärt|ner** ['gɛrtnɐ], des Gärtners, die Gärtner, die **Gärt|ne|rin** ['gɛrtnərɪn], der Gärtnerin, die Gärtnerinnen:
Person, die Gärten und Pflanzen pflegt: Der Junge möchte Gärtner werden. · Die Gärtnerin kommt einmal im Monat, um mir zu helfen.

▶ das **Gas** [ga:s], des Gases, die Gase:
Substanz, die man nicht sehen kann und die ähnlich wie Luft ist: giftiges / brennbares / explosives Gas.

die **Gas|hei|zung** ['ga:shai̯tsʊŋ], der Gasheizung, die Gasheizungen:
Heizung, die mit Gas arbeitet: eine Gasheizung installieren / einbauen.

die **Gas|se** ['gasə], der Gasse, die Gassen:
schmale Straße zwischen Häusern: eine schmale / enge / kleine Gasse · Sie gingen in den romantischen Gassen Heidelbergs spazieren.

▶ der **Gast** [gast], des Gastes, die Gäste ['gɛstə]:
1. *Person, die bei jemandem eingeladen ist:* nette Gäste · Wir haben heute Abend Gäste.
2. *Person, die eine Gaststätte besucht oder in einem Hotel wohnt:* einen Gast bedienen.

die **Gast|freund|schaft** ['gastfrɔy̯ntʃaft], der Gastfreundschaft:
freundliches Verhalten gegenüber einem Gast: Gastfreundschaft genießen · Vielen Dank für Ihre Gastfreundschaft!

der **Gast|ge|ber** ['gastge:bɐ], des Gastgebers die Gastgeber, die **Gast|ge|be|rin** ['gast-

ge:bərɪn], der Gastgeberin, die Gastgeberinnen:
Person, die einen Gast hat: ein guter Gastgeber · Die Gastgeberin erwartet ihre Gäste.

das **Gast|haus** ['gasthaus], des Gasthauses, die Gasthäuser ['gasthɔyzɐ]:
Haus, in dem man essen [und schlafen] kann und dafür bezahlt: ein kleines / einfaches Gasthaus · Nach der Wanderung aßen und schliefen sie im Gasthaus.

der **Gast|hof** ['gastho:f], des Gasthof[e]s, die Gasthöfe ['gasthø:fə]:
größeres Gasthaus auf dem Dorf: den neuen Gasthof besuchen · im Gasthof essen.

die **Gas|tro|no|mie** [gastrono'mi:], der Gastronomie:
alles, was mit der Betreuung von Gästen in Gaststätten zu tun hat: in der Gastronomie arbeiten.

die **Gast|stät|te** ['gastʃtɛtə], der Gaststätte, die Gaststätten:
Ort, an dem man essen und trinken kann und dafür bezahlt: in eine Gaststätte gehen.

die **Gast|wirt|schaft** ['gastvɪrtʃaft], der Gastwirtschaft, die Gastwirtschaften:
einfache Gaststätte [auf dem Dorf]: ein Bier in der Gastwirtschaft trinken.

der **Gat|te** ['gatə], des Gatten, die Gatten:
Ehemann: ein liebevoller Gatte · Ihr Gatte begleitete sie zu dem Fest.

die **Gat|tin** ['gatɪn], der Gattin, die Gattinnen:
Ehefrau: Wie geht es Ihrer Gattin?

die **Gat|tung** ['gatʊŋ], der Gattung, die Gattungen:
Gruppe von Dingen oder Lebewesen, die Wichtiges gemeinsam hat: Lyrik ist eine Gattung der Literatur.

das **Ge|bäck** [gə'bɛk], des Gebäck[e]s, die Gebäcke:
kleine, meist feste und süße Teile, die gebacken wurden: 500 Gramm Gebäck kaufen.

ge|bä|ren [gə'bɛ:rən], gebiert / gebärt, gebar, hat geboren:
(ein Kind) zur Welt bringen: Sie hat drei Kinder geboren, einen Jungen und zwei Mädchen. · Ich wurde am 08. 10. 1985 in Leipzig geboren. · »Wo sind Sie geboren?« – »In Budapest.«

das **Ge|bäu|de** [gə'bɔydə], des Gebäudes, die Gebäude:
Haus oder anderer großer Bau: ein großes / kleines / öffentliches Gebäude · ein Gebäude errichten / abreißen / sanieren · Er geht in das Gebäude hinein.

► **ge|ben** ['ge:bn̩], gibt, gab, hat gegeben:
1. *jemandem etwas in die Hände legen, überreichen, sagen:* Gibst du mir mal bitte das Salz? · Ich gebe dir meine Telefonnummer: 0107 589764. · Ich gebe dir morgen dein Geld.
2. *bieten:* Die Schauspielerin hat heute viele Autogramme gegeben. · Wir geben Ihnen 5% Rabatt.
3. ⟨unpersönlich⟩ *existieren, da sein:* Milch gibt es im Supermarkt oder auch beim Bäcker. · Jetzt gibt es schon frische Erdbeeren.
4. *veranstalten:* ein Fest / ein Essen / ein Konzert geben.
5. *kommen; geschehen:* Es wird heute noch Regen / Schnee / ein Gewitter geben.
6. mit bestimmten Substantiven: jemandem einen Rat / einen Tipp / ein Versprechen geben.

das **Ge|bet** [gə'be:t], des Gebet[e]s, die Gebete:
Bitte, Worte, die an Gott gerichtet sind: ein stilles Gebet · Sie sprach ein Gebet.

► das **Ge|biet** [gə'bi:t], des Gebiet[e]s, die Gebiete:
1. *größere Fläche:* die ländlichen Gebiete Bayerns · Weite Gebiete des Landes stehen unter Wasser.
2. *Bereich, Fach:* Er ist ein Fachmann auf diesem Gebiet. · Sie arbeitet sich in das neue Gebiet ein.

ge|bil|det [gə'bɪldət], gebildeter, am gebildetsten:
viel Wissen und gute Erziehung habend: ein gebildeter Mensch · Sie ist gebildet, reich und schön.

► das **Ge|bir|ge** [gə'bɪrgə], des Gebirges, die Gebirge:
Gruppe von hohen Bergen: im Gebirge wandern / klettern · Im Urlaub fahren wir ins Gebirge.

das **Ge|biss** [gə'bɪs], des Gebisses, die Gebisse:
1. *alle Zähne im Mund:* ein gesundes Gebiss haben · Das Gebiss eines Erwachsenen hat 32 Zähne.
2. *mehrere künstliche Zähne, die man aus dem Mund nehmen kann:* das Gebiss reinigen.

¹ge|bo|ren [gə'bo:rən]:
↑gebären.

► **²ge|bo|ren** [gə'bo:rən]:
informiert über den Namen, den man bei

der Geburt hatte (Abkürzung: geb.): Frau Antje Köhler, geborene Schulze.

der **Ge|brauch** [gəˈbraux], des Gebrauch[e]s: *Verwendung, Benutzung:* Vor Gebrauch gut schütteln!

▶ **ge|brau|chen** [gəˈbrauxn̩], gebraucht, gebrauchte, hat gebraucht: *verwenden, benutzen:* Dieses Verb wird fast nur im Infinitiv gebraucht. · Das alte Fahrrad kann ich noch gut gebrauchen.

die **Ge|brauchs|an|lei|tung** [gəˈbrauxs-|anlaitʊŋ], der Gebrauchsanleitung, die Gebrauchsanleitungen: *Gebrauchsanweisung.*

▶ die **Ge|brauchs|an|wei|sung** [gəˈbrauxs-|anvaizʊŋ], der Gebrauchsanweisung, die Gebrauchsanweisungen: *Text oder Bilder, die erklären, wie etwas benutzt werden soll:* Bitte lesen Sie die Gebrauchsanweisung genau!

▶ **ge|braucht** [gəˈbrauxt]:
1. *schon benutzt:* gebrauchte Handtücher.
2. *von einem früheren Besitzer gekauft:* Das Auto habe ich gebraucht gekauft.

▶ die **Ge|bühr** [gəˈbyːɐ̯], der Gebühr, die Gebühren: *Geld, das man für eine [öffentliche] Leistung bezahlen muss:* Gebühren erheben / entrichten / bezahlen · Die Gebühr für den neuen Pass beträgt 59 Euro.

▶ die **Ge|burt** [gəˈbʊrt], der Geburt, die Geburten: *das Auf-die-Welt-Kommen:* eine einfache / komplizierte Geburt · Wir freuen uns über die Geburt unseres Sohnes / unserer Tochter.

das **Ge|burts|da|tum** [gəˈbuːɐ̯tsdaːtʊm], des Geburtsdatums, die Geburtsdaten [gəˈbuːɐ̯tsdaːtn̩]: *Datum der Geburt eines Menschen:* Hier müssen Sie das Geburtsdatum eintragen.

der **Ge|burts|ort** [gəˈbuːɐ̯ts|ɔrt], des Geburtsort[e]s, die Geburtsorte: *Ort, an dem jemand geboren wurde:* Sein Geburtsort ist Potsdam.

▶ der **Ge|burts|tag** [gəˈbuːɐ̯tstaːk], des Geburtstag[e]s, die Geburtstage: *der Tag, an dem jemand geboren wurde und der jährlich gefeiert wird:* jemandem zum Geburtstag gratulieren · Ich feiere heute meinen 50. Geburtstag.

die **Ge|burts|ur|kun|de** [gəˈbuːɐ̯ts|uːɐ̯kʊndə], der Geburtsurkunde, die Geburtsurkunden: *offizielles Papier über die Geburt eines Menschen:* Bitte bringen Sie Ihre Geburtsurkunde mit!

das **Ge|dächt|nis** [gəˈdɛçtnɪs], des Gedächtnisses:
1. *Fähigkeit, sich an etwas zu erinnern:* ein gutes / schlechtes Gedächtnis haben.
2. *Erinnerung:* Dieses Konzert wird ihr immer im Gedächtnis bleiben.

der **Ge|dan|ke** [gəˈdaŋkə], des Gedankens, die Gedanken: *etwas, was man denkt; Überlegung:* ein einfacher / guter / kluger Gedanke · Ich bin auf den Gedanken gekommen, ihn um Rat zu bitten. · Sie war ganz in Gedanken, als ich sie auf der Straße traf. *** sich über / um jemanden, etwas Gedanken machen:** *sich um jemanden, etwas Sorgen machen; an jemanden, etwas intensiv denken:* Ich mache mir Gedanken um die Gesundheit meiner Mutter.

▶ das **Ge|dicht** [gəˈdɪçt], des Gedicht[e]s, die Gedichte: *künstlerischer Text, der meist mit Reimen oder in einem besonderen Rhythmus geschrieben ist:* ein Gedicht lesen / schreiben · Die Schüler müssen ein Gedicht auswendig lernen.

das **Ge|drän|ge** [gəˈdrɛŋə], des Gedränges: *viele Menschen, die drängeln:* Im Schulbus herrscht immer großes Gedränge.

▶ die **Ge|duld** [gəˈdʊlt], der Geduld: *Fähigkeit, in Ruhe etwas tun oder warten zu können:* Sie hat viel / wenig / keine Geduld. · Beim Üben darfst du nicht die Geduld verlieren!

ge|dul|dig [gəˈdʊldɪç], geduldiger, am geduldigsten: *mit Geduld:* ein geduldiger Mensch · Er wartete geduldig, bis das Kind die Hausaufgaben gemacht hatte.

▶ **ge|eig|net** [gəˈ|aignət], geeigneter, am geeignetsten: *für einen bestimmten Zweck gut zu benutzen, für eine Aufgabe zu gebrauchen:* geeignetes Baumaterial suchen · Sie ist die geeignetste Kandidatin für die neue Stelle.

▶ die **Ge|fahr** [gəˈfaːɐ̯], der Gefahr, die Gefahren: *Möglichkeit, dass ein Unglück geschieht, dass ein Schaden entsteht:* eine akute / tödliche Gefahr · in Gefahr sein · Nach dem Erdbeben besteht die Gefahr des Ausbruchs einer Seuche.

ge|fähr|den [gəˈfɛːɐ̯dn̩], gefährdet, gefährdete, hat gefährdet: *in eine Situation bringen, die Schaden verursachen kann:* Rauchen gefährdet die Gesundheit! · Durch die Krise sind viele Arbeitsplätze gefährdet.

ge|fähr|lich [gəˈfɛːɐ̯lɪç], gefährlicher, am gefährlichsten:
1. *so, dass es ein Unglück, einen Schaden verursachen kann:* eine gefährliche Krankheit / Situation.
2. *mit einem hohen Risiko verbunden:* Du treibst ein gefährliches Spiel!

ge|fal|len [gəˈfalən], gefiel, gefällt, hat gefallen:
1. *für jemanden schön, angenehm sein:* Berlin gefällt mir. · Auf der neuen Schule gefällt es ihr.
2. *** sich etwas gefallen lassen:** *alles mit sich geschehen lassen; sich nicht wehren gegen etwas, was man nicht möchte:* Du darfst dir nicht alles gefallen lassen!

der **Ge|fal|len** [gəˈfalən], des Gefallens, die Gefallen:
etwas, was man tut, um jemandem zu helfen: jemandem einen Gefallen tun · Tust du mir einen Gefallen und bringst das Päckchen zur Post?

das **Ge|fäng|nis** [gəˈfɛŋnɪs], des Gefängnisses, die Gefängnisse:
1. *Gebäude, in dem Häftlinge ihre Strafe verbringen:* ein neues Gefängnis bauen · aus dem Gefängnis ausbrechen.
2. ⟨ohne Plural⟩ *Zeit der Strafe, die ein Häftling erhält:* Er wurde zu fünf Jahren Gefängnis verurteilt.

das **Ge|fäß** [gəˈfɛːs], des Gefäßes, die Gefäße:
Gegenstand, in dem man etwas aufbewahren kann; kleinerer Behälter: ein Gefäß aus Glas / Metall · ein Gefäß für Salz / Essig / Bonbons · Ich suche ein geeignetes Gefäß für das Mehl.

das **Ge|flü|gel** [gəˈflyːgl̩], des Geflügels:
Vögel, die vom Menschen gegessen werden, wie z. B. Hühner, Gänse, Enten: Geflügel züchten · Sie essen viel Geflügel.

ge|fragt [gəˈfraːkt], gefragter, am gefragtesten:
so, dass viele es haben möchten, es sich wünschen: Im Sommer ist Eistee ein gefragtes Getränk. · Sie ist ein gefragter Star.

das **Ge|fühl** [gəˈfyːl], des Gefühls, die Gefühle:
1. *etwas, was der Körper spüren kann:* ein Gefühl von Kälte haben · Ich habe so ein unangenehmes Gefühl im Magen.
2. *etwas, was die Seele spüren kann:* ein Gefühl der Freude / der Erleichterung verspüren.
3. *Eindruck, der undeutlich ist:* Ich habe das Gefühl, dass sie nicht ehrlich zu mir ist.

▶ **ge|gen** [ˈgeːgn̩]:
1. wird verwendet, um einen Gegensatz oder einen Widerstand auszudrücken: ein Medikament gegen Kopfschmerzen · Er ist gegen den Bau des neuen Bahnhofs.
2. bezeichnet einen Ort oder Gegenstand, der entgegengesetzt ist: den Kopf gegen die Wand lehnen · Das Auto ist gegen den Baum gerast.
3. ⟨zeitlich; mit Akkusativ⟩ *ungefähr:* Sie kommt gegen fünf *(ungefähr um fünf Uhr).*

▶ die **Ge|gend** [ˈgeːgn̩t], der Gegend, die Gegenden:
bestimmtes Gebiet, das aber keine festen Grenzen hat: in der Gegend umherfahren · Ich suche ein Haus in der Gegend von Potsdam.

ge|gen|ei|nan|der [geːgn̩|ai̯ˈnandɐ]:
einer gegen den anderen: Die beiden Gruppen kämpfen schon lange gegeneinander.

▶ der **Ge|gen|satz** [ˈgeːgn̩zat͜s], des Gegensatzes, die Gegensätze [ˈgeːgn̩zɛt͜sə]:
Verhältnis des maximalen Unterschieds: Den Gegensatz zwischen Armen und Reichen sieht man in vielen Städten der Welt. · Die Gegensätze zwischen den beiden Parteien werden immer geringer.

ge|gen|sei|tig [ˈgeːgn̩zai̯tɪç]:
einer mit dem anderen oder gegen ihn und umgekehrt: sich gegenseitig unterstützen / helfen · Sie haben sich gegenseitig beschimpft.

▶ der **Ge|gen|stand** [ˈgeːgn̩ʃtant], des Gegenstand[e]s, die Gegenstände [ˈgeːgn̩ʃtɛndə]:
1. *festes Ding, Sache, Körper:* ein leichter / schwerer / runder / spitzer Gegenstand · die verschiedenen Gegenstände nach der Größe sortieren.
2. *etwas, worüber man spricht, wozu man arbeitet:* Gegenstand des Gesprächs zwischen den Parteien waren Steuersenkungen.

▶ das **Ge|gen|teil** [ˈgeːgn̩tai̯l], des Gegenteil[e]s:
etwas, was etwas anderem genau entgegengesetzt ist: das Gegenteil behaupten / beweisen · Das ist das Gegenteil von dem, was du gestern gesagt hast!

▶ **ge|gen|über** [geːgn̩ˈ|yːbɐ]:
1. *auf der entgegengesetzten Seite:* Die Straßenbahn hält gegenüber dem Bahnhof. · Er wohnt im Haus gegenüber.

G

2. *in Bezug auf eine Person, Sache:* Den Kundinnen gegenüber ist sie immer sehr freundlich.
3. *im Vergleich zu:* Gegenüber dem letzten Sommer war in diesem das Wetter sehr schön. · Du bist ihm gegenüber beim Basketball im Vorteil, weil du größer bist.

die **Ge|gen|wart** ['ge:gn̩vart], der Gegenwart:
1. *Zeit, die jetzt gerade ist:* die Architektur / Kunst / Literatur der Gegenwart.
2. *Anwesenheit:* Sie wollte in seiner Gegenwart nicht über ihre Probleme reden.

ge|gen|wär|tig ['ge:gn̩vɛrtɪç]:
jetzt; in der Gegenwart: die gegenwärtige Lage / Situation.

▸ der **Geg|ner** ['ge:gnɐ], des Gegners, die Gegner, die **Geg|ne|rin** ['ge:gnərɪn], der Gegnerin, die Gegnerinnen:
1. *Person, die gegen eine andere Person oder eine Sache ist, sie bekämpft:* ein starker / überlegener Gegner · den Gegner bekämpfen / besiegen.
2. *Person(en), gegen die man im Sport gewinnen möchte:* Die Französinnen sind der erste Gegner / die ersten Gegnerinnen der deutschen Fußballfrauen.

▸ das **Ge|halt** [gə'halt], des Gehalt[e]s, die Gehälter [gə'hɛltɐ]:
Geld, das Angestellte und Beamte monatlich für ihre Arbeit erhalten: die Gehälter auszahlen / erhöhen · Die Firma überweist das Gehalt auf das Konto. · Sie spart jeden Monat einen Teil ihres Gehalts.

das **Ge|häu|se** [gə'hɔyzə], des Gehäuses, die Gehäuse:
fester Schutz um etwas: Das Gehäuse der Küchenmaschine ist kaputt.

▸ **ge|heim** [gə'haim], geheimer, am geheimsten:
nicht öffentlich; anderen nicht mitgeteilt: ein geheimes Treffen · Die Wahl des Betriebsrats ist eine geheime Wahl. · Sie halten geheim, wohin sie reisen werden.

▸ das **Ge|heim|nis** [gə'haimnɪs], des Geheimnisses, die Geheimnisse:
etwas, was man anderen nicht sagen möchte, was andere nicht wissen sollen: ein großes / kleines Geheimnis · ein Geheimnis aus etwas machen · ein Geheimnis hüten / für sich behalten / lüften.

ge|heim|nis|voll [gə'haimnɪsfɔl], geheimnisvoller, am geheimnisvollsten:
voller Geheimnisse: ein geheimnisvoller *(voller Geheimnisse und dadurch unheimlicher)* Ort · Die Sache schien ihr sehr geheimnisvoll.

▸ **ge|hen** ['ge:ən], geht, ging, ist gegangen:
1. *einen Fuß vor den anderen setzen und sich so in eine bestimmte Richtung bewegen:* langsam / schnell gehen · Willst du mitfahren oder lieber zu Fuß gehen?
2. *sich an einen bestimmten Ort begeben, weil man dort etwas machen möchte:* arbeiten / essen gehen · auf den Markt / ins Kino / ins Theater gehen · Er hat starke Schmerzen, er muss heute noch zum Arzt gehen. · Die eine Tochter studiert schon, die andere geht noch zur / in die Schule.
3. *einen Ort verlassen:* Es ist schon spät, ich muss leider gehen. · Gehen wir?
4. *funktionieren; so sein, wie es soll:* Die Uhr geht gut / richtig / genau. · Die Waschmaschine geht nicht *(ist kaputt).*
5. *verlaufen; sich entwickeln:* Es geht alles seinen gewohnten Gang. · Alles geht drunter und drüber.
6. *möglich sein:* »Sie müssen bis nächste Woche mit der Aufgabe fertig sein!« – »Das wird leider nicht gehen.« · Soll ich es einpacken oder geht es so?
7. *einen bestimmten Punkt erreichen:* Mama, das Wasser geht mir bis zum Kinn, aber ich kann noch stehen! · Das geht zu weit!
8. *eine bestimmte Richtung haben:* Die drei Zimmer gehen zur Straße, Küche und Bad zum Hof. · Die Mauer geht um den ganzen Platz.
9. *in etwas Platz haben:* Der Schrank geht nicht in das kleine Zimmer.
10. ⟨unpersönlich⟩ *jemand befindet sich in einem bestimmten Zustand, einer bestimmten Lage:* Wie geht es dir? · Ihr geht es jetzt gesundheitlich wieder besser.
11. *es handelt sich um jemanden, etwas:* In dem Film geht es um die Liebe zwischen zwei Männern und einer Frau. · Worum geht es denn?

das **Ge|hirn** [gə'hɪrn], des Gehirns, die Gehirne:
Organ im Kopf, mit dem man denkt: das menschliche Gehirn · einen Tumor im Gehirn haben · Alte Menschen sollten ihr Gehirn trainieren.

▸ **ge|hö|ren** [gə'hø:rən], gehört, gehörte, hat gehört:
1. *das Eigentum von jemandem sein:* Das tolle neue Auto dort gehört Susanne. ·

Das Haus gehört nicht ihm, sondern seiner Mutter.
2. *Teil von etwas Größerem sein:* Er gehört zu den besten Schülern der Klasse. · Dieses Dorf gehört noch zu Potsdam.
3. *den richtigen Platz haben:* Das Fahrrad gehört in die Garage und nicht in den Hausflur!
4. *für etwas notwendig sein:* Es gehört viel Engagement dazu, seine alten Eltern zu pflegen.
5. ⟨+ sich⟩ *sich so verhalten, wie es der gesellschaftlichen Norm entspricht:* Nimm den Finger aus der Nase, das gehört sich nicht!

der **Geh|steig** [ˈgeːʃtai̯k], des Gehsteig[e]s, die Gehsteige:
Gehweg.

der **Geh|weg** [ˈgeːveːk], des Gehweg[e]s, die Gehwege:
Weg neben der Straße, auf dem die Menschen laufen: den Gehweg verbreitern / ausbessern · Pass auf, dass du nicht stolperst, die Platten auf dem Gehweg sind lose!

die **Gei|ge** [ˈgai̯gə], der Geige, die Geigen:
Musikinstrument, das beim Spielen auf der Schulter liegt und mit dem Bogen gestrichen wird: eine kostbare Geige · Geige spielen / üben · Sie spielt ein Stück von Mozart auf der Geige.

geil [gai̯l], geiler, am geilsten:
1. (oft abwertend) *sexuell erregt:* ein geiler Kerl.
2. (salopp, besonders Jugendsprache) *aufregend, großartig, toll:* ein geiles Konzert · Sein neues Handy ist echt geil.

die **Gei|sel** [ˈgai̯zl̩], der Geisel, die Geiseln:
Person, die entführt oder mit Gewalt festgehalten wird: Das Kind wurde als Geisel genommen, um eine Million Euro zu erpressen. · Die Geiseln wurden nach mehreren Tagen wieder freigelassen.

der **Geist** [gai̯st], des Geistes, die Geister:
1. ⟨ohne Plural⟩ *Fähigkeit (des Menschen) zu denken:* Er ist zwar alt und sehr krank, aber sein Geist funktioniert sehr gut.
2. *Gespenst:* an Geister glauben · In dem alten Schloss geht ein Geist um.

geis|tig [ˈgai̯stɪç]:
den Geist, Verstand betreffend: geistiges Eigentum · körperliche und geistige Arbeit leisten · seine geistigen Fähigkeiten entfalten.

geist|lich [ˈgai̯stlɪç]:
die Religion, die Kirche betreffend: ein Konzert mit geistlicher Musik · ein Verlag für geistliche Literatur.

der **Geiz** [gai̯ts], des Geizes:
Zwang eines Menschen, zu sparen, so wenig Geld wie möglich auszugeben: Er ist bekannt für seinen Geiz.

gei|zig [ˈgai̯tsɪç], geiziger, am geizigsten:
zu sparsam: Er ist ein geiziger alter Mann. · Sie wird immer geiziger.

das **Ge|län|der** [gəˈlɛndɐ], des Geländers, die Geländer:
Stange o. Ä. an Treppen oder Balkonen, an der man sich festhalten kann, meist aus Metall oder Holz: ein hohes / niedriges / wackliges Geländer · sich am Geländer festhalten / über das Geländer beugen · das Geländer blau streichen.

ge|lan|gen [gəˈlaŋən], gelangt, gelangte, ist gelangt:
ein bestimmtes Ziel erreichen; an ein bestimmtes Ziel kommen: ans Ziel gelangen · Wie ist der Brief in seine Hände gelangt? · Es ist noch unklar, wie das Virus nach Deutschland gelangen konnte.

▶ **gelb** [gɛlp], gelber, am gelbsten:
von der Farbe einer reifen Zitrone: ein gelbes Kleid · Sie mag gelbe Rosen lieber als rote. · Die Ampel zeigt Gelb.

▶ das **Geld** [gɛlt], des Geld[e]s, die Gelder:
1. *Scheine und Münzen, mit denen man bezahlt:* viel / wenig Geld verdienen · Geld sparen / anlegen / (um)tauschen / überweisen · Er hat mal wieder kein Geld. · Ich muss noch Geld vom Konto abheben.
2. ⟨meist im Plural⟩ *größere Menge Geld, das für bestimmte Zwecke genutzt werden soll:* öffentliche Gelder für den Bau der Schwimmhalle.

▶ der **Geld|au|to|mat** [ˈgɛlt|au̯tomaːt], des Geldautomaten, die Geldautomaten:
Maschine, an der man Geld erhält: Geld am Geldautomaten ziehen / holen · Der Geldautomat ist gestört / außer Betrieb.

der **Geld|beu|tel** [ˈgɛltbɔy̯tl̩], des Geldbeutels, die Geldbeutel:
kleine Tasche für Geld und (Kredit)karten: ein kleiner / großer / dicker / dünner Geldbeutel · Ich habe heute meinen Geldbeutel vergessen, kannst du mir 5 Euro leihen?

▶ die **Geld|bör|se** [ˈgɛltbœrzə], der Geldbörse, die Geldbörsen:
Geldbeutel: die Geldbörse verlieren.

die **Geld|kar|te** [ˈgɛltkartə], der Geldkarte, die Geldkarten:
kleine Karte aus Plastik, mit der man

bezahlen kann: Hier können Sie auch mit Geldkarte bezahlen.

▸ die **Ge|le|gen|heit** [gəˈleːgn̩hai̯t], der Gelegenheit, die Gelegenheiten:
guter Moment, Augenblick, in dem man etwas tun kann: eine einmalige / gute / seltene Gelegenheit · Ich komme bei Gelegenheit mal vorbei. · Ich werde die Gelegenheit nutzen und sie auf das Problem aufmerksam machen. · Diese Gelegenheit kommt nie wieder!

ge|le|gent|lich [gəˈleːgn̩tlɪç]:
1. *wenn es möglich ist:* Gelegentlich werde ich dich in Dresden besuchen.
2. *manchmal, unterschiedlich häufig:* gelegentliche Niederschläge · Er raucht nur noch gelegentlich.

das **Ge|lenk** [gəˈlɛŋk], des Gelenk[e]s, die Gelenke:
Verbindung zwischen Knochen, die beweglich ist: steife Gelenke haben · Die Gelenke schmerzen. · Bei dem Sturz hat sie sich das Gelenk gebrochen.

der **Ge|lieb|te** [gəˈliːptə], der Geliebte / ein Geliebter; des / eines Geliebten, die Geliebten / zwei Geliebte:
[verheirateter] Mann, mit dem eine [mit einem anderen Mann verheiratete Frau] eine Beziehung hat: Ich habe seit einem Jahr einen Geliebten.

die **Ge|lieb|te** [gəˈliːptə], die / eine Geliebte; der / einer Geliebten, die Geliebten / zwei Geliebte:
[verheiratete] Frau, mit der ein [mit einer anderen Frau verheirateter] Mann eine Beziehung hat: Nach der Scheidung heiratete er seine Geliebte.

▸ **ge|lin|gen** [gəˈlɪŋən], gelingt, gelang, ist gelungen:
zustande kommen, glücken: ein gelungenes Fest · Der Kuchen ist mir gut / gar nicht gelungen. · Die Überraschung ist dir wirklich gelungen!

▸ **gel|ten** [ˈgɛltn̩], gilt, galt, hat gegolten:
1. *gültig sein; Gültigkeit haben:* Dieser Fahrschein gilt nicht mehr. · Das Gericht urteilte nach geltendem Recht.
2. *betrachtet, angesehen werden:* Sie gilt als klug und hübsch. · Es gilt als sicher, dass er morgen kommt.

das **Ge|mäl|de** [gəˈmɛːldə], des Gemäldes, die Gemälde:
Bild, das gemalt wurde: ein altes / kostbares / kitschiges Gemälde · ein Gemälde von Rubens · das Gemälde aufhängen / an die Wand hängen.

ge|mein [gəˈmai̯n], gemeiner, am gemeinsten:
1. *böse, moralisch schlecht:* ein gemeiner Kerl / Betrüger · Sie ist immer so gemein zu mir!
2. *sehr ärgerlich:* Er hat immer Glück, ich nie – das ist gemein!

▸ die **Ge|mein|de** [gəˈmai̯ndə], der Gemeinde, die Gemeinden:
1. *Dorf; kleines Gebiet, das eine eigene Verwaltung hat:* eine arme / reiche / kleine / große Gemeinde · Die Gemeinde hat rund 7000 Einwohner. · Die beiden Gemeinden grenzen aneinander.
2. *die Menschen, die zu einer Kirche o. Ä. in einem Ort, einem kleinen Gebiet gehören:* Die ganze Gemeinde war in der Kirche versammelt.

▸ **ge|mein|sam** [gəˈmai̯nzaːm]:
1. *mehreren Menschen zusammen gehörend:* die gemeinsame Wohnung · Das Haus gehört ihnen gemeinsam.
2. *alle zusammen; in einer Gruppe:* gemeinsame Wanderungen / Kinobesuche / Feiern · Wir wollen den Erfolg gemeinsam feiern! · Wir müssen die Aufgabe gemeinsam lösen.

▸ die **Ge|mein|schaft** [gəˈmai̯nʃaft], der Gemeinschaft, die Gemeinschaften:
Gruppe von Menschen, die die gleichen Interessen, Werte oder Ziele haben: eine politische / kirchliche Gemeinschaft · Sie bilden eine feste Gemeinschaft.

▸ das **Ge|mü|se** [gəˈmyːzə], des Gemüses, die Gemüse:
Pflanzen, die man ganz oder teilweise essen kann: junges / frisches / gesundes Gemüse · Gemüse putzen / schälen / kochen · Heute gibt es einen Auflauf mit Kartoffeln und Gemüse.

▸ **ge|müt|lich** [gəˈmyːtlɪç], gemütlicher, am gemütlichsten:
bequem; nett, angenehm: ein gemütliches Sofa / Ferienhaus / Restaurant · Deine Wohnung ist aber gemütlich! · Hier bleiben wir, hier finde ich es wirklich gemütlich!

▸ **ge|nau** [gəˈnau̯]:
1. ⟨genauer, am genau[e]sten⟩ *exakt, präzise:* die genaue Uhrzeit · Es ist genau sieben Uhr und zehn Minuten. · Die Schuhe passen genau.
2. ⟨genauer, am genau[e]sten⟩ *sorgfältig, gründlich:* Du musst genauer arbeiten! · Sie lügt nicht, ich kenne sie ganz genau.
3. drückt aus, dass etwas präzise, exakt ist: Bielefeld ist genau 400 km von Heidelberg entfernt.
4. drückt aus, dass jemand, etwas exakt

zu jemandem, etwas passt: Sie ist genau die richtige Frau für ihn!
5. drückt aus, dass etwas wirklich so ist: »Wir haben viel zu viel Arbeit!« – »Genau.«

ge|nau|so [gəˈnau̯zoː]:
auf die gleiche Art, im gleichen Maß: Die Reise dauert mit dem Auto genauso lange wie mit der Bahn. · Dein Sohn ist inzwischen genauso groß wie du.

ge|neh|mi|gen [gəˈneːmɪɡn̩], genehmigt, genehmigte, hat genehmigt:
offiziell erlauben: Das Amt hat die Demonstration genehmigt.

die **Ge|neh|mi|gung** [gəˈneːmɪɡʊŋ], der Genehmigung, die Genehmigungen:
1. *das offizielle Erlauben, Bestätigen:* eine offizielle Genehmigung · eine Genehmigung beantragen / einholen / erhalten.
2. *Mitteilung, mit der der etwas (amtlich) genehmigt wird:* eine Genehmigung per Brief / E-Mail erhalten · Bitte zeigen Sie mir die Genehmigung.

die **Ge|ne|ra|ti|on** [genəraˈt͡si̯oːn], der Generation, die Generationen:
1. *alle Menschen, die ungefähr gleich alt sind:* die Generation meiner Eltern / Großeltern.
2. *Zeit, die ungefähr so lang ist, wie ein Mensch lebt:* Darauf müssen wir noch mehrere Generationen lang warten.
3. *bestimmter Stand der technischen Entwicklung:* Das ist ein Auto / ein Computer der neuen Generation!

ge|ni|al [geˈni̯aːl], genialer, am genialsten:
besonders begabt; großartig: eine geniale Entdeckung / Erfindung / Idee · Diese Fotografin ist genial. · »Wie war der Film?« – »Genial!«.

ge|nie|ßen [gəˈniːsn̩], genießt, genoss, hat genossen:
1. *(etwas Gutes) essen oder trinken:* Am Abend genossen sie frischen Salat, Käse und Wein.
2. *gern auf sich wirken lassen:* die Natur / den Urlaub / die Ruhe genießen · Ich habe den Abend mit dir sehr genossen!

ge|nug [gəˈnuːk]:
ausreichend: Hast du genug Geld mit? · Jetzt habe ich aber genug! *(Jetzt ist meine Geduld zu Ende!).*

ge|nü|gen [gəˈnyːɡn̩], genügt, genügte, hat genügt:
1. *von etwas ist so viel vorhanden, dass es reicht; genug sein:* Zwei Regale genügen für die Bücher. · Er hat gesagt, er schafft es – das genügt mir.
2. *die Schulnote »genügend«* (in Österreich und der Schweiz die Note 4): Er hat ein »Genügend« bekommen / geschrieben.

der **Ge|nuss** [gəˈnʊs], des Genusses, die Genüsse [gəˈnʏsə]:
1. *das Essen oder Trinken (von etwas Gutem):* der Genuss einer Flasche Wein mit Freunden.
2. *Freude bei etwas, was man auf sich wirken lässt:* Den Nachtisch musst du mit Genuss essen. · Es war ein besonderer Genuss, dieses Ausstellung zu sehen.

die **Geo|gra|fie** [geograˈfiː], der Geografie:
Wissenschaft, die die Erde und besonders ihre Oberfläche erforscht: Er studiert Geografie in Berlin.

die **Geo|me|trie** [geomeˈtriː], der Geometrie:
Teil der Mathematik, der sich mit Phänomenen der Ebene und des Raumes beschäftigt: Geometrie macht mir mehr Spaß als Rechnen.

▶ das **Ge|päck** [gəˈpɛk], des Gepäck[e]s:
alles, was man auf eine Reise mitnimmt: viel / wenig / großes / kleines Gepäck haben · das Gepäck aufgeben / kontrollieren / verstauen.

▶ **ge|ra|de** [gəˈraːdə]:
1. ⟨gerader, am geradesten⟩ *so, dass es immer in die gleiche Richtung verläuft; nicht krumm:* eine gerade Linie ziehen · auf gerader Straße fahren.
2. ⟨gerader, am geradesten⟩ *aufrecht, nicht schief:* Geh gerade und nicht so krumm! · Das Gemälde hängt zwar gerade, aber verkehrt herum.
3. *zu dieser Zeit, jetzt:* Ich kann das gleich mit ihr besprechen, sie ist sowieso gerade bei mir.
4. *äußerst knapp:* Er hat die Versetzung gerade so geschafft.
5. wird benutzt, um etwas zu betonen: Gerade das habe ich nicht gewollt!
6. drückt aus, dass etwas nicht zur rechten Zeit passiert, nicht so geplant ist: Gerade heute ist schlechtes Wetter, wir wollten doch ins Schwimmbad!
7. wird oft ironisch verwendet, um Kritik weniger hart zu formulieren: Die Klassenarbeit ist nicht gerade super ausgefallen!

▶ **ge|ra|de|aus** [gəraːdəˈlau̯s]:
immer in der gleichen Richtung weiter: Wenn Sie zum Bahnhof wollen, gehen Sie immer geradeaus.

das **Ge|rät** [gəˈrɛːt], des Gerät[e]s, die Geräte:
Gegenstand, mit dem man eine bestimmte Arbeit erledigen kann, mit dem etwas hergestellt werden kann: alte / neue / elektrische Geräte · neue Geräte für die Küche / den Haushalt / die Firma anschaffen · ein Gerät bedienen.

ge|ra|ten [gəˈraːtn̩], gerät, geriet, ist geraten:
1. *an eine Stelle oder einen Ort kommen, wo man nicht unbedingt sein wollte:* Und dann bin ich in den Wald geraten und habe mich verlaufen. · in Schwierigkeiten / Streit geraten *(Schwierigkeiten / Streit bekommen).*
2. *gut werden:* Diese Zeichnung ist dir aber gut geraten!

das **Ge|räusch** [gəˈrɔy̯ʃ], des Geräusch[e]s, die Geräusche:
etwas, was man hören kann: laute / leise / geheimnisvolle Geräusche · ein seltsames Geräusch machen.

ge|recht [gəˈrɛçt], gerechter, am gerechtesten:
1. *so, wie man es nach Recht oder Moral erwarten kann:* ein gerechtes Urteil / Verfahren · Er hat eine Eins, ich habe eine Drei – das ist nicht gerecht!
2. *** jemandem / einer Sache gerecht werden:** *jemandem, einer Sache entsprechen:* Der Aufsatz wird dem Thema nicht gerecht.

die **Ge|rech|tig|keit** [gəˈrɛçtɪçkai̯t], der Gerechtigkeit:
gerechtes Verhalten: Die Demonstranten fordern mehr soziale Gerechtigkeit.

das [1]**Ge|richt** [gəˈrɪçt], des Gericht[e]s, die Gerichte:
1. *Institution, die straft, wenn das Gesetz nicht beachtet wird:* Das Gericht tagt heute. · Das Gericht sprach die Angeklagte frei / verurteilte sie zu drei Jahren Haft.
2. *Haus, in dem die Richter und Richterinnen arbeiten:* Der Weg zum Gericht ist weit.

das [2]**Ge|richt** [gəˈrɪçt], des Gericht[e]s, die Gerichte:
(warmes) Essen: ein einfaches / köstliches Gericht · ein Gericht aus / mit Fleisch, Gemüse und Kartoffeln · ein Gericht kochen / zubereiten.

ge|ring [gəˈrɪŋ], geringer, am geringsten:
wenig, klein, minimal: geringe Anforderungen / Entfernungen / Kosten · gering qualifizierte Arbeitskräfte.

gern [gɛrn], **ger|ne** [ˈgɛrnə], lieber, am liebsten:
1. *freudig, mit Vergnügen:* Sie geht gern ins Kino. · »Kommst du mit ins Theater?« – »Ja, gern!« · Ich helfe dir gern beim Umzug. · Ich würde lieber nach Madrid als nach Paris fliegen. · Im Winter isst mein Sohn am liebsten Klöße.
2. *** etwas gern[e] haben:** *etwas mögen:* Ich habe es gern[e], wenn viel Besuch da ist.; *** jemanden gern[e] haben:** *Zuneigung zu jemandem empfinden:* Ich habe ihn schon lange sehr gern[e].
3. drückt eine Bestätigung aus: Wir fahren am Wochenende weg, du kannst gern mitkommen.
4. drückt einen Wunsch aus: Ich hätte gern ein Bauernbrot und vier Roggenbrötchen.

der **Ge|ruch** [gəˈrʊx], des Geruch[e]s, die Gerüche [gəˈrʏçə]:
etwas, was man riechen kann: ein beißender / schlechter / stechender Geruch · ein Geruch nach Benzin / Meer.

das **Ge|rücht** [gəˈrʏçt], des Gerücht[e]s, die Gerüchte:
Geschichte, von der man nicht weiß, ob sie wahr ist: ein hartnäckiges Gerücht · ein Gerücht in die Welt setzen / verbreiten.

ge|samt [gəˈzamt]:
alle Teile, Mitglieder; alles: Zu seinem 80. Geburtstag gratulierte die gesamte Familie. · Nach der Naturkatastrophe waren die gesamten Nahrungsmittel verdorben.

die **Ge|samt|schu|le** [gəˈzamtʃuːlə], der Gesamtschule, die Gesamtschulen:
Schule, in der es Klassen für Hauptschule, Realschule und Gymnasium gibt: Sie geht auf eine Gesamtschule.

der **Ge|sang** [gəˈzaŋ], des Gesang[e]s, die Gesänge [gəˈzɛŋə]:
das Singen: lauter / leiser / schöner Gesang · dem Gesang lauschen · Es ertönt Gesang.

das **Ge|schäft** [gəˈʃɛft], des Geschäft[e]s, die Geschäfte:
1. *Laden, in dem man etwas kaufen kann:* Die Geschäfte in der Hauptstraße öffnen um halb zehn. · Das Geschäft hat heute Nachmittag geschlossen.
2. *Firma, Unternehmen:* ein Geschäft gründen / eröffnen / übernehmen / führen / betreiben.
3. *Vereinbarung zwischen zwei Partnern, mit der Geld verdient werden soll; Han-*

del: ein riskantes Geschäft · ein Geschäft abschließen · Er macht schon lange mit ihm Geschäfte.

ge|schäft|lich [gəˈʃɛftlɪç]:
das Geschäft betreffend; dienstlich, nicht privat: geschäftliche Papiere / Unterlagen · Sie ist morgen geschäftlich in Dresden.

die **Ge|schäfts|frau** [gəˈʃɛftsfrau̯], der Geschäftsfrau, die Geschäftsfrauen:
Frau, die ein Geschäft führt oder ein Unternehmen leitet: eine kluge Geschäftsfrau · Als Geschäftsfrau ist sie sehr erfolgreich.

die **Ge|schäfts|leu|te** [gəˈʃɛftsl͜ɔytə], der Geschäftsleute ⟨Plural⟩:
1. ↑Geschäftsmann.
2. *(alle) Geschäftsfrauen und Geschäftsmänner:* Die meisten Gäste in diesem Hotel sind Geschäftsleute, nur wenige Touristen.

der **Ge|schäfts|mann** [gəˈʃɛftsman], des Geschäftsmann[e]s, die Geschäftsleute [gəˈʃɛftsl͜ɔytə]:
Mann, der ein Geschäft leitet oder ein Unternehmen führt: ein seriöser Geschäftsmann.

ge|sche|hen [gəˈʃeːən], geschieht, geschah, ist geschehen:
1. *sich ereignen, passieren, ablaufen:* Was ist geschehen? · Das geschah aus Versehen.
2. *jemandem passieren:* Das geschieht dir ganz recht – du machst immer so viel Unsinn.

das **Ge|schenk** [gəˈʃɛŋk], des Geschenk[e]s, die Geschenke:
etwas, was verschenkt wird: ein schönes / wertvolles Geschenk · ein Geschenk auswählen / bestellen / besorgen / kaufen · Danke für das wunderbare Geschenk!

die **Ge|schich|te** [gəˈʃɪçtə], der Geschichte, die Geschichten:
1. ⟨ohne Plural⟩ *historische Entwicklung eines bestimmten Bereichs, einer bestimmten Gegend:* die deutsche / englische / französische / spanische Geschichte · die Geschichte Afrikas / der USA · Er studiert Germanistik und Geschichte in Leipzig.
2. *Erzählung, Bericht über etwas:* eine lustige / traurige / spannende Geschichte · eine Geschichte erfinden / erzählen / vorlesen · die Geschichte von Rotkäppchen und dem Wolf.
3. (umgangssprachlich) *Angelegenheit, Ereignis, Sache:* eine böse / dumme / üble Geschichte · Das ist mir ja wieder eine schöne Geschichte!

ge|schickt [gəˈʃɪkt], geschickter, am geschicktesten:
so, dass jemand bestimmte (handwerkliche) Dinge besonders gut kann: eine geschickte Schneiderin · Er ist sehr geschickt, er könnte Handwerker werden.

▶ **ge|schie|den** [gəˈʃiːdn̩]:
früher verheiratet, aber jetzt nicht mehr: Ich bin seit letztem Jahr geschieden.

▶ das **Ge|schirr** [gəˈʃɪr], des Geschirrs:
alle Teller, Tassen, Töpfe und Gläser: das Geschirr abwaschen / spülen / in die Maschine stellen · Kannst du bitte das Geschirr in den Schrank räumen?

der **Ge|schirr|spü|ler** [gəˈʃɪrʃpyːlɐ], des Geschirrspülers, die Geschirrspüler:
Maschine, in der Geschirr gereinigt wird: den Geschirrspüler einräumen / ausräumen · einen neuen Geschirrspüler kaufen.

▶ das **Ge|schlecht** [gəˈʃlɛçt], des Geschlecht[e]s, die Geschlechter:
1. ⟨ohne Plural⟩ *Merkmale, durch die Menschen und Tiere in männlich und weiblich unterschieden werden:* Welches Geschlecht hat der Hund?
2. *alle Menschen oder Tiere, die bestimmte gleiche Merkmale haben:* das männliche / weibliche Geschlecht.

der **Ge|schlechts|ver|kehr** [gəˈʃlɛçtsfɛɐ̯keːɐ̯], des Geschlechtsverkehrs:
Sex: Er ist erst 15 und hatte schon Geschlechtsverkehr.

ge|schlos|sen [gəˈʃlɔsn̩], geschlossener, am geschlossensten:
1. *gemeinsam, einheitlich:* Bei Feueralarm gehen die Schüler geschlossen auf den Sportplatz.
2. *nicht offen; zusammenhängend:* Heute geschlossene Gesellschaft! *(nur mit Einladung; nicht offen für andere Gäste).*

▶ der **Ge|schmack** [gəˈʃmak], des Geschmack[e]s:
1. *Fähigkeit, etwas zu schmecken:* Geschmack ist einer der fünf Sinne.
2. *Art, wie etwas schmeckt:* ein bitterer / süßer / würziger Geschmack.
3. *Fähigkeit, über etwas [Schönes] zu urteilen:* einen guten / sicheren Geschmack haben · Ich habe einen anderen Geschmack als sie.

▶ die **Ge|schwin|dig|keit** [gəˈʃvɪndɪçkai̯t], der Geschwindigkeit, die Geschwindigkeiten:
Tempo, in dem sich jemand, etwas

bewegt: eine große / hohe / rasende Geschwindigkeit · die Geschwindigkeit messen · Er fuhr mit überhöhter Geschwindigkeit.

▶ die **Ge|schwin|dig|keits|be|schrän|kung** [gəˈʃvɪndɪçkai̯tsbəʃrɛŋkʊŋ], der Geschwindigkeitsbeschränkung, die Geschwindigkeitsbeschränkungen: *Verbot, schneller als festgelegt zu fahren:* In dieser Straße gilt jetzt eine Geschwindigkeitsbeschränkung.

▶ die **Ge|schwis|ter** [gəˈʃvɪstɐ] ⟨Plural⟩: *Menschen, die die gleichen Eltern haben; Brüder und Schwestern:* »Wie viele Geschwister hast du?« – »Zwei Brüder.« · Die Geschwister sehen sich sehr ähnlich.

▶ die **Ge|sell|schaft** [gəˈzɛlʃaft], der Gesellschaft, die Gesellschaften:
1. *alle Menschen, die in einem Staat oder einer anderen wirtschaftlichen, politischen oder sozialen Art zusammenleben:* die bürgerliche / klassenlose / moderne Gesellschaft · die Gesellschaft modernisieren / verändern.
2. ⟨ohne Plural⟩ *Menschen, die jemanden begleiten:* Ich bin in bester Gesellschaft und amüsiere mich.
3. *Gruppe von Menschen, die etwas zusammen tun:* eine fröhliche / nette / laute Gesellschaft · Die Gesellschaft hat das ganze Restaurant gemietet.
4. *Gruppe, Organisation von Menschen, die ein gemeinsames Ziel haben:* eine neue wissenschaftliche Gesellschaft gründen.

ge|sell|schaft|lich [gəˈzɛlʃaftlɪç]: *die Gesellschaft betreffend, zur Gesellschaft gehörend:* die gesellschaftlichen Verhältnisse.

▶ das **Ge|setz** [gəˈzɛts], des Gesetzes, die Gesetze:
1. *Norm, Vorschrift, die für alle verbindlich ist:* ein neues / altes / strenges Gesetz · ein Gesetz beschließen / verabschieden / anwenden · Mit dieser Tat hat er ganz klar gegen das Gesetz verstoßen.
2. *Prinzip, Zusammenhang:* die mathematischen / physikalischen Gesetze · die Gesetze der Logik.

ge|setz|lich [gəˈzɛtslɪç]: *dem Gesetz entsprechend, vom Gesetz bestimmt:* der gesetzliche Erbe · die gesetzlichen Rechte und Pflichten · Die meisten Deutschen sind gesetzlich krankenversichert.

das **Ge|sicht** [gəˈzɪçt], des Gesicht[e]s, die Gesichter: *Seite des Kopfes mit Augen, Nase, Mund* ein rundes / kantiges / schönes Gesicht eine Creme für das Gesicht kaufen · Du musst dir mal das Gesicht waschen! · Vor lauter Glück strahlte er über das ganze Gesicht.

der **Ge|sichts|punkt** [gəˈzɪçtspʊŋkt], des Gesichtspunkt[e]s, die Gesichtspunkte: *bestimmte Möglichkeit, eine Sache anzusehen und zu beurteilen:* ein neuer / wichtiger Gesichtspunkt · Wir müssen die Ergebnisse noch einmal unter diesem Gesichtspunkt betrachten.

▶ **ge|spannt** [gəˈʃpant], gespannter, am gespanntesten:
1. *neugierig, interessiert:* Ich bin gespannt, wie die Chefin entscheiden wird. · Alle blickten gespannt auf den Redner.
2. *leicht in Streit, in einen Konflikt mündend:* eine gespannte Situation · Die Lage wird immer gespannter.

das **Ge|spenst** [gəˈʃpɛnst], des Gespenst[e]s, die Gespenster: *Wesen, das aussieht wie ein Mensch und Spuk verbreitet:* ein schreckliches / furchterregendes Gespenst · In dem alten Schloss spukt ein Gespenst. · Als Kind hatte ich im Dunkeln immer Angst vor Gespenstern.

▶ das **Ge|spräch** [gəˈʃprɛːç], des Gespräch[e]s, die Gespräche: *das, was sich zwei oder mehr Menschen sagen, wenn sie miteinander sprechen:* ein langes / nettes / offenes Gespräch · ein Gespräch führen · Können Sie bitte gleich noch einmal kommen, ich bin gerade in einem Gespräch? · Ich hatte gestern ein Gespräch mit ihr. · Immer mischt er sich in meine Gespräche ein!

die **Ge|stalt** [gəˈʃtalt], der Gestalt, die Gestalten:
1. ⟨ohne Plural⟩ *das, was man von einem Menschen sieht; Bau des Körpers:* Sie hat eine zierliche Gestalt.
2. *Figur in der Kunst, besonders in der Literatur:* eine zentrale / wichtige Gestalt des Romans · die Gestalt des Gretchens in Goethes »Faust«.
3. *Form, die ein Gegenstand hat:* eine längliche / runde Gestalt · Die Schokolade hat die Gestalt eines Osterhasen.

ge|stal|ten [gəˈʃtaltn̩], gestaltet, gestaltete, hat gestaltet: *(einer Sache) eine Form geben:* eine Wohnung bequem / gemütlich gestalten · Der Park wurde völlig neu gestaltet.

ge|stat|ten [gəˈʃtatn̩], gestattet, gestattete, hat gestattet:
1. *erlauben, genehmigen:* Sie gestatte mir ausnahmsweise, das Schloss zu besichtigen. · Gestatten Sie, dass ich hier rauche? · Das Zelten ist hier nicht gestattet!
2. *sich erlauben:* Ich gestatte mir jetzt ein Bier *(trinke jetzt ein Bier).*

ge|ste|hen [gəˈʃteːən], gesteht, gestand, hat gestanden:
1. *zugeben, dass man etwas getan hat, was nicht richtig war:* die Tat / das Verbrechen / eine Schuld gestehen · Keiner der Angeklagten hat gestanden.
2. *(Gefühle) offen aussprechen, mitteilen:* Sie gestand ihm, dass sie ihn schon seit der Schulzeit liebe. · Offen gestanden habe ich Angst vor der Operation.

ges|tern [ˈgɛstɐn]:
an dem Tag, der vor heute war: gestern Morgen / Mittag / Vormittag / Abend / Nacht · Gestern hat es den ganzen Tag geregnet. · Er ist seit gestern krank.

ge|streift [gəˈʃtrai̯ft]:
mit Streifen (in regelmäßigen Abständen): ein gestreifter Stoff · ein blau / rot-weiß / quer gestreiftes Kleid · Die Tapete ist längs gestreift.

gest|rig [ˈgɛstrɪç]:
gestern gewesen, von gestern: der gestrige Tag / Abend · Ich beziehe mich auf unser gestriges Gespräch.

ge|sund [gəˈzʊnt], gesünder, am gesündesten:
1. *nicht krank:* gesunde Kinder / Eltern · Um gesunde Zähne zu behalten, muss man sie gründlich putzen. · Sie wurde als gesund aus der Klinik entlassen. · Die Firma ist jetzt wieder gesund *(wirtschaftlich wieder gesichert).*
2. *gut für die Gesundheit, sie fördernd:* die gesunde Seeluft · Du solltest dich etwas gesünder ernähren. · Sie lebt sehr gesund.

die **Ge|sund|heit** [gəˈzʊnthai̯t], der Gesundheit:
Zustand, in dem man ganz gesund ist: Du musst besser auf deine Gesundheit achten! · Rauchen schadet der Gesundheit. · Gesundheit! (Ausruf, wenn jemand gerade geniest hat).

das **Ge|tränk** [gəˈtrɛŋk], des Getränk[e]s, die Getränke:
Flüssigkeit, die man trinken kann: kalte / heiße Getränke · Möchten Sie schon die Getränke bestellen? · Du musst noch Getränke kaufen gehen!

das **Ge|trei|de** [gəˈtrai̯də], des Getreides:
Pflanzen, aus denen Mehl gewonnen werden kann: Getreide anbauen / ernten / mähen · Die wichtigsten Getreide hier sind Roggen, Weizen, Gerste und Hafer.

▸ die **Ge|walt** [gəˈvalt], der Gewalt, die Gewalten:
1. ⟨ohne Plural⟩ *körperliche Kraft, die gegen jemanden, etwas eingesetzt wird:* Gewalt gegen Frauen / Gewalt in der Ehe · Er hat immer wieder Gewalt gegen sie angewandt. · Die Tür musste mit Gewalt geöffnet werden.
2. *Macht:* die staatliche / richterliche / elterliche Gewalt.
3. ⟨ohne Plural⟩ *Macht, die rücksichtslos angewendet wird:* Die Polizei ging mit brutaler Gewalt gegen die Demonstranten vor.
4. *starke Kraft, die in der Natur wirkt:* die Gewalten der Natur · Die Gewalt des Sturms und der Wellen hat den Hafen zerstört.

ge|wal|tig [gəˈvaltɪç], gewaltiger, am gewaltigsten:
groß, riesig, enorm: ein gewaltiges Gebirge · Er hat gewaltigen Hunger. · Das Unwetter richtete gewaltige Schäden an.

das **Ge|wehr** [gəˈveːɐ̯], des Gewehr[e]s, die Gewehre:
größere Waffe zum Schießen: das Gewehr laden · Die Rebellen erbeuteten viele Gewehre.

das **Ge|wer|be** [gəˈvɛrbə], des Gewerbes, die Gewerbe:
Beruf in bestimmten Bereichen: ein sehr altes / traditionelles Gewerbe · das Gewerbe des Bäckers.

▸ die **Ge|werk|schaft** [gəˈvɛrkʃaft], der Gewerkschaft, die Gewerkschaften:
Organisation für Arbeiter[innen] und Angestellte: eine starke / moderne Gewerkschaft · Mitglied der Gewerkschaft werden · Die Gewerkschaft fordert höhere Löhne und Gehälter.

▸ das **Ge|wicht** [gəˈvɪçt], des Gewicht[e]s, die Gewichte:
1. ⟨ohne Plural⟩ *Last eines Körpers:* Beim Arzt werden Größe und Gewicht des Babys gemessen. · Ihr Gewicht ist zu hoch. *(Sie wiegen zu viel.).*
2. *Gegenstand, der zum Wiegen auf einer Waage verwendet wird:* mehrere Gewichte auf die Waage legen.
3. ⟨ohne Plural⟩ *Bedeutung, die jemand, etwas hat:* Dieses Land bekommt immer mehr Gewicht. · In der Regierung hat ihre Stimme großes Gewicht.

G

► der **Ge|winn** [gəˈvɪn], des Gewinn[e]s, die Gewinne:
1. *Ertrag, den man behält, wenn Einnahmen und Ausgaben verrechnet worden sind:* ein großer / beachtlicher Gewinn · einen Gewinn erzielen · Das Unternehmen hat in diesem Jahr einen Gewinn von mehreren Millionen Euro erwirtschaftet.
2. *etwas, was man als Preis bei einem Wettbewerb bekommt:* Der Gewinn war eine Reise nach Italien.

► **ge|win|nen** [gəˈvɪnən], gewinnt, gewann, hat gewonnen:
1. *Sieger[in] sein (in einem Wettkampf, bei einem Turnier):* ein Spiel / ein Turnier / die Meisterschaft gewinnen · Wer hat gewonnen? · Spanien gewinnt die Europameisterschaft! *(Die spanische Mannschaft hat bei den Europameisterschaften gewonnen!).*
2. *erreichen, bekommen:* Ansehen / Ehre / Einfluss gewinnen · Durch diese Rede hat er Zeit für die Entscheidung gewonnen. · Sie gewann den Eindruck, dass er lüge.

ge|wiss [gəˈvɪs]:
1. *sicher; ohne jeden Zweifel:* Es gibt noch eine gewisse Hoffnung, dass sie überlebt. · Ist es gewiss, dass sie dort einen Studienplatz bekommt?
2. *nicht genau zu bestimmen:* Sie wird eine gewisse Zahl an Stunden für das Projekt brauchen.

► das **Ge|wis|sen** [gəˈvɪsn̩], des Gewissens:
Gefühl von Gut und Böse im eigenen Handeln: das menschliche Gewissen · Er hat ein schlechtes Gewissen, weil er seine Mutter belogen hat.

► das **Ge|wit|ter** [gəˈvɪtɐ], des Gewitters, die Gewitter:
schlechtes Wetter mit Blitz und Donner [und starkem Regen]: ein schweres Gewitter · Ein Gewitter zieht auf. · Es gibt heute bestimmt noch ein Gewitter.

► **ge|wöh|nen** [gəˈvøːnən], gewöhnt, gewöhnte, hat gewöhnt:
(mit etwas, jemandem) vertraut werden: Sie gewöhnte sich nur langsam an die neue Arbeit. · Wir sind so scharfes Essen nicht gewöhnt.

► die **Ge|wohn|heit** [gəˈvoːnhai̯t], der Gewohnheit, die Gewohnheiten:
etwas, was man – wie selbstverständlich – immer wieder tut: eine liebe / gute / alte Gewohnheit · Aus Gewohnheit hat er das Auto und nicht das Fahrrad genommen.

► **ge|wöhn|lich** [gəˈvøːnlɪç], gewöhnlicher, am gewöhnlichsten:
normal, durchschnittlich: Es war ein ganz gewöhnlicher Tag ... · Gewöhnlich kommt sie um sechs nach Hause.

► das **Ge|würz** [gəˈvʏrt͜s], des Gewürzes, die Gewürze:
Mittel zum Würzen von Speisen, das aus Pflanzen oder aber künstlich hergestellt wird: ein scharfes / mildes / exotisches Gewürz · Gewürze importieren · Sie kocht gern mit verschiedenen Gewürzen aus Asien.

die **Gier** [giːɐ̯], der Gier:
sehr großes Verlangen nach etwas: eine hemmungslose Gier · Er muss seine Gier nach Geld zügeln.

gie|rig [ˈgiːrɪç], gieriger, am gierigsten:
so, dass man etwas unbedingt haben will: gierige Blicke / Augen · Gierig verschlang er eine große Portion Nudeln.

► **gie|ßen** [ˈgiːsn̩], gießt, goss, hat gegossen:
1. *(eine Flüssigkeit) aus einem Gefäß fließen lassen:* Tee / Kaffee in die Tassen gießen · Er hat ihr aus Versehen Wein über das Kleid gegossen.
2. *Pflanzen Wasser geben:* die Blumen / die Beete gießen · Im Sommer muss man jeden Abend gießen.
3. *sehr stark regnen:* Es regnet nicht, es gießt! · In diesem Urlaub hat es mehrmals gegossen.

► das **Gift** [gɪft], des Gift[e]s, die Gifte:
Stoff, der im Körper Schaden verursacht oder zum Tod führt: ein gefährliches / schnell wirkendes Gift · Gift nehmen · Manche Gifte werden für Medikamente verwendet.

► **gif|tig** [ˈgɪftɪç], giftiger, am giftigsten:
1. *mit Gift:* giftige Pflanzen / Spinnen / Schlangen · Vorsicht, dieser Pilz ist giftig!
2. *böse, aggressiv, voll Hass:* Der Autor erzählt giftig von seinen Erlebnissen.

gi|gan|tisch [giˈgantɪʃ], gigantischer, am gigantischsten:
riesig groß, gewaltig; außerordentlich: ein gigantischer Erfolg / Skandal · Der Ausblick ist gigantisch. · Er muss sich gigantisch anstrengen, um das Abitur zu schaffen.

der **Gip|fel** [ˈgɪpf̩l], des Gipfels, die Gipfel:
1. *höchste Spitze eines steilen Berges:* steile Gipfel · einen Gipfel besteigen / bezwingen · Sie wollten bis zum Gipfel klettern.
2. *Höhepunkt:* Sie ist auf dem Gipfel des Ruhms und der Macht.

die **Gi|raf|fe** [gi'rafə], der Giraffe, die Giraffen:
großes Tier mit sehr langem Hals und langen Beinen, das in Afrika lebt: eine junge / alte Giraffe · Die Giraffe zupft Blätter vom Baum.

das **Gi|ro|kon|to** ['ʒi:rokɔnto], des Girokontos, die Girokonten ['ʒi:rɔkɔntn̩]:
Konto, auf das Lohn und Gehalt gezahlt wird und von dem aus man bezahlen kann: ein Girokonto eröffnen / einrichten / schließen · Geld auf das Girokonto überweisen / einzahlen · Ich habe mein Girokonto bei der Sparkasse.

die **Gi|tar|re** [gi'tarə], der Gitarre, die Gitarren:
Musikinstrument mit einem langen Hals und sechs Saiten: Er lernt Gitarre spielen. · Sie saßen am Lagerfeuer, spielten Gitarre und sangen.

das **Git|ter** ['gɪtɐ], des Gitters, die Gitter:
Konstruktion aus Stäben, die etwas absperrt: Die Gitter vor den Fenstern schützen vor Einbrechern.

die **Gla|ce** ['glasə], der Glace, die Glacen (schweizerisch):
Eis, das man essen kann: Ich möchte gern zwei Kugeln Glace.

der **Glanz** [glants], des Glanzes:
Licht, das sich auf einer glatten Oberfläche spiegelt: der Glanz der Sonne auf dem Meer.

glän|zen ['glɛntsn̩], glänzt, glänzte, hat geglänzt:
Glanz haben; leuchten: Ihr Haar glänzt in der Sonne.

das **Glas** [gla:s], des Glases, die Gläser ['glɛ:zɐ]:
1. ⟨ohne Plural⟩ *Material, das leicht zerbricht und meist durchsichtig ist:* dickes / dünnes / farbiges Glas · Glas blasen / schleifen / pressen · Das alte Buch wird nur unter Glas gezeigt.
2. *Gefäß aus Glas, aus dem man trinkt:* ein leeres / volles Glas · ein Glas Wasser / Wein / Bier / Cola · Gibst du mir bitte ein Glas Wasser?
3. *[großes] Gefäß aus Glas:* ein Glas Marmelade / Honig · das Glas mit Bonbons füllen.

glatt [glat], glatter, am glattesten:
1. *ganz eben:* die glatte Oberfläche des Sees · die Haare glatt kämmen.
2. *so, dass man darauf rutscht:* ein glatter Weg · Pass auf, es ist glatt draußen!
3. *mühelos; ohne Schwierigkeiten:* die Prüfung glatt bestehen.

der **Glau|be** ['glau̯bə], des Glaubens:
1. *Überzeugung, dass etwas so ist und das nicht bewiesen werden muss:* ein starker / tiefer / fester / echter Glaube · der Glaube an die Gerechtigkeit / an die Zukunft.
2. *Religion:* der christliche / jüdische / islamische Glaube · der Glaube an Gott · für seinen Glauben kämpfen / sterben.

▶ **glau|ben** ['glau̯bn̩], glaubt, glaubte, hat geglaubt:
1. *für möglich oder wahrscheinlich halten; meinen:* Er glaubt, dass sie morgen kommt. · »Es wird wohl morgen schneien.« – »Das glaube ich auch.«
2. *für wahr, richtig halten:* Ich glaube dir kein Wort. · Das glaubst du ja wohl selbst nicht!
3. *einer Person, einer Sache vertrauen:* Du musst an dich selbst glauben!
4. *religiös sein:* an Gott / an Christus glauben · Sie glaubt sehr stark.

gläu|big ['glɔy̯bɪç], gläubiger, am gläubigsten:
religiös: Sie ist eine gläubige Christin / Jüdin / Muslimin. · Die Müllers sind sehr gläubig.

▶ **gleich** [glai̯ç]:
1. *genauso:* das gleiche Auto / Buch · Die beiden Freunde sind gleich alt und gleich groß.
2. *egal:* Es ist ihr gleich, was die Leute über sie reden.
3. *sofort, bald:* Ich komme gleich! · Es muss nicht gleich sein.
4. *in der Nähe:* Die Haltestelle ist gleich um die Ecke.
5. *auf einmal:* Ich habe mir gleich zwei Paar Schuhe gekauft.

▶ **gleich|be|rech|tigt** ['glai̯çbərɛçtɪçt]:
so, dass man die gleichen Rechte hat: gleichberechtigte Partner · Alle Bürgerinnen und Bürger des Landes sind gleichberechtigt.

glei|chen ['glai̯çn̩], gleicht, glich, hat geglichen:
sehr ähnlich sein: Die Zwillinge gleichen sich sehr. · Sie gleicht ihrer Schwester in allem. · Die Landschaft gleicht einer Wüste.

▶ **gleich|falls** ['glai̯çfals]:
auch, ebenfalls, in gleicher Weise: Er wird gleichfalls teilnehmen. · »Guten Appetit!« – »Danke, gleichfalls!«.

das **Gleich|ge|wicht** ['glai̯çgəvɪçt], des Gleichgewicht[e]s:
1. *stabile, gerade Lage (eines Körpers):* das politische / militärische / ökologi-

G

sche Gleichgewicht · Die Waage ist im Gleichgewicht.
2. *innere Ruhe:* das seelische Gleichgewicht wiederfinden.

gleich|gül|tig ['glai̯çɡʏltɪç], gleichgültiger, am gleichgültigsten:
1. *ohne Interesse an etwas:* ein gleichgültiger Mensch · Sie machte ein gleichgültiges Gesicht. · Ihre Stimme klang gleichgültig.
2. *unwichtig:* Das ist mir gleichgültig.

gleich|mä|ßig ['glai̯çmɛ:sɪç], gleichmäßiger, am gleichmäßigsten:
1. *immer gleich:* Bitte atmen Sie ganz gleichmäßig ein und aus.
2. *in gleiche Teile geteilt:* die Torte ganz gleichmäßig teilen.

► **gleich|zei|tig** ['glai̯çtsai̯tɪç]:
zur gleichen Zeit: Er kann gleichzeitig Hausaufgaben machen und Musik hören. · Sie redeten alle gleichzeitig.

► das **Gleis** [glai̯s], des Gleises, die Gleise:
[zwei] Schienen für Züge oder Straßenbahnen: Gleise verlegen / erneuern · Der ICE nach Leipzig fährt heute von Gleis 4. · Der Regionalexpress aus Heidelberg erhält Einfahrt auf Gleis 6. · Überschreiten der Gleise verboten!

glei|ten ['glai̯tn̩], gleitet, glitt, ist geglitten:
sich leicht, gleichmäßig und lautlos auf dem Boden oder in der Luft bewegen: über das Eis gleiten · Die Schlange gleitet über den Boden des Terrariums.

das **Glied** [gli:t], des Glied[e]s, die Glieder:
1. *Teil von etwas:* die Glieder eines Satzes / einer Gleichung · Ich habe zwei Glieder meiner Kette verloren.
2. *Penis:* das männliche Glied · Der Arzt untersuchte das Glied.

glie|dern ['gli:dɐn], gliedert, gliederte, hat gegliedert:
einteilen; ordnen: Das Buch ist in einzelne Abschnitte gegliedert. · Du musst den Vortrag besser gliedern!

► **glo|bal** [glo'ba:l], globaler, am globalsten:
so, dass es die ganze Erde betrifft: der globale Markt · die globale Wirtschaft · global denken.

die **Glo|ba|li|sie|rung** [globali'zi:rʊŋ], der Globalisierung:
weltweite Ausdehnung und Konsequenzen von wirtschaftlichen, politischen und kulturellen Entscheidungen: die Globalisierung der Wirtschaft · Die Globalisierung berührt alle wirtschaftlichen Bereiche.

der **Glo|bus** ['glo:bʊs], des Globus und des Globusses, die Globusse, auch: Globen:
1. *[farbige] Kugel als Modell der Erde:* ein großer / kleiner / beleuchteter Globus · den Globus drehen · ein Land auf dem Globus suchen / zeigen.
2. (gehoben) *Erde:* Er hat den ganzen Globus bereist.

die **Glo|cke** ['glɔkə], der Glocke, die Glocken:
1. *Körper aus Metall, der hohl und unten offen ist und mit dem man Töne erzeugen kann:* die Glocke im Kirchturm · Die Glocken läuten.
2. (österreichisch) *Klingel:* Die Glocke schrillte.

► das **Glück** [glʏk], des Glück[e]s:
1. *günstiger Zufall, den man nicht beeinflusst hat; etwas, was gut für einen ist:* Sie hat großes Glück gehabt, dass sie die Stelle bekommen hat. · Viel Glück für die Prüfung! · Zum Glück ist ihm bei dem Unfall nichts passiert.
2. *Gefühl, dass man glücklich und zufrieden ist:* das Glück der Liebe · Sie verspürte ein tiefes Gefühl des Glücks.

► **glück|lich** ['glʏklɪç], glücklicher, am glücklichsten:
1. *froh, zufrieden, voll Glück:* ein glücklicher Mensch · ein glückliches Paar · ein glückliches neues Jahr · Sie war in dieser Zeit unglaublich glücklich.
2. *erfolgreich:* der glückliche Gewinner.

das **Glücks|spiel** ['glʏksʃpi:l], des Glücksspiel[e]s, die Glücksspiele:
Spiel um Geld, bei dem der Zufall entscheidet: Lotto gehört zu den legalen Glücksspielen.

► der **Glück|wunsch** ['glʏkvʊnʃ], des Glückwunsch[e]s, die Glückwünsche:
Worte, mit denen man jemandem Glück wünscht: Herzlichen Glückwunsch zum Geburtstag und alles Gute! · Glückwünsche überbringen / aussprechen.

glü|hen ['gly:ən], glüht, glühte, hat geglüht:
1. *ganz heiß sein und rot leuchten:* Das Feuer glüht nur noch. · Die Herdplatte glüht.
2. *rot sein vor Hitze oder wegen eines starken Gefühls:* glühende Liebe / Begeisterung · Das Gesicht des Kindes glühte vor Leidenschaft.

die **Glüh|lam|pe** ['gly:lampə], der Glühlampe, die Glühlampen:
Teil der Lampe, der leuchtet: die Glühlampe auswechseln.

► das **Gold** [gɔlt], des Gold[e]s:
wertvolles Metall, das gelb glänzt: Die Kette ist aus reinem Gold. · Die Schwimmerin aus Österreich gewann Gold *(die Goldmedaille).*

das **Golf** [gɔlf], des Golfs:
Spiel auf einem größeren Stück Rasen, bei dem ein kleiner Ball aus Gummi mit einem Stock in Löcher geschlagen werden muss: Golf spielen.

gön|nen [ˈgœnən], gönnt, gönnte, hat gegönnt:
1. *Glück und Erfolg eines anderen erkennen, ohne neidisch zu sein:* Ich gönne ihr den Erfolg.
2. ⟨+ sich⟩ *sich etwas Besonderes kaufen, leisten:* Ich gönne mir jetzt ein paar Tage Urlaub.

goo|geln [ˈguːgl̩n], googelt, googelte, hat gegoogelt:
mit Google® im Internet suchen: Er hatte ihren Namen / nach Informationen gegoogelt.

der **Gott** [gɔt], des Gottes, die Götter [ˈgœtɐ]:
1. ⟨ohne Plural⟩ *wichtigstes Wesen in bestimmten Religionen, besonders im Christentum:* zu Gott beten / flehen · Sie glaubt / zweifelt an Gott. · Gott sei Dank, dass du wieder gesund bist!
2. *höheres Wesen (in verschiedenen Kulturen):* die griechischen / römischen / germanischen Götter.

der **Got|tes|dienst** [ˈgɔtəsdiːnst], des Gottesdienst[e]s, die Gottesdienste:
Feier, auf der Gott verehrt wird und die in der Kirche stattfindet: Sie geht regelmäßig zum Gottesdienst.

das **Grab** [graːp], des Grab[e]s, die Gräber [ˈgrɛːbɐ]:
Ort, an dem ein Toter beerdigt ist: ein frisches Grab · Er pflegt das Grab seiner Eltern.

gra|ben [ˈgraːbn̩], gräbt, grub, hat gegraben:
1. *Erde mit dem Spaten bewegen:* Sie gräbt schon den ganzen Tag im Garten.
2. *etwas schaffen, herstellen, indem man Erde bewegt:* Das Kind hat ein tiefes Loch gegraben.

der **Gra|ben** [ˈgraːbn̩], des Grabens, die Gräben [ˈgrɛːbn̩]:
lange, tiefere Stelle in der Erde (für einen bestimmten Zweck): ein breiter Graben · einen Graben ausheben.

der **Grad** [graːt], des Grades:
Einheit, in der man die Temperatur misst: 20 Grad Celsius · Es sollen heute 30 Grad werden, du brauchst keine Jacke.

die **Gra|fik** [ˈgraːfɪk], der Grafik, die Grafiken:
1. *Gestaltung von Flächen mit Zeichnungen:* Diese Galerie hat sich auf Grafik spezialisiert. · Die Hochschule für Grafik und Buchkunst in Leipzig ist sehr berühmt.
2. *einzelnes Werk der Grafik:* Ich habe mir gestern in der Galerie eine Grafik gekauft.
3. *Darstellung von Informationen in einem Bild:* Die Grafik zeigt, wie stark die Bevölkerung auf der Welt wächst.

▸ das **Gramm** [gram], des Gramms:
Einheit, in der man das Gewicht angibt (Abkürzung: g): 1000 Gramm sind ein Kilogramm · Ich hätte gern 100 Gramm Schinken!

die **Gram|ma|tik** [graˈmatɪk], der Grammatik, die Grammatiken:
1. ⟨ohne Plural⟩ *Wissenschaft vom Bau einer Sprache:* die deutsche / französische Grammatik · die wichtigsten Regeln der deutschen Grammatik.
2. *Buch über die Regeln einer Sprache:* eine Grammatik für Anfänger kaufen.

gram|ma|tisch [graˈmatɪʃ]:
1. *die Grammatik betreffend:* die grammatische Struktur des Deutschen.
2. *den Regeln der Grammatik entsprechend:* ein grammatischer Fehler.

▸ das **Gras** [graːs], des Grases, die Gräser [ˈgrɛːzɐ]:
1. *grüne Pflanze, die es überwiegend in Gärten und Parks als Fläche gibt:* Sie hat seltene Gräser im Garten.
2. ⟨ohne Plural⟩ *Decke aus einzelnen Gräsern; Rasen:* Sie liegt im Gras und schaut in den Himmel.

die **Grä|te** [ˈgrɛːtə], der Gräte, die Gräten:
dünner Knochen des Fisches: die Gräten entfernen · Die Gräte steckt im Hals.

▸ **gra|tis** [ˈgraːtɪs]:
ohne bezahlen zu müssen, kostenlos: Eintritt gratis! · Der Katalog ist gratis.

▸ die **Gra|tu|la|ti|on** [gratulaˈt͜si̯oːn], der Gratulation, die Gratulationen:
Glückwunsch: meine herzliche Gratulation · die Gratulationen entgegennehmen.

▸ **gra|tu|lie|ren** [gratuˈliːrən], gratuliert, gratulierte, hat gratuliert:
jemandem (zu einem besonderen Ereignis) Glück wünschen: Ich gratuliere dir zum Geburtstag und wünsche dir alles Gute!

grau [grau̯], grauer, am grauesten:
1. *Farbe gemischt aus Schwarz und Weiß:* graue Haare · Sie trägt ein elegantes graues Kleid.
2. *langweilig:* aus dem grauen Alltag fliehen.

grillen

Grillen ist in den deutschsprachigen Ländern sehr beliebt. Bei schönem Wetter werden in Gärten, auf Balkons und auf den in vielen Parks angelegten Grillplätzen die Grills angezündet. Häufig legt man ein saftiges, vorher mariniertes [= mit einer Soße gewürztes] Steak auf den Grill. Auch Fleischspieße, Würstchen, Hähnchenteile oder Fische werden gerne gegrillt. Maiskolben, Kartoffeln oder Zucchinischeiben eignen sich ebenfalls gut zum Grillen. Zum Fleisch isst man Salat und Brot, gewürzt mit Ketchup, Senf und Soßen, die man selbst macht oder fertig kauft. Selten grillt man alleine – meist werden dazu Freunde oder Verwandte eingeladen. Aber vorsichtig: Grillen ist in Deutschland nicht überall möglich. Man muss sich vorher informieren, an welchen Orten in der Stadt das Grillen erlaubt ist – sonst muss man eine Strafe zahlen.

grau|sam ['grauza:m], grausamer, am grausamsten:
1. *brutal, furchtbar:* Es war ein grausamer Krieg.
2. *sehr schwer zu ertragen:* Ihr Mann hat sie grausam enttäuscht.

▶ **grei|fen** ['graifn̩], greift, griff, hat gegriffen:
1. *(mit der Hand) nehmen:* Sie griff sich den Bleistift und begann zu zeichnen.
2. *die Hand an einen bestimmten Ort führen:* Er griff sich an die Nase.

grell [grɛl], greller, am grellsten:
1. *sehr hell; so, dass es den Augen fast wehtut:* aus der grellen Sonne gehen.
2. *(in Bezug auf Farben) so, dass sie leuchten:* In diesem Sommer sind grelle Farben modern.
3. *(in Bezug auf Geräusche) unangenehm, laut:* ein greller Schrei.

▶ die **Gren|ze** ['grɛnt͜sə], der Grenze, die Grenzen:
1. *Linie, die zwei Länder trennt:* die Grenze zwischen Deutschland und Polen · Er wurde an der Grenze zu Portugal verhaftet.
2. *Linie, die zwei Bereiche trennt, aber nur gedacht wird:* die Grenze zwischen Hell und Dunkel.
3. *Ende von etwas:* die Grenzen des Fortschritts.

gren|zen ['grɛnt͜sn̩], grenzt, grenzte, hat gegrenzt:
1. *nebeneinander sein; eine gemeinsame Grenze haben:* Deutschland grenzt an Österreich.
2. *etwas anderem sehr ähnlich sein:* Das grenzt an ein Wunder!

der **Griff** [grɪf], des Griff[e]s, die Griffe:
1. *Teil eines Gegenstandes, mit dem man diesen trägt oder anfasst:* der Griff der Tasche / des Koffers / des Messers.
2. *Bewegung der Hand, um etwas zu nehmen:* Mit einem Griff in die Tasche holte er das Kleingeld heraus.

▶ der **Grill** [grɪl], des Grills, die Grills:
Gerät, auf dem man (im Freien) Fleisch oder Fisch zubereiten kann: Bratwurst / Steaks vom Grill · das Fleisch auf den Grill legen · Zündest du schon mal den Grill an?

▶ **gril|len** ['grɪlən], grillt, grillte, hat gegrillt:
auf dem Grill zubereiten: das Fleisch / den Fisch / das Gemüse grillen.

▶ **gril|lie|ren** [grɪ'li:rən], grilliert, grillierte, hat grilliert (schweizerisch):
grillen: Wollen wir morgen Abend zusammen grillieren?

grin|sen ['grɪnzn̩], grinst, grinste, hat gegrinst:
(böse) lächeln: Die Schüler grinsten heimlich über den Lehrer.

▶ die **Grip|pe** ['grɪpə], der Grippe (umgangssprachlich):
starke Erkältung: Mein Sohn liegt mit Grippe im Bett. · Sie hat sich im Herbst gegen Grippe impfen lassen.

grob [gro:p], gröber, am gröbsten:
1. *nicht sehr klein, fein:* grobes Mehl · den Pfeffer grob mahlen.
2. *so, dass es nur das Wichtigste enthält:* eine grobe Schätzung.
3. *groß und negativ; schlimm:* Er hat einen groben Fehler gemacht.
4. *unhöflich und unfreundlich:* eine grobe Antwort · Sie war sehr grob zu ihm.

▶ **groß** [gro:s], größer, am größten:
1. *so, dass es höher, länger, breiter als etwas Ähnliches ist:* eine große Stadt / Fläche / Halle.
2. *von einer bestimmten Länge, Höhe, Breite:* Mein Sohn ist knapp zwei Meter groß.
3. *so, dass es lange dauert:* die großen Ferien.
4. *intensiv, erheblich:* in großer Eile sein · Sie hat ihre große Liebe wie-

dergefunden. · Er hat große Schwierigkeiten in der Schule.
5. *wichtig:* ein großer Erfolg · Er hat große Pläne.
6. *älter als eine andere Person, etwas anderes:* Sie hat einen großen und einen kleinen Bruder.

groß|ar|tig ['gro:s|a:ɐ̯tɪç], großartiger, am großartigsten:
besonders beeindruckend: ein großartiger Film / Schauspieler.

die **Grö|ße** ['grø:sə], der Größe, die Größen:
1. ⟨Plural selten⟩ *Maß von etwas:* die Größe Europas / des Gebäudes / des Grundstücks.
2. *Maß für Kleidung:* Ich trage Größe 42. · Haben Sie diese Schuhe auch in Größe 38?

die **Groß|el|tern** ['gro:s|ɛltɐn], der Großeltern ⟨Plural⟩:
die Eltern des Vaters, der Mutter; Oma und Opa: Am nächsten Wochenende fahren wir zu den Großeltern nach Rostock.

die **Groß|mut|ter** ['gro:smʊtɐ], der Großmutter, die Großmütter ['gro:smʏtɐ]:
Mutter des Vaters, der Mutter; Oma: meine beiden Großmütter · Sie ist in diesem Jahr Großmutter geworden.

die **Groß|stadt** ['gro:sʃtat], der Großstadt, die Großstädte ['gro:sʃtɛ:tə]:
große Stadt, in der viele Menschen wohnen: Mannheim ist eine Großstadt. · Sie ist in eine Großstadt gezogen.

der **Groß|va|ter** ['gro:sfa:tɐ], des Großvaters, die Großväter ['gro:sfɛ:tɐ]:
Vater des Vaters, der Mutter; Opa: meine beiden Großväter · Der Großvater lebt im Altersheim.

groß|zü|gig ['gro:st͜sy:gɪç], großzügiger, am großzügigsten:
1. *so, dass man gern Geschenke macht:* Er ist ein großzügiger Mensch.
2. *groß, reichlich:* eine großzügige Spende · ein großzügiges Trinkgeld.
3. *nicht klein, nicht wenig:* Sie hat den Wein großzügig eingeschenkt.
4. *tolerant:* Sie sah großzügig über seinen Fehler hinweg.

die **Gru|be** ['gru:bə], der Grube, die Gruben:
1. *großes Loch in der Erde:* eine tiefe Grube graben · Das Kind ist in die Grube gestürzt / gefallen.
2. *Ort, an dem Kohle oder Ähnliches aus der Erde geholt wird:* Die Grube wird geschlossen / stillgelegt.

grü|beln ['gry:bl̩n], grübelt, grübelte, hat gegrübelt:
intensiv nachdenken: Er grübelte und grübelte. · Sie hat oft über dieses / diesem Problem gegrübelt.

▶ **grün** [gry:n], grüner, am grünsten:
1. *in der Farbe von frischem Gras oder vielen Pflanzen:* die grünen Blätter am Baum · Der Zaun wird grün gestrichen. · Die Ampel ist grün, du kannst über die Straße gehen.
2. *noch nicht reif:* Die Birnen sind noch grün.
3. *zu einer Partei gehörend, die besonders ökologisch orientiert ist:* eine grüne Partei · eine grüne Politik machen · die grünen Abgeordneten im Bundestag · die Grünen *(die Mitglieder einer grünen Partei).*
4. *so, dass der Umweltschutz besonders beachtet wird:* Sie kauft fast nur grüne Produkte.

der **Grund** [grʊnt], des Grund[e]s, die Gründe ['grʏndə]:
1. *Ursache; Motiv, warum etwas so ist:* wichtige / berufliche / persönliche Gründe · Der Grund für seine schlechten Leistungen ist seine Krankheit.
2. ⟨ohne Plural⟩ *Boden eines Sees oder Meeres:* Hier kann man bis auf den Grund des Sees schauen.

▶ **grün|den** ['grʏndn̩], gründet, gründete, hat gegründet:
(etwas Neues) schaffen: Er hat seine Firma schon als junger Mann gegründet. · Im Jahr 2005 gründeten sie eine Familie.

das **Grund|ge|setz** ['grʊntgəzɛt͜s], des Grundgesetzes, die Grundgesetze:
1. *Basis einer Sache; Prinzip, nach dem etwas funktioniert:* ein philosophisches / biologisches / physikalisches Grundgesetz · Ein Grundgesetz der Mechanik lautet …
2. ⟨ohne Plural⟩ *Verfassung der Bundesrepublik Deutschland:* Dieses Gesetz verstößt gegen das Grundgesetz und muss geändert werden.

die **Grund|la|ge** ['grʊntla:gə], der Grundlage, die Grundlagen:
Basis für etwas; etwas, worauf man aufbauen kann: die finanziellen / theoretischen / wissenschaftlichen Grundlagen · die Grundlagen für das Projekt schaffen / legen.

▶ **gründ|lich** ['grʏntlɪç], gründlicher, am gründlichsten:
sehr genau und sorgfältig: gründliche Vorbereitungen · Ärzte müssen sich

gründlich die Hände waschen. · Diese Kollegin arbeitet besonders gründlich.

grund|sätz|lich ['grʊntzɛtslɪç], grundsätzlicher, am grundsätzlichsten:
1. *besonders wichtig:* grundsätzliche Probleme diskutieren.
2. *im Prinzip:* Er trinkt grundsätzlich keinen Alkohol.

▶ die **Grund|schu|le** ['grʊntʃu:lə], der Grundschule, die Grundschulen:
Schule, in der alle Kinder für vier (oder sechs) Jahre gemeinsam lernen: Meine Tochter geht noch in die Grundschule.

▶ das **Grund|stück** ['grʊntʃtʏk], des Grundstück[e]s, die Grundstücke:
Stück Land, das jemandem gehört: ein riesiges Grundstück · Sie haben ein Grundstück bei Berlin gekauft, um ein Haus zu bauen.

die **Grün|dung** ['grʏndʊŋ], der Gründung, die Gründungen:
das Gründen, Schaffen, Entstehen von etwas Neuem: die Gründung des neuen Staates.

▶ die **Grup|pe** ['grʊpə], der Gruppe, die Gruppen:
1. *einige Menschen zusammen:* eine Gruppe Kinder / Touristen.
2. *mehrere Menschen, die etwas zusammen tun, erreichen wollen:* Es gibt viele verschiedene politische Gruppen in dem Land.
3. *mehrere Dinge, Lebewesen, die etwas gemeinsam haben:* eine Gruppe von Büchern.

▶ der **Gruß** [gru:s], des Grußes, die Grüße ['gry:sə]:
Worte oder Zeichen bei einer Begegnung, in einem Brief o. Ä.: freundliche / herzliche Grüße · Richtest du ihr bitte viele Grüße von mir aus?

▶ **grü|ßen** ['gry:sn̩], grüßt, grüßte, hat gegrüßt:
1. *jemandem »Guten Tag« oder »Hallo« sagen:* Sie grüßt immer sehr freundlich.
2. *jemandem Grüße sagen lassen:* Grüß ihn bitte ganz herzlich von mir.

▶ **gu|cken** ['gʊkn̩], guckt, guckte, hat geguckt:
1. *in eine bestimmte Richtung sehen:* auf die Uhr / auf den Bildschirm / aus dem Fenster gucken.
2. *(etwas, jemanden) auf eine bestimmte Art betrachten:* Er guckt immer so freundlich.
3. *(einen Film, ein Video, Bilder) betrachten:* Er guckt gerade einen spannenden Film.

▶ **gül|tig** ['gʏltɪç]:
rechtlich, gesetzlich anerkannt: eine gültige Fahrkarte · Der Pass ist nur noch ein halbes Jahr lang gültig. · Der Fahrplan ist ab 1. Oktober gültig.

der *oder* das **Gum|mi** ['gʊmi], des Gummis, die Gummis:
1. *(weiches) Material, aus dem verschiedene Dinge hergestellt werden können:* Gummi[s] herstellen / produzieren.
2. *Kondom:* ein[en] Gummi überziehen.
3. (umgangssprachlich) *Radiergummi:* Reichst du mir mal bitte den Gummi rüber?
4. *Band aus Gummi:* die Haare mit einem Gummi zusammenbinden.

▶ **güns|tig** ['gʏnstɪç], günstiger, am günstigsten:
so, dass es gut ist oder Vorteile bringt: ein günstiger Preis / Tarif · Dieses Angebot ist sehr günstig.

die **Gur|ke** ['gʊrkə], der Gurke, die Gurken:
lange grüne Frucht, die als Gemüse gegessen wird: grüne Gurken · Gurken ernten / schälen.

der **Gurt** [gʊrt], des Gurt[e]s, die Gurte:
festes Band, mit dem man etwas halten oder tragen kann: den Gurt im Auto / Flugzeug anlegen / lösen.

der **Gür|tel** ['gʏrtl̩], des Gürtels, die Gürtel:
Band (aus Stoff, Leder o. Ä.), das man um den Bauch trägt: ein schmaler / breiter / bunter Gürtel · Die Hose ist mir zu weit, ich binde [mir] einen Gürtel um.

▶ **gut** [gu:t], besser, am besten:
1. *so, dass es in Ordnung ist (auch als Schulnote):* ein guter Wein / Film · Er ist der beste Schüler der Klasse. · Er hat die Prüfung mit »gut« bestanden.
2. *angenehm, günstig:* Da hat er ein gutes Geschäft gemacht! · Das ist zum Glück noch mal gut gegangen. · Das Kleid steht dir gut! · Ich wünsche dir alles Gute!
3. *so, dass man mit jemandem in enger Beziehung steht:* Sie ist eine gute Nachbarin / Freundin / Kollegin.
4. *wertvoll:* Er ist ein guter Mensch / Vater.
5. *frisch:* Die Bananen sind noch gut.
6. *so, dass es wirkt:* Der Tee ist gut gegen deinen Husten.

der **Gut|schein** ['gu:tʃai̯n], des Gutschein[e]s, die Gutscheine:
Zettel o. Ä., für den man etwas kaufen kann: einen Gutschein verschenken / einlösen · Der Gutschein ist drei Jahre lang gültig.

▶ das **Gym|na|si|um** [gʏm'na:zi̯ʊm], des Gymnasiums, die Gymnasien [gʏm'na:zi̯ən]:

Schule, an der man das Abitur oder die Matura machen kann: zum / aufs Gymnasium gehen · die Zulassung zum Gymnasium bekommen.

die **Gym|nas|tik** [gʏmˈnastɪk], der Gymnastik:
Sport, bei dem bestimmte Übungen [zu Musik] geturnt werden: morgendliche / rhythmische / künstlerische Gymnastik.

H

das **Haar** [haːɐ̯], des Haar[e]s, die Haare:
1. *dünne Fäden, die auf dem Kopf und auf der Haut wachsen:* sich die Haare kämmen / bürsten · Du musst dir die Haare schneiden lassen. · Er hat viele Haare auf den Armen. · Sie rasiert sich die Haare an den Beinen.
2. *alle Haare auf dem Kopf des Menschen:* blondes / rotes / braunes / schwarzes Haar · Sie hat schönes / lockiges / glattes / kurzes / langes Haar. · Er hat sich das Haar färben lassen.

ha|ben [ˈhaːbn̩], hat, hatte, hat gehabt:
1. *besitzen:* eine Familie / ein Haus haben · Husten / Hunger / Angst / Sorgen / Heimweh haben · Er hat viel Geld. · Hast du morgen Zeit? · Wir haben nichts zu essen / zu trinken.
2. bildet mit dem 2. Partizip die Zeiten des Perfekts: er hat gekauft · sie hatte gefragt · wir haben gelesen · Ihr hattet berichtet.

ha|cken [ˈhakn̩], hackt, hackte, hat gehackt:
durch Schläge mit einem scharfen Gegenstand klein machen: gehackte Kräuter / Zwiebel · Hast du genug Holz gehackt?

das **Hack|fleisch** [ˈhakflai̯ʃ], des Hackfleisch[e]s:
rohes, mit einer Maschine sehr klein gehacktes Fleisch: Hackfleisch vom Schwein / Rind / Lamm · Ich habe ein halbes Kilo Hackfleisch gekauft.

der **Ha|fen** [ˈhaːfn̩], des Hafens, die Häfen [ˈhɛːfn̩]:
Ort am Wasser, wo Schiffe anlegen: der Hamburger Hafen · Das Schiff liegt seit gestern im Hafen.

der **Ha|fer** [ˈhaːfɐ], des Hafers:
Getreide, das der Mensch besonders als Haferflocken isst und als Futter für Pferde verwendet: Hafer säen / ernten / füttern.

die **Ha|fer|flo|cken** [ˈhaːfɐflɔkn̩] ⟨Plural⟩:
flach gedrückte Körner des Hafers: Zum Frühstück isst er Obst mit Haferflocken.

die **Haft** [haft], der Haft:
Gefängnis: Er wurde zu drei Jahren Haft verurteilt. · Sie wurde aus der Haft entlassen.

haf|ten [ˈhaftn̩], haftet, haftete, hat gehaftet:
für jemanden verantwortlich sein, die Verantwortung tragen: Eltern haften für ihre Kinder. · Für die Garderobe wird nicht gehaftet.

der **Häft|ling** [ˈhɛftlɪŋ], des Häftlings, die Häftlinge:
Person, die in Haft ist: Der Häftling ist in seiner Zelle.

▶ **ha|geln** [ˈhaːgl̩n], hagelt, hagelte, hat gehagelt:
⟨es hagelt⟩ *(von Niederschlag) als Körner aus Eis fallen:* Es fängt an zu hageln. · Gestern hat es gehagelt.

der **Hahn** [haːn], des Hahn[e]s, die Hähne [ˈhɛːnə]:
1. *männliches Huhn:* ein großer / stolzer Hahn · Der Hahn kräht.
2. *Einrichtung, mit der man ein Rohr öffnet und schließt:* den Hahn zudrehen · Der Hahn in der Küche tropft.

▶ das **Hähn|chen** [ˈhɛːnçən], des Hähnchens, die Hähnchen:
geschlachteter, gebratener junger Hahn: Heute gibt es Hähnchen mit Pommes frites.

der **Hai** [hai̯], des Hai[e]s, die Haie:
großer, gefährlicher Fisch mit spitzen Zähnen und einer großen Flosse am Schwanz: Der Hai ist ein Raubtier. · Er ist von einem Hai angegriffen worden.

der **Ha|ken** [ˈhaːkn̩], des Hakens, die Haken:
gebogener Gegenstand, an dem man etwas aufhängen kann: Sie befestigt einen Haken an der Wand. · Das Bild hängt an einem Haken. · Ich hänge mein Handtuch an einen Haken.

▶ **halb** [halp]:
1. *die Hälfte von etwas:* eine halbe Stunde · ein halber Liter · ein halbes Hähnchen · Es ist jetzt halb acht. · Sie isst einen halben Apfel. · Das Glas ist halb *(zur Hälfte)* voll.
2. *nicht richtig, nicht vollständig:* Sie hört nur halb zu. · Er ist nur halb angezogen.
3. *fast, beinahe:* Wir haben uns halb totgelacht. · Nach der langen Wanderung sind wir halb verhungert.

das **Halb|jahr** [ˈhalpjaːɐ̯], des Halbjahr[e]s, die Halbjahre:

Hälfte eines Jahres: zu Beginn des zweiten Halbjahres.

▶ die **Halb|pen|si|on** ['halppãzi̯o:n], der Halbpension:
Aufenthalt in einem Hotel mit Frühstück und Mittag- oder Abendessen: Ich buche immer [ein Zimmer mit] Halbpension.

▶ **halb|tags** ['halpta:ks]:
den halben Tag über: Seit sie Kinder hat, arbeitet sie [nur] halbtags.

die **Halb|zeit** ['halpts̮ait], der Halbzeit, die Halbzeiten:
1. *Hälfte der Zeit eines Spieles:* In der ersten Halbzeit ist kein Tor gefallen.
2. *Pause nach der ersten Hälfte eines Spieles:* Zur Halbzeit steht es 1 : 1.

▶ die **Hälf|te** ['hɛlftə], der Hälfte, die Hälften:
einer von zwei gleich großen Teilen eines Ganzen: die Hälfte eines Apfels / des Brotes · Ich breche die Schokolade durch und gebe ihm eine Hälfte. · Kinder zahlen nur die Hälfte. · Zur Hälfte gehört es mir.

▶ die **Hal|le** ['halə], der Halle, die Hallen:
1. *großes Gebäude mit einem hohen, weiten Raum:* Sie finden uns auf der Messe in Halle 7. · Sie trainieren im Winter in der Halle.
2. *großer, hoher Raum in einem Gebäude:* Wir treffen uns in der Halle des Hotels.

▶ das **Hal|len|bad** ['halənba:t], des Hallenbad[e]s, die Hallenbäder ['halənbɛ:dɐ]:
Schwimmbad in einer Halle: Sie geht jeden zweiten Tag ins Hallenbad schwimmen.

▶ **hal|lo** ['halo]:
1. Ruf, mit dem man auf sich aufmerksam macht: Hallo, ist jemand zu Hause? · Hallo, Sie haben etwas verloren!
2. (umgangssprachlich) Gruß: Hallo, Bernd! · Hallo, liebe Gäste!

▶ der **Hals** [hals], des Halses, die Hälse ['hɛlzə]:
1. *Teil des Körpers zwischen Kopf und Oberkörper:* Sie hat eine kurzen / langen Hals. · Er ist mir vor Freude um den Hals gefallen.
2. *Rachen und Kehle:* Mir tut der Hals weh. · Dem Hund hängt die Zunge aus dem Hals. · Die Gräte blieb ihr im Hals stecken.

die **Hals|schmer|zen** ['halsʃmɛrts̮n̩] ⟨Plural⟩:
Schmerzen im Hals: Ich habe seit gestern Halsschmerzen.

▶ **halt** [halt]:
1. bekräftigt eine Aussage; *eben:* Das ist halt so. · Da muss man halt warten. · Ich bin halt nicht mehr der Jüngste.
2. *stopp!; nicht weiter!:* Halt, keinen Schritt weiter! · Halt, du machst das falsch!

▶ der **Halt** [halt], des Halt[e]s, die Halte und die Halts:
1. ⟨ohne Plural⟩ *etwas zum Stützen, Festhalten, Befestigen:* Das Bücherregal hat keinen Halt. · Sie sucht Halt bei ihm. · Er hat jeden Halt verloren.
2. *das Anhalten; Unterbrechung [der Fahrt]:* Nächster Halt Berlin-Ostbahnhof! · Der Zug fährt ohne Halt bis Frankfurt [durch].

▶ **halt|bar** ['haltba:ɐ̯], haltbarer, am haltbarsten:
1. *(besonders von Lebensmitteln) nicht schlecht:* Die Milch ist noch 4 Tage haltbar. · Wie lange ist die Marmelade haltbar?
2. *stabil, robust:* haltbares Material · Diese Tasche aus Leder ist besonders haltbar.

▶ **hal|ten** ['haltn̩], hält, hielt, hat gehalten:
1. *in die Hand nehmen und nicht loslassen:* Kannst du mal meine Jacke halten? · Du musst das Seil mit beiden Händen halten. · Die Mutter hält das Kind an der Hand.
2. *an einen bestimmten Platz tun und dort lassen:* Ich halte meine Hände unter Wasser. · Halt doch das Bild mal an die Wand. · Wegen des Regens hält er die Zeitung über seinen Kopf.
3. *(einen Ball) nicht ins Tor gehen lassen:* Er hat den Ball gehalten.
4. *bei etwas bleiben:* den Ton / Takt halten · Der Kranke muss Diät halten. · Sie hat ihr Wort / ihr Versprechen nicht gehalten.
5. ⟨+ sich⟩ *sich nach etwas richten; etwas befolgen, beachten:* sich an die Vorschriften / Gesetze halten · Er hat sich beim Spielen nicht an die Regeln gehalten.
6. mit bestimmten Substantiven: einen Vortrag halten *(etwas vortragen)* · eine Vorlesung / ein Referat halten.
7. *für jemanden sein, jemanden unterstützen:* Seine Eltern halten zu ihm. · Die meisten Zuschauer halten zum Außenseiter.
8. ⟨+ sich⟩ *nicht schlecht werden:* Das Obst hält sich nicht mehr lange. · Wie lange hält sich der Käse im Kühlschrank? · Das Wetter wird sich halten.
9. *ganz bleiben:* Das Eis hält. · Das Seil hat nicht gehalten. · Der Mantel hat lange gehalten.

10. *eine bestimmte Meinung von jemandem, etwas haben:* Ich halte dich nicht für dumm. · Er hält sie für ein Genie. · Was hältst du von meiner Idee? · Davon halte ich viel / wenig / gar nichts.
11. *stehen bleiben, stoppen:* Das Auto hielt an der nächsten Ampel. · Wie lange hält der Zug in München? · Der Bus hält genau vor dem Hotel.

die **Hal|te|stel|le** ['haltəʃtɛlə], der Haltestelle, die Haltestellen:
Stelle, an der ein öffentliches Verkehrsmittel regelmäßig zum Ein- und Aussteigen hält: Wo ist die nächste Haltestelle? · Wir warten an der Haltestelle auf den Bus.

die **Hal|tung** ['haltʊŋ], der Haltung:
1. *Position, in der jemand seinen Körper hält:* Er hat eine krumme / gebeugte / aufrechte Haltung. · Achte beim Gehen auf deine Haltung.
2. *innere Einstellung:* eine ablehnende / feindliche Haltung einnehmen / haben · Welche Haltung haben Sie in dieser Frage?

der **Ham|bur|ger** ['hambʊrgɐ], des Hamburgers, die Hamburger und Hamburgers:
weiches Brötchen mit einer Frikadelle zwischen seinen Hälften: einen Hamburger bestellen / essen.

der **Ham|mer** ['hamɐ], des Hammers, die Hämmer ['hɛmɐ]:
Werkzeug zum Schlagen: ein kleiner / schwerer Hammer · Mit einem Hammer schlägt sie den Nagel in die Wand.

die **Hand** [hant], der Hand, die Hände ['hɛndə]:
unterster Teil des Arms mit fünf Fingern: die linke / rechte Hand · feuchte / kalte Hände haben · sich die Hände waschen · Er gibt mir die Hand. · Der Vater nimmt das Kind an die Hand. · Der Brief ist mit der Hand geschrieben.

die **Hand|ar|beit** ['hant|arbai̯t], der Handarbeit, die Handarbeiten:
1. ⟨ohne Plural⟩ *Arbeit, die mit der Hand gemacht wird:* Dieser Teller ist in Handarbeit hergestellt.
2. *Gegenstand, der von Hand hergestellt wurde:* Diese Tasche ist eine schöne Handarbeit.

der **Han|del** ['handl̩], des Handels:
1. *Kauf und Verkauf von Waren:* der Handel mit Obst und Gemüse / Autos / Wolle · Er treibt Handel mit Computern.
2. *Bereich der Wirtschaft, der Waren kauft und wieder verkauft:* Der Handel ist zufrieden mit der Nachfrage.

▸ **han|deln** ['handl̩n], handelt, handelte, hat gehandelt:
1. *etwas tun, aktiv werden:* schnell / richtig handeln · Es ist höchste Zeit zu handeln. · Wir haben lange gewartet, jetzt müssen wir handeln. · Nicht reden, sondern handeln!
2. *(Waren) kaufen und verkaufen:* Er handelt mit Kaffee und Tee. · Sie handelt mit Firmen in ganz Europa.
3. *zum Thema, zum Inhalt haben:* Die Geschichte handelt von einer Familie, die nach Amerika auswandert.; *** es handelt sich um jemanden, etwas:** *es betrifft jemanden, etwas:* Um was handelt es sich denn? · Es handelt sich um einen Schüler der 7. Klasse.

der **Hand|fe|ger** ['hantfe:gɐ], des Handfegers, die Handfeger:
kleiner Besen mit kurzem Griff: Sie fegt den Schmutz mit dem Handfeger auf das Kehrblech.

das **Hand|ge|päck** ['hantgəpɛk], des Handgepäck[e]s:
Gepäck, das jemand im Flugzeug bei sich hat: Den kleinen Rucksack nehme ich als Handgepäck.

▸ der **Händ|ler** ['hɛndlɐ], des Händlers, die Händler, die **Händ|le|rin** ['hɛndlərɪn], der Händlerin, die Händlerinnen:
Person, die mit etwas handelt: Der Händler verdient an dem Auto rund 1 500 Euro. · Er war Händler in Obst und Gemüse.

die **Hand|lung** ['handlʊŋ], der Handlung, die Handlungen:
1. *Tat, Aktion; das Handeln:* eine spontane Handlung · Sie rechtfertigt ihre Handlung.
2. *Inhalt; das, was geschieht:* Die Handlung des Buches / Films ist sehr spannend.

der **Hand|schuh** ['hantʃu:], des Handschuh[e]s, die Handschuhe:
Kleidungsstück für die Hände: ein Paar Handschuhe · dicke / warme Handschuhe · Handschuhe anziehen / anhaben / tragen · Sie zieht ihre Handschuhe aus.

die **Hand|ta|sche** ['hanttaʃə], der Handtasche, die Handtaschen:
(für Frauen) kleine Tasche, die man umhängt: Sie holt einen kleinen Spiegel aus ihrer Handtasche. · Sie steckt das Portemonnaie wieder in die Handtasche. · Man hat ihr die Handtasche geklaut.

das **Hand|tuch** ['hanttu:x], des Handtuch[e]s, die Handtücher ['hantty:çɐ]:
Tuch, mit dem man sich abtrocknet, trocken reibt: ein frisches / gebrauchtes / weiches Handtuch · die Handtücher wechseln / zum Trocknen aufhängen.

▶ der **Hand|wer|ker** ['hantvɛrkɐ], des Handwerkers, die Handwerker, die **Hand|wer|ke|rin** ['hantvɛrkərɪn], der Handwerkerin, die Handwerkerinnen:
Person, die beruflich vor allem mit der Hand arbeitet: Maler, Klempner und Elektriker sind Handwerker. · Für diese Reparatur müssen wir einen Handwerker kommen lassen.

▶ das **Han|dy** ['hɛndi], des Handys, die Handys:
kleines, mobiles Telefon: das Handy einschalten / ausschalten / aufladen · Das Handy klingelt / piept / läutet. · Ich rufe dich auf dem Handy an. · Er telefoniert mit seinem Handy.

der **Hang** [haŋ], des Hang[e]s, die Hänge ['hɛŋə]:
1. *schräge Seite eines Berges:* Das Haus liegt am Hang. · Wir klettern den Hang hinauf.
2. ⟨ohne Plural⟩ *Tendenz, Neigung:* Sie hat einen Hang zum Übertreiben. · Ich kenne seinen Hang zur Faulheit.

▶ **¹hän|gen** ['hɛŋən], hängt, hing, hat gehangen:
1. *oben an etwas fest, befestigt sein:* Die Hemden hängen im Schrank. · Das Bild hängt an der Wand / hängt schief. · Die Jacke hängt an der Garderobe. · Die Lampe hängt zu tief.
2. * **sich hängen lassen** (umgangssprachlich): *ohne Energie, Mut, Schwung sein:* Lass dich nach der Arbeit nicht so hängen!; * **jemanden hängen lassen** (umgangssprachlich): *jemandem nicht wie versprochen helfen:* Mein Freund hat mich beim Aufräumen nach der Party hängen lassen.
3. *sich von jemandem, etwas nicht trennen wollen:* am Geld / am Leben / an der Heimat hängen · Er hängt sehr an seiner Mutter. · Die Schüler hängen an ihrem Lehrer.

▶ **²hän|gen** ['hɛŋən], hängt, hängte, hat gehängt:
1. *etwas oben befestigen:* Sie hängt das Bild an die Wand. · Ich hänge die Wäsche auf die Leine. · Er hängte sich den Fotoapparat über die Schulter. · Warum hast du den Mantel in den Schrank gehängt?
2. *nach unten fallen lassen:* Sie hängt ihre Füße in das kalte Wasser.
3. *jemanden mit einem Seil um den Hals an etwas befestigen und dadurch töten:* Sie wollten den Mörder hängen.

der **Ha|rass** ['haras], des Harasses, die Harasse (schweizerisch):
Kasten, Kiste: Kannst du zwei Harasse Cola kaufen?

die **Hard|ware** ['ha:ɐ̯tvɛ:ɐ̯], der Hardware, die Hardwares:
elektronische und mechanische Teile eines Computers: Die Maus, die Tastatur und die Festplatte gehören zur Hardware.

die **Har|ke** ['harkə], der Harke, die Harken (besonders norddeutsch):
Gerät, mit dem man Laub oder geschnittenes Gras entfernt: Ich hole das Laub mit der Harke zusammen.

har|mo|nisch [har'mo:nɪʃ], harmonischer, am harmonischsten:
1. *(von Tönen, Farben, Formen) gut zueinander passend:* harmonische Klänge · Ich bewundere, wie harmonisch die Farben sind.
2. *mit sich, mit anderen übereinstimmend:* eine harmonische Ehe / Beziehung · Das Gespräch verlief sehr harmonisch.

▶ **hart** [hart], härter, am härtesten:
1. *fest, nicht weich:* hartes Brot · Ich esse gerne harte Eier. · Das ist eine harte *(sichere)* Währung.
2. *anstrengend, schwer:* eine harte Arbeit · Sie hat ein hartes Leben / Schicksal. · Es ist ein harter Schlag für ihn, seine Arbeit zu verlieren.
3. *streng:* ein harter Mensch · Das sind harte Worte. · Dein Urteil ist zu hart.
4. *heftig, intensiv:* ein harter Winter · ein harter Sport · Der Kampf war sehr hart. · Der Fahrer bremste hart.

hart|nä|ckig ['hartnɛkɪç], hartnäckiger, am hartnäckigsten:
nicht bereit, aufzugeben oder nachzugeben: ein hartnäckiger Politiker · eine hartnäckige *(lang dauernde)* Erkältung · Er schweigt hartnäckig. · Sie bleibt hartnäckig bei ihrer Meinung.

▶ der **Ha|se** ['ha:zə], des Hasen, die Hasen:
kleines, braunes Tier mit langen Ohren und langen Beinen hinten: Ein Hase hoppelt über das Feld. · Ein Hund jagt einen Hasen.

die **Ha|sel|nuss** ['ha:zl̩nʊs], der Haselnuss, die Haselnüsse ['ha:zl̩nʏsə]:
kleine, runde Nuss mit glatter, brauner

Schale: Ich esse Schokolade mit Haselnüssen.

der **Hass** [has], des Hasses:
starkes Gefühl der Ablehnung: blinder / tödlicher Hass · Warum hast du solch einen Hass auf ihn? · Sie war lange Zeit von Hass erfüllt.

▶ **has|sen** ['hasn̩], hasst, hasste, hat gehasst:
jemanden, etwas sehr stark ablehnen: Sie hasst Spinat. · Ich hasse es, den Bus zu verpassen. · Warum hasst du mich so?

häss|lich ['hɛslɪç], hässlicher, am hässlichsten:
nicht schön, nicht attraktiv: ein hässlicher Mensch · Sie hat ein hässliches Auto. · Ich finde mich hässlich. · Dieses Hemd sieht wirklich hässlich aus.

has|ten ['hastn̩], hastet, hastete, ist gehastet:
eilig, hektisch laufen: Wir hasten zur Haltestelle. · Sie hastet auf die Toilette.

hau|en ['hau̯ən], haut, haute, hat gehauen:
1. *(jemanden) schlagen:* Er haute den Jungen immer wieder. · Ihr sollt euch nicht immer hauen.
2. *(auf, gegen etwas) schlagen:* Er haut gegen die Tür. · Sie haute mit der Faust auf den Tisch.

der **Hau|fen** ['hau̯fn̩], des Haufens, die Haufen:
1. *Menge von Dingen übereinander:* ein Haufen Holz / Steine · ein Haufen schmutziger Wäsche · Sie kehrt / legt / wirft alles auf einen Haufen.
2. (umgangssprachlich) *sehr viel:* Das ist ein Haufen Arbeit. · Er hat einen Haufen Geld.

häu|fig ['hɔy̯fɪç], häufiger, am häufigsten:
oft (vorkommend), immer wieder (vorkommend): ein häufiger Fehler · Das Kind ist häufig krank. · Wir fahren häufig nach Frankreich.

der **Haupt|bahn|hof** ['hau̯ptba:nho:f], des Hauptbahnhof[e]s, die Hauptbahnhöfe ['hau̯ptba:nhø:fə]:
größter Bahnhof eines Ortes: Ich fahre mit der Straßenbahn zum Hauptbahnhof. · Sie steigt in München Hauptbahnhof aus.

die **Haupt|rol|le** ['hau̯ptrɔlə], der Hauptrolle, die Hauptrollen:
wichtigste Rolle (in einem Theaterstück, einer Oper, einem Film): Wer spielt in dem Stück die Hauptrolle? · Die Hauptrolle ist ideal besetzt.

die **Haupt|sa|che** ['hau̯ptzaxə], der Hauptsache, die Hauptsachen:
etwas, was wichtiger als alles andere ist: Die Hauptsache ist, dass es Spaß macht. · Hauptsache, du bist gesund.

haupt|säch|lich ['hau̯ptzɛçlɪç]:
vor allem, besonders: Das ist hauptsächlich deine Schuld. · In seiner Freizeit macht er hauptsächlich Sport.

▶ die **Haupt|schu|le** ['hau̯ptʃu:lə], der Hauptschule, die Hauptschulen:
Schule von Klasse 5 bis 9 bzw. 10, die auf der Grundschule aufbaut: Ich gehe auf die Hauptschule. · Er hat von der Hauptschule auf die Realschule gewechselt.

▶ die **Haupt|stadt** ['hau̯ptʃtat], der Hauptstadt, die Hauptstädte ['hau̯ptʃtɛ:tə]:
Stadt mit der Regierung eines Staates: Die Hauptstadt von Deutschland ist Berlin.

▶ die **Haupt|stra|ße** ['hau̯ptʃtra:sə], der Hauptstraße, die Hauptstraßen:
wichtige, breite Straße (mit Geschäften): Auf der Hauptstraße ist viel Verkehr. · Sein Laden ist in der Hauptstraße.

▶ das **Haus** [hau̯s], des Hauses, die Häuser ['hɔy̯zɐ]:
Gebäude mit Fenstern und Türen (besonders zum Wohnen oder Arbeiten): ein schönes / neues / großes Haus · Wir haben uns ein Haus gekauft. · Ich hole dich zu Hause ab. · Nach dem Kino gehen wir nach Hause.

die **Haus|ar|beit** ['hau̯sarbai̯t], der Hausarbeit, die Hausarbeiten:
1. *Arbeit im Haushalt (wie Putzen, Waschen, Kochen):* Wer macht bei euch denn die Hausarbeit? · Wir teilen uns die Hausarbeit gerecht.
2. *(große) schriftliche Arbeit, die ein Schüler oder Student zu Hause macht:* In den Ferien muss ich eine Hausarbeit schreiben. · Hast du deine Hausarbeit schon abgegeben?

der **Haus|arzt** ['hau̯sa:ɐ̯tst], des Hausarztes, die Hausärzte ['hau̯sɛ:ɐ̯tstə], die **Haus|ärz|tin** ['hau̯sɛ:ɐ̯tstɪn], der Hausärztin, die Hausärztinnen:
vertrauter Arzt, vertraute Ärztin, zu dem oder der man bei einer Krankheit zunächst geht: Wer ist Ihr Hausarzt? · Ich habe heute einen Termin bei meinem Hausarzt.

▶ die **Haus|auf|ga|be** ['hau̯s|au̯fga:bə], der Hausaufgabe, die Hausaufgaben:
Aufgabe für die Schule, die man zu Hause macht: Heute haben wir keine Hausaufgaben auf. · Du musst noch deine Hausaufgaben machen.

der **Haus|flur** ['hau̯sflu:ɐ̯], des Hausflur[e]s, die Hausflure:

H

Gang zwischen Tür und Treppe eines Hauses: Wir treffen unseren Nachbarn im Hausflur.

▶ die **Haus|frau** [ˈhausfrau], der Hausfrau, die Hausfrauen:
weibliche Person, die die Hausarbeit macht, während der Partner berufstätig ist: Sie hat zwei Kinder und ist Hausfrau.

▶ der **Haus|halt** [ˈhaushalt], des Haushalt[e]s, die Haushalte:
Gemeinschaft von Personen, die zusammenleben: ein Haushalt mit fünf Personen · Müssen die Kinder im Haushalt helfen? · Eine Angestellte führt ihr den Haushalt.

▶ der **Haus|mann** [ˈhausman], des Hausmann[e]s, die Hausmänner [ˈhausmɛnɐ]:
Mann, der die Hausarbeit macht, während die Partnerin berufstätig ist: Für die nächsten drei Jahre ist er Hausmann.

▶ der **Haus|meis|ter** [ˈhausmaistɐ], des Hausmeisters, die Hausmeister, die **Haus|meis|te|rin** [ˈhausmaistərɪn], der Hausmeisterin, die Hausmeisterinnen:
Person, die beruflich ein größeres Gebäude in Ordnung hält: Die Hausmeisterin repariert das Licht im ersten Stock. · Er arbeitet als Hausmeister an einer Schule.

die **Haus|num|mer** [ˈhausnʊmɐ], der Hausnummer, die Hausnummern:
Nummer eines Gebäudes in einer Straße: gerade / ungerade Hausnummern · Unser Haus hat die Hausnummer 26. · Die Hausnummern steigen / fallen.

der **Haus|schuh** [ˈhausʃu:], des Hausschuh[e]s, die Hausschuhe:
bequemer Schuh, den man zu Hause trägt; Pantoffel: Zu Hause tragen wir alle Hausschuhe. · Zieh dir deine Hausschuhe an, der Boden ist kalt.

▶ das **Haus|tier** [ˈhausti:ɐ̯], des Haustieres, die Haustiere:
Tier, das man zu Hause halten kann: Als Haustiere haben wir einen Hasen und eine Katze.

die **Haus|tür** [ˈhausty:ɐ̯], der Haustür, die Haustüren:
Tür, durch die man ins Haus geht: Wir treffen uns an / vor der Haustür.

▶ die **Haut** [haut], der Haut, die Häute [ˈhɔytə]:
äußere Hülle des Körpers eines Menschen oder eines Tieres: trockene / fettige / dunkle / helle Haut · Die Haut ist von der Sonne verbrannt.

die **Heb|am|me** [ˈhe:p|amə], der Hebamme, die Hebammen:
Frau, deren Beruf es ist, bei Geburten zu helfen: Sie macht eine Ausbildung als Hebamme.

der **He|bel** [ˈhe:bl̩], des Hebels, die Hebel:
Griff, mit dem man eine Maschine einschaltet oder steuert: einen Hebel bedienen · Du musst auf den richtigen Hebel drücken.

▶ **he|ben** [ˈhe:bn̩], hebt, hob, hat gehoben:
nach oben, in die Höhe bewegen: eine Kiste heben · Sie hebt das Kind aus dem Wagen. · Er hob die Koffer in den Zug.

die **He|fe** [ˈhe:fə], der Hefe, die Hefen:
Mittel zum Backen, das den Teig größer werden lässt: einen Würfel Hefe kaufen · mit Hefe backen · Ist der Teig mit Hefe?

▶ das **Heft** [hɛft], des Heft[e]s, die Hefte:
1. *dünnes, flexibles Buch mit leeren Blättern zum Schreiben:* ein leeres Heft · Die Lehrerin sammelt die Hefte ein. · Bitte schreibt das in eure Hefte. · Wer teilt die Hefte aus?
2. *dünnes, flexibles Buch mit Text und Bildern:* Sie kauft ein Heft mit Comics. · Wann erscheint das nächste Heft dieser Zeitschrift?

hef|tig [ˈhɛftɪç], heftiger, am heftigsten:
stark, intensiv, schwer: ein heftiger Streit · ein heftiger Sturm / Regen · Sie hat heftige Schmerzen. · Er wurde heftig kritisiert.

hei|kel [ˈhaikl̩], heikler, am heikelsten:
schwierig, gefährlich: Das ist eine heikle Frage / ein heikles Thema. · Unsere Lage wurde immer heikler.

hei|len [ˈhailən], heilt, heilte, geheilt:
1. ⟨hat⟩ *gesund machen:* einen Kranken heilen · Sie hat den Patienten geheilt.
2. ⟨hat⟩ *durch eine medizinische Behandlung beseitigen:* Meine Krankheit wurde geheilt. · Die Ärzte konnten den Krebs heilen.
3. ⟨ist⟩ *(von einer Verletzung) verschwinden, gesund werden:* Die Wunde heilt schnell / nur sehr langsam. · Das Bein ist gut geheilt.

hei|lig [ˈhailɪç]:
von Gott kommend, von Gottes Geist erfüllt: das heilige Abendmahl · die heilige Messe · die Heilige Schrift *(Bibel)* · der Heilige Vater *(Papst).*

der **Hei|lig|abend** [hailɪçˈ|a:bn̩t], des Heiligabends, die Heiligabende:
Tag vor dem ersten Weihnachtstag: Am 24. Dezember ist Heiligabend. · Den Heiligabend verbringt er mit seiner Familie.

▶ **heim** [haim]:
[wieder] nach Hause; zurück in die Hei-

mat: Es ist schon spät, bringst du mich heim?

das **Heim** [haim], des Heim[e]s, die Heime:
1. *Zuhause, Wohnung:* Wir haben ein schönes / gemütliches Heim.
2. *Haus, in dem bestimmte Personen wohnen:* ein Heim für Obdachlose · im Heim leben · Nach dem Tod seiner Eltern kam er ins Heim. · Sie wohnt seit ihrem siebzigsten Lebensjahr in einem Heim.

die **Hei|mat** ['haima:t], der Heimat:
Land, Region oder Ort, wo jemand aufgewachsen ist: Westfalen ist ihre Heimat. · Sie mussten ihre Heimat verlassen. · Er möchte gern in seine Heimat zurückkehren. · Wir haben hier eine neue Heimat gefunden.

das **Hei|mat|land** ['haima:tlant], des Heimatland[e]s, die Heimatländer ['haima:tlɛndɐ]:
Land, in dem jemand aufgewachsen ist: Österreich ist sein Heimatland. · Sie reist regelmäßig in ihr Heimatland.

hei|mat|lich ['haima:tlɪç]:
zur Heimat gehörend, in der Heimat: die heimatliche Sprache · die heimatlichen Berge · Sie hat heimatliche Gefühle.

hei|misch ['haimɪʃ]:
1. *in einer bestimmten Region zu Hause:* heimische Pflanzen · Die Mannschaft gewann vor heimischem Publikum.
2. ⟨heimischer, am heimischsten⟩ *wie zu Hause:* Du wirst dich an dem neuen Ort bestimmt schnell heimisch fühlen. · Ich bin in dieser Stadt nie heimisch geworden.

heim|lich ['haimlɪç], heimlicher, am heimlichsten:
nicht bemerkt, nicht beobachtet: ein heimlicher Liebhaber · Sie schaut heimlich auf die Uhr. · Er traf sich heimlich mit ihr.

das **Heim|weh** ['haimve:], des Heimwehs:
starker Wunsch, zu Hause zu sein: großes / heftiges / starkes Heimweh haben · Während der Reise hatten mehrere Kinder Heimweh.

hei|ra|ten ['haira:tn̩], heiratet, heiratete, hat geheiratet:
(mit jemandem) eine Ehe schließen: Im nächsten Jahr wollen sie heiraten. · Er hat spät geheiratet. · Er heiratet die Tochter seines Chefs. · Willst du mich heiraten?

hei|ser ['haizɐ], heiserer, am heisersten:
(von der Stimme) rau, fast ohne Ton: Durch die Erkältung hat er eine heisere Stimme. · Ich bin vom Schreien ganz heiser.

▶ **heiß** [hais], heißer, am heißesten:
sehr warm: ein heißer Sommer · heiße Würstchen · Der Kaffee ist nicht richtig heiß. · Wir können uns die Suppe heiß machen.

▶ **hei|ßen** ['haisn̩], heißt, hieß, hat geheißen:
1. *genannt werden; als Namen haben:* Hallo, ich heiße Johanna. · Wie heißt du? · Wie heißt das Spiel, das wir gestern gespielt haben? · Wie heißt das auf Deutsch?
2. *bedeuten:* Was soll das heißen? · Was heißt das schon wieder? · Die Ausstellung beginnt am 10. September, das heißt in drei Tagen.

hei|ter ['haitɐ]:
1. ⟨heiterer, am heitersten⟩ *fröhlich, lustig:* ein heiteres Fest · Er ist ein heiterer Mensch.
2. *(vom Wetter) meist ohne Wolken:* heiteres Wetter · Morgen ist es heiter bis wolkig.

▶ **hei|zen** ['haitsn̩], heizt, heizte, hat geheizt:
(einen Raum) warm machen, erwärmen: eine Wohnung / ein Haus heizen · Das Wohnzimmer ist schlecht geheizt. · Im Oktober heizen wir noch nicht. · Warum heizt du nicht besser?

▶ die **Hei|zung** ['haitsʊŋ], der Heizung, die Heizungen:
Gerät, Anlage zum Heizen von Räumen: Ich habe die Heizung angemacht / angestellt. · Sollen wir die Heizung ausmachen / abstellen?

hek|tisch ['hɛktɪʃ], hektischer, am hektischsten:
nervös, eilig: hektischer Verkehr · Er sucht hektisch nach seinem Portemonnaie. · Der Kellner läuft hektisch durch das Lokal.

▶ der **Held** [hɛlt], des Helden, die Helden, die **Hel|din** ['hɛldɪn], der Heldin, die Heldinnen:
1. *tapferer, mutiger Mensch, der von anderen bewundert wird:* Sie wurde als Heldin gefeiert. · Ich bin kein Held. · Spiel doch nicht immer den Helden!
2. *wichtigste Person in einer Geschichte:* ein tragischer / naiver Held · Wie findest du die Heldin des Romans?

▶ **hel|fen** ['hɛlfn̩], hilft, half, hat geholfen:
1. *jemanden unterstützen, jemandem Hilfe leisten:* Er hilft seinen Eltern bei der Hausarbeit. · Hilfst du mir putzen / beim Putzen? · Kann ich [dir] helfen? · Sie hilft dem Kind bei den Hausaufga-

ben. · Meine Eltern haben uns finanziell geholfen.
2. *nützlich sein, nützen:* Was hilft gegen kalte Füße? · Das Medikament hilft gegen Schmerzen. · Deine Lügen werden dir nicht helfen.

▶ **hell** [hɛl], heller, am hellsten:
1. *stark leuchtend, viel Licht ausstrahlend:* eine helle Lampe · Dieser Stern leuchtet hell.
2. *von Licht erfüllt:* ein helles Zimmer · ein heller Tag · Wann wird es hell *(beginnt der Tag)?*
3. *(von Farben) nicht dunkel:* ein helles Grün · Sie trägt ein helles Kleid. · Sie hat eine sehr helle Haut.

der **Helm** [hɛlm], des Helm[e]s, die Helme:
harte Schale, die den Kopf vor Verletzungen schützt: Auf dem Fahrrad trägt er immer einen Helm. · Er setzt seinen Helm auf und steigt auf das Motorrad.

▶ das **Hemd** [hɛmt], des Hemd[e]s, die Hemden:
Kleidungsstück für Männer mit Kragen, Ärmeln und Knöpfen: ein Hemd mit langen / kurzen Ärmeln · Er trägt ein weißes Hemd. · Er steckte / stopfte das Hemd in die Hose.

▶ das **Hen|del** [ˈhɛndl̩], des Hendels, die Hendel[n] (bayrisch, österreichisch):
gebratenes Huhn, Hähnchen: Sie bestellte ein Hendel.

der **Hen|kel** [ˈhɛŋkl̩], des Henkels, die Henkel:
Griff zum Heben oder Tragen: ein Korb mit zwei Henkeln · Der Eimer hat keinen Henkel mehr.

▶ **her** [heːɐ̯]:
1. ⟨räumlich⟩ *auf die Person zu, die spricht:* Her mit dem Geld! · Her damit! · Alle her zu mir!
2. ⟨zeitlich⟩ *vergangen, in der Vergangenheit:* Das ist schon lange her. · Es ist jetzt vier Monate her, dass wir geheiratet haben.

he|rab [hɛˈrap]:
nach hier unten; herunter: Von den Bergen herab weht ein kühler Wind.

he|ran [hɛˈran]:
auf die Person zu, die spricht: Nur heran zu mir!

he|rauf [hɛˈrau̯f]:
nach hier oben: Vom Bahnhof zu unserem Haus herauf sind es etwa 20 Minuten.

▶ **he|raus** [hɛˈrau̯s]:
nach hier draußen: Heraus aus dem Bett! · Heraus mit der Wahrheit! · Aus dem Haus heraus rief jemand um Hilfe.

▶ **he|raus|fin|den** [hɛˈrau̯sfɪndn̩], findet heraus, fand heraus, hat herausgefunden:
entdecken, ermitteln: Ich will den Grund für seinen Ärger herausfinden. · Hast du herausgefunden, warum das Auto nicht angeht?

▶ die **He|raus|for|de|rung** [hɛˈrau̯sfɔrdərʊŋ], der Herausforderung, die Herausforderungen:
schwierige Aufgabe: eine berufliche Herausforderung · Gegen ihn beim Schach zu gewinnen ist eine echte Herausforderung.

he|raus|kom|men [hɛˈrau̯skɔmən], kommt heraus, kam heraus, ist herausgekommen:
1. *aus einem Raum kommen:* Sie will nicht aus ihrem Zimmer herauskommen. · Du kannst aus deinem Versteck herauskommen.
2. *veröffentlich werden, erscheinen:* Ihr neuer Roman kommt demnächst heraus. · Wann wird der Film herauskommen?
3. (umgangssprachlich) *bekannt werden:* Sein Betrug wird bestimmt herauskommen. · Wenn das herauskommt, kriegen wir großen Ärger.
4. (umgangssprachlich) *sich als Ergebnis zeigen, sich ergeben:* Bei dem Gespräch ist nichts herausgekommen.

he|raus|stel|len [hɛˈrau̯sʃtɛlən], stellt sich heraus, stellte sich heraus, hat sich herausgestellt:
deutlich werden, sich zeigen: Diese Information stellte sich als falsch heraus. · Es stellte sich heraus, dass wir viel zu viel bezahlt hatten.

herb [hɛrp], herber, am herbsten:
leicht bitter im Geschmack: Die Schokolade schmeckt herb.

her|bei [hɛɐ̯ˈbai̯]:
auf die Person zu, die spricht: Herbei zu mir! · Alle Mann herbei!

▶ der **Herbst** [hɛrpst], des Herbst[e]s, die Herbste:
Jahreszeit zwischen Sommer und Winter: ein warmer / sonniger Herbst · Es ist / wird Herbst. · Im Herbst fallen die Blätter von den Bäumen.

▶ der **Herd** [heːɐ̯t], des Herd[e]s, die Herde:
Gerät zum Kochen, Backen und Braten: ein elektrischer Herd · am Herd stehen · Er stellt den Topf auf den Herd. · Sie nimmt die Pfanne vom Herd.

die **Her|de** [ˈheːɐ̯də], der Herde, die Herden:
große Gruppe von Tieren der gleichen

Art: eine Herde Schafe / Rinder · Die Herde zieht weiter.

he|rein [hɛˈrain]:
nach hier drinnen: Herein mit euch! · Sie klopft an die Tür und jemand ruft »Herein!« *(»Treten Sie ein!«).*

he|rein|kom|men [hɛˈrainkɔmən], kommt herein, kam herein, ist hereingekommen:
in einen Raum kommen: Willst du hereinkommen? · Kommt doch herein, hier ist es schön warm.

he|rein|le|gen [hɛˈrainle:gn̩], legt herein, legte herein, hat hereingelegt (umgangssprachlich):
betrügen, täuschen: Er will uns hereinlegen. · Ich lasse mich nicht so leicht hereinlegen!

der **He|ring** [ˈhe:rɪŋ], des Herings, die Heringe:
Fisch mit leicht blauem Rücken, der im Meer lebt: Isst du gern Hering?

her|kom|men [ˈhe:ɐ̯kɔmən], kommt her, kam her, ist hergekommen:
1. *zu der Person kommen, die spricht:* Kannst du bitte mal herkommen? · Warum bist du hergekommen?
2. *stammen, seinen Ursprung haben:* Wo kommen die Tomaten her? · Wo kommst du her? *(Wo bist du geboren?).*

die **Her|kunft** [ˈhe:ɐ̯kʊnft], der Herkunft:
Ort, Land, woher etwas oder jemand kommt; Ursprung einer Sache oder Person: Die Tomaten sind spanischer Herkunft. · Die Herkunft des Wortes ist unbekannt. · Er ist adliger Herkunft. · Sie ist italienischer Herkunft.

der **Herr** [hɛr], des Herrn, die Herren:
1. *Mann:* ein junger / älterer Herr · Sein Vater ist ein vornehmer / netter / freundlicher Herr. · Meine Damen und Herren!
2. als Teil der Anrede: Herr Schmidt · Herr Professor · Lieber Herr Müller ... · Sehr geehrter Herr Meier ...
3. *männliche Person, die über jemanden, etwas herrscht:* der Herr des Hauses · der Herr Jesus · Gott, der Herr.

herr|lich [ˈhɛrlɪç], herrlicher, am herrlichsten:
besonders gut, sehr schön: ein herrlicher Tag / Platz · Heute ist herrliches Wetter. · Die Melone schmeckt herrlich!

herr|schen [ˈhɛrʃn̩], herrscht, herrschte, hat geherrscht:
1. *Macht, Gewalt haben, ausüben:* über viele Länder herrschen · Ein König herrscht in diesem Land. · Der Diktator herrscht durch Terror.
2. *verbreitet sein:* Es herrscht Schweigen / Stille / Trauer. · In diesem Sommer herrscht große Hitze.

▶ **her|stel|len** [ˈhe:ɐ̯ʃtɛlən], stellt her, stellte her, hat hergestellt:
produzieren, bauen: etwas maschinell / von Hand herstellen · Diese Firma stellt Computer her. · Wo ist das Auto hergestellt worden?

▶ der **Her|stel|ler** [ˈhe:ɐ̯ʃtɛlɐ], des Herstellers, die Hersteller:
[männliche] Person oder Firma, die etwas herstellt, produziert: der Hersteller des Handys.

▶ die **Her|stel|le|rin** [ˈhe:ɐ̯ʃtɛlərɪn], der Herstellerin, die Herstellerinnen:
weibliche Person, die etwas herstellt, produziert: Sie ist die Herstellerin dieses Produkts.

die **Her|stel|lung** [ˈhe:ɐ̯ʃtɛlʊŋ], der Herstellung, die Herstellungen:
Vorgang, bei dem etwas hergestellt wird; Produktion: Die Herstellung des Produkts ist zu teuer. · Für die Herstellung wird viel Energie benötigt.

he|rü|ber [hɛˈry:bɐ]:
von der anderen Seite nach hier: Vom anderen Ufer herüber klingt Musik.

he|rum [hɛˈrʊm]:
1. *im Kreis um jemanden, etwas:* Um den Platz herum stehen hohe Bäume.
2. *vergangen, vorbei:* Die Ferien sind bald herum. · Das Jahr ist schon fast wieder herum.

he|rum|lau|fen [hɛˈrʊmlaufn̩], läuft herum, lief herum, ist herumgelaufen:
1. *(ohne Ziel) irgendwo gehen:* Wir sind drei Stunden im Wald herumgelaufen. · Sie ist den ganzen Tag in der Stadt herumgelaufen.
2. (umgangssprachlich) *sich in bestimmter Kleidung zeigen:* Er läuft das ganze Jahr in kurzen Hosen herum. · So kannst du doch nicht herumlaufen!

he|rum|spre|chen [hɛˈrʊmʃprɛçn̩] ⟨+ sich⟩, spricht sich herum, sprach sich herum, hat sich herumgesprochen:
bekannt werden, weil einer es dem anderen erzählt: Die Nachricht hat sich schnell im Dorf herumgesprochen.

▶ **he|run|ter** [hɛˈrʊntɐ]:
von dort oben nach hier unten: Vom Berg herunter weht ein kalter Wind. · Herunter vom Dach mit euch!

▶ **he|run|ter|fah|ren** [hɛˈrʊntɐfa:rən], fährt herunter, fuhr herunter, heruntergefahren:

1. ⟨ist⟩ *von dort oben hierher nach unten fahren:* den Berg herunterfahren.
2. ⟨hat⟩ (EDV) *beenden:* den Computer herunterfahren.

▸ **he|run|ter|la|den** [hɛˈrʊntɐla:dn̩], lädt herunter, lud herunter, hat heruntergeladen (EDV):
(Dateien, Programme) von einem anderen Computer über das Internet auf den eigenen Computer kopieren: Dateien / ein Update herunterladen · Musik illegal herunterladen.

her|vor [hɛɐ̯ˈfo:ɐ̯]:
heraus: Hervor mit euch!

her|vor|brin|gen [hɛɐ̯ˈfo:ɐ̯brɪŋən], bringt hervor, brachte hervor, hat hervorgebracht:
schaffen: Der Musiker hat geniale Werke hervorgebracht.

her|vor|ge|hen [hɛɐ̯ˈfo:ɐ̯ge:ən], geht hervor, ging hervor, ist hervorgegangen:
sich aus etwas entnehmen, erkennen lassen: Aus ihren Worten geht hervor, dass sie nicht glücklich ist. · Aus der Anzeige geht nicht hervor, welche Farbe das Auto hat.

her|vor|he|ben [hɛɐ̯ˈfo:ɐ̯he:bn̩], hebt hervor, hob hervor, hat hervorgehoben:
betonen, unterstreichen: Diese Aussage solltest du besonders hervorheben. · In der Rede wurde ihr Mut besonders hervorgehoben.

her|vor|ra|gend [hɛɐ̯ˈfo:ɐ̯ra:gn̩t], hervorragender, am hervorragendsten:
sehr gut: ein hervorragendes Essen · eine hervorragende Leistung · Der Wein war hervorragend. · Er spielt hervorragend Klavier.

▸ das **Herz** [hɛrt͜s], des Herzens, die Herzen:
1. *Organ, das das Blut durch die Adern pumpt:* ein gesundes / kräftiges / schwaches Herz · Sein Herz schlägt schnell / gleichmäßig. · Die Ärztin untersucht das Herz. · Das Herz setzt aus. · Ihr Herz hat versagt.
2. (meist gehoben) *das Empfinden, das Fühlen:* Ihr Schicksal bewegt / ergreift die Herzen der Menschen. · Diese Frau hat kein Herz. · Ihre Worte kommen von Herzen *(sind ehrlich gemeint).*; * **sich ein Herz fassen:** *mutig sein, seine Angst besiegen:* Sie fasst sich ein Herz und spricht den jungen Mann an.
3. *Gegenstand, der wie ein Herz geformt ist (mit zwei Bögen oben und einer Spitze unten):* An ihrer Kette hängt ein kleines Herz.

der **Herz|in|farkt** [ˈhɛrt͜slɪnfarkt], des Herzinfarkt[e]s, die Herzinfarkte:
das Sterben eines Teils des Herzens, weil dort kein Blut mehr fließt: einen Herzinfarkt bekommen / haben · Er ist an einem Herzinfarkt gestorben.

▸ **herz|lich** [ˈhɛrt͜slɪç], herzlicher, am herzlichsten:
freundlich, liebevoll: herzliche Worte · herzliche Grüße · herzlichen Dank · herzlichen Glückwunsch.

he|te|ro|se|xu|ell [heterozɛˈksu̯ɛl]:
sexuell vom anderen Geschlecht angezogen: heterosexuelle Männer / Frauen · Er / Sie ist heterosexuell.

het|zen [ˈhɛt͜sn̩], hetzt, hetzte, gehetzt:
1. ⟨hat⟩ *verfolgen, treiben:* Der Hund hetzt den Hasen. · Die Polizei hetzt den Verbrecher.
2. ⟨hat⟩ *dazu bringen, jemanden anzugreifen:* Er hetzte seinen Hund auf den Einbrecher.
3. ⟨hat⟩ *sich beeilen, in großer Eile sein:* Du brauchst nicht zu hetzen, es ist genug Zeit.
4. ⟨ist⟩ *hasten, rennen:* Ich hetze zum Bahnhof. · Sie hetzt von Termin zu Termin.

das **Heu** [hɔy̯], des Heu[e]s:
getrocknetes Gras (besonders als Futter für Tiere): Heu fressen · Der Bauer wendet das Heu.

heu|er [ˈhɔy̯ɐ] (landschaftlich):
in diesem Jahr: Wir fahren heuer nicht in den Urlaub.

heu|len [ˈhɔy̯lən], heult, heulte, hat geheult:
1. (umgangssprachlich) *weinen:* Warum heulst du? · Hör endlich auf zu heulen! · Sie heult vor Freude.
2. *lange, klagende Laute von sich geben:* Die Wölfe heulen. · Der Sturm heult ums Haus.

▸ **heu|te** [ˈhɔy̯tə]:
1. *an diesem Tag:* Heute ist Dienstag. · Die Zeitung ist von heute. · Ich habe heute einen freien Tag. · Welches Datum haben wir heute?
2. *in unserer Zeit:* eine Frau von heute · Heute hat fast jeder Jugendliche ein Handy. · Der Verkehr ist heute anders als früher.

▸ **heu|tig** [ˈhɔy̯tɪç]:
1. *von diesem Tag, von heute:* die heutige Zeitung · am heutigen Tage.
2. *gegenwärtig, jetzt vorhanden:* die heutige Jugend · in der heutigen Zeit.

die **He|xe** [ˈhɛksə], der Hexe, die Hexen:
(im Märchen) böse Frau, die zaubern kann: Eine alte Hexe lockt die Kinder in ihr Haus.

hier [hiːɐ̯]:
an diesem Ort, an dieser Stelle (wo man ist): hier im Haus · hier in Hamburg · Ich lebe gern hier. · Wo ist hier *(in dieser Stadt)* der Bahnhof? · Hier hast du 20 Euro. *(Nimm diese 20 Euro.)* · Wem gehört das Buch hier?

hier|her [ˈhiːɐ̯ˈheːɐ̯]:
an diese Stelle hier, von dort nach hier: Dieser Stuhl gehört nicht hierher. · Auf dem Weg hierher habe ich ihn getroffen.

hier|mit [ˈhiːɐ̯ˈmɪt]:
mit dieser Sache, mit dieser Angelegenheit: Versuch es mal hiermit. · Hiermit *(mit diesen Worten)* erkläre ich die Ausstellung für eröffnet. · Hiermit bin ich nicht einverstanden.

die **Hil|fe** [ˈhɪlfə], der Hilfe, die Hilfen:
1. *das Helfen; Tätigkeit, mit der man jemandem hilft:* ärztliche / finanzielle Hilfe · Er hat um Hilfe gerufen. · »Hilfe!« (Ruf in der Not) · Bitte doch einen Freund um Hilfe. · Wir kommen ohne fremde Hilfe aus.
2. *Person, die (im Haushalt) bei der Arbeit hilft:* Wir haben eine Hilfe für den Haushalt.

hilf|los [ˈhɪlfloːs], hilfloser, am hilflosesten:
von Hilfe abhängig: ein hilfloses Baby · Sie liegt hilflos auf der Erde. · Er ist hilflos wie ein kleines Kind.

hilf|reich [ˈhɪlfraiç], hilfreicher, am hilfreichsten:
nützlich, von Nutzen: ein hilfreiches Buch · Dein Rat war sehr hilfreich.

die **Him|bee|re** [ˈhɪmbeːrə], der Himbeere, die Himbeeren:
rote Beere, die man essen kann und die an Sträuchern mit Stacheln wächst: Wir haben Himbeeren im Garten. · Die Kinder pflücken Himbeeren für einen Kuchen.

der **Him|mel** [ˈhɪml̩], des Himmels:
1. *Raum hoch über der Erde:* ein blauer Himmel · Heute ist der Himmel grau / trüb / bedeckt. · Ich schaue in den Himmel und sehe sehr hoch oben ein Flugzeug.
2. (besonders christliche Religion) *Reich Gottes; Ort, an dem sich Gott und die Engel befinden und jene Menschen, die das ewige Leben haben:* in den Himmel kommen · der Vater im Himmel.

hin [hɪn]:
1. ⟨räumlich⟩ *in Richtung auf; nach:* nach links / rechts hin · nach Norden / Süden hin · Der Balkon liegt zur Straße hin.
2. ⟨zeitlich⟩ *auf… zu:* zum Herbst / zum Winter hin.
3. *** vor sich** (Akkusativ) **hin:** *ohne sich an jemanden zu wenden, für sich allein:* Er redet die ganze Zeit vor sich hin. · Sie summt leise vor sich hin.
4. *** auf etwas** (Akkusativ) **hin:** *wegen, aufgrund einer Sache:* Ich rufe auf Ihre Anzeige hin an.

hi|nab [hɪˈnap]:
(von hier oben) nach dort unten; hinunter: der Sprung von der Mauer hinab · Auf dem Weg hinab ins Tal kommen wir an einen Bach.

hi|nauf [hɪˈnau̯f]:
(von hier unten) nach dort oben: Den Hang hinauf standen Schafe. · Zum Gipfel hinauf sind es noch zwei Stunden.

hi|naus [hɪˈnau̯s]:
(von drinnen) nach draußen: hinaus aufs Meer · Hinaus aus meinem Zimmer (mit dir)! · Warum darf er nicht hinaus zu den anderen Kindern?

hi|naus|ge|hen [hɪˈnau̯sgeːən], geht hinaus, ging hinaus, ist hinausgegangen:
1. *(von drinnen) nach draußen gehen:* Ich gehe auf die Terrasse hinaus. · Die Kinder wollen in den Garten hinausgehen.
2. *** über etwas** (Akkusativ) **hinausgehen:** *größer sein als etwas:* Ihre Eifersucht geht über das normale Maß hinaus. · Das geht über meine Geduld hinaus.

hin|dern [ˈhɪndɐn], hindert, hinderte, hat gehindert:
jemandem etwas unmöglich machen; bewirken, dass jemand etwas nicht tun kann: Der Lärm hindert uns am Schlafen. · Ich kann dich nicht daran hindern, diesen Fehler zu machen.

das **Hin|der|nis** [ˈhɪndɐnɪs], des Hindernisses, die Hindernisse:
1. *etwas, was es unmöglich macht, ein Ziel zu erreichen:* ein Hindernis aus dem Weg räumen · Das ist kein Hindernis für unsere Arbeit. · Es war eine Reise mit Hindernissen.
2. *etwas, was den Weg blockiert:* ein hohes / schwieriges Hindernis · ein Hindernis errichten / beseitigen · Das Pferd nahm das Hindernis ohne Schwierigkeiten.

der **Hin|du|is|mus** [hɪnduˈɪsmʊs], des Hinduismus:
Religion, die besonders in Indien verbreitet ist: Im Hinduismus geht man davon

H

aus, dass der Mensch immer wieder geboren wird.

hin|durch [hɪnˈdʊrç]:
über einen bestimmten Zeitraum; während: die ganze Nacht hindurch · den Winter hindurch.

hi|nein [hɪˈnai̯n]:
nach dort drinnen: zur Tür hinein · Hinein ins Wasser! · Wir haben bis in die Nacht hinein getanzt.

hin|fah|ren [ˈhɪnfa:rən], fährt hin, fuhr hin, hingefahren:
1. ⟨ist⟩ *an einen bestimmten Ort fahren:* mit dem Auto / Zug hinfahren · Ich fahre nächstes Jahr wieder hin. · Bist du da schon mal hingefahren?
2. ⟨hat⟩ *(mit einem Fahrzeug) an einen bestimmten Ort bringen:* Wir müssen morgen zum Bahnhof. Kannst du uns hinfahren?

die **Hin|fahrt** [ˈhɪnfa:ɐ̯t], der Hinfahrt, die Hinfahrten:
Fahrt hin zum Ziel: Die Hinfahrt dauert vier Stunden. · Auf der Hinfahrt mussten wir einmal umsteigen.

hin|fal|len [ˈhɪnfalən], fällt hin, fiel hin, ist hingefallen:
beim Gehen oder Rennen zu Boden fallen, stürzen: Das Kind ist hingefallen. · Pass auf, dass du nicht hinfällst.

hin|ge|hen [ˈhɪnge:ən], geht hin, ging hin, ist hingegangen:
1. *an einen bestimmten Ort gehen:* Wo gehst du hin? · Morgen ist das Konzert. Gehst du hin?
2. *ein bestimmtes Ziel haben:* Wo geht es denn im Urlaub hin?

hin|hö|ren [ˈhɪnhø:rən], hört hin, hörte hin, hat hingehört:
genau auf etwas hören, zuhören: Hast du genau / richtig hingehört? · Er hört oft nicht richtig hin.

hin|ken [ˈhɪŋkn̩], hinkt, hinkte, hat gehinkt:
(durch eine Verletzung) mit schiefer Hüfte gehen, beim Gehen ein Bein anders als das andere bewegen: Seit dem Unfall hinkt sie. · Er hinkt mit dem / auf dem rechten Bein.

hin|kom|men [ˈhɪnkɔmən], kommt hin, kam hin, ist hingekommen:
1. *an einen bestimmten Ort kommen:* Kommst du auch zu dem Konzert hin? · Dort bin ich nie hingekommen.
2. *irgendwo seinen Platz erhalten:* Wo kommen die Teller hin? · Wo ist nur meine Uhr hingekommen?

hin|krie|gen [ˈhɪnkri:gn̩], kriegt hin, kriegte hin, hat hingekriegt (umgangssprachlich):
zustande bringen, machen wie gewünscht: Die Soße hast du toll hingekriegt. · Ich brauche den Anzug bis morgen. Kriegen Sie das hin?

hin|le|gen [ˈhɪnle:gn̩], legt hin, legte hin, hat hingelegt:
1. *etwas an eine bestimmte Stelle legen:* Wo hast du den Schlüssel hingelegt? · Ich habe ihr einen Zettel hingelegt.
2. ⟨+ sich⟩ *sich (kurz) schlafen legen:* Er legt sich für eine halbe Stunde hin. · Legst du dich mittags hin?

hin|neh|men [ˈhɪnne:mən], nimmt hin, nahm hin, hat hingenommen:
aufnehmen, ohne sich zu wehren oder aufzuregen: Er hat eine Niederlage hinnehmen müssen. · Ich werde dein Verhalten nicht länger hinnehmen.

die **Hin|rich|tung** [ˈhɪnrɪçtʊŋ], der Hinrichtung, die Hinrichtungen:
das Töten aufgrund des Urteils eines Gerichts: eine Hinrichtung vollstrecken · Der Verurteilte wartet auf seine Hinrichtung.

hin|se|hen [ˈhɪnze:ən], sieht hin, sah hin, hat hingesehen:
auf eine bestimmte Stelle sehen: zu jemandem hinsehen · Wenn jemand blutet, kann ich gar nicht hinsehen. · Wenn du genau hinsiehst, bemerkst du den Unterschied.

hin|set|zen [ˈhɪnzɛt͜sn̩] ⟨+ sich⟩, setzt sich hin, setzte sich hin, hat sich hingesetzt:
sich an eine bestimmte Stelle setzen: Wo wollen wir uns hinsetzen? · Du kannst dich wieder hinsetzen.

die **Hin|sicht** [ˈhɪnzɪçt], der Hinsicht, die Hinsichten:
Perspektive, aus der etwas gesehen wird: In dieser Hinsicht hast du recht. · In finanzieller Hinsicht ist das Projekt gesichert.

hin|stel|len [ˈhɪnʃtɛlən], stellt hin, stellte hin, hat hingestellt:
1. *an einen bestimmten Platz stellen:* Er stellt den Stuhl an den Tisch. · Im Wohnzimmer hat sie Blumen hingestellt. · Sie stellt die Schüssel auf den Tisch.
2. *abstellen:* Ich muss den Koffer mal kurz hinstellen.

▶ **hin|ten** [ˈhɪntn̩]:
am Ende: Bitte hinten einsteigen! · Ich habe das Buch von vorn bis hinten gelesen. · Stellen Sie sich bitte hinten an.

▶ **hin|ter** [ˈhɪntɐ]:
1. ⟨mit Dativ; Frage: wo?⟩ *auf der entfernten, hinten liegenden Seite:* hinter

dem Haus · hinter der Tür · Zehn Kilometer hinter der Grenze halten wir an. · Die Sonne verbirgt sich hinter den Wolken.
2. ⟨mit Akkusativ; Frage: wohin?⟩ *auf die entfernte, hinten liegende Seite:* Wir gehen hinter das Haus. · Der Ball ist hinter die Hecke gefallen. · Ich stelle mich hinter ihn.
3. ⟨mit Dativ und Akkusativ; abhängig von bestimmten Wörtern⟩: Sei froh, dass du die Scheidung hinter dir hast *(überstanden hast).* · Sie will diese Arbeit schnell hinter sich bringen *(erledigen).*

hin|ter... ['hɪntər...]:
sich hinten befindend: Auf / Von den hinteren / hintersten Plätzen sieht man schlecht.

hin|ter|ei|nan|der [hɪntɐ|ai̯'nandɐ]:
nacheinander, in Folge: Es hat an drei Tagen hintereinander geregnet. · Sie hat zweimal hintereinander gewonnen.

der **Hin|ter|grund** ['hɪntɐgrʊnt], des Hintergrund[e]s, die Hintergründe ['hɪntɐgrʏndə]:
entfernter, hinterer Teil von dem, was man sieht: der Hintergrund eines Bildes · Die Berge bilden einen schönen Hintergrund. · Im Hintergrund sieht man / erkennt man eine Burg.

hin|ter|her [hɪntɐ'he:ɐ̯]:
nachher, danach: Hinterher ist man meistens klüger. · Sie erinnerte sich hinterher an nichts mehr.

hin|ter|las|sen [hɪntɐ'lasn̩]:
1. *nach dem Tod als Erbe weitergeben:* Meine Eltern haben mir ein Haus hinterlassen.
2. *jemandem etwas lassen, wenn man weggeht:* eine Nachricht / einen Zettel hinterlassen.

der **Hin|tern** ['hɪntɐn], des Hinterns, die Hintern:
Teil des Körpers, auf dem man sitzt; Po: ein breiter / dicker Hintern · Setz dich auf deinen Hintern!

hi|nü|ber [hɪ'ny:bɐ]:
nach drüben, zur anderen Seite: Es gab keinen Weg hinüber. · Rasch hinüber ans andere Ufer!

hi|nun|ter [hɪ'nʊntɐ]:
(von hier oben) nach dort unten: die Straße hinunter · den Fluss hinunter · Hinunter ins Tal brauchen wir eine gute Stunde.

hi|nun|ter|wer|fen [hɪ'nʊntɐvɛrfn̩], wirft hinunter, warf hinunter, hat hinuntergeworfen:
nach [dort] unten werfen: einen Blick hinunterwerfen.

der **Hin|weg** ['hɪnve:k], des Hinwegs, die Hinwege:
Weg hin zu einem Ziel: Auf dem Hinweg sind wir bester Laune.

▶ der **Hin|weis** ['hɪnvai̯s], des Hinweises, die Hinweise:
1. *Rat, Tipp, kurze Mitteilung (die auf etwas aufmerksam machen soll):* ein nützlicher / wertvoller Hinweis · einen Hinweis erhalten / bekommen · Wir sind ihrem Hinweis gefolgt.
2. *Zeichen, das auf etwas schließen lässt:* Es gibt keine Hinweise auf einen Betrug.

▶ **hin|wei|sen** ['hɪnvai̯zn̩], weist hin, wies hin, hat hingewiesen:
1. *aufmerksam machen:* Sie hat uns auf die Gefahr hingewiesen. · Wir haben Sie vorher auf diese Mängel hingewiesen.
2. *auf etwas schließen lassen, deuten:* Alles weist darauf hin, dass es bald regnen wird.

hin|zu [hɪn'tsu:]:
(noch) dazu: Dazu noch das Doppelte hinzu.

hin|zu|fü|gen [hɪn'tsu:fy:gn̩], fügt hinzu, fügte hinzu, hat hinzugefügt:
1. *zu etwas geben:* Ich habe dem Brief einen Zettel hinzugefügt. · Soll ich noch etwas Salz hinzufügen?
2. *zusätzlich sagen, ergänzend äußern:* Sie fügt hinzu, dass es sich um ein Sonderangebot handelt. · »Dieses Angebot gilt nur bis Samstag«, fügt sie hinzu.

das **Hirn** [hɪrn], des Hirn[e]s, die Hirne (umgangssprachlich):
Gehirn, Verstand: sein Hirn anstrengen.

der **Hirsch** [hɪrʃ], des Hirsch[e]s, die Hirsche:
größeres Tier mit glattem, braunem Fell, das im Wald lebt: Die Hirsche röhren. · Der Hirsch trägt ein prächtiges Geweih, mit dem er kämpfen kann. · Im Wald beobachten wir drei Rehe und einen Hirsch.

▶ **his|to|risch** [hɪs'to:rɪʃ]:
1. *zur Geschichte gehörend, die Geschichte betreffend:* ein historischer Roman / Film · Er beschreibt die historische Entwicklung des Landes.
2. *wichtig für die Geschichte:* ein historisches Ereignis · Das ist ein historischer Augenblick.

▶ der **Hit** [hɪt], des Hits, die Hits (umgangssprachlich):
etwas, was besonders erfolgreich, beliebt ist: Dieser Song / Film wird sicherlich ein Hit. · Das ist der Hit des Jahres.

▶ die **Hit|ze** ['hɪtsə], der Hitze:
sehr starke Wärme: eine große / unerträgliche Hitze · Die Hitze machte sie müde. · Er leidet sehr unter der Hitze.

▶ das **Hob|by** ['hɔbi], des Hobbys, die Hobbys:
Beschäftigung in der Freizeit, die Freude macht: Meine Hobbys sind Musik und Fußball. · Welche Hobbys hast du? · Er gibt viel Geld für seine Hobbys aus.

▶ **hoch** [ho:x], höher, am höchsten:
1. *weit nach oben (reichend):* ein hohes Haus · hohe Berge · ein sehr hoher Raum · Die Mauer ist sehr hoch. · Wie hoch ist der Schrank?
2. *weit oben:* Das Flugzeug fliegt sehr hoch. · Der Ort liegt 800 Meter hoch.
3. *wichtig, bedeutend:* ein hoher Feiertag · ein hoher Beamter.
4. *stark, groß:* Er hat hohes Fieber. · Sie zahlen eine hohe Miete. · Sie hat ein hohes Alter erreicht. · Die Arbeiter fordern höhere Löhne. · Der Koffer hat ein zu hohes Gewicht.
5. *(von Tönen, Klängen) hell klingend:* ein hoher Ton · das hohe C · Er hat eine hohe Stimme.

▶ **hoch|la|den** ['ho:xla:dn̩], lädt hoch, lud hoch, hat hochgeladen (EDV):
(Daten) aufrufen: Kannst du mir bitte mal diese Datei hochladen?

▶ die **Hoch|schu|le** ['ho:xʃu:lə], der Hochschule, die Hochschulen:
Einrichtung für wissenschaftliche Ausbildung und Forschung: Sie geht auf die Hochschule für Musik. · Er will an einer Hochschule studieren.

▶ **höchs|tens** ['hø:çstn̩s]:
nicht mehr als, maximal: Ich warte höchstens zehn Minuten. · Er geht nicht oft aus, höchstens *(außer)* mal ins Kino.

▶ die **Hoch|zeit** ['hɔxtsai̯t], der Hochzeit, die Hochzeiten:
Fest bei einer Heirat: Hochzeit feiern · jemanden zur Hochzeit einladen · Die Hochzeit findet im Mai statt.

ho|cken ['hɔkn̩], hockt, hockte, hat gehockt:
1. *in einer bestimmten Position sitzen:* Ein kleiner Junge hockt hinter einer Mauer. · Warum hockst du auf dem Boden?
2. ⟨+ sich⟩ *sich in eine bestimmte Position [hin]setzen:* Er hockt sich in eine Ecke. · Die Kinder hocken sich auf den Boden.

der **Ho|cker** ['hɔkɐ], des Hockers, die Hocker:
Möbel zum Sitzen, bei dem der Rücken nicht gestützt wird: ein niedriger / runder Hocker · Am Tisch standen zwei Stühle und zwei Hocker. · Ich setze mich auf einen Hocker.

▶ der **Hof** [ho:f], des Hof[e]s, die Höfe ['hø:fə]:
1. *Platz, der zu einem Gebäude gehört und von Mauern (oder Zäunen) umgeben ist:* Ich stelle das Fahrrad in den Hof. · Die Kinder spielen im Hof. · Die Fenster gehen alle auf den Hof.
2. *Bauernhof:* Er arbeitet auf dem Hof seiner Eltern. · Ich gehe zum Hof, um Milch zu holen.
3. *Sitz eines Königs o. Ä.:* der kaiserliche / königliche Hof · der Hof Ludwigs XIV.

▶ **hof|fen** ['hɔfn̩], hofft, hoffte, hat gehofft:
wünschen, dass etwas passiert; zuversichtlich erwarten: Ich hoffe, dass ich die Prüfung bestehe. · Wir hoffen auf besseres Wetter. · Ich hoffe, dass du uns bald besuchen kommst.

▶ **hof|fent|lich** ['hɔfn̩tlɪç]:
wie ich wünsche, hoffe: Hoffentlich geht es euch gut. · Hoffentlich hast du recht.

▶ die **Hoff|nung** ['hɔfnʊŋ], der Hoffnung, die Hoffnungen:
Wunsch, Erwartung für die Zukunft: die Hoffnung auf Frieden · die Hoffnung verlieren / aufgeben · Er hat keine Hoffnung mehr. · Das ist meine einzige Hoffnung. · Mach dir keine Hoffnung!

▶ **höf|lich** ['hø:flɪç], höflicher, am höflichsten:
freundlich, aufmerksam, rücksichtsvoll gegenüber anderen: ein höflicher Mensch · höflich grüßen · Du solltest ihn höflich bitten. · Sie hat sich höflich entschuldigt. · Das ist nicht sehr höflich

▶ die **Hö|he** ['hø:ə], der Höhe, die Höhen:
1. *Maß, wie weit etwas nach oben reicht; Größe:* die Höhe der Tür · Der Turm hat eine Höhe von 30 Metern. · Hast du Länge, Breite und Höhe aufgeschrieben?
2. *Stärke, Größe von etwas in Zahlen:* die Höhe der Temperatur / des Fiebers · die Höhe des Preises / des Einkommens · Er erhält einen Gutschein in Höhe von *(im Wert von)* 50 Euro.

der **Hö|he|punkt** ['hø:əpʊŋkt], des Höhepunkt[e]s, die Höhepunkte:
1. *wichtigster Teil einer Entwicklung:* der Höhepunkt des Abends · Die Stimmung ist auf dem Höhepunkt. · Die Krise hat ihren Höhepunkt schon überschritten.
2. *höchste sexuelle Erregung:* Sie kamen gleichzeitig zum Höhepunkt.

hohl [ho:l], hohler, am hohlsten:
innen leer: ein hohler Baum · eine hohle Nuss · Die Kugel ist hohl.

die **Höh|le** ['hø:lə], der Höhle, die Höhlen:

größerer Raum (von Säugetieren) in der Erde: Im Winter schläft der Bär in seiner Höhle. · Die Höhle bietet uns Schutz vor dem Regen.

ho|len ['ho:lən], holt, holte, hat geholt:
1. *hierher bringen:* Der Hund holt den Ball. · Ich hole beim Finanzamt ein Formular. · Sie geht Brötchen holen *(kaufen).*
2. *jemanden (schnell) an einen bestimmten Ort rufen, bitten:* die Polizei / die Feuerwehr holen · Sollen wir nicht besser einen Arzt holen?
3. ⟨+ sich⟩ *sich etwas geben lassen:* sich bei jemandem Rat / Trost holen · Er holte sich die Hilfe der Lehrerin.

die **Höl|le** ['hœlə], der Hölle:
Reich des Teufels: die Flammen / die Qualen der Hölle · in die Hölle kommen.

das **Holz** [hɔlts], des Holzes, die Hölzer ['hœltsɐ]:
festes, hartes Material eines Baumes: ein Stück Holz · Er hackt Holz. · Das Haus ist ganz aus Holz. · Der Schrank ist aus massivem Holz. · Sie heizen mit Holz.

die **Home|page** ['hoʊmpeɪdʒ], der Homepage, die Homepages (EDV):
1. *erste Seite einer Firma, Institution oder Person im Internet, über die alle anderen Informationen erreichbar sind:* eine Homepage einrichten.
2. *alle Dateien einer Firma, Institution oder Person im Internet:* Es ist schwer, sich auf der Homepage dieses Unternehmens zu orientieren.

ho|mo|se|xu|ell [homozɛ'ksu̯ɛl]:
sexuell am gleichen Geschlecht interessiert: homosexuelle Männer / Frauen · ein homosexuelles Paar · Er / Sie ist / lebt homosexuell.

der **Ho|nig** ['ho:nɪç], des Honigs, die Honige:
gelbe, süße Masse, die von Bienen produziert wird und die man essen kann: flüssiger / fester / echter Honig · Ich esse gern Honig. · Die Bienen sammeln Honig.

das **Ho|no|rar** [hono'ra:ɐ̯], des Honorars, die Honorare:
Geld, das man einer Person mit einem freien Beruf für eine Leistung bezahlt: mit jemandem ein Honorar vereinbaren · Die Künstlerin arbeitet gegen Honorar. · Der Arzt erhält ein hohes Honorar.

hopp|la ['hɔpla]:
Ausdruck für ein Missgeschick, z. B. wenn jemand stolpert: Hoppla, da ist eine Stufe! · Hoppla, beinah wäre ich gefallen.

▶ **hö|ren** ['hø:rən], hört, hörte, hat gehört:
1. *mit den Ohren wahrnehmen:* ein Geräusch / Schritte hören · Hörst du die Glocken? · Ich höre, dass sie weint. · Mein Vater hört nicht mehr gut. · Hörst du schlecht?
2. *über das Ohr bewusst, aufmerksam aufnehmen:* ein Konzert / eine Oper hören · eine CD / eine Kassette hören · Ich höre Radio / Musik.
3. *etwas erfahren, mitbekommen:* Wir haben lange nichts mehr von ihm gehört. · Ich habe gehört, du willst umziehen. · Ich habe viel Gutes von ihr / über sie gehört.
4. *jemandem, einer Sache folgen, gehorchen:* Der Junge hört nicht auf seine Eltern. · Hast du auf den Rat deines Lehrers gehört? · Hör auf meine Worte!

▶ der **Hö|rer** ['hø:rɐ], des Hörers, die Hörer, die **Hö|re|rin** ['hø:rərɪn], der Hörerin, die Hörerinnen:
Person, die (am Radio) zuhört: Liebe Hörerinnen und Hörer! · Diese Sendung hat den Hörern besonders gut gefallen.

der **Ho|ri|zont** [hori'tsɔnt], des Horizont[e]s, die Horizonte:
Linie in der Ferne zwischen Himmel und Erde: Am Horizont ist ein großes Schiff zu sehen. · Die Sonne verschwindet hinter dem Horizont.

das **Hor|mon** [hɔr'mo:n], des Hormons, die Hormone:
Stoff im (menschlichen) Körper, der die Funktion von Organen steuert: männliche / weibliche Hormone · Die Drüse produziert Hormone. · Der Stoff wirkt wie ein Hormon.

das **Hörn|chen** ['hœrnçən], des Hörnchens, die Hörnchen:
schmales, gebogenes Gebäck: Ihr Frühstück bestand meist nur aus einem Hörnchen und einer Tasse Kaffee.

das **Ho|ro|skop** [horo'sko:p], des Horoskops, die Horoskope:
Text, der die Zukunft eines Menschen durch die Sterne voraussagt: Er liest sein Horoskop für die nächste Woche. · Was steht in deinem Horoskop? · Sie glaubt nicht an Horoskope.

der **Hort** [hɔrt], des Hort[e]s, die Horte:
Einrichtung, in der Kinder nach der Schule betreut werden: Unsere Kinder gehen von 13 bis 16 Uhr in einen Hort.

▶ die **Ho|se** ['ho:zə], der Hose, die Hosen:
Kleidungsstück für den Po und die Beine:

eine kurze / lange Hose · eine enge / weite Hose · Die Hose ist mir zu warm. · Ich muss noch meine Hose bügeln.

▸ das **Ho|tel** [ho'tɛl], des Hotels, die Hotels: *größeres Haus mit vielen Zimmern, in denen man für Geld übernachten kann:* ein billiges / teures Hotel · Das Hotel ist ausgebucht. · Wir haben in einem Hotel übernachtet.

das **Ho|tel|zim|mer** [ho'tɛltsɪmɐ], des Hotelzimmers, die Hotelzimmer: *Zimmer für Gäste in einem Hotel:* Können Sie für drei Nächte ein Hotelzimmer für mich buchen?

▸ **hübsch** [hʏpʃ], hübscher, am hübschesten: *schön:* ein hübsches Mädchen · eine hübsche Wohnung · Sie ist sehr hübsch angezogen.

der **Hub|schrau|ber** ['hu:pʃraubɐ], des Hubschraubers, die Hubschrauber: *eine Art Flugzeug mit schmalen Flügeln, die sich waagerecht und sehr schnell im Kreis drehen:* mit dem Hubschrauber fliegen · Der Verletzte wurde mit dem Hubschrauber ins Krankenhaus gebracht.

huch [hu:x]: Ausdruck für das Erschrecken: Huch, eine Schlange!

die **Hüf|te** ['hʏftə], der Hüfte, die Hüften: *Teil des Körpers seitlich von Po und Taille:* Sie hat schmale / breite Hüften. · Er fasst sie um die Hüfte. · Sie stemmt die Arme in die Hüften.

▸ der **Hü|gel** ['hy:gl̩], des Hügels, die Hügel: *kleiner, flacher Berg:* grüne / sanfte Hügel · Das Haus liegt auf einem Hügel. · Sie gingen den Hügel hinauf.

das **Huhn** [hu:n], des Huhn[e]s, die Hühner ['hy:nɐ]: *größerer Vogel, dessen Fleisch und Eier gegessen werden:* Das Huhn legt ein Ei. · Zu Mittag gibt es Huhn mit Reis. · Sie halten / züchten Hühner.

das **Hühn|chen** ['hy:nçən], des Hühnchens, die Hühnchen: *(kleines) Huhn:* Er bestellte Hühnchen mit Reis.

die **Hül|le** ['hʏlə], der Hülle, die Hüllen: *etwas, was um einen Gegenstand herum ist und ihn schützt:* Sie nimmt den Regenschirm aus der Hülle. · Sie steckt die Schere wieder in die Hülle.

▸ der **Hu|mor** [hu'mo:ɐ̯], des Humors: *Fähigkeit eines Menschen, über etwas Witze zu machen und zu lachen:* Er hat keinen / viel Humor. · Sie verliert nie den Humor. · Nimm es mit Humor!

hum|peln ['hʊmpl̩n], humpelt, humpelte, gehumpelt:
1. ⟨hat / ist⟩ *mit einem Fuß nicht richtig gehen können:* Nach dem Sturz mit dem Fahrrad bin / habe ich mehrere Tage gehumpelt.
2. ⟨ist⟩ *irgendwo hingehen und dabei mit einem Fuß nicht richtig auftreten:* Eine alte Frau humpelte über die Straße. · Der verletzte Spieler humpelt vom Spielfeld.

▸ der **Hund** [hʊnt], des Hund[e]s, die Hunde: *Haustier, das sehr gut hören und riechen kann:* ein bissiger Hund · Der Hund bellt / knurrt. · Sie geht mit dem Hund spazieren. · Keine Angst, der Hund tut nichts.

▸ **hun|dert** ['hʊndɐt] (in Ziffern: 100): *die Zahl 100:* hundert Personen · Hundert Cent sind ein Euro. · Ich zähle von eins bis hundert.

hun|dert|pro|zen|tig ['hʊndɐtprotsɛntɪç]: *völlig, absolut, ganz und gar:* mit hundertprozentiger Sicherheit · Du kannst dich hundertprozentig auf ihn verlassen.

▸ der **Hun|ger** ['hʊŋɐ], des Hungers: *Verlangen, etwas zu essen:* Hunger bekommen · Hast du Hunger? · Ich habe großen / keinen Hunger.

▸ **hung|rig** ['hʊŋrɪç], hungriger, am hungrigsten: *Hunger habend, mit Hunger:* ein hungriges Kind · Wenn ich aus der Schule komme, bin ich immer hungrig. · Er war hungrig wie ein Bär *(war sehr hungrig).*

die **Hu|pe** ['hu:pə], der Hupe, die Hupen: *Gerät an einem Fahrzeug, mit dem man einen lauten Ton erzeugt, um andere zu warnen:* eine laute Hupe · Der Fahrer hinter mir drückt auf die Hupe.

▸ **hu|pen** ['hu:pn̩], hupt, hupte, hat gehupt: *mit der Hupe einen lauten Ton erzeugen:* Der Fahrer hinter mir hupte wütend. · Es geht nicht weiter, alle stehen da und hupen.

hüp|fen ['hʏpfn̩], hüpft, hüpfte, ist gehüpft: *springen, kleine Sprünge machen:* auf einem Bein hüpfen · Der Frosch hüpft ins Wasser. · Die Kinder hüpfen auf dem Hof.

die **Hür|de** ['hʏrdə], der Hürde, die Hürden (Sport): *Hindernis, über das ein Sportler, eine Sportlerin oder ein Pferd springen muss:* eine Hürde überspringen · Er blieb an der letzten Hürde hängen.; * **eine Hürde nehmen:** *eine Schwierigkeit überwinden:* Mit dieser Prüfung ist die letzte Hürde genommen.

hur|ra [hʊˈraː]:
Ausdruck der Begeisterung: Hurra, wir fahren ans Meer! · Hurra, wir kriegen einen Hund!

hus|ten [ˈhuːstn̩], hustet, hustete, hat gehustet:
Luft heftig, plötzlich und mit lautem Geräusch ausatmen: laut / heftig husten · Sie ist erkältet und hustet stark. · Er hat die ganze Nacht gehustet.

der **Hus|ten** [ˈhuːstn̩], des Hustens:
Krankheit, bei der man oft und stark husten muss: starker / hartnäckiger / chronischer Husten · Husten haben / bekommen · Er hat Schnupfen und heftigen Husten.

der **Hut** [huːt], des Hut[e]s, die Hüte [ˈhyːtə]:
steifes Kleidungsstück für den Kopf, das vor Kälte oder Sonne schützt: den Hut abnehmen / aufsetzen · Der Hut steht ihr sehr gut. · Im Winter trägt er meist einen Hut.

die **Hüt|te** [ˈhʏtə], der Hütte, die Hütten:
kleines, einfaches Haus (mit nur einem Raum): eine kleine / niedrige Hütte · eine Hütte bauen · Wir übernachten in einer Hütte aus Holz.

die **Hy|gi|ene** [hyˈgi̯eːnə], der Hygiene:
Sauberkeit: die Hygiene des Körpers · In diesem Restaurant ist die Hygiene gut.

die **Hym|ne** [ˈhʏmnə], der Hymne, die Hymnen:
feierliche Musik: Vor dem Spiel werden die Hymnen beider Länder gespielt. · Die Spieler singen die Hymne mit.

I

ich [ɪç]:
bezeichnet die eigene Person: Ich koche. · Das weiß ich nicht.

ide|al [ideˈaːl], idealer, am idealsten:
nicht besser denkbar, vollkommen: ein idealer Partner · Das Wetter ist ideal zum Wandern.

die **Idee** [iˈdeː], der Idee, die Ideen [iˈdeːən]:
Gedanke, Vorstellung: eine gute / neue / prima Idee · Ich habe eine Idee für unseren Urlaub. · Wer hat eine Idee, was wir machen können?

die **Iden|ti|tät** [idɛntiˈtɛːt], der Identität, die Identitäten:
wer jemand wirklich ist oder was etwas wirklich ist: jemandes Identität feststellen · Kennt die Polizei die Identität des Toten?

die **Ideo|lo|gie** [ideoloˈgiː], der Ideologie, die Ideologien [ideoloˈgiːən]:
Bild, Vorstellung von der Welt: die Ideologien einer Zeit · Welche Ideologie vertritt er?

ideo|lo|gisch [ideoˈloːgɪʃ]:
von einer Ideologie bestimmt: ideologische Vorurteile · Seine Argumente sind oft ideologisch geprägt. · Wo steht sie ideologisch?

der **Idi|ot** [iˈdi̯oːt], des Idioten, die Idioten (umgangssprachlich abwertend):
Person, die sich dumm verhält: So ein Idiot! · Kann der Idiot nicht besser aufpassen? · Ich bin ein Idiot, dass ich das nicht schon früher gemacht habe.

der **Igel** [ˈiːgl̩], des Igels, die Igel:
kleines braunes Tier mit Stacheln und kurzen Beinen: Ein Igel raschelt im Laub. · Der Igel stellt die Stacheln auf.

▶ **ihm** [iːm]:
Dativ von »er« und »es«: Glaubst du ihm? · Ich gebe ihm das Buch zurück. · Sie hat ihm einen Brief geschrieben.

▶ **ihn** [iːn]:
Akkusativ von »er«: Kennst du ihn? · Ich habe ihn gestern angerufen.

▶ **ih|nen** [ˈiːnən]:
Dativ von »sie« (Plural): Kannst du ihnen Bescheid sagen? · Ich habe ihnen ein Paket geschickt.

▶ **Ih|nen** [ˈiːnən]:
Dativ von »Sie«: Ich danke Ihnen sehr. · Kann ich Ihnen helfen?

▶ **ihr** [iːɐ̯]:
1. dient dazu, mehrere vertraute Personen anzureden: Ihr seid zu spät. · Warum habt ihr nichts gesagt?
2. Dativ von »sie« (Singular): Die Mutter hilft ihr bei den Hausaufgaben. · Ich schreibe ihr eine Mail.
3. drückt aus, dass jemand, etwas [zu] einer Gruppe von Personen oder einer weiblichen Person gehört: Sie hat ihre Tasche vergessen. · Die Kinder fahren zu ihrem Vater. · Sie sind bei ihren Großeltern.

▶ **Ihr** [iːɐ̯]:
Ihr, Ihre, Ihr; drückt aus, dass jemand/etwas [zu] einer mit »Sie« angeredeten Person oder Gruppe von Personen gehört: Wo steht Ihr Wagen? · Sind das Ihre Bücher?

▶ **ih|rer** [ˈiːrɐ]:
Genitiv von »sie«: Wir werden ihrer gedenken.

Ih|rer ['i:rɐ]:
Genitiv von »Sie«: Das ist Ihrer nicht würdig.

il|le|gal ['ɪlega:l]:
vom Gesetz verboten, gegen das Gesetz verstoßend: illegaler Handel · Sie macht illegale Geschäfte. · Er arbeitet hier illegal.

die **Il|lu|si|on** [ɪlu'zi̯o:n], der Illusion, die Illusionen:
falsche Vorstellung: Illusionen haben · Ich mache mir keine Illusionen. · Er ist ein Mensch ohne Illusionen.

die **Il|lus|tra|ti|on** [ɪlʊstra'tsi̯o:n], der Illustration, die Illustrationen:
Bild zu einem Text: In diesem Buch gibt es viele farbige Illustrationen.

die **Il|lus|trier|te** [ɪlʊs'tri:ɐ̯tə], die / eine Illustrierte; der / einer Illustrierten oder Illustrierte, die Illustrierten / zwei Illustrierte oder Illustrierten:
Zeitschrift mit vielen Bildern und unterhaltendem Inhalt: Meine Oma kauft sich regelmäßig eine Illustrierte. · Er sitzt im Wartezimmer des Arztes und blättert in einer Illustrierten. · Viele Illustrierte berichten von der Hochzeit des Prinzen.

im [ɪm] ⟨Verschmelzung von »in« + »dem«⟩:
1. ⟨kann aufgelöst werden⟩ Sie sitzt im Park auf der Bank. · Wir treffen uns im Theater.
2. ⟨kann nicht aufgelöst werden⟩ im Grunde · Er kommt im Mai. · Das Haus ist noch im Bau.

der **Im|biss** ['ɪmbɪs], des Imbisses, die Imbisse:
kleine Mahlzeit: Vor dem Sport esse ich nur einen kleinen Imbiss. · Ich habe dir einen Imbiss für die Reise eingepackt.

im|mer ['ɪmɐ]:
1. *stets, ständig:* Er ist immer guter Laune. · Sie ist immer in Eile. · Auf der Burg weht immer eine Fahne.
2. *jedes Mal:* Er kommt wie immer zu spät. · Warum immer ich?
3. *nach und nach, zunehmend:* Die Butter wird immer teurer. · Das Wetter wird immer schlechter.
4. verstärkt »noch«: Es regnet ja immer noch. · Hat sie immer noch nicht angerufen?

im|mer|hin ['ɪmɐ'hɪn]:
hebt die Bedeutung von etwas hervor; *wenigstens, zumindest:* Ich bin immerhin Dritter geworden. · Er hat sich immerhin Mühe gegeben.

im|mer|zu ['ɪmɐ'tsu:]:
dauernd, ständig, immer wieder: Er hat immerzu Hunger. · Du sollst mich nicht immerzu ärgern.

der **Im|mi|grant** [ɪmi'grant], des Immigranten, die Immigranten, die **Im|mi|gran|tin** [ɪmi'grantɪn], der Immigrantin, die Immigrantinnen:
Person, die in ein Land eingewandert ist: 170 Immigranten werden in einem Boot aufgegriffen. · Sie besucht einen Sprachkurs für Immigranten.

die **Im|mo|bi|lie** [ɪmo'bi:li̯ə], der Immobilie, die Immobilien:
nicht beweglicher Besitz (z. B. Haus, Grundstück): Besitzen Sie Immobilien? · Er handelt mit Immobilien.

die **Imp|fung** ['ɪmpfʊŋ], der Impfung, die Impfungen:
Behandlung mit einem Stoff, der vor einer bestimmten gefährlichen Krankheit schützt: Impfungen vornehmen · Der Arzt empfahl mir eine Impfung gegen Grippe.

der **Im|port** [ɪm'pɔrt], des Import[e]s, die Importe:
das Einführen von Waren aus dem Ausland: Die Importe sind gestiegen. · Wegen der billigen Importe fallen die Preise.

in [ɪn]:
1. ⟨räumlich; mit Dativ; Frage: wo?⟩ bezeichnet den Ort, wo jemand oder etwas ist: Sie ist in der Stadt. · Ich lebe in Hamburg. · Die Kinder sind in der Schule. · Der Pullover ist in der Kommode.
2. ⟨räumlich; mit Akkusativ; Frage: wohin?⟩ bezeichnet das Ziel, wohin jemand oder etwas kommt: Wir fahren in die Schweiz. · Sie bringt ihn in den Kindergarten. · Ich setze mich in den Sessel.
3. ⟨zeitlich; mit Dativ; Frage: wann?⟩ bezeichnet einen Zeitpunkt oder Zeitraum: In zwei Wochen beginnen die Ferien. · In diesem Jahr fahren wir nicht in den Urlaub.
4. ⟨mit Dativ⟩ bezeichnet die Art, die Umstände: Ich suche ein Paar Schuhe in Größe 43. · Sie ist in großer Eile.
5. ⟨mit Dativ und Akkusativ; abhängig von bestimmten Wörtern⟩ In Englisch bin ich ganz gut. · Er hat sich in sie verliebt. · In diesem Punkt bin ich anderer Meinung.

in|dem [ɪn'de:m]:
dadurch, dass: Sie bedankt sich, indem sie uns zum Essen einlädt.

der **In|di|a|ner** [ɪnˈdi̯anɐ], des Indianers, die Indianer, die **In|di|a|ne|rin** [ɪnˈdi̯anarɪn], der Indianerin, die Indianerinnen:
Person, die zu den ursprünglichen Einwohnern Amerikas gehört: die Indianer Nordamerikas · Sie ist Indianerin.

in|di|rekt [ˈɪndirɛkt]:
über einen Umweg, nicht unmittelbar: indirekte Beleuchtung · Er macht mir indirekt Vorwürfe. · Sie will die Entscheidung indirekt beeinflussen.

in|di|vi|du|ell [ɪndiviˈdu̯ɛl]:
1. *von einer einzelnen Person; für eine einzelne Person:* eine individuelle Meinung · Das ist ein individuelles Problem. · Wir haben eine individuelle Lösung. · Die Wirkung ist individuell *(bei den einzelnen Menschen)* verschieden.
2. ⟨individueller, am individuellsten⟩ *in einem besonderen, persönlichen Stil:* ein individuelles Design · Sie haben die ganze Wohnung individuell eingerichtet.

das **In|di|vi|du|um** [ɪndiˈviːduʊm], des Individuums, die Individuen [ɪndiˈviːdu̯ən]:
einzelner Mensch: das Individuum und die Gesellschaft · Sie setzt sich für die Freiheit des Individuums ein.

die **In|dus|trie** [ɪndʊsˈtriː], der Industrie, die Industrien [ɪndʊsˈtriːən]:
Bereich der Wirtschaft, der Produkte entwickelt und herstellt: die deutsche Industrie · Er arbeitet in der Industrie. · Hier gibt es kaum Industrie.

in|ei|nan|der [ɪn|ai̯ˈnandɐ]:
einer in den anderen: Die Teile passen genau ineinander. · Ich habe die Töpfe ineinander gestellt. · Sie sind ineinander verliebt.

der **In|fekt** [ɪnˈfɛkt], des Infekt[e]s, die Infekte:
Krankheit durch eine Infektion: Sie hat einen grippalen Infekt. · Er ist durch einen Infekt geschwächt.

die **In|fek|ti|on** [ɪnfɛkˈt͡si̯oːn], der Infektion, die Infektionen:
1. *das Krank-Werden durch Viren o. Ä.:* eine Infektion des Darms.
2. (umgangssprachlich) *bestimmte Krankheit, Entzündung:* eine Infektion am Finger / am Zahnfleisch haben.

die **In|fla|ti|on** [ɪnflaˈt͡si̯oːn], der Inflation, die Inflationen:
Verlust des Geldes an Wert durch steigende Preise: eine niedrige / hohe Inflation · Der hohe Preis für Öl und Gas beschleunigt die Inflation. · Wie kann man die Inflation begrenzen?

in|fol|ge [ɪnˈfɔlɡə]:
wegen: Infolge schlechten Wetters wurde das Spiel mehrmals unterbrochen. · Ich war infolge fehlenden Schlafes sehr müde.

die **In|for|ma|tik** [ɪnfɔrˈmaːtɪk], der Informatik:
Wissenschaft, die sich damit beschäftigt, wie Computer Daten verarbeiten und übermitteln: Sie studiert Informatik.

▶ die **In|for|ma|ti|on** [ɪnfɔrmaˈt͡si̯oːn], der Information, die Informationen:
1. *Angaben, Einzelheiten zu einem bestimmten Thema:* Können Sie mir weitere Informationen zu diesem Thema geben? · Ich habe dazu ausführliche Informationen bekommen. · Woher kommt diese Information?
2. *Stelle, die Auskunft gibt:* Die Information war leider schon geschlossen. · Ich habe an der Information gefragt.

▶ **in|for|mie|ren** [ɪnfɔrˈmiːrən], informiert, informierte, hat informiert:
1. *jemandem Informationen über etwas geben:* Hast du ihn rechtzeitig informiert? · Ein Sprecher der Polizei informierte über die Ereignisse.
2. ⟨+ sich⟩ *sich Informationen über etwas besorgen:* Er informiert sich über das Ergebnis der Wahlen. · Ich habe mich in der Zeitung darüber informiert.

in|fra|ge [ɪnˈfraːɡə]:
*** infrage kommen:** *denkbar sein, in Betracht kommen:* Eine Änderung der Pläne kommt nicht infrage. · Das kommt gar nicht infrage!; *** etwas infrage stellen: 1)** *an etwas zweifeln:* Er stellt seine Ehe infrage. · Sie stellt den Sinn ihrer Arbeit infrage. **2)** *unsicher, zweifelhaft machen, ob etwas verwirklicht wird:* Sein Unfall stellt unsere Reise infrage.

▶ der **In|ge|ni|eur** [ɪnʒeˈni̯øːɐ̯], des Ingenieurs, die Ingenieure, die **In|ge|ni|eu|rin** [ɪnʒeˈni̯øːrɪn], der Ingenieurin, die Ingenieurinnen:
Person mit einer technischen Ausbildung an einer Hochschule: Sie arbeitet als Ingenieurin. · Er ist Ingenieur für Tiefbau.

der **In|ha|ber** [ˈɪnhaːbɐ], des Inhabers, die Inhaber, die **In|ha|be|rin** [ˈɪnhaːbərɪn], der Inhaberin, die Inhaberinnen:
Person, die etwas besitzt; Besitzer, Besitzerin: Sie ist Inhaberin eines Buchladens. · Der Inhaber des Kinos ist pleite.

▶ der **In|halt** [ˈɪnhalt], des Inhalt[e]s, die Inhalte:

1. *das, was in etwas (z. B. einem Behälter, Gefäß) enthalten ist:* der Inhalt einer Schachtel / eines Koffers · Sie schüttet den Inhalt der Tasche aus. · Der Inhalt reicht für drei Personen.
2. *das, was in etwas (z. B. einem Text, Film) ausgedrückt, mitgeteilt wird; Aussage:* Der Inhalt lässt sich schnell erzählen. · Welchen Inhalt hat der Roman? · Erinnerst du dich noch an den Inhalt des Gesprächs?

die **Ini|ti|a|ti|ve** [initsi̯a'ti:və], der Initiative, die Initiativen:
1. *Vereinigung von Personen, Organisationen, Firmen, die ein gemeinsames Ziel erreichen wollen:* eine private / gemeinsame / bundesweite Initiative · eine Initiative gegen den Bau eines neuen Bahnhofs · Sie wollen eine Initiative gründen. · Er unterstützt unsere Initiative.
2. * **die Initiative ergreifen:** *etwas unternehmen, aktiv werden:* Warte nicht, dass die anderen etwas tun, sondern ergreife selbst die Initiative.

▶ **in|klu|si|ve** [ɪnklu'zi:və]:
1. ⟨mit Genitiv⟩ *einschließlich:* inklusive einer Spende · inklusive Getränke · inklusive Porto.
2. *einschließlich; auch:* Bitte lest den Text bis Seite 40 inklusive.

das **In|land** ['ɪnlant], des Inland[e]s:
das eigene Land: Der Sänger ist im Inland weniger bekannt als im Ausland. · Die Flüge im Inland *(innerhalb des Landes)* sollen teurer werden.

▶ **in|nen** ['ɪnən]:
in der Mitte, zur Mitte hin; innerhalb eines Raumes: Der Apfel ist innen faul. · Innen war das Haus in schlechtem Zustand. · Hast du die Kirche von innen gesehen? · Das Fenster geht nach innen auf.

die **In|nen|stadt** ['ɪnənʃtat], der Innenstadt, die Innenstädte ['ɪnənʃtɛ:tə]:
Zentrum einer Stadt: Dieser Plan zeigt nur die Innenstadt. · Sie parkt das Auto in der Innenstadt.

▶ **in|ner...** ['ɪnər...]:
1. *so, dass es innen ist, sich innen befindet:* die innere Bahn · innere Verletzungen.
2. *so, dass es das Inland betrifft:* die inneren Probleme / Fragen dieses Landes.
3. *geistig oder in der Seele:* innere Ruhe / Anteilnahme.

▶ **in|ner|halb** ['ɪnɐhalp]:
1. *im Bereich, in:* innerhalb der Stadt / des Ortes · innerhalb von Hamburg · Gibt es Streit innerhalb der Klasse?
2. *während:* innerhalb einer Woche / eines Monats · Er hat innerhalb eines Tages fünfmal angerufen. · Er hatte vier Spiele innerhalb *(im Zeitraum)* von fünf Tagen.

▶ **ins** [ɪns]:
⟨Verschmelzung von »in« + »das«⟩
1. ⟨kann aufgelöst werden⟩ Wir gehen ins Café am Marktplatz. · Er stellt das Buch ins Regal.
2. ⟨kann nicht aufgelöst werden⟩ Sie hat einen Verein ins Leben gerufen. · Ich will nicht ins Gerede kommen.

ins|be|son|de|re [ɪnsbə'zɔndərə]:
besonders, vor allem: Die Einbrecher waren insbesondere auf Schmuck aus. · Sie liest gerne Romane, insbesondere Krimis.

▶ das **In|sekt** [ɪn'zɛkt], des Insekt[e]s, die Insekten:
kleines Tier (mit Flügeln), dessen Körper deutlich in drei Teile geteilt ist (z. B. Mücken, Fliegen, Käfer): lästige / nützliche / fliegende Insekten · Bienen und Ameisen gehören zu den Staaten bildenden Insekten.

▶ die **In|sel** ['ɪnzl̩], der Insel, die Inseln:
Land, das im Wasser liegt: eine einsame Insel · Vor der Küste sieht man zwei Inseln. · Sie liebt die griechischen Inseln.

▶ das **In|se|rat** [ɪnze'ra:t], des Inserat[e]s, die Inserate:
Anzeige, Annonce: ein Inserat aufgeben / schalten.

▶ **ins|ge|samt** [ɪnsgə'zamt]:
im Ganzen; alle, alles zusammen: Die Fahrt dauerte insgesamt acht Stunden. · Die Reise kostet insgesamt 1 600 Euro. · Wir sind insgesamt zwölf Personen.

▶ **in|stal|lie|ren** [ɪnsta'li:rən], installiert, installierte, hat installiert:
(ein technisches Gerät, eine Software) einbauen, anschließen, einrichten: ein Programm / eine Software (auf dem Computer) installieren · Die Antenne ist leicht zu installieren. · Hast du die Lampen schon installiert?

▶ das **In|sti|tut** [ɪnsti'tu:t], des Institut[e]s, die Institute:
Einrichtung (einer Hochschule), in der wissenschaftlich gearbeitet, geforscht wird: Sie arbeitet an der Universität am Institut für Informatik.

die **In|sti|tu|ti|on** [ɪnstitu'tsi̯o:n], der Institution, die Institutionen:
öffentliche (staatliche, kirchliche) Einrichtung für bestimmte Aufgaben: staat-

liche / demokratische / politische Institutionen · öffentliche / europäische / kulturelle Institutionen · Das Parlament ist eine Institution des Staates.

das **In|stru|ment** [ɪnstruˈmɛnt], des Instrument[e]s, die Instrumente:
1. *(kleines) Gerät, feines Werkzeug für technische oder wissenschaftliche Arbeiten:* medizinische Instrumente · ein Instrument zur Messung der Temperatur · Die Instrumente arbeiten genau.
2. *Musikinstrument:* ein altes / schwieriges / wertvolles Instrument · Welches Instrument spielst du? · Die Musiker stimmen die Instrumente.

in|sze|nie|ren [ɪnstse̯ˈniːrən], inszeniert, inszenierte, hat inszeniert:
(ein Stück beim Theater, einen Film) vorbereiten, gestalten, leiten: Sie inszeniert eine Komödie / ein Drama / einen Film. · Wer hat diese Oper inszeniert?

die **In|te|gra|ti|on** [ɪntegraˈtsi̯oːn], der Integration, die Integrationen:
Vorgang, bei dem jemand oder etwas Teil eines größeren Ganzen wird: die Integration von Ausländern / Migranten · Die Teilnahme an einem Sprachkurs soll die Integration von Einwanderern verbessern.

in|te|grie|ren [ɪnteˈgriːrən], integriert, integrierte, hat integriert:
jemanden oder etwas zu einem Teil eines größeren Ganzen machen: Er hat sich schnell in die Mannschaft integriert. · Die neuen Bewohner wurden bald in die Hausgemeinschaft integriert.

in|tel|lek|tu|ell [ɪntɛlɛkˈtu̯ɛl]:
den Verstand betreffend, geistig: Ihre intellektuellen Fähigkeiten sind außergewöhnlich. · Die Erzählung bereitet ihm großes intellektuelles Vergnügen.

in|tel|li|gent [ɪntɛliˈgɛnt], intelligenter, am intelligentesten:
klug, schlau: ein intelligenter Mensch · Das ist eine intelligente Frage. · Die Schülerin ist sehr intelligent.

die **In|tel|li|genz** [ɪntɛliˈgɛnts], der Intelligenz:
1. *[besondere] geistige Fähigkeit:* technische / sprachliche / emotionale Intelligenz · jemandes Intelligenz testen.
2. *alle wissenschaftlich gebildeten Menschen [eines Landes]:* Er gehört der Intelligenz an.

in|ten|siv [ɪntɛnˈziːf], intensiver, am intensivsten:
gründlich und konzentriert: ein intensives Gespräch · intensiv arbeiten / nachdenken · Sie treibt intensiv Sport. · Für das neue Produkt wird intensiv geworben.

▶ der **In|ten|siv|kurs** [ɪntɛnˈziːfkʊrs], des Intensivkurses, die Intensivkurse:
Kurs, bei dem in kurzer Zeit viel gelernt wird: einen Intensivkurs in / für Deutsch buchen / besuchen.

▶ **in|te|res|sant** [ɪntərɛˈsant], interessanter, am interessantesten:
Neugier, Aufmerksamkeit erregend; spannend: ein interessantes Buch · eine interessante Aufgabe / Frage · Sie ist ein interessanter Mensch. · Die Führung durch die Ausstellung war sehr interessant.

▶ das **In|te|res|se** [ɪntəˈrɛsə], des Interesses, die Interessen:
1. ⟨ohne Plural⟩ *Neugier, Aufmerksamkeit:* Mein Interesse für Sport hat nachgelassen. · Hast du Interesse an einer Karte fürs Theater? · Sie verfolgt die Diskussion im Fernsehen mit großem Interesse.
2. *das, was für jemanden nützlich, wichtig ist; Nutzen, Vorteil:* Er verfolgt nur seine eigenen Interessen. · Eine gute Zusammenarbeit ist auch in unserem Interesse.

▶ **in|te|res|sie|ren** [ɪntərɛˈsiːrən], interessiert, interessierte, hat interessiert:
1. ⟨+ sich⟩ *Interesse haben, zeigen:* Er interessiert sich für alte Autos. · Interessierst du dich für Mode? · Wir interessieren uns für das rote Sofa.
2. *(für jemanden) interessant sein:* Das Buch interessiert mich sehr. · Dieser Artikel interessiert dich bestimmt. · Diese Künstlerin interessiert sie besonders.

▶ **in|te|res|siert** [ɪntərɛˈsiːɐ̯t], interessierter, am interessiertesten:
Interesse habend, zeigend: Sie ist politisch interessiert. · Er ist an einer Zusammenarbeit nicht interessiert. · Sie hören interessiert zu.

▶ **in|ter|kul|tu|rell** [ɪntɐkʊlturɛl] (bildungssprachlich):
so, dass es verschiedene Kulturen verbindet: interkulturelle Begegnungen / Beziehungen.

in|tern [ɪnˈtɛrn]:
innerhalb einer kleinen Gruppe; vertraulich, geheim: eine interne Angelegenheit / Untersuchung · Diese Frage sollten wir intern besprechen.

das **In|ter|nat** [ɪntɐˈnaːt], des Internat[e]s, die Internate:

Schule, in der die Schülerinnen und Schüler wohnen: Sie schicken ihren Sohn aufs / ins Internat. · Gehst du gerne aufs Internat?

▶ **in|ter|na|ti|o|nal** [ɪntɐnatsi̯oˈna:l]:
mehrere Staaten umfassend, einschließend: eine internationale Organisation / Konferenz · Dieser Künstler ist international bekannt. · Das Unternehmen ist international ausgerichtet.

▶ das **In|ter|net** [ˈɪntɐnɛt], des Internets:
globales Netz von Computern, die miteinander verbunden sind: etwas im Internet suchen · Er surft häufig im Internet. · Ich gehe regelmäßig ins Internet. · Hast du noch keinen Zugang zum Internet?

in|ter|pre|tie|ren [ɪntɐpreˈti:rən], interpretiert, interpretierte, hat interpretiert:
etwas deuten, erklären: ein Gedicht / eine Erzählung interpretieren · Wie kann man diese Sätze interpretieren? · Wie interpretierst du sein Verhalten?

▶ das **In|ter|view** [ˈɪntɐvju:], des Interviews, die Interviews:
Gespräch eines Journalisten, einer Journalistin mit einer [bekannten] Person, die Fragen beantwortet: Die Sängerin hat ein Interview gegeben. · Er führt ein Interview mit dem Bundespräsidenten.

in|tim [ɪnˈti:m]:
1. ⟨intimer, am intimsten⟩ *eng, vertraut:* ein intimer Freund · Ihre Freundschaft ist sehr intim.
2. *sexuell:* mit jemandem intim sein / werden *(sexuell verkehren)* · Er hat intime Beziehungen zu einer Kollegin.

in|ves|tie|ren [ɪnvɛsˈti:rən], investiert, investierte, hat investiert:
1. *[Geld] anlegen:* Geld falsch / sinnvoll / sicher investieren · Sie hat ihr Geld in Aktien und Immobilien investiert.
2. *etwas für jemanden, etwas verwenden:* Er investiert viel Zeit und Geld in sein Hobby. · Sie hat in diese Beziehung viel investiert.

▶ **in|zwi|schen** [ɪnˈt͡svɪʃn̩]:
1. gibt an, dass etwas in einer vergangenen Zeit passiert ist; *unterdessen:* Es geht ihm inzwischen besser.
2. drückt aus, dass etwas parallel zu etwas anderem passiert: Ich muss noch arbeiten, du kannst inzwischen essen.

▶ **ir|gend** [ˈɪrgn̩t] (umgangssprachlich):
betont vor »so ein, so etwas«, dass jemand, etwas unbestimmt ist: Er trifft sich mit irgend so einem Kollegen. · Irgend so etwas habe ich mir schon gedacht.

▶ **ir|gend|ein** [ˈɪrgn̩tˈl̮ai̯n], irgendeine, irgendeiner:
ein beliebiger: Er ist nicht irgendein Freund, sondern mein bester.

▶ **ir|gend|wann** [ˈɪrgn̩tˈvan]:
an, zu einem nicht definierten Zeitpunkt: Sie wird schon irgendwann kommen.

iro|nisch [iˈro:nɪʃ], ironischer, am ironischsten:
mit Spott, weil man das Gegenteil von dem sagt, was man meint: Sie macht eine ironische Bemerkung. · Er ist immer leicht ironisch. · Sie lächelt ironisch. · Das habe ich ironisch gemeint.

ir|re [ˈɪrə], irrer, am irrsten:
1. *Verwirrung ausdrückend:* Er sieht mich mit irrem Blick an.
2. (salopp) *aufregend, außergewöhnlich:* Das ist eine irre Geschichte. · Er ist ein irrer Typ. · Das ist ein irres Gefühl.
3. (salopp) *sehr groß, stark:* Das macht einen irren Spaß. · Ich hatte eine irre Angst.
4. (salopp) *sehr:* Das Buch ist irre spannend. · Über das Geschenk hat sie sich irre gefreut.

▶ **ir|ren** [ˈɪrən] ⟨+ sich⟩, irrt sich, irrte sich, hat sich geirrt:
etwas Falsches annehmen; sich täuschen: Tut mir leid, ich habe mich geirrt. · In diesem Punkt irrst du dich. · Ich habe mich in ihm geirrt *(habe ihn falsch eingeschätzt)*.

der **Irr|tum** [ˈɪrtu:m], des Irrtums, die Irrtümer [ˈɪrty:mɐ]:
Fehler, falscher Gedanke: ein großer / tragischer / offensichtlicher Irrtum · Hier handelt es sich um einen Irrtum. · Er hat seinen Irrtum zugegeben. · Da bist du im Irrtum *(irrst du dich)*.

der **Is|lam** [ɪsˈla:m], des Islam[s]:
Religion, die auf den Propheten Mohammed zurückgeht und deren heiliges Buch der Koran ist: die Heiligtümer des Islam[s] · Er bekennt sich zum Islam. · Sie ist zum Islam übergetreten.

iso|lie|ren [izoˈli:rən], isoliert, isolierte, hat isoliert:
1. *jemanden, etwas von anderen streng trennen:* Im Krankenhaus wurde sie sofort isoliert. · Mit dieser Ansicht ist er in seiner Partei isoliert. · Wir hatten kaum Kontakte und lebten sehr isoliert.
2. *etwas schützen gegen Strom, Wasser, Luft, Wärme, Kälte:* ein Kabel / Rohr isolieren · Wir haben unser Haus besser isolieren lassen. · Die Wände sind gut isoliert.

J

ja [ja:]:
1. drückt aus, dass man zustimmt: Ja gern! / Ja sicher! / Ja gewiss! · »Kommst du morgen mit ins Kino?« – »Ja [gern].«
2. drückt aus, dass man etwas bestätigt haben möchte: Es wird schon klappen, ja? · Die OP wird gutgehen, ja?
3. drückt aus, dass man etwas kennt; *doch:* Das habe ich ja gewusst. · Es kann ja nicht immer so bleiben.
4. *wirklich; tatsächlich:* Es hagelt ja richtig.
5. *auf jeden, keinen Fall:* Tu es ja nicht!
6. dient dazu, sich am Telefon zu melden: Ja [bitte]? *(Wer ist dort?; Was wünschen Sie?; Hallo!).*
7. drückt aus, dass man etwas nicht richtig verstanden hat oder nicht glauben kann: »Er hat in der Firma gekündigt.« – »Ja [wirklich]?«.

die **Ja|cke** ['jakə], der Jacke, die Jacken:
Kleidungsstück [mit langen Ärmeln] für den Oberkörper: eine dicke / dünne / bunte / schwarze Jacke · eine Jacke mit vielen Taschen und einer Kapuze · Willst du die Jacke anbehalten oder ausziehen?

das **Ja|ckett** [ʒa'kɛt], des Jacketts, die Jacketts:
Jacke eines Anzugs für Herren: ein helles / dunkles / kariertes Jackett · Er trägt gerne Jeans und Jackett.

die **Jagd** [ja:kt], der Jagd, die Jagden:
1. *das Verfolgen und Töten von Wild:* eine Jagd auf Hasen / Rehe / Wildschweine · auf die Jagd *(jagen)* gehen.
2. *das Verfolgen, um jemanden, etwas zu bekommen:* Sie ist auf der Jagd nach dem Glück / einer neuen Hose.

ja|gen ['ja:gn̩], jagt, jagte, hat gejagt:
1. *Wild verfolgen, fangen oder töten:* einen Hirsch / ein Wildschwein / Löwen jagen.
2. *auf die Jagd gehen:* Er jagt gern [in Afrika / in den Bergen].
3. *jemanden, etwas verfolgen; versuchen, jemanden, etwas zu bekommen:* Die Polizei jagt den Attentäter.

das **Jahr** [ja:ɐ̯], des Jahr[e]s, die Jahre:
Zeitraum von zwölf Monaten: das alte / neue / laufende / vorige Jahr · ein ganzes / volles / halbes Jahr · im Sommer dieses Jahres · im Jahr 2014 · im Laufe des / dieses Jahres · Er ist 18 Jahre alt [geworden]. · Kinder bis zu 8 Jahren haben freien Eintritt. · Wir wünschen euch ein gutes neues Jahr!

jah|re|lang ['ja:rəlaŋ]:
mehrere, viele Jahre lang: die jahrelange Anstrengung · Sie hat jahrelang auf ihn gewartet.

der **Jah|res|tag** ['ja:rəsta:k], des Jahrestages, die Jahrestage:
Tag, an dem ein oder mehrere Jahre vorher etwas Wichtiges geschehen ist und an dem man feiert: der Jahrestag der Revolution / unseres Kennenlernens.

die **Jah|res|zeit** ['ja:rəst͜sai̯t], der Jahreszeit, die Jahreszeiten:
einer der vier Abschnitte, in die das Jahr eingeteilt ist (Frühling, Sommer, Herbst, Winter): die warme / kalte Jahreszeit · Für diese Jahreszeit ist es viel zu warm.

der **Jahr|gang** ['ja:ɐ̯gaŋ], des Jahrgang[e]s, die Jahrgänge ['ja:ɐ̯gɛŋə]:
1. *alle Menschen, die im gleichen Jahr geboren wurden:* ein geburtenstarker / -schwacher Jahrgang · der Jahrgang 1956 · Sie ist dein Jahrgang. · Welcher Jahrgang sind Sie?
2. *alle Zeitungen, Zeitschriften o. Ä., die in einem Jahr erschienen sind:* Ich brauche den kompletten Jahrgang 2010 dieser Zeitschrift.

▶ das **Jahr|hun|dert** [ja:ɐ̯'hʊndɐt], des Jahrhunderts, die Jahrhunderte:
hundert Jahre (Abkürzung: Jh.): das 19. / 20. / 21. Jahrhundert · das 3. Jahrhundert vor / nach Christus · das Jahrhundert der Entdeckungen / Aufklärung.

▶ **jähr|lich** ['jɛ:ɐ̯lɪç]:
so, dass es in jedem Jahr geschieht, erfolgt, fällig ist: das jährliche Ablesen der Zählerstände · Möchten Sie den Beitrag monatlich oder jährlich zahlen?

▶ das **Jahr|zehnt** [ja:ɐ̯'t͜se:nt], des Jahrzehnt[e]s, die Jahrzehnte:
Zeitraum von zehn Jahren: mehrere / wenige Jahrzehnte.

jam|mern ['jamɐn], jammert, jammerte, hat gejammert:
[laut] klagen: Das kranke Kind jammert. · Jetzt mach deine Arbeit und jammere nicht.

▶ der **Ja|nu|ar** ['janu̯a:ɐ̯], des Januar[s]:
erster Monat im Jahr: Der 1. Januar ist ein Feiertag.

▶ die **Jau|se** ['jau̯zə], der Jausen, die Jausen:
kleine Mahlzeit [am Vor- oder Nachmittag]: eine Jause machen.

▶ der **Jazz** [dʒɛs], des Jazz:
bestimmte Musik, die ihre Wurzeln in Afrika hat und heute überall bekannt ist: Jazz hören / spielen / mögen.

▶ **je** [je:]:
1. *jedes Mal in einer bestimmten [An]zahl; jeweils:* Je 50 Personen können gleichzeitig die Ausstellung besuchen. · Je ein Exemplar des Buches wurde an die Bibliotheken verschickt.
2. *jede einzelne Person oder Sache für sich genommen:* Die Räume sind je vier Meter breit.
3. ⟨in Verbindung mit »nach«⟩ drückt aus, dass etwas von einer bestimmten Bedingung abhängt: Je nach Geschmack wählt jeder, was er möchte.
4. *irgendwann, überhaupt [einmal]; jemals:* Wer weiß, ob ihm das je gelingen wird.
5. ⟨mit Akkusativ⟩ *für jede [einzelne] Person oder Sache:* Die Kosten betragen 10 Euro je Person / Erwachsenen / angefangene Stunde.
6. ⟨in Verbindung mit »nachdem«⟩ drückt aus, dass etwas von etwas abhängt: Je nachdem, wie das Wetter ist, feiern wir im Haus oder im Garten.
7. * **je ... desto / umso:** stellt eine Beziehung zwischen zwei Komparativen her: Je früher du bei mir bist, desto mehr Zeit haben wir. · Je länger ich ihn kenne, desto mehr liebe ich ihn.

▶ die **Jeans** [dʒi:ns], der Jeans, die Jeans ⟨häufig auch im Plural mit singularischer Bedeutung⟩:
[blaue] Hose aus einem festen Stoff: [eine] neue / alte / blaue / kaputte Jeans · Sie trägt am liebsten Jeans. · Die Jeans ist / sind mir zu eng.

▶ **je|de** ['je:də]:
↑jeder.

je|den|falls ['je:dn̩'fals]:
1. *auf jeden Fall:* Ich komme morgen jedenfalls mit.
2. *wenigstens:* Er wird an dem Projekt mitarbeiten, jedenfalls hat er das gesagt.

▶ **je|der** ['je:dɐ], jede, jedes:
bezeichnet alle einzelnen Mitglieder, Dinge [einer Gruppe]: jeder Angestellte · jede der Frauen · Das kann jeder. · Er wird ihr auf jeden Fall helfen. · Der Zug fährt jeden Tag.

▶ **je|der|zeit** ['je:dɐ'tsait]:
immer; zu jeder Zeit: Du kannst jederzeit wiederkommen.

▶ **je|des** ['je:dəs]:
↑jeder.

▶ **je|doch** [je'dɔx]:
aber; doch: Ich hatte zwar Urlaub, konnte mich jedoch nicht erholen. · Ich habe mehrmals bei ihr angerufen, jedoch umsonst.

▶ **je|mals** ['je:ma:ls]:
überhaupt einmal: besser als jemals zuvor · Hast du jemals die Akropolis gesehen?

▶ **je|mand** ['je:mant]:
bezeichnet irgendeine Person: Da wollte Sie jemand sprechen. · Ich kenne jemand, der schon dort gewesen ist. · Haben Sie jemand gesehen?

jen|seits ['je:nzaits]:
auf der anderen Seite:
1. ⟨mit Genitiv⟩ jenseits des Ozeans / des Flusses.
2. Sie wohnt jenseits vom Neckar.

▶ **jetzt** [jɛtst]:
1. *in diesem Augenblick; in dieser Zeit; heute; nun:* Ich gehe jetzt. · Ich habe bis jetzt gearbeitet. · Ich habe jetzt wirklich keine Zeit.
2. drückt aus, dass man sich [ein wenig] ärgert: Was soll das denn jetzt wieder? · Was macht er denn jetzt wieder?
3. drückt aus, dass man nicht weiter weiß: Wie soll ich das denn jetzt wieder schaffen?

▶ **je|weils** ['je:'vails]:
immer, jedes Mal: Der Newsletter erscheint / kommt jeweils montags und freitags.

▶ der **Job** [dʒɔp], des Jobs, die Jobs:
1. (umgangssprachlich) *Arbeit für eine kürzere Zeit, um ein wenig Geld zu verdienen:* Du solltest dir endlich einen Job für die Ferien suchen.
2. *Arbeitsplatz, Stelle:* ein attraktiver / gut bezahlter Job · einen neuen Job suchen / annehmen · In ihrem Job muss sie viel arbeiten.

job|ben ['dʒɔbn̩], jobbt, jobbte, hat gejobbt:
[in einem Job] arbeiten: in den Ferien jobben · jobben gehen.

▶ **jog|gen** ['dʒɔgn̩], joggt, joggte, ist / hat gejoggt:
längeres [relativ langsames] Laufen (als Sport): Sie joggt jeden Morgen fünf Kilometer.

das **Jog|ging** ['dʒɔgɪŋ], des Joggings:
das Joggen; Training, bei dem man relativ langsam läuft: Sie liebt Jogging am frühen Morgen.

der *oder* das **Jo|ghurt** ['jo:gʊrt], des Joghurt[s], die Joghurt[s]:
Lebensmittel, das aus Milch hergestellt wird und ein wenig sauer schmeckt: Joghurt mit Früchten · fünf Becher Joghurt kaufen.

der **Jour|na|list** [ʒʊrna'lɪst], des Journalisten, die Journalisten, die **Jour|na|lis|tin** [ʒʊrna'lɪstɪn], der Journalistin, die Journalistinnen:
Person, die für Zeitungen, Radio oder Fernsehen schreibt: Sie berichtet als freie Journalistin aus Prag.

der **Ju|bel** ['ju:bl̩], des Jubels:
große Freude, die laut geäußert wird: Die vielen Fans brachen in riesigen Jubel aus.

ju|beln ['ju:bl̩n], jubelt, jubelte, hat gejubelt:
seine Freude über etwas laut ausdrücken: Die Sieger / Die Zuschauer jubelten lautstark.

das **Ju|bi|lä|um** [jubi'lɛ:ʊm], des Jubiläums, die Jubiläen [jubi'lɛ:ən]:
Jahrestag eines Ereignisses, der gefeiert wird: das fünfzigjährige Jubiläum der Firma feiern.

ju|cken ['jʊkn̩], juckt, juckte, hat gejuckt:
1. *einen Reiz auf der Haut verursachen:* Mein Rücken juckt. · Ihm / Ihn juckt der Rücken. · Es juckt mich.
2. *die Haut reizen:* Der Pullover / Der Verband juckt mich.
3. ⟨+ sich⟩ (umgangssprachlich) *sich kratzen:* Ich jucke mich wegen des Mückenstichs.

der **Ju|de** ['ju:də], des Juden, die Juden, die **Jü|din** ['jy:dɪn], der Jüdin, die Jüdinnen:
Angehörige[r] eines Volkes, das seine Grundlage in den Schriften des Alten Testaments hat: europäische / amerikanische Juden · die brutale Verfolgung der Juden.

jü|disch ['jy:dɪʃ]:
so, dass es zu den Juden, ihrer Geschichte und Religion gehört: das jüdische Volk · [die] jüdische Geschichte studieren.

die **Ju|gend** ['ju:gn̩t], der Jugend:
1. *Zeit, in der man jung ist:* eine schöne / sorglose Jugend haben · in meiner Jugend.
2. *alle jungen Menschen:* die deutsche / europäische Jugend · die Jugend von heute.

die **Ju|gend|her|ber|ge** ['ju:gn̩thɛrbɛrgə], der Jugendherberge, die Jugendherbergen:
einfache, preiswerte Unterkunft [besonders für Jugendliche]: Zimmer in der Jugendherberge in Stralsund buchen.

ju|gend|lich ['ju:gn̩tlɪç], jugendlicher, am jugendlichsten:
1. *im Alter zwischen Kindern und Erwachsenen:* die jugendlichen Zuschauer / Käuferinnen / Fans.
2. *so, dass man jung wirkt, auch wenn man es nicht mehr ist:* eine jugendliche Frisur · Sie war / wirkte noch sehr jugendlich.

▶ der **Ju|gend|li|che** ['ju:gn̩tlɪçə], der Jugendliche / ein Jugendlicher; des / eines Jugendlichen, die Jugendlichen / zwei Jugendliche:
junge [männliche] Person, besonders im Alter von 14 bis 18 Jahren: Kein Eintritt für Jugendliche unter 16 Jahren.

▶ die **Ju|gend|li|che** ['ju:gn̩tlɪçə], die / eine Jugendliche; der / einer Jugendlichen, die Jugendlichen / zwei Jugendliche:
junge Frau, besonders im Alter von 14 bis 18 Jahren: Die Jugendliche hatte zu viel getrunken.

▶ der **Ju|li** ['ju:li], des Juli[s]:
siebter Monat im Jahr: Im Juli beginnen die Sommerferien.

▶ **jung** [jʊŋ], jünger, am jüngsten:
noch nicht alt: ein junger Mann / eine junge Frau / ein junges Mädchen · der jüngere Bruder · junge Hunde / Pferde · Du bist noch zu jung, um so spät nach Hause zu kommen.

▶ der **Jun|ge** ['jʊŋə], des Jungen, die Jungen:
1. *Kind oder jüngere Person männlichen Geschlechts:* ein kleiner / lieber / wilder / kräftiger Junge · In der Klasse sind 12 Jungen und 14 Mädchen. · Sie bekommen einen Jungen / haben drei Jungen.
2. ⟨Plural⟩ *die Jugendlichen:* Da gibt es nur Mode für die Jungen.

▶ der **Ju|ni** ['ju:ni], des Juni[s]:
sechster Monat im Jahr: Am 21. Juni ist Sommeranfang.

ju|ris|tisch [ju'rɪstɪʃ]:
das Recht, die Wissenschaft vom Recht betreffend: juristische Texte lesen · den Fall mit juristischen Mitteln / juristisch lösen.

die **Jus|tiz** [jʊs'ti:t͡s], der Justiz:
1. *Pflege des Rechts:* Hier muss die Justiz entscheiden.
2. *Behörde, die für die Pflege des Rechts verantwortlich ist:* eine Vertreterin der Justiz.

K

das **Ka|bel** ['ka:bl̩], des Kabels, die Kabel: *Drähte für den Strom, die eine Hülle aus Gummi haben:* Die vielen Kabel unter meinem Schreibtisch stören mich.

die **Ka|bi|ne** [ka'bi:nə], der Kabine, die Kabinen:
1. *kleiner Teil eines Raums mit eigenen Wänden zum Duschen, Umziehen oder Telefonieren:* Er nahm drei Hosen mit in die Kabine zum Anprobieren.
2. *Raum für Passagiere:* Gibst du die Tasche auf oder nimmst du sie mit in die Kabine? · Er hat auf dem nächsten Schiff eine Kabine gebucht.

der **Kä|fer** ['kɛ:fɐ], des Käfers, die Käfer: *Insekt mit harten äußeren Flügeln:* Das Kind hat einen Käfer gefangen.

der **Kaf|fee** ['kafe], des Kaffees, die Kaffees ⟨aber: zwei Kaffee⟩:
1. *braunes Pulver, aus dem man mit heißem Wasser ein bitteres Getränk macht:* Ich nehme einen Teelöffel Kaffee pro Tasse.
2. *dunkles Getränk aus diesem Pulver und heißem Wasser:* zwei [Tassen] Kaffee bestellen · seinen Kaffee schwarz *(ohne Milch)* trinken · Ich brauche jetzt erst mal einen Kaffee, um wach zu werden.
3. *kleine Mahlzeit (am Nachmittag), bei der man Kaffee trinkt:* Komm doch heute zu mir zum Kaffee.

das **Kaf|fee|haus** [ka'fe:hau̯s], des Kaffeehauses, die Kaffeehäuser [ka'fe:hɔy̯zɐ]: *Gaststätte, in der vor allem Kaffee getrunken und Kuchen gegessen wird:* Die beiden Schriftsteller treffen sich mittwochs im Kaffeehaus.

der **Kä|fig** ['kɛ:fɪç], des Käfigs, die Käfige: *kleiner Raum mit Gittern, in den man Tiere sperrt:* Wer hat den Vogel aus dem Käfig gelassen?

der **Kahn** [ka:n], des Kahn[e]s, die Kähne ['kɛ:nə]: *flaches, oben offenes Boot:* Er ruderte mit dem Kahn auf den See hinaus.

der **Kai|ser** ['kai̯zɐ], des Kaisers, die Kaiser: *Mann, der früher in einem großen Reich bis zu seinem Tod geherrscht hat:* der berühmte römische Kaiser Julius Cäsar.

die **Kai|se|rin** ['kai̯zərɪn], der Kaiserin, die Kaiserinnen: *weiblicher Kaiser oder Frau eines Kaisers:* die österreichische Kaiserin Maria Theresa.

der **Ka|kao** [ka'kau̯], des Kakaos, die Kakaos ⟨aber: zwei Kakao⟩:
1. *Pulver, das Schokolade braun macht:* Kakao in die Milch / den Kuchenteig rühren.
2. *süßes Getränk aus Kakao, Zucker und Milch:* Unsere Kinder trinken zum Frühstück heißen Kakao.

der **Kak|tus** ['kaktʊs], des Kaktus, die Kakteen [kak'te:ən]: *Pflanze mit Stacheln, die in der Wüste wächst:* Pass auf, dass du dich nicht an dem Kaktus stichst!

das **Kalb** [kalp], des Kalb[e]s, die Kälber ['kɛlbɐ]: *junges Rind:* Die Kuh hat ein Kalb bekommen.

der **Ka|len|der** [ka'lɛndɐ], des Kalenders, die Kalender: *Liste der Tage, Wochen und Monate eines Jahres:* einen Kalender mit hübschen Bildern aufhängen · Den Tag habe ich mir im Kalender rot angestrichen.

die **Ka|lo|rie** [kalo'ri:], der Kalorie, die Kalorien [kalo'ri:ən]: *Einheit für die Menge an Energie, die Nahrung liefert:* Dick wird man, wenn man mehr Kalorien zu sich nimmt, als man verbraucht.

kalt [kalt], kälter, am kältesten:
1. *mit niedriger Temperatur:* Beeil dich, das Essen wird kalt! · Heute ist es ganz schön kalt draußen. · Du solltest mal kalt duschen, damit du richtig wach wirst.
2. *ohne freundliche Gefühle:* mit kalter Stimme · Sie lächelte kalt.

die **Käl|te** ['kɛltə], der Kälte:
1. *niedrige Temperatur:* Zieh dich warm an bei dieser Kälte!
2. *Temperatur unter null Grad Celsius:* Letzte Nacht hatten wir fünf Grad Kälte.

das **Ka|mel** [ka'me:l], des Kamels, die Kamele:
1. *Tier, das in der Wüste lebt und auf dem Rücken eine Art Hügel hat:* Bei dem Ausflug in die Wüste durften wir auf Kamelen reiten.
2. (umgangssprachlich) *Person, die dumme Fehler macht:* Und ich Kamel hab den Unsinn auch noch geglaubt!

die **Ka|me|ra** ['kaməra], der Kamera, die Kameras: *Gerät, mit dem man Fotos oder Filme machen kann:* Sie hat mit ihrer neuen Kamera viele Bilder gemacht. · Er stand mit acht Jahren zum ersten Mal vor der Kamera *(als Schauspieler).*

der **Kamm** [kam], des Kamm[e]s, die Kämme ['kɛmə]:
flaches Gerät mit vielen Spitzen, mit dem man die Haare ordnet: Er fuhr sich schnell mit dem Kamm durchs Haar.

käm|men ['kɛmən], kämmt, kämmte, hat gekämmt:
die Haare mit einem Kamm [oder einer Bürste] glätten: Hast du dich heute noch nicht gekämmt? · Kämm dir doch mal die Haare!

die **Kam|mer** ['kamɐ], der Kammer, die Kammern:
kleiner Raum zum Lagern von Dingen oder zum Schlafen: Hol doch mal den Besen / eine Flasche Wasser aus der Kammer. · Die Kinder schliefen in einer kleinen Kammer unter dem Dach.

der **Kampf** [kampf], des Kampf[e]s, die Kämpfe ['kɛmpfə]:
1. *Auseinandersetzung mit Gewalt oder Waffen:* Viele Soldaten starben im Kampf um die Stadt. · Bei Kämpfen zwischen Polizei und Demonstranten wurden mehrere Personen verletzt.
2. *das Einsetzen seiner Kraft für ein Ziel:* Es ist ein ständiger Kampf, das Haus in Ordnung zu halten. · Er hat den Kampf gegen den Krebs verloren.

kämp|fen ['kɛmpfn̩], kämpft, kämpfte, hat gekämpft:
1. *seine Kraft dazu einsetzen, ein Ziel zu erreichen:* für mehr Gerechtigkeit / gegen Vorurteile kämpfen · Wir hatten sehr mit Problemen zu kämpfen. · Der Verein kämpft um sein Überleben.
2. *Gewalt oder Waffen gegen einen Gegner einsetzen:* Sie versuchten, die kämpfenden Kinder zu trennen. · Er hat im Krieg gekämpft.

der **Ka|nal** [ka'na:l], des Kanals, die Kanäle [ka'nɛ:lə]:
1. *künstlicher Fluss:* Viele Schiffe befahren täglich den Kanal.
2. *Rohr, durch das Wasser fließt, das nicht (mehr) gebraucht wird:* Der Kanal ist übergelaufen und hat den Keller unter Wasser gesetzt.
3. *Bereich für das Signal eines Senders:* Auf welchem Kanal kann ich den Sender empfangen? · Um diese Zeit laufen auf fast allen Kanälen die Nachrichten.

der **Kan|di|dat** [kandi'da:t], des Kandidaten, die Kandidaten, die **Kan|di|da|tin** [kandi'da:tɪn], der Kandidatin, die Kandidatinnen:
Person, die sich um etwas bewirbt: Ihre Partei hat sie als Kandidatin für die Bundestagswahl aufgestellt. · Mehrere Kandidaten für die Stelle wurden zum Vorstellungsgespräch eingeladen.

das **Kän|gu|ru** ['kɛŋguru], des Kängurus, die Kängurus:
Tier mit langem Schwanz, das auf zwei Beinen hüpft und sein Junges in einer Art Beutel am Bauch trägt: Die Kängurus im Zoo haben gerade Junge.

das **Ka|nin|chen** [ka'ni:nçən], des Kaninchens, die Kaninchen:
Tier, das wie ein Hase aussieht und oft als Haustier gehalten wird: Kaninchen halten / züchten.

die **Kan|ne** ['kanə], der Kanne, die Kannen:
offenes Gefäß zum Tragen und Gießen von Flüssigkeiten: In die Kanne passen etwa vier Tassen Kaffee. · Er trinkt jeden Morgen eine Kanne Tee.

die **Kan|te** ['kantə], der Kante, die Kanten:
Stelle, an der Flächen einen Winkel bilden; Ecke: sich an einer Kante stoßen · Sie setzte sich nur auf die Kante des Stuhls.

die **Kan|ti|ne** [kan'ti:nə], der Kantine, die Kantinen:
Raum, in dem die Mitarbeiter, Soldaten oder Schüler Essen bekommen: Gehst du mittags nach Hause oder isst du in der Kantine?

die **Ka|pa|zi|tät** [kapatsi'tɛ:t], der Kapazität, die Kapazitäten:
1. *Menge, die Platz hat oder produziert werden kann:* ein Schiff mit einer Kapazität von 500 Passagieren / 13 000 Tonnen · Die Kapazität der Fabrik soll erhöht werden.
2. *Experte, Expertin mit sehr gutem Ruf:* Sie ist eine Kapazität auf diesem Gebiet.

die **Ka|pel|le** [ka'pɛlə], der Kapelle, die Kapellen:
1. *kleine Kirche:* Auf der Burg gibt es eine kleine Kapelle.
2. *kleine Gruppe von Musikern, die Musik zur Unterhaltung oder zum Tanzen spielt; Band:* Die Kapelle spielt viel auf Hochzeiten und Dorffesten.

ka|pie|ren [ka'pi:rən], kapiert, kapierte, hat kapiert (umgangssprachlich):
begreifen, verstehen: Hast du jetzt endlich kapiert, wie das funktioniert?

das **Ka|pi|tal** [kapi'ta:l], des Kapitals:
Geld, das für Geschäfte verfügbar ist: sein Kapital gut anlegen · Der Konzern hat sein Kapital erhöht.

der **Ka|pi|ta|lis|mus** [kapitaˈlɪsmʊs], des Kapitalismus:
System der Wirtschaft, in dem die meisten Betriebe in privatem Besitz und nicht staatlich sind: Kritik am westlichen Kapitalismus.

der **Ka|pi|tän** [kapiˈtɛːn], des Kapitäns, die Kapitäne, die **Ka|pi|tä|nin** [kapiˈtɛːnɪn], der Kapitänin, die Kapitäninnen:
Person, die auf einem Schiff die Entscheidungen trifft: Der Kapitän befahl einen neuen Kurs.

▶ das **Ka|pi|tel** [kaˈpɪtl̩], des Kapitels, die Kapitel:
Teil eines Buches mit eigener Überschrift oder Nummer: Die Antwort erfährt man erst im letzten Kapitel.

die **Kap|sel** [ˈkapsl̩], der Kapsel, die Kapseln:
kleine Menge eines Medikaments in einer runden Hülle: Die Kapseln lösen sich im Magen auf.

▶ **ka|putt** [kaˈpʊt], kaputter, am kaputtesten (umgangssprachlich):
1. *nicht mehr funktionierend; defekt:* Der Fahrstuhl ist kaputt.
2. *nicht mehr ganz, mit fehlenden Stücken:* ein kaputtes Fenster · Mach mein Buch nicht kaputt!
3. *völlig erschöpft:* Ich war gestern zu kaputt, um noch abzuwaschen.

▶ **ka|putt|ge|hen** [kaˈpʊtgeːən], geht kaputt, ging kaputt, ist kaputtgegangen (umgangssprachlich):
1. *stark beschädigt werden oder aufhören zu funktionieren:* Was machst du, wenn der Computer kaputtgeht? · Meine Hose ist an den Knien kaputtgegangen.
2. *in so schlechten Zustand kommen, dass das Ende droht:* Durch die Krise sind viele Firmen kaputtgegangen. · Ihre Beziehung ist deswegen kaputtgegangen.

die **Ka|pu|ze** [kaˈpuːt͡sə], der Kapuze, die Kapuzen:
Teil einer Jacke oder eines Pullovers, mit dem man den Kopf bedecken kann: Als es zu regnen anfing, zog sie die Kapuze über den Kopf.

ka|riert [kaˈriːɐ̯t]:
mit einem Muster aus Karos: kariertes Papier · Das Hemd ist rot und blau kariert.

die **Ka|ri|es** [ˈkaːri̯ɛs], der Karies:
schlechter Zustand der Zähne, wenn sie Löcher bekommen: Putz dir fleißig die Zähne, damit du keine Karies bekommst!

die **Ka|ri|ka|tur** [karikaˈtuːɐ̯], der Karikatur, die Karikaturen:
lustige Zeichnung als politische Kritik: eine Karikatur des Ministers.

▶ der **Kar|ne|val** [ˈkarnəval], des Karnevals:
Zeit im späten Winter, in der viele Feste mit Kostümen gefeiert werden; Fasching: Als was möchtest du dich im Karneval verkleiden?

Karneval

Ob Fasching, Fastnacht oder Fasenacht in Süddeutschland oder Karneval am Rhein: Die unterschiedlichen regionalen Bezeichnungen meinen ein und dasselbe: die »närrische« Zeit, d. h. die Wochen vor Beginn der Fastenzeit. In dieser Zeit gehen viele Menschen in bunten Verkleidungen auf große Tanzveranstaltungen, Partys oder sogenannte »Sitzungen« [=Veranstaltungen mit Auftritten von Tänzern und lustigen Rednern], um ausgelassen zu feiern. Karneval wird vor allem in den Städten im Rheinland gefeiert. Die Karnevalsveranstaltungen (besonders der Umzug an Rosenmontag) in Mainz, Köln oder Düsseldorf ziehen jedes Jahr Hunderttausende an und werden von Millionen Zuschauern im Fernsehen verfolgt. Der Ursprung dieses Brauches hängt eng mit dem vor allem im Katholizismus geübten Fasten während der Wochen vor dem Osterfest zusammen. In den Tagen vor der Fastenzeit war es den Bürgern in früheren Zeiten erlaubt, sich zu verkleiden und so Kritik an den herrschenden Adeligen und den Soldaten zu üben. Aus diesem Grund tragen heutige Karnevalsvereine Uniformen, die eine Parodie der damaligen Uniformen sind. Der erste Tag der Fastenzeit ist der Aschermittwoch, letzter Tag des Karnevals / Faschings ist der davor liegende Karnevalsdienstag / Faschingsdienstag. In manchen Gegenden Süddeutschlands oder der Schweiz wird der Ursprung des Faschings auf mittelalterliche Bräuche zur symbolischen Austreibung des Winters mittels furchterregender Masken zurückgeführt.

das **Ka|ro** [ˈkaːro], des Karos, die Karos:
eines von vielen gleich großen Vierecken, die zusammen ein Muster bilden: ein Rock mit grünen und roten Karos.

▶ die **Ka|rot|te** [kaˈrɔtə], der Karotte, die Karotten:
dicke orange Wurzel, die als Gemüse gegessen wird; Möhre: Karotten in den Salat schneiden · Es gab Bratwurst, Kartoffelbrei und Karotten.

die **Kar|rie|re** [ka'ri̯e:rə], der Karriere, die Karrieren:
Aufstieg durch Erfolg im Beruf: Sie machte als Schauspielerin Karriere.

die **Kar|te** ['kartə], der Karte, die Karten:
1. *viereckiges Stück Karton für verschiedene Zwecke:* sich die Vokabeln auf kleine Karten schreiben · Er hat mir seine Karte mit seiner Telefonnummer gegeben.
2. *Karte, die man mit der Post schickt:* Schreibst du mir aus dem Urlaub eine Karte? · Sie bekam viele Karten mit Glückwünschen zum Geburtstag.
3. *Eintrittskarte:* Ich habe leider keine Karten für das Konzert bekommen.
4. *Fahrkarte:* Was kostet eine Karte nach Berlin?
5. *Liste der Speisen und Getränke, die man in einem Lokal kaufen kann:* Ich brauche keine Karte, ich weiß schon, was ich bestellen will.
6. *eine von vielen Karten mit Symbolen und Zahlen zum Spielen:* Karten spielen · gute Karten [in der Hand] haben.
7. *Landkarte:* Ist das Dorf auf dieser Karte überhaupt eingezeichnet?
8. *rechteckiges Stück Plastik, das als Ausweis dient oder um zu bezahlen:* Kann ich hier mit Karte zahlen? · Ich hatte beim Arztbesuch meine Karte vergessen.

die **Kar|tof|fel** [kar'tɔfl̩], der Kartoffel, die Kartoffeln:
dickes Gemüse, das außen braun und innen hell ist und unter der Erde wächst: Kartoffeln schälen / kochen / in Scheiben schneiden · Möchtest du zum Gulasch Reis, Nudeln oder Kartoffeln essen?

der **Kar|ton** [kar'tɔŋ], [kar'to:n], des Kartons, die Kartons und Kartone [...'to:nə]:
1. *dickes, festes Papier; Pappe:* den Stundenplan auf Karton schreiben und aufhängen.
2. *Behälter aus diesem Material; Schachtel:* einen Karton Waschmittel kaufen · Sie hat einen ganzen Karton voller Fotos.

das **Ka|rus|sell** [karʊ'sɛl], des Karussells, die Karussells und Karusselle:
großes Gerät, mit dem Kinder sich im Kreis drehen können: auf dem Spielplatz (mit dem) Karussell fahren.

der **Kä|se** ['kɛ:zə], des Käses:
Lebensmittel, das aus Milch gemacht wird und das man besonders mit Brot isst: Möchtest du Käse oder Wurst auf dein Brot?

der **Kas|per** ['kaspɐ], des Kaspers, die Kasper:
lustige Figur in einem traditionellen Spiel mit Puppen: Die Kinder freuen sich, wenn der Kasper das böse Krokodil haut.

▶ die **Kas|sa** ['kasa], der Kassa, die Kassen ['kasn̩] (österreichisch):
Kasse.

▶ die **Kas|se** ['kasə], der Kasse, die Kassen:
1. *Behälter aus Metall, in dem man Geld sicher aufbewahrt:* Die Einbrecher haben die Kasse aufgebrochen und ausgeraubt.
2. *Stelle, wo eine Kasse steht und wo man bezahlt:* mit seinen Einkäufen zur Kasse gehen · an der Kasse eine Eintrittskarte kaufen.
3. *Schalter einer Bank, an dem man bedient wird:* an der Kasse Geld wechseln.
4. *Krankenkasse:* Solche Medikamente zahlt die Kasse nicht.

der **Kas|sen|zet|tel** ['kasn̩tsɛtl̩], des Kassenzettels, die Kassenzettel:
von einer Kasse gedruckte Quittung: den Kassenzettel aufheben, falls man etwas umtauschen möchte.

▶ die **Kas|set|te** [ka'sɛtə], der Kassette, die Kassetten:
1. *Band aus Plastik in einer festen Hülle, auf das man Töne aufnehmen kann:* Diese Lieder hatten wir alle auf Kassette.
2. *Behälter mit Schloss für Schmuck oder Geld:* Sie nahm eine Kette aus der Kassette.

kas|sie|ren [ka'si:rən], kassiert, kassierte, hat kassiert:
Geld, das jemand zahlen muss, verlangen und bekommen: Sie kassierte von jedem fünf Euro für ein gemeinsames Geschenk. · Könnte ich jetzt bitte kassieren?

die **Kas|ta|nie** [kas'ta:ni̯ə], der Kastanie, die Kastanien:
1. *Baum, dessen glänzende braune Früchte in einer grünen Hülle mit Stacheln stecken:* Im Biergarten saßen wir unter mächtigen Kastanien im Schatten.
2. *Frucht dieses Baums:* Im Herbst sammeln die Kinder Kastanien.

▶ der **Kas|ten** ['kastn̩], des Kastens, die Kästen ['kɛstn̩]:
1. *offener Behälter mit Fächern für Flaschen zum Transport:* zwei Kästen Bier / Saft kaufen · einen Kasten vom Stapel heben.
2. *rechteckiger Behälter aus Holz, Plastik oder Metall:* Tagsüber bewahrt sie die

Decke in einem Kasten unter dem Bett auf.
3. (süddeutsch, österreichisch, schweizerisch) *Schrank:* Die Katze versteckte sich unter dem Kasten im Schlafzimmer.

▶ der **Ka|ta|log** [kata'lo:k], des Katalog[e]s, die Kataloge:
Liste von Waren oder Büchern, die angeboten werden, oder von Dingen, die ausgestellt sind: im Katalog der Bibliothek nach einem Buch suchen · Ich habe mir ein Kleid aus dem Katalog bestellt.

▶ die **Ka|ta|stro|phe** [katas'tro:fə], der Katastrophe, die Katastrophen:
Ereignis mit sehr schlimmen Folgen: Das Erdbeben war eine der schlimmsten Katastrophen der letzten Jahre. · Das Schiff entging nur knapp einer Katastrophe.

die **Ka|te|go|rie** [katego'ri:], der Kategorie, die Kategorien [katego'ri:ən]:
Gruppe als Teil eines Systems von Gruppen: Wir wollten eigentlich ein Hotel in einer besseren Kategorie. · Sie gehört nicht zu der Kategorie Mensch, der schnell aufgibt.

der **Ka|ter** [ka:tɐ], des Katers, die Kater:
männliche Katze: Unser Kater hat gestern einen Vogel gefangen.

der **Ka|tho|lik** [kato'li:k], des Katholiken, die Katholiken, die **Ka|tho|li|kin** [kato'li:kɪn], der Katholikin, die Katholikinnen:
Mitglied der katholischen Kirche: Ihre Eltern waren Katholiken.

ka|tho|lisch [ka'to:lɪʃ]:
zu der christlichen Kirche gehörend, die vom Papst geleitet wird: Katholische Priester dürfen nicht heiraten. · Bist du katholisch oder evangelisch?

▶ die **Kat|ze** ['katsə], der Katze, die Katzen:
Haustier mit langem Schwanz, das Mäuse fängt: Sie nahm die Katze auf ihren Schoß und streichelte sie.

kau|en ['kauən], kaut, kaute, hat gekaut:
mit den Zähnen bearbeiten oder klein machen: an den Fingernägeln / am Bleistift kauen · Er kaute mit vollen Backen. · Ich musste lange an dem zähen Fleisch kauen.

▶ der **Kauf** [kauf], des Kauf[e]s, die Käufe ['kɔyfə]:
das Kaufen: Er hat das Auto in der Zeitung zum Kauf angeboten. · Für den Kauf des Hauses brauchen sie noch einen Kredit von der Bank.; * **etwas in Kauf nehmen:** *einen Nachteil akzeptieren, der mit etwas verbunden ist:* Der See ist so schön, da nehme ich die lange Fahrt dorthin gern in Kauf.

▶ **kau|fen** ['kaufn̩], kauft, kaufte, hat gekauft:
Geld geben und etwas dafür bekommen: Ich habe vor, [mir] ein Fahrrad zu kaufen. · Soll ich dir ein Eis kaufen? · Sie kauft [ihr Gemüse] gern auf dem Markt.

▶ der **Käu|fer** ['kɔyfɐ], des Käufers, die Käufer, die **Käu|fe|rin** ['kɔyfərɪn], der Käuferin, die Käuferinnen:
Person, die etwas kauft oder gekauft hat: Sie haben keinen Käufer für das Haus gefunden.

das **Kauf|haus** ['kaufhaus], des Kaufhauses, die Kaufhäuser ['kaufhɔyzɐ]:
großes Geschäft, in dem man Kleidung, Spielzeug, elektrische Geräte und viele andere Waren bekommt: im Kaufhaus mit der Rolltreppe nach oben fahren.

der *oder* das **Kau|gum|mi** ['kaugʊmi], des Kaugummis, die Kaugummis:
Süßigkeit, die man nur kaut, aber nicht schluckt: Wer hat denn da einen Kaugummi unter die Tischplatte geklebt?

▶ **kaum** [kaum]:
1. *vermutlich nicht:* Das wird kaum geschehen.
2. *nur mit Mühe:* Ich konnte mein Glück kaum glauben.
3. *nur sehr wenig:* Wir hatten kaum noch Geld. · Du hast ja kaum etwas gegessen! · Ihr Hund ist kaum größer als eine Katze.
4. *nicht lange nachdem:* Der Film hatte kaum angefangen, da klingelte das Telefon.

die **Keh|le** ['ke:lə], der Kehle, die Kehlen:
1. *vorderer Teil des Halses:* Der Wolf packte den Hirsch an der Kehle.
2. *innerer Teil des Halses:* Gesang aus vielen Kehlen.

[1]**keh|ren** ['ke:rən], kehrt, kehrte, hat gekehrt (besonders süddeutsch):
fegen: den Hof / die Küche kehren · die Scherben in den Mülleimer kehren.

[2]**keh|ren** ['ke:rən], kehrt, kehrte, hat gekehrt:
in eine bestimmte Richtung drehen, wenden: das Gesicht zur Sonne kehren · Sie saß mit dem Rücken zur Tür gekehrt am Tisch.

▶ **kein** [kain]:
1. *nicht ein:* Das glaubt dir kein Mensch. · Er hat keine Fehler gemacht.
2. *nichts [von]:* Dafür brauchst du kein Geld. · Ich habe keine Zeit.
3. drückt aus, dass man etwas nicht behaupten kann: Das ist kein großes

Problem. · Du bist doch noch keine alte Frau!
4. (umgangssprachlich) *weniger als; nicht einmal:* Das hat keine zehn Euro gekostet. · Die Schuhe haben kein halbes Jahr gehalten.
5. ⟨allein stehend⟩ *niemand, nichts:* Keiner wollte zum Essen bleiben. · Keine meiner Freundinnen war da. · Es gab mehrere Modelle, aber keines davon gefiel mir.

kei|ner|lei ['kai̯nɐ'lai̯]:
überhaupt kein[e]: keinerlei Wirkung haben · Dafür gibt es keinerlei Beweise.

kei|nes|falls ['kai̯nəs'fals]:
ganz sicher nicht: Das darfst du keinesfalls vergessen. · Das ist keinesfalls wahr.

kei|nes|wegs ['kai̯nəs've:ks]:
wirklich nicht: Ich habe das keineswegs vergessen.

der *oder* das **Keks** [ke:ks], des Kekses, die Kekse:
1. *kleines trockenes und lange haltbares Gebäck:* eine Packung Kekse kaufen.
2. *** jemandem auf den Keks gehen** (umgangssprachlich): *einer Person lästig werden, sie stören:* Hör auf damit, das geht mir auf den Keks.

die **Kel|le** ['kɛlə], der Kelle, die Kellen:
großer Löffel, mit dem man Flüssiges aus einem Behälter holt: die Kelle in die Suppe / Soße tauchen · Bekomme ich noch eine Kelle Suppe?

der **Kel|ler** ['kɛlɐ], des Kellers, die Keller:
Teil eines Hauses, der unter der Erde liegt: Kartoffeln im Keller lagern; *** im Keller sein** (umgangssprachlich): *ungewöhnlich niedrig sein:* Die Preise / Temperaturen sind momentan im Keller.

der **Kell|ner** ['kɛlnɐ], des Kellners, die Kellner, die **Kell|ne|rin** ['kɛlnərɪn], der Kellnerin, die Kellnerinnen:
Person, die in einem Lokal die Speisen und Getränke bringt: den Kellner um die Rechnung bitten.

ken|nen ['kɛnən], kennt, kannte, hat gekannt:
1. *nennen können:* Kennst du ihren Namen / ihre Telefonnummer?
2. *Informationen über oder Erfahrung mit einer Person, Sache haben:* Ich kenne Köln gut, ich habe früher dort gewohnt. · Kennst du den Film schon?
3. *einer Person persönlich begegnet sein:* Wir sind Nachbarn, aber ich kenne sie nur flüchtig / vom Sehen. · Entschuldigen Sie, kennen wir uns vielleicht von früher?

▶ **ken|nen|ler|nen** ['kɛnənlɛrnən], lernt kennen, lernte kennen, hat kennengelernt:
1. *einer Person zum ersten Mal begegnen:* Die beiden haben sich beim Studium / auf einer Party kennengelernt.
2. *Erfahrungen mit einer Person, Sache machen:* Nach der Schule wollte sie erst einmal reisen und die Welt kennenlernen. · Bei der Gelegenheit lernten wir ihn von einer unangenehmen Seite kennen.

▶ die **Kennt|nis** ['kɛntnɪs], der Kenntnis, die Kenntnisse:
1. ⟨ohne Plural⟩ *Zustand, von einer Sache zu wissen:* Hatten Sie Kenntnis von diesen Vorfällen?; *** von etwas Kenntnis nehmen:** *etwas beachten:* Sie nahm von meiner Anwesenheit keine Kenntnis.
2. ⟨nur Plural⟩ *Wissen, das man durch Erfahrung oder Lernen bekommen hat:* Wir erwarten gute Kenntnisse in mindestens zwei Fremdsprachen.

das **Kenn|wort** ['kɛnvɔrt], des Kennwort[e]s, die Kennwörter ['kɛnvœrtɐ]:
1. *vereinbartes Wort, das den Zweck eines Vorgangs nennt:* Senden Sie die Lösung unter dem Kennwort »Preisrätsel« an ... · Spenden unter dem Kennwort »Hungerhilfe« auf das Konto ...
2. *geheimes Wort, mit dem man Zugang zu etwas bekommt; Passwort:* Du musst dich mit deinem persönlichen Kennwort anmelden.

▶ das **Kenn|zei|chen** ['kɛntsai̯çn̩], des Kennzeichens, die Kennzeichen:
1. *Merkmal:* [ohne] besondere Kennzeichen.
2. *Schild mit Buchstaben und Zahlen an einem Auto:* das polizeiliche Kennzeichen des Wagens.

kenn|zeich|nen ['kɛntsai̯çnən], kennzeichnet, kennzeichnete, hat gekennzeichnet:
1. *ein Zeichen hinzufügen, damit man etwas erkennt; markieren:* Felder, die unbedingt ausgefüllt werden müssen, sind mit einem Stern gekennzeichnet.
2. *auffälliges Merkmal einer Person, Sache sein:* Diese Zeit war durch eine Reihe schwerer Niederlagen gekennzeichnet.

der **Kerl** [kɛrl], des Kerls, die Kerle (umgangssprachlich):
männliche Person: Peter ist ein anständiger Kerl. · Was ist denn das für ein blöder Kerl?

der **Kern** [kɛrn], des Kern[e]s, die Kerne:
1. *Samen in einer Frucht:* Trauben ohne

Kerne · Er aß Kirschen und spuckte die Kerne in eine Schüssel.
2. *innerer Teil einer Nuss oder Mandel, den man essen kann:* Nüsse knacken und die Kerne essen.
3. *wichtigster Teil einer Sache (besonders in der Mitte):* Die Straßen im Kern der Stadt sind eng. · Kommen wir jetzt zum Kern des Problems: … · Die Geschichte hat einen wahren Kern.

die **Kern|ener|gie** [ˈkɛrn|enɛrgiː], der Kernenergie:
Energie, die durch das Teilen von Atomen erzeugt wird; Atomenergie: die friedliche Nutzung der Kernenergie.

die **Kern|kraft** [ˈkɛrnkraft], der Kernkraft:
Kernenergie: die Risiken der Kernkraft.

▶ die **Ker|ze** [ˈkɛrt͜sə], der Kerze, die Kerzen:
Gegenstand aus Wachs mit einer Schnur in der Mitte, die man anzündet, um Licht zu haben: die Kerzen auf dem Geburtstagskuchen anzünden / ausblasen.

der **Kes|sel** [ˈkɛsl̩], des Kessels, die Kessel:
Topf oder Behälter aus Metall, in dem man besonders Wasser heiß macht: die Suppe im Kessel aufwärmen · einen Kessel Wasser für den Tee kochen · Die Wäsche wird in großen Kesseln gefärbt.

▶ der *oder* das **Ket|chup** [ˈkɛt͜ʃap], des Ketchup[s], die Ketchups:
dicke Soße aus Tomaten, die man in Flaschen kaufen kann: Möchtest du Ketchup auf deine Pommes frites / deine Bratwurst?

▶ die **Ket|te** [ˈkɛtə], der Kette, die Ketten:
1. *Reihe von Ringen aus Metall, die einer am nächsten hängen:* Das Tor war mit einer Kette gesichert. · Die Gefangenen waren mit Ketten gefesselt.
2. *dünne Kette als Schmuck:* Sie trug eine kostbare Kette um den Hals. · Die Taschenuhr hing an einer goldenen Kette.
3. *mehrere Dinge der gleichen Art oder Personen in einer Reihe:* eine Kette von Bergen / Unfällen · Wir nahmen uns an den Händen und bildeten eine Kette.
4. *mehrere Geschäfte, Lokale oder Hotels mit dem gleichen Namen, die zusammengehören:* Das Kino gehört zu einer Kette, die in vielen Städten vertreten ist.

keu|chen [ˈkɔ͜yçn̩], keucht, keuchte, hat gekeucht:
nach einer Anstrengung laut und mit Mühe atmen: Sie blieb keuchend auf halber Treppe stehen.

ki|chern [ˈkɪçɐn], kichert, kicherte, hat gekichert:
leise, mit hoher Stimme lachen: Die Mädchen flüsterten miteinander und kicherten.

das **Kid** [kɪt], des Kids, die Kids ⟨meist im Plural⟩ (umgangssprachlich):
Kind oder Jugendliche(r): Die Kids finden diesen Film ganz toll.

der **[1]Kie|fer** [ˈkiːfɐ], des Kiefers, die Kiefer:
einer der beiden Knochen, aus denen die Zähne wachsen: die zahnlosen Kiefer eines Babys.

die **[2]Kie|fer** [ˈkiːfɐ], der Kiefer, die Kiefern:
Baum mit langen Nadeln, die immer zu zweit aus dem Zweig wachsen: So weit im Norden wachsen nur noch Kiefern.

▶ der **Kil|ler** [ˈkɪlɐ], des Killers, die Killer,
die **Kil|le|rin** [ˈkɪlərɪn], der Killerin, die Killerinnen (umgangssprachlich):
Person, die [in fremdem Auftrag] mordet: ein eiskalter Killer.

▶ das **Ki|lo** [ˈkiːlo], des Kilos, die Kilo[s]:
Kilogramm: Er wiegt 95 Kilo, das sind ein paar Kilos zu viel.

▶ das **Ki|lo|gramm** [kiloˈgram], des Kilogramms, die Kilogramme ⟨aber: 2 Kilogramm⟩:
1 000 Gramm (Abkürzung: kg): fünf Kilogramm Kartoffeln kaufen.

▶ der **Ki|lo|me|ter** [kiloˈmeːtɐ], des Kilometers, die Kilometer:
1 000 Meter (Abkürzung: km): Ich fahre jeden Tag 10 Kilometer zur Arbeit. · Der Stau war bestimmt 20 Kilometer lang.

▶ das **Kind** [kɪnt], des Kind[e]s, die Kinder:
1. *Mensch bis zum Alter von etwa 12 Jahren:* Als Kind habe ich mir immer ein Pferd gewünscht. · Wer passt auf die Kinder auf, während sie arbeitet? · Er hat schon von Kind an / auf *(seit er ein Kind war)* Geige spielen gelernt.
2. *der eigene Sohn oder die eigene Tochter:* Ihr einziges Kind hatte im Alter von 22 einen tödlichen Unfall. · Meine Kinder sind inzwischen alle erwachsen und aus dem Haus *(ausgezogen).*

der **Kin|der|arzt** [ˈkɪndɐ|aːɐ̯t͜st], des Kinderarztes, die Kinderärzte [ˈkɪndɐ|ɛːɐ̯t͜stə],
die **Kin|der|ärz|tin** [ˈkɪndɐ|ɛːɐ̯t͜stɪn], der Kinderärztin, die Kinderärztinnen:
Arzt oder Ärztin, die auf die Behandlung von Babys und Kindern spezialisiert sind: Der Kinderarzt sagt, die Kleine entwickelt sich prächtig.

▶ der **Kin|der|gar|ten** [ˈkɪndɐgartn̩], des Kindergartens, die Kindergärten [ˈkɪndɐgɛrtn̩]:

Einrichtung, in der Kinder zwischen 3 und 6 Jahren mehrere Stunden am Tag betreut und gefördert werden: Im Kindergarten werden die Kinder gut auf die Schule vorbereitet.

der **Kin|der|gärt|ner** ['kɪndɐɡɛrtnɐ], des Kindergärtners, die Kindergärtner, die **Kin|der|gärt|ne|rin** ['kɪndɐɡɛrtnərɪn], der Kindergärtnerin, die Kindergärtnerinnen:
Person, die Kinder im Kindergarten betreut und erzieht: Die Kindergärtnerinnen machen heute einen Ausflug mit ihrer Gruppe.

das **Kin|der|geld** ['kɪndɐɡɛlt], des Kindergeld[e]s:
Geld, das der Staat Eltern zahlt, die Kinder versorgen müssen: Das Kindergeld wird auch während der Ausbildung bezahlt, wenn das Einkommen nicht zu hoch ist.

die **Kin|der|krip|pe** ['kɪndɐkrɪpə], der Kinderkrippe, die Kinderkrippen:
↑ Krippe.

die **Kin|der|ta|ges|stät|te** ['kɪndɐta:ɡəsʃtɛtə], der Kindertagesstätte, die Kindertagesstätten:
Einrichtung, in der [kleinere] Kinder betreut werden: einen Platz in einer Kindertagesstätte suchen.

der **Kin|der|wa|gen** ['kɪndɐva:ɡn̩], des Kinderwagens, die Kinderwagen:
Wagen zum Schieben, in den man ein Baby legt: Im Park fahren viele Eltern ihre Babys im Kinderwagen spazieren.

die **Kind|heit** ['kɪnthai̯t], der Kindheit:
Zeit, in der ein Mensch noch Kind ist: Sie hatte eine schöne Kindheit. · Er hat seine Erinnerungen an seine Kindheit in dem Roman verarbeitet.

das **Kinn** [kɪn], des Kinn[e]s, die Kinne:
Teil des Gesichts unter dem Mund: Sie stützte beim Lesen ihr Kinn auf die Hand.

das **Ki|no** ['ki:no], des Kinos, die Kinos:
1. *Gebäude, in dem Filme gezeigt werden:* Der Film kommt bald in die Kinos.
2. ⟨ohne Plural⟩ *Vorstellung im Kino:* ins Kino gehen · Wann fängt das Kino an?

der **Ki|osk** ['ki:ɔsk], des Kiosk[e]s, die Kioske:
sehr kleines Geschäft, bei dem besonders kleine Speisen, Getränke, Zeitungen oder Zigaretten durch ein offenes Fenster verkauft werden: Die Kinder kaufen sich am Kiosk im Schwimmbad Süßigkeiten.

das **Kip|ferl** ['kɪpfɐl], des Kipferls, die Kipferl[n] (bayrisch, österreichisch):
1. *meist süßes Gebäck in der Form eines gebogenen Horns; Hörnchen:* morgens ein Kipferl essen.
2. *Plätzchen in der Form eines kleinen Hörnchens:* ein Blech Kipferl in den Ofen schieben.

kip|pen ['kɪpn̩], kippt, kippte, gekippt:
1. ⟨hat⟩ *in eine schräge Stellung bringen:* das Fenster kippen · die Lehne des Autositzes nach vorn kippen.
2. ⟨hat⟩ *aus einem Behälter schütten, indem man ihn neigt:* das Wasser aus dem Eimer über das Beet kippen · Sand vom Lastwagen auf den Boden kippen.
3. ⟨ist⟩ *das Gleichgewicht verlieren und sich neigen (und fallen):* Das Boot kippte zur Seite, als er einstieg. · Sie kippte vor Lachen fast vom Stuhl.

▶ die **Kir|che** ['kɪrçə], der Kirche, die Kirchen:
1. *Gebäude, in dem man zu Gott betet:* Sie wollten unbedingt in der schönen alten Kirche im Dorf heiraten.
2. ⟨ohne Plural⟩ *christlicher Gottesdienst:* jeden Sonntag in die Kirche gehen.
3. *Organisation einer Gemeinschaft von Christen:* die Lehren der evangelischen / katholischen Kirche · aus der Kirche austreten.

kirch|lich ['kɪrçlɪç]:
1. *den Regeln der Kirche entsprechend:* eine kirchliche Feier / Hochzeit · kirchlich heiraten.
2. *von der Kirche geführt:* ein kirchlicher Kindergarten.

die **Kir|sche** ['kɪrʃə], der Kirsche, die Kirschen:
kleine, runde rote Frucht mit einem großen Kern in der Mitte: in den Baum klettern und Kirschen pflücken.

▶ das **Kis|sen** ['kɪsn̩], des Kissens, die Kissen:
weicher Gegenstand mit einer Hülle aus Stoff, auf dem man bequem sitzt oder liegt: Auf dem Sofa lagen bunte Kissen.

▶ die **Kis|te** ['kɪstə], der Kiste, die Kisten:
relativ großer, eckiger Behälter, besonders aus Holz: Äpfel in Kisten lagern · eine Kiste (voll) Bücher.

der **Kitsch** [kɪtʃ], des Kitsch[e]s:
Sache ohne künstlerischen Wert, die lächerlich wirkt: Das Buch / Bild ist schrecklicher Kitsch. · In dem Laden gibt es Ansichtskarten und Kitsch für Touristen zu kaufen.

der **Kit|tel** ['kɪtl̩], des Kittels, die Kittel:
dünner Mantel aus Stoff, den man in bestimmten Berufen bei der Arbeit trägt: ein Arzt / eine Krankenschwester im

weißen Kittel · Der Mechaniker wischte sich die Hände an seinem Kittel ab.

kit|zeln ['kɪts̮l̩n], kitzelt, kitzelte, hat gekitzelt:
durch leichtes Berühren ein eher angenehmes Gefühl verursachen, das zum Lachen reizt: Er kitzelte sie mit einem Grashalm / an den Fußsohlen. · Lass das, das kitzelt!

die **Ki|wi** ['ki:vi], der Kiwi, die Kiwis:
ovale Frucht, die außen braun und rau ist und innen grün und saftig: eine Kiwi aufschneiden und mit dem Teelöffel essen.

die **Kla|ge** ['kla:gə], der Klage, die Klagen:
1. *Worte, mit denen man Ärger, Trauer oder Schmerz ausdrückt:* Ich möchte aber später keine Klagen hören, weil es dir doch nicht gefällt! · Mir sind viele Klagen über dich zu Ohren gekommen.
2. *Forderung nach Strafe oder Ersatz, die von einem Gericht geklärt wird:* eine Klage auf Schmerzensgeld erheben / einreichen · Er drohte den Nachbarn mit einer Klage.

▶ **kla|gen** ['kla:gn̩], klagt, klagte, hat geklagt:
1. *darüber sprechen, dass man unzufrieden oder traurig ist oder Schmerzen hat:* Der Patient klagt über Kopfschmerzen. · Sie klagt oft darüber, dass sie einsam ist.
2. *ein Gericht dazu auffordern, eine Sache zu klären:* auf Schadenersatz klagen · Er klagt gegen die Besitzerin des Hundes, der ihn gebissen hat. · Wenn sie mich jetzt entlassen, klage ich!

die **Klam|mer** ['klamɐ], der Klammer, die Klammern:
1. *kleiner Gegenstand, mit dem etwas befestigt wird:* die Wäsche mit Klammern an die Leine hängen · Die Seiten des Antrags wurden von einer Klammer zusammengehalten. · Sie steckte sich Klammern ins Haar.
2. *eines von zwei Zeichen am Anfang und Ende, mit dem man einen Teil des Textes oder der Rechnung vom Rest trennt:* eine Erklärung in Klammern hinzufügen · zuerst die Klammer ausrechnen.

die **Kla|mot|te** [kla'mɔtə], der Klamotte, die Klamotten ⟨meist im Plural⟩ (umgangssprachlich):
1. *Kleidung:* nach der Arbeit bequemere Klamotten anziehen.
2. *Sachen:* Räum deine Klamotten vom Tisch, wir wollen essen!

der **Klang** [klaŋ], des Klang[e]s, die Klänge ['klɛŋə]:
1. *Ton, den man hört:* Beim Klang der Glocke ist es zwölf Uhr.
2. *Art, wie etwas klingt:* Die Gitarre hat einen schönen Klang. · Ihre Worte hatten einen drohenden Klang.
3. ⟨nur Plural⟩ *Melodie:* Sie tanzten zu den Klängen eines alten Liedes.

die **Klap|pe** ['klapə], der Klappe, die Klappen:
1. *Deckel, der an einer Seite fest ist:* Die Katze hat eine Klappe in der Tür, durch die sie nachts ins Haus kommt.
2. (salopp) *Mund:* Könnt ihr mal bitte die Klappe halten?

▶ **klap|pen** ['klapn̩], klappt, klappte, hat geklappt (umgangssprachlich):
so geschehen, ablaufen, wie man es wünscht: Ich habe es versucht, aber es hat nicht geklappt. · Wenn alles klappt, fahre ich nächste Woche in Urlaub.

▶ **klar** [kla:ɐ̯], klarer, am klarsten:
1. *durchsichtig, nicht trüb:* klares Glas / Wasser.
2. *ohne Wolken, Nebel oder Rauch:* Die Luft / Der Himmel war vollkommen klar.
3. *deutlich:* ein klarer Sieg · Es ist doch klar, dass er das nicht will. · Ich konnte das im Dunkeln nicht klar erkennen.
4. *** etwas ist / wird jemandem klar:** *eine Person begreift etwas:* Mir war nicht klar, wie teuer das ist. · Allmählich wird mir klar, dass es so nicht weitergeht.;
*** Alles klar?** (umgangssprachlich):
1) *Hast du alles verstanden?* 2) *Ist alles in Ordnung?*

klä|ren ['klɛ:rən], klärt, klärte, hat geklärt:
1. *Antworten auf Fragen finden:* Die Polizei konnte den Fall nicht klären. · Ich muss nur noch klären, wann der Bus fährt.
2. ⟨+ sich⟩ *deutlich oder bekannt werden:* Das Missverständnis hat sich inzwischen geklärt.

klas|se ['klasə] (umgangssprachlich):
sehr gut: Ich habe gerade ein klasse Buch gelesen. · Das Essen war / schmeckt klasse!

▶ die **Klas|se** ['klasə], der Klasse, die Klassen:
1. *Gruppe von Lebewesen oder Dingen mit gemeinsamen Merkmalen:* die Klasse der Säugetiere · In welcher Klasse startet der Rennfahrer?
2. *Gruppe von Personen, die in der Gesellschaft den gleichen Rang haben; Schicht:* die herrschende Klasse · die Klasse der Arbeiter / Bauern.
3. *Stufe der Qualität von Leistungen:* eine Fahrkarte erster / zweiter Klasse · In der

ersten Klasse hat man mehr Platz für die Beine.
4. *Raum in einer Schule, in dem Unterricht stattfindet:* Er durfte in der Pause in der Klasse bleiben.
5. *Gruppe von Schülern, die gemeinsam Unterricht haben:* In ihrer Klasse gibt es nur wenige Mädchen. · Der Lehrer geht heute mit der Klasse ins Museum.
6. *Stufe in der Schule, in der man normalerweise ein Jahr bleibt:* Nach den Ferien kommt sie in die vierte Klasse. · Wenn deine Noten nicht besser werden, musst du die Klasse wiederholen.

die **Klas|sen|ar|beit** ['klasn̩|arbai̯t], der Klassenarbeit, die Klassenarbeiten:
schriftliche Prüfung im Unterricht: Diese Woche schreiben wir noch zwei Klassenarbeiten.

die **Klas|sen|fahrt** ['klasn̩faːɐ̯t], der Klassenfahrt, die Klassenfahrten:
Reise, die eine Klasse zusammen mit Lehrern macht: Im nächsten Jahr ist eine Klassenfahrt nach Berlin geplant.

die **Klas|sik** ['klasɪk], der Klassik:
1. *hohe Stufe einer Kultur und der Kunst in der Vergangenheit:* Goethe und Schiller sind die wichtigsten Vertreter der deutschen Klassik.
2. *Musik aus früheren Jahrhunderten:* Klassik hören.

klas|sisch ['klasɪʃ]:
1. *zur Klassik gehörend:* klassische Musik / Literatur.
2. *seit langer Zeit beliebt:* ein Kleid im klassischen Stil.
3. *typisch:* Das ist ein klassischer Anfängerfehler.

klatsch [klatʃ]:
verwendet für das laute Geräusch, wenn z. B. etwas ins Wasser fällt: Schon lag er, klatsch, im Matsch.

klat|schen ['klatʃn̩], klatscht, klatschte, hat geklatscht:
1. *mit lautem Geräusch auf etwas fallen oder treffen:* Er stolperte und klatschte ins Wasser.
2. *eine Hand flach gegen die andere schlagen, sodass ein lautes Geräusch entsteht, besonders, um Beifall auszudrücken:* Sie klatschte laut [in die Hände], um die Vögel zu vertreiben. · Das Publikum klatschte begeistert.
3. (umgangssprachlich abwertend) *Dinge über andere Leute erzählen, die einen nichts angehen:* Sie stehen oft am Zaun und klatschen miteinander.

klau|en ['klau̯ən], klaut, klaute, hat geklaut (umgangssprachlich):
stehlen: Mir ist mein Fahrrad geklaut worden. · Sie hat im Supermarkt geklaut.

▶ das **Kla|vier** [kla'viːɐ̯], des Klaviers, die Klaviere:
großes Musikinstrument mit weißen und schwarzen Tasten: Sie setzte sich ans Klavier und spielte ein Lied für uns.

▶ **kle|ben** ['kleːbn̩], klebt, klebte, hat geklebt:
1. *mit Klebstoff o. Ä. befestigen:* eine Briefmarke auf den Umschlag kleben · ein Pflaster auf die Wunde kleben · Plakate / Tapeten an die Wände kleben.
2. *durch eine klebrige Oberfläche an etwas haften:* Das Etikett klebte so fest, dass ich es nicht abmachen konnte. · Das nasse T-Shirt klebte ihm am Körper.

kleb|rig ['kleːbrɪç], klebriger, am klebrigsten:
mit einer feuchten Oberfläche, die an anderem haften bleibt: klebrige Finger haben · Der Herd war ganz klebrig vom Fett.

der **Kleb|stoff** ['kleːpʃtɔf], des Klebstoff[e]s, die Klebstoffe:
Flüssigkeit oder zäher Brei, mit denen man Dinge kleben kann: Sie gab Klebstoff auf das Bild und drückte es aufs Papier.

kle|ckern ['klɛkɐn], kleckert, kleckerte, gekleckert (umgangssprachlich):
1. ⟨hat⟩ *mit Tropfen einer Flüssigkeit Flecken machen:* Pass auf, dass du keine Farbe / nicht auf den Teppich kleckerst.
2. ⟨ist⟩ *in Tropfen auf etwas fallen und Flecken machen:* Mir ist Soße aufs Hemd gekleckert.

▶ das **Kleid** [klai̯t], des Kleides, die Kleider:
1. *Kleidungsstück für Frauen oder Mädchen, das den ganzen Körper bedeckt und frei über die Beine hängt:* Wenn es heiß wird, trägt sie lieber Röcke und Kleider als Hosen.
2. ⟨nur Plural⟩ *Kleidung:* Er zog alle Kleider aus und sprang ins Wasser.

▶ die **Klei|dung** ['klai̯dʊŋ], der Kleidung:
alle Dinge aus Stoff, Wolle oder Leder, mit denen Menschen ihre Körper bedecken: Für das Baby haben wir viel gebrauchte Kleidung geschenkt bekommen.

das **Klei|dungs|stück** ['klai̯dʊŋsʃtʏk], des Kleidungsstück[e]s, die Kleidungsstücke:
einzelnes, zur Kleidung gehörendes Teil: nicht mehr passende Kleidungsstücke aussortieren.

klein [klain], kleiner, am kleinsten:
1. *nicht so groß oder hoch wie andere(s):* das kleinste Kind in der Klasse · ein Haus mit kleinen Fenstern · Die Hose ist mir zu klein. · Schneid das Gemüse bitte kleiner.
2. *von geringer Anzahl oder Menge:* eine kleine Familie / Gruppe / Klasse · Dafür steht nur ein kleiner Betrag zur Verfügung.
3. *von kurzer Dauer:* eine kleine Pause / Verspätung.
4. *nicht wichtig:* ein kleiner Fehler / Irrtum · die kleinen Leute *(mit wenig Geld und Einfluss).*
5. *jung und noch lange nicht erwachsen:* als er noch klein / ein kleiner Junge war · mein kleiner *(jüngerer)* Bruder · Für solche Filme bist du noch zu klein! · Spiele für Klein und Groß *(Kinder und Erwachsene).*

das **Klein|geld** ['klaingɛlt], des Kleingeld[e]s: *Geld in Münzen:* Hast du etwas Kleingeld für den Automaten dabei?

die **Klei|nig|keit** ['klainɪçkait], der Kleinigkeit, die Kleinigkeiten:
1. *kleine Summe oder Sache, die wenig kostet:* dem Bettler eine Kleinigkeit geben · Hast du eine Kleinigkeit für ihren Geburtstag besorgt?
2. *Sache, die wenig Mühe macht oder nicht wichtig ist:* Kein Problem, das ist eine Kleinigkeit für mich! · Reg dich doch nicht über jede Kleinigkeit auf!

klem|men ['klɛmən], klemmt, klemmte, hat geklemmt:
1. *durch Druck in Position halten:* Er klemmte den Brief einfach in die Tür. · Ich klemmte mir die Zeitung unter den Arm.
2. *fest an einer Stelle stecken (und sich nur schwer bewegen lassen):* Ein Strafzettel klemmte am Scheibenwischer. · Die Tür klemmt und ich bekomme sie nicht auf.

der **Klemp|ner** ['klɛmpnɐ], des Klempners, die Klempner, die **Klemp|ne|rin** ['klɛmpnərɪn], der Klempnerin, die Klempnerinnen:
Person, die Leitungen für Gas und Wasser legt und repariert: Der Klempner hat den tropfenden Wasserhahn schnell repariert.

klet|tern ['klɛtɐn], klettert, kletterte, ist geklettert:
sich mithilfe von Händen und Füßen nach oben, unten bewegen: auf einen Baum / über einen Zaun klettern · Wie konnte der Kleine aus seinem Bett klettern? · Sie sind zum Klettern in die Berge gefahren.

der **Klick** [klɪk], des Klicks, die Klicks:
das Klicken mit der Maus auf ein Ziel: Das kann man am Computer mit wenigen Klicks erledigen.

kli|cken ['klɪkn̩], klickt, klickte, hat geklickt:
1. *ein kurzes Geräusch machen, wie es für das Drücken von Schaltern typisch ist:* Als der Star erschien, klickten die Fotoapparate der Reporter. · Die Tür schloss sich mit einem leisen Klicken.
2. *auf eine Taste der Maus drücken, um das auszuwählen, worauf der Pfeil zeigt:* auf eine E-Mail klicken, um sie zu öffnen.

das **Kli|ma** ['kli:ma], des Klimas:
das Wetter, das für ein Gebiet typisch ist: Ich vertrage das heiße, feuchte Klima dort nicht so gut.

die **Kli|ma|an|la|ge** ['kli:ma|anla:gə], der Klimaanlage, die Klimaanlagen:
technische Anlage, mit der die Luft in Räumen und Fahrzeugen gekühlt wird: Wenn wir im Sommer im Stau stehen, sind wir froh, dass das Auto eine Klimaanlage hat.

die **Klin|gel** ['klɪŋl̩], der Klingel, die Klingeln:
kleines Ding (besonders an der Tür oder am Fahrrad), das man benutzt, damit ein lauter Ton zu hören ist: Das Kind drückte auf die Klingel und lief dann schnell weg.

klin|geln ['klɪŋl̩n], klingelt, klingelte, hat geklingelt:
mit einer Klingel ein Signal geben: Ich habe mehrmals geklingelt, aber keiner hat aufgemacht. · Er klingelte wild, als er auf seinem Fahrrad an mir vorbeifuhr. · Das Telefon / Der Wecker hat geklingelt.;
* **es klingelt:** *eine Klingel ist zu hören:* Hat es nicht gerade an der Tür geklingelt?

klin|gen ['klɪŋən], klingt, klang, hat geklungen:
1. *einen angenehmen Ton von sich geben:* Hörst du die Glocken klingen?
2. *eine bestimmte Art von Tönen machen:* Deine Stimme klingt ja so heiser.
3. *auf den, der etwas hört, liest oder erfährt, einen bestimmten Eindruck machen:* Ihr Brief klang sehr traurig.

die **Kli|nik** ['kli:nɪk], der Klinik, die Kliniken:
[großes] Krankenhaus [für bestimmte Arten von Krankheiten]: eine Klinik für Hautkrankheiten.

die **Klin|ke** ['klɪŋkə], der Klinke, die Klinken:

Griff an der Tür, auf den man drückt, um sie zu öffnen oder schließen: Sie rüttelte verzweifelt an der Klinke, aber die Tür ging nicht auf.

das **Klo** [klo:], des Klos, die Klos (umgangssprachlich):
Toilette: aufs Klo gehen / müssen · sich im Klo einschließen.

das **Klo|pa|pier** ['klo:papi:ɐ̯], des Klopapiers, die Klopapiere (umgangssprachlich):
Toilettenpapier: eine neue Rolle Klopapier.

klop|fen ['klɔpf̮n̩], klopft, klopfte, hat geklopft:
1. *mehrmals leicht gegen etwas schlagen:* die Schnitzel vor dem Braten klopfen · Er klopfte seinem Sohn anerkennend auf die Schulter. · Sie klopfte nachts an mein Fenster.; * **es klopft:** *eine Person klopft an der Tür, um ins Zimmer gelassen zu werden.*
2. *durch leichte Schläge befestigen oder entfernen:* einen Nagel in die Wand klopfen · sich den Schnee vom Mantel klopfen.
3. *so stark arbeiten, dass man es fühlen kann:* Ihr Herz klopfte vor Angst / Freude.

der **Kloß** [klo:s], des Kloßes, die Klöße ['klø:sə] (besonders norddeutsch):
aus einer weichen Masse zu einer Kugel geformte Speise; Knödel: Möchtest du Kartoffeln oder Klöße zur Gans?

das **Klos|ter** ['klo:stɐ], des Klosters, die Klöster ['klø:stɐ]:
Gebäude, in dem Frauen oder Männer leben, die ihr Leben ganz ihrer Religion widmen: Sie wollte lieber ins Kloster gehen als diesen Mann heiraten.

der **Klub** [klʊp], des Klubs, die Klubs:
1. *Gruppe, bei der man Mitglied wird, wenn man einem gemeinsamen Interesse nachgehen will; Verein:* Er spielt nächste Saison bei einem anderen Klub.; * **Willkommen im Klub!:** *Da geht es dir genauso wie mir, uns.*
2. *Disco:* Ich gehe morgen in den Klub.

klug [klu:k], klüger, am klügsten:
1. *intelligent:* eine kluge Antwort · Du bist klug genug, das zu verstehen.
2. *vernünftig:* Das war eine kluge Entscheidung.
3. * **aus jemandem, etwas nicht klug werden:** *eine Person, Sache nicht verstehen:* Verstehst du die Anleitung? Ich werde daraus einfach nicht klug.

die **Klug|heit** ['klu:khai̯t], der Klugheit:
Eigenschaft, klug zu sein: Ich war von ihrer Klugheit beeindruckt.

knab|bern ['knabɐn], knabbert, knabberte, hat geknabbert:
etwas Hartes in kleine Stücke beißen (und essen): beim Fernsehen Nüsse knabbern · Mäuse haben ein Loch in den Karton geknabbert.; * **an etwas zu knabbern haben:** *lange brauchen, um über etwas nachzudenken oder es zu verkraften.*

kna|cken ['knakn̩], knackt, knackte, hat geknackt:
1. *einen kurzen, harten Ton erzeugen:* Das Bett knackte, als er sich auf die andere Seite warf.
2. *mit Druck oder Gewalt öffnen:* Nüsse knacken · Einbrecher haben das Schloss geknackt.
3. *lösen:* ein Rätsel knacken.

der **Knall** [knal], des Knall[e]s, die Knalle:
plötzliches, sehr lautes, kurzes Geräusch: Mit einem lauten Knall schlug der Wind die Tür zu.

knal|len ['knalən], knallt, knallte, geknallt:
1. ⟨hat⟩ *einen Knall erzeugen:* Es knallte laut, als die Autos zusammenstießen. · Man hörte mehrere Schüsse knallen.
2. ⟨hat⟩ (umgangssprachlich) *mit Kraft werfen, stellen oder schlagen:* Sie knallte wütend die Tasche auf den Tisch / in die Ecke. · Ich knall dir gleich eine *(gebe dir eine Ohrfeige)!*
3. ⟨ist⟩ (umgangssprachlich) *mit Schwung fallen oder gegen etwas stoßen:* Ein Vogel ist ans Fensters geknallt. · Sie knallte voll mit dem Kopf gegen den Schrank.

▸ **knapp** [knap], knapper, am knappsten:
1. *kaum ausreichend:* mit dem knappen Geld sparsam umgehen · Wenn ich das auch noch tun soll, wird mir allmählich die Zeit knapp.
2. *gerade noch (erreicht):* ein knapper Sieg · Das war knapp, beinahe hätte er uns erwischt! · Sie kam erst knapp vor Mitternacht nach Hause.
3. *etwas weniger als:* in / nach / vor einer knappen Stunde · Das kostet knapp 100 Euro.
4. *eng und kaum groß genug:* ein knapper Bikini · knapp sitzende Hosen · Die Schuhe sind [mir] zu knapp.
5. *nur das Wichtigste umfassend:* eine knappe Antwort / Auskunft · Sie teilte mir nur kurz und knapp mit, was zu tun war.

knar|ren ['knarən], knarrt, knarrte, hat geknarrt:
das Geräusch machen, das entsteht, wenn sich Holz bewegt: eine knarrende

Tür · Die Treppe knarrte, als sie sich nach oben schleichen wollte.

der **Knast** [knast], des Knast[e]s, die Knäste ['knɛstə] und Knaste (umgangssprachlich):
Gefängnis: Er musste in den Knast / bekam drei Monate Knast.

knat|tern ['knatɐn], knattert, knatterte, hat geknattert:
mehrmals kurz knallen: ein knatterndes Motorrad · Die Segel knatterten im Wind.

der *oder* das **Knäu|el** ['knɔyəl], des Knäuels, die Knäuel:
zu einer Art Ball gewickelter Faden: das Garn zu einem Knäuel aufwickeln · Für den Pullover brauchst du fünf Knäuel Wolle.

knei|fen ['knaifn̩], kneift, kniff, hat gekniffen:
1. *ein bisschen Haut zwischen zwei Fingern so drücken, dass es wehtut; zwicken:* Kneif mich mal, ich glaube, ich träume. · Sie kniff mir / mich in den Arm.
2. *unangenehm eng sein:* Die Schuhe kneifen!
3. (umgangssprachlich abwertend) *etwas aus Angst nicht tun; sich drücken:* Als es ernst wurde, hat er gekniffen.

▶ die **Knei|pe** ['knaipə], der Kneipe, die Kneipen (umgangssprachlich):
einfaches Lokal, in dem man gemeinsam etwas trinkt: mit Freunden in die Kneipe gehen.

kni|cken ['knɪkn̩], knickt, knickte, hat geknickt:
etwas so biegen, dass eine Spitze oder Kante entsteht (und so beschädigen): Pass auf, dass du den Schlauch vom Staubsauger nicht knickst. · Der Sturm hat die Blumen geknickt.

▶ das **Knie** [kniː], des Knies, die Knie ['kniːə]:
Gelenk in der Mitte des Beins: Sie kroch auf den Knien auf dem Boden herum. · Wir standen bis zum Knie im Wasser.

kniff|lig ['knɪflɪç], kniffliger, am kniffligsten:
Geduld oder Vorsicht und Geschick erfordernd: eine knifflige Aufgabe / Situation · Jetzt wird's knifflig!

knip|sen ['knɪpsn̩], knipst, knipste, hat geknipst (umgangssprachlich):
fotografieren: Knips doch mal die Kinder beim Spielen!

knir|schen ['knɪrʃn̩], knirscht, knirschte, hat geknirscht:
ein hartes, reibendes Geräusch machen: im Schlaf mit den Zähnen knirschen · Es knirschte beim Bremsen.

knis|tern ['knɪstɐn], knistert, knisterte, hat geknistert:
schnell hintereinander oft knacken: ein knisterndes Feuer · Das Papier knisterte beim Auspacken.

der **Knob|lauch** ['knoːplaux], des Knoblauch[e]s:
aus mehreren Teilen bestehende dicke Wurzel, die intensiv riecht und als Gewürz verwendet wird: Quark mit Kräutern und Knoblauch würzen · Rieche ich noch nach Knoblauch?

der **Knö|chel** ['knœçl̩], des Knöchels, die Knöchel:
1. *dicker Knochen am Bein direkt über dem Fuß:* Er hat sich beim Skifahren den Knöchel gebrochen.
2. *dicker Knochen am Gelenk in der Mitte des Fingers:* Die Studenten klopften mit den Knöcheln auf dem Tisch Beifall.

▶ der **Kno|chen** ['knɔxn̩], des Knochens, die Knochen:
1. *einer der vielen harten Teile in unserem Körper, die ihn stützen:* Pass auf, dass du nicht herunterfällst und dir ein paar Knochen brichst! · Der Hund kaut auf einem Knochen herum.
2. ⟨nur Plural⟩ (umgangssprachlich) *der ganze Körper:* seine müden Knochen ausruhen · Mir tun alle / sämtliche Knochen weh.

▶ der **Knö|del** ['knøːdl̩], des Knödels, die Knödel (besonders süddeutsch, österreichisch):
Kloß: Schweinebraten mit Knödeln.

▶ der **Knopf** [knɔpf], des Knopf[e]s, die Knöpfe ['knœpfə]:
1. *kleines rundes Ding an Kleidung oder Wäsche, das man durch ein Loch steckt, um sie zu schließen:* An meiner Jacke ist ein Knopf abgerissen.
2. *kleines rundes Ding, auf das man drückt oder an dem man dreht, damit ein Gerät etwas tut:* am Knopf des Radios drehen, um einen anderen Sender einzustellen · Welchen Knopf muss ich jetzt drücken?

das **Knopf|loch** ['knɔpflɔx], des Knopfloch[e]s, die Knopflöcher ['knɔpflœçɐ]:
kleines Loch, durch das man einen Knopf steckt, um etwas zu schließen: Er steckte sich eine Blume ins Knopfloch seines Jacketts.

die **Knos|pe** ['knɔspə], der Knospe, die Knospen:

dicke Stelle an einer Pflanze, aus der später eine Blüte oder ein Blatt wird: Es wird Frühling, die Bäume haben schon dicke Knospen.

der **Kno|ten** ['kno:tn̩], des Knotens, die Knoten:
[dickes] Teil, das entsteht, wenn zwei Fäden oder Schnüre fest miteinander verbunden werden: einen doppelten Knoten in den Faden machen, damit er hält; *** Der Knoten ist geplatzt** (umgangssprachlich): *jemand hat etwas endlich verstanden.*

knur|ren ['knʊrən], knurrt, knurrte, hat geknurrt:
mit geschlossenem Maul warnende Laute von sich geben: Der Hund knurrte böse.; *** jemandem knurrt der Magen / jemandes Magen knurrt:** *jemand hat großen Hunger und, oder sein Magen macht laute Geräusche.*

knusp|rig ['knʊsprɪç], knuspriger, am knusprigsten:
frisch und mit einer angenehm harten Oberfläche: ein knuspriger Braten · Noch sind die Brötchen schön knusprig.

k. o. [ka:'|o:] (umgangssprachlich):
völlig erschöpft: Von der Wanderung waren wir total k. o.

die **Ko|a|li|ti|on** [ko|ali'tsi̯o:n], der Koalition, die Koalitionen:
Bündnis von Parteien, die zusammen eine Regierung bilden wollen: Der kleinere Partner der Koalition stellt traditionell den Außenminister.

der **Koch** [kɔx], des Koch[e]s, die Köche ['kœçə]:
Mann, der als Beruf oder zu Hause kocht: als Koch in einem Restaurant / Hotel arbeiten · Ich koche nicht so gern, aber mein Mann ist ein guter Koch.

ko|chen ['kɔxn̩], kocht, kochte, hat gekocht:
1. *warme Speisen zubereiten:* Pudding / einen Eintopf / das Essen kochen · gut kochen können.
2. *in, mit sehr heißem Wasser zubereiten:* Kaffee / Tee kochen · Soll ich die Eier kochen oder braten?
3. *so heiß werden lassen, dass es sprudelt:* Wasser kochen · die Milch zum Kochen bringen.
4. *so heiß sein, dass es sprudelt:* kochend heißes / kochendes Wasser · Vorsicht, die Milch kocht gleich!; *** kochen vor Wut:** *sehr wütend sein.*
5. *auf dem Herd bleiben, um gar zu werden:* Wie lange müssen die Nudeln noch kochen?

▶ die **Kö|chin** ['kœçɪn], der Köchin, die Köchinnen:
Frau, die als Beruf oder zu Hause kocht: Sie macht gerade eine Ausbildung zur Köchin. · Ich koche auch ganz gern, aber meine Frau ist die bessere Köchin.

▶ der **Kof|fer** ['kɔfɐ], des Koffers, die Koffer:
großer Behälter mit Griff und Deckel, in den man Dinge tut, die man auf eine Reise mitnimmt: Hast du schon deinen Koffer gepackt / ausgepackt?

der **Kof|fer|raum** ['kɔfɐrau̯m], des Kofferraum[e]s, die Kofferräume ['kɔfɐrɔy̯mə]:
der Bereich hinten im Auto, in dem man Dinge transportieren kann: die Klappe vom Kofferraum öffnen / schließen · die Einkäufe in den Kofferraum legen.

der **Kohl** [ko:l], des Kohl[e]s:
Pflanze, deren dicke Blätter Kugeln bilden und die man als Gemüse kocht: einen Eintopf aus Kohl und Kartoffeln kochen.

die **Koh|le** ['ko:lə], der Kohle, die Kohlen:
1. *schwarze Steine, die man im Ofen verbrennt, um zu heizen:* mit Kohle(n) heizen · einen Eimer Kohlen in den Ofen schütten.
2. (salopp) *Geld:* Wann bekomme ich endlich meine Kohle?

der **Kohl|ra|bi** [ko:l'ra:bi], des Kohlrabi[s], die Kohlrabi[s]:
Pflanze, deren Stängel eine Kugel bildet, die als Gemüse gegessen wird: den Kohlrabi schälen und in Stücke schneiden.

das **Ko|ka|in** [koka'i:n], des Kokains:
Droge, die in Form eines weißen Pulvers verwendet wird: von Kokain abhängig sein.

▶ der **Kol|le|ge** [kɔ'le:gə], des Kollegen, die Kollegen, die **Kol|le|gin** [kɔ'le:gɪn], der Kollegin, die Kolleginnen:
Person, die den gleichen Beruf hat oder mit der man zusammenarbeitet: Woher kennt ihr euch, seid ihr Kollegen? · Liebe Kolleginnen und Kollegen!

die **Kom|bi|na|ti|on** [kɔmbina'tsi̯o:n], der Kombination, die Kombinationen:
verschiedene Dinge, die zusammengestellt wurden oder zusammen eine Wirkung erzielen: Der Teppich hat eine interessante Kombination von Farben. · Dieses Mittel darf nicht in Kombination mit Alkohol angewendet werden.

kom|for|ta|bel [kɔmfɔr'ta:bl̩], komfortabler, am komfortabelsten:
1. *mit aller Ausstattung, die etwas bequem macht:* ein komfortables Hotel ·

K

Die große Küche mit modernen Geräten ist sehr komfortabel.
2. *so, dass man sich nicht anstrengen muss:* einen komfortablen Vorsprung haben.

▶ **ko|misch** ['ko:mɪʃ], komischer, am komischsten:
1. *zum Lachen reizend; lustig:* Er machte so ein komisches Gesicht, dass alle lachen mussten. · Lach nur, ich finde das gar nicht komisch!
2. *seltsam:* ein komisches Gefühl haben · Komisch, eben war er noch da!

▶ **kom|men** ['kɔmən], kommt, kam, ist gekommen:
1. *einen bestimmten Ort erreichen; ankommen, eintreffen:* zu spät / [ganz] pünktlich kommen · Sie sind vor zwei Tagen gekommen. · Da hinten kommt der Zug. · Ich komme mit der Bahn / dem Auto / dem Motorrad [zu dir] nach Wuppertal.
2. *sich auf etwas hin bewegen [und dort ankommen]:* nach Hause kommen · Wie komme ich am besten von hier zum Bahnhof?
3. *von einem Ort her eintreffen:* aus Leipzig / dem Kino / der Gaststätte kommen · Das Flugzeug kommt aus Argentinien.
4. *erscheinen, teilnehmen:* Ich komme zu der Tagung nach Mannheim.
5. *jemanden aufsuchen, besuchen:* Kommst du zu mir? · Die Ärztin kommt zu unserem kranken Sohn.
6. ⟨zusammen mit »lassen«⟩ *bewirken, dass jemand etwas bringt oder selbst erscheint:* Wir müssen den Arzt kommen lassen. · Den Frisör kann man sich auch ins Haus kommen lassen.
7. *gebracht werden:* Heute ist keine Post gekommen.
8. *sich zeigen, sich einstellen:* Endlich kommen die ersten Blüten. · Ihr kommen ständig die Tränen.
9. *die Idee zu etwas haben; jemanden, etwas berücksichtigen:* Wie kamen wir auf dieses Thema? · Plötzlich kam ich auf die Idee, im Internet nach ihm zu suchen.
10. *aufgenommen, untergebracht, eingestellt werden:* in die Schule / aufs Gymnasium kommen · Der neue Film von ihm kommt jetzt endlich in die deutschen Kinos.
11. *an einen bestimmten Platz, Ort gestellt, gelegt, gebracht werden:* Dieses Buch kommt in das weiße Regal. · Wohin kommen die Müllsäcke?
12. *in einen Zustand, eine bestimmte Lage geraten:* in Gefahr / Not / Verlegenheit kommen · Wenn er von ihr erzählt, kommt er immer ins Schwärmen.
13. *Zeit, Gelegenheit für etwas finden:* Ich komme heute nicht dazu, dir zu schreiben. · Ich bin noch nicht zum Sortieren der Unterlagen gekommen.
14. *eintreten, sich ereignen:* Der Abend kommt schon. · Die Kündigungen kamen völlig überraschend.
15. *etwas [wieder]bekommen:* Ich muss endlich wieder zur Ruhe kommen.
16. *etwas bekommen, indem man sich anstrengt:* Wie bist du an diese tollen alten Lexika gekommen?
17. *seinen Geburtsort, Grund o. Ä. haben:* Unser Nachbar kommt aus Ungarn. · Er ist Chefarzt, kommt aber aus ganz einfachen Verhältnissen.
18. *an der Reihe sein, folgen:* Wer kommt zuerst / als Nächster? · Jetzt komme ich endlich an die Reihe.
19. ⟨im 1. Partizip⟩ *folgend..., nächst...:* am kommenden Donnerstag · Ich besuche ihn im kommenden Monat.

der **Kom|men|tar** [kɔmɛn'ta:ɐ̯], des Kommentars, die Kommentare:
Text, in dem eine Person ihre Meinung oder bestimmte Zusammenhänge erklärt: Der Minister verweigerte jeden Kommentar zu den aktuellen Ereignissen. · Der Lehrer hat einen langen Kommentar unter den Aufsatz geschrieben.

▶ **kom|mer|zi|ell** [kɔmɛr'tsi̯ɛl], kommerzieller, am kommerziellsten:
1. *mit dem Zweck, Geld zu verdienen:* nur für die private, nicht für eine kommerzielle Nutzung vorgesehen sein · Ihre Musik ist mir zu kommerziell.
2. *den Gewinn betreffend:* Seine Bücher sind wenig anspruchsvoll, aber kommerziell erfolgreich.

▶ die **Kom|mis|si|on** [kɔmɪ'si̯o:n], der Kommission, die Kommissionen:
Gruppe von Fachleuten mit einem bestimmten offiziellen Auftrag: Der Bundestag hat eine Kommission eingesetzt, die die Vorfälle untersuchen soll.

kom|mu|nal [kɔmu'na:l]:
die Gemeinde(n) betreffend, (zu) einer Gemeinde gehörend: ein kommunales Krankenhaus · Diese Aufgaben entfallen in die kommunale Zuständigkeit.

die **Kom|mu|ne** [kɔ'mu:nə], der Kommune, die Kommunen:

Gemeinde als kleinste Einheit der Verwaltung im Staat: Bund, Länder und Kommunen · Die Feuerwehr untersteht den Kommunen.

die **Kom|mu|ni|ka|ti|on** [kɔmunika'tsi̯o:n], der Kommunikation, die Kommunikationen:
das Kommunizieren: Wie können wir die Kommunikation zwischen Lehrern und Eltern verbessern? · Die rechtzeitige Kommunikation von Problemen ist sehr wichtig.

der **Kom|mu|nis|mus** [kɔmu'nɪsmʊs], des Kommunismus:
politische Ideologie, dass Fabriken und Kapital dem ganzen Volk gehören sollten, oder Staat, der das zu verwirklichen versucht: ein Anhänger / Gegner des Kommunismus · das Leben im Kommunismus.

kom|mu|ni|zie|ren [kɔmuni'tsi:rən], kommuniziert, kommunizierte, hat kommuniziert:
Informationen (besonders durch Sprache, Bilder, Zeichen) austauschen oder mitteilen: Wir kommunizieren nur noch wenig miteinander. · Du musst deutlicher kommunizieren, was du dir wünschst.

die **Ko|mö|die** [ko'mø:di̯ə], der Komödie, die Komödien:
lustige Geschichte im Film oder Theater: Ich sehe mir gern Komödien an.

kom|pakt [kɔm'pakt], kompakter, am kompaktesten:
keinen Platz verschwendend: ein kompaktes Auto · Das Haus ist sehr kompakt gebaut.

die **Kom|pe|tenz** [kɔmpe'tɛnts], der Kompetenz, die Kompetenzen:
1. *Fähigkeit und Wissen:* Sie kann das aufgrund ihrer fachlichen Kompetenz am besten beurteilen.
2. *das Recht und die Aufgabe, über etwas zu entscheiden:* Diese Entscheidung fällt nicht in die Kompetenz dieser Behörde. · Mit dieser Maßnahme hat er seine Kompetenzen überschritten.

kom|plett [kɔm'plɛt], kompletter, am komplettesten:
1. *so, dass nichts, niemand fehlt; vollständig:* eine komplette Liste aller Fehler aufstellen · Sind wir jetzt komplett oder fehlt noch jemand?
2. (umgangssprachlich) *ganz, völlig:* Das komplette Programm taugt nichts. · Bist du jetzt komplett verrückt geworden?

kom|plex [kɔm'plɛks], komplexer, am komplexesten:
viele Gesichtspunkte umfassend: ein komplexes Problem · Der Fall ist sehr komplex.

der **Kom|plex** [kɔm'plɛks], des Komplexes, die Komplexe:
1. *negative Einschätzung der eigenen Person und Eigenschaften:* Jugendliche sind oft voller Komplexe.
2. *Gruppe von Dingen der gleichen Art, die eine Einheit bilden:* ein Komplex von Läden, Büros und Wohnungen · der nächste Komplex von Aufgaben.

das **Kom|pli|ment** [kɔmpli'mɛnt], des Kompliment[e]s, die Komplimente:
Lob, mit dem man einer Person eine Freude machen will: Er machte ihr Komplimente über ihr Aussehen. · Kompliment, das hat wirklich gut geschmeckt!

► **kom|pli|ziert** [kɔmpli'tsi:ɐ̯t], komplizierter, am kompliziertesten:
aus vielen Elementen bestehend und daher schwierig zu verstehen oder zu lösen: ein kompliziertes Problem / Gerät · Die Sache ist komplizierter, als sie aussieht. · Muss man das so kompliziert ausdrücken?

kom|po|nie|ren [kɔmpo'ni:rən], komponiert, komponierte, hat komponiert:
neue Musik erfinden: Sie hat das Lied komponiert und er hat den Text dazu geschrieben.

der **Kom|po|nist** [kɔmpo'nɪst], des Komponisten, die Komponisten, die **Kom|po|nis|tin** [kɔmpo'nɪstɪn], der Komponistin, die Komponistinnen:
Person, die Musik komponiert: Mozart und Bach sind meine liebsten Komponisten.

► der **Kom|pro|miss** [kɔmpro'mɪs], des Kompromisses, die Kompromisse:
Lösung, bei der beide Seiten berücksichtigt werden oder jeder etwas nachgibt: sich auf einen Kompromiss einigen · Das Auto ist ein Kompromiss zwischen unseren Wünschen und dem, was wir uns leisten können.

die **Kon|di|ti|on** [kɔndi'tsi̯o:n], der Kondition, die Konditionen:
1. ⟨ohne Plural⟩ *Fähigkeit des Körpers zu sportlichen Leistungen:* eine gute Kondition haben · Zum Skifahren habe ich zu wenig Kondition.
2. ⟨meist im Plural⟩ *Bedingung für Leistungen, Lieferungen und Zahlungen bei Geschäften:* Ich kann Ihnen einen Kredit zu günstigen Konditionen anbieten.

die **Kon|di|to|rei** [kɔndito'rai̯], der Konditorei, die Konditoreien:
Betrieb, der Kuchen und Torten herstellt und verkauft: Zur Hochzeit haben wir in der Konditorei eine Torte bestellt.

das *oder* der **Kon|dom** [kɔn'do:m], des Kondoms, die Kondome:
Hülle aus Gummi, die vor dem Sex über den Penis gezogen werden kann: Wieso bist du schwanger, habt ihr kein Kondom benutzt?

die **Kon|fe|renz** [kɔnfe'rɛnts̮], der Konferenz, die Konferenzen:
Besprechung oder Treffen von Fachleuten: Über die Noten wird morgen in der Konferenz endgültig entschieden. · Sie ist zu einer internationalen Konferenz zum Thema »Datenschutz im Internet« gefahren.

die **Kon|fes|si|on** [kɔnfɛ'si̯o:n], der Konfession, die Konfessionen:
Gemeinschaft von Personen, die sich nach den gleichen religiösen Regeln richten: Christen evangelischer / katholischer Konfession.

die **Kon|fi|tü|re** [kɔnfi'ty:rə], der Konfitüre, die Konfitüren:
Marmelade aus einer Sorte Obst mit Stücken darin: Sollen wir Gelee, Marmelade oder Konfitüre kaufen?

der **Kon|flikt** [kɔn'flɪkt], des Konflikt[e]s, die Konflikte:
schwierige Situation, in der Meinungen, Interessen oder Ansprüche zueinander im Gegensatz stehen: Eine friedliche Lösung des Konflikts wird immer unwahrscheinlicher.

kon|fron|tie|ren [kɔnfrɔn'ti:rən], konfrontiert, konfrontierte, hat konfrontiert:
eine Person in eine unangenehme Situation bringen: Plötzlich war sie damit konfrontiert, vier kleine Kinder allein versorgen zu müssen.

der **Kon|gress** [kɔn'grɛs], des Kongresses, die Kongresse:
großes Treffen von Fachleuten; Tagung: ein medizinischer Kongress.

der **Kö|nig** ['kø:nɪç], des Königs, die Könige:
1. *Mann, der besonders früher über ein Land geherrscht hat und eine Krone hatte:* Das Schloss wurde 1869 von König Ludwig II. von Bayern erbaut.
2. *wichtigste Figur beim Schach:* Schach dem König!
3. *beim Spielen hohe Karte mit dem Bild eines Königs:* Sie hatte in Herz den König und drei kleine Karten.

die **Kö|ni|gin** ['kø:nɪgɪn], der Königin, die Königinnen:
Frau, die besonders früher über ein Land geherrscht hat und eine Krone hatte, oder Frau eines Königs: Königin Elisabeth I. von England.

kö|nig|lich ['kø:nɪklɪç]:
(zu) einem König, einer Königin gehörend: der königliche Palast.

die **Kon|junk|tur** [kɔnjʊnk'tu:ɐ̯], der Konjunktur, die Konjunkturen:
die Lage oder Entwicklung der Wirtschaft eines Landes zu einem Zeitpunkt: Diese Maßnahme soll die Konjunktur fördern.

kon|kret [kɔn'kre:t], konkreter, am konkretesten:
bestimmt, genau oder wirklich: ein konkretes Beispiel nennen · schon konkrete Pläne haben · Wie viele werden es denn konkret sein?

die **Kon|kur|renz** [kɔnkʊ'rɛnts̮], der Konkurrenz:
1. *Wettbewerb:* Um die knappen Studienplätze in Medizin herrscht starke Konkurrenz.
2. *Personen oder Unternehmen, mit denen man im Wettbewerb steht:* Wir bieten besseren Service als die / unsere Konkurrenz.

kön|nen ['kœnən], kann, konnte, hat gekonnt / können:
1. ⟨2. Partizip: können⟩ *die Möglichkeit haben, in der Lage sein, etwas zu tun:* Sie kann Auto fahren / schwimmen / stricken. · Kann mir das vielleicht jemand erklären? · Sie konnte vor Müdigkeit kaum die Augen offen halten. · Kannst du mir mal bitte die Butter geben?
2. ⟨2. Partizip: können⟩ *eventuell der Fall sein:* Das kann passieren / sein. · Du kannst das Geld auch verloren haben. · Sie kann jeden Augenblick anrufen / kommen.
3. ⟨2. Partizip: gekonnt⟩ Er kann Englisch, Russisch und Spanisch. · Ich kann nicht mehr, ich bin so müde!

kon|se|quent [kɔnze'kvɛnt], konsequenter, am konsequentesten:
so (handelnd), wie es vorgesehen war oder zu etwas passt: die konsequente Anwendung einer Regel · Wir müssen jetzt konsequent bleiben! · Der Plan wurde nicht konsequent umgesetzt.

die **Kon|se|quenz** [kɔnze'kvɛnts̮], der Konsequenz, die Konsequenzen:
1. *Folge, die sich aus einem Vorgang oder*

einer Überlegung ergibt: Sein Fehler hatte unangenehme Konsequenzen.
2. *konsequentes Verhalten:* Ich bewundere deine Konsequenz!

kon|ser|va|tiv [kɔnzɛrva'ti:f], konservativer, am konservativsten:
mit der Einstellung, dass die bisherigen Verhältnisse gut sind und nicht geändert werden sollten: konservative Politik.

die **Kon|ser|ve** [kɔn'zɛrvə], der Konserve, die Konserven:
haltbare Nahrung in einer Dose oder einem Glas: Du solltest mehr frisches Gemüse essen und weniger Konserven.

kon|stant [kɔn'stant], konstanter, am konstantesten:
ohne Unterbrechungen oder starke Veränderungen: eine konstante Leistung bringen · die konstant hohen Preise · Die Temperatur blieb konstant.

kon|stru|ie|ren [kɔnstru'i:rən], konstruiert, konstruierte, hat konstruiert:
planen und bauen oder zusammensetzen: komplizierte Sätze konstruieren · Das Auto ist so konstruiert, dass innen viel Platz ist.

die **Kon|struk|ti|on** [kɔnstrʊk'tsi̯o:n], der Konstruktion, die Konstruktionen:
1. ⟨ohne Plural⟩ *das Konstruieren:* Bei der Konstruktion der Brücke wurden schwere Fehler gemacht.
2. *konstruierte Sache:* eine komplizierte Konstruktion aus Stäben und Seilen.

kon|struk|tiv [kɔnstrʊk'ti:f], konstruktiver, am konstruktivsten:
nützlich: konstruktive Vorschläge machen.

das **Kon|su|lat** [kɔnzu'la:t], des Konsulat[e]s, die Konsulate:
Behörde eines Staates im Ausland: Als ihr auf der Reise alle Papiere und das Geld gestohlen wurden, half ihr das deutsche Konsulat weiter.

der **Kon|sum** [kɔn'zu:m], des Konsums:
das Verbrauchen von Lebensmitteln oder Kaufen von Waren: einen zu hohen Konsum an Süßigkeiten haben · Vor Weihnachten steigt der private Konsum stark an.

kon|su|mie|ren [kɔnzu'mi:rən], konsumiert, konsumierte, hat konsumiert:
[Nahrung u. Ä.] verbrauchen: Sie konsumieren reichlich Bier und Schnaps.

der **Kon|takt** [kɔn'takt], des Kontakt[e]s, die Kontakte:
Beziehung zu einer Person, mit der man immer wieder spricht, sich trifft, Briefe oder E-Mails schreibt: Nach ihrem Umzug habe ich den Kontakt zu ihr verloren. · Ich würde gern mit anderen Betroffenen Kontakt aufnehmen.

die **Kon|takt|lin|se** [kɔn'taktlɪnzə], der Kontaktlinse, die Kontaktlinsen:
dünne, durchsichtige Scheibe aus Kunststoff, die man ins Auge legt, um besser zu sehen: Er trägt lieber Kontaktlinsen als eine Brille.

der **Kon|ti|nent** ['kɔntinɛnt], des Kontinent[e]s, die Kontinente:
eine der großen Flächen von Land, die von Ozeanen umgeben sind: Mit dem Flugzeug sind Reisen zu anderen Kontinenten schnell und bequem.

kon|ti|nu|ier|lich [kɔntinu'i:ɐ̯lɪç]:
ohne Unterbrechungen oder Ende: eine kontinuierliche Entwicklung · Das Wetter wurde kontinuierlich schlechter.

▶ das **Kon|to** ['kɔnto], des Kontos, die Konten ['kɔntn̩]:
Liste, die eine Bank darüber führt, wie viel Geld ein Kunde bei ihr lagert oder ihr schuldet: 200 Euro von seinem Konto abheben / auf sein Konto einzahlen · Ich würde gern bei Ihnen ein Konto eröffnen.

der **Kon|to|aus|zug** ['kɔnto|au̯stsu:k], des Kontoauszug[e]s, die Kontoauszüge ['kɔnto|au̯stsy:gə]:
Liste der aktuellen Vorgänge auf einem Konto, die man sich ausdrucken kann: Hol / Mach doch mal einen Kontoauszug und sieh nach, ob das Gehalt schon da ist.

die **Kon|to|num|mer** ['kɔntonʊmɐ], der Kontonummer, die Kontonummern:
Nummer, unter der eine Bank ein Konto für einen Kunden führt: Das Geld ist zurückgekommen, weil die angegebene Kontonummer falsch war.

der **Kon|trast** [kɔn'trast], des Kontrast[e]s, die Kontraste:
starker Unterschied, auffallender Gegensatz: Die bunten Blumen bilden einen angenehmen Kontrast zum langweiligen Rasen.

▶ die **Kon|trol|le** [kɔn'trɔlə], der Kontrolle, die Kontrollen:
1. *das Prüfen, ob etwas in Ordnung ist:* die Kontrolle der Pässe am Flughafen · noch einmal zur Kontrolle durchs Haus gehen.
2. ⟨ohne Plural⟩ *Zustand, in dem man Unerwünschtes verhindern kann:* Er hatte sich nicht mehr unter Kontrolle und schlug zu. · Es gelang ihr, die Situation unter Kontrolle zu bringen.

K

der **Kon|trol|leur** [kɔntrɔˈløːɐ̯], des Kontrolleurs, die Kontrolleure, die **Kon|trol|leu|rin** [kɔntrɔˈløːrɪn], der Kontrolleurin, die Kontrolleurinnen:
Person, die besonders Fahrkarten oder Ausweise kontrolliert: Der Kontrolleur sah sich meine Fahrkarte ganz genau an.

▸ **kon|trol|lie|ren** [kɔntrɔˈliːrən], kontrolliert, kontrollierte, hat kontrolliert:
1. *prüfen, ob etwas in Ordnung ist:* die Ausweise / Fahrkarten kontrollieren · kontrollieren, ob die Tür abgesperrt ist.
2. *die Macht haben zu bestimmen, was geschieht; beherrschen:* Die großen Konzerne kontrollieren den Markt.

die **Kon|zen|tra|ti|on** [kɔnt͜sɛntraˈt͜si̯oːn], der Konzentration, die Konzentrationen:
1. ⟨ohne Plural⟩ *Zustand, in dem man sich konzentriert:* Wenn die Konzentration nachlässt, nehmen die Fehler zu.
2. *die Menge eines Stoffes, die in einer Sache enthalten ist:* In hohen Konzentrationen ist dieses Gas tödlich.

▸ **kon|zen|trie|ren** [kɔnt͜sɛnˈtriːrən] ⟨+ sich⟩, konzentriert sich, konzentrierte sich, hat sich konzentriert:
seine Aufmerksamkeit und Gedanken auf etwas richten: Du solltest dich jetzt mehr auf die Schule konzentrieren. · Bei dem Lärm kann ich mich schlecht konzentrieren.

das **Kon|zept** [kɔnˈt͜sɛpt], des Konzept[e]s, die Konzepte:
Entwurf eines Textes oder Plans: ein Konzept ausarbeiten · Das Konzept für den Roman habe ich schon im Kopf.; *** jemanden aus dem Konzept bringen:** *eine Person so ablenken, dass sie nicht mehr weiß, was sie sagen oder tun wollte.*

der **Kon|zern** [kɔnˈt͜sɛrn], des Konzern[e]s, die Konzern:
Gruppe von Firmen, die ein großes Unternehmen bilden: Zu dem Konzern gehören mehrere Verlage und Fernsehsender.

▸ das **Kon|zert** [kɔnˈt͜sɛrt], des Konzert[e]s, die Konzerte:
Auftritt von Musikern: Der Chor / Die Band gibt nächste Woche ein Konzert.

die **Ko|ope|ra|ti|on** [ko|operaˈt͜si̯oːn], der Kooperation, die Kooperationen:
Situation, in der Partner zusammenarbeiten: Die beiden Unternehmen haben eine engere Kooperation vereinbart. · Er war nicht zur Kooperation mit der Polizei bereit.

▸ der **Kopf** [kɔp͜f], des Kopf[e]s, die Köpfe [ˈkœp͜fə]:
1. *Teil des Körpers mit Augen, Mund und Gehirn:* zur Antwort den Kopf schütteln oder mit dem Kopf nicken · Kopf und Schwanz vom Fisch bekam die Katze.
2. *Gehirn, mit dem man denkt, sich erinnert und Entscheidungen trifft:* Lass dir den Vorschlag mal durch den Kopf gehen. · Es muss nicht immer alles nach deinem Kopf gehen. · Ich hab das genaue Datum leider nicht mehr im Kopf.; *** sich den Kopf zerbrechen** (umgangssprachlich): *lange über etwas nachdenken und eine Antwort suchen:* Ich habe mir lange über ein passendes Geschenk den Kopf zerbrochen.

der **Kopf|hö|rer** [ˈkɔp͜fhøːrɐ], des Kopfhörers, die Kopfhörer:
Gerät, das man auf den Kopf setzt oder in die Ohren steckt, um besonders Musik zu hören: Er benutzt am Computer Kopfhörer, um die anderen nicht zu stören.

das **Kopf|kis|sen** [ˈkɔp͜fkɪsn̩], des Kopfkissens, die Kopfkissen:
Kissen, auf das man im Bett den Kopf legt: das Kopfkissen frisch beziehen.

der **Kopf|schmerz** [ˈkɔp͜fʃmɛrt͜s], des Kopfschmerzes, die Kopfschmerzen ⟨meist im Plural⟩:
Schmerz im oberen Teil des Kopfes: heftige Kopfschmerzen haben.

das **Kopf|tuch** [ˈkɔp͜ftuːx], des Kopftuch[e]s, die Kopftücher [ˈkɔp͜ftyːçɐ]:
Tuch, das man um den Kopf bindet oder legt: Sie schützte ihre Frisur durch ein Kopftuch vor dem Wind. · In vielen islamischen Ländern tragen Frauen traditionell ein Kopftuch.

▸ die **Ko|pie** [koˈpiː], der Kopie, die Kopien [koˈpiːən]:
1. *Fotokopie:* von einem Text Kopien für alle Teilnehmer des Kurses machen.
2. *zweites Exemplar mit gleichem Aussehen oder Inhalt:* Die Studenten fertigten zur Übung Kopien berühmter Gemälde an. · Ich habe noch eine Kopie von der Datei auf DVD.

▸ **ko|pie|ren** [koˈpiːrən], kopiert, kopierte, hat kopiert:
eine oder mehrere Kopien machen: einen Brief / Seiten aus einem Buch kopieren · Bilder aus dem Internet in eine Datei kopieren.

▸ der **Ko|pie|rer** [koˈpiːrɐ], des Kopierers, die Kopierer:
Gerät, mit dem man Fotokopien macht: Papier in den Kopierer einlegen.

die Häusertypen

das Einfamilienhaus

das Reihenhaus

die Villa

das Mehrfamilienhaus

das Fachwerkhaus

das Schloss

der Bungalow/das Ferienhaus

das Hochhaus

das Haus

der Aktenordner
der Drucker
das einsprachige Wörterbuch
der Kopfhörer
das Kabel
der Locher
der Flachbildschirm
die Schreibtischla
der Lautspre
die externe Festplatte
der Taschenrechner
das Arbeitsbuch
die Stifte
die CD-ROM
die Tastatur
die Schere
der Klebe
der USB-Stick
die kabellose Maus
das Notebook
das zweisprachige Wörterbuch

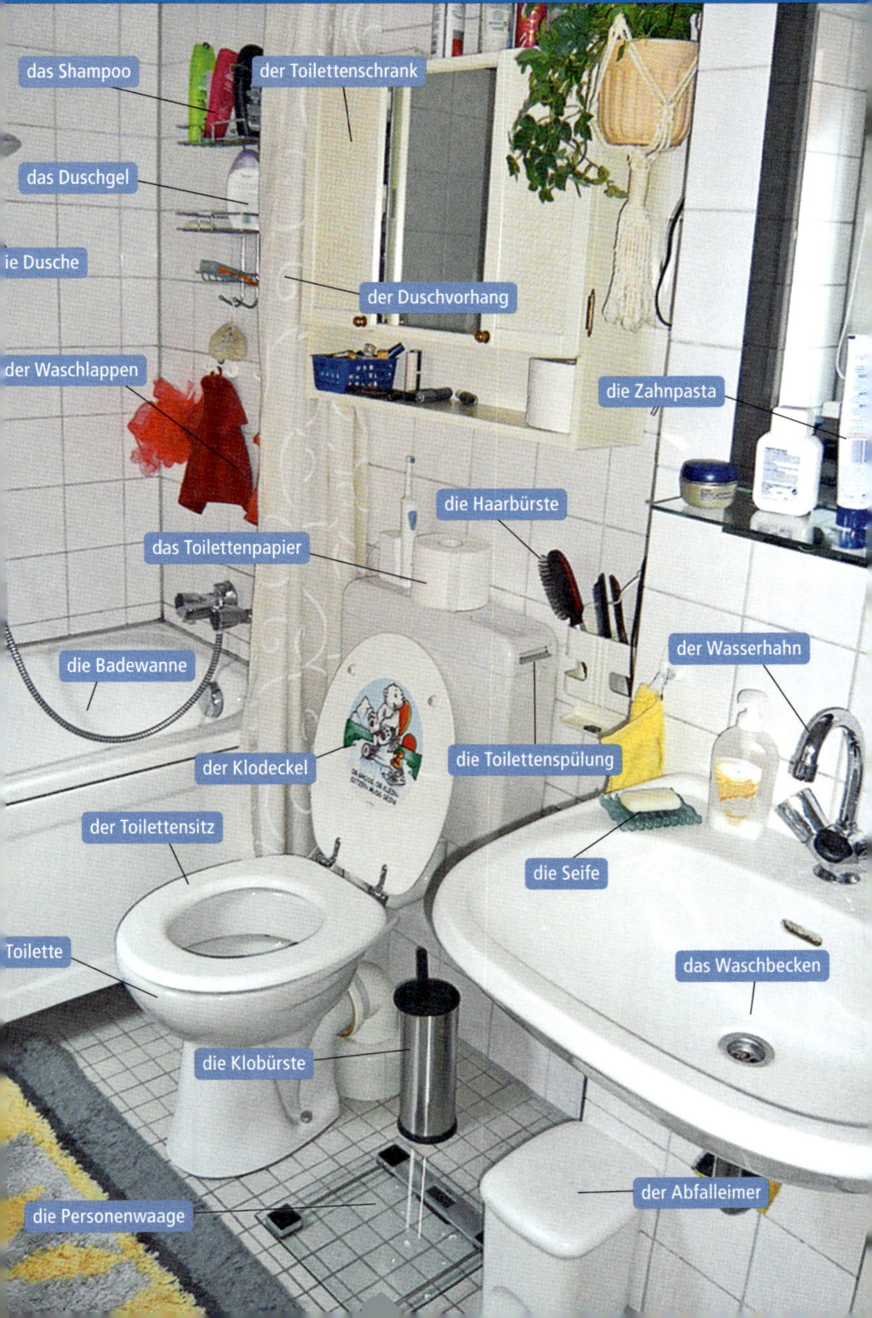
das Shampoo
der Toilettenschrank
das Duschgel
ie Dusche
der Duschvorhang
der Waschlappen
die Zahnpasta
die Haarbürste
das Toilettenpapier
der Wasserhahn
die Badewanne
die Toilettenspülung
der Klodeckel
der Toilettensitz
die Seife
Toilette
das Waschbecken
die Klobürste
der Abfalleimer
die Personenwaage

der Körper

die Farben

die Sonnenbrille
die Socken
der Schlafanzug
der Schal
die Schuhe
das T-Shirt
die Lederjacke
die Handtasche
die Jeans
der Gürtel
der Hut
das Trägertop
die Mütze
der Rucksack
der Pullover
die Turnschuhe
der Rock
das Kleid
die Handschuhe
die Absatzschuhe
die Flipflops
die Krawatte
das Hemd
die Unterwäsche
die Bluse
das Jackett
der Anzug
der Mantel
das Polohemd
der Stiefel
der Bikini
die Hose

die Küche

die Lebensmittel

die Butter

die Eier

der Joghurt

der Honig

der Käse

die Salami

die Jagdwurst

die Leberwurst

der Kochschinken

das Mineral-
wasser

die Limonade

die Cola

der Apfelsaft

der Orangensaft

der Kamillentee

der Pfefferminztee

der Früchtetee

der grüne Tee

der schwarze Tee
mit Zitrone

der schwarze Kaffee

der Kaffee mit
Milch und Zucker

die Milch

der Kakao

die Eis-
schokolade

das Bier

der Rotwein/
der Rosé/
der Weißwein

der Sekt

im Supermarkt

Obst und Gemüse

die Bäckerei

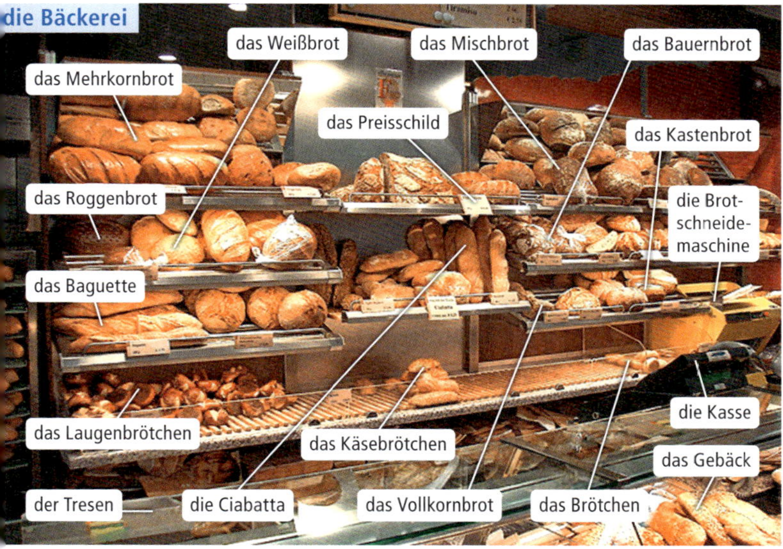

die Karten

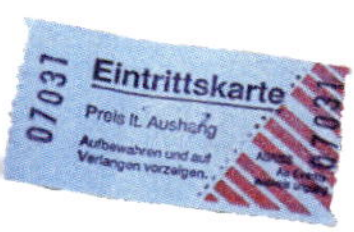

die Eintrittskarte

die SIM-Karte

die Kreditkarte

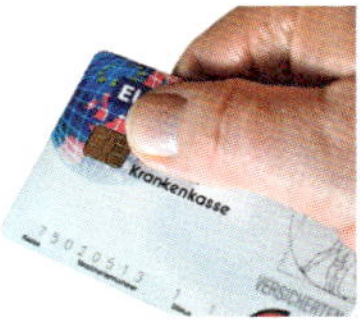

die Krankenkassenkarte

die Bankkarte

die Spielkarte

die Postkarte

die Landkarte/der Stadtplan

die Einladungskarte

die Weltkarte

die Visitenkarte

die Speisekarte

die Kundinnen
der Einkaufskorb
der Verkäufer
die Kasse
die Chips
die Ananas
das Waschmittel
das Etikett
der Warenscanner
die Waren
die Schürze
das Transportband

das Sieb

die Gießkanne

der Eimer

der Mülleimer

die Tasse

die Schale,
die Müslischale

die Senf- und
die Ketchupflasche

die Plastikdose

die Flasche

das Glas

die Salatschüssel

der Joghurtbecher

die Milchflasche

der Korb

der Karton

die Tüte,
die Papiertüte

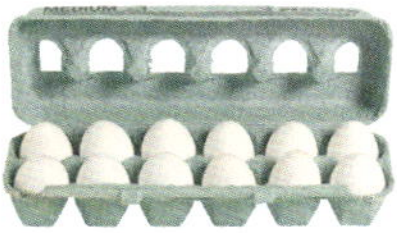
die Schachtel

die Dose

die Spraydose

der Papierkorb

das Fass

der Topf, der Kochtopf

die Haustiere

die Katze

der Hund

das Kaninchen

die Schildkröte

der Wellensittich

der Kanarienvogel

der Papagei

der Fisch

die Ratte

die Maus

der Hamster

das Meerschweinchen

die Schlange

der Garten

ie Insekten und Kriechtiere

ie Biene

die Wespe

die Fliege

die Bremse

ie Libelle

der Grashüpfer

die Mücke

die Raupe

der Regenwurm

der Schmetterling

ie Spinne

die Ameise

die Schnecke

der Käfer

ie Tiere

er Wolf

der Hase

der Fuchs

das Eichhörnchen

der Hirsch

ie Kuh

der Esel

das Pferd

die Ziege

ie Gans

das Huhn/der Hahn

das Küken

das Schaf

das Schwein

der Pferdestall
der Mist
die Schaufel
der Bauer
das Pferd
die Mistgabel
das Pferdegeschirr
die Schubkarre
der Pflug
der Hühnerstall
der Wachhund
der Korb mit Futterrüben
die Harke
das Hühnerfutter
der Hahn
die Hühner

der Schimpanse

der Pavian

der Orang-Utan

der Gorilla

der Seelöwe

die Robbe

der Hai

der Delfin

der Eisbär

das Kamel

das Känguru

das Lama

der Pinguin

der Leopard

der Tiger

der Löwe

die Giraffe

das Nashorn

das Flusspferd

das Zebra

das Krokodil

der Elefant

der Geier

der Adler

der Falke

der Papagei

das Rotkehlchen

die Kohlmeise

die Blaumeise

die Amsel

die Drossel

der Star

der Spatz

die Schwalbe

der Pfau

der Fink

die Ente

der Schwan

die Möwe

die Taube

der Specht

der Storch

der Strauß

die Eule

der Kuckuck

ins Kino gehen

baden gehen

wandern

Musik hören

tanzen

angeln

joggen

ins Museum gehen

reiten

einkaufen gehen

fotografieren

Billard spielen

Freunde treffen

lesen

nähen

kochen

Briefmarken sammeln

malen

backen

Videospiele spielen

die Querflöte

die Tuba

die Trompete

das Saxofon

die Klarinette

das Fagott

die Oboe

die Blockflöte

die E-Gitarre

das Schlagzeug

der Kontrabass

die Gitarre

die Mundharmonika

das Violoncello

die Geige und die Bratsche

das Xylofon

die Ziehharmonika, das Akkordeon

das Keyboard

der Flügel

das Klavier

das Klassenzimmer

die Aktivitäten

das Mountainbiking

das Inlineskating

das Klettern

das Judo

das Golfen

das Bogenschießen

das Skateboarding

Volleyball

Beachvolleyball

das Boxen

das Gewichtheben

das Turnen

das Fechten

das Badminton

das Tennis

das Squash

das Tischtennis

Handball

das Feldhockey

Basketball

Baseball

die Leichtathletik

das Diskuswerfen

das Kugelstoßen

das Speerwerfen

der Staffellauf

der Weitsprung

der Hochsprung

der Stabhochsprung

der Hürdenlauf

der Marathon

der Hindernislauf

das Gehen

der Hallensport/die Turngeräte

das Reck

der Stufenbarren

der Barren

der Schwebebalken

das Pferd

der Kasten und das Sprungbrett

die Wintersportarten

das Eishockey

der Eisschnelllauf

der Eiskunstlauf

das Rennrodeln

das Skifahren

der Skilanglauf

das Snowboarden

das Skispringen

das Bobfahren

beim Fußball

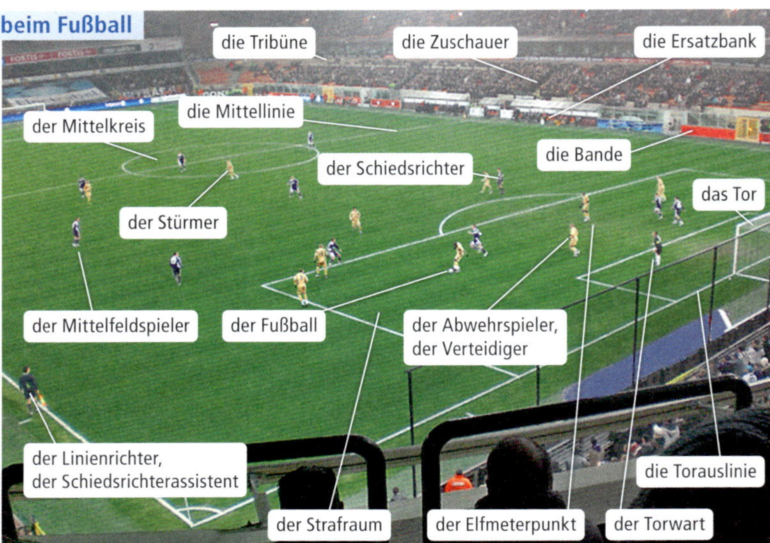

die Wassersportarten

das Surfen

das Windsurfen

das Schwimmen

das Tauchen

das Rafting

das Wakeboarden

das Wasserskifahren

das Kitesurfen

am Strand

der Wald
die Campinglampe
der Sonnenschirm
die Hängematte
das Moskitonetz
das Zelt
der Schlafsack
der Campingstuhl
der Rucksack
die Wanderschuhe

die Altenpflegerin

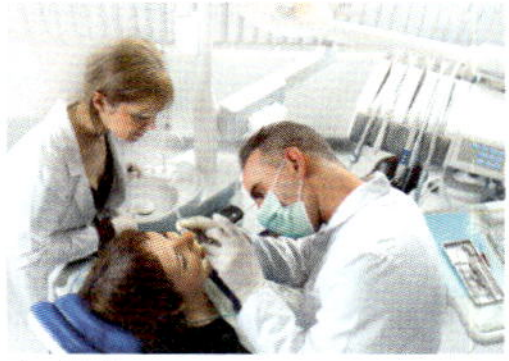
der Zahnarzt

die Ärztin

die Arzthelferin

der Apotheker

die Briefträgerin, die Postbotin

die Reinigungskraft

der Dachdecker

der Bauarbeiter

der Tierarzt

die Physiotherapeutin

der Maler

der Fensterputzer

der Busfahrer

der Taxifahrer

der Klempner

der Paketbote

die Buchhändlerin

die Kindergärtnerin

die Lehrerin

der Polizist

der Automechaniker

die Pilotin

der Imker

die Floristin

die Bäckerin

der Förster

der Kellner

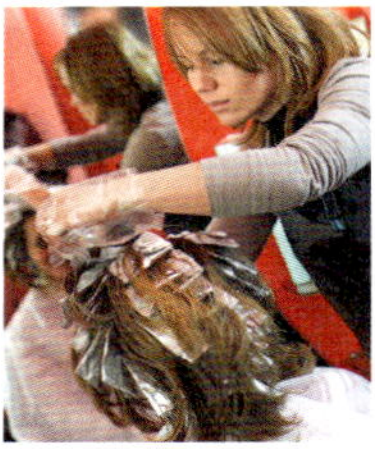
die Friseurin

der Tischler

die Konditorin

der Koch

die Hotelangestellte

das Auto

das Fahrrad

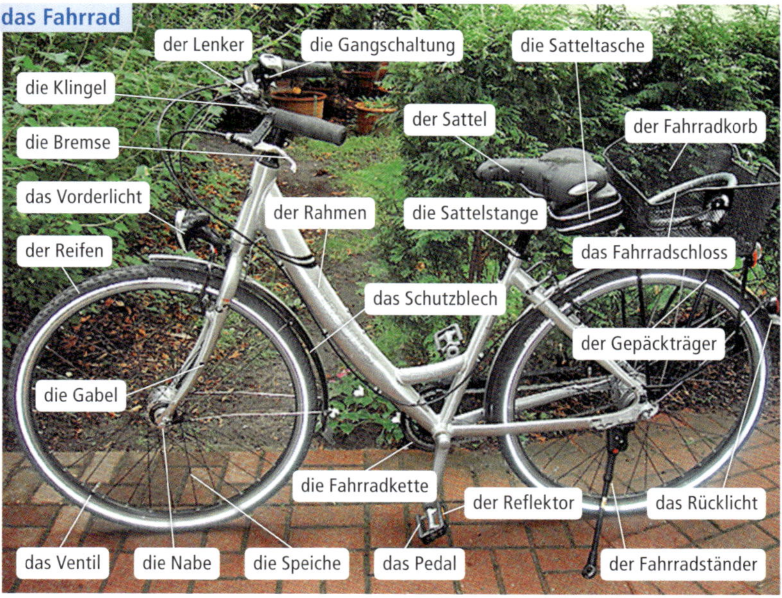

das Flugzeug

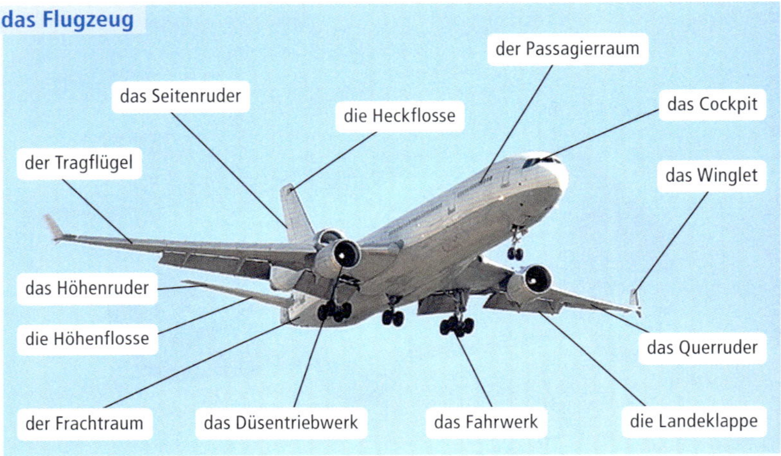

im Flugzeug

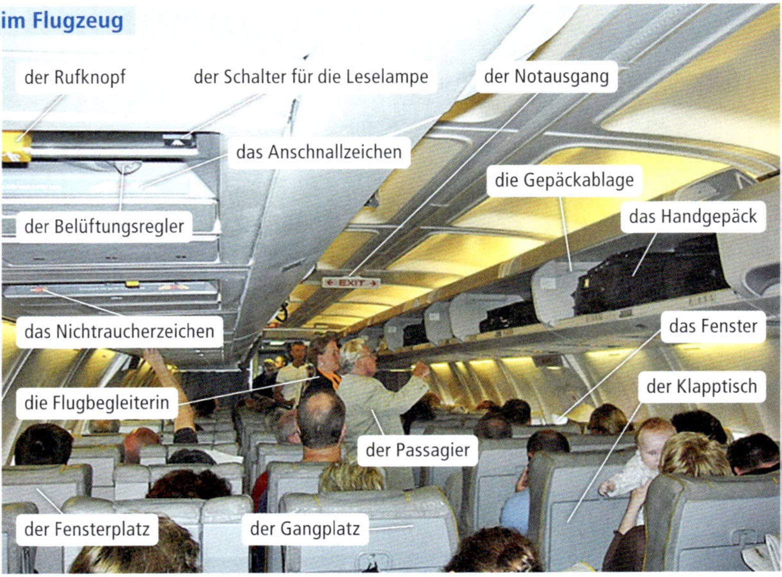

auf dem Bahnhof

die Verkehrsmittel

die U-Bahn

die S-Bahn

das Fahrrad

das Auto

die Straßenbahn, die Tram

die Regionalbahn

der ICE

das Motorrad

die Fähre

das Frachtschiff

das Flugzeug

der Hubschrauber

der Lkw

der Linienbus

der Reisebus

das Taxi

Nordsee
Ostsee
DÄNEMARK
Sylt
Föhr
Halligen
Nordfriesische Inseln
Flensburg
Schleswig
Kieler Bucht
Fehmarn
Rügen
Deutsche Bucht
Helgoland
Helgoländer Bucht
Ostfriesische Inseln
Spiekeroog
Norderney
Borkum
Rendsburg
Kiel
Nord-Ostsee-Kanal
Neumünster
Lübecker Becke
Stralsund
Rostock
Greifswald
Usedom
Lübeck
Wismar
Cuxhaven
Norderstedt
Schweriner See
Schwerin
Mecklenburgische Seenplatte
Neubrandenburg
Müritz
Ostfriesland
Emden
Wilhelmshaven
Bremerhaven
HAMBURG
Elbe
Lüneburg
Oldenburg
Weser
Bremen
Lüneburger Heide
Uckermark
Eberswalde
NIEDER-LANDE
Emsland
Ems
Aller
Celle
Altmark
Nordhorn
Steinhuder Meer
Wolfsburg
Potsdam
BERLIN
Osnabrück
Hannover
Braunschweig
Mittelmark
Teutoburger Wald
Hameln
Hildesheim
Magdeburg
Münster
Bielefeld
Weserbergland
Leine
Fläming
Gütersloh
Brocken
1142 m
Harz
Dessau
Cottbus
Hamm
Paderborn
Rhein
Duisburg
Essen
Dortmund
Bochum
Göttingen
Halle (Saale)
Düsseldorf
Wuppertal
Kassel
Leipzig
Mönchen-gladbach
Leverkusen
Rothaargebirge
Meißen
Köln
Eisenach
Erfurt
Siegen
Fulda
Werra
Aachen
Marburg
Jena
Gera
Chemnitz
Bonn
Westerwald
Thüringer Wald
Zwickau
BELGIEN
Gießen
774 m
Vogelsberg
Wetzlar
Suhl
Plauen
Erzgebirge
Eifel
Koblenz
Taunus
Hof
Frankfurt am Main
Mosel
Wiesbaden
Fichtel-gebirge
Schweinfurt
Main
Mainz
Darmstadt
Spessart
Hunsrück
Würzburg
Bamberg
Bayreuth
LUXEM-BURG
Trier
Saar
Ludwigshafen am Rhein
Odenwald
Steigerwald
Erlangen
Oberpfälzer Wald
Mannheim
Kaiserslautern
Pfälzer Wald
Fürth
Nürnberg
Fränkische Alb
Saarbrücken
Heidelberg
Jagst
TSCHECHI
REPUBL
Heilbronn
1457 m
Großer Arber
Karlsruhe
Regensburg
Bayerischer Wald
Donau
Pforzheim
Stuttgart
Ingolstadt
Passau
Tübingen
Reutlingen
Isar
FRANKREICH
Neckar
Schwäbische Alb
Landshut
Ulm
Lech
Augsburg
Inn
Kaiserstuhl
557 m
Schwarzwald
Villingen-Schwenningen
Ammersee
MÜNCHEN
ÖSTERR
Freiburg im Breisgau
Alpenvorland
Starnberger See
Chiemsee
Salzach
Feldberg
1493 m
Konstanz
Friedrichshafen
Bodensee
Garmisch-Partenkirchen
Berchtesgaden
Alpen
SCHWEIZ
0
150 km
Nebelhorn
2224 m
Zugspitze
2962 m
BERLIN Hauptst
Millione
Großsta
Staatsg

Staatsgrenze
Landesgrenze
Landeshauptstadt
Kiel
Schleswig-Holstein
Schwerin
Mecklenburg-Vorpommern
Hamburg
Hamburg
Müritz
Bremen
Bremen
Elbe
Niedersachsen
Aller
Oder
Berlin
BERLIN
Havel
Potsdam
Brandenburg
Mittellandkanal
Hannover
Elbe
Sachsen-Anhalt
Magdeburg
Weser
Ems
Elbe
Neiße
Nordrhein-Westfalen
Lippe
Ruhr
Rhein
Düsseldorf
Dresden
Sachsen
Erfurt
Thüringen
Werra
Fulda
Sieg
Hessen
Rhein
Rheinland-Pfalz
Wiesbaden
Mainz
Mosel
Nahe
Saar
Main
Main
Saarland
Saarbrücken
Main-Donau-Kanal
Naab
Bayern
Baden-Württemberg
Stuttgart
Neckar
Rhein
Donau
Isar
Donau
Inn
München
Ammersee
Starnberger See
Chiemsee
Bodensee
0 25 50 75 100 km

Österreich – Verwaltungsgliederung

Schweiz – Verwaltungsgliederung

* benannt, wenn nicht identisch mit Kantonsbezeichnung

der **Korb** [kɔrp], des Korb[e]s, die Körbe ['kœrbə]:
offener Behälter aus dünnen Zweigen oder Gittern: zum Einkaufen einen Korb mitnehmen · einen Korb voll Wäsche zu bügeln haben.

der **Kor|ken** ['kɔrkn̩], des Korkens, die Korken:
Stöpsel aus braunem Material: den Korken aus der Weinflasche ziehen.

der **Kor|ken|zie|her** ['kɔrkn̩tsi:ɐ], des Korkenziehers, die Korkenzieher:
Gerät, mit dem man Korken aus Flaschen zieht: den Korkenzieher in den Korken drehen.

das **Korn** [kɔrn], des Korn[e]s, die Körner ['kœrnɐ]:
1. *kleiner, einzelner Samen einer Pflanze:* die Vögel mit Körnern füttern.
2. ⟨ohne Plural⟩ *Pflanzen, aus deren Körnern man Mehl macht:* Wenn das Korn reif ist, wird es geschnitten.
3. *eines der kleinen Teile, aus denen besonders Sand, Salz u. Ä. bestehen:* Sand mit feinen / groben Körnern.

der **Kör|per** ['kœrpɐ], des Körpers, die Körper:
1. *die feste Form eines Menschen oder Tiers:* sich am ganzen Körper waschen · eng am Körper anliegende Kleidung.
2. *Gegenstand mit einer bestimmten Form:* Ein Würfel ist ein Körper, der von sechs gleich großen Quadraten begrenzt wird.

kör|per|lich ['kœrpɐlɪç]:
in Bezug auf den Körper (im Unterschied zu Verstand und Gefühl): in guter körperlicher Verfassung sein · körperlich anstrengende Arbeit.

kor|rekt [kɔ'rɛkt], korrekter, am korrektesten:
ohne Fehler; richtig: korrektes Deutsch sprechen · Die Antwort ist korrekt! · Wie schreibt man das korrekt?

die **Kor|rek|tur** [kɔrɛk'tu:ɐ̯], der Korrektur, die Korrekturen:
das Korrigierte: Die Lehrerin hat viele Korrekturen im Aufsatz angebracht.

der **Kor|ri|dor** ['kɔrido:ɐ̯], des Korridors, die Korridore:
schmaler Gang in der Wohnung; Flur: Bücherregale in den Korridor stellen.

kor|ri|gie|ren [kɔri'gi:rən], korrigiert, korrigierte, hat korrigiert:
1. *Fehler suchen und verbessern:* Der Lehrer hat die Hefte / Aufsätze noch nicht korrigiert.
2. *etwas ändern, damit es richtig, besser oder passend wird:* Das Schiff musste den Kurs korrigieren.

die **Kor|rup|ti|on** [kɔrʊp'tsi̯o:n], der Korruption, die Korruptionen (abwertend):
Treffen von ungerechten Entscheidungen zugunsten einer Person, die dafür Geld oder Vorteile gibt: einen Beamten der Korruption beschuldigen.

die **Kos|me|tik** [kɔs'me:tɪk], der Kosmetik:
Cremes, Farben und andere Mittel, die das Aussehen verbessern sollen: viel Geld für Körperpflege und Kosmetik ausgeben.

der **Kos|mos** ['kɔsmɔs], des Kosmos:
Weltraum, Weltall: den Kosmos erforschen.

kost|bar ['kɔstba:ɐ̯], kostbarer, am kostbarsten:
sehr wertvoll: kostbare alte Gemälde.

▶ die **Kos|ten** ['kɔstn̩] ⟨Plural⟩:
Geld, das bezahlt werden muss: Der Unfall hat hohe Kosten verursacht. · Mein Arbeitgeber hat die Kosten des Umzugs übernommen.

▶ [1]**kos|ten** ['kɔstn̩], kostet, kostete, hat gekostet:
den Geschmack prüfen: Koste doch mal (von der Suppe): Fehlt da noch Salz?

▶ [2]**kos|ten** ['kɔstn̩], kostet, kostete, hat gekostet:
1. *einen bestimmten Preis haben:* Das Fahrrad hat 250 Euro gekostet.
2. *als Aufwand oder Opfer verlangen:* Das kostet doch zu viel Zeit / Mühe! · Der Brand hat mehrere Menschenleben gekostet.

▶ **kos|ten|los** ['kɔstn̩lo:s]:
ohne dass man dafür Geld bezahlen muss; gratis: eine kostenlose Beratung · Der Katalog ist kostenlos.

köst|lich ['kœstlɪç], köstlicher, am köstlichsten:
sehr gut schmeckend: Die Erdbeeren sind / schmecken einfach köstlich!

▶ das **Kos|tüm** [kɔs'ty:m], des Kostüms, die Kostüme:
1. *Kombination aus Rock und Jacke:* Sie hat sich ein neues schwarzes Kostüm gekauft.
2. *Kleidung, mit der man einen ganz anderen Menschen oder ein Tier darstellt:* Das lustigste Kostüm bekam einen Preis. · Wer hat die Kostüme für das Theaterstück genäht?

der **Kot** [ko:t], des Kot[e]s:
Reste der Nahrung, die durch den Darm den Körper verlassen: Die Kirche ist stark vom Kot der Tauben verschmutzt.

das **Ko|te|lett** ['kɔtlɛt], des Koteletts, die Koteletts:

Scheibe Fleisch mit einer Rippe (besonders vom Schwein): Koteletts braten.

kot|zen ['kɔtsn̩], kotzt, kotzte, hat gekotzt (salopp):
erbrechen: Mir ist so schlecht, ich muss gleich kotzen.; * **zum Kotzen:** *unerträglich:* Ich fand die Musik / seine Einstellung zum Kotzen.

krab|beln ['krabl̩n], krabbelt, krabbelte, ist gekrabbelt:
1. *sich (besonders als kleines Kind) auf Händen und Knien fortbewegen:* Mit sechs Monaten fing das Baby an zu krabbeln. · Das Kind krabbelte unter den Tisch und versteckte sich dort.
2. *sich auf vielen Beinen fortbewegen:* Eine Spinne / Ameise krabbelte über die Decke.

der **Krach** [krax], des Krach[e]s, die Kräche ['krɛçə]:
1. ⟨ohne Plural⟩ *sehr laute, unangenehme Geräusche; Lärm:* Flugzeuge machen einen fürchterlichen Krach.
2. (umgangssprachlich) *Ärger, Streit:* Ich möchte deswegen keinen Krach mit meinem Vater bekommen.

▶ die **Kraft** [kraft], der Kraft, die Kräfte ['krɛftə]:
1. *Fähigkeit, mit dem Körper Anstrengendes zu tun:* mit aller Kraft an etwas ziehen · Sie war lange krank, aber allmählich kommt sie wieder zu Kräften.
2. * **in Kraft treten:** *gültig werden:* Das Gesetz ist vor einem Jahr in Kraft getreten.

▶ das **Kraft|fahr|zeug** ['kraftfa:ɐ̯tsɔy̯k], des Kraftfahrzeug[e]s, die Kraftfahrzeuge:
Fahrzeug mit einem Motor: Der Angeklagte darf in Deutschland kein Kraftfahrzeug mehr führen.

▶ **kräf|tig** ['krɛftɪç], kräftiger, am kräftigsten:
1. *mit viel Kraft:* Er gab dem Schlitten einen kräftigen Stoß. · Du musst gut essen, damit du wieder kräftiger wirst.
2. *intensiv oder heftig:* kräftiger Wind · eine Suppe mit kräftigem Geschmack · Die Preise sind kräftig gestiegen.

▶ das **Kraft|werk** ['kraftvɛrk], des Kraftwerk[e]s, die Kraftwerke:
große Anlage, die Strom erzeugt: ein neues Kraftwerk bauen.

der **Kra|gen** ['kra:gn̩], des Kragens, die Kragen, süddeutsch, österreichisch, schweizerisch: Krägen ['krɛ:gn̩]:
Teil der Kleidung, der sich am Hals befindet: den Kragen offen lassen · Das Hemd ist am Kragen zu eng.

die **Krä|he** ['krɛ:ə], der Krähe, die Krähen:
großer schwarzer Vogel mit großem grauem Schnabel: Auf dem abgeernteten Feld suchten unzählige Krähen nach Futter.

der **Kram** [kra:m], des Kram[e]s (umgangssprachlich abwertend):
Dinge, die man nicht braucht oder die lästig sind; Zeug: Räum doch endlich deinen Kram auf!

der **Krampf** [krampf̮], des Krampf[e]s, die Krämpfe ['krɛmpfə]:
1. *plötzlicher starker Schmerz, weil sich ein Muskel spannt und nicht wieder löst:* einen Krampf im Bein bekommen.
2. ⟨ohne Plural⟩ (umgangssprachlich abwertend) *lästige oder sinnlose Dinge, Sache oder Worte; Mist:* Das ist doch alles Krampf!

der **Kran** [kra:n], des Kran[e]s, die Kräne ['krɛ:nə]:
Maschine, mit der schwere Lasten hoch durch die Luft bewegt werden: Das Schiff wurde mit dem Kran beladen.

▶ **krank** [kraŋk], kränker, am kränksten:
eine Krankheit habend: krank sein / werden / im Bett liegen · Peter hat Fieber und ich fühle mich auch schon ganz krank.

▶ der **Kran|ke** ['kraŋkə], der Kranke / ein Kranker; des / eines Kranken; die Kranken / zwei Kranke:
[männliche] Person, die krank ist: einen Kranken pflegen / heilen · In diesem Winter gibt es viele Kranke.

▶ die **Kran|ke** ['kraŋkə], die / eine Kranke; der / einer Kranken; die Kranken / zwei Kranke:
weibliche Person, die krank ist: Die Kranke braucht völlige Ruhe / hat viel leiden müssen.

▶ das **Kran|ken|haus** ['kraŋkn̩haus̯], des Krankenhauses, die Krankenhäuser ['kraŋkn̩hɔy̯zɐ]:
Gebäude, in dem kranke Menschen behandelt werden: im Krankenhaus liegen · Sie musste für eine Woche ins Krankenhaus.

die **Kran|ken|kas|sa** ['kraŋkn̩kasa], der Krankenkassa, die Krankenkassen ['kraŋkn̩kasn̩] (österreichisch):
Krankenkasse.

▶ die **Kran|ken|kas|se** ['kraŋkn̩kasə], der Krankenkasse, die Krankenkassen:
Versicherung, die die Kosten von Arzt, Medikamenten und Behandlung bezahlt: Die Krankenkasse übernimmt nur einen Teil der Kosten für den Zahnersatz.

der **Kran|ken|pfle|ger** ['kraŋkn̩pfle:gɐ], des Krankenpflegers, die Krankenpfleger: *Mann, dessen Beruf es ist, (im Krankenhaus) Kranke zu pflegen:* Der Krankenpfleger kam zum Fiebermessen.

die **Kran|ken|schwes|ter** ['kraŋkn̩ʃvɛstɐ], der Krankenschwester, die Krankenschwestern: *Frau, deren Beruf es ist, (im Krankenhaus) Kranke zu pflegen:* Die Krankenschwester wechselte seinen Verband.

die **Kran|ken|ver|si|che|rung** ['kraŋkn̩fɛɐ̯zɪçərʊŋ], der Krankenversicherung, die Krankenversicherungen: *Versicherung gegen Kosten, die durch Krankheiten entstehen:* eine zusätzliche Krankenversicherung für Zahnersatz abschließen · Mitglied bei einer privaten Krankenversicherung sein.

der **Kran|ken|wa|gen** ['kraŋkn̩va:gn̩], des Krankenwagens, die Krankenwagen: *Auto für den Transport von Personen, die zu krank oder schwer verletzt sind, um selbst ins Krankenhaus zu fahren:* mit dem Krankenwagen ins Krankenhaus gebracht werden.

die **Krank|heit** ['kraŋkhai̯t], der Krankheit, die Krankheiten: *Störung der Gesundheit:* an einer gefährlichen Krankheit leiden · Mein Sohn kann heute wegen Krankheit nicht in die Schule gehen.

▶ **krank|schrei|ben** [kraŋk'ʃrai̯bn̩], schreibt krank, schrieb krank, hat krankgeschrieben: *als Arzt schriftlich bestätigen, dass jemand krank ist und nicht zur Arbeit gehen kann:* für eine Woche krankgeschrieben sein.

der **Kranz** [krants], des Kranzes, die Kränze ['krɛntsə]: *zu einem Ring gebundene Zweige oder Blumen:* ein mit Kränzen geschmücktes frisches Grab.

krass [kras], krasser, am krassesten:
1. *extrem (groß):* ein krasser Fehler / Gegensatz.
2. (besonders Jugendsprache) *sehr ungewöhnlich, gut oder schlecht:* Voll krass, das Spiel!

krat|zen ['kratsn̩], kratzt, kratzte, hat gekratzt:
1. *mit Nägeln oder spitzen Gegenständen reiben, verletzen oder beschädigen:* sich am Kopf / an den Rosen kratzen · Die Katze hat ihn gekratzt.
2. *auf der Haut unangenehm rau sein:* Der Pullover kratzt.

der **Krat|zer** ['kratsɐ], des Kratzers, die Kratzer: *kleine Wunde oder Beschädigung durch Kratzen:* Sie / Ihr Auto hat bei dem Unfall nur ein paar Kratzer abbekommen.

krau|len ['kraulən], krault, kraulte, hat gekrault: *mit den Spitzen der Finger streicheln:* die Katze am Kinn / sich den Bart kraulen.

das **Kraut** [kraut], des Kraut[e]s, die Kräuter ['krɔytɐ]:
1. *kleine Pflanze, deren Blätter als Gewürz oder Medizin verwendet wird:* den Salat mit Kräutern würzen.
2. ⟨ohne Plural⟩ (besonders süddeutsch, österreichisch) *Kohl.*

die **Kra|wat|te** [kra'vatə], der Krawatte, die Krawatten: *schmaler Streifen Stoff, den Männer um den Kragen des Hemdes binden:* Er erschien in Anzug und Krawatte.

▶ **kre|a|tiv** [krea'ti:f], kreativer, am kreativsten: *mit guten Ideen Neues schaffend:* eine kreative Lösung · als Künstler sehr kreativ sein.

der **Krebs** [kre:ps], des Krebses, die Krebse:
1. *Tier mit harter Schale und acht Beinen, das im Wasser lebt:* Krebse angeln.
2. ⟨ohne Plural⟩ *gefährliche Krankheit, bei der etwas im Körper wächst:* Er ist an Krebs gestorben.

▶ der **Kre|dit** [kre'di:t], des Kredits, die Kredite: *Geld, das man besonders von einer Bank leiht:* bei der Bank einen Kredit für den Kauf eines Autos beantragen.

▶ die **Kre|dit|kar|te** [kre'di:tkartə], der Kreditkarte, die Kreditkarten: *Karte aus Plastik, die man statt Geld zum Bezahlen benutzt:* Im Hotel kann man auch mit Kreditkarte zahlen.

die **Krei|de** ['krai̯də], der Kreide, die Kreiden: *Stab aus weichem weißen (oder farbigen) Stein zum Schreiben und Malen:* mit Kreide an die Tafel schreiben / auf der Straße malen.

▶ der **Kreis** [krai̯s], des Kreises, die Kreise:
1. *Linie um einen Punkt herum, die überall gleich weit von dem Punkt entfernt ist:* einen Kreis zeichnen · Wir saßen im Kreis um das Feuer herum.
2. *Gruppe von Personen:* Wir wollen das im Kreis der Familie besprechen.

der **Kreis|lauf** ['krai̯slau̯f], des Kreislauf[e]s: *Bewegung des Blutes durch die Adern:* ein Mittel, das den Kreislauf stärkt.

K

► das **Kreuz** [krɔy̯ts], des Kreuzes, die Kreuze:
1. *das Zeichen + oder x oder etwas, was so ähnlich aussieht:* die richtigen Antworten mit einem Kreuz markieren · Das Kreuz hinter dem Namen bedeutet, dass der Mann schon tot ist.
2. *unterer Teil des Rückens:* Schmerzen im Kreuz haben.

► die **Kreu|zung** ['krɔy̯tsʊŋ], der Kreuzung, die Kreuzungen:
Stelle, wo sich zwei oder mehrere Straßen treffen: Sie fuhr ohne anzuhalten über die Kreuzung, obwohl die Ampel rot war.

krie|chen ['kri:çn̩], kriecht, kroch, ist gekrochen:
sich so bewegen, dass der Körper dabei den Boden berührt: unter das Bett kriechen · Schnecken krochen über das Beet.

► der **Krieg** [kri:k], des Krieg[e]s, die Kriege:
Kampf mit Waffen zwischen Staaten oder Gruppen der Bevölkerung: Viele Häuser der Stadt wurden durch Bomben im Krieg zerstört.

► **krie|gen** ['kri:gn̩], kriegt, kriegte, hat gekriegt (umgangssprachlich):
1. *in den Besitz von etwas, in einen Zustand oder eine Situation kommen; bekommen:* Hast du meine E-Mail / das Geld schon gekriegt? · Allmählich kriege ich Hunger. · Morgen kann ich nicht, da kriegen wir Besuch.
2. *erreichen, dass etwas geschieht oder jemand etwas tut:* Ich kriege die Flecken einfach nicht aus der Hose. · Wie hast du deinen Bruder dazu gekriegt, dich zu fahren?
3. *(finden und) fangen oder rechtzeitig erreichen; erwischen:* Hat die Polizei den Einbrecher gekriegt? · Lauf, wenn du den Zug noch kriegen willst!

► der **Kri|mi** ['krɪmi], des Krimis, die Krimis (umgangssprachlich):
Film oder Buch, der bzw. das die Geschichte eines Verbrechens erzählen: gerne Krimis lesen / anschauen.

► der **Kri|mi|nal|film** [krimi'na:lfɪlm], des Kriminalfilm[e]s, die Kriminalfilme:
Film, der die Geschichte eines Verbrechens erzählt: Er hat in vielen Kriminalfilmen den Kommissar gespielt.

die **Kri|mi|na|li|tät** [kriminali'tɛ:t], der Kriminalität:
Menge der kriminellen Taten in einem Gebiet und Zeitraum: die steigende Kriminalität in den Großstädten.

► die **Kri|mi|nal|po|li|zei** [krimi'na:lpolitsa̯i], der Kriminalpolizei:
Teil der Polizei, der Verbrechen aufklärt: Die Kriminalpolizei hat den Mörder gefunden.

► der **Kri|mi|nal|ro|man** [krimi'na:lroma:n], des Kriminalroman[e]s, die Kriminalromane:
Roman, der die Geschichte eines Verbrechens erzählt: Ich habe gerade einen spannenden Kriminalroman gelesen.

kri|mi|nell [krimi'nɛl]:
1. *vom Gesetz verbotene Dinge tuend:* eine kriminelle Organisation · Wie kann man verhindern, dass er kriminell wird?
2. *vom Gesetz verboten, als Verbrechen geltend:* eine kriminelle Tat.

die **Krip|pe** ['krɪpə], der Krippe, die Krippen:
1. *Behälter, aus dem Rehe oder Kühe ihr Futter fressen:* die Krippe mit Heu füllen.
2. *Einrichtung, in der Kinder unter drei Jahren betreut werden, während die Eltern arbeiten:* das Kind abends aus der Krippe abholen.

► die **Kri|se** ['kri:zə], der Krise, die Krisen:
schwierige Situation, in der es Probleme gibt: Ihre Ehe geriet in eine schwere Krise.

das **Kri|te|ri|um** [kri'te:ri̯ʊm], des Kriteriums, die Kriterien [kri'te:ri̯ən]:
Merkmal, nach dem man etwas entscheidet oder beurteilt: Die Nähe zur U-Bahn war für mich ein wichtiges Kriterium bei der Wohnungssuche.

► die **Kri|tik** [kri'ti:k], der Kritik, die Kritiken:
1. ⟨ohne Plural⟩ *negative Beurteilung, Äußerungen:* Er wehrte sich gegen die Kritik an seinem Plan. · Als Politiker muss man Kritik vertragen können.
2. *Text, in dem eine künstlerische Leistung beurteilt wird:* Das Buch / Der Film erhielt gute Kritiken.

► **kri|tisch** ['kri:tɪʃ], kritischer, am kritischsten:
1. *die Eigenschaften streng prüfend und sich eine (negative) Meinung bildend:* ein kritischer Kommentar · einen Text kritisch lesen und Verbesserungsvorschläge machen · sich kritisch über jemandes Leistungen äußern.
2. *gefährlich oder schwierig:* eine kritische Situation · Der Zustand des Patienten ist kritisch.

► **kri|ti|sie|ren** [kriti'zi:rən], kritisiert, kritisierte, hat kritisiert:
Kritik äußern: Er kritisierte ihren Fahrstil.

► das **Kro|ko|dil** [kroko'di:l], des Krokodils, die Krokodile:

großes grünes Tier mit scharfen Zähnen, das im Wasser lebt: Das Krokodil lag im flachen Wasser und lauerte auf Beute.

die **Kro|ne** ['kro:nə], der Krone, die Kronen:
1. *Schmuck aus Gold, den Könige auf dem Kopf tragen:* ein Bild des Königs mit Krone und rotem Mantel.
2. *oberer, grüner Teil des Baumes:* Der Vogel hatte sein Nest in der Krone des Baumes.

der **Krü|mel** ['kry:ml̩], des Krümels, die Krümel:
sehr kleine Stücke, die von Brot oder Kuchen übrig bleiben: Er fegte die Krümel vom Tisch in den Mülleimer.

krumm [krʊm], krummer / krümmer, am krummsten / am krümmsten:
nicht gerade gewachsen oder geformt: ein Vogel mit einem krummen Schnabel · Mach den Rücken nicht so krumm, sitz gerade!

die **Krus|te** ['krʊstə], der Kruste, die Krusten:
harte raue Schicht an der Oberfläche: ein Braten / Brot mit knuspriger Kruste · Das Kind kratzte die Kruste ab, die sich auf der Wunde gebildet hatte.

der **Kü|bel** ['ky:bl̩], des Kübels, die Kübel:
eine Art Eimer oder Tonne zum Lagern oder Transportieren von Flüssigkeiten oder Dingen: ein Kübel voller Küchenabfälle für die Schweine · In der Fußgängerzone stehen große, mit Blumen bepflanzte Kübel.

die **Kü|che** ['kʏçə], der Küche, die Küchen:
1. *Raum, in dem das Essen gekocht wird, beziehungsweise die Einrichtung dieses Raumes:* eine Wohnung mit zwei Zimmern, Küche und Bad · eine neue Küche kaufen.
2. *bestimmte Art zu kochen:* ein Hotel mit guter / internationaler Küche · im Urlaub die Küche des Landes kennenlernen.

der **Ku|chen** ['ku:xn̩], des Kuchens, die Kuchen:
größeres süßes Gebäck: Möchtest du ein Stück Kuchen? · Er hat mir einen Kuchen zum Geburtstag gebacken.

ku|cken ['kʊkn̩], kuckt, kuckte, hat gekuckt (norddeutsch):
gucken.

der **Ku|ckuck** ['kʊkʊk], des Kuckucks, die Kuckucke:
Vogel, der seine Eier in fremde Nester legt: Manchmal kann man den Kuckuck rufen hören.; *** Zum Kuckuck (noch mal)!** (salopp): drückt aus, dass man sich ärgert.

die **Ku|gel** ['ku:gl̩], der Kugel, die Kugeln:
völlig runder Gegenstand: den Weihnachtsbaum mit bunten Kugeln aus Glas schmücken.

▶ der **Ku|gel|schrei|ber** ['ku:gl̩ʃrai̯bɐ], des Kugelschreibers, die Kugelschreiber:
Stift zum Schreiben mit einer kleinen Kugel an der Spitze, die die Tinte auf dem Papier verteilt: An dem Informationsstand wurden Luftballons und Kugelschreiber verschenkt.

▶ die **Kuh** [ku:], der Kuh, die Kühe ['ky:ə]:
1. *weibliches Rind:* die Kühe füttern / melken.
2. (salopp abwertend) Schimpfwort für eine Frau oder ein Mädchen, über die man sich ärgert: Blöde Kuh!

▶ **kühl** [ky:l], kühler, am kühlsten:
1. *mehr kalt als warm:* angenehm kühles Wasser · Getränke für die Party kühl stellen · Mir wird es jetzt etwas zu kühl.
2. *so, dass deutlich wird, dass jemand keinen Kontakt wünscht oder ärgerlich ist:* Sie wirkt immer etwas kühl. · Wir wurden kühl begrüßt.

küh|len ['ky:lən], kühlt, kühlte, hat gekühlt:
die Temperatur senken: Getränke kühlen · Er kühlte sein Gesicht mit kaltem Wasser.

▶ der **Kühl|schrank** ['ky:lʃraŋk], des Kühlschrank[e]s, die Kühlschränke ['ky:lʃrɛŋkə]:
Schrank aus Metall, in dem man Lebensmittel kühl und länger frisch hält: Milch aus dem Kühlschrank nehmen.

die **Kühl|tru|he** ['ky:ltru:ə], der Kühltruhe, die Kühltruhen:
Gerät, in dem Lebensmittel gefroren lange gelagert werden können: Pizza aus der Kühltruhe.

kühn [ky:n], kühner, am kühnsten:
1. *mutig:* Er sprang kühn ins eiskalte Wasser.
2. *über das Übliche hinausgehend:* ein kühner Gedanke / Plan · Die Theorie klang kühn, erwies sich aber als richtig.

das **Kü|ken** ['ky:kn̩], des Kükens, die Küken:
junger Vogel, besonders ein Huhn: darauf warten, dass die Küken (aus den Eiern) schlüpfen.

▶ der **Ku|li** ['ku:li], des Kulis, die Kulis (umgangssprachlich):
Kugelschreiber: mit Kuli schreiben.

▶ die **Kul|tur** [kʊl'tu:ɐ̯], der Kultur, die Kulturen:
1. *alle von einer Gesellschaft geschaffe-*

nen Dinge wie Kunst, Musik und Wissenschaft: alte / fremde Kulturen erforschen.
2. ⟨ohne Plural⟩ *gute Bildung und Erziehung einer Person:* (Sinn für) Kultur haben.

▶ **kul|tu|rell** [kʊltuˈrɛl]:
die Kultur einer Gesellschaft betreffend: kulturelle Unterschiede / Veranstaltungen.

▶ **küm|mern** [ˈkʏmɐn], kümmert, kümmerte, hat gekümmert:
1. ⟨+ sich⟩ *tun, was nötig ist, damit es einer Person, einem Tier gut geht, etwas funktioniert oder geschieht:* Wer kümmert sich um den Haushalt und die Kinder, wenn du krank bist?
2. ⟨+ sich⟩ *sich Gedanken über etwas machen:* Kümmere dich nicht darum, was er sagt.
3. *jemanden in Gedanken beschäftigen:* Mach deine Arbeit, alles andere braucht dich nicht zu kümmern.

der **Kum|pel** [ˈkʊmpl̩], des Kumpels, die Kumpel (umgangssprachlich):
Person, mit der man gern und oft seine Freizeit verbringt: mit ein paar Kumpeln in die Kneipe gehen.

▶ der **Kun|de** [ˈkʊndə], des Kunden, die Kunden:
[männliche] Person, die Waren kauft oder für Leistungen bezahlt: viele zufriedene Kunden haben · Ich fühlte mich als Kunde gut beraten.

▶ **kün|di|gen** [ˈkʏndɪgn̩], kündigt, kündigte, hat gekündigt:
einen Vertrag mit jemandem beenden: Sobald ich eine andere Arbeit gefunden habe, kündige ich. · Ihr Chef / Vermieter hat ihr gekündigt. · Wir haben den Vertrag mit unserem Stromanbieter gekündigt.

▶ die **Kün|di|gung** [ˈkʏndɪgʊŋ], der Kündigung, die Kündigungen:
das Kündigen eines Vertrags: Aus Angst vor einer Kündigung melden sich weniger Arbeitnehmer krank. · Ist eine Kündigung des Mietvertrags aus diesem Grund erlaubt?

▶ die **Kun|din** [ˈkʊndɪn], der Kundin, die Kundinnen:
weibliche Person, die Waren kauft oder für Leistungen bezahlt: Die Kundin ließ sich verschiedene Modelle zeigen.

die **Kund|schaft** [ˈkʊntʃaft], der Kundschaft:
alle Kundinnen und Kunden: Mehrere berühmte Schauspieler zählen zur Kundschaft des Friseurs.

künf|tig [ˈkʏnftɪç]:
in der Zukunft: die künftige Entwicklung / Regierung · Bitte nehmen Sie künftig darauf Rücksicht!

▶ die **Kunst** [kʊnst], der Kunst, die Künste [ˈkʏnstə]:
1. *das Gestalten mit Farben, Tönen, Worten oder anderen Materialien ohne praktischen Zweck:* Malerei, Musik, Theater und andere Künste · nicht viel von Kunst verstehen.
2. ⟨ohne Plural⟩ *einzelnes Werk oder alle Werke eines Künstlers, einer Art oder Zeit:* darstellende / moderne Kunst · Dieses Bild ist keine Kunst, sondern Kitsch.
3. ⟨ohne Plural⟩ *Sache, die besonders schwierig ist:* Es war keine große Kunst, ihn zu überreden. · Sie beherrscht die Kunst, sich bei allen beliebt zu machen.

▶ der **Künst|ler** [ˈkʏnstlɐ], des Künstlers, die Künstler, die **Künst|le|rin** [ˈkʏnstlərɪn], der Künstlerin, die Künstlerinnen:
Person, die Werke der Kunst schafft: eine Ausstellung der berühmten Künstlerin.

künst|le|risch [ˈkʏnstlərɪʃ]:
die Kunst oder einen Künstler betreffend: ein Gemälde von hohem künstlerischen Anspruch / Wert · Kann sie denn von ihrer künstlerischen Tätigkeit leben?

▶ **künst|lich** [ˈkʏnstlɪç]:
1. *mit technischen Mitteln geschaffen, nicht natürlich entstanden:* ein künstlicher See · künstliches Licht.
2. *so, dass es nicht von selbst, nicht natürlich geschieht:* Der Kranke musste künstlich ernährt / am Leben gehalten werden.
3. ⟨künstlicher, am künstlichsten⟩ *nicht entspannt und echt wirkend:* Das Lächeln der professionellen Tänzer wirkt immer sehr künstlich.

▶ der **Kunst|stoff** [ˈkʊnstʃtɔf], des Kunststoff[e]s, die Kunststoffe:
chemisch hergestelltes Material: Im Flugzeug ist das Besteck aus Kunststoff.

das **Kunst|werk** [ˈkʊnstvɛrk], des Kunstwerk[e]s, die Kunstwerke:
künstlerisches Produkt: Aus dem Museum wurden mehrere wertvolle Kunstwerke gestohlen.

die **Kur** [kuːɐ̯], der Kur, die Kuren:
(Reise an einen Ort für eine) längere Behandlung mit Bädern, Massagen und Sport: Wegen ihrer Probleme mit dem Rücken hat der Arzt sie zur Kur geschickt.

der **Kür|bis** ['kʏrbɪs], des Kürbisses, die Kürbisse:
sehr große orange Frucht: ein Gesicht in einen Kürbis schneiden und ein Licht hineinstellen.

der **Kurs** [kʊrs], des Kurses, die Kurse:
1. *Unterricht mit einem bestimmten Ziel, für das man sich entschieden hat:* in den Ferien einen Kurs machen und Segeln / Schwimmen lernen · Die Volkshochschule bietet Kurse in vielen verschiedenen Sprachen an.
2. *Preis an der Börse:* Der Kurs des Euro / von Gold ist gestiegen. · In der Krise sind die Kurse an der Börse gefallen.
3. *Richtung, in die sich ein Flugzeug oder Schiff bewegen soll:* Der Sturm hat das Schiff vom Kurs abgebracht. · Der Pilot nahm Kurs auf den nächsten Flughafen.

der **Kurs|lei|ter** ['kʊrslai̯tɐ], des Kursleiters, die Kursleiter, die **Kurs|lei|te|rin** ['kʊrslai̯tərɪn], der Kursleiterin, die Kursleiterinnen:
Person, die in einem Kurs unterrichtet: Der Kursleiter meinte, dass noch ein paar Plätze frei sind.

die **Kur|ve** ['kʊrvə], der Kurve, die Kurven:
Stelle, an der besonders eine Straße einen Bogen macht: Fahr langsamer, jetzt kommen viele Kurven.

kurz [kʊrt͜s], kürzer, am kürzesten:
1. *von geringer Entfernung oder Länge:* auf kurze Entfernung schlecht sehen · Die Hose ist mir zu kurz geworden. · Du solltest deine Nägel etwas kürzer schneiden.
2. *von geringer Dauer:* Das Angebot gilt nur für kurze Zeit. · Das Leben ist zu kurz, um seine Zeit mit so etwas zu verschwenden. · Können wir uns mal kurz unterhalten?
3. *mit geringem räumlichen oder zeitlichen Abstand:* Er stürzte kurz vor dem Ziel. · Sie kam kurz nach zehn Uhr nach Hause.
4. *mit wenigen Worten, wenig Text:* eine kurze Geschichte erzählen · Seine E-Mails sind immer sehr kurz. · Er hat das nur einmal kurz erwähnt.

kür|zen ['kʏrt͜sn̩], kürzt, kürzte, hat gekürzt:
1. *kürzer machen:* eine Hose / Rede kürzen · Der Film wurde fürs Fernsehen etwas gekürzt.
2. *einen Teil von etwas wegnehmen, was jemand sonst bekommt:* die Löhne / Renten kürzen · Zur Strafe haben ihr ihre Eltern das Taschengeld gekürzt.

kurz|fris|tig ['kʊrt͜sfrɪstɪç], kurzfristiger, am kurzfristigsten:
1. *nicht geplant, erst kurz vorher:* eine kurzfristige Programmänderung · So kurzfristig kann ich leider keinen Ersatz finden.
2. *nur kurze Zeit dauernd oder geltend:* ein kurzfristiger Kredit · Bei uns fiel kurzzeitig der Strom aus.
3. *schnell erfolgend:* Wir brauchen eine möglichst kurzfristige Lösung. · Es wäre gut, wenn Sie das kurzfristig entscheiden könnten.

▶ **kürz|lich** ['kʏrt͜slɪç]:
vor wenigen Tagen oder Wochen: Ich habe erst kürzlich davon in der Zeitung gelesen.

der **Kurz|schluss** ['kʊrt͜sʃlʊs], des Kurzschlusses, die Kurzschlüsse ['kʊrt͜sʃlʏsə]:
plötzliches Ausfallen des Stroms, weil ein Gerät defekt ist: Es gab einen Kurzschluss, als sie das Licht anmachte.

kurz|sich|tig ['kʊrt͜szɪçtɪç], kurzsichtiger, am kurzsichtigsten:
1. *nur auf kurze Entfernung gut sehend:* Er setzt sich immer in die erste Reihe, weil er so kurzsichtig ist.
2. *die Folgen für die Zukunft nicht berücksichtigend:* eine kurzsichtige Entscheidung · Da hat die Regierung sehr kurzsichtig gehandelt.

die **Kür|zung** ['kʏrt͜sʊŋ], der Kürzung, die Kürzungen:
das Kürzen: an einem Text Kürzungen vornehmen · eine Kürzung der Löhne beschließen.

ku|scheln ['kʊʃl̩n], kuschelt, kuschelte, hat gekuschelt:
körperliche Nähe suchen, weil man sich dann wohlfühlt: Sie kuschelte sich auf dem Sofa an ihre Mutter / in eine weiche Decke. · Komm, kuschle ein bisschen mit mir!

▶ der **Kuss** [kʊs], des Kusses, die Küsse ['kʏsə]:
zärtliche Berührung mit den Lippen: Er gab ihr zum Abschied einen Kuss.

▶ **küs|sen** ['kʏsn̩], küsst, küsste, hat geküsst:
einen oder mehrere Küsse geben: Sie küsste das Kind auf die Stirn. · Habt ihr euch schon geküsst? · Er kann wirklich gut küssen.

▶ die **Küs|te** ['kʏstə], der Küste, die Küsten:
Streifen Land am Rand vom Meer: Die Straße folgt über mehrere Kilometer dem Verlauf der Küste.

die **Kut|sche** ['kʊt͜ʃə], der Kutsche, die Kutschen:
von Pferden gezogener Wagen, mit dem

man früher reiste: Der König fuhr in einer prächtigen Kutsche durchs Land.

▶ das **Ku|vert** [kuˈveːɐ̯], des Kuverts, die Kuverts:
Umschlag für einen Brief oder eine Karte: ein gefüttertes Kuvert · den Brief ins Kuvert stecken.

L

das **La|bor** [laˈboːɐ̯], des Labors, die Labors, auch Labore:
Raum, in dem technische oder medizinische Arbeiten durchgeführt werden: das Labor einer Klinik / der Universität · Sie arbeitet in einem Labor.

▶ **lä|cheln** [ˈlɛçl̩n], lächelt, lächelte, hat gelächelt:
1. *mit dem Gesicht und den Lippen zeigen, dass man sich freut:* Als sie das Geschenk bekam, lächelte sie. · Sie lächelte unter Tränen.
2. *mit dem Gesicht und den Lippen ein anderes Gefühl als Freude und Freundlichkeit ausdrücken:* verlegen / hämisch / süffisant lächeln · Als sie die Nachricht gelesen hatte, lächelte sie erleichtert.
3. *sich über jemanden, etwas lustig machen:* Alle lächelten über ihn. · Darüber kann man nur lächeln.

▶ **la|chen** [ˈlaxn̩], lacht, lachte, hat gelacht:
1. *Bewegungen mit dem Gesicht und Geräusche machen, die zeigen, dass man sich freut oder dass man etwas lustig findet:* vor Freude lachen · Er kann über jeden blöden Witz lachen. · Als sie von der Verwechslung erfuhr, lachte sie aus vollem Halse.
2. *ein anderes Gefühl als Freude ausdrücken:* dreckig / schadenfroh / gehässig lachen · Sie lachte triumphierend, als sie das hörte.
3. *sich lustig machen:* Alle Kollegen lachen über sie. · Darüber kann man nur noch lachen *(das kann man doch nicht ernst nehmen).*
4. *** Das / Es wäre ja gelacht, wenn … [nicht] …:** *es gibt gar keinen Zweifel [darüber], dass jemand etwas Bestimmtes ausführen kann]:* Es wäre ja gelacht, wenn er das nicht auch tun könnte.

lä|cher|lich [ˈlɛçɐlɪç], lächerlicher, am lächerlichsten:
1. *komisch [wirkend] und zum Lachen reizend:* ein lächerliches Auftreten · Seine Aufmachung ist / wirkt lächerlich.
2. *[in ärgerlicher Weise] albern:* Das ist ein lächerlicher Einwand. · Es ist lächerlich, so etwas zu behaupten.
3. *[in ärgerlicher Weise] minimal, gering:* ein lächerlicher Grund / Anlass · Sie hat dafür eine lächerliche Summe bezahlt.
4. *viel zu; sehr:* Sie verdient lächerlich wenig Geld. · Ich habe für den Schmuck einen lächerlich niedrigen Preis bezahlt.

der **Lachs** [laks], des Lachses, die Lachse:
großer Fisch mit Fleisch in hellem Rot, der im Meer lebt: frischer / geräucherter Lachs · Lachse fangen / züchten · Er isst gern Lachs mit Bandnudeln.

der **Lack** [lak], des Lack[e]s, die Lacke:
[farblose] Flüssigkeit, mit der z. B. Möbel oder Fingernägel angestrichen werden: farbloser / roter / schnell trocknender Lack · Der Lack blättert ab. · Das neue Auto hat bereits einige Kratzer im Lack.

la|den [ˈlaːdn̩], lädt, lud, hat geladen:
1. *zum Transport bringen:* Kisten auf den Wagen laden · Wir haben noch nicht geladen. · Der Zug hat Autos geladen *(ist mit Autos beladen).*
2. *elektrischen Strom (in etwas) speichern:* einen Akku / eine Batterie laden · Der Draht ist mit Starkstrom geladen.
3. *ein Programm oder eine Datei aktivieren, so dass man damit arbeiten kann:* Das Update können Sie direkt aus dem Internet laden!
4. *auffordern, vor Gericht zu erscheinen:* Sie wird vor Gericht / zur Verhandlung geladen. · Mehrere Zeugen waren geladen.

▶ der **La|den** [ˈlaːdn̩], des Ladens, die Läden [ˈlɛːdn̩]:
1. *Geschäft:* ein Laden für Schmuck · einen Laden aufmachen / schließen · Am Sonntag sind die Läden geschlossen.
2. ⟨ohne Plural⟩ (umgangssprachlich) *Angelegenheit, Sache:* der Laden läuft / funktioniert · Er hält wieder den ganzen Laden auf. · Wie ich den Laden *(die Verhältnisse, Umstände)* kenne, wird man für die Lösung noch viel Zeit brauchen.

die **La|dung** [ˈlaːdʊŋ], der Ladung, die Ladungen:
Ware, die mit einem Fahrzeug transportiert wird; Fracht: eine schwere / wertvolle Ladung · eine Ladung Holz / Kartoffeln · Die Ladung ist in Bewegung geraten.

▶ die **La|ge** [ˈlaːɡə], der Lage, die Lagen:
1. *Stelle, wo etwas liegt:* eine Wohnung in

ruhiger Lage · Sie sucht eine Praxis in zentraler Lage.
2. *Situation:* die Lage überblicken / überschauen · Ihre wirtschaftliche Lage ist ernst / gespannt. · Der Patient war nicht in der Lage *(imstande)* aufzustehen.
3. *Art und Weise des Liegens:* Der Kranke hat keine bequeme Lage.

das **La|ger** ['la:gɐ], des Lagers, die Lager:
1. *Platz zum Übernachten; Unterkunft:* ein Lager aufschlagen / abbrechen · Die Flüchtlinge sind in Lagern untergebracht.
2. *Raum zum Aufbewahren von Waren:* im Lager arbeiten · Das Lager ist leer. · Diesen Schrank haben wir nicht auf Lager.
3. *Gruppe von Personen, die in politischen Fragen einer Meinung sind:* die Parteien des konservativen Lagers.

la|gern ['la:gɐn], lagert, lagerte, hat gelagert:
1. *an einem Ort sammeln und dort lassen, bis man es braucht:* Die Ware lagert in einem Schuppen. · Der Wein hat schon fünf Jahre gelagert.
2. *einige Zeit aufbewahren:* Holz / Waren trocken lagern.

lahm [la:m], lahmer, am lahmsten:
1. *[wie] gelähmt:* ein lahmes Bein / Kreuz · Der eine Flügel des Vogels ist lahm.
2. (umgangssprachlich abwertend) *ohne jeden Schwung:* ein lahmer Protest · Sie ist eine ganz lahme Ente.

das **La|ken** ['la:kn̩], des Lakens, die Laken:
großes Tuch, das über die Matratze gelegt wird: ein sauberes / nasses Laken · Das Laken sollte täglich gewechselt werden.

das **Lamm** [lam], des Lamm[e]s, die Lämmer ['lɛmɐ]:
junges Schaf: Er war sanft wie ein Lamm. · Die Schafe haben Lämmer bekommen.

die **Lam|pe** ['lampə], der Lampe, die Lampen:
elektrisches Gerät, das Licht gibt: eine Lampe anmachen / ausschalten · Im Wohnzimmer brannten alle Lampen.

das **Land** [lant], des Land[e]s, die Länder ['lɛndɐ]:
1. *Staat:* ein europäisches / demokratisches / neutrales Land · die Länder *(Bundesländer)* der Bundesrepublik Deutschland.
2. ⟨ohne Plural⟩ *nutzbares Gelände:* fruchtbares / ertragreiches Land · Sie kauften ein Stück Land und bauten ein Haus darauf.
3. ⟨ohne Plural⟩ *Teil der nicht vom Wasser bedeckten Oberfläche der Erde:* Die Passagiere des Schiffes kamen an Land.
4. ⟨ohne Plural⟩ *ländliches Gebiet:* Meine Freundin ist aufs Land gezogen.

▸ **lan|den** ['landn̩], landet, landete, ist gelandet:
1. *(von der Luft aus) wieder den Boden berühren:* Das Flugzeug / die Maschine ist sicher gelandet.
2. (umgangssprachlich) *[an einen Ort] geraten:* Er rutschte aus und landete auf dem Bauch. · Alle anonymen Briefe landen im Papierkorb.

die **Land|kar|te** ['lantkartə], der Landkarte, die Landkarten:
Karte, die ein Gebiet, ein Land oder die Welt darstellt: eine Landkarte von Europa · Dieser Berg fehlt auf der Landkarte.

▸ die **Land|schaft** ['lantʃaft], der Landschaft, die Landschaften:
Gebiet, das von einer bestimmten Natur geprägt ist: eine schöne / hügelige / malerische Landschaft · Schroffe Felsen prägen diese Landschaft.

die **Land|stra|ße** ['lantʃtra:sə], der Landstraße, die Landstraßen:
Straße, die außerhalb von Städten und Ortschaften verläuft: auf der Landstraße fahren · Du kannst bis Heidelberg auf der Autobahn fahren, aber die Landstraße ist schöner.

der **Land|tag** ['lantta:k], des Landtag[e]s, die Landtage:
Parlament eines Bundeslandes: der hessische / niedersächsische Landtag · Das Saarland hat einen neuen Landtag gewählt.

▸ die **Lan|dung** ['landʊŋ], der Landung, die Landungen:
das Landen: Die Landung der Maschine verzögerte sich.

▸ die **Land|wirt|schaft** ['lantvɪrtʃaft], der Landwirtschaft:
das professionelle Erzeugen von pflanzlichen und tierischen Produkten: Landwirtschaft treiben · Sie ist in der Landwirtschaft tätig.

▸ **lang** [laŋ], länger, am längsten:
1. *räumlich in einer Richtung besonders ausgedehnt:* ein langes Kleid · Sie hat lange Beine. · Er hat eine lange E-Mail geschrieben.
2. *zeitlich besonders ausgedehnt:* ein langer Vortrag / Urlaub · Nach langer,

schwerer Krankheit starb unser Großvater. · Seit Langem *(seit langer Zeit)* raucht sie wieder.
3. *von bestimmter Länge oder Dauer:* Das Seil ist zwei Meter lang. · Ich musste zwei Stunden lang auf ihn warten.

▶ **lan|ge** ['laŋə]:
1. *lange Zeit, eine lange Zeit über:* Die Sitzung hat lange gedauert. · Ich habe heute lange geschlafen.
2. *bei Weitem:* Das ist [noch] lange nicht das Schlimmste. · Sie spielt lange nicht so gut wie du.

▶ die **Län|ge** ['lɛŋə], der Länge, die Längen:
1. *räumliche Ausdehnung:* Der Tisch hat eine Länge von zwei Meter[n]. · Sie bieten die Stangen in verschiedenen Längen an.
2. *geografische Lage:* Die Stadt liegt auf 15 Grad östlicher Länge.
3. *Umfang (eines Textes):* Sie schreibt selten eine Mail von solcher Länge.
4. *** etwas in die Länge ziehen:** *verursachen, dass etwas unnötig lange dauert:* Sie will die Diskussion nur in die Länge ziehen; *** sich** (Akkusativ) **in die Länge ziehen:** *länger dauern als erwartet:* Die Besprechung zog sich leider wieder in die Länge.

lan|gen ['laŋən], langt, langte, hat gelangt (umgangssprachlich):
1. *genügen:* Die Vorräte langen [noch] bis zum Monatsende. · Der Stoff langt leider nicht für eine Tischdecke; *** jemandem langt es:** *jemandes Geduld ist zu Ende:* Jetzt langt es mir aber!
2. *irgendwohin greifen, fassen:* in den Korb langen · Sie langte in die Tasche und holte ein Taschentuch heraus.

▶ die **Lan|ge|wei|le** ['laŋəvailə], der Langeweile:
Gefühl, dass die Zeit nicht vergeht, weil man nichts zu tun hat oder weil es wenig Interessantes zu tun gibt: Langeweile haben · Sie tut das aus reiner Langeweile.

lang|fris|tig ['laŋfrɪstɪç], längerfristig / langfristiger, am langfristigsten:
lange Zeit Geltung habend: langfristige Kredite / Investitionen / Verträge · Der Spieler fällt langfristig aus.

▶ **lang|sam** ['laŋza:m]:
1. ⟨langsamer, am langsamsten⟩ *mit geringer Geschwindigkeit:* ein langsamer Prozess · Der Zug fährt langsam in die Halle.
2. (umgangssprachlich) *nach und nach, allmählich:* So langsam habe ich die Nase voll davon. · Jetzt könnte er langsam mal anrufen / mailen.

▶ **längst** [lɛŋst]:
schon lange; seit langer Zeit: Das ist längst bekannt. · Das hättest du mir längst sagen müssen.

▶ **lang|wei|len** ['laŋvailən], langweilt, langweilte, hat gelangweilt:
1. *(jemandem) Langeweile bereiten:* Der Vortrag hat uns alle gelangweilt. · Sie langweilt mich mit ihren vielen Einzelheiten.
2. ⟨+ sich⟩ *Langeweile haben:* Sie hat sich auf dem Fest tödlich gelangweilt.

▶ **lang|wei|lig** ['laŋvailɪç], langweiliger, am langweiligsten:
so, dass man es nicht interessant findet und fast dabei einschläft: eine langweilige Geschichte · Die Party war furchtbar langweilig.

der **Lap|pen** ['lapn̩], des Lappens, die Lappen:
Stück Stoff: Er hat die Schuhe mit einem alten Lappen geputzt.

▶ der *oder* das **Lap|top** ['lɛptɔp], des Laptops, die Laptops:
flacher PC, den man tragen kann: Sie nahm für den Vortrag in der Bank ihren Laptop mit.

▶ der **Lärm** [lɛrm], des Lärms:
lautes Geräusch; Krach: Die Kinder machen mal wieder einen heillosen Lärm · Die neue Landebahn verursacht großen / furchtbaren Lärm.

lär|men ['lɛrmən], lärmt, lärmte, hat gelärmt:
Lärm machen: Das Radio lärmte stundenlang ohne Pause.

▶ **las|sen** ['lasn̩], lässt, ließ, hat gelassen / lassen:
1. ⟨2. Partizip: lassen⟩ *veranlassen, machen, dass etwas geschieht:* die Hausärztin kommen lassen · einen Anzug reinigen / den Wagen waschen lassen · das Licht brennen lassen · Meine Eltern lassen sich scheiden.
2. ⟨2. Partizip: gelassen⟩ *erlauben:* die Kinder spielen / ins Kino gehen lassen · Lass ihn doch schlafen. · Lass mich mal sehen / gucken!
3. ⟨+ sich; 2. Partizip: lassen⟩ *die Möglichkeit zu etwas bieten:* Diese Probleme lassen sich leicht lösen. · Das lässt sich machen *(ist möglich)*.
4. ⟨2. Partizip: gelassen⟩ *den Zustand nicht ändern:* die Kleider gleich im Koffer lassen · etwas so lassen, wie es ist · Lasst mich endlich in Ruhe!
5. *nicht tun:* Lass das endlich sein! · Er

konnte das Rauchen / Trinken nicht lassen.
6. ⟨2. Partizip: gelassen⟩ *[auch in Zukunft] zur Verfügung stellen:* Ich kann dir das Buch bis morgen lassen.
7. ⟨2. Partizip: gelassen⟩ *einräumen:* Ich lasse mir Zeit dabei.
8. ⟨2. Partizip: gelassen⟩ *nicht mitnehmen:* Ich lasse das Auto heute in der Firma [stehen]. · Ich habe meinen Sohn nicht allein gelassen.

läs|sig ['lɛsɪç], lässiger, am lässigsten:
locker: lässige Kleidung / Eleganz · sich lässig bewegen · Sie saß lässig im Sessel.

die **Last** [last], der Last, die Lasten:
etwas, was durch sein Gewicht nach unten drückt oder zieht: eine schwere Last tragen / heben · Das Paket war eine schwere Last für den kleinen Jungen · Die Brücke trägt eine enorme Last.

der **Las|ter** ['lastɐ], des Lasters, die Laster (umgangssprachlich):
Lastkraftwagen: Auf dieser Straße fahren täglich viele Laster.

läs|tig ['lɛstɪç], lästiger, am lästigsten:
1. *als (unnötig) belastend empfunden:* eine lästige Aufgabe / Pflicht · jemandem lästig werden.
2. *störend:* Die Fliegen wurden [ihm] lästig.

der **Last|kraft|wa|gen** ['lastkraftva:gn̩], des Lastkraftwagens, die Lastkraftwagen:
großes Fahrzeug zum Transport von Gütern: einen Lastkraftwagen fahren · Die kleine Straße ist für Lastkraftwagen gesperrt.

der **Last|wa|gen** ['lastva:gn̩], des Lastwagens, die Lastwagen:
Lastkraftwagen: Für den Transport der Möbel brauchen wir einen Lastwagen.

die **La|ter|ne** [la'tɛrnə], der Laterne, die Laternen:
Lampe, die zur Beleuchtung von Straßen u. Ä. dient: eine Laterne anzünden / anstecken / tragen · Sie parkt lieber unter einer Laterne. · Er leuchtete mit einer Laterne in den dunklen Gang.

die **Lat|te** ['latə], der Latte, die Latten:
schmales Brett: Sie bauten einen Zaun aus vielen Latten.

das **Laub** [laup], des Laub[e]s:
die Blätter der Bäume: frisches / grünes / buntes / nasses Laub · Im Herbst wird das Laub schön bunt.

der **Laub|baum** ['laupbaum], des Laubbaum[e]s, die Laubbäume ['laupbɔymə]:
Baum, der Blätter trägt: Laubbäume gehören eigentlich in jeden heimischen Garten.

lau|ern ['lauɐn], lauert, lauerte, hat gelauert:
jemanden, etwas beobachten und angespannt warten: Die Katze lauert auf die Maus. · Er lauerte darauf, dass ich einen Fehler mache.

der **Lauf** [lauf], des Lauf[e]s, die Läufe ['lɔyfə]:
1. *das Laufen als sportlicher Wettkampf:* an einem Lauf teilnehmen · Sie gewann den Lauf in Rekordzeit.
2. *** im Lauf[e]:** *während, innerhalb:* im Lauf[e] der Unterredung · Sie meldet sich im Lauf[e] der Woche.

▶ **lau|fen** ['laufn̩], läuft, lief, gelaufen:
1. ⟨ist⟩ *schnell gehen; rennen:* schnell über die Straße / zur Tür laufen · Sie musste laufen, um den Bus noch zu bekommen.
2. ⟨ist / hat⟩ *eine Strecke rennen:* zehn Kilometer / eine Ehrenrunde laufen · Der Sprinter ist / hat die 100 m in 10,0 Sekunden gelaufen.
3. ⟨ist⟩ *[zu Fuß] gehen:* nach Hause laufen · Wir sind in fünf Minuten von hier zum Bahnhof gelaufen. · Das Kind kann noch nicht laufen.
4. *** jemanden laufen lassen** (umgangssprachlich): *freilassen, nicht bestrafen:* einen Täter laufen lassen.
5. ⟨ist⟩ *in Tätigkeit, in Betrieb sein:* Der CD-Player läuft. · Der Motor läuft ruhig. · Die Uhr läuft wieder.
6. ⟨ist⟩ *fließen:* Das Regenwasser lief durch die Decke.

lau|fend ['laufn̩t]:
ständig; immer wieder: die laufenden Geschäfte / Arbeiten · Es rufen laufend neue Bewerber an.

▶ das **Lauf|werk** ['laufvɛrk], des Laufwerk[e]s, die Laufwerke (EDV):
Gerät im Computer, das Daten speichert oder liest: Mein Computer hat zwei Laufwerke für CD-ROMs.

▶ die **Lau|ne** ['launə], der Laune, die Launen:
Stimmung eines Menschen: gute / schlechte Laune haben · Hat sich seine Laune mittlerweile gebessert?

lau|schen ['lauʃn̩], lauscht, lauschte, hat gelauscht:
aufmerksam oder heimlich zuhören: der Musik / dem Vortrag lauschen · Er lauschte an der Wand. · Hast du etwa gelauscht?

▶ **laut** [laut]:
1. ⟨lauter, am lautesten⟩ *so, dass man es deutlich hört:* lautes Lachen · Du musst lauter sprechen!

2. ⟨lauter, am lautesten⟩ *voller Lärm:* eine laute Straße · Die Gegend ist mir zu laut.
3. ⟨mit Genitiv oder Dativ⟩ *so, wie es irgendwo steht oder wie es jemand gesagt hat:* laut eines Gutachtens / einem Gutachten · laut Berichten der Polizei · laut Gesetz / Paragraf.

lau|ten ['lau̯tn̩], lautet, lautete, hat gelautet:
1. *einen bestimmten Wortlaut haben:* Der Text des Liedes lautet wie folgt …
2. *einen bestimmten Inhalt haben:* Die Anklage lautet auf Mord.

läu|ten ['lɔy̯tn̩], läutet, läutete, hat geläutet:
1. *(von einer Glocke) Töne erzeugen:* Alle Glocken in der Stadt läuten.
2. *(eine Glocke) ertönen lassen:* Die Glocken werden jetzt elektrisch geläutet.

lau|ter ['lau̯tɐ] (umgangssprachlich): *nur, nichts als:* Das sind lauter Lügen! · Sie tut das aus lauter Boshaftigkeit. · Er hüpfte vor lauter Freude.

▶ der **Laut|spre|cher** ['lau̯tʃprɛçɐ], des Lautsprechers, die Lautsprecher: *elektrisches Gerät, das Töne [verstärkt] wiedergibt:* die Lautsprecher der Stereoanlage · Eine neue Meldung kam über den Lautsprecher.

die **Laut|stär|ke** ['lau̯tʃtɛrkə], der Lautstärke: *Stärke des Schalls:* bei / in voller Lautstärke · die Lautstärke regeln · Der Schlaf wird bei dieser Lautstärke messbar gestört.

lau|warm ['lau̯varm]: *nur mäßig warm:* lauwarmes Essen · Das Bier ist ja lauwarm!

die **La|wi|ne** [la'vi:nə], der Lawine, die Lawinen: *große Masse Schnee, die von einem Berg ins Tal rutscht:* eine Lawine auslösen · Die Bergsteiger wurden unter einer Lawine begraben.

▶ **le|ben** ['le:bn̩], lebt, lebte, hat gelebt:
1. *am Leben sein:* Seine Eltern leben noch. · Ohne dich kann ich nicht leben.
2. *sein Leben (in bestimmter Weise) verbringen:* ohne Sorgen / zurückgezogen / in Frieden leben · allein / in Scheidung leben · Sie lebt unter falschem Namen.
3. *wohnen:* in der Stadt / auf dem Land leben · Sie haben lange im Ausland gelebt.
4. *sich ernähren:* vegetarisch / gesund / nach Diät leben · Sie leben von den Zinsen ihres Vermögens.

▶ das **Le|ben** ['le:bn̩], des Lebens, die Leben:
1. *Existenz (eines Lebewesens):* ein schönes / kurzes / langes Leben · Leider kann sie ihr Leben als Rentnerin nicht genießen; * **ums Leben kommen:** *sterben:* Bei dem Autounfall wäre sie beinahe ums Leben gekommen.
2. *Gesamtheit der Vorgänge und Regungen:* das gesellschaftliche / wirtschaftliche / künstlerische Leben einer Stadt · Sie steht schon seit vielen Jahren im öffentlichen Leben.

le|ben|dig [le'bɛndɪç]:
1. *lebend, am Leben:* lebendige Junge zur Welt bringen · Sie waren bei lebendigem Leib verbrannt.
2. ⟨lebendiger, am lebendigsten⟩ *lebhaft, voll Leben:* eine lebendige Stadt · Sie hat eine lebendige Fantasie. · Er hat sehr lebendig berichtet.

le|bens|ge|fähr|lich ['le:bn̩sgəˈfɛ:ɐ̯lɪç]: *mit Lebensgefahr verbunden:* eine lebensgefährliche Expedition · Er ist lebensgefährlich verletzt.

der **Le|bens|ge|fähr|te** ['le:bn̩sgəfɛ:ɐ̯tə], des Lebensgefährten, die Lebensgefährten, die **Le|bens|ge|fähr|tin** ['le:bn̩sgəfɛ:ɐ̯tɪn], der Lebensgefährtin, die Lebensgefährtinnen (gehoben): *Person, die mit einer anderen Person ein gemeinsames Leben führt:* Sie bringt ihren neuen Lebensgefährten mit. · Die Schauspielerin lebt mit ihrer Lebensgefährtin auf dem Land.

das **Le|bens|jahr** ['le:bn̩sja:ɐ̯], des Lebensjahr[e]s, die Lebensjahre: *Jahr eines Lebens:* Kinder ab dem vollendeten fünften Lebensjahr zahlen nur den halben Preis.

le|bens|lang ['le:bn̩slaŋ]: *ein Leben lang, das ganze Leben dauernd:* lebenslange Haft · Er fühlte sich lebenslang an sein Versprechen gebunden.

▶ der **Le|bens|lauf** ['le:bn̩slau̯f], des Lebenslauf[e]s, die Lebensläufe ['le:bn̩slɔy̯fə]: *schriftliche Darstellung der schulischen und beruflichen Laufbahn:* Bitte fügen Sie Ihrer Bewerbung einen tabellarischen Lebenslauf bei!

▶ das **Le|bens|mit|tel** ['le:bn̩smɪtl̩], des Lebensmittels, die Lebensmittel: *Nahrung:* Lebensmittel produzieren / einkaufen · Hygieneregeln für leicht verderbliche Lebensmittel.

der **Le|bens|un|ter|halt** ['le:bn̩s|ʊntɐhalt], des Lebensunterhalt[e]s: *Kosten für die notwendigen Dinge des Lebens:* sich seinen Lebensunterhalt selbst verdienen · Auch die älteren Kinder müssen etwas zum Lebensunterhalt der Familie beitragen.

die **Le|bens|ver|si|che|rung** ['le:bn̩sfɛɐ̯zɪçərʊŋ], der Lebensversicherung, die Lebensversicherungen:
Versicherung, die bei einem frühen Tod oder in einem bestimmten Alter Geld auszahlt: eine Lebensversicherung abschließen · Wann zahlt die Lebensversicherung?

die **Le|ber** ['le:bɐ], der Leber, die Lebern:
1. *Organ bei Tieren und Menschen, das das Blut reinigt:* Die Leber des Patienten hat versagt. · Zu viel Alkohol schadet der Leber.
2. *als Gericht gegessene Leber eines geschlachteten Tiers:* Es gab gebratene Leber mit Kartoffelbrei.

die **Le|ber|wurst** ['le:bɐvʊrst], der Leberwurst, die Leberwürste ['le:bɐvʏrstə]:
Wurst aus gekochter Leber: grobe / feine / hausgemachte Leberwurst · Zum Abendbrot aß sie eine Scheibe Brot mit Leberwurst.

das **Le|be|we|sen** ['le:bəve:zn̩], des Lebewesens, die Lebewesen:
alles, was lebt (besonders Mensch und Tier): ein seltenes / winziges Lebewesen · Das Meer ist der Lebensraum für sehr viele Lebewesen.

leb|haft ['le:phaft], lebhafter, am lebhaftesten:
1. *munter; voller Leben:* ein lebhafter Mensch · Er hat ein sehr lebhaftes Wesen.
2. *sehr stark:* lebhafter Beifall · Sie hat sich lebhaft über ihren Chef geärgert.

der **Leb|ku|chen** ['le:pku:xn̩], des Lebkuchens, die Lebkuchen:
Gebäck mit vielen Gewürzen, das besonders zu Weihnachten gegessen wird: Die ganze Familie isst gern Lebkuchen · Ende August gibt es im Supermarkt schon wieder Lebkuchen.

le|cken ['lɛkn̩], leckt, leckte, hat geleckt:
mit der Zunge streichend berühren: Die Katze leckt sich / ihre Jungen. · Das Kind leckte Eis / am Eis.

le|cker ['lɛkɐ], lecker, am leckersten:
köstlich: ein leckerer Bissen · Die Torte sieht sehr lecker aus.

das **Le|der** ['le:dɐ], des Leders, die Leder:
Haut von Tieren, die bearbeitet ist (z. B. für Kleidung oder Taschen): weiches / raues / glattes Leder · Sie trägt Schuhe aus echtem Leder.

le|dig ['le:dɪç]:
nicht verheiratet: eine ledige Mutter · Er ist noch ledig.

▸ **leer** [le:ɐ̯]:
1. *ohne Inhalt:* ein leeres Glas · Das Zimmer ist leer.
2. *frei; nicht besetzt:* ein leeres Nest · Die Wohnung steht bereits seit Wochen leer.
3. *mit wenigen Menschen:* leere Supermärkte · Bei der Ärztin war es heute leerer als letzte Woche.

lee|ren ['le:rən], leert, leerte, hat geleert:
leer machen: den Mülleimer / den Briefkasten leeren · Wir haben am Wochenende einige Flaschen Sekt geleert.

le|gal [le'ga:l]:
gesetzlich; nicht verboten: eine legale Methode / Lösung · Er hat das Mofa auf legalem Weg erworben. · Sie ist ganz legal eingereist.

▸ **le|gen** ['le:gn̩], legt, legte, hat gelegt:
1. *an einen bestimmten Platz tun:* das Tuch auf den Tisch / die Wäsche in den Schrank legen · das Fleisch in den Kühlschrank legen.
2. ⟨+ sich⟩ *sich flach ausstrecken:* sich in die Sonne / auf das Sofa / auf den Rücken legen · Der Hund legte sich unter den Tisch.
3. ⟨+ sich⟩ *aufhören, nachlassen:* Der Sturm legte sich allmählich. · Unsere Begeisterung hatte sich schnell gelegt.

leh|nen ['le:nən], lehnt, lehnte, hat gelehnt:
1. *schräg an einen stützenden Gegenstand stellen:* die Leiter an / gegen die Wand lehnen · Das Fahrrad lehnt am Zaun.
2. ⟨+ sich⟩ *sich schräg gegen oder auf etwas, jemanden stützen:* Er lehnt sich an / gegen die Säule. · Er lehnte sich an ihn.

das **Lehr|buch** ['le:rbu:x], des Lehrbuches, die Lehrbücher ['le:rby:çɐ]:
Buch, das für den Unterricht bestimmt ist: ein Lehrbuch für den Chemieunterricht.

▸ die **Leh|re** ['le:rə], der Lehre, die Lehren:
1. *Ausbildung für einen bestimmten Beruf (besonders in Handel und Gewerbe):* eine dreijährige Lehre machen · Sie geht bei einem Goldschmied in die Lehre.
2. *Gebiet in der Wissenschaft:* die Lehre von der Brechung der Lichtstrahlen.

leh|ren ['le:rən], lehrt, lehrte, hat gelehrt:
unterrichten; Kenntnisse beibringen: Germanistik / Mathematik lehren · jemanden lesen / tanzen lehren · Sie lehrt an einer Fachhochschule.

▸ der **Leh|rer** ['le:rɐ], des Lehrers, die Lehrer,

die **Leh|re|rin** ['le:rərɪn], der Lehrerin, die Lehrerinnen:
Person, die an einer Schule unterrichtet: Er ist Lehrer für Französisch. · Sie arbeitet als Lehrerin in einer Gesamtschule.

▶ der **Lehr|ling** ['le:ɐ̯lɪŋ], des Lehrlings, die Lehrlinge (besonders österreichisch, schweizerisch):
[meist junge] Person, die für einen Beruf ausgebildet wird: Lehrling sein.

▶ die **Lehr|stel|le** ['le:ɐ̯ʃtɛlə], der Lehrstelle, die Lehrstellen:
Arbeitsplatz für einen Auszubildenden, eine Auszubildende: eine Lehrstelle suchen / finden · Er bekam eine Lehrstelle im sozialen Bereich.

die **Lei|che** ['lai̯çə], der Leiche, die Leichen:
Körper eines toten Menschen: Die Leiche der Frau wurde im Wald gefunden. · Die Polizei hat die Leiche noch nicht freigegeben.

▶ **leicht** [lai̯çt], leichter, am leichtesten:
1. *von geringem Gewicht, nicht schwer:* ein leichtes Paket · Sie ist leicht wie eine Feder.
2. *sich leicht verdauen lassend:* leichte Kost · Das Essen ist leicht [verdaulich].
3. *geringfügig, nur schwach ausgeprägt:* ein leichter Wind / Regen / Seegang · Nachts herrscht schon leichter Frost.
4. *mühelos, ohne Schwierigkeiten, einfach:* Das ist keine leichte Aufgabe. · Die Prüfung war gar nicht so leicht. · Die Frage ist leicht zu beantworten.

leicht|fal|len ['lai̯çtfalən], fällt leicht, fiel leicht, ist leichtgefallen:
keine Mühe bereiten: Mathematik fiel ihr immer leicht. · Hier fällt die Entscheidung wirklich nicht leicht.

leicht|sin|nig ['lai̯çtzɪnɪç], leichtsinniger, am leichtsinnigsten:
gedankenlos, unvorsichtig: ein leichtsinniges Verhalten · Er hat sein Leben leichtsinnig aufs Spiel gesetzt.

leid [lai̯t]:
*** jemanden, etwas leid sein** (umgangssprachlich): *jemanden, etwas nicht mehr ertragen können:* Sie ist ihren Exfreund leid. · Er ist es langsam leid, sie immer wieder daran erinnern zu müssen.

das **Leid** [lai̯t], des Leid[e]s:
tiefer seelischer Schmerz: schweres Leid erfahren / erdulden · Der Bürgerkrieg hat unermessliches Leid über das kleine Land gebracht. *** jemandem sein Leid klagen:** *jemandem von seinem Kummer oder Ärger erzählen:* Beim Bier hat er ihm gestern Abend wieder sein Leid geklagt.

▶ **lei|den** ['lai̯dn̩], leidet, litt, hat gelitten:
1. *einen Zustand von schwerer Krankheit oder Schmerzen ertragen müssen:* lange / viel / schwer leiden · Man sieht ihr an, dass sie leidet. · Bei dieser Krankheit musste er furchtbar leiden.
2. *an etwas Bestimmtem erkrankt sein, von etwas körperlich oder psychisch stark beeinträchtigt werden:* unter Schlaflosigkeit / unter Kopfschmerzen leiden · Sie leidet sehr unter seiner Unzuverlässigkeit. · Er litt sehr unter der Hitze.
3. *von etwas (Negativem) betroffen sein; aushalten:* Durst / Hunger / Not / Unrecht leiden · Wir litten großen Mangel.
4. *** jemanden, etwas nicht leiden können:** *jemanden, etwas überhaupt nicht mögen:* Sie kann diesen Schauspieler nicht leiden. · Ich kann es nicht leiden, beim Essen gestört zu werden.

die **Lei|den|schaft** ['lai̯dn̩ʃaft], der Leidenschaft, die Leidenschaften:
1. *große Begeisterung, starke Vorliebe:* Kochen ist ihre große Leidenschaft. · Sie betreibt ihr Hobby mit wahrer Leidenschaft.
2. *heftiges Verlangen nach einem Menschen:* Er wurde von einer großen Leidenschaft für seine Schwägerin ergriffen.

lei|den|schaft|lich ['lai̯dn̩ʃaftlɪç], leidenschaftlicher, am leidenschaftlichsten:
1. *sehr stark, mit hoher Intensität:* eine leidenschaftliche Frau · seine Meinung leidenschaftlich verteidigen · Er ist ein leidenschaftlicher Liebhaber.
2. *begeistert:* Sie ist eine leidenschaftliche Bergsteigerin.

▶ **lei|der** ['lai̯dɐ]:
zu meinem Bedauern: Leider habe ich jetzt keine Zeit. · Sie hat leider nicht zurückgeschrieben.

▶ **leid|tun** ['lai̯ttu:n], tut leid, tat leid, hat leidgetan:
1. *von jemandem bedauert werden:* Es tut mir sehr leid, dass ich Sie gekränkt habe. · So leid es mir tut, aber das können wir nicht dulden.
2. *jemandes Mitgefühl erregen:* Der alte Mann tat ihr leid.

▶ **lei|hen** ['lai̯ən], leiht, lieh, hat geliehen:
1. *(jemandem) für eine gewisse Zeit geben:* Er lieh ihr zehn Euro.
2. ⟨+ sich⟩ *sich für eine gewisse Zeit*

geben lassen: Ich habe mir den Wagen von meinem Bruder geliehen.

der **Leim** [laim], des Leim[e]s, die Leime:
1. *Klebstoff zum Basteln:* ein Topf / eine Tube Leim · Du musst den Leim noch trocknen lassen.
2. * **jemandem auf den Leim gehen** (umgangssprachlich): *von jemandem betrogen werden:* Beinahe wäre sie dem Betrüger auf den Leim gegangen.

die **Lei|ne** ['lainə], der Leine, die Leinen: *lange, kräftige Schnur, an oder mit der etwas befestigt wird:* Die Einfahrt war mit einer Leine abgesperrt. · Die nasse Wäsche hing auf der Leine.

die **Lein|wand** ['lainvant], der Leinwand, die Leinwände ['lainvɛndə]:
1. *große weiße Fläche, auf die Filme und Dias projiziert werden:* Die Kinobesucher sahen wie gebannt auf die Leinwand.
2. *Tuch, das in bestimmter Art gewebt ist und das besonders als Untergrund für Bilder verwendet wird:* eine Leinwand spannen / leimen / grundieren · Der Künstler malte die Szene in Ölfarben auf die Leinwand.

lei|se ['laizə], leiser, am leisesten:
1. *nur schwach hörbar, nicht laut:* leise Schritte / Tritte · Er hat eine leise Stimme. · Kannst du bitte den Fernseher leiser stellen?
2. *nur schwach ausgeprägt:* eine leise Ahnung / Andeutung · Sie verspürte ein leises Unbehagen, als sie den Brief öffnete.

die **Leis|te** ['laistə], der Leiste, die Leisten: *schmale Latte aus Holz:* am Rand eine Leiste anbringen · Vergoldete Leisten rahmten das Bild.

leis|ten ['laistn̩], leistet, leistete, hat geleistet:
1. *durch Arbeiten erreichen (dass ein bestimmtes Ergebnis erzielt wird):* viel / wenig / Erstaunliches leisten · Auf diesem Gebiet hat sie noch nichts geleistet.
2. mit bestimmten Substantiven: Beistand / Hilfe leisten *(beistehen; helfen)* · Gehorsam / Folge leisten *(gehorchen).*
3. ⟨+ sich⟩ (umgangssprachlich) *sich etwas anschaffen, zukommen lassen, was etwas Besonderes darstellt:* sich ein neues Auto / eine große Reise leisten · Von dem Gehalt kann sie sich keine eigene Wohnung leisten.
4. ⟨+ sich⟩ (umgangssprachlich) *(etwas, was einem nicht zusteht) tun, zu tun wagen:* Was der sich heute wieder für eine Frechheit geleistet hat!; * **sich etwas leisten können:** *etwas tun können, ohne dass es negative Auswirkungen hätte:* Bei deinem Vermögen kannst du es dir doch leisten, ein Jahr ohne Arbeit zu bleiben.

▸ die **Leis|tung** ['laistʊŋ], der Leistung, die Leistungen:
1. *Produkt einer körperlichen oder geistigen Arbeit:* eine gute / schlechte / schwache Leistung · eine große sportliche Leistung · Die Leistungen der Schülerin lassen nach.
2. *Kraft einer Maschine, die genutzt werden kann:* Der Motor hat eine Leistung von 100 PS.

▸ **lei|ten** ['laitn̩], leitet, leitete, hat geleitet:
1. *[als Vorgesetzter, Vorgesetzte] lenken, führen:* eine Schule / einen Betrieb / eine Abteilung leiten · eine Sitzung / eine Diskussion / die Verhandlungen leiten.
2. *in eine bestimmte Bahn bringen, irgendwohin lenken:* Erdöl / Gas durch Rohre leiten · Der Bach wird in ein anderes Bett geleitet.
3. *durch sich durch lassen:* Kupfer leitet Elektrizität. · Dieser Stoff leitet gut.

▸ der **[1]Lei|ter** ['laitɐ], des Leiters, die Leiter: *[männliche] Person, die etwas leitet:* Wer ist der Leiter dieser Abteilung?

▸ die **[2]Lei|ter** ['laitɐ], der Leiter, die Leitern: *Gerät mit Stufen zum Steigen:* eine hohe / ausziehbare Leiter · auf die Leiter steigen · auf der Leiter stehen · Sie waren über eine Leiter ins Freie gelangt.

▸ die **Lei|te|rin** ['laitərɪn], der Leiterin, die Leiterinnen:
weibliche Person, die etwas leitet.

die **Lei|tung** ['laitʊŋ], der Leitung, die Leitungen:
1. *das Leiten, das Führen:* die Leitung übernehmen / niederlegen.
2. *Person oder Gruppe von Personen, die leitet:* Sie gehört zur Leitung des Verlags.
3. *Kabel oder Rohr, das Gas, Strom oder Wasser transportiert:* die Leitung ist undicht / kaputt · In diesem alten Haus müssen neue Leitungen verlegt werden.

die **Lek|ti|on** [lɛk'tsi̯o:n], der Lektion, die Lektionen:
1. *Kapitel in einem Lehrbuch:* die zweite / vorletzte Lektion · eine neue Lektion lernen / durchnehmen.
2. *Lehre, die man sich merkt:* eine gründliche / bittere Lektion · Sie hat ihm eine Lektion erteilt.

len|ken ['lɛŋkn̩], lenkt, lenkte, hat gelenkt:
1. *(einem Fahrzeug) eine bestimmte*

Richtung geben: einen Wagen / ein Fahrrad lenken · Lass mich mal lenken!
2. *veranlassen, dass sich etwas auf jemanden, etwas richtet:* das Gespräch in eine andere Richtung lenken · Sie hat seine Aufmerksamkeit auf das Schaufenster gelenkt.

der **Len|ker** ['lɛŋkɐ], des Lenkers, die Lenker:
Stange am Fahrrad, mit der man lenkt: den Lenker festhalten / loslassen.

das **Lenk|rad** ['lɛŋkra:t], des Lenkrad[e]s, die Lenkräder ['lɛŋkrɛ:dɐ]:
Teil des Fahrzeugs, der einem Rad ähnelt und dem Lenken dient: das Lenkrad festhalten / loslassen · Er griff ihr ins Lenkrad.

▸ **ler|nen** ['lɛrnən], lernt, lernte, hat gelernt:
1. *die Fähigkeiten erwerben, etwas Bestimmtes zu tun:* lesen / sprechen / schreiben / rechnen lernen · einen Beruf lernen · Sie hat in der Schule schwimmen gelernt. · Leider hat er aus seinen Fehlern nicht gelernt.
2. *sich (durch Übung) einprägen:* fürs Abitur lernen · Wir müssen das Gedicht [auswendig] lernen.

▸ der **Ler|ner** ['lɛrnɐ], des Lerners, die Lerner, die **Lernerin** ['lɛrnərɪn], der Lernerin, die Lernerinnen:
Person, die etwas (besonders eine Sprache) lernt: Das sind Lernerinnen und Lerner aus vielen verschiedenen Ländern.

die **Les|be** ['lɛsbə], der Lesbe, die Lesben:
lesbische Frau: eine Veranstaltung für Schwule und Lesben.

les|bisch ['lɛsbɪʃ]:
(in Bezug auf Frauen) homosexuell: eine lesbische Beziehung · Sie ist lesbisch.

▸ **le|sen** ['le:zn̩], liest, las, hat gelesen:
1. *einen Text mit den Augen und dem Verstand erfassen:* einen Satz / die Zeitung / E-Mails lesen · in einem Buch lesen · Am liebsten lese ich Krimis.
2. *erkennen, wahrnehmen:* aus jemandes Zeilen einen Vorwurf / gewisse Zweifel lesen · In seiner Miene kann man die Verbitterung lesen.

▸ der **Le|ser** ['le:zɐ], des Lesers, die Leser, die **Le|se|rin** ['le:zərɪn], der Leserin, die Leserinnen:
Person, die liest: ein aufmerksamer / kritischer Leser · die Leserinnen der Frauenzeitschrift.

▸ **letzt...** [lɛtst...]:
1. *so, dass es den Schluss bildet:* Der letzte Monat im Jahr ist der Dezember. · Er ist als Letzter aus dem Zug gestiegen.
2. *unmittelbar zuvor, vor dem jetzigen Moment:* Letzte Woche war ich krank.
3. *restlich..., noch übrig:* die letzten Exemplare dieses Wörterbuchs · Meine letzten Dollars habe ich am Flughafen ausgegeben.

letz|tens ['lɛtstn̩s]:
vor Kurzem: Letztens habe ich dort etwas gekauft.

letzt|lich ['lɛtstlɪç]:
schließlich, endlich: Das läuft letztlich auf das Gleiche hinaus.

leuch|ten ['lɔyçtn̩], leuchtet, leuchtete, hat geleuchtet:
1. *Licht verbreiten:* die Kerze / die Lampe leuchtet · Der Mond leuchtet ins Zimmer.
2. *ein Licht auf jemanden oder etwas richten:* mit einer Taschenlampe leuchten · in alle Winkel des Hauses leuchten · Er leuchtete ihm direkt ins Gesicht.

leug|nen ['lɔygnən], leugnet, leugnete, hat geleugnet:
behaupten, dass etwas von anderen Gesagtes nicht wahr sei: eine Tat / seine Schuld leugnen · Sie leugnet nicht, das Auto gefahren zu haben. · Die Angeklagte leugnet weiterhin.

▸ die **Leu|te** ['lɔytə] ⟨Plural⟩:
Menschen: junge / alte / erwachsene / viele / nette / manche Leute · Leute von Rang und Namen · Sie haben nur der Leute wegen *(um vor anderen nicht unangenehm aufzufallen)* geheiratet. · Du musst wieder unter die Leute gehen *(gesellschaftliche Kontakte pflegen).*

▸ das **Le|xi|kon** ['lɛksikɔn], des Lexikons, die Lexika ['lɛksika]:
Buch, dessen Inhalt nach bestimmten Wörtern alphabetisch geordnet ist: ein mehrbändiges / umfassendes / gedrucktes / elektronisches Lexikon · ein Lexikon in drei Bänden · Hast du den Begriff bereits im Lexikon nachgeschlagen?

▸ **li|be|ral** [libe'ra:l], liberaler, am liberalsten:
1. *mit der politischen Einstellung, dass der Staat die Freiheit des Individuums möglichst wenig einschränkt:* eine liberale Partei / Politik / Fraktion.
2. *(für den Einzelnen) so, dass er wenig eingeschränkt ist, wird:* ein liberaler Chef · Die Dozentin geht sehr liberal mit ihren Studierenden um.

▸ das **Licht** [lɪçt], des Licht[e]s, die Lichter:
1. ⟨ohne Plural⟩ *Helligkeit, die von etwas ausgeht:* helles / schwaches / natürliches / künstliches Licht · das Licht der

Sonne / der Lampe · Diese Pflanze braucht viel Licht.
2. *etwas, was Helligkeit ausstrahlt:* ein spärliches / helles Licht · das Licht anknipsen / anmachen / ausschalten · Im Saal brennen viele Lichter.

das **Licht|bild** ['lɪçtbɪlt], des Lichtbild[e]s, die Lichtbilder (Amtssprache):
Passbild: Mit dem Antrag sind zwei Lichtbilder einzureichen!

das **Lid** [li:t], des Lid[e]s, die Lider:
bewegliche Haut über den Augen: Ihre Lider zuckten. · Sie stand vor dem Spiegel und schminkte sich die Lider.

lieb [li:p], lieber, am liebsten:
1. *liebevoll, herzlich:* ein liebes Wort · Alle waren sehr lieb zu mir.
2. *geliebt, geschätzt:* die liebe Mutter · Er hat sie immer lieb gehabt.
3. *liebenswert:* eine liebe Freundin · Sie hat ein liebes Wesen.
4. in der vertraulichen Anrede [im Brief]: Liebe Anne! · Liebe Gäste!
5. *angenehm, willkommen:* Es wäre mir lieb, wenn er nichts davon erzählte.

die **Lie|be** ['li:bə], der Liebe:
1. *intensives positives Gefühl für jemanden:* die Liebe der Eltern · Sie haben aus Liebe geheiratet.
2. *intensives positives Gefühl für eine Sache:* aus Liebe zur Wahrheit · Seine ganze Liebe gehört der klassischen Musik.
3. (umgangssprachlich) *geliebte Person:* Er war ihre erste / große Liebe.

lie|ben ['li:bn̩], liebt, liebte, hat geliebt:
1. *jemanden sehr gern haben:* jemanden feurig / glühend / leidenschaftlich / innig / zärtlich lieben · seine Eltern lieben · Sie lieben sich von ganzem Herzen.
2. *zu etwas ein positives Verhältnis haben:* die Natur / das Leben / die Freiheit lieben · Sie liebt nur ihr Geld.
3. *mit jemandem Geschlechtsverkehr haben:* Sie liebten sich gleich am ersten Abend.
4. *eine Vorliebe, Schwäche für etwas haben:* klassische Musik / die Natur / Pferde lieben · Sie hat schon immer einen gewissen Luxus geliebt. · Er liebt [es] zu scherzen.

lie|bens|wür|dig ['li:bn̩svʏrdɪç], liebenswürdiger, am liebenswürdigsten:
(im Umgang mit anderen) freundlich und entgegenkommend: eine liebenswürdige Gastgeberin · Er hat ein liebenswürdiges Wesen. · Sie war sehr liebenswürdig zu mir.

lie|ber ['li:bɐ]:
weil es besser oder klüger ist: Das hättest du lieber nicht sagen sollen. · Mach es lieber gleich!

der **Lie|bes|kum|mer** ['li:bəskʊmɐ], des Liebeskummers:
Traurigkeit wegen einer unglücklichen Liebe: Sie hat schon wieder Liebeskummer, wie es scheint.

lie|be|voll ['li:bəfɔl], liebevoller, am liebevollsten:
1. *zärtlich [besorgt]:* eine liebevolle Behandlung · einen Kranken / ein Kind liebevoll betreuen.
2. *mit viel Mühe und Sorgfalt:* Das Geschenk war liebevoll verpackt.

der **Lieb|ha|ber** ['li:pha:bɐ], des Liebhabers, die Liebhaber:
1. *Geliebter:* Wenn ihr Mann abends weg ist, geht sie zu ihrem Liebhaber.
2. ⟨mit Attribut⟩ *[männliche] Person, die aus persönlichem Interesse bestimmte Dinge kauft, sammelt oder sich mit ihnen beschäftigt:* Er ist ein Liebhaber von schönen Teppichen.

die **Lieb|ha|be|rin** ['li:pha:bərɪn], der Liebhaberin, die Liebhaberinnen:
⟨mit Attribut⟩ *weibliche Person, die aus persönlichem Interesse bestimmte Dinge kauft, sammelt oder sich mit ihnen beschäftigt.*

der **Lieb|ling** ['li:plɪŋ], des Lieblings, die Lieblinge:
Er war schon immer Mutters Liebling. · (in vertrauter Anrede:) Liebling, kannst du mal kommen?

▶ das **Lieb|lings|the|ma** ['li:plɪŋste:ma], des Lieblingsthemas, die Lieblingsthemen:
Thema, über das jemand immer wieder spricht, das ihn sehr beschäftigt: Ihr Lieblingsthema ist die Musik.

▶ das **Lied** [li:t], des Lied[e]s, die Lieder:
Melodie mit einem Text: ein schönes / heiteres / fröhliches Lied · ein Lied anstimmen / singen · Sie summte das Lied vor sich hin.

lie|der|lich ['li:dɐlɪç], liederlicher, am liederlichsten:
unordentlich; nachlässig: eine liederliche Arbeit / Frisur · Die Hose ist liederlich verarbeitet.

▶ **lie|fern** ['li:fɐn], liefert, lieferte, hat geliefert:
1. *(bestellte Waren) bringen oder schicken:* die Waren ins Haus / frei Haus/ per Bahn / per Nachnahme liefern · Die Firma kann zurzeit nicht liefern.
2. *erzeugen, hervorbringen:* Der Boden

liefert begehrte Minerale. · Die Bienen liefern den Honig.

▶ die **Lie|fe|rung** [ˈliːfərʊŋ], der Lieferung, die Lieferungen:
1. *das Bringen:* Lieferung nur gegen Barzahlung! · Die Lieferung der Waren erfolgt in zwei Wochen.
2. *Ware, die gebracht werden soll:* eine lang erwartete Lieferung · Die Lieferung ist endlich eingetroffen.

die **Lie|ge** [ˈliːɡə], der Liege, die Liegen:
eine Art Bett: die Liege ausklappen · Wir haben für unser Gästezimmer eine neue Liege gekauft.

▶ **lie|gen** [ˈliːɡn̩], liegt, lag, hat gelegen ⟨süddeutsch, österreichisch, schweizerisch: ist⟩:
1. *sich in waagerechter Lage sich befinden, sich der Länge nach auf etwas ausruhen:* auf dem Rücken / auf dem Bauch liegen · auf dem Sofa / in der Sonne liegen · im Bett / im Krankenhaus / auf der Intensivstation liegen · Ich bleibe noch eine halbe Stunde im Bett liegen.
2. *sich befinden:* auf dem Tisch / im Keller / im Tresor liegen · Auf dem Boden liegen teure Teppiche. · Im Zug bleiben sehr viele Dinge liegen.
3. *eine bestimmte [geografische] Lage haben:* verkehrsgünstig / zentral / mitten im Wald liegen · Das Lokal liegt mitten in der Altstadt.
4. *von jemandem abhängen, auf etwas zurückzuführen sein:* Das liegt an der schlechten Verarbeitung. · Die Schuld liegt bei dir.

▶ der **Lift** [lɪft], des Lift[e]s, die Lifte und die Lifts:
Fahrstuhl, Aufzug: mit dem Lift fahren · Der Lift ist leider kaputt.

der **Li|kör** [liˈkøːɐ̯], des Likörs, die Liköre:
meist süßes alkoholisches Getränk: Am Abend trank meine Oma gerne ein Gläschen Likör.

li|la [ˈliːla]:
(in der Farbe) zwischen Blau und Rot: Damals trugen wir lila Latzhosen. · Das Kleid ist lila.

die **Li|mo** [ˈlɪmo], der Limo, die Limo[s] (umgangssprachlich):
Limonade: Zum Essen bestellte sie eine Limo.

▶ die **Li|mo|na|de** [limoˈnaːdə], der Limonade, die Limonaden:
süßes Getränk ohne Alkohol: Er hat seine Limonade bereits getrunken.

die **Lin|de** [ˈlɪndə], der Linde, die Linden:
Laubbaum mit süß riechenden Blüten: der Duft der Linden.

das **Li|ne|al** [lineˈaːl], des Lineals, die Lineale:
gerades Stück Holz oder Plastik, mit dem man messen und gerade Linien ziehen kann: einen Strich mit dem Lineal zeichnen / ziehen.

▶ die **Li|nie** [ˈliːni̯ə], der Linie, die Linien:
1. *gerader, längerer Strich:* eine gestrichelte / gepunktete Linie · Du musst die Linie mit dem Lineal ziehen.
2. *Reihe:* in einer Linie stehen · Die Kinder bildeten eine Linie.
3. *Verkehrsmittel; Strecke zwischen bestimmten Punkten:* Die Linie 23 fährt zum Rathaus. · Die Linie Bahnhof–Schloss ist immer stark befahren.
4. * **in erster, zweiter Linie:** *an erster, zweiter Stelle:* In erster Linie geht es darum, dass wir heute gewinnen.

▶ der **Link** [lɪŋk], des Link[s], die Links (EDV):
Verbindung zu einer anderen Datei oder zu einer anderen Stelle in derselben Datei: Man muss auf den Link klicken, um ihn zu aktivieren.

▶ **link...** [lɪŋk...]:
1. *sich auf der Seite befindend, auf der das Herz ist:* der linke Arm / Fuß / Schuh · auf der linken Straßenseite gehen.
2. *(in der Politik) sozialistisch:* linke Ideen / Vorstellungen / Ideale.

▶ **links** [lɪŋks]:
1. *auf der linken Seite:* Die Bücher stehen links [auf dem Schreibtisch]. · Bitte nehmen Sie die zweite Tür links. · Sie wohnt im zweiten Stock links. · Du musst dich mehr links halten.
2. *so, dass es links von etwas liegt:* Die Ortschaft liegt links des Flusses.
3. *so, dass man politisch eine linke Meinung vertritt:* Mit seinen Ansichten steht er ganz weit links. · Sie wählt immer links.

die **Lin|se** [ˈlɪnzə], der Linse, die Linsen:
1. *graues oder rotes Gemüse, das der Erbse ähnlich ist:* Linsen anbauen · Zum Essen gab es Linsen mit Würstchen.
2. *Körper aus durchsichtigem Material mit zwei Flächen, die das Licht brechen:* Die Linse der Kamera ist staubig.

▶ die **Lip|pe** [ˈlɪpə], der Lippe, die Lippen:
der rote äußere Rand des Mundes: schmale / volle / blasse Lippen · vor Kälte blaue Lippen haben · Sie schminkte sich die Lippen.

der **Lip|pen|stift** [ˈlɪpn̩ʃtɪft], des Lippenstift[e]s, die Lippenstifte:

Stift zum Schminken der Lippen: ein roter / kussechter Lippenstift · Eine Kollektion neuer Lippenstifte ist eingetroffen.

die **List** [lɪst], der List, die Listen:
Trick: eine List anwenden / durchschauen · Er hat wieder zu einer List gegriffen.

die **Lis|te** ['lɪstə], der Liste, die Listen:
schriftliche Aufstellung: eine ausführliche Liste erstellen · Die Liste der Teilnehmerinnen und Teilnehmer ist leider unvollständig.

lis|tig ['lɪstɪç], listiger, am listigsten:
von List zeugend; eine List anwendend: ein listiger Bursche / Plan · Sie hat die Sache sehr listig eingefädelt.

der *oder* das **Li|ter** ['li:tɐ], des Liters, die Liter:
Maß für Flüssigkeiten (Abkürzung: l): zwei Liter Milch · ein Liter italienischer Rotwein · Den Beutelinhalt soll man in zwei Liter kochendes Wasser gießen!

li|te|ra|risch [lɪtəˈra:rɪʃ]:
die Literatur betreffend: Wir haben eine literarische Zeitschrift abonniert.

die **Li|te|ra|tur** [lɪtəra'tu:ɐ̯], der Literatur, die Literaturen:
1. *alle Romane, Erzählungen, Gedichte:* die klassische / moderne / zeitgenössische Literatur · die Literatur des Expressionismus.
2. *alle Bücher und Aufsätze zu einem Thema:* die einschlägige / wissenschaftliche Literatur · die Literatur kennen / zusammenstellen / zitieren.

live [laif]:
1. *direkt, unmittelbar:* Die Pressekonferenz wird live übertragen.
2. *in realer Anwesenheit:* In der Disco hat er die Sängerin live erlebt.

die **Li|zenz** [li'tsɛnts], der Lizenz, die Lizenzen:
Erlaubnis, Genehmigung: eine Lizenz erwerben / bekommen · Die Firma hat die Stühle in Lizenz hergestellt.

der **Lkw** ['ɛlka:ve:], des Lkw[s], die Lkw[s]:
Lastkraftwagen: einen Lkw überholen · Die Mautpflicht gilt für große Lkws.

das **Lob** [lo:p], des Lob[e]s:
Anerkennung; positive Beurteilung: überschwängliches / ehrliches Lob · ein Lob erhalten / bekommen · Sie verdient ein großes Lob für ihre Arbeit.

lo|ben ['lo:bn̩], lobt, lobte, hat gelobt:
jemandem ein Lob sagen: Der Lehrer lobte den Schüler [für seine gute Arbeit]. · Haben Sie Ihr Kind heute schon gelobt?

▸ das **Loch** [lɔx], des Loch[e]s, die Löcher ['lœçɐ]:
1. *offene Stelle in der Oberfläche von etwas:* ein Loch stopfen / zuschütten / ausfüllen · Der Strumpf hat ein Loch. · Er hat sich ein Loch in die Hose gerissen.
2. *Grube:* Die Arbeiter haben ein großes Loch in die Erde gegraben.

die **Lo|cke** ['lɔkə], der Locke, die Locken:
mehrere Haare, die zusammen die Form einer Welle haben: das Haar in Locken legen · Die Locken fielen ihr ins Gesicht.

lo|cken ['lɔkn̩], lockt, lockte, hat gelockt:
1. *durch Rufe, Zeichen, Versprechen o. Ä. versuchen zu holen:* Die Kinder lockten den Hund mit der Wurst. · Sie haben ihn in einen Hinterhalt gelockt.
2. *so gut oder angenehm erscheinen, dass man es gern tun, haben oder sich damit beschäftigen möchte:* Diese Art von Arbeit lockt mich nicht.

▸ **lo|cker** ['lɔkɐ], lockerer, am lockersten:
1. *in seinen einzelnen Teilen nur lose zusammenhängend; nicht fest:* ein lockerer / locker sitzender Zahn · Die Schraube ist locker.
2. *gelöst, entspannt:* eine lockere Haltung · Er hat die Sendung locker moderiert.

▸ der **Löf|fel** ['lœfl̩], des Löffels, die Löffel:
Gegenstand, mit dem man Suppe essen kann: den Löffel ablecken · silberne / verchromte Löffel · Hier fehlt noch ein Löffel.

die **Lo|gik** ['lo:gɪk], der Logik:
exakte Art des Denkens: eine zwingende Logik · Das verstößt gegen alle Logik.

lo|gisch ['lo:gɪʃ], logischer, am logischsten:
1. *konsequent gedacht, richtig:* logisches Denken · Diese Überlegung ist nicht logisch.
2. (umgangssprachlich) *natürlich, selbstverständlich, klar:* Dass so etwas nicht infrage kommt, ist doch wohl logisch!

▸ der **Lohn** [lo:n], des Lohn[e]s, die Löhne ['lø:nə]:
Bezahlung für geleistete, meist körperliche Arbeit: den Lohn kürzen / senken · ein Streik für höhere Löhne · Die Firma zahlt angemessene Löhne.

▸ **loh|nen** ['lo:nən] ⟨+ sich⟩, lohnt sich, lohnte sich, hat sich gelohnt:
die Mühe wert sein: Der Aufwand hat sich gelohnt. · Ich glaube [nicht], dass sich das Geschäft lohnt.

die **Lok** [lɔk], der Lok, die Loks:
Lokomotive: Die Lok ist neu.

▸ das **Lo|kal** [lo'ka:l], des Lokal[e]s, die Lokale:

Gaststätte, Restaurant: in ein Lokal gehen · ein gut besuchtes Lokal · Das Lokal hat über die Feiertage geöffnet.

die **Lo|ko|mo|ti|ve** [lokomoˈtiːvə], der Lokomotive, die Lokomotiven:
Fahrzeug auf Schienen zum Ziehen von Waggons: Man hört schon die Lokomotive pfeifen.

das **Los** [loːs], des Loses, die Lose:
1. *Zettel [oder anderer Gegenstand], mit dessen Hilfe man den Zufall über etwas entscheiden lässt:* ein Los ziehen · Das Los muss entscheiden.
2. *Zettel mit einer Nummer, den man kaufen und mit dem man gewinnen kann:* Ich habe drei Lose gekauft. · Jedes zweite Los gewinnt.
3. (gehoben) *Schicksal:* das Los der Gefangenen / Flüchtlinge · Ihm war ein schweres Los beschieden.

[1]los [loːs]:
[ab]getrennt, frei (von etwas): Dein Knopf ist los. · Der Hund ist wieder [von der Kette] los.

▶ **[2]los** [loːs]:
weg!, fort!, schnell!: Nun aber los! · Los, beeil dich!

▶ **lö|schen** [ˈlœʃn̩], löscht, löschte, hat gelöscht:
1. *bewirken, dass etwas zu brennen aufhört:* die Kerze / die Glut löschen · Der Brand konnte schnell gelöscht werden.
2. (gehoben) *ausschalten:* das Licht löschen.
3. *etwas wieder beseitigen:* Daten / Dateien löschen · Die Firma wurde im Handelsregister gelöscht.

lo|sen [ˈloːzn̩], lost, loste, hat gelost:
durch das Los entscheiden lassen: um die beiden Eintrittskarten losen · Wir wollen losen, wer anfängt.

▶ **lö|sen** [ˈløːzn̩], löst, löste, hat gelöst:
1. *bewirken, dass etwas lose wird:* den Gürtel / die Fesseln / einen Knoten lösen · den Haarknoten / die Haare lösen.
2. ⟨+ sich⟩ *lose werden, sich lockern:* Die Tapete hat sich gelöst.
3. *auflösen; nicht länger bestehen lassen:* einen Vertrag / eine Verbindung lösen.
4. ⟨+ sich⟩ *sich befreien, sich trennen:* sich aus einer Verpflichtung lösen · Sie löste sich aus seiner Umarmung.
5. *[durch Nachdenken] klären:* das Problem / einen Widerspruch lösen.
6. ⟨+ sich⟩ *sich klären:* Die Angelegenheit hat sich von selbst gelöst.
7. *(eine Fahr- oder Eintrittskarte) kaufen:* Fahrscheine am Automaten / im Zug lösen.

▶ **los|fah|ren** [ˈloːsfaːrən], fährt los, fuhr los, ist losgefahren:
abfahren: Er fuhr bereits gestern Abend los. · Sie stieg in ihr Auto und fuhr los.

los|ge|hen [ˈloːsgeːən], geht los, ging los, ist losgegangen:
1. *aufbrechen:* Wir waren schon um acht Uhr losgegangen.
2. *beginnen:* Der Vortrag geht pünktlich um 20 Uhr los.

los|las|sen [ˈloːslasn̩], lässt los, ließ los, hat losgelassen:
nicht mehr festhalten: das Steuer loslassen · Ihre Hand ließ nicht los.

lös|lich [ˈløːslɪç], löslicher, am löslichsten:
so, dass es sich in einer Flüssigkeit auflöst: löslicher Kaffee · eine in Wasser lösliche Verbindung.

▶ die **Lö|sung** [ˈløːzʊŋ], der Lösung, die Lösungen:
1. *Auflösung, Ergebnis:* Sie hat die Lösung des Rätsels auf einem Zettel notiert.
2. *Bewältigen einer [schwierigen] Aufgabe:* Sie bemühten sich um eine friedliche Lösung des Konflikts.

los|wer|den [ˈloːsveːɐ̯dn̩], wird los, wurde los, ist losgeworden:
1. (umgangssprachlich) *erreichen, dass jemand, der einem lästig ist, einen in Ruhe lässt:* einen Vertreter nicht / nur mit Mühe loswerden · So schnell wurde sie ihn nicht los.
2. *sich (von etwas, was einem lästig ist) frei machen:* Endlich wurde er seine Albträume los.
3. (umgangssprachlich) *verkaufen können:* Diese Artikel sind wir reißend losgeworden.
4. (umgangssprachlich) *etwas nicht mehr haben (was man bedauert):* Geld beim Kartenspiel loswerden · In der Aufregung ist sie ihre Handtasche losgeworden.

das **Lot|to** [ˈlɔto], des Lottos:
Glücksspiel, bei dem man die richtigen Zahlen ankreuzen muss: Lotto spielen · Sie hat im Lotto fünf Richtige.

▶ der **Lö|we** [ˈløːvə], des Löwen, die Löwen, die **Lö|win** [ˈløːvɪn], der Löwin, die Löwinnen:
großes Raubtier mit kurzem, gelbem Fell und langem Schwanz: die Mähne des Löwen · Der Löwe brüllt / reißt seine Beute. · Löwinnen sind fürsorgliche Mütter.

die **Lü|cke** [ˈlʏkə], der Lücke, die Lücken:
1. *Stelle, an der etwas fehlt:* eine Lücke

lassen / füllen · Die Katze kam durch eine Lücke im Zaun.
2. *etwas, was nicht ausreichend vorhanden ist und deshalb als Mangel empfunden wird:* Seine Kenntnisse in Mathematik weisen große Lücken auf. · Sie fand eine Lücke im Gesetz.

die **Luft** [lʊft], der Luft:
das, was man zum Atmen braucht: gute / frische / stickige / verbrauchte Luft · Die Luft ist feucht / ganz trocken. · Wegen des engen Kragens hat er fast keine Luft bekommen; *** an die frische Luft (gehen):** *einen Spaziergang machen:* Lasst uns doch ein bisschen an die frische Luft gehen!; *** dicke Luft** (umgangssprachlich): *schlechte Stimmung:* Bei unseren Nachbarn herrscht heute dicke Luft; *** Luft für jemanden sein** (umgangssprachlich): *jemandem gleichgültig sein:* Seit er das getan hat, ist er Luft für mich.

der **Luft|bal|lon** [ˈlʊftbalõː], des Luftballons, die Luftballons:
dünne Hülle aus Gummi, in die man Luft bläst: einen Luftballon aufblasen und dann steigen lassen.

lüf|ten [ˈlʏftn̩], lüftet, lüftete, hat gelüftet:
1. *frische Luft in einen Raum lassen:* die Wohnung / das Zimmer lüften · Wir müssen hier erst einmal gut lüften.
2. *etwas vorher Geheimes bekannt machen:* ein Geheimnis / jemandes Inkognito lüften.

die **Luft|post** [ˈlʊftpɔst], der Luftpost:
Transport der Post mit dem Flugzeug: ein Päckchen mit / per Luftpost schicken.

die **Lüf|tung** [ˈlʏftʊŋ], der Lüftung, die Lüftungen:
Anlage zum Lüften: Im Fahrzeug sorgt die Lüftung für Frischluft.

die **Lü|ge** [ˈlyːɡə], der Lüge, die Lügen:
Aussage, die bewusst falsch ist: eine freche / raffinierte / faustdicke Lüge · nichts als Lügen · Er hat sich schon wieder eine Lüge ausgedacht.

lü|gen [ˈlyːɡn̩], lügt, log, hat gelogen:
bewusst etwas Falsches sagen, um jemanden zu täuschen: Sie lügt, wenn sie das behauptet. · Das ist doch gelogen!

lu|kra|tiv [lukraˈtiːf], lukrativer, am lukrativsten (bildungssprachlich):
so, dass es einen guten Gewinn verspricht: ein lukratives Angebot erhalten · Das Geschäft war nicht sehr lukrativ.

die **Lu|pe** [ˈluːpə], der Lupe, die Lupen:
optisches Gerät, das Dinge größer erscheinen lässt: zum Lesen eine Lupe benutzen · Der Webfehler wird unter der Lupe sichtbar; *** jemanden, etwas unter die Lupe nehmen** (umgangssprachlich): *kritisch prüfen:* Das müssen wir genauer unter die Lupe nehmen!

▶ die **Lust** [lʊst], der Lust:
1. *Freude, Vergnügen:* Es ist eine wahre Lust, ihm beim Kochen zuzusehen. · Bei dieser Arbeit kann einem wirklich die Lust vergehen.
2. *Verlangen:* Ich habe Lust, am Wochenende endlich mal wieder zu faulenzen · Hast du Lust auf ein Glas Sekt? · Sie hatte nicht die geringste Lust, nach Berlin zu ziehen.

▶ **lus|tig** [ˈlʊstɪç], lustiger, am lustigsten:
so, dass man darüber lachen muss: eine lustige Gesellschaft · Auf dem Fest war es sehr lustig.; *** sich über jemanden, etwas lustig machen:** *jemanden, etwas verspotten und sich dabei amüsieren:* Er machte sich über ihre Verlegenheit lustig.

lut|schen [ˈlʊtʃn̩], lutscht, lutschte, hat gelutscht:
1. *an etwas, was man in den Mund gesteckt hat, saugen:* Sie lutscht immer noch am Daumen.
2. *etwas im Mund sich auflösen lassen:* Er lutscht schon den ganzen Tag Bonbons.

der **Lu|xus** [ˈlʊksʊs], des Luxus:
Aufwand, der nur dem Vergnügen dient: im Luxus leben · Diesen Luxus kann er sich nicht erlauben. · Das ist doch reiner Luxus!

▶ die **Ly|rik** [ˈlyːrɪk], der Lyrik:
Gesamtheit aller Gedichte: Sie liest gerne Lyrik.

M

▶ **ma|chen** [ˈmaxn̩], macht, machte, hat gemacht:
1. *etwas herstellen, anfertigen, produzieren:* Essen / Frühstück / Kaffee machen · Sie macht Fotos / Kopien. · Hast du diesen Kuchen selbst gemacht?
2. *ausführen, erledigen, tun:* eine Arbeit / Prüfung / Reise machen · eine Bemerkung / Beobachtung machen · Musik / Sport / Urlaub machen · Am Samstag muss ich den Haushalt machen. · Hast du deine Hausaufgaben schon gemacht?

3. *ordentlich machen, sauber machen:* die Betten / das Zimmer / die Wäsche machen.
4. *tun, unternehmen:* kaum etwas / nichts / viel machen · Hier darfst du alles machen!

die **Macht** [maxt], der Macht, die Mächte [ˈmɛçtə]:
1. ⟨ohne Plural⟩ *Fähigkeit, über eine Person oder eine Sache zu bestimmen:* große / viel / wenig Macht haben · Sie hat keine Macht über mich.
2. *das Bestimmen in einem Staat:* die staatliche / militärische / politische Macht · die Macht ergreifen / erobern / übernehmen.
3. *Staat, der großen Einfluss hat:* eine fremde / feindliche / verbündete Macht.

mäch|tig [ˈmɛçtɪç], mächtiger, am mächtigsten:
1. *große Macht, Gewalt, großen Einfluss habend:* ein mächtiger Mann / Unternehmer · ein mächtiges Reich.
2. * **einer Sache** (Genitiv) **mächtig sein** (gehoben): *etwas sehr gut können:* des Deutschen mächtig sein.
3. *sehr groß, breit, stark:* eine mächtige Gestalt / Stimme / Welle.
4. ⟨verstärkend bei Adjektiven und Verben⟩ (umgangssprachlich) *sehr:* Er ist mächtig eingebildet / verlegen / verliebt.

▸ das **Mäd|chen** [ˈmɛːtçən], des Mädchens, die Mädchen:
Kind oder jüngere Person weiblichen Geschlechts: Das kleine Mädchen fing an zu weinen. · Die Freundin meines Sohnes ist ein nettes Mädchen. · Sie hat ein Mädchen *(eine Tochter)* bekommen.;
* **Mädchen für alles** (umgangssprachlich): *Person, die viele verschiedene Dinge tun muss:* Sie ist hier immer das Mädchen für alles.

▸ das **Ma|ga|zin** [magaˈtsiːn], des Magazins, die Magazine:
1. *Zeitschrift mit vielen Bildern und Fotos, die regelmäßig erscheint:* ein Magazin kaufen / lesen.
2. *Sendung im Radio, Fernsehen, die Beiträge zu aktuellen, politischen Themen bringt:* ein Magazin mit Themen aus Politik und Wirtschaft.
3. *Lager in einer Bibliothek, einem Museum, einem Kaufhaus:* volle / leere Magazine · Bücher / Bilder / Waren aus dem Magazin holen.

▸ der **Ma|gen** [ˈmaːgn̩], des Magens, die Mägen [ˈmɛːgn̩]:
inneres Organ, das die aufgenommene Nahrung verdaut: ein leerer / voller Magen · Sie hat einen empfindlichen / kranken Magen. · Er hat sich den Magen verdorben.

▸ **ma|ger** [ˈmaːgɐ], magerer, am magersten:
1. *sehr dünn, schmal:* magere Arme / Kinder · Nach ihrer Operation war sie erschreckend mager.
2. *mit sehr wenig Fett:* magere Wurst / mageres Fleisch.

der **Ma|gis|ter** [maˈgɪstɐ], des Magisters, die Magister:
Abschluss eines Studiums in bestimmten Fächern: den Magister machen / haben.

der **Ma|gis|trat** [magɪsˈtraːt], des Magistrats, die Magistrate:
in manchen Städten Teil der Verwaltung: der Magistrat der Stadt Frankfurt.

der **Ma|gnet** [maˈgneːt], des Magnet[e]s und des Magneten, die Magnete und die Magneten:
ein Stück Metall, das Eisen anziehen und festhalten kann: Der Magnet hat die Form eines Hufeisens.

mä|hen [ˈmɛːən], mäht, mähte, hat gemäht:
[Gras] kurz schneiden, abschneiden: Er hat gestern die Wiese / den Rasen gemäht.

mah|len [ˈmaːlən], mahlt, mahlte, hat gemahlen:
sehr fein reiben, zu Pulver machen: Getreidekörner zu Mehl mahlen · fein / grob gemahlener Kaffee.

▸ die **Mahl|zeit** [ˈmaːltsai̯t], der Mahlzeit, die Mahlzeiten:
Essen, das meistens mittags oder abends gegessen wird: eine leichte / schwere / warme Mahlzeit · eine Mahlzeit zubereiten / servieren.

mah|nen [ˈmaːnən], mahnt, mahnte, hat gemahnt:
an einen Termin, ein Versprechen erinnern: Der Vermieter mahnte sie schriftlich wegen der zwei fälligen Monatsmieten.

▸ die **Mah|nung** [ˈmaːnʊŋ], der Mahnung, die Mahnungen:
Brief, mit dem eine Person an eine Frist, einen Termin erinnert wird: eine Mahnung bekommen / erhalten.

▸ der **Mai** [mai̯], des Mai[e]s:
fünfter Monat im Jahr: Mein Sohn ist am ersten Mai geboren.

▸ die **Mail** [meːl], der Mail, die Mails, das **Mail,** des Mails, die Mails (besonders schweizerisch):
E-Mail: Kannst du mir die Mail bitte weiterleiten?

die **Mail|box** ['meɪlbɔks], der Mailbox, die Mailboxen:
Datei, in der man, z. B. bei einem Handy, Nachrichten für den Empfänger lassen kann: Du kannst mir gern auf die Mailbox sprechen, ich rufe [dich] dann zurück.

mai|len ['me:lən], mailt, mailte, gemailt:
in einer E-Mail schicken, senden: eine Nachricht / Glückwünsche mailen · Er hat mir gemailt, dass er nicht kommen kann.

der **Mais** [mai̯s], des Maises:
hohe Pflanze mit breiten Blättern und gelben Körnern: Mais anbauen / pflanzen · Isst du gerne Mais?

das **Make-up** [meɪk'|ap], des Make-ups, die Make-ups:
beige Creme für das Gesicht: Make-up auftragen / verwenden · ein dezentes Make-up · Sie benutzt nur selten Make-up.

der **Mak|ler** ['ma:klɐ], des Maklers, die Makler, die **Mak|le|rin** ['ma:klərɪn], die Maklerin, die Maklerinnen:
Person, die den Verkauf, die Vermietung von Häusern, Wohnungen, Grundstücken vermittelt: einen Makler beauftragen / einschalten · Der Makler verlangt eine hohe Provision.

mal [ma:l] (umgangssprachlich):
einmal: Komm, wir versuchen es doch noch mal. · Jetzt hör mir mal gut zu, Junge!

das **Mal** [ma:l], des Mal[e]s, die Male:
dunkler Fleck auf der Haut: Er hatte ein großes dunkles Mal am Mund.

ma|len ['ma:lən], malt, malte, hat gemalt:
1. *mit Pinsel und Farbe oder mit farbigen Stiften auf Papier, Leinwand erstellen:* ein Bild / ein Gemälde malen · Er hat ein Porträt von seiner Tochter gemalt.
2. *eine Person, eine Sache mit Pinsel und Farbe darstellen:* eine Landschaft malen · Sie hat ihren Vater gemalt.

der **Ma|ler** ['ma:lɐ], des Malers, die Maler, die **Ma|le|rin** ['ma:lərɪn], der Malerin, die Malerinnen:
1. *Person, die Bilder malt:* ein berühmter / unbekannter Maler · Die Ausstellung zeigt viele Bilder des Malers Albrecht Dürer.
2. *Person, deren Beruf es ist, Wände, Türen, Fensterrahmen zu streichen:* den Maler bestellen · Der Maler streicht die Küche / das Zimmer / die Wohnung.

die **Ma|le|rei** [ma:lə'rai̯], der Malerei:
die Kunst des Malens: die moderne Malerei.

die **Ma|ma** ['mama], der Mama, die Mamas:
Mutter: Wo ist deine Mama?

▶ **man** [man]:
1. *eine Person in einer bestimmten Situation:* Das darf man nicht tun.
2. *die Leute, die Öffentlichkeit:* In diesem Punkt ist man heute toleranter. · So etwas tut man nicht.
3. *ich, wir (wie auch andere Personen):* Man versteht ja sein eigenes Wort nicht, so laut ist es!

das **Ma|na|ge|ment** ['mɛnɪt͜ʃmənt], des Managements, die Managements:
die Leitung einer Firma, eines Unternehmens: das mittlere / obere Management.

▶ der **Ma|na|ger** ['mɛnɪdʒɐ], des Managers, die Manager, die **Ma|na|ge|rin** ['mɛnɪdʒərɪn], der Managerin, die Managerinnen:
leitende Person in einem Unternehmen: Das Unternehmen suchte einen Manager. · Sie ist eine hoch bezahlte Managerin.

▶ **manch** [manç]:
1. mancher, manche, manches; *der, die, das eine oder andere:* Wir haben manch netten Abend dort verbracht. · Er hört aufmerksam zu, aber manches versteht er nicht.
2. manche; *einige:* Manche meiner Kollegen mögen keinen Fisch. · An manchen Tagen müssen wir länger arbeiten.

man|cher|lei ['mançɐ'lai̯]:
viele verschiedene: Sein Großvater gab ihm mancherlei Tipps und Ratschläge.

▶ **manch|mal** ['mançma:l]:
nicht regelmäßig: Nicht immer, aber manchmal esse ich eine ganze Tafel Schokolade. · Sie gehen oft ins Theater, manchmal auch ins Kino.

die **Man|da|ri|ne** [manda'ri:nə], der Mandarine, die Mandarinen:
kleine Frucht, die ähnlich wie eine Orange aussieht: eine Mandarine essen / schälen.

die **Man|del** ['mandl̩], der Mandel, die Mandeln:
1. *Frucht, die eine sehr harte Schale und einen flachen weißen Kern hat:* ganze / gehackte Mandeln · Für den Kuchen brauche ich noch 200 Gramm gemahlene Mandeln.
2. *Organ in der Form einer Mandel links und rechts im Hals, das Infektionen verhindert:* entzündete / geschwollene Mandeln haben.

▶ der **Man|gel** ['maŋl̩], des Mangels, die Mängel ['mɛŋl̩]:
1. ⟨ohne Plural⟩ *das Fehlen von etwas:*

M

Mangel an Geld / Lebensmittel / Wasser · Mangel an Takt / Geduld / Vertrauen · Es besteht / herrscht ein Mangel an Ingenieuren / an Wohnungen.
2. *Fehler, Defekt:* Das Auto / die Software hat technische Mängel. · Die Mängel müssen beseitigt / behoben werden.

man|gel|haft ['maŋl̩haft]:
nicht gut genug, schlecht: eine mangelhafte Leistung / Qualität · Am Anfang sprach er nur sehr mangelhaft Deutsch. · Sein Aufsatz wurde mit der Note mangelhaft bewertet.

▶ der **Mann** [man], des Mann[e]s, die Männer ['mɛnɐ]:
1. *erwachsene männliche Person:* ein junger / alter / dicker / dünner Mann · arme / mächtige Männer · In seiner Firma ist er der einzige Mann.
2. *Ehemann:* Sie und ihr Mann sind schon seit zwanzig Jahren verheiratet.

▶ **männ|lich** ['mɛnlɪç]:
1. *zum Geschlecht des Mannes gehörend:* eine Person männlichen Geschlechts · In der Familie gibt es keinen männlichen Erben.
2. *charakteristisch für einen Mann:* eine männliche Stimme · Er wirkt ausgesprochen männlich.

▶ die **Mann|schaft** ['manʃaft], der Mannschaft, die Mannschaften:
1. *Gruppe von Sportlerinnen und, oder Sportlern; Team:* eine Mannschaft aufstellen / trainieren · Die deutsche Mannschaft hat zwei Medaillen gewonnen.
2. *Besatzung eines Flugzeuges, Schiffes:* Kapitän Müller und seine Mannschaft begrüßen Sie an Bord.

▶ der **Man|tel** ['mantl̩], des Mantels, die Mäntel:
Kleidungsstück mit langen Ärmeln zum Schutz gegen Regen und Kälte: ein dicker / dünner / langer Mantel · Bei der Kälte musst du einen gefütterten Mantel anziehen.

▶ die **Map|pe** ['mapə], der Mappe, die Mappen:
rechteckige, flache Tasche für Hefte oder einzelne Blätter Papier: eine Mappe aus Karton / Leder · Die Chefin unterschreibt alle Briefe, die in der Mappe liegen.

▶ das **Mär|chen** ['mɛːɐ̯çən], des Märchens, die Märchen:
traditionelle Geschichte, in der das Gute gegen das Böse kämpft: die Märchen der Brüder Grimm · ein Märchen erzählen / vorlesen.

▶ die **Mar|ga|ri|ne** [marga'riːnə], der Margarine:
Fett von Pflanzen, das wie Butter verwendet wird: Margarine statt Butter aufs Brot streichen.

der **Ma|ri|en|kä|fer** [ma'riːənkɛːfɐ], des Marienkäfers, die Marienkäfer:
kleiner Käfer mit roten Flügeln und schwarzen Punkten: ein Marienkäfer mit sieben Punkten.

▶ die **Ma|ril|le** [ma'rɪlə], der Marille, die Marillen (österreichisch, sonst landschaftlich):
Aprikose: Marillen pflücken / essen / kaufen.

die **¹Mark** [mark], der Mark, die Mark:
deutsche Währung (bis 2001): Damals hat der Eintritt nur 1 Mark gekostet.

das **²Mark** [mark], des Mark[e]s:
Substanz im Inneren eines Knochen: Das Mark in den Knochen gibt der Suppe den Geschmack.

▶ die **Mar|ke** ['markə], der Marke, die Marken:
1. *Briefmarke:* Du musst eine Marke auf den Brief kleben.
2. *Name, unter dem bestimmte Produkte verkauft werden:* eine bekannte / ganz bestimmte Marke · Diese Marke kenne ich nicht.
3. *kleiner Gegenstand aus Plastik oder Metall, der als Ausweis dient:* An der Garderobe bekommst du eine Marke mit einer Nummer, wenn du den Mantel abgibst.

das **Mar|ke|ting** ['markətɪŋ], des Marketings:
Maßnahmen wie Werbung und Beobachtung des Marktes, die eine Firma, ein Unternehmen ergreift, um die eigenen Produkte besser zu verkaufen: gutes / schlechtes Marketing.

▶ **mar|kie|ren** [mar'kiːrən], markiert, markierte, hat markiert:
etwas kennzeichnen: einen Weg / ein Sportfeld markieren · Auf der Wanderkarte waren die Berghütten rot markiert.

▶ der **Markt** [markt], des Markt[e]s, die Märkte ['mɛrktə]:
1. *Platz, auf dem Markt ist; Marktplatz:* Am Markt stehen viele alte Häuser.
2. *Verkauf von Waren, Handel mit Waren auf einem Platz, in einer Halle:* Jeden Samstag ist hier Markt. · Ich kaufe mein Obst und Gemüse immer auf dem Markt.
3. *Bereich des Handels, der von Angebot und Nachfrage bestimmt ist:* der amerikanische / europäische Markt · ein neues / besseres Produkt auf den Markt

bringen · Das Produkt wurde vom Markt genommen.

der **Markt|platz** ['marktplats], des Marktplatzes, die Marktplätze ['marktplɛtsə]: *Platz, auf dem der Markt stattfindet:* das Café / das alte Haus am Marktplatz.

die **Markt|wirt|schaft** ['marktvɪrtʃaft], der Marktwirtschaft, die Marktwirtschaften: *System der Wirtschaft, in dem Produktion und Verteilung der Güter durch den Markt geregelt werden:* eine freie / soziale Marktwirtschaft.

die **Mar|me|la|de** [marməˈla:də], der Marmelade, die Marmeladen: *Masse aus mit Zucker gekochten Früchten, die man aufs Brot streicht:* Marmelade kochen · Sie schenkte ihr ein Glas mit selbst gemachter Marmelade.

mar|schie|ren [marˈʃi:rən], marschiert, marschierte, ist marschiert:
1. *(von Soldaten) geordnet und in gleichem Schritt gehen:* Bei der Militärparade marschieren die Soldaten über den großen Platz.
2. *in schnellem Tempo zu Fuß gehen:* Heute sind wir zwei Stunden durch den Wald marschiert.

der **März** [mɛrts], des März[es]: *dritter Monat im Jahr:* Meine Schwester ist im März geboren.

die **Ma|schi|ne** [maˈʃi:nə], der Maschine, die Maschinen:
1. *Gerät mit beweglichen Teilen, das bestimmte Arbeiten ausführt und menschliche Arbeitskraft einspart:* eine alte / neue / einfache / komplizierte Maschine · Die Maschinen in der Fabrik laufen Tag und Nacht. · Kannst du bitte die Maschine einschalten / ausschalten?
2. *Flugzeug:* Die Maschine fliegt von Frankfurt nach Paris.
3. *Motorrad:* Sie fährt eine schwere Maschine.

die **Mas|ke** ['maskə], der Maske, die Masken: *steife Form, die man vor das Gesicht hält, um nicht erkannt zu werden:* Der Bankräuber trug eine weiße Faschingsmaske.

das **Maß** [ma:s], des Maßes, die Maße:
1. *Einheit, mit der eine Größe, Menge gemessen wird:* Das Maß für Flüssigkeiten ist der Liter.
2. *Zahl, Größe, die durch Messen ermittelt wird:* die Maße der Wohnung / des Zimmers · einen Anzug / ein Kleid nach Maß machen lassen.
3. *Ausmaß, Umfang:* ein hohes Maß an Vertrauen / Flexibilität.
4. * **Maß halten:** *das richtige Ausmaß finden, nicht übertreiben:* Im Sport / Im Essen musst du Maß halten.

die **Mas|sa|ge** [maˈsa:ʒə], der Massage, die Massagen: *das Behandeln des Körpers durch Klopfen, Reiben, Streichen:* Rückenschmerzen mit Massagen behandeln.

die **Mas|se** ['masə], der Masse, die Massen:
1. *Stoff, Substanz:* eine weiche / harte / klebrige Masse.
2. *große Menge:* Die Schüler kamen in Massen zum Sportfest.
3. *ein großer Teil der Bevölkerung:* der Geschmack der breiten Masse.

maß|geb|lich ['ma:sge:plɪç]: *entscheidend:* Deine Meinung ist nicht maßgeblich.

mas|sie|ren [maˈsi:rən], massiert, massierte, hat massiert: *mit den Fingern Teile des Körpers streichen, kneten, um die Muskeln zu lockern:* Der Fußballer wird vor jedem Spiel massiert.

mä|ßig ['mɛ:sɪç], mäßiger, am mäßigsten:
1. *wenig:* Sie isst / raucht / trinkt nur mäßig.
2. *gering, schwach:* Das Auto fährt in mäßigem Tempo.

mas|siv [maˈsi:f], massiver, am massivsten:
1. ⟨ohne Steigerung⟩ *ganz aus einem einzigen Material bestehend:* Der Schmuck ist aus massivem Gold.
2. *fest, kompakt:* Das Haus ist sehr massiv gebaut.
3. *stark, heftig:* massive Kritik / massiver Protest.

maß|los ['ma:slo:s], maßloser, am maßlosesten: *sehr:* maßlos enttäuscht sein.

die **Maß|nah|me** ['ma:sna:mə], der Maßnahme, die Maßnahmen: *Handlung, Regelung, die etwas Bestimmtes bewirken soll:* Die Regierung hat Maßnahmen gegen die Euro-Krise ergriffen.

der **Maß|stab** ['ma:sʃta:p], des Maßstab[e]s, die Maßstäbe ['ma:sʃtɛ:bə]: *Verhältnis zwischen der abgebildeten und der natürlichen Größe:* ein Modell / eine Karte im Maßstab 1:10 000.

der **Mast** [mast], des Mast[e]s, die Maste und die Masten: *hohe Stange:* der Mast eines Segelschiffes / eines Zirkuszeltes.

das *oder* der **Match** [mɛtʃ], des Match[e]s, die Matchs: *sportlicher Wettkampf:* Die Tennisspielerinnen lieferten sich ein spannendes Match.

▶ das **Ma|te|ri|al** [mate'ri̯a:l], des Materials, die Materialien [mate'ri̯a:li̯ən]:
1. *Stoff, Rohstoff, aus dem etwas besteht, hergestellt wird:* aus gutem / schlechtem / strapazierfähigem Material.
2. *etwas, was für einen bestimmten Zweck benötigt wird:* biografisches / statistisches Material.

ma|te|ri|ell [mate'ri̯ɛl]:
die zum Leben benötigten Dinge betreffend: materielle Bedürfnisse / Sorgen.

▶ die **Ma|the** [matə], der Mathe:
Mathematik als Schulfach: Haben wir heute Mathe oder Englisch?

▶ die **Ma|the|ma|tik** [matema'ti:k], der Mathematik:
Wissenschaft von den Zahlen und Mengen: Mathematik lernen / studieren · In Mathematik hat er immer eine Eins.

ma|the|ma|tisch [mate'ma:tɪʃ]:
die Mathematik betreffend: mathematische Formeln / Aufgaben.

die **Ma|trat|ze** [ma'tratsə], der Matratze, die Matratzen:
Polster für ein Bett: eine harte / weiche Matratze.

der **Ma|tro|se** [ma'tro:zə], des Matrosen, die Matrosen, die **Ma|tro|sin** [ma'tro:zɪn], der Matrosin, die Matrosinnen:
Er arbeitet als Matrose auf einem Schiff.

der **Matsch** [matʃ], des Matsch[e]s (umgangssprachlich):
nasser, weicher Boden: Nach drei Tagen Regenwetter ist der Spielplatz ein einziger Matsch.

mat|schig ['matʃɪç], matschiger, am matschigsten (umgangssprachlich):
1. *voller Matsch:* matschige Wege / Wiesen.
2. *zu reif, weich:* eine matschige Birne / Tomate · Das Obst / Gemüse ist ja schon ganz matschig!

matt [mat], matter, am mattesten:
1. *müde, schwach:* Nach dieser Krankheit fühle ich mich ganz matt.
2. *ohne Glanz:* ein matter Lichtschein · Matte Farben gefallen mir besser als glänzende.

▶ die **Ma|tu|ra** [ma'tu:ra], der Matura (österreichisch, schweizerisch):
Abitur: Er macht nächstes Jahr die Matura.

▶ die **Mau|er** ['mauɐ], der Mauer, die Mauern:
Wand, die aus Steinen oder Beton hergestellt wird: eine hohe / niedrige / dicke Mauer · Er baut eine Mauer um seinen Garten.

das **Maul** [maul], des Maul[e]s, die Mäuler ['mɔylɐ]:
1. *Mund bei manchen Tieren:* das Maul der Kuh / des Pferdes · das Maul aufreißen / aufsperren.
2. (derb) *Mund:* Halt endlich dein Maul!

der **Mau|rer** ['maurɐ], des Maurers, die Maurer, die **Mau|re|rin** ['maurərɪn], der Maurerin, die Maurerinnen:
Person, deren Beruf es ist, Mauern [von Häusern] zu bauen: Die Maurer bauen eine Garage an unser Haus. · Meine Schwester will Maurerin werden.

▶ die **Maus** [maus], der Maus, die Mäuse ['mɔyzə]:
1. *kleines graues Tier mit spitzer Schnauze und langem Schwanz:* Im Keller sind Mäuse.
2. (EDV) *kleines, mit dem Computer verbundenes Gerät, mit dem der Cursor auf dem Monitor bewegt wird:* die Maus auf dem Tisch hin und her bewegen · auf die rechte Taste der Maus klicken.

die **Maut** [maut], der Maut, die Mauten:
Gebühr für die Benutzung von Autobahnen, Straßen, Brücken: Für viele Autobahnen im In- und Ausland muss man Maut bezahlen.

▶ **ma|xi|mal** [maksi'ma:l]:
1. *größte:* die maximale Windgeschwindigkeit.
2. *nicht mehr als:* die maximal zulässige Geschwindigkeit.

die **Ma|yon|nai|se** [majɔ'nɛ:zə], der Mayonnaise, die Mayonnaisen:
dicke, kalte Soße aus Eigelb und Öl: Isst du Pommes frites lieber mit Ketchup oder mit Mayonnaise?

▶ der **Me|cha|ni|ker** [me'ça:nikɐ], des Mechanikers, die Mechaniker, die **Me|cha|ni|ke|rin** [me'ça:nikərɪn], der Mechanikerin, die Mechanikerinnen:
Person, die Maschinen, technische Geräte baut, prüft und repariert: Ich kann das Gerät nicht selbst reparieren, wir müssen einen Mechaniker rufen.

me|ckern ['mɛkɐn], meckert, meckerte, hat gemeckert:
1. *kurze, helle Laute von sich geben, die für Ziegen typisch sind:* Die Ziege meckerte laut.
2. (umgangssprachlich abwertend) *kritisieren, schimpfen:* Sie meckert immer über das Kantinenessen.

die **Me|dail|le** [me'daljə], der Medaille, die Medaillen:

runde Scheibe aus Metall, die jemand für besondere Leistungen erhält: Bei den Olympischen Spielen hat die Mannschaft drei Medaillen gewonnen.

die **Me|di|en** [ˈmeːdi̯ən]:
Systeme zur Verbreitung von Informationen: In den Medien wurde ausführlich über die Schiffskatastrophe berichtet.

das **Me|di|ka|ment** [medikaˈmɛnt], des Medikament[e]s, die Medikamente:
Mittel gegen bestimmte Krankheiten, Schmerzen: ein neues / teures / starkes / wirksames Medikament · ein Medikament einnehmen / schlucken · Der Arzt verschreibt / verordnet ihm drei verschiedene Medikamente.

das **Me|di|um** [ˈmeːdi̯ʊm], des Mediums, die Medien [ˈmeːdi̯ən]:
System, das Inhalte vermittelt: Sprache ist ein Medium der Kommunikation. · Das wichtigste Medium der jungen Generation ist das Internet.

die **Me|di|zin** [mediˈt͜siːn], der Medizin, die Medizinen:
1. ⟨ohne Plural⟩ *Wissenschaft vom gesunden und kranken Menschen:* die moderne / traditionelle / chinesische Medizin · Medizin studieren.
2. *[flüssiges] Medikament:* Hast du deine Medizin schon genommen?

me|di|zi|nisch [mediˈt͜siːnɪʃ]:
die Medizin betreffend: medizinische Hilfe / Forschung · Sie war mehrere Wochen lang in medizinischer Behandlung.

das **Meer** [meːɐ̯], des Meer[e]s, die Meere:
große Fläche von salzigem Wasser: ans Meer fahren / am Meer leben · Das Meer ist heute blau und ruhig.

das **Mehl** [meːl], des Mehl[e]s:
Pulver, das aus Getreide hergestellt und zum Backen verwendet wird: helles / dunkles Mehl · Für den Kuchen brauche ich 500 Gramm Mehl.

mehr [meːɐ̯]:
1. *stärker:* Diese Entscheidung war mehr als dumm / klug.
2. drückt in Verbindung mit einer Negation aus, dass etwas nicht fortgesetzt wird: kein Brot / Geld mehr haben · Ich habe keine Lust mehr, mit dir zu streiten.
3. * **mehr oder weniger:** *sozusagen:* Dieser Plan ist mehr oder weniger verrückt.

meh|rer... [ˈmeːrər...]:
1. *einige:* Sie hat mehrere Kollegen eingeladen. · Er hat nicht nur eine, sondern mehrere Freundinnen.
2. *verschiedene:* Wir haben mehrere Wohnungen angeschaut.

mehr|fach [ˈmeːɐ̯fax]:
mehrmals: mehrfache Mutter sein · Er fährt mehrfach im Jahr ans Meer.

▸ die **Mehr|heit** [ˈmeːɐ̯hai̯t], der Mehrheit, die Mehrheiten:
der größere Teil einer bestimmten Anzahl von Personen: die große / überwiegende Mehrheit der Bewohner · Die Regierungspartei hat bei den Wahlen die Mehrheit verloren.

mehr|mals [ˈmeːɐ̯maːls]:
mehrere Male: Er hat schon mehrmals angerufen.

mehr|spra|chig [ˈmeːɐ̯ʃpraːxɪç]:
mehrere Sprachen sprechend: In dieser Klasse gibt es einige mehrsprachige Schüler.

▸ die **Mehr|wert|steu|er** [ˈmeːɐ̯veːɐ̯tʃtɔy̯ɐ], der Mehrwertsteuer, die Mehrwertsteuern:
Teil des Preises eines Produktes, den der Staat bekommt: Für die meisten Produkte muss man 19% Mehrwertsteuer zahlen.

die **Mehr|zahl** [ˈmeːɐ̯t͜saːl], der Mehrzahl:
die Mehrheit, der größere Teil: Die Mehrzahl der Kinder lernt Englisch als erste Fremdsprache.

mei|den [ˈmai̯dn̩], meidet, mied, hat gemieden:
einer Person, Sache bewusst aus dem Weg gehen: Wegen ihrer hellen Haut muss sie die Sonne meiden.

▸ **mein** [mai̯n]:
meiner, meine, mein[e]s; drückt aus, dass jemand, etwas einem selbst gehört: mein Vater / meine Mutter / mein Kind · meine Freunde · Dieser Hund ist meiner.

▸ **mei|nen** [ˈmai̯nən], meint, meinte, hat gemeint:
1. *denken:* Meinst du wirklich, dass sie noch kommt?
2. *äußern:* Seine Bemerkung war nicht böse gemeint.
3. *im Sinn haben:* Was meinst du?

mei|ner [ˈmai̯nɐ] (gehoben):
Werdet ihr euch meiner erinnern?

mei|ner|seits [ˈmai̯nɐˈzai̯t͜s]:
von mir aus: Ich meinerseits habe nichts dagegen.

▸ **mei|net|we|gen** [ˈmai̯nətˈveːgn̩]:
1. *wegen mir:* Bist du wirklich nur meinetwegen gekommen?
2. (umgangssprachlich) *von mir aus:* Meinetwegen kannst du sofort gehen!

▶ die **Mei|nung** ['mainʊŋ], der Meinung, die Meinungen:
persönliche Ansicht, Überzeugung einer Person: Was ist deine / Ihre Meinung zu diesem Problem? · Die beiden Brüder waren einer / geteilter / unterschiedlicher Meinung. · Ich bin der Meinung, dass wir das Problem so nicht lösen können. · Sein Benehmen ist unmöglich, du musst ihm ordentlich die Meinung sagen!

▶ **meist...** [maist]
der größte Teil: Für die Vorbereitung braucht man die meiste Zeit. · Die meisten Sorgen mache ich mir wegen des Geldes.

▶ **meis|tens** ['maistn̩s]:
fast immer: Ich kaufe / esse meistens Weißbrot. · Samstags geht er meistens auf den Markt.

▶ der **Meis|ter** ['maistɐ], des Meisters, die Meister, die **Meis|te|rin** ['maistərın], der Meisterin, die Meisterinnen:
1. *Handwerker[in] mit Meisterprüfung:* Nur ein Meister darf Lehrlinge ausbilden.
2. *Person, die in einem Fach, einer Kunst sehr gut ist; Experte, Expertin:* ein Meister der Malerei / Architektur.
3. *Person, Mannschaft, die im Sport eine Meisterschaft gewonnen hat:* Die Mannschaft ist deutscher Meister im Rudern.

meis|tern ['maistɐn], meistert, meisterte, hat gemeistert:
etwas Schwieriges gut bewältigen: eine Arbeit / Aufgabe / Situation meistern.

die **Meis|ter|schaft** ['maistɐʃaft], der Meisterschaft, die Meisterschaften:
1. *sehr großes Können:* Ihre Meisterschaft auf diesem Gebiet wird international anerkannt.
2. *Wettkampf:* Er hat die deutsche Meisterschaft gewonnen.

▶ **mel|den** ['mɛldn̩], meldet, meldete, hat gemeldet:
1. *mitteilen:* der Polizei / der Versicherung einen Unfall melden · Er hat sich krank / arbeitslos gemeldet.
2. *öffentlich mitteilen:* Im Radio wurde ein Stau auf der Autobahn gemeldet.
3. *Nachricht geben:* Ich melde mich telefonisch, sobald ich angekommen bin.
4. *den Arm heben, um etwas zu sagen:* Wer die Antwort kennt, meldet sich bitte!

▶ die **Mel|dung** ['mɛldʊŋ], der Meldung, die Meldungen:
wichtige Nachricht für die Öffentlichkeit: eine aktuelle / amtliche / neue / wichtige Meldung.

mel|ken ['mɛlkn̩], melkt, molk/melkte, hat gemolken:
einem weiblichen Tier die Milch abnehmen: eine Ziege / eine Kuh melken.

die **Me|lo|die** [melo'di:], der Melodie, die Melodien [melo'di:ən]:
Töne, die man singen oder auf einem Instrument spielen kann: Die Melodie dieses Liedes ist sehr hübsch.

die **Me|lo|ne** [me'lo:nə], der Melone, die Melonen:
runde, sehr saftige Frucht: eine Melone in vier Teile schneiden.

▶ die **Men|ge** ['mɛŋə], der Menge, die Mengen:
1. *Anzahl:* eine große / kleine Menge · eine Tasse Reis mit der doppelten Menge Wasser aufkochen.
2. * **eine Menge:** *viel, viele:* Diese Reise kostet eine Menge Geld. · Für das Fest waren eine Menge Vorbereitungen nötig.
3. *große Gruppe von Menschen:* Die Menge begrüßte den Filmstar mit lautem Applaus.

▶ die **Men|sa** ['mɛnza], der Mensa, die Mensen:
Restaurant für Studenten an einer Universität: In der Mensa können Studenten für wenig Geld essen.

▶ der **Mensch** [mɛnʃ], des Menschen, die Menschen:
menschliches Lebewesen, Person: ein junger / alter / gesunder / kranker Mensch · Mein Nachbar ist ein sympathischer / schrecklicher Mensch.

die **Mensch|heit** ['mɛnʃhait], der Menschheit:
alle Menschen zusammen: Die Geschichte der Menschheit ist eine Geschichte der Kriege.

▶ **mensch|lich** ['mɛnʃlıç], menschlicher, am menschlichsten:
1. *den Menschen betreffend, zum Menschen gehörend:* der menschliche Körper / Geist.
2. *Verständnis für andere Menschen habend:* Sie haben den Flüchtling sehr menschlich behandelt.

die **Mens|tru|a|ti|on** [mɛnstrua'tsio:n], der Menstruation, die Menstruationen:
Blutung, die Frauen einmal im Monat haben: Sie hatte ihre erste Menstruation mit 12 Jahren.

▶ das **Me|nü** [me'ny:], des Menüs, die Menüs:
1. *Mahlzeit, bei der mehrere Gerichte nacheinander serviert werden:* ein Menü

aus Vorspeise, Hauptgericht und Nachtisch.
2. (schweizerisch) *Mahlzeit:* Mittags gibt es in der Firma ein warmes Menü.
3. (EDV) *Liste mit den Funktionen eines Programms:* ein Menü anklicken / aufrufen.

mer|ken ['mɛrkn̩], merkt, merkte, hat gemerkt:
1. *bemerken:* Sie merkte sofort, dass etwas nicht stimmte.
2. *im Gedächtnis behalten:* Ich kann mir seinen Namen einfach nicht merken.

das **Merk|mal** ['mɛrkma:l], des Merkmals, die Merkmale:
besondere Eigenschaft: ein auffälliges / typisches / wichtiges Merkmal · Die lange Narbe auf seiner Hand ist sein besonderes Merkmal.

merk|wür|dig ['mɛrkvʏrdɪç], merkwürdiger, am merkwürdigsten:
so, dass man sich wundert, misstrauisch wird: eine merkwürdige Frage / Geschichte / Sache · Er hat sich gestern sehr merkwürdig benommen.

die **¹Mes|se** ['mɛsə], der Messe, die Messen:
katholischer Gottesdienst: Sie geht jeden Sonntag zur Messe.

die **²Mes|se** ['mɛsə], der Messe, die Messen:
große Ausstellung von neuen Produkten: eine Messe besuchen · Messen finden meist im Frühjahr und im Herbst statt.

mes|sen ['mɛsn̩], misst, maß, hat gemessen:
1. *die Maße von etwas bestimmen:* die Größe / Länge / Breite eines Gegenstandes messen · mit einem Thermometer die Temperatur / das Fieber messen.
2. ⟨+ sich⟩ *sich [mit einer anderen Person] vergleichen:* Im Schwimmen kann sich mein Sohn durchaus mit mir messen.

das **Mes|ser** ['mɛsɐ], des Messers, die Messer:
Gegenstand mit einem Griff und einer Klinge zum Schneiden: ein scharfes / spitzes Messer.

das **Me|tall** [me'tal], des Metalls, die Metalle:
chemischer Stoff, der Wärme und Elektrizität gut leitet: harte / glänzende Metalle · Gold ist ein edles Metall.

der **Me|ter** ['me:tɐ], des Meters, die Meter:
Einheit, in der man die Länge angibt (Abkürzung: m): Ein Meter hat hundert Zentimeter.

die **Me|tho|de** [me'to:də], der Methode, die Methoden:
1. *wissenschaftliches Verfahren mit festen Regeln:* Jede Wissenschaft hat ihre eigenen Methoden.
2. *Art und Weise, wie man ein Ziel erreichen kann:* eine bewährte / sichere / wissenschaftliche Methode.

▸ die **Me|tro|po|le** [metro'po:lə], der Metropole, die Metropolen:
sehr große, wichtige Stadt: Frankfurt am Main ist eine deutsche Metropole.

▸ der **Metz|ger** ['mɛt͜sgɐ], des Metzgers, die Metzger, die **Metz|ge|rin** ['mɛt͜sgərɪn], der Metzgerin, die Metzgerinnen (besonders süddeutsch):
Fleischer[in]: Kannst du bitte beim Metzger ein Kilo Fleisch kaufen?

die **Metz|ge|rei** [mɛt͜sgə'rai̯], der Metzgerei, die Metzgereien:
Fleischerei: Fleisch und Wurst kaufe ich nur in der Metzgerei.

mhm [m'hm̩]:
1. drückt Zustimmung aus: »Kommst du mit?« – »Mhm«, brummte sie.
2. drückt Zögern aus: Mhm, ich weiß nicht recht.

mi|au|en [mi'au̯ən], miaut, miaute, hat miaut:
die leisen, hohen Geräusche von sich geben, die für Katzen typisch sind: Die Katze stellte den Schwanz auf und miaute leise.

▸ **mich** [mɪç]:
1. Akkusativ von »ich«: Liebst du mich noch?
2. ⟨reflexiv⟩ Ich kann mich nicht daran erinnern.

die **Mie|ne** ['mi:nə], der Miene, die Mienen:
Ausdruck des Gesichtes, mit dem ein Gefühl, eine Stimmung gezeigt wird: eine freundliche / ernste Miene · Er hörte mir zu, ohne eine Miene zu verziehen.

mies [mi:s], mieser, am miesesten (umgangssprachlich):
1. (abwertend) *schlecht:* ein mieser Charakter / Chef / Job · mieses Essen / Wetter · richtig miese Laune haben · Mach ihn doch nicht immer mies!
2. *nicht gut:* Seit dem Unfall geht es ihr richtig mies.

▸ die **Mie|te** ['mi:tə], der Miete, die Mieten:
1. *Preis, den man für das Benutzen von etwas bezahlen muss:* Miete für eine Wohnung / ein Haus bezahlen.
2. *das Mieten:* in / zur Miete wohnen.

▸ **mie|ten** ['mi:tn̩], mietet, mietete, hat gemietet:
eine bestimmte Summe Geld bezahlen, um etwas benutzen zu können: ein Zimmer / ein Haus / eine Wohnung mieten · Wir fliegen in die USA und mieten uns dort ein Auto.

der **Mie|ter** ['mi:tɐ], des Mieters, die Mieter, die **Mie|te|rin** ['mi:tərɪn], der Mieterin, die Mieterinnen:
Person, die etwas mietet, für etwas Miete zahlt: Die neue Mieterin über uns ist sehr ruhig.

der **Miet|ver|trag** ['mi:tfɛɐ̯tra:k], des Mietvertrag[e]s, die Mietverträge ['mi:tfɛɐ̯trɛ:gə]:
Vertrag zwischen Vermieter[in] und Mieter[in]: Heute unterschreiben wir den Mietvertrag für die neue Wohnung.

der **Mi|grant** [mi'grant], des Migranten, die Migranten, die **Mi|gran|tin** [mi'grantɪn], der Migrantin, die Migrantinnen:
Person, die ihr Land [für immer] verlässt: Seine Eltern kamen vor vielen Jahren als Migranten nach Deutschland.

die **Mi|gra|ti|on** [migra'tsi̯o:n], der Migration, die Migrationen:
Verlassen des Landes, aus dem man stammt [für immer]: Die Migration aus Kriegs- und Krisenländern nimmt zu.

das **Mi|kro|fon** [mikro'fo:n], des Mikrofons, die Mikrofone:
Gerät, um Töne, Geräusche zu übertragen und, oder lauter zu machen: Du musst ins Mikrofon sprechen, sonst versteht dich niemand!

das **Mi|kro|skop** [mikro'sko:p], des Mikroskops, die Mikroskope:
Gerät, mit dem man sehr kleine Dinge stark vergrößern und betrachten kann: Willst du eine Ameise durch das Mikroskop betrachten?

die **Mi|kro|wel|le** ['mi:krovɛlə], der Mikrowelle, die Mikrowellen:
Herd, in dem man Essen in sehr kurzer Zeit auftauen, aufwärmen kann: Die Suppe ist schon kalt, ich wärme sie kurz in der Mikrowelle auf.

die **Milch** [mɪlç], der Milch:
weiße Flüssigkeit zum Trinken, besonders von Kühen: frische / gekochte / kalte / warme Milch · Stell die Milch in den Kühlschrank, sonst wird sie sauer. · Trinkst du deinen Kaffee mit Milch und Zucker?

mild ['mɪlt], milder, am mildesten:
1. *nicht hart, nicht streng:* ein mildes Urteil / ein milder Richter.
2. *nicht sehr kalt:* eine milde Nacht / ein mildes Klima · Der Sommer war sehr kühl, aber der Winter ist recht mild.
3. *(im Geschmack) nicht scharf:* ein milder Käse / Cognac.
4. *(von chemischen Substanzen) nicht scharf:* ein mildes Shampoo / Reinigungsmittel.

das **Mi|li|tär** [mili'tɛ:ɐ̯], des Militärs:
1. *alle Soldaten eines Landes:* zum Militär gehen / müssen.
2. *bestimmte Anzahl von Soldaten:* Nach der Unwetterkatastrophe wurde auch das Militär um Hilfe gebeten.

mi|li|tä|risch [mili'tɛ:rɪʃ]:
1. *das Militär betreffend:* eine militärische Ausbildung / Karriere.
2. *wie beim Militär üblich:* militärisch grüßen.

die **Mil|li|ar|de** [mɪ'li̯ardə], der Milliarde, die Milliarden:
tausend Millionen (Abkürzung: Mrd., Mia.): ein Schaden in Höhe von mehreren Milliarden Euro.

der **Mil|li|me|ter** ['mɪlime:tɐ], des Millimeters, die Millimeter:
der tausendste Teil eines Meters (Abkürzung: mm): Die Schraube ist nur zehn Millimeter lang.

die **Mil|li|on** [mɪ'li̯o:n], der Million, die Millionen:
tausend mal tausend (Abkürzung: Mio., Mill.; in Ziffern: 1 000 000): Er hat eine Million Euro im Lotto gewonnen.

die **Min|der|heit** ['mɪndɐhai̯t], der Minderheit, die Minderheiten:
1. *kleinerer Teil einer größeren Anzahl von Personen:* Nur eine Minderheit ist gegen diesen Plan.
2. *kleine Gruppe in einer Gemeinschaft, einem Staat:* eine nationale / ethnische / religiöse Minderheit.

min|der|jäh|rig ['mɪndɐjɛ:rɪç]:
noch nicht volljährig, erwachsen: Bis zu deinem 18. Geburtstag bist du noch minderjährig.

min|des|tens ['mɪndəstn̩s]:
nicht weniger als: Für diese Arbeit brauche ich mindestens drei Stunden. · Dieses Sofa kostet mindestens fünfhundert Euro.

die **Mi|ne** ['mi:nə], der Mine, die Minen:
1. *Waffe, die in den Boden, in das Wasser gelegt wird und die explodiert, wenn sie berührt wird:* Als er über die Grenze fliehen wollte, trat er auf eine Mine.
2. *dünner Stab mit Farbe in einem Bleistift, Kugelschreiber:* Zum Korrigieren verwenden Lehrer immer eine rote Mine.
3. *Bergwerk:* In der Mine wurde früher Kohle abgebaut.

das **Mi|ne|ral** [mine'ra:l], des Minerals, die Minerale und die Mineralien:
Stoff, der in der Erde vorkommt: Das

Mineral Zink ist wichtig für die Gesundheit.

das **Mi|ne|ral|was|ser** [mineˈra:lvasɐ], des Mineralwassers, die Mineralwässer [mineˈra:lvɛsɐ]:
Wasser zum Trinken aus einer Quelle mit geringen Mengen an Salzen und Mineralien: eine Flasche Mineralwasser kaufen.

der **Mi|ni|job** [ˈmɪnidʒɔp], des Minijobs, die Minijobs:
Arbeit, Job mit geringer Zahl an Stunden und geringem Einkommen pro Monat: Mit einem Minijob kannst du doch keine Miete bezahlen!

mi|ni|mal [miniˈma:l]:
sehr gering, winzig: ein minimaler Vorsprung / Vorteil · Die Unterschiede zwischen den beiden Bildern sind minimal.

der **Mi|nis|ter** [miˈnɪstɐ], des Ministers, die Minister, die **Mi|nis|te|rin** [miˈnɪstərɪn], der Ministerin, die Ministerinnen:
Person, die als Mitglied einer Regierung für einen bestimmten Bereich verantwortlich ist: der Minister / die Ministerin für Wirtschaft · Er war lange Jahre Minister des Inneren. · einen Minister / eine Ministerin ernennen / entlassen.

das **Mi|nis|te|ri|um** [minɪsˈte:ri̯ʊm], des Ministeriums, die Ministerien:
oberste Behörde eines Staates für einen bestimmten Bereich: Bitte, wie komme ich zum Ministerium für Wirtschaft?

der **Mi|nis|ter|prä|si|dent** [miˈnɪstɐprɛzidɛnt], des Ministerpräsidenten, die Ministerpräsidenten, die **Mi|nis|ter|prä|si|den|tin** [miˈnɪstɐprɛzidɛntɪn], der Ministerpräsidentin, die Ministerpräsidentinnen:
Chef, Chefin der Regierung eines Bundeslandes: Die Ministerpräsidentin ist schon seit zwei Jahren im Amt.

mi|nus [ˈmi:nʊs]:
1. *eine Zahl, ein Wert unter Null:* minus drei Grad / drei Grad minus.
2. (Elektrotechnik) *negativ:* Strom fließt immer von plus nach minus.

die **Mi|nu|te** [miˈnu:tə], der Minute, die Minuten:
1. Einheit der Zeit: *60 Sekunden:* Eine Stunde hat 60 Minuten. · Sei bitte pünktlich und nicht wieder fünf Minuten zu spät!
2. *Moment:* keine freie Minute haben · Ich muss noch schnell was erledigen, es dauert nur eine Minute.

mir [mi:ɐ̯]:
1. Dativ von »ich«: Gibst du mir bitte die Tasche / die Jacke?
2. ⟨reflexiv⟩ Ich stelle mir sein Gesicht vor.

▶ **mi|schen** [ˈmɪʃn̩], mischt, mischte, hat gemischt:
1. *verschiedene Substanzen miteinander vermischen:* Wasser mit Wein / mit Milch mischen · Für den Teig zuerst Mehl und Zucker mit der Hefe mischen. · Wenn man die Farben Blau und Gelb mischt, entsteht Grün.
2. *sich mit etwas vermischen:* Öl und Wasser mischen sich nicht.
3. *zusätzlich zu etwas kommen und sich damit vermischen:* In meine Aufregung mischte sich Angst.
4. *sich um Dinge kümmern, die einen nicht betreffen:* Hör auf, dich in meine Angelegenheiten zu mischen!
5. *sich in eine größere Menge von Menschen begeben:* Der Präsident mischte sich unters Volk.

die **Mi|schung** [ˈmɪʃʊŋ], der Mischung, die Mischungen:
etwas, was durch das Mischen mehrerer Sorten entstanden ist: eine gute / schlechte Mischung · eine Mischung aus verschiedenen Teesorten.

mi|se|ra|bel [mizəˈra:bl̩], miserabler, am miserabelsten (emotional):
schlecht, nicht gut: ein miserables Essen / Benehmen / Wetter · Er ist ein miserabler Autofahrer / Fußballspieler. · Der Kaffee / der Wein schmeckt miserabel. · Sie hat ihre Mitarbeiter miserabel behandelt / bezahlt.

der **Miss|brauch** [ˈmɪsbraux], des Missbrauchs, die Missbräuche [ˈmɪsbrɔyçə]:
verbotenes Benutzen von etwas: der Missbrauch der Daten / der Macht.

der **Miss|er|folg** [ˈmɪs|ɛɐ̯fɔlk], des Misserfolg[e]s, die Misserfolge:
Enttäuschung: ein beruflicher Misserfolg · Das Fest / Konzert war ein Misserfolg. · Die vielen Misserfolge haben ihn mutlos gemacht.

das **Miss|ge|schick** [ˈmɪsgəʃɪk], des Missgeschick[e]s, die Missgeschicke:
ärgerlicher Vorfall: Entschuldige bitte, da ist mir ein Missgeschick passiert.

miss|han|deln [mɪsˈhandl̩n], misshandelt, misshandelte, hat misshandelt:
einem Menschen, einem Tier bewusst Schmerzen zufügen: einen Hund misshandeln · Eltern, die ihre Kinder misshandeln, werden angezeigt und bestraft.

die **Mis|si|on** [mɪˈsi̯o:n], der Mission, die Missionen:

M

1. *Verbreitung der christlichen Religion:* Mission treiben / betreiben.
2. *Auftrag:* eine gefährliche / geheime / politische Mission.

miss|trau|en [mɪsˈtrau̯ən], misstraut, misstraute, hat misstraut:
kein Vertrauen haben: Warum misstraust du mir? · Ich misstraue ihren Versprechen.

das **Miss|trau|en** [ˈmɪstrau̯ən], des Misstrauens:
skeptische, zweifelnde Haltung: großes / tiefes Misstrauen · Warum bist nur so voller Misstrauen gegen ihn / sein Angebot?

miss|trau|isch [ˈmɪstrau̯ɪʃ], misstrauischer, am misstrauischsten:
mit Misstrauen: ein misstrauischer Kunde / Blick · Bei dieser Sache bin / werde ich sehr misstrauisch.

das **Miss|ver|ständ|nis** [ˈmɪsfɛɐ̯ʃtɛntnɪs], des Missverständnisses, die Missverständnisse:
falsches Verstehen: ein bedauerliches Missverständnis · Du musst ganz klar sagen, was du willst, sonst kommt es zu Missverständnissen!

miss|ver|ste|hen [ˈmɪsfɛɐ̯ʃteːən], missversteht, missverstand, hat missverstanden:
falsch verstehen: Ich wollte dich nicht kritisieren, du hast mich missverstanden. · Du fühlst dich immer missverstanden!

der **Mist** [mɪst], des Mist[e]s:
1. *Kot und Urin, vor allem von Schafen, Kühen, Hühnern:* Der Bauer lädt den Mist auf den Wagen und verteilt ihn dann auf dem Feld.
2. (umgangssprachlich abwertend) *wertlose Dinge, wertloses Zeug:* Jetzt wirf den ganzen alten Mist doch einfach weg!
3. (umgangssprachlich abwertend) *dumme, ärgerliche Sache:* Was soll der Mist? · Der Zug ist schon weg – so ein Mist!

der **Mist|kü|bel** [ˈmɪstkyːbl̩], des Mistkübels, die Mistkübel (österreichisch):
Abfalleimer, Mülleimer: Ich muss dringend den Mistkübel leeren.

▶ **mit** [mɪt] ⟨mit Dativ⟩:
1. drückt eine Gemeinsamkeit aus: Kommst du mit uns ins Kino? · Er spielt mit seiner kleinen Schwester.
2. drückt eine Verbindung aus: ein großes Haus mit Terrasse und Garten · eine Familie mit fünf Kindern.
3. drückt aus, was der Inhalt [von etwas] ist: ein Glas mit Marmelade.
4. gibt die Art und Weise an: mit Fieber im Bett liegen · Hast du das mit Absicht getan?
5. *mithilfe von:* mit der Bahn / dem Bus / dem Auto fahren · Wasch dir die Hände, aber mit Seife!
6. *betreffend:* Äpfel mit Birnen vergleichen · Was ist denn mit dir los?
7. *gleichzeitig mit:* Er macht sein Abitur mit 18 Jahren.

mit|ar|bei|ten [ˈmɪtlarbai̯tn̩], arbeitet mit, arbeitete mit, hat mitgearbeitet:
1. *mit anderen zusammen arbeiten:* an einem großen Projekt mitarbeiten.
2. *zusammen mit anderen aktiv sein:* Du musst im Deutschunterricht mündlich besser mitarbeiten!

▶ der **Mit|ar|bei|ter** [ˈmɪtlarbai̯tɐ], des Mitarbeiters, die Mitarbeiter, die **Mit|ar|bei|te|rin** [ˈmɪtlarbai̯tərɪn], der Mitarbeiterin, die Mitarbeiterinnen:
Person, die in einem Betrieb, einer Firma arbeitet: die Mitarbeiter eines Unternehmens · Darf ich Ihnen unsere neue Mitarbeiterin vorstellen?

mit|be|kom|men [ˈmɪtbəkɔmən], bekommt mit, bekam mit, hat mitbekommen:
1. *zum Mitnehmen bekommen, erhalten:* Meine Kinder bekommen immer ein Pausenbrot mit.
2. *etwas bemerken, was eigentlich nicht für einen bestimmt ist:* Durch die dünne Wand bekamen wir den ganzen Streit mit.
3. *verstehen:* Die Musik war so laut, dass er nichts von dem Gespräch mitbekam.
4. *bewusst erleben:* Sie hat vom Sommer gar nichts mitbekommen, weil sie so lange krank war.

die **Mit|be|stim|mung** [ˈmɪtbəʃtɪmʊŋ], der Mitbestimmung:
das Mitwirken an Entscheidungen: das Recht auf Mitbestimmung haben.

mit|brin|gen [ˈmɪtbrɪŋən], bringt mit, brachte mit, hat mitgebracht:
1. *zu, von einem bestimmten Ort mitnehmen:* Souvenirs von einer Reise mitbringen · Kannst du bitte auf dem Nachhauseweg noch Brot vom Bäcker mitbringen? · Heute bringe ich einen Freund zum Essen mit.
2. *als Fähigkeit, Voraussetzung bereits haben:* ein großes Zeichentalent mitbringen.

▶ **mit|ei|nan|der** [mɪtlai̯ˈnandɐ]:
1. *zusammen:* Sie sind miteinander nach Hause gegangen.
2. *einer, eine mit dem anderen, der*

anderen: Sie sprechen schon seit Jahren nicht mehr miteinander. · Meine Kollegin und ich kommen gut miteinander aus.

mit|fah|ren ['mɪtfa:rən], fährt mit, fuhr mit, ist mitgefahren:
mit anderen zusammen fahren: Willst du bei mir / in meinem Auto mitfahren?

das **Mit|glied** ['mɪtgli:t], des Mitglied[e]s, die Mitglieder:
Person, die einer bestimmten Gruppe angehört: Mitglied eines Klubs / Vereins sein · Mitglieder der Regierung / der Gewerkschaft.

mit|hil|fe [mɪt'hɪlfə]:
1. ⟨mit Genitiv⟩ *mit:* mithilfe einer neuen Technik.
2. ⟨zusammen mit »von«⟩ *unter Verwendung [von]:* Mithilfe von starken Medikamenten wurde er wieder gesund.

mit|kom|men ['mɪtkɔmən], kommt mit, kam mit, ist mitgekommen:
1. *mit anderen zusammen an einen bestimmten Ort gehen:* Kommst du mit ins Kino / zum Essen?
2. *ebenso schnell sein wie die anderen:* Unser Deutschlehrer unterrichtet so, dass alle gut mitkommen.

mit|krie|gen ['mɪtkri:gn̩], kriegt mit, kriegte mit, hat mitgekriegt (umgangssprachlich):
mitbekommen: Ich habe gar nicht mitgekriegt, dass sie geheiratet hat.

das **Mit|leid** ['mɪtlai̯t], des Mitleid[e]s:
Gefühl für das Leid, die Not anderer Menschen: tiefes Mitleid empfinden · Sie hat Mitleid mit dem bettelnden Kind.

mit|ma|chen ['mɪtmaxn̩], macht mit, machte mit, hat mitgemacht:
1. *dabei sein, teilnehmen:* einen Ausflug / eine Radtour mitmachen · Musst du jede Mode mitmachen?
2. (umgangssprachlich) *Schwieriges, Leid erleben:* Sie hat im Krieg viel mitgemacht.

mit|neh|men ['mɪtne:mən], nimmt mit, nahm mit, hat mitgenommen:
mit sich nehmen: Ich kann dich bis zum Bahnhof im Auto mitnehmen. · Hast du einen Regenschirm / deinen Ausweis mitgenommen?

mit|spie|len ['mɪtʃpi:lən], spielt mit, spielte mit, hat mitgespielt:
mitmachen, teilnehmen: Die anderen Kinder lassen mich nie mitspielen! · Leider hat das Wetter nicht mitgespielt, deshalb sind wir ins Museum, nicht an den Strand.

▸ der **Mit|tag** ['mɪta:k], des Mittags, die Mittage:
12 Uhr mittags: Wir treffen uns heute gegen Mittag. · Kleine Geschäfte sind über Mittag meist geschlossen.

das **Mit|tag|es|sen** ['mɪta:klɛsn̩], des Mittagessens, die Mittagessen:
1. *das Essen eines warmen Gerichts am Mittag:* gerade beim Mittagessen sein / sitzen · Darf ich dich zum Mittagessen einladen?
2. *warmes Gericht, das um Mittag gegessen wird:* Hast du schon Mittagessen gemacht?

mit|tags ['mɪta:ks]:
am, zu Mittag: Wir machen um 12 Uhr mittags eine kurze Pause.

▸ die **Mit|te** ['mɪtə], der Mitte, die Mitten:
1. *Punkt einer Sache, von dem es zu allen Enden gleich weit ist:* die Mitte des Kreises / der Strecke · In der Mitte des Büros stehen zwei Schreibtische. · Die beiden Brüder nehmen ihren Vater in die Mitte.
2. *Zeitpunkt, der genau zwischen Anfang und Ende eines Zeitraums liegt:* die Mitte des Jahres / Monats · Mitte Oktober sind wir umgezogen. · Sie ist Mitte dreißig.

▸ **mit|tei|len** ['mɪttai̯lən], teilt mit, teilte mit, hat mitgeteilt:
eine Person über, von etwas informieren: etwas mündlich / telefonisch mitteilen · Die Entscheidung wird Ihnen schriftlich / per E-Mail mitgeteilt.

die **Mit|tei|lung** ['mɪttai̯lʊŋ], der Mitteilung, die Mitteilungen:
Information: eine amtliche / vertrauliche Mitteilung · Ich muss Ihnen eine wichtige / traurige Mitteilung machen.

▸ das **Mit|tel** ['mɪtl̩], des Mittels, die Mittel:
1. *etwas, was bei einer Sache hilft:* ein gutes / schlechtes Mittel · Sie versuchte mit allen Mitteln, ihn an seiner Entscheidung zu hindern.
2. *Medikament:* ein starkes / wirksames Mittel gegen Fieber / Schmerzen.
3. *chemische Substanz:* ein Mittel zum Reinigen / Spülen.
4. ⟨Plural⟩ *Summe an Geld, die einer Person zur Verfügung steht:* Wir haben nicht die nötigen Mittel, um ein Haus zu bauen.

mit|tel|fris|tig ['mɪtl̩frɪstɪç]:
über, für eine mittlere Dauer: Ich kann nicht langfristig planen, nur mittelfristig.

der **Mit|tel|punkt** ['mɪtl̩pʊŋkt], des Mittelpunkt[e]s, die Mittelpunkte:

1. *Punkt in der Mitte eines Kreises:* der Mittelpunkt der Erde.
2. *Person, Sache im Zentrum des Interesses:* im Mittelpunkt sein / stehen.

▶ **mit|ten** ['mɪtn̩]:
in der Mitte, in die Mitte: Die Brücke brach mitten durch. · Mitten in der Nacht klingelte das Telefon.

▶ die **Mit|ter|nacht** ['mɪtɐnaxt], der Mitternacht:
24 Uhr: Es ist gleich / schon Mitternacht. · Du musst spätestens bis / um Mitternacht zu Hause sein!

▶ **mitt|ler...** ['mɪtlər...]:
1. *in der Mitte:* Siehst du die drei Häuser dort? In dem mittleren wohne ich.
2. *nicht niedrig und nicht hoch:* ein mittleres Einkommen / eine mittlere Geschwindigkeit · eine Frau mittleren Alters.

▶ **mitt|ler|wei|le** ['mɪtlɐ'vailə]:
unterdessen, in der Zwischenzeit: Vor einem Jahr konnte sie kein Wort Deutsch, mittlerweile spricht sie schon sehr gut.

▶ der **Mitt|woch** ['mɪtvɔx], des Mittwoch[e]s, die Mittwoche:
dritter Tag der Woche: Sie arbeitet nur drei Tage, nämlich von Montag bis Mittwoch.

▶ **mitt|wochs** ['mɪtvɔxs]:
an jedem Mittwoch: Das Geschäft ist mittwochs nachmittags geschlossen.

mit|un|ter [mɪt'|ʊntɐ]:
ab und zu: Das Leben ist nicht immer, aber mitunter anstrengend.

mit|wir|ken ['mɪtvɪrkn̩], wirkt mit, wirkte mit, hat mitgewirkt:
bei einer Sache mitarbeiten: bei einem Konzert / einem Theaterstück mitwirken.

mi|xen ['mɪksn̩], mixt, mixte, hat gemixt:
verschiedene Flüssigkeiten mischen: Er mixte Drinks aus Limonade und Alkohol.

▶ das **Mö|bel** ['mø:bl̩], des Möbels, die Möbel:
Gegenstand, mit dem man eine Wohnung einrichtet: alte / neue / moderne Möbel · Als einziges Möbel stand in dem Zimmer ein großer Schrank.

▶ **mo|bil** [mo'bi:l], mobiler, am mobilsten:
beweglich, nicht an einen bestimmten Standort gebunden: eine mobile Bibliothek / ein mobiles Labor · Um mobil zu sein, kaufte sie sich ein Auto.

▶ die **Mo|bil|box** [mo'bi:lbɔks], der Mobilbox, die Mobilboxen:
Anrufbeantworter für das Handy: Ich habe ihm eine Nachricht auf die Mobilbox gesprochen.

mo|bi|li|sie|ren [mobili'zi:rən], mobilisiert, mobilisierte, hat mobilisiert:
1. *dazu bringen, politisch aktiv zu werden:* die Mehrheit / die Wähler mobilisieren.
2. *verfügbar machen:* Er mobilisierte seine ganze Energie / Kraft.

▶ die **Mo|bi|li|tät** [mobili'tɛ:t], der Mobilität:
Fähigkeit, mobil zu sein, den Beruf, den Wohnort zu wechseln: soziale / regionale Mobilität.

▶ das **Mo|bil|te|le|fon** [mo'bi:ltelefo:n], des Mobiltelefons, die Mobiltelefone:
Handy: Wie ärgerlich, ich habe mein neues Mobiltelefon im Zug vergessen.

▶ **mö|bliert** [mø'bli:ɐ̯t]:
mit Möbeln ausgestattet: ein möbliertes Zimmer mieten · Die Wohnung wird nur möbliert vermietet.

▶ die **Mo|de** ['mo:də], der Mode, die Moden:
1. *Geschmack einer bestimmten Zeit:* eine neue / sehr weibliche Mode · in Mode sein / aus der Mode sein · Sie folgt jeder Mode / macht jede Mode mit.
2. *Kleider, Kleidung:* die Mode für Kinder / den Sommer.

▶ das **Mo|dell** [mo'dɛl], des Modells, die Modelle:
1. *Muster, Vorlage für ein großes Objekt:* das Modell eines neuen Museums / eines Flugzeuges.
2. *bestimmter Typ eines Produkts:* das neueste Modell dieser Automarke.
3. *Person, Objekt als Vorlage für einen Künstler:* Sie steht Modell für den berühmten Maler.

▶ der **Mo|de|ra|tor** [mode'ra:to:ɐ̯], des Moderators, die Moderatoren [mode'rato:rən], die **Mo|de|ra|to|rin** [modera'to:rɪn], der Moderatorin, die Moderatorinnen (Rundfunk, Fernsehen):
Person, die im Radio, Fernsehen mit Kommentaren eine Sendung, Diskussion leitet: die Moderatorin einer Diskussion / Tagung.

▶ **mo|dern** [mo'dɛrn], moderner, am modernsten:
1. *von heute, heutig:* moderne Kunst / Literatur.
2. *der neuesten Mode entsprechend:* ein modernes Kleid / Design · Ihre Wohnung ist sehr modern eingerichtet.

mo|der|ni|sie|ren [modɛrni'zi:rən], modernisiert, modernisierte, hat modernisiert:
erneuern, moderner machen: die Pro-

duktion modernisieren · Die Sporthalle wird modernisiert.

die **Mo|der|ni|sie|rung** [modɛrniˈziːrʊŋ], der Modernisierung, die Modernisierungen: *etwas moderner machen, erneuern:* Die Modernisierung der Bibliothek ist unbedingt notwendig.

das **Mo|dul** [moˈduːl], des Moduls, die Module:
1. (Elektrotechnik) *Teil eines Gerätes, das ausgetauscht werden kann:* Nachdem das defekte Modul ausgetauscht war, funktionierte die Maschine wieder.
2. *einzelne abgeschlossene Einheit bei einem Lehrgang:* Der Sprachkurs besteht aus fünf Modulen.

mö|gen [ˈmøːgn̩], mag, mochte, hat gemocht / hat mögen:
1. *vielleicht:* Es mag sein, dass er recht hat, trotzdem bin ich nicht einverstanden. · Was mag sie wohl jetzt von mir denken?
2. *wollen; leiden können:* Mein Sohn mag keine Kartoffeln / keinen Fisch essen.
3. *wollen:* Wir möchten mit Ihnen unseren Plan besprechen. · Ich möchte nicht, dass du zu dieser Feier gehst.

mög|lich [ˈmøːklɪç]:
denkbar: alle möglichen Erklärungen / Probleme · Es ist möglich, dass er schon früher kommt.

mög|li|cher|wei|se [ˈmøːklɪçɐˈvai̯zə]:
vielleicht: Sein Büro ist leer – möglicherweise ist er schon nach Hause gegangen.

die **Mög|lich|keit** [ˈmøːklɪçkai̯t], der Möglichkeit, die Möglichkeiten:
1. *Gelegenheit:* Es gibt zwei Möglichkeiten, diese Aufgabe zu lösen. · Siehst du eine Möglichkeit, ihn heute noch zu treffen?
2. *etwas, was eventuell passieren kann:* Du musst immer an die Möglichkeit eines Unfalls / einer Krankheit denken.

mög|lichst [ˈmøːklɪçst]:
1. *so ... wie nur möglich:* Das muss möglichst schnell erledigt werden.
2. *wenn es geht, möglich ist:* Du musst deinen Bruder anrufen, möglichst noch heute.

die **Möh|re** [ˈmøːrə], der Möhre, die Möhren: *[orange] Wurzel, die unter der Erde wächst und roh oder gekocht gegessen wird:* junge Möhren knabbern.

die **Mohr|rü|be** [ˈmoːɐ̯ryːbə], der Mohrrübe, die Mohrrüben:
Möhre: gekochte Mohrrüben.

der **Mo|ment** [moˈmɛnt], des Moment[e]s, die Momente:
1. *sehr kurze Zeit:* Warte einen Moment, ich bin gleich fertig. · [Einen] Moment bitte!
2. *Zeitpunkt:* Es ist der richtige / passende Moment, ihn zu fragen.
3. * **im Moment:** *momentan:* Ich muss im Moment sehr viel arbeiten.

mo|men|tan [momɛnˈtaːn]:
zum jetzigen Zeitpunkt, zurzeit: Sie ist momentan in Urlaub.

▶ der **Mo|nat** [ˈmoːnat], des Monat[e]s, die Monate:
Zeitraum von 30 bis 31 Tagen: Ein Jahr hat 12 Monate.

mo|nat|lich [ˈmoːnatlɪç]:
jeden Monat: das monatliche Gehalt / die monatliche Miete · Die Zeitschrift erscheint monatlich.

▶ der **Mond** [moːnt], des Mond[e]s, die Monde:
Satellit, der die Erde umkreist: Der Mond geht auf. · Der erste Mensch auf dem Mond war ein Amerikaner.

▶ der **Mo|ni|tor** [ˈmoːnitoːɐ̯], des Monitors, die Monitore:
Bildschirm eines PCs, Computers: Er sitzt vor drei großen Monitoren.

das **Mo|no|pol** [monoˈpoːl], des Monopols, die Monopole (Wirtschaft):
ganz alleine das Recht haben, eine Sache zu produzieren, zu verkaufen: Der Staat hat / besitzt das Monopol für das Lotto.

das **Mons|ter** [ˈmɔnstɐ], des Monsters, die Monster:
gefährliches, schreckliches Wesen in der Fantasie: Ich mag keine Filme, in dem Monster vorkommen.

▶ der **Mon|tag** [ˈmoːntaːk], des Montag[e]s, die Montage:
erster Tag der Woche: Am Montag ist der Zug immer besonders voll.

▶ **mon|tags** [ˈmoːntaːks]:
an jedem Montag: Sie geht montags immer zum Sport.

mon|tie|ren [mɔnˈtiːrən], montiert, montierte, hat montiert:
1. *an einer bestimmten Stelle befestigen:* eine Lampe / Kamera an die Wand montieren.
2. *aus einzelnen Teilen herstellen:* einen Schrank / ein Regal montieren.

mo|nu|men|tal [monumɛnˈtaːl], monumentaler, am monumentalsten:
sehr groß, riesig: ein monumentales Denkmal / Bauwerk.

das **Moor** [moːɐ̯], des Moor[e]s, die Moore: *Gebiet mit sehr weichem, sehr feuchtem Boden, in dem man untergehen kann:*

Geh nicht allein ins Moor, das ist gefährlich!

das **Moos** [mo:s], des Mooses, die Moose: grünes / feuchtes / weiches Moos · Rund um den Teich war der Boden mit Moos bedeckt.

die **Mo|ral** [mo'ra:l], der Moral:
1. *Regeln für gutes Verhalten:* die christliche / politische / sexuelle Moral.
2. *Erkenntnis:* die Moral einer Geschichte / eines Märchens.

mo|ra|lisch [mo'ra:lɪʃ]:
1. *die Moral betreffend:* ein moralisches Handeln / Verhalten.
2. *die Moral befolgend:* ein moralischer Mensch / ein moralisches Leben.

der **Mord** [mɔrt], des Mord[e]s, die Morde: *gewollte Tötung eines Menschen:* einen Mord planen / begehen · Er wurde wegen Mordes angeklagt / verurteilt.

der **Mör|der** ['mœrdɐ], des Mörders, die Mörder, die **Mör|de|rin** ['mœrdərɪn], der Mörderin, die Mörderinnen:
Person, die einen Mord begangen hat: den Mörder suchen / verfolgen · die Mörderin finden / festnehmen.

▶ **mor|gen** ['mɔrgn̩]:
an dem Tag, der nach heute kommt: morgen Vormittag / Nachmittag / Abend · Wir fahren morgen früh nach Berlin. · Ab morgen soll es schneien.

▶ der **Mor|gen** ['mɔrgn̩], des Morgens, die Morgen:
Zeit zwischen Nacht und Vormittag, wenn es draußen hell wird: ein klarer / sonniger Morgen · heute / gestern Morgen · Eines Morgens war er einfach verschwunden. · /Gruß/: Guten Morgen!

das **Mor|gen|es|sen** ['mɔrgn̩|ɛsn̩], des Morgenessens, die Morgenessen (schweizerisch):
Frühstück: Das Morgenessen wird von 6 bis 10 Uhr serviert.

▶ **mor|gens** ['mɔrgn̩s]:
am, jeden Morgen: Er geht morgens immer joggen. · Der Unterricht beginnt morgens um 7 Uhr 45.

mor|gig ['mɔrgɪç]:
morgen geschehend: der morgige Tag / die morgige Zeitung.

die **Mo|schee** [mɔ'ʃe:], der Moschee, die Moscheen [mɔ'ʃe:ən]:
Gebäude, in dem sich Moslems zum Gebet treffen: Er geht freitags zum Gebet in die Moschee.

der **Mos|lem** ['mɔslɛm], des Moslems, die Moslems, die **Mos|le|min** [mɔs'le:mɪn], der Moslemin, die Mosleminnen:
Muslim, Muslimin.

das **Mo|tiv** [mo'ti:f], des Motivs, die Motive:
1. *Grund:* ein politisches / religiöses Motiv haben · Welches Motiv hatten sie für diesen Mord?
2. *Thema, Stoff in Musik, Malerei, Literatur:* Engel sind ein beliebtes Motiv in der Malerei.

die **Mo|ti|va|ti|on** [motiva'tsi̯o:n], der Motivation, die Motivationen:
Grund, warum man etwas tut: Ihre Motivation ist das Geld.

mo|ti|vie|ren [moti'vi:rən], motiviert, motivierte, ist / hat motiviert:
zu etwas anregen: Ein guter Chef motiviert seine Mitarbeiter.

▶ der **Mo|tor** ['mo:to:ɐ̯], des Motors, die Motoren [mo'to:rən]:
Maschine, die Kraft und damit Bewegung erzeugt: ein starker / schwacher Motor · Lass den Motor nicht unnötig laufen – stell ihn ab!

▶ das **Mo|tor|rad** ['mo:to:ɐ̯ra:t], des Motorrad[e]s, die Motorräder ['mo:to:ɐ̯rɛ:dɐ]:
Fahrzeug für ein bis zwei Personen mit zwei dicken Rädern und einem Motor: Im Winter bleibt das Motorrad in der Garage.

das **Mot|to** ['mɔto], des Mottos, die Mottos:
Gedanke, der in einem kurzen Satz zusammengefasst ist: Der Kongress steht unter dem Motto »Deutsch – ganz leicht!«.

▶ das **Moun|tain|bike** ['mau̯ntn̩bai̯k], des Mountainbikes, die Mountainbikes:
Fahrrad für Fahrten besonders im Gelände und in den Bergen: mit dem Mountainbike im Wald einen Abhang hinunterfahren.

die **Mö|we** ['mø:və], die Möwe, die Möwen:
großer weißer Vogel, der am Wasser lebt: Die Möwen fliegen über den Strand.

der **MP3-Play|er** [ɛmpe:'drai̯ple:ɐ], des MP3-Players, die MP3-Player:
kleines Gerät zum Abspielen von Musik im MP3-Format: Mein MP3-Player ist kaputt.

▶ die **Mü|cke** ['mʏkə], der Mücke, die Mücken:
kleines Insekt, das stechen und Blut saugen kann: An warmen Sommerabenden sind die Mücken wirklich lästig.

▶ **mü|de** ['my:də], müder, am müdesten:
1. *in einem Zustand, der nach Schlaf verlangt:* Nach einem Glas Wein bin ich schon müde.
2. *ohne Kraft, erschöpft:* Die Kinder sind so müde vom Wandern, dass sie sofort einschlafen.

Müll

In Deutschland versucht man, möglichst viele Dinge, die man in den Müll wirft, zu recyceln, d. h. aus ihnen wieder neue Stoffe und Materialen zu gewinnen. Aus recyceltem Müll können dann wieder andere Dinge entstehen. Um einzelne Materialien voneinander trennen zu können, sollte jeder von uns seinen Müll in unterschiedliche Mülltonnen werfen. 1. Gelbe Tonne/ Gelber Sack: In die Gelbe Tonne bzw. den Gelben Sack kommen alle Verpackungen aus Kunststoff oder Metall, z. B. Dosen, Milchtüten, Folien etc. Alle Dinge, die in die Gelbe Tonne gehören, sind mit zwei ineinander geschlungenen Pfeilen und der Aufschrift »Der grüne Punkt« versehen. 2. Altpapiertonne: In die Altpapiertonne gehören alle Sorten von Papier, z. B. alte Zeitungen, Pappschachteln und Kopierpapier. 3. Altglascontainer: In den Altglascontainer kommen alle Dinge, die aus Glas sind, z. B. Weinflaschen und Marmeladengläser. Das Glas wird nach Farben sortiert und es gibt meistens je einen Container für weißes, grünes und braunes Glas. 4. Biotonne: Diese Tonne gibt es nicht überall. In die Biotonne gehören alle Abfälle, die von natürlichen Lebensmitteln wie Obst und Gemüse oder gekochten Speisen stammen. Darüber hinaus kommen in die Biotonne auch Teebeutel, Küchenpapier und Pflanzenreste aller Art (z. B. Gras und Laub). 5. Restmülltonne: Falls der Müll nicht in eine der oben genannten Tonnen gehört, handelt es sich um Restmüll. Restmüll sind z. B. kleine Elektrogeräte, Damenbinden, Stoff, Gummi und Asche. In Städten, in denen es keine Biotonne gibt, kommt auch der Müll der Biotonne in den Restmüll. 6. Sperrmüll: Große Elektrogeräte wie Kühlschranke oder Waschmaschinen gehören nicht in die Restmülltonne. Müll solcher Art muss bei der Stadtverwaltung als Sperrmüll angemeldet werden. Kurze Zeit später holen Mitarbeitern der Stadtverwaltung diesen Müll an einem festen Termin ab. 7. Sondermüll: Es gibt Dinge, die eventuell eine Gefahr für die Umwelt sind und deshalb extra entsorgt werden müssen. Unter Sondermüll fallen beispielsweise Batterien, Wandfarben, Medikamente und Motorenöle. Bevor man solche Dinge fälschlicherweise in den Restmüll wirft, sollte man sich vorher erkundigen, wo man in seiner Stadt solchen Müll abgeben kann.

M

die **Mü|dig|keit** [ˈmyːdɪçkai̯t], der Müdigkeit:
Verlangen, Bedürfnis nach Schlaf: eine große Müdigkeit spüren.

die **Mü|he** [ˈmyːə], der Mühe, die Mühen:
große Anstrengung: Du hast dir sehr viel Mühe gegeben mit dem Kochen, es schmeckt sehr gut!

mü|he|los [ˈmyːəloːs], müheloser, am mühelosesten:
ohne Mühe; leicht: Du schaffst die Prüfung mühelos!

die **Müh|le** [ˈmyːlə], der Mühle, die Mühlen:
1. *Maschine zum Mahlen besonders von Getreide, Kaffee o. Ä.:* In der Mühle wird das Getreide zu Mehl gemahlen.
2. *Haus, Gebäude mit einer Mühle:* Wir wollen eine alte Mühle kaufen und sie zum Wohnhaus umbauen.

müh|sam [ˈmyːzaːm], mühsamer, am mühsamsten:
mit Mühe; schwer: Seit ihrer Operation kann sie nur mühsam gehen.

der **Müll** [mʏl], des Mülls:
Abfälle: Du bist an der Reihe, den Müll runterzubringen. · Die Sachen hier sind alle kaputt, die kommen alle in den Müll.

▸ die **Müll|ab|fuhr** [ˈmʏl|apfuːɐ̯], der Müllabfuhr:
Firma, die den Müll abholt und entsorgt: Die städtische Müllabfuhr streikt seit drei Wochen.

der **Müll|beu|tel** [ˈmʏlbɔ͜ytl̩], des Müllbeutels, die Müllbeutel:
Sack aus Plastik für den Müll: Hast du den Müllbeutel in die Mülltonne geworfen?

der **Müll|ei|mer** [ˈmʏl|ai̯mɐ], des Mülleimers, die Mülleimer:
Eimer für Abfall, Müll: Essensreste in den Mülleimer werfen.

▸ die **Müll|ton|ne** [ˈmʏltɔnə], der Mülltonne, die Mülltonnen:
großer Behälter mit Deckel, in dem der Müll für die Müllabfuhr gesammelt wird: Die Mülltonne ist voll, zum Glück kommt morgen die Müllabfuhr.

mul|ti|kul|tu|rell [mʊltikʊltuˈrɛl]:
mehrere, viele Kulturen umfassend: eine multikulturelle Gesellschaft / Veranstaltung.

mul|ti|me|di|al [mʊltimeˈdi̯aːl]:
viele Medien betreffend, für viele Medien bestimmt: ein multimedialer Sprachkurs.

mul|ti|pli|zie|ren [mʊltipliˈt͡siːrən], multipliziert, multiplizierte, hat multipliziert:
mit einer bestimmten Zahl vergrößern: Wenn du drei mit drei multiplizierst, dann gibt das neun.

▶ der **Mund** [mʊnt], des Mund[e]s, die Münder [ˈmʏndɐ]:
Öffnung im Gesicht zum Essen, Trinken, Sprechen: ein breiter / großer / kleiner Mund · Sie küssten sich auf den Mund. · Kleine Kinder stecken alles in den Mund.

die **Mund|art** [ˈmʊntlaːɐ̯t], der Mundart, die Mundarten:
Dialekt, besondere Form der gesprochenen Sprache in einer Region: Sie spricht Mundart.

mün|den [ˈmʏndn̩], mündet, mündete, ist gemündet:
in etwas fließen: Der Fluss mündet ins Meer.

▶ **münd|lich** [ˈmʏntlɪç]:
durch Sprechen, nicht schriftlich: Der Sprachkurs endet mit einer mündlichen und einer schriftlichen Prüfung.

mun|ter [ˈmʊntɐ], munterer, am muntersten:
1. *wach:* Das Baby war schon morgens um 6 Uhr munter, die Eltern nicht.
2. *gut gelaunt, fröhlich:* eine muntere Gruppe · Das Mädchen erzählt munter von der Schule.

▶ die **Mün|ze** [ˈmʏnt͡sə], der Münze, die Münzen:
einzelnes Stück Kleingeld: eine alte / falsche Münze · Dieser Automat nimmt nur Münzen, keine Scheine.

mur|meln [ˈmʊrml̩n], murmelt, murmelte, hat gemurmelt:
sehr leise und undeutlich sprechen: Was murmelst du? Sprich bitte laut und deutlich!

mur|ren [ˈmʊrən], murrt, murrte, hat gemurrt:
mit unfreundlichen Worten ausdrücken, dass man nicht zufrieden ist: über das Essen / die Preise murren.

das *oder* der **Mus** [muːs], des Muses, die Muse:
Brei aus Obst, Kartoffeln, Karotten o. Ä.: Mus kochen / essen.

die **Mu|schel** [ˈmʊʃl̩], der Muschel, die Muscheln:
Tier mit zwei harten Schalen, das im Wasser lebt: essbare Muscheln · Muscheln sammeln / suchen.

▶ das **Mu|se|um** [muˈzeːʊm], des Museums, die Museen [muˈzeːən]:
Gebäude, in dem Gegenstände aus Kunst oder Wissenschaft gezeigt werden: ins Museum gehen · In Berlin gibt es viele berühmte Museen.

das **Mu|si|cal** [ˈmjuːzikl̩], des Musicals, die Musicals:
Stück für die Bühne mit Musik, Gesang und Tanz: Das beliebte Musical wird immer zu Weihnachten gespielt.

▶ die **Mu|sik** [muˈziːk], der Musik, die Musiken:
1. *Melodie zum Singen, zum Spielen auf einem Instrument:* aus dem Zimmer hörte man laute Musik.
2. *Kunst, die Töne zu Melodien und Rhythmen macht:* klassische / moderne Musik · Musik lieben / studieren.

▶ **mu|si|ka|lisch** [muziˈkaːlɪʃ]:
1. *die Musik betreffend:* Ihr musikalisches Interesse ist sehr gering.
2. ⟨musikalischer, am musikalischsten⟩ *begabt für Musik:* Mein Sohn ist sehr musikalisch.

▶ der **Mu|si|ker** [ˈmuːzikɐ], des Musikers, die Musiker, die **Mu|si|ke|rin** [ˈmuːzikərɪn], der Musikerin, die Musikerinnen:
Person, die ihr Geld mit dem Spielen eines Musikinstrumentes verdient: Er ist Musiker im Orchester des Nationaltheaters.

das **Mu|sik|in|stru|ment** [muˈziːk|ɪnstrumɛnt], des Musikinstrument[e]s, die Musikinstrumente:
Instrument, auf dem man Musik spielen kann: Gitarre und Flöte sind beliebte Musikinstrumente.

mu|si|zie|ren [muziˈt͡siːrən], musiziert, musizierte, hat musiziert:
[gemeinsam mit anderen] Musik machen, spielen: In ihrer Familie musizieren die Kinder gemeinsam mit den Eltern.

▶ der **Mus|kel** [ˈmʊskl̩], des Muskels, die Muskeln:
elastisches Gewebe, das bei Mensch und Tier die Bewegung ermöglicht: Nach dem Training tun mir alle Muskeln weh.

▶ das **Müs|li** [ˈmyːsli], des Müslis, die Müslis:
Gericht aus Haferflocken, Obst, Rosinen, Milch: Zum Frühstück gibt es bei uns immer Müsli.

der **Mus|lim** [ˈmʊslɪm], des Muslim[s], die Muslime [mʊsˈliːmə] und -s, die **Mus|li|min** [mʊsˈliːmɪn], der Muslimin, die Musliminnen:
Person, die dem Islam angehört: Er ist gläubiger Muslim.

mus|li|misch [mʊsˈliːmɪʃ]:
die Muslime betreffend: muslimische Länder / Staaten.

Muttertag

Die Idee eines Muttertags als Ehrentag für alle Mütter entstand Anfang des 20. Jahrhunderts in den USA. Bereits seit 1920 wird er auch in Europa begangen, in Deutschland erstmals 1923. In den meisten Familien wird die Mutter an ihrem Ehrentag verwöhnt: Die Kinder bringen das Frühstück ans Bett, es gibt Blumen und die Familienmitglieder kümmern sich ums Kochen und den Abwasch – kurz, es findet für einen Tag ein Rollentausch statt. Muttertag ist jedes Jahr am zweiten Sonntag im Mai. Auch die Idee des Vatertags entstand in den USA – kurz nach der Idee des Muttertags. In Deutschland wird der Vatertag immer an Christi Himmelfahrt begangen, dem 40. Tag nach Ostern, der meist in den Mai oder Juni fällt. Gruppen von Männern, die nicht immer auch wirklich Väter sind, unternehmen an diesem Tag Wanderungen oder Ausflüge und viele von ihnen trinken währenddessen leider oft zu viel Alkohol.

müs|sen ['mʏsn̩], muss, musste, hat gemusst/müssen:
1. ⟨2. Partizip: müssen⟩ *drückt aus, dass man gezwungen ist, etwas zu tun:* etwas [unbedingt] tun müssen · Wir müssen ihm helfen.
2. ⟨2. Partizip: müssen⟩ *drückt aus, dass etwas unbedingt nötig ist:* Das Päckchen muss heute noch abgeschickt werden.
3. ⟨2. Partizip: müssen⟩ *drückt aus, dass etwas sicher oder sehr wahrscheinlich ist:* Er muss in den nächsten Minuten hier ankommen.
4. ⟨2. Partizip: müssen; im 2. Konjunktiv⟩ *drückt aus, dass etwas zu wünschen wäre:* Man müsste reich sein / viel Zeit haben.
5. ⟨2. Partizip: gemusst⟩ *drückt aus, dass etwas unbedingt zu tun ist:* Du musst sofort in die Klinik.

das **Mus|ter** ['mʊstɐ], des Musters, die Muster:
1. *sich wiederholende Figuren zum Dekorieren:* ein buntes / außergewöhnliches Muster · Das Kleid hat ein hübsches Muster.
2. *kleines Stück, kleine Menge zum Probieren:* ein Muster des neuen Parfüms / Medikaments.
3. *gutes Beispiel:* Sie ist ein Muster an Freundlichkeit / an Geduld.

der **Mut** [mu:t], des Mut[e]s:
Bereitschaft, etwas zu tun, obwohl man Angst [vor den Folgen] hat: Er hat den Mut, die Wahrheit zu sagen.

mu|tig ['mu:tɪç], mutiger, am mutigsten:
Mut habend: eine mutige Tat / Antwort · Er / sein Handeln ist sehr mutig.

mut|maß|lich ['mu:tma:slɪç]:
wahrscheinlich: die mutmaßliche Täterin / Entwicklung.

die **Mut|ter** ['mʊtɐ], der Mutter, die Mütter ['mʏtɐ]:
Frau, die ein Kind, mehrere Kinder geboren hat und erzieht: eine junge / werdende / berufstätige Mutter · Sie ist Mutter von zwei erwachsenen Söhnen.

▸ die **Mut|ter|spra|che** ['mʊtɐʃpra:xə], der Muttersprache, die Muttersprachen:
Sprache, die man als Kind von den Eltern gelernt hat: Meine Muttersprache ist Deutsch.

die **Müt|ze** ['mʏt͜sə], der Mütze, die Mützen:
ein weicher Hut ohne Rand, um Kopf und Ohren vor Kälte zu schützen: Setz eine Mütze auf, es ist sehr kalt draußen!

N

na [na] (umgangssprachlich):
Wort am Anfang eines (Teil)satzes, mit dem emotional etwas kommentiert wird, was vorher gesagt wurde: Na schön! / Na also! / Na bitte! · Na, nun komm schon / mach schon [hin]! · Na und? · Na warte!

der **Na|bel** ['na:bl̩], des Nabels, die Nabel:
runde, etwas tiefere Stelle am Bauch des Menschen: Du bist gewachsen – der Pullover reicht dir nur noch bis zum Nabel.

▸ **nach** [na:x]:
1. ⟨räumlich⟩ zur Angabe der Richtung: nach Rostock fahren · von Frankfurt nach New York fliegen · nach oben / unten / links / rechts · Ich gehe jetzt nach Hause.
2. ⟨zeitlich⟩ *später; [unmittelbar] im Anschluss an:* nach Ostern / Weihnachten / dem Urlaub · Nach dem Abendessen kannst du noch spielen. · Nach einer Weile sagte er zu ihr ...
3. zur Angabe einer Reihenfolge: Wer kommt nach Ihnen dran? · Du musst immer eins nach dem andern erledigen.

4. *so wie eine andere Sache auch:* Ihrer Sprache nach kommt sie aus Norddeutschland. · Meiner Meinung nach sollten wir das nicht tun.
5. * **nach und nach:** *allmählich:* Nach und nach betraten die Gäste den Saal.; * **nach wie vor:** *noch immer:* Sie ist nach wie vor meine beste Freundin.

▸ der **Nach|bar** ['naxba:ɐ̯], des Nachbarn / des Nachbars, die Nachbarn, die **Nach|ba|rin** ['naxba:rɪn], der Nachbarin, die Nachbarinnen:
Person, die neben einer anderen Person oder ganz in der Nähe von dieser wohnt: ein netter / freundlicher / ruhiger Nachbar · Die Nachbarin gießt unsere Blumen, wenn wir im Urlaub sind. · Wir gehen zu unseren Nachbarn rüber, um Fußball zu gucken.

die **Nach|bar|schaft** ['naxba:ɐ̯ʃaft], der Nachbarschaft:
räumliche Nähe zu jemandem oder etwas: Unsere Freunde wohnen in der Nachbarschaft.

▸ **nach|dem** [na:x'de:m]:
drückt aus, dass etwas vor etwas anderem geschieht; *als:* Nachdem sie in einem Restaurant gegessen hatten, gingen sie noch in eine Disco.

▸ **nach|den|ken** ['na:xdɛŋkn̩], denkt nach, dachte nach, hat nachgedacht:
sich mit jemandem, etwas in Gedanken auseinandersetzen; versuchen, sich über etwas klar zu werden, etwas zu verstehen: lange / intensiv / angestrengt nachdenken · Sie hat lange über ihn und seine Worte nachgedacht. · Er dachte darüber nach, die Firma zu verlassen. · Du hast mal wieder gehandelt, ohne nachzudenken.

nach|denk|lich ['na:xdɛŋklɪç], nachdenklicher, am nachdenklichsten:
mit etwas in Gedanken beschäftigt, in Gedanken vertieft: nachdenkliches Schweigen · Sie schaut ihn lange und nachdenklich an. · Er wurde plötzlich sehr nachdenklich.

nach|ei|nan|der [na:x|ai̯'nandɐ]:
einer, eine, eines nach dem, der anderen: Nacheinander kamen sie zur Tür herein.

der **Nach|fol|ger** ['na:xfɔlgɐ], des Nachfolgers, die Nachfolger, die **Nach|fol|ge|rin** ['na:xfɔlgərɪn], der Nachfolgerin, die Nachfolgerinnen:
Person, die die Aufgaben, die Arbeit einer anderen Person übernimmt: einen Nachfolger suchen / finden · Seine jüngste Tochter wurde seine Nachfolgerin an der Spitze des Unternehmens.

▸ die **Nach|fra|ge** ['na:xfra:gə], der Nachfrage:
Wunsch der Käufer nach bestimmten Waren: In China steigt die Nachfrage nach Autos aus Deutschland.

nach|fra|gen ['na:xfra:gn̩], fragt nach, fragte nach, hat nachgefragt:
etwas wissen wollen und danach fragen; sich erkundigen: Einen kleinen Moment bitte, da muss ich erst bei meiner Kollegin nachfragen.

nach|ge|ben ['na:xge:bn̩], gibt nach, gab nach, hat nachgegeben:
1. *seinen Widerstand aufgeben:* Er hat so lange gedrängelt, dass er mitfahren möchte nach Berlin, da habe ich nachgegeben.
2. *sich auf Druck hin verändern:* Plötzlich gab der Boden nach.

nach|ge|hen ['na:xge:ən], geht nach, ging nach, ist nachgegangen:
1. *folgen:* Er ging ihr in die Küche nach.
2. *genau überprüfen:* Die Polizei ging den Hinweisen nach.
3. *eine Arbeit, Tätigkeit regelmäßig ausüben:* Sie geht ihrer Arbeit als Köchin gern nach. · Er braucht viel Zeit, um seinen Hobbys nachzugehen.
4. *zu langsam gehen:* Du musst deine Uhr stellen, sie geht schon wieder nach.

▸ **nach|her** [na:x'he:ɐ̯]:
1. *später:* Das mache ich nachher! · Lass uns nachher darüber reden.
2. *nach etwas anderem; danach:* Erst gehen wir zum Sport und nachher noch etwas trinken.

▸ die **Nach|hil|fe** ['na:xhɪlfə], der Nachhilfe, die Nachhilfen:
Unterricht (außerhalb der Schule) für Schülerinnen und Schüler, die in einem bestimmten Fach schlechte Noten haben: Er bekommt Nachhilfe in Mathe. · Sie gibt einer jüngeren Schülerin Nachhilfe.

nach|ho|len ['na:xho:lən], holt nach, holte nach, hat nachgeholt:
1. *später [an einen bestimmten Ort] holen:* Der Vater will seine Kinder später nach Österreich nachholen.
2. *später erledigen:* Felix war lange krank und jetzt muss er in der Schule viel nachholen.

nach|kom|men ['na:xkɔmən], kommt nach, kam nach, ist nachgekommen:
1. *später kommen:* Geht schon mal vor, ich komme gleich nach.
2. *etwas so schnell tun wie andere auch, um Schritt zu halten:* Die Nachfrage nach

dem neuen Automodell ist so groß, dass die Produktion nicht nachkommt.

nach|las|sen ['na:xlasn̩], lässt nach, ließ nach, hat nachgelassen:
weniger, geringer, schwächer werden: Gegen Abend hat der Sturm / Wind / Regen endlich nachgelassen. · Er hat in seinen schulischen Leistungen nachgelassen.

nach|läs|sig ['na:xlɛsɪç], nachlässiger, am nachlässigsten:
1. *nicht gründlich; unordentlich:* nachlässiges Personal · Der Schüler ist sehr nachlässig.
2. *gleichgültig; ohne Interesse an etwas:* Du gehst mit deinen Sachen zu nachlässig um.
3. *nicht, wie es erwartet wird; nicht gepflegt:* nachlässiges Benehmen · nachlässig gekleidet sein.

der **Nach|mit|tag** ['na:xmɪta:k], des Nachmittags, die Nachmittage:
Zeit zwischen Mittag und Abend: ein schöner Nachmittag · gestern / heute / morgen Nachmittag · Sie kommt immer erst am späten Nachmittag aus der Schule.

nach|mit|tags ['na:xmɪta:ks]:
jeden Nachmittag; am Nachmittag: Nachmittags kocht sie sich immer einen Früchtetee. · Sie trafen sich immer montags nachmittags.

der **Nach|na|me** ['na:xna:mə], des Nachnamens, die Nachnamen:
Familienname: Hier müssen Sie Ihren Nachnamen eintragen. · Wie heißt du mit Nachnamen?

die **Nach|richt** ['na:xrɪçt], der Nachricht, die Nachrichten:
1. *Mitteilung, Information:* gute / schlechte / traurige Nachrichten · Ich hinterlasse dir eine Nachricht auf dem Anrufbeantworter.
2. ⟨nur Plural⟩ *Sendung im Fernsehen oder Radio, in der es um Neues und Aktuelles aus der ganzen Welt geht:* Ich möchte jetzt gern [die] Nachrichten sehen.

nach|schla|gen ['na:xʃla:gn̩], schlägt nach, schlug nach, hat nachgeschlagen:
sich in einem Lexikon oder [Wörter]buch über jemanden oder etwas informieren: ein Zitat / die Vokabeln nachschlagen.

nach|se|hen ['na:xze:ən], sieht nach, sah nach, hat nachgesehen:
1. *mit den Blicken folgen:* Er sieht dem abfahrenden Schiff lange nach.
2. *kontrollieren:* Ich sehe mal nach, ob die Kinder schon schlafen.
3. *überprüfen, ob etwas Fehler o. Ä. enthält:* Ich seh nachher noch deine Schularbeiten nach.

▶ die **Nach|spei|se** ['na:xʃpai̯zə], der Nachspeise, die Nachspeisen:
(meist süßer) letzter Teil eines Essens; Nachtisch: Als Nachspeise gab es Schokoladenpudding.

▶ **nächst...** ['nɛ:çst...]:
1. *so, dass es in der Nähe ist:* Der nächste Supermarkt ist einen Kilometer entfernt. · Ich muss an der nächsten Station aussteigen.
2. *so, dass es zeitlich folgt:* Die nächsten drei Tage bin ich in Dresden. · Beim nächsten Mal musst du dich besser auf den Test vorbereiten. · Im nächsten Jahr fahren wir wieder an die Ostsee.

▶ die **Nacht** [naxt], der Nacht, die Nächte ['nɛçtə]:
Zeit zwischen Abend und Morgen, in der es dunkel ist: eine kalte / lange / dunkle Nacht · Mitten in der Nacht wachte sie auf. · Bleibst du über Nacht? · Gute Nacht, schlaf gut!

▶ der **Nach|teil** ['na:xtai̯l], des Nachteil[e]s, die Nachteile:
etwas, was negativ für jemanden ist: große / finanzielle Nachteile · Vor- und Nachteile gegeneinander abwägen · Dir entsteht ein Nachteil, wenn du den neuen Vertrag unterschreibst.

das **Nacht|hemd** ['naxthɛmt], des Nachthemd[e]s, die Nachthemden:
Kleidungsstück, das einem Hemd ähnelt und im Bett getragen wird: ein langes / kurzes / buntes Nachthemd · Sie zieht lieber Nachthemden als Schlafanzüge an.

der **Nach|tisch** ['na:xtɪʃ], des Nachtisch[e]s, die Nachtische:
letzter, meist süßer Teil bei einem Essen; Nachspeise: Als / Zum Nachtisch gibt es heute Eis mit Erdbeeren.

nächt|lich ['nɛçtlɪç]:
in der Nacht vorhanden, stattfindend; während der Nacht: die nächtliche Stille / Ruhe / Kühle.

nach|träg|lich ['na:xtrɛ:klɪç]:
später; so, dass es nach etwas anderem erfolgt: nachträgliche Geburtstagsglückwünsche · Ich gratuliere euch nachträglich ganz herzlich zur Geburt eurer Tochter!

▶ **nachts** [naxts]:
in der Nacht, während der Nacht: Ich kann nachts so schlecht schlafen.

der **Nacht|tisch** [ˈnaxttɪʃ], des Nachttisch[e]s, die Nachttische:
kleiner Tisch, kleiner Schrank, der neben dem Bett steht: Auf meinem Nachttisch liegen immer viele Bücher.

der **Nach|weis** [ˈna:xvai̯s], des Nachweises, die Nachweise:
(schriftlicher) Beweis für etwas: Ich brauche noch einen Nachweis über die Höhe Ihres Gehalts.

nach|wei|sen [ˈna:xvai̯zn̩], weist nach, wies nach, hat nachgewiesen:
1. *beweisen, feststellen:* Er musste nachweisen, dass er in seinem Heimatland studiert hatte.
2. *vermitteln:* Ihr wurde eine Wohnung nachgewiesen.

▶ der **Nach|wuchs** [ˈna:xvu:ks], des Nachwuchses:
1. *Kind, Kinder (einer Familie):* Sie erwarten / bekommen Nachwuchs. · Wie gehts denn dem Nachwuchs?
2. *junge Mitarbeiterinnen und Mitarbeiter:* der wissenschaftliche / akademische Nachwuchs · Um den Nachwuchs muss man sich rechtzeitig kümmern.

der **Na|cken** [ˈnakn̩], des Nackens, die Nacken:
hinterer, unterer Teil des Halses: einen steifen Nacken haben · Sie warf den Kopf in den Nacken.

nackt [nakt]:
ohne Kleidung: nackte Arme / Beine · Die Kinder badeten nackt in dem See.

nackt

Bezüglich des Nacktseins in der Öffentlichkeit hat sich die gesellschaftliche Meinung stark verändert. Noch vor 40 Jahren wurde das Nacktsein in der Öffentlichkeit als unnatürlich und moralisch schlecht bewertet. In den folgenden Jahren entwickelte sich dann aber eine freiere Einstellung zum eigenen Körper. Menschen, die am Berliner Wannsee oder an der Münchner Isar nackt badeten oder sonnten, wurden früher dafür bestraft. Heute ist FKK (Freikörperkultur) dort offiziell erlaubt. Auch an der Nord- und Ostsee gibt es spezielle FKK-Strände, an denen man sich ganz ohne Kleidung frei bewegen kann. Auch wenn die Gesellschaft toleranter geworden ist, sollte man seine Kleidung nur an Orten ablegen, die als FKK-Bereich gekennzeichnet sind. Denn viele Menschen fühlen sich unwohl, wenn sie andere Menschen nackt sehen müssen.

▶ die **Na|del** [ˈna:dl̩], der Nadel, die Nadeln:
1. *dünner, spitzer, feiner Gegenstand aus Metall, mit dem man etwas näht:* eine spitze / feine / dünne / dicke Nadel · eine Nadel zum Stopfen / zum Sticken · den Saum mit Nadeln feststecken · Nadel und Faden.
2. *Blatt, das immer grün ist und wie eine Nadel aussieht:* Die Tanne verliert ihre Nadeln.

der **Na|del|baum** [ˈna:dl̩bau̯m], des Nadelbaum[e]s, die Nadelbäume [ˈna:dl̩bɔy̯mə]:
Baum, der Nadeln hat: Nadelbäume anpflanzen.

▶ der **Na|gel** [ˈna:gl̩], des Nagels, die Nägel [ˈnɛ:gl̩]:
1. *Stift aus Metall oder Holz, mit dem man etwas befestigt:* ein langer / kurzer / dicker / rostiger Nagel · ein Nagel aus Eisen / aus Holz · einen Nagel einschlagen / in die Wand schlagen · das Bild an einem Nagel aufhängen.
2. *kleine Platte am oberen Ende des Fingers, des Zehs:* lange / kurze / schöne / lackierte Nägel · dem Kind die Nägel schneiden.

▶ **nah** [na:], **nahe** [na:ə], näher, am nächsten:
1. *nicht weit entfernt:* Viele fahren in die nahe Stadt zur Arbeit. · Sie wohnt nahe bei der Schule. · Tritt nicht zu nah an die Bahnsteigkante!
2. *bald, folgend:* die nahe Ankunft · Er wird in naher Zukunft heiraten.
3. *so, dass man in einer engen Beziehung zu einer Person, Sache steht:* ein naher Angehöriger · Sie sind schon lange nahe befreundet.
4. ⟨ohne Steigerung⟩ *in der Nähe von:* das Haus dort nah[e] dem Wald.

▶ die **Nä|he** [ˈnɛ:ə], der Nähe:
geringe Entfernung: Meine Freundin wohnt ganz in der Nähe.

▶ **nä|hen** [ˈnɛ:ən], näht, nähte, hat genäht:
1. *Stücke von Stoff o. Ä. mit Nadel und Faden verbinden:* sauber / ordentlich / exakt nähen.
2. *herstellen, indem man näht:* Sie hat sich gestern ein Kleid genäht.
3. *befestigen, indem man näht:* Ich muss noch Knöpfe an die Hose nähen.
4. *bei einer Verletzung Haut mit Nadel und Faden reparieren:* Die Wunde muss genäht werden.

nä|her [ˈnɛ:ɐ]:
1. Komparativ zu ↑nah, nahe.
2. *genauer, präziser:* die näheren Umstände · Er wollte sie unbedingt

näher kennenlernen. · Ich muss erst nähere Auskünfte haben, bevor ich darüber entscheiden kann.

nä|hern ['nɛ:ɐn] ⟨+ sich⟩, nähert sich, näherte sich, hat sich genähert:
1. *langsam zu jemandem, etwas kommen oder gehen:* Sie näherten sich dem Ziel ihrer Reise.
2. *eine bestimmte Zeit bald erreichen:* Mein Urlaub nähert sich endlich.

na|he|zu ['na:ə'tsu:]:
beinahe, fast: Er ist nahezu zwei Meter groß.

die **Näh|ma|schi|ne** ['nɛ:maʃi:nə], der Nähmaschine, die Nähmaschinen:
(elektrische) Maschine, mit der man nähen kann: das Kleid mit / auf der Nähmaschine nähen · Ich kaufe mir eine neue Nähmaschine.

die **Nah|rung** ['na:rʊŋ], der Nahrung, die Nahrungen:
alles, was ein Mensch oder Tier isst: feste / flüssige / gesunde Nahrung · Nahrung beschaffen.

das **Nah|rungs|mit|tel** ['na:rʊŋsmɪtl̩], des Nahrungsmittels, die Nahrungsmittel:
das, was der Mensch als Nahrung isst: billige / gesunde Nahrungsmittel · Das Land muss Nahrungsmittel importieren.

die **Naht** [na:t], der Naht, die Nähte ['nɛ:tə]:
Verbindung zwischen zwei Teilen, die beim Nähen entsteht: eine einfache / doppelte Naht · Ich muss die Naht wieder auftrennen. · Ich brauche Nähzeug, die Naht ist aufgegangen.

na|iv [na'i:f], naiver, am naivsten:
1. *so wie ein Kind:* naive Freude / naives Glück.
2. *so, dass man wenig oder nichts weiß, wenig Erfahrung hat:* eine naive Frage / Antwort · Sie ist sehr naiv.

der **Na|me** ['na:mə], des Namens, die Namen:
1. *besonderes Wort, das einen Menschen, ein Wesen oder ein Ding kennzeichnet:* ein schöner / ungewöhnlicher Name · einen Namen für den Hund suchen · Bitte nennen Sie mir zuerst Ihren Namen! · Der Name steht an der Wohnungstür / auf dem Ortsschild.
2. *Wort, das etwas als Vertreter einer bestimmten Art, Gruppe kennzeichnet:* Diese Bücher laufen unter dem Namen »Entdeckungen«.
3. *Ansehen, Ruf:* Er hat sich als Sänger bereits einen Namen gemacht.

näm|lich ['nɛ:mlɪç]:
1. kennzeichnet etwas als Erklärung oder Begründung; *denn:* Ich komme morgen später, ich muss nämlich erst zum Arzt. · Das war nämlich ganz anders.
2. *genauer gesagt:* in seinem Heimatland, nämlich in Ungarn, …

die **Nar|be** ['narbə], der Narbe, die Narben:
Rest einer früheren Wunde, den man auf der Haut sehen kann: eine kleine / große / hässliche Narbe · Von dem Unfall hat sie eine Narbe auf der Stirn.

die **Nar|ko|se** [nar'ko:zə], der Narkose, die Narkosen:
Zustand, der dem Schlaf ähnelt und in den ein Patient gebracht wird, damit er operiert werden kann: eine tiefe / leichte Narkose · die Narkose einleiten / überwachen · Sie ist eben aus der Narkose aufgewacht.

▶ die **Na|se** ['na:zə], der Nase, die Nasen:
Teil des Gesichts über dem Mund, mit dem man riecht: eine große / spitze / lange Nase haben · Dem Kind läuft die Nase. · Er putzt sich die Nase. · Sie rümpft die Nase. · Hier stinkt es so doll, dass man sich die Nase zuhalten muss.

▶ **nass** [nas], nasser, am nassesten:
1. *so, dass es viel Wasser enthält oder von Wasser bedeckt ist:* ein nasser Schwamm / Lappen · Der Weg war nass vom Regen. · Das Kind hat die Hose / das Bett nass gemacht.
2. *so, dass es viel regnet:* nasses Wetter · Der Herbst war sehr nass.

die **Na|ti|on** [na'tsi̯o:n], der Nation, die Nationen:
größere Gruppe von Menschen, die die gleiche Geschichte und Kultur haben und die gleiche Sprache sprechen und einen Staat bilden: die europäischen / afrikanischen Nationen · Die ganze Nation trauerte.

▶ **na|ti|o|nal** [natsi̯o'na:l]:
1. *so, dass es die Nation betrifft, zu ihr gehört:* die nationale Unabhängigkeit erkämpfen wollen · Bei diesem Thema verfolgt das Land nationale Interessen.
2. *(zu stark) die Interessen der eigenen Nation vertretend:* eine nationale Partei / Gruppe.

▶ der **Na|ti|o|nal|fei|er|tag** [natsi̯o'na:lfaiɐta:k], des Nationalfeiertag[e]s, die Nationalfeiertage:
Tag, an dem ein wichtiges nationales Ereignis gefeiert wird (und nicht gearbeitet wird): Der Nationalfeiertag wird im Juli begangen.

na|ti|o|na|lis|tisch [natsi̯ona'lɪstɪʃ], nationalistischer, am nationalistischsten:
für den Nationalismus charakteristisch:

N

nationalistische Tendenzen · Diese Partei ist nationalistisch orientiert.

die **Na|ti|o|na|li|tät** [natsi̯onali'tɛ:t], der Nationalität, die Nationalitäten:
1. *Bürger eines Staates oder Volkes:* englischer / deutscher Nationalität sein · Welcher Nationalität bist du?
2. *nationale Gruppe in einem Staat:* In Südafrika leben viele Nationalitäten zusammen.

▶ der **Na|ti|o|nal|rat** [natsi̯o'na:lra:t], des Nationalrat[e]s, die Nationalräte [natsi̯o'na:lrɛ:tə]:
1. Name für die Parlamente in Österreich und der Schweiz: Wahlen zum Nationalrat.
2. *Mitglied des Parlaments in Österreich und der Schweiz:* Er ist zum / als Nationalrat gewählt worden.

▶ die **Na|tur** [na'tu:ɐ̯], der Natur, die Naturen:
1. ⟨ohne Plural⟩ *Pflanzen, Tiere, Wasser in einem bestimmten Gebiet, das vom Menschen nicht oder nur wenig verändert wurde:* Hier gibt es noch ein Stück unberührte Natur.
2. *Charakter eines Menschen (oder Tiers):* die menschliche Natur · Sie ist von Natur aus so freundlich.

na|tür|lich [na'ty:ɐ̯lɪç], natürlicher, am natürlichsten:
1. *so, wie es in der Natur existiert; nicht künstlich:* die natürliche Haarfarbe · natürliches Licht.
2. *so, wie es in Wirklichkeit ist:* Der Künstler malte sehr natürlich.
3. *frei, locker:* Sie ist / wirkt / spricht sehr natürlich.
4. *normal, selbstverständlich:* Das ist doch die natürlichste Sache von der Welt. · Es ist ganz natürlich, dass er wissen möchte, wer sein Vater ist.
5. *selbstverständlich:* In dieser Frage hat sie natürlich recht. · Natürlich würde ich im Urlaub gern wegfahren, aber ich habe kein Geld.

der **Na|tur|schutz** [na'tu:ɐ̯ʃʊts], des Naturschutzes:
alles, was dem Schutz der Natur dient: ein Gebiet unter Naturschutz stellen.

▶ der **Ne|bel** ['ne:bl̩], des Nebels, die Nebel:
dichte, weiße Wolken feuchter Luft über der Erde: dichter Nebel · bei Nebel / im Nebel · Der Nebel verursachte mehrere Unfälle. · Der Flug fällt wegen Nebel[s] aus.

▶ **ne|ben** ['ne:bn̩]:
1. ⟨mit Dativ; Frage: wo?⟩ *seitlich von:* Das Bett steht neben dem Schrank.
2. ⟨mit Akkusativ; Frage: wohin?⟩ *seitlich daneben, an die Seite von:* Ich stelle den Schreibtisch am besten neben das Fenster.
3. ⟨mit Dativ⟩ *zugleich mit; außer:* Neben Adrian und Jordi kommen auch noch Max und Felix mit.
4. ⟨mit Dativ⟩ *verglichen mit; im Vergleich zu:* Neben ihr kann er nicht bestehen.

▶ **ne|ben|an** [ne:bn̩'|an]:
direkt neben etwas, daneben: Sie wohnt im Haus nebenan.

▶ **ne|ben|bei** [ne:bn̩'bai̯]:
1. *noch außerdem, neben einer anderen Tätigkeit:* Sie bügelt und nebenbei schaut sie einen Film.
2. *wie zufällig:* Er hat nur nebenbei erwähnt, dass er umziehen will. · Nebenbei bemerkt / gesagt, habe ich das schon gewusst.

ne|ben|ei|nan|der [ne:bn̩|ai̯'nandɐ]:
1. *eine Person oder Sache neben einer anderen:* Wir werden die Bilder nebeneinander aufhängen.
2. *gleichzeitig, zusammen mit einer anderen Person oder Sache:* Hier arbeiten Menschen unterschiedlicher Nationalitäten nebeneinander.

die **Ne|ben|kos|ten** ['ne:bn̩kɔstn̩] ⟨Plural⟩:
Kosten für eine Wohnung, die zusätzlich zur Miete entstehen (z. B. für Wasser, Heizung): Die Nebenkosten steigen ständig.

die **Ne|ben|sa|che** ['ne:bn̩zaxə], der Nebensache, die Nebensachen:
etwas, was nicht so wichtig ist: Ob dir das passt oder nicht, ist Nebensache.

die **Ne|ben|wir|kung** ['ne:bn̩vɪrkʊŋ], der Nebenwirkung, die Nebenwirkungen ⟨meist Plural⟩:
zusätzliche Wirkung, die etwas hat: Viele Medikamente haben Nebenwirkungen.

▶ **neb|lig** ['ne:blɪç], nebliger, am nebligsten:
voll von Nebel; mit Nebel: viele neblige Tage · Morgen früh soll es sehr neblig sein / werden.

▶ der **Nef|fe** ['nɛfə], des Neffen, die Neffen:
Sohn des Bruders, der Schwester, des Schwagers, der Schwägerin: Meine beiden Neffen leben in Berlin.

▶ **ne|ga|tiv** ['ne:gati:f], negativer, am negativsten:
1. *so, dass es etwas ablehnt:* eine negative Antwort / Entscheidung · Sie hat sich negativ zu der Sache geäußert.
2. *schlecht, nicht gut, ohne Ergebnis:*

negative Aussichten / Folgen / Auswirkungen · Dass er nur wenig trainieren konnte, wirkte sich negativ aus.
3. *so, dass es einen Verdacht nicht bestätigt (besonders bei medizinischen Untersuchungen):* Sie bekam einen negativen Befund. · Das Ergebnis des Tests war negativ.

neh|men ['ne:mən], nimmt, nahm, hat genommen:
1. *mit der Hand ergreifen:* Sie nahm das Buch in die Hand und blätterte darin. · Sie nahm ihre Jacke und schloss die Bürotür.
2. *in seinen Besitz nehmen:* Sie nahm zwei Stück Torte. · Die Diebe haben nur das Bargeld genommen.
3. *etwas annehmen, was einem angeboten wird:* Nehmen Sie noch etwas Wein?
4. *jemandem etwas wegnehmen:* Der Arzt nahm ihr die Hoffnung. · Er ließ es sich nicht nehmen, sie zum Bahnhof zu fahren.
5. *benutzen, verwenden:* Sie nimmt nur Butter zum Kochen.
6. *an eine bestimmte Stelle bringen:* Er nahm das Kind auf den Arm. · Sie nahm ihren Freund in die Arme. · Sie nahmen den Vater in die Mitte.
7. *ergreifen und entfernen:* Die Mutter nahm das Baby aus dem Wagen. · Nimm dir das Geld aus meinem Portemonnaie.
8. *sich jemanden oder etwas aussuchen, sich für jemanden oder etwas entscheiden:* Um nach Wuppertal zu fahren, nehme ich lieber den Zug als das Auto. · Sie haben keinen der Bewerber genommen. · Ich nehme die Spaghetti mit Pesto und ein Wasser, bitte.
9. * **etwas auf sich** (Akkusativ) **nehmen:** *etwas übernehmen, was schwierig oder kompliziert ist:* Ich nehme die Verantwortung für dieses große Projekt auf mich.
10. *sich geben lassen:* Er hat drei Tage Urlaub genommen. · Sie nimmt Klavierunterricht.
11. *als Preis fordern:* Was nehmen Sie für eine Fahrt zum Flughafen?
12. *(ein Medikament) einnehmen:* Er muss regelmäßig seine Tabletten nehmen. · Sie nimmt schon seit vielen Jahren die Pille. · Er nimmt Drogen.
13. *betrachten, bewerten:* Sie nimmt dich nicht ernst, sie lacht über dich. · Du nimmst alles zu wörtlich, was er sagt.
14. in bestimmten Wendungen: etwas in Betrieb / in Dienst nehmen *(beginnen, etwas zu benutzen, einzusetzen).*

der **Neid** [nai̯t], des Neid[e]s:
Ärger darüber, dass es einer anderen Person vermutlich besser geht als einem selbst: der pure Neid · Neid empfinden / erregen / [er]wecken · Als er das neue Auto des Nachbarn sah, wurde er blass vor Neid.

nei|disch ['nai̯dɪʃ], neidischer, am neidischsten:
voll von Neid: neidische Kollegen / Nachbarn · Er ist neidisch auf meinen Erfolg.

nei|gen ['nai̯gn̩], neigt, neigte, hat geneigt:
1. *aus der senkrechten oder waagerechten Lage [leicht] nach unten beugen, biegen, senken:* Sie neigte den Kopf leicht zur Seite.
2. ⟨+ sich⟩ *sich aus der senkrechten oder waagerechten in eine schräge Lage bringen; sich schräg legen:* Das Schiff neigte sich stark und kippte dann auf die Seite.
3. ⟨+ sich⟩ *schräg nach unten verlaufen:* eine geneigte Fläche · Der Strand neigt sich zum Meer hin.
4. *eine bestimmte Richtung im Denken oder Handeln vertreten:* Ich neige zu der Ansicht / Auffassung, dass Herr Schulz recht hat.

die **Nei|gung** ['nai̯gʊŋ], der Neigung, die Neigungen:
1. *Winkel, in dem eine Linie oder Fläche schräg verläuft:* Die Straße weist eine leichte Neigung auf.
2. *besonderes Interesse für etwas:* künstlerische / musikalische Neigungen.

▶ **nein** [nai̯n]:
1. Antwort auf eine Frage oder Bitte, mit der man ablehnt: ein klares Nein · »Kommst du heute mit ins Kino?« – »Nein! Ich habe leider keine Zeit.« · »Möchtest du noch Kuchen?« – »Nein, danke!«.
2. steht am Beginn eines Satzes, der Freude oder Überraschung ausdrückt: Nein, dass ihr daran gedacht habt! · Nein, so ein Glück!
3. stimmt einer verneinenden Frage zu: »Du hast doch keine Angst, oder?« – »Nein, nein.«

▶ **nen|nen** ['nɛnən], nennt, nannte, genannt:
1. *einen bestimmten Namen geben; rufen:* Sie nannten ihre Tochter Sophie / ihren Hund Bonny.
2. *(als etwas) bezeichnen:* Das nenne ich eine Überraschung! *(Das ist aber eine Überraschung!)* · Das nenne ich Mut!
3. *eine bestimmte Anrede verwenden:* Du

N

kannst mich einfach Alex nennen, Alexander ist so lang.
4. *als Auskunft o. Ä. mitteilen, sagen:* Bitte nennen Sie mir zuerst Ihren Namen! · Können Sie mir Beispiele dafür nennen?
5. *behaupten, etwas zu sein:* Sie nennt sich Lebensberaterin.

▸ der **Nerv** [nɛrf], des Nervs, die Nerven:
1. *Verbindung zwischen dem Gehirn und anderen Teilen des Körpers, über die Reize transportiert werden:* den Nerv [im Zahn] behandeln / töten.
2. *psychische Situation einer Person:* gute / schlechte / schwache Nerven haben · Sie hat starke Nerven. · Meine Nerven halten das nicht aus! · Er ist völlig fertig mit den Nerven. · Er geht mir wirklich auf die Nerven!

ner|ven [ˈnɛrfn̩], nervt, nervte, hat genervt:
jemandem sehr lästig werden, ihm auf die Nerven fallen: Hör endlich auf, du nervst mich wirklich!

▸ **ner|vös** [nɛrˈvøːs], nervöser, am nervösesten:
unruhig, nicht entspannt: ein nervöser Mann · Vor ihrem Vortrag war sie sehr nervös.

das **Nest** [nɛst], des Nest[e]s, die Nester:
Ort, den sich Vögel aus Zweigen und Gräsern bauen, um dort zu wohnen und die Eier zu legen: ein Nest bauen · Die jungen Vögel haben das Nest schon verlassen.

▸ **nett** [nɛt], netter, am nettesten:
1. *freundlich, liebenswürdig:* nette Nachbarn · Ihr neuer Freund ist sehr nett. · [Es ist sehr] nett, dass du zurückrufst.
2. *so, dass es jemandem gefällt:* ein nettes Kleid · Danke für den netten Abend!

net|to [ˈnɛto]:
ohne das Gewicht der Verpackung; ohne Steuern, Beiträge u. Ä.: Das sind netto 300 Gramm Käse. · Ich verdiene netto 2500 Euro im Monat.

▸ das **Netz** [nɛts], des Netzes, die Netze:
1. *eine Art Beutel, der aus Fäden oder Seilen hergestellt wird, Löcher hat und in dem man etwas transportieren oder aufbewahren kann:* ein enges / feines Netz · ein Netz knüpfen / flicken / ausbessern · Sie packte alle Sachen ins Netz. · Fische zappelten im Netz. · Der Ball ist im Netz, Tor! · Das soziale Netz *(die soziale Absicherung)* hält.
2. *System, das aus vielen verschiedenen Teilen (z. B. Straßen, Schienen, Leitungen) besteht, die miteinander verbunden sind:* das Netz der Verkehrswege ausbauen.
3. *Internet:* ein Video ins Netz stellen · im Netz surfen / unterwegs sein.

▸ das **Netz|werk** [nɛtsvɛrk], des Netzwerk[e]s, die Netzwerke:
1. *alle wie ein Netz miteinander verbundenen Leitungen, Linien:* das Netzwerk der U-Bahn-Linien.
2. (EDV) *System aus mehreren miteinander verbundenen Computern:* das Netzwerk der Rechner in unserer Firma.
3. *Gruppe von Menschen, die durch gemeinsame Ansichten, Interessen o. Ä. miteinander verbunden sind:* mein privates Netzwerk aus Familie und Freunden · die sozialen Netzwerke.

▸ **neu** [nɔy], neuer, am neu[e]sten:
1. *so, dass es noch nicht lange da ist, existiert:* eine neue Methode erfinden · die Neuen Medien · der neueste Hit der Sängerin.
2. *so, dass es noch nicht benutzt, gebraucht, getragen wurde:* ein neues Auto / Haus / Kleid · Unser Kühlschrank ist noch ganz neu.
3. *so, dass man, es erst seit kurzer Zeit irgendwo ist:* Ich bin noch neu in der Stadt / in der Firma.
4. *so, dass jemand, es erst seit kurzer Zeit für jemanden, etwas anderes da ist:* Wir bekommen nächste Woche eine neue Chefin. · Er hat endlich eine neue Stelle *(Arbeit)* gefunden.
5. * **seit Neuestem:** *erst seit kurzer Zeit:* Seit Neuestem kommt sie mit der Bahn zur Arbeit.

der **Neu|bau** [ˈnɔybau], des Neubau[e]s, die Neubauten:
1. *neu gebautes Haus oder Gebäude:* Ich wohne lieber im Neubau als in einem alten Haus.
2. ⟨ohne Plural⟩ *das Bauen eines Hauses, Gebäudes:* den Neubau des Theaters planen / leiten.

▸ **neu|gie|rig** [ˈnɔygiːrɪç], neugieriger, am neugierigsten:
interessiert daran, etwas Neues zu erfahren; voll Neugier: ein neugieriges Kind / Mädchen · Er war schon immer sehr neugierig. · Ich bin neugierig, wie dein neuer Freund aussieht. · Sei nicht so neugierig!

▸ die **Neu|ig|keit** [ˈnɔyɪçkait], der Neuigkeit, die Neuigkeiten:
Ereignis, von dem man noch nichts gehört hat; neue Nachricht, Mitteilung: eine interessante / aufregende Neuig-

keit · Hast du die Neuigkeit schon gehört? Die Chefin verlässt die Firma.

das **Neu|jahr** ['nɔyja:ɐ̯], des Neujahrs: (Feiertag); *erster Tag des neuen Jahres:* [an] Neujahr einen langen Spaziergang machen.

neu|lich ['nɔylɪç]:
vor kurzer Zeit: Ich habe ihn neulich erst gesehen. · Neulich abends trafen wir uns zufällig.

neun [nɔyn] (als Ziffer: 9):
die Zahl 9: Wir sind neun Kolleginnen und Kollegen im Team. · Sie ist gestern neun [Jahre alt] geworden. · Wir treffen uns um neun [Uhr] bei mir.

neun|zig ['nɔyntsɪç] (in Ziffern: 90):
die Zahl 90: Bei / Auf dem Fest waren neunzig Gäste.

neu|tral [nɔy'tra:l], neutraler, am neutralsten:
1. *so, dass man nicht an eine bestimmte Partei, Gruppe, Seite gebunden ist:* ein neutraler Staat / Beobachter · In dem Grenzkonflikt blieb / verhielt sich das Land neutral.
2. *ohne etwas Besonderes; so, dass es zu allem passt:* neutrale Farben · Sie kleidet sich immer sehr neutral *(in dezenten Farben).* · Diesen Brief solltest du besser auf neutralem Briefpapier schreiben.

nicht [nɪçt]:
1. drückt ein »Nein« aus: nicht öffentlich / staatlich · nicht eheliche Kinder · Er raucht nicht.
2. drückt Staunen o. Ä. aus: Was du nicht alles weißt!
3. drückt in Fragen aus, dass man eine positive Antwort erhält: Kommst du nicht auch?

die **Nich|te** ['nɪçtə], der Nichte, die Nichten:
Tochter der Schwester, des Bruders, der Schwägerin oder des Schwagers: Meine Nichte ist sieben Jahre alt.

der **Nicht|rau|cher** ['nɪçtrauxɐ], des Nichtrauchers, die Nichtraucher:
1. *jemand, der nicht raucht:* Ich bin schon lange Nichtraucher. · Nichtraucher erkranken seltener an Lungenkrebs als Raucher.
2. ⟨meist ohne Artikel⟩ (umgangssprachlich) *Zone, in der nicht geraucht werden darf:* Der ganze Zug ist Nichtraucher.

die **Nicht|rau|che|rin** ['nɪçtrauxərɪn], der Nichtraucherin, die Nichtraucherinnen:
weibliche Person, die nicht raucht: Ich bin schon lange Nichtraucherin.

nichts [nɪçts]:
1. drückt aus, dass etwas überhaupt nicht vorhanden, da ist: Wir haben nichts mehr zu trinken. · Da stehen so viele Leute, ich kann nichts sehen. · »Ich hab dir leider keine Blumen mitbringen können.« – »Das macht nichts.«
2. *kein Ding, keine Sache:* Es gibt nichts Neues.

ni|cken ['nɪkn̩], nickt, nickte, hat genickt:
den Kopf kurz senken und heben: Als Antwort nickte sie nur.

▸ **nie** [ni:]:
kein einziges Mal; überhaupt nicht: Ich war noch nie in San Francisco. · Er hat sie nie verstanden. · Jetzt oder nie!

die **Nie|der|la|ge** ['ni:dɐla:gə], der Niederlage, die Niederlagen:
das Verlieren in einem Kampf, einem Wettkampf, in einer Auseinandersetzung: eine persönliche / schwere Niederlage · Bei der Olympiade erlitt er eine Niederlage.

der **Nie|der|schlag** ['ni:dɐʃla:k], des Niederschlag[e]s, die Niederschläge ['ni:dɐʃlɛ:gə]:
Wasser, das auf die Erde fällt; Regen oder Schnee: heftige Niederschläge · In diesem Sommer hat es viel Niederschlag gegeben.

nie|der|schla|gen ['ni:dɐʃla:gn̩], schlägt nieder, schlug nieder, hat niedergeschlagen:
1. *jemanden so schlagen, dass dieser zu Boden fällt:* Der alte Mann wurde zu Boden geschlagen.
2. *(den Blick o. Ä.) nach unten senken:* Das Kind schlug die Augen nieder.

nied|lich ['ni:tlɪç], niedlicher, am niedlichsten:
so, dass es hübsch, anmutig, zart ist: niedliche kleine Hunde / Kätzchen · Ich habe meiner Tochter ein niedliches Kleid gekauft. · Die Zwillinge sind wirklich niedlich.

▸ **nied|rig** ['ni:drɪç], niedriger, am niedrigsten:
1. *so, dass es nicht hoch ist:* niedrige Stufen / Häuser.
2. *so, dass es sich nicht hoch befindet:* ein niedrig fliegendes Flugzeug · Die Lampe hängt zu niedrig.
3. *so, dass es gering, wenig ist:* niedrige Mieten / Preise · Sein Einkommen ist sehr niedrig.

nie|mals ['ni:ma:ls]:
nie: Das darfst du niemals wieder tun!

▸ **nie|mand** ['ni:mant]:
kein Mensch, keine einzige Person, überhaupt keiner: Das weiß niemand besser als sie. · Er hat den ganzen Tag mit niemand / niemandem gesprochen.

die **Nie|re** ['ni:rə], der Niere, die Nieren:

N

Organ im Bauch, das als Paar existiert: die rechte / linke Niere · die Funktion der Nieren prüfen.

nie|seln ['ni:zl̩n], nieselt, nieselte, hat genieselt:
nur ganz fein, leicht regnen: Es nieselt schon seit heute früh.

der **Nie|sel|re|gen** ['ni:zl̩re:gn̩], des Nieselregens:
leichter, feiner Regen: Dieser ständige Nieselregen nervt mich.

nie|sen ['ni:zn̩], niest, nieste, hat geniest:
ein lautes Geräusch machen, weil die Luft schnell durch Mund und Nase nach außen dringt: laut / heftig / mehrmals niesen · Sie hat heute schon den ganzen Tag geniest, wahrscheinlich bekommt sie eine Erkältung.

der **Ni|ko|laus** ['ni:kolaus], des Nikolaus[es], die Nikoläuse:
1. ⟨ohne Plural⟩ *Mann mit großer Mütze, langem Mantel und weißem Bart, der den Kindern Geschenke bringt:* Hast du schon die Stiefel rausgestellt, heute Nacht kommt der Nikolaus?
2. *Tag, an dem der Nikolaus* (1) *die Geschenke bringt; 6. Dezember:* Morgen ist Nikolaus.
3. *Figur aus Schokolade, die den Nikolaus* (1) *darstellt:* Ich habe zwei große Nikoläuse bekommen.

das **Ni|ko|tin** [niko'ti:n], des Nikotins:
giftiger Stoff im Tabak: Zigaretten mit wenig Nikotin.

▶ **nir|gends** ['nɪrgn̩ts]:
an keinem Ort, Platz; an keiner Stelle: Er war nirgends zu finden. · Wo ist mein Autoschlüssel? Ich kann ihn nirgends finden. · Ich habe nirgends sonst / sonst nirgends so viele Freunde wie in Berlin.

▶ **nir|gend|wo** ['nɪrgn̩tvo:]:
nirgends: Ich kann den Schlüssel nirgendwo finden.

die **Ni|sche** ['ni:ʃə], der Nische, die Nischen:
kleine Erweiterung eines Raumes: In diesem Saal wird jede Nische genutzt.

das **Ni|veau** [ni'vo:], des Niveaus, die Niveaus:
1. *Stufe in einem bestimmten System:* Das Niveau der Preise ist in München sehr hoch.
2. *Stufe, Grad (der Bildung, Erziehung):* das geistige / künstlerische Niveau · das Niveau einer Zeitung · das Niveau halten / heben / senken · Das war unter ihrem Niveau.

no|bel ['no:bl̩], nobler, am nobelsten:
1. *edel, vornehm:* Sie hat einen noblen Charakter.
2. *elegant:* ein nobles Hotel / Restaurant.
3. *großzügig:* ein nobles Trinkgeld / Geschenk.

▶ **noch** [nɔx]:
1. *bis zu diesem Zeitpunkt, bis jetzt:* Das hat es noch nie gegeben. · Das wusste ich [bis jetzt] noch nicht. · Du bist noch zu klein. · Sie ist immer noch in Argentinien / im Urlaub.
2. drückt aus, dass es sich bei etwas um einen Rest handelt: Ich habe [nur] noch 20 Euro. · Ich brauche noch zehn Minuten, dann bin ich fertig.
3. *bevor etwas anderes geschieht:* Ich mache das erst noch [schnell] fertig, dann können wir gehen. · Ich muss erst noch duschen.
4. *irgendwann:* Sie wird schon noch kommen. · Die alten Bücher kann man bestimmt noch gebrauchen.
5. drückt aus, dass etwas noch nicht lange her ist: Gestern früh habe ich noch mit ihr telefoniert, am Abend war sie schon schwer krank.
6. drückt aus, dass etwas später so nicht mehr möglich gewesen wäre: Ich habe ihn ganz kurz vor meinem / seinem Abflug noch angerufen.
7. *außerdem; zusätzlich:* Dann hätte ich gern noch ein halbes Bauernbrot und fünf Brötchen. · Noch ein Bier, bitte!
8. steht vor einem Komparativ und drückt aus, dass etwas schon [in hohem Maß] vorhanden ist: Es ist heute noch heißer als gestern.
9. drückt [in Fragen] aus, dass man etwas zwar weiß, sich aber gerade nicht erinnern kann: Wie hieß sie noch [gleich]?
10. *und auch nicht:* Sie kann weder schwimmen noch Rad fahren.

▶ **noch|mals** ['nɔxma:ls]:
ein weiteres Mal; noch einmal: Ich möchte nochmals um Ruhe bitten.

▶ **Nord** [nɔrt]:
Norden: Sportler aus Nord und Süd treffen sich bei der Olympiade.

▶ der **Nor|den** ['nɔrdn̩], des Nordens:
Richtung, Teil des Himmels, an dem die Sonne nie steht: von / im / nach Norden · Der Wind weht aus Norden. · Lübeck ist eine Stadt im Norden Deutschlands.

▶ **nörd|lich** ['nœrtlɪç]:
1. ⟨nördlicher, am nördlichsten⟩ *so, dass es im Norden liegt, sich befindet:* der nördliche Teil des Landes · die nördliche Halbkugel.

2. ⟨nördlicher, am nördlichsten⟩ *so, dass es von Norden kommt oder nach Norden führt, zeigt:* Sie steuert das Segelboot in nördliche Richtung.
3. ⟨mit Genitiv⟩ *im Norden:* Das Dorf liegt nördlich Hamburgs.
4. *im Norden von; so, dass es weiter im Norden liegt als:* nördlich von Berlin.

der **Nord|pol** [ˈnɔrtpoːl], des Nordpols: *nördlicher Pol (der Erde):* Er nimmt an einer Expedition zum Nordpol teil.

die **Nord|see** [ˈnɔrtzeː], der Nordsee: *eines der beiden Meere, an das Deutschland im Norden grenzt:* an die Nordsee fahren · in der Nordsee nach Öl bohren.

die **Norm** [nɔrm], der Norm, die Normen: *Regel, nach der etwas getan, erledigt, hergestellt werden soll:* strenge / technische Normen · Normen aufstellen / einhalten · Diese Verpackung entspricht der EU-Norm.

nor|mal [nɔrˈmaːl], normaler, am normalsten: *so, wie es allgemein üblich ist, wie man es kennt, gewöhnt ist:* der normale Alltag · Er ist kein normaler Mensch, sondern ein ganz besonderer. · Obwohl sie so reich sind, leben sie ganz normal.

nor|ma|ler|wei|se [nɔrˈmaːlɐvai̯zə]: *im Allgemeinen; unter normalen Bedingungen:* Normalerweise kommt er gegen acht ins Büro.

die **Not** [noːt], der Not, die Nöte [ˈnøːtə]:
1. ⟨ohne Plural⟩ *Zustand, in dem es etwas Wichtiges, was man zum Leben braucht, nicht gibt:* große / schwere / bittere Not · die Not bekämpfen / verringern / lindern · die Not leidende Bevölkerung im Erdbebengebiet.
2. ⟨Plural selten⟩ *gefährliche, schwierige Lage, in der sich jemand befindet:* Die Wanderer wurden aus höchster Not gerettet.
3. *Gefühl der Angst, der Verzweiflung:* innere / seelische Nöte.

der **Not|arzt** [ˈnoːt|aːɐ̯tst], des Notarztes, die Notärzte [ˈnoːt|ɛːɐ̯tstə], die **Not|ärz|tin** [ˈnoːt|ɛːɐ̯tstɪn], der Notärztin, die Notärztinnen: *Arzt, der in medizinischen Notfällen hilft und mit einem speziellen Auto oder mit dem Hubschrauber zu Patienten oder Opfern eines Unfalls kommt:* In der Nacht mussten wir den Notarzt für meinen Vater rufen.

die **Not|auf|nah|me** [ˈnoːt|au̯fnaːmə], der Notaufnahme, die Notaufnahmen: *Station in einem Krankenhaus, auf der man in dringenden Fällen behandelt wird:* Die Ärzte warten schon an der Notaufnahme auf den Krankenwagen mit dem Verletzten.

▶ der **Not|aus|gang** [ˈnoːt|au̯sgaŋ], des Notausgang[e]s, die Notausgänge [ˈnoːt|au̯sgɛŋə]: *Ausgang, der bei Gefahr, Feuer o. Ä. benutzt werden kann:* gut beleuchtete Notausgänge · Bitte verlassen Sie das Kaufhaus durch die Notausgänge.

▶ die **No|te** [ˈnoːtə], der Note, die Noten:
1. *Zeichen, das in der Musik für einen bestimmten Ton steht:* Noten lesen / schreiben können.
2. *Zensur; Bewertung, die man in Form einer Ziffer z. B. in der Schule erhält:* mündliche / schriftliche Noten · Noten vergeben / erteilen · Sie hat sehr gute Noten *(ist sehr gut in der Schule).*

das **Note|book** [ˈnoʊtbʊk], des Notebooks, die Notebooks: *kleiner, leichter Computer, den man mitnehmen kann:* ein kleines / leichtes / neues Notebook · Im Zug arbeitet sie immer auf dem Notebook.

▶ der **Not|fall** [ˈnoːtfal], des Notfall[e]s, die Notfälle [ˈnoːtfɛlə]: *Situation, in der dringend Hilfe benötigt wird:* bei Notfällen Erste Hilfe leisten · Für den Notfall habe ich die Medikamente mit.

not|falls [ˈnoːtfals]: *falls keine andere Möglichkeit bleibt:* Notfalls komme ich am Wochenende nach Leipzig, um dir beim Umzug zu helfen.

▶ **no|tie|ren** [noˈtiːrən], notiert, notierte, hat notiert: *[sich] etwas aufschreiben, um es nicht zu vergessen:* Ich notiere mir Ihre Handynummer.

▶ **nö|tig** [ˈnøːtɪç], nötiger, am nötigsten: *notwendig, erforderlich für etwas:* die nötigen Mittel / Schritte · War es nötig, dass du dich so aufregst? · Sie hielt es nicht einmal für nötig, sich zu entschuldigen. *(Sie hat sich nicht einmal entschuldigt.).*

▶ die **No|tiz** [noˈtiːt͡s], der Notiz, die Notizen: *kurzer Text, den man aufschreibt, um etwas nicht zu vergessen:* ein Zettel mit Notizen · sich bei einem Vortrag Notizen machen.

▶ der **Not|ruf** [ˈnoːtruːf], des Notruf[e]s, die Notrufe: *Telefonnummer, unter der man die Polizei, die Feuerwehr oder den Notarzt in* *dringenden Fällen erreichen kann:* Er hat die Feuerwehr über den Notruf alarmiert.

die **Not|wehr** ['no:tve:ɐ̯], der Notwehr:
Handlung, mit der man sich gegen einen Angriff wehrt: aus / in Notwehr handeln · Sie hat ihn in Notwehr getötet und wurde deshalb freigesprochen.

▶ **not|wen|dig** ['no:tvɛndɪç], notwendiger, am notwendigsten:
unbedingt nötig: die notwendigen Mittel / Maßnahmen / Schritte · etwas ist sehr / dringend notwendig · Ich halte es für politisch notwendig, dass sich alle Parteien einigen. · Am Notwendigsten ist es jetzt, Lebensmittel in das Hochwassergebiet zu schicken.

▶ der **No|vem|ber** [no'vɛmbɐ], des Novembers:
elfter Monat im Jahr: ein kalter und nasser November · Sie hat im November Geburtstag.

nüch|tern ['nʏçtɐn]:
1. *so, dass man (nach dem Schlaf) noch nichts gegessen oder getrunken hat:* Kommen Sie bitte morgen früh mit nüchternem Magen in die Praxis!
2. ⟨nüchterner, am nüchternsten⟩ *so, dass man keinen (oder nur sehr wenig) Alkohol getrunken hat:* Ich bin nicht mehr ganz nüchtern. · Heute Abend muss er nüchtern bleiben, er hat Nachtdienst.

▶ die **Nu|del** ['nu:dl̩], der Nudel, die Nudeln ⟨meist Plural⟩:
Lebensmittel aus Mehl (und Eiern), das in Wasser gekocht wird: Nudeln kochen · Heute gibt es Nudeln mit Tomatensoße.

▶ **null** [nʊl] (als Ziffer: 0):
die Zahl 0: Sie hat in der Mathearbeit null Fehler. · Temperaturen über / unter null · Es steht zwei zu null für die Schweiz.

die **Null** [nʊl], der Null, die Nullen:
1. *Ziffer 0:* die Zahl Null · eine Null malen / schreiben.
2. (umgangssprachlich abwertend) *Mensch, der wenig kann, leistet:* Er ist eine echte Null.

▶ die **Num|mer** ['nʊmɐ], der Nummer, die Nummern:
Zahl, mit der ein Platz, eine Reihenfolge gekennzeichnet wird: Der Spieler mit der Nummer *(Rückennummer)* elf wurde verwarnt. · Ich wohne in der gleichen Straße, aber in der Nummer 28. · Gibst du mir deine Nummer *(Telefonnummer)?*

▶ **nun** [nu:n]:
1. *jetzt* (1)*:* Nun ist es zu spät. · Nun komm doch endlich! · Nun weiß ich, dass ich dich liebe.
2. *²eben* (4)*:* Es ist nun aber so, dass wir nach Berlin ziehen.
3. leitet eine Frage ein; *also:* Nun, was meinst du dazu?

▶ **nur** [nu:ɐ̯]:
1. *nicht mehr als:* Es sind nur noch drei Tage, dann beginnen die Ferien. · Wartest du auf mich? Ich brauche nur noch zwei Minuten. · Es gibt nur zwei Möglichkeiten.
2. *ausschließlich; nichts als:* Das habe ich doch nur so gesagt. · Sprechstunde nur nach Vereinbarung!
3. drückt aus, dass einen eine bestimmte Frage quält; *bloß:* Was hat sie nur? Sie ist immer so traurig.
4. drückt aus, dass etwas ein Rat sein soll: Reg dich nur nicht auf, du schaffst das schon!
5. verstärkt einen Wunsch; *bloß:* Wenn ich nur schon in Italien wäre!

die **Nuss** [nʊs], der Nuss, die Nüsse:
Frucht mit einer harten Schale, deren Kern Öl enthält und den man meistens essen kann: Nüsse sammeln / knacken.

▶ **nut|zen** ['nʊtsn̩], nutzt, nutzte, hat genutzt, **nüt|zen** ['nʏtsn̩], nützt, nützte, hat genützt:
1. (meist: nutzen) *eine Möglichkeit, Gelegenheit benutzen, um etwas zu erreichen:* Sie nutzt jede freie Minute, um zu lernen.
2. (meist: nützen) *von Nutzen sein:* Das Mittel nützt gar nichts.

der **Nut|zen** ['nʊtsn̩], des Nutzens:
Vorteil, den man von etwas hat, aus etwas zieht: ein großer / kleiner Nutzen · Welchen Nutzen versprichst du dir davon? · Sie zieht Nutzen aus der Entscheidung des Chefs.

▶ **nütz|lich** ['nʏtslɪç], nützlicher, am nützlichsten:
für etwas, einen bestimmten Zweck gut oder wichtig: nützliche Informationen · Dieses Wörterbuch ist sehr nützlich.

nutz|los ['nʊtslo:s], nutzloser, am nutzlosesten:
so, dass es keinen Vorteil, Nutzen bringt: nutzlose Bemühungen / Versuche / Gespräche · Es ist völlig nutzlos, sich mit ihr darüber zu streiten.

die **Nut|zung** ['nʊtsʊŋ], der Nutzung:
das Anwenden, Benutzen von etwas: die wirtschaftliche Nutzung der Gebäude.

O

die **Oa|se** [o'a:zə], der Oase, die Oasen:
Stelle mit Wasser in einer Wüste, an der Pflanzen wachsen: Sie übernachteten in einer Oase.

ob [ɔp]:
1. leitet eine Frage ein, auf die man mit Ja oder Nein antwortet: Sie hat gefragt, ob du mit ins Kino gehst.
2. in Verbindung mit »als« in bestimmten Vergleichen: Er tat so, als ob er sie nicht gesehen hätte.
3. * **und ob:** wird benutzt, um etwas zu betonen: »Hat die deutsche Mannschaft gewonnen?« – »Und ob – 3:1«.

ob|dach|los ['ɔpdaxlo:s]:
ohne Wohnung; auf der Straße lebend: obdachlose Menschen · Durch die Überschwemmungen sind viele Menschen obdachlos geworden.

oben ['o:bn̩]:
1. *an einer höher oder hoch gelegenen Stelle:* Das Wörterbuch steht ganz oben im Regal.
2. *in einer höheren (beruflichen o. Ä.) Position:* die Chefs da oben.
3. *im Norden:* in Dänemark oben · Sie macht immer da oben Urlaub.
4. *weiter vorn im Text:* siehe oben · wie oben schon erwähnt.

der **Ober** ['o:bɐ], des Obers, die Ober:
Kellner: den Ober rufen.

ober... ['o:bər...]:
1. *so, dass es sich weiter oben befindet:* das obere der beiden Bücher · Die Strümpfe liegen in der obersten Schublade.
2. *so, dass man in einer höheren Position ist:* die oberen Schichten der Bevölkerung.

die **Ober|flä|che** ['o:bɐflɛçə], der Oberfläche, die Oberflächen:
alle Flächen eines Körpers: eine raue / glatte Oberfläche · die Oberfläche der Erde / des Mondes · die Oberfläche des Würfels berechnen.

ober|fläch|lich ['o:bɐflɛçlɪç], oberflächlicher, am oberflächlichsten:
1. *so, dass es nur an der Oberfläche ist:* eine oberflächliche Wunde.
2. *so, dass etwas nur nach dem Äußeren beurteilt wird:* ein oberflächlicher Mensch.
3. *nicht gründlich, nicht genau:* eine oberflächliche Bearbeitung des Textes · Ich habe das Buch nur ganz oberflächlich gelesen.

der **Ober|kör|per** ['o:bɐkœrpɐ], des Oberkörpers, die Oberkörper:
oberer Teil des menschlichen Körpers: Bitte machen Sie den Oberkörper frei!

das **Ob|jekt** [ɔp'jɛkt], des Objekt[e]s, die Objekte:
Sache oder Person, für die man sich interessiert: das Objekt seiner Forschungen · das Objekt mit der Lupe betrachten.

ob|jek|tiv [ɔpjɛk'ti:f], objektiver, am objektivsten:
sachlich; so, dass es ohne Gefühle bewertet wird: eine objektive Entscheidung / Meinung / Untersuchung · Man muss den Fall objektiv betrachten.

▸ das **Obst** [o:pst], des Obst[e]s:
Früchte, die man essen kann: Obst pflücken / ernten · Obst und Gemüse · Ich gehe auf den Markt, um frisches Obst zu kaufen.

▸ **ob|wohl** [ɔp'vo:l]:
wenn auch; trotz der Tatsache, dass ...: Er ist heute in die Schule gekommen, obwohl er krank ist.

▸ **oder** ['o:dɐ]:
1. verbindet zwei oder mehrere Möglichkeiten als Alternativen: Kommst du heute oder erst morgen? · Wir könnten das Wochenende in Hamburg oder Berlin verbringen. · Möchtest du dir den USB-Stick bei mir abholen oder soll ich ihn dir bringen?
2. *nicht wahr? etwa nicht?:* Du kommst doch mit ins Kino, oder?

▸ der **Ofen** ['o:fn̩], des Ofens, die Öfen ['ø:fn̩]:
1. *Gerät, mit dem man einen Raum heizt:* den Ofen heizen / anmachen · Sie sitzt im Winter gern am Ofen.
2. *Backofen:* den Kuchen / Braten in den Ofen schieben.

▸ **of|fen** ['ɔfn̩]:
1. *so, dass es nicht zu, nicht geschlossen ist:* eine offene Tür / Flasche · Das Fenster ist / steht weit offen.
2. *[noch] nicht entschieden; ungewiss:* Die Antwort ist noch offen. · Das Spiel war völlig offen.
3. *[noch] nicht bezahlt; [noch] nicht erledigt:* Hier sind noch zwei offene Rechnungen.
4. *nicht besetzt; frei:* Bei uns gibt es noch fünf offene Stellen, bewirb dich doch!
5. ⟨offener, am offensten⟩ *so, dass jemand über seine Gedanken und Gefühle spricht:* Er ist der offenste Mensch, den ich kenne.

6. *klar und deutlich:* offener Protest / Widerstand · Er zeigt offen, dass er seinen Chef nicht mag.

▶ **of|fen|bar** ['ɔfn̩ba:ɐ̯]:
so, wie es scheint: Der Zug hat offenbar Verspätung. · Offenbar hat er unseren Termin vergessen.

of|fen|sicht|lich ['ɔfn̩zɪçtlɪç]:
1. *wie es scheint:* Er hat die rote Ampel offensichtlich nicht gesehen.
2. ⟨offensichtlicher, am offensichtlichsten⟩ *ganz deutlich und klar:* Das ist ein offensichtliches Missverständnis.

of|fen|siv [ɔfɛn'zi:f], offensiver, am offensivsten:
angreifend; sehr offen: eine offensive Politik · Sie geht immer sehr offensiv mit Problemen um.

▶ **öf|fent|lich** ['œfn̩tlɪç]:
1. *nicht geheim; so, dass jeder zuhören oder zusehen kann:* Das Gericht verhandelt in einer öffentlichen Sitzung.
2. *für alle Menschen:* der öffentliche Nahverkehr · die öffentlichen Bibliotheken benutzen.

▶ die **Öf|fent|lich|keit** ['œfn̩tlɪçkai̯t], der Öffentlichkeit:
alle Menschen [eines Landes] zusammen: die breite Öffentlichkeit · Die Regierung hat ihren Plan der Öffentlichkeit vorgestellt.

▶ **of|fi|zi|ell** [ɔfi'tsi̯ɛl]:
1. *amtlich, dienstlich:* die offizielle Begrüßung des Staatsgastes · Die Verhandlungen werden jetzt offiziell geführt.
2. *feierlich, nicht privat:* eine offizielle Feier · Sie wurde offiziell eingeladen.

der **Of|fi|zier** [ɔfi'tsi:ɐ̯], des Offiziers, die Offiziere, die **Of|fi|zie|rin** [ɔfi'tsi:rɪn], der Offizierin, die Offizierinnen:
Person, die eine hohe Position in der Armee hat: Er ist inzwischen ein hoher Offizier.

▶ **off|line** ['ɔflai̯n]:
1. *so, dass es von der Anlage, die die Daten verarbeitet, getrennt arbeitet:* Das funktioniert offline.
2. *nicht an das Internet o. Ä. angeschlossen:* Wir sind heute leider offline, die Leitung ist gestört.

▶ **öff|nen** ['œfnən], öffnet, öffnete, hat geöffnet:
1. *aufmachen:* Sie öffnet eine Dose Fisch. · Du musst die Datei erst öffnen!
2. *für Besucher, Kunden, Nutzer aufmachen:* Das Kaufhaus öffnet erst um zehn Uhr. · Das Museum hat täglich von 11 bis 18 Uhr geöffnet.
3. ⟨+ sich⟩ *aufgehen:* Die Tür öffnet und schließt sich automatisch.

die **Öff|nung** ['œfnʊŋ], der Öffnung, die Öffnungen:
offene Stelle: eine kleine / große / runde Öffnung · eine Öffnung in der Wand.

die **Öff|nungs|zeit** ['œfnʊŋstsai̯t], der Öffnungszeit, die Öffnungszeiten ⟨meist Plural⟩:
Zeit, in der etwas geöffnet ist: Die Öffnungszeiten der Bibliothek sind täglich von 8 bis 20 Uhr.

▶ **oft** [ɔft], öfter, am öftesten:
immer wieder: Er kommt mich oft besuchen. · Das Kind ist sehr oft krank.

▶ **öf|ter** ['œftɐ]:
mehrmals; ab und zu: Ich habe sie schon öfter im Kino getroffen.

oh [o:]:
1. Zeichen der Überraschung: Oh Verzeihung, das wollte ich nicht!
2. Zeichen des Ablehnens: Oh, ich hasse diese Hausaufgaben!

▶ **oh|ne** ['o:nə]:
1. *nicht mit:* Wir müssen ohne Peter nach Berlin fahren, er ist krank. · Ich trinke den Kaffee mit Milch, aber ohne Zucker. Dieses Medikament gibt es ohne Rezept.
2. drückt aus, dass etwas nicht passiert, nicht gemacht wird: Sie ging, ohne ein Wort zu sagen.

oh|ne|hin ['o:nə'hɪn]:
auf jeden Fall, unabhängig davon; ja bereits: Das hätte uns ohnehin nichts genutzt.

die **Ohn|macht** ['o:nmaxt], der Ohnmacht, die Ohnmachten:
1. *Zustand, in dem man ohne Bewusstsein ist:* eine leichte / plötzliche Ohnmacht · Ihm wurde schwarz vor Augen und dann fiel er in Ohnmacht. · Sie erwachte plötzlich aus der Ohnmacht.
2. ⟨ohne Plural⟩ *Zustand, in dem man keine Macht hat, nicht handeln kann:* die politische Ohnmacht der Regierung.

▶ das **Ohr** [o:ɐ̯], des Ohr[e]s, die Ohren:
das, womit man hört: große / kleine Ohren · sich die Ohren waschen.

okay [o'ke:]:
1. (umgangssprachlich) *in Ordnung, gut:* Das Konzert war okay. · Es ist alles okay
2. *Einverstanden!:* »Wollen wir morgen essen gehen?« – »Okay!«.

die **Öko|lo|gie** [økolo'gi:], der Ökologie:
Wissenschaft, die die Beziehungen zwischen Lebewesen und ihrer Umwelt untersucht: Die Ökologie wird immer wichtiger in der heutigen Zeit.

ko|lo|gisch [øko'lo:gɪʃ], ökologischer, am ökologischsten:
1. *so, dass es die Umwelt schont:* Dieser Bauernhof betreibt ökologische Landwirtschaft.
2. *so, dass es die Beziehungen zwischen Lebewesen und Umwelt berücksichtigt:* das ökologische Gleichgewicht · eine ökologische Katastrophe · ökologische Probleme.

ie **Öko|no|mie** [økono'mi:], der Ökonomie, die Ökonomien:
Wirtschaft: die Ökonomie eines Landes reformieren.

ko|no|misch [øko'no:mɪʃ]:
1. *wirtschaftlich:* die ökonomischen Bedingungen des Landes verbessern.
2. ⟨ökonomischer, am ökonomischsten⟩ *sparsam:* die Ressourcen ökonomisch nutzen · Sie arbeitet immer am ökonomischsten von allen.

er **Ok|to|ber** [ɔk'to:bɐ], des Oktobers, die Oktober:
zehnter Monat im Jahr: ein regnerischer / sonniger / goldener Oktober · Anfang / Ende Oktober.

ktoberfest

as Oktoberfest ist auf der ganzen Welt bekannt. Seine Geschichte reicht bis in die Zeit er bayerischen Monarchie [die Herrschaft on Königen] zurück: Am 17. Oktober 1810 eiratete der spätere König Ludwig I die rinzessin Therese aus Sachsen. Auf der später nach ihr benannten Theresienwiese fand ur Feier des Tages ein Pferderennen statt. in Jahr später, zum 1. Hochzeitstag, wurde s wiederholt – die Tradition war geboren. either findet jährlich auf der Theresieniese das Münchner Oktoberfest statt – nur riege, Inflation oder Seuchen schafften es, as Fest zu verhindern. Die *Wies'n*, wie das ktoberfest in Bayern auch genannt wird, ist as größte Volksfest weltweit. Jedes Jahr ommen Millionen von Besucher zum Oktoerfest. In den riesigen Bierzelten kann man egrillte *Hendl* [Hähnchen] und *Brezn* [Breeln] essen und dazu Bier (oder andere Geränke) trinken. Das Bier trinkt man übrigens aus Maßkrügen [große Gläser für einen iter Flüssigkeit]; wenn man bei der Kellnein bestellt, sagt man »Eine Maß, bitte!«. ichtig gekleidet ist man auf dem Oktoberest als Mann mit einer Lederhose und als rau mit einem *Dirndl* [= meist kariertes leid mit weißer Bluse darunter].

▶ das **Öl** [ø:l], des Öls, die Öle:
1. *flüssiges Fett aus Pflanzen, das man für Essen verwendet:* Ich brate das Fleisch lieber in Öl als in Butter. · Machst du den Salat mit Essig und Öl?
2. *Erdöl:* Öl fördern · Öl exportierende Länder · nach Öl bohren.
3. *Flüssigkeit zum Heizen:* Öl für den Winter kaufen.

die **Öl|hei|zung** ['ø:lhaitsʊŋ], der Ölheizung, die Ölheizungen:
Heizung, die mit Öl arbeitet: die Ölheizung warten.

die **Oli|ve** [o'li:və], der Olive, die Oliven:
kleine, meist grüne oder schwarze Frucht, die viel Öl enthält und die man essen kann: eingelegte Oliven ohne Kern · Oliven auf dem Markt kaufen.

das **Oli|ven|öl** [o'li:vn̩|ø:l], des Olivenöl[e]s, die Olivenöle:
Öl, das aus Oliven gepresst wird und zum Kochen oder für Salate verwendet wird: ein Salatdressing aus Olivenöl und Essig · Ich muss noch zwei Flaschen Olivenöl kaufen.

die **Olym|pi|a|de** [olʏm'pi̯a:də], der Olympiade, die Olympiaden:
großer Wettkampf im Sport, der alle vier Jahr stattfindet: Sie hat sich für die Olympiade qualifiziert. · Er gewann eine Goldmedaille bei / auf der letzten Olympiade.

olym|pisch [o'lʏmpɪʃ]:
so, dass es die Olympiade betrifft, zu ihr gehört: die olympischen Ringe · Er hat einen neuen olympischen Rekord aufgestellt.

▶ die **Oma** ['o:ma], der Oma, die Omas:
Großmutter: Meine Oma hat vier Enkelkinder. · Meine beiden Omas wohnen in Heidelberg.

das **Ome|lett** [ɔm(ə)'lɛt], des Omelett[e]s, die Omelette oder die Omeletts:
Gericht aus Eiern, das in der Pfanne gebraten wird: ein Omelett mit Gemüse bestellen.

der **Om|ni|bus** ['ɔmnibʊs], des Omnibusses, die Omnibusse:
Bus: den Omnibus nehmen.

▶ der **On|kel** ['ɔŋkl̩], des Onkels, die Onkel:
Bruder oder Schwager der Mutter oder des Vaters: Ich habe zwei Onkel und drei Tanten. · Morgen besuchen wir Onkel Peter im Krankenhaus.

▶ **on|line** ['ɔnlai̯n]:
1. *so, dass es in Verbindung mit der Anlage, die die Daten verarbeitet, arbeitet:* Computer online vernetzen.

2. *an das Internet o. Ä. angeschlossen:* das Buch online stellen / auch online anbieten · Ich habe diese Reise online gebucht. · Sie können sich auf diese Stelle auch online bewerben!

▶ der **Opa** [ˈoːpa], des Opas, die Opas:
Großvater: Meine beiden Opas leben noch. · In den Ferien besuche ich Oma und Opa.

▶ die **Oper** [ˈoːpɐ], der Oper, die Opern:
1. *Stück mit viel Musik und Gesang, das im Theater aufgeführt wird:* eine Oper komponieren / aufführen / inszenieren · eine Oper von Mozart / Verdi.
2. *Aufführung einer Oper:* Nach der Oper gingen sie noch in ein Restaurant.
3. *Theater, in dem meistens Opern gespielt werden:* Wir fahren mit dem Bus zur Oper.

▶ die **Ope|ra|ti|on** [opəraˈt̮si̯oːn], der Operation, die Operationen:
medizinische Behandlung, bei der ein Teil des Körpers geöffnet wird: eine leichte / schwere / komplizierte / lange Operation · eine Operation durchführen / ausführen / vornehmen · eine Operation am Rücken / am Herzen · Die Schwester bereitet die Patientin auf die Operation vor.

▶ **ope|rie|ren** [opəˈriːrən], operiert, operierte, hat operiert:
an einem Menschen oder einem Tier eine Operation durchführen: einen Patienten am Herz[en] operieren · Das muss sofort operiert werden! · Die Ärzte operieren jetzt schon acht Stunden.

▶ das **Op|fer** [ˈɔpfɐ], des Opfers, die Opfer:
1. *etwas, worauf man verzichtet, obwohl das schwer ist:* Sie haben große Opfer gebracht, damit ihre Kinder studieren können.
2. *Mensch, der bei einem Unfall o. Ä. verletzt wird [und stirbt]:* Der Verkehrsunfall forderte drei Opfer.

die **Op|po|si|ti|on** [ɔpoziˈt̮si̯oːn], der Opposition, die Oppositionen:
1. *Widerstand, Widerspruch:* die Opposition gegen das Bauprojekt · Seine Opposition gegen das Regime wuchs.
2. *politische Parteien oder Gruppen, die nicht in der Regierung sind:* eine Zusammenarbeit mit der Opposition · Die Opposition stimmte gegen das neue Gesetz.

der **Op|ti|ker** [ˈɔptikɐ], des Optikers, die Optiker, die **Op|ti|ke|rin** [ˈɔptikərɪn], der Optikerin, die Optikerinnen:
Person, die Brillen u. Ä. herstellt: Ich war beim Optiker, um mir eine neue Brille machen zu lassen.

op|ti|mal [ɔptiˈmaːl]:
sehr gut; so, dass es nicht besser geht: Diese Mannschaft hat die optimalen Voraussetzungen, um den Sieg zu erkämpfen. · Wir beraten Sie optimal beim Kauf Ihrer Wohnung!

▶ **op|ti|mis|tisch** [ɔptiˈmɪstɪʃ], optimistischer, am optimistischsten:
so, dass man das Positive sieht, erwartet: eine optimistische Einschätzung / Einstellung · Ich bin optimistisch, was das Wetter angeht. · Sie beurteilt die Entwicklung optimistisch.

die **Op|ti|on** [ɔpˈt̮si̯oːn], der Option, die Optionen:
Möglichkeit: Wir haben zwei Optionen: gehen oder bleiben.

▶ **oran|ge** [oˈrãːʒə]:
so, dass es die Farbe der Orange hat: Die Pflanze hat orange Blüten. · Ihr Kleid war orange.

▶ die **Oran|ge** [oˈrãːʒə], der Orange, die Orangen:
Apfelsine: Orangen kaufen / auspressen.

der **Oran|gen|saft** [oˈrãːʒn̩zaft], des Orangensaft[e]s, die Orangensäfte [oˈrãːʒn̩zɛftə]:
Saft aus Orangen: Zum Frühstück gab es immer ein Glas frisch gepressten Orangensaft.

▶ das **Or|ches|ter** [ɔrˈkɛstɐ], des Orchesters, die Orchester:
[größere] Gruppe von Musikern, die mit einem Dirigenten zusammen Konzerte gibt: ein großes / berühmtes / weltbekanntes Orchester · Sie spielt im philharmonischen Orchester Geige. · Das Orchester aus Leipzig gastiert in Japan.

▶ **or|dent|lich** [ˈɔrdn̩tlɪç], ordentlicher, am ordentlichsten:
1. *so, dass es aufgeräumt ist:* eine ordentliche Wohnung.
2. *so, wie etwas sein soll:* Er ist ein netter, ordentlicher junger Mann.
3. (umgangssprachlich) *groß, umfangreich, viel:* eine ordentliche Portion essen · An dem Verkauf des Hauses hat er ordentlich verdient.

▶ die **Or|di|na|ti|on** [ɔrdinaˈt̮si̯oːn], der Ordination, die Ordinationen:
1. *Praxis eines Arztes:* eine neu eröffnete Ordination.
2. *ärztliche Sprechstunde:* Ordination täglich von 8 bis 14 Uhr.

▶ **ord|nen** [ˈɔrdnən], ordnet, ordnete, hat geordnet:

1. *in ein bestimmtes System, eine Reihenfolge bringen:* Ich muss endlich meine Papiere ordnen.
2. *[wieder] in einen ordentlichen Zustand bringen:* Ordne mal deine Kleider!

der **Ord|ner** ['ɔrdnɐ], des Ordners, die Ordner:
1. *Mappe, in der man Papiere aufbewahrt:* Ich muss noch ein paar neue Ordner kaufen.
2. (EDV) *Teil auf der Festplatte eines Computers o. Ä., in dem Dokumente gespeichert werden können:* einen Ordner neu anlegen / umbenennen / löschen · Ich verschiebe die Datei mal in deinen Ordner.

die **Ord|nung** ['ɔrdnʊŋ], der Ordnung:
1. *Zustand, in dem alles an seinem Platz ist, es aufgeräumt ist:* vorbildliche Ordnung · Du könntest in deinem Zimmer auch mal wieder Ordnung schaffen! · Es fällt Oskar noch schwer, in seinen Sachen Ordnung zu halten.
2. *immer gleicher Verlauf [des Lebens]:* Durch den Tod seiner Frau wurde er aus seiner gewohnten Ordnung herausgerissen.
3. *Disziplin:* Hier herrscht eine strenge Ordnung.

das **Or|gan** [ɔr'ga:n], des Organs, die Organe:
Teil des Körpers, der eine bestimmte Funktion hat (und abgegrenzt ist): die inneren / lebenswichtigen Organe · Er möchte nach seinem Tod seine Organe spenden.

die **Or|ga|ni|sa|ti|on** [ɔrganiza'tsi̯o:n], der Organisation, die Organisationen:
1. ⟨ohne Plural⟩ *das Vorbereiten, Organisieren:* Wichtig ist eine gute Organisation des Projekts. · Die Organisation war perfekt / verlief reibungslos.
2. *Gruppe, die gemeinsame Aufgaben oder Ziele hat:* politische / internationale Organisationen · eine neue Organisation für den Tierschutz gründen.

or|ga|ni|sa|to|risch [ɔrganiza'to:rɪʃ]:
so, dass es die Organisation (1) *betrifft:* organisatorische Aufgaben / Mängel / Veränderungen · Das Projekt wird organisatorisch von Frau Meyer geleitet.

or|ga|nisch [ɔr'ga:nɪʃ]:
1. *so, dass es ein Organ oder den ganzen Körper betrifft:* organische Beschwerden haben · Sie ist organisch gesund / krank.
2. *zur belebten Natur gehörend:* organische Stoffe / Substanzen.

▸ **or|ga|ni|sie|ren** [ɔrgani'zi:rən], organisiert, organisierte, hat organisiert:
1. *sorgfältig und systematisch aufbauen, vorbereiten, organisieren:* das Schulfest / die Party organisieren.
2. (umgangssprachlich) *sich etwas [nicht ganz legal] besorgen:* Die Jugendlichen organisieren sich Wein und Zigaretten für ihre Party. · Er organisierte ihr ein Taxi.

der **Or|ga|nis|mus** [ɔrga'nɪsmʊs], des Organismus, die Organismen [ɔrga'nɪsmən]:
System der Organe; Körper (eines Lebewesens): der menschliche Organismus · den Organismus durch Sport stärken.

der **Ori|ent** ['o:ri̯ɛnt], des Orients:
alle Länder im westlichen und zentralen Teil Asiens: den Orient bereisen.

ori|en|tie|ren [ori̯ɛn'ti:rən] ⟨+ sich⟩, orientiert sich, orientierte sich, hat sich orientiert:
1. *die richtige Richtung finden:* sich in einer Stadt in Europa schnell / leicht orientieren können · Ich kann mich nachts immer so schlecht orientieren.
2. *etwas so machen, wie eine andere Person es auch tut:* Sie hat sich immer an ihrem Vater orientiert.

▸ **ori|gi|nal** [origi'na:l]:
echt; ursprünglich in seiner Gestalt, Form: die originale Größe des Bauwerks · original Schweizer Käse · Die Ware ist noch original verpackt.

▸ das **Ori|gi|nal** [origi'na:l], des Originals, die Originale:
ursprüngliches Exemplar: Das ist eine Kopie, das Original hängt in Dresden. · Sie müssen das Original des Zeugnisses einreichen.

ori|gi|nell [origi'nɛl], origineller, am originellsten:
in seiner Art neu: Das ist eine wirklich originelle Idee! · Der originellste Vorschlag wird ausgezeichnet.

der **Or|kan** [ɔr'ka:n], des Orkan[e]s, die Orkane:
sehr heftiger Sturm: Ein furchtbarer Orkan hat das Land verwüstet.

▸ der **Ort** [ɔrt], des Ort[e]s, die Orte:
1. *Stelle, an der etwas geschieht:* Hier ist ein guter Ort, um ein Picknick zu machen.
2. *Dorf, [kleinere] Stadt:* Das ist ein kleiner Ort im Norden Österreichs.

ört|lich ['œrtlɪç]:
so, dass es einen bestimmten Ort betrifft: Sie kennt die örtlichen Verhältnisse sehr genau.

▸ **Ost** [ɔst]:
Osten: die Grenze zwischen Ost und West.

▸ der **Os|ten** [ˈɔstn̩], des Ostens:
1. *Richtung am Himmel, in der die Sonne aufgeht:* Wo ist Osten? · Im Osten zieht ein Gewitter auf.
2. *östlicher Teil von etwas:* Sie wohnen im Osten der Schweiz.

das **Os|ter|ei** [ˈo:stɐ|ai̯], des Osterei[e]s, die Ostereier:
Ei, das gefärbt oder bemalt wird oder aus Schokolade ist und zu Ostern versteckt, gesucht, gegessen wird: viele bunte Ostereier · ein Nest mit bunten Ostereiern · Die Kinder suchen im Garten Ostereier.

der **Os|ter|ha|se** [ˈo:stɐha:zə], des Osterhasen, die Osterhasen:
1. *Hase, der angeblich die Ostereier bringt:* Der Osterhase kommt in der Nacht und versteckt die Eier.
2. *Figur aus Schokolade, die den Osterhasen* (1) *darstellt:* Er hat den Osterhasen gleich aufgegessen.

▸ das **Os|tern** [ˈo:stɐn], des Ostern, die Ostern ⟨meist ohne Artikel⟩:
(christliches) Fest im Frühling, mit dem gefeiert wird, dass Christus wieder lebt: Frohe Ostern! · Ostern werde ich verreisen. · An / Zu Ostern kommt mein Bruder zu Besuch.

▸ **Ös|ter|reich** [ˈø:stərai̯ç], Österreichs:
Staat im Zentrum Europas: Er kommt aus Österreich. · Viele Deutsche machen gern in Österreich Urlaub.

▸ der **Ös|ter|rei|cher** [ˈø:stərai̯çɐ], des Österreichers, die Österreicher, die **Ös|ter|rei|che|rin** [ˈø:stərai̯çərɪn], der Österreicherin, die Österreicherinnen:
Einwohner[in] Österreichs: Die Österreicherinnen und Österreicher wählen heute eine neue Regierung.

▸ **ös|ter|rei|chisch** [ˈø:stərai̯çɪʃ]:
so, dass es Österreich und die Österreicher betrifft: die österreichische Fahne / Küche.

▸ **öst|lich** [ˈœstlɪç], östlicher, am östlichsten:
1. *im Osten liegend:* die östliche Grenze · der östliche Teil Deutschlands.
2. *nach Osten gerichtet:* Sie müssen in östlicher Richtung fahren, um nach Dresden zu kommen.

▸ die **Ost|see** [ˈɔstze:], der Ostsee:
Meer im Norden Deutschlands, an das auch Polen grenzt: Im Sommer fahren wir an die Ostsee.

out [au̯t] (umgangssprachlich):
so, dass es nicht mehr interessant, in Mode ist: Das Lokal / Der Klub ist [schon lange] total out.

oval [oˈva:l]:
so, dass es die Form eines Eies hat: ein ovaler Tisch · Der Rahmen des Porträts ist oval.

▸ der **Oze|an** [ˈo:t͡sea:n], des Ozeans, die Ozeane:
sehr großes Meer zwischen den Kontinenten: diesseits / jenseits des Ozeans · den Ozean überqueren.

P

▸ **paar** [pa:ɐ̯]:
*** ein paar:** *wenige; nicht sehr viele:* Ich fahre für ein paar Tage an die Ostsee. · Sie hat sich ein paar neue Bücher und CDs gekauft.

▸ das **Paar** [pa:ɐ̯], des Paar[e]s, die Paare:
1. *zwei Personen, die eng miteinander verbunden sind:* ein junges / älteres / verliebtes / glückliches Paar · Sie sind seit einem halben Jahr ein Paar.
2. *zwei Dinge, die gleich sind, ein Ganzes ergeben:* ein Paar Schuhe / Stiefel · drei Paar Würstchen · Sie kauft sich ein neues Paar Ohrringe / ein Paar neue Ohrringe.

das **Päck|chen** [ˈpɛkçən], des Päckchens, die Päckchen:
1. *kleineres Paket, in dem man etwas (mit der Post) schickt:* Ich muss noch das Päckchen zur / auf die Post bringen.
2. *kleines Paket, das eine bestimmte Ware enthält:* ein Päckchen Backpulver / Salz / Zigaretten.

▸ **pa|cken** [ˈpakn̩], packen, packte, hat gepackt:
1. *mit den Händen fassen und festhalten:* Sie packte das Kind am Arm und zog es von der Straße zurück.
2. *(in etwas) legen:* alle Sachen für den Urlaub in den Koffer packen.
3. *etwas mit Sachen füllen:* den Koffer / die Tasche / die Kisten packen · Ich muss noch packen, wir fahren morgen früh.

das **Pa|ckerl** [ˈpakɐl], des Packerls, die Packerln (österreichisch):
1. *Päckchen* (1): Ich muss noch das Packerl von der Post holen.
2. *Päckchen* (2): ein Packerl Zigaretten.

die **Pa|ckung** [ˈpakʊŋ], der Packung, die Packungen:

Schachtel o. Ä. mit einer Ware: kleine / große Packungen · Bringst du mir aus dem Supermarkt bitte noch eine Packung Tee mit?

päd|a|go|gisch [pɛda'go:gɪʃ]:
so, dass es die Erziehung oder die Ausbildung betrifft: Sie hat eine pädagogische Ausbildung. · Es ist nicht sehr pädagogisch, immer mit seinem Kind zu schimpfen.

das **Pa|ket** [pa'ke:t], des Paket[e]s, die Pakete:
1. *(größerer) Karton, den man (mit der Post) schickt:* ein leichtes / schweres Paket · ein Paket packen / verschicken / aufgeben · ein großes Paket mit Büchern.
2. *größere Packung:* ein Paket Nudeln / Kaffee / Waschpulver.

der **Pa|last** [pa'last], des Palast[e]s, die Paläste [pa'lɛstə]:
großes Schloss: den Palast der spanischen Könige in Madrid besichtigen.

die **Pa|nik** ['pa:nɪk], der Panik:
große Angst, Unruhe, die plötzlich entsteht: Sie geriet bei dem Unglück in Panik. · Auf dem Schiff brach [eine] Panik aus.

die **Pan|ne** ['panə], der Panne, die Pannen:
1. *Schaden, der plötzlich an einem Fahrzeug auftritt:* Auf der Fahrt nach Italien hatten wir eine Panne.
2. *Fehler; Störung:* Bei der Veranstaltung gab es mehrere Pannen.

der **Pan|tof|fel** [pan'tɔfl̩], des Pantoffels, die Pantoffeln:
flacher, leichter Schuh, den man in der Wohnung trägt: warme Pantoffeln · Wo sind meine Pantoffeln?

der **Pa|pa** ['papa], des Papas, die Papas:
Vater: Wo ist dein Papa? · Er ist letztes Jahr Papa geworden.

das **Pa|pier** [pa'pi:ɐ̯], des Papiers, die Papiere:
1. *Material (aus Holz oder Pflanzen), auf dem man schreibt, mit dem man etwas verpackt o. Ä.:* weißes / graues / buntes / weiches Papier · ein Blatt / Bogen Papier · das Papier zerreißen / falten.
2. ⟨meist Plural⟩ *Dokumente, Ausweise:* die Papiere verlieren / vorzeigen · Ihre Papiere, bitte!

der **Pa|pier|korb** [pa'pi:ɐ̯kɔrp], des Papierkorbs, die Papierkörbe [pa'pi:ɐ̯kœrbə]:
Behälter für Abfall aus Papier o. Ä.: ein voller / leerer Papierkorb · die alte Zeitung in den Papierkorb werfen / stecken · den Papierkorb (aus)leeren.

die **Pap|pe** ['papə], der Pappe, die Pappen:
Material, das dem Papier ähnlich, aber dicker und steifer ist: feste / dicke / dünne / steife Pappe · Pappe schneiden · ein Bogen Pappe · etwas mit / aus Pappe basteln.

der **Pa|pri|ka** ['paprika], des Paprikas, die Paprika[s]:
1. *gelbe, rote oder grüne Frucht einer bestimmten Pflanze, die als Gemüse verwendet wird:* Ich hätte gern eine gelbe, eine rote und eine grüne Paprika.
2. *rotes Gewürz, das aus Paprika* (1) *hergestellt wird:* süßer / scharfer Paprika · mit Paprika würzen.

der **Papst** [pa:pst], des Papst[e]s, die Päpste ['pɛ:pstə]:
oberster Beamter der katholischen Kirche, der in Rom lebt und arbeitet: eine Audienz beim Papst · Er wurde zum Papst gewählt / gekrönt.

▶ der **Pa|ra|dei|ser** [para'dai̯zɐ], des Paradeisers, die Paradeiser (österreichisch):
Tomate: Paradeiser anbauen / ernten / kaufen.

das **Pa|ra|dies** [para'di:s], des Paradieses, die Paradiese:
1. (Religion) *(in der Bibel) Ort, an dem alles perfekt und vollkommen ist; Garten Gottes:* die Vertreibung des Menschen aus dem Paradies.
2. *Ort, Bereich, der als ideal (für jemanden, etwas) gilt:* Das ist ein Paradies für Wanderer.

der **Pa|ra|graf** [para'gra:f], des Paragrafen, die Paragrafen:
Abschnitt in einem (längeren) Text, besonders in Gesetzen und wissenschaftlichen Arbeiten: Paragraf 1 des Bürgerlichen Gesetzbuches · gegen einen Paragrafen verstoßen.

▶ **pa|ral|lel** [para'le:l]:
so, dass es in gleicher Richtung und in gleichem Abstand nebeneinander verläuft: zwei / mehrere parallele Linien · Der Weg führt parallel an den Gleisen entlang.

die **Pa|ral|le|le** [para'le:lə], der Parallele, die Parallelen:
gerade Linie, die parallel zu einer anderen verläuft: Zeichnet bitte drei Parallelen!

▶ das **Par|füm** [par'fy:m], des Parfüms, die Parfüme und die Parfüms:
Flüssigkeit mit einem intensiven Duft: ein neues / teures Parfüm · kein Parfüm nehmen · Sie benutzt jeden Tag (ein) Parfüm.

▶ der **Park** [park], des Parks, die Parks: *größere Anlage mit [alten] Bäumen, Sträuchern, Rasen, Wegen [und Blumen], in der man sich erholen und spazieren gehen kann:* ein alter / gepflegter / gut besuchter Park · In Potsdam gibt es viele Parks. · Sie gingen im Park spazieren.

▶ **par|ken** ['parkn̩], parkt, parkte, hat geparkt: *ein Fahrzeug o. Ä. für eine kürzere Zeit abstellen:* Wo parkst du denn heute? · Parken verboten!

das **Par|kett** [par'kɛt], des Parkett[e]s, die Parkette und die Parketts:
1. *Fußboden aus Holz, bei dem kleine Bretter (in einem bestimmten Muster) verlegt sind:* neues / glattes / zerkratztes Parkett · Parkett legen / verlegen.
2. *Teil im Saal eines Kinos oder Theaters, der zu ebener Erde liegt:* Zwei Plätze im Parkett bitte!

das **Park|haus** ['parkhaus], des Parkhauses, die Parkhäuser ['parkhɔyzɐ]: *(größeres) Gebäude, in dem Autos geparkt werden:* ein volles / leeres Parkhaus · Ich fahre nicht gern in ein Parkhaus.

▶ **par|kie|ren** ['parki:rən], parkiert, parkierte, hat parkiert (schweizerisch): *parken:* Hier dürfen nur Anwohner parkieren.

der **Park|platz** ['parkplats], des Parkplatzes, die Parkplätze ['parkplɛtsə]:
1. *Stelle, an der man ein Auto parken kann:* einen Parkplatz suchen · Im Stadtzentrum findet man nur selten einen freien Parkplatz.
2. *größerer Platz, auf dem Autos geparkt werden können:* ein bewachter / unbewachter Parkplatz.

die **Park|uhr** ['park|u:ɐ̯], der Parkuhr, die Parkuhren: *kleiner Automat, in den man das Geld für die Gebühr zum Parken wirft:* neue Parkuhren aufstellen · Die Parkuhr ist abgelaufen.

▶ das **Par|la|ment** [parla'mɛnt], des Parlament[e]s, die Parlamente:
1. *Vertretung des Volkes, die gewählt wird:* das Parlament wählen / auflösen · Das Parlament berät über den Gesetzentwurf.
2. *Gebäude, in dem ein Parlament (1) arbeitet:* vor dem Parlament demonstrieren.

▶ die **Par|tei** [par'tai̯], der Partei, die Parteien:
1. *Organisation, in der Personen mit gleichen politischen Zielen zusammenarbeiten:* eine neue / bürgerliche / linke Partei · Sie ist im letzten Jahr in die neue Partei eingetreten. · Die Parteien führen einen harten Wahlkampf.
2. *Mieter[in] oder Eigentümer[in] in einem Haus:* In dem großen Haus wohnen 30 Parteien.
3. *einer der beiden Gegner in einem Streit vor Gericht; Partner bei einem Vertrag:* Die Parteien einigen sich auf einen Vergleich.

das **Par|terre** [par'tɛr], des Parterres, die Parterres: *Etage eines Hauses, die zu ebener Erde liegt:* eine Wohnung im Parterre mieten.

▶ der **Part|ner** ['partnɐ], des Partners, die Partner, die **Part|ne|rin** ['partnərɪn], der Partnerin, die Partnerinnen:
1. *Person, mit der man etwas unternimmt oder zusammen arbeitet:* Sie sind Partner in der Firma.
2. *Person, die mit einer anderen zusammenlebt:* Sie hat einen neuen Partner gefunden. · Seine Partnerin ist leider verstorben.

die **Part|ner|schaft** ['partnɐʃaft], der Partnerschaft, die Partnerschaften:
1. *Verhältnis von Menschen, die Partner sind, zueinander:* eine enge Partnerschaft · eine Partnerschaft zwischen den Unternehmen.
2. *Verhältnis von zwei Menschen, die zusammen leben, zueinander:* eine glückliche Partnerschaft · Probleme in der Partnerschaft.

▶ die **Par|ty** ['pa:ɐ̯ti], der Party, die Partys: *(größeres) privates Fest(, auf dem auch getanzt wird):* eine große Party veranstalten · auf eine / zu einer Party gehen · Kommst du zu der Party heute Abend?

▶ der **Pass** [pas], des Passes, die Pässe ['pɛsə]: *amtlicher Ausweis, den man für Reisen ins Ausland braucht:* ein deutscher / italienischer / chinesischer Pass · einen Pass beantragen / verlängern [lassen] · Ihr Pass ist abgelaufen, Sie brauchen einen neuen.

▶ der **Pas|sa|gier** [pasa'ʒi:ɐ̯], des Passagiers, die Passagiere, die **Pas|sa|gie|rin** [pasa'ʒi:rɪn], der Passagierin, die Passagierinnen: *Person, die mit dem Flugzeug, dem Schiff oder der Bahn reist:* Die Passagiere nach Madrid werden zum Flugsteig A 23 gebeten!

der **Pas|sant** [pa'sant], des Passanten, die Passanten, die **Pas|san|tin** [pa'santɪn], der Passantin, die Passantinnen: *Fußgänger[in]:* neugierige Passanten.

Partei

Der Bundestag ist das oberste politische Organ in Deutschland. Das Gebäude in Berlin, in dem sich die Politiker zu Versammlungen treffen, heißt ebenfalls Bundestag. Welche Partei mit wie vielen Politikern im Bundestag sitzt, entscheiden die deutschen Bürger alle vier Jahre durch ihre Stimme bei der Bundestagswahl. Die Parteien sind aus Sicht der Redner grob von »links« nach »rechts« geordnet, d. h., dass auf der linken Seite des Rednerpultes die Partei sitzt, die von ihrer Grundeinstellung der politischen Richtung des Sozialismus' zugewandt ist und sich für Umverteilung von Vermögen von den Reichen zu den Armen einsetzt. Je weiter man nach rechts kommt, desto konservativer werden die Parteien. Diese Einteilung ist aber nur eine ungenaue Orientierung für die politische Ausrichtung der Parteien. Im Folgenden ist kurz aufgelistet, wofür sich die Parteien hauptsächlich einsetzen. Weitere Informationen zu den Parteien gibt es auf den angegebenen Internetseiten: Die Linke: Die Linke setzt sich hauptsächlich für den Ausbau des Sozialstaates, die Umverteilung von Vermögen von den Reichen zu den Armen und gegen die Macht des Kapitalismus ein (http://www.die-linke.de/). Die SPD (Sozialdemokratische Partei Deutschlands): Die SPD tritt vor allem für soziale Gerechtigkeit, Chancengleichheit und kulturelle Vielfalt ein (http://www.spd.de/). Bündnis 90/Die Grünen: Die wichtigsten Themen bei den Grünen sind der Umweltschutz und die Abschaffung von Atomenergie (http://www.gruene.de/startseite.html). Die CDU (= Christlich Demokratische Union): Die CDU steht für eine christliche Werteordnung und eine auf Wachstum ausgerichtete Wirtschaftspolitik (http://www.cdu.de/). FDP (= Freie Demokratische Partei): Diese liberale Partei tritt hauptsächlich für Steuersenkungen, Schuldenabbau und Einschränkung der Staatsmacht gegenüber dem Bürger ein (http://www.fdp.de/). Seit 2006 gibt es eine neue, aber auch sehr umstrittene Partei in Deutschland, die Piratenpartei (http://www.piratenpartei.de/). Ein Hauptanliegen dieser Partei ist die Abschaffung von Urheberrechten. Bei vergangenen Landtagswahlen konnte die Piratenpartei ins Parlament einziehen und es könnte sein, dass sie auch bei den nächsten Bundestagswahlen erfolgreich ist und das Parteienspektrum des Bundestages vergrößert. Dafür muss sie wie jede Partei in Deutschland mindestens 5 % aller Wählerstimmen bekommen. Durch diese »5 %-Hürde« wird verhindert, dass eine Partei in den Bundestag einzieht, die nur die Interessen von sehr wenigen Bürgern vertritt.

das **Pass|bild** ['pasbɪlt], des Passbild[e]s, die Passbilder:
Foto für einen Pass oder einen Ausweis: neue Passbilder machen lassen · Bitte bringen Sie zwei Passbilder mit.

pas|sen ['pasn̩], passt, passte, hat gepasst:
1. *(von Kleidung o. Ä.) in der Größe genau richtig sein:* Die neue Hose passt mir genau.
2. *für jemanden, etwas geeignet sein:* Sie fand die passenden Worte in dieser schwierigen Situation. · Diese Wohnung passt zu dir. · Die Schuhe passen nicht zum Kleid. · Er passt nicht zu ihr.
3. ⟨meist verneint⟩ *gut, angenehm sein:* Der Termin passt mir leider nicht. · Es passt mir nicht, dass du immer so spät kommst.

pas|sie|ren [pa'si:rən], passiert, passierte, ist passiert:
1. *geschehen:* Ein Unglück / Ein Unfall / Etwas Furchtbares ist passiert. · Wie konnte das passieren? · Was passiert mit den alten Büchern?
2. *an einer bestimmten Stelle vorbeikommen:* Wir haben gerade die Grenze nach Argentinien passiert.

▶ **pas|siv** ['pasi:f], passiver, am passivsten:
so, dass man nichts macht, nicht die Initiative ergreift: Er ist ein passiver Schüler. · Sie verhält sich in Diskussionen immer sehr passiv.

das **Pass|wort** ['pasvɔrt], des Passwort[e]s, die Passwörter ['pasvœrtɐ] (EDV):
(künstliches) Wort aus Buchstaben, Ziffern und Zeichen, mit dem man ein Programm auf dem Computer öffnen kann: Ich muss mir ein neues Passwort ausdenken.

der **Pas|tor** ['pasto:ɐ̯], des Pastors, die Pastoren [pas'to:rən]:
1. (landschaftlich) *evangelischer Pfarrer:* den Pastor besuchen.
2. (landschaftlich) *katholischer Pfarrer:* Der Pastor bereitet die Predigt vor.

die **Pas|to|rin** [pas'to:rɪn], der Pastorin, die Pastorinnen (landschaftlich):
evangelische Pfarrerin: Die Pastorin ist sehr beliebt in der Gemeinde.

▶ der **Pa|ti|ent** [pa'tsi̯ɛnt], des Patienten, die Patienten, die **Pa|ti|en|tin** [pa'tsi̯ɛntɪn], der Patientin, die Patientinnen:
Person, die von einem Arzt, einer Ärztin behandelt wird: ein schwieriger / geduldiger Patient · Es sitzen noch drei Patienten im Wartezimmer. · Die Patientin wurde als geheilt entlassen.

die **Pa|tro|ne** [pa'tro:nə], der Patrone, die Patronen:
1. *Behälter für Tinte oder Farbe, den man in den Füller oder den Kopierer legt:* neue Patronen kaufen · die Patrone am Kopierer / Drucker auswechseln.
2. *Behälter aus Metall für Pulver, der aus Pistolen oder Gewehren geschossen wird:* eine Patrone einlegen.

▶ **pau|schal** [pau̯'ʃa:l], pauschaler, am pauschalsten:
1. *nicht in Einzelnes gegliedert:* ein pauschales Honorar zahlen.
2. *sehr allgemein:* Der Journalist hat ein sehr pauschales Urteil gefällt.

▶ die **Pau|se** ['pau̯zə], der Pause, die Pausen:
Unterbrechung einer Tätigkeit: eine kurze / lange / große / kleine Pause · [eine] Pause machen · Wir haben gerade Pause.

▶ der **PC** [pe:'tse:], des PC[s], die PC[s]:
[kleinerer] Computer: In unserem Büro stehen zwei PCs.

▶ das **Pech** [pɛç], des Pechs:
Missgeschick; unglücklicher Zufall: Das war wirklich Pech! · Oh, da hat er aber Pech gehabt!

das **Pe|dal** [pe'da:l], des Pedals, die Pedale:
1. *Hebel, den man mit dem Fuß bedient (besonders im Auto):* Sie musste das Pedal durchtreten.
2. *Teil am Fahrrad, auf das man tritt, damit das Fahrrad fährt:* neue Pedale montieren / anbringen.

▶ **pein|lich** ['pai̯nlɪç], peinlicher, am peinlichsten:
1. *so, dass es jemanden in Verlegenheit bringt:* eine peinliche Situation / Angelegenheit · Das ist mir sehr peinlich.
2. *sehr genau, sorgfältig:* Im Krankenhaus muss man auf peinlichste Sauberkeit achten.

der **Pelz** [pɛlts], des Pelzes, die Pelze:
1. *Fell von bestimmten Tieren:* der Pelz des Bären.
2. *Jacke, Mantel aus dem Fell bestimmter Tiere:* Die Damen trugen Pelz / Pelze.

pen|deln ['pɛndl̩n], pendelt, pendelte, gependelt:
1. ⟨hat⟩ *in der Luft hängend schwingen:* die Beine pendeln lassen.
2. ⟨ist⟩ *zwischen den Orten, an denen man wohnt und arbeitet, fahren:* Er pendelt seit vielen Jahren zwischen Bielefeld und Heidelberg.

der **Pe|nis** ['pe:nɪs], des Penis, die Penisse:
männliches Glied: den Penis in die Vagina einführen.

▶ die **Pen|si|on** [pã'zi̯o:n]:
1. *Rente eines Beamten, einer Beamtin:* eine hohe / niedrige / kleine / gute Pension · [eine] Pension beziehen, bekommen.
2. ⟨ohne Plural⟩ *Ruhestand eines Beamten, einer Beamtin:* Sie ist seit zwei Jahren in Pension.
3. *kleines Hotel:* eine saubere / nette / ruhige / einfache Pension · in einer Pension wohnen / übernachten.

▶ **pen|si|o|nie|ren** [pãzi̯o'ni:rən], pensioniert, pensionierte, hat pensioniert:
[eine Person] in den Ruhestand schicken und eine Pension zahlen: Sie wurde schon mit 60 Jahren pensioniert.

▶ der **Pen|si|on|ist** [pɛnzi̯o:'nɪst], des Pensionisten, die Pensionisten, die **Pen|si|o|nis|tin** [pɛnzi̯o:'nɪstɪn], der Pensionistin, die Pensionistinnen (süddeutsch, österreichisch):
Person, die im Ruhestand ist: Die Pensionisten machen einen Ausflug.

▶ **per** [pɛr]:
mit, durch: per Bahn / Post / Schiff · Das wurde per Gesetz geregelt. · Der Brief kam per Luftpost.

▶ **per|fekt** [pɛr'fɛkt], perfekter, am perfektesten:
1. *vollkommen; ohne jeden Fehler:* ein perfektes Spiel / Aussehen · Sie spricht perfekt Deutsch.
2. (umgangssprachlich) *gültig; verabredet:* Ich habe den Kauf perfekt gemacht.

die **Pe|ri|o|de** [pe'ri̯o:də], der Periode, die Perioden:
1. *zeitlicher Abschnitt:* eine historische / geologische Periode · die Periode nach 1945.
2. *Menstruation, Regel:* Sie geht heute nicht schwimmen, weil sie ihre Periode hat.

die **Per|le** ['pɛrlə], der Perle, die Perlen:
1. *kleine Kugel, die in Muscheln entsteht:* eine Kette aus / mit Perlen.

2. *kleine Kugel aus Glas, Kunststoff, Holz o. Ä.:* bunte Perlen aus Glas, Holz · Sie fädelt die Perlen auf. · Das Kind bastelt eine Kette aus Perlen.
3. *kleine Blase, kleiner Tropfen:* Der Schweiß stand ihm in Perlen auf der Stirn.

der *oder* das **Per|ron** [pɛ'rõ:], des Perrons, die Perrons (schweizerisch):
Bahnsteig: Wir treffen uns auf dem Perron.

die **Per|son** [pɛr'zo:n], der Person, die Personen:
Mensch [als Individuum]: eine wichtige / dynamische Person · eine Familie mit / von fünf Personen · ein Zimmer für zwei Personen · Das kostet drei Euro pro Person.

das **Per|so|nal** [pɛrzo'na:l], des Personals:
alle Beschäftigten eines Betriebes, der Dienstleistungen anbietet: freundliches / kompetentes / gut ausgebildetes Personal · Personal einstellen / entlassen.

der **Per|so|nal|aus|weis** [pɛrzo'na:l|au̯svai̯s], des Personalausweises, die Personalausweise:
amtlicher Ausweis für eine Person mit Foto: Er hat seinen Personalausweis verloren und muss einen neuen beantragen.

die **Per|so|na|li|en** [pɛrzo'na:li̯ən], der Personalien ⟨Plural⟩:
Angaben zur Person: Ich nehme zunächst Ihre Personalien auf.

per|so|nell [pɛrzo'nɛl]:
das Personal, die Mitarbeiter[innen] betreffend: personelle Fragen / Konsequenzen / Entscheidungen.

der **Per|so|nen|stand** [pɛr'zo:nənʃtant], des Personenstand[e]s:
Aussage, ob man verheiratet oder ledig ist usw.: Angaben zum Personenstand erfassen.

per|sön|lich [pɛr'zø:nlɪç], persönlicher, am persönlichsten:
1. *so, dass es die eigene Person betrifft:* persönliche Gründe / Interessen / Erfolge / Sachen · Du musst nicht jedes Wort der Chefin persönlich nehmen.
2. ⟨ohne Steigerung⟩ *selbst, in eigener Person:* Sie müssen persönlich kommen und den Pass beantragen.

die **Per|sön|lich|keit** [pɛr'zø:nlɪçkai̯t], der Persönlichkeit, die Persönlichkeiten:
1. *Mensch mit seinen persönlichen Eigenschaften:* eine starke / eigenständige Persönlichkeit.
2. *Person, die eine wichtige Rolle im öffentlichen Leben spielt:* eine bekannte / historische / prominente Persönlichkeit · Wir freuen uns, heute Abend zahlreiche prominente Persönlichkeiten begrüßen zu können.

die **Per|s|pek|ti|ve** [pɛrspɛk'ti:və], der Perspektive, die Perspektiven:
1. *Aussicht für die Zukunft:* eine gute / klare / neue Perspektive haben.
2. *Darstellung räumlicher Verhältnisse in einem Bild:* die Perspektive berücksichtigen.
3. *Art, in der etwas betrachtet wird:* Aus seiner Perspektive betrachtet, stellt sich das Problem ganz anders dar.

pes|si|mis|tisch [pɛsi'mɪstɪʃ], pessimistischer, am pessimistischsten:
so, dass man immer nur Schlechtes erwartet: ein pessimistischer Mensch · Er ist immer sehr pessimistisch. · Die Aussichten für die Wirtschaft stimmen mich pessimistisch.

die **Pe|ter|si|lie** [petɐ'zi:li̯ə], der Petersilie, die Petersilien:
Pflanze, deren Blätter man als Gewürz verwendet: glatte / krause Petersilie · ein Bund Petersilie · Petersilie hacken · Holst du noch schnell ein bisschen Petersilie vom Balkon?

der **Pfad** [pfa:t], des Pfad[e]s, die Pfade:
schmaler Weg (für Fußgänger): ein einsamer / steiler Pfad.

das **Pfand** [pfant], des Pfand[e]s, die Pfänder ['pfɛndɐ]:
1. *Gegenstand, den man als Sicherheit abgibt:* Ich gebe dir meine Uhr als Pfand für den Laptop.
2. *bestimmte Summe, die man für (leere) Flaschen oder Gläser bezahlen muss und die man bei der Rückgabe wieder erhält:* Ist auf den Flaschen Pfand?

▶ die **Pfan|ne** ['pfanə], der Pfanne, die Pfannen:
1. *flaches, rundes Gefäß mit Stiel, in dem man z. B. Fleisch oder Eier brät:* eine große / kleine Pfanne · das Fleisch in die Pfanne legen.
2. (schweizerisch) *Topf* (1): Nimm doch lieber die große Pfanne.

der **Pfann|ku|chen** ['pfanku:xn̩], des Pfannkuchens, die Pfannkuchen:
eine Art (warmer) Kuchen, der aus dünnem Teig mit Eiern, Milch und Mehl in der Pfanne gebacken wird: Pfannkuchen backen / braten / machen / essen.

der **Pfar|rer** ['pfarɐ], des Pfarrers, die Pfarrer, die **Pfar|re|rin** ['pfarərɪn], der Pfarrerin, die Pfarrerinnen:
Person, die eine kirchliche Gemeinde lei-

P

Pfand

In vielen Ländern werden mehr Einwegflaschen [= Flaschen, die man einfach wegwirft, wenn sie leer sind] als Mehrweg- bzw. Pfandflaschen [= Flaschen, für die man beim Kauf ein Pfand bezahlt, das heißt einen Betrag von z. B. 8 Cent, den man wieder bekommt, wenn man die Flasche zum Geschäft zurückbringt] verwendet. Pfandflaschen und auch Pfanddosen sind in Deutschland, Österreich und in der Schweiz seit vielen Jahren üblich, was auch für Kisten gilt, in denen man größere Mengen an Getränken kauft. Grundsätzlich bezahlt man für alle Glasflaschen und für alle Dosen Pfand. Plastikflaschen sind durch ein besonderes Symbol als Pfandflaschen gekennzeichnet. Für die Rückgabe von Pfandflaschen gibt es in so gut wie jedem Supermarkt einen oder mehrere Automaten. Für den Pfandzettel, den der Automat ausdruckt, bekommt man an der Kasse das Pfandgeld ausgezahlt.

tet: evangelische / katholische Pfarrer · Wir haben eine neue Pfarrerin.

▸ der **Pfef|fer** [ˈpfɛfɐ], des Pfeffers, die Pfeffer: *scharfes Gewürz:* Salz und Pfeffer auf den Tisch stellen · die Suppe mit Pfeffer würzen.

die **Pfef|fer|min|ze** [ˈpfɛfɐmɪntsə], der Pfefferminze:
Pflanze, die ein stark riechendes Öl enthält und mit deren Blättern Tee gekocht wird: frische Pfefferminze · Tee aus Pfefferminze kochen.

die **Pfei|fe** [ˈpfaifə], der Pfeife, die Pfeifen:
1. *kleines Instrument, auf dem man einen lauten Ton erzeugen kann:* Der Schiedsrichter hat eine Pfeife.
2. *Gegenstand, in dem man Tabak raucht:* die Pfeife stopfen / anzünden / reinigen · Pfeife rauchen.

pfei|fen [ˈpfaifn̩], pfeift, pfiff, hat gepfiffen:
1. *mit dem Mund (und den Fingern) einen bestimmten Ton hervorbringen:* ein schriller Pfiff · ein Lied pfeifen · Er pfiff so laut, dass sich alle Leute umdrehten.
2. *mit einer Pfeife ein Signal geben:* Die Schaffnerin / Der Polizist pfiff.
3. *ein scharfes Geräusch erzeugen:* Heute pfeift der Wind durch die Straßen.

der **Pfeil** [pfail], des Pfeil[e]s, die Pfeile:
1. *langer, spitzer Stab, mit dem geschossen wird:* ein spitzer Pfeil · Der Junge schnitzt sich einen Pfeil.; * **schnell wie ein Pfeil:** *sehr schnell:* Schnell wie ein Pfeil kam er angerannt.
2. *Zeichen, das durch einen Strich mit einer Spitze eine Richtung angibt:* einen Pfeil zeichnen · Die Wanderer folgten den Pfeilen. · Der Pfeil zeigt nach Osten.

der **Pfen|nig** [ˈpfɛnɪç], des Pfennigs, die Pfennige:
(früher) *kleine Einheit der Deutschen Mark:* In meinem Portemonnaie habe ich noch einen Pfennig gefunden.; * **keinen Pfennig wert sein** (umgangssprachlich): *nichts wert sein:* Die ganzen alten Sachen sind keinen Pfennig wert.

▸ das **Pferd** [pfeːɐ̯t], des Pferd[e]s, die Pferde: *Tier, auf dem man reiten oder mit dem man einen Wagen ziehen kann:* ein großes / kleines / edles Pferd · Pferde halten / züchten · Sie ist gestern vom Pferd gestürzt.

der **Pfiff** [pfɪf], des Pfiff[e]s, die Pfiffe: *Ton, der beim Pfeifen entsteht:* ein lauter / leiser / schriller Pfiff.

▸ das **Pfings|ten** [ˈpfɪŋstn̩], des Pfingsten, die Pfingsten:
christliches Fest, das 50 Tage nach Ostern gefeiert wird: Frohe Pfingsten! · [An / Zu] Pfingsten fahren wir ans Mittelmeer.

der **Pfir|sich** [ˈpfɪrzɪç], des Pfirsichs, die Pfirsiche:
Frucht mit viel Saft, einem dicken Stein und einer rauen Schale: ein saftiger / reifer / rotgelber Pfirsich · Pfirsiche kaufen / pflücken / essen.

▸ die **Pflan|ze** [ˈpflantsə], der Pflanze, die Pflanzen:
Lebewesen, das in der Erde wächst und Wurzeln, einen Stiel oder Stamm und Blätter hat: immergrüne Pflanzen · die Pflanzen gießen / pflegen · Sie hat viele Pflanzen in der Wohnung.

▸ **pflan|zen** [ˈpflantsn̩], pflanzen, pflanzt, hat gepflanzt:
mit den Wurzeln in die Erde setzen: Bäume im Garten pflanzen.

▸ das **Pflas|ter** [ˈpflastɐ], des Pflasters, die Pflaster:
1. *Oberfläche von Straßen oder Wegen, die aus Steinen besteht:* das Pflaster aufreißen / erneuern.
2. *Material, das man auf eine Wunde klebt, um diese zu schützen:* Sie klebt

dem Kind ein Pflaster auf die Wunde am Knie.

die **Pflau|me** ['pfla̯umə], der Pflaume, die Pflaumen:
Frucht, die (meist) blau ist, die Form eines Eis und einen Kern hat: frische / getrocknete Pflaumen · Ich hätte gern zwei Kilo Pflaumen für einen Kuchen.

die **Pfle|ge** ['pfle:gə], der Pflege:
1. *das Versorgen und Betreuen eines Menschen, der sich nicht um sich selbst kümmern kann:* häusliche / ambulante / stationäre Pflege · die Pflege eines Kranken / eines Kindes.
2. *Behandlung eines Gegenstands, damit er in gutem Zustand bleibt:* die Pflege des Autos / der Parks.

pfle|gen ['pfle:gn̩], pflegt, pflegte, hat gepflegt:
1. *eine Person betreuen und versorgen:* Sie pflegte ihre alte Mutter bis zum Tod.
2. *einen Zustand erhalten oder verbessern:* den Rasen / den Park / die Haare pflegen · Der Garten ist sehr gepflegt.

der **Pfle|ger** ['pflɛ:gɐ], des Pflegers, die Pfleger, die **Pflegerin** ['pflɛ:gərɪn], der Pflegerin, die Pflegerinnen:
Person, die Kinder oder kranke Menschen betreut: Der junge Pfleger kümmert sich intensiv um seine Patienten. · Die Pflegerin kommt dreimal am Tag.

die **Pflicht** [pflɪçt], der Pflicht, die Pflichten:
1. *Aufgabe, die man zu erledigen hat:* berufliche Pflichten · Sie hat viele Pflichten und deshalb wenig Zeit.
2. *etwas, was aus moralischen Gründen zu tun ist:* Er hat die moralische Pflicht, seiner kranken Frau zu helfen.
3. *Übungen im Sport, die man in einem Wettkampf machen muss:* die Pflicht im Turnen.

pflü|cken ['pflʏkn̩], pflückt, pflückte, hat gepflückt:
eine Frucht, Früchte o. Ä. vom Baum oder Strauch oder von der Pflanze nehmen: Äpfel / Birnen / Kirschen pflücken · Das kleine Kind pflückt Blumen auf der Wiese.

die **Pfo|te** ['pfo:tə], der Pfote, die Pfoten:
Fuß von bestimmten Tieren wie Hunden, Katzen oder Hasen: die linke / rechte / vordere Pfote des Hundes · Der Hund gibt die Pfote.

pfui [pfu̯i]:
sagt oder ruft man, wenn man sich ekelt oder etwas (moralisch) kritisieren will: Pfui, heb das nicht auf! · Pfui, du solltest dich schämen!

das **Pfund** [pfʊnt], des Pfund[e]s, die Pfunde:
500 Gramm, ein halbes Kilo: fünf Pfund Kartoffeln · In dem Kuchen ist ein ganzes Pfund Butter.

der **Pfusch** [pfʊʃ], des Pfusch[e]s (umgangssprachlich abwertend):
schlecht gemachte Arbeit: Der Handwerker hat Pfusch gemacht.

das **Phä|no|men** [fɛno'me:n], des Phänomens, die Phänomene:
etwas, was sich wahrnehmen, beobachten, feststellen lässt: ein biologisches / physikalisches Phänomen · rätselhafte Phänomene.

die **Pha|se** ['fa:zə], der Phase, die Phasen:
Abschnitt in einem Prozess: eine dramatische Phase · Die Verhandlungen befinden sich in einer kritischen Phase.

▶ die **Phi|lo|so|phie** [filozo'fi:], der Philosophie:
Wissenschaft vom Sinn des Lebens, von der Welt: Er studiert Philosophie im dritten Semester.

▶ die **Phy|sik** [fy'zi:k], der Physik:
Wissenschaft, die die Gesetze der Natur erforscht: Er hat in Physik eine schlechte Note bekommen.

phy|si|ka|lisch [fyzi'ka:lɪʃ]:
so, dass es die Physik betrifft: physikalische Formeln / Experimente / Gesetze.

phy|sisch ['fy:zɪʃ]:
so, dass es den Körper betrifft: ein physischer Zusammenbruch.

das **Pia|no** ['pi̯a:no], des Pianos, die Pianos:
Klavier: Er spielte bei dem Fest (auf dem) Piano.

der **Pi|ckel** ['pɪkl̩], des Pickels, die Pickel:
(kleine) Stelle, an der die Haut eine Entzündung hat: Sie hat zurzeit viele Pickel im Gesicht.

▶ das **Pick|nick** ['pɪknɪk], des Picknicks, die Picknicke und die Picknicks:
Essen, das während eines Ausflugs, einer Wanderung draußen stattfindet: Wir wollen am Sonntag ein Picknick machen.

▶ die **Pil|le** ['pɪlə], der Pille, die Pillen:
1. *Medikament, das die Form einer kleinen Kugel hat; Tablette:* Hast du deine Pillen eingepackt?
2. *Medikament, das eine Schwangerschaft verhindert:* Sie nimmt schon lange die Pille. · Lass dir doch die Pille verschreiben.

der **Pi|lot** [pi'lo:t], des Piloten, die Piloten, die **Pi|lo|tin** [pi'lo:tɪn], der Pilotin, die Pilotinnen:
Person, die ein Flugzeug steuert: Die Pilotinnen und Piloten testen das neue Flugzeug.

▶ der **Pilz** [pɪlt͜s], des Pilzes, die Pilze:
Organismus, der aus der Erde wächst und einen Stiel und eine Art Hut oder Kopf hat: ein essbarer / giftiger Pilz · Pilze sammeln / suchen · Pilze putzen / braten / zubereiten · Wir wollen am Sonnabend in die Pilze gehen *(Pilze sammeln).*

▶ der **Pin|guin** [ˈpɪŋgui:n], des Pinguins, die Pinguine:
schwarz-weißes Tier, das in der [Nähe der] Antarktis lebt: Das kleine Kind will immer zu den Pinguinen im Zoo.

der **Pin|sel** [ˈpɪnzl̩], des Pinsels, die Pinsel:
Werkzeug, mit dem man mit flüssiger Farbe malt oder streicht: ein dicker / feiner / spitzer Pinsel · die Farbe mit dem Pinsel auftragen.

die **Pin|zet|te** [pɪnˈt͜sɛtə], der Pinzette, die Pinzetten:
[kleines] Instrument, mit dem man sehr kleine Dinge fassen und entfernen kann: den Splitter mit einer Pinzette entfernen · Sie zupft sich die Augenbrauen mit der Pinzette.

die **Pis|to|le** [pɪsˈto:lə], der Pistole, die Pistolen:
kleine Waffe: Er zielte mit seiner Pistole auf den Verkäufer.

▶ die **Piz|za** [ˈpɪt͜sa], der Pizza, die Pizzas und die Pizzen:
Stück Teig, das (mit Tomaten, Käse, Wurst u. Ä.) belegt und im Ofen gebacken wird: eine selbst gemachte Pizza · eine Pizza bestellen · Möchtest du noch ein Stück Pizza?

▶ der **Pkw** [ˈpe:ka:ve:], des Pkw[s], die Pkw[s]:
Personen**k**raft**w**agen; *Auto:* Sie fährt immer mit dem eigenen Pkw zur Arbeit.

▶ das **Pla|kat** [plaˈka:t], des Plakat[s], die Plakate:
großes Stück Papier mit Bild und Text, das meistens für etwas wirbt: ein riesiges / buntes / grelles Plakat · Plakate drucken / anbringen · die Plakate der Parteien vor der Wahl.

▶ der **Plan** [pla:n], des Plan[e]s, die Pläne [ˈplɛ:nə]:
1. *etwas, was man machen möchte; Absicht:* Welche Pläne hast du für die Zeit nach dem Abitur?
2. *technische Zeichnung als Entwurf von etwas:* Der Architekt hat den Plan für unser Haus vorgelegt.
3. *Karte von einem bestimmten Gebiet:* Ich suche einen Plan von Hannover.

▶ **pla|nen** [ˈpla:nən], plant, plante, hat geplant:
1. *einen Plan für etwas erstellen:* den Bau einer neuen Fabrik planen.
2. *etwas tun wollen:* Wir planen ein großes Fest / eine Reise um die Welt.

der **Pla|net** [plaˈne:t], des Planeten, die Planeten:
Körper am Himmel, der sich um die Sonne bewegt und nicht selbst leuchtet: der Planet Erde · Planeten beobachten.

plan|mä|ßig [ˈpla:nmɛ:sɪç]:
1. *so, wie es in einem [Fahr]plan steht:* der planmäßige Verlauf des Fluges · Der Zug fährt planmäßig am Gleis 3 ab.
2. ⟨planmäßiger, am planmäßigsten⟩ *so, wie es in einem Plan festgelegt wurde:* der planmäßige Ausbau der Klinik.

plan|schen [ˈplanʃn̩], planscht, planschte, hat geplanscht:
sich im Wasser so bewegen, dass es spritzt: Die Kinder planschten im Schwimmbecken / in der Badewanne / am Strand.

▶ die **Pla|nung** [ˈpla:nʊŋ], der Planung, die Planungen:
das Planen, der Plan für etwas: Die Planungen für unser Sommerfest sind schon weit vorangeschritten.

▶ das **Plas|tik** [ˈplastɪk], des Plastiks:
Kunststoff: hartes / weiches Plastik · ein Eimer aus Plastik · Plastik verarbeiten.

die **Plas|tik** [ˈplastɪk], der Plastik, die Plastiken:
künstlerische Figur aus Holz, Stein oder Metall: eine moderne / antike Plastik · eine große Sammlung moderner Plastiken / von modernen Plastiken.

die **Plas|tik|tü|te** [ˈplastɪkty:tə], der Plastiktüte, die Plastiktüten:
Tüte aus Plastik: die Einkäufe in einer Plastiktüte verstauen.

platt [plat], platter, am plattesten:
1. *sehr flach:* plattes Land · Der Reifen ist platt *(hat keine Luft mehr).*
2. *oberflächlich:* ein sehr platter Text.

die **Plat|te** [ˈplatə], der Platte, die Platten:
1. *flaches, dünnes Stück aus einem harten Material:* eine große / kleine / viereckige Platte · eine Platte aus Holz / Stein / Marmor für den Tisch aussuchen.
2. *Schallplatte, CD:* Sie hat eine neue Platte veröffentlicht.

▶ die **Platt|form** [ˈplatfɔrm], der Plattform, die Plattformen:
1. *ebene Fläche hoch oben auf Gebäuden oder Bergen:* auf die Plattform hochfahren / hochlaufen.
2. (EDV) *Basis für die Entwicklung und den Betrieb von Programmen:* Wir brau-

chen eine neue Plattform für unsere Anwendungen.
3. *Ort oder Kreis von Personen, der dem Austauschen und Verbreiten von Ideen, Meinungen oder Produkten dient:* im Internet eine Plattform für Deutsch als Fremdsprache einrichten.

der **Platz** [plats], des Platzes, die Plätze ['plɛtsə]:
1. *große, freie, ebene Fläche (in einer Stadt, einem Dorf):* Wir treffen uns auf dem Platz vor dem Schloss.
2. *Platz zum Sitzen:* Ist dieser Platz noch frei?
3. *Fläche, auf der man Sport treibt:* Die Spieler kommen jetzt auf den Platz.
4. *Raum, der frei ist, genutzt werden kann:* In der neuen Wohnung haben wir viel mehr Platz als jetzt.

das **Plätz|chen** ['plɛtsçən], des Plätzchens, die Plätzchen:
einzelnes kleines Stück Gebäck: leckere selbst gebackene Plätzchen · Die Kinder stechen Plätzchen aus.

plat|zen ['platsn̩], platzt, platzte, ist geplatzt:
kaputt gehen, weil ein großer Druck von innen wirkt: Das Wasserrohr ist geplatzt. · Das Kind schrie, weil sein Luftballon geplatzt war.

die **Platz|kar|te** ['platskartə], der Platzkarte, die Platzkarten:
Karte, mit der man sich einen Platz (im Zug) reserviert: Der Zug wird wohl voll, ich buche auch eine Platzkarte.

plau|dern ['plaudɐn], plaudert, plauderte, hat geplaudert:
sich mit jemandem nett unterhalten: Sie plauderten bei einem Glas Wein über das Theaterstück. · Plaudernd standen sie zusammen.

plei|te ['plaitə]:
* **pleite sein** (umgangssprachlich): *kein Geld (mehr) haben:* Ich bin schon wieder pleite und das Gehalt kommt erst in zwei Wochen.

plötz|lich ['plœtslɪç]:
unerwartet; von einem Moment zum anderen: ein plötzlicher Abschied · Plötzlich kam eine Radfahrerin um die Ecke geschossen. · Er ist ganz plötzlich verstorben.

plus [plʊs]:
1. *drückt aus, dass eine Zahl größer als null ist:* Minus drei mal minus drei ist plus neun. · Es sind zehn Grad plus.
2. *drückt aus, dass eine Zensur ein wenig besser ist als die normale Zensur:* In der Mathearbeit hatte er eine Drei plus.
3. drückt aus, dass eine Zahl zu einer anderen gerechnet wird: Drei plus sieben ist zehn.
4. drückt aus, dass noch ein Betrag dazu kommt: der Betrag plus der / den Zinsen.

der **Pneu** [pnɔy], des Pneus, die Pneus (schweizerisch):
Reifen: Ich muss die Pneus für den Sommer aufziehen lassen.

der **Po** [po:], des Pos, die Pos (umgangssprachlich):
Teil des Körpers, auf dem man sitzt: Er ist auf dem Eis ausgerutscht und auf den Po gefallen.

po|chen ['pɔxn̩], pocht, pochte, hat gepocht:
schlagen, klopfen: Als er sie sah, begann sein Herz zu pochen. · Ihm pochte das Blut in den Schläfen.

das **Po|di|um** ['po:di̯ʊm], des Podiums, die Podien ['po:di̯ən]:
Bühne: Die Rednerin stieg aufs Podium.

die **Po|e|sie** [poe'zi:], der Poesie, die Poesien:
Gedichte: Goethes Poesie / die Poesie Goethes.

po|e|tisch [po'e:tɪʃ]:
so, dass es Gedichte betrifft, zur Poesie gehört: ein poetisches Motiv · Sie hat eine besonders poetische Sprache.

der **Po|kal** [po'ka:l], des Pokals, die Pokale:
Preis bei einem Wettbewerb: ein goldener / silberner Pokal · Er hat zu Hause viele Pokale stehen, die er beim Tennis gewonnen hat.

der **Pol** [po:l], des Pols, die Pole:
Punkt, an dem die Achse der Erde die Oberfläche schneidet: die beiden Pole der Erde / der Planeten · den Pol überqueren.

po|lie|ren [po'li:rən], poliert, polierte, hat poliert:
etwas reiben, wischen, so dass es glänzt: das Silber(besteck) / die Schuhe polieren.

▶ die **Po|li|tik** [poli'ti:k], der Politik:
das, was Politiker tun und sagen, wie sie handeln: die deutsche / amerikanische Politik · eine bestimmte Politik verfolgen · sich für Politik interessieren.

▶ der **Po|li|ti|ker** [po'li:tikɐ], des Politikers, die Politiker, die **Po|li|ti|ke|rin** [po'li:tikərɪn], der Politikerin, die Politikerinnen:
Person, die sich aktiv mit Politik beschäftigt oder ein politisches Amt hat: ein bekannter / prominenter Politiker · An der Diskussion nahmen eine Politikerin, eine Wissenschaftlerin und eine Schriftstellerin teil.

▶ **po|li|tisch** [po'li:tɪʃ], politischer, am politischsten:
so, dass es die Politik betrifft, von ihr bestimmt wird: eine politische Entscheidung · die politische Lage / Verantwortung · Ich unterstütze sie politisch.

▶ die **Po|li|zei** [poli'tsai̯], der Polizei, die Polizeien:
Institution, die für Ordnung und Sicherheit sorgt: die Polizei rufen / holen · Die Polizei regelt den Verkehr.

▶ der **Po|li|zist** [poli'tsɪst], des Polizisten, die Polizisten, die **Po|li|zis|tin** [poli'tsɪstɪn], der Polizistin, die Polizistinnen:
Person, die bei der Polizei arbeitet: ein bewaffneter Polizist · Sie möchte gern Polizistin werden. · Die Polizisten waren schnell am Unfallort.

das *oder* der **Pols|ter** ['pɔlstɐ], des Polsters, die Polster:
großes Kissen aus weichem Material, das mit Stoff oder Leder überzogen ist und das man z. B. auf Sitze legt: ein weiches / hartes / tiefes Polster · Das Polster ist schon ganz abgenutzt.

▶ die **Pommes frites** [pɔm 'frɪt] ⟨Plural⟩:
kleine Stäbe aus Kartoffeln, die in heißem Fett gebacken werden: Eine Currywurst mit Pommes frites, bitte!

das [1]**Po|ny** ['pɔni], des Ponys, die Ponys:
kleines Pferd (einer bestimmten Art): Auf dem Bauernhof konnten die Kinder auf Ponys reiten.

der [2]**Po|ny** ['pɔni], des Ponys, die Ponys:
Haare, die [gerade geschnitten sind und] in die Stirn fallen: Sie hat einen langen Pony.

der **Po|po** [po'po:], des Popos, die Popos (familiär):
Teil des Körpers, auf dem man sitzt: Er wischt seinem Sohn den Popo ab.

▶ **po|pu|lär** [popu'lɛ:ɐ̯], populärer, am populärsten:
bei vielen beliebt, allgemein bekannt: eine populäre Sängerin · Es ist in den letzten Jahren sehr populär geworden, auch im Winter zu grillen.

das **Por|tal** [pɔr'ta:l], des Portals, die Portale:
1. *großes Tor, großer Eingang:* das Portal einer Kirche · aus dem Portal / durch das Portal treten.
2. (EDV) *Sammlung von Material im Internet zu einem bestimmten Thema oder für eine bestimmte Gruppe:* ein Portal für Schüler und Eltern aufbauen.

▶ das **Porte|mon|naie** [pɔrtmɔ'ne:], des Portemonnaies, die Portemonnaies:
Tasche für Geld und Kreditkarten: Ich habe ganz viel Kleingeld im Portemonnaie.

▶ die **Por|ti|on** [pɔr'tsi̯o:n], der Portion, die Portionen:
so viel, wie eine Person isst: eine große / kleine / doppelte / halbe Portion · Der Koch tut / füllt mir immer eine große Portion auf den Teller.

das **Por|to** ['pɔrto], des Portos, die Portos und die Porti ['pɔrti]:
Geld, das man für Briefe und Karten zahlt, damit sie transportiert werden: Das Porto ist gestiegen *(teurer geworden).* · Das Porto zahlt der Empfänger.

das **Por|t|rät** [pɔr'trɛ:], des Porträts, die Porträts:
Bild (des Gesichts) eines Menschen: Sie ließ ein Porträt von sich anfertigen.

das **Por|zel|lan** [pɔrtsɛ'la:n], des Porzellans, die Porzellane:
1. *weißes Material, aus dem Geschirr hergestellt wird:* Geschirr / eine Schale / eine Vase aus Porzellan · Porzellan brennen / bemalen.
2. *Geschirr:* altes Meißner Porzellan · Porzellan sammeln / zerbrechen / zerschlagen.

die **Po|si|ti|on** [pozi'tsi̯o:n], der Position, die Positionen:
1. *Stellung im Beruf:* eine führende / leitende Position.
2. (Sport) *Stelle, Platz in einem Wettbewerb:* Nach der ersten Runde befindet sie sich an dritter Position.
3. *Stelle, an der sich ein Schiff oder Flugzeug befindet:* Bitte geben Sie die Position des Schiffes an / durch.

▶ **po|si|tiv** ['po:ziti:f], positiver, am positivsten:
1. *so, dass man etwas zustimmt, »ja« zu etwas sagt:* positive Reaktionen.
2. *gut:* Sie hat viele positive Charaktereigenschaften.
3. ⟨ohne Steigerung⟩ (Medizin) *so, dass man eine Krankheit wirklich hat:* Das Ergebnis ist positiv – sie hat Krebs.

▶ die **Post** [pɔst], der Post:
1. *Firma, die Briefe und Pakete befördert:* etwas mit der / per Post schicken · Er ist / arbeitet bei der Post.
2. *Filiale der Post* (1)*:* auf die / zur Post gehen · Wie lange hat die Post samstags auf?
3. *Briefe, Päckchen oder Pakete, die mit der Post geschickt werden:* War die Post schon da? · Ich lege dir die Post auf den Schreibtisch.

der **Post|bo|te** ['pɔstbo:tə], des Postboten,

die Postboten, die **Post|bo|tin** ['pɔst-bo:tɪn], der Postbotin, die Postbotinnen:
Person, die Briefe, Päckchen oder Pakete bringt: Der Postbote kommt heute sehr spät. · Die Postbotin grüßt jeden Morgen sehr freundlich.

der **Pos|ten** ['pɔstn̩], des Postens, die Posten:
Stellung im Beruf; Amt: Sie hat einen hohen Posten im Ministerium.

das *oder* der **Pos|ter** ['po:stɐ], des Posters, die Poster[s]:
großes Bild, das auf Papier gedruckt ist: Sie hängt ein Poster von ihrem Lieblingssänger an die Wand.

das **Post|fach** ['pɔstfax], des Postfachs, die Postfächer ['pɔstfɛçɐ]:
1. *Fach, das man bei der Post* (1) *mieten kann und in das Briefe o. Ä. gelegt werden:* Ich gehe noch in die Stadt, um mein Postfach zu leeren.
2. *Ordner für E-Mails:* Mein Postfach ist voll.

die **Post|kar|te** ['pɔstkartə], der Postkarte, die Postkarten:
Karte, die man mit der Post verschickt: Ich habe dir aus Italien eine Postkarte geschickt, hast du sie bekommen?

die **Post|leit|zahl** ['pɔstlai̯tt͜sa:l], der Postleitzahl, die Postleitzahlen:
Zahl, die zu einem Ort gehört und die in der Adresse angegeben wird: Kennst du die Postleitzahl von Wuppertal-Beyenburg?

der **Pöst|ler** ['pœstlɐ], des Pöstlers, die Pöstler, die **Pöstlerin** ['pœstlərɪn], der Pöstlerin, die Pöstlerinnen (schweizerisch):
Person, die bei der Post (1) *arbeitet:* Der Pöstler fährt mit dem Auto in das abgelegene Dorf.

po|ten|zi|ell [potɛn'tsi̯ɛl]:
möglich (im Unterschied zu wirklich): die potenziellen Käufer · die potenziellen Wähler mobilisieren.

das **Pou|let** [pu'le:], des Poulets, die Poulets:
Hähnchen: ein halbes Poulet kaufen.

präch|tig ['prɛçtɪç], prächtiger, am prächtigsten:
sehr gut, sehr schön: ein prächtiger Palast · Unser Enkel entwickelt sich prächtig.

prä|gen ['prɛ:gn̩], prägt, prägte, hat geprägt:
als Einfluss wirken: Sein Professor hat ihn stark geprägt.

prag|ma|tisch [pra'gma:tɪʃ], pragmatischer, am pragmatischsten:
so, dass es auf die Sache bezogen bzw. auf das praktische Handeln gerichtet ist: eine pragmatische Lösung finden · Sie geht sehr pragmatisch an die Sache heran.

▶ der **Prak|ti|kant** [prakti'kant], des Praktikanten, die Praktikanten, die **Prak|ti|kan|tin** [prakti'kantɪn], der Praktikantin, die Praktikantinnen:
Person, die ein Praktikum absolviert: Im Januar kommt ein neuer Praktikant in die Abteilung. · Unsere Praktikantin hat mir sehr geholfen.

▶ das **Prak|ti|kum** ['praktikʊm], des Praktikums, die Praktika ['praktika]:
Tätigkeit in einer Firma, die man nur für eine kürzere Zeit übernimmt und bei der man Erfahrungen sammeln soll: Die Studierenden absolvieren / machen heute alle mehrere Praktika.

▶ **prak|tisch** ['praktɪʃ], praktischer, am praktischsten:
1. *so, dass es sich auf die Praxis bezieht:* praktische Erfahrungen / Aufgaben / Untersuchungen · sich etwas praktisch erarbeiten.
2. *so, dass es nützlich ist:* Dieser Dosenöffner ist wirklich praktisch.
3. *geschickt:* Mein Mann ist leider nicht sehr praktisch veranlagt.
4. ⟨ohne Steigerung⟩ *fast; so gut wie:* Ich bin praktisch schon da *(ich komme gleich).*

die **Pra|li|ne** [pra'li:nə], der Praline, die Pralinen:
kleines, edles Stück Schokolade (mit Füllung): Sie isst gern mit Likör gefüllte Pralinen. · Ich muss noch eine Schachtel Pralinen kaufen.

prall [pral], praller, am prallsten:
voll und deshalb straff und fest: ein praller Fußball · das pralle Leben *(das ganze Leben).*

pral|len ['pralən], prallt, prallte, ist geprallt:
heftig gegen jemanden, etwas stoßen: Das Auto prallte gegen die Wand. · Das Kind prallte mit dem Kopf gegen / an die Schaukel.

die **Prä|mie** ['prɛ:mi̯ə], der Prämie, die Prämien:
1. *Geld, das einem einmal für eine besondere Leistung gezahlt wird:* Die Firma zahlt am Jahresende eine Prämie, wenn die Ziele erreicht wurden.
2. *Betrag, den man monatlich oder jährlich für eine Versicherung zahlt:* Die Versicherung hat die Prämie für die Lebensversicherung erhöht.

das **Prä|pa|rat** [prɛpa'ra:t], des Präparat[e]s, die Präparate:
Substanz für einen bestimmten Zweck;

Medikament; chemisches Mittel: ein neues / wirksames / pflanzliches Präparat.

das **Prä|sent** [prɛˈzɛnt], des Präsent[e]s, die Präsente:
(kleines) Geschenk: Ich habe Ihnen ein kleines Präsent aus meiner Heimat mitgebracht.

▶ die **Prä|sen|ta|ti|on** [prezɛntaˈtsi̯o:n], der Präsentation, die Präsentationen:
Darstellung, Vorstellung von etwas: eine Präsentation vorbereiten · Die Präsentation unserer Forschungsergebnisse erfolgt auf dem Kongress in Paris.

▶ **prä|sen|tie|ren** [prezɛnˈti:rən], präsentiert, präsentierte, hat präsentiert:
1. *anbieten, überreichen:* jemandem ein Geschenk / einen Teller Obst präsentieren.
2. ⟨+ sich⟩ *sich bewusst so zeigen, dass man gesehen oder beachtet wird:* Sie präsentierte sich bestens informiert den Journalisten.

das **Prä|ser|va|tiv** [prezɛrvaˈti:f], des Präservativs, die Präservative:
Kondom: ein Präservativ benutzen / überziehen / überstreifen.

der **Prä|si|dent** [preziˈdɛnt], des Präsidenten, die Präsidenten, die **Prä|si|den|tin** [preziˈdɛntɪn], der Präsidentin, die Präsidentinnen:
1. *höchster Vertreter einer Republik:* der Präsident der Vereinigten Staaten · Die Präsidentin wurde von der Bundeskanzlerin begrüßt.
2. *Person, die eine Behörde, eine Institution leitet:* der Präsident der Goethe-Gesellschaft · Die Präsidentin eröffnete den Abend.

das **Prä|si|di|um** [prɛˈzi:di̯ʊm], des Präsidiums, die Präsidien [prɛˈzi:di̯ən]:
1. *leitende Stelle einer Organisation, einer Partei o. Ä.:* ein neues Präsidium wählen · im Präsidium sitzen · Morgen tagt das Präsidium.
2. *Gebäude, in dem ein (Polizei)präsident arbeitet:* Sie ist für morgen auf das Präsidium bestellt worden.

▶ die **Pra|xis** [ˈpraksɪs], der Praxis, die Praxen [ˈpraksn̩]:
1. ⟨ohne Plural⟩ *Erfahrung, die man durch die Tätigkeit im Beruf erworben hat:* Sie hat mehrere Jahre Praxis in ihrem Beruf / auf diesem Gebiet.
2. ⟨ohne Plural⟩ *praktische Erfahrung:* Theorie und Praxis · Die Praxis wird zeigen, ob das Modell funktioniert.
3. *Räume, in denen ein Arzt, eine Ärztin o. Ä. arbeitet:* eine große / moderne / gut gehende Praxis · Bitte kommen Sie morgen früh um acht in unsere Praxis.

prä|zis [prɛˈtsi:s], **prä|zi|se** [prɛˈtsi:zə], präziser, am präzisesten:
exakt, sehr genau: präzise Angaben / Prognosen / Vorstellungen · seine Worte präzis wählen.

die **Pre|digt** [ˈpre:dɪçt], der Predigt, die Predigten:
Text, der von einer Stelle aus der Bibel handelt und der in einem Gottesdienst vorgetragen wird: eine Predigt ausarbeiten / halten.

▶ der **Preis** [prai̯s], des Preises, die Preise:
1. *Betrag, den man zahlen muss, um etwas kaufen zu können:* ein hoher / niedriger Preis · Die Preise für Strom und Gas steigen ständig.
2. *Gewinn für den Sieger:* der erste / zweite Preis · einen Preis gewinnen / bekommen / erhalten · Sie wurde mit einem Preis des Ministers für das beste Abitur ausgezeichnet.

das **Preis|aus|schrei|ben** [ˈprai̯s|au̯sʃrai̯bn̩], des Preisausschreibens, die Preisausschreiben:
Wettbewerb, bei dem man für die richtige Lösung einen Preis (2) bekommen kann: Sie hat an dem Preisausschreiben der Zeitschrift teilgenommen und ein Auto gewonnen.

▶ **preis|wert** [ˈprai̯sve:ɐ̯t], preiswerter, am preiswertesten:
nicht zu teuer (im Verhältnis zu seinem Wert): preiswerte Schuhe · Ich habe die Möbel sehr preiswert gekauft.

die **Pre|mi|e|re** [prəˈmi̯e:rə], der Premiere, die Premieren:
erste Aufführung eines Films, eines Stücks im Theater, eines Konzerts o. Ä.: Die festliche Premiere der neuen Oper findet am 20. Mai in Dresden statt.

▶ die **Pres|se** [ˈprɛsə], der Presse:
alle Zeitungen und Zeitschriften: die einheimische / inländische / ausländische / lokale Presse · Die Presse berichtete ausführlich / breit über den Staatsbesuch. · Am späten Abend trat die Ministerin vor die Presse *(die Journalisten).*

die **Pres|se|kon|fe|renz** [ˈprɛsəkɔnferɛnts], der Pressekonferenz, die Pressekonferenzen:
Veranstaltung, auf der die Regierung, ein Unternehmen, eine Organisation o. Ä. die Presse über etwas (Aktuelles) informiert: eine Pressekonferenz einberufen · Der Ärztliche Direktor des Krankenhauses

lud die Journalisten zu einer Pressekonferenz ein.

pres|sen ['prɛsn̩], presst, presste, hat gepresst:
1. *mit hohem Druck bearbeiten, drücken:* Die Kinder sammeln und pressen Pflanzen.
2. *Saft aus etwas machen:* Saft aus einer Zitrone pressen · Möchtest du einen frisch gepressten Orangensaft?
3. *drücken:* den Körper auf den Boden pressen.

der **Pries|ter** ['pri:stɐ], des Priesters, die Priester:
1. *Person, die in bestimmten Religionen ein Amt ausübt:* ein indischer / hinduistischer / jüdischer / orthodoxer Priester.
2. *männliches Mitglied der katholischen Kirche, das die Messe liest:* Er wurde zum Priester geweiht.

die **Pries|te|rin** ['pri:stərɪn], der Priesterin, die Priesterinnen:
weibliche Person, die in bestimmten Religionen ein Amt ausübt.

pri|ma ['pri:ma]:
sehr gut, wunderbar: Wir haben bei dem Fußballspiel prima Plätze gehabt. · Das schmeckt aber wieder prima!

die **Pri|mar|schu|le** ['prima:ɐ̯ʃu:lə], der Primarschule, die Primarschulen (schweizerisch):
Grundschule: Sie geht in die / besucht die Primarschule.

pri|mi|tiv [primi'ti:f], primitiver, am primitivsten:
sehr einfach, schlicht: primitive Bänke / Werkzeuge · Das Haus ist / wurde sehr primitiv gebaut.

der **Prinz** [prɪnts], des Prinzen, die Prinzen, die **Prinzessin** [prɪn'tsɛsɪn], der Prinzessin, die Prinzessinnen:
Sohn bzw. Tochter eines Fürsten, Königs oder Kaisers; Mitglied der Familie, die regiert: das Schloss Prinz Augusts / des Prinzen August · die spanische Prinzessin.

das **Prin|zip** [prɪn'tsi:p], des Prinzips, die Prinzipien [prɪn'tsi:pi̯ən]:
Regel, die jemand befolgt, einhält: ein klares / vernünftiges Prinzip · Prinzipien aufstellen / einhalten / verletzen · Ich helfe ihm aus Prinzip nicht bei den Hausaufgaben. · Im Prinzip bin ich einverstanden mit dieser Lösung.

prin|zi|pi|ell [prɪntsi'pi̯ɛl]:
im Prinzip, grundsätzlich: eine prinzipielle Frage / Entscheidung · Prinzipiell habe ich nichts dagegen, dass du auf die Party gehst, aber um Mitternacht bist du bitte wieder zu Hause.

die **Pri|se** ['pri:zə], der Prise, die Prisen:
so viel von einem Pulver, wie man zwischen zwei Finger nehmen kann: eine Prise Salz.

▶ **pri|vat** [pri'va:t], privater, am privatesten:
1. *so, dass es nur die eigene Person betrifft; persönlich:* eine private Angelegenheit / Meinung · Ich möchte darüber nicht sprechen, das ist rein privat.
2. *nicht für die Öffentlichkeit:* private Räume / Wege / Anlagen · Der Papst empfing den Gast privat.
3. *wie in einer Familie:* Die Feier fand im kleinen, privaten Kreis statt.
4. ⟨ohne Steigerung⟩ *nicht staatlich, städtisch oder öffentlich:* privates Eigentum · eine private Altersvorsorge / Krankenversicherung / Universität · Sie geht auf eine private Schule. · Das Kind wird privat unterrichtet.

▶ **pro** [pro:]:
1. *für, je:* 100 km pro Stunde · Eintritt pro Person 2 Euro.
2. *für:* Ich bin / stimme pro Ausbau der Bahnlinie.

die **Pro|be** ['pro:bə], der Probe, die Proben:
1. *Arbeit der Musiker, Schauspieler vor der Aufführung:* eine lange / harte / anstrengende Probe · eine Probe abbrechen / unterbrechen · Die nächste Probe findet morgen um 15 Uhr statt.
2. *kleine Menge oder Teil von etwas, was als Muster für alles gilt:* eine Probe von dieser Substanz · eine Probe nehmen / entnehmen.
3. *Test, Kontrolle, Versuch:* bei einer Rechnung die Probe machen · etwas einer Probe unterziehen.

pro|ben ['pro:bn̩], probt, probte, hat geprobt:
üben (für eine Aufführung): ein Stück / eine Szene proben · Die Regisseurin probt mit den Schauspielern sehr intensiv.

▶ **pro|bie|ren** [pro'bi:rən], probiert, probierte, hat probiert:
1. *testen, versuchen, ob etwas geht oder funktioniert:* Habt ihr probiert, ob die Heizung wieder funktioniert?
2. *kosten:* Kannst du mal bitte die Suppe / die Soße / den Wein probieren?

▶ das **Pro|blem** [pro'ble:m], des Problems, die Probleme:
1. *Aufgabe, die gelöst werden muss; schwierige Frage:* ein ernstes / großes / schwieriges Problem · ein soziales / menschliches Problem · ein Problem angehen / lösen.

2. *Schwierigkeit:* Bei diesem Projekt gab es viele Probleme. · Das ist kein Problem, ich helfe dir gern.

pro|ble|ma|tisch [proble'ma:tɪʃ], problematischer, am problematischsten:
schwierig, voll von Problemen: eine problematische Frage / Sache / Angelegenheit · Diese Lösung finde ich sehr problematisch.

pro|blem|los [pro'ble:mlo:s], problemloser, am problemlosesten:
ohne Probleme: eine problemlose Operation · Die Exkursion verlief völlig problemlos.

▶ das **Pro|dukt** [pro'dʊkt], des Produkt[e]s, die Produkte:
etwas, was von Menschen aus etwas hergestellt wird: neue / innovative Produkte · landwirtschaftliche / industrielle Produkte · ein Produkt der Lebensmittelindustrie · ein Produkt neu entwickeln / auf den Markt bringen.

▶ die **Pro|duk|ti|on** [prodʊk'tsi̯o:n], der Produktion, die Produktionen:
Herstellung von Waren und Produkten: die industrielle / landwirtschaftliche Produktion des Landes · die Produktion aufnehmen / steigern / senken.

pro|duk|tiv [prodʊk'ti:f], produktiver, am produktivsten:
so, dass etwas viele (konkrete und gute) Ergebnisse hervorbringt: eine produktive Tätigkeit / Arbeit · Das Team hat sehr produktiv gearbeitet.

▶ **pro|du|zie|ren** [produ'tsi:rən], produziert, produzierte, hat produziert:
herstellen: Schuhe in China produzieren [lassen].

pro|fes|si|o|nell [profɛsi̯o'nɛl], professioneller, am professionellsten:
1. *so, dass man etwas als Beruf ausübt:* ein professioneller Fußballer / Basketballer · Er übt das professionell aus.
2. *sehr gut; so, wie es ein Fachmann tun würde:* eine professionelle Präsentation · Sie tritt immer sehr professionell auf.

▶ der **Pro|fes|sor** [pro'fɛso:ɐ̯], des Professors, die Professoren [profɛ'so:rən], die **Pro|fes|so|rin** [profɛ'so:rɪn], der Professorin, die Professorinnen:
Person, die an der Universität oder Hochschule unterrichtet und eine bestimmte wissenschaftliche Qualifikation hat: ein beliebter / anerkannter Professor · der Lehrstuhl Professor Müllers / des Professors Müller · Die Professorin liest / spricht in diesem Semester über die neuesten Tendenzen in der englischen Literatur. · Sie ist jetzt als Professorin nach Leipzig berufen worden.

▶ der **Pro|fi** ['pro:fi], des Profis, die Profis:
1. *Person, die einen Sport als Beruf ausübt:* ein hoch bezahlter Profi · Sie will Profi werden.
2. *Person, die etwas professionell macht:* eine Kamera für Profis.

das **Pro|fil** [pro'fi:l], des Profils, die Profile:
1. *Bild des Kopfes von der Seite:* Sie wurde im Profil gemalt.
2. *typische Eigenschaft:* Dieser Minister / Diese Firma hat kein Profil.
3. *Struktur an der Oberfläche eines Reifens, einer Sohle o. Ä.:* Deine Reifen haben nur noch ein schwaches / dünnes Profil.

▶ der **Pro|fi|sport|ler** ['pro:fiʃpɔrtlɐ], des Profisportlers, die Profisportler, die **Pro|fi|sport|le|rin** ['pro:fiʃpɔrtlərɪn], der Profisportlerin, die Profisportlerinnen:
Person, die einen Sport als Beruf ausübt; Profi (1): Er ist ein bekannter Profisportler. · Sie möchte Profisportlerin werden.

der **Pro|fit** [pro'fi:t], des Profit[e]s, die Profite:
Gewinn, den etwas bringt: Die Firma macht auch in diesem Jahr guten Profit.

▶ das **Pro|gramm** [pro'gram], des Programms, die Programme:
1. *Reihe von Veranstaltungen oder Teilen davon:* das Programm für die neue Spielzeit des Schweriner Theaters · Das Programm der Tagung wurde jetzt veröffentlicht.
2. *Heft oder Blatt Papier, das über eine Veranstaltung o. Ä. informiert:* ein Programm kaufen · Was kostet ein Programm?
3. *Sender im Radio oder Fernsehen:* Im Ferienhaus bekomme ich nur wenige Programme.
4. (EDV) *Reihe von Anweisungen für einen Computer:* ein Programm schreiben / installieren / kopieren.
5. *Ideen, Vorstellungen, wie ein Ziel erreicht werden kann:* Der Kandidat stellt sein neues Programm vor.

pro|gram|mie|ren [progra'mi:rən], programmiert, programmierte, hat programmiert:
ein Programm, eine Software für den Computer schreiben: Wir brauchen einen Kollegen, der das programmieren kann.

pro|gres|siv [progrɛ'si:f], progressiver, am progressivsten:
so, dass es dem Fortschritt dient, dem Fortschritt entspricht: der progressive

Teil des Parteiprogramms · eine progressive Konzeption.

das **Pro|jekt** [pro'jɛkt], des Projekt[e]s, die Projekte:
etwas, was geplant wird und dann realisiert werden soll: ein großes / interessantes / spannendes Projekt · ein neues Projekt planen / durchführen / in Angriff nehmen · Wenn ich den Job bekomme, kann ich gleich an einem großen Projekt mitarbeiten.

das **Pro|mil|le** [pro'mɪlə], des Promille[s], die Promille:
ein Teil vom Tausend; tausendster Teil: Bei der Fahrerin wurden 1,2 Promille [Alkohol] gemessen.

pro|mi|nent [promi'nɛnt], prominenter, am prominentesten:
sehr bekannt; berühmt: prominente Gäste / Politiker / Namen · Der Film ist prominent besetzt.

die **Pro|mo tion** [promo'tsi̯o:n], der Promotion, die Promotionen:
Abschluss an der Universität mit dem Titel eines Doktors: Im Jahr 2012 hat sie ihre Promotion abgeschlossen. · Er feiert seine Promotion zum Doktor der Philosophie mit vielen Freunden und Kollegen.

prompt [prɔmpt], prompter, am promptesten:
1. *sofort:* eine prompte Antwort / Reaktion · Die Chefin hat prompt auf meine E-Mail reagiert.
2. *so, wie man es erwartet, befürchtet:* Er hat einen Scherz mit ihr gemacht und sie fiel prompt drauf rein.

der **Pro|phet** [pro'fe:t], des Propheten, die Propheten, die **Pro|phe|tin** [pro'fe:tɪn], der Prophetin, die Prophetinnen:
Person, die sagt, was in der Zukunft geschehen wird [und sich dabei auf Gott bezieht]: die Propheten des Alten Testaments · Ich weiß das auch nicht, ich bin doch keine Prophetin.

pro|phe|zei|en [profe'tsai̯ən], prophezeit, prophezeite, hat prophezeit:
sagen, was in der Zukunft sein wird: Ich habe dir ja prophezeit, dass du durch die Prüfung fallen wirst, wenn du nicht genug lernst.

der *oder* das **Pros|pekt** [pro'spɛkt], des Prospekt[e]s, die Prospekte:
Blatt Papier oder Heft mit Werbung: Im Briefkasten stecken heute wieder viele Prospekte.

prost [pro:st]:
sagt man, wenn man mit jemandem (mit Alkohol) anstößt: Sie sagte »Prost, auf die Zukunft!« und stieß mit mir an.

die **Pros|ti|tu|ier|te** [prostitu'i:ɐ̯tə], die / eine Prostituierte; der / einer Prostituierten, die Prostituierten / zwei Prostituierte:
Frau, die Sex gegen Geld anbietet: Sie arbeitet schon lange als Prostituierte.

▶ der **Pro|test** [pro'tɛst], des Protest[e]s, die Proteste:
Aktionen, die ausdrücken, dass man gegen etwas ist: Die Proteste gegen die Regierung verstärken sich / flauen nicht ab. · Aus Protest kam er nicht zu der Versammlung.

pro|tes|tan|tisch [protɛs'tantɪʃ]:
so, dass man, etwas zu einer christlichen Religion gehört, die die verschiedenen evangelischen Gemeinschaften umfasst: eine protestantische Kirche · Sie wurde protestantisch getauft.

▶ **pro|tes|tie|ren** [protɛs'ti:rən], protestiert, protestierte, hat protestiert:
Protest äußern: heftig / öffentlich protestieren · Viele protestierten gegen den Krieg.

das **Pro|to|koll** [proto'kɔl], des Protokolls, die Protokolle:
Text, in dem Wichtiges aus einer Sitzung, Besprechung o. Ä. festgehalten wird: ein genaues / sorgfältiges Protokoll · Protokoll schreiben / führen · Wer übernimmt heute das Protokoll *(das Schreiben des Protokolls)?*

die **Pro|vinz** [pro'vɪnts], der Provinz, die Provinzen:
1. *größeres Gebiet, das eine eigene Verwaltung hat:* die spanischen Provinzen · Das Land besteht aus sechs Provinzen / ist in sechs Provinzen gegliedert.
2. ‹ohne Plural› (abwertend) *Gegend (auf dem Land), die oft als unmodern o. Ä. gilt:* in der Provinz leben / wohnen · Wir sind hier in der finstersten Provinz.

pro|vo|zie|ren [provo'tsi:rən], provoziert, provozierte, hat provoziert:
versuchen, jemanden zu einer bestimmten Reaktion zu bringen: Er provoziert ständig die anderen Schüler. · Lass dich doch nicht provozieren.

▶ das **Pro|zent** [pro'tsɛnt], des Prozent[e]s, die Prozente:
hundertster Teil (Zeichen: %): 50 Prozent der Bevölkerung sind zu dick. · Wir zahlen 3,8 Prozent Zinsen für den Kredit.

▶ der **Pro|zess** [pro'tsɛs], des Prozess[e]s, die Prozesse:
1. *Verfahren vor einem Gericht:* ein wichtiger / politischer Prozess · einen Pro-

P

zess führen / gewinnen / verlieren · Sie muss im Prozess gegen ihren Mann nicht aussagen.
2. *Entwicklung, Vorgang:* ein chemischer Prozess · der Prozess der Heilung / des Alterns.

▸ **prü|fen** ['pry:fn̩], prüft, prüfte, hat geprüft:
1. *kontrollieren, untersuchen:* das Material / ein Angebot prüfen · die Unterlagen auf Vollständigkeit prüfen.
2. *das Wissen oder Können, das jemand hat, feststellen:* einen Schüler / einen Studenten / eine Auszubildende in Deutsch prüfen · Beim Abitur wird schriftlich und mündlich geprüft.

▸ die **Prü|fung** ['pry:fʊŋ], der Prüfung, die Prüfungen:
1. *Untersuchung, mit der etwas kontrolliert wird:* eine genaue / gründliche / sorgfältige / sachliche Prüfung · die Prüfung des Materials / der Angaben / von Lebensmitteln · Nach sorgfältiger Prüfung aller Umstände genehmigen wir Ihren Antrag.
2. *Examen:* eine schriftliche / mündliche / leichte / schwere Prüfung · sich auf / für eine Prüfung vorbereiten · für eine Prüfung lernen · Ich habe mich schon für die / zur Deutschprüfung angemeldet.

prü|geln ['pry:gl̩n], prügelt, prügelte, hat geprügelt:
1. *(heftig) schlagen:* einen Hund / ein Kind / die Ehefrau prügeln.
2. ⟨+ sich⟩ *sich mit jemandem schlagen:* Die Jungs prügelten sich auf dem Schulhof.

das **PS** [pe:'|ɛs], des PS, die PS:
1. (Technik) Pferdestärke: Der Motor / Das neue Auto hat 105 PS.
2. Postskriptum: PS Was ich dir noch sagen wollte: Ich liebe dich.

pst [pst]:
Still!, Leise!: Pst, sprich leiser!

die **Psy|che** ['psy:çə], der Psyche, die Psychen:
das Denken und Fühlen; die Seele: die kindliche / menschliche / männliche / weibliche Psyche · die Psyche von Tätern und Opfern.

psy|chisch ['psy:çɪʃ]:
so, dass es die Psyche betrifft: der psychische Zustand des Patienten · psychische Belastungen / Krisen / Störungen · Die Mitarbeiter, die entlassen werden, stehen unter großem psychischem Druck. · Er ist psychisch krank.

die **Psy|cho|lo|gie** [psyçolo'gi:], der Psychologie:
Wissenschaft von den Vorgängen in der Seele und im Geist: allgemeine Psychologie · Psychologie studieren.

psy|cho|lo|gisch [psyço'lo:gɪʃ]:
so, dass es die Psychologie betrifft: psychologische Vorgänge / Kenntnisse / Studien · Er ist psychologisch ausgebildet.

die **Pu|bli|ka|ti|on** [publika'tsi̯o:n], der Publikation, die Publikationen:
literarischer oder wissenschaftlicher Text, der veröffentlicht wird: die Publikation der Forschungsergebnisse vorbereiten · Er hat bereits viele Publikationen / kann bereits viele Publikationen vorweisen.

▸ das **Pu|bli|kum** ['pu:blikʊm], des Publikums:
alle Zuschauer oder Besucher eines Konzerts u. ä. Veranstaltungen: ein gemischtes / verwöhntes Publikum · Das Publikum applaudierte begeistert. · Im Publikum saßen viele Prominente.

der **Pud|ding** ['pʊdɪŋ], des Puddings, die Puddinge und die Puddings:
süßes Dessert, das aus Milch, Zucker und einem Pulver gekocht wird: Kochst / Machst du uns heute noch (einen) Pudding?

der *oder* das **Pu|der** ['pu:dɐ], des Puders, die Puder:
feines Pulver, das in Medizin und Kosmetik benutzt wird: getönter / transparenter Puder · Auf die Wunde wird Puder aufgetragen / gestreut.

puh [pu:]:
Ausdruck, mit dem man Erleichterung nach schwerer Arbeit o. Ä. zeigt: Puh, das hätten wir geschafft!

der **Pul|li** ['pʊli], des Pullis, die Pullis:
Pullover: Guck mal, ich habe mir einen neuen Pulli gekauft.

▸ der **Pull|over** [pʊ'lo:vɐ], des Pullovers, die Pullover:
Kleidungsstück, das aus Wolle, Baumwolle o. Ä. gestrickt wird: ein dicker / dünner / langärmliger / bunter Pullover ein Pullover mit Norwegermuster / Rollkragen · Zieh dir einen Pullover an, es ist kalt draußen. · Früher hat meine Mutter mir immer Pullover gestrickt.

der **Puls** [pʊls], des Pulses, die Pulse:
Bewegung des Blutes in den Adern, die man an der Hand spüren und messen kann: Ich messe Ihnen jetzt den Puls. · Wie ist der Puls des Patienten?

das **Pul|ver** ['pʊlfɐ], des Pulvers, die Pulver:

Material, das gemahlen wurde und fein wie Staub ist: ein feines / weißes / trockenes Pulver · das Pulver in Wasser auflösen.

die **Pum|pe** [ˈpʊmpə], der Pumpe, die Pumpen:
Gerät, mit dem Flüssigkeiten oder Gase durch Rohre oder Leitungen befördert werden: eine starke / elektrische Pumpe · eine Pumpe im Garten / auf dem Friedhof · Du kannst dir die Hände an / unter der Pumpe waschen.

pum|pen [ˈpʊmpn̩], pumpt, pumpte, hat gepumpt:
1. *mit einer Pumpe transportieren:* Luft in den Reifen pumpen · Sie pumpten das Wasser aus dem Keller. · Das Herz pumpt das Blut durch den Körper.
2. (umgangssprachlich) *leihen:* Wenn du kein Geld hast, kann ich dir die sieben Euro fürs Kino pumpen.
3. (umgangssprachlich) *von jemandem borgen:* Kann ich mir dein Auto pumpen?

der **Punkt** [pʊŋkt], des Punkt[e], die Punkte:
1. *ganz kleiner runder Fleck:* ein schwarzes Kleid mit weißen Punkten · Auf dem Globus ist die Insel nur ein kleiner Punkt.; * **der springende Punkt:** *das, was entscheidet; das Wichtigste:* Der springende Punkt an der Sache ist, dass das Geld für das Projekt fehlt.; * **ein dunkler Punkt:** *etwas, was nicht klar, moralisch nicht sauber ist (in der Vergangenheit):* Da gibt es einen dunklen Punkt in seiner Vergangenheit.
2. *winziges Zeichen, das wie ein Fleck aussieht und mit dem man z. B. das Ende eines Satzes kennzeichnet:* der Punkt auf dem kleinen i · Am Ende eines Satzes steht ein Punkt.; * **der Punkt auf dem i:** *etwas, was einer Sache den Abschluss gibt, sie besonders macht:* Und jetzt noch eine Eins in Mathe, das wäre der Punkt auf dem i bei deinem Abitur.; * **auf Punkt und Komma:** *sehr genau:* Wir haben die Abrechnungen auf Punkt und Komma geprüft, sie stimmen.; * **ohne Punkt und Komma reden / quasseln:** *ohne Pause reden:* Er hat heute wieder den ganzen Abend ohne Punkt und Komma geredet / gequasselt, mir tut der Kopf weh davon.
3. *bestimmte Stelle; Ort:* Das ist der nördlichste Punkt Deutschlands.
4. ⟨ohne Plural⟩ *bestimmter Augenblick:* Du musst [um] Punkt 13 Uhr am Treffpunkt sein.
5. *Gegenstand, Thema (einer Besprechung):* ein wichtiger / heikler Punkt bei den Verhandlungen · einen Punkt berühren / erörtern / besprechen · Kommen wir bitte zum nächsten Punkt, die Zeit drängt.
6. *Einheit, mit der Leistungen im Sport und in der Schule vor dem Abitur bewertet werden:* Die Mannschaft aus Berlin führt mit 20 Punkten. · In der Matheklausur hatte ich leider nur 7 Punkte.

▶ **pünkt|lich** [ˈpʏŋktlɪç], pünktlicher, am pünktlichsten:
genau zu einer festgelegten Zeit: eine pünktliche Lieferung · Sie ist / kommt immer pünktlich. · Kannst du auf mich warten? Ich werde heute wieder nicht pünktlich fertig im Büro.

▶ die **Pup|pe** [ˈpʊpə], der Puppe, die Puppen:
Spielzeug, das wie ein kleiner Mensch aussieht: eine große / schöne Puppe · Viele Jungs spielen nicht nur mit Autos, sondern auch mit Puppen.

pur [puːɐ̯], purer, am pursten:
nur; ohne etwas anderes; nichts als: pure Neugier / Verzweiflung · Schmuck aus purem Gold · Es war purer Zufall, dass wir uns im Urlaub getroffen haben. · Das Konzert war Emotion pur.

das **Pü|ree** [pyˈreː], des Pürees, die Pürees:
Brei aus gekochten Kartoffeln, gekochtem Gemüse oder Obst: Tagesgericht: Bratwurst mit Püree und Sauerkraut.

pus|ten [ˈpuːstn̩], pustet, pustete, hat gepustet:
blasen: kräftig / stark / ein bisschen pusten · Du musst etwas pusten, die Suppe ist noch zu heiß.

die **Pu|te** [ˈpuːtə], der Pute, die Puten:
größerer Vogel, der einem Huhn ähnelt und dessen Fleisch gegessen wird: eine Pute zubereiten / füllen / braten · Magst du Pute? *(Magst du Putenfleisch?).*

▶ **put|zen** [ˈpʊt͜sn̩], putzt, putzte, hat geputzt:
reinigen, sauber machen: die Schuhe / die Wohnung / das Bad putzen · das Gemüse / den Salat putzen · In der Küche habe ich noch nicht geputzt. · Du musst dem Kind mal die Nase putzen. · Geh bitte die Zähne putzen!

die **Putz|frau** [ˈpʊt͜sfrau̯], der Putzfrau, die Putzfrauen:
Frau, die Büros oder Wohnungen putzt und dafür Geld bekommt: Kennst du eine gute Putzfrau, die auch zu uns kommen würde?

▶ das **Puz|zle** [ˈpʊsl̩], des Puzzles, die Puzzles:
Spiel, bei dem aus vielen kleinen Teil ein

Bild gelegt wird: ein Puzzle aus / mit 500 Teilen.

der *oder* das **Py|ja|ma** [py'dʒa:ma], des Pyjamas, die Pyjamas:
Schlafanzug: einen neuen Pyjama kaufen · Sie kam im Pyjama zum Frühstück.

die **Py|ra|mi|de** [pyra'mi:də], der Pyramide, die Pyramiden:
1. *großes Gebäude mit vier Seiten in der Form von Dreiecken und einer gemeinsamen Spitze (als Grab):* die ägyptischen Pyramiden besuchen.
2. *Körper mit Seitenflächen in Form eines Dreiecks, die eine gemeinsame Spitze haben:* das Volumen einer Pyramide berechnen · eine Pyramide aus Glas.

Q

das **Qua|drat** [kva'dra:t], des Quadrat[e]s, die Quadrate:
Viereck, das vier rechte Winkel und vier gleich lange Seiten hat: Berechnen Sie die Fläche des Quadrats!

qua|dra|tisch [kva'dra:tɪʃ]:
in der Form eines Quadrats: Diese Tafel Schokolade ist quadratisch.

der **Qua|drat|me|ter** [kva'dra:tme:tɐ], des Quadratmeters, die Quadratmeter:
Fläche von 1 m Breite und 1 m Länge (Zeichen: m²): Meine neue Wohnung ist 50 Quadratmeter groß.

quä|len ['kvɛ:lən], quält, quälte, hat gequält:
1. *einem Menschen oder einem Tier Schmerzen bereiten:* Das kleine Kind quält die Katze.
2. ⟨+ sich⟩ *sich mit etwas sehr anstrengen müssen:* Er quält sich mit den Matheaufgaben.

▸ die **Qua|li|fi|ka|ti|on** [kvalifika'tsi̯o:n], der Qualifikation, die Qualifikationen:
Voraussetzung, um etwas tun zu können, um in einem bestimmten Beruf arbeiten zu können: zusätzliche Qualifikationen erwerben · Sie hat die nötige Qualifikation, um als Abteilungsleiterin zu arbeiten.

qua|li|fi|zie|ren [kvalifi'tsi:rən] ⟨+ sich⟩, qualifiziert sich, qualifizierte sich, hat sich qualifiziert:
eine Qualifikation erwerben: Er hat sich für seine neue Arbeit umfassend qualifiziert.

▸ die **Qua|li|tät** [kvali'tɛ:t], der Qualität, die Qualitäten:
[gute] Eigenschaft von etwas: die Qualität erhöhen / verbessern · Die Qualität dieser Produkte ist sehr hoch.

der **Qualm** [kvalm], des Qualm[e]s:
starker Rauch: dicker / schwarzer / beißender Qualm · Qualm steigt auf.

die **Quan|ti|tät** [kvanti'tɛ:t], der Quantität, die Quantitäten:
Menge: Quantität und Qualität · die Quantität steigern.

der **Quark** [kvark], des Quark[e]s:
1. *(weißes) Lebensmittel aus saurer Milch:* fettarmer Quark · Quark zubereiten / anrühren / essen.
2. (umgangssprachlich) *Worte oder Handlungen, die als dumm oder falsch gewertet werden:* Er hat den ganzen Abend lang Quark erzählt. · So ein Quark!

das **Quar|tal** [kvar'ta:l], des Quartals, die Quartale:
drei Monate eines Jahres; ein Vierteljahr: Das Buch erscheint im dritten Quartal dieses Jahres.

das **Quar|tett** [kvar'tɛt], des Quartett[e]s, die Quartette:
1. *Gruppe von vier Sängern oder Musikern:* Er spielt in einem Quartett.
2. *Spiel mit Karten, bei dem jeweils vier Karten zusammengehören:* Quartett spielen.

▸ das **Quar|tier** [kvar'ti:ɐ̯], des Quartiers, die Quartiere:
Raum, in dem jemand für eine bestimmte (meist kurze) Zeit wohnt: Für die drei Nächte in Potsdam brauchen wir noch ein Quartier.

der **Quatsch** [kvatʃ], des Quatsch[e]s (umgangssprachlich):
Worte oder Handlung, die als dumm oder falsch gewertet werden: Sie erzählt doch nur Quatsch. · Lass den Quatsch!

quat|schen ['kvatʃn̩], quatscht, quatschte, hat gequatscht (umgangssprachlich):
1. *so viel reden, dass es stört:* Quatscht nicht so dumm!
2. *miteinander reden, sich unterhalten:* Lass uns doch mal wieder richtig quatschen!

die **Quel|le** ['kvɛlə], der Quelle, die Quellen:
1. *Anfang eines Flusses oder Baches; Wasser, das aus der Erde kommt:* Wir wandern zu der Quelle.
2. *Ursprung von etwas:* Die Nachricht stammt aus einer zuverlässigen Quelle.

quer [kveːɐ̯]:
1. *im rechten Winkel zu einer Linie:* Wir stellen den Tisch quer zur Wand.
2. in Verbindung mit den Präpositionen »durch«, »über«: *schräg von einer Seite zur anderen:* quer über das Feld laufen · Das Kind lief quer über die Straße.

quet|schen [ˈkvɛt͡ʃn̩], quetscht, quetschte, hat gequetscht:
1. *mühsam unterbringen, weil kein Platz mehr ist:* Ich muss die Handtücher noch in den Koffer quetschen.
2. *sich verletzen, indem etwas gedrückt wird:* Ich habe mir den Fuß gequetscht.

quiet|schen [ˈkviːt͡ʃn̩], quietscht, quietschte, hat gequietscht:
1. *einen langen, hohen, unangenehmen Ton machen:* Die Bremsen des Zuges quietschten laut.
2. (umgangssprachlich) *laut und hell lachen oder schreien:* Die Kinder im Schwimmbad quietschen vor Vergnügen.

die **Quit|tung** [ˈkvɪtʊŋ], der Quittung, die Quittungen:
Zettel, den man erhält, wenn man etwas bezahlt hat: eine Quittung ausstellen / verlangen · Geben Sie mir bitte eine Quittung für / über die Miete?

das **Quiz** [kvɪs], des Quiz, die Quiz[e]:
Spiel mit Fragen und Antworten: Er möchte gern an einem bekannten Quiz im Fernsehen teilnehmen.

R

der **Ra|batt** [raˈbat], des Rabatt[e]s, die Rabatte:
Betrag, um den ein Preis reduziert wird: einen hohen / niedrigen Rabatt gewähren · Wir haben fünf Prozent Rabatt ausgehandelt.

der **Ra|be** [ˈraːbə], des Raben, die Raben:
großer, schwarzer Vogel, der einen kräftigen Schnabel und schwarze Federn hat: Ein großer Rabe saß im Baum und krächzte.

die **Ra|che** [ˈraxə], der Rache:
Handlung, Tat, mit der man jemandem schadet, der einem selbst geschadet hat: grausame / blutige / furchtbare Rache üben · Er schwor Rache für den Tod seiner Frau.

der **Ra|chen** [ˈraxn̩], des Rachens, die Rachen:
hinterer Teil des Mundes: Der Rachen ist entzündet / gerötet.

▶ das **Rad** [raːt], des Rad[e]s, die Räder:
1. *runde Scheibe unter einem Auto o. Ä., auf der es sich bewegt:* die vorderen / hinteren Räder eines Fahrzeugs · ein Rad austauschen / wechseln.
2. *Fahrrad:* ein altes / neues / stabiles / klappriges Rad · das Rad in die Werkstatt bringen · Sie kann nicht Rad fahren.

das *oder* der **Ra|dar** [raˈdaːɐ̯], des Radars, die Radare:
elektronisches Gerät, das die Position von Gegenständen misst und anzeigt: mit Radar ausgerüstet sein · die beiden Flugzeuge auf dem Radar sehen können.

▶ der **Rad|fah|rer** [ˈraːtfaːrɐ], des Radfahrers, die Radfahrer, die **Rad|fah|re|rin** [ˈraːtfaːrərɪn], der Radfahrerin, die Radfahrerinnen:
Person, die Fahrrad fährt: Viele Radfahrer fahren ohne Licht. · Die Radfahrerin wurde bei dem Unfall schwer verletzt.

ra|die|ren [raˈdiːrən], radiert, radierte, hat radiert:
etwas, was mit Bleistift geschrieben wurde, entfernen: An dieser Stelle wurde radiert.

der *oder* das **Ra|dier|gum|mi** [raˈdiːɐ̯gʊmi], des Radiergummis, die Radiergummis:
Stück Gummi, mit dem man radiert: Kannst du mir mal bitte deinen Radiergummi leihen?

das **Ra|dies|chen** [raˈdiːsçən], des Radieschens, die Radieschen:
kleines, rotes Gemüse in der Form einer Kugel, das außen rot und innen weiß ist und ein wenig scharf schmeckt: Radieschen säen / ziehen / anbauen · Bringst du bitte noch ein Bund Radieschen vom Markt mit?

ra|di|kal [radiˈkaːl], radikaler, am radikalsten:
1. *so, dass eine Person eine extreme politische o. ä. Meinung vertritt:* der radikale linke / rechte Flügel einer Partei · radikal denken.
2. *hart, rücksichtslos:* radikale Methoden / Maßnahmen / Forderungen · Er ist in allem, was er tut, sehr radikal.

▶ das **Ra|dio** [ˈraːdi̯o], des Radios, die Radios:
1. *Rundfunk:* Ich habe die Nachricht im Radio gehört.
2. *Gerät, mit dem man Sendungen des Rundfunks empfangen kann:* ein altes / neues / modernes / kleines Radio · Kannst du mal bitte das Radio etwas lauter stellen? Ich möchte das gern hören.

die **Rad|tour** ['ra:ttu:ɐ̯], der Radtour, die Radtouren:
Ausflug, Reise mit dem Fahrrad: Bei schönem Wetter machen wir am Wochenende eine Radtour.

der **Rad|weg** ['ra:tve:k], des Radweg[e]s, die Radwege:
Weg nur für Radfahrer, meist zwischen Straße und Bürgersteig: ein breiter Radweg · Bitte fahren Sie doch auf dem Radweg und nicht auf dem Bürgersteig!

▶ der **Rahm** [ra:m], des Rahm[e]s:
Sahne: noch etwas Rahm in die Suppe / Soße tun.

der **Rah|men** ['ra:mən], des Rahmens, die Rahmen:
1. *feste Hülle mit einer Seite aus Glas oder Plastik, in der man ein Bild aufhängen oder aufstellen kann:* ein breiter / schmaler / schwarzer / goldener Rahmen · Der Rahmen passt nicht zum Bild.
2. *etwas, was Teile einer Sache verbindet:* der Feier einen angemessenen Rahmen geben.

die **Ra|ke|te** [ra'ke:tə], der Rakete, die Raketen:
[langes, spitzes] technisches Gerät, das fliegen kann und besonders in der Armee und in der Raumfahrt eingesetzt wird: eine Rakete zündet / hebt ab · Die Rakete flog zum Mars.

▶ der **Rand** [rant], des Randes, die Ränder ['rɛndɐ]:
1. *äußere, obere Grenze von etwas:* am Rand der Stadt / der Wüste / der Straße.
2. *runde, obere Kante eines Gefäßes:* Der Rand des Glases ist schmutzig.
3. *äußerer Teil eines Blatts Papier, auf dem nicht geschrieben wird:* kariertes Papier mit weißem Rand · ein schmaler / breiter Rand · etwas an den Rand schreiben.

der **Rang** [raŋ], des Rang[e]s, die Ränge ['rɛŋə]:
1. *berufliche oder gesellschaftliche Stellung [in einer Gruppe oder Organisation]:* ein hoher / niedriger Rang · einen Rang innehaben / bekleiden.
2. *Balkon im hinteren Teil des Theaters, Kinos mit billigeren Plätzen:* Ich kann Ihnen noch günstige Plätze im zweiten Rang anbieten.

der **Ran|zen** ['rantsn̩], des Ranzens, die Ranzen:
Tasche, die man auf dem Rücken trägt und in die man die Sachen für die Schule tut: ein neuer Ranzen aus Leder · den Ranzen aufsetzen · Die Kinder packen ihre Sachen in die Ranzen und gehen nach Hause.

▶ der **Rap|pen** ['rapn̩], des Rappens, die Rappen:
kleine Einheit des Geldes in der Schweiz (100 Rappen = 1 Franken): 20 Rappen Wechselgeld.

rasch [raʃ], rascher, am raschesten:
[sehr] schnell: ein rascher Entschluss · Ich komme rasch bei dir vorbei.

ra|scheln ['raʃl̩n], raschelt, raschelte, hat geraschelt:
ein Geräusch machen wie Blätter im Wind: raschelnde Seide · Das Laub raschelt im Wind.

ra|sen ['ra:zn̩], rast, raste, ist gerast:
sehr schnell fahren, laufen: Das Auto rast über die Autobahn. · Die Zeit rast *(vergeht sehr schnell)* · Ihr Puls / Herz raste *(ging / schlug sehr schnell)*.

▶ der **Ra|sen** ['ra:zn̩], der Rasen, des Rasens:
Fläche mit dichtem, kurzen Gras, z. B. in einem Garten oder Park: den Rasen mähen / schneiden / sprengen / pflegen · auf dem Rasen liegen · Bitte den Rasen nicht betreten!

der **Ra|sier|ap|pa|rat** [ra'zi:ɐ̯|apara:t], des Rasierapparat[e]s, die Rasierapparate:
elektrisches Gerät, mit dem man sich rasiert: den Rasierapparat sauber machen.

▶ **ra|sie|ren** [ra'zi:rən], rasiert, rasierte, hat rasiert:
Haare [im Gesicht] abschneiden: Unser Sohn muss sich noch nicht rasieren. · Im Sommer rasiert sie [sich] die Beine.

ras|seln ['rasl̩n], rasselt, rasselte, hat gerasselt:
unangenehmes, hartes Geräusch, das Gegenstände aus Metall erzeugen können: Der alte Wecker rasselt früh am Morgen. · Der Kranke atmet laut rasselnd.

der **Ras|sis|mus** [ra'sɪsmʊs], des Rassismus:
Einstellung, nach der Menschen anderer Herkunft, anderen Aussehens kulturell niedriger stehen: offenen Rassismus zeigen / demonstrieren.

die **Rast|stät|te** ['rastʃtɛtə], der Raststätte, die Raststätten:
größere Tankstelle und Restaurant an der Autobahn: Sie hielten an der Raststätte, tankten und aßen Mittag.

▶ der **Rat** [ra:t], des Rat[e]s, die Räte:
1. *Empfehlung, wie jemand sich in einer bestimmten Situation verhalten soll:* ein kluger / guter / schlechter Rat · Er fragte mich um Rat. · Sie befolgte seinen Rat und kündigte in der Firma.

2. *Gruppe von Personen, die wichtige Entscheidungen in einer Organisation o. Ä. trifft:* der Rat der Stadt / der Gemeinde · Der Rat tagte gestern und beschloss das neue Gesetz.

die **Ra|te** ['ra:tə], der Rate, die Raten:
1. *Teil einer größeren Summe, der regelmäßig gezahlt werden muss:* die erste / letzte / nächste Rate · die Rate[n] immer pünktlich bezahlen · Sie kaufte die Waschmaschine auf Raten.
2. *Zahl, Anzahl, die in Prozent angegeben wird:* eine steigende / sinkende / konstante / niedrige Rate · Die Rate der Hausgeburten steigt.

ra|ten ['ra:tn̩], rät, riet, hat geraten:
1. *einen Rat (1) geben:* Ich rate dir dringend, zum Arzt zu gehen. · Was / Wozu rätst du mir?
2. *auf eine Frage antworten, ohne dass man die richtige Lösung kennt:* Man kann nur richtig oder falsch raten. · Du sollst nicht raten, sondern rechnen!
3. *schätzen, erraten:* Du rätst nie, wer mich gestern angerufen hat! · Kinder raten gern Rätsel. · Ich hab ihr Alter völlig falsch geraten.

das **Rat|haus** ['ra:thau̯s], des Rathauses, die Rathäuser ['ra:thɔy̯zɐ]:
Gebäude, in dem der Bürgermeister arbeitet: Das Wahlbüro befindet sich im Rathaus. · Ich muss noch zum / aufs Rathaus gehen.

die **Ra|ti|o|na|li|sie|rung** [rat̮si̯onali'zi:rʊŋ], der Rationalisierung, die Rationalisierungen:
Steigerung der Leistung z. B. eines Unternehmens, v. a. durch niedrigere Kosten: Wegen weiterer Rationalisierungen werden viele Arbeiter entlassen.

rat|los ['ra:tlo:s], ratloser, am ratlosesten:
so, dass man nicht weiß, was man [in einer bestimmten Situation] tun soll: Sie macht ein ratloses Gesicht. · Sie sahen sich ratlos an.

der **Rat|schlag** ['ra:tʃla:k], des Ratschlag[e]s, die Ratschläge ['ra:tʃlɛ:gə]:
einzelner Rat: ein vernünftiger Ratschlag · einen Ratschlag befolgen · Auf deine Ratschläge kann ich verzichten!

das **Rät|sel** ['rɛ:tsl̩], des Rätsels, die Rätsel:
1. *Aufgabe, die als Frage gestellt wird und für deren Lösung man nachdenken muss:* ein leichtes / schweres / schwieriges Rätsel · Sie rät / löst gern Rätsel. · Die Kinder gaben einander Rätsel auf.
2. *Geheimnis; etwas, was man nicht erklären oder verstehen kann:* das Rätsel des Lebens / des Todes · Es ist mir ein Rätsel, wie es zu dem Unfall kommen konnte.

rau [rau̯], rauer, am rau[e]sten:
1. *nicht glatt, stumpf:* eine raue Oberfläche / Wand · Meine Hände sind ganz rau.
2. *(vom Wetter, Klima) kalt, unangenehm, windig:* Es weht ein rauer Wind. · Das Klima dort am Meer ist rau.
3. *(von der Stimme) leicht heiser:* Er hat eine raue Stimme.

rau|ben ['rau̯bn̩], raubt, raubte, hat geraubt:
mit Gewalt wegnehmen; stehlen: Das ganze Geld und der Schmuck wurden geraubt.

der **Räu|ber** ['rɔy̯bɐ], des Räubers, die Räuber, die **Räu|be|rin** ['rɔy̯bərɪn], der Räuberin, die Räuberinnen:
Person, die einen Raub begeht: ein gefährlicher Räuber · Die Räuber konnten schnell gefasst und festgenommen werden.

der **Rauch** [rau̯x], des Rauch[e]s:
Wolken, die durch ein Feuer verursacht in die Luft steigen: Aus dem Schornstein kommt dünner Rauch. · Das Zimmer war voll[er] Rauch.

► **rau|chen** ['rau̯xn̩], raucht, rauchte, hat geraucht:
1. *Zigaretten o. Ä. konsumieren:* heftig / hastig / nervös rauchen · Er raucht Zigaretten / Zigarren / Pfeife.
2. *Rauch, Qualm bilden, von sich geben:* Der Ofen / Schornstein / Vulkan raucht.

► der **Rau|cher** ['rau̯xɐ], des Rauchers, die Raucher:
1. *[männliche] Person, die raucht:* Er war früher einmal ein starker Raucher.
2. ⟨ohne Artikel⟩ *Ort, Platz speziell für Raucher:* Dort hinten ist Raucher.

► die **Rau|che|rin** ['rau̯xərɪn], der Raucherin, die Raucherinnen:
weibliche Person, die raucht: Sie ist eine [starke] Raucherin.

► **rauf** [rau̯f] (umgangssprachlich):
herauf: Kommst du noch mit rauf zu mir?

► der **Raum** [rau̯m], des Raum[e]s, die Räume ['rɔy̯mə]:
1. *Zimmer:* Die Wohnung hat sieben Räume.
2. *Weltraum:* mit Raketen in den Raum vordringen / vorstoßen.

räu|men ['rɔy̯mən], räumt, räumte, hat geräumt:
1. *einen Platz, einen Raum leer machen:* die Wohnung / den Keller räumen · Die Unfallstelle ist geräumt.

R

2. *entfernen und dadurch Platz schaffen:* Kannst du mal bitte die Bücher vom Tisch räumen?

die **Raum|fahrt** ['raumfa:ɐ̯t], der Raumfahrt: *alles, was der Mensch macht, um den Weltraum mit Fahrzeugen zu erkunden:* eine neue Etappe der Raumfahrt.

räum|lich ['rɔymlɪç]: *so, dass es sich auf den Raum oder eine Entfernung bezieht:* räumliche Trennung / Ausdehnung · Er kann gut räumlich denken.

▶ **raus** [raus] (umgangssprachlich): *hinaus:* Hallo Jordi, kommst du mit raus zum Spielen?

rau|schen ['rauʃn̩], rauscht, rauschte, hat gerauscht: *ein Geräusch wie fließendes Wasser oder das Meer machen:* Das Meer / Der Bach / Der Wald rauscht. · Der Wind rauscht in den Zweigen.

räus|pern ['rɔyspɐn] ⟨+ sich⟩, räuspert sich, räusperte sich, hat sich geräuspert: *durch leichtes Husten o. Ä. den Hals, die Stimme frei machen:* Sie räusperte sich nervös und begann dann mit ihrer Rede.

▶ **re|a|gie|ren** [rea'gi:rən], reagiert, reagierte, hat reagiert: *auf etwas antworten, eingehen:* richtig / falsch / vernünftig reagieren · Er hat sehr schnell reagiert und der alten Frau geholfen. · Der Körper reagiert auf Hitze und Kälte. · Ich habe dich etwas gefragt. Warum reagierst du nicht?

▶ die **Re|ak|ti|on** [reak'tsi̯o:n], der Reaktion, die Reaktionen: *das Reagieren; Handlung o. Ä., mit der man auf etwas antwortet:* eine spontane Reaktion · Er zeigte keinerlei Reaktion, als er von dem Unglück hörte.

re|al [re'a:l], realer, am realsten:
1. *in der Wirklichkeit vorhanden:* die reale Welt · die realen Gegebenheiten · eine reale Gefahr / Bedrohung darstellen.
2. *wirklich, tatsächlich:* Ich habe ganz reale Vorstellungen von meiner Zukunft. · Man muss die Entwicklung real sehen / einschätzen.

▶ **re|a|li|sie|ren** [reali'zi:rən], realisiert, realisierte, hat realisiert:
1. *einen Plan, eine Idee in die Tat umsetzen, verwirklichen:* Er realisierte seinen Plan, sich ein Hausboot zu kaufen.
2. *begreifen; verstehen; erkennen:* Sie konnte lange nicht realisieren, dass ihr Mann gestorben war.

▶ **re|a|lis|tisch** [rea'lɪstɪʃ], realistischer, am realistischsten:
1. *so, wie es auch in der Wirklichkeit ist:* eine realistische Darstellung der Ereignisse · Der Film zeigt das Leben sehr realistisch.
2. *sachlich; ohne Illusion:* ein realistischer Mensch · eine Entwicklung realistisch betrachten / sehen / einschätzen · Sie denkt immer sehr realistisch.

▶ die **Re|a|li|tät** [reali'tɛ:t], der Realität, die Realitäten: *Wirklichkeit; Lage, wie sie wirklich ist:* die wirtschaftlichen / ökonomischen / politischen Realitäten · In der Realität ist vieles anders, als man es in der Schule lernt.

▶ die **Re|al|schu|le** [re'a:lʃu:lə], der Realschule, die Realschulen: *Schule, in der von der 5. bis zur 10. Klasse unterrichtet wird und die zwischen Gymnasium und Hauptschule steht:* Unser Sohn geht / wechselt auf die Realschule.

Realschule

Die Realschule dauert in Deutschland in der Regel sechs Jahre (von der 5. bis zur 10. Klasse). Die Unterrichtsinhalte sind schwieriger als in der Hauptschule und leichter als im Gymnasium. Die meisten Jugendlichen, die eine Realschule besucht haben, machen anschließend eine Ausbildung. Wenn sie die Realschule mit sehr guten Noten verlassen, können sie anschließend aber auch das Gymnasium besuchen. In der deutschsprachigen Schweiz entspricht die Realschule in vielen Fällen der deutschen Hauptschule. Sie soll also vor allem auf eine (praktische) Berufsausbildung vorbereiten. Andere Bezeichnungen für die Realschule sind in der Schweiz Oberschule, Berufswahlschule oder Werkschule. Sie schließt sich an die sechsjährige Primarschule an und dauert in der Regel drei bis vier Jahre (von der 7. bis zur 9./10. Klasse).

▶ die **Re|cher|che** [re'ʃɛrʃə], der Recherche, die Recherchen ⟨meist Plural⟩: *intensive Suche nach bestimmten Informationen:* gründliche / sorgfältige Recherchen · die Recherchen einstellen / aufgeben.

▶ **rech|nen** ['rɛçnən], rechnet, rechnete, hat gerechnet:
1. *Zahlen nach bestimmten Regeln miteinander verknüpfen; eine Rechnung durchführen:* schnell / richtig / falsch / schriftlich / im Kopf rechnen · Jetzt

rechnest du schon stundenlang an dieser Aufgabe. · Hast du auch richtig gerechnet?
2. *erwarten, dass jemand, etwas eintrifft:* Ich rechne morgen mit dir. · Sie rechnet immer mit dem Schlimmsten.

der **Rech|ner** ['rɛçnɐ], des Rechners, die Rechner (EDV):
Computer: ein kleiner / großer / leistungsfähiger / moderner Rechner · den Rechner neu starten.

die **Rech|nung** ['rɛçnʊŋ], der Rechnung, die Rechnungen:
1. *etwas, was gerechnet wird:* eine einfache / schwierige Rechnung · Die Rechnung stimmt nicht / geht nicht auf.
2. *Zusammenfassung aller Kosten für etwas, was man gekauft hat:* eine hohe / große / niedrige Rechnung · eine Rechnung schreiben / ausstellen · eine Rechnung für Strom, Gas und Heizung · Bitte bringen Sie mir die Rechnung.

▸ **recht** [rɛçt]:
1. *richtig; so, dass es passt, etwas entspricht:* Du kommst gerade im rechten Augenblick / zur rechten Zeit. · Da hast du ganz recht! · Ihm ist jedes Mittel recht, um Karriere zu machen. · Ich denk, ich hör nicht recht! (umgangssprachlich; *Das kann doch wohl nicht stimmen!*).
2. *ziemlich [groß]; ganz:* ein recht gutes Ergebnis · Die Sache war recht schwierig.
3. *** jemandem recht geben:** *jemandem zustimmen:* Ich gebe dir völlig recht: Wir müssen den Termin verschieben.; *** recht haben:** *das Richtige gesagt haben:* Du hast natürlich völlig recht: Er ist ein schlechter Fußballspieler.; *** recht bekommen:** *bestätigt bekommen, dass seine Meinung o. Ä. richtig ist:* Er hat vor Gericht recht bekommen.

das **Recht** [rɛçt], des Recht[e]s, die Rechte:
1. *Anspruch, der berechtigt ist:* die demokratischen / elterlichen Rechte · Jeder hat Rechte und Pflichten. · Mit welchem Recht tut sie das? · Es ist sein [gutes] Recht, das zu verlangen.
2. ⟨ohne Plural⟩ *alle Gesetze und Normen zusammen:* bürgerliches Recht · das Recht anwenden / vertreten / beugen / missachten.
3. *das, was dem Gefühl für Recht entspricht:* Sie ist im Recht und er nicht.

▸ **recht...** ['rɛçt...]:
1. *so, dass es sich auf der Seite befindet, die dem Herz entgegengesetzt ist:* auf der rechten Seite der Straße wohnen · Ich habe mir den rechten Arm / das rechte Bein gebrochen.
2. *politisch konservativ:* Das ist eine rechte Partei.

das **Recht|eck** ['rɛçt|ɛk], des Rechteck[e]s, die Rechtecke:
Viereck mit vier Seiten, von denen sich je zwei gegenüber liegen, parallel und gleich lang sind: Berechnet bitte die Fläche und den Umfang des Rechtecks!

recht|fer|ti|gen ['rɛçtfɛrtɪgn̩], rechtfertigt, rechtfertigte, hat gerechtfertigt:
1. *so darstellen, dass etwas als berechtigt gilt:* Unser Misstrauen war nicht gerechtfertigt. · Nichts rechtfertigt diese Tat.
2. ⟨+ sich⟩ *sich gegen einen Vorwurf verteidigen:* Du brauchst dich nicht zu rechtfertigen.

▸ **recht|lich** ['rɛçtlɪç]:
gesetzlich; auf das Recht bezogen: eine rechtliche Entscheidung / Grundlage · rechtliche Fragen / Normen · der rechtliche Anspruch auf einen Krippenplatz.

▸ **rechts** [rɛçts]:
1. *auf der rechten Seite:* Die Bücher stehen rechts [auf dem Schreibtisch]. · Bitte nehmen Sie die zweite Tür rechts. · Er wohnt im dritten Stock rechts. · Ein Auto kommt von rechts. · Du musst dich mehr rechts halten.
2. *so, dass es rechts von etwas liegt:* Sie wohnt rechts des Flusses.
3. *so, dass man politisch eine rechte Meinung vertritt:* Mit ihren Ansichten steht sie ganz weit rechts. · Er wählt immer rechts.

der **Rechts|an|walt** ['rɛçts|anvalt], des Rechtsanwalt[e]s, die Rechtsanwälte, die **Rechts|an|wäl|tin** ['rɛçts|anvɛltɪn], der Rechtsanwältin, die Rechtsanwältinnen:
Person, die jemanden in rechtlichen Fragen berät oder (z. B. bei Prozessen vor Gericht) vertritt: Ich nehme mir einen Rechtsanwalt und klage gegen die Kündigung. · Er lässt sich durch seine Rechtsanwältin vertreten.

▸ **recht|zei|tig** ['rɛçttsaitɪç], rechtzeitiger, am rechtzeitigsten:
zum richtigen Zeitpunkt (so, dass es noch früh genug ist): eine rechtzeitige Anmeldung / Vorbereitung / Hilfe · Die Krankheit wurde rechtzeitig erkannt. · Ich bin gerade noch rechtzeitig gekommen.

re|cy|celn [ri'saikl̩n], recycelt, recycelte, hat recycelt:
so bearbeiten, dass es wieder verwendet

R

werden kann: Altpapier / Altglas / Kunststoff recyceln.

die **Re|dak|ti|on** [redak'tsi̯o:n], der Redaktion, die Redaktionen:
1. *Abteilung bei einer Zeitung, in einem Verlag, in der Texte geschrieben bzw. bearbeitet werden:* Sie arbeitet in der Redaktion der örtlichen Tageszeitung.
2. *alle Redakteure einer Zeitung, eines Verlags:* Die Redaktion traf sich zu einer Besprechung.

▸ die **Re|de** ['re:də], der Rede, die Reden:
1. *Vortrag, der aus einem bestimmten Anlass gehalten wird:* eine lange / kurze / langweilige Rede · die Rede des Bürgermeisters / der Vorsitzenden · eine Rede ausarbeiten / halten.
2. *das Reden, Gespräch:* Von seiner Krankheit war gar nicht die Rede. · Auf der Party kam die Rede auch auf den nächsten Urlaub.

▸ **re|den** ['re:dn̩], redet, redete, hat geredet:
1. *sprechen:* laut / leise / ununterbrochen / stundenlang reden · Lass ihn doch zu Ende reden!
2. *ein Gespräch führen:* Sie hat offen mit ihm über die Sache geredet. · Wir redeten über Politik. · Die früheren Freunde reden nicht mehr miteinander.
3. *einen Vortrag, eine Rede halten:* frei / gut / flüssig reden · Sie hat frei und sehr gut geredet. · Wer wird heute Abend reden?

▸ **re|du|zie|ren** [redu'tsi:rən], reduziert, reduzierte, hat reduziert:
verringern; machen, dass etwas weniger wird: die Preise / die Kosten reduzieren · Mit dieser Maßnahme soll die Zahl der Arbeitslosen reduziert werden.

▸ das **Re|fe|rat** [refe'ra:t], des Referat[e]s, die Referate:
Vortrag über ein bestimmtes Thema: ein wissenschaftliches / politisches Referat · ein Referat ausarbeiten / halten / schreiben.

der **Re|flex** [re'flɛks], des Reflexes, die Reflexe:
unwillkürliche Reaktion des Körpers auf einen Reiz: Seine Reflexe funktionieren gut.

▸ die **Re|form** [re'fɔrm], der Reform, die Reformen:
Veränderung, Verbesserung dessen, was da ist: politische / soziale Reformen · Reformen fordern / durchsetzen · Sie setzt sich für Reformen an den Universitäten ein.

re|for|miert [refɔr'mi:ɐ̯t] (schweizerisch): *evangelisch, protestantisch:* die reformierte Kirche.

▸ das **Re|gal** [re'ga:l], des Regals, die Regale: *offenes Möbel (aus Holz oder Metall) für Bücher o. Ä.:* ein niedriges / hohes / schmales / leeres Regal · Bücher ins Regal stellen / aus dem Regal nehmen.

▸ die **Re|gel** ['re:gl̩], der Regel, die Regeln:
1. *Norm; Vorschrift, wie man sich verhalten soll:* allgemeine / spezielle / einfache Regeln · die geltenden Regeln beachten / befolgen / übertreten / verletzen / außer Acht lassen.
2. *Gewohnheit:* Es ist ihr zur Regel geworden, um sechs Uhr aufzustehen.; *** in der Regel / in aller Regel:** *normalerweise, üblicherweise, meist, fast immer:* In der Regel kommt er morgens um acht ins Büro.
3. *Menstruation:* Sie bekommt / hat ihre Regel.

▸ **re|gel|mä|ßig** ['re:gl̩mɛ:sɪç], regelmäßiger, am regelmäßigsten:
so, dass es einer Regel, einer Ordnung folgt: Er braucht regelmäßige Mahlzeiten. · Der Puls ist / geht wieder regelmäßig. · Sie kommt regelmäßig zu spät.

▸ **re|geln** ['re:gl̩n], regelt, regelte, hat geregelt: *in eine bestimmte Ordnung bringen; ordnen:* Die Ampel regelt den Verkehr. · Er will die Sache noch heute regeln. · Sie hat endlich ihre finanziellen Angelegenheiten geregelt.

re|gel|recht ['re:gl̩rɛçt]:
echt; richtig: Das war ein regelrechter Krieg zwischen den Mietern. · Er war regelrecht betrunken.

die **Re|ge|lung** ['re:gəlʊŋ], der Regelung, die Regelungen:
Art, in der etwas geregelt wird: Die Regierungen wollen eine einheitliche Regelung für alle Länder finden.

▸ der **Re|gen** ['re:gn̩], des Regens:
Niederschlag, der als Wasser auf die Erde fällt: leichter / starker / strömender Regen · Es wird bald Regen geben. · Es sieht schon den ganzen Tag nach Regen aus. · Bei der Wanderung sind wir in den Regen gekommen.

der **Re|gen|schirm** ['re:gn̩ʃɪrm], des Regenschirm[e]s, die Regenschirme:
Schirm zum Schutz vor Regen: den Regenschirm aufmachen / aufspannen / zumachen · Ich habe meinen Regenschirm vergessen.

re|gie|ren [re'gi:rən], regiert, regierte, hat regiert:
1. *beherrschen:* ein Volk / einen Staat

regieren · ein kommunistisch / demokratisch regiertes Land.
2. *an der Regierung sein; herrschen:* lange / gut / gerecht regieren · Die Königin regierte vierzig Jahre lang.

die **Re|gie|rung** [re'gi:rʊŋ], der Regierung, die Regierungen:
alle Minister und Ministerinnen eines Landes, Staates: eine demokratische / sozialistische / linke / rechte Regierung · eine neue Regierung bilden / ernennen · Die Regierung ist gestern zurückgetreten. · Sie gehört seit drei Jahren als Ministerin für Wirtschaft der Regierung an.

das **Re|gime** [re'ʒi:m], des Regimes, die Regime [re'ʒi:mə]:
Regierung, die von einem bestimmten politischen System geprägt ist und gegen das Volk regiert: ein totalitäres / autoritäres / verhasstes Regime · Sie ließen die Gegner des Regimes festnehmen.

die **Re|gi|on** [re'gi̯o:n], der Region, die Regionen:
Gebiet, Gegend: ärmliche / ländliche / dünn besiedelte / strukturschwache Regionen · die einzelnen Regionen des Kopfes / des Gesichts · In der Region [um] Heidelberg sind die Mieten sehr hoch.

re|gi|o|nal [regi̯o'na:l]:
so, dass es eine bestimmte Region betrifft, für sie charakteristisch ist: regionale Produkte / Besonderheiten / Nachrichten · Die Maßnahmen wirken regional begrenzt.

re|gis|trie|ren [regɪs'tri:rən], registriert, registrierte, hat registriert:
1. *in eine Liste eintragen:* Fahrzeuge / Namen / Personalien / Personen registrieren.
2. *feststellen:* Die Messgeräte registrieren auch Erdbeben mit geringer Stärke.
3. *in das Bewusstsein aufnehmen:* Sie registrierte, dass er die Party zeitig verließ.

reg|nen ['re:gnən], regnet, regnete, hat geregnet:
⟨es regnet⟩ *als Wasser aus den Wolken auf die Erde fallen:* Es regnet wenig / viel / stark. · Es regnet seit [drei / vielen] Stunden. · Es hat die ganze Nacht geregnet.

re|gu|lär [regu'lɛ:ɐ̯]:
1. *so, dass es den Regeln entspricht:* die reguläre Arbeitszeit · etwas regulär erwerben / kaufen.
2. *normal, üblich:* etwas zum regulären Preis kaufen.

das **Reh** [re:], des Reh[e]s, die Rehe:
[kleineres] Tier, das im Wald lebt und ein (hell)braunes Fell hat: Die Rehe äsen auf dem Feld. · Der Jäger hat ein Reh geschossen. · Kinder nennen ein Reh oft »Bambi«.

rei|ben ['rai̯bn̩], reibt, rieb, hat gerieben:
1. *fest gegen etwas drücken und [kräftig] hin und her bewegen:* an seinen Fingern reiben · Sie rieb an der Stelle mit dem Fleck.
2. *klein schneiden, indem man es auf einem Gerät hin und her bewegt:* Kartoffeln / Käse / Nüsse reiben · den Kuchen mit geriebenen Mandeln bestreuen.
3. *scheuern:* Die Schuhe reiben an den Fersen.

▶ **reich** [rai̯ç], reicher, am reichsten:
1. *so, dass man viel [Geld] besitzt:* ein reicher Mann / eine reiche Frau · Sie sind schnell reich geworden.
2. *so, dass etwas viel, häufig vorkommt:* eine reiche Ernte · Obst ist reich an wertvollen Vitaminen.
3. *in hohem Maße:* Auf dem Markt gibt es eine reiche Auswahl an Gewürzen. · Zu ihrem Geburtstag wurde sie reich beschenkt.

das **Reich** [rai̯ç], des Reich[e]s, die Reiche:
1. *Land bzw. Staat, in dem ein Kaiser, König o. Ä. regiert:* ein riesiges / mächtiges Reich · das Römische Reich · das Reich Alexanders des Großen.
2. ⟨mit Attribut⟩ *Bereich, in dem etwas besonders wichtig ist:* das Reich der Träume · Sie lebt oft im Reich der Fantasie.

▶ **rei|chen** ['rai̯çn̩], reicht, reichte, hat gereicht:
1. *genügen; ausreichend da sein:* Das Geld muss für uns beide reichen. · Das Benzin [im Tank] reicht nicht bis Magdeburg, wir müssen tanken. · Das Angebot gilt, so lange der Vorrat reicht *(noch etwas von der Ware da ist).*
2. *sich bis zu einem bestimmten Punkt, einer Grenze erstrecken:* Die Felder reichen [von hier] bis zum Waldrand.
3. (gehoben) *geben:* jemandem ein Buch reichen · Er reichte ihr Feuer. · Sie reichten sich zum Abschied die Hände.

reich|lich ['rai̯çlɪç], reichlicher, am reichlichsten:
1. *so, dass es in großer Menge da ist:* ein reichliches Trinkgeld · Die Portionen sind reichlich.
2. *mehr als:* eine reichliche Stunde · reichlich hundert Euro.
3. (umgangssprachlich) *ziemlich; sehr:* Du kommst reichlich spät!

der **Reich|tum** [ˈrai̯çtu:m], des Reichtums, die Reichtümer [ˈrai̯çty:mɐ]:
Besitz an Dingen, die wertvoll sind: unermesslicher Reichtum · Reichtum erwerben.

▶ **reif** [rai̯f], reifer, am reifsten:
1. *so, dass es geerntet werden kann:* reife Äpfel / Kirschen / Erdbeeren / Bananen · Das Getreide ist noch nicht reif.
2. *so, dass man durch das Leben, Erfahrungen geprägt ist:* Menschen im reiferen Alter · Mein Sohn ist sehr reif für sein Alter.
3. * **reif für etwas sein:** *so, dass man etwas wirklich braucht:* Ich bin reif für den Urlaub.

▶ der **Rei|fen** [ˈrai̯fn̩], des Reifens, die Reifen:
Hülle aus Gummi, die mit Luft gefüllt ist und bei Fahrrädern oder Autos auf dem Rad sitzt: der linke / vordere Reifen · die Reifen wechseln · Die Reifen sind abgefahren.

▶ die **Rei|he** [ˈrai̯ə], der Reihe, die Reihen:
1. *Linie, die aus Menschen oder Dingen gebildet ist:* die Reihen der Opposition / der älteren Generation · Bitte stellt euch in einer Reihe auf!
2. *größere Zahl von Menschen oder Dingen:* eine Reihe typischer Merkmale / von typischen Merkmalen aufzählen · Sie stellten der Ministerin eine Reihe von Fragen. · Eine [ganze] Reihe Frauen hat / haben protestiert.
3. * **an der Reihe sein / an die Reihe kommen:** *nicht mehr länger warten müssen:* Sie sind dann gleich an der Reihe. · Nun kommt das kleine Mädchen an die Reihe.

▶ die **Rei|hen|fol|ge** [ˈrai̯ənfɔlgə], der Reihenfolge, die Reihenfolgen:
Ordnung, in der eine Person oder Sache nach der anderen folgt: in alphabetischer / zeitlicher / umgekehrter Reihenfolge · die Reihenfolge ändern / einhalten / umdrehen.

das **Rei|hen|haus** [ˈrai̯ənhau̯s], des Reihenhauses, die Reihenhäuser [ˈrai̯ənhɔyzɐ]:
Haus, das Wand an Wand mit anderen Häusern in einer Reihe steht: ein Reihenhaus bauen / kaufen.

der **Reim** [rai̯m], des Reim[e]s, die Reime:
Enden von zwei Zeilen eines Gedichts, die gleich klingen: einsilbige / zweisilbige Reime · Reime bilden / schmieden · ein Gedicht in Reimen.

▶ **¹rein** [rai̯n], reiner, am reinsten:
1. *pur; nicht mit etwas vermischt:* reine Seide / Wolle · reiner Alkohol / Sauerstoff.
2. *[sehr] sauber:* reine Wäsche · Sie hat eine sehr reine Haut.
3. *unschuldig:* Er hat ein reines Gewissen.

▶ **²rein** [rai̯n]:
nur: Das ist eine rein private Angelegenheit.

▶ **³rein** [rai̯n]:
herein, hinein: Die alten Zeitungen kommen hier rein. · Immer rein mit euch!

▶ **rei|ni|gen** [ˈrai̯nɪgn̩], reinigt, reinigte, hat gereinigt:
Schmutz, Flecken von etwas entfernen; sauber machen: den Wintermantel / den Teppich reinigen lassen · Die Wunde muss zuerst gereinigt werden.

die **Rei|ni|gung** [ˈrai̯nɪgʊŋ], der Reinigung, die Reinigungen:
1. ⟨ohne Plural⟩ Die Reinigung des Anzugs hat zehn Euro gekostet.
2. *Firma, die Kleidung [chemisch] reinigt:* Ich muss noch die Jacke aus / von der Reinigung abholen. · In der Hauptstraße gibt es zwei Reinigungen.

▶ der **Reis** [rai̯s], des Reises, die Reise:
Pflanze, die in warmen Ländern wächst und deren Früchte, kleine weiße Körner, man essen kann: Reis anbauen / pflanzen / ernten · Heute Abend koche ich eine Suppe mit Reis und Hühnerfleisch.

▶ die **Rei|se** [ˈrai̯zə], der Reise, die Reisen:
Fahrt zu einem Ort, der weiter weg liegt: eine weite / kurze / lange Reise machen · eine Reise vorhaben / planen / durchführen · eine Reise nach Italien / in die USA / um die Welt / zum Äquator unternehmen.

▶ das **Rei|se|bü|ro** [ˈrai̯zəbyro:], des Reisebüros, die Reisebüros:
Firma, die Reisen verkauft: die Reise über ein Reisebüro im Internet buchen · Ich geh noch ins Reisebüro, um mich über Flüge nach Neuseeland zu informieren.

▶ **rei|sen** [ˈrai̯zn̩], reist, reiste, ist gereist:
eine Reise machen: geschäftlich / privat reisen · Er möchte gern bequem reisen. · Wir reisen gern mit dem Auto in den Süden.

der **Rei|se|pass** [ˈrai̯zəpas], des Reisepasses, die Reisepässe [ˈrai̯zəpɛsə]:
Pass: ein gültiger Reisepass.

rei|ßen [ˈrai̯sn̩], reißt, riss, gerissen:
1. ⟨hat⟩ *in Stücke teilen, in dem man daran sehr fest zieht:* den Brief in kleine Stücke reißen.
2. ⟨ist⟩ *mit einem Ruck in zwei Teile zerfallen:* die Schnur / der Schürsenkel / das Papier ist gerissen.

3. ⟨hat⟩ *mit Gewalt entfernen, wegnehmen:* Pflanzen aus dem Boden reißen · Sie riss ihm das Kind aus den Armen.
4. ⟨+ sich⟩ (umgangssprachlich) *haben wollen:* Um das neue Handy reißen sich alle.

der **Reiß|ver|schluss** [ˈraisfɛɐ̯ʃlʊs], des Reißverschlusses, die Reißverschlüsse [ˈraisfɛɐ̯ʃlʏsə]:
Verschluss an der Kleidung, an Taschen o. Ä. aus Metall oder Plastik, der aus einer Art Zähne besteht, die verbunden werden: Der Reißverschluss lässt sich schwer öffnen / schließen. · Der Reißverschluss klemmt.

rei|ten [ˈraitn̩], reitet, ritt, ist / hat geritten:
auf einem Pferd o. Ä. sitzen und sich mit diesem bewegen: auf einem Pferd / Esel / Kamel reiten · Ich bin heute weit / lange geritten.

der **Reiz** [raits], des Reizes, die Reize:
1. *Wirkung auf einen Organismus, die von innen oder außen kommt:* ein leichter / mechanischer / chemischer Reiz · auf einen Reiz ansprechen / reagieren · Das Licht übt einen Reiz auf das Auge aus.
2. *Wirkung, die ein Interesse weckt:* einen großen / starken Reiz ausüben · der Reiz des Neuen.

rei|zen [ˈraitsn̩], reizt, reizte, hat gereizt:
1. *sehr stark ärgern:* Die Kinder reizten den Hund.
2. *einen Organismus angreifen:* Der Rauch reizt die Augen.
3. *das Interesse für eine Person oder etwas wecken:* Ein Urlaub in Kanada reizt mich sehr. · Die neue Aufgabe reizt ihn gar nicht.

reiz|voll [raitsfɔl], reizvoller, am reizvollsten:
1. *sehr schön; hübsch:* eine reizvolle Gegend.
2. *interessant, lohnend:* Am reizvollsten wäre es für mich, nach Paris zu ziehen.

die **Re|kla|me** [reˈklaːmə], der Reklame, die Reklamen:
Werbung: erfolgreiche / gute Reklame · für ein Waschmittel / einen Film Reklame machen.

re|kla|mie|ren [reklaˈmiːrən], reklamiert, reklamierte, hat reklamiert:
sich beschweren, dass etwas nicht in Ordnung ist: das fehlende Päckchen bei der Post reklamieren · Sie hat die Jacke reklamiert, weil der Reißverschluss kaputt ist.

der **Re|kord** [reˈkɔrt], des Rekord[e]s, die Rekorde:
neue, höhere Leistung: ein neuer / europäischer / olympischer Rekord · einen Rekord aufstellen / brechen / einstellen · Der Rekord wurde um einen Zentimeter verbessert / überboten. · Die Hitzewelle erreichte einen neuen Rekord.

der **Rek|tor** [ˈrɛktoːɐ̯], des Rektors, die Rektoren [rɛkˈtoːrən], die **Rek|to|rin** [rɛkˈtoːrɪn], der Rektorin, die Rektorinnen:
1. *Person, die eine Grund-, Haupt-, Real- oder Sonderschule leitet:* Paul, du sollst bitte zur Rektorin kommen.
2. *Person, die eine Hochschule oder Universität leitet:* Die Rektoren treffen sich im Ministerium.

▸ **re|la|tiv** [relaˈtiːf]:
ziemlich, verhältnismäßig: ein relativ kalter Winter · eine relativ ruhige Gegend · Es geht ihm relativ gut.

re|le|vant [releˈvant], relevanter, am relevantesten:
wichtig (in einem bestimmten Zusammenhang): relevante Informationen / Daten / Themen · Dieses Datum ist für unser Projekt relevant.

▸ die **Re|li|gi|on** [reliˈgi̯oːn], der Religion, die Religionen:
Glaube an Gott und die entsprechenden Rituale: die christliche / islamische / jüdische Religion · Sie durften ihre Religion nicht ausüben.

re|li|gi|ös [reliˈgi̯øːs], religiöser, am religiösesten:
so, dass es zu einer Religion gehört, von ihr bestimmt wird: die religiöse Erziehung · religiöse Gruppen / Fanatiker · Sie war schon immer sehr religiös.

▸ **ren|nen** [ˈrɛnən], rennt, rannte, ist gerannt:
1. *sehr schnell laufen:* Er rannte schnell zur Schule. · Die Kinder rannten um die Wette.
2. *heftig an jemanden, etwas stoßen:* Sie ist im Dunkeln mit dem Kopf an / gegen die Wand gerannt.

re|no|vie|ren [renoˈviːrən], renoviert, renovierte, hat renoviert:
(etwas Altes) neu machen: ein Haus / eine Fassade / eine Kirche renovieren · Das Hotel wurde innen und außen renoviert.

▸ die **Ren|te** [ˈrɛntə], der Rente, die Renten:
Geld, das ältere Menschen [aus einer Versicherung] bekommen, wenn sie nicht mehr arbeiten: die gesetzliche / staatliche Rente · Rente beantragen / bekommen · eine hohe / niedrige Rente beziehen.

der **Rent|ner** ['rɛntnɐ], des Rentners, die Rentner, die **Rent|ne|rin** ['rɛntnərɪn], der Rentnerin, die Rentnerinnen:
Person, die nicht mehr arbeitet und eine Rente bekommt: Er ist gerade Rentner geworden. · jung gebliebene Rentnerinnen und Rentner.

die **Re|pa|ra|tur** [repara'tu:ɐ̯], der Reparatur, die Reparaturen:
Arbeit, um einen Fehler oder Mangel zu beseitigen: eine große / teure / einfache Reparatur · eine Reparatur ausführen · die Uhr in / zur Reparatur geben.

re|pa|rie|ren [repa'ri:rən], repariert, reparierte, hat repariert:
in Ordnung bringen; eine Reparatur durchführen: das Fahrrad / das Bügeleisen reparieren · Ich muss die Uhr reparieren lassen.

die **Re|por|ta|ge** [repɔr'ta:ʒə], der Reportage, die Reportagen:
längerer Bericht in der Zeitung, im Radio, im Fernsehen o. Ä.: eine spannende / interessante / lebendige Reportage · eine Reportage über ältere Menschen schreiben.

der **Re|por|ter** [re'pɔrtɐ], des Reporters, die Reporter, die **Re|por|te|rin** [re'pɔrtərɪn], der Reporterin, die Reporterinnen:
Person, zu deren Beruf es gehört, Reportagen zu schreiben: Die Reporter wollten die Schauspielerin interviewen.

re|prä|sen|tie|ren [reprɛzɛn'ti:rən], repräsentiert, repräsentierte, hat repräsentiert:
1. *in der Öffentlichkeit auftreten:* Sie als Chefärztin muss auch repräsentieren.
2. *eine Gruppe von Personen nach außen vertreten:* ein Land / eine Partei / eine Firma repräsentieren.

die **Re|pu|blik** [repu'bli:k], der Republik, die Republiken:
Form eines Staates, in der das Volk die Regierung wählt: bürgerliche / demokratische / sozialistische Republiken · eine Republik gründen / ausrufen.

die **Re|ser|ve** [re'zɛrvə], der Reserve, die Reserven:
Vorrat für einen Notfall: die letzten / eisernen Reserven · Er legt sich immer eine Reserve an Lebensmitteln an.

re|ser|vie|ren [rezɛr'vi:rən], reserviert, reservierte, hat reserviert:
für jemanden aufheben: ein Hotelzimmer / einen Tisch im Restaurant / einen Sitzplatz im Zug reservieren · Wir haben das Ferienhaus für den August reservieren lassen. · Bitte holen Sie die reservierten Karten bis 19 Uhr an der Kinokasse ab.

die **Re|ser|vie|rung** [rezɛr'vi:rʊŋ], der Reservierung, die Reservierungen:
Auftrag, etwas zu reservieren: Ihre Reservierung nehmen wir gern entgegen.

der **Res|pekt** [re'spɛkt], des Respekt[e]s:
Achtung und Anerkennung: Er hat Respekt vor seinem Professor. · Er bringt ihr großen Respekt entgegen.

der **Rest** [rɛst], des Rest[e]s, die Reste:
etwas, was übrig bleibt: ein kleiner Rest Stoff · Heute essen wir die Reste von der Gans / vom Wochenende.

das **Res|tau|rant** [rɛsto'rã:], des Restaurants, die Restaurants:
Gaststätte, in die man vor allem zum Essen geht: ein preiswertes / teures / gutes / italienisches Restaurant · im Restaurant essen · ein Restaurant besuchen · In unserer Straße hat ein neues Restaurant eröffnet.

rest|lich ['rɛstlɪç]:
übrig: die restlichen Arbeiten erledigen · Bitte gib mir das restliche Geld zurück.

das **Re|sul|tat** [rezʊl'ta:t], des Resultat[e]s, die Resultate:
Ergebnis: die endgültigen / vorläufigen Resultate der Wahlen.

ret|ten ['rɛtn̩], rettet, rettete, hat gerettet:
1. *aus einer Gefahr befreien:* Er hat mir das Leben gerettet. · Er rettete sich durch einen Sprung aus dem Fenster. · Die Gemälde wurden vor dem / aus dem Brand gerettet.
2. *vor der Zerstörung bewahren:* die alten Bäume retten.
3. *in Sicherheit bringen:* Er rettete sein Geld ins Ausland.

die **Ret|tung** ['rɛtʊŋ], der Rettung, die Rettungen:
1. *Hilfe in einer schwierigen Situation; das Retten:* auf Rettung hoffen · Es gab keine Rettung mehr für ihn.
2. (österreichisch) *Krankenwagen:* Du musst die Rettung rufen!

die **Reue** ['rɔy̯ə], der Reue:
tiefes Bedauern über etwas, was man getan hat: aufrichtige / bittere / tiefe Reue [über etwas] empfinden · Deine Reue kommt zu spät.

die **Re|vo|lu|ti|on** [revolu'ts̮i̯o:n], der Revolution, die Revolutionen:
1. *radikale Veränderung der politischen und gesellschaftlichen Verhältnisse:* eine proletarische / siegreiche Revolution · die Ziele einer Revolution · eine Revolution machen / niederschlagen / beenden.
2. *tief greifende Veränderung, die einen bestimmten Bereich des Lebens betrifft:*

die industrielle / technische Revolution · eine Revolution in den Medien.

re|vo|lu|ti|o|när [revolutsi̯oˈnɛːɐ̯]:
1. *so, dass es auf eine Revolution zielt, sie bewirkt:* revolutionäre Gruppen / Ziele / Lieder · revolutionär denken.
2. *so, dass es etwas ganz Neues zum Ziel hat, etwas Neues ist:* revolutionäre Entdeckungen / Erfindungen / Ideen · Die neue Technik ist revolutionär.

das **Re|zept** [reˈt͡sɛpt], des Rezept[e]s, die Rezepte:
1. *Dokument, das man vom Arzt bekommt und für das man in der Apotheke Medikamente erhält:* ein Rezept ausschreiben / ausstellen · Dieses Medikament gibt es nur auf Rezept.
2. *Anleitung, wie man etwas kocht:* ein altes Rezept meiner Mutter · Morgen probiere ich ein neues Rezept aus.

re|zept|frei [reˈt͡sɛptfrai̯]:
so, dass man es ohne Rezept bekommt: ein rezeptfreies Schlafmittel.

die **Re|zep|ti|on** [ret͡sɛpˈt͡si̯oːn], der Rezeption, die Rezeptionen:
Stelle in einem Hotel, bei der man sich anmeldet und seinen Zimmerschlüssel erhält: Bitte geben Sie den Zimmerschlüssel an der Rezeption ab!

der **Rhyth|mus** [ˈrʏtmʊs], des Rhythmus, die Rhythmen [ˈrʏtmən] (Musik):
Gliederung der Zeit und der Töne in einem Takt: ein schneller / langsamer Rhythmus · Die Tänzerinnen kamen aus dem Rhythmus.

rich|ten [ˈrɪçtn̩], richtet, richtete, hat gerichtet:
1. *in eine bestimmte Richtung bringen:* die Kamera auf die Schauspielerin richten · Sie hat eine Frage an ihn gerichtet.
2. ⟨+ sich⟩ *von jemandem, etwas abhängen:* Wonach richtet sich der Preis? · Ich richte mich ganz nach dir, wann wir losgehen wollen.

der **Rich|ter** [ˈrɪçtɐ], des Richters, die Richter, die **Rich|te|rin** [ˈrɪçtərɪn], der Richterin, die Richterinnen:
Person, die in einem Prozess vor Gericht entscheidet: eine gerechte / strenge Richterin · Der Richter hat ihn freigesprochen / verurteilt.

rich|tig [ˈrɪçtɪç]:
1. *wahr; nicht falsch; so, dass es bestimmte Anforderungen erfüllt:* die richtige Antwort / Entscheidung · etwas richtig messen / wiegen · Ich finde das nicht richtig / halte das nicht für richtig. · Meine Uhr geht richtig.
2. *so, dass es alle Merkmale von etwas hat:* Wir hatten lange keinen richtigen Sommer. · Er ist ein richtiger Junge. · Ich muss mal wieder richtig ausschlafen.
3. *in der Tat; wirklich:* Er sagte, er würde bald kommen, und richtig, eine Stunde später stand er vor der Tür.

▶ die **Rich|tung** [ˈrɪçtʊŋ], der Richtung, die Richtungen:
1. *[gerade] Linie der Bewegung auf ein bestimmtes Ziel hin:* in die falsche / richtige Richtung laufen · in Richtung Osten fahren · Die Kinder kommen aus allen Richtungen in die Schule.
2. *bestimmter Bereich des Denkens:* eine politische / literarische Richtung · einer bestimmten Richtung angehören.

▶ **rie|chen** [ˈriːçn̩], riecht, roch, hat gerochen:
1. *mit der Nase wahrnehmen:* den Duft der Rosen / ein Parfüm riechen · Ich kann Knoblauch nicht riechen *(mag den Geruch nicht).*
2. *den Geruch von etwas prüfen:* an einer Blume / einem Gewürz riechen.
3. *einen [unangenehmen] Geruch haben, verbreiten:* Der Kaffee riecht gut / gar nicht mehr. · Er roch nach Alkohol. · Wonach riecht es hier eigentlich?

der **Rie|se** [ˈriːzə], des Riesen, die Riesen, die **Rie|sin** [ˈriːzɪn], der Riesin, die Riesinnen:
(in Märchen) Wesen, das wie ein Mensch aussieht, aber sehr groß ist: ein böser / netter Riese · Er ist ein Riese / Sie ist eine Riesin *(ein sehr großer Mensch).*

▶ **rie|sig** [ˈriːzɪç]:
1. ⟨riesiger, am riesigsten⟩ *sehr groß:* ein riesiger Elefant · ein riesiger Saal / Platz · eine riesige Menschenmenge · Meine Freude über seinen Besuch war riesig.
2. ⟨verstärkend bei Adjektiven und Verben⟩ (umgangssprachlich) *sehr:* Über eure Geschenke habe ich mich riesig gefreut.

▶ das **Rind** [rɪnt], des Rind[e]s, die Rinder:
großes Haustier, das Milch gibt und dessen Fleisch man isst: ein braunes / geflecktes Rind · Rinder halten / züchten · Das Hackfleisch ist 100 % Rind.

die **Rin|de** [ˈrɪndə], der Rinde, die Rinden:
1. *äußere harte Schicht von Bäumen und Sträuchern:* eine braune / raue / glatte Rinde · die Rinde vom Stamm ablösen / abschälen.
2. *äußere, härtere Schicht von etwas Weichem:* die Rinde vom Käse abschneiden · Sie isst beim Brot gern die dunkle Rinde.

das **Rind|fleisch** ['rɪntflaiʃ], des Rindfleisch[e]s:
Fleisch vom Rind: ein großes Stück Rindfleisch kaufen · Rindfleisch ist heute im Angebot.

▶ der **Ring** [rɪŋ], des Ring[e]s, die Ringe:
1. *Gegenstand, der rund wie ein Kreis und in sich geschlossen ist:* ein goldener / metallener Ring · Die Schlüssel waren an einem Ring befestigt.
2. *etwas, was die Form eines Ringes hat:* Die Kinder bildeten beim Spielen einen Ring / schlossen einen Ring um den Lehrer.

rin|gen ['rɪŋən], ringt, rang, hat gerungen:
1. *nach bestimmten Regeln miteinander kämpfen, indem man verschiedene Griffe anwendet:* mit einem starken Gegner ringen.
2. *sich sehr bemühen, um etwas zu erreichen:* hart / zäh / bitter / schwer um Anerkennung ringen · nach Atem / Luft ringen · Sie rang nach / um Fassung.

▶ das **Ri|si|ko** ['ri:ziko], des Risikos, die Risiken ['ri:zikn̩]:
Gefahr; Möglichkeit, einen Schaden zu erleiden, die einem bewusst ist: ein großes Risiko · ein Risiko eingehen / auf sich nehmen · Ich möchte mich auf kein Risiko einlassen und nehme nicht an der Expedition teil.

ris|kant [rɪs'kant], riskanter, am riskantesten:
mit Gefahr, einem Risiko verbunden: eine riskante Sache · Der Plan ist / erscheint mir zu riskant.

ris|kie|ren [rɪs'ki:rən], riskiert, riskierte, hat riskiert:
1. *etwas tun wollen, was gefährlich ist:* Er riskiert es nicht, seine Stelle zu kündigen.
2. *sich einer bestimmten Gefahr aussetzen:* Mit seiner Fahrweise riskiert er einen Unfall.
3. *aufs Spiel setzen:* Mit dieser Aktion riskiert sie ihren Job / ihr Leben.

der **Riss** [rɪs], des Risses, die Risse:
Stelle, an der etwas gerissen ist: Die Hose hat einen langen / kleinen / tiefen Riss. · Die Glasur hat Risse bekommen.

das **Ri|tu|al** [ri'tu̯a:l], des Rituals, die Rituale:
Tun, das immer nach der gleichen Ordnung abläuft: Wenn er eine Pfeife raucht, vollzieht sich jedes Mal dasselbe Ritual.

der **Ro|bo|ter** ['rɔbɔtɐ], des Roboters, die Roboter:
Automat, (der wie ein Mensch aussieht und) der bestimmte Aufgaben ausführt: In dem Autowerk werden viele Roboter eingesetzt.

ro|bust [ro'bʊst], robuster, am robustesten:
stark, kräftig, nicht empfindlich: eine robuste Gesundheit haben · Sie ist seelisch sehr robust.

▶ der **[1]Rock** [rɔk], des Rock[e]s, die Röcke ['rœkə]:
1. *Kleidungsstück für Frauen und Mädchen, das an der Hüfte beginnt und unten offen ist:* ein langer / kurzer / weiter / enger Rock · den Rock anziehen / ausziehen · Sie hat oft einen Rock an.
2. (schweizerisch) *Kleid* (1)*:* Das Mädchen trug einen bunten Rock.

der **[2]Rock** [rɔk], des Rocks:
[moderne] Musik, die von kleineren Bands gespielt und elektronisch verstärkt wird: Rock hören / spielen.

ro|deln ['ro:dl̩n], rodelt, rodelte, hat / ist gerodelt:
Schlitten fahren: Die Kinder haben / sind den ganzen Tag gerodelt.

der **Rog|gen** ['rɔgn̩], des Roggens:
Getreide mit langem Halm, dessen Körner zu Mehl, vor allem für Brot, gemahlen werden: Brötchen aus Roggen.

▶ **roh** [ro:], roher, am roh[e]sten:
1. *nicht gekocht oder gebraten:* rohes Obst / Gemüse / Fleisch · ein rohes Ei · Gemüse roh essen · Das Fleisch ist noch [ganz] roh.
2. *ohne Gefühl für andere; grob:* ein roher Mann · rohe Sitten / Späße · Er hat die Tür mit roher Gewalt geöffnet. · Fass das Kind nicht so roh an!

▶ das **Rohr** [ro:ɐ̯], des Rohr[e]s, die Rohre:
1. *Gegenstand, der zum Bau von Leitungen verwendet wird und lang, hohl sowie an den Enden offen ist und einen runden Durchmesser hat:* die Rohre der Wasserleitung · ein Rohr ist geplatzt / verstopft · In unserer Straße werden neue Rohre verlegt.
2. (österreichisch) *Backofen:* die Pizza aus dem Rohr holen.

der **Roh|stoff** ['ro:ʃtɔf], des Rohstoff[e]s, die Rohstoffe:
Material, aus dem etwas hergestellt oder gewonnen wird [und das in der Natur vorkommt]: metallische / pflanzliche Rohstoffe · Rohstoffe gewinnen / liefern / verarbeiten · Altpapier ist ein wertvoller Rohstoff.

▶ die **Rol|le** ['rɔlə], der Rolle, die Rollen:
1. *Figur, die jemand im Theater oder Film spielt:* eine kleine / wichtige / tragende Rolle · die Rolle der Anna Kare-

nina übernehmen · eine große Rolle in dem Film bekommen.
2. *runder Gegenstand, auf dem etwas rollt oder gleitet:* ein Computertisch / ein Krankenbett auf Rollen.
3. *etwas, was eine runde Fläche an jeder der beiden Seiten hat:* eine Rolle Toilettenpapier / Klebeband / Garn.
4. *Übung beim Turnen, bei der man sich über den Kopf dreht:* eine Rolle vorwärts / rückwärts machen.

▶ **rol|len** ['rɔlən], rollt, rollte, gerollt:
1. ⟨ist⟩ *sich bewegen, indem es sich um die eigene Achse dreht:* Die Kugel / Der Ball / Der Würfel / Das Rad rollt.
2. ⟨ist⟩ *sich auf Rädern o. Ä. bewegen:* Der Wagen / Das Auto / Der Zug rollt. · Das Flugzeug rollt auf die Startbahn.
3. ⟨hat⟩ *[fort]bewegen, indem man es dreht:* Er hat das Bierfass in den Garten gerollt.

▶ der **Rol|ler** ['rɔlɐ], des Rollers, die Roller:
Fahrzeug (für Kinder), das aus einem Brett mit zwei Rädern darunter und einer Stange zum Lenken besteht: Das Kind fährt gern Roller.

▶ der **Roll|la|den** ['rɔlla:dn̩], des Rollladens, die Rollläden ['rɔllɛ:dn̩]:
Schutz vor den Fenstern, der aus Holz, Metall oder Plastik besteht und über eine Rolle läuft: die Rollläden hochziehen / runterlassen.

der **Roll|schuh** ['rɔlʃu:], des Rollschuh[e]s, die Rollschuhe:
Schuh mit Rollen unter den Sohlen: Rollschuh laufen · Ihr sollt doch nicht auf Rollschuhen in die Wohnung laufen.

▶ der **Roll|stuhl** ['rɔlʃtu:l], des Rollstuhl[e]s, die Rollstühle ['rɔlʃty:lə]:
Fahrzeug, das wie ein Sessel aussieht und Räder hat, für Menschen, die nicht laufen können: den Rollstuhl zusammenklappen und im Auto verstauen · Sie sitzt schon lange im Rollstuhl.

die **Roll|trep|pe** ['rɔltrɛpə], der Rolltreppe, die Rolltreppen:
Treppe, die elektrisch bewegt wird: die Rolltreppe benutzen / nehmen / anhalten.

der **Ro|man** [ro'ma:n], des Romans, die Romane:
längere, ausführliche Erzählung: ein spannender / langweiliger / historischer / utopischer Roman · einen Roman schreiben / lesen · Ihr neuer Roman erscheint im Herbst.

▶ **ro|man|tisch** [ro'mantɪʃ], romantischer, am romantischsten:
so, dass es das Gefühl stark anspricht; voller Stimmung: eine romantische Gegend / Landschaft / Burgruine · ein romantisch gelegener Ort · Im Mondlicht sah das Haus richtig romantisch aus.

rönt|gen ['rœntgn̩], röntgt, röntgte, hat geröntgt:
mithilfe von Strahlen, die Knochen und Organe sichtbar machen, untersuchen: Der Arm muss geröntgt werden. · Er / Das Bein / Der Kopf wurde nach dem Unfall geröntgt.

▶ **ro|sa** ['ro:za]:
so, dass es in einem hellen, zarten Rot ist: ein rosa Rock / Kleid · etwas rosa färben / anmalen.

▶ die **Ro|se** ['ro:zə], der Rose, die Rosen:
Blume, die stark duftet und Stacheln am Stiel hat: gelbe / weiße / rote Rosen · Er schenkte ihr einen Strauß roter Rosen.

der **[1]Rost** [ro:st], des Rost[e]s, die Roste:
Gitter aus Stäben oder Drähten: ein Steak auf einem Rost braten · den Rost in den Ofen schieben.

der **[2]Rost** [rɔst], des Rost[e]s:
braune Schicht, die sich an der Oberfläche von Eisen oder Stahl bildet und die durch Feuchtigkeit entsteht: den Rost entfernen · Das Fahrrad setzt Rost an.

▶ **rot** [ro:t], röter, am rötesten:
in der Farbe, die frisches Blut hat: ein rotes Kleid / Tuch / Licht · einen Fehler rot anstreichen · Er wurde vor Zorn ganz rot.

der **Rot|kohl** ['ro:tko:l], des Rotkohl[e]s:
Kohl mit Blättern, die dunkelrot sind: Gans mit Klößen und Rotkohl.

der **Rot|wein** ['ro:tvai̯n], des Rotwein[e]s, die Rotweine:
roter Wein, der aus blauen Trauben gewonnen wird: einen guten portugiesischen / chilenischen Rotwein kaufen · französische / italienische / spanische Rotweine · zwei Glas Rotwein.

die **Rou|ti|ne** [ru'ti:nə], der Routine, die Routinen:
Erfahrung, die man durch häufiges Wiederholen von etwas hat: große / keine Routine haben · Ihm fehlt noch die Routine. · Das ist reine Routine für mich.

der **Ruck** [rʊk], des Ruck[e]s:
kurze kräftige Bewegung; plötzlicher heftiger Stoß: ein heftiger / kräftiger / jäher Ruck · Mit einem Ruck riss ich mich los.

rü|cken ['rʏkn̩], rückt, rückte, gerückt:
1. ⟨hat⟩ *mit einem Ruck schieben:* den Tisch an die Wand / nach rechts / unter das Fenster rücken.

2. ⟨ist⟩ *sich [mit einem Ruck] bewegen:* Kannst du ein bisschen [zur Seite / nach links] rücken?

▶ der **Rü|cken** [ˈrʏkn̩], des Rückens, die Rücken:
hintere Seite des (menschlichen) Oberkörpers: ein breiter / krummer / gebeugter Rücken · auf dem Rücken liegen / schwimmen · Der Rücken tut ihm weh. · Das Mädchen sitzt auf dem Rücken des Pferdes.

die **Rück|fahr|kar|te** [ˈrʏkfaːɐ̯kartə], der Rückfahrkarte, die Rückfahrkarten:
Fahrkarte hin zu einem Ort und wieder zurück: Es ist manchmal billiger, eine Rückfahrkarte zu kaufen als zwei Fahrkarten.

▶ die **Rück|fahrt** [ˈrʏkfaːɐ̯t], der Rückfahrt, die Rückfahrten:
Fahrt wieder zurück an den Ort, von dem man gestartet ist: Die Rückfahrt hat ewig gedauert – wir standen im Stau.

die **Rück|ga|be** [ˈrʏkgaːbə], der Rückgabe: Das Konzert muss leider ausfallen – bei Rückgabe der Eintrittskarte erhalten Sie Ihr Geld zurück.

der **Rück|gang** [ˈrʏkgaŋ], des Rückgang[e]s:
das Weniger-Werden von etwas: der Rückgang der Kriminalität / Arbeitslosigkeit.

rück|gän|gig [ˈrʏkgɛŋɪç]:
*** etwas rückgängig machen:** *etwas kündigen, zurücknehmen:* einen Beschluss / eine Vereinbarung / einen Kauf rückgängig machen.

▶ die **Rück|kehr** [ˈrʏkkeːɐ̯], der Rückkehr:
das Wieder-nach-Hause-Kommen, nachdem man länger weg war: die Rückkehr in die Heimat / nach München.

das **Rück|licht** [ˈrʏklɪçt], des Rücklicht[e]s, die Rücklichter:
Lampe, die sich hinten an einem Auto, Fahrrad o. Ä. befindet und rot leuchtet: das kaputte Rücklicht reparieren.

der **Rück|ruf** [ˈrʏkruːf], des Rückruf[e]s, die Rückrufe:
Anruf als Antwort auf den Anruf einer anderen Person: Ich habe den Rückruf leider vergessen.

▶ der **Ruck|sack** [ˈrʊkzak], des Rucksack[e]s, die Rucksäcke [ˈrʊkzɛkə]:
[große] Tasche, die wie ein Sack aussieht und die man auf dem Rücken trägt: ein Rucksack aus Leder · ein großer / kleiner / schwerer / leichter Rucksack · den Rucksack packen / aufsetzen · das Laptop in den Rucksack stecken / tun.

▶ die **Rück|sicht** [ˈrʏkzɪçt], der Rücksicht:
Verhalten, das die Gefühle und Interessen anderer berücksichtigt: Du brauchst keine Rücksicht auf mich / auf meinen Zustand zu nehmen. · Die Strafe fiel mit Rücksicht auf sein Alter gering aus.

rück|sichts|los [ˈrʏkzɪçt͜sloːs], rücksichtsloser, am rücksichtslosesten:
so, dass man keine Rücksicht auf jemanden, etwas nimmt: rücksichtsloses Verhalten · Sei nicht so rücksichtslos!

rück|sichts|voll [ˈrʏkzɪçt͜sfɔl], rücksichtsvoller, am rücksichtsvollsten:
so, dass man Rücksicht auf jemanden, etwas nimmt: rücksichtsvolle Nachbarn · Sie fährt sehr vorsichtig und rücksichtsvoll.

der **Rück|stand** [ˈrʏkʃtant], des Rückstand[e]s, die Rückstände [ˈrʏkʃtɛndə]:
1. *das Nicht-Erreichen einer Norm, eines Ziels:* mit der Produktion / der Miete / den Raten im Rückstand sein · den Rückstand in der Produktion aufholen.
2. (Sport) *Abstand:* in Rückstand geraten / kommen · den Rückstand verkleinern / aufholen.

der **Rück|tritt** [ˈrʏktrɪt], des Rücktritt[e]s, die Rücktritte:
das Aufgeben eines Amtes: der Rücktritt der Regierung · Er wurde zum Rücktritt gezwungen.

▶ **rück|wärts** [ˈrʏkvɛrt͜s]:
1. *nach hinten:* Hier musst du rückwärts einparken. · Ich fahre im Bus nicht gern rückwärts.
2. *von hinten nach vorn:* Ich kann schon von zehn rückwärts zählen.

der **Rück|weg** [ˈrʏkveːk], des Rückweg[e]s, die Rückwege:
Weg zurück an den Punkt, an dem man gestartet ist: sich auf den Rückweg machen · Auf dem Rückweg besuchen wir noch Freunde in Berlin.

ru|dern [ˈruːdɐn], rudert, ruderte, ist / hat gerudert:
ein Boot mit langen Stangen, die man ins Wasser taucht, nach hinten zieht und wieder nach oben bringt, bewegen: Wir sind / haben heute viel gerudert. · Er ist über den Fluss / an Land gerudert.

▶ das **Rüeb|li** [ˈryəbli], des Rüeblis, die Rüebli (schweizerisch):
Karotte: Ich backe einen Kuchen mit Rüebli.

der **Ruf** [ruːf], des Ruf[e]s, die Rufe:
1. *das Rufen; der Schrei:* laute / gellende Rufe · die Sportler mit lauten Rufen anfeuern · Die Rufe wurden leiser / verstummten.

2. *Position in der Öffentlichkeit:* Sie hat einen guten Ruf in der Branche.

ru|fen ['ru:fn̩], ruft, rief, hat gerufen:
1. *seine Stimme laut hören lassen:* laut / leise rufen · Hast du sie rufen hören?
2. *nach etwas, jemandem mit lauter Stimme verlangen:* Das Kind rief nach seiner Mutter. · Die Verletzte ruft laut um Hilfe.
3. *zu sich kommen lassen:* die Polizei / ein Taxi rufen · Die Mutter ruft die Kinder zum Essen / ins Zimmer / zu sich.

die **Ruf|num|mer** ['ru:fnʊmɐ], der Rufnummer, die Rufnummern:
Telefonnummer: Meine Rufnummer ist die …

die **Ru|he** [ru:ə], der Ruhe:
1. *[fast völlige] Stille:* die nächtliche / sonntägliche Ruhe · Im Saal herrschte vollkommene / völlige Ruhe. · Ruhe, bitte!
2. *Erholung:* Nach der Hektik auf der Arbeit sehnt sie sich nach Ruhe. · Er sucht Ruhe an der See.
3. *normaler Zustand ohne Störung:* Ich möchte das erst noch in Ruhe erledigen. · Lass mich doch bitte in Ruhe! · Die Polizei musste für Ruhe sorgen.
4. *Geduld:* die Ruhe bewahren / verlieren · Er strahlt eine große Ruhe aus. · Die Sache hat mir keine Ruhe gelassen.
5. *** immer mit der Ruhe:** *ohne Hektik, Stress:* Immer mit der Ruhe, wir kommen noch rechtzeitig ins Theater.

ru|hen ['ru:ən], ruht, ruhte, hat geruht:
1. *ausruhen; schlafen:* Ich muss erst mal ein bisschen ruhen.
2. (gehoben) *begraben sein:* Hier ruht die Familie Meier.
3. *nicht in Bewegung, Tätigkeit sein:* Am Wochenende / Während des Streiks ruht der Verkehr. · Das Arbeitsverhältnis / Die Mitgliedschaft ruht.

der **Ru|he|stand** ['ru:əʃtant], des Ruhestand[e]s:
Zeit, nachdem man aus dem Beruf ausgeschieden ist: im Ruhestand sein / leben · Er ging letztes Jahr in den Ruhestand. · Sie ist Rektorin im Ruhestand.

der **Ru|he|tag** ['ru:əta:k], des Ruhetag[e]s, die Ruhetage:
Tag, an dem ein Geschäft, eine Gaststätte o. Ä. geschlossen ist: Die Gaststätte hat montags Ruhetag. · Heute Ruhetag!

ru|hig ['ru:ɪç]:
1. ⟨ruhiger, am ruhigsten⟩ *still; ohne Geräusch, ohne Lärm:* eine ruhige Wohnung / Gegend · ruhige Mieter / Nachbarn haben · Das Hotel ist ruhig gelegen.
2. ⟨ruhiger, am ruhigsten⟩ *ohne Aufregung; mit innerer Ruhe:* ein ruhiger Mensch · Als Chirurg braucht er eine ruhige *(sichere)* Hand. · Sie gab sich Mühe, ruhig zu bleiben.
3. ⟨ruhiger, am ruhigsten⟩ *so, dass man sich nicht bewegt, sich die Lage, Stellung nicht verändert:* ein gebrochenes Bein ruhig stellen · Die See ist ruhig.
4. *drückt aus, dass man ein bestimmtes Verhalten, eine Entscheidung richtig findet:* Du kannst den Vertrag ruhig unterschreiben. · Geht ruhig schon vor, wir kommen gleich nach.

der **Ruhm** [ru:m], des Ruhm[e]s:
hohe Anerkennung in der Öffentlichkeit: großer / künstlerischer / internationaler Ruhm · Sie ist auf dem Gipfel ihres Ruhms angelangt.

das **Rühr|ei** ['ry:ɐ̯|ai̯], des Rührei[e]s, die Rühreier:
Gericht aus Eiern, die [mit Wasser oder Milch] vermischt und in der Pfanne gebraten werden: Heute gibt es Kartoffeln, Rührei und Spinat. · Ich mache mir Rühreier, willst du auch welche?

rüh|ren ['ry:rən], rührt, rührte, hat gerührt:
1. *eine Flüssigkeit, einen Brei o. Ä. mit einem Löffel im Kreis bewegen:* die Suppe / den Brei / den Kuchenteig rühren · mit dem Löffel im Kaffee / in der Kaffeetasse rühren.
2. *bewegen:* die Arme / Beine nicht rühren können · Es ist so voll, man kann sich nicht rühren.
3. *weich stimmen; im Innern berühren:* eine rührende Geschichte / Szene · Als sie ihn wiedersah, war sie zu Tränen gerührt.

die **Ru|i|ne** [ru'i:nə], der Ruine, die Ruinen:
Reste eines zerstörten [größeren] Bauwerkes: eine malerische / romantische Ruine · die Ruinen des alten Schlosses besichtigen.

▶ **rund** [rʊnt]:
1. ⟨runder, am rundesten⟩ *mit der Form eines Kreises oder einer Kugel:* ein runder Tisch / Teller / Kuchen · ein runder Kopf / Rücken · Die Erde ist rund.
2. ⟨runder, am rundesten⟩ *(vom Körper oder einem Teil davon) dick:* runde Arme / Schultern / Knie · Sie ist ganz schön rund geworden.
3. *(von etwas, was man zählen oder messen kann) ganz; voll:* Das Haus hat damals eine runde Million gekostet. ·

Für diese Arbeiten brauchen wir runde zehn Stunden.
4. *(von etwas, was man zählen oder messen kann) ungefähr:* Wir müssen noch rund zwei Kilometer laufen. · Ich schreibe am Tag rund zwanzig Mails.
5. *im Kreis:* Ich möchte gern mal eine Reise rund um die Welt machen.

▶ die **Run|de** ['rʊndə], der Runde, die Runden:
1. ⟨ohne Plural⟩ *(kleinere) Gruppe von Menschen:* eine große / heitere Runde · Eine Freundin fehlt heute in der Runde.
2. (besonders Sport) *Strecke zum Laufen oder Fahren, die dort endet, wo sie beginnt:* eine Runde laufen / fahren · Er hat eine halbe Runde Vorsprung.
3. *Weg, Gang, Flug o. Ä., der dort endet, wo er beginnt:* Komm, wir machen eine Runde durch die Stadt. · Das Flugzeug zieht eine Runde über die Stadt.

▶ die **Rund|fahrt** ['rʊntfaːɐ̯t], der Rundfahrt, die Rundfahrten:
Fahrt, die dort wieder endet, wo sie begonnen hat: eine Rundfahrt mit der Straßenbahn durch Lissabon machen.

der **Rund|funk** ['rʊntfʊŋk], des Rundfunks:
Verbreitung von Sendungen, die man (im Radio oder Internet) hören kann: Der Rundfunk überträgt das Konzert aus der Philharmonie in Berlin. · Der Rundfunk berichtete ausführlich über den Parteitag.

▶ **run|ter** ['rʊntɐ] (umgangssprachlich):
herunter: Kommt bitte runter von der Mauer.

run|ter|wer|fen ['rʊntɐvɛrfn̩], wirft runter, warf runter, hat runtergeworfen (umgangssprachlich):
von dort oben nach hier unten werfen: Wirf mal den Schlüssel runter!

der **Ruß** [ruːs], des Rußes:
schwarze Substanz, die sich im Rauch eines Feuers befindet: Der Kamin ist voll Ruß. · Ruß hat sich abgesetzt.

rut|schen ['rʊtʃn̩], rutscht, rutschte, ist gerutscht:
1. *auf einer glatten Fläche nicht fest stehen, sitzen oder haften:* Die Brille / Die Hose / Der Rock rutscht. · Der Schnee rutschte vom Dach. · Das Hemd ist aus der Hose gerutscht.
2. *sich bewegen, indem man sitzt und gleitet:* Die Kinder rutschen durchs Zimmer.

rüt|teln ['rʏtl̩n], rüttelt, rüttelte, hat gerüttelt:
heftig schütteln; schnell hin und her bewegen: Unseren Sohn müssen wir jeden Morgen aus dem Schlaf rütteln. · Der Sturm rüttelt an der Tür.

S

▶ der **Saal** [zaːl], des Saal[e]s, die Säle ['zɛːlə]:
[sehr] großer Raum für Feste, Veranstaltungen u. Ä.: ein großer / hoher / festlich erleuchteter Saal · den Saal betreten / verlassen · Für meine Geburtstagsfeier habe ich einen großen Saal gemietet.

▶ die **Sa|che** ['zaxə], der Sache, die Sachen:
1. *Angelegenheit; Vorgang:* Das ist keine große Sache. · Das ist seine Sache. *(Das geht nur ihn etwas an, das muss er entscheiden.)* · Sie sieht die Sache ganz anders als du. · Die ganze Sache war frei erfunden.
2. ⟨meist Plural⟩ *Kleidungsstück:* Ich habe so viele Sachen, ich muss aussortieren. · Sie trägt immer alte / warme / dunkle Sachen. · Zieh die nassen Sachen aus, sonst erkältest du dich.
3. ⟨meist Plural⟩ *Ding; Gegenstand:* Es gab köstliche Sachen *(Speisen und Getränke)* zu essen und zu trinken. · Dieser Laden hat sehr schöne / preiswerte / ausgefallene Sachen. · Du musst auf deine Sachen besser aufpassen.

sach|lich ['zaxlɪç], sachlicher, am sachlichsten:
objektiv; nur von der Sache, nicht von Gefühlen bestimmt: eine sachliche Bemerkung / Kritik / Diskussion · etwas sachlich bemerken / feststellen · Wir müssen das Problem sachlich diskutieren.

der **Sach|ver|halt** ['zaxfɛɐ̯halt], des Sachverhalt[e]s, die Sachverhalte:
alle Umstände, Tatsachen zusammen: Der genaue Sachverhalt muss noch geklärt werden.

▶ der **Sack** [zak], des Sackes, die Säcke ['zɛkə]:
größerer Behälter aus Papier, Stoff, Plastik o. Ä.: ein voller / leerer / schwerer / leichter / großer Sack · ein Sack Kartoffeln / Getreide · Der Sack ist voll / ist geplatzt / hat ein Loch.

sä|en ['zɛːən], sät, säte, hat gesät:
Samen auf Beete, Felder streuen oder in die Erde bringen: Korn / Gras / Radieschen / Salat säen.

▶ der **Saft** [zaft], des Saft[e]s, die Säfte ['zɛftə]:

Getränk, das durch Pressen von Obst oder Gemüse entsteht: fünf Flaschen Saft kaufen · Das Kind trinkt ein Glas Saft.

saf|tig ['zaftɪç], saftiger, am saftigsten:
1. *mit viel Saft:* saftige Zitronen / Birnen / Pfirsiche · Diese Tomaten sind besonders saftig.
2. (umgangssprachlich) *hoch, kräftig; unangenehm:* eine saftige Rechnung / Strafe.

die **Sä|ge** ['zɛːgə], der Säge, die Sägen:
Werkzeug zum Zerschneiden, Teilen von Holz oder anderem harten Material: eine scharfe / stumpfe / elektrische Säge · die Säge schärfen.

sa|gen ['zaːgn̩], sagt, sagte, hat gesagt:
1. *Wörter oder Sätze sprechen, äußern:* etwas laut / leise / offen sagen · Davon hat sie nichts gesagt. · Das kann ich nicht sagen. *(Ich weiß es nicht.)*.
2. *jemandem etwas mündlich mitteilen:* Von seiner Strafe hat er uns nichts gesagt. · Die Zeugen sagten alles, was sie wussten. · Der Arzt hat mir die volle Wahrheit gesagt.
3. *behaupten:* Sag das noch einmal! (umgangssprachlich; Ausdruck des Erstaunens) · Das kann man so nicht sagen. *(Das stimmt so nicht.)* · Wer sagts denn?!

die **Sah|ne** [zaːnə], der Sahne:
1. *Teil der Milch, der viel Fett enthält:* süße / saure Sahne · Möchten Sie den Kaffee mit Zucker und Sahne? · Du kannst schon mal die Sahne schlagen.
2. *Sahne, die steif geschlagen wurde:* Erdbeeren / Eis / Obsttorte mit Sahne · Eine Portion Sahne, bitte!

die **Sai|son** [zɛˈzõː], der Saison, die Saisons:
Abschnitt des Jahres, der für etwas besonders wichtig ist: eine gute / schlechte / lebhafte / ruhige Saison · Die Saison an der See beginnt Ostern. · Die Saison für Spargel ist vorbei.

die **Sai|te** ['zai̯tə], der Saite, die Saiten:
dünne Schnur auf einem Musikinstrument, die man streicht oder zupft, um Töne zu erzeugen: die Saiten der Geige / der Gitarre / der Harfe · Saiten aufziehen / spannen · Eine Saite ist gerissen.

die **Sa|la|mi** [zaˈlaːmi], der Salami, die Salami[s]:
harte Wurst mit vielen Gewürzen, die sich lange hält: eine Scheibe Salami · eine Pizza mit Pilzen und Salami · 100 g Salami bitte!

der **Sa|lat** [zaˈlaːt], des Salat[e]s, die Salate:
1. *Pflanze mit großen grünen Blättern, die man roh isst:* Salat anbauen / ernten / waschen / putzen · Sie kaufte zwei Köpfe Salat.
2. *kaltes Gericht mit Nudeln, Kartoffeln, Reis, Gemüse, Obst und einer Soße aus Öl, Essig, Joghurt, Sahne o. Ä. und Kräutern bzw. Gewürzen:* grüner / gemischter / italienischer Salat · den Salat anrichten / zubereiten / [mit Essig und Öl] anmachen · einen kleinen / großen Salat bestellen · Kannst du zur Party einen Salat mitbringen?

▶ die **Sal|be** ['zalbə], der Salbe, die Salben:
Medizin, die wie eine Creme auf die Haut gebracht wird: Salbe dünn auftragen / verreiben · das Knie mit einer Salbe einreiben.

▶ der **Sa|lon** [zaˈlõː], des Salons, die Salons:
1. *großer Raum für Besuch oder festliche Anlässe:* ein grüner Salon · den Salon betreten.
2. *[elegantes] Geschäft für Mode, Kosmetik o. Ä.:* ein Salon für Fußpflege / Kosmetik.

▶ das **Salz** [zalt͜s], des Salzes:
weiße Substanz, die man aus dem Meer oder der Erde gewinnt und u. a. zum Kochen benutzt: feines / grobes Salz · eine Prise Salz · noch etwas Salz an die / in die Suppe tun · Würden Sie mir bitte mal das Salz geben / reichen?

▶ **sal|zig** ['zalt͜sɪç], salziger, am salzigsten:
so, dass es [stark] nach Salz schmeckt: eine salzige Suppe · Das Gemüse ist / schmeckt zu salzig. · Salzige Tränen rannen ihre Wangen hinab.

der **Sa|men** ['zaːmən], des Samens, die Samen:
Teil der Frucht einer Pflanze, aus dem eine neue Pflanze entstehen kann: Der Samen keimt / geht auf.

▶ **sam|meln** ['zamln̩], sammelt, sammelte, hat gesammelt:
1. *nach etwas suchen und es dann verwenden oder verarbeiten:* Pilze / Beeren / Holz / Kräuter sammeln · Informationen / Daten sammeln · Die Kinder sammelten eifrig Kastanien.
2. *Dinge, für die man sich interessiert, kaufen oder tauschen:* Grafiken / Briefmarken / Bücher sammeln.
3. *Leute bitten, etwas für einen bestimmten Zweck zu geben:* Geld / Unterschriften sammeln · Wir sammeln [Geld] für das Tierheim.

die **Samm|lung** ['zamlʊŋ], der Sammlung, die Sammlungen:
1. *das Sammeln von Geld o. Ä.:* eine

Sammlung durchführen / veranstalten · Die Sammlung erbrachte 1000 Euro für das Hilfsprojekt.
2. *alles, was gesammelt wurde:* eine große / kostbare / private / öffentliche Sammlung · eine beeindruckende Sammlung von alten Büchern / Münzen · Die Sammlung umfasst 750 Kunstwerke.

▶ der **Sams|tag** [ˈzamstaːk], des Samstag[e]s, die Samstage:
sechster Tag der Woche; Sonnabend: [Am] Samstag treffen wir uns bei meiner Mutter

▶ **sams|tags** [ˈzamstaːks]:
an jedem Samstag: Samstags essen wir eine Pizza.

▶ **sämt|lich** [ˈzɛmtlɪç]:
alle[s]: sämtlicher Abfall · sämtliche Energie · sämtliches Material · sämtliche Bücher.

▶ der **Sand** [zant], des Sandes:
Substanz aus winzigen Körnern, die Teil des [Erd]bodens ist: feiner / grober / nasser / weißer Sand · Die Kinder buddeln im Sand.

die **San|da|le** [zanˈdaːlə], der Sandale, die Sandalen:
leichter, [meist] flacher Schuh für den Sommer, der oben offen ist: Beim Wandern sollte man keine Sandalen tragen.

san|dig [ˈzandɪç], sandiger, am sandigsten:
1. *so, dass es aus Sand besteht:* ein sandiger Weg / Boden.
2. *voll mit Sand:* sandige Kleider · Eure Hosen sind ja ganz sandig!

sanft [zanft], sanfter, am sanftesten:
1. *zart; vorsichtig:* sanfte Berührungen · sanfter Tourismus *(Tourismus, der der Umwelt möglichst wenig schadet)* · Sie massierte sanft seinen Nacken.
2. *freundlich:* ein sanfter Blick · Ihre Stimme war / klang sanft.

▶ der **Sän|ger** [ˈzɛŋɐ], des Sängers, die Sänger, die **Sän|ge|rin** [ˈzɛŋərɪn], der Sängerin, die Sängerinnen:
Person, deren Beruf es ist, zu singen: ein berühmter Sänger · die Sängerinnen und Sänger eines Chors.

die **Sa|nie|rung** [zaˈniːrʊŋ], der Sanierung, die Sanierungen:
1. *das Renovieren:* die Sanierung der alten Häuser.
2. *Reform der wirtschaftlichen Basis:* Die Firma befindet sich in einer Phase der Sanierung.

der **Sarg** [zark], des Sarg[e]s, die Särge [ˈzɛrgə]:
länglicher Kasten [aus Holz] für einen toten Menschen: ein einfacher / hölzerner / prunkvoller Sarg · den Toten in den Sarg legen · den Sarg in das Grab / in die Erde senken.

der **Sa|tel|lit** [zatɛˈliːt], des Satelliten, die Satelliten:
Gerät, das sich [für Wissenschaft und Forschung] im Weltall um die Erde herum bewegt: ein künstlicher Satellit · einen Satelliten ins Weltall bringen · Rundfunk und Fernsehen über Satellit empfangen.

satt [zat], satter, am sattesten:
1. *so, dass man keinen Hunger [mehr] hat:* Ich bin schon satt. · Kartoffeln / Nudeln machen satt.
3. * **etwas satt haben:** *etwas nicht mehr tun wollen:* Ich habe es satt, euch alles hinterherzuräumen.

▶ der **Satz** [zats], des Satzes, die Sätze [ˈzɛtsə]:
1. *Einheit aus [mehreren] Wörtern, die in sich geschlossen ist und mit der etwas ausgesagt, gefragt oder zu etwas aufgefordert wird:* ein langer / kurzer / einfacher Satz · Sätze bilden / konstruieren / analysieren.
2. *Teil eines größeren Werks in der Musik:* Sie hören den ersten Satz der Sinfonie von …
3. *mehrere Dinge, die zusammengehören:* ein Satz neuer / neue Reifen.
4. *Betrag, der in seiner Höhe festgelegt ist:* Die Sätze für den Unterhalt sind neu festgelegt worden.

▶ **sau|ber** [ˈzaubɐ], sauberer, am saubersten:
1. *nicht schmutzig:* eine saubere Wohnung / Stadt · ein sauberes Hemd / Taschentuch · die Badewanne sauber machen · Ich muss noch sauber machen. · Habt ihr saubere Hände?
2. *ordentlich:* eine saubere Schrift / Arbeit · eine saubere Analyse · Die Handwerker haben sauber gearbeitet / die Reparatur sauber durchgeführt.
3. *fair:* ein sauberes Spiel · Sie hat in dieser Frage eine saubere Haltung.

die **Sau|ber|keit** [ˈzaubɐkait], der Sauberkeit:
1. *Zustand, in dem etwas sauber* (1) *ist:* Ordnung und Sauberkeit · Die Sauberkeit lässt zu wünschen übrig.
2. *Zustand, in dem etwas ordentlich, einwandfrei ist:* die Sauberkeit der Schrift / Arbeit.

säu|bern ['zɔybɐn], säubert, säuberte, hat gesäubert:
sauber machen; den Schmutz von etwas entfernen: die Schuhe mit der Bürste säubern · Die Wunde muss sorgfältig gesäubert werden.

sau|er ['zauɐ], saurer, am sauersten:
1. *so, dass es wie Zitrone oder Essig schmeckt:* ein saurer Wein · saure Äpfel / Trauben / Gurken · Heringe sauer einlegen.
2. *schlecht geworden; so, dass man es nicht mehr essen oder trinken kann:* saure Milch · Das Essen ist sauer geworden / riecht sauer.
3. (umgangssprachlich) *so, dass man sich über etwas sehr geärgert hat:* Ich bin wirklich sauer [auf dich].

der **Sau|er|stoff** ['zauɐʃtɔf], des Sauerstoff[e]s:
Gas, das sich in der Luft befindet und weder Geruch noch Farbe hat: reiner / flüssiger Sauerstoff · die Patientin mit reinem Sauerstoff beatmen.

sau|fen ['zaufn̩], säuft, soff, hat gesoffen:
1. *(von größeren Tieren) trinken:* Die Pferde müssen saufen.
2. (derb) *sehr viel trinken:* Sie saufen Cola / Kaffee literweise. · Er säuft Bier / Schnaps.
3. (derb) *zu viel Alkohol trinken:* Einige Jugendliche saufen schon regelmäßig.

sau|gen ['zaugn̩]:
1. ⟨saugt, sog / saugte, hat gesogen / gesaugt⟩ *(Flüssigkeit, Luft o. Ä.) durch den Mund in den Körper ziehen:* Blut aus einer Wunde saugen · Das Baby begann sofort zu saugen.
2. ⟨saugt, saugte, hat gesaugt⟩ *mit dem Staubsauger sauber machen:* das Zimmer / den Teppich / die Couch saugen · Hast du nebenan schon gesaugt?

das **Säu|ge|tier** ['zɔygəti:ɐ̯], des Säugetier[e]s, die Säugetiere:
Tier, dessen Junge Milch von der Mutter trinken: Hunde und Katzen gehören zu den Säugetieren. · Das größte heute lebende Säugetier ist der Blauwal.

der **Säug|ling** ['zɔyklɪŋ], des Säuglings, die Säuglinge:
Baby, das noch an der Brust der Mutter oder aus der Flasche trinkt: Die Mutter gab dem Säugling die Brust. · Im Krankenhaus werden auch mehrere Säuglinge behandelt.

die **Säu|le** ['zɔylə], der Säule, die Säulen:
Teil eines Baus, der senkrecht steht, wie eine Rolle aussieht und größere Bauwerke stützt: eine schlanke / hohe Säule · ein Haus mit Säulen aus Marmor.

der **Saum** [zaum], des Saumes, die Säume ['zɔymə]:
Rand von Kleidungsstücken, der nach innen geschlagen und angenäht wird: der Saum des Rocks / Ärmels · den Saum feststecken / bügeln · Der Saum ist aufgegangen / lose.

die **Sau|na** ['zauna], der Sauna, die Saunen ['zaunən] und die Saunas:
Raum [in einem kleinen Haus aus Holz], in dem es sehr warm und trocken ist, sodass man schwitzt: Wir gehen gerne in die Sauna.

die **Säu|re** ['zɔyrə], der Säure, die Säuren:
bestimmte chemische Verbindung, die mehr oder weniger sauer riecht bzw. schmeckt: eine schwache / starke / ätzende Säure · Die Säure zerstört das Gewebe. · Der Wein enthält kaum Säure.

▶ die **S-Bahn®** ['ɛsba:n], der S-Bahn, die S-Bahnen:
Bahn, die elektrisch auf Schienen fährt und Menschen transportiert: mit der S-Bahn zur Arbeit / ins Theater fahren.

das **Schach** [ʃax], des Schachs, die Schachs:
1. ⟨ohne Plural⟩ *Spiel für zwei Personen, bei dem jeder Spieler 16 schwarze oder weiße Figuren auf dem Brett hat und versucht, den König des Gegners zu schlagen:* Lass uns [eine Partie] Schach spielen!
2. *Stellung im Schach, in der der König des Gegners sofort geschlagen werden könnte:* Schach bieten · im Schach stehen · Schach!

▶ die **Schach|tel** ['ʃaxtl̩], der Schachtel, die Schachteln:
[flacher] Behälter aus Pappe o. Ä., der einen Deckel hat und in dem man etwas aufbewahrt: eine leere / volle / große Schachtel · eine Schachtel mit alten Fotos · eine Schachtel Zigaretten kaufen / am Automaten ziehen.

scha|de ['ʃa:də]:
* **es / das ist schade:** *es, das ist traurig:* Es ist [wirklich] schade, dass du morgen nicht mitkommen kannst.; * **es ist schade um jemanden, etwas:** *Es ist zu bedauern, was mit jemandem, etwas passiert:* Es ist schade um das alte Auto, aber man kann es nicht mehr reparieren.

der **Schä|del** ['ʃɛ:dl̩], des Schädels, die Schädel:

alle Knochen des Kopfes zusammen; Kopf: ein breiter / kahler Schädel · der Schädel eines Menschen / eines Affen.

▶ **scha|den** [ˈʃaːdn̩], schadet, schadete, hat geschadet:
schädlich, von Nachteil sein: Rauchen / Alkohol schadet der Gesundheit. · Er hat ihm geschäftlich geschadet. · Damit schadest du dir nur selbst. · Es kann nichts schaden, wenn du ein bisschen früher losgehst.

▶ der **Scha|den** [ˈʃaːdn̩], des Schadens, die Schäden [ˈʃɛːdn̩]:
1. *das Verringern des Wertes einer Sache, weil sie zerstört, schmutzig o. ä. ist:* ein kleiner / großer / hoher Schaden · einen Schaden ersetzen · Das Gewitter hat starke Schäden hervorgerufen.
2. *Stelle, die beschädigt wurde:* kleinere Schäden an der Wohnung / am Haus · einen Schaden ausbessern / reparieren / beheben.
3. ⟨ohne Plural⟩ *Nachteil:* Sie ist bei dem Unfall zu Schaden gekommen.
4. *Verletzung:* Das Herz hat einen [bleibenden] Schaden.

▶ **schäd|lich** [ˈʃɛːtlɪç], schädlicher, am schädlichsten:
so, dass es Schäden verursacht: schädliche Stoffe / Zusätze im Essen · Er übt einen schädlichen Einfluss auf sie aus. · Rauchen / Trinken ist schädlich, besonders für junge Menschen.

▶ das **Schaf** [ʃaːf], des Schaf[e]s, die Schafe:
Haustier, das Wolle und Milch gibt: Schafe halten / züchten / scheren · ein Schaf schlachten · geduldig / sanft wie ein Schaf; * **schwarzes Schaf:** *Person in einer Gruppe, die dort unangenehm auffällt:* Er war schon immer das schwarze Schaf in der Familie.

▶ [1]**schaf|fen** [ˈʃafn̩], schafft, schuf, hat geschaffen:
1. *[künstlerisch] gestalten, herstellen:* Er schuf viele Gemälde, aber auch einige Plastiken.
2. ⟨schafft, schuf/schaffte, hat geschaffen⟩ *herstellen, bewirken:* Wir müssen gute Voraussetzungen für das Projekt schaffen. · Du solltest hier Ordnung / Ruhe schaffen.

▶ [2]**schaf|fen** [ˈʃafn̩], schafft, schaffte, hat geschafft:
1. (besonders süddeutsch) *arbeiten:* Sie schafft in / bei einem Supermarkt. · Er schafft immer sehr fleißig.
2. *(in einem bestimmten Zeitraum) bewältigen, erledigen:* Er wird das Abitur schon schaffen. · Ich schaffe es nie, mehrmals in der Woche ins Sportstudio zu gehen.
3. *an einen bestimmten Ort bringen:* Schaffst du bitte mal den Müll runter? · Sie schafften die Verwundeten ins Krankenhaus.

der **Schaff|ner** [ˈʃafnɐ], des Schaffners, die Schaffner, die **Schaffnerin** [ˈʃafnərɪn], der Schaffnerin, die Schaffnerinnen:
Person, die in Zügen, Bussen oder Bahnen die Fahrkarten kontrolliert: Fahrkarten kann man nur noch am Automaten, aber nicht mehr beim Schaffner kaufen.

der **Schal** [ʃaːl], des Schals, die Schals:
langes, schmales Tuch, das man um den Hals oder die Schultern legt: ein langer / dicker / gestrickter Schal · ein Schal aus Wolle / Seide · einen Schal umhaben / tragen.

die **Scha|le** [ˈʃaːlə], der Schale, die Schalen:
1. *Hülle von Samen, Früchten o. Ä.:* eine harte / dicke / glatte Schale haben · die Schale einer Banane · die Schale abziehen / entfernen · Kann man die Schale mitessen?
2. *flaches, offenes Gefäß:* eine kleine / große / kostbare Schale · eine Schale aus Holz / Glas · eine Schale für Zucker / Obst / Nähzeug.

schä|len [ˈʃɛːlən], schält, schälte, hat geschält:
von etwas die Schale entfernen: Ich schäle nicht gerne Kartoffeln.

▶ **schal|ten** [ˈʃaltn̩], schaltet, schaltete, hat geschaltet:
1. *(ein Gerät o. Ä.) in einen bestimmten Zustand versetzen, indem man einen Schalter benutzt:* Vergiss nicht, auf Automatik zu schalten.
2. *[automatisch] geschaltet werden:* Die Ampel schaltet gleich auf Gelb.
3. *(im Auto) einen Gang wählen:* in den 3. Gang schalten · Du musst früher schalten.
4. (umgangssprachlich) *verstehen; reagieren:* In der Situation habe ich überhaupt nicht geschaltet.

▶ der **Schal|ter** [ˈʃaltɐ], des Schalters, die Schalter:
1. *Hebel, Knopf o. Ä., mit dem man etwas an- oder ausmacht:* den Schalter betätigen.
2. *Platz in einem Raum, an dem Kunden bedient werden, z. B. auf der Post:* eine lange Schlange am / vor dem Schal-

ter · Bitte holen Sie die Karten am Schalter 5 ab!

schä|men [ˈʃɛːmən] ⟨+ sich⟩, schämt sich, schämte sich, hat sich geschämt: *etwas als peinlich empfinden, was man gesagt oder getan hat:* Er schämt sich wegen seiner frechen Worte. · Schäm dich!

scharf [ʃarf], schärfer, am schärfsten:
1. *so, dass es gut und leicht schneidet:* ein scharfes Messer · scharfe Kanten · Die Schere ist sehr scharf.
2. *so, dass es sehr kräftig schmeckt, auf der Zunge brennt:* scharfes Essen · Pass auf, die Suppe ist sehr scharf.
3. *streng; heftig:* eine scharfe Kritik / Antwort · Er hat dem Redner scharf widersprochen.
4. *so, dass das Wichtige genau erfasst wird, erkannt wird, worauf es ankommt:* Sie hat einen äußerst scharfen Verstand. · Er dachte scharf nach.
5. *so, dass es sehr klar und deutlich [zu sehen] ist:* Das Foto ist sehr scharf.
6. (umgangssprachlich) *großartig:* Das ist ja ein scharfes Auto. · Sie trägt immer scharfe Klamotten.

der **Schat|ten** [ˈʃatn̩], des Schattens, die Schatten:
1. *dunkler Bereich hinter einer Lampe o. Ä., der auf einer Fläche sichtbar ist:* lange Schatten werfen · die Schatten der Bäume / der Berge.
2. ⟨ohne Plural⟩ *Bereich, den das Licht der Sonne, einer Lampe nicht erreicht und der dunkel bleibt:* 25 Grad im Schatten · Die Häuser spenden Schatten. · Möchtest du in der Sonne oder im Schatten sitzen?

der **Schatz** [ʃat͜s], des Schatzes, die Schätze [ˈʃɛt͜sə]:
1. *kostbarer Besitz; wertvolle Dinge:* ein riesiger / kostbarer / verborgener Schatz · einen Schatz vergraben / ausgraben / heben · die Schätze des Museums neu präsentieren.
2. (umgangssprachlich) häufig als Anrede; *Person, die von jemandem geliebt wird:* Schatz, kommst du mal bitte?

schät|zen [ˈʃɛt͜sn̩], schätzt, schätzte, hat geschätzt:
1. *ungefähr bestimmen (in Bezug auf Größe, Alter, Maß, Wert o. Ä.):* die Entfernung / die Größe / den Wert einer Sache schätzen · Ich schätze ihn auf 18 Jahre.
2. *achten, ehren; sehr mögen:* Offenheit / Ehrlichkeit / Zuverlässigkeit / Pünktlichkeit schätzen · Ich schätze ihn und seine Arbeit außerordentlich.
3. (umgangssprachlich) *denken, glauben, vermuten:* Ich schätze, dass er morgen kommt.

die **Schät|zung** [ˈʃɛt͜sʊŋ], der Schätzung, die Schätzungen:
ungefähre Annahme: eine grobe / vorsichtige Schätzung.

die **Schau** [ʃau̯], der Schau, die Schauen:
Show: eine Schau mit vielen bekannten Stars inszenieren; *** jemandem die Schau stehlen** (umgangssprachlich): *besser sein als die anderen:* Dieser Sänger stahl allen anderen die Schau.

▶ **schau|en** [ˈʃau̯ən], schaut, schaute, hat geschaut (besonders süddeutsch, österreichisch):
1. *in eine bestimmte Richtung schauen:* nach oben / zur Seite schauen.
2. *sich (um jemanden, etwas) kümmern:* Ich schaue morgen wieder nach dir.

der **Schau|er** [ˈʃau̯ɐ], des Schauers, die Schauer:
kurzer [und heftiger] Niederschlag, besonders Regen: Heute gab es mehrere leichte / starke Schauer.

die **Schau|fel** [ˈʃau̯fl̩], der Schaufel, die Schaufeln:
1. *Gerät, mit dem man gräbt:* die Schaufel in den Keller / Schuppen bringen · eine Schaufel [voll] Sand / Erde / Kies / Zement · Das Kind hat seine Schaufel am Strand verloren.
2. *kleines Teil [aus Plastik oder Metall], auf das man den Schmutz fegt:* Handfeger und Schaufel.

▶ das **Schau|fens|ter** [ˈʃau̯fɛnstɐ], des Schaufensters, die Schaufenster:
[große] Fenster eines Geschäfts: die Schaufenster neu dekorieren · Ich würde gern mal die Handtasche aus dem Schaufenster sehen.

die **Schau|kel** [ˈʃau̯kl̩], der Schaukel, die Schaukeln:
Brett, auf dem man sitzt und das an zwei Seilen befestigt ist, sodass man damit schwingen kann: sich auf die Schaukel setzen / stellen · Das Kind ist von der Schaukel gesprungen / gefallen.

schau|keln [ˈʃau̯kl̩n], schaukelt, schaukelte, hat geschaukelt:
1. *so, dass man, etwas leicht schwankt:* Das Boot / Der Bus schaukelt. · Die Kinder schaukeln draußen im Garten.
2. *so, dass man, etwas in eine schau-*

kelnde Bewegung kommt: ein Kind auf dem Arm / auf den Knien schaukeln.

der **Schaum** [ʃau̯m], des Schaum[e]s:
weiße, helle Substanz auf Flüssigkeiten: der Schaum auf der Milch / auf dem Bier · Eiweiß zu Schaum schlagen · Der Schaum zergeht auf der Zunge.

schäu|men [ˈʃɔy̯mən], schäumt, schäumte, hat geschäumt:
Schaum bilden: Das Bier / Das Wasser / Die Seife schäumt.

das **Schau|spiel** [ˈʃau̯ʃpiːl], des Schauspiel[e]s, die Schauspiele:
1. *[ernstes] Stück für das Theater:* ein neues Schauspiel aufführen.
2. *interessanter Vorgang:* Das war ein echtes Schauspiel, das [sich] die beiden geliefert haben.

▶ der **Schau|spie|ler** [ˈʃau̯ʃpiːlɐ], des Schauspielers, die Schauspieler, die **Schau|spie|le|rin** [ˈʃau̯ʃpiːlərɪn], der Schauspielerin, die Schauspielerinnen:
Person, die auf der Bühne oder im Film [eine Rolle] spielt: ein bekannter / berühmter / schlechter Schauspieler · Die Schauspielerinnen proben schon seit Stunden.

der **Scheck** [ʃɛk], des Schecks, die Schecks:
Formular, mit dem man bezahlen kann oder für das man Geld bekommt: ein Scheck über 500 Euro · einen Scheck ausfüllen / ausstellen / sperren · Sie können auch mit einem Scheck bezahlen.

▶ die **Schei|be** [ˈʃai̯bə], der Scheibe, die Scheiben:
1. *dünne Platte aus Glas, z. B. in einem Fenster:* saubere / schmutzige / zerbrochene / beschlagene Scheiben · Die Scheiben klirrten / splitterten / zerbrachen.
2. *(von einem Lebensmittel) dünne, abgeschnittene Platte:* eine dicke / dünne Scheibe Brot · zehn Scheiben Aufschnitt · die Banane / hart gekochte Eier in Scheiben schneiden.
3. *flacher, meist runder Gegenstand:* eine dicke / dünne / hölzerne / metallene Scheibe · eine Scheibe aus Plastik.

der **Schei|ben|wi|scher** [ˈʃai̯bn̩vɪʃɐ], des Scheibenwischers, die Scheibenwischer:
Gerät am Auto, das die Scheiben trocken wischt: die Scheibenwischer einschalten · einen Zettel unter den Scheibenwischer stecken / klemmen.

▶ **schei|den** [ˈʃai̯dn̩], scheidet, schied, hat geschieden:
eine Ehe [durch ein Gericht] beenden: mein geschiedener Mann · Ich will mich scheiden lassen. · Sie wurden / sind geschieden.

▶ die **Schei|dung** [ˈʃai̯dʊŋ], der Scheidung, die Scheidungen:
Trennung einer Ehe [vor Gericht]: Die beiden denken an / reden von Scheidung. · Meine Scheidung liegt schon lange zurück.

▶ der **Schein** [ʃai̯n], des Schein[e]s, die Scheine:
1. *Bescheinigung:* ein gültiger / ungültiger Schein · einen Schein ausstellen / vorzeigen.
2. ⟨Plural selten⟩ *Licht, das von einer Lampe o. Ä. kommt:* der warme / helle / grelle Schein der Lampe.
3. *äußerer Eindruck, der falsch sein kann:* Dem [äußeren] Schein nach ist das eine glückliche Familie.

schein|bar [ˈʃai̯nbaːɐ̯]:
[nur] nach dem äußeren Eindruck: Er verfolgt das Spiel mit scheinbarer Ruhe. · Sie ist nur scheinbar glücklich in ihrer Ehe.

▶ **schei|nen** [ˈʃai̯nən], scheint, schien, hat geschienen:
1. *Licht verbreiten; strahlen:* Die Sonne scheint hell / warm / den ganzen Tag / schon seit Tagen nicht.
2. *den Eindruck machen:* Es scheint, als kämen sie heute nicht mehr. · Sie scheint nicht gewusst zu haben, dass er so reich ist. · Er schien sie zu kennen.

der **Schein|wer|fer** [ˈʃai̯nvɛrfɐ], des Scheinwerfers, die Scheinwerfer:
[starke] Lampe, die sehr weit in eine Richtung leuchtet: grelle / starke Scheinwerfer · Die Kirche wird von Scheinwerfern angestrahlt.

schei|ße [ˈʃai̯sə] (salopp abwertend):
extrem schlecht, ärgerlich: Ich finde diese Musik scheiße.

die **Schei|ße** [ˈʃai̯sə], der Scheiße:
1. (derb) *Kot:* Hier stinkt es nach Scheiße.
2. (derb abwertend) *etwas sehr Schlechtes, Unangenehmes o. Ä.:* Der neue Film von ihm ist echte / große Scheiße. · So eine Scheiße! · Bau / Mach bloß keine Scheiße!

der **Schei|tel** [ˈʃai̯tl̩], des Scheitels, die Scheitel:
Linie, die das Haar teilt: ein exakter / scharfer Scheitel · einen Scheitel haben / tragen / ziehen.

schei|tern [ˈʃai̯tɐn], scheitert, scheiterte, ist gescheitert:

ohne Erfolg bleiben: Die Pläne / Die Bemühungen sind gescheitert. · Die Verhandlungen scheiterten an zu hohen Forderungen der einen Seite. · Ihre Ehe ist gescheitert.

das **Sche|ma** [ˈʃeːma], des Schemas, die Schemas und Schemata [ˈʃeːmata], auch: Schemen [ˈʃeːmən]:
1. *Entwurf, Plan, Muster, nach dem etwas verläuft:* ein festes / starres / einfaches Schema · ein Schema aufstellen / entwerfen · mehrere Filme nach demselben Schema.
2. *Muster; Darstellung in Form einer Grafik:* das Schema der Leitungen im Haus / der Londoner U-Bahn.

der **Schen|kel** [ˈʃɛŋkl̩], des Schenkels, die Schenkel:
oberer Teil des Beins: die Schenkel massieren.

schen|ken [ˈʃɛŋkn̩], schenkt, schenkte, hat geschenkt:
1. *jemandem etwas als Geschenk geben:* Ich habe ihm zum Geburtstag zwei Bücher und einen Gutschein geschenkt.
2. *etwas nicht tun, nicht beachten:* Ich schenke es mir, auf die Messe zu fahren.
3. *geben:* Ich schenke dir mein Vertrauen. · Sie schenkte ihm keinen Blick.

die **Scher|be** [ˈʃɛrbə], der Scherbe, die Scherben ⟨meist Plural⟩:
Stück von einem Gegenstand, der zerbrochen ist: die Scherben des Tellers / des Glases · die Scherben auflesen / zusammenkehren · Scherben bringen Glück!

die **Sche|re** [ˈʃeːrə], der Schere, die Scheren:
Werkzeug zum Schneiden von Papier, Pappe oder Stoff: eine scharfe / spitze / stumpfe Schere · das Bild mit der Schere ausschneiden.

der **Scherz** [ʃɛrts], des Scherzes, die Scherze:
Handlung oder Äußerung, die nicht ernst gemeint, sondern witzig ist: ein alberner / netter / dummer Scherz · einen Scherz machen · Treib nicht ständig deine Scherze mit mir.

scher|zen [ˈʃɛrtsn̩], scherzt, scherzte, hat gescherzt:
Scherze, Späße machen: Sie scherzt gerne mit ihm.

scherz|haft [ˈʃɛrtshaft], scherzhafter, am scherzhaftesten:
nicht ganz ernst gemeint: eine scherzhafte Bemerkung / Frage.

scheu [ʃɔy], scheuer, am scheusten:
1. *(von einem Tier) so, dass es auf Gefahren achtet und flüchtet:* ein scheues Reh · Viele Tiere sind sehr scheu.
2. *so, dass man die Nähe anderer Menschen meidet:* ein scheues Kind · Er war schon immer sehr scheu.

scheu|ern [ˈʃɔyɐn], scheuert, scheuerte, hat gescheuert:
1. *sauber machen, indem man kräftig reibt:* die Töpfe und Pfannen / den Fußboden scheuern.
2. *entfernen, indem man kräftig reibt:* den Schmutz vom Fußboden scheuern.
3. *so reiben, dass es unangenehm ist:* Die Hose scheuert. · Die neuen Schuhe scheuern an den Fersen.

die **Scheu|ne** [ˈʃɔynə], der Scheune, die Scheunen:
Gebäude, in dem Heu, Stroh, Getreide o. Ä. gelagert wird: eine alte / neue / große Scheune · das Getreide in die Scheune bringen.

scheuß|lich [ˈʃɔyslɪç], scheußlicher, am scheußlichsten:
1. *sehr hässlich, unangenehm:* ein scheußliches Gemälde / Gebäude.
2. (umgangssprachlich) *extrem unangenehm:* eine scheußliche Grippe · Ist das heute wieder ein scheußliches Wetter! · Der Flug war scheußlich.

die **Schicht** [ʃɪçt], der Schicht, die Schichten:
1. *Masse, die über, unter oder zwischen anderem Material liegt:* die unteren / oberen / höheren Schichten der Luft · Auf den Büchern liegt eine Schicht Staub.
2. *Gruppe innerhalb der Gesellschaft:* die obere / untere Schicht der Gesellschaft · die verschiedenen sozialen Schichten.
3. *Teil der Arbeit eines Tages in Betrieben, die rund um die Uhr arbeiten:* in drei Schichten arbeiten · Ich muss jetzt zur Schicht.

schick [ʃɪk], schicker, am schicksten:
1. *(in Bezug auf Kleidung o. Ä.) sehr gut, modern, voller Geschmack:* ein schickes Kleid / Auto · Du siehst heute wieder sehr schick aus. · Er ist immer sehr schick angezogen.
2. (umgangssprachlich) *modern:* ein schickes Restaurant · Es ist schick, Abenteuerurlaub zu machen.

▸ **schi|cken** [ˈʃɪkn̩], schickt, schickte, hat geschickt:
1. *sagen, anweisen, dass jemand an einen bestimmten Ort gehen soll:* die Kinder ins Bett schicken · Sie schickt

ihren Sohn trotz seines Hustens in die Schule.
2. *bringen [lassen]:* einen Brief / eine E-Mail / eine SMS schicken · Ich schicke dir in den nächsten Tagen ein Päckchen.

das **Schick|sal** [ˈʃɪkza:l], des Schicksals, die Schicksale:
das, was [von einer höheren Macht] für jemanden bestimmt ist: ein schweres / trauriges Schicksal · Er hat sich mit seinem Schicksal abgefunden.

▶ **schie|ben** [ˈʃi:bn̩], schiebt, schob, hat geschoben:
1. *von der Stelle bewegen, indem man drückt:* den Tisch ans Fenster / den Schrank an die Wand schieben · Du kannst die Pizza schon in den Ofen schieben.
2. *jemandem die Verantwortung für etwas geben:* Er schiebt die Schuld immer auf seinen Freund.

der **Schieds|rich|ter** [ˈʃi:tsrɪçtɐ], des Schiedsrichters, die Schiedsrichter, die **Schiedsrichterin** [ˈʃi:tsrɪçtərɪn], der Schiedsrichterin, die Schiedsrichterinnen:
Person, die ein Spiel leitet: Die Schiedsrichterin pfeift das Spiel an / ab.

▶ **schief** [ʃi:f], schiefer, am schiefsten:
schräg, nicht gerade: eine schiefe Wand · Das Bild hängt schief.

schief|ge|hen [ˈʃi:fge:ən], geht schief, ging schief, ist schiefgegangen (umgangssprachlich):
schlecht enden; nicht gelingen: Bei diesem Projekt ist einiges schiefgegangen. · Jetzt kann nichts mehr schiefgehen.

schie|len [ˈʃi:lən], schielt, schielte, hat geschielt:
1. *nicht ganz geradeaus gucken können, weil das Auge falsch steht:* stark / leicht [auf einem Auge] schielen · Das Kind schielt.
2. (umgangssprachlich) *vorsichtig blicken:* Er schielt auf das Heft seines Nachbarn.

die **Schie|ne** [ˈʃi:nə], der Schiene, die Schienen:
Teil des Gleises, auf dem ein Rad des Zuges, der Bahn rollt: neue Schienen für die Straßenbahn verlegen · Der Zug ist aus den Schienen gesprungen.

▶ **schie|ßen** [ˈʃi:sn̩], schießt, schoss, geschossen:
1. ⟨hat⟩ *einen Schuss auslösen, abgeben:* Er hat [mit dem Gewehr] auf eine Taube geschossen.
2. ⟨hat⟩ *durch einen Schuss verletzen:* Der Polizist schoss ihn / ihm ins Bein.
3. ⟨ist⟩ *sich sehr schnell bewegen:* Das Fahrrad / Der Fahrradfahrer schoss um die Ecke. · Die Kosten für dieses Projekt schießen in die Höhe.
4. ⟨hat⟩ *den Ball o. Ä. mit dem Fuß an eine bestimmte Stelle bringen:* Er hatte den Ball ins Tor geschossen. · Sie hat heute zwei Tore geschossen.

▶ das **Schiff** [ʃɪf], des Schiff[e]s, die Schiffe:
1. *größeres Fahrzeug, das auf dem Wasser fährt:* ein schnelles / modernes / altes Schiff · Sie gingen an Bord des Schiffes. · Ihr Traum ist es, mit dem Schiff nach Amerika zu fahren.
2. *großer, langer Raum in einer Kirche:* Die Kirche hat drei Schiffe / ist in drei Schiffe geteilt.

die **Schiff|fahrt** [ˈʃɪffa:ɐ̯t], der Schifffahrt:
gesamter Verkehr von Schiffen, um Menschen oder Sachen zu transportieren: die Schifffahrt auf dem Rhein.

▶ das **Schild** [ʃɪlt], des Schild[e]s, die Schilder:
Tafel oder Platte mit Informationen durch Schrift, Zeichen o. Ä.: ein kleines / buntes Schild · die vielen Schilder am Straßenrand.

schil|dern [ˈʃɪldɐn], schildert, schilderte, hat geschildert:
ausführlich darstellen, berichten: Er schilderte seine Reiseerlebnisse sehr anschaulich.

der **Schil|ling** [ˈʃɪlɪŋ], des Schillings, die Schillinge ⟨aber: 30 Schilling⟩:
Währungseinheit in Österreich (bis 2001): Das Sandwich kostete 2 Schilling. · Er bekam 30 Schilling Taschengeld.

der **Schim|mel** [ˈʃɪml̩], des Schimmels, die Schimmel:
1. ⟨ohne Plural⟩ *weißer, grauer oder grüner Belag an feuchten Stellen:* Schimmel auf dem Brot / der Marmelade.
2. *weißes Pferd:* einen Schimmel / auf einem Schimmel reiten.

schim|me|lig [ˈʃɪməlɪç], **schimm|lig** [ˈʃɪmlɪç], schimm[e]liger, am schimm[e]ligsten:
mit Schimmel bedeckt: schimm[e]liges Brot / Obst · Der Käse ist schon ganz schimm[e]lig.

▶ **schimp|fen** [ˈʃɪmpfn̩], schimpft, schimpfte, hat geschimpft:
1. *jemandem mitteilen, dass man sich [über ihn] ärgert:* laut / kräftig / ständig schimpfen · Sie hat sehr auf dich / über dich geschimpft.
2. *(besonders ein Kind) mit heftigen*

[und lauten] Worten kritisieren: Sie schimpfte mit ihm, weil er zu spät kam.

der **Schin|ken** [ˈʃɪŋkn̩], des Schinkens, die Schinken:
Fleisch vom Schwein, das mit Rauch behandelt und roh oder gekocht gegessen wird: eine Scheibe Schinken · Brötchen mit Schinken belegen · Ich hätte gern 200 Gramm rohen / gekochten Schinken.

die **Schip|pe** [ˈʃɪpə], der Schippe, die Schippen:
Schaufel: eine Schippe [voll] Sand · mit der Schippe Sand schaufeln.

der **Schirm** [ʃɪrm], des Schirm[e]s, die Schirme:
Gegenstand, der geöffnet vor Regen schützt: den Schirm öffnen / aufspannen · Nimm einen Schirm mit!

die **Schlacht** [ʃlaxt], der Schlacht, die Schlachten:
langer, schwerer Kampf [mit vielen Opfern]: eine große / schwere Schlacht · eine Schlacht schlagen / gewinnen / verlieren.

schlach|ten [ˈʃlaxtn̩], schlachtet, schlachtete, hat geschlachtet:
ein Tier, dessen Fleisch man essen möchte, töten: ein Huhn / ein Schwein schlachten.

der **Schlaf** [ʃlaːf], des Schlaf[e]s:
Zustand der Ruhe, in dem die Funktionen des Körpers weniger intensiv ablaufen und man sich [mit geschlossenen Augen] erholt: langer / ruhiger / tiefer Schlaf · Ich erwache morgens schwer aus dem Schlaf. · Er braucht viel / bekommt zu wenig Schlaf.

der **Schlaf|an|zug** [ˈʃlaːf|antsuːk], des Schlafanzug[e]s, die Schlafanzüge [ˈʃlaːf|antsyːgə]:
[Shirt bzw.] Jacke und Hose, die man im Bett trägt: Sonntags läuft unser Sohn am liebsten den ganzen Tag im Schlafanzug herum.

schla|fen [ˈʃlaːfn̩], schläft, schlief, hat geschlafen:
1. *sich im Zustand des Schlafes befinden:* lange / tief / fest / unruhig schlafen · Schlaf gut / schön! · Hast du gut geschlafen?
2. *miteinander intim sein:* Sie hat mit ihm geschlafen.
3. (umgangssprachlich) *nicht aufpassen:* Sie hat in der Schule / im Unterricht mal wieder geschlafen.

schlaff [ʃlaf], schlaffer, am schlaffsten:
nicht straff; so, dass es locker hängt: ein schlaffes Seil · Die Segel hingen schlaff herunter.

das **Schlaf|mit|tel** [ˈʃlaːfmɪtl̩], des Schlafmittels, die Schlafmittel:
Medikament, das bei schlechtem Schlaf helfen soll: ein leichtes / starkes Schlafmittel aus der Apotheke holen.

der **Schlaf|sack** [ˈʃlaːfzak], des Schlafsack[e]s, die Schlafsäcke [ˈʃlaːfzɛkə]:
Hülle, die man an drei Seiten schließen kann und in der man [im Zelt] schläft: mit Zelt und Schlafsack in den Urlaub fahren.

der **Schlaf|wa|gen** [ˈʃlaːfvaːgn̩], des Schlafwagens, die Schlafwagen:
Wagen eines Zuges, der Betten hat: im Schlafwagen von Berlin nach Budapest fahren.

das **Schlaf|zim|mer** [ˈʃlaːftsɪmɐ], des Schlafzimmers, die Schlafzimmer:
Zimmer [einer Wohnung], in dem man schläft: das Schlafzimmer lüften.

der **Schlag** [ʃlaːk], des Schlag[e]s, die Schläge [ˈʃlɛːgə]:
1. *starker Druck auf etwas, der durch das Schlagen [mit der Hand, einem Gegenstand] entsteht:* ein heftiger / leichter / tödlicher Schlag · ein Schlag auf den Kopf / ins Gesicht / vor die Brust · Der Schlag traf ihn ganz unerwartet.
2. *Ereignis, das hart für jemanden ist; Unglück:* ein harter / schwerer / furchtbarer Schlag · Der Tod seiner Frau war ein Schlag für ihn.
3. ⟨ohne Plural⟩ (österreichisch) *Schlagsahne:* ein Stück Obstkuchen mit Schlag.

der **Schlag|an|fall** [ˈʃlaːk|anfal], des Schlaganfall[e]s, die Schlaganfälle [ˈʃlaːk|anfɛlə]:
plötzliche Störung von bestimmten Funktionen des Gehirns: Sie hatte vor zwei Jahren einen Schlaganfall und seitdem leidet sie an den Folgen.

schlag|ar|tig [ˈʃlaːk|aːɐ̯tɪç], schlagartiger, am schlagartigsten:
plötzlich; so, dass es sehr schnell beginnt: schlagartige Veränderungen · Schlagartig wurde ihm klar, dass er sie liebt.

▶ **schla|gen** [ˈʃlaːgn̩], schlägt, schlug, hat geschlagen:
1. *jemandem einen Schlag versetzen:* Er schlägt seinen Hund oft.
2. ⟨+ sich⟩ *sich prügeln:* Er hat sich mit seinem Freund geschlagen.

3. *etwas durch Töne bekannt geben:* Die Uhr schlägt neun / hat neun geschlagen.
4. ⟨+ sich⟩ *sich bei etwas in einer bestimmten Art behaupten:* Sie hat sich in der Diskussion sehr gut geschlagen.
5. *mithilfe eines Werkzeugs in etwas bringen:* Wir müssen noch einige Nägel in die Wand schlagen.
6. *durch einen Schlag an einen bestimmten Ort bringen:* den Ball ins Aus / ins Netz schlagen · drei Eier in die Pfanne schlagen *(sie aufschlagen und in die Pfanne gleiten lassen).*
7. *in einem Wettkampf besiegen:* Er hat den Weltmeister knapp geschlagen.
8. ⟨ist⟩ *heftig gegen etwas stoßen:* Sie ist mit dem Kopf gegen die Wand geschlagen.

der **Schlä|ger** [ˈʃlɛːgɐ], des Schlägers, die Schläger:
Gerät [für verschiedene Sportarten], mit dem man einen Ball o. Ä. in eine Richtung bringt: einen neuen Schläger für das Tennistraining kaufen · den alten Schläger neu bespannen lassen.

die **Schlä|ge|rei** [ʃlɛːgəˈrai̯], der Schlägerei, die Schlägereien:
brutale körperliche Auseinandersetzung: Nach dem Fußballspiel kam es zu heftigen / brutalen Schlägereien in der Stadt.

▶ das **Schlag|obers** [ʃlaːk|oːbɐs], des Schlagobers (österreichisch):
Schlagsahne: Apfelkuchen mit Schlagobers bestellen.

▶ die **Schlag|sah|ne** [ˈʃlaːkzaːnə], der Schlagsahne:
flüssige oder feste süße Sahne: Kuchen / Eis mit Schlagsahne.

die **Schlag|zei|le** [ˈʃlaːktsai̯lə], der Schlagzeile, die Schlagzeilen:
besonders wichtige Überschrift in einer Zeitung o. Ä.: Sie ist schon wieder in die Schlagzeilen geraten.

der **Schlamm** [ʃlam], des Schlamm[e]s:
Gemisch aus Erde, Wasser und Schmutz: im Schlamm stecken bleiben.

schlam|pig [ˈʃlampɪç], schlampiger, am schlampigsten (umgangssprachlich):
sehr unordentlich, nicht sorgfältig: eine schlampige Arbeit / Organisation · Er hat das sehr schlampig repariert. · Sie läuft immer sehr schlampig herum.

▶ die **Schlan|ge** [ˈʃlaŋə], der Schlange, die Schlangen:
1. *langes, schmales Tier ohne Beine, das sich kriechend auf dem Boden bewegt:* eine kleine / dicke / giftige / harmlose Schlange · Die Schlange zischt / gleitet schnell über den Boden.
2. *lange Reihe von Menschen, die auf etwas warten:* eine lange Schlange · An der Kasse bildete sich schnell eine Schlange.
3. *Reihe von Autos, die in einem Stau stehen:* eine kilometerlange Schlange.

▶ **schlank** [ʃlaŋk], schlanker, am schlank[e]sten:
groß bzw. hoch und schmal: eine schlanke Gestalt / Figur · Der neue Rock macht dich sehr schlank.

schlapp [ʃlap], schlapper, am schlappsten:
ohne Kraft; erschöpft: einen schlappen Eindruck machen · Durch das Fieber bin ich / fühle ich mich ganz schlapp.

schlau [ʃlau̯], schlauer, am schlau[e]sten:
intelligent, klug; so, dass man Vorteile für sich nutzen kann: schlaue Schülerinnen und Schüler · Das war sehr schlau von dir! · Das hast du sehr schlau angestellt!

der **Schlauch** [ʃlau̯x], des Schlauch[e]s, die Schläuche [ˈʃlɔy̯çə]:
1. *Röhre aus Gummi oder Plastik, durch die etwas fließt oder strömt:* den Schlauch am Wasserhahn befestigen.
2. *Teil des Reifens eines Autos oder Fahrrads, in den Luft gefüllt wird:* einen Schlauch aufpumpen / reparieren / kleben / flicken.

▶ **schlecht** [ʃlɛçt], schlechter, am schlechtesten:
1. *so, dass es keine gute Qualität hat, nicht gut ist:* schlechtes Essen / schlechter Wein · ein schlechter Roman / Film · Ich habe heute Nacht sehr schlecht geschlafen.
2. *ungünstig, schlimm:* ein schlechter Rat / ein schlechtes Ergebnis · Er schreibt in Mathe immer schlechte Noten. · Dem Unternehmen geht es sehr schlecht.
3. *unangenehm:* Sie hat einige schlechte Angewohnheiten. · Hier riecht es schlecht.
4. *** jemandem ist / wird schlecht:** *einer Person geht es nicht gut, sie fühlt sich nicht wohl:* Am Morgen war ihr ganz schlecht.
5. *(von Speisen o. Ä.) verdorben und nicht mehr genießbar:* Die Milch ist schlecht [geworden].
6. *im Charakter oder moralisch nicht einwandfrei:* ein schlechter Charakter / Mensch · Er hat ein schlechtes Gewissen.

schlei|chen ['ʃlai̯çn̩], schleicht, schlich, ist geschlichen:
1. *sich leise, vorsichtig und langsam bewegen:* Die Katze schleicht. · Sie schleicht durch das Haus. · Die Zeit schleicht heute wieder.
2. ⟨+ sich⟩ *sich heimlich und leise bewegen, nähern, entfernen:* Er schleicht sich nachts immer aus dem Haus.

der **Schlei|er** ['ʃlai̯ɐ], des Schleiers, die Schleier:
Stück Stoff, das das Gesicht und, oder die Haare einer Frau verhüllt: ein prachtvoller / kurzer / langer Schleier · den Schleier anstecken / zurückschlagen / ablegen · Die Braut trägt Kranz und Schleier.

die **Schlei|fe** ['ʃlai̯fə], der Schleife, die Schleifen:
Schnur, Band, die bzw. das so gebunden ist, dass es leicht gelöst werden kann: eine Schleife binden / machen / lösen / aufziehen · Sie bindet ihrer Tochter eine Schleife ins Haar.

[1]**schlei|fen** ['ʃlai̯fn̩], schleift, schliff, hat geschliffen:
1. *scharf machen:* das Messer / die Schere schlafen [lassen].
2. *die Oberfläche von Glas, Steinen o. Ä. bearbeiten:* Diamanten schleifen.

[2]**schlei|fen** ['ʃlai̯fn̩], schleift, schleifte, hat geschleift:
1. *mit Mühe über den Boden ziehen:* Er schleift den Sack über den Hof.
2. *den Boden oder eine Fläche berühren, indem es reibt:* Ihr Schal schleifte über den Boden. · Sie lässt die Dinge ganz schön schleifen.

der **Schleim** [ʃlai̯m], des Schleim[e]s:
zähe Masse, die klebt und z. B. von Schnecken produziert wird: Schleim in der Nase / im Mund / im Hals haben · den Schleim abhusten.

schlep|pen ['ʃlɛpn̩], schleppt, schleppte, hat geschleppt:
1. *(etwas Schweres) mit Mühe an einen anderen Ort bringen:* schwere Kisten / Pakete schleppen · Die Mutter schleppte die beiden Kinder die Treppe hoch.
2. ⟨+ sich⟩ *sich mit großer Anstrengung bewegen:* Die Patientin schleppte sich zur Toilette.
3. (umgangssprachlich) *mitnehmen:* Ich schleppe dich heute Abend mit ins Kino.

schleu|dern ['ʃlɔy̯dɐn], schleudert, schleuderte, hat geschleudert:
1. *mit Schwung werfen:* den Ball / den Speer schleudern · Sie schleuderte den Ranzen in die Ecke.
2. *(in einer Maschine) das Wasser entfernen:* die Wäsche schleudern.
3. *(von Autos o. Ä.) rutschen:* In der Kurve fing der Wagen plötzlich an zu schleudern.

schlicht [ʃlɪçt]:
1. ⟨schlichter, am schlichtesten⟩ *einfach; ohne Schmuck:* Sie trägt ein schlichtes Kleid. · Ihr neues Haus ist sehr schlicht.
2. ⟨schlichter, am schlichtesten⟩ *nichts weiter als:* eine schlichte Tatsache.
3. *ganz einfach:* Wir haben schlicht verschlafen.

▶ **schlie|ßen** ['ʃliːsn̩], schließt, schloss, hat geschlossen:
1. *nicht offen lassen; zumachen:* die Tür / das Fenster / den Deckel schließen · Schließen Sie bitte alle Anwendungen!
2. *machen, dass etwas zu, nicht geöffnet ist:* Sie schließen ihr kleines Geschäft immer erst um Mitternacht.
3. *zu, nicht mehr geöffnet sein:* Der Supermarkt / Die Bäckerei hat schon geschlossen.
4. *einschließen:* Sie schließt ihren Schmuck in einen Safe.
5. *beenden:* Ich schließe hiermit die Sitzung / die Verhandlung.
6. *zum Ende bringen, beenden:* Sie schloss ihre Rede mit deutlichen Worten an die Verantwortlichen.
7. *als Ergebnis, Folge aus etwas ziehen:* Aus deinen Worten schließe ich, dass du meine Meinung nicht teilst.
8. mit bestimmten Substantiven: einen Vertrag / einen Kompromiss schließen · Die Kinder schlossen Freundschaft.

▶ **schließ|lich** ['ʃliːslɪç]:
1. *zum Schluss, zuletzt:* Schließlich konnten wir das Projekt doch noch erfolgreich beenden.
2. gibt an, warum etwas so ist; *immerhin:* Das muss sie entscheiden, schließlich ist sie die Chefin.

die **Schlie|ßung** ['ʃliːsʊŋ], der Schließung, die Schließungen:
das Zumachen, Schließen: die Schließung der Bibliotheken / Theater wegen Geldmangel.

▶ **schlimm** [ʃlɪm], schlimmer, am schlimmsten:
1. *so, dass es wichtig ist und üble Folgen hat:* ein schlimmer Fehler · Das Ganze

war nicht so schlimm, wie wir es befürchtet hatten.
2. *sehr unangenehm; negativ:* eine schlimme Nachricht / Erfahrung · Das ist halb so schlimm.
3. *moralisch schlecht:* eine schlimme Tat begehen.
4. *schrecklich:* Nach dem Unfall sah er schlimm aus.

die **Schlin|ge** [ˈʃlɪŋə], der Schlinge, die Schlingen:
Stück Schnur, Draht, Stoff, dessen Enden [beweglich] miteinander verbunden wurden: eine Schlinge knüpfen / zuziehen / lockern · eine Schlinge aus Draht.

der **Schlit|ten** [ˈʃlɪtn̩], des Schlittens, die Schlitten:
niedriger Sitz aus Holz oder Plastik, mit dem man im Schnee fahren kann: Die Kinder fahren Schlitten / mit dem Schlitten den Berg hinunter.

▸ das **Schloss** [ʃlɔs], des Schlosses, die Schlösser [ˈʃlœsɐ]:
1. *Anlage, mit der man eine Tür verschließen kann:* das Schloss öffnen / ölen / austauschen · ein neues Schloss in die Tür einsetzen.
2. *großes, elegantes Haus; Palast:* ein altes / weltberühmtes Schloss · das Heidelberger Schloss · ein Schloss restaurieren / sanieren.

schlu|cken [ˈʃlʊkn̩], schluckt, schluckte, hat geschluckt:
1. *(durch das Bewegen von Muskeln Essen, Trinken o. Ä.) vom Mund in den Körper transportieren:* beim Schwimmen Wasser schlucken · Die Tabletten soll man [unzerkaut] mit etwas Flüssigkeit schlucken.
2. (umgangssprachlich) *sich Kritik o. Ä. anhören, ohne zu widersprechen; etwas glauben, was so nicht [ganz] stimmt:* einen Tadel schlucken · Sie hat die Ausrede / die Geschichte tatsächlich geschluckt.

der **Schlüp|fer** [ˈʃlʏp͡fɐ], des Schlüpfers, die Schlüpfer:
Unterhose mit kurzen Beinen: neue Schlüpfer kaufen · dem Kind den Schlüpfer wechseln.

▸ der **Schluss** [ʃlʊs], des Schlusses, die Schlüsse [ˈʃlʏsə]:
1. ⟨ohne Plural⟩ *Ende; Zeitpunkt, an dem etwas aufhört:* Sie hat mit ihm Schluss gemacht. · Schluss für heute! · Jetzt ist Schluss damit!
2. *letzter Abschnitt, Teil o. Ä. von etwas:* der Schluss eines Films / Romans · Das Fahrradabteil befindet sich am Schluss des Zuges.
3. *Ergebnis des Überlegens:* ein logischer / richtiger Schluss · die falschen Schlüsse ziehen · Aufgrund der Tatsachen kam sie zu dem Schluss, dass …

▸ der **Schlüs|sel** [ˈʃlʏsl̩], des Schlüssels, die Schlüssel:
1. *Gegenstand, mit dem man ein Schloss öffnet oder schließt:* ein alter / passender / verbogener Schlüssel · der Schlüssel zur / für die Wohnungstür · einen neuen Schlüssel anfertigen lassen.
2. *etwas, was für die Lösung eines Problems o. Ä. wichtig ist:* der Schlüssel zum Erfolg · Das ist der Schlüssel zur Lösung des Problems.

der *oder* das **Schlüs|sel|bund** [ˈʃlʏsl̩bʊnt], des Schlüsselbund[e]s, die Schlüsselbunde:
mehrere Schlüssel, die durch einen Ring o. Ä. verbunden sind: Sie hat ihr[en] Schlüsselbund gestern verloren.

▸ **schmal** [ʃmaːl], schmaler / schmäler, am schmalsten / (seltener) schmälsten:
1. *nicht breit; eng:* ein schmaler Weg · ein schmales Fenster / Brett · Der Fluss ist an dieser Stelle ganz schmal.
2. *(in Bezug auf die Figur) schlank, fein:* ein schmales Gesicht / schmale Hände haben · Durch die Krankheit ist sie ganz schmal geworden.
3. *gering; knapp:* eine schmale Rente / ein schmales Einkommen.

▸ **schme|cken** [ˈʃmɛkn̩], schmeckt, schmeckte, hat geschmeckt:
einen bestimmten Geschmack haben: Die Suppe schmeckt heute etwas salzig. · Mir schmeckt es sehr gut.

schmei|ßen [ˈʃmai̯sn̩], schmeißt, schmiss, hat geschmissen:
1. (umgangssprachlich) *werfen:* den Ball in die Luft schmeißen · die Nudeln ins Wasser schmeißen · Vor Wut schmiss er sich aufs Bett.
2. *mit etwas werfen:* Die Demonstranten schmissen mit Tomaten.
3. *eine Aufgabe, Arbeit gut bewältigen:* Sie schmeißt den Haushalt / die Familie.
4. *(über einen Film, ein Theaterstück) verderben:* eine Szene / die Vorstellung schmeißen.

schmel|zen [ˈʃmɛlt͡sn̩], schmilzt, schmolz, geschmolzen:
1. ⟨ist⟩ *flüssig werden:* Das Eis ist in / an der Sonne ganz schnell geschmolzen.
2. ⟨hat⟩ *flüssig machen:* Erz / Eisen /

Blei schmelzen · Butter in der Pfanne schmelzen.

der **Schmerz** [ʃmɛrts], des Schmerzes, die Schmerzen:
1. *sehr unangenehmes Gefühl, das durch eine Verletzung oder Krankheit entsteht:* starke / stechende / bohrende Schmerzen haben · an / unter Schmerzen leiden · Schmerzen im Rücken / Bauch haben · Sie schrie vor Schmerzen auf.
2. *Gefühl, in der Seele verletzt worden zu sein:* der Schmerz über den Tod ihres Mannes.

schmer|zen [ˈʃmɛrtsn̩], schmerzt, schmerzte, hat geschmerzt:
1. *körperlichen Schmerz verursachen:* der Zahn / die Wunde schmerzt · Mir / Mich schmerzt die Schulter.
2. *der Seele wehtun:* Die Trennung von meinem Freund schmerzt [mich] unglaublich.

das **Schmerz|mit|tel** [ˈʃmɛrtsmɪtl̩], des Schmerzmittels, die Schmerzmittel:
Medikament, Mittel gegen Schmerzen: Ich verschreibe Ihnen ein starkes Schmerzmittel.

der **Schmet|ter|ling** [ˈʃmɛtɐlɪŋ], des Schmetterlings, die Schmetterlinge:
Insekt, das fliegt und zwei große, meist bunte Flügel hat: Schmetterlinge beobachten / fangen / sammeln.

schmie|ren [ˈʃmiːrən], schmiert, schmierte, hat geschmiert:
1. *auf etwas verteilen, indem man es streicht:* Er schmiert sich dick Butter aufs Brot.
2. *mit etwas versehen, indem man streicht:* Butterbrote / Brötchen schmieren.
3. *an eine Wand o. Ä. malen oder schreiben:* politische Symbole an die Hauswände schmieren.
4. (umgangssprachlich abwertend) *bestechen:* Er hat die Polizei / die Behörden / die Politiker geschmiert.

schmin|ken [ˈʃmɪŋkn̩], schminkt, schminkte, geschminkt:
ein Make-up anfertigen: Die Schauspieler werden für den Film geschminkt. · Sie schminkt sich nicht.

der **Schmuck** [ʃmʊk], des Schmuck[e]s:
1. *Gegenstand wie z. B. eine Kette, der am Körper getragen wird:* alter / wertvoller / goldener / silberner Schmuck · Schmuck besitzen / tragen / anlegen.
2. *zusätzliche Ausstattung, um etwas schöner zu machen:* Auf dem großen Tisch standen Blumen als Schmuck.

schmü|cken [ˈʃmʏkn̩], schmückt, schmückte, hat geschmückt:
1. *mit schönen Dingen versehen:* den Weihnachtsbaum / die Kirche / das Haus schmücken · Sie aßen an einer festlich geschmückten Tafel.
2. *als Schmuck da sein:* Blumen schmückten die Kirche bei der Hochzeit.

der **Schmug|gel** [ˈʃmʊgl̩], des Schmuggels:
Waren ohne Erlaubnis in ein Land einführen oder aus einem Land ausführen: Der Schmuggel von Zigaretten / Waffen blüht.

▸ der **Schmutz** [ʃmʊts], des Schmutzes:
etwas, was Kleider, Wohnungen o. Ä. verschmutzt: den gröbsten Schmutz [mit einer Bürste] von den Schuhen entfernen · den Schmutz aufwischen / abwaschen / zusammenkehren · Der Handwerker hinterließ in der Wohnung großen Schmutz. · So ein Hund macht viel Schmutz.

▸ **schmut|zig** [ˈʃmʊtsɪç], schmutziger, am schmutzigsten:
1. *nicht sauber, voll von Schmutz:* schmutzige Hände / Kleider · Du hast dich / [dir] deinen Anzug schmutzig gemacht.
2. *sexuell geprägt [und dabei moralisch nicht einwandfrei]:* schmutzige Witze / Gedanken · Du hast eine schmutzige Fantasie.
3. (abwertend) *in Hinsicht auf die Moral sehr schlecht:* ein schmutziger Handel / Krieg · mit schmutzigen Mitteln arbeiten.

der **Schna|bel** [ˈʃnaːbl̩], des Schnabels, die Schnäbel [ˈʃnɛːbl̩]:
1. *Teil am Kopf eines Vogels, mit dem er Nahrung frisst:* ein langer / spitzer / gelber Schnabel · den Schnabel [weit] aufsperren / aufreißen · Der Vogel pickte mit dem Schnabel am / auf dem Boden.
2. (umgangssprachlich) *Mund:* Sperr / Mach mal deinen Schnabel auf! · Halt endlich deinen Schnabel! *(Sei endlich ruhig!).*

die **Schnal|le** [ˈʃnalə], der Schnalle, die Schnallen:
Teil zum Schließen an einem Gürtel, einer Tasche o. Ä.: eine metallene / runde / ovale Schnalle · eine Schnalle öffnen / schließen / aufmachen / zumachen.

das **Schnäpp|chen** [ˈʃnɛpçən], des Schnäppchens, die Schnäppchen (umgangssprachlich):

Ware, die weniger kostet als sonst üblich: ein Schnäppchen machen · Im Schlussverkauf gibt es viele Schnäppchen.

schnap|pen ['ʃnapn̩], schnappt, schnappte, hat geschnappt:
1. *versuchen, mit dem Mund, Maul zu fassen:* nach Luft schnappen · Der Hund schnappt nach der Wurst.
2. (umgangssprachlich) *festnehmen:* Der Dieb wurde geschnappt.
3. (umgangssprachlich) *schnell nehmen:* Ich schnappte [mir] meinen Mantel und stürmte davon.

der **Schnaps** [ʃnaps], des Schnapses, die Schnäpse ['ʃnɛpsə]:
Getränk mit viel Alkohol: eine Flasche Schnaps kaufen · Jetzt könnte ich einen Schnaps gebrauchen.

schnar|chen ['ʃnarçn̩], schnarcht, schnarchte, hat geschnarcht:
im Schlaf [sehr] laut atmen: Sie schläft in einem anderen Zimmer, weil er so laut schnarcht.

die **Schnau|ze** ['ʃnau̯tsə], der Schnauze, die Schnauzen:
1. *langes, schmales Maul [bei bestimmten Tieren]:* die kalte und feuchte Schnauze des Hundes.
2. (derb) *Mund:* Halt endlich die Schnauze!

die **Schne|cke** ['ʃnɛkə], der Schnecke, die Schnecken:
1. *kleines, weiches Tier, das auf dem Boden kriecht und [meistens] sein »Haus« auf dem Rücken trägt:* viele Schnecken im Garten haben · Er arbeitet so langsam wie eine Schnecke.
2. (umgangssprachlich) *flaches, rundes Gebäck mit Hefe:* eine Schnecke kaufen / essen.

▶ der **Schnee** [ʃne:], des Schnees:
Niederschlag aus Wasser, das gefroren ist: frischer / hoher / tiefer / matschiger Schnee · Schnee fegen / schippen / räumen · Heute ist viel Schnee gefallen. · Das Auto ist im Schnee stecken geblieben.

die **Schnee|flo|cke** ['ʃne:flɔkə], der Schneeflocke, die Schneeflocken:
kleine, weiße, leichte Figur aus Wasser, das gefroren ist, und die auf die Erde fällt: viele kleine / dichte Schneeflocken.

▶ **schnei|den** ['ʃnai̯dn̩], schneidet, schnitt, hat geschnitten:
1. *mit Messer, Schere o. Ä. teilen, aufmachen:* Käse / Fleisch / Wurst / Schinken / Brot schneiden · die Möhren in Scheiben / Stücke schneiden.
2. *mit Messer, Schere o. Ä. abschneiden:* Blumen / Rosen schneiden · Sie schneidet viele Artikel aus der Zeitung.
3. *mit Messer, Schere o. Ä. kürzer machen:* Bäume / den Rasen / die Hecke / Sträucher schneiden.
4. *sich mit Messer, Schere o. Ä. verletzen:* Ich habe mir / mich in den Finger geschnitten.

▶ **schnei|en** ['ʃnai̯ən], schneit, schneite, hat geschneit:
⟨es schneit⟩ *als Schnee zur Erde fallen:* Es schneit schon seit Stunden. · Es fängt an / hört auf zu schneien.

▶ **schnell** [ʃnɛl], schneller, am schnellsten:
1. *mit hohem Tempo, großer Geschwindigkeit:* schnelle Schritte · schnell sprechen / schreiben / arbeiten · Er fährt oft zu schnell.
2. *so, dass es in kurzer Zeit erfolgt, rasch:* schnelle Entscheidungen / Lösungen · Sie waren schnell entschlossen und mieteten die Wohnung.
3. *so, dass es wenig Zeit für etwas benötigt:* ein schnelles Auto / Flugzeug · Mein neuer Computer ist sehr schnell.

der **Schnitt** [ʃnɪt], des Schnitt[e]s, die Schnitte:
1. *das Ergebnis des Schneidens:* ein kleiner / langer / tiefer Schnitt [in der Hand].
2. *Art, in der etwas geschnitten ist, wird:* der Schnitt des Kleides · eine Wohnung mit gutem Schnitt *(mit guter Raumaufteilung).*
3. *Durchschnitt:* Der Schnitt der Klassenarbeit liegt bei 2,5.

▶ das **Schnit|zel** ['ʃnɪtsl̩], des Schnitzels, die Schnitzel:
Scheibe Fleisch vom Kalb oder Schwein, die gebraten wird: ein großes / saftiges Schnitzel · ein Schnitzel klopfen / panieren / braten · Ein Wiener Schnitzel mit Kartoffelsalat bitte!

▶ der **Schnup|fen** ['ʃnʊpfn̩], des Schnupfens, die Schnupfen:
Krankheit, bei der viel Schleim aus der Nase läuft: ein Mittel gegen Schnupfen in / aus der Apotheke holen · Ich bekomme einen Schnupfen.

die **Schnur** [ʃnu:ɐ̯], der Schnur, die Schnüre ['ʃny:rə]:
1. *sehr dünner, langer Gegenstand, mit dem man etwas binden kann:* drei Meter / eine Rolle Schnur · die Schnur lösen / aufrollen · Sie bindet eine Schnur um das Paket.

2. (umgangssprachlich) *Kabel:* eine neue / längere Schnur an die Lampe machen.

der **Schnür|sen|kel** [ˈʃnyːɐ̯zɛŋkl̩], des Schnürsenkels, die Schnürsenkel:
Band, mit dem man Schuhe schließt: Dein Schnürsenkel ist aufgegangen.

der **Schock** [ʃɔk], des Schock[e]s, die Schocks:
1. *Belastung der Seele, die durch ein plötzliches schlimmes Ereignis eintritt:* ein psychischer Schock · Als sie vom Tod ihres Mannes erfuhr, erlitt sie einen Schock.
2. (Medizin) *Versagen körperlicher Funktionen durch eine zu geringe Versorgung der Organe mit Sauerstoff:* Der Patient steht unter Schock. · Erdnüsse können einen allergischen Schock auslösen.

scho|ckie|ren [ʃɔˈkiːrən], schockiert, schockierte, hat schockiert:
jemanden fassungslos machen: Er schockiert uns immer wieder mit seinem Verhalten.

die **Scho|ko|la|de** [ʃokoˈlaːdə], der Schokolade, die Schokoladen:
1. *feste Masse aus Kakao, Milch und Zucker:* dunkle / weiße / bittere Schokolade · zwei Tafeln Schokolade kaufen.
2. *Getränk aus Milch, Kakao und Zucker:* Eine große [Tasse] heiße Schokolade mit Sahne bitte!

schon [ʃoːn]:
1. drückt aus, dass etwas früher geschieht als erwartet; *bereits:* Es ist ja schon neun Uhr! · Hast du das schon vergessen? · Fangt ruhig schon mit dem Essen an, ich komme gleich.
2. drückt aus, dass etwas genügt: Tickets gab es schon für fünf Euro. · Er hat schon genug Probleme.
3. drückt aus, dass etwas bereits da ist und deshalb nicht mehr neu oder nötig ist: Schon der alte Chef hat das so gemacht. · Ich habe heute früh schon eingekauft. · Ich kenne ihn schon.
4. *wirklich:* Seine Krankheit ist schon eine Katastrophe für die Familie. · Das wird schon alles gut gehen.
5. *endlich:* Jetzt komm schon! · Jetzt hör schon auf, solchen Blödsinn zu erzählen!
6. betont den Widerspruch zwischen zwei Aussagen: Das Essen sah schon toll aus, aber geschmeckt hat es mir nicht. · Es ist schon schön hier in den Bergen, aber ich fahre lieber ans Meer.

▸ **schön** [ʃøːn], schöner, am schönsten:
1. *sehr angenehm; so, dass es gefällt:* ein schöner Mann / eine schöne Frau · Wir haben eine schöne Wohnung in Berlin gefunden. · Diesen Park finde ich von allen in München am schönsten.
2. *angenehm, gut:* schönes Wetter · Ich wünsche euch ein schönes Wochenende / einen schönen Urlaub! · Die letzte Zeit war nicht sehr schön.
3. (umgangssprachlich) *groß, sehr:* eine schöne Leistung / Summe · Die Reise hat mich ein schönes Stück Geld gekostet. · Das war ganz schön blöd von dir!
4. (umgangssprachlich ironisch) *schlecht, unangenehm:* Das war ein schöner Reinfall / eine schöne Bescherung! · Du machst mir ja schöne Geschichten!

die **Schön|heit** [ˈʃøːnhai̯t], der Schönheit, die Schönheiten:
1. ⟨ohne Plural⟩ *das Schönsein:* die Schönheit der Natur / Italiens · Ihre klassische / strahlende Schönheit ist bezaubernd.
2. *schöner Mensch:* Sie ist eine klassische / berühmte Schönheit.

der **Schorn|stein** [ˈʃɔrnʃtai̯n], des Schornstein[e]s, die Schornsteine:
Teil [auf dem Dach] eines Hauses, durch den der Rauch nach außen kommt: den Schornstein reinigen / fegen.

der **Schoß** [ʃoːs], des Schoßes, die Schöße [ˈʃøːsə]:
tiefe Stelle des Körpers, die sich beim Sitzen zwischen Beinen und Oberkörper ergibt: die Puppe auf den Schoß nehmen · Das Kind wollte / kletterte auf den Schoß. · Sie legte ihren Kopf in seinen Schoß.

schräg [ʃrɛːk], schräger, am schrägsten:
nicht gerade; so, dass es in einem bestimmten Winkel nach unten geht: schräge Linien / Wände · die Rosen schräg anschneiden · Der Schreibtisch steht schräg im Zimmer. · Er wohnt schräg gegenüber / unter uns.

die **Schram|me** [ˈʃramə], der Schramme, die Schrammen:
[kleinere] Verletzung oder beschädigte Stelle, die durch Kratzen o. Ä. entstanden ist: eine tiefe / blutige Schramme · Das neue Auto / Der neue Esstisch hat schon eine Schramme.

▸ der **Schrank** [ʃraŋk], des Schrank[e]s, die Schränke [ˈʃrɛŋkə]:
[größeres, höheres] Möbel mit Türen:

ein schwerer / großer / massiver Schrank · einen Schrank aufbauen / öffnen / abschließen · Sie legt die Pullover in den Schrank. · Die Hemden liegen im Schrank.

die **Schran|ke** [ˈʃraŋkə], der Schranke, die Schranken:
Stange, mit der etwas abgesperrt wird: die Schranken des Bahnübergangs · die Schranke schließen / herunterlassen / öffnen.

die **Schrau|be** [ˈʃrau̯bə], der Schraube, die Schrauben:
Teil aus Metall, das einen Kopf hat und mit dem man etwas verbinden kann, indem man es in etwas dreht: eine Schraube lösen / lockern / [fest] anziehen · ein Schild mit Schrauben befestigen; *** bei jemandem ist eine Schraube locker / los[e]** (umgangssprachlich): *jemand ist nicht recht bei Verstand:* Weißt du, ich glaube manchmal, bei ihm ist eine Schraube locker.

der **Schrau|ben|zie|her** [ˈʃrau̯bn̩tsi̯:ɐ], des Schraubenziehers, die Schraubenzieher:
Werkzeug, mit dem man Schrauben in etwas dreht: Gib mir mal bitte den Schraubenzieher dort!

▶ der **Schreck** [ʃrɛk], des Schreck[e]s, die Schrecke:
starke emotionale Aufregung, die mit Angst verbunden ist: Der Schreck fuhr ihm in die Knochen.

▶ der **Schre|cken** [ˈʃrɛkn̩], des Schreckens, die Schrecken:
1. *Gefühl von Angst, das quält, belastet und lähmt:* Schrecken verbreiten · Sie sind bei dem Unfall mit dem Schrecken *(ohne Verletzung)* davongekommen.
2. (besonders landschaftlich) *Schreck:* Sie bekam einen riesigen Schrecken.
3. ⟨Plural⟩ (gehoben) *etwas, was Angst verursacht:* Sie hat die Schrecken des Krieges als junges Mädchen kennengelernt.

▶ **schreck|lich** [ˈʃrɛklɪç], schrecklicher, am schrecklichsten:
1. *furchtbar:* ein schreckliches Unglück / Erlebnis / Ereignis / Verbrechen · Die schreckliche Nachricht erreichte ihn auf einer Reise. · Es war schrecklich, ihn so krank zu sehen.
2. (umgangssprachlich abwertend) *(in seiner Art) sehr unangenehm:* der schreckliche Lärm der Autobahn · Er ist ein schrecklicher Mensch. · Die Zusammenarbeit mir ihr ist schrecklich.
3. (umgangssprachlich) *sehr:* Es ist schrecklich warm hier.

der **Schrei** [ʃrai̯], des Schrei[e]s, die Schreie:
sehr lauter Ton, den ein Lebewesen [aus Angst] produziert: heisere / wütende Schreie · Die lauten Schreie der Kinder kommen vom Spielplatz.

▶ **schrei|ben** [ˈʃrai̯bn̩], schreibt, schrieb, hat geschrieben:
1. *Buchstaben, Ziffern, Noten o. Ä. zu Papier, in den Computer bringen:* auf / mit dem Computer schreiben · Das Kind lernt schreiben.
2. *aus Buchstaben oder anderen Zeichen entstehen lassen:* ein Wort / eine Zahl schreiben · den Satz zu Ende schreiben · die Adresse auf den Umschlag schreiben.
3. *eine Nachricht schicken:* seinem Vater / an seinen Vater schreiben · Sie hat [in der E-Mail] geschrieben, es gehe ihr gut.
4. *als Schriftsteller[in], Journalist[in] arbeiten:* Sie schreibt für die berühmteste Zeitung des Landes.

▶ das **Schrei|ben** [ˈʃrai̯bn̩], des Schreibens, die Schreiben:
[offizielle] schriftliche Mitteilung; Brief: ein offizielles / dienstliches / vertrauliches Schreiben · ein Schreiben verfassen / aufsetzen · Wir bestätigen [Ihnen] den Eingang Ihres Schreibens vom ...

der **Schreib|tisch** [ˈʃrai̯ptɪʃ], des Schreibtisch[e]s, die Schreibtische:
Tisch, an dem man schreibt und arbeitet: Sie sitzt den ganzen Tag am Schreibtisch.

▶ **schrei|en** [ˈʃrai̯ən], schreit, schrie, hat geschrie[e]n:
1. *einen Schrei produzieren:* laut / hysterisch schreien · Das Baby hat kläglich / stundenlang / die ganze Nacht geschrien. · Sie schrie um Hilfe.
2. *mit sehr lauter Stimme rufen:* Sie schrien laut Hurra / Bravo.

▶ die **Schrift** [ʃrɪft], der Schrift, die Schriften:
1. *System von Zeichen, mit denen die Laute, Wörter, Sätze einer Sprache notiert werden:* die lateinische / kyrillische / arabische Schrift.
2. *für einen Menschen typische Art zu schreiben:* eine schöne / deutliche / leserliche Schrift.
3. *längerer [gedruckter] Text:* philosophische / naturwissenschaftliche Schriften · sämtliche / die gesammelten Schriften des Verfassers · Seine

neueste Schrift ist im Akademieverlag erschienen.

schrift|lich ['ʃrɪftlɪç]:
in geschriebener Form: eine schriftliche Einladung / Erklärung / Anweisung · eine Frage schriftlich beantworten · Lass dir das schriftlich geben.

der **Schrift|stel|ler** ['ʃrɪftʃtɛlɐ], des Schriftstellers, die Schriftsteller, die **Schrift|stel|le|rin** ['ʃrɪftʃtɛlərɪn], der Schriftstellerin, die Schriftstellerinnen:
Person, die Literatur verfasst: ein bekannter / berühmter Schriftsteller · Sie lebt als Schriftstellerin in Italien.

der **Schritt** [ʃrɪt], des Schrittes, die Schritte:
1. *Bewegung eines Fußes (nach vorn), sodass man sich in eine Richtung bewegt:* große / kleine Schritte machen · Es sind nur noch wenige Schritte bis zur Tür. · Könnten Sie bitte einen Schritt zur Seite treten?
2. ⟨ohne Plural⟩ *Art, wie jemand geht:* Ich erkenne ihn immer schon am Schritt.
3. *Handlung, mit der ein bestimmtes Ziel erreicht werden soll; Maßnahme:* ein wichtiger / voreiliger / unüberlegter Schritt · weitere / rechtliche / gerichtliche Schritte veranlassen.

die **Schub|la|de** ['ʃu:pla:də], der Schublade, die Schubladen:
Kasten, den man aus einem Schrank ziehen kann: Der Brief liegt in der obersten Schublade.

schub|sen ['ʃʊpsn̩], schubst, schubste, hat geschubst:
jemandem, etwas einen [kleinen] Stoß geben: den Jungen ins Wasser schubsen · Die Kinder schubsten sich.

schüch|tern ['ʃʏçtɐn], schüchterner, am schüchternsten:
scheu, zurückhaltend: Sie war schon immer ein schüchternes Kind. · Schüchtern lächelnd fragt er nach dem Weg.

der **Schuh** [ʃu:], des Schuh[e]s, die Schuhe:
Kleidungsstück für den Fuß, oft aus Leder: der rechte / linke Schuh · hohe / feste / elegante Schuhe · Schuhe aus Leder / mit hohem / flachen Absatz · die Schuhe anziehen / ausziehen / putzen · Die Schuhe passen / drücken / sind bequem. · Das Kind braucht neue Schuhe. · Sie hat mindestens 20 Paar Schuhe.

die **Schul|ar|beit** ['ʃu:l|arbai̯t], der Schularbeit, die Schularbeiten:
1. *[schriftliche] Hausaufgabe:* Wir haben heute viel[e] Schularbeiten auf. · Er hilft seiner Tochter bei den Schularbeiten in Spanisch.
2. (österreichisch) *Klassenarbeit:* Sie hatte in der letzten Schularbeit eine sehr gute Note.

▶ **schuld** [ʃʊlt]:
* **[an etwas] schuld sein:** *[an etwas] die Schuld haben, [für etwas] verantwortlich sein:* Er ist schuld an dem ganzen Unglück.

▶ die **Schuld** [ʃʊlt], der Schuld, die Schulden:
1. ⟨ohne Plural⟩ *Ursache von etwas Bösem, einem Unglück o. Ä.:* große / moralische Schuld · Sie schiebt die Schuld immer auf andere. · Es ist nicht meine Schuld, dass der Unfall passiert ist.
2. *Summe Geld, die man einer anderen Person schuldet:* eine Schuld tilgen / löschen · [bei jemandem] Schulden haben / machen · Das Haus ist frei von Schulden.

schul|den ['ʃʊldn̩], schuldet, schuldete, hat geschuldet:
zu zahlen haben: Ich schulde dir noch 50 Euro. · Die Firma schuldet ihm noch das Honorar.

▶ **schul|dig** ['ʃʊldɪç]:
1. *so, dass man an etwas die Schuld trägt, verantwortlich [für etwas Schlechtes] ist:* Sie fühlte sich schuldig an dem Streit. · Das Gericht erklärte ihn in dem Mordfall für schuldig.
2. *zu zahlen, liefern verpflichtet:* Ich bin ihm noch Geld schuldig. · Den Beweis für die These ist der Wissenschaftler schuldig geblieben.

▶ die **Schu|le** ['ʃu:lə], der Schule, die Schulen:
1. *Einrichtung, in der Kinder und Jugendliche lernen, unterrichtet werden:* eine öffentliche / private / weiterführende Schule · Er geht noch in die / zur Schule. · Ich bin mit ihr in die / zur Schule gegangen. · Er hat in diesem Jahr die Schule gewechselt.
2. *Gebäude, in dem Kinder und Jugendliche Unterricht haben:* eine große / moderne Schule · die Schule betreten / verlassen.

▶ der **Schü|ler** ['ʃy:lɐ], des Schülers, die Schüler, die **Schü|le|rin** ['ʃy:lərɪn], der Schülerin, die Schülerinnen:
Kind, junger Mensch, das bzw. der zur Schule geht: ein guter / schlechter / durchschnittlicher Schüler · die Schülerin loben / tadeln / motivieren · Auch die ehemaligen Schülerinnen und Schüler kommen zum Sommerfest.

die **Schul|fe|ri|en** ['ʃu:lfe:ri̯ən], der Schulferien ⟨Plural⟩:
Ferien für die Schulen, die vom Staat festgelegt werden: sechs Wochen Schulferien im Sommer haben.

das **Schul|jahr** ['ʃu:lja:ɐ̯], des Schuljahr[e]s, die Schuljahre:
Zeitraum von zwölf Monaten für den Unterricht an der Schule: Das neue Schuljahr beginnt in Sachsen am 15. August.

▸ die **Schul|ter** ['ʃʊltɐ], der Schulter, die Schultern:
1. *(beim Menschen) oberer Teil des Körpers, an dem die Arme beginnen:* breite / schmale Schultern haben · die linke / rechte Schulter · die Schultern heben / senken · Der Junge reicht der Mutter schon bis zur / bis an die Schulter. · Bedauernd zog sie die Schultern hoch.
2. *Teil eines Kleidungsstücks, der die Schultern bedeckt:* Das Jackett ist in den Schultern zu eng.; *** etwas auf die leichte Schulter nehmen:** *etwas nicht ernst genug nehmen:* Du solltest das Abitur nicht auf die leichte Schulter nehmen.

schum|meln ['ʃʊml̩n], schummelt, schummelte, hat geschummelt:
unehrlich handeln; [leicht] betrügen: Er schummelt beim Kartenspielen immer.

die **Schür|ze** ['ʃʏrt͜sə], der Schürze, die Schürzen:
Kleidungsstück, das über der normalen Kleidung getragen wird, um diese zu schützen: eine frische / saubere Schürze · [sich] eine Schürze umbinden / anziehen.

der **Schuss** [ʃʊs], des Schusses, die Schüsse ['ʃʏsə]; :
1. *das Schießen mit einer Waffe:* ein scharfer / tödlicher Schuss · Schüsse aus einer Pistole.
2. *das Treten des Balles (besonders beim Fußball):* ein gefährlicher / flacher Schuss · ein Schuss aufs Tor.
3. ⟨ohne Plural⟩ *kleine Menge [einer Flüssigkeit]:* Ich hätte gern einen Schuss Milch in den Kaffee.

▸ die **Schüs|sel** ['ʃʏsl̩], der Schüssel, die Schüsseln:
tieferes Gefäß für Speisen, das oben weit und offen ist: eine flache / tiefe / runde / silberne Schüssel · eine Schüssel voll Kartoffelbrei / mit Gemüse · ein Satz Schüsseln.

▸ **schüt|teln** ['ʃʏtl̩n], schüttelt, schüttelte, hat geschüttelt:
1. *jemanden, etwas [anfassen und] kräftig, schnell hin und her bewegen:* heftig schütteln · die Medizin vor Gebrauch schütteln · Der Wind schüttelt die Bäume.
2. ⟨+ sich⟩ *heftig hin und her gehende oder drehende Bewegungen machen:* Der Hund schüttelt sich. · Er schüttelte sich vor Lachen, als er den Witz hörte.
3. *von etwas entfernen, indem man sich schüttelt:* den Staub von / aus den Kleidern schütteln · die Äpfel / Nüsse vom Baum schütteln.

schüt|ten ['ʃʏtn̩], schüttet, schüttete, hat geschüttet:
1. *fließen, fallen lassen:* Mehl in ein Gefäß schütten · Sie schüttet den Inhalt ihrer Tasche aufs Bett.
2. ⟨es schüttet⟩ *heftig regnen:* Es schüttet seit Stunden.

▸ der **Schutz** [ʃʊt͜s], des Schutzes:
Hilfe, Unterstützung, Sicherheit: ein Mittel zum Schutz vor / gegen Grippe · unter dem Schutz der Polizei / der Armee stehen · Wetterfeste Kleidung bietet Schutz vor Regen.

▸ **schüt|zen** ['ʃʏt͜sn̩], schützt, schützte, hat geschützt:
Schutz bieten: das Haus durch eine Alarmanlage schützen · sich vor Kälte / Krankheit / Regen schützen · die schützende Dunkelheit.

▸ **schwach** [ʃvax], schwächer, am schwächsten:
1. *(vom Körper) wenig oder keine Kraft habend:* Er ist alt, krank und schwach. · Nach der Grippe bin ich noch schwach auf den Beinen.
2. *nur wenig; nur in geringem Maße da:* schwacher Wind / schwacher Schneefall · schwacher Beifall · Diese Silbe ist schwach betont.
3. *so, dass es eine schlechte Qualität oder eine niedrige Konzentration hat:* ein schwacher Kaffee / Tee · Das war wirklich ein schwaches Basketballspiel. · Der Film war schwach.
4. (Sprachwissenschaft) *Art, in der ein Verb gebeugt wird:* die schwache Konjugation / Beugung · ein schwaches Verb.
5. (Sprachwissenschaft) *Art, in der ein Substantiv, Adjektiv o. Ä. verändert wird:* die schwache Deklination · schwach deklinierte Adjektive.

die **Schwä|che** ['ʃvɛçə], der Schwäche:
1. *fehlende körperliche Kraft:* Sie ist gestern vor Schwäche zusammengebrochen.

2. *etwas, was jemand besonders mag:* Er hat eine Schwäche für schöne Möbel.

schwä|chen ['ʃvɛçn̩], schwächt, schwächte, hat geschwächt:
1. *schwach machen:* Die Krankheit hat sie stark geschwächt.
2. *in seiner Wirkung geringer machen:* Dieses Wahlergebnis schwächt ihre Position.

der **Schwa|ger** ['ʃva:gɐ], des Schwagers, die Schwäger ['ʃvɛ:gɐ]:
Ehemann der Schwester; Bruder des Ehemanns, der Ehefrau: Das sind meine beiden Schwäger.

die **Schwä|ge|rin** ['ʃvɛ:gərɪn], der Schwägerin, die Schwägerinnen:
Ehefrau des Bruders; Schwester des Ehemanns, der Ehefrau: Ich habe drei Schwägerinnen.

der **Schwamm** [ʃvam], des Schwamm[e]s, die Schwämme ['ʃvɛmə]:
weicher Gegenstand, den man vor allem zum Putzen und Reinigen benutzt: ein feuchter / nasser Schwamm · den Schwamm ausdrücken / ausspülen · die Tafel mit dem Schwamm abwischen / säubern / reinigen.

das *oder* der **Schwam|merl** ['ʃvamɐl], des Schwammerls, die Schwammerl[n] (bayrisch, österreichisch):
Pilz: Schwammerl[n] suchen / sammeln.

der **Schwan** [ʃva:n], des Schwan[e]s, die Schwäne ['ʃvɛ:nə]:
großer [weißer] Vogel mit einem sehr langen Hals, der z. B. auf Seen schwimmt: ein stolzer Schwan · Schwäne füttern.

schwan|ger ['ʃvaŋɐ]:
ein Kind in sich tragend: eine schwangere Frau · Sie ist im vierten Monat / mit ihrem ersten Kind / zum zweiten Mal schwanger.

die **Schwan|ger|schaft** ['ʃvaŋɐʃaft], der Schwangerschaft, die Schwangerschaften:
Zustand einer Frau, wenn sie ein Kind in sich trägt: eine leichte / komplizierte Schwangerschaft · eine Schwangerschaft unterbrechen / abbrechen.

der **Schwanz** [ʃvants], des Schwanzes, die Schwänze:
1. *(bei bestimmten Tieren) Verlängerung der Wirbelsäule, die meist schmal und beweglich ist:* ein langer Schwanz · der Schwanz eines Vogels / eines Elefanten · die Katze am Schwanz ziehen · Der Hund zog den Schwanz ein.
2. (derb) *Penis:* Er greift sich an den Schwanz.

schwän|zen ['ʃvɛntsn̩], schwänzt, schwänzte, hat geschwänzt:
am Unterricht o. Ä. nicht teilnehmen, weil man keine Lust hat: Er schwänzt schon lange den Unterricht / die Schule.

▸ **schwarz** [ʃvarts], schwärzer, am schwärzesten:
1. *in der dunkelsten Farbe:* eine schwarze Hose / Bluse / ein schwarzes Kleid · ein schwarz gemusterter / schwarz gestreifter Stoff · ein Kleidungsstück schwarz färben.
2. *sehr dunkel:* schwarzer Tee / Pfeffer / schwarzes Brot · den Kaffee schwarz *(ohne Milch)* trinken.
3. (umgangssprachlich) *schmutzig:* Deine Hände sind / Dein Hemd ist ja ganz schwarz.
4. (umgangssprachlich) *illegal:* ein schwarzes Konto · schwarze Geschäfte · Er hat das Handy schwarz gekauft.
5. *nicht gut, negativ:* Es war vielleicht der schwärzeste Tag in ihrem Leben.

schwat|zen ['ʃvatsn̩], schwatzt, schwatzte, hat geschwatzt (besonders norddeutsch):
1. *locker mit Bekannten reden:* Am Stammtisch wird immer viel geschwatzt.
2. *sich im Unterricht [leise] mit anderen unterhalten:* Wer schwatzt denn jetzt schon wieder?
3. (abwertend) *etwas erzählen, was man nicht erzählen sollte:* Da muss einer geschwatzt haben!

schwät|zen ['ʃvɛtsn̩] schwätzt, schwätzte, hat geschwätzt (besonders süddeutsch):
↑schwatzen.

schwe|ben ['ʃve:bn̩], schwebt, schwebte, hat geschwebt:
1. *sich in der Luft, im Wasser o. Ä. halten, ohne zu Boden zu fallen:* Der Ballon / Der Drachen schwebt in der Luft.
2. *unentschieden, noch nicht abgeschlossen sein:* Nach dem Unfall schwebte er lange in Lebensgefahr.

▸ **schwei|gen** ['ʃvaign̩], schweigt, schwieg, hat geschwiegen:
nicht [mehr] reden; nicht antworten; kein Wort sagen: lange / ratlos schweigen · Kannst du schweigen? · Die Rednerin schwieg einen Augenblick. · Er schweigt aus Angst.

▸ das **Schwein** [ʃvain], des Schwein[e]s, die Schweine:

1. *dickes [rosa] Haustier mit kurzen Beinen, dessen Fleisch man isst:* ein fettes / dickes Schwein · Das Schwein grunzt / quiekt. · Sie füttert die Schweine.
2. (derb; auch als Schimpfwort) *schmutziger Mensch:* Diese Schweine schmeißen ihre Abfälle einfach in die Gegend.
3. (derb; auch als Schimpfwort) *gemeine männliche Person:* Dieses Schwein hat mich schon wieder belogen!
4. * **Schwein haben** (umgangssprachlich): *Glück haben:* Da haben wir noch mal Schwein gehabt!

das **Schwei|ne|fleisch** [ˈʃvai̯nəflai̯ʃ], des Schweinefleisch[e]s:
Fleisch vom Schwein: Ich esse nicht gern Schweinefleisch.

der **Schweiß** [ʃvai̯s], des Schweißes:
Flüssigkeit, die besonders bei Hitze oder Anstrengung aus der Haut kommt [und riecht]: kalter Schweiß · in Schweiß kommen / geraten / gebadet sein · nach Schweiß riechen.

▸ die **Schweiz** [ʃvai̯ts], der Schweiz:
Staat im Zentrum Europas: die französische Schweiz · Sie kommt aus der Schweiz. · Im Urlaub fahren wir in die Schweiz.

▸ [1]**Schwei|zer** [ˈʃvai̯tsɐ]:
die Schweiz und ihre Bevölkerung betreffend: Schweizer Franken / Käse.

▸ der [2]**Schwei|zer** [ˈʃvai̯tsɐ], des Schweizers, die Schweizer, die **Schwei|ze|rin** [ˈʃvai̯tsərɪn], der Schweizerin, die Schweizerinnen:
Angehörige[r] des schweizerischen Volks: Sie ist Schweizerin. · Die Schweizer wählen ein neues Parlament.

schwei|ze|risch [ˈʃvai̯tsərɪʃ]:
so, dass es die Schweiz und ihre Bevölkerung betrifft: im schweizerischen Bern · die Schweizerische Eidgenossenschaft.

die **Schwel|lung** [ˈʃvɛlʊŋ], der Schwellung, die Schwellungen (Medizin):
Stelle am Körper, die dick geworden ist: eine starke Schwellung am Knie haben.

▸ **schwer** [ʃveːɐ̯], schwerer, am schwersten:
1. *so, dass es großes Gewicht hat, nicht leicht ist:* ein schwerer Koffer / Stein / Schrank · Du darfst nicht so schwer heben / tragen.
2. *so, dass es ein bestimmtes Gewicht hat:* Der Fisch war drei Kilo schwer.
3. *so, dass es den Körper, den Magen belastet:* schwere Speisen / Weine · Das Abendessen liegt mir schwer im Magen.
4. *groß, stark, heftig:* ein schwerer Unfall · ein schwer behindertes Kind · Das ist ein schwerer Vorwurf.
5. *schwierig, kompliziert:* Deutsch ist eine schwere Sprache. · Die Aufgabe / Das Thema war zu schwer für die Schüler. · Es fällt mir schwer, darüber zu reden.

schwer|fal|len [ˈʃveːɐ̯falən], fällt schwer, fiel schwer, ist schwergefallen:
für jemanden schwierig, kompliziert sein: Mathematik ist ihm schon immer schwergefallen. · Es fiel ihr schwer, den Fehler zuzugeben.

der **Schwer|punkt** [ˈʃveːɐ̯pʊŋkt], des Schwerpunkt[e]s, die Schwerpunkte:
das, was am wichtigsten ist: Der Schwerpunkt seiner Arbeit ist das Schreiben, er unterrichtet aber auch.

▸ die **Schwes|ter** [ˈʃvɛstɐ], der Schwester, die Schwestern:
1. *weibliche Person, die die gleichen Eltern hat wie man selbst oder die Person, über die man spricht:* meine kleine[re] / jüngere / große / größere / ältere Schwester · meine Schwester Clara · Wir sind Schwestern.
2. *Krankenschwester:* nach der Schwester rufen / klingeln · Schwester Anna hat Nachtdienst.

▸ die **Schwie|ger|el|tern** [ˈʃviːɡɐlɛltɐn] ⟨Plural⟩:
Eltern des Ehemanns oder der Ehefrau: Am Sonntag kommen meine Schwiegereltern zu Besuch.

▸ die **Schwie|ger|mut|ter** [ˈʃviːɡɐmʊtɐ], der Schwiegermutter, die Schwiegermütter [ˈʃviːɡɐmʏtɐ]:
Mutter des Ehemanns oder der Ehefrau: Ich habe eine wirklich nette Schwiegermutter.

▸ der **Schwie|ger|sohn** [ˈʃviːɡɐzoːn], des Schwiegersohn[e]s, die Schwiegersöhne [ˈʃviːɡɐzøːnə]:
Ehemann der Tochter: Wir haben drei sehr nette Schwiegersöhne.

▸ die **Schwie|ger|toch|ter** [ˈʃviːɡɐtɔxtɐ], der Schwiegertochter, die Schwiegertöchter [ˈʃviːɡɐtœçtɐ]:
Ehefrau des Sohnes: Das ist meine zukünftige Schwiegertochter.

▸ der **Schwie|ger|va|ter** [ˈʃviːɡɐfaːtɐ], des Schwiegervaters, die Schwiegerväter [ˈʃviːɡɐfɛːtɐ]:
Vater des Ehemanns oder der Ehefrau: Mein Schwiegervater hat uns beim Hausbau geholfen.

schwie|rig [ˈʃviːrɪç], schwieriger, am schwierigsten:
nicht einfach; kompliziert: eine schwierige Aufgabe / Arbeit / Frage · Es ist schwierig, mit ihm zusammenzuarbeiten.

die **Schwie|rig|keit** [ˈʃviːrɪçkai̯t], der Schwierigkeit, die Schwierigkeiten:
1. *etwas, was für jemanden kompliziert, schwierig ist; Problem:* große / beträchtliche Schwierigkeiten · Schwierigkeiten machen / bereiten · Bei diesem Projekt sind sie in große Schwierigkeiten gekommen / geraten.
2. ⟨meist Plural⟩ *etwas, was für jemanden nicht angenehm ist, Ärger oder Sorgen bereitet:* in finanziellen / privaten Schwierigkeiten sein / stecken · Er macht immer wieder Schwierigkeiten.

das **Schwimm|bad** [ˈʃvɪmbaːt], des Schwimmbades, die Schwimmbäder [ˈʃvɪmbɛːdɐ]:
Anlage, in der man schwimmen kann: Kommst du heute Nachmittag mit ins Schwimmbad?

schwim|men [ˈʃvɪmən], schwimmt, schwamm, geschwommen:
1. ⟨hat / ist⟩ *sich im Wasser durch bestimmte Bewegungen von der Stelle bewegen:* Das Kind kann noch nicht schwimmen. · Ich habe früh schwimmen gelernt. · Sie schwimmt am liebsten auf dem Rücken / auf dem Bauch.
2. ⟨ist⟩ *sich an einen bestimmten Punkt bewegen, indem man schwimmt:* Ich bin bis ans andere Ufer / über den ganzen See geschwommen.
3. ⟨hat⟩ *auf, in einer Flüssigkeit treiben:* Holz schwimmt. · Auf der Milch schwimmt eine Haut.

der **Schwin|del** [ˈʃvɪndl̩], des Schwindels:
1. *Zustand, in dem man glaubt, alles würde sich drehen:* ein leichter / plötzlicher Schwindel · Sie leidet zeitweise an / unter Schwindel.
2. (umgangssprachlich) *Betrug:* Alles Schwindel! · Er ist auf den Schwindel reingefallen.

schwin|deln [ˈʃvɪndl̩n], schwindelt, schwindelte, hat geschwindelt (umgangssprachlich):
nicht die [ganze] Wahrheit sagen; lügen: Kinder schwindeln oft ein bisschen.

schwind|lig [ˈʃvɪndlɪç], schwindliger, am schwindligsten:
mit dem Gefühl, alles drehe sich: Ich werde / mir ist ganz schwindlig.

▸ **schwit|zen** [ˈʃvɪt͜sn̩], schwitzt, schwitzte, hat geschwitzt:
Schweiß produzieren: leicht / stark schwitzen · Sie schwitzte vor Aufregung / vor Anstrengung. · Er schwitzt über den Prüfungsaufgaben.

schwö|ren [ˈʃvøːrən], schwört, schwor, hat geschworen:
1. *einen Eid leisten:* feierlich / öffentlich / vor Gericht schwören · auf die Verfassung schwören.
2. *mit einem Eid versichern:* einen [feierlichen / falschen] Eid schwören · Ich hätte schwören können (umgangssprachlich; *war fest davon überzeugt*), dass heute Donnerstag ist.
3. *feierlich versichern:* Sie schworen sich ewige Treue.

schwul [ʃvuːl]:
(besonders von Männern) homosexuell: schwule Männer / Freunde · Er ist schwul.

schwül [ʃvyːl], schwüler, am schwülsten:
heiß und feucht: ein schwüler Tag · eine schwüle Hitze · Es ist heute furchtbar schwül.

der **Schwung** [ˈʃvʊŋ], des Schwung[e]s, die Schwünge [ˈʃvʏŋə]:
1. *Bewegung mit viel Kraft, bei der ein Bogen beschrieben wird:* ein Rad / eine Schaukel in Schwung setzen / in Schwung halten · einen Schwung nach rechts machen.
2. ⟨ohne Plural⟩ *Kraft einer Person, einer Sache, die Motivation für andere ist:* Ihr Schwung ist unglaublich. · Die Rede des Chefs war ohne jeden Schwung.

▸ **sechs** [zɛks] (als Ziffer: 6):
die Zahl 6: sechs Eier · mit der Linie sechs fahren · Das kostet sechs Euro. · Mit sechs [Jahren] kommt man in die Schule. · Wir treffen uns um sechs [Uhr] bei mir.

▸ **sech|zig** [ˈzɛçt͜sɪç] (in Ziffern: 60):
die Zahl 60: sechzig Schülerinnen und Schüler · Er wird demnächst sechzig [Jahre alt].

▸ der **[1]See** [zeː], des Sees, die Seen [ˈzeːən]:
größere Fläche mit Wasser, das steht: ein großer / kleiner / tiefer / flacher See · auf einem See segeln · ein Haus am See · im See schwimmen / baden.

▸ die **[2]See** [zeː], der See:
Meer: eine ruhige / tobende See · Die See ist heute sehr stürmisch. · Sie sind im Urlaub an die See gefahren.

die **See|le** [ˈzeːlə], der Seele, die Seelen:
1. *Teil des Menschen, der [in religiöser*

S

Vorstellung] nicht sterben kann: die unsterbliche Seele · die Seelen der Toten.
2. *alles, was das Fühlen und Denken eines Menschen ausmacht:* die menschliche Seele · sich in tiefster Seele verletzt fühlen · Der Kummer lag ihm schwer auf der Seele.

das **Se|gel** [ˈzeːgl̩], des Segels, die Segel:
großes, starkes Tuch an einem Boot, mit dem man den Wind nutzt, um das Boot vorwärts zu treiben: weiße / bunte Segel · die Segel setzen / einziehen.

das **Se|gel|boot** [ˈzeːgl̩boːt], des Segelboot[e]s, die Segelboote:
Boot, das sich mithilfe von Segeln fortbewegt: Bei dem Sturm kenterte das Segelboot.

se|geln [ˈzeːgl̩n], segelt, segelte, ist / hat gesegelt:
mithilfe eines Segels fahren: Das Schiff segelt schnell / gut / schlecht. · Das Boot segelt schnell / langsam [aus dem Hafen]. · Wir wollen im Sommer auf dem Mittelmeer segeln.

▸ **se|hen** [ˈzeːən], sieht, sah, hat gesehen:
1. *mit dem Auge erfassen:* gut / schlecht / scharf / weit sehen · Ich kann ohne Brille nicht mehr sehen.
2. *sich ansehen:* ein Spiel / einen Film / eine Komödie sehen · Er möchte noch viel von der Welt sehen.
3. *beurteilen, einschätzen:* Ich sehe das anders als du. · Sie sieht die Dinge, wie sie sind.
4. *auf einen bestimmten Punkt blicken:* auf die Uhr / aus dem Fenster sehen · Er sieht ihr tief in die Augen.
5. *bemerken, feststellen:* Hast du das gesehen? · Der Arzt sah, dass er nicht mehr helfen konnte. · Ich sehe schon, aus der Reise wird nichts.
6. *sich um jemanden, etwas kümmern:* nach den Kindern / dem Hund / der Freundin sehen · Sieh bitte mal nach den Kartoffeln auf dem Herd!
7. * **siehe ...:** verweist auf eine bestimmte Stelle / Seite: siehe oben / unten / Seite 77.

▸ die **Se|hens|wür|dig|keit** [ˈzeːənsvʏrdɪçkai̯t], der Sehenswürdigkeit, die Sehenswürdigkeiten:
etwas, was von vielen betrachtet, angeschaut wird [und berühmt ist] (z. B. ein Bauwerk, Kunstwerk): die Sehenswürdigkeiten von London / Paris / Moskau · Das Schloss ist die größte Sehenswürdigkeit in / von Heidelberg.

die **Seh|ne** [ˈzeːnə], der Sehne, die Sehnen:
Verbindung zwischen Muskel und Knochen: straffe / schlaffe Sehnen · Die Sehne am Fuß ist gezerrt / entzündet.

seh|nen [ˈzeːnən] ⟨+ sich⟩, sehnt sich, sehnte sich, hat sich gesehnt:
starkes Verlangen nach jemandem, etwas haben: sich nach Ruhe / Frieden / Liebe sehnen · Ich sehne mich danach, dich wiederzusehen.

die **Sehn|sucht** [ˈzeːnzʊxt], der Sehnsucht:
das [intensive] Verlangen nach jemandem, etwas: eine heimliche / brennende Sehnsucht · Ich habe Sehnsucht nach ihm.

▸ **sehr** [zeːɐ̯]:
in hohem Maße: ein sehr schönes / altes / hohes Haus · Wir waren sehr glücklich / traurig / müde. · Ich habe mich sehr gefreut. · Danke sehr!

die **Sei|de** [ˈzai̯də], der Seide, die Seiden:
1. *sehr feine, dünne Fäden, die ein bestimmter Schmetterling spinnt:* chinesische Seide · Garne / Stoffe aus [echter / reiner] Seide.
2. *Stoff aus Seide:* Die Bluse ist aus [echter / reiner] Seide. · Die Seide rauscht / knistert.

▸ die **Sei|fe** [ˈzai̯fə], der Seife, die Seifen:
feste oder flüssige Substanz, mit der man sich wäscht: eine milde / feine / flüssige Seife · Die Seife schäumt / duftet stark. · Du sollst dir die Hände gründlich mit Seife waschen.

das **Seil** [zai̯l], des Seil[e]s, die Seile:
sehr starke, dicke Schnur: ein langes / kurzes / dickes / dünnes Seil · Das Seil ist gerissen. · Die Kinder springen / hüpfen über das Seil.

▸ **¹sein** [zai̯n], ist, war, ist gewesen:
1. verbindet eine Person oder Sache mit einer Eigenschaft: Sie ist schön / jung / lustig / glücklich. · Mir ist kalt / warm / schlecht. · Das Haus war leer / zu groß für eine Familie. · Die Sache ist jetzt erledigt. · Das Licht ist noch an. · Der Text ist schwer zu verstehen.
2. verbindet eine Person oder Sache mit einer Funktion: Er ist Student / Engländer / Polizist. · Ein Hammer ist ein Werkzeug.
3. verbindet eine Person oder Sache mit einem Ort: Wir sind in Spanien / auf einer Insel / in der Nähe von Berlin. · Der Wein ist aus Frankreich.
4. wird bei der Angabe eines Datums, einer Uhrzeit gebraucht: Es war schon drei Uhr. · Heute ist der 5. September.

5. bildet mit dem 2. Partizip die Zeiten des Perfekts: er / sie / es ist gekommen · Wir waren schon nach Hause gegangen.

²sein [zain]:
seiner, seine, sein[e]s; drückt aus, dass jemand/ etwas [zu] einer Person oder Sache (Maskulinum oder Neutrum, 3. Person Singular) gehört: sein Stift / Buch / Haus · seine Brille · seine Eltern · Das Bild dort ist seins.

seit [zait]:
1. ⟨mit Dativ⟩ *von einem bestimmten Zeitpunkt, Ereignis an:* Seit vier Uhr / zwei Stunden warte ich auf dich. · Sie ist schon seit drei Wochen krank. · Ich lebe seit Kurzem wieder in Berlin.
2. *genauso lange wie:* Seit ich ihn kenne, bin ich mit ihm befreundet.
3. *von dem Zeitpunkt an, als:* Seit sie schwanger ist, trinkt sie keinen Alkohol mehr.

seit|dem [zait'de:m]:
1. *seit damals; von jenem Augenblick an:* Nichts hat sich seitdem hier geändert.
2. *seit:* Seitdem ich das weiß, traue ich ihm nicht mehr.

die **Sei|te** ['zaitə], der Seite, die Seiten:
1. *Fläche, Linie o. Ä., die ganz außen an einem Bereich, einem Körper ist und eine Grenze bildet:* die linke / rechte / vordere / hintere Seite · An beiden Seiten des Hauses stehen Bäume.
2. *eine der beiden Flächen eines flachen Gegenstandes oder eines Blattes [Papier]:* beide Seiten des Geldscheins prüfen · Bitte schlagen Sie Seite 50 auf.
3. *eine von mehreren Richtungen, die möglich sind:* Er wird von dieser Seite kommen. · Lass uns auf die andere Seite gehen.
4. *Eigenschaft [des Charakters]:* ganz neue Seiten an jemandem entdecken · Du musst auch mal die guten Seiten an ihr sehen.
5. *Partei in einem Konflikt:* Beide Seiten müssen aufeinander zugehen. · Ich stehe auf deiner Seite.

seit|her [zait'he:ɐ̯]:
seitdem: Ich habe sie Weihnachten gesehen, seither haben wir keinen Kontakt.

seit|lich ['zaitlɪç]:
1. *an, auf der Seite:* Die seitliche Grenze bildet ein schmaler Weg. · Der Eingang ist seitlich.
2. *nach der, zur Seite hin [gewendet]:* Der Knochen hat sich bei dem Bruch seitlich verschoben.
3. ⟨mit Genitiv⟩ *an der Seite von:* Seitlich des Hauses steht eine große Tanne.

▸ der **Se|kre|tär** [zekre'tɛ:ɐ̯], des Sekretärs, die Sekretäre:
1. *männliche Person, die einer anderen bei der Korrespondenz und Organisation der Arbeit hilft:* Er beschäftigt einen eigenen Sekretär.
2. *kleiner Schrank, an dem man schreiben kann:* ein antiker Sekretär · Ihr Laptop liegt auf dem Sekretär.

das **Se|kre|ta|ri|at** [zekreta'ri̯a:t], des Sekretariats, die Sekretariate:
Abteilung, in der organisatorische Aufgaben erledigt, Briefe geschrieben, Termine vereinbart werden: Diese Aufgaben übernimmt das Sekretariat. · Bitte vereinbaren Sie im / mit dem Sekretariat einen Termin.

▸ die **Se|kre|tä|rin** [zekre'tɛ:rɪn], der Sekretärin, die Sekretärinnen:
Angestellte, die für eine leitende Persönlichkeit die Korrespondenz macht, organisatorische Aufgaben erledigt o. Ä.: Ihre Sekretärin hat mich wegen des Termins angerufen.

der **Sekt** [zɛkt], des Sektes, die Sekte:
Getränk, das aus Wein hergestellt wird und sprudelt: deutscher / spanischer / russischer Sekt · Drei Glas / Gläser Sekt, bitte! · Darf ich Ihnen einen Sekt / ein Glas Sekt anbieten?

▸ die **Se|kun|de** [ze'kʊndə], der Sekunde, die Sekunden:
1. *60. Teil einer Minute (als Einheit für die Bestimmung der Zeit):* Er braucht für die 100-Meter-Strecke knapp 10 Sekunden. · Es ist auf die Sekunde genau 12 Uhr.
2. (umgangssprachlich) *Augenblick; Moment:* Ich bin gleich da, eine Sekunde bitte! · Kannst du mir bitte mal helfen, es dauert nur eine Sekunde?

▸ **selbst** [zɛlpst]:
persönlich, kein anderer: Ich erledige das selbst. · Sie selbst war nicht eingeladen.

selbst|be|wusst ['zɛlpstbəvʊst], selbstbewusster, am selbstbewusstesten:
von den eigenen Fähigkeiten überzeugt: eine selbstbewusste junge Frau.

der **Selbst|mord** ['zɛlpstmɔrt], des Selbstmord[e]s, die Selbstmorde:
das vorsätzliche Töten der eigenen Person: Sie hat mit Selbstmord gedroht.

▸ **selbst|stän|dig** ['zɛlpstʃtɛndɪç]:

S

1. ⟨selbstständiger, am selbstständigsten⟩ *ohne Hilfe von anderen:* selbstständig arbeiten / lernen.
2. *nicht angestellt, mit eigener Firma:* Er will sich als Bäcker selbstständig machen.

▶ **selbst|ver|ständ|lich** ['zɛlpstfɛɐ̯ʃtɛntlɪç]: *so, dass keine Erklärung oder Frage nötig ist:* Selbstverständlich komme ich mit / helfen wir dir.

▶ **sel|ten** ['zɛltn̩], seltener, am seltensten: *nicht oft, nur in kleiner Zahl vorkommend:* seltene Briefmarken / Tiere / Pflanzen · Wir haben uns nur selten gesehen.

▶ **selt|sam** ['zɛltza:m], seltsamer, am seltsamsten: *nicht üblich und deshalb schwer zu verstehen:* eine seltsame Geschichte · Sie hat sich sehr seltsam verhalten.

▶ das **Se|mes|ter** [ze'mɛstɐ], des Semesters, die Semester: *halbes Jahr mit Seminaren und Vorlesungen an der Universität:* ein Student im dritten Semester · Sie hat zehn Semester Chemie studiert. · Das neue Semester beginnt im April.

▶ das **Se|mi|nar** [zemi'na:ɐ̯], des Seminars, die Seminare:
1. *Institut für einen bestimmten Bereich an einer Universität:* das mathematische / philosophische Seminar · Sie ist Assistentin am Deutschen Seminar.
2. *Unterricht an der Universität, an dem sich die Teilnehmer mit Vorträgen o. Ä. beteiligen:* ein interessantes / spannendes / langweiliges Seminar · ein Seminar besuchen / leiten · an einem Seminar über die Geschichte Spaniens teilnehmen.

▶ die **Sem|mel** ['zɛml̩], der Semmel, die Semmeln (landschaftlich): *Brötchen:* frische / knusprige / noch warme Semmeln · eine Semmel mit Butter und Schinken; * **weggehen wie warme Semmeln:** *sich gut verkaufen:* Die Eintrittskarten gingen weg wie warme Semmeln.

▶ **sen|den** ['zɛndn̩]:
1. ⟨sendet, sandte / sendete, hat gesandt / gesendet⟩: *schicken, an einen Ort bringen lassen:* einen Brief / ein Paket / Blumen senden · Ich sende Ihnen meine besten Grüße.
2. ⟨sendet, sandte / sendete, hat gesandt / gesendet⟩: *eine Person an einen Ort gehen, fahren lassen:* einen Boten / Arzt senden · Sie wurde als Botschafterin nach Italien gesandt.
3. ⟨sendet, sendete, hat gesendet⟩: *über Radios und Fernseher verbreiten:* ein Programm für Kinder senden · Im Fernsehen werden jeden Tag Nachrichten gesendet.

▶ der **Sen|der** ['zɛndɐ], des Senders, die Sender: *Einrichtung, die Programme für den Rundfunk und das Fernsehen produziert und sendet:* ein privater Sender · Dieser Sender bringt fast nur Filme und Fußball.

▶ die **Sen|dung** ['zɛndʊŋ], der Sendung, die Sendungen:
1. *gesandte Waren:* Die Sendung ist mit der Post gekommen.
2. *durch Rundfunk oder Fernsehen gesendetes Programm:* eine Sendung über die Eisbären · Die Sendung wird in der nächsten Woche wiederholt.

der **Senf** [zɛnf], des Senfs: *gelbe Masse zum Würzen, die scharf schmeckt:* eine Wurst mit Senf essen.

▶ der **Se|ni|or** ['ze:ni̯o:ɐ̯], des Seniors, die Senioren [ze'ni̯o:rən], die **Se|ni|o|rin** [ze'ni̯o:rɪn], der Seniorin, die Seniorinnen: *älterer Mensch:* spezielle Angebote für Seniorinnen und Senioren.

sen|ken ['zɛŋkn̩], senkt, senkte, hat gesenkt:
1. *nach unten bewegen:* den Kopf / den Blick senken.
2. *niedriger werden lassen:* die Preise für Lebensmittel senken · Die Banken haben die Zinsen gesenkt.

▶ **senk|recht** ['zɛŋkrɛçt] *gerade von oben nach unten oder von unten nach oben:* eine senkrechte Linie / Fläche · Der Rauch stieg fast senkrecht nach oben.

die **Sen|sa|ti|on** [zɛnza'tsi̯o:n], der Sensation, die Sensationen: *aufregendes Ereignis, große Überraschung:* Der große Erfolg unserer Sportlerinnen und Sportler bei der Olympiade war eine Sensation.

▶ der **Sep|tem|ber** [zɛp'tɛmbɐ], des September[s]: *neunter Monat im Jahr:* Im September beginnt die Schule wieder.

▶ die **Se|rie** ['ze:ri̯ə], der Serie, die Serien:
1. *Sendung aus mehreren Teilen:* Das Fernsehen zeigt ab heute eine neue Serie über das Leben im Urwald.
2. *Reihe von Ereignissen:* eine Serie von Unfällen / Morden / Siegen.

se|ri|ös [ze'ri̯øːs], seriöser, am seriösesten: *Vertrauen verdienend:* eine seriöse Firma · ein seriöser Geschäftsmann · Wir suchen eine seriöse Beratung.

der **Ser|vice** ['zøːɐ̯vɪs], des Service:
1. *Bedienung, Beratung der Kunden oder Gäste:* ein freundlicher / schneller Service. · Die Firma bietet einen guten Service.
2. *Firma oder Abteilung, die für Bedienung und Beratung der Kunden zuständig ist:* Unserer Service wird sich sofort um Ihr Problem kümmern.

die **Ser|viet|te** [zɛr'vi̯ɛtə], der Serviette, die Servietten:
Tuch oder Papier, mit dem man sich den Mund wischt: Die Servietten lagen auf den Tellern.

der **Ses|sel** ['zɛsl̩], des Sessels, die Sessel: *bequemes Möbel [mit Polstern] zum Sitzen:* Neben der Couch standen zwei Sessel. Sie saß auf dem Sessel und las Zeitung.

set|zen ['zɛtsn̩], setzt, setzte, hat gesetzt:
1. ⟨+ sich⟩ *sich vom Stehen zum Sitzen bewegen:* sich auf den Boden / auf einen Stuhl / an den Tisch setzen · Setzen Sie sich bitte!
2. *an einen bestimmten Platz tun:* einen Topf auf den Herd setzen.
3. *bei einer Wette riskieren:* zehn Euro auf den Sieg eines Pferdes setzen.

seuf|zen ['zɔyftsn̩], seufzt, seufzte, hat geseufzt:
[kurz] laut atmen und damit zeigen, dass man Sorgen hat: Sie seufzte, als sie an die noch nicht bezahlten Rechnungen dachte..

der **Sex** [zɛks], des Sex[es]:
1. *Gefühle und Handlungen, die körperliche Lust erzeugen:* Das Publikum im Kino interessiert sich sehr für Sex und Gewalt.
2. *sexuelle Betätigung:* guter / wilder / zärtlicher Sex · mit jemandem Sex haben / machen.

se|xu|ell [zɛ'ksu̯ɛl]:
den Sex betreffend: Kinder müssen sexuell aufgeklärt werden.

das **Sham|poo** ['ʃampu], des Shampoos, die Shampoos:
flüssiges Mittel zum Waschen der Haare: Sie braucht für ihre Haare ein mildes Shampoo.

die **Show** [ʃoː], der Show, die Shows:
Sendung im Fernsehen, Vorstellung mit einem Programm, das unterhalten soll: Heute Abend bringt das Fernsehen eine neue Show.

▶ **sich** [zɪç]:
bildet reflexive Verben oder weist auf das Subjekt des Satzes hin: sich schämen · sich freuen · Sie hat sich den Arm gebrochen.

▶ **si|cher** ['zɪçɐ], sicherer, am sichersten:
1. *nicht in Gefahr, nicht gefährdet:* ein sicheres Versteck · sicher nach Hause kommen
2. *zuverlässig:* ein sicheres Zeichen / Urteil.
3. ⟨ohne Steigerung⟩ *bestimmt:* Ihr habt sicher Hunger nach der langen Reise. · Das ist sicher falsch / richtig.

▶ die **Si|cher|heit** ['zɪçɐhai̯t], der Sicherheit:
1. *Zustand, in dem eine Person oder Sache sicher ist:* Die Kinder sind jetzt alle in Sicherheit.
2. *sicheres Wissen:* Ich kann mit Sicherheit sagen, dass sie nicht krank ist.

si|cher|lich ['zɪçɐlɪç]:
sicher, bestimmt: Du bist sicherlich müde. · Das Wetter wird morgen sicherlich besser sein.

▶ **si|chern** ['zɪçɐn], sichert, sicherte, hat gesichert:
sicher machen: die Tür mit einem Schloss sichern · ein Dokument / die Daten im Computer sichern.

die **Si|che|rung** ['zɪçərʊŋ], der Sicherung, die Sicherungen:
1. ⟨ohne Plural⟩ *Schutz:* die Sicherung eines Transports.
2. *Gerät, das bei zu starkem elektrischem Strom die Leitung unterbricht:* eine neue Sicherung einsetzen.

die **Sicht** [zɪçt], der Sicht:
1. *Möglichkeit, weit zu sehen:* nur bei guter Sicht fahren / fliegen · Wir hatten auf den Bergen meistens schlechte Sicht.
2. *Art, wie man etwas beurteilt:* Aus meiner Sicht war das ein Fehler.

▶ **sicht|bar** ['zɪçtbaːɐ̯]:
deutlich, gut zu sehen: sichtbare Schäden / Erfolge / Fortschritte.

▶ **sie** [ziː]:
bezeichnet eine weibliche Person, Sache oder ein weibliches Tier: Sie ist meine beste Freundin. · Wo ist denn die Katze, ist sie draußen? · Das ist eine schöne Vase; aber sie ist leider kaputt.

das **Sieb** [ziːp], des Sieb[e]s, die Siebe:
Gerät mit vielen kleinen Löchern, mit dem feste von flüssigen oder feine von groben Materialien getrennt werden:

siezen

Im Deutschen wird bei der gesprochenen und geschriebenen Anrede zwischen dem förmlichen *Sie* und dem eher vertrauten *Du* unterschieden. Die Anrede mit *Sie* (verbunden mit *Herr* … oder *Frau* …) ist unter nicht miteinander verwandten oder befreundeten Erwachsenen üblich, also vor allem am Arbeitsplatz oder wenn man mit Leuten zu tun hat, die einem fremd sind. Wenn man einer fremden Person vorgestellt wird und diese sofort mit *du* anspricht, so mag das auf manche »cool« wirken, die Mehrheit der so angesprochenen Personen wird aber überrascht reagieren oder das Duzen sogar als unhöflich empfinden. *Du* sagt man in der Familie (Eltern, Kinder, Geschwister, Tanten, Onkel etc.), unter Freunden und manchmal auch am Arbeitsplatz, wenn man sich mit den Kollegen gut versteht und die Kollegen mit dem *Du* einverstanden sind. Jüngere Menschen (Schüler, Studenten etc.) sprechen sich untereinander immer automatisch mit *Du* an. Eine Person, die man duzt, spricht man mit dem Vornamen an. Wenn man Menschen eine längere Zeit gesiezt hat und man sich gut versteht, kann eine(r) von den beiden anbieten, dass man sich ab sofort duzt. Normalerweise muss die ältere oder in der Position höher stehende Person der anderen das *Du* anbieten.

Tee durch ein Sieb gießen · Mehl durch ein Sieb schütteln

▶ **sie|ben** [ˈziːbn̩] (als Ziffer: 7):
die Zahl 7: auf Seite sieben im Buch · Sie ist heute sieben [Jahre alt] geworden. · Die Nachrichten beginnen um sieben [Uhr].

▶ **sieb|zig** [ˈziːpt͜sɪç] (in Ziffern: 70):
die Zahl 70: siebzig Personen · Sie ist schon siebzig [Jahre alt].

die **Sied|lung** [ˈziːdlʊŋ], der Siedlung, die Siedlungen:
Ort mit mehreren Häusern, in denen Menschen wohnen: eine Siedlung am Rande der Stadt · In der Siedlung leben viele Künstlerinnen und Künstler.

▶ der **Sieg** [ziːk], des Sieg[e]s, die Siege:
Erfolg bei einem Kampf oder Wettbewerb: einen Sieg im Fußball feiern · Wir freuen uns über den Sieg unserer Partei bei der Wahl.

▶ **sie|gen** [ˈziːgn̩], siegt, siegte, hat gesiegt:
Sieger oder Siegerin werden: Wir haben über einen schweren Gegner gesiegt. · Die Partei der Regierung hat bei der Wahl gesiegt.

▶ der **Sie|ger** [ˈziːgɐ], des Siegers, die Sieger, die **Sie|ge|rin** [ˈziːgərɪn], der Siegerin, die Siegerinnen:
Person, die einen Kampf oder Wettbewerb gewonnen hat: Die Siegerin hat einen Pokal gewonnen. · Dem Sieger gelang ein neuer Rekord.

▶ **sie|zen** [ˈziːt͜sn̩], siezt, siezte, hat gesiezt:
zu jemandem Sie sagen: Wir kennen uns schon lange, aber siezen uns noch.

das **Si|gnal** [zɪˈgnaːl], des Signals, die Signale:
Zeichen mit einer bestimmten Bedeutung: Oft warnt ein rotes Signal vor einer Gefahr. · Der Zug muss halten, weil das Signal keine freie Fahrt anzeigt.

das **Sil|ber** [ˈzɪlbɐ], des Silbers:
wertvolles Metall, das weiß glänzt: Der Becher ist aus Silber. Das Silber *(das Besteck aus Silber)* muss geputzt werden.

▶ **Sil|ves|ter** [zɪlˈvɛstɐ]:
letzter Tag im Jahr; 31. Dezember: Silvester feiern · Wir sind an / zu Silvester bei Freunden eingeladen.

die **Sin|fo|nie** [zɪnfoˈniː], der Sinfonie, die Sinfonien [zɪnfoˈniːən]:
für Orchester komponiertes Werk: eine Sinfonie aufführen / proben · Bei dem Konzert wurden Stücke aus bekannten Sinfonien gespielt.

▶ **sin|gen** [ˈzɪŋən], singt, sang, hat gesungen:
mit der Stimme eine Melodie [mit Worten] hören lassen: ein Lied singen · Sie hat im Chor / in einer Oper gesungen.

▶ **sin|ken** [ˈzɪŋkn̩], sinkt, sank, ist gesunken:
1. *sich langsam nach unten bewegen:* Ein Schiff ist im Sturm gesunken. · Sie sank bewusstlos zu Boden.
2. *langsam niedriger werden:* Das Fieber ist gesunken. · Im Winter sinken die Temperaturen. · Die Preise für Obst sind gesunken.

▶ der **Sinn** [zɪn], des Sinn[e]s, die Sinne:
1. ⟨ohne Plural⟩ *Bedeutung, Zweck, Ziel:* Der Sinn des Satzes war nicht klar. · Was ist denn der Sinn der ganzen Aktion? · Das hat doch wirklich keinen Sinn!
2. *Organ, mit dem man sehen, hören, riechen, schmecken oder fühlen kann:* Viele Tiere haben schärfere Sinne als der Mensch.

Silvester

Eine Woche nach dem Heiligen Abend, am 31.12., feiert man in Deutschland wie in allen Ländern, die der westlichen Zeitrechnung folgen, den Jahreswechsel hin zum 1.1. des neuen Jahres. Diese letzte Nacht des Jahres wird mit Partys im Familien- und/oder Freundeskreis gefeiert. Um Mitternacht trinkt man gemeinsam Sekt und wünscht sich gegenseitig »Ein gutes neues Jahr«. Danach gehen viele Menschen aus ihren Häusern und veranstalten draußen ein kleines Silvester-Feuerwerk mit Raketen und Wunderkerzen. Ein weiterer Silvesterbrauch ist das Bleigießen, bei dem Blei [= ein Metall] geschmolzen und flüssig in eine Schüssel mit kaltem Wasser gegossen wird. Die zufällig entstandene Form soll etwas über die Zukunft vorhersagen. Ein etwas modernerer Brauch ist es, mindestens einmal am Silvesterabend die TV-Sendung »Dinner for one« zu schauen, die auf allen TV-Programmen zu unterschiedlichen Uhrzeiten gesendet wird. Im Stil eines Stummfilmes wird der 90. Geburtstag einer alten Dame auf sehr lustige Weise dargestellt. Besonders komisch ist dabei die Figur des Butlers, dem oft Missgeschicke passieren. Freunden oder Bekannten, die man, etwa beim Einkaufen oder auf der Straße, bereits im Laufe des Tages oder sogar kurz vor dem Silvestertag trifft, wünscht man »Einen guten Rutsch!«. Damit wünscht man den anderen einen schönen Silvesterabend und alles Gute für das neue Jahr. Während der Tage nach dem 1. Januar ist es am Arbeitsplatz und anderswo üblich, Menschen, die man zum ersten Mal seit dem Jahreswechsel sieht, »Ein gutes/frohes neues Jahr!« oder »(Ein) gutes/ frohes Neues!« zu wünschen.

sinn|los [ˈzɪnloːs], sinnloser, am sinnlosesten:
ohne Sinn: sinnlose Bemühungen · Es ist sinnlos, mit ihm über dieses Thema zu diskutieren.

sinn|voll [ˈzɪnfɔl], sinnvoller, am sinnvollsten:
vernünftig: eine sinnvolle Aufgabe · sich sinnvoll beschäftigen · Ist es sinnvoll, so viel Geld für ein Auto auszugeben?

die **Sit|te** [ˈzɪtə], der Sitte, die Sitten:
Gewohnheit, die in einer Gemeinschaft als Regel gilt: die Sitten eines Volkes studieren · Sein Verhalten verstößt gegen die guten Sitten.

die **Si|tu|a|ti|on** [zitu̯aˈt͡si̯oːn], der Situation, die Situationen:
Verhältnisse, Umstände, in denen eine Person sich befindet: eine neue / gefährliche / schwierige Situation · Seine finanzielle Situation hat sich gebessert.

der **Sitz** [zɪt͡s], des Sitzes, die Sitze:
1. *Fläche, auf der man sitzt:* der Sitz eines Stuhls / einer Bank · Alle Zuschauer erhoben sich von ihren Sitzen.
2. *Ort, an dem eine Firma, eine Organisation sich befindet:* Die Regierung hat ihren Sitz in der Hauptstadt.

sit|zen [ˈzɪt͡sn̩], sitzt, saß, hat gesessen ⟨süddeutsch, österreichisch, schweizerisch: ist⟩:
1. *sich [auf einen Sitz] gesetzt haben:* auf einem Stuhl / auf dem Sofa / im Auto sitzen · Sitzen Sie bequem?
2. (umgangssprachlich) *sich an einem Ort, in einer Situation befinden:* Er sitzt im Gefängnis. · Sie ist in der Schule sitzen geblieben *(nicht in die nächste Klasse gekommen).*
3. *gut passen:* Sein Anzug sitzt sehr gut.

die **Sit|zung** [ˈzɪt͡sʊŋ], der Sitzung, die Sitzungen:
Versammlung, bei der über etwas beraten wird, etwas beschlossen wird: eine wichtige / öffentliche / geheime Sitzung · Die Sitzung muss leider auf nächste Woche verschoben werden.

der **Skan|dal** [skanˈdaːl], des Skandals, die Skandale:
Ereignis, über das sich viele Menschen empören: Es ist ein Skandal, dass sich hohe Beamte der Regierung haben bestechen lassen.

der **Skat** [skaːt], des Skat[e]s:
ein Spiel mit Karten für drei Personen: Skat spielen.

das **Ske|lett** [skeˈlɛt], des Skelett[e]s, die Skelette:
nur noch aus Knochen bestehender Körper: das Skelett eines Menschen / einer Katze · Sie war so mager wie ein Skelett.

skep|tisch [ˈskɛptɪʃ], skeptischer, am skeptischsten:
kritisch, zweifelnd: eine skeptische Beurteilung / Einschätzung · Ich bin skeptisch, was das Wetter betrifft.

▶ der **Ski** [ʃiː], des Skis, die Skier:
langes, schmales Brett, das man am Schuh befestigt und mit dem man über den Schnee gleiten kann: Ski fahren / laufen.

die **Skiz|ze** [ˈskɪt͡sə], der Skizze, die Skizzen:
einfache, nicht ganz genaue Zeichnung, die nur das Wichtigste zeigt: Die Architektin machte eine erste Skizze für den Plan des neuen Gebäudes.

die **Skulp|tur** [skʊlpˈtuːɐ̯], der Skulptur, die Skulpturen:
künstlerische Figur aus Holz, Stein oder Metall: Im Park stehen einige Skulpturen von modernen Künstlern.

der **Slip** [slɪp], des Slips, die Slips:
kurze Unterhose: Er trägt nur weiße Slips.

▶ **so** [zoː]:
1. *in dieser Weise, Art:* Genau so hat sie sich das gewünscht. · So kannst du das nicht sagen. · So ist es mir auch recht. · So macht man das!
2. *in solchem Maße:* Ich bin so müde, dass ich gleich einschlafe. · So schwer ist der Koffer nicht. · Komm bitte so schnell wie möglich! · Sie ist so alt wie ich.
3. (umgangssprachlich) ohne die sonst geltenden Bedingungen, Voraussetzungen: Brauchst du eine Tasche oder kannst du die Flaschen so tragen? · Für die Karte mussten wir nichts bezahlen, die haben wir so bekommen.
4. verstärkt das Gesagte: Wir hatten ja so ein Glück mit dem Wetter! Ich habe mich so gefürchtet!
5. kennzeichnet einen Abschluss: So, ich bin jetzt fertig!
6. (umgangssprachlich) beendet eine sehr allgemeine Frage: · Und wie geht es euch so?

▶ **so|bald** [zoˈbalt]:
sofort wenn: Ich komme, sobald ich kann.

▶ die **So|cke** [ˈzɔkə], der Socke, die Socken:
kurzer Strumpf: warme Socken aus Wolle · Sie trägt immer nur weiße Socken.

▶ **so|dass** [zoˈdas]:
mit der Folge, dass: Wir hatten viel Zeit, sodass wir das Museum in Ruhe besichtigen konnten.

▶ das **So|fa** [ˈzoːfa], des Sofas, die Sofas:
Möbel mit Polstern, auf dem mehrere Personen sitzen können: auf dem Sofa sitzen / schlafen · Auf dem Sofa lag eine zufriedene Katze.

so|fern [zoˈfɛrn]:
vorausgesetzt, dass: Sofern das Geld reicht, bleiben wir noch eine Woche länger im Urlaub.

▶ **so|fort** [zoˈfɔrt]
jetzt, ohne dass man warten muss: Hört sofort mit dem Lärm auf! · Ab sofort gelten neue Regeln. · Du musst sofort zum Arzt gehen, wenn du nicht richtig atmen kannst.

▶ die **Soft|ware** [ˈzɔftvɛːɐ̯], der Software, die Softwares:
die Programme eines Computers: eine neue Software installieren.

▶ **so|gar** [zoˈgaːɐ̯]:
drückt aus, dass etwas nicht selbstverständlich, nicht zu erwarten ist: Das konnte sogar der Experte nicht erklären. · Sogar den kleineren Kindern hatte das Konzert gefallen.

▶ **so|ge|nannt** [ˈzoːgənant]:
wie etwas genannt wird oder (manchmal nicht der Wahrheit entsprechend) genannt wurde: Auf den meisten Straßen gilt die sogenannte Geschwindigkeitsbeschränkung. · Für das sogenannte Geschenk wollte er plötzlich Geld haben.

die **Soh|le** [ˈzoːlə], der Sohle, die Sohlen:
1. *untere Fläche des Fußes, die man beim Gehen auf die Erde setzt:* Sie schlich auf nackten Sohlen durch das Haus.
2. *untere Fläche des Schuhs:* Die Schuhe brauchen neue Sohlen.

▶ der **Sohn** [zoːn], des Sohn[e]s, die Söhne [ˈzøːnə]:
männliches Kind: der älteste / jüngste Sohn · Sie haben zwei Söhne und drei Töchter. · Mein Sohn ist ein guter Schüler.

▶ **so|lan|ge** [zoˈlaŋə]:
während, bis etwas aufhört: Ihr könnt ruhig Urlaub machen, ich passe solange auf euer Haus auf. · Solange sich niemand beschwert, brauchen wir das Radio nicht leiser zu machen.

▶ **solch** [zɔlç], solcher, solche, solches:
1. *von dieser Art:* Solche Fragen sind schwer zu beantworten. · Wir können einen solchen Menschen nur bewundern.
2. verstärkend: Das macht ja solchen Spaß!

der **Sol|dat** [zɔlˈdaːt], des Soldaten, die Soldaten, die **Sol|da|tin** [zɔlˈdaːtɪn], der Soldatin, die Soldatinnen:
Angehöriger, Angehörige des Militärs: als Soldat im Krieg kämpfen · Sie ist Soldatin geworden.

die **So|li|da|ri|tät** [zolidari'tɛ:t], der Solidarität:
Haltung des [gegenseitigen] Unterstützens: Die Demonstranten wollten ihre Solidarität mit den unterdrückten Menschen in der Welt zeigen.

der **So|list** [zo'lɪst], des Solisten, die Solisten, die **So|lis|tin** [zo'lɪstɪn], der Solistin, die Solistinnen:
Person, die einzeln singt, spielt oder tanzt: Sie hat als Solistin Karriere gemacht. · Der Solist begeisterte das Publikum.

sol|len ['zɔlən], soll, sollte, hat gesollt / sollen:
1. ⟨2. Partizip: sollen⟩ drückt eine Aufforderung oder Erwartung aus: Er soll morgen in mein Büro kommen. · Du sollst Gemüse und Obst einkaufen. · Wir sollten spätestens um zehn zu Hause sein.
2. ⟨2. Partizip: sollen⟩ drückt in Fragen Unsicherheit aus: Was sollen wir nur tun?
3. ⟨2. Partizip: sollen; im 2. Konjunktiv⟩ kennzeichnet eine Möglichkeit: Solltest du später kommen, dann ruf bitte an. · Wenn es regnen sollte, bleiben wir im Hotel.
4. ⟨2. Partizip: sollen⟩ drückt aus, dass die Aussage nicht geprüft ist: Er soll sehr reich sein.
5. ⟨2. Partizip: gesollt⟩ fragt nach einem Grund oder Zweck: Was sollen wir in der Stadt? · Was soll das?

der **Som|mer** ['zɔmɐ], des Sommers, die Sommer:
Jahreszeit zwischen Frühling und Herbst: ein heißer / trockener Sommer · In diesem Sommer hat es oft geregnet.

die **Som|mer|fe|ri|en** ['zɔmɐfe:ri̯ən] ⟨Plural⟩:
lange Ferien im Sommer: Die Sommerferien haben begonnen. · In den Sommerferien fahren wir ans Meer.

das **Son|der|an|ge|bot** ['zɔndɐ|angəbo:t], des Sonderangebot[e]s, die Sonderangebote:
Ware, die man für kurze Zeit billiger kaufen kann: Heute gibt es Äpfel und Bananen im Sonderangebot. · Sein neues Auto war ein Sonderangebot.

son|der|bar ['zɔndɐba:ɐ̯], sonderbarer, am sonderbarsten:
merkwürdig, seltsam: eine sonderbare Geschichte · Er hat sich sehr sonderbar benommen.

son|dern ['zɔndɐn]:
drückt aus, dass etwas anders ist, als angenommen: Das war keine Biene, sondern eine Wespe. · Wir treffen uns nicht am Montag, sondern am Dienstag.

▸ der **Sonn|abend** ['zɔn|a:bn̩t], des Sonnabends, die Sonnabende:
sechster Tag der Woche; Samstag: [Am] Sonnabend gehen wir zum Training.

▸ **sonn|abends** ['zɔn|a:bn̩ts]:
an jedem Sonnabend: Sonnabends schauen sie Fußball.

▸ die **Son|ne** ['zɔnə], der Sonne:
1. *großer, weit entfernter Körper am Himmel, von dem die Erde am Tage Licht und Wärme bekommt:* Heute scheint die Sonne. · Die Sonne ist hinter den Wolken verborgen.
2. *das Licht und die Wärme der Sonne:* in der Sonne sitzen · Die Blumen brauchen viel Sonne.

son|nen ['zɔnən] ⟨+ sich⟩, sonnt sich, sonnte sich, hat sich gesonnt:
in der Sonne sitzen oder liegen: Wir sonnten uns am Strand.

der **Son|nen|brand** ['zɔnənbrant], des Sonnenbrand[e]s:
Verletzung der Haut durch zu viel Sonne: einen Sonnenbrand haben / bekommen.

die **Son|nen|bril|le** ['zɔnənbrɪlə], der Sonnenbrille, die Sonnenbrillen:
dunkle Brille, die die Augen vor der Sonne schützt: Am Strand trugen wir immer Sonnenbrillen.

der **Son|nen|schein** ['zɔnənʃai̯n], des Sonnenschein[e]s:
das Scheinen der Sonne: im Sonnenschein spazieren gehen.

der **Son|nen|un|ter|gang** ['zɔnən|ʊntɐgaŋ], des Sonnenuntergang[e]s, die Sonnenuntergänge ['zɔnən|ʊntɐgɛŋə]:
das Untergehen der Sonne am Abend: sich den Sonnenuntergang ansehen.

▸ **son|nig** ['zɔnɪç], sonniger, am sonnigsten:
hell und warm durch die Sonne: sonniges Wetter · Es war ein sonniger Tag.

▸ der **Sonn|tag** ['zɔnta:k], des Sonntags, die Sonntage:
siebenter Tag der Woche: den freien Sonntag genießen.

▸ **sonn|tags** ['zɔnta:ks]:
an jedem Sonntag: Sie geht sonntags in die Kirche.

▸ **sonst** [zɔnst]:
1. *im anderen Falle:* Sei leise, sonst weckst du das Baby. · Beeilt euch, sonst kommen wir zu spät.
2. *zusätzlich:* Gibt es sonst noch Fragen?
3. *normalerweise:* Sonst ist um diese Zeit immer jemand im Büro.

sons|tig ['zɔnstɪç]
noch andere, anderes: Bienen, Wespen und sonstige Insekten.

S

so|oft [zo'|ɔft]:
immer wenn: Du kannst uns besuchen, sooft du möchtest.

▶ die **Sor|ge** ['zɔrgə], der Sorge, die Sorgen:
Gefühl der Unruhe und Angst: Wir machen uns Sorgen um unseren kranken Großvater. · Ihr braucht euch wegen des Geldes keine Sorgen zu machen, wir werden euch helfen.

▶ **sor|gen** ['zɔrgn̩], sorgt, sorgte, hat gesorgt:
1. ⟨+ sich⟩ *Sorge empfinden:* Du brauchst dich wegen deiner Zukunft nicht zu sorgen.
2. *sich um eine Person oder Sache kümmern:* Er sorgt für seine Kinder. · Ich sorge dafür, dass genug Getränke im Haus sind. · Können Sie bitte für Ruhe sorgen?

sorg|fäl|tig ['zɔrkfɛltɪç], sorgfältiger, am sorgfältigsten:
gründlich, genau: eine sorgfältige Arbeit · sorgfältig gebügelte Hemden · Wir haben alle Rechnungen sorgfältig aufgehoben.

die **Sor|te** ['zɔrtə], der Sorte, die Sorten:
Gruppe, zu der eine Sache gehört, Art: verschiedene Sorten Äpfel / Bier / Tee · Sie trinkt nur die teuerste Sorte Kaffee.

▶ die **So|ße** ['zo:sə], der Soße, die Soßen:
Flüssigkeit, die zu Speisen gegessen wird: eine kräftige Soße für den Salat machen · Möchten Sie noch etwas Soße zum Fleisch?

▶ das **Sou|ve|nir** [zuvə'ni:ɐ̯], des Souvernirs, die Souvenirs:
Gegenstand, den man auf einer Reise zur Erinnerung kauft: Die Vase ist ein Souvenir von unserem letzten Urlaub.

▶ **so|viel** [zo'fi:l]:
nach dem, was: Soviel wir wissen, hat er keine Kinder.

so|weit [zo'vai̯t]:
in dem Maße, wie: Soweit ich kann, werde ich euch gern helfen.

so|wie [zo'vi:]
1. *und [auch]:* Wir bringen Nudeln und Tomaten sowie eine Flasche Wein mit.
2. *sofort als:* Sowie er zu Hause war, schaltete er den Fernseher ein.

▶ **so|wie|so** [zovi'zo:]
auch so: Es ist nicht schlimm, dass die Party verschoben wird, ich hatte heute sowieso keine Lust.

▶ **so|wohl** [zo'vo:l]:
* **sowohl ... als auch:** *das eine genauso wie das andere:* Mir gefällt sowohl der blaue Hut als auch der rote. · Zu Hause hatten wir immer sowohl Hunde als auch Katzen.

so|zi|al [zo'tsi̯a:l], sozialer, am sozialsten:
1. *die Gesellschaft, Gemeinschaft betreffend:* soziale Gerechtigkeit fordern · Sie kümmert sich um sozial schwächere Menschen.
2. *sich für andere einsetzend, denen es schlechter geht:* einen sozialen Beruf wählen · in einer sozialen Einrichtung arbeiten.

▶ der **So|zi|al|ar|bei|ter** [zo'tsi̯a:l|arbai̯tɐ], des Sozialarbeiters, die Sozialarbeiter, die **So|zi|al|ar|bei|te|rin** [zo'tsi̯a:l|arbai̯tərɪn], der Sozialarbeiterin, die Sozialarbeiterinnen:
Person, die sich um Menschen in schwierigen sozialen Verhältnissen kümmert: sich zum Sozialarbeiter ausbilden lassen · Sie hat als Sozialarbeiterin in den ärmeren Vierteln der Stadt gearbeitet.

die **So|zi|al|hil|fe** [zo'tsi̯a:lhɪlfə], der Sozialhilfe:
vom Staat bezahlte Hilfe für arme Menschen: von Sozialhilfe leben müssen · Sozialhilfe beantragen.

der **So|zi|a|lis|mus** [zotsi̯a'lɪsmʊs], des Sozialismus:
Form der Wirtschaft, in der nach Plan produziert und alles gerecht verteilt wird: Im Sozialismus gehören die großen Firmen dem Staat.

so|zi|a|lis|tisch [zotsi̯a'lɪstɪʃ]:
den Sozialismus betreffend: eine sozialistische Partei / Regierung / Wirtschaft.

die **So|zi|al|leis|tun|gen** [zo'tsi̯a:llai̯stʊŋən] ⟨Plural⟩:
vom Staat und von den Betrieben finanzierte Mittel, durch die arbeitende Menschen eine höhere materielle Sicherheit haben: die Sozialleistungen verbessern.

so|zu|sa|gen [zo:tsu'za:gn̩]
wenn man es so ausdrücken will: Wir sind sozusagen pleite. · Er war sozusagen ein zweiter Vater für mich.

die **Spa|ghet|ti** [ʃpa'gɛti] ⟨Plural⟩:
lange, dünne Nudeln: Wir haben Spaghetti mit Soße gegessen.

spal|ten ['ʃpaltn̩], spaltet, spaltete, hat gespalten / gespaltet:
1. *(einen festen Gegenstand) der Länge nach teilen:* Holz spalten
2. ⟨+ sich⟩ *sich teilen:* Die Partei spaltete sich in viele kleine Gruppen.

span|nen ['ʃpanən], spannt, spannte, hat gespannt:
1. *straff befestigen:* ein Seil zwischen zwei Bäume spannen.
2. *einen Wagen zum Ziehen an ein Tier*

hängen: ein Pferd / einen Esel vor den Wagen spannen.
3. *zu eng sein:* Das Hemd spannt über seinem Bauch.

span|nend ['ʃpanənt], spannender, am spannendsten:
aufregend, so dass man wissen möchte, wie es weitergeht: ein spannender Roman / Krimi / Film · Sie kann sehr spannend erzählen.

die **Span|nung** ['ʃpanʊŋ], der Spannung, die Spannungen:
1. ⟨ohne Plural⟩ *unruhige Erwartung, gespannte Neugier:* Mit Spannung warteten wir auf das Ergebnis der Wahl.
2. *fehlende Einigkeit, unterdrückte Konflikte:* Es gab Spannungen innerhalb der Regierung.

spa|ren ['ʃpa:rən], spart, sparte, hat gespart:
1. *Geld nicht ausgeben:* 500 Euro gespart haben · Wir konnten nicht viel sparen. · Sie sparen 1,50 Euro, wenn Sie gleich drei Flaschen von diesem Wein kaufen.
2. *weniger verbrauchen:* · Strom / Energie / Wasser sparen.
3. ⟨+ sich (Dativ)⟩ *vermeiden:* Du kannst dir den Weg zum Bäcker sparen, die Brötchen sind schon alle verkauft.

der **Spar|gel** ['ʃpargl̩], des Spargels, die Spargel:
langer weißer oder grüner Teil einer bestimmten Pflanze, der unter der Erde wächst und als Gemüse gegessen wird: Spargel mit Schinken essen.

die **Spar|kas|se** ['ʃpa:ɐ̯kasə], der Sparkasse, die Sparkassen:
Unternehmen, das für gespartes Geld Zinsen zahlt oder Geld verleiht: ein Konto bei der Sparkasse haben.

spar|sam ['ʃpa:ɐ̯za:m], sparsamer, am sparsamsten:
1. *so, dass man nicht viel Geld ausgibt:* sparsam leben.
2. *so, dass nicht viel verbraucht wird:* ein sparsamer Motor · mit Wasser / Strom sparsam sein.

der **Spaß** [ʃpa:s], des Spaßes, die Späße ['ʃpɛ:sə]:
1. *nicht ernst gemeinte Äußerung; Handlung, über die man lacht:* etwas nur zum Spaß sagen · Mit seinen Späßen unterhielt er die ganze Gesellschaft.
2. *angenehmes Gefühl, Vergnügen:* Es hat viel Spaß gemacht, mit euch zu diskutieren. Man muss auch ein bisschen Spaß bei der Arbeit haben.

spät [ʃpɛ:t], später, am spätesten:
1. *fast am Ende eines Zeitraums:* am späten Nachmittag / Abend · Es ist schon spät, wir sollten schlafen gehen. · Sie kamen zu spät *(nach dem vereinbarten Zeitpunkt).*
2. * **»Wie spät ist es?«:** *»Wie viel Uhr ist es?«.*

der **Spa|ten** ['ʃpa:tn̩], des Spatens, die Spaten:
Gerät, mit dem man in der Erde gräbt: mit einem Spaten ein tiefes Loch graben.

▶ **spä|tes|tens** ['ʃpɛ:təstn̩s]:
nicht später als: Spätestens um elf Uhr muss ich zu Hause sein. · Wir brauchen die neuen Geräte spätestens nächste Woche.

der **Spatz** [ʃpats], des Spatzen und Spatzes, die Spatzen:
Sperling: Die Spatzen suchen Futter im Garten.

▶ **spa|zie|ren** [ʃpa'tsi:rən], spaziert, spazierte, ist spaziert:
ohne Eile gehen: durch die Straßen / den Park spazieren * **spazieren gehen:** *zur Entspannung im Freien gehen:* Wir gingen am Strand spazieren. · Willst du mit uns spazieren gehen?

▶ der **Spa|zier|gang** [ʃpa'tsi:ɐ̯gaŋ], des Spaziergang[e]s, Spaziergänge [ʃpa'tsi:ɐ̯gɛŋə]:
das Spazierengehen: Wir haben einen Spaziergang durch den Park gemacht.

der **Speck** [ʃpɛk], des Speck[e]s:
Fleisch vom Schwein mit viel Fett: Zum Frühstück gab es gebratene Eier mit Speck.

▶ **spei|chern** ['ʃpai̯çɐn], speichert, speicherte, hat gespeichert:
1. *in einem Computer aufbewahren:* eine Datei / ein Dokument speichern.
2. *sammeln und aufbewahren:* Wasser / Vorräte speichern · Die Batterie speichert Strom.

▶ die **Spei|se** ['ʃpai̯zə], der Speise, die Speisen:
zum Essen zubereitete Nahrung: Wir servieren warme und kalte Speisen von 9 bis 22 Uhr. · Speisen und Getränke sind im Preis inbegriffen.

▶ die **Spei|se|kar|te**['ʃpai̯zəkartə], der Speisekarte, die Speisekarten:
Liste der Speisen und Getränke, die in einem Lokal angeboten werden: Darf ich Ihnen die Speisekarte bringen? · Auf der Speisekarte stehen auch Gerichte ohne Fleisch.

▶ der **Spei|se|wa|gen** ['ʃpai̯zəva:gn̩], des Speisewagens, die Speisewagen:
Wagen eines Zuges mit einem Restaurant: im Speisewagen zu Mittag essen.

die **Spen|de** [ˈʃpɛndə], der Spende, die Spenden:
etwas, was man gibt, damit anderen geholfen werden kann: Für die Opfer des Erdbebens wurden Spenden gesammelt.

spen|den [ˈʃpɛndn̩], spendet, spendete, hat gespendet:
geben, damit anderen geholfen werden kann: Wir haben 50 Euro für in Not geratene Kinder gespendet.

der **Sper|ling** [ˈʃpɛrlɪŋ], des Sperlings, die Sperlinge:
kleiner Vogel mit grauen und braunen Federn: Im Park flogen Sperlinge über die Wiesen.

sper|ren [ˈʃpɛrən], sperrt, sperrte, hat gesperrt:
1. *den Zugang verbieten:* eine Straße / Brücke sperren.
2. *verhindern, dass etwas benutzt wird:* den Sprom / das Telefon sperren · Die Bank hat mein Konto gesperrt.
3. *in einen Raum bringen und nicht wieder nach draußen lassen:* Vögel / wilde Tiere in einen Käfig sperren. · Das Gericht ließ den Verbrecher ins Gefängnis sperren.

der **Sperr|müll** [ˈʃpɛrmʏl], des Sperrmülls:
Müll, der getrennt abgeholt wird, weil er nicht in die Mülltonne passt: den Sperrmüll auf die Straße stellen · Das Regal haben wir im Sperrmüll gefunden.

die **Spe|sen** [ˈʃpeːzn̩] ⟨Plural⟩:
Ausgaben für Reisen, Essen und Trinken, die für eine Arbeit nötig sind und vom Arbeitgeber ersetzt werden: die Spesen abrechnen.

spe|zi|a|li|sie|ren [ʃpetsi̯aliˈziːrən] ⟨+ sich⟩, spezialisiert sich, spezialisierte sich, hat sich spezialisiert:
sich auf ein bestimmtes Gebiet konzentrieren: Die Ärztin hatte sich auf Krankheiten der inneren Organe spezialisiert.

▶ der **Spe|zi|a|list** [ʃpetsi̯aˈlɪst], des Spezialisten, die Spezialisten, die **Spe|zi|a|lis|tin** [ʃpetsi̯aˈlɪstɪn], der Spezialisitin, die Spezialistinnen:
Person, die ein Fach, ein Gebiet besonders gut kennt: Wir werden uns an einen Spezialisten wenden. · Sie ist Spezialistin für moderne Malerei.

die **Spe|zi|a|li|tät** [ʃpetsi̯aliˈtɛːt], der Spezialität, die Spezialitäten:
[2]*Gericht, das besonders gut zubereitet oder für einen Ort typisch ist:* Bratkartoffeln sind die Spezialität des Kochs. · Das Restaurant bietet italienische Spezialitäten an.

▶ **spe|zi|ell** [ʃpeˈtsi̯ɛl], spezieller, am speziellsten:
von besonderer Art: spezielle Wünsche / Kenntnisse / Interessen haben.

spe|zi|fisch [ʃpeˈtsiːfɪʃ]:
so, dass man eine Person oder Sache daran erkennt; typisch: Die Blume hat einen ganz spezifischen Duft.

▶ der **Spie|gel** [ˈʃpiːgl̩], des Spiegels, die Spiegel:
Gegenstand aus flachem Glas, in dem man sich selbst sehen kann: in den Spiegel schauen · Er kämmte sich vor dem Spiegel im Badezimmer.

das **Spie|gel|ei** [ˈʃpiːgl̩|ai̯], des Spiegelei[e]s, die Spiegeleier:
gebratenes Ei, das außen weiß und in der Mitte gelb ist: Zum Frühstück möchte ich ein Spiegelei mit Speck.

spie|geln [ˈʃpiːgl̩n] ⟨+ sich⟩, spiegelt sich, spiegelte sich, hat sich gespiegelt:
auf einer glänzenden, glatten Fläche zu sehen sein: sich in einem Fenster spiegeln.

▶ das **Spiel** [ʃpiːl], des Spiel[e]s, die Spiele:
1. *das Spielen:* ein lustiges / langweiliges Spiel · Willst du mit uns ein Spiel spielen?
2. *Sammlung von Gegenständen (z. B. Karten), mit denen man nach bestimmten Regeln spielen kann:* Auf dem Tisch lagen verschiedene Spiele.
3. *sportlicher Wettkampf zwischen zwei Mannschaften oder Personen:* ein Spiel gewinnen / verlieren · Weil es zu stark regnete, wurde das Spiel unterbrochen.

▶ **spie|len** [ˈʃpiːlən], spielt, spielte, hat gespielt:
1. *in der Freizeit etwas tun, was Spaß macht und für das bestimmte Regeln gelten:* Karten / Schach / Fußball spielen · Die Kinder spielen im Garten.
2. *an einem Glücksspiel teilnehmen:* Lotto spielen.
3. *aufführen:* eine Melodie auf dem Klavier spielen · ein neues Stück am Theater spielen.
4. *Musik mit einem Instrument erzeugen:* Geige / Trompete / Gitarre spielen.

▶ der **Spie|ler** [ˈʃpiːlɐ], des Spielers, die Spieler, die **Spie|le|rin** [ˈʃpiːlərɪn], der Spielerin, die Spielerinnen:
1. *Person, die bei einem sportlichen Wettkampf spielt:* eine erfahrene / begabte / faire Spielerin · Er gehört zu den besten Spielern der Mannschaft.
2. *Person, die an einem Spiel teilnimmt:* Das Spiel wird von sechs bis acht Spielerinnen und Spielern gespielt.

der **Spiel|film** [ˈʃpiːlfɪlm], des Spielfilm[e]s, die Spielfilme:
Film, der eine ausgedachte Geschichte erzählt: Das Fernsehen zeigt heute Abend einen neuen Spielfilm.

der **Spiel|platz** [ˈʃpiːlplat͜s], des Spielplatzes, die Spielplätze [ˈʃpiːlplɛt͜sə]:
Platz, der zum Spielen für Kinder gestaltet ist: Bei schönem Wetter sind die Kinder den ganzen Tag auf dem Spielplatz.

das **Spiel|zeug** [ˈʃpiːlt͜sɔ͜yk], des Spielzeug[e]s, die Spielzeuge:
1. *Gegenstand zum Spielen:* Die elektrische Eisenbahn war mein schönstes Spielzeug. · Lass das Mikroskop, das ist kein Spielzeug!
2. *Gegenstände zum Spielen:* · Du musst dein Spielzeug jetzt aufräumen.

der **Spi|nat** [ʃpiˈnaːt], des Spinat[e]s:
Pflanze mit grünen Blättern, die als Gemüse gegessen werden: Spinat schmeckt sehr gut zu Spiegeleiern.

die **Spin|ne** [ˈʃpɪnə], der Spinne, die Spinnen:
kleines Tier mit rundem Körper und acht Beinen, das aus dünnen Fäden ein Netz macht: In der Ecke saß eine Spinne in ihrem Netz.

die **Spinn|we|be** [ˈʃpɪnveːbə], der Spinnwebe, die Spinnweben:
Netz einer Spinne: Im Keller hingen viele Spinnweben.

das **Spi|tal** [ʃpiˈtaːl], des Spital[e]s, die Spitäler [ʃpiˈtɛːlɐ] (besonders österreichisch, schweizerisch):
Krankenhaus: Sie hat drei Wochen im Spital gelegen.

spitz [ʃpɪt͜s], spitzer, am spitzesten:
immer schmaler [mit einem scharfen Ende]: eine spitze Nadel · ein spitzer Bleistift · Die Katze hat spitze Zähne.

spit|ze [ˈʃpɪt͜sə] (umgangssprachlich):
sehr gut: Die Mannschaft hat spitze gespielt.

die **Spit|ze** [ˈʃpɪt͜sə], der Spitze, die Spitzen:
1. *Ende eines Gegenstands, das spitz wird:* die Spitze einer Nadel / eines Nagels · Auf der Spitze des Berges sieht man ein Kreuz.
2. *führende Position:* in einem Wettbewerb an der Spitze liegen · An der Spitze des Staates steht der Präsident.

spon|tan [ʃpɔnˈtaːn], spontaner, am spontansten:
schnell und ohne vorher zu überlegen: ein spontaner Entschluss · Wir haben uns spontan für einen Urlaub in den Bergen entschieden.

der **Sport** [ʃpɔrt], des Sport[e]s:
mit körperlicher Bewegung verbundene, bestimmten Regeln folgende Tätigkeit: Sport treiben · Sport fördert die Gesundheit. · Fußball ist ein sehr beliebter Sport.

▶ die **Sport|art** [ʃpɔrt|aːɐ̯t], der Sportart, die Sportarten:
einzelne Disziplin im Sport: verschiedene Sportarten betreiben.

▶ der **Sport|ler** [ˈʃpɔrtlɐ], des Sportlers, die Sportler, die **Sport|le|rin** [ˈʃpɔrtlərɪn], der Sportlerin, die Sportlerinnen:
Person, die Sport treibt: ein begeisterter / erfahrener / fairer Sportler · Sie war eine der erfolgreichsten Sportlerinnen bei der Olympiade.

▶ **sport|lich** [ˈʃpɔrtlɪç], sportlicher, am sportlichsten:
1. *den Sport betreffend:* sportliche Erfolge / Niederlagen.
2. *gut trainiert:* eine sportliche Figur.
3. *(von Kleidung) nicht elegant, aber flott:* ein sportliches Jackett.

der **Sport|ver|ein** [ˈʃpɔrtfɛɐ̯ˈla͜in], des Sportvereins, die Sportvereine:
Verein für Sportlerinnen und Sportler: in einen Sportverein eintreten · In unserer Stadt gibt es mehr als zwanzig Sportvereine.

der **Spott** [ʃpɔt], des Spott[e]s:
Äußerung, mit der man sich über eine Person oder Sache lustig macht: Es gab viel Spott über unsere Niederlage im Fußball.

▶ die **Spra|che** [ˈʃpraːxə], der Sprache, die Sprachen:
1. *die Fähigkeit zu sprechen:* die Sprache verlieren.
2. *System von gesprochenen oder geschriebenen Zeichen, mit dem sich Menschen verständigen:* die deutsche Sprache · einen Text in eine fremde Sprache übersetzen · Sie hat mehrere Sprachen gelernt.
3. *Art zu sprechen, zu schreiben:* eine lebendige / klare / nüchterne Sprache.

der **Sprach|kurs** [ˈʃpraːxkʊrs], des Sprachkurses, die Sprachkurse:
Kurs in einer Fremdsprache: Er macht gerade einen Sprachkurs in Deutsch.

sprach|lich [ˈʃpraːxlɪç]:
die Sprache betreffend: ein sprachlich sehr interessanter Text · Der Aufsatz ist sprachlich nicht besonders gut.

sprach|los [ˈʃpraːxloːs]:
so erstaunt, überrascht, dass man nichts zu sagen weiß: Sie war vor Schreck sprachlos.

S

der *oder* das **Spray** [ʃpre:], des Sprays, die Sprays:
Flüssigkeit, die aus einer speziellen Dose gesprüht wird: Das Deo wird auch als Spray verkauft.

▶ **spre|chen** [ˈʃprɛçn̩], spricht, sprach, hat gesprochen:
1. *sich mit Worten äußern:* laut / leise sprechen · Sie sprachen mit ihren Kindern über den nächsten Urlaub. · Er spricht nicht gern über Geld.
2. *eine Sprache beherrschen:* Sie spricht sehr gut Deutsch.
3. *ein Gespräch führen:* Kann ich Sie kurz sprechen? · Über Ihr Honorar müssen wir noch sprechen.
4. *eine Rede halten:* Die Bundeskanzlerin spricht heute Abend im Fernsehen.

der **Spre|cher** [ˈʃprɛçɐ], des Sprechers, die Sprecher, die **Spre|che|rin** [ˈʃprɛçərɪn], der Sprecherin, die Sprecherinnen:
1. *Person, die (in Rundfunk oder Fernsehen) Nachrichten vorliest:* Er arbeitet als Sprecher beim Rundfunk.
2. *Person, die für eine bestimmte Gruppe oder Organisation spricht:* Sie ist die Sprecherin der Demonstranten.

▶ die **Sprech|stun|de** [ˈʃprɛçʃtʊndə], der Sprechstunde, die Sprechstunden:
Zeit, in der eine Person beruflich für ein Gespräch da ist: zu einem Arzt in die Sprechstunde gehen.

spren|gen [ˈʃprɛŋən], sprengt, sprengte, hat gesprengt:
1. *mit Sprengstoff zerstören:* ein Haus / eine Brücke sprengen.
2. *mit Wasser bespritzen:* Im Sommer muss ich sehr oft den Rasen sprengen.

der **Spreng|stoff** [ˈʃprɛŋʃtɔf], des Sprengstoff[e]s, die Sprengstoffe:
chemischer Stoff, der zum Explodieren gebracht werden kann: Der Terrorist hatte Sprengstoff in seinem Koffer versteckt.

das **Sprich|wort** [ˈʃprɪçvɔrt], des Sprichwort[e]s, die Sprichwörter [ˈʃprɪçvœrtɐ]:
kurzer Satz, der eine immer wieder gemachte Erfahrung ausdrückt: »Am Abend wird der Faule fleißig« ist ein bekanntes Sprichwort.

▶ **sprin|gen** [ˈʃprɪŋən], springt, sprang, gesprungen:
1. ⟨ist⟩ *den eigenen Körper durch Schwung und kräftiges Strecken der Beine in die Luft bringen:* über eine Mauer / ins Wasser / aus dem Zug springen.
2. ⟨ist / hat⟩ *mit einem Sprung erreichen:* Sie ist / hat 7 Meter / einen neuen Rekord gesprungen.

▶ die **Sprit|ze** [ˈʃprɪt͡sə], der Spritze, die Spritzen:
1. *Gerät mit einer hohlen Nadel, durch die ein Medikament in flüssiger Form in den Körper gespritzt wird:* Die Ärztin stach mir eine Spritze in den Arm.
3. *das Spritzen eines Medikaments in den Körper:* einem Patienten eine Spritze geben · Nach der Spritze waren die Schmerzen gleich weg.

sprit|zen [ˈʃprɪt͡sn̩], spritzt, spritzte, gespritzt:
1. ⟨hat⟩ *in Tropfen kurz und schnell an einen Ort bringen:* flüssige Seife in die Hände spritzen · Ich spritzte mir kaltes Wasser ins Gesicht..
2. ⟨ist / hat⟩ *in Tropfen kurz und schnell an einen Ort gelangen:* Das Wasser spritzt aus dem Eimer auf den Boden. · Heißes Fett spritzte aus der Pfanne.
3. ⟨hat⟩ *ein Medikament mit einer Spritze in den Körper bringen:* Der Arzt hat ihr ein Mittel gegen die Schmerzen gespritzt.

der **Sprit|zer** [ˈʃprɪt͡sɐ], des Spritzers, die Spritzer:
1. *kleine Menge Flüssigkeit, die in oder auf etwas gespritzt wird:* einen Spritzer Essig an den Salat geben.
2. *kleiner, durch das Spritzen einer Flüssigkeit entstandener Fleck:* Auf dem Boden waren ein paar Spritzer Farbe.

der **Spruch** [ʃprʊx,], des Spruch[e]s, die Sprüche [ˈʃprʏçə]:
1. *kurzer Satz, den man sich gut merken kann und der eine nützliche Aussage enthält:* einen Spruch aus der Bibel zitieren.
2. *Entscheidung eines Gerichts:* Der Spruch des Richters gefiel der Klägerin nicht.

spru|deln [ˈʃpru:dl̩n], sprudelt, sprudelte, hat gesprudelt:
1. *mit starker Bewegung aus etwas fließen:* Das Wasser sprudelte aus der Leitung / der Flasche.
2. *stark bewegt sein und Blasen bilden:* Das kochende Wasser sprudelte im Topf.

sprü|hen [ˈʃpry:ən], sprüht, sprühte, gesprüht:
1. ⟨hat⟩ *in viele kleine Tropfen zerlegt wohin fliegen lassen:* Wasser auf die Blumen sprühen · Farbe auf die Tür des Autos sprühen.
2. ⟨ist⟩ *als sehr kleine Teile durch die Luft*

fliegen: Die Funken des Feuers sind nach allen Seiten gesprüht.

der **Sprung** [ʃprʊŋ], des Sprung[e]s, die Sprünge [ˈʃprʏŋə]:
1. *Bewegung, bei Füße und Beine den Körper in die Höhe bewegen:* ein Sprung über den Graben · Wir brachten uns mit einem Sprung durch das Fenster in Sicherheit.
2. *Stelle, an der etwas einen sehr dünnen Riss hat:* Das Glas hat einen Sprung. · Die Tasse mit dem Sprung habe ich weggeworfen.

die **Spu|cke** [ˈʃpʊkə], der Spucke:
Flüssigkeit, die sich im Mund bildet: Dem Baby lief etwas Spucke aus dem Mund.

spu|cken [ˈʃpʊkn̩], spuckt, spuckte, hat gespuckt:
1. *Spucke aus dem Mund fliegen lassen:* auf den Boden spucken · Sie spuckte ihm ins Gesicht.
2. *aus dem Mund fliegen oder fließen lassen:* Der Kranke hat Blut gespuckt.

der **Spuk** [ʃpu:k], des Spuk[e]s:
das Erscheinen von Gespenstern: Um Mitternacht begann der Spuk im alten Schloss.

die **Spü|le** [ˈʃpy:lə], der Spüle, die Spülen:
Möbel in der Küche mit einem Wasserhahn zum Reinigen von Geschirr: das schmutzige Geschirr in die Spüle stellen.

spü|len [ˈʃpy:lən], spült, spülte, hat gespült:
1. *mit Wasser reinigen:* die Gläser / das Geschirr spülen · Hast du die Teller schon gespült?
2. *Wasser durch die Toilette laufen lassen, nachdem man sie benutzt hat:* Du hast vergessen zu spülen.

die **Spül|ma|schi|ne** [ˈʃpy:lmaʃi:nə], der Spülmaschine, die Spülmaschinen:
Geschirrspüler: die Spülmaschine einräumen / ausräumen.

die **Spü|lung** [ˈʃpy:lʊŋ], der Spülung, die Spülungen:
1. *Vorgang, bei dem Flüssigkeit durch ein krankes Organ geleitet wird, um es zu heilen:* eine Spülung der Blase vornehmen.
2. *Gerät, aus dem das Wasser für das Spülen der Toilette kommt:* Die Spülung muss repariert werden.

die **Spur** [ʃpu:ɐ̯], der Spur, die Spuren:
1. *tiefere Stelle [im Sand oder Schnee], an der jemand gegangen oder gefahren ist:* die Spuren eines Autos im Schnee · einer frischen Spur folgen.
2. *sichtbare Veränderung, die zeigt, dass jemand oder etwas an einem Ort war:* Die Polizei suchte nach Spuren des Einbrechers.
3. *sehr kleine Menge:* An der Suppe fehlt noch eine Spur Salz. · Der Kuchen war mir eine Spur zu süß.
4. *markierter Teil einer breiten Straße, auf der so mehrere Fahrzeuge nebeneinander fahren können:* auf der rechten / linken Spur fahren · Sie wechselte zum Überholen die Spur.

▶ **spü|ren** [ˈʃpy:rən], spürt, spürte, hat gespürt:
1. *fühlen:* den weichen Stoff auf der Haut spüren · Die spielenden Kinder spürten keine Müdigkeit.
2. *bemerken:* Wir spürten seine Enttäuschung, obwohl er nichts sagte.

▶ der **Staat** [ʃta:t], des Staat[e]s, die Staaten:
1. *politisch einheitlich organisiertes, von festen Grenzen umgebenes Land:* die Staaten Afrikas / Europas / der westlichen Welt · Die beiden Staaten arbeiten wirtschaftlich eng zusammen.
2. *alle Institutionen, die das Zusammenleben der Menschen in einem politisch einheitlich organisierten Land regeln:* Der Staat muss für die Sicherheit aller Bürger und Bürgerinnen sorgen.

staat|lich [ˈʃta:tlɪç]:
den Staat betreffend oder ihm gehörend: ein staatliches Museum · Das Theater wird staatlich unterstützt.

die **Staats|an|ge|hö|rig|keit** [ˈʃta:ts͜langəhø:rɪçkai̯t], der Staatsangehörigkeit, die Staatsangehörigkeiten:
die Eigenschaft, Bürger oder Bürgerin eines Staates zu sein: die deutsche / österreichische / schweizerische Staatsangehörigkeit · Sie will die doppelte Staatsangehörigkeit beantragen.

der **Stab** [ʃta:p], des Stab[e]s, die Stäbe:
längerer, dünner, gerader Gegenstand, auf den man sich stützen, mit dem man einen Schlag ausführen, der Teil eines Gitters sein kann: ein Stab aus Eisen / aus Holz · Die Stäbe des Gitters waren weiß gestrichen.

sta|bil [ʃtaˈbi:l], stabiler, am stabilsten:
1. *fest; so beschaffen, dass es nicht leicht kaputtgeht:* ein stabiles Regal · Das alte Fahrrad sieht noch sehr stabil aus.
2. *sicher; so dass Veränderungen nicht zu erwarten sind:* eine stabile Regierung · Die Preise blieben stabil.

der **Sta|chel** [ˈʃtaxl̩], des Stachels, die Stacheln:
1. *harter, spitzer Teil an den Stielen oder*

Ästen von Pflanzen: Vorsicht, die Rose hat Stacheln!
2. *[oft zur Verteidigung dienender] harter, spitzer Teil des Körpers mancher Tiere:* der Stachel einer Biene · Der Igel hat viele Stacheln.

▶ das **Sta|di|on** [ˈʃtaːdi̯ɔn], des Stadions, die Stadien [ˈʃtaːdi̯ən]:
große Anlage für sportliche Wettkämpfe mit vielen Zuschauern: Das Stadion wurde für die Olympiade neu gebaut.

das **Sta|di|um** [ˈʃtaːdi̯ʊm], des Stadiums, die Stadien [ˈʃtaːdi̯ən]:
Zustand, Abschnitt in einer Entwicklung: ein frühes / fortgeschrittenes / spätes Stadium · Die Verhandlungen haben ein neues Stadium erreicht.

▶ die **Stadt** [ʃtat], der Stadt, die Städte [ˈʃtɛːtə]:
1. *größere Siedlung, die eine eigene Verwaltung hat und auch wirtschaftlich und kulturell selbstständig ist:* zum Einkaufen in die Stadt fahren · Wir wohnen im Zentrum der Stadt. · Berlin ist die größte Stadt Deutschlands.
2. *die Einwohner der Stadt:* Die ganze Stadt feierte ihre Sieger bei der Olympiade.
3. *Verwaltung einer Stadt:* Das Gebäude gehört der Stadt. · Meine Tante ist bei der Stadt angestellt.

▶ **städ|tisch** [ˈʃtɛːtɪʃ]:
1. ⟨städtischer, am städtischsten⟩ *wie in einer Stadt üblich:* sich an das städtische Leben gewöhnen.
2. *von der Stadt verwaltet, betrieben:* ein städtischer Kindergarten · die städtische Müllabfuhr.

▶ der **Stadt|plan** [ˈʃtatplaːn], des Stadtplan[e]s, die Stadtpläne [ˈʃtatplɛːnə]:
[mehrfach gefalteter] Plan einer Stadt: Hast du einen Stadtplan von Wien? · Wir haben die Straße auf dem Stadtplan nicht gefunden.

der **Stadt|teil** [ˈʃtattai̯l], des Stadtteil[e]s, die Stadtteile:
Teil einer Stadt, der für sich eine Einheit darstellt: in einem neuen Stadtteil wohnen · Die südlichen Stadtteile liegen auf der anderen Seite des Flusses.

der **Stahl** [ʃtaːl], des Stahl[e]s, die Stähle [ˈʃtɛːlə]:
aus Eisen gemachtes, besonders hartes Material, aus dem Waffen, Werkzeuge, Träger in technischen Konstruktionen und vieles mehr hergestellt werden: Bleche aus Stahl formen · moderne Bauten aus Stahl und Beton.

der **Stall** [ʃtal], des Stall[e]s, die Ställe [ˈʃtɛlə]:
Gebäude oder Teil eines Gebäudes, in dem Tiere (besonders auf Bauernhöfen) untergebracht werden: einen Stall für die Hühner bauen · die Pferde aus dem Stall holen.

der **Stamm** [ʃtam], des Stamm[e]s, die Stämme [ˈʃtɛmə]:
1. *fester Teil des Baumes, aus dem die Äste wachsen:* der Stamm der Eiche.
2. *größere Gruppe von Menschen mit gemeinsamer Kultur und Herkunft, die in einem bestimmten Gebiet leben:* die Stämme der Indianer.

▶ **stam|men** [ˈʃtamən], stammt, stammte, hat gestammt:
1. *aus einem Gebiet, von einem Ort kommen:* Die Familie stammt aus dem Süden der Schweiz. · Die Tomaten stammen aus unserem Garten.
2. *in einer bestimmten Zeit, zu einem bestimmten Zeitpunkt entstanden sein:* Diese Münzen stammen aus sehr alter Zeit · Der Brief stammt vom 26. September.
3. *seinen Ursprung in etwas haben:* Das Wort stammt aus der Bibel.
4. *aus dem Besitz einer Person, einer Einrichtung kommen:* Der Schmuck stammt von seiner Großmutter.

Stammtisch

Im wörtlichen Sinn ist der Stammtisch der Tisch in einem Lokal, an dem sich die Stammgäste [= die Gäste, die oft und regelmäßig in das Lokal kommen] treffen. In manchen Lokalen lässt der Wirt oft keine anderen Gäste am Stammtisch Platz nehmen. Für Stammtischbrüder (und zunehmend auch Stammtischschwestern) ist der Stammtisch die Garantie, zu bestimmten Zeiten immer Freunde treffen zu können, mit denen man seine Sorgen und Nöte besprechen, mit denen man aber auch feiern kann. Der Stammtisch ist der Ort für Gespräche mit Nachbarn, Arbeitskollegen und Freunden. Eine Fußballmannschaft hat ebenso ihren Stammtisch wie ein Kirchenchor oder die örtliche Feuerwehr. Am Stammtisch ist kein Thema tabu – erst recht nicht die Politik, die hier oft laut und heftig analysiert und diskutiert wird.

der **Stamm|tisch** [ˈʃtamtɪʃ], des Stammtisch[e]s, die Stammtische:
größerer Tisch in einem Lokal, an dem sich bestimmte Gäste regelmäßig treffen:

Der Arzt und der Apotheker des Ortes saßen schon am Stammtisch. · Am Stammtisch spielte man Karten.

der **Stand** [ʃtant], des Stand[e]s, die Stände ['ʃtɛndə]:
1. ⟨ohne Plural⟩ *erreichte Stufe einer Entwicklung:* der heutige Stand der Forschung / der Technik · Das Spiel wurde beim Stand von 2:0 unterbrochen.
2. *Platz auf einem Markt oder auf einer Messe, an dem Produkte gezeigt oder verkauft werden:* sich den Stand einer Firma auf der Messe ansehen · An manchen Ständen wird Gemüse verkauft.

der **Stan|dard** ['ʃtandart], des Standards, die Standards:
als normal, üblich angesehene Qualität oder Leistung: der technische / wissenschaftliche Standard · einen neuen Standard festsetzen.

der **Stän|der** ['ʃtɛndɐ], des Ständers, die Ständer:
Vorrichtung, auf die etwas gelegt, an die etwas gehängt oder auf der etwas befestigt werden kann: das Fahrrad in den Ständer stellen · Die Wäsche hing auf einem Ständer im Badezimmer.

das **Stan|des|amt** ['ʃtandəs|amt], des Standesamt[e]s, die Standesämter ['ʃtandəs|ɛmtɐ]:
Behörde, die Urkunden über Geburt, Tod und Ehe ausstellt: auf dem Standesamt heiraten · Sie ist Beamtin im Standesamt.

stän|dig ['ʃtɛndɪç]:
über längere Zeit immer wieder: sich ständig wiederholen · ständig nach der Uhrzeit fragen · Sie hat mich ständig angerufen.

der **Stand|ort** ['ʃtant|ɔrt], des Standort[e]s, die Standorte:
Ort, an dem eine Person, Firma oder Institution sich befindet: Der neue Standort für die Firma wird noch gesucht. · Vor ihrem Standort aus konnte sie alles beobachten.

der **Stand|punkt** ['ʃtantpʊŋkt], des Standpunkt[e]s, die Standpunkte:
bestimmte Art, wie jemand eine Sache sieht; Meinung: ein vernünftiger Standpunkt · einen Standpunkt vertreten / einnehmen / verteidigen.

die **Stan|ge** ['ʃtaŋə], der Stange, die Stangen:
langer und im Verhältnis zur Länge dünner Gegenstand, mit dem etwas gestützt oder mit etwas anderem verbunden werden kann: eine Stange aus Eisen / aus Holz · ein Zelt mit Stangen stabiler machen · Das Pferd musste über eine Stange springen.

sta|peln ['ʃta:pl̩n], stapelt, stapelte, hat gestapelt:
1. *aufeinanderlegen, sodass eine Art Turm entsteht:* Bücher / Zeitungen (auf dem Boden / Tisch) stapeln.
2. ⟨sich stapeln⟩ *in größerer Menge übereinanderliegen:* Die ungelesenen Zeitungen stapeln sich auf dem Boden.

der **Star** [sta:ɐ̯], des Stars, die Stars:
Person (aus Film, Fernsehen), die sehr berühmt ist: In diesem Film spielen viele Stars mit.

▶ **stark** [ʃtark], stärker, am stärksten:
1. *gesund, kräftig:* starke Arme / starke Nerven haben · Nur starke Männer können diese Bücherkisten schleppen.
2. *fest, stabil:* starke Bretter / Balken · Der Karton ist nicht stark genug.
3. *groß:* starker Regen / Frost · starke Schmerzen haben.
4. *viel leistend:* Morgens brauche ich einen starken Kaffee.
5. *sehr:* stark erkältet / parfümiert sein · Die Rose duftet sehr stark.
6. (umgangssprachlich) *sehr gut, großartig:* Der Typ sieht echt stark aus!
7. (Sprachwissenschaft) *(in Bezug auf Verben) dadurch gekennzeichnet, dass sich der [Stamm]vokal ändert und das 2. Partizip auf »-en« endet:* ein stark konjugiertes / ein starkes Verb.
8. (Sprachwissenschaft) *(in Bezug auf Substantive) dadurch gekennzeichnet, dass die Formen der Maskulina und Neutra im Genitiv Singular auf »-[e]s« enden:* ein stark dekliniertes / ein starkes Substantiv.

die **Stär|ke** ['ʃtɛrkə], der Stärke, die Stärken:
1. *körperliche Kraft:* Er ist groß und breit und hat die Stärke eines Bären.
2. *besondere Fähigkeit auf einem bestimmten Gebiet:* Mathematik war noch nie seine Stärke.
3. ⟨ohne Plural⟩ *Ausmaß, Größe:* ein Regen / Sturm unerwarteter Stärke.
4. *Umfang, Menge:* politische / wirtschaftliche Stärke.
5. *Dicke, Durchmesser:* Bretter von unterschiedlicher Stärke.

stär|ken ['ʃtɛrkn̩], stärkt, stärkte, hat gestärkt:
1. *stark machen:* die Muskeln / den Körper durch Training stärken.
2. ⟨+ sich⟩ *essen und trinken, um Kraft zu haben:* sich nach / vor einer Wanderung stärken.

die **Stär|kung** [ˈʃtɛrkʊŋ], der Stärkung, die Stärkungen:
1. *etwas, was stärkt:* eine kleine Stärkung zu sich nehmen.
2. *das Stärkerwerden:* für die Stärkung der Demokratie kämpfen.

starr [ʃtar], starrer, am starrsten:
unbeweglich, steif: ein starrer Blick · starr vor Kälte / Angst.

star|ren [ˈʃtarən], starrt, starrte, hat gestarrt:
starr in eine Richtung sehen: Diese Frau starrt mich schon die ganze Zeit an, wie unangenehm!

▶ der **Start** [ʃtart], des Start[e]s, die Starts:
1. *Beginn eines Wettkampfs:* Er gab das Zeichen zum Start und alle rannten los.
2. *Stelle, Linie, an der ein Wettkampf beginnt:* Wo ist der Start für den Marathon?
3. *Beginn eines Fluges:* Der Start des Flugzeuges / der Rakete wird verschoben.

star|ten [ˈʃtartn̩], startet, startete, gestartet:
1. ⟨ist⟩ *einen Wettkampf beginnen:* Nach dem Zeichen starteten die Marathonläufer.
2. *an einem Wettkampf teilnehmen:* Er startet jedes Jahr beim Hamburger Marathon.
3. ⟨ist⟩ *abfliegen:* Das Flugzeug ist pünktlich / verspätet gestartet.
4. ⟨hat⟩ *beginnen:* eine Aktion / eine Karriere starten.

▶ die **Sta|ti|on** [ʃtaˈt͜si̯oːn], der Station, die Stationen:
1. *Haltestelle, Bahnhof:* Gibt es hier eine Station der U-Bahn?
2. *Punkt, Abschnitt einer Entwicklung:* eine der wichtigsten Stationen meines Berufslebens.
3. *Abteilung eines Krankenhauses:* die gynäkologische / chirurgische Station.

▶ die **Sta|tis|tik** [ʃtaˈtɪstɪk], der Statistik, die Statistiken:
Sammlung von Daten, Zahlen, die oft als Grafik oder Tabelle gezeigt wird: eine Statistik der Unfälle im Haushalt · Die Statistik zeigt, dass die Wirtschaft sich positiv entwickelt.

▶ **sta|tis|tisch** [ʃtaˈtɪstɪʃ]:
auf Ergebnisse der Statistik gestützt; durch Zahlen bestätigt: statistische Methoden · Statistisch gesehen hat jeder Deutsche mehr als ein Handy.

▶ **statt** [ʃtat]:
1. ⟨mit Genitiv⟩ *anstelle:* Statt des Hauses erbte sie den Schmuck. · Statt des Pullovers haben sie eine Hose geliefert.
2. schließt einen Teil des Satzes an, in dem eine Alternative o. Ä. genannt wird: Er lud sie zum Essen ein, statt mit ihr ins Theater zu gehen. · Sie kam erst am Donnerstag statt am Mittwoch.

▶ **statt|fin|den** [ˈʃtatfɪndn̩], findet statt, fand statt, hat stattgefunden:
in bestimmter Weise geschehen, ablaufen: Das Spiel / Der Termin / Die Sitzung findet wie geplant statt · Die Veranstaltung hat wegen des Streiks nicht stattgefunden.

der **Sta|tus** [ˈʃtaːtʊs], des Status, die Status [ˈʃtaːtuːs]:
Stellung oder Rang einer Person innerhalb einer Gruppe oder in der Gesellschaft: der Staus der Frau in der Familie / Berufswelt / Gesellschaft · Welchen Status hat er in der Firma?

▶ der **Stau** [ʃtau̯], des Stau[e]s, die Staus und die Staue:
längere Reihe von Fahrzeugen, die nicht fahren können: in einen Stau geraten · im Stau stehen / stecken · Nach dem Unfall bildete sich auf der Autobahn ein kilometerlanger Stau.

▶ der **Staub** [ʃtau̯p], des Staubs, die Stäube [ˈʃtɔybə]:
sehr feine Teilchen von Sand, Erde: Staub saugen / wischen · Auf den Möbeln lag eine dicke Schicht Staub.

stau|big [ˈʃtau̯bɪç], staubiger, am staubigsten:
mit Staub bedeckt: staubige Schuhe / Regale / Straßen · Die ganze Wohnung ist staubig.

▶ **staub|sau|gen** [ˈʃtau̯pzau̯gn̩], staubsaugt, staubsaugte, hat gestaubsaugt:
Staub oder Schmutz mit einem Staubsauger entfernen: den Teppich / Sessel staubsaugen · Das Wohnzimmer / Im Schlafzimmer muss noch gestaubsaugt werden.

der **Staub|sau|ger** [ˈʃtau̯pzau̯gɐ], des Staubsaugers, die Staubsauger:
elektrisches Gerät, mit dem man Staub, Schmutz saugend entfernt: Auf dem Teppich sind überall Kekskrümel – hol den Staubsauger, bitte!

stau|nen [ˈʃtau̯nən], staunt, staunte, hat gestaunt:
über etwas sehr verwundert sein, das man nicht erwartet oder nicht für möglich gehalten hat: Über ihre Leistung kann man nur staunen. · Ich staune, wie schnell du gekommen bist.

▶ das **Steak** [steːk], des Steaks, die Steaks:
Scheibe Fleisch, die nur kurz gebraten

wird: Er mag das Steak saftig und nur kurz gebraten, dazu Pommes frites und Salat.

ste|chen ['ʃtɛçn̩], sticht, stach, hat gestochen:
1. *durch einen Stich mit einem spitzen Gegenstand oder einem Stachel verletzen:* Viele Insekten stechen nur, wenn sie bedroht werden. · Wenn du nicht aufpasst, stichst du dich an den Rosen / mit der Nadel.
2. *mit etwas Spitzem in etwas eindringen:* mit dem Spaten in die Erde stechen · Die Wespe hat ihm in den Arm gestochen.
3. *einen spitzen Gegenstand durch etwas bohren:* einen Spieß durch den Braten stechen · Sie hat dem Einbrecher ein Messer in den Rücken gestochen.
4. *durch einen Stich entstehen lassen:* sich Löcher in die Ohrläppchen stechen lassen · Stich ein neues Loch in das Armband!
5. *auf der Haut Schmerzen wie die Stiche einer Nadel hervorrufen:* ein stechender Schmerz · Die Matratze sticht mich im Rücken.

die **Steck|do|se** ['ʃtɛkdo:zə], der Steckdose, die Steckdosen:
Gerät in der Wand mit zwei Löchern, in die der Stecker gesteckt wird: eine defekte Steckdose · Erst den Stecker in die Steckdose stecken, dann anschalten!

ste|cken ['ʃtɛkn̩], steckt, steckte, hat gesteckt:
1. *in etwas so drücken, dass es fest ist:* Er steckte zwei Stöcke in die Erde und verband sie mit einer Schnur.
2. *in eine Öffnung tun:* den Geldbeutel / die Schlüssel in die Tasche stecken · Sie steckte den Schlüssel ins Schloss, um die Tür aufzuschließen.

der **Ste|cker** ['ʃtɛkɐ], des Steckers, die Stecker:
am Ende eines Kabels befestigtes Gerät in Form von zwei Stiften aus Metall, die in die Steckdose gesteckt werden: Erst den Stecker in die Steckdose stecken, dann den Fernseher einschalten. · Vergiss nicht, den Stecker [aus der Steckdose] zu ziehen, bevor du gehst!

ste|hen ['ʃte:ən], steht, stand, hat gestanden ⟨süddeutsch, österreichisch, schweizerisch: ist⟩:
1. *sich in aufrechter Haltung befinden:* Steh gerade, nicht so krumm! · Er steht vor der Tür / am Fenster / neben dem Stuhl.
2. *sich nicht mehr bewegen:* Das Auto / Die Maschine steht. · Jetzt bleib doch mal stehen!
3. *(von Dingen, Gegenständen) sich an einem bestimmten Ort / Platz befinden:* Das Brot / Das Essen steht auf dem Tisch.
4. *(von Kleidungsstücken o. Ä.) an jemandem gut aussehen:* Diese Farbe / Dieses Kleid / Diese Frisur steht ihr sehr gut.
5. *** zu etwas stehen:** *sich zu etwas bekennen, etwas nicht verleugnen:* Ich stehe immer zu meinen Versprechen.;
*** zu/hinter jemandem stehen:** *zu jemandem halten, jemanden nicht im Stich lassen:* Schlimm, wenn der Chef nicht hinter seinen Mitarbeitern steht.

▶ **steh|len** ['ʃte:lən], stiehlt, stahl, hat gestohlen:
1. *etwas, was einer anderen Person gehört, heimlich, ohne Erlaubnis wegnehmen:* Geld / Papiere / Schmuck stehlen · Haltet den Dieb! Er hat meine Tasche gestohlen!
2. ⟨+ sich⟩ *heimlich weggehen:* Jede Nacht, wenn die Eltern schon schlafen, stiehlt der Junge sich aus dem Haus.

steif [ʃtai̯f], steifer, am steifsten:
1. *sich nicht leicht biegen lassend:* ein Stück steifes Papier.
2. *nicht mehr richtig beweglich:* ein steifer Hals · ein steifes Bein.
3. *einen festen Schaum bildend:* Sahne steif schlagen.
4. *nicht locker, nicht herzlich:* Er hat sich sehr steif benommen.

▶ **stei|gen** ['ʃtai̯gn̩], steigt, stieg, ist gestiegen:
1. *sich mit einem Schritt nach oben, nach unten, über etwas bewegen:* auf einen Berg / einen Turm steigen · Auf eine Leiter / einen Stuhl zu steigen, kann gefährlich sein. · Er stieg aufs Fahrrad und fuhr davon. · Der Dieb steigt erst über die Gartenmauer und dann durchs Fenster in das Haus.
2. *sich in die Höhe bewegen:* Nach dem Start steigt das Flugzeug schnell in die Höhe.
3. *stärker, größer, höher werden:* Das Fieber / Die Temperatur steigt. · Die Preise / Die Löhne steigen.
4. (österreichisch) *[versehentlich] (auf, in etwas) treten:* auf eine Glasscherbe steigen.

stei|gern ['ʃtai̯gɐn], steigert, steigerte, hat gesteigert:
1. *erhöhen, vergrößern:* die Leistung / das Tempo steigern.

S

2. ⟨+ sich⟩ *immer besser werden:* Der Läufer steigerte sich noch auf den letzten Metern.
3. ⟨sich steigern⟩ *stärker werden, zunehmen:* Die Schmerzen steigern sich.

▸ **steil** [ʃtai̯l], steiler, am steilsten:
sehr schräg: eine steile Treppe · Es ging steil den Berg hoch.

▸ der **Stein** [ʃtai̯n], des Stein[e]s, die Steine:
1. *harte, feste Substanz:* ein Weg / eine Terrasse aus Stein.
2. *Stück aus Stein* (1) *:* Steine ins Wasser werfen.
3. *aus Stein* (1) *hergestellter Gegenstand:* Auf dem Platz steht ein großer Stein zum Andenken an den Gründer.
4. *Kern bestimmter Früchte:* Kirschen und Pfirsiche, aber auch Oliven haben Steine.
5. *kleiner, flacher Gegenstand als Figur bei bestimmten Spielen:* Das Spiel »Dame« wird mit weißen und schwarzen Steinen gespielt.

▸ die **Stel|le** [ˈʃtɛlə], der Stelle, die Stellen:
1. *Ort, Platz:* Ist das genau die Stelle, wo das Bild hängen / der Schrank stehen soll?
2. *Arbeitsstelle:* In der Firma sind drei Stellen offen / zu besetzen. · Ich habe meine Stelle verloren und bisher noch keine neue gefunden.
3. *Amt, Behörde:* die zuständigen / staatlichen Stellen.

▸ **stel|len** [ˈʃtɛlən], stellt, stellte, hat gestellt:
1. *etwas zu einem bestimmten Platz bringen:* die Gläser / Tassen / Teller auf den Tisch stellen · einen Stuhl auf den Balkon stellen · Stell dein Fahrrad bitte in den Hof!
2. *eine bestimmte Einstellung wählen:* die Uhr / den Wecker stellen · Kannst du den Fernseher leiser stellen?
3. ⟨+ sich⟩ *zu einem bestimmten Platz gehen und dort stehen bleiben:* sich vor das Fenster / die Tür stellen · Sie stellte sich vor den Spiegel und betrachtete sich lange.
4. ⟨+ sich⟩ *(von einer Person, die gesucht wird) sich freiwillig zur Polizei o. Ä. begeben:* Der Mörder hat sich freiwillig gestellt.
5. ⟨+ sich⟩ *etwas vorgeben, was nicht stimmt:* Sie stellte sich schlafend, um nicht antworten zu müssen.
6. mit bestimmten Substantiven: eine Frage / eine Bedingung stellen · Um Kindergeld zu bekommen, muss man erst einen Antrag stellen. · Er hat sich die Aufgabe gestellt, das Abitur zu machen.

die **Stel|lung** [ˈʃtɛlʊŋ], der Stellung, die Stellungen:
1. *Art, wie jemand, etwas steht, angeordnet ist:* die Stellung des Mondes.
2. *Platz, Posten im Beruf:* eine gut / schlecht bezahlte Stellung · häufig die Stellung wechseln.
3. *Bedeutung in der Gesellschaft:* die gesellschaftliche / soziale Stellung · eine führende Stellung haben.
4. *** zu etwas Stellung nehmen:** *zu etwas seine Meinung sagen:* Sie wollte zu dem Fall keine Stellung nehmen.

stell|ver|tre|tend [ˈʃtɛlfɛɐ̯treːtn̩t]:
an jemandes Stelle [handelnd]: der stellvertretende Abteilungsleiter · stellvertretend für die Geschäftsführung.

stem|men [ˈʃtɛmən], stemmt, stemmte, hat gestemmt:
1. *etwas Schweres mit Mühe hochheben:* Nur mit Mühe konnte er das Paket stemmen. · Dieses Projekt ist nicht zu stemmen.
2. *mit dem eigenen Körper mit viel Kraft gegen etwas drücken:* sich mit aller Kraft gegen die Tür stemmen.

▸ der **Stem|pel** [ˈʃtɛmpl̩], des Stempels, die Stempel:
1. *Gerät mit Buchstaben, Zeichen aus Gummi, das mit Farbe auf etwas gedrückt wird:* Er drückt den Stempel mit seinem Namen und seiner Adresse auf das Papier.
2. *der mit einem Stempel gemachte Abdruck:* Ohne Stempel und Unterschrift ist der Vertrag ungültig.

stem|peln [ˈʃtɛmpl̩n], stempelt, stempelte, hat gestempelt:
mit dem Abdruck eines Stempels versehen: das Formular / den Ausweis / den Pass stempeln · Die Briefmarke ist nicht gestempelt.

▸ **ster|ben** [ˈʃtɛrbn̩], stirbt, starb, ist gestorben:
aufhören zu leben: im Alter von 95 Jahren sterben · jung / nach langer Krankheit sterben.

ste|ril [ʃteˈriːl]:
frei von etwas, was Krankheiten verursachen kann: ein steriler Verband · etwas steril machen.

▸ der **Stern** [ʃtɛrn], des Stern[e]s, die Sterne:
1. *Körper am Himmel, der nachts sichtbar ist; Planet:* ein heller Stern · Nachts leuchten die Sterne am Himmel.
2. *Gegenstand, der wie ein Stern* (1) *aussieht:* einen Stern aus Papier ausschnei-

den · Der Weihnachtsbaum war mit silbernen Sternen geschmückt.

stets [ʃte:ts]:
jedes Mal: Sie ist stets gekommen, wenn ich sie gebraucht habe.

das **¹Steu|er** [ˈʃtɔyɐ], des Steuers, die Steuer:
Teil in Fahrzeugen, mit dem man die Richtung regelt: das Steuer eines Schiffes / eines Autos · Er sitzt gern am / hinterm Steuer *(fährt gern Auto).*

▸ die **²Steu|er** [ˈʃtɔyɐ], der Steuer, die Steuern:
Geld, das jeder an den Staat zahlen muss: Steuern bezahlen · In Deutschland wird die Steuer direkt vom Gehalt abgezogen.

die **Steu|er|er|klä|rung** [ˈʃtɔyɐlɛɐ̯klɛ:rʊŋ], der Steuererklärung, die Steuererklärungen:
Angaben, die jeder machen muss über Vermögen und Einkommen: die Steuererklärung machen / abgeben.

steu|ern [ˈʃtɔyɐn], steuert, steuerte, hat gesteuert:
(bei einem Fahrzeug) das Steuer bedienen: das Schiff / Auto / Flugzeug steuern.

▸ der **Ste|ward** [ˈstju:ɐt], des Stewards, die Stewards, die **Ste|war|dess** [ˈstju:ɐdɛs], der Stewardess, die Stewardessen:
Person, die auf Schiffen, in Flugzeugen die Passagiere bedient: Er fährt als Steward zur See.

der **Stich** [ʃtɪç], des Stich[e]s, die Stiche:
1. *schmerzhaftes Eindringen eines spitzen Gegenstandes in die Haut:* der Stich der Biene / Mücke · tödliche Stiche.
2. *plötzlicher Schmerz:* Stiche im Rücken spüren.
3. *einzelner Schritt beim Nähen:* Sie näht den Riss in der Hose mit großen Stichen.

▸ der **Stie|fel** [ˈʃti:fl̩], des Stiefels, die Stiefel:
Schuh, der bis zum Knie reicht: hohe / glänzende Stiefel.

das **Stief|kind** [ˈʃti:fkɪnt], des Stiefkind[e]s, die Stiefkinder:
Kind aus einer früheren Ehe des Ehepartners: Er liebt seine Stiefkinder wie seine eigenen Kinder.

die **Stief|mut|ter** [ˈʃti:fmʊtɐ], der Stiefmutter, die Stiefmütter [ˈʃti:fmʏtɐ]:
Frau des Vaters, die nicht die Mutter seines Kindes, seiner Kinder ist: Sie ist meine Stiefmutter, meine Mutter ist gestorben, als ich noch klein war.

der **Stief|sohn** [ˈʃti:fzo:n], des Stiefsohn[e]s, die Stiefsöhne [ˈʃti:fzø:nə]:
Sohn aus einer früheren Ehe des Ehepartners: Ich habe eine Tochter und zwei Stiefsöhne.

die **Stief|toch|ter** [ˈʃti:ftɔxtɐ], der Stieftochter, die Stieftöchter [ˈʃti:ftœçtɐ]:
Tochter aus einer früheren Ehe des Ehepartners: Sie hat einen Sohn und zwei Stieftöchter.

der **Stief|va|ter** [ˈʃti:ffa:tɐ], des Stiefvaters, die Stiefväter [ˈʃti:ffɛ:tɐ]:
Mann der Mutter, der nicht der Vater ihres Kindes, ihrer Kinder ist: Er ist mein Stiefvater, meine Mutter hat nach dem Tod meines Vaters wieder geheiratet.

▸ die **Stie|ge** [ˈʃti:gə], der Stiege, die Stiegen (süddeutsch, österreichisch):
Treppe: Er ist die Stiege hinuntergefallen.

▸ das **Stie|gen|haus** [ˈʃti:gn̩haus], des Stiegenhauses, die Stiegenhäuser [ˈʃti:gn̩hɔyzɐ] (süddeutsch, österreichisch):
Treppenhaus: das Stiegenhaus putzen.

der **Stiel** [ʃti:l], des Stiel[e]s, die Stiele:
1. *langer fester Griff:* Der Besen hat einen Stiel aus Holz / Metall.
2. *langer Teil der Blume, an dessen Ende die Blüte sitzt:* ein rote Rose mit langem Stiel.

▸ der **Stift** [ʃtɪft], des Stift[e]s, die Stifte:
längliches Gerät zum Schreiben, Zeichnen, Malen: mit einem blauen / dicken Stift schreiben / malen.

die **Stif|tung** [ˈʃtɪftʊŋ], der Stiftung, die Stiftungen:
Geld, das eine Person für einen bestimmten Zweck zur Verfügung stellt, schenkt: eine private / staatliche Stiftung.

▸ der **Stil** [ʃti:l], des Stil[e]s, die Stile:
charakteristische, typische Art und Weise: eine Kirche im romanischen / gotischen Stil · Ich mag den Stil dieses Malers / Schriftstellers sehr. · So über Kollegen zu sprechen, ist kein guter Stil.

▸ **sti|lis|tisch** [ʃtiˈlɪstɪʃ]:
den Stil betreffend: stilistische Mängel · Seine Texte sind stilistisch brillant.

▸ **still** [ʃtɪl], stiller, am stillsten:
1. *fast ohne Geräusch; sehr ruhig:* In der Bibliothek ist es immer sehr still. · Seid jetzt bitte mal zwei Minuten lang einfach still!
2. *ruhig, zurückhaltend:* Die beiden Brüder sind sehr verschieden: der eine lebhaft, der andere still. · Du bist seit drei Tagen sehr still: Was ist los?

die **Stil|le** [ˈʃtɪlə], der Stille:
Zustand ohne Geräusch; Ruhe: eine friedliche / tiefe Stille · Wenn die Kinder abends endlich schlafen, genießen die Eltern die Stille.

still|hal|ten [ˈʃtɪlhaltn̩], hält still, hielt still, hat stillgehalten:
sich nicht bewegen: Bitte halt still, sonst kann ich dir nicht die Haare schneiden.

still|ste|hen [ˈʃtɪlʃteːən], steht still, stand still, hat stillgestanden ‹süddeutsch, österreichisch, schweizerisch auch: ist›:
aufhören, sich zu bewegen: Das Auto steht still. · Wegen des Unfalls stand der Verkehr still.

▶ die **Stim|me** [ˈʃtɪmə], der Stimme, die Stimmen:
1. *Töne, Laute, die Menschen erzeugen:* eine tiefe / hohe Stimme haben · Seine Stimme klingt angenehm / weich. · Obwohl sie wütend war, sprach sie mit ruhiger Stimme.
2. *gesungene, gespielte Melodie:* ein Lied für vier Stimmen.
3. *Entscheidung bei einer Abstimmung, Wahl:* seine Stimme für einen Kandidaten abgeben · Die Partei hat Stimmen gewonnen / verloren.

▶ **stim|men** [ˈʃtɪmən], stimmt, stimmte, hat gestimmt:
1. *richtig sein:* Die Angabe / Adresse stimmt. · Diese Aussage / Behauptung stimmt nicht!
2. *bei einem Musikinstrument die Töne richtig einstellen:* ein Klavier / eine Geige stimmen.
3. *eine bestimmte Stimmung erzeugen:* Der Brief stimmte ihn fröhlich / traurig.
4. *seine Stimme für, gegen einen Kandidaten abgeben; wählen:* mit Ja / Nein stimmen · Alle stimmten gegen den Kandidaten / den Vorschlag.

▶ die **Stim|mung** [ˈʃtɪmʊŋ], der Stimmung, die Stimmungen:
psychische Verfassung; Laune: in guter / schlechter Stimmung sein.

▶ **stin|ken** [ˈʃtɪŋkn̩], stinkt, stank, hat gestunken:
1. (abwertend) *einen schlechten Geruch haben:* Hier stinkt es nach faulen Eiern!
2. (salopp) *lästig sein, werden:* Mir stinkt, dass ich immer alles machen muss!

das **Sti|pen|di|um** [ʃtiˈpɛndi̯ʊm], des Stipendiums, die Stipendien [ʃtiˈpɛndi̯ən]:
finanzielle Hilfe für Schüler und Studenten: ein Stipendium beantragen / erhalten.

die **Stirn** [ʃtɪrn], der Stirn, die Stirnen:
Teil des Gesichtes über den Augen: Schweißtropfen auf der Stirn haben.

▶ der **Stock** [ʃtɔk], des Stock[e]s, die Stöcke [ˈʃtœkə]:
1. *dünner Ast:* ein dicker / dünner Stock · Die Jungen spielten mit Stöcken.
2. *Stab:* Seit ihrem Unfall braucht sie einen Stock zum Gehen.
3. ‹des Stocks, die Stock› *Etage, Stockwerk:* Ich wohne im vierten Stock rechts.

▶ das **Stock|werk** [ˈʃtɔkvɛrk], des Stockwerk[e]s, die Stockwerke:
Etage: Das Gebäude hat sechs Stockwerke.

▶ der **Stoff** [ʃtɔf], des Stoff[e]s, die Stoffe:
1. *Material, Substanz:* natürliche / künstliche Stoffe · Für unsere Produkte verwenden wir nur pflanzliche Stoffe.
2. *Material, aus dem Kleidung hergestellt wird:* Stoff abmessen / zuschneiden · ein Sommerkleid aus feinem / leichtem Stoff.
3. *Thema:* Stoff für einen Film / Roman.
4. (Jargon) *Droge:* Weil er ständig neuen Stoff brauchte, wurde er kriminell.

stöh|nen [ˈʃtøːnən], stöhnt, stöhnte, hat gestöhnt:
mit einem tiefen Laut schwer ausatmen: vor Schmerz / Anstrengung stöhnen · Die Kranke / Der Verletzte stöhnte laut / leise.

stol|pern [ˈʃtɔlpɐn], stolpert, stolperte, ist gestolpert:
beim Gehen, Laufen mit dem Fuß anstoßen und fast hinfallen: über einen Stein stolpern.

▶ **stolz** [ʃtɔlt͜s], stolzer, am stolzesten:
1. *voller berechtigter Freude:* Er ist sehr stolz, die schwierige Prüfung bestanden zu haben.
2. *überheblich:* ein stolzer Mann · Sie war zu stolz, um Hilfe zu bitten.
3. *beeindruckend:* Eine Million Euro ist ein stolzer Preis für dieses Haus.

der **Stolz** [ʃtɔlt͜s], des Stolzes:
1. *berechtigte Freude:* Voller Stolz zeigte er die Fotos von seinem Baby.
2. *starkes Gefühl, dass man selbst viel wert ist:* Es verletzt seinen Stolz, dass sie ihn nicht heiraten will.

stop|fen [ˈʃtɔp͜fn̩], stopft, stopfte, hat gestopft:
1. *etwas in etwas hineintun:* Er stopft seine Hefte und Bücher in die Tasche. · Nun stopf dir doch das Brot nicht so in den Mund, sondern iss langsam!
2. *mit Nadel und Faden reparieren:* ein Loch im Strumpf stopfen.

der **Stopp** [ˈʃtɔp], des Stopps, die Stopps:
Halt, Unterbrechung: einen Stopp der Produktion anordnen · Nach zwei Stunden Fahrt machen wir einen Stopp.

▸ **stop|pen** [ˈʃtɔpn̩], stoppt, stoppte, hat gestoppt:
1. *anhalten:* die Produktion / Herstellung stoppen · Das Auto wurde von der Polizei gestoppt.
2. *stehen bleiben:* Das Auto stoppt, als die Ampel rot wird.
3. *bei einem Wettkampf die Zeit mit der Uhr messen:* Der Trainer stoppt die Zeit des Sportlers.

der **Stöp|sel** [ˈʃtœpsl̩], des Stöpsels, die Stöpsel:
kleiner Gegenstand zum Verschließen von Öffnungen: den Stöpsel aus dem Waschbecken ziehen · die Ölflasche mit einem Stöpsel verschließen.

der **Storch** [ʃtɔrç], des Storch[e]s, die Störche [ˈʃtœrçə]:
schwarz-weißer Vogel mit langem Hals, langem rotem Schnabel und langen roten Beinen: Auf dem Kirchturm haben Störche ein Nest gebaut.

▸ **stö|ren** [ˈʃtøːrən], stört, störte, hat gestört:
behindern, unterbrechen: Auf dem Zettel an der Tür steht: »Bitte nicht stören!« · Leise, das Baby schläft, stör es nicht!

▸ die **Stö|rung** [ˈʃtøːrʊŋ], der Störung, die Störungen:
1. *Unterbrechung:* Entschuldigen Sie bitte die Störung, aber können Sie mir helfen?
2. *Defekt, Fehler:* Wegen einer technischen Störung kommt der Zug nicht pünktlich an.

▸ **sto|ßen** [ˈʃtoːsn̩], stößt, stieß, gestoßen:
1. ⟨hat⟩ *mit Kraft auf jemanden treffen:* Er hat den Jungen so doll gestoßen, dass der hinfiel.
2. ⟨hat⟩ *stechen:* Sie hat das Messer ihm das Messer in den Arm gestoßen.
3. ⟨+ sich⟩ *gegen etwas fallen und sich dabei verletzen:* Das Kind hat sich am Regal gestoßen. · Sie hat sich am Arm gestoßen.
4. ⟨ist⟩ *[zufällig] finden, entdecken, treffen:* auf Erdöl stoßen · Sie ist beim Umzug auf die alten Briefe gestoßen.

▸ **straf|bar** [ˈʃtraːfbaːɐ̯]:
so, dass man gegen das Gesetz verstößt und dafür bestraft werden kann: eine strafbare Handlung / Tat · Mord ist strafbar.

▸ die **Stra|fe** [ˈʃtraːfə], der Strafe, die Strafen:
1. *etwas, womit jemand bestraft wird:* eine harte / milde / ungerechte Strafe · Du hast dein Zimmer nicht aufgeräumt, zur Strafe darfst du jetzt nicht zu deinen Freunden.
2. *Geld, das zu bezahlen ist, wenn eine Vorschrift nicht eingehalten wird:* Ohne Fahrschein mit dem Bus / Zug zu fahren, kostet 40 Euro Strafe.

straff [ʃtraf], straffer, am straffsten:
1. *glatt, fest; nicht locker:* ein straffes Gummiband / Seil.
2. *streng organisiert:* ein straffer Zeitplan · Er plant seine Tage / Termine sehr straff.

▸ der **Straf|zet|tel** [ˈʃtraːft͜sɛtl̩], des Strafzettels, die Strafzettel:
Mitteilung, dass man eine Strafe zahlen muss: einen Strafzettel wegen zu hoher Geschwindigkeit bekommen.

der **Strahl** [ʃtraːl], des Strahl[e]s, die Strahlen:
1. *Flüssigkeit, die unter Druck aus einer engen Öffnung kommt:* Das Wasser floss nur als dünner Strahl aus dem Wasserhahn. · In kräftigen Strahlen schoss das Wasser aus vielen Rohren in den See.
2. *ein Streifen Licht:* die ersten Strahlen der Frühlingssonne spüren · Der Strahl der Taschenlampe traf seine Augen.

strah|len [ˈʃtraːlən], strahlt, strahlte, hat gestrahlt:
1. *Licht, Helligkeit verbreiten; leuchten:* Die Sonne / Das Licht strahlt. · Bei strahlendem Wetter fuhren sie los.
2. *froh, glücklich aussehen:* vor Freude / Glück [über das ganze Gesicht] strahlen.

stramm [ʃtram], strammer, am strammsten:
sehr eng, fest an etwas liegend: Die Hose sitzt zu stramm, das ist unbequem. · Der Stapel Papier wird von einem stramm gezogenen Gummiband zusammengehalten.

stram|peln [ˈʃtrampl̩n], strampelt, strampelte, hat gestrampelt:
die Beine heftig bewegen; zappeln: Das Baby strampelt fröhlich.

▸ der **Strand** [ʃtrant], des Strand[e]s, die Strände [ˈʃtrɛndə]:
flacher, mit Sand, Steinen bedeckter Rand eines Meeres: Im Urlaub liegt sie den ganzen Tag am Strand in der Sonne. · Am Strand bauen die Kinder eine Burg aus Sand und Muscheln.

▸ die **Stra|ße** [ˈʃtraːsə], der Straße, die Straßen:
breiterer Weg für Autos, Fahrräder und Fußgänger: die Straße überqueren · auf der Straße fahren / laufen · Die Straße führt mitten durch das Dorf.

▸ die **Stra|ßen|bahn** [ˈʃtraːsn̩baːn], der Straßenbahn, die Straßenbahnen:
kleiner Zug, der in größeren Städten fährt; Tram: auf die Straßenbahn warten · mit der Straßenbahn zur Arbeit /

Schule fahren · Sie nimmt die Straßenbahn, um zur Universität zu fahren.

der **Strauch** [ʃtraux], des Strauch[e]s, die Sträucher [ˈʃtrɔyçɐ]:
Pflanze mit vielen Zweigen aus Holz, die kleiner ist als ein Baum; Busch: Johannisbeeren wachsen an Sräuchern.

der **¹Strauß** [ʃtraus], des Straußes, die Sträuße [ˈʃtrɔysə]:
Blumen, die man zusammen in eine Vase stellt: ein großer Strauß Rosen / Tulpen.

der **²Strauß** [ʃtraus], des Straußes, die Strauße:
großer Vogel mit langem Hals, der nicht fliegen kann: Strauße können zwar nicht fliegen, aber sehr schnell laufen.

▶ die **Stre|cke** [ˈʃtrɛkə], der Strecke, die Strecken:
Abstand, Entfernung: eine kurze / lange Strecke · Auf der Strecke Hamburg-Berlin ist ein Unfall passiert. · Bist du die ganze Strecke vom Bahnhof bis hierher zu Fuß gelaufen?

stre|cken [ˈʃtrɛkn̩], streckt, streckte, hat gestreckt:
1. *in eine gerade Haltung bringen:* die Arme / Beine strecken · Wer die Antwort weiß, streckt den Finger!
2. ⟨+ sich⟩ *sich der Länge nach hinlegen:* Sie streckte sich aufs Sofa.

strei|cheln [ˈʃtraiçl̩n], streichelt, streichelte, hat gestreichelt:
mehrmals sanft und liebevoll berühren: Sie streichelt dem Kind beruhigend die Hand. · Darf ich den Hund streicheln?

strei|chen [ˈʃtraiçn̩], streicht, strich, gestrichen:
1. ⟨hat⟩ *als dünne Schicht auftragen:* Erst streiche ich Butter aufs Brot, dann Marmelade. · Du musst die Salbe dick auf die Wunde streichen.
2. ⟨hat⟩ *durch Streichen mit einer dünnen Schicht versehen:* Komm, ich streich dir ein paar Butterbrote.
3. ⟨hat⟩ *mit einem Pinsel Farbe auftragen:* die Türen / Wände weiß / mit weißer Farbe streichen · Achtung, frisch gestrichen!
4. *die Oberfläche von etwas leicht berühren:* Der Vater streicht seinem Kind zart über den Kopf.
5. ⟨hat⟩ *mit einer streichenden Bewegung befördern:* Sie streicht sich die Haare aus dem Gesicht.
6. ⟨ist⟩ *ohne festes Ziel gehen:* Nach der Schule streicht er oft durch den Park.
7. ⟨hat⟩ *beseitigen, löschen:* ein Wort / einen Satz aus einem Text streichen.

▶ das **Streich|holz** [ˈʃtraiçhɔlts], des Streichholzes, die Streichhölzer [ˈʃtraiçhœltsɐ]:
kleiner Stab aus Holz, der an einem Ende mit einer besonderen Masse bedeckt ist, die sich leicht entzünden lässt: ein Streichholz anstecken · die Kerze / Zigarette mit einem Streichholz anzünden · eine Schachtel Streichhölzer.

strei|fen [ˈʃtraifn̩], streift, streifte, gestreift:
1. ⟨hat⟩ *leicht berühren:* Als er sich umdrehte, streifte er sie leicht am Arm. · Das Kind wurde von einem Auto gestreift.
2. ⟨hat⟩ *nur oberflächlich behandeln:* Wir können diese Frage / dieses Thema leider nur streifen.
3. ⟨ist⟩ *ohne festes Ziel durch eine Gegend wandern:* Jeden Sonntag streifte er stundenlang durch die Stadt.

▶ der **Streik** [ʃtraik], des Streik[e]s, die Streiks:
Unterbrechung der Arbeit, um bestimmte Forderungen durchzusetzen: ein langer / gut organisierter Streik · Die Gewerkschaft hat die Arbeiter zum Streik aufgerufen.

▶ **strei|ken** [ˈʃtraikn̩], streikt, streikte, hat gestreikt:
1. *die Arbeit unterbrechen, um bestimmte Forderungen durchzusetzen:* für mehr Lohn / Rechte streiken · Die Müllabfuhr streikt schon seit Wochen. · In diesem Betrieb wird gestreikt!
2. (umgangssprachlich) *plötzlich nicht mehr funktionieren:* Die Maschine / Der Motor streikt.

▶ der **Streit** [ʃtrait], des Streit[e]s, die Streite:
heftige Auseinandersetzung: ein heftiger / langer Streit · In der Kneipe waren zwei Männer in Streit geraten. · Musst du immer Streit mit mir suchen?

▶ **strei|ten** [ˈʃtraitn̩], streitet, stritt, hat gestritten:
1. *mit jemandem Streit haben:* Die beiden Brüder streiten sich den ganzen Tag. · Warum streitet ihr [euch] eigentlich immer?
2. *(um etwas, was man haben möchte) kämpfen:* Nach der Trennung stritten die Eltern um die Kinder.

▶ **streng** [ʃtrɛŋ], strenger, am strengsten:
1. *unbedingt auf Ordnung und Disziplin achtend:* eine strenge Lehrerin / Mutter · ein strenger Blick / eine strenge Erziehung · Der neue Lehrer sieht sehr streng aus. · Sei doch nicht immer so streng zu den Kindern!
2. *ohne Ausnahme:* eine strenge Anweisung / Ordnung · Der Arzt verordnete

dem Kranken strenge Bettruhe. · Wir müssen uns streng an die Regeln / Vorschriften halten. · Rauchen streng verboten!
3. * **streng genommen:** *wenn man ganz genau ist:* Er darf das streng genommen gar nicht entscheiden.

der **Stress** [ʃtrɛs], des Stresses:
starke Belastung für Körper und Seele: Vor Weihnachten haben alle viel Stress. · Wegen der Prüfungen steht er sehr unter Stress.

streu|en ['ʃtrɔyən], streut, streute, hat gestreut:
1. *durch Werfen gleichmäßig über eine Fläche verteilen:* Sand [auf das Glatteis] streuen · Er streute noch Salz und Pfeffer über sein Gemüse.
2. *(bei Glätte) mit Salz, Sand versehen:* Bei Glatteis müssen Straßen und Gehwege gestreut werden.

der **Strich** [ʃtrɪç], des Strich[e]s, die Striche:
1. *mit einem Stift gezogene Linie:* ein dicker / dünner Strich · senkrechte / waagrechte Striche malen / ziehen · Die Lehrerin markiert die Fehler mit roten Strichen.
2. * **auf den Strich gehen** (umgangssprachlich): *als Prostituierte[r] arbeiten:* aus Armut auf den Strich gehen.

stri|cken ['ʃtrɪkn̩], strickt, strickte, hat gestrickt:
1. *mit zwei langen Nadeln aus einem Faden ein Kleidungsstück machen:* stricken können / lernen · Sie hat schon immer gerne gestrickt.
2. *durch Stricken herstellen:* einen Pullover / eine Mütze stricken · Sie hat für die ganze Familie dicke Socken aus Wolle gestrickt.

der **Strom** [ʃtro:m], des Strom[e]s, die Ströme ['ʃtrø:mə]:
1. *großer Fluss:* ein langer / breiter Strom · Der Rhein ist ein bekannter deutscher Strom.
2. *Strömung:* Der Strom riss ihn sofort mit, als er ins Wasser fiel.; * **gegen den Strom schwimmen:** *nicht das tun, was von einem erwartet wird:* Mit ihren radikalen Ansichten schwimmt sie immer gegen den Strom.
3. *Elektrizität:* den Strom abschalten / einschalten · Lass doch nicht alle Lampen brennen, wir müssen Strom sparen.

strö|men ['ʃtrø:mən], strömt, strömte, ist geströmt:
1. *(von Flüssigkeiten oder Gasen) fließen:* Aus der defekten Leitung strömt Gas / Wasser. · Im Körper strömt das Blut immer zum Herzen. · Bei strömendem Regen gingen sie nach Hause.
2. *sich in Massen in eine bestimmte Richtung fortbewegen:* ins Kino / Theater strömen · Nach dem Fußballspiel strömten die Leute aus dem Stadion.

die **Stro|phe** ['ʃtro:fə], der Strophe, die Strophen:
Abschnitt eines Liedes, Gedichtes: Das Gedicht hat fünf Strophen. · Kannst du alle drei Strophen des Liedes singen?

die **Struk|tur** [ʃtrʊk'tu:ɐ̯], der Struktur, die Strukturen:
innerer Aufbau eines Ganzen: eine einfache Struktur · die politische / gesellschaftliche Struktur Deutschlands.

der **Strumpf** [ʃtrʊmpf], des Strumpf[e]s, die Strümpfe ['ʃtrʏmpfə]:
Kleidungsstück, das Fuß und Bein bedeckt: dicke / durchsichtige Strümpfe · Strümpfe aus Seide / aus Wolle · Du hast da ein Loch im Strumpf!

das **Stück** [ʃtʏk], des Stück[e]s, die Stücke:
1. *Teil eines Ganzen:* ein großes / kleines Stück · ein Stück Papier / Stoff abschneiden · drei Stück Kuchen bestellen / kaufen · Sie legte ihm ein riesiges Stück Fleisch auf den Teller.
2. *einzelnes Exemplar:* Was kosten die Eier / die Rosen pro Stück? · Von diesem gelben Pullover sind noch fünf Stück da.
3. *Schauspiel:* ein modernes / klassisches Stück spielen · Im Deutschunterricht lesen wir ein Stück von Brecht.
4. *musikalisches Werk:* ein Stück für Klavier komponieren / spielen · ein Stück von Chopin.

das **Stück|chen** ['ʃtʏkçən], des Stückchens, die Stückchen:
kleines Stück: Möchtest du ein Stückchen von der Wurst probieren?

der **Stu|dent** [ʃtu'dɛnt], des Studenten, die Studenten, die **Stu|den|tin** [ʃtu'dɛntɪn], der Studentin, die Studentinnen:
Person, die an einer Hochschule studiert: ein Student im ersten Semester · Sie ist Studentin der Germanistik.

die **Stu|die** ['ʃtu:di̯ə], der Studie, die Studien:
kürzere wissenschaftliche Arbeit: eine Studie über die neue Krankheit schreiben / verfassen.

der **Stu|di|en|platz** ['ʃtu:di̯ənplat͡s], des Studienplatzes, die Studienplätze ['ʃtu:di̯ənplɛt͡sə]:
Platz für ein Studium an einer Universität: einen Studienplatz für Medizin bekommen / haben.

Studienplatz

Um einen Studienplatz an einer deutschen Universität zu bekommen, braucht man die allgemeine Hochschulreife, das sogenannte Abitur. Zum Studium an einer der Fachhochschulen benötigt man die fachgebundene Hochschulreife, das sogenannte Fachabitur. Bewerber aus dem Ausland, die die Hochschulreife nicht an einer deutschen Schule erlangt haben, sollten sich rechtzeitig darüber informieren, ob der Schulabschluss aus dem Heimatland in Deutschland für ein Studium ausreichend ist. Auskünfte darüber geben die Akademischen Auslandsämter der Hochschulen. Telefonnummern und E-Mail-Adressen gibt es auf den Internetseiten jeder Hochschule. Für beliebte Studienfächer (Medizin, Jura, Betriebswirtschaft) gibt es seit vielen Jahren den sogenannten »Numerus clausus«. Darunter versteht man einen Notendurchschnitt, den man mit seinem Abiturergebnis mindestens erreichen muss, um ein bestimmtes Studium beginnen zu können. Manche Universitäten veranstalten für Bewerber in bestimmten Fächern auch Eignungstests.

▸ **stu|die|ren** [ʃtu'di:rən], studiert, studierte, hat studiert:
1. *eine Ausbildung an einer Hochschule, Universität machen:* Biologie / Medizin studieren · Sie hat in Hamburg und Berlin studiert. · Sie haben ihre drei Kinder studieren lassen.
2. *genau durchlesen:* einen Vertrag / die Unterlagen sorgfältig studieren · Wie lange willst du die Speisekarte noch studieren?

▸ das **Stu|dio** ['ʃtu:di̯o], des Studios, die Studios:
Raum, in dem Filme gedreht, Aufnahmen gemacht werden: einen Film komplett im Studio drehen · Die CD der Rockgruppe wird im Studio aufgenommen.

▸ das **Stu|di|um** ['ʃtu:di̯ʊm], des Studiums, die Studien ['ʃtu:di̯ən]:
1. *Ausbildung an einer Hochschule, Universität:* das Studium der Mathematik / der Biologie · ein Studium aufnehmen / beenden.
2. *intensive Beschäftigung mit einer Sache:* das Studium historischer Quellen.

▸ die **Stu|fe** ['ʃtu:fə], der Stufe, die Stufen:
1. *einzelner Teil einer Treppe:* die unterste Stufe · eine Treppe mit 102 Stufen hinaufsteigen · Achtung, Stufe[n]!
2. *Stadium, Grad einer Entwicklung:* Gesellschaften auf unterschiedlichen kulturellen Stufen.

▸ der **Stuhl** [ʃtu:l], des Stuhls, die Stühle ['ʃty:lə]:
1. *Möbel mit vier Beinen und einer Fläche für den Rücken zum Sitzen:* ein alter / harter Stuhl · Um den Tisch standen sechs hohe Stühle. · Nimm dir einen Stuhl und setz dich zu uns.
2. (besonders Medizin) *Kot des Menschen:* harter / weicher Stuhl · Blut im Stuhl haben.

▸ **stumm** [ʃtʊm]:
1. *nicht fähig zu sprechen:* ein stummes Kind · Meine Schwester ist stumm von Geburt an.
2. *ohne zu sprechen:* Statt zu antworten, sitzt er nur stumm da.

stumpf [ʃtʊmp͜f], stumpfer, am stumpf[e]sten:
1. *(von Messern u. Ä.) nicht scharf:* ein stumpfes Messer / eine stumpfe Schere.
2. *(von einem länglichen Gegenstand) nicht [mehr] spitz:* ein stumpfer Bleistift / Farbstift.
3. *ohne Glanz:* stumpfes Haar.

▸ die **Stun|de** ['ʃtʊndə], der Stunde, die Stunden:
1. *Zeitraum von 60 Minuten:* eine halbe / ganze Stunde · Die Fahrt dauert mindestens drei Stunden.
2. *Unterricht von etwa 45 Minuten (in der Schule):* Morgen habe ich die erste Stunde frei. · Sie haben jeden Tag sechs Stunden Unterricht.

stun|den|lang ['ʃtʊndn̩laŋ]:
1. *einige, mehrere Stunden lang:* stundenlange Sitzungen · Er sortiert stundenlang seine Briefmarken.
2. (emotional übertreibend) *sehr lang:* Sie steht jeden Tag stundenlang vor dem Spiegel.

der **Stun|den|plan** ['ʃtʊndn̩pla:n], des Stundenplan[e]s, die Stundenpläne ['ʃtʊndn̩plɛ:nə]:
Reihenfolge der Stunden in einer Schule: Der Stundenplan wechselt im neuen Schuljahr.

stünd|lich ['ʃtʏntlɪç]:
jede Stunde: Es fährt stündlich ein Zug

nach Berlin. · Sie müssen stündlich das Fieber messen.

stur [ʃtuːɐ̯], sturer, am stursten: *nicht bereit, auf andere Menschen, Meinungen einzugehen:* eine sture Person · Sie bleibt stur bei ihrer Meinung.

der **Sturm** [ʃtʊrm], des Sturm[e]s, die Stürme [ˈʃtʏrmə]:
1. *sehr starker Wind:* ein heftiger / schwerer Sturm · Der Sturm tobte die ganze Nacht. · Das Schiff war in einen Sturm geraten.
2. *heftiger Angriff:* Der General gab den Befehl zum Sturm auf die Stadt.
3. *Spielerinnen und Spieler einer Mannschaft, die angreifen:* Er spielt im Sturm seiner Fußballmannschaft.

stür|men [ˈʃtʏrmən], stürmt, stürmte, gestürmt:
1. ⟨hat⟩ *(vom Wind) sehr heftig wehen:* Es hat die ganze Nacht so gestürmt, dass ich nicht schlafen konnte.
2. ⟨hat⟩ *schnell erobern:* Die Polizei hat das Gebäude gestürmt und die Geiseln befreit.
3. ⟨ist⟩ *sehr schnell irgendwohin laufen:* aus dem Haus / Zimmer stürmen · Die Kinder sind auf den Spielplatz gestürmt.
4. ⟨hat⟩ *(besonders im Fußball) angreifen:* Die gegnerische Mannschaft stürmte schon gleich zu Beginn des Spiels.

stür|misch [ˈʃtʏrmɪʃ], stürmischer, am stürmischsten:
1. *sehr windig:* ein stürmischer Tag / Herbst · stürmisches Wetter.
2. *vom Sturm bewegt:* die stürmische See · Das Meer ist heute sehr stürmisch.
3. *voller Leidenschaft, leidenschaftlich:* eine stürmische Begrüßung / Umarmung · Sie ist eine stürmische Liebhaberin. · Er umarmte sie stürmisch.
4. *sehr groß, heftig:* stürmischer Applaus / Jubel · eine stürmische Diskussion.
5. *sehr schnell:* die stürmische Entwicklung der Technik.

der **Sturz** [ʃtʊrt͜s], des Sturzes, die Stürze [ˈʃtʏrt͜sə]:
1. *das Fallen:* Den Sturz aus dem Fenster hat sie nicht überlebt.
2. *Ende einer Regierung durch Gewalt, Zwang:* der Sturz der Regierung / des Präsidenten.

stür|zen [ˈʃtʏrt͜sn̩], stürzt, stürzte, gestürzt:
1. ⟨ist⟩ *in die Tiefe fallen:* vom Dach / aus dem Fenster stürzen · Das Flugzeug stürzte ins Meer.
2. ⟨ist⟩ *hinfallen:* schwer / unglücklich stürzen · mit dem Fahrrad stürzen.
3. ⟨hat⟩ *mit Gewalt aus dem Amt, der Regierung entfernen:* Der Präsident / Die Regierung wurde gestürzt.
4. ⟨hat⟩ *mit Absicht in die Tiefe werfen:* Er war so verzweifelt, dass er sich von der Brücke gestürzt hat.

stüt|zen [ˈʃtʏt͜sn̩], stützt, stützte, hat gestützt:
1. *Halt geben:* Der schiefe Turm wird von dicken Stangen aus Metall gestützt.
2. *als Stütze benutzen:* sich auf einen Stock stützen · Stütz dich nicht immer mit den Ellenbogen auf den Tisch!
3. *als Grundlage haben:* Auf welche Fakten stützt sich das Urteil / die Anklage?

die **Su|che** [ˈzuːxə], der Suche, die Suchen: *Versuch, eine Person oder eine Sache zu finden:* Die Suche nach den vermissten Personen wurde abgebrochen. · Wir sind auf der Suche nach Arbeit / einer Wohnung.

▸ **su|chen** [ˈzuːxn̩], sucht, suchte, hat gesucht:
1. *versuchen, eine Person, Sache zu finden:* Er sucht jeden Morgen seinen Autoschlüssel / seine Brille. · Sie haben in der ganzen Stadt nach dem vermissten Kind gesucht. · Nach dem Überfall suchte die Polizei die Täter.
2. *versuchen, etwas zu bekommen:* eine Arbeit / Stelle / einen Job suchen · Sie suchen eine große Wohnung oder ein Haus mit Garten.
3. *versuchen, etwas durch Nachdenken, Überlegen herauszufinden:* eine Lösung / einen Ausweg suchen · Sie suchte nach Gründen / Erklärungen für sein Verhalten.
4. *versuchen, etwas zu erreichen:* Rat / Schutz suchen · Sie suchten Unterstützung bei einem Experten.

▸ die **Sucht** [zʊxt], der Sucht, die Süchte [ˈzʏçtə] und Suchten:
1. *sehr großes, starkes Verlangen:* die Sucht nach Geld / Reichtum.
2. *das Abhängigsein von Alkohol, Nikotin, Drogen:* die Sucht nach Alkohol / Tabletten · Sie hat ihre Sucht nach Alkohol erfolgreich bekämpft.

▸ **süch|tig** [ˈzʏçtɪç], süchtiger, am süchtigsten:
1. *abhängig von etwas, so dass man krank ist:* ein süchtiger junger Mann · Sie ist schon lange süchtig. · Er ist von Medikamenten süchtig geworden.
2. *so, dass man etwas unbedingt haben möchte:* Ich bin süchtig nach Schokolade / guten Büchern.

das **Sucht|mit|tel** ['zʊxt'mɪtl̩], des Suchtmittels, die Suchtmittel:
etwas, was süchtig, abhängig macht: Alkohol und Tabletten sind auch Suchtmittel.

Süd [zy:t]:
Süden: Der Wind kommt aus / von Süd. · Die Familie kommt aus Nord und Süd zusammen.

der **Sü|den** ['zy:dn̩], des Südens:
Teil des Himmels, an dem die Sonne mittags am höchsten steht: von / im / nach Süden · Der Wind weht aus Süden. · Die Stadt München liegt im Süden Deutschlands.

süd|lich ['zy:tlɪç]:
1. ⟨südlicher, am südlichsten⟩ *so, dass es im Süden liegt, sich befindet:* der südliche Teil des Landes · die südliche Halbkugel.
2. ⟨südlicher, am südlichsten⟩ *so, dass es von Süden kommt oder nach Süden führt, zeigt:* Er steuert das Boot in südliche Richtung.
3. ⟨mit Genitiv⟩ *im Süden:* südlich des Flusses ein Haus bauen.
4. *im Süden von; so, dass es weiter im Süden liegt als:* südlich von München.

die **Sum|me** ['zʊmə], der Summe, die Summen:
1. *Ergebnis, wenn zwei oder mehrere Zahlen zusammengefasst werden:* Die Summe von 10 plus 8 ist 18. · 10 plus 10 – hast du die Summe schon ausgerechnet?
2. *bestimmte Menge an Geld:* eine hohe / niedrige Summe · Für die Summe von 1 000 Euro bekommt man ein sehr gutes Fahrrad.

sum|men ['zʊmən], summt, summte, hat gesummt:
1. *einen gleichmäßigen leisen Ton erzeugen:* Die Bienen / Fliegen summen. · Die Kamera summte.
2. *Töne, eine Melodie mit geschlossenem Mund singen:* ein Lied / eine Melodie summen · Das Kind summte leise vor sich hin.

su|per ['zu:pɐ] (umgangssprachlich):
sehr, besonders gut; ausgezeichnet: ein super Angebot / Auto · Das Essen hier ist super. · Du bist einfach super!

der **Su|per|markt** ['zu:pɐmarkt], des Supermarkt[e]s, die Supermärkte ['zu:pɐmɛrktə]:
großes Geschäft, v. a. für Lebensmittel: im Supermarkt einkaufen · Jeden Freitag fahren wir zum Einkaufen in den Supermarkt.

die **Sup|pe** ['zʊpə], der Suppe, die Suppen:
warmes oder kaltes flüssiges Essen: Als Vorspeise nehme ich eine Suppe, meine Frau nimmt einen Salat.

sur|fen ['zø:ɐ̯fn̩], surft, surfte, hat / ist gesurft:
1. *sich auf einem speziellen Brett von den Wellen des Meeres tragen lassen:* Ich will nicht surfen lernen, ich habe Angst vor Wasser.
2. (EDV) *im Internet nach Informationen suchen:* im Netz / im Cyberspace surfen.

süß [zy:s], süßer, am süßesten:
1. *nach Honig, Zucker schmeckend:* süße Marmelade · Die Erdbeeren schmecken richtig süß.
2. (emotional) *hübsch, niedlich:* ein süßes Baby.

die **Sü|ßig|keit** ['zy:sɪçkai̯t], der Süßigkeit, die Süßigkeiten:
Süßes in Form von Schokolade, Bonbons: Nachmittags isst / knabbert sie immer Süßigkeiten.

der **Süß|stoff** ['zy:sʃtɔf], des Süßstoff[e]s, die Süßstoffe:
künstlicher Zucker: Ich nehme Süßstoff statt Zucker für meinen Kaffee.

das **Sweat|shirt** ['svɛtʃø:ɐ̯t], des Sweatshirts, die Sweatshirts:
bequemer, weiter Pullover aus Baumwolle: ein rotes Sweatshirt mit Kapuze · Für das Konzert ziehst du bitte ein Hemd an, kein Sweatshirt!

das **Sym|bol** [zʏm'bo:l], des Symbols, die Symbole:
1. *Zeichen, das für etwas steht:* Die weiße Taube ist ein Symbol des Friedens.
2. (Fachsprache) *Zeichen:* ein chemisches / mathematisches Symbol.

die **Sym|pa|thie** [zʏmpa'ti:], der Sympathie, die Sympathien [zʏmpa'ti:ən]:
positive Einstellung zu einer Person, Sache: große / wenig Sympathie empfinden / haben · Seine Sympathie gehört den Verlierern.

sym|pa|thisch [zʏm'pa:tɪʃ], sympathischer, am sympathischsten:
angenehm, positiv auf andere wirkend: eine sympathische Person · Ich finde ihn sehr sympathisch.

das **Sys|tem** [zʏs'te:m], des Systems, die Systeme:
1. *Ordnung, Methode, nach der etwas organisiert ist:* Es ist nicht klar, welches System hinter dieser Sache steckt. · Auf welchem System beruhen diese Forschungen?
2. *staatliche, wirtschaftliche Ordnung*

einer Gesellschaft: ein demokratisches / marktwirtschaftliches / kapitalistisches System.

sys|te|ma|tisch [zʏsteˈmaːtɪʃ], systematischer, am systematischsten:
nach einem System, ein System betreffend: eine systematische Ordnung · Er hat sich systematisch auf die Prüfung vorbereitet. · Die Polizei suchte systematisch den Wald ab.

die **Sze|ne** [ˈstseːnə], der Szene, die Szenen:
1. *kurze Einheit eines Spiels im Theater, Film:* eine berühmte Szene aus dem Film »Casablanca« · Der erste Akt dieser Komödie hat fünf Szenen.
2. *Vorgang, Vorfall, den jemand beobachtet:* eine komische / traurige Szene · Ein Mann, der die Szene zufällig beobachtet hatte, rief die Polizei.
3. *Vorwürfe, Auseinandersetzung:* Jedes Mal, wenn er zu spät nach Hause kam, machte sie ihm eine Szene.
4. *Bereich, der typisch ist für bestimmte Tätigkeiten:* die alternative / literarische / politische Szene Münchens.

T

der **Ta|bak** [ˈtaːbak], des Tabaks, die Tabake:
Pflanze mit großen Blättern, aus denen z. B. Zigaretten hergestellt werden: ein leichter / schwerer Tabak · Was für eine Sorte Tabak rauchst du?

die **Ta|bel|le** [taˈbɛlə], der Tabelle, die Tabellen:
Liste, Aufstellung: Die Namen der Gewinner wurden in einer Tabelle veröffentlicht.

das **Ta|blett** [taˈblɛt], des Tablett[e]s, die Tabletts:
Brett mit einem Rand zum Transportieren von Geschirr, Getränken, Speisen: Er brachte ein Tablett mit sechs Gläsern und einer Flasche Mineralwasser.

die **Ta|blet|te** [taˈblɛtə], der Tablette, die Tabletten:
Medikament in Form einer kleinen [weißen] Scheibe: eine Tablette [ein]nehmen / schlucken · Der Arzt hat ihr Tabletten gegen die Schmerzen verschrieben.

das **Ta|bu** [taˈbuː], des Tabus, die Tabus:
Verbot, bestimmte Dinge zu tun oder über sie zu sprechen: ein gesellschaftliches / kulturelles Tabu · Mit dieser Bemerkung hat er ein Tabu verletzt.

die **Ta|fel** [ˈtaːfl̩], der Tafel, die Tafeln:
1. *Brett an der Wand, auf das man schreiben oder an das man Zettel hängen kann:* einen Zettel an die Tafel hängen / kleben · Die Lehrerin schreibt die neuen Wörter mit roter Kreide an die Tafel.
2. *flaches Stück in Form einer Platte:* eine Tafel Schokolade essen / kaufen.
3. *großer, schön gedeckter Tisch:* eine festlich geschmückte Tafel für zwanzig Personen.

der **Tag** [taːk], des Tag[e]s, die Tage:
1. *Zeitraum von Mitternacht bis Mitternacht:* Ein Tag hat 24 Stunden und eine Woche hat sieben Tage. · Sie geht jeden Tag arbeiten / einkaufen / schwimmen. · An welchem Tag kommst du?
2. *Zeit zwischen Morgen und Abend:* ein sonniger / nebliger Tag · Es wird langsam Tag. · Du kannst nur am Tag im Garten arbeiten.
3. (umgangssprachlich verhüllend) *Menstruation:* Sie hat / bekommt ihre Tage.

das **Ta|ge|buch** [ˈtaːgəbuːx], des Tagebuch[e]s, die Tagebücher [ˈtaːgəbyːçɐ]:
Buch, Heft, in das man jeden Tag seine Gedanken schreibt: ein Tagebuch führen / schreiben.

ta|ge|lang [ˈtaːgəlaŋ]:
mehrere Tage dauernd: eine tagelange Aufregung · Sie hatten tagelang keinen Strom.

der **Ta|ges|ab|lauf** [ˈtaːgəs|aplau̯f], des Tagesablauf[e]s, die Tagesabläufe [ˈtaːgəs|aplɔy̯fə]:
Verlauf eines Tages: Wie sieht dein Tagesablauf aus?

die **Ta|ges|kar|te** [ˈtaːgəskartə], der Tageskarte, die Tageskarten:
Eintrittskarte, Fahrkarte, die einen Tag lang gültig ist: Mit der Tageskarte kannst du heute so oft Straßenbahn fahren, wie du willst.

die **Ta|ges|mut|ter** [ˈtaːgəsmʊtɐ], der Tagesmutter, die Tagesmütter [ˈtaːgəsmʏtɐ]:
Frau, die kleine Kinder berufstätiger Eltern betreut: Unsere Kinder sind tagsüber bei einer Tagesmutter.

die **Ta|ges|ord|nung** [ˈtaːgəs|ɔrdnʊŋ], der Tagesordnung, die Tagesordnungen:
Liste der Themen einer Sitzung: Setzen Sie bitte diesen Punkt noch auf die Tagesordnung. · Was steht denn heute auf der Tagesordnung?

täg|lich [ˈtɛːklɪç]:
jeden Tag: das tägliche Leben / die tägliche Arbeit · Sie besucht ihre Eltern fast

täglich. · Nehmen Sie dreimal täglich eine Tablette ein.

▶ **tags|über** ['ta:ks|y:bɐ]:
während des Tages: Ruf mich abends an, tagsüber bin ich nicht zu erreichen.

die **Ta|gung** ['ta:gʊŋ], der Tagung, die Tagungen:
Treffen von Fachleuten, Experten: eine Tagung besuchen · an einer Tagung teilnehmen.

die **Tail|le** ['taljə], der Taille, die Taillen:
schmale Stelle zwischen Oberkörper und Bauch: eine schmale / schlanke Taille haben.

der **Takt** [takt], des Takt[e]s, die Takte:
1. *das Einteilen eines Musikstückes in Einheiten:* den Takt angeben / schlagen · im Takt bleiben.
2. *Gefühl für Höflichkeit:* viel / wenig / keinen Takt haben.

▶ das **Tal** [ta:l], des Tal[e]s, die Täler ['tɛ:lɐ]:
tiefer liegendes Gebiet in den Bergen: ein enges / tiefes Tal · Vom Berg sehen / gehen sie ins Tal hinunter.

▶ das **Ta|lent** [ta'lɛnt], des Talent[e]s, die Talente:
1. *besondere Fähigkeit auf einem bestimmten Gebiet:* künstlerisches / mathematisches Talent haben.
2. *Person, die eine besondere Fähigkeit hat:* junge Talente entdecken / fördern.

der **Tam|pon** ['tampɔn], des Tampons, die Tampons:
1. *kleines festes Stück Watte, mit dem man Flüssigkeiten, z. B. Blut, beseitigen kann:* Der Arzt presst einen Tampon auf die blutende Wunde.
2. *dünne feste Rolle aus Watte, die Frauen während der Menstruation im Körper tragen:* Benutzte Tampons nicht in die Toilette werfen!

▶ **tan|ken** ['taŋkn̩], tankt, tankte, hat getankt:
Benzin in den im Auto dafür vorgesehenen Behälter füllen: Benzin tanken.

▶ die **Tank|stel|le** ['taŋkʃtɛlə], der Tankstelle, die Tankstellen:
Ort, an dem man Benzin tanken, kaufen kann: An der nächsten Tankstelle muss ich unbedingt tanken.

die **Tan|ne** ['tanə], der Tanne, die Tannen:
hoher Nadelbaum mit (dunkel)grünen Nadeln: Wir müssen noch einen Weihnachtsbaum kaufen, am besten eine Tanne.

▶ die **Tan|te** ['tantə], der Tante, die Tanten:
Schwester, Schwägerin der Mutter, des Vaters: Tante Beate und Tante Doris kommen am Sonntag zu Besuch.

▶ der **Tanz** [tants], des Tanzes, die Tänze ['tɛntsə]:
1. *das Bewegen des Körpers zu Musik:* moderne / traditionelle Tänze · Er fordert sie zum Tanz auf.
2. *Musik, die so komponiert ist, dass man dazu tanzen kann:* Der Walzer ist ein bekannter und beliebter Tanz.

▶ **tan|zen** ['tantsn̩], tanzt, tanzte, hat getanzt:
1. *sich im Takt der Musik bewegen:* gerne / sehr gut tanzen · Sie tanzt den ganzen Abend nur mit ihm.
2. *sich im Takt einer bestimmten Musik bewegen:* einen Walzer / Tango tanzen.

die **Ta|pe|te** [ta'pe:tə], der Tapete, die Tapeten:
Papier [mit Mustern], das an die Wände von Zimmern geklebt wird: eine bunte / einfache Tapete · An einer Wand des Zimmers war die Tapete abgerissen.

tap|fer ['tapfɐ], tapferer, am tapfersten:
ohne Angst zu zeigen: Nicht weinen, die Spritze tut nicht weh, sei tapfer!

der **Ta|rif** [ta'ri:f], des Tarif[e]s, die Tarife:
1. *fester Preis:* die Tarife der Bahn / der Busse · Die Versicherungen erhöhen jährlich die Tarife.
2. *durch Vertrag festgesetzte Löhne:* In dieser Firma wird nach / über / unter Tarif bezahlt.

▶ die **Ta|sche** ['taʃə], der Tasche, die Taschen:
1. *Teil in einem Kleidungsstück:* volle / leere Taschen · den Schlüssel in die Tasche stecken · Die Hose hat vorne zwei Taschen, hinten nur eine.
2. *Beutel aus Leder, Stoff o. Ä. mit Henkel, Griffen zum Tragen:* eine kleine / schwere Tasche · eine Tasche tragen / abstellen · Sie packt die Einkäufe in die Tasche.

das **Ta|schen|buch** ['taʃn̩bu:x], des Taschenbuch[e]s, die Taschenbücher ['taʃn̩by:çɐ]:
Buch in kleinerem Format und zu einem günstigen Preis: Als Taschenbuch kostet der Roman nur die Hälfte.

▶ das **Ta|schen|geld** ['taʃn̩gɛlt], des Taschengeld[e]s, die Taschengelder:
kleiner Betrag Geld, der vor allem Kindern regelmäßig gegeben wird: Das Mädchen bekommt 10 Euro Taschengeld im Monat.

die **Ta|schen|lam|pe** ['taʃn̩lampə], der Taschenlampe, die Taschenlampen:
kleine Lampe, die mit Batterie funktioniert: Im Keller ist das Licht kaputt, nimm eine Taschenlampe mit.

das **Ta|schen|mes|ser** ['taʃn̩mɛsɐ], des Taschenmessers, die Taschenmesser: *kleines Messer, bei dem sich die Klinge in den Griff klappen lässt:* Beim Wandern habe ich immer ein Taschenmesser dabei.

der **Ta|schen|rech|ner** ['taʃn̩rɛçnɐ], des Taschenrechners, die Taschenrechner: *kleiner elektronischer Rechner:* Die Schüler dürfen im Unterricht einen Taschenrechner benutzen.

▶ das **Ta|schen|tuch** ['taʃn̩tu:x], des Taschentuch[e]s, die Taschentücher ['taʃn̩ty:çɐ]: *kleines Tuch, das in die Tasche passt, und mit dem sich die Nase putzt:* Er zieht ein großes kariertes Taschentuch aus der Hosentasche.

▶ die **Tas|se** ['tasə], der Tasse, die Tassen: *Gefäß aus Porzellan mit einem Henkel, aus dem man trinkt:* eine Tasse Kaffee / Tee · Mein kleiner Sohn kann schon aus einer Tasse trinken.

▶ die **Tas|ta|tur** [tasta'tu:ɐ̯], der Tastatur, die Tastaturen:
1. (EDV) *Gerät mit Tasten:* eine flache / schmale Tastatur · Die meisten Computer haben noch Maus und Tastatur.
2. *alle Tasten eines Gerätes:* die Tastatur des Telefons.
3. *alle Tasten eines Musikinstrumentes:* die Tastatur des Klaviers.

die **Tas|te** ['tastə], der Taste, die Tasten:
1. *Knopf an einem Gerät, einer Maschine zum Drücken:* die schwarzen / roten Tasten eines Telefons · Zum Öffnen der Tür die grüne Taste drücken!
2. *Teil eines Musikinstrumentes, der mit dem Finger gedrückt wird, um einen Ton zu erzeugen:* Nicht auf die Tasten des Klaviers hauen!

▶ die **Tat** [ta:t], der Tat, die Taten: *das Tun, Handeln:* eine gute / tapfere Tat · Dieses Verbrechen ist die Tat eines Verrückten.; * **in der Tat:** *wirklich, tatsächlich:* Es ist in der Tat so, wie du sagst.

▶ der **Tä|ter** ['tɛ:tɐ], des Täters, die Täter, die **Tä|te|rin** ['tɛ:tərɪn], der Täterin, die Täterinnen: *Person, die eine Tat, ein Verbrechen begeht:* Die Polizei hat die Täter verfolgt und verhaftet.

tä|tig ['tɛ:tɪç]:
1. *aktiv, selbst handelnd:* ein äußerst tätiger Mensch.
2. *beruflich arbeitend:* Er ist als Ingenieur / Manager tätig.

▶ die **Tä|tig|keit** ['tɛ:tɪçkai̯t], der Tätigkeit, die Tätigkeiten:
1. *das Tun, Handeln:* geistige / körperliche Tätigkeit.
2. *berufliche Aktivität:* Sie sucht eine interessante und gut bezahlte Tätigkeit.

die **Tat|sa|che** ['ta:tzaxə], der Tatsache, die Tatsachen: *etwas, was geschehen, vorhanden ist:* An dieser Tatsache ist nichts zu ändern. · Erzähl keine Geschichten, sondern bleib bei den Tatsachen!

▶ **tat|säch|lich** ['ta:tzɛçlɪç]:
1. *richtig, wirklich, wahr:* Ist das tatsächlich deine Schwester? · Du bist ja tatsächlich gekommen! · Er hat doch tatsächlich die Prüfung bestanden!
2. *als Tatsache bestehend, vorhanden:* die tatsächliche Ursache für diese Entwicklung.

der **Tau** [tau̯], des Tau[e]s: *Feuchtigkeit, die morgens auf Pflanzen liegt:* Am Morgen lag Tau auf der Wiese.

▶ **taub** [tau̯p]:
1. *nicht hören könnend:* Mein Opa ist auf einem Ohr völlig taub.
2. *nichts mehr empfinden könnend:* Meine Füße sind vor Kälte ganz taub.

die **Tau|be** ['tau̯bə], der Taube, die Tauben: *Vogel mit grauen Federn:* Tauben füttern verboten!

▶ **tau|chen** ['tau̯xn̩], taucht, tauchte, getaucht:
1. ⟨hat / ist⟩ *mit dem Kopf ganz unter Wasser gehen:* Die Enten tauchen. · Der Junge taucht nach Münzen.
2. ⟨hat⟩ *in Wasser, in eine Flüssigkeit halten:* den Pinsel in die Farbe tauchen · Sie taucht einen Keks in den Kaffee.

tau|en ['tau̯ən], taut, taute, ist getaut: *zu Wasser, flüssig werden:* Das Eis / Der Schnee ist getaut.

die **Tau|fe** ['tau̯fə], der Taufe, die Taufen: *das Taufen:* Die Taufe unseres jüngsten Kindes findet am Sonntag statt.

tau|fen ['tau̯fn̩], tauft, taufte, hat getauft: *durch eine Feier in die Kirche aufnehmen:* Die Pfarrerin hat das Kind getauft.

tau|gen ['tau̯gn̩], taugt, taugte, hat getaugt: *geeignet, wert sein:* Das Messer / Die Schere taugt nichts.

▶ **tau|schen** ['tau̯ʃn̩], tauscht, tauschte, hat getauscht: *etwas geben und dafür etwas anderes bekommen:* Briefmarken tauschen · Willst du deinen Platz mit mir tauschen?

täu|schen ['tɔyʃn̩], täuscht, täuschte, hat getäuscht:
1. *bewusst einen falschen Eindruck ent-*

stehen lassen: Sie haben uns mit ihren Angaben über das Auto getäuscht.
2. ⟨+ sich⟩ *sich irren:* Wenn du denkst, ich mache bei dieser Sache mit, dann täuschst du dich aber!

▶ **tau|send** ['tau̯znt] (in Ziffern: 1 000): *die Zahl 1 000:* Die Firma beschäftigt etwa tausend Personen. · Kannst du schon bis tausend zählen?

die **Tax|card** ['takska:ɐ̯t], der Taxcard, die Taxcards (schweizerisch):
Telefonkarte: Du kannst mit meiner Taxcard telefonieren.

▶ das *oder* der **Ta|xi** ['taksi], des Taxis, die Taxis:
Auto, mit dem man sich gegen Bezahlung irgendwohin bringen lassen kann: ein Taxi bestellen / rufen / nehmen · mit dem Taxi zum Bahnhof fahren.

▶ das **Team** [ti:m], des Teams, die Teams:
1. *Gruppe von Personen, die gemeinsam eine Aufgabe lösen:* ein erfahrenes / gutes Team · in einem Team arbeiten.
2. *(im Sport) Mannschaft:* das deutsche Team · Er hat lange im deutschen Team gespielt.

▶ die **Tech|nik** ['tɛçnɪk], der Technik, die Techniken:
1. moderne / neueste Technik · Die digitalen Techniken haben vieles verändert.
2. *besondere Methode, etwas zu tun:* eine Technik beherrschen · Der Künstler hat neue Techniken ausprobiert.

▶ **tech|nisch** ['tɛçnɪʃ]:
zur Technik gehörend: technische Fortschritte / Kenntnisse · an einer technischen Hochschule studieren.

▶ die **Tech|no|lo|gie** [tɛçnolo'gi:], der Technologie, die Technologien [tɛçnolo'gi:ən]:
das gesamte technische Wissen: die Technologien der Zukunft.

der **Ted|dy** ['tɛdi], des Teddys, die Teddys:
ein Bär aus Stoff als Spielzeug für Kinder: Ohne seinen Teddy kann der kleine Junge nicht einschlafen.

▶ der **Tee** [te:], des Tees, die Tees:
1. *getrocknete Blätter eines Strauches:* schwarzer / grüner Tee · eine Dose / Packung Tee kaufen.
2. *Getränk, das aus Tee* (1) *zubereitet wird:* Tee trinken · Sie trinkt ihren Tee mit Zucker und Milch statt mit Zitrone.
3. *Getränk aus getrockneten Blüten, Kräutern:* Bei Husten und Fieber hilft ein Tee aus Kräutern.

der **Tee|beu|tel** ['te:bɔ͜ytl̩], des Teebeutels, die Teebeutel:
kleiner Beutel aus dünnem Papier, Stoff, der mit Tee gefüllt ist: Einen Teebeutel in die Tasse hängen, mit heißem Wasser übergießen und drei Minuten ziehen lassen.

der **Tee|löf|fel** ['te:lœfl̩], des Teelöffels, die Teelöffel:
kleiner Löffel: drei Teelöffel [voll] Zucker.

der **Teen|ager** ['ti:nle:dʒɐ], des Teenagers, die Teenager:
Jugendliche[r] im Alter zwischen 13 und 19 Jahren: Der Teenager von heute geht nie ohne Kopfhörer aus.

der **Teich** [tai̯ç], des Teich[e]s, die Teiche:
kleiner See: ein kleiner / künstlicher Teich · Er hat im Garten einen Teich angelegt.

der **Teig** [tai̯k], des Teig[e]s, die Teige:
Masse aus Mehl und Wasser oder Milch zum Backen von Brot, Kuchen: ein dünner / glatter Teig · einen Teig kneten / rühren.

▶ der *oder* das **Teil** [tai̯l], des Teil[e]s, die Teile:
1. ⟨der⟩ *Stück eines Ganzen:* Ein Teil meiner Familie lebt in Berlin. · Im hinteren Teil des Gartens stehen zwei große Bäume.
2. ⟨der *oder* das⟩ *einzelnes Stück von mehreren Stücken (eines Ganzen):* Ein wichtiges Teil des Motors ist kaputt. · Das Puzzle hat 500 Teile.

▶ **tei|len** ['tai̯lən], teilt, teilte, hat geteilt:
1. *in einzelne Teile einteilen:* Sie teilt den Kuchen in acht gleiche Stücke. · Die Kinder teilen sich die Schokolade.
2. *berechnen, wie oft eine Zahl in einer anderen enthalten ist:* Zwanzig geteilt durch vier ist fünf.

▶ die **Teil|nah|me** ['tai̯lna:mə], der Teilnahme:
1. *das Mitmachen, Teilnehmen:* Die Teilnahme an dieser Fortbildung wird durch ein Zertifikat bestätigt. · Mein Chef hat seine Teilnahme an dieser Veranstaltung zugesagt.
2. *Beileid:* Ich möchte Ihnen meine herzliche Teilnahme am Tod Ihres Vaters aussprechen.

▶ **teil|neh|men** ['tai̯lne:mən], nimmt teil, nahm teil, hat teilgenommen:
sich an etwas beteiligen: an einer Tagung / Versammlung teilnehmen · Der Schüler / Student nimmt am Unterricht / an der Diskussion teil. · Ich habe noch nie an einer Demonstration teilgenommen.

▶ der **Teil|neh|mer** ['tai̯lne:mɐ], des Teilnehmers, die Teilnehmer, die **Teil|neh|me|rin** ['tai̯lne:mərɪn], der Teilnehmerin, die Teilnehmerinnen:

Person, die an etwas teilnimmt: die Teilnehmer der Tagung · Eine der Teilnehmerinnen an der Umfrage gewann ein Auto.

teils [tai̯ls]:
*** teils ..., teils ...:** *je zu einem Teil:* Heute hat es teils geschneit, teils geregnet.

teil|wei|se ['tai̯lvai̯zə]:
zum Teil: Die Kirche wird teilweise renoviert.

die **Teil|zeit** ['tai̯ltsai̯t], der Teilzeit:
Arbeitszeit eines Arbeitnehmers, die nur einen Teil der sonst üblichen Arbeitszeit beträgt: Sie und ihr Mann arbeiten Teilzeit, um mehr Zeit für die Kinder zu haben.

das **Te|le|fon** [tele'fo:n], des Telefons, die Telefone:
Apparat für Gespräche über große Entfernungen: Das Telefon läutet / klingelt den ganzen Tag. · Mama, Telefon für dich!

das **Te|le|fon|buch** [tele'fo:nbu:x], des Telefonbuch[e]s, die Telefonbücher [tele'fo:nby:çɐ]:
Buch mit den Telefonnummern von Personen und Unternehmen: Sie steht nicht im Telefonbuch.

te|le|fo|nie|ren [telefo'ni:rən], telefoniert, telefonierte, hat telefoniert:
mit einer Person am Telefon sprechen: Er telefoniert jeden Abend mit seiner Mutter. · Ich muss mal kurz telefonieren, leihst du mir dein Handy?

die **Te|le|fon|ka|bi|ne** [tele'fo:nkabi:nə], der Telefonkabine, die Telefonkabinen (schweizerisch):
Telefonzelle: Er hat von einer Telefonkabine aus angerufen.

die **Te|le|fon|kar|te** [tele'fo:nkartə], der Telefonkarte, die Telefonkarten:
Karte aus Plastik zum Telefonieren: Die meisten öffentlichen Telefone funktionieren mit Telefonkarten statt mit Münzen.

die **Te|le|fon|num|mer** [tele'fo:nnʊmɐ], der Telefonnummer, die Telefonnummern:
Nummer, die gewählt werden muss, um telefonieren zu können: Gib mir deine Telefonnummer, ich rufe dich morgen an.

die **Te|le|fon|wert|kar|te** [tele'fo:nve:ɐ̯tkartə], der Telefonwertkarte, die Telefonwertkarten (österreichisch):
Telefonkarte: Kann ich mal deine Telefonwertkarte benutzen, bitte?

die **Te|le|fon|zel|le** [tele'fo:ntsɛlə], der Telefonzelle, die Telefonzellen:
Kabine mit einem Telefon: Es gibt immer weniger Telefonzellen, da die meisten mit dem Handy telefonieren.

der **Tel|ler** ['tɛlɐ], des Tellers, die Teller:
ein flacher / tiefer Teller · ein Teller mit Gebäck · Das Fleisch wurde auf großen weißen Tellern serviert.

das **Tem|pe|ra|ment** [tɛmpəra'mɛnt], des Temperament[e]s, die Temperamente:
lebhafter Charakter: viel / kein Temperament haben.

die **Tem|pe|ra|tur** [tɛmpəra'tu:ɐ̯], der Temperatur, die Temperaturen:
Wärme der Luft, eines Körpers: eine hohe / niedrige Temperatur · steigende / sinkende Temperaturen.

das **Tem|po** ['tɛmpo], des Tempos, die Tempos:
Geschwindigkeit einer Bewegung, Handlung: langsames / schnelles Tempo · Manche Dinge entwickeln sich in rasendem Tempo.

die **Ten|denz** [tɛn'dɛnts], der Tendenz, die Tendenzen:
1. *erkennbare Richtung einer Entwicklung:* eine positive / negative Tendenz · In der Musik zeichnen sich neue Tendenzen ab.
2. *Hang, Neigung:* Er hat die Tendenz, alles und jeden zu kritisieren.

das **Ten|nis** ['tɛnɪs], des Tennis:
Spiel, bei dem ein kleiner Ball über ein Netz geschlagen wird: Sie spielt sehr gut Tennis.

der **Tep|pich** ['tɛpɪç], des Teppichs, die Teppiche:
Belag für den Fußboden: ein alter / bunter / wertvoller Teppich · den Teppich reinigen / saugen.

der **Ter|min** [tɛr'mi:n], des Termins, die Termine:
festgelegter Tag, Zeitpunkt: einen Termin vereinbaren / verschieben · Ich muss meinen Termin beim Arzt absagen. · Er hält seine Termine nie ein.

der **Ter|min|ka|len|der** [tɛr'mi:nkalɛndɐ], des Terminkalenders, die Terminkalender:
Kalender, in den man seine Termine schreibt: den Termin mit der Chefin im Terminkalender festhalten.

die **Ter|ras|se** [tɛ'rasə], der Terrasse, die Terrassen:
Platz zum Sitzen im Freien, der zu einem Haus gehört: Vom Wohnzimmer kann man direkt auf die Terrasse gehen. · Sie frühstücken im Sommer immer auf der Terrasse.

der **Ter|ror** ['tɛroːɐ̯], des Terrors:
das Ausüben von Gewalt, um eigene Ziele zu erreichen: Terror gegen politische Gegner ausüben.

der **Ter|ro|rist** [tɛro'rɪst], des Terroristen, die Terroristen, die **Ter|ro|ris|tin** [tɛro'rɪstɪn], der Terroristin, die Terroristinnen:
Person, die mit Terror eigene Ziele erreichen will: Die Terroristen drohen, Brücken und Gebäude in die Luft zu sprengen, wenn ihre Forderung nicht erfüllt wird.

▶ der **Test** [tɛst], des Test[e]s, die Tests:
Versuch, bestimmte Eigenschaften festzustellen: wissenschaftliche / psychologische Tests · Es werden mehrere Tests durchgeführt.

das **Tes|ta|ment** [tɛsta'mɛnt], des Testament[e]s, die Testamente:
schriftliche Erklärung einer Person, wer nach ihrem Tod ihr Vermögen bekommt: ein gültiges / ungültiges Testament · ein Testament machen / schreiben.

▶ **tes|ten** ['tɛstn̩], testet, testete, hat getestet:
mithilfe eines Tests prüfen: ein Auto / ein Gerät / ein Medikament testen · Die Bewerber wurden den ganzen Tag lang getestet.

▶ **teu|er** ['tɔyɐ], teurer, am teuersten:
einen hohen Preis habend: ein teures Kleid / Geschenk · Die Wohnung ist zu teuer für uns. · Er leistet sich gerne teure Reisen.

der **Teu|fel** ['tɔyfl̩], des Teufels, die Teufel:
Gestalt als Symbol für das Böse: Er ist ein richtiger Teufel! · Das schmeckt ja eklig, pfui Teufel!

▶ der **Text** [tɛkst], des Text[e]s, die Texte:
1. *Folge von inhaltlich zusammenhängenden Sätzen in geschriebener Form:* ein kurzer / langer / leichter Text · einen Text lesen / korrigieren / schreiben · Ich habe den Text des Vertrages nicht verstanden.
2. *Worte, die zu einem Musikstück gehören:* der Text eines Liedes / einer Oper.

▶ das **The|a|ter** [te'aːtɐ], des Theaters, die Theater:
1. *Gebäude, in dem Schauspiele aufgeführt werden:* ein berühmtes Theater · Am Samstag gehen wir ins Theater.
2. (umgangssprachlich abwertend) *Ärger, Aufregung:* Immer wenn du aufräumen sollst, machst du so ein Theater!

die **The|ke** ['teːkə], der Theke, die Theken:
hoher Tisch in einem Lokal, Geschäft: Die Kunden stehen vor der Theke und warten, bis sie bedient werden. · Sie stand hinter der Theke und schenkte Bier ein.

▶ das **The|ma** ['teːma], des Themas, die Themen ['teːmən]:
Gegenstand einer Diskussion, einer schriftlichen Aufgabe: ein aktuelles / interessantes / wichtiges Thema · Über dieses Thema diskutiert / spricht sie nicht gerne. · Die Schüler konnten für ihren Aufsatz zwischen zwei Themen wählen.

▶ **the|o|re|tisch** [teo'reːtɪʃ]:
1. *die Theorie betreffend:* theoretische Kenntnisse / theoretisches Wissen · Auf die theoretische Ausbildung folgt die Praxis.
2. *nur gedacht, nicht wirklich:* Das ist nur theoretisch richtig, aber nicht in der Praxis.

▶ die **The|o|rie** [teo'riː], der Theorie, die Theorien [teo'riːən]:
Aussagen zur Erklärung bestimmter Tatsachen: eine falsche / richtige Theorie · Kannst du diese Theorie auch beweisen?

▶ die **The|ra|pie** [tera'piː], der Therapie, die Therapien [tera'piːən]:
Methode, um eine Krankheit zu heilen: eine neue / wirksame Therapie.

das **Ther|mo|me|ter** [tɛrmo'meːtɐ], des Thermometers, die Thermometer:
Gerät, um die Temperatur zu messen: Das Thermometer steigt / fällt. · Das Thermometer zeigt 5 Grad über / unter null.

die **Ther|mos|kan|ne**® ['tɛrmɔskanə], der Thermoskanne, die Thermoskannen:
spezielles Gefäß, in dem Getränke warm oder kühl bleiben: In der Thermoskanne bleibt der Tee über Stunden heiß.

ti|cken ['tɪkn̩], tickt, tickte, hat getickt:
kurzer Ton, der ständig und gleichmäßig erfolgt: Die Uhr / Der Wecker tickt.

▶ das **Ti|cket** ['tɪkət], des Tickets, die Tickets:
Fahrschein, besonders für Schiff und Flugzeug: ein gültiges / ungültiges Ticket · Bei der Kontrolle zeigte er sein Ticket nach New York.

▶ **tief** [tiːf], tiefer, am tiefsten:
1. *weit nach unten reichend:* ein tiefer Brunnen · Der Rhein ist ein breiter und tiefer Fluss. · Sie mussten tief bohren, um Wasser zu finden.
2. *weit in etwas hineinreichend:* Hier gibt es kein Kino, kein Theater – hier ist tiefste Provinz. · Im Märchen wohnt die Hexe tief im Wald. · »Bitte tief ein- und ausatmen«, sagt der Arzt.
3. ⟨mit Angaben von Maßen⟩ *eine*

bestimmte Tiefe habend: Der Schrank ist 200 cm hoch und 40 cm tief.
4. *dunkel klingend:* eine tiefe Stimme haben.
5. *nicht oberflächlich:* die tiefen Gedanken eines Philosophen · Sein Verhalten muss einen tieferen Grund haben.
6. *sehr groß, sehr stark:* tiefer Schmerz / tiefe Trauer · Sie war tief verletzt durch seine Worte.

die **Tie|fe** [ˈtiːfə], der Tiefe, die Tiefen:
1. *Ausdehnung nach unten, innen:* Vom Kirchturm aus blickten sie in die Tiefe.
2. *geistiger Gehalt:* Dieser Gedanke / Roman ist ohne Tiefe.
3. *Stärke eines Gefühls:* die Tiefe seiner Liebe / seiner Trauer.

das **Tier** [ˈtiːɐ̯], des Tier[e]s, die Tiere:
Lebewesen ohne Sprache, Vernunft: exotische Tiere wie Elefant und Löwe.

der **Tier|park** [tiːɐ̯park], des Tierpark[e]s, die Tierparks:
Zoo: Wollen wir am Sonntag in den Tierpark gehen?

der **Ti|ger** [ˈtiːgɐ], des Tigers, die Tiger:
wildes exotisches Tier mit braunem Fell und schwarzen Streifen: In Indien gibt es nur noch wenige Tiger.

die **Tin|te** [ˈtɪntə], der Tinte, die Tinten:
farbige Flüssigkeit zum Schreiben: mit schwarzer / grüner Tinte schreiben · Der Lehrer korrigiert mit roter Tinte.

der **Tipp** [tɪp], des Tipps, die Tipps:
Hinweis, Rat: ein guter / nützlicher Tipp · Er gab den neuen Kollegen viele Tipps.

tip|pen [ˈtɪpn̩], tippt, tippte, hat getippt:
1. *leicht, kurz berühren:* Der Polizist tippte an das Autofenster. · Sie tippt ihm / ihn auf die Schulter.
2. *auf einer Tastatur schreiben:* einen Brief / eine E-Mail / eine SMS tippen.

der **Tisch** [tɪʃ], des Tisch[e]s, die Tische:
Möbel aus einer Platte, die meist auf vier Stützen liegt: ein runder / viereckiger / hoher / niedriger Tisch · In dem Zimmer standen ein Bett, ein Tisch und zwei Stühle. · Alle saßen um den Tisch und redeten durcheinander. · Hast du schon einen Tisch im Restaurant bestellt?

das **Tisch|ten|nis** [ˈtɪʃtɛnɪs], des Tischtennis:
Spiel, bei dem ein kleiner Ball auf einer Art Tisch mit Schlägern über ein Netz geschlagen wird: Jeden Freitag spielt er mit Freunden Tischtennis.

der **Ti|tel** [ˈtiːtl̩], des Titels, die Titel:
1. *Bezeichnung für die Stellung einer Person:* Der unterste akademische Titel ist der Bachelor.
2. *Bezeichnung einer im Wettkampf erreichten Stufe:* Zum dritten Mal holte er den Titel des Weltmeisters.
3. *Name eines Buches, Films, Kunstwerks:* ein kurzer / sprechender Titel · Ein berühmter russischer Roman trägt den Titel »Anna Karenina«.
4. (schweizerisch) *Überschrift:* ein gelungener Titel.

tja [tja(ː)] (umgangssprachlich):
drückt Bedauern, Zögern aus: Der Zug ist gerade weg – tja, da kann man nichts machen.

der **Toast** [toːst], des Toast[e]s, die Toaste und Toasts:
durch Wärme braun und knusprig gemachte Scheibe Brot: zum Frühstück Toast mit Marmelade essen · Die Butter schmilzt auf dem warmen Toast.

der **Toas|ter** [ˈtoːstɐ], des Toasters, die Toaster:
elektrisches Gerät zum Herstellen von Toast: Heute gibt es keinen Toast, der Toaster ist kaputt.

to|ben [ˈtoːbn̩], tobt, tobte, getobt:
1. ⟨hat⟩ *wild und gefährlich sein:* Das Meer / Der Sturm tobt.
2. ⟨hat / ist⟩ *wild und fröhlich sein:* Die Kinder toben im Garten / durch den Garten.
3. ⟨hat⟩ *wütend sein:* Sie tobte vor Wut.

▸ die **Toch|ter** [ˈtɔxtɐ], der Tochter, die Töchter [ˈtœçtɐ]:
weibliches Kind: die älteste / jüngste Tochter · zwei Töchter und einen Sohn haben.

▸ der **Tod** [toːt], des Tod[e]s, die Tode:
Ende des Lebens: ein plötzlicher / schmerzloser Tod · Angst vor dem Tod haben · einen Mörder zum Tode verurteilen · Der Tod trat durch Erfrieren / durch Ersticken ein.

▸ **töd|lich** [ˈtøːtlɪç]:
1. *den Tod verursachend:* eine tödliche Krankheit / Verletzung · Seine Eltern sind tödlich verunglückt.
2. *das Leben bedrohend:* ein tödliches Risiko.
3. (umgangssprachlich) *sehr:* Auf dieser Party habe ich mich tödlich gelangweilt.

die **Toi|let|te** [to̯aˈlɛtə], der Toilette, die Toiletten:
1. *eine Art Schüssel zur Aufnahme von Kot und Urin, die dann mit Wasser entfernt werden:* Bitte nichts in die Toilette werfen!

2. *kleiner Raum mit einer Toilette [und einem Waschbecken]:* auf die Toilette gehen / müssen · Wo sind hier die Toiletten, bitte? · Darf ich Ihre Toilette benutzen?

das **Toi|let|ten|pa|pier** [to̯aˈlɛtn̩papiːɐ̯], des Toilettenpapiers, die Toilettenpapiere: *Papier, mit dem man sich nach Benutzung der Toilette abwischt:* zwei Rollen Toilettenpapier.

▶ **to|le|rant** [toleˈrant], toleranter, am tolerantesten: *andere Meinungen, Religionen akzeptieren:* ein toleranter Mensch / eine tolerante Gesellschaft · Sie ist anderen Menschen gegenüber sehr tolerant.

die **To|le|ranz** [toleˈrant͜s], der Toleranz: *Haltung, die andere Meinungen akzeptiert:* Toleranz zeigen · Keine Toleranz gegenüber Gewalt!

▶ **toll** [tɔl], toller, am tollsten (umgangssprachlich): *sehr schön, großartig:* ein tolles Auto / Haus · In diesem Kleid siehst du einfach toll aus!

▶ die **To|ma|te** [toˈmaːtə], der Tomate, die Tomaten: *runde rote Frucht, die als Gemüse zubereitet wird:* eine grüne / reife Tomate · Die Tomaten waschen, in Scheiben schneiden, mit Öl und Essig als Salat servieren.

der **Ton** [toːn], des Ton[e]s, die Töne [ˈtøːnə]:
1. *Klang:* ein hoher / tiefer Ton.
3. *Art, wie man sich ausdrückt:* ein freundlicher / ironischer Ton · In diesem Ton sprichst du nicht mit mir!
4. *Farbe:* rote Vorhänge in dunklen, warmen Tönen.

die **Ton|ne** [ˈtɔnə], der Tonne, die Tonnen:
1. *großer runder Behälter (aus Metall):* Regenwasser in einer Tonne sammeln · Wirf den Müll in die schwarze Tonne, nicht in die gelbe!
2. Einheit für das Gewicht: *tausend Kilogramm:* eine Tonne Mehl · Diese Maschine hat ein Gewicht von 6 Tonnen.

▶ der **Topf** [tɔp͜f], des Topf[e]s, die Töpfe [ˈtœp͜fə]:
1. *Gefäß mit Deckel, in dem Essen gekocht wird:* einen Topf auf den Herd setzen / stellen · in einem großen Topf Wasser zum Kochen bringen.
2. *rundes Gefäß, das oben etwas breiter ist:* ein Topf mit Petersilie · Vor meinem Fenster stehen bunte Töpfe mit Blumen.

der **Top|fen** [ˈtɔp͜fn̩], des Topfens (österreichisch): *Quark:* Milchprodukte wie Butter und Topfen.

▶ das **Tor** [toːɐ̯], des Tor[e]s, die Tore:
1. *große Tür in einer Mauer, einem Zaun:* ein breites / hohes Tor · Das Tor öffnet / schließt automatisch.
2. *Netz zwischen zwei Stäben, in das der Ball geworfen werden muss:* den Fußball ins Tor treten / schießen.
3. *Treffer mit dem Ball in das Tor:* Er hat drei Tore geschossen.

▶ die **Tor|te** [ˈtɔrtə], der Torte, die Torten: *feiner Kuchen, der aus mehreren Schichten besteht:* ein Stück Torte essen / kaufen.

der **Tor|wart** [ˈtoːɐ̯vart], des Torwart[e]s, die Torwarte, die **Tor|war|tin** [ˈtoːɐ̯vartɪn], der Torwartin, die Torwartinnen: *Person, die im Tor steht, um den Ball des Gegners zu fangen:* Der Torwart konnte alle Bälle abfangen.

▶ **tot** [toːt]: *gestorben:* ein toter Hund · Seine Eltern sind schon lange tot.

▶ **to|tal** [toˈtaːl]:
1. *ganz, komplett:* Das ist ja das totale Chaos! · Er befahl die totale Zerstörung der Stadt. · Ich habe total vergessen, Brot zu kaufen. · Heute gehe ich früh schlafen, ich bin total müde.
2. (umgangssprachlich) *sehr:* Das Essen schmeckt total gut. · Der Typ war total nett.

▶ der **To|te** [ˈtoːtə], der Tote / ein Toter; des / eines Toten, die Toten / zwei Tote: *[männliche] Person, die tot, gestorben ist:* den Toten begraben · Bei dem Unfall gab es zwei Tote.

▶ die **To|te** [ˈtoːtə], die / eine Tote; der / einer Toten, die Toten / zwei Tote: *weibliche Person, die tot, gestorben ist:* Ich habe die Tote gut gekannt.

tö|ten [ˈtøːtn̩], tötet, tötete, hat getötet: *den Tod eines Lebewesens verursachen:* einen Menschen / ein Tier töten · Er tötete das verletzte Pferd mit einem Schuss. · Er tötete erst seine Familie und dann sich selbst.

tot|la|chen [ˈtoːtlaxn̩] ⟨+ sich⟩, lacht sich tot, lachte sich tot, hat sich totgelacht (umgangssprachlich): *sehr lachen:* Der Film ist so lustig, ich hab mich fast totgelacht.

▶ die **Tour** [tuːɐ̯], der Tour, die Touren:
1. *Ausflug, Wanderung:* Am Sonntag machen wir eine Tour ins Gebirge.
2. (umgangssprachlich) *Art und Weise,*

Trick: Ich schreie nicht, sondern versuche es lieber auf die freundliche Tour.
3. (Technik) *Umdrehung pro Minute:* Der Motor läuft mit 3 000 Touren.

der **Tou|ris|mus** [tuˈrɪsmʊs], des Tourismus: *das organisierte Reisen, um fremde Länder kennenzulernen:* Die Regierung fördert den Tourismus in dieser Gegend. · Im Sommer leben die Leute hier hauptsächlich vom Tourismus.

Tourismus

Ist man in größeren deutschen Städten unterwegs, findet man eigentlich in jedem Stadtzentrum eine Tourismus-Information. Das ist ein Büro, in dem man sich über die Sehenswürdigkeiten der Stadt, über Museen und über Veranstaltungen aller Art informieren kann. Tourismus-Informationen sind immer mit einem roten »i« markiert. Besonders praktisch ist, dass man in Tourismus-Informationen immer umsonst Stadtpläne bekommt. So findet man in einer fremden Stadt besser und schneller den Weg.

der **Tou|rist** [tuˈrɪst], des Touristen, die Touristen, die **Tou|ris|tin** [tuˈrɪstɪn], der Touristin, die Touristinnen:
Person, die reist, um fremde Orte und Länder kennenzulernen: Im Sommer kommen viele Touristen nach München. · Eine Gruppe von Touristinnen steht vor dem Schloss.

die **Tra|di|ti|on** [tradiˈt͜si̯oːn], der Tradition, die Traditionen:
Gewohnheit, Sitte, die sich von Generation zu Generation entwickelt und wiederholt wird: an Traditionen festhalten · Das Weihnachtsfest ist eine christliche Tradition.

tra|di|ti|o|nell [tradit͜si̯oˈnɛl], traditioneller, am traditionellsten:
der, einer Tradition entsprechend: eine traditionelle Familie / Methode · ein traditionell gebackenes Brot.

die **Tra|fik** [traˈfɪk], der Trafik, die Trafiken (österreichisch):
Laden, in dem Zeitungen und Zigaretten verkauft werden: Sie kauft ihre Zigaretten immer in der Trafik um die Ecke.

tra|gen [ˈtraːgn̩], trägt, trug, hat getragen:
1. *mit der Hand, den Händen halten und mitnehmen:* Er trägt seine Tochter auf dem Arm. · Sie tragen die Teller / die Gläser in die Küche. · Bitte, trägst du die Wäsche / die Kartoffeln in den Keller?
2. *ein Kleidungsstück anhaben:* eine Hose / einen Rock tragen · Er trägt schon seit Jahren eine Brille.
3. *haben:* Er trägt den Namen seiner Mutter. · Ich trage die Verantwortung für meine Kinder.
4. *bezahlen:* Wer trägt die Kosten für dieses Projekt?

der **Trä|ger** [ˈtrɛːɡɐ], des Trägers, die Träger:
1. *[männliche] Person, die Lasten trägt:* Vor dem Bahnhof ruft sie einen Träger für ihre zwei Koffer.
2. *tragender Teil einer technischen Konstruktion:* Die Decke ruht auf Trägern aus Stahl.
3. *Institution:* ein kirchlicher / privater Träger · Träger der Deutschkurse ist das Ministerium.
4. *Band an einem Kleidungsstück:* ein T-Shirt mit breiten / schmalen Trägern.

die **Trä|ge|rin** [ˈtrɛːɡərɪn], der Trägerin, die Trägerinnen:
1. *weibliche Person, die Lasten trägt:* Für die Expedition werden auch Trägerinnen gesucht.
2. *Institution:* Trägerin des Kindergartens ist die Kirche.

tra|gisch [ˈtraːɡɪʃ], tragischer, am tragischsten:
furchtbar, schrecklich: ein tragischer Unfall / Zufall · Seine Eltern sind auf tragische Weise ums Leben gekommen.

die **Tra|gö|die** [traˈɡøːdi̯ə], der Tragödie, die Tragödien:
1. *Drama mit tragischem Ende:* Von Sophokles stammen einige Tragödien der griechischen Antike.
2. *schreckliches Ereignis:* Der Untergang der Titanic war eine Tragödie.

▸ der **Trai|ner** [ˈtrɛːnɐ], des Trainers, die Trainer, die **Trai|ne|rin** [ˈtrɛːnərɪn], der Trainerin, die Trainerinnen:
Person, die Sportler und Sportlerinnen trainiert: Die Frauenmannschaft hat eine neue Trainerin.

▸ **trai|nie|ren** [trɛˈniːrən], trainiert, trainierte, hat trainiert:
1. *durch regelmäßiges Üben auf sportliche Wettkämpfe vorbereiten:* einen Sportler / eine Mannschaft trainieren · einen trainierten Körper haben.
2. *regelmäßig üben:* jeden Tag / jede Woche trainieren · Er trainiert für die Olympiade.

▸ das **Trai|ning** [ˈtrɛːnɪŋ], des Trainings, die Trainings:
planmäßiges Üben, um sich auf einen Wettkampf vorzubereiten: regelmäßig

zum Training gehen · Er hat sich beim Training verletzt.

der **Trak|tor** ['trakto:ɐ̯], des Traktors, die Traktoren [trak'to:rən]:
Fahrzeug zum Ziehen von Maschinen: Der Bauer fährt mit dem Traktor aufs Feld.

▶ die *oder* das **Tram** [tram], der Tram *oder* des Trams, die Trams (süddeutsch, schweizerisch):
Straßenbahn: auf die Tram warten · die Tram nehmen / mit der Tram fahren.

tram|peln ['trampl̩n], trampelt, trampelte, getrampelt:
1. ⟨hat⟩ *mehrmals heftig mit den Füßen auftreten:* Musst du auf der Treppe so trampeln?
2. ⟨ist⟩ (abwertend) *ungeschickt irgendwohin treten:* Beim Tanzen trampelt er mir immer auf die Füße.

▶ die **Trä|ne** ['trɛ:nə], der Träne, die Tränen:
Tropfen einer Flüssigkeit, die im Auge entsteht, wenn man sehr traurig oder bewegt ist: Tränen der Freude / der Trauer / des Schmerzes · Er hatte Tränen der Rührung in den Augen. · Nun wisch dir die Tränen ab, alles wird gut.

das **Tran|sit** ['tranzɪt], des Transits, die Transits:
Visum für die Durchreise: ein Transit beantragen / benötigen.

trans|pa|rent [transpa'rɛnt], transparenter, am transparentesten:
1. *durchsichtig:* ein transparentes Papier.
2. *verständlich:* Die Zusammenhänge transparent machen.

▶ der **Trans|port** [trans'pɔrt], des Transport[e]s, die Transporte:
1. *das Befördern von einer Person, Sache an einen Ort:* den Transport von Waren organisieren / übernehmen · Der Transport des Klaviers ist teuer / schwierig.
2. *Anzahl von Personen, Tieren, Waren für eine Beförderung:* einen Transport mit Lebensmitteln und Kleidung für das Katastrophengebiet organisieren.

▶ **trans|por|tie|ren** [transpɔr'ti:rən], transportiert, transportierte, hat transportiert:
befördern, an einen anderen Ort bringen: Waren per Schiff / mit der Bahn transportieren · Die Autos werden auf Lastwagen zum Händler transportiert. · Die Kranke musste liegend transportiert werden.

trau|en ['trau̯ən], traut, traute, hat getraut:
1. *vertrauen:* Ich traue ihm / seinen Worten nicht.
2. *den Mut haben, etwas zu tun:* Er traute sich nicht, sie nach ihrem Namen zu fragen.
3. *in einer staatlichen, kirchlichen Feier zu einem Ehepaar machen:* Sie wurden auf dem Standesamt / in der Kirche getraut.

die **Trau|er** ['trau̯ɐ], der Trauer:
1. *Schmerz über ein Unglück, einen Verlust:* Nach dem Tod ihres Kindes war sie in tiefer Trauer.
2. *zum Zeichen der Trauer getragene Kleidung:* Nach seinem Tod trug sie ein Jahr lang Trauer.

▶ der **Traum** [trau̯m], des Traum[e]s, die Träume ['trɔy̯mə]:
1. *Bilder, die im Schlaf auftreten:* ein schöner / schrecklicher Traum · Kinder haben oft wirre Träume. · Im Traum sieht er oft seinen verstorbenen Vater.
2. *Wunsch:* Ihr Traum ist eine Reise nach Australien.

▶ **träu|men** ['trɔy̯mən], träumt, träumte, hat geträumt:
1. *einen Traum haben:* gut / schlecht träumen · Er träumt jede Nacht von diesem Mädchen.
2. *nicht aufmerksam sein:* Du sollst arbeiten, nicht träumen!
3. *etwas wünschen:* Der kleine Junge träumt davon, Superman zu werden.
4. * **sich** ⟨Dativ⟩ **etwas nicht / nie träumen lassen:** *nicht denken, dass etwas möglich ist:* Ich hätte mir nie träumen lassen, eines Tages Millionär zu sein!

▶ **trau|rig** ['trau̯rɪç], trauriger, am traurigsten:
1. *unglücklich:* traurig sein / werden.
2. *Trauer verursachend:* ein trauriger Anlass / eine traurige Nachricht · Was du da sagst, macht mich ganz traurig.
3. *nicht gut, nicht viel:* Es waren nur noch traurige Reste übrig.

die **Trau|rig|keit** ['trau̯rɪçkai̯t], der Traurigkeit:
von Trauer erfüllt sein: Nach seiner Abreise überkam sie tiefe Traurigkeit.

▶ **tref|fen** ['trɛfn̩], trifft, traf, hat getroffen:
1. *mit einem Schlag, Stoß, Schuss erreichen:* Der Stein traf die Fensterscheibe. · Die Kugel hat sie am Kopf getroffen.
2. *mit einem Schlag, Wurf, Schuss erreichen:* Er hat das Ziel nicht getroffen. · Du musst ins Tor treffen!
3. *einer Person, die man kennt, zufällig begegnen:* Gestern Abend habe ich meinen Chef in der Kneipe getroffen.
4. *mit einer Person ein Treffen haben:* Wir treffen uns jeden Mittwoch zum Fußballspielen.

5. *innerlich verletzen:* Ihre Worte haben ihn sehr / tief getroffen.

das **Tref|fen** [ˈtrɛfn̩], des Treffens, die Treffen: *eine geplante Begegnung:* Sie freut sich auf das Treffen mit ihren Schulfreundinnen.

tref|fend [ˈtrɛfn̩t], treffender, am treffendsten:
genau richtig: ein treffender Ausdruck · Er hat die Situation sehr treffend beschrieben.

der **Treff|punkt** [ˈtrɛfpʊŋkt], des Treffpunkt[e]s, die Treffpunkte:
festgelegter Ort, an dem sich mehrere Personen treffen: einen Treffpunkt ausmachen / vereinbaren · Wir warten am Treffpunkt auf dich.

trei|ben [ˈtrai̯bn̩], treibt, trieb, getrieben:
1. *dazu bringen, sich in eine bestimmte Richtung zu bewegen:* Der Hund treibt die Schafe von der Straße. · Der Wind trieb die Blätter über das Feld.
2. *eine Person durch ein bestimmtes Verhalten zu einer Handlung veranlassen:* Mit deiner Unpünktlichkeit treibst du mich noch in den Wahnsinn!
3. *sich mit etwas befassen:* Sie müssen mehr Sport treiben. · Niemand weiß, was er so treibt.
4. *etwas tun, um damit Geld zu verdienen:* eine Handel treibende Nation.
5. *von einer Strömung bewegt werden:* Das leere Boot treibt auf dem Wasser.

der **Trend** [trɛnt], des Trends, die Trends: *erkennbare Richtung einer Entwicklung:* der neue Trend zum Elektroauto · Mit dieser Meinung liegst du voll im Trend!

tren|nen [ˈtrɛnən], trennt, trennte, hat getrennt:
1. *entfernen:* die Knöpfe vom Mantel trennen.
2. *die Verbindung zwischen Personen, Tieren lösen:* Durch Krieg und Flucht wurden viele Familien getrennt. · Die kranken Schafe müssen von der Herde getrennt werden.
3. *ab einem bestimmten Punkt nicht mehr zusammen weitergehen:* Sie gingen zusammen zum Bahnhof, dann trennten sie sich.
4. *eine Partnerschaft, Ehe auflösen:* Meine Eltern haben sich getrennt. · Er hat sich von seiner Frau getrennt.
5. *etwas nicht länger behalten:* Sie konnten sich nicht von dem alten Haus trennen.

die **Tren|nung** [ˈtrɛnʊŋ], der Trennung, die Trennungen:
das Getrenntsein: Das Kind leidet unter der Trennung von seiner Mutter.

▸ die **Trep|pe** [ˈtrɛpə], der Treppe, die Treppen: *Stufen zum Hinauf- und Hinuntergehen:* eine breite / schmale / steile Treppe · Er geht die Treppe hinauf / hinunter.

▸ das **Trep|pen|haus** [ˈtrɛpn̩hau̯s], des Treppenhauses, die Treppenhäuser [ˈtrɛpn̩hɔy̯zɐ]:
Teil eines Gebäudes, in dem sich die Treppe befindet: das Treppenhaus reinigen.

▸ **tre|ten** [ˈtreːtn̩], tritt, trat, getreten:
1. ⟨ist⟩ *einen Schritt, mehrere Schritte in eine bestimmte Richtung machen:* ans Fenster / vor den Spiegel treten · Treten Sie ein / näher!
2. ⟨hat⟩ *mit dem Fuß stoßen:* Warum trittst du den Hund? · Mama, er hat mich getreten!

▸ **treu** [trɔy̯], treuer, am treu[e]sten:
1. *zuverlässig einer Person, Sache gegenüber:* ein treuer Freund / eine treue Freundin · sich selbst / seinen Prinzipien treu bleiben.
2. *keine andere sexuelle Beziehung als zum Partner habend:* Sie war ihrem Ehemann immer treu.

die **Treue** [ˈtrɔy̯ə], der Treue:
Haltung, einer Person, Sache über längere Zeit zuverlässig zur Seite zu stehen: Er ist frisch verliebt und schwört ihr ewige Treue. · Die Kunden halten dieser Schokoladenmarke die Treue.

der **Trick** [trɪk], des Tricks, die Tricks:
1. *einfache, aber wirksame Methode, um etwas zu vereinfachen:* ein einfacher / schlauer Trick · Er zeigte ihm alle möglichen Tricks.
2. *Mittel, um eine Person zu täuschen:* die Tricks der Kriminellen · Sie ist auf einen üblen Trick hereingefallen.

das **Tri|kot** [triˈkoː], des Trikots, die Trikots: *Hemd, das beim Sport getragen wird:* Eine Mannschaft spielt in roten Trikots, die andere in blauen.

▸ **trin|ken** [ˈtrɪŋkn̩], trinkt, trank, hat getrunken:
1. *eine Flüssigkeit, ein Getränk zu sich nehmen:* schnell / langsam trinken · Trinkst du lieber Kaffee oder Milch? · Im Sommer muss man viel trinken.
2. *regelmäßig Alkohol trinken:* Ich rauche und trinke nicht. · Nach der Scheidung hat er angefangen zu trinken.

▸ das **Trink|geld** [ˈtrɪŋkɡɛlt], des Trinkgeld[e]s, die Trinkgelder:
Geld, das eine Person zusätzlich zum fes-

ten Preis für eine Leistung bekommt: ein gutes / hohes Trinkgeld geben · Sie gibt dem Kellner zwei Euro Trinkgeld.

Trinkgeld

Geht man in Deutschland in ein Restaurant oder in eine Bar, ist es ganz normal, dass man dort nicht nur Geld für sein Essen und seine Getränke bezahlt. Man bezahlt dem Kellner zusätzlich ein Trinkgeld, wenn er freundlich war und man mit allem zufrieden war. In Deutschland bezahlt man Trinkgeld in Höhe von 5 bis 10% der Summe, die man für sein Essen und seine Getränke bezahlen muss. Wenn man mit einer Freundin zwei Kaffee trinkt und diese zusammen 5,00€ kosten, bezahlt man zwischen 0,25€ und 0,50€ Trinkgeld. Das Trinkgeld gibt man dem Kellner zusammen mit dem Geld für die eigentliche Rechnung und sagt: »Stimmt so.« Oder »Der Rest ist für Sie.« Dann weiß der Kellner, dass er das überschüssige Geld behalten kann. Hat man das Geld einmal nicht passend und man muss in unserem Beispiel mit einem 10-€-Schein bezahlen, kann man auch sagen: »Machen Sie 5,50€.« Dann weiß der Kellner, dass man ihm 0,50€ Trinkgeld geben möchte, und er gibt einem nur 4,50€ Wechselgeld zurück.

das **Trink|was|ser** [ˈtrɪŋkvasɐ], des Trinkwassers, die Trinkwässer [ˈtrɪŋkvɛsɐ]:
sauberes Wasser, das zum Trinken geeignet ist: sauberes / verschmutztes Trinkwasser · In unserer Stadt ist das Trinkwasser von guter Qualität. · Kein Trinkwasser!

der **Tri|umph** [triˈʊmf], des Triumph[e]s, die Triumphe:
sehr großer Erfolg: Der Olympiasieger feiert / genießt seinen Triumph.

▶ **tro|cken** [ˈtrɔkn̩], trock[e]ner, am trockensten:
1. *nicht feucht, nass:* trockener Boden / trockenes Wetter · Die Haare sind noch nicht trocken. · Zieh dir trockene Sachen an!
2. *sachlich:* ein trockenes Thema.
3. *(von Wein, Sekt) mit wenig Zucker:* Von trockenem Wein / Sekt bekomme ich keine Kopfschmerzen.

▶ **trock|nen** [ˈtrɔknən], trocknet, trocknete, getrocknet:
1. ⟨hat⟩ *trocken machen:* die Wäsche im Garten trocknen · Ich muss mir noch die Haare / Hände trocknen.
2. ⟨ist⟩ *trocken werden:* In der Sonne trocknet die frische Farbe schnell.

der **Trock|ner** [ˈtrɔknɐ], des Trockners, die Trockner:
Maschine zum Trocknen von Wäsche: Nimm bitte die Wäsche aus der Waschmaschine und lege sie in den Trockner!

die **Trom|mel** [ˈtrɔml̩], der Trommel, die Trommeln:
1. *Musikinstrument, auf das man mit den Händen oder Stöcken schlägt:* die Trommel schlagen.
2. *runder Behälter:* die Wäsche in die Trommel der Waschmaschine legen.

die **Trom|pe|te** [trɔmˈpeːtə], der Trompete, die Trompeten:
Musikinstrument aus Blech: Trompete blasen / spielen.

trop|fen [ˈtrɔp͜fn̩], tropft, tropfte, getropft:
1. ⟨ist⟩ *einzelne Tropfen einer Flüssigkeit, die nach unten fallen:* Blut tropft aus der Wunde.
2. ⟨hat⟩ *einzelne Tropfen fallen lassen:* Der Wasserhahn tropft.

▶ der **Trop|fen** [ˈtrɔp͜fn̩], des Tropfens, die Tropfen:
1. *kleine Menge Flüssigkeit in Form einer Kugel:* ein Tropfen Blut / Wasser · Gleich wird es regnen – die ersten Tropfen fallen schon.
2. *flüssiges Medikament, das in Tropfen eingenommen wird:* Der Arzt hat ihm Tropfen für die Augen verschrieben.

der **Trost** [troːst], des Trostes:
etwas, was gut ist für eine Person, die traurig ist: In ihrem Unglück waren ihre Kinder ihr ganzer Trost.

trös|ten [ˈtrøːstn̩], tröstet, tröstete, hat getröstet:
Trost spenden: tröstende Worte · Hast du dir wehgetan? – Komm her, ich tröste dich.

▶ das **Trot|toir** [trɔˈto̯aːɐ̯], des Trottoirs, die Trottoire und Trottoirs (schweizerisch):
Bürgersteig: das Trottoir erneuern.

▶ **trotz** [trɔt͜s] ⟨mit Genitiv; besonders süddeutsch, österreichisch und schweizerisch auch mit Dativ⟩:
ohne Rücksicht auf eine Person, Sache: Das Flugzeug startete trotz des Nebels. · Er liebte sie trotz ihres schwierigen Charakters.

▶ **trotz|dem** [ˈtrɔt͜sdeːm]:
obwohl etwas dagegen spricht, dennoch: Das ist streng verboten – warum tust du es trotzdem? · Er war nicht vorbereitet, trotzdem ging alles gut.

trü|be [ˈtryːbə], trüber, am trübsten:

1. *(von einer Flüssigkeit) schmutzig, undurchsichtig:* trübes Wasser.
2. *ohne helles Licht:* trübes Licht / Wetter.
3. *traurig:* eine trübe Stimmung · trübe Gedanken.

die **Trüm|mer** ['trʏmɐ], der Trümmer ⟨Plural⟩:
Reste eines zerstörten Ganzen: Nach der Explosion lag das Haus in Trümmern.

die **Trup|pe** ['trʊpə], der Truppe, die Truppen:
1. *Gruppe von Schauspielern, die zusammen auftreten:* eine kleine Truppe berühmter Artisten.
2. *militärische Einheit:* Die feindlichen Truppen nähern sich der Stadt.

tschüs [tʃy:s], **tschüss** [tʃʏs] (umgangssprachlich):
auf Wiedersehen!: Also dann, tschüs[s], bis morgen!

das **T-Shirt** ['ti:ʃø:ɐ̯t], des T-Shirts, die T-Shirts:
ein langes / weißes T-Shirt mit kurzen Ärmeln · Jeans und T-Shirt trägt fast jeder.

die **Tu|be** ['tu:bə], der Tube, die Tuben:
eine Art kleines Rohr, aus dem man den Inhalt drücken kann: eine Tube Zahnpasta / Creme.

das **Tuch** [tu:x], des Tuch[e]s, die Tücher ['ty:çɐ]:
viereckiges Stück Stoff: ein buntes Tuch aus Baumwolle / Seide · sich ein Tuch um den Hals binden · Sie wickelte das Brot in ein sauberes Tuch.

die **Tul|pe** ['tʊlpə], der Tulpe, die Tulpen:
Blume mit hohem Stängel und großer Blüte, die im Frühjahr blüht: Tulpen blühen in vielen Farben.

der **Tu|mor** ['tu:mo:ɐ̯], des Tumors, die Tumoren [tu'mo:rən]:
etwas, was im Körper wächst (und eine Krankheit ist): einen Tumor haben.

tun [tu:n], tut, tat, hat getan:
1. *eine Sache ausführen, machen:* etwas gern / ungern tun · Sie hat immer viel zu tun. · Er weiß nicht, was er in dieser Situation tun soll. · Warum hast du das getan? · Was kann ich tun, um dir zu helfen?
2. *erledigen:* Wir tun nur unsere Arbeit. · Ich komme später, ich habe noch zu tun.
3. *mit einer Person etwas machen:* Tust du mir einen Gefallen? · Warum bist du so wütend, ich habe dir doch nichts getan?
4. (umgangssprachlich) *irgendwohin bringen, setzen:* Tust du Milch und Zucker in den Kaffee? · Wohin hast du den Schlüssel getan?
5. *sich verhalten:* Sie tun immer so freundlich, sind es aber nicht.
6. *** mit etwas [nichts] zu tun haben:** *mit etwas [nicht] zusammenhängen:* Das hat damit gar nichts zu tun.

der **Tun|nel** ['tʊnl̩], des Tunnels, die Tunnel und Tunnels:
Bauwerk für den Verkehr unter einem Fluss, Gebirge: Der Tunnel verbindet England mit dem Kontinent.

▸ die **Tür** [ty:ɐ̯], der Tür, die Türen:
1. *Öffnung, durch die man in ein Zimmer, ein Gebäude gehen kann:* die Tür öffnen / schließen · Machst du bitte die Tür wieder zu? · Gehen Sie bitte durch diese Tür und dann links.
2. *bewegliches Brett zum Verschließen von etwas:* ein Auto / Schrank mit drei Türen.

die **Tür|klin|ke** ['ty:ɐ̯klɪŋkə], der Türklinke, die Türklinken:
Griff an einer Tür, Klinke: die Türklinke nach unten drücken.

▸ der **Turm** [tʊrm], des Turm[e]s, die Türme ['tʏrmə]:
hohes Bauwerk, das frei steht oder zu einem Gebäude gehört: ein hoher / runder Turm · Manche Kirchen haben zwei oder mehr Türme. · Komm, wir steigen auf den Turm, um die Aussicht zu genießen.

tur|nen ['tʊrnən], turnt, turnte, hat geturnt:
sportliche Übungen an Geräten ausführen: Die Mädchen turnen gerne in der großen Halle.

das **Tur|nier** [tʊr'ni:ɐ̯], des Turniers, die Turniere:
sportlicher Wettkampf, der aus mehreren Spielen o. Ä. besteht: Sie hat an einem internationalen Turnier teilgenommen.

die **Tür|schnal|le** ['ty:ɐ̯ʃnalə], der Türschnalle, die Türschnallen (österreichisch):
Türklinke: Er legte die Hand auf die Türschnalle und öffnete die Tür.

die **Tu|sche** ['tʊʃə], der Tusche, die Tuschen:
eine Art Tinte: mit Tusche schreiben / zeichnen.

▸ die **Tü|te** ['ty:tə], der Tüte, die Tüten:
1. *Beutel aus Papier:* eine Tüte [voll / mit] Zucker / Kirschen.
2. *Plastiktüte:* Er trug in jeder Hand eine volle Tüte mit seinen Einkäufen.

▸ der **Typ** [ty:p], des Typs, die Typen:
1. *Modell, Muster:* ein Flugzeug des neuen Typs.

2. *Person mit bestimmten Eigenschaften:* ein blonder / dunkelhaariger Typ · Sie ist überhaupt nicht mein Typ.

▸ **ty|pisch** ['ty:pɪʃ], typischer, am typischsten:
1. *einen bestimmten Typ betreffend:* ein typischer Lehrer / Sportler.
2. *spezifisch für eine bestimmte Person, Sache:* Hohes Fieber ist typisch für diese Krankheit. · Immer fünf Minuten zu spät – typisch meine Tochter!

U

▸ die **U-Bahn** ['u:ba:n], der U-Bahn, die U-Bahnen:
Zug, der in Großstädten unter der Erde fährt: Für die Fahrt zum Kino nehmen wir am besten die U-Bahn.

übel ['y:bl̩], übler, am übelsten:
1. *moralisch, charakterlich schlecht:* ein übler Bursche · in üble Gesellschaft geraten.
2. *sehr unfreundlich (in Bezug auf eine Situation):* Das kann üble Folgen haben. · Die Situation hier ist zurzeit übel.
3. *sehr unangenehm (für die Sinne):* ein übler Geruch / Geschmack · Das ist eine übel riechende Flüssigkeit.
4. * **jemandem ist / wird übel:** *jemand hat, bekommt das Gefühl, sich übergeben zu müssen:* Lass mich mich bitte mal setzen, mir ist plötzlich ganz übel; * **jemandem etwas übel nehmen:** *durch das Verhalten einer Person gekränkt oder beleidigt sein:* Diese Bemerkung hat sie ihm übel genommen.

die **Übel|keit** ['y:bl̩kai̯t], der Übelkeit:
Zustand, in dem jemandem übel ist: Die Krankheit begann mit Fieber und Übelkeit.

▸ **üben** ['y:bn̩], übt, übte, hat geübt:
eine Tätigkeit immer wieder tun, um sie zu erlernen: eine Sonate auf dem Klavier üben · mit einigen geübten Griffen · Heute üben wir einparken / das Einparken.

▸ **über** ['y:bɐ]:
1. ⟨räumlich; mit Dativ⟩ besagt, dass sich jemand oder etwas über etwas anderem befindet; *oberhalb (von):* Der Spiegel hängt über der Kommode. · Er wohnt über mir *(ein Stockwerk höher).*
2. ⟨räumlich; mit Akkusativ⟩ gibt die Richtung auf eine Stelle oberhalb von jemand oder etwas an: den Spiegel über das Waschbecken hängen.
3. ⟨räumlich; mit Dativ⟩ drückt aus, dass sich etwas unmittelbar auf etwas befindet und es bedeckt: einen Mantel über dem Kleid tragen · Nebel lag über dem Tal.
4. ⟨räumlich; mit Akkusativ⟩ drückt aus, dass etwas direkt auf etwas zu liegen kommt und es bedeckt: einen Pulli über die Bluse ziehen · einen Schal über die Schulter legen.
5. ⟨räumlich; mit Akkusativ⟩ bezeichnet eine Stelle, über der etwas passiert: über den See schwimmen · Er sprang über den Zaun.
6. ⟨räumlich; mit Akkusativ⟩ bezeichnet eine Stelle, über die sich etwas direkt bewegt: Tränen liefen über meine Wange. · Ein Schauer lief ihr über den Rücken.
7. ⟨räumlich; mit Akkusativ⟩ drückt aus, dass man durch einen bestimmten Ort oder Bereich kommt, um an ein Ziel zu gelangen: Dieser Zug fährt nicht über Dortmund.
8. ⟨zeitlich; mit Akkusativ⟩ *während:* über das Wochenende verreisen · Das Heizöl reicht über den Winter.
9. ⟨mit Dativ⟩ sagt, dass etwas über einem bestimmten Wert ist: eine Temperatur über null · Er lag mit dieser Leistung über dem Durchschnitt.
10. ⟨mit Akkusativ⟩ bezeichnet den Inhalt einer Äußerung oder eines Textes: ein Buch über die Verfassungsgeschichte · Sie hält einen Vortrag über die Geschichte der Azteken.
11. ⟨mit Akkusativ⟩ bezeichnet die Höhe eines Betrages; *in Höhe von:* einen Scheck über 300 Euro ausstellen.
12. ⟨mit Akkusativ⟩ bezeichnet das Mittel oder die Person, die etwas verbreitet: einen Aufruf über alle Sender bringen · Ich bekam seine Anschrift über eine Freundin.
13. ⟨mit Akkusativ⟩ zusammen mit bestimmten Verben: über etwas weinen / lachen · sich über etwas freuen / aufregen.
14. ⟨mit Akkusativ⟩ nennt eine Zahl, die überschritten wird; *von mehr als:* Kinder über 10 Jahre · in Mengen über 100 Exemplare.
15. *mehr als:* über 16 Jahre [alt] sein · über drei Tage [lang] dauern · Wir haben über eine Million Euro in dieses Projekt investiert; * **über und über:** *völ-*

lig; von oben bis unten: Sie war über und über mit Schmutz bedeckt.

über|all [y:bɐˈ|al]:
1. *an jeder Stelle, an allen Orten:* Ich habe dich überall gesucht · Er ist wirklich überall beliebt.
2. *bei jeder Gelegenheit:* Sie drängt sich überall vor.

der **Über|blick** [ˈy:bɐblɪk], des Überblick[e]s, die Überblicke:
1. *kurz gefasste Darstellung:* Das Werk bietet einen Überblick über den Stand der Forschung.
2. ⟨ohne Plural⟩ *Fähigkeit, ein bestimmtes Gebiet in seinen Zusammenhängen zu erkennen:* den Überblick behalten / verlieren · Er hat den Überblick verloren. · Ihr fehlt der Überblick.

über|ei|nan|der [y:bɐ|ai̯ˈnandɐ]:
über sich [gegenseitig]: sich übereinander ärgern · Die beiden haben übereinander geschimpft.

über|ein|stim|men [y:bɐˈ|ai̯nʃtɪmən], stimmt überein, stimmte überein, hat übereingestimmt:
1. *gleicher Meinung sein:* In diesem Punkt stimmt er mit mir überein.
2. *miteinander in Einklang stehen:* Alle Wörter stimmen in Kasus und Numerus überein. · Ihre Aussagen stimmten nicht überein.

über|fah|ren [y:bɐˈfa:rən], überfährt, überfuhr, hat überfahren:
1. *[tödlich] verletzen, indem man mit einem Fahrzeug darüberfährt:* einen Fußgänger überfahren · Unser Katze ist überfahren worden.
2. *weiterfahren, ohne es zu beachten:* eine rote Ampel / ein Haltesignal / ein Stoppschild überfahren.
3. *beim Fahren überqueren:* eine Grenze / eine Markierung überfahren · Eine durchgehende Linie darf nicht überfahren werden.

der **Über|fall** [ˈy:bɐfal], des Überfall[e]s, die Überfälle [ˈy:bɐfɛlə]:
1. *plötzlicher Angriff mit Gewalt oder Waffen auf eine Person oder Einrichtung:* ein Überfall auf einen Fußgänger / auf eine Bank.
2. *überraschender Angriff des Militärs:* ein feindlicher Überfall.

über|fal|len [ˈy:bɐˈfalən], überfällt, überfiel, hat überfallen:
1. *einen Überfall, einen Angriff machen:* Die Rebellen haben das Dorf überfallen.
2. *befallen, überkommen:* Eine plötzliche Müdigkeit hat ihn überfallen.
3. *überraschen, bestürmen:* Es tut mir leid, wenn ich Sie so überfalle, aber ich muss Sie unbedingt sprechen.

über|flüs|sig [ˈy:bɐflʏsɪç], überflüssiger, am überflüssigsten:
unnötig oder zu viel: eine überflüssige Anschaffung · Es ist ganz überflüssig, dass du dir Sorgen machst.

über|for|dern [y:bɐˈfɔrdɐn], überfordert, überforderte, hat überfordert:
zu hohe Anforderungen stellen: das Herz / den Kreislauf überfordern · ein Kind mit Aufgaben überfordern · Er fühlt sich oft überfordert.

der **Über|gang** [ˈy:bɐgaŋ], des Übergang[e]s, die Übergänge [ˈy:bɐgɛŋə]:
1. *Stelle, an der ein Bereich überquert werden kann:* Hier ist ein Übergang für Fußgänger. · Sie suchten einen Übergang über den Fluss.
2. *Wechsel (zu etwas Neuem):* allmähliche / kontinuierliche / abrupte Übergänge · der Übergang vom Schlafen zum Wachzustand · der Übergang aus einer Tonart in die andere.

über|ge|ben [y:bɐˈge:bn̩], übergibt, übergab, hat übergeben:
1. *(jemandem etwas) persönlich geben:* einen Preis / eine Urkunde übergeben · dem Besitzer die Schlüssel übergeben · Das Dokument muss [ihm] persönlich übergeben werden.
2. *übertragen, als Eigentum geben:* das Amt seinem Nachfolger übergeben · Er hat die Firma seinen Söhnen übergeben.
3. *zur Nutzung freigeben:* Das neue Gemeindezentrum wurde seiner Bestimmung übergeben.
4. ⟨+ sich⟩ *sich erbrechen:* sich übergeben müssen · Die Passagiere mussten sich mehrmals übergeben.

► **über|haupt** [y:bɐˈhau̯pt]:
1. *insgesamt [gesehen]; ganz allgemein:* Das macht ihn zu einem der erfolgreichsten Autoren überhaupt. · Mir gefällt es in Madrid, überhaupt in Spanien.
2. dient dazu, eine Verneinung zu verstärken; *ganz und gar:* Sie hat heute überhaupt noch nichts gegessen. · Hast du denn überhaupt nichts verstanden?
3. drückt als Frage aus, dass man etwas bezweifelt: Stimmt das überhaupt? · Dürft ihr das überhaupt?
4. drückt als Frage aus, dass sich jemand über etwas ärgert: Was hast du dir überhaupt gedacht? · Was willst du überhaupt?

über|heb|lich [y:bɐˈheːplɪç], überheblicher, am überheblichsten:
sich selbst überschätzend, in anmaßender Weise auf andere herabsehend: in überheblichem Ton reden · Sei nicht so überheblich, auch du hast schon einen Fehler gemacht!

▸ **über|ho|len** [y:bɐˈhoːlən], überholt, überholte, hat überholt:
1. *hinter sich lassen:* ein Auto / einen Radfahrer überholen · Kurz vor dem Ziel wurde der Läufer überholt. · Man darf nur links überholen.
2. *auf technische Mängel überprüfen und reparieren:* einen Wagen / einen Motor / ein Gerät überholen lassen · Die Anlage muss total überholt werden.

über|hö|ren [y:bɐˈhøːrən], überhört, überhörte, hat überhört:
1. *aus Mangel an Aufmerksamkeit nicht hören:* das Klingeln / eine Frage überhören.
2. *so tun, als ob man etwas nicht gehört habe:* eine Anspielung / einen Vorwurf [geflissentlich] überhören · Diese Bemerkung will ich überhört haben!

über|las|sen [y:bɐˈlasn̩], überlässt, überließ, hat überlassen:
1. *zur Verfügung stellen:* Sie hat mir ihren alten Laptop überlassen · Er hat uns für den Sommer seine Ferienwohnung auf der Insel überlassen. · Mein Bruder hat mir seinen Wagen billig überlassen *(verkauft).*
2. *jemanden etwas entscheiden oder tun lassen, ohne sich einzumischen:* die Erziehung der Kinder den Eltern überlassen · Sie überlässt nichts dem Zufall. · Du musst mir schon selbst überlassen, wie ich das jetzt mache.
3. *im Stich lassen:* jemanden dem Elend überlassen · Du kannst sie bei dieser schwierigen Sache doch nicht sich selbst überlassen!
4. *in Betreuung geben; anvertrauen:* Sie überlässt die Kinder der Fürsorge der Großmutter.

[1]**über|lau|fen** [ˈy:bɐlau̯fn̩], läuft über, lief über, ist übergelaufen:
1. *über den Rand eines Behältnisses fließen:* übergelaufene Milch · Benzin ist [aus dem Tank] übergelaufen.
2. *den Inhalt nicht mehr fassen können:* Vorsicht, die Badewanne läuft über! · Der Eimer ist übergelaufen.
3. *zur gegnerischen Seite wechseln:* Viele Soldaten sind zum Feind übergelaufen.

[2]**über|lau|fen** [y:bɐˈlau̯fn̩]:
so, dass zu viele Menschen anwesend sind: überlaufene Ärzte / Praxen · Diese Skiorte sind doch völlig überlaufen.

über|le|ben [y:bɐˈleːbn̩], überlebt, überlebte, hat überlebt:
1. *lebend überstehen:* eine Katastrophe / einen Anschlag / einen Unfall überleben · Sie haben das schwere Erdbeben glücklich überlebt.
2. *länger leben als jemand anders:* Sie überlebte ihren Mann um ein ganzes Jahr.

▸ [1]**über|le|gen** [y:bɐˈleːgn̩], überlegt, überlegte, hat überlegt:
sich in Gedanken mit etwas beschäftigen, um zu einer bestimmten Entscheidung zu kommen: eine Angelegenheit gründlich / reiflich / genau / in Ruhe überlegen · Das muss alles gut überlegt sein. · Sie hat es sich anders überlegt *(hat ihre Meinung geändert).*

[2]**über|le|gen** [y:bɐˈleːgn̩], überlegener, am überlegensten:
1. *deutlich besser als etwas anderes oder jemand anderer:* ein überlegener Geist / Kopf · An Intelligenz ist sie uns [weit] überlegen · Die gegnerische Mannschaft war uns haushoch überlegen.
2. *überheblich:* überlegen lächeln · Da setzte sie eine überlegene Miene auf.

die **Über|le|gung** [y:bɐˈleːgʊŋ], der Überlegung, die Überlegungen:
1. *das Nachdenken (vor einer bestimmten Entscheidung):* bei ruhiger / sorgfältiger Überlegung · Nach reiflicher Überlegung stimmten sie zu. · Das ist der Überlegung wert.
2. ⟨Plural⟩ *Folge von Gedanken, die man sich vor einer Entscheidung macht, um Klarheit zu gewinnen:* Überlegungen anstellen · am Anfang der Überlegungen stehen.

über|mit|teln [y:bɐˈmɪtl̩n], übermittelt, übermittelte, hat übermittelt:
(eine Information) an jemanden gelangen lassen: jemandem [seine] Grüße übermitteln · Die Meldung wurde telefonisch übermittelt.

▸ **über|mor|gen** [ˈy:bɐmɔrgn̩]:
an dem Tag, der dem morgigen Tag folgt: Übermorgen habe ich frei. · Sie treffen sich übermorgen zur Vorbesprechung.

über|mü|tig [ˈy:bɐmy:tɪç], übermütiger, am übermütigsten:
ausgelassen fröhlich, voller Übermut: übermütig herumtollen · ein übermüti-

ges Spiel · Die Kinder tobten übermütig durch das ganze Haus.

über|nach|ten [y:bɐˈnaxtn̩], übernachtet, übernachtete, hat übernachtet:
die Nacht verbringen: im Freien / bei Freunden / im Hotel übernachten · Übernachtet wird in Hütten und Bauerngasthöfen.

die **Über|nach|tung** [y:bɐˈnaxtʊŋ], der Übernachtung, die Übernachtungen:
das Übernachten: die Zahl der Übernachtungen · Ich habe dort für Übernachtung und Frühstück 100 Euro bezahlt.

über|neh|men [y:bɐˈne:mən], übernimmt, übernahm, hat übernommen:
1. *(als Nachfolger) in Besitz nehmen, weiterführen:* die Praxis / das Geschäft [des Vaters] übernehmen · Die Einbauküche haben wir vom Vormieter übernommen.
2. *für die eigenen Zwecke verwenden:* eine Formulierung / eine Textstelle wörtlich übernehmen · Sie hat einfach die Zahlen vom Vorjahr übernommen.
3. *(eine Aufgabe oder eine Arbeit, die einem angeboten wird) annehmen:* das Projekt / die Abteilung / den Führungsposten übernehmen.
4. mit bestimmten Substantiven: die Kosten für etwas übernehmen *(dafür aufkommen)* · die Haftung für etwas übernehmen *(für etwas haften)* · die Garantie / die Bürgschaft für etwas übernehmen *(etwas garantieren; für etwas oder jemanden bürgen).*
5. ⟨+ sich⟩ *sich zu viel zumuten:* sich gesundheitlich / finanziell übernehmen · Sie hat sich bei der Klettertour übernommen.

über|prü|fen [y:bɐˈpry:fn̩], überprüft, überprüfte, hat überprüft:
kontrollieren: Ich habe den Text gründlich überprüft.

über|que|ren [y:bɐˈkve:rən], überquert, überquerte, hat überquert:
von einer Seite auf die andere Seite von etwas gehen: die Ziellinie / die Kreuzung / den Fluss überqueren · Vorsicht beim Überqueren dieser Straße!

über|ra|schen [y:bɐˈraʃn̩], überrascht, überraschte, hat überrascht:
1. *anders als erwartet sein, unerwartet kommen:* von etwas unangenehm überrascht sein · Ihre Absage hatte alle überrascht.
2. *mit etwas nicht Erwartetem erfreuen:* jemanden mit einem Geschenk überraschen · Sie überraschte mich mit ihrem Besuch.
3. *bei einem heimlichen oder verbotenen Tun völlig unerwartet antreffen:* Die Täter wurden beim Einbruch von der Polizei überrascht. · Er hat die beiden in einer eindeutigen Situation überrascht.
4. *über jemanden hereinbrechen:* vom Regen überrascht werden · Ein Gewitter überraschte uns am Abend.

die **Über|ra|schung** [y:bɐˈraʃʊŋ], der Überraschung, die Überraschungen:
1. *das Überraschtsein:* Die Überraschung war groß. · Sein Besuch löste Überraschung aus. · Zur allgemeinen Überraschung konnte sie sich durchsetzen.
2. *etwas, was keiner erwartet hätte und deshalb überrascht:* eine Überraschung erleben · Bei ihr muss man auf Überraschungen gefasst sein.
3. *etwas Schönes, womit jemand nicht gerechnet hat:* Das ist aber eine tolle Überraschung! · Ich habe für sie eine kleine Überraschung *(ein kleines Geschenk)* dabei.

über|re|den [y:bɐˈre:dn̩], überredet, überredete, hat überredet:
(jemanden) durch Worte dazu bringen, etwas zu tun, was er ursprünglich nicht tun wollte: jemanden zum Kauf eines neuen Autos überreden · Sie ließ sich überreden, mit uns ins Kino zu kommen.

über|rei|chen [y:bɐˈrai̯çn̩], überreicht, überreichte, hat überreicht:
(etwas, was jemandem zum Geschenk gemacht wird, in feierlicher Form) übergeben: jemandem einen Scheck / einen Blumenstrauß überreichen · Der Preis wurde im Rahmen einer Feier überreicht.

über|schät|zen [y:bɐˈʃɛt͡sn̩], überschätzt, überschätzte, hat überschätzt:
zu hoch einschätzen: die eigenen Kräfte / sich selbst überschätzen · Wenn du dich da mal nicht überschätzt!

über|schrei|ten [y:bɐˈʃrai̯tn̩], überschreitet, überschritt, hat überschritten:
1. *eine Grenze oder Linie passieren:* die Schwelle / die Grenze / den Fluss überschreiten · Die Ausgaben überschreiten *(sind größer als)* die Einnahmen.
2. *über das Erlaubte hinausgehen:* die vorgeschriebene Höchstgeschwindigkeit überschreiten · seine Kompetenzen / Befugnisse überschreiten · Die zulässigen Grenzwerte sind um ein Vielfaches überschritten.

die **Über|schrift** [ˈy:bɐʃrɪft], der Überschrift, die Überschriften:

etwas, was zur Kennzeichnung des Inhalts über einem Text geschrieben steht: Wie lautet die Überschrift des Artikels?

über|se|hen [y:bɐˈze:ən], übersieht, übersah, hat übersehen:
1. *(von einem erhöhten Standort aus) frei, ungehindert über etwas hinwegsehen können:* Von dieser Stelle kann man die ganze Bucht übersehen.
2. *versehentlich nicht sehen:* einen Hinweis / einen Fehler / eine Warnung übersehen · Mit ihren roten Haaren ist sie nicht zu übersehen.

[1]**über|set|zen** [ˈy:bɐzɛts̮n̩], setzt über, setzte über, übergesetzt:
1. ⟨hat⟩ *ans andere Ufer befördern:* Der Fährmann hat uns übergesetzt.
2. ⟨hat/ist⟩ *ans andere Ufer fahren:* Wir haben / sind ans andere Ufer übergesetzt.

▶ [2]**über|set|zen** [y:bɐˈzɛts̮n̩], übersetzt, übersetzte, hat übersetzt:
schriftlich oder mündlich in einer anderen Sprache wiedergeben: einen Text wörtlich / Wort für Wort / sinngemäß übersetzen · Sie kann hervorragend übersetzen.

▶ der **Über|set|zer** [y:bɐˈzɛts̮ɐ], des Übersetzers, die Übersetzer, die **Über|set|ze|rin** [y:bɐˈzɛts̮ərɪn], der Übersetzerin, die Übersetzerinnen:
Person, die [beruflich] Texte übersetzt: Hier ist der Übersetzerin ein dummer Fehler unterlaufen.

▶ die **Über|set|zung** [y:bɐˈzɛts̮ʊŋ], der Übersetzung, die Übersetzungen:
übersetzter Text: die wörtliche / freie / moderne Übersetzung eines Textes · die Bibel in der Übersetzung von Luther.

über|sicht|lich [ˈy:bɐzɪçtlɪç], übersichtlicher, am übersichtlichsten:
1. *gut zu überblicken:* ein einigermaßen übersichtliches Gelände · Die Straßenkreuzung ist übersichtlich [angelegt].
2. *so, dass man es geistig schnell erfassen kann:* eine übersichtliche Darstellung · Die Skizze war einfach und übersichtlich.

über|sie|deln [ˈy:bɐzi:dl̩n], siedelt über, siedelte über, ist übergesiedelt:
umziehen: Die Firma wird [von Mannheim] nach Berlin übersiedeln. · Er ist vor zehn Jahren hierher übergesiedelt.

über|ste|hen [y:bɐˈʃte:ən], übersteht, überstand, hat überstanden:
hinter sich bringen: eine Gefahr / eine Krise / eine Krankheit überstehen · Der Dom überstand den Krieg ohne größere Schäden. · Das Schlimmste ist überstanden.

▶ die **Über|stun|de** [ˈy:bɐʃtʊndə], der Überstunde, die Überstunden:
Stunde, in der über die festgesetzte Zeit hinaus gearbeitet wird: bezahlte / unbezahlte Überstunden · Überstunden machen *(über die festgesetzte Zeit hinaus arbeiten)* · Überstunden anordnen.

über|stür|zen [y:bɐˈʃtʏrts̮n̩], überstürzt, überstürzte, hat überstürzt:
1. *voreilig handeln:* eine Entscheidung / seine Abreise überstürzen · Man soll nichts überstürzen.
2. ⟨+ sich⟩ *sich in schneller Folge ereignen:* Die Nachrichten überstürzten sich.

▶ **über|tra|gen** [y:bɐˈtra:gn̩], überträgt, übertrug, hat übertragen:
1. *an einer anderen Stelle nochmals schreiben:* etwas ins Reine / auf die nächste Seite übertragen · ein Muster auf einen Stoff übertragen.
2. *übersetzen:* Er hat den Roman vom / aus dem Spanischen ins Russische übertragen.
3. *auf etwas anderes anwenden:* Man kann das System nicht einfach auf Verhältnisse dort übertragen.
4. *(eine Aufgabe, ein Recht) anvertrauen:* jemandem eine schwierige Aufgabe / ein hohes Amt / eine bestimmte Funktion anvertrauen.
5. *eine Krankheit weitergeben:* Neue Tests haben bestätigt, dass das Virus beim Geschlechtsverkehr übertragen wird.
6. *als Übertragung senden:* das Fußballspiel live aus dem Stadion übertragen.

die **Über|tra|gung** [y:bɐˈtra:gʊŋ], der Übertragung, die Übertragungen:
1. *das Senden in Radio oder Fernsehen:* Das Fernsehen bringt eine Übertragung von der Fußballweltmeisterschaft.
2. *Übersetzung:* die Übertragung des Romanes / des Buches [aus dem Französischen] ins Deutsche stammt von ...
3. *das Verbreiten von Krankheiten oder Krankheitserregern:* Sie konnten die Übertragung der Krankheit nicht verhindern.

über|tref|fen [y:bɐˈtrɛfn̩], übertrifft, übertraf, hat übertroffen:
1. *(auf einem bestimmten Gebiet, in bestimmter Hinsicht) besser sein:* jemanden an Ausdauer / an Fleiß übertreffen · Im Schach ist er kaum zu übertreffen.
2. *bestimmte Eigenschaften in größerem*

Maße besitzen: Dieser Turm übertrifft alle anderen an Höhe.
3. *über etwas hinausgehen:* Das Ergebnis übertraf alle Erwartungen.

über|trei|ben [y:bɐˈtrai̯bn̩], übertreibt, übertrieb, hat übertrieben:
1. *größer, wichtiger oder schlimmer darstellen, als die betreffende Sache wirklich ist:* Die Zahl der Verletzten wurde absichtlich übertrieben. · Er muss immer übertreiben. · Das ist übertrieben!
2. *zu weit treiben:* Ansprüche / die Sauberkeit übertreiben · Ist das nicht reichlich übertrieben?

über|trie|ben [y:bɐˈtri:bn̩], übertriebener, am übertriebensten:
zu weit gehend, zu stark: übertriebene Höflichkeit / Genauigkeit / Pünktlichkeit · Solche aufwendigen Geschenke [zu machen] finde ich übertrieben.

über|wa|chen [y:bɐˈvaxn̩], überwacht, überwachte, hat überwacht:
kontrollieren: die Ausführung eines Befehls überwachen · Die Schalterhalle wird mit Video überwacht.

über|wei|sen [y:bɐˈvai̯zn̩], überweist, überwies, hat überwiesen:
1. *dafür sorgen, dass Geld von einem Konto auf ein anderes gelangt:* Sie lässt sich den Betrag auf ihr Konto überweisen. · Bitte überweisen Sie uns die Summe vorab!
2. *(als Arzt) zur weiteren Behandlung zu einem anderen Arzt schicken:* einen Patienten an einen Facharzt / in die Klinik überweisen.

die **Über|wei|sung** [y:bɐˈvai̯zʊŋ], der Überweisung, die Überweisungen:
1. *das Senden von Geld von einem Konto auf ein anderes:* Sie können die Rechnung per Überweisung bezahlen.
2. *Schein, durch den jemand zu einem anderen Arzt, in eine Klinik geschickt wird:* eine Überweisung zur Hautärztin.

über|wie|gend [ˈy:bɐvi:gn̩t]:
1. *vor allem, hauptsächlich:* ein überwiegend von Deutschen bewohntes Gebiet · Morgen soll es überwiegend heiter werden.
2. *die größte Bedeutung habend:* Die überwiegende Mehrheit der Muslime sind Sunniten.

über|zeu|gen [y:bɐˈtsɔy̯gn̩], überzeugt, überzeugte, hat überzeugt:
1. *erreichen, dass sich jemand einer bestimmten Meinung anschließt:* Ihre Ausführungen haben mich nicht überzeugt. · Sie ließ sich nicht [davon] überzeugen.
2. *einen guten Eindruck machen:* eine überzeugende Darstellung · Sie überzeugte durch Kompetenz und sicheres Auftreten. · Im Rückspiel wusste die Mannschaft zu überzeugen.
3. ⟨+ sich⟩ *sich durch eigenes Nachprüfen vergewissern:* Der Kleiderschrank ist leer, überzeugen Sie sich selbst!

▶ die **Über|zeu|gung** [y:bɐˈtsɔy̯gʊŋ], der Überzeugung, die Überzeugungen:
feste Meinung: eine religiöse / weltanschauliche / politische Überzeugung · seine Überzeugung klar / fest vertreten · Sie war nicht von ihrer Überzeugung abzubringen.

[1]**über|zie|hen** [ˈy:bɐtsi:ən], zieht über, zog über, hat übergezogen:
etwas anziehen: Sie hat sich eine Jacke übergezogen, weil es kühl wurde. · Sie können den Rock auch gerne mal überziehen.

[2]**über|zie|hen** [y:bɐˈtsi:ən], überzieht, überzog, hat überzogen:
1. *mit etwas versehen:* die Polstersessel neu überziehen · Der Kuchen wird mit einem Zuckerguss überzogen.
2. *(ein Konto) so belasten, dass sich ein negativer Kontostand ergibt:* Er hat sein Konto [um 200 Euro] überzogen.

▶ **üb|lich** [ˈy:plɪç], üblicher, am üblichsten:
immer wieder vorkommend; so, wie es meistens ist: das übliche Gerede · Wir verfahren nach der üblichen Methode · Er kam zur üblichen Zeit.

▶ **üb|rig** [ˈy:brɪç]:
1. *noch da; nicht verbraucht:* die übrigen Euro sparen · Lässt du mir von dem Salat etwas übrig?
2. *ander …:* Kennst du auch die übrigen Bücher von ihr?

▶ **üb|ri|gens** [ˈy:brɪgn̩s]:
nebenbei bemerkt: Du könntest mir übrigens einen Gefallen tun · Übrigens, ich habe letzte Woche gekündigt.

▶ die **Übung** [ˈy:bʊŋ], der Übung, die Übungen:
1. *das Üben:* ein Stück zur Übung spielen · Das erfordert [viel] Übung.; * **aus der Übung sein:** *eine bestimmte Tätigkeit längere Zeit nicht getan haben und sich deshalb ungeschickt anstellen:* Ich habe seit Jahren nicht mehr Flöte gespielt und bin deshalb etwas aus der Übung.
2. *[zum Training häufig wiederholte] Folge bestimmter Bewegungen:* eine Übung am Reck [turnen].

das **Ufer** [ˈuːfɐ], des Ufers, die Ufer:
Rand eines Flusses, Sees oder Meeres: ein flaches / steiles / felsiges / schilfbewachsenes Ufer · Das gesamte Ufer des Sees ist bewaldet.

die **Uhr** [uːɐ̯], der Uhr, die Uhren:
1. *Gerät, das die Zeit misst:* eine wasserdichte / automatische Uhr · auf die Uhr sehen · Die Uhr geht vor / ist stehen geblieben.
2. ⟨ohne Plural⟩ *bestimmte Stunde der Uhrzeit:* Wie viel Uhr ist es? *(Wie spät ist es?)* · Es ist genau / Punkt acht Uhr.

die **Uhr|zeit** [ˈuːɐ̯tsa͜it], der Uhrzeit, die Uhrzeiten:
durch die Uhr angezeigte Zeit: jeden Tag zur gleichen Uhrzeit · Um welche Uhrzeit warst du gestern dort?

der **Uhu** [ˈuːhu], des Uhus, die Uhus:
großer Vogel, der zu den Eulen gehört und in der Dämmerung jagt: Aus der Ferne ertönte der Ruf eines Uhus.

ul|kig [ˈʊlkɪç], ulkiger, am ulkigsten (umgangssprachlich):
komisch: eine ulkige Sache · Er kann so ulkig erzählen.

um [ʊm]:
1. ⟨räumlich⟩ *in der Form eines Kreises mit jemandem oder etwas als Mittelpunkt:* die Gegend um Kiel [herum] · sich um die eigene Achse drehen · Alle standen um sie [herum].
2. ⟨zeitlich⟩ *genau zu einer bestimmten Zeit:* Die Veranstaltung beginnt um 20 Uhr.
3. zusammen mit bestimmten anderen Wörtern: sich um eine freie Stelle bewerben · Ich mache mir Sorgen um dich.
4. *betreffend:* die Sorge um die Kinder · Gerüchte um die Firma · Wie steht es um sie?
5. bezeichnet einen Unterschied bei der Angabe eines Maßes: Sie hat sich um 10 Minuten verspätet. · Du hast dich um 5 Euro verrechnet.
6. *ungefähr:* Es waren um [die] 30 Mädchen. · Ich brauche so um [die] 20 Euro [herum].
7. *** um zu:** zur Angabe eines Zweckes: Er rief an, um sich bei mir zu entschuldigen.

um|ar|men [ʊmˈ|armən], umarmt, umarmte, hat umarmt:
zärtlich die Arme um jemanden legen: Bei der Begrüßung umarmte er sie. · Lass dich umarmen!

der **Um|bau** [ˈʊmba͜u], des Umbau[e]s:
Veränderung von Gebäuden oder Räumen: Der geplante Umbau muss erst genehmigt werden.

um|bin|den [ˈʊmbɪndn̩], bindet um, band um, hat umgebunden:
durch Binden am Körper befestigen: einem Kind ein Lätzchen umbinden · Er band [sich] einen Schlips um.

um|brin|gen [ˈʊmbrɪŋən], bringt um, brachte um, hat umgebracht:
gewaltsam ums Leben bringen: Er hat sich [selbst] umgebracht · Die Geiseln sind auf bestialische Weise umgebracht worden.

um|dre|hen [ˈʊmdreːən], dreht um, drehte um, umgedreht:
1. ⟨hat⟩ *auf die entgegengesetzte Seite drehen:* den Schlüssel im Schloss umdrehen · Wenn die Tischdecke schmutzig ist, drehen wir sie einfach um.
2. ⟨+ sich⟩ *sich [um sich] drehen:* Als sie sich umdrehte, erkannte ich sie. · Kannst du dich einmal umdrehen?
3. ⟨ist⟩ *umkehren:* Das Boot dreht um. · Die Bergsteiger mussten kurz vor dem Ziel umdrehen.

um|fal|len [ˈʊmfalən], fällt um, fiel um, ist umgefallen:
auf die Seite fallen: ein umgefallenes Fahrrad · tot / ohnmächtig umfallen · Die Lampe fällt leicht um. · Er ist mit seinem Stuhl umgefallen. · Viele Bäume sind bei dem Sturm umgefallen.

der **Um|fang** [ˈʊmfaŋ], des Umfang[e]s:
1. *Länge einer Linie, die einmal um einen Gegenstand läuft:* den Umfang eines Kreises berechnen · Alte Eichen können einen Umfang von bis zu 10 Metern erreichen.
2. *Größe, Ausdehnung:* Der Umfang der Bibliothek wird auf 200 000 Bände geschätzt. · Die beiden Teile haben etwa den gleichen Umfang.

um|fas|sen [ʊmˈfasn̩], umfasst, umfasste, hat umfasst:
1. *die Hände oder Arme um etwas legen:* Sie umfasst die Tasse mit dem heißen Glühwein mit beiden Händen.
2. *zum Inhalt haben:* Die Ausbildung umfasst verschiedene Kurse und Praktika.

die **Um|fra|ge** [ˈʊmfraːgə], der Umfrage, die Umfragen:
das Befragen vieler Menschen nach ihrer Meinung [zu einem Problem o. Ä.]: Die Umfrage ist nicht repräsentativ. · Wir müssen durch eine Umfrage erst ermitteln, ob sich diese Methode bewährt hat.

der **Um|gang** ['ʊmgaŋ], des Umgang[e]s: *Kontakt zu anderen Personen:* einen freundschaftlichen Umgang mit den Nachbarn haben / pflegen · Durch den häufigen Umgang mit Amerikanern hat sie sehr gut Englisch gelernt.

um|ge|ben [ʊm'ge:bn̩], umgibt, umgab, hat umgeben:
1. *veranlassen, dass etwas auf allen Seiten (um etwas) herum ist:* Sie umgibt sich mit Fachleuten. · Der Sänger war von seinen Fans umgeben.
2. *auf allen Seiten (um etwas) herum sein:* Der See ist ringsum von Wald umgeben.

die **Um|ge|bung** [ʊm'ge:bʊŋ], der Umgebung, die Umgebungen:
1. *Gebiet um etwas herum:* in einer reizvollen / hässlichen Umgebung wohnen · Die Stadt hat eine waldreiche / hügelige Umgebung.
2. *Kreis von Menschen oder Bereich, in dem man lebt:* sich an eine neue / ungewohnte Umgebung erst gewöhnen müssen · Das Kleinkind braucht seine vertraute Umgebung.

[1]**um|ge|hen** ['ʊmge:ən], geht um, ging um, ist umgegangen:
1. *im Umlauf sein:* Ein Gerücht geht um. · Im Kindergarten gehen die Masern um.
2. *in bestimmter Weise behandeln:* freundlich miteinander umgehen · Sie geht sehr nachlässig mit ihren Sachen um.

[2]**um|ge|hen** [ʊm'ge:ən], umgeht, umging, hat umgangen:
1. *einen Bogen um etwas machen:* ein Hindernis umgehen · Auf unserer Tour mussten wir einen See umgehen.
2. *vermeiden:* Probleme / Schwierigkeiten umgehen · Das lässt sich nicht umgehen!

um|ge|hend ['ʊmge:ənt] (besonders Papierdeutsch):
sofort, bei der ersten Gelegenheit: Bitte informieren Sie mich umgehend!

um|ge|kehrt ['ʊmgəke:ɐ̯t]:
entgegengesetzt; gegen die übliche Ordnung: in umgekehrter Reihenfolge / Richtung · mit umgekehrtem Vorzeichen · Die Sache ist genau umgekehrt.

um|hän|gen [ʊm'hɛŋən], hängt um, hängte um, hat umgehängt:
1. *an eine andere Stelle hängen:* Bilder / die Wäsche umhängen.
2. *um den Hals oder über die Schulter hängen:* dem Kind den Mantel umhängen · Sie hatte sich ein schweres Collier umgehängt.

um|keh|ren ['ʊmke:rən], kehrt um, kehrte um, ist umgekehrt:
sich in die Richtung bewegen, aus der man gerade kommt: auf halbem Wege umkehren · Als das Gewitter losging, wollten sie schnell umkehren.

um|kom|men ['ʊmkɔmən], kommt um, kam um, ist umgekommen:
bei einem Unglück den Tod finden: im Krieg / bei einem Erdbeben / in den Flammen umkommen · Unzählige Seevögel kamen bei der Ölpest um.

um|lei|ten ['ʊmlai̯tn̩], leitet um, leitete um, hat umgeleitet:
auf einen anderen Weg bringen: den Verkehr / einen Zug umleiten · Die Anrufe werden automatisch [auf einen anderen Apparat] umgeleitet. · Das Flugzeug wurde entführt und nach Kuba umgeleitet.

▶ die **Um|lei|tung** ['ʊmlai̯tʊŋ], der Umleitung, die Umleitungen:
1. *das Umleiten:* die Umleitung und Weiterschaltung der Anrufe auf einen anderen Apparat.
2. *Strecke, über die der Verkehr umgeleitet wird:* eine Umleitung fahren · Wegen der Baustelle wurde eine Umleitung eingerichtet.

um|rech|nen [ʊm'rɛçnən], rechnet um, rechnete um, hat umgerechnet:
ausrechnen, wie viel etwas in einer anderen Einheit ergibt: Euro in Schweizer Franken / Zentner in Kilogramm umrechnen.

um|rüh|ren [ʊm'ry:rən], rührt um, rührte um, hat umgerührt:
durch Rühren bewegen, mischen: die Suppe [mit dem Kochlöffel] umrühren · Die Farbe muss gut umgerührt werden.

der **Um|satz** ['ʊmzat͜s], des Umsatzes, die Umsätze ['ʊmzɛt͜sə]:
gesamter Wert aller Waren und Leistungen, die in einem bestimmten Zeitraum verkauft oder erbracht werden: den Umsatz durch Werbemaßnahmen steigern · Der Umsatz stagniert / bricht ein.

der **Um|schlag** ['ʊmʃla:k], des Umschlag[e]s, die Umschläge ['ʊmʃlɛ:gə]:
1. *Hülle zum Schutz eines Buches:* Der Umschlag ist beschädigt / zerrissen.
2. *Briefumschlag:* einen frankierten Umschlag beilegen · Du musst den Umschlag noch zukleben.
3. *warmes oder feuchtes Tuch, das um*

einen Körperteil gelegt wird: Der Arzt verordnete Umschläge.

[1]**um|schrei|ben** ['ʊmʃrai̯bn̩], schreibt um, schrieb um, hat umgeschrieben:
neu schreiben: einen Text / ein Drehbuch umschreiben · Er hat das Stück völlig umgeschrieben.

[2]**um|schrei|ben** [ʊm'ʃrai̯bn̩], umschreibt, umschrieb, hat umschrieben:
1. *in kurzen Worten darstellen:* Diese Aufgabe lässt sich mit wenigen Worten umschreiben.
2. *mit anderen Worten ausdrücken:* eine unangenehme Sache [geschickt / schamhaft] umschreiben · Sie wollte ihren Wunsch nicht direkt ausdrücken und hat ihn deshalb nur umschrieben.

die **Um|schu|lung** ['ʊmʃu:lʊŋ], der Umschulung, die Umschulungen:
Ausbildung für eine andere Tätigkeit: eine Umschulung zur Altenpflegerin.

um|se|hen ['ʊmze:ən], sieht sich um, sah sich um, hat sich umgesehen:
über die eigene Schulter nach hinten sehen: Sie sah sich mehrmals nach uns um. · Als sie wegging, sah sie sich immer wieder nach dem Haus um.

um|set|zen ['ʊmzɛt͜sn̩], setzt um, setzte um, hat umgesetzt:
1. *an eine andere Stelle, an einen anderen Platz setzen:* Bäume / Steine umsetzen · Der Lehrer hat die Schüler in der Klasse umgesetzt.
2. *verkaufen:* Waren [im Wert von 3 Millionen Euro] umsetzen.
3. *verwirklichen:* eine Idee / einen Plan in die Tat umsetzen · Erkenntnisse in die Praxis umsetzen.

▶ **um|so** ['ʊmzo:]:
⟨zusammen mit »je« und einer Steigerungsform⟩ *desto:* Je schneller der Wagen, umso größer die Gefahr. · Nach einer Ruhepause wird es umso besser gehen!

▶ **um|sonst** [ʊm'zɔnst]:
1. *vergeblich:* Er hat den ganzen Weg völlig umsonst gemacht · Die ganze Mühe war umsonst.
2. *ohne Bezahlung:* Er hat die Arbeit umsonst gemacht und also kein Geld dafür genommen.

der **Um|stand** ['ʊmʃtant], des Umstand[e]s, die Umstände ['ʊmʃtɛndə]:
1. *Tatsache, die ein Geschehen beeinflusst:* ein wichtiger / glücklicher / unvorhergesehener Umstand · Die äußeren Umstände waren denkbar ungünstig.
2. ⟨Plural⟩ *unnötiger Aufwand:* Nur keine Umstände!

um|ständ|lich ['ʊmʃtɛntlɪç], umständlicher, am umständlichsten:
mit unnötigem Aufwand verbunden: umständliche Vorbereitungen · Sie ist [in allem] sehr umständlich.

▶ **um|stei|gen** ['ʊmʃtai̯gn̩], steigt um, stieg um, ist umgestiegen:
aus einem Fahrzeug in ein anderes steigen: In Köln müssen wir [in den ICE / nach Aachen] umsteigen. · Nach Passau muss man umsteigen.

[1]**um|stel|len** ['ʊmʃtɛlən], stellt um, stellte um, hat umgestellt:
1. *an einen anderen Platz stellen:* Möbel / Tische / Bücher umstellen · Ich habe die Schränke wieder umgestellt.
2. *(einen Betrieb) bestimmten Erfordernissen entsprechend verändern:* Die gesamte Produktion wurde auf Notebooks umgestellt.
3. *sich auf veränderte Verhältnisse einstellen:* sich auf ein anderes Klima umstellen · Er will sich in seinem Alter nicht mehr umstellen.

[2]**um|stel|len** [ʊm'ʃtɛlən], umstellt, umstellte, hat umstellt:
sich auf allen Seiten um jemanden oder etwas herum aufstellen, sodass niemand entkommen kann: Das Wild wurde umstellt. · Das Gebäude war von Scharfschützen umstellt.

um|strit|ten [ʊm'ʃtrɪtn̩], umstrittener, am umstrittensten:
von verschiedenen Personen unterschiedlich eingeschätzt: eine umstrittene These / Frage · Tierversuche sind weltweit umstritten.

▶ der **Um|tausch** ['ʊmtau̯ʃ], des Umtausch[e]s:
Tausch einer Ware gegen eine andere: einen Umtausch vornehmen.

▶ **um|tau|schen** ['ʊmtau̯ʃn̩], tauscht um, tauschte um, hat umgetauscht:
1. *Ware zurückgeben und eine andere dafür erhalten:* seine Geschenke umtauschen · Tickets können kostenlos umgetauscht werden.
2. *wechseln:* Euro in Dollar umtauschen.

der **Um|weg** ['ʊmve:k], des Umweg[e]s, die Umwege:
Weg, der nicht direkt an ein Ziel führt und daher länger ist: ein kleiner / weiter / großer Umweg · Der Taxifahrer ist absichtlich einen Umweg gefahren.

▶ die **Um|welt** ['ʊmvɛlt], der Umwelt:
1. *gesamte Umgebung, die auf ein Lebewesen einwirkt und seine Existenz beein-*

flusst: eine gesunde / intakte / saubere Umwelt · Die Schadstoffe gelangen in die Umwelt.
2. *Kreis von Personen, mit denen jemand regelmäßig Kontakt hat:* Sie braucht die Anerkennung ihrer Umwelt.

der **Um|welt|schutz** ['ʊmvɛltʃʊts], des Umweltschutzes:
Gesamtheit der Maßnahmen zum Schutz der natürlichen Umwelt: sich für den Umweltschutz einsetzen / engagieren.

die **Um|welt|ver|schmut|zung** ['ʊmvɛltfɛɐ̯ʃmʊtsʊŋ], der Umweltverschmutzung:
Belastung der Umwelt durch Schmutz und Schadstoffe: Die Meere sind durch die Umweltverschmutzung besonders gefährdet.

um|zie|hen ['ʊmtsi:ən], zieht um, zog um, umgezogen:
1. ⟨ist⟩ *in eine andere Wohnung, Unterkunft ziehen:* nach Hamburg / in ein anderes Bundesland umziehen · Die Firma zieht [in einen Neubau] um.
2. ⟨hat⟩ *die Kleidung wechseln:* sich nach der Arbeit / zum Essen / zum Sport umziehen · Hast du den Kranken schon umgezogen?

der **Um|zug** [ʊm'tsu:k], des Umzug[e]s, die Umzüge [ʊm'tsy:gə]:
1. *das Umziehen in eine andere Wohnung:* sich für den Umzug einen Tag Urlaub nehmen.
2. *Veranstaltung, bei der sich eine größere Gruppe aus bestimmtem Anlass durch die Straßen bewegt:* ein bunter / festlicher / traditioneller Umzug · einen politischen Umzug veranstalten.

un|ab|hän|gig ['ʊn|aphɛŋɪç]:
1. ⟨unabhängiger, am unabhängigsten⟩ *nicht auf etwas oder jemanden angewiesen:* unabhängige Richter / Gutachter · Die Justiz muss unabhängig bleiben.
2. *politisch selbstständig:* Das Land ist erst vor 10 Jahren unabhängig geworden.

un|an|ge|nehm ['ʊn|angəne:m], unangenehmer, am unangenehmsten:
1. *kein angenehmes Gefühl verursachend:* unangenehm riechen · Sie hat eine unangenehme Stimme.
2. *unerfreulich:* Die Begegnung war ihr ausgesprochen unangenehm.

un|auf|fäl|lig ['ʊn|auffɛlɪç], unauffälliger, am unauffälligsten:
so, dass es nicht auffällt: eine unauffällige Erscheinung · Er wollte sich unauffällig entfernen.

un|be|deu|tend ['ʊnbədɔytn̩t], unbedeutender, am unbedeutendsten:
1. *wenig Bedeutung oder Einfluss habend:* einige unbedeutende Filme · Meine Stellung hier ist unbedeutend.
2. *sehr klein, sehr wenig:* eine unbedeutende Veränderung · Sie hat sich nur unbedeutend verändert.

un|be|dingt ['ʊnbədɪŋt]:
1. *uneingeschränkt, absolut:* unbedingte Verschwiegenheit / Loyalität · jemandem unbedingt vertrauen [können].
2. *ohne Rücksicht auf Hindernisse oder Schwierigkeiten:* Das muss ich mir unbedingt ansehen! · Warum willst du das unbedingt wissen?

un|be|frie|di|gend ['ʊnbəfri:dɪgn̩t], unbefriedigender, am unbefriedigendsten:
nicht befriedigend: Seine Leistung war ziemlich unbefriedigend.

un|be|grün|det ['ʊnbəgrʏndət]:
ohne Grund oder Berechtigung: ein unbegründeter Vorwurf · Seine Skepsis war unbegründet.

un|be|kannt ['ʊnbəkant], unbekannter, am unbekanntesten:
1. *nicht gewusst oder gekannt:* ein unbekannter Täter.
2. *nicht berühmt oder angesehen:* eine nicht ganz unbekannte Autorin.

un|be|liebt ['ʊnbəli:pt], unbeliebter, am unbeliebtesten:
nicht beliebt; allgemein nicht gern gesehen: ein unbeliebter Lehrer · Sie machte sich durch diese Maßnahme / mit diesen Maßnahmen bei allen unbeliebt.

un|be|nutzt ['ʊnbənʊtst]:
[noch] nicht gebraucht: Das Handtuch ist [noch] unbenutzt.

un|be|quem ['ʊnbəkve:m], unbequemer, am unbequemsten:
1. *für den Gebrauch nicht bequem:* ein unbequemer Stuhl · Auf dem Sofa sitzt man noch unbequemer.
2. *lästig, störend:* eine unbequeme Meinung · Er ist [ihnen] unbequem geworden.

un|be|schreib|lich [ʊnbə'ʃraiplɪç], unbeschreiblicher, am unbeschreiblichsten:
1. *alles sonst Übliche übertreffend [sodass man keine Worte dafür findet]:* Eine unbeschreibliche Angst erfasste ihn.
2. *sehr:* unbeschreiblich dick / fett.

un|be|stimmt ['ʊnbəʃtɪmt], unbestimmter, am unbestimmtesten:
1. *nicht genau bestimmbar:* in einer unbestimmten Zukunft · ein junger Mann unbestimmten Alters.

2. *ungewiss, unsicher:* Ort und Zeitpunkt sind noch unbestimmt.

un|be|wusst ['ʊnbəvʊst]:
nicht bewusst: Er hat unbewusst genau das Richtige getan.

► **und** [ʊnt]:
1. verbindet (als Aufzählung) einzelne Wörter oder Sätze: Äpfel und Birnen · Ihr geht zur Arbeit, und wir bleiben zu Hause · Zwei und *(plus)* drei ist fünf.
2. drückt einen Gegensatz aus; *aber:* Er fährt, und will er nicht, so muss man ihn zwingen.
3. verbindet (meist ironisch) Gegensätzliches oder unvereinbar Scheinendes: Ich und tanzen? · Du und Sport!

un|dank|bar ['ʊndaŋkbaːɐ̯], undankbarer, am undankbarsten:
1. *ohne Dank:* ein undankbarer Mensch / Freund · Sei nicht so undankbar!
2. *nicht lohnend:* ein undankbares Geschäft · Das ist ein undankbares Amt.

un|deut|lich ['ʊndɔy̆tlɪç], undeutlicher, am undeutlichsten:
nicht klar; schlecht zu verstehen, zu entziffern: ein undeutliches Foto · Ich habe mich wohl undeutlich ausgedrückt.

un|dicht ['ʊndɪçt], undichter, am undichtesten:
nicht dicht: ein undichter Verschluss · Der Reifen ist undicht.

un|durch|sich|tig ['ʊndʊrçzɪçtɪç]:
1. *nicht durchsichtig:* undurchsichtiges Glas.
2. ⟨undurchsichtiger, am undurchsichtigsten⟩ *nicht zu durchschauen:* in undurchsichtige Dinge / Geschäfte verwickelt sein.

un|ehe|lich ['ʊn|eːəlɪç]:
außerhalb einer Ehe geboren; nicht ehelich: uneheliche Kinder.

un|ehr|lich ['ʊneːɐ̯lɪç], unehrlicher, am unehrlichsten:
nicht ehrlich: unehrliche Absichten · Sie treibt ein unehrliches Spiel mit ihm · Er hat sein ganzes Geld unehrlich erworben.

un|ei|nig ['ʊn|a̯inɪç]:
verschiedener Meinung: In diesem Punkt sind sie [sich] noch uneinig.

un|emp|find|lich ['ʊn|ɛmpf̮ɪntlɪç], unempfindlicher, am unempfindlichsten:
nicht empfindlich gegenüber etwas, was auf den Körper oder die Seele einwirkt: gegen Kritik unempfindlich sein · Er ist unempfindlich gegen Beleidigungen.

un|end|lich [ʊn'|ɛntlɪç]:
1. *so groß, dass es ohne Grenzen scheint:* die unendliche Weite des Ozeans · Der Weg schien ihr unendlich.
2. (emotional) *stark ausgeprägt:* unendliche Geduld haben · Sie pflegte ihn mit unendlicher Behutsamkeit.
3. (emotional) *sehr:* sich unendlich freuen · Diese Kinder sind unendlich liebenswert.

un|ent|behr|lich ['ʊn|ɛntbeːɐ̯lɪç], unentbehrlicher, am unentbehrlichsten:
so, dass man nicht darauf verzichten kann: ein unentbehrliches Werkzeug · Der Computer ist für meine Arbeit unentbehrlich.

► **un|ent|schie|den** ['ʊn|ɛntʃiːdn̩]:
1. *nicht entschieden:* unentschiedene Fälle / Fragen · Die Angelegenheit ist noch unentschieden.
2. *unentschlossen:* eine unentschiedene Haltung · unentschiedene Wähler.
3. *ohne einen Sieger ausgehend:* Das Spiel steht unentschieden.

un|ent|wegt [ʊn|ɛnt'veːkt]:
ohne Unterbrechung; ständig: Die Polizei war unentwegt im Einsatz.

un|er|bitt|lich [ʊn|ɛɐ̯'bɪtlɪç]:
1. *durch nichts umzustimmen:* Sie blieb unerbittlich bei ihren Forderungen.
2. *durch nichts aufzuhalten:* das unerbittliche Schicksal.

un|er|fah|ren ['ʊn|ɛɐ̯faːrən], unerfahrener, am unerfahrensten:
ohne Erfahrung [auf einem Gebiet]: ein unerfahrener Arzt / Richter · Er ist noch unerfahren auf seinem Gebiet.

un|er|freu|lich ['ʊn|ɛɐ̯frɔy̆lɪç], unerfreulicher, am unerfreulichsten:
so, dass es Ärger bereitet: eine unerfreuliche Nachricht / Meldung / Sache · Dieser Zwischenfall ist für alle sehr unerfreulich.

un|er|heb|lich ['ʊn|ɛɐ̯heːplɪç]:
nicht erheblich; unbedeutend: unerhebliche Unterschiede / Fortschritte · Es ist unerheblich, ob er kommt oder nicht.

un|er|hört ['ʊn|ɛɐ̯'høːɐ̯t]:
1. *empörend, unglaublich:* eine unerhörte Begebenheit / Beleidigung / Frechheit · Ihr Verhalten ist einfach unerhört!
2. *außerordentlich groß:* ein unerhörtes Tempo · Das ist eine unerhörte Schlamperei.
3. *sehr:* Er muss unerhört gelitten haben.
4. *nicht erfüllt:* eine unerhörte Bitte · Seine Liebe blieb unerhört.

un|er|klär|lich [ʊn|ɛɐ̯'klɛːɐ̯lɪç], unerklärlicher, am unerklärlichsten:
so, dass man es sich nicht erklären kann:

ein unerklärliches Verhalten · Eine unerklärliche Angst befiel sie.

un|er|läss|lich [ʊnǀɛɐ̯ˈlɛslɪç]:
unbedingt notwendig: unerlässliche Bedingungen · Wir halten dies für unerlässlich.

un|er|laubt [ˈʊnǀɛɐ̯lau̯pt]:
1. *ohne Erlaubnis:* unerlaubtes Fernsehen.
2. *dem Gesetz widersprechend:* unerlaubter Waffenbesitz.

un|er|mess|lich [ʊnǀɛɐ̯ˈmɛslɪç]:
1. *unabsehbar groß:* in unermesslicher Ferne · die unermessliche Weite der Wälder.
2. (emotional) *in einem kaum vorstellbaren Maße groß:* unermessliche Leiden.
3. (emotional) *sehr:* Das ist unermesslich traurig.

un|er|müd|lich [ʊnǀɛɐ̯ˈmyːtlɪç], unermüdlicher, am unermüdlichsten:
mit großer Ausdauer: ein unermüdlicher Helfer · unermüdlich trainieren.

un|er|träg|lich [ʊnǀɛɐ̯ˈtrɛːklɪç], unerträglicher, am unerträglichsten:
1. *so schlimm, dass es kaum zu ertragen ist:* unerträgliche Schmerzen · Die Hitze ist einfach unerträglich.
2. *von einer unsympathischen Art:* ein unerträglicher Mensch / Typ.

un|er|war|tet [ˈʊnǀɛɐ̯vartət], unerwarteter, am unerwartetsten:
von niemandem erwartet: eine unerwartete Nachricht · Sie starb plötzlich und unerwartet.

un|er|wünscht [ˈʊnǀɛɐ̯vʏnʃt], unerwünschter, am unerwünschtesten:
nicht erwünscht: eine unerwünschte Unterbrechung / Störung · Sein Besuch kam völlig unerwünscht.

un|fä|hig [ˈʊnfɛːɪç]:
1. *nicht fähig, nicht in der Lage:* Sie ist unfähig, längere Zeit zuzuhören.
2. ⟨unfähiger, am unfähigsten⟩ *seinen Aufgaben nicht gewachsen:* unfähige Manager · Der unfähige Mitarbeiter wurde versetzt.

un|fair [ˈʊnfɛːɐ̯], unfairer, am unfairsten:
so, dass es nicht den üblichen Regeln entspricht: ein unfaires Verhalten · Die gegnerische Mannschaft kämpfte unfair.

▸ der **Un|fall** [ˈʊnfal], des Unfall[e]s, die Unfälle [ˈʊnfɛlə]:
Ereignis, bei dem jemand verletzt oder getötet wird oder ein materieller Schaden entsteht: bei einem Unfall verletzt werden · Der Unfall forderte ein Menschenleben.

un|fass|bar [ʊnˈfasbaːɐ̯], unfassbarer, am unfassbarsten:
1. *so, dass man es nicht begreifen kann:* die unfassbare Nachricht von ihrem Tod.
2. *so, dass man es sich kaum vorstellen kann:* unfassbare Armut / Grausamkeit.

un|freund|lich [ˈʊnfrɔy̯ntlɪç], unfreundlicher, am unfreundlichsten:
1. *ohne Freundlichkeit:* ein unfreundlicher Mensch · Es gab kein unfreundliches Wort.
2. *unangenehm (vom Wetter):* Das Wetter war unfreundlich.

der **Un|fug** [ˈʊnfuːk], des Unfug[e]s:
1. *Handeln, das andere stört und durch das Schaden entsteht:* Das Beschmieren der Fassade war ein grober Unfug.
2. *Unsinn:* Er redet mal wieder nur Unsinn.

un|ge|dul|dig [ˈʊnɡədʊldɪç], ungeduldiger, am ungeduldigsten:
voller Ungeduld: ungeduldig warten · Er lief ungeduldig hin und her.

▸ **un|ge|fähr** [ˈʊnɡəfɛːɐ̯]:
1. *nicht ganz genau; in etwa:* ungefähr drei Stunden / zehn Kilometer · Das ist ungefähr die Hälfte.
2. *nur ungenau [bestimmt]:* Sie konnte nur eine ungefähre Zahl nennen.

un|ge|fähr|lich [ˈʊnɡəfɛːɐ̯lɪç], ungefährlicher, am ungefährlichsten:
so, dass keine Gefahr damit verbunden ist: ein ungefährliches Vorhaben · Die Besteigung des Berges ist völlig ungefährlich.

un|ge|heu|er [ˈʊnɡəhɔy̯ɐ], ungeheurer, ungeheuerste:
1. *sehr groß:* eine ungeheure Kraft / Energie · Der Aufprall war ungeheuer.
2. *sehr:* Das ist ungeheuer wichtig. · Er ist ungeheuer stark.

das **Un|ge|heu|er** [ˈʊnɡəhɔy̯ɐ], des Ungeheuers, die Ungeheuer:
(besonders in Märchen) großes, wildes Tier, das Furcht einflößt: ein siebenköpfiges / drachenartiges Ungeheuer.

un|ge|klärt [ˈʊnɡəklɛːɐ̯t], ungeklärter, am ungeklärtesten:
unklar: ein ungeklärter Fall · Die Ursachen blieben völlig ungeklärt.

un|ge|le|gen [ˈʊnɡəleːɡn̩], ungelegener, am ungelegensten:
zu einem ungünstigen Zeitpunkt: ungelegener Besuch · Komme ich ungelegen? *(Störe ich?).*

un|ge|nau [ˈʊnɡənau̯], ungenauer, am ungenauesten:

nicht genau: eine ungenaue Uhr · [nur] ungenaue Kenntnis von etwas haben.

un|ge|nü|gend ['ʊngəny:gn̩t], ungenügender, am ungenügendsten:
1. *deutliche Mängel aufweisend:* Die Treppe war ungenügend beleuchtet.
2. *der schlechtesten Schulnote entsprechend:* Er hat in der Mathematikarbeit die Note »ungenügend« *(die Note »Sechs«)* bekommen.

un|ge|recht ['ʊngərɛçt], ungerechter, am ungerechtesten:
nicht gerecht: eine ungerechte Behandlung / Strafe · Du bist aber ungerecht!

un|ge|schickt ['ʊngəʃɪkt], ungeschickter, am ungeschicktesten:
sich nicht zu helfen wissend: ungeschickte Bewegungen · Er ist ungeschickt in handwerklichen Dingen.

un|ge|sund ['ʊngəzʊnt], ungesünder, am ungesündesten:
1. *auf eine Krankheit hindeutend:* Sein Gesicht hat eine ungesunde Farbe.
2. *so, dass es krank macht:* ein ungesundes Klima · Er ernährt sich total ungesund.

un|ge|wiss ['ʊngəvɪs], ungewisser, am ungewissesten:
unsicher: eine Fahrt ins Ungewisse · Der Ausgang der Spiele ist noch ungewiss.

▶ **un|ge|wöhn|lich** ['ʊngəvø:nlɪç], ungewöhnlicher, am ungewöhnlichsten:
1. *vom Gewohnten abweichend:* Eine solche Maßnahme ist ziemlich ungewöhnlich für sie.
2. *das gewohnte Maß übersteigend:* Sie hat eine ungewöhnliche Begabung.
3. *sehr:* Er isst ungewöhnlich viel.

un|ge|wohnt ['ʊngəvo:nt], ungewohnter, am ungewohntesten:
nicht vertraut: eine ungewohnte Rolle / Situation · zu ungewohnter Stunde · Die Umgebung ist für mich noch ungewohnt.

das **Un|ge|zie|fer** ['ʊngət͜si:fɐ], des Ungeziefers:
kleine, schädliche Tiere: Ungeziefer vernichten · Flöhe, Läuse, Motten, aber auch Ratten und Mäuse sind Ungeziefer.

un|ge|zo|gen ['ʊngət͜so:gn̩], ungezogener, am ungezogensten:
frech und unhöflich (besonders von Kindern): sich ungezogen benehmen · Das ist ungezogen von dir.

▶ **un|glaub|lich** [ʊn'glau̯plɪç], unglaublicher, am unglaublichsten:
1. *so unwahrscheinlich, dass man es kaum glauben möchte:* Das klingt unglaublich, ist aber wahr!
2. (umgangssprachlich) *sehr groß:* ein unglaublicher Erfolg.
3. (umgangssprachlich) *sehr:* Er hat sich unglaublich aufgeregt. · Sie sieht noch unglaublich jung für ihr Alter aus.

▶ das **Un|glück** ['ʊnglʏk], des Unglück[e]s, die Unglücke:
1. *schlimmes Ereignis, das plötzlich kommt:* Ein schweres Unglück ist geschehen. · Bei dem Unglück gab es Tote und Verletzte.
2. ⟨ohne Plural⟩ *Pech, Missgeschick:* Das bringt Unglück!

un|glück|lich ['ʊnglʏklɪç], unglücklicher, am unglücklichsten:
1. *traurig:* ein unglückliches Gesicht machen.
2. *ungeschickt, ungünstig:* eine unglückliche Bewegung machen · Sie stürzte unglücklich und brach sich den Knöchel.

un|gül|tig ['ʊngʏltɪç]:
so, dass es keine Gültigkeit mehr hat: ein ungültiger Pass · Ohne Unterschrift ist die Scheckkarte ungültig.

un|güns|tig ['ʊngʏnstɪç], ungünstiger, am ungünstigsten:
so, dass es eine negative Wirkung hat: ein ungünstiger Zeitpunkt /Termin · Die Voraussetzungen sind denkbar ungünstig.

▶ **un|heim|lich** ['ʊnhai̯mlɪç], unheimlicher, am unheimlichsten:
1. *so, dass es ein Gefühl der Angst hervorruft:* eine unheimliche Gestalt / Stille · Im Dunkeln wurde [es] mir unheimlich.
2. (umgangssprachlich) *sehr groß, sehr stark:* einen unheimlichen Willen / Hunger / Appetit haben.
3. (umgangssprachlich) *überaus, sehr:* Sie hat sich unheimlich verändert. · Sie ist unheimlich nett.

un|höf|lich ['ʊnhø:flɪç], unhöflicher, am unhöflichsten:
nicht höflich: ein unhöflicher Kerl · Dein Verhalten war sehr unhöflich.

die **Uni** ['ʊni], der Uni, die Unis (umgangssprachlich):
Universität: auf der Uni sein.

▶ die **Uni|form** [uni'fɔrm], der Uniform, die Uniformen:
einheitliche Kleidung: Soldaten und Polizisten tragen eine Uniform.

die **Uni|on** [u'ni̯o:n], der Union, die Unionen:
Bund, Vereinigung (besonders von Staaten): einer Union beitreten / angehören.

▶ die **Uni|ver|si|tät** [univɛrzi'tɛ:t], der Universität, die Universitäten:

Institution, in der wissenschaftlich ausgebildet und geforscht wird: an der Universität immatrikuliert sein · auf die / zur Universität gehen *(studieren).*

das **Uni|ver|sum** [uniˈvɛrzʊm], des Universums:
Weltall, Kosmos: das weite / unendliche Universum · Das Raumschiff ist im Universum verschollen.

un|klar [ˈʊnklaːɐ̯], unklarer, am unklarsten:
1. *nur unbestimmt; vage:* unklare Empfindungen / Erinnerungen.
2. *nur undeutlich zu erkennen:* ein unklares Bild · Die Umrisse sind unklar.
3. *unverständlich:* ein unklarer Satz / Text · Es ist mir unklar, wie das geschehen konnte.

un|kom|pli|ziert [ˈʊnkɔmplit͜siːɐ̯t], unkomplizierter, am unkompliziertesten:
nicht kompliziert: ein unkomplizierter Mensch · ein Gerät mit unkomplizierter Bedienung.

un|kon|zen|triert [ˈʊnkɔnt͜sɛntriːɐ̯t], unkonzentrierter, am unkonzentriertesten:
nicht aufmerksam: Als Schüler war er im Unterricht meist unkonzentriert.

die **Un|kos|ten** [ˈʊnkɔstn̩], der Unkosten ⟨Plural⟩:
1. *[unvorhergesehene] Kosten, die neben den normalen Ausgaben entstehen:* Das Fest war mit großen Unkosten verbunden.; *** sich in Unkosten stürzen** (umgangssprachlich): *hohe Ausgaben auf sich nehmen:* Für mein Weihnachtsgeschenk hat er sich in Unkosten gestürzt.
2. (umgangssprachlich) *finanzielle Ausgaben:* Hatten Sie Unkosten?

das **Un|kraut** [ˈʊnkra͜ut], des Unkraut[e]s:
wild wachsende Pflanzen, die vom Menschen im Garten nicht erwünscht sind: das Unkraut sprießt / wächst / wuchert · Unkraut jäten / ausrupfen.

un|längst [ˈʊnlɛŋst]:
erst kürzlich: An dieser Stelle stand unlängst noch ein Kiosk.

un|lös|bar [ʊnˈløːsbaːɐ̯], unlösbarer, am unlösbarsten:
sehr schwierig und daher nicht zu lösen: ein unlösbares Rätsel · Der Konflikt in der Region scheint vorerst unlösbar.

die **Un|men|ge** [ˈʊnmɛŋə], der Unmenge, die Unmengen:
sehr große Menge: eine Unmenge Besucher / von Besuchern · Er trinkt Unmengen [von] Tee.

un|mensch|lich [ˈʊnmɛnʃlɪç], unmenschlicher, am unmenschlichsten:
1. (abwertend) *grausam und brutal:* unmenschliche Grausamkeit · Sie haben die Gefangenen unmenschlich behandelt.
2. *für einen Menschen nur schwer zu ertragen:* unter unmenschlichen Verhältnissen leben.
3. *sehr groß, stark:* eine unmenschliche Hitze · unmenschliche Strapazen.

un|miss|ver|ständ|lich [ˈʊnmɪsfɛɐ̯ʃtɛntlɪç], unmissverständlicher, am unmissverständlichsten:
klar und eindeutig: unmissverständlich seine Meinung sagen · Er hat ihr unmissverständlich eine Absage erteilt.

un|mit|tel|bar [ˈʊnmɪtl̩baːɐ̯], unmittelbarer, am unmittelbarsten:
ohne einen räumlichen oder zeitlichen Abstand: Diese Tür führt unmittelbar in den Garten. · Die Entscheidung steht unmittelbar bevor. · Das leuchtet mir unmittelbar ein.

un|mo|dern [ˈʊnmodɛrn], unmoderner, am unmodernsten:
nicht mehr aktuell: eine unmoderne Küche · Deine Ansicht über Partnerschaft sind aber äußerst unmodern.

un|mög|lich [ˈʊnmøːklɪç]:
1. ⟨unmöglicher, am unmöglichsten⟩ *nicht zu schaffen:* ein unmögliches Unterfangen · Das ist technisch unmöglich.
2. ⟨unmöglicher, am unmöglichsten⟩ *nicht denkbar, nicht in Betracht kommend:* Ich halte es für ganz unmöglich, dass er der Täter ist.
3. ⟨unmöglicher, am unmöglichsten⟩ (umgangssprachlich, meist abwertend) *hässlich, lächerlich:* ein unmögliches Benehmen / Verhalten · Dieser Hut ist unmöglich.
4. *(weil es unmöglich ist) nicht:* Mehr kannst du in dieser Situation unmöglich von mir verlangen.

der **Un|mut** [ˈʊnmuːt], des Unmut[e]s:
Enttäuschung, Ärger: Unmut stieg in ihr auf. · Er machte seinem Unmut Luft.

un|na|tür|lich [ˈʊnnatyːɐ̯lɪç], unnatürlicher, am unnatürlichsten:
1. *nicht natürlich:* Seine Wangen waren unnatürlich blass.
2. *künstlich:* Ihr Lachen klang sehr unnatürlich.

un|nö|tig [ˈʊnnøːtɪç], unnötiger, am unnötigsten:
nicht notwendig, nicht erforderlich: unnötige Kosten / Ausgaben · Es ist unnötig, dieses Risiko einzugehen.

un|nütz ['ʊnnʏts]:
zu nichts taugend; keinen Nutzen bringend: Mach dir keine unnützen Gedanken darüber. · Es ist unnütz, darüber zu streiten.

un|or|dent|lich ['ʊnǀɔrdn̩tlɪç], unordentlicher, am unordentlichsten:
nicht aufgeräumt, nicht geordnet: ein unordentlicher Mensch · Sie war schon immer sehr unordentlich.

die **Un|ord|nung** ['ʊnǀɔrdnʊŋ], der Unordnung:
Mangel an Ordnung: eine furchtbare Unordnung hinterlassen · Die Akten sind in Unordnung geraten.

un|pünkt|lich ['ʊnpʏŋktlɪç], unpünktlicher, am unpünktlichsten:
nicht pünktlich: ein unpünktlicher Mensch · Morgen darfst du aber nicht unpünktlich sein!

das **Un|recht** ['ʊnrɛçt], des Unrecht[e]s:
1. *Prinzip, das das Recht verneint:* ein Leben lang gegen das Unrecht ankämpfen.
2. *Tat, die als falsch empfunden wird:* Er hat ihr ein Unrecht angetan.

un|re|gel|mä|ßig ['ʊnre:gl̩mɛ:sɪç], unregelmäßiger, am unregelmäßigsten:
nicht regelmäßig: unregelmäßige Zahlungen · Die Züge fahren leider sehr unregelmäßig.

un|reif ['ʊnrai̯f], unreifer, am unreifsten:
1. *so, dass man es noch nicht ernten oder essen kann:* unreifes Obst / Gemüse.
2. *nicht sehr entwickelt oder erfahren:* unreife Ideen · Er wirkt noch sehr unreif.

die **Un|ru|he** ['ʊnru:ə], der Unruhe, die Unruhen:
1. ⟨ohne Plural⟩ *Lärm; fehlende Ruhe:* Bei der Unruhe kann ich nicht arbeiten.
2. ⟨ohne Plural⟩ *durch Angst und Sorge gekennzeichnete Stimmung:* Ihre Unruhe wuchs immer mehr, als die Kinder nicht kamen.
3. ⟨ohne Plural⟩ *unzufriedene Stimmung:* Nach diesen Verordnungen wuchs die Unruhe im Volk.
4. ⟨nur Plural⟩ *öffentliche Proteste, Demonstrationen:* Der Staat wird von Unruhen heimgesucht.

un|ru|hig ['ʊnru:ɪç], unruhiger, am unruhigsten:
1. *ständig in Bewegung:* ein unruhiges Hin und Her · Die Kinder sind schrecklich unruhig.
2. *laut:* eine unruhige Straße · Wir wohnen in einer unruhigen Gegend.
3. *von Unruhe erfüllt; nervös:* unruhig werden · Als die Kinder nicht kamen, wurde sie immer unruhiger.

▶ **uns** [ʊns]:
1. Dativ und Akkusativ von »wir«: Das hat er uns gesagt. · Sie hat uns schon wieder belogen.
2. ⟨reflexiv⟩ Wir haben uns darüber sehr gefreut.
3. *einander:* Wir lieben uns.

un|sach|lich ['ʊnzaxlɪç], unsachlicher, am unsachlichsten:
von Gefühlen beeinflusst: ein unsachlicher Einwand · Werde bitte nicht unsachlich!

un|scharf ['ʊnʃarf], unschärfer, am unschärfsten:
1. *nicht deutlich mit den Augen zu erkennen:* ein unscharfes Foto.
2. *nicht eindeutig:* ein unscharfer Begriff.

die **Un|schuld** ['ʊnʃʊlt], der Unschuld:
das Freisein von Schuld: Unschuld vortäuschen · Er wurde wegen erwiesener Unschuld freigesprochen.

un|schul|dig ['ʊnʃʊldɪç], unschuldiger, am unschuldigsten:
1. *ohne Schuld:* ein unschuldiges Opfer · Der Angeklagte ist unschuldig.
2. *harmlos:* Lass ihm doch sein unschuldiges Vergnügen!

un|selbst|stän|dig ['ʊnzɛlpstʃtɛndɪç], unselbstständiger, am unselbstständigsten:
auf fremde Hilfe angewiesen: Die beiden Kinder sind noch viel zu unselbstständig.

▶ **un|ser** ['ʊnzɐ]:
1. unser, unsere, unser; drückt aus, dass jemand oder etwas [zu] einer Gruppe von Menschen, die die eigene Person einschließt, gehört: Unser Garten ist größer als eurer · Unser großer Bruder wird uns beschützen.
2. unser, unsere, unser[e]s: Entschuldigung – das Auto vor Ihrer Einfahrt ist unseres.
3. Genitiv von »wir«: Sie erinnern sich unser.

un|si|cher ['ʊnzɪçɐ], unsicherer, am unsichersten:
1. *durch eine Gefahr bedroht:* unsichere Zeiten · Diese Gegend ist mir viel zu unsicher.
2. *zweifelhaft; ungewiss:* eine unsichere Zukunft haben · ein Unternehmen mit unsicherem Ausgang.
3. *nicht selbstsicher:* Er ist / wirkt sehr unsicher.

die **Un|si|cher|heit** ['ʊnzɪçɐhai̯t], der Unsicherheit, die Unsicherheiten:

1. ⟨ohne Plural⟩ *unsicherer Zustand:* aus Unsicherheit ablehnen · Es besteht Unsicherheit, ob man das tun soll.
2. *Sache, die etwas unsicher macht:* In seinem Plan gab es noch Unsicherheiten.

un|sicht|bar ['ʊnzɪçtba:ɐ̯]:
nicht sichtbar: Luft ist völlig unsichtbar. · Er stand, für uns damit unsichtbar, hinter der Tür.

der **Un|sinn** ['ʊnzɪn], des Unsinn[e]s:
1. *etwas Sinnloses:* absoluter / blanker / großer Unsinn · Das ist doch alles Unsinn! · Rede doch keinen Unsinn!
2. *Unfug:* Unsinn machen / treiben · Der Junge hat nichts als Unsinn im Kopf.

un|sport|lich ['ʊnʃpɔrtlɪç], unsportlicher, am unsportlichsten:
1. *nicht sportlich:* ein unsportlicher Typ.
2. *nicht fair:* ein unsportliches Verhalten.

un|sym|pa|thisch ['ʊnzʏmpa:tɪʃ], unsympathischer, am unsympathischsten:
unangenehm wirkend: Die neue Kollegin sieht total unsympathisch aus.

▸ **un|ten** ['ʊntn̩]:
1. *an einer tiefer gelegenen Stelle; am Boden von etwas:* Sie ging nach unten. · Das Buch befindet sich unten im Regal. · Die Wäsche liegt unten im Schrank.
2. *in einer niederen sozialen Stellung:* ganz unten anfangen müssen · Er hat sich von unten hochgearbeitet.

▸ **un|ter** ['ʊntɐ]:
1. ⟨räumlich; mit Dativ⟩ besagt, dass sich jemand oder etwas unter etwas anderem befindet: Die Katze liegt unter dem Tisch.
2. ⟨räumlich; mit Akkusativ⟩ gibt die Richtung auf eine Stelle unterhalb von jemand oder etwas an: sich unter einen Baum setzen · Sie legte ihm ein Kissen unter den Kopf.
3. ⟨räumlich; mit Dativ⟩ bezeichnet eine Stelle, unter der etwas passiert: Er ist unter dem Gartenzaun durchgekrochen.
4. ⟨räumlich; mit Dativ⟩ drückt aus, dass jemand oder etwas direkt von etwas bedeckt wird: Die beiden liegen unter einer Decke. · Er trägt ein Hemd unter dem Pulli.
5. ⟨mit Dativ⟩ sagt, dass etwas unter einen bestimmten Wert ist: das Sofa unter Preis verkaufen.
6. ⟨mit Dativ⟩ *von weniger als:* Kinder unter 5 Jahren · Der Preis liegt unter 100 Euro.
7. ⟨mit Dativ⟩ nennt Art der Umstände: unter Tränen / Schmerzen · Die Sitzung fand unter Ausschluss der Öffentlichkeit statt.
8. gibt die Art und Weise an, in der etwas geschieht; *mit:* unter Zwang / unter Lebensgefahr · unter Vorspiegelung falscher Tatsachen.
9. ⟨mit Dativ⟩ kennzeichnet eine Bedingung: Er akzeptierte den Vertrag nur unter Vorbehalt.
10. ⟨mit Dativ und Akkusativ⟩ drückt eine Abhängigkeit aus: unter ärztlicher Kontrolle · unter Aufsicht / unter jemandes Leitung.
11. ⟨mit Dativ⟩ kennzeichnet eine Zugehörigkeit: unter falschem Namen reisen · unter einem Pseudonym publizieren.
12. ⟨mit Dativ⟩ *inmitten von; bei; zwischen:* Der Brief lag unter den Akten. · Er saß unter lauter Fremden.
13. ⟨mit Dativ⟩ drückt aus, dass sich ein Einzelner oder eine Anzahl in irgendeiner Weise hervorhebt; *von:* Nur einer unter fünfzig Bewerbern wurde schließlich genommen.
14. ⟨mit Dativ⟩ *zwischen:* unter Freunden · Es gab Streit unter den Teilnehmern.
15. *weniger als:* unter fünfzehn Jahre alte Jugendliche · Es waren unter fünfzig Leute im Saal.

▸ **un|ter|bre|chen** [ʊntɐ'brɛçn̩], unterbricht, unterbrach, hat unterbrochen:
1. *für kürzere oder längere Zeit (mit etwas) aufhören:* die Arbeit / den Urlaub / die Verhandlungen unterbrechen · eine Sendung / das Programm / ein Spiel unterbrechen · Er musste aus Geldnot sein Studium unterbrechen.
2. *am Fortführen einer Tätigkeit hindern:* Er unterbrach sie mit Fragen. · Die Stille wurde von einem vorbeifahrenden Auto unterbrochen.

die **Un|ter|bre|chung** [ʊntɐ'brɛçʊŋ], der Unterbrechung, die Unterbrechungen:
1. *Zeitraum, während dessen etwas unterbrochen ist:* Nach einer kurzen Unterbrechung ging es im Programm weiter.
2. *Störung:* Wegen der vielen Unterbrechungen konnte sie sich nicht auf ihr Thema konzentrieren.

un|ter|brin|gen ['ʊntɐbrɪŋən], bringt unter, brachte unter, hat untergebracht:
1. *einen Platz für jemanden oder etwas finden:* die alten Möbel im Keller unterbringen · Sie konnten die Koffer nicht alle im Kofferraum unterbringen.

2. *jemandem eine Unterkunft beschaffen:* den Besuch bei Verwandten / im Hotel unterbringen · Die Flüchtlinge wurden im Aufnahmelager untergebracht.

un|ter|des|sen [ʊntɐˈdɛsn̩]:
in der Zwischenzeit: Geh bitte schon mal einkaufen, ich koche unterdessen. · Wir waren unterdessen auch nicht faul!

un|ter|drü|cken [ʊntɐˈdrʏkn̩], unterdrückt, unterdrückte, hat unterdrückt:
1. *Gefühle nicht zeigen, Gedanken nicht äußern:* ein unterdrücktes Schluchzen / Gähnen · Er konnte seinen Unwillen nur schlecht unterdrücken.
2. *verhindern, dass etwas Bestimmtes bekannt wird:* Informationen / Tatsachen / Nachrichten unterdrücken.
3. *mit Gewalt am freien Handeln hindern:* ein unterdrücktes Volk / eine unterdrückte Frau · Die Minderheiten des Landes wurden grausam unterdrückt.

un|ter|ei|nan|der [ʊntɐlai̯ˈnandɐ]:
1. *räumlich eines unter dem anderen:* Beide Texte sollen untereinander stehen.
2. *miteinander:* sich untereinander abstimmen / helfen.

der **Un|ter|gang** [ˈʊntɐgaŋ], des Untergang[e]s, die Untergänge [ˈʊntɐgɛŋə]:
das Ende: Der Untergang der nordamerikanischen Indianer war unaufhaltsam.

un|ter|ge|hen [ˈʊntɐge:ən], geht unter, ging unter, ist untergegangen:
1. *unter der Wasseroberfläche verschwinden und nicht mehr nach oben gelangen:* Er fiel über Bord und ging unter. · Das gekenterte Boot ist untergegangen.
2. *hinter dem Horizont verschwinden:* Der Mond geht unter. · Die Sonne ist bereits untergegangen.
3. *zugrunde gehen:* eine untergegangene Sprache / Kultur · Dieses Reich ist schon vor langer Zeit untergegangen.

der **Un|ter|halt** [ˈʊntɐhalt], des Unterhalt[e]s:
1. *Lebensunterhalt:* ein sicherer / kümmerlicher Unterhalt · Er verdient [sich] seinen Unterhalt als Taxifahrer.
2. *Kosten für das Instandhalten von etwas:* Das Auto ist günstig im Unterhalt.

▸ **un|ter|hal|ten** [ʊntɐˈhaltn̩], unterhält, unterhielt, hat unterhalten:
1. *instand halten:* Gebäude / Straßen unterhalten · Diese Anlage muss mit viel Geld unterhalten werden · gute Verbindungen unterhalten *(pflegen).*
2. ⟨+ sich⟩ *sich vergnügen, sich die Zeit vertreiben:* sich auf einer Party bestens unterhalten.
3. ⟨+ sich⟩ *mit jemandem sprechen:* sich angeregt / lebhaft [über etwas] unterhalten · Wir haben uns darüber unterhalten, wie wir das Ziel erreichen können.

▸ die **Un|ter|hal|tung** [ʊntɐˈhaltʊŋ], der Unterhaltung, die Unterhaltungen:
1. *Vergnügen:* den Zuschauern gute Unterhaltung wünschen · zur Unterhaltung der Gäste beitragen.
2. *Gespräch:* Die Unterhaltung stockte, als der Gong ertönte.

das **Un|ter|hemd** [ˈʊntɐhɛmt], des Unterhemd[e]s, die Unterhemden:
Kleidungsstück, das unter der Bluse oder dem Hemd direkt auf dem Körper getragen wird: Bei diesen warmen Temperaturen trage ich kein Unterhemd.

die **Un|ter|ho|se** [ˈʊntɐho:zə], der Unterhose, die Unterhosen:
Kleidungsstück, das unter der Hose direkt auf dem Körper getragen wird: Wegen der Kälte trägt er lange Unterhosen.

▸ die **Un|ter|kunft** [ˈʊntɐkʊnft], der Unterkunft, die Unterkünfte [ˈʊntɐkʏnftə]:
(vorübergehende) Wohnung: [k]eine Unterkunft finden / haben.

▸ die **Un|ter|la|ge** [ˈʊntɐla:gə], der Unterlage, die Unterlagen:
1. *etwas, was zu einem bestimmten Zweck, zum Schutz o. Ä. unter etwas gelegt wird:* eine Unterlage aus Pappe / Gummi / Holz · Sie musste auf einer harten Unterlage schlafen.
2. ⟨meist Plural⟩ *Schriftstück, das als Beweis oder Bestätigung für etwas dient:* Alle wichtigen Unterlagen wurden vernichtet.

▸ **un|ter|las|sen** [ʊntɐˈlasn̩], unterlässt, unterließ, hat unterlassen:
darauf verzichten, etwas zu tun oder zu sagen; mit etwas aufhören: Es wird gebeten, das Rauchen zu unterlassen! · Unterlass bitte diese Bemerkungen! · Er hat es unterlassen *(versäumt),* die Angelegenheit rechtzeitig zu prüfen.

[1]**un|ter|le|gen** [ˈʊntɐle:gn̩], legt unter, legte unter, hat untergelegt:
etwas unter jemanden, etwas legen: Der Tisch wackelt, deshalb habe ich ein paar Bierdeckel untergelegt.

[2]**un|ter|le|gen** [ʊntɐˈle:gn̩]:
schwächer als ein anderer: dem Gegner an Kondition [weit] unterlegen sein · Die

alten Geräte sind den neuen natürlich technisch unterlegen.

un|ter|lie|gen [ʊntɐˈliːgn̩], unterliegt, unterlag, unterlegen:
1. ⟨ist⟩ *besiegt werden:* in einem Kampf / in einem Wettbewerb unterliegen · die unterlegene Mannschaft · Sie unterlag nach Punkten.
2. ⟨hat⟩ *von etwas bestimmt sein:* der Mode / der Zensur / der Überwachung unterliegen · Alle Medikamente unterliegen einer strengen Kontrolle.

▸ **un|ter|neh|men** [ʊntɐˈneːmən], unternimmt, unternahm, hat unternommen:
1. *handeln, machen, tun:* etwas gegen einen Störenfried / gegen die vielen Arbeitslosen unternehmen. · Wir müssen etwas gegen die Maulwürfe unternehmen. · Wir wollen eine Reise unternehmen.
2. *sich irgendwohin begeben und etwas tun, was Spaß oder Freude macht:* etwas / viel zusammen unternehmen · Wir haben schon lange nichts mehr unternommen.

das **Un|ter|neh|men** [ʊntɐˈneːmən], des Unternehmens, die Unternehmen:
1. *geplantes Tun; Vorhaben:* ein kühnes / schwieriges / gewagtes Unternehmen · ein Unternehmen planen / vorbereiten.
2. *Betrieb:* ein mittelständisches / privates / börsennotiertes Unternehmen · Dieses Unternehmen wurde erst nach dem Krieg gegründet.

▸ der **Un|ter|neh|mer** [ʊntɐˈneːmɐ], des Unternehmers, die Unternehmer, die **Un|ter|neh|me|rin** [ʊntɐˈneːmərɪn], der Unternehmerin, die Unternehmerinnen:
Person, die ein Unternehmen hat: Sie ist eine erfolgreiche Unternehmerin. · Das liegt im Interesse der Unternehmer.

▸ der **Un|ter|richt** [ˈʊntɐrɪçt], des Unterricht[e]s:
regelmäßiges Vermitteln von Kenntnissen durch einen Lehrenden: am Unterricht teilnehmen · Der Unterricht fällt heute leider aus.

un|ter|rich|ten [ʊntɐˈrɪçtn̩], unterrichtet, unterrichtete, hat unterrichtet:
1. *ein bestimmtes Fach lehren:* Sie unterrichtet Mathematik.
2. *Unterricht geben:* Er unterrichtet die Oberstufe.
3. *informieren:* falsch / genau unterrichtet sein · Er unterrichtete alle Nachrichtendienste. · Wie aus gut unterrichteten Kreisen zu erfahren war, wollte der Politiker bald zurücktreten.

der **Un|ter|rock** [ˈʊntɐrɔk], des Unterrock[e]s, die Unterröcke [ˈʊntɐrœkə]:
dünnes Kleidungsstück, das unter einem Kleid oder Rock getragen wird: ein seidener Unterrock · Ihr Unterrock ist aus Spitze.

▸ **un|ter|sa|gen** [ʊntɐˈzaːgn̩], untersagt, untersagte, hat untersagt:
verbieten: Der Arzt hat ihr das Rauchen untersagt · Das Betreten der Bühne ist untersagt.

un|ter|schät|zen [ʊntɐˈʃɛt͜sn̩], unterschätzt, unterschätzte, hat unterschätzt:
zu gering einschätzen: eine Gefahr / eine Aufgabe / ein Risiko unterschätzen · Ich habe die Höhe des Berges unterschätzt.

▸ **un|ter|schei|den** [ʊntɐˈʃa͜idn̩], unterscheidet, unterschied, hat unterschieden:
1. *die Verschiedenheit (von jemandem, etwas) erkennen:* Weizen von Roggen nicht unterscheiden können · Kannst du die beiden Pflanzen voneinander unterscheiden?
2. *eine bestimmte Einteilung vornehmen; etwas von etwas anderem trennen:* Man kann vier Typen unterscheiden. · In der Einleitung unterscheidet der Verfasser vier Gesichtspunkte.
3. ⟨+ sich⟩ *im Hinblick auf bestimmte Merkmale, Eigenschaften anders sein:* Privatschulen unterscheiden sich nur noch geringfügig von staatlichen Schulen.

▸ der **Un|ter|schied** [ˈʊntɐʃiːt], des Unterschied[e]s, die Unterschiede:
etwas, worin zwei oder mehrere Dinge nicht übereinstimmen, sondern verschieden sind: ein Unterschied wie Tag und Nacht · Es ist ein Unterschied, ob du es sagst oder ob du es machst.

▸ **un|ter|schied|lich** [ˈʊntɐʃiːtlɪç], unterschiedlicher, am unterschiedlichsten:
einen Unterschied aufweisend; nicht gleich: unterschiedlicher Meinung sein · Die Birnen sind unterschiedlich im Geschmack.

▸ **un|ter|schrei|ben** [ʊntɐˈʃra͜ibn̩], unterschreibt, unterschrieb, hat unterschrieben:
mit seiner Unterschrift versehen: eine Erklärung / eine Quittung unterschreiben · Sie wollte den Kaufvertrag nicht unterschreiben.

▸ die **Un|ter|schrift** [ˈʊntɐʃrɪft], der Unterschrift, die Unterschriften:
eigener Namen, den man zur Bestätigung unter ein Schriftstück setzt: eine

schöne / unleserliche Unterschrift · Der Brief trägt seine Unterschrift.

[1]**un|ter|stel|len** [ˈʊntɐʃtɛlən], stellt unter, stellte unter, hat untergestellt:
1. *zur Aufbewahrung an einen geschützten Ort bringen:* den Kinderwagen vorübergehend im Hausflur unterstellen.
2. ⟨+ sich⟩ *sich zum Schutz unter etwas stellen:* Ich habe mich während des Gewitters in der Toreinfahrt untergestellt.

[2]**un|ter|stel|len** [ʊntɐˈʃtɛlən], unterstellt, unterstellte, hat unterstellt:
1. *etwas [vorläufig] als gegeben annehmen:* Ich unterstelle einmal, dass alles so gewesen ist.
2. *jemandem in ungerechtfertigter Weise etwas Negatives zuschreiben:* Man hat mir die übelsten Absichten unterstellt.

▶ **un|ter|strei|chen** [ʊntɐˈʃtraiçn̩], unterstreicht, unterstrich, hat unterstrichen:
1. *zur Hervorhebung einen Strich (unter etwas Geschriebenes, Gedrucktes) ziehen:* alle Namen in einem Text unterstreichen · Er hat die Fehler mit Rotstift unterstrichen.
2. *betonen:* seine Worte durch Gesten unterstreichen · Um ihre Forderungen zu unterstreichen, gingen sie auf die Straße.

▶ **un|ter|stüt|zen** [ʊntɐˈʃtʏtsn̩], unterstützt, unterstützte, hat unterstützt:
[durch Zuwendungen] Hilfe, Beistand gewähren: jemanden tatkräftig / moralisch / bei seiner Arbeit unterstützen · Er wird von seinen Freunden finanziell unterstützt.

▶ die **Un|ter|stüt|zung** [ʊntɐˈʃtʏtsʊŋ], der Unterstützung:
Hilfe: Bei dieser Arbeit / diesem Projekt könnte ich mehr Unterstützung gebrauchen.

▶ **un|ter|su|chen** [ʊntɐˈzuːxn̩], untersucht, untersuchte, hat untersucht:
1. *etwas genau beobachten und zu erkennen suchen:* die Beschaffenheit des Bodens / die klimatischen Bedingungen untersuchen · Die Verfasserin untersucht die Präfixbildungen.
2. *versuchen, mögliche Krankheiten zu finden:* einen Patienten nur flüchtig / oberflächlich / an der Lunge untersuchen · sich ärztlich untersuchen lassen.

▶ die **Un|ter|su|chung** [ʊntɐˈzuːxʊŋ], der Untersuchung, die Untersuchungen:
1. *das Prüfen einer Sache:* wissenschaftliche Untersuchungen · eine sorgfältige / eingehende Untersuchung anordnen · Die Untersuchung hat Folgendes ergeben …
2. *das Untersuchen eines Patienten oder eines Organismus:* Sie musste sich einer ärztlichen Untersuchung unterziehen.

die **Un|ter|tas|se** [ˈʊntɐtasə], der Untertasse, die Untertassen:
kleinerer Teller, auf den eine Tasse gestellt werden kann: Das ist die falsche Untertasse!

die **Un|ter|wä|sche** [ˈʊntɐvɛʃə], der Unterwäsche:
Wäsche, die unter der Kleidung direkt auf dem Körper getragen wird: Sie trägt im Winter gern warme Unterwäsche.

▶ **un|ter|wegs** [ʊntɐˈveːks]:
während einer Fahrt oder Reise; sich auf dem Weg irgendwohin befindend: Ich war gerade unterwegs, als der Anruf kam. · »Kannst du bitte mal kommen?« – »Bin schon unterwegs.«

un|ter|zeich|nen [ʊntɐˈtsaiçnən], unterzeichnet, unterzeichnete, hat unterzeichnet:
offiziell unterschreiben: ein Protokoll / ein Abkommen / einen Vertrag unterzeichnen.

un|ter|zie|hen [ʊntɐˈtsiːən], unterzieht, unterzog, hat unterzogen:
1. ⟨+ sich⟩ *etwas, was unangegenhm ist, auf sich nehmen:* Er unterzog sich dieser Aufgabe nur ungern.
2. mit bestimmten Substantiven: etwas einer gründlichen Reinigung unterziehen *(reinigen)* · Ich muss mich einer Operation unterziehen *(muss mich operieren lassen).*

un|üb|lich [ˈʊnǀyːplɪç], unüblicher, am unüblichsten:
nicht üblich: ein unübliches Vorgehen.

un|ver|än|dert [ˈʊnfɛɐ̯ǀɛndɐt]:
1. *ohne jede Veränderung:* In seinem Aussehen war er unverändert.
2. *ohne jede Änderung:* ein unveränderter Nachdruck.

un|ver|bind|lich [ˈʊnfɛɐ̯bɪntlɪç], unverbindlicher, am unverbindlichsten:
so, dass es zu nichts verpflichtet: eine unverbindliche Auskunft · ganz unverbindlich nach dem Preis fragen.

un|ver|hofft [ˈʊnfɛɐ̯hɔft], unverhoffter, am unverhofftesten:
so, dass man es nicht erwartet: ein unverhoffter Geldsegen · Ich traf ihn gestern ganz unverhofft.

un|ver|schämt [ˈʊnfɛɐ̯ʃɛːmt], unverschämter, am unverschämtesten:
sehr frech: eine unverschämte Person · Er ist / wurde unverschämt.

un|ver|ständ|lich ['ʊnfɛɐ̯ʃtɛntlɪç], unverständlicher, am unverständlichsten:
1. *undeutlich:* Sie redete leise und unverständlich.
2. *so, dass man es nur schwer begreifen kann:* Seine Entscheidung blieb uns allen unverständlich.

un|wahr|schein|lich ['ʊnva:ɐ̯ʃainlɪç], unwahrscheinlicher, am unwahrscheinlichsten:
1. *kaum möglich:* Es ist unwahrscheinlich, dass sie jetzt noch anruft. · Diese Entwicklung halte ich für unwahrscheinlich.
2. *unglaublich:* Seine Darstellung ist äußerst unwahrscheinlich.
3. (umgangssprachlich) *stark; sehr groß:* Wir hatten mit dem Wetter unwahrscheinliches Pech.
4. (umgangssprachlich) *sehr:* Sie schreibt unwahrscheinlich schöne Romane.

un|weit ['ʊnvait]:
1. *in der Nähe (von jemandem, etwas):* Das Haus liegt unweit des Flusses. · Sie wohnt bald unweit Berlins.
2. *nicht weit [entfernt]:* Unweit von Neudorf liegt ein kleiner See.

das **Un|wet|ter** ['ʊnvɛtɐ], des Unwetters, die Unwetter:
stürmisches Wetter mit Regen und Sturm: Ein schweres Unwetter brach los. · Bei ihrer Wanderung gerieten sie in ein heftiges Unwetter.

un|wi|der|steh|lich [ʊnvi:dɐ'ʃte:lɪç], unwiderstehlicher, am unwiderstehlichsten:
1. *so stark, dass man es nicht unterdrücken kann:* ein unwiderstehliches Verlangen · einen unwiderstehlichen Drang zum Schreiben haben.
2. *so schön oder bezaubernd, dass man nicht widerstehen kann:* ein unwiderstehliches Lächeln · Sie ist einfach unwiderstehlich.

un|will|kür|lich ['ʊnvɪlky:ɐ̯lɪç], unwillkürlicher, am unwillkürlichsten:
ganz von selbst geschehend, ohne dass man es will: unwillkürlich lachen müssen · Als er das hörte, zuckte er unwillkürlich zusammen.

un|zäh|lig [ʊn'tsɛ:lɪç]:
in großer Zahl [vorhanden]: Unzählige Demonstranten protestierten gegen die Regierung.

un|zu|frie|den ['ʊntsufri:dn̩], unzufriedener, am unzufriedensten:
1. *nicht zufrieden (mit einer Sache oder einer Person):* mit einer Note unzufrieden sein · Dieser Mensch ist ewig unzufrieden.
2. *Unzufriedensein ausdrückend:* ein unzufriedenes Gesicht machen.

üp|pig ['ʏpɪç], üppiger, am üppigsten:
1. *in großer Menge [vorhanden]:* ein üppiges Büfett · üppig blühende Wiesen.
2. (umgangssprachlich) *von rundlichen Formen:* Der Regisseur zeigt gern üppige Frauengestalten.

der **Urin** [u'ri:n], des Urins:
Harn: den Urin [auf Zucker] untersuchen lassen · Die Kranke kann den Urin nicht halten.

▶ die **Ur|kun|de** ['u:ɐ̯kʊndə], der Urkunde, die Urkunden:
[amtliches] Schriftstück, durch das etwas beglaubigt oder bestätigt wird: eine standesamtliche Urkunde · Die Urkunde ist notariell beglaubigt.

▶ der **Ur|laub** ['u:ɐ̯laup], des Urlaub[e]s, die Urlaube:
Zeit des Jahres, in der man nicht arbeiten muss: seinen Urlaub antreten / unterbrechen / vorzeitig beenden · Wir fahren im Urlaub wieder nach Kanada.

▶ die **Ur|sa|che** ['u:ɐ̯zaxə], der Ursache, die Ursachen:
1. *Anlass, Grund:* innere und äußere Ursachen · die Ursache des Brandes / für den Brand · Was ist die Ursache?
2. * **keine Ursache:** *bitte!; gern geschehen!:* »Vielen Dank für Ihre Hilfe!« – »Keine Ursache!«.

der **Ur|sprung** ['u:ɐ̯ʃprʊŋ], des Ursprung[e]s, die Ursprünge ['u:ɐ̯ʃprʏŋə]:
Anfang, Herkunft: ein Wort germanischen Ursprungs · eine Entwicklung bis zu ihren Ursprüngen zurückverfolgen.

▶ **ur|sprüng|lich** ['u:ɐ̯ʃprʏŋlɪç]:
so, wie es am Anfang war: den ursprünglichen Plan ändern · Wir wollten ursprünglich nicht verreisen, fuhren dann aber doch.

▶ das **Ur|teil** ['ʊrtail], des Urteils, die Urteile:
1. *Entscheidung, die ein Verfahren vor Gericht [vorläufig] beendet:* ein Urteil anfechten / anerkennen · Das Urteil ist ergangen.
2. *Ansicht, Meinung:* ein fachmännisches / objektives / vorschnelles Urteil · Ihr Urteil steht bereits fest.

ur|tei|len ['ʊrtailən], urteilt, urteilte, hat geurteilt:
1. *seine Ansicht äußern:* hart / ungerecht / abfällig / vorschnell urteilen · Wie urteilst du über diesen Film?

2. *sich ein Urteil bilden:* Er hat nur nach dem Erfolg geurteilt.

der **Ur|wald** ['u:ɐ̯valt], des Urwald[e]s, die Urwälder ['u:ɐ̯vɛldɐ]:
(besonders in den Tropen) Wald, der noch ursprünglich ist: etwas zum Schutz des Urwaldes beitragen.

die **Uto|pie** [uto'pi:], der Utopie, die Utopien [uto'pi:ən]:
Idee, Vorstellung ohne reale Grundlage: eine soziale / politische Utopie · Das ist doch [eine] Utopie!

V

va|ge ['va:gə], vager, am vagsten:
unbestimmt und ungenau: ein vager Verdacht · vage Vorstellungen von etwas haben · Sie hat ihm nur ein sehr vages Versprechen gegeben.

die **Va|gi|na** [va'gi:na], der Vagina, die Vaginen:
Teil im weiblichen Körper, der das Geschlecht kennzeichnet: einen Tampon in die Vagina einführen.

die **Va|ri|an|te** [va'ri̯antə], der Variante, die Varianten:
etwas, was sich in Details von etwas anderem unterscheidet: Der Text existiert in drei Varianten.

▶ die **Va|se** ['va:zə], der Vase, die Vasen:
Gefäß (aus Glas oder Porzellan), in dem gepflückte oder abgeschnittene Blumen ins Wasser gestellt werden: eine Vase mit Rosen auf den Tisch stellen.

▶ der **Va|ter** ['fa:tɐ], des Vaters, die Väter ['fɛ:tɐ]:
Mann, der ein oder mehrere Kinder gezeugt hat: Er ist Vater von drei Kindern. · Das Haus hat sie von ihrem Vater geerbt. · Unser Vater war von Beruf Bäcker.

der **Ve|ge|ta|ri|er** [vege'ta:ri̯ɐ], des Vegetariers, die Vegetarier, die **Ve|ge|ta|rie|rin** [vege'ta:ri̯ərɪn], der Vegetarierin, die Vegetarierinnen:
Person, die nur oder fast nur Nahrung aus Pflanzen isst: Als Vegetarierin ist sie kein Fleisch und keinen Fisch.

▶ **ve|ge|ta|risch** [vege'ta:rɪʃ]:
sich von Pflanzen ernährend; (in Bezug auf die Ernährung) aus Pflanzen gewonnen: vegetarisch leben, essen · vegetarische Lebensmittel.

▶ das **Ve|lo** ['ve:lo], des Velos, die Velos (schweizerisch):
Fahrrad: Velo fahren · mit dem Velo zur Arbeit fahren.

▶ **ver|ab|re|den** [fɛɐ̯'|apre:dn̩], verabredet, verabredete, hat verabredet:
1. *vereinbaren:* einen neuen Termin verabreden · Wir haben verabredet, dass wir künftig eng zusammenarbeiten werden.
2. ⟨+ sich⟩ *ein Treffen vereinbaren:* sich für den Abend / zum Tennis verabreden · Ich habe mich mit Freunden zum Essen verabredet.

▶ die **Ver|ab|re|dung** [fɛɐ̯'|apre:dʊŋ], der Verabredung, die Verabredungen:
1. *etwas, was man verabredet hat:* eine Verabredung einhalten.
2. *verabredetes Treffen:* Er hat heute Abend eine Verabredung mit seiner neuen Freundin. · Sie ist zu unserer Verabredung leider nicht erschienen.

▶ **ver|ab|schie|den** [fɛɐ̯'|apʃi:dn̩], verabschiedet, verabschiedete, hat verabschiedet:
1. *beim Weggehen der Person, den Personen, die bleiben, einige Worte, einen Gruß sagen:* sich von der Gastgeberin verabschieden · Wir müssen uns jetzt leider verabschieden.
2. *mit einer kleinen Feier, einer Rede den Abschied einer Person von einem Amt, einem Arbeitsplatz gestalten:* einen Offizier / eine Beamtin / einen Kollegen verabschieden.
3. *annehmen, beschließen:* ein Gesetz verabschieden.

ver|ach|ten [fɛɐ̯'|axtn̩], verachtet, verachtete, hat verachtet:
eine Person oder Sache als schlecht, von geringem Wert beurteilen und sie deshalb nicht achten: Er verachtete Menschen, die nicht die Wahrheit sagten. · Sie verachtet sein Verhalten / seine Untreue.

ver|all|ge|mei|nern [fɛɐ̯'|algə'mai̯nɐn], verallgemeinert, verallgemeinerte, hat verallgemeinert:
eine Erfahrung, Erkenntnis aus einem besonderen Fall als ganz allgemein gültig betrachten: eine Beobachtung verallgemeinern · Was du gestern erlebt hast, darfst du nicht verallgemeinern.

▶ **ver|än|dern** [fɛɐ̯'|ɛndɐn], verändert, veränderte, hat verändert:
1. *einer Person oder Sache neue, andere Eigenschaften geben:* sein Leben / sein Aussehen / die Regeln des Spiels verändern · Der Bart hat sein Gesicht sehr ver-

ändert. · Seit sie einen neuen Freund hat, ist sie völlig verändert.
2. ⟨+ sich⟩ *neue, andere Eigenschaften bekommen:* sich zu seinem Vorteil / Nachteil verändern · Die Stadt hat sich in den letzten Jahren sehr verändert. · Sie will sich beruflich verändern *(eine neue Stelle suchen).*

die **Ver|än|de|rung** [fɛɐ̯ˈlɛndərʊŋ], der Veränderung, die Veränderungen:
Vorgang, bei dem eine Person oder Sache sich verändert: In der Firma hat es eine Reihe von Veränderungen gegeben. · Jede Veränderung in seiner Umgebung ist ihm unangenehm.

ver|an|las|sen [fɛɐ̯ˈlanlasn̩], veranlasst, veranlasste, hat veranlasst:
anordnen, bewirken, dass etwas getan wird: eine Untersuchung / geeignete Maßnahmen veranlassen · Was hat euch zu diesem Entschluss veranlasst?

ver|an|schau|li|chen [fɛɐ̯ˈlanʃau̯lɪçn̩], veranschaulicht, veranschaulichte, hat veranschaulicht:
durch etwas, was man sehen oder sich gut vorstellen kann, leichter und besser verständlich machen: etwas durch ein Bild / eine Grafik / eine Tabelle veranschaulichen · Mit einigen Beispielen hat er seine Theorie veranschaulicht.

ver|an|stal|ten [fɛɐ̯ˈlanʃtaltn̩], veranstaltet, veranstaltete, hat veranstaltet:
dafür sorgen, dass etwas organisiert, durchgeführt wird: ein Fest / ein Konzert / ein Turnier veranstalten · Die Stadt veranstaltet einen Wettbewerb für Architekten.

► die **Ver|an|stal|tung** [fɛɐ̯ˈlanʃtaltʊŋ], der Veranstaltung, die Veranstaltungen:
1. *das Veranstalten:* für die Veranstaltung einer Feier verantwortlich sein.
2. *etwas, was veranstaltet wird:* eine kulturelle Veranstaltung organisieren · an einer Veranstaltung teilnehmen.

ver|ant|wor|ten [fɛɐ̯ˈlantvɔrtn̩], verantwortet, verantwortete, hat verantwortet:
1. *für die Wirkung, die Folgen von etwas zuständig sein:* Sie verantwortet alle Maßnahmen zum Schutz der Umwelt. · Ein so hohes Risiko kann ich nicht verantworten.
2. ⟨+ sich⟩ *sich rechtfertigen:* sich vor Gericht / für einen Fehler verantworten müssen.

► **ver|ant|wort|lich** [fɛɐ̯ˈlantvɔrtlɪç], verantwortlicher, am verantwortlichsten:
die Verantwortung habend: für einen Erfolg / Misserfolg verantwortlich sein · Der für den Unfall verantwortliche Ingenieur wurde entlassen. · Ich bin nicht dafür verantwortlich, dass du keine Freundin findest.

► die **Ver|ant|wor|tung** [fɛɐ̯ˈlantvɔrtʊŋ], der Verantwortung:
die Pflicht, dafür zu sorgen, dass etwas, wie es sein soll, ist oder geschieht, und die Schuld daran, wenn das nicht gelingt: die politische / moralische Verantwortung für etwas übernehmen · die Verantwortung für eine gute Ausbildung der Kinder / die medizinische Versorgung der Bevölkerung haben.

ver|ar|bei|ten [fɛɐ̯ˈlarbai̯tn̩], verarbeitet, verarbeitete, hat verarbeitet:
1. *bei der Herstellung von etwas als Material verwenden:* Gold zu Schmuck verarbeiten · Für diesen Stoff wurde nur die feinste Wolle verarbeitet.
2. *geistig, seelisch bewältigen:* eine schlimme Nachricht / eine große Enttäuschung / viele neue Eindrücke verarbeiten müssen · Sie hat ihren Erfolg noch gar nicht richtig verarbeitet.

ver|är|gern [fɛɐ̯ˈlɛrgɐn], verärgert, verärgerte, hat verärgert:
durch bestimmte Äußerungen oder Taten ärgern: Mit so einer frechen Bemerkung kannst du sie leicht verärgern. · Dein Misstrauen hat ihn sehr verärgert. · Verärgert gingen wir wieder nach Hause.

der **Ver|band** [fɛɐ̯ˈbant], des Verband[e]s, die Verbände [fɛɐ̯ˈbɛndə]:
1. *langes, schmales Band aus Stoff, das zum Schutz um eine Wunde gewickelt wird:* den Verband wechseln · Der Soldat trug einen blutigen Verband um den Kopf.
2. *Vereinigung von mehreren Gruppen (im Bereich des Sports, der Kultur, der Wirtschaft, der Politik):* Mitglied in einem Verband sein · Viele Vereine sind in einem größeren Verband organisiert.

ver|ber|gen [fɛɐ̯ˈbɛrgn̩], verbirgt, verbarg, hat verborgen:
1. *vor fremden Blicken schützen:* Sie verbarg ihr Gesicht hinter einem Schleier. · Der gesuchte Verbrecher verbarg sich im Wald.
2. *andere nicht wissen lassen:* seine wahre Meinung verbergen · nichts zu verbergen haben · Es gelang ihm nicht, seine Gefühle zu verbergen.

► **ver|bes|sern** [fɛɐ̯ˈbɛsɐn], verbessert, verbesserte, hat verbessert:
1. *verändern und dadurch besser*

machen: die Qualität eines Produkts / einen Rekord / seine wirtschaftliche Lage verbessern.
2. *von Fehlern, Mängeln befreien:* einen Text / einen Aufsatz verbessern.
3. ⟨+ sich⟩ *besser werden:* Die Schülerin hat sich in allen Fächern verbessert.

die **Ver|bes|se|rung** [fɛɐ̯ˈbɛsərʊŋ], der Verbesserung, die Verbesserungen:
1. *das Verbessern:* an der Verbesserung eines Produkts arbeiten.
2. *Änderung, durch die etwas besser wurde:* Das neue Modell weist einige technische Verbesserungen auf.

▸ **ver|bie|ten** [fɛɐ̯ˈbiːtn̩], verbietet, verbot, hat verboten:
für nicht erlaubt erklären: das Rauchen / das Betreten des Rasens / eine Veranstaltung verbieten · Der Arzt hat ihr verboten, während der Schwangerschaft Alkohol zu trinken. · Der Zutritt zu diesem Gebäude ist streng verboten.

▸ **ver|bin|den** [fɛɐ̯ˈbɪndn̩], verbindet, verband, verbunden:
1. ⟨hat⟩ *einen Verband, einen Streifen Stoff um etwas binden:* eine Wunde / einen Verwundeten verbinden · Man hatte dem Gefangenen die Augen verbunden.
2. ⟨hat⟩ *den Zustand beenden, in dem zwei oder mehrere Sachen völlig getrennt sind:* zwei Städte mit einer Straße / einer Brücke verbinden · Ein Kanal verbindet die beiden Flüsse miteinander. · Die Geräte sind mit einem Kabel verbunden.
3. ⟨hat⟩ *einen Anruf zum Telefon einer [anderen] Person leiten:* Ich verbinde Sie mit dem Sprecher des Ministeriums. · Es tut mir leid, Sie sind falsch verbunden.
4. ⟨ist⟩ *mit etwas zusammen auftreten:* Mit dem Projekt sind hohe Kosten verbunden.

ver|bind|lich [fɛɐ̯ˈbɪntlɪç]:
verpflichtend: eine verbindliche Erklärung · Sie hat mir ihre Hilfe verbindlich zugesagt.

▸ die **Ver|bin|dung** [fɛɐ̯ˈbɪndʊŋ], der Verbindung, die Verbindungen:
1. *Kontakt, Beziehung:* gute geschäftliche Verbindungen haben · Setzen Sie sich bitte mit dem Konsulat in Verbindung. *(Melden Sie sich bitte beim Konsulat.).*
2. *Strecke für den Verkehr:* eine günstige / schnelle Verbindung zur nächsten Stadt suchen.
3. *das Verbundensein von zwei Telefonen:* eine gute / schlechte / gestörte Verbindung · Die Verbindung wurde leider unterbrochen.

ver|bor|gen [fɛɐ̯ˈbɔrgn̩]:
versteckt, nicht sichtbar: verborgene Mängel / Gefahren · Der Sinn der Anordnung blieb mir verborgen *(ich habe sie nicht verstanden).*

das **Ver|bot** [fɛɐ̯ˈboːt], des Verbot[e]s, die Verbote:
Anordnung, die etwas für nicht erlaubt erklärt: das Verbot, in einem Gebiet zu jagen oder Fische zu fangen · gegen ein Verbot verstoßen haben.

der **Ver|brauch** [fɛɐ̯ˈbraux], des Verbrauch[e]s:
das Verbrauchen: Der Verbrauch an Kohle / Wasser / Strom ist gestiegen. · Ihr neues Auto ist sehr sparsam im Verbrauch.

▸ **ver|brau|chen** [fɛɐ̯ˈbrauxn̩], verbraucht, verbrauchte, hat verbraucht:
nach und nach verwenden: Strom / Energie verbrauchen · Das Auto verbraucht viel / wenig Benzin. · Alle Vorräte waren verbraucht *(es gab keine mehr).*

der **Ver|brau|cher** [fɛɐ̯ˈbrauxɐ], des Verbrauchers, die Verbraucher, die **Ver|brau|che|rin** [fɛɐ̯ˈbrauxərɪn], der Verbraucherin, die Verbraucherinnen:
Person, die Waren kauft und verbraucht: die Interessen der Verbraucherinnen und Verbraucher schützen.

das **Ver|bre|chen** [fɛɐ̯ˈbrɛçn̩], des Verbrechens, die Verbrechen:
Handlung, die so schwer gegen das Gesetz verstößt, dass sie sehr hart bestraft wird: ein schweres / brutales Verbrechen · In dieser Stadt sind schon viele Verbrechen begangen worden.

▸ der **Ver|bre|cher** [fɛɐ̯ˈbrɛçɐ], des Verbrechers, die Verbrecher, die **Ver|bre|che|rin** [fɛɐ̯ˈbrɛçərɪn], der Verbrecherin, die Verbrecherinnen:
Person, die ein Verbrechen begangen hat: ein gefährlicher / brutaler Verbrecher · Die Polizei hat die Verbrecherin schnell gefasst.

ver|brei|ten [fɛɐ̯ˈbraitn̩], verbreitet, verbreitete, hat verbreitet:
1. *(in einem weiten Gebiet) vielen Menschen bekannt machen:* eine Nachricht / Meldung / Idee / Theorie verbreiten · Er hat nichts als Lügen über sie verbreitet.
2. ⟨+ sich⟩ *(in einem weiten Gebiet) vielen Menschen bekannt werden:* Das Gerücht hat sich schnell in der ganzen Firma verbreitet.

3. *in ein weites Gebiet gelangen lassen:* Diese Tiere können Krankheiten verbreiten.
4. ⟨+ sich⟩ *in ein weites Gebiet gelangen:* Die Krankheit verbreitete sich in der ganzen Stadt.
5. *in der Umgebung erregen, entstehen lassen:* Die Verbrecher verbreiteten Angst und Schrecken im Land. · Es gelang ihm, eine optimistische Stimmung zu verbreiten.

die **Ver|brei|tung** [fɛɐ̯ˈbrai̯tʊŋ], der Verbreitung:
1. *das Verbreiten bei vielen Menschen:* die Verbreitung eines Gerüchts / einer Nachricht.
2. *das Verbreiten in einem Gebiet:* Die Verbreitung der Krankheit konnte verhindert werden.

▸ **ver|bren|nen** [fɛɐ̯ˈbrɛnən], verbrennt, verbrannte, verbrannt:
1. ⟨hat⟩ *vom Feuer vernichten, zu Asche machen lassen:* Papier / Holz / Abfälle / altes Laub verbrennen · Sie hat alle seine Briefe verbrannt.
2. ⟨ist⟩ *vom Feuer vernichtet werden:* Bei dem Feuer sind alle Möbel / Dokumente / Bücher verbrannt.
3. ⟨hat⟩ *durch zu große Hitze verletzen:* sich am Ofen die Hand verbrennen · Verbrenn dich nicht an dem heißen Bügeleisen.

▸ **ver|brin|gen** [fɛɐ̯ˈbrɪŋən], verbringt, verbrachte, hat verbracht:
sich für eine bestimmte Zeit an einem Ort aufhalten, eine bestimmte Zeit etwas tun: den Sommer im Gebirge / am Meer verbringen · Wir verbrachten den Abend bei Freunden. · Sie verbrachten den Tag mit Schwimmen und Wandern.

▸ der **Ver|dacht** [fɛɐ̯ˈdaxt], des Verdacht[e]s:
Annahme, dass eine Person etwas Böses tut oder getan hat: einen Verdacht haben · Die Polizei hatte ihn im Verdacht *(verdächtigte ihn)*, das Geld gestohlen zu haben. · Sie steht im Verdacht *(wird verdächtigt)*, eine Mörderin zu sein.

▸ **ver|däch|tig** [fɛɐ̯ˈdɛçtɪç], verdächtiger, am verdächtigsten:
einen Verdacht begründend: ein verdächtiges Geräusch · Wer keine Auskunft gibt, macht sich verdächtig. · Sie hatte verdächtig viel Geld in ihrer Tasche.

ver|däch|ti|gen [fɛɐ̯ˈdɛçtɪgn̩], verdächtigt, verdächtigte, hat verdächtigt:
von einer Person annehmen, sie tue etwas Böses oder habe etwas Böses getan: Man verdächtigt ihn des Diebstahls. · Sie wurde verdächtigt, Drogen genommen zu haben.

ver|dan|ken [fɛɐ̯ˈdaŋkn̩], verdankt, verdankte, hat verdankt:
durch eine Person oder Sache erreicht, bekommen haben: seinen Lehrern / seinem Arzt / den Eltern viel zu verdanken haben · Wir verdanken dem Internet eine Kommunikation fast ohne Grenzen. · Dass wir uns kennengelernt haben, ist einem Zufall zu verdanken.

ver|dau|en [fɛɐ̯ˈdau̯ən], verdaut, verdaute, hat verdaut:
1. *was man gegessen hat, in Magen und Darm auflösen:* Speisen, die leicht / nur schwer verdaut werden können · Die Löwen lagen im Schatten und verdauten, was sie gefressen hatten.
2. *seelisch bewältigen:* einen Verlust / die Kündigung / die Untreue des Partners erst einmal verdauen müssen · Er hat es noch nicht verdaut, dass er keine Beförderung bekommen hat.

ver|de|cken [fɛɐ̯ˈdɛkn̩], verdeckt, verdeckte, hat verdeckt:
sich vor einer Sache befinden, sodass sie nicht zu sehen ist: Einige Wolken verdeckten die Sonne. · Das Regal wird von einem Vorhang verdeckt. · Auf dem Foto wird das Haus durch hohe Bäume fast verdeckt.

ver|der|ben [fɛɐ̯ˈdɛrbn̩], verdirbt, verdarb, verdorben;
1. ⟨ist⟩ *schlecht werden, sodass etwas nicht mehr gegessen werden kann:* verdorbene Lebensmittel wegwerfen · Leg das Fleisch in den Kühlschrank, damit es nicht verdirbt.
2. ⟨hat⟩ *(etwas Schönes, Angenehmes) nicht länger bestehen lassen, zerstören:* einer Person die Freude / das Vergnügen / den Spaß an etwas verderben · Sie hat uns mit ihren langweiligen Geschichten den ganzen Abend verdorben. · Was ich in der Küche gesehen habe, hat mir den Appetit verdorben. · Die Kinder haben zu viel Schokolade gegessen und sich den Magen verdorben *(es ist ihnen schlecht geworden)*.

ver|deut|li|chen [fɛɐ̯ˈdɔy̯tlɪçn̩], verdeutlicht, verdeutlichte, hat verdeutlicht:
deutlicher, klarer machen: eine Idee / einen Plan / eine Kritik mit Beispielen verdeutlichen · Sie hat die Entwicklung der letzten Jahre mit einer Grafik verdeutlicht.

ver|die|nen [fɛɐ̯ˈdiːnən], verdient, verdiente, hat verdient:
1. *als Lohn oder Gehalt bekommen, als Gewinn einnehmen:* Sie verdient ungefähr 4000 Euro im Monat. · An einigen Waren verdient der Händler mehr als 50 Prozent.
2. *so sein oder sich verhalten, dass eine bestimmte Reaktion, Einschätzung gerechtfertigt ist:* Anerkennung / ein Lob / einen Tadel / eine Strafe verdienen · Dieses Schicksal hat sie nicht verdient.

ver|dop|peln [fɛɐ̯ˈdɔpl̩n], verdoppelt, verdoppelte, hat verdoppelt:
1. *auf die doppelte Anzahl, Menge, Größe bringen:* ein Honorar / eine Prämie / die Geschwindigkeit / die Zahl der Plätze verdoppeln · Wir verdoppelten den Einsatz / unsere Anstrengungen.
2. ⟨+ sich⟩ *doppelt so groß werden:* In den letzten Jahren hat sich der Gewinn / der Verbrauch / die Zahl der Geburten verdoppelt.

ver|drän|gen [fɛɐ̯ˈdrɛŋən], verdrängt, verdrängte, hat verdrängt:
1. *die Stellung oder Funktion einnehmen, die eine Person oder Sache bisher hatte und nicht von sich aus aufgegeben hätte:* Er wurde von einem jüngeren Kollegen aus seinem Amt verdrängt. · Supermärkte verdrängten die kleineren Geschäfte.
2. *an etwas Unangenehmes nicht mehr denken:* seine Sorgen / seine körperlichen Beschwerden / ein schlimmes Erlebnis verdrängen.

ver|dre|hen [fɛɐ̯ˈdreːən], verdreht, verdrehte, hat verdreht:
1. *[durch Drehen] aus seiner natürlichen Stellung, Haltung in eine ungewohnte, unbequeme Stellung bringen:* den Kopf / den Hals / die Augen verdrehen.
2. *[bewusst] falsch darstellen, wiedergeben:* die Wahrheit / den Sinn der Worte / die Tatsachen verdrehen · Wir werden nicht zulassen, dass unsere Aussagen völlig verdreht wiedergegeben werden.

ver|dün|nen [fɛɐ̯ˈdʏnən], verdünnt, verdünnte, hat verdünnt:
etwas Flüssiges weniger stark, dünner machen: eine Säure / eine Farbe verdünnen · Sie verdünnt ihren Saft mit etwas Wasser.

ver|duns|ten [fɛɐ̯ˈdʊnstn̩], verdunstet, verdunstete, ist verdunstet:
allmählich und kaum sichtbar zu Gas oder schwachem Dampf werden: Alkohol verdunstet ziemlich schnell. · Das Wasser im Teich war während des Sommers fast völlig verdunstet.

ver|durs|ten [fɛɐ̯ˈdʊrstn̩], verdurstet, verdurstete, ist verdurstet:
sterben, weil man nichts zu trinken hat: Zwei leichtsinnige Touristen sind in der Wüste verdurstet. · In dem heißen Sommer sind viele unserer Pflanzen verdurstet.

der **Ver|ein** [fɛɐ̯ˈlai̯n], des Verein[e]s, die Vereine:
Organisation von Personen mit bestimmten gemeinsamen Interessen oder Zielen: Mitglied in einem Verein sein · Fußball / Schach / Skat im Verein spielen · Er ist in einen Verein eingetreten, der sich dafür einsetzt, schöne alte Häuser zu erhalten.

ver|ein|ba|ren [fɛɐ̯ˈlai̯nbaːrən], vereinbart, vereinbarte, hat vereinbart:
gemeinsam beschließen und damit festlegen: einen Termin / eine Summe / ein Vorgehen vereinbaren · Es wurde vereinbart, alle Waren bar zu bezahlen.

die **Ver|ein|ba|rung** [fɛɐ̯ˈlai̯nbaːrʊŋ], der Vereinbarung, die Vereinbarungen:
das Vereinbaren, etwas Vereinbartes: sich an eine Vereinbarung halten · Sie hatte mit ihm eine Vereinbarung getroffen *(etwas vereinbart)*.

ver|ein|fa|chen [fɛɐ̯ˈlai̯nfaxn̩], vereinfacht, vereinfachte, hat vereinfacht:
einfacher machen: sich die Arbeit vereinfachen · Ein neues Gesetz hat das bisher komplizierte Verfahren sehr vereinfacht.

die **Ver|ei|ni|gung** [fɛɐ̯ˈlai̯nɪɡʊŋ], der Vereinigung, die Vereinigungen:
Verbindung mehrerer Personen oder Organisationen, die gemeinsame Interessen oder Ziele haben: eine Vereinigung zweier Firmen / der Freunde der Oper.

das **Ver|fah|ren** [fɛɐ̯ˈfaːrən], des Verfahrens, die Verfahren:
1. *Art und Weise, wie etwas hergestellt wird:* ein Verfahren zur Herstellung von Glas / zur Verbesserung der Erträge · ein neues Verfahren entwickeln / ausprobieren.
2. *von einem Gericht, einer Behörde durchgeführte Handlung, mit der etwas geprüft, untersucht, festgestellt wird:* Das Verfahren wurde eröffnet / eingeleitet / eingestellt. · Gegen den Händler wird es ein Verfahren wegen Betrugs geben.

¹**ver|fah|ren** [fɛɐ̯ˈfaːrən], verfährt, verfuhr, verfahren:
1. ⟨ist⟩ *in bestimmter Weise handeln:*

streng nach den Regeln / nach Plan verfahren · Wir sind so verfahren, wie wir es verabredet hatten.
2. ⟨+ sich⟩ *den richtigen Weg nicht finden und in die falsche Richtung, an einen falschen Ort fahren:* sich im Nebel / in einer fremden Stadt verfahren · Ich hatte mich verfahren und kam eine Stunde zu spät zu meiner Verabredung.

²ver|fah|ren [fɛɐ̯ˈfa:rən], verfahrener, am verfahrensten:
nach falschem Handeln nicht zum gewünschten Ergebnis gebracht und keinen Ausweg erkennen lassend: eine verfahrene Situation / Lage / Angelegenheit · Die Verhandlungen waren völlig verfahren, keine der Parteien wollte nachgeben.

ver|fal|len [fɛɐ̯ˈfalən], verfällt, verfiel, ist verfallen:
1. *sich im Zustand sichtbar verschlechtern:* verfallene Mauern / Häuser · Der kranke Großvater verfiel körperlich immer mehr.
2. *ungültig werden:* Die Eintrittskarte / Fahrkarte ist verfallen.
3. *sich etwas ausdenken:* auf eine Idee / einen Gedanken / einen Plan verfallen · Wir verfielen schließlich darauf, ein neues Haus zu kaufen.

ver|fas|sen [fɛɐ̯ˈfasn̩], verfasst, verfasste, hat verfasst:
entwerfen und schreiben: einen Brief / eine Rede / einen Aufsatz verfassen.

die **Ver|fas|sung** [fɛɐ̯ˈfasʊŋ], der Verfassung, die Verfassungen:
1. *die Gesundheit, das Aussehen einer Person positiv oder negativ kennzeichnende Eigenschaften:* in einer schlechten / guten Verfassung sein · Seine gesundheitliche Verfassung lässt keine weiten Reisen mehr zu.
2. *Text, in dem alle grundsätzlichen Regelungen stehen, die die Form eines Staates und die Rechte und Pflichten der Bürgerinnen und Bürger bestimmen:* die Verfassung eines demokratischen Staates.

ver|fau|len [fɛɐ̯ˈfau̯lən], verfault, verfaulte, ist verfault:
faul werden, verderben: verfaultes Obst / Gemüse · Die Äpfel / Tomaten waren schon nach zwei Tagen verfault.

ver|fol|gen [fɛɐ̯ˈfɔlgn̩], verfolgt, verfolgte, hat verfolgt:
1. *einer Person oder Sache folgen und sie zu erreichen versuchen:* Die Polizei verfolgte den Dieb / das Auto der Verbrecher.
2. *erreichen, verwirklichen wollen:* ein Ziel / eine Absicht / einen Plan verfolgen.
3. *genau beobachten:* eine Entwicklung / den Verlauf eines Spiels / die Berichte der Zeitungen verfolgen · Wir verfolgten mit Interesse die politischen Ereignisse.

ver|füg|bar [fɛɐ̯ˈfy:kba:ɐ̯]:
so, dass es jetzt oder zum gewünschten Zeitpunkt verwendet, gebraucht werden kann: die verfügbaren Materialien / Vorräte / Reserven / finanziellen Mittel · Die heute verfügbaren Rohstoffe müssen sparsam genutzt werden.

ver|füh|ren [fɛɐ̯ˈfy:rən], verführt, verführte, hat verführt:
1. *eine Person dazu bringen, etwas zu tun, was sie nicht tun sollte:* Er ließ sich nicht zum Rauchen / Trinken verführen. · Der niedrige Preis hat uns zum Kauf verführt.
2. *zum Sex überreden:* Er war reich und sah gut aus, sodass er viele Frauen verführen konnte.

ver|gan|gen [fɛɐ̯ˈgaŋən]:
vor einiger Zeit schon geschehen: von vergangenen Ereignissen / Erlebnissen erzählen.

▶ die **Ver|gan|gen|heit** [fɛɐ̯ˈgaŋənhai̯t], der Vergangenheit:
1. *Zeit, die früher war als die Gegenwart:* Aus unseren Fehlern der Vergangenheit haben wir viel gelernt. · Sie hat uns in der Vergangenheit oft geholfen.
2. *das Leben oder bestimmte Abschnitte des Lebens einer Person bis heute:* Er schämt sich wegen seiner kriminellen Vergangenheit.

ver|ge|ben [fɛɐ̯ˈge:bn̩], vergibt, vergab, hat vergeben:
1. (gehoben) *auf eine Person nicht mehr wütend sein, von der man schlecht behandelt worden ist:* Sie hat ihm seine Untreue schließlich vergeben.
2. *an eine Person geben:* einen Auftrag an eine Firma vergeben · Die Stelle wurde leider schon vergeben. · Die Stiftung hat in diesem Jahr drei Stipendien vergeben.

▶ **ver|geb|lich** [fɛɐ̯ˈge:plɪç], vergeblicher, am vergeblichsten:
ohne Erfolg: vergebliche Anstrengungen / Bemühungen · etwas vergeblich versuchen · vergeblich um etwas bitten / auf etwas warten · Sie hat sich vergeblich um einen Termin bemüht.

ver|ge|hen [fɛɐ̯ˈgeːən], vergeht, verging, ist vergangen:
1. *zur Vergangenheit werden:* Viele Tage / Wochen / Monate / Jahre sind inzwischen vergangen. · Die Zeit im Krankenhaus verging langsam / schnell.
2. *aufhören; allmählich nicht mehr empfunden werden:* Die Schmerzen werden bald vergehen. · Ihr ist der Appetit / die Freude vergangen.

das **Ver|ge|hen** [fɛɐ̯ˈgeːən], des Vergehens, die Vergehen:
Handlung, die gegen ein Gesetz, eine Vorschrift verstößt: ein leichtes / schweres Vergehen · Das Gericht hat sein Vergehen streng bestraft.

▸ **ver|ges|sen** [fɛɐ̯ˈgɛsn̩], vergisst, vergaß, hat vergessen:
1. *aus dem Gedächtnis verlieren, sich nicht merken können:* die Hausnummer / ein Datum / die Vokabeln vergessen · Ich habe seinen Namen vergessen. · Ich habe vergessen, was ich sagen wollte.
2. *nicht [mehr] an jemanden, etwas denken:* seinen Ärger / seine guten Vorsätze vergessen · etwas ein Leben lang / sein Lebtag nicht vergessen [können] · den Schlüssel vergessen *(nicht daran denken, ihn einzustecken, mitzunehmen)* · eine vergessene *(heute unbekannte)* Dichterin · Sie hatte ganz / völlig vergessen, mich zu wecken. · Ich habe meinen Schirm bei euch / im Zug / zu Hause vergessen *(liegen lassen).* · Wir besuchten auf unserer Italienreise Venedig, Florenz und Rom, Neapel nicht zu vergessen. · Vergiss es! · Der Kummer war bald vergessen. · Das kannst du vergessen! (umgangssprachlich; *Daraus wird nichts!*).
3. ⟨+ sich⟩ *sich nicht unter Kontrolle haben:* In seinem Zorn vergaß er sich völlig. · Wie konntest du dich so weit vergessen, ihn zu schlagen?

ver|geu|den [fɛɐ̯ˈgɔydn̩], vergeudet, vergeudete, hat vergeudet:
kostbare Energie vergeuden · sein Geld / sein Vermögen / seine Kräfte vergeuden · Mit dieser Diskussion wurde nur Zeit vergeudet.

ver|ge|wal|ti|gen [fɛɐ̯gəˈvaltɪgn̩], vergewaltigt, vergewaltigte, hat vergewaltigt:
jemanden [durch Anwendung von Gewalt] zum Geschlechtsverkehr zwingen: Das Mädchen / Die Frau wurde vergewaltigt.

ver|gif|ten [fɛɐ̯ˈgɪftn̩], vergiftet, vergiftete, hat vergiftet:
1. *[durch Mischen mit Gift] giftig machen:* Speisen vergiften · ein vergifteter Pfeil · Der Wein war vergiftet.
2. ⟨+ sich⟩ Sie hatten sich an Pilzen / durch schlechtes Fleisch / mit Fisch vergiftet.
3. *durch Gift töten:* Ratten vergiften · Sie hat ihren Mann aus Eifersucht vergiftet. · Er hatte sich mit Tabletten vergiftet.

▸ der **Ver|gleich** [fɛɐ̯ˈglai̯ç], des Vergleich[e]s, die Vergleiche:
1. *Überlegung o. Ä., in der Personen, Sachen mit anderen Personen, Sachen verglichen werden:* ein [un]passender / treffender / schiefer Vergleich · Vergleiche anstellen / ziehen *(etwas vergleichen)* · etwas zum Vergleich heranziehen · Der Vergleich zwischen beiden Versionen fällt zugunsten der älteren aus. · Dieser Vergleich hinkt / ist weit hergeholt / drängt sich einem geradezu auf. · Die feuchte Kälte im Norden und der warme, sonnige Süden – das ist doch gar kein Vergleich *(das ist doch viel besser)!* · Dieser Roman hält keinen Vergleich mit den früheren Werken aus. · Im Vergleich zu/ (auch:) mit *(verglichen mit)* seiner Frau ist er sehr ruhig.
2. (Rechtssprache) *das Sicheinigen bei einem Streit durch gegenseitiges Nachgeben der streitenden Parteien:* ein außergerichtlicher / gütlicher Vergleich · einen Vergleich anbieten / schließen · Der Streit wurde durch einen Vergleich beendet. · Zwischen beiden Parteien kam es zu einem Vergleich.

ver|gleich|bar [fɛɐ̯ˈglai̯çbaːɐ̯]:
so, dass es mit etwas anderem verglichen werden kann: ein vergleichbarer Fall · ein vergleichbares Angebot / Produkt · Die aktuelle Situation ist vergleichbar mit der in den 90er-Jahren.

▸ **ver|glei|chen** [fɛɐ̯ˈglai̯çn̩], vergleicht, verglich, hat verglichen:
1. *in Bezug auf Unterschiede und gemeinsame Eigenschaften, Merkmale o. Ä. prüfen:* Bilder / Preise / Angebote vergleichen · eine Kopie mit dem Original vergleichen · Man kann diese Dinge nicht miteinander vergleichen. · Können wir einmal die Uhrzeit vergleichen? · Verglichen mit Berlin ist diese Stadt tiefste Provinz. · Das ist [doch gar] nicht zu vergleichen (umgangssprachlich; *ist doch weitaus besser, schlechter o. Ä.*)!

2. ⟨+ sich⟩ (Rechtssprache) *einen Vergleich* (2) *schließen:* Er hat sich mit seinem Gegner verglichen. · Die streitenden Parteien haben sich verglichen.

ver|gnü|gen [fɛɐ̯ˈgny:gn̩] ⟨+ sich⟩, vergnügt sich, vergnügte sich, hat sich vergnügt: *sich vergnügt die Zeit vertreiben; sich amüsieren:* sich auf einem Fest / beim Tanzen vergnügen · Sie vergnügte sich mit ihrem Liebhaber auf den Bahamas. · Die Kinder vergnügten sich im Schwimmbad.

das **Ver|gnü|gen** [fɛɐ̯ˈgny:gn̩], des Vergnügens:
1. *Freude, die jemandem ein Tun, die Beschäftigung mit oder das Ansehen von etwas [Schönem o. Ä.] bereitet:* ein seltenes / sichtliches / pures Vergnügen · an etwas sein Vergnügen haben · etwas mit Vergnügen lesen · Es ist ein Vergnügen, ihr zuzusehen. · Das Kochen macht ihm [großes] Vergnügen. · Mit ihrem Besuch bereitete sie uns ein besonderes Vergnügen. · Ich wünsche euch im Theater viel Vergnügen! · Ich male aus reinem / nur zum /zu meinem [eigenen] Vergnügen. · Mit [dem größten] Vergnügen *(selbstverständlich, sehr gern)!* · Ich höre zu meinem Vergnügen *(meiner Freude)*, dass sie bald zurückkommen.
2. *etwas, was einem Vergnügen* (1) *bereitet:* Mit ihm zu arbeiten, ist kein reines Vergnügen. · Es war ein zweifelhaftes Vergnügen *(war nicht gerade angenehm).* · Das war ein teures Vergnügen *(hat viel Geld gekostet).* · Jeden Abend stürzten sie sich ins Vergnügen *(vergnügten sie sich).*

ver|gnügt [fɛɐ̯ˈgny:kt], vergnügter, am vergnügtesten:
1. *fröhlich, in guter Laune:* eine vergnügte Gesellschaft · Er ist immer [heiter und] vergnügt. · Sie lächelte vergnügt vor sich hin.
2. *so, dass es Vergnügen bereitet:* sich vergnügte Stunden / einen vergnügten Tag machen · Es war ein vergnügter Abend.

ver|grö|ßern [fɛɐ̯ˈgrø:sɐn], vergrößert, vergrößerte, hat vergrößert:
1. *(in Bezug auf seine räumliche Ausdehnung) größer machen:* einen Raum / den Garten [um das Doppelte] vergrößern · den Abstand zwischen zwei Pfosten vergrößern · Durch den Umbau konnte die Wohnfläche auf 130 Quadratmeter vergrößert werden.
2. *(im Hinblick auf Menge oder Ausmaß) vermehren:* sein Kapital / die Zahl der Mitarbeiter vergrößern · die Dosis vergrößern *(erhöhen)* · Die Firma hat ihren Marktanteil um 25 Prozent / auf 35 Prozent vergrößert. · Diese Maßnahme hatte das Übel noch vergrößert *(schlimmer gemacht).*
3. *von etwas eine größere Kopie herstellen:* eine Fotografie vergrößern · Das Bild ist vierfach / auf das Vierfache vergrößert.
4. ⟨+ sich⟩ *(in Bezug auf seine Ausdehnung) größer werden:* Der Betrieb hat sich vergrößert. · Wir sind umgezogen und haben uns vergrößert.
5. ⟨+ sich⟩ *(in Bezug auf Menge, Anzahl, Umfang o. Ä.) zunehmen:* Die Zahl der Mitarbeiter hatte sich inzwischen um 10 Prozent / auf 500 vergrößert. · Die Schilddrüse hat sich vergrößert. · Er litt an einer krankhaft vergrößerten Leber.

▶ **ver|haf|ten** [fɛɐ̯ˈhaftn̩], verhaftet, verhaftete, hat verhaftet:
aufgrund einer gerichtlichen Anordnung festnehmen: Die Polizei hat den Täter [unter dem Verdacht des Mordes] verhaftet. · Sie ist unschuldig verhaftet worden.

ver|hal|ten [fɛɐ̯ˈhaltn̩] ⟨+ sich⟩, verhält sich, verhielt sich, hat sich verhalten:
1. *in bestimmter Weise auf jemanden, etwas in einer Situation o. Ä. reagieren:* sich ruhig / abwartend / vorsichtig / unauffällig verhalten · sich im Verkehr falsch / richtig verhalten · Sie hat sich uns gegenüber immer korrekt / fair verhalten. · Sie wollte von mir wissen, wie sie sich in diesem Falle verhalten solle.
2. *in bestimmter Weise sein:* Die Sache / Angelegenheit verhält sich nämlich so ... / in Wirklichkeit ganz anders. · Wie verhält es sich eigentlich mit ihrer Wahrheitsliebe?

▶ das **Ver|hal|ten** [fɛɐ̯ˈhaltn̩], des Verhaltens:
Art und Weise, wie sich ein Lebewesen, etwas verhält: ein tadelloses / seltsames / taktisch kluges / fahrlässiges / aggressives Verhalten · das Verhalten in Notsituationen · jemandes Verhalten [nicht] verstehen / missbilligen · Ich kann mir ihr Verhalten nicht erklären. · Er versuchte, sein Verhalten zu rechtfertigen. · In seinem Verhalten anderen gegenüber hat sich nichts geändert.

▶ das **Ver|hält|nis** [fɛɐ̯ˈhɛltnɪs], des Verhältnisses, die Verhältnisse:
1. *Beziehung, in der sich etwas mit etwas vergleichen lässt oder in der etwas an*

etwas anderem gemessen wird: Das entspricht einem Verhältnis von 3 zu 1. · Im Verhältnis zu früher ist er jetzt viel häufiger krank. · Der Aufwand stand in keinem Verhältnis zum Erfolg *(war, gemessen an dem erreichten Erfolg, viel zu groß).*
2. *Art, wie jemand zu jemandem, etwas steht; persönliche Beziehung:* Das Verhältnis zu seinen Eltern war gestört. · Zwischen uns herrscht ein gutes Verhältnis. · Er hat kein Verhältnis zu diesen Dingen. · Ich stand in einem engen / freundschaftlichen Verhältnis zu ihm.
3. (umgangssprachlich) *über eine längere Zeit bestehende intime Beziehung zwischen zwei Menschen:* ein Verhältnis mit einer verheirateten Frau haben / anfangen / beenden · Die beiden haben ein Verhältnis [miteinander].
4. ⟨Plural⟩ *Umstände, äußere Zustände:* Er ist ein Opfer der politischen Verhältnisse. · Meine Verhältnisse *(finanziellen Möglichkeiten)* erlauben mir das / solche Ausgaben nicht. · Sie kommt / stammt aus kleinen Verhältnissen. · Sie leben in ärmlichen / bescheidenen / gesicherten Verhältnissen. · Sie lebt über ihre Verhältnisse *(gibt mehr Geld aus, als es ihre finanzielle Situation eigentlich erlaubt).*

ver|hält|nis|mä|ßig [fɛɐ̯ˈhɛltnɪsmɛːsɪç]:
im Verhältnis zu etwas anderem; verglichen mit etwas anderem: eine verhältnismäßig hohe Summe · in verhältnismäßig kurzer Zeit · Diese Arbeit ist verhältnismäßig leicht. · In diesem Jahr liegt verhältnismäßig wenig Schnee.

ver|han|deln [fɛɐ̯ˈhandl̩n], verhandelt, verhandelte, hat verhandelt:
(über etwas) eingehend sprechen; Verhandlungen führen, um etwas zu klären, sich über, auf etwas zu einigen: mit der Bank über einen Kredit verhandeln · über den Abzug der Truppen verhandeln · Der deutsche Außenminister verhandelte mit seinem französischen Kollegen. · Es wurde lange verhandelt, ohne dass man zu einem Ergebnis gekommen wäre.

die **Ver|hand|lung** [fɛɐ̯ˈhandlʊŋ], der Verhandlung, die Verhandlungen:
1. *das Verhandeln:* diplomatische / zähe / langwierige Verhandlungen · Verhandlungen einleiten / aufnehmen · die Verhandlungen führen / leiten / unterbrechen / fortführen / beenden / abbrechen · mit jemandem in Verhandlung stehen · Die Verhandlungen zogen sich hin / führten zu keinem Ergebnis / verliefen ergebnislos / scheiterten. · Der Gegner war jetzt zu Verhandlungen bereit.
2. *Behandlung [und Entscheidung] eines juristischen Falles vor Gericht:* eine öffentliche Verhandlung · Die Verhandlung fand unter Ausschluss der Öffentlichkeit / vor der zweiten Strafkammer statt. · Die Verhandlung wurde vertagt.

ver|hän|gen [fɛɐ̯ˈhɛŋən], verhängt, verhängte, hat verhängt:
1. *etwas vor oder über etwas hängen und es dadurch bedecken, verdecken:* die Fenster verhängen · Sie verhängte den Spiegel mit einem schwarzen Tuch.
2. *(besonders als Strafe) anordnen:* eine Strafe über jemanden / Sanktionen / den Ausnahmezustand verhängen.

ver|hei|len [fɛɐ̯ˈhai̯lən], verheilt, verheilte, ist verheilt:
völlig heilen: Seine Wunden verheilten schlecht. · Die Narben waren noch nicht ganz verheilt.

ver|heim|li|chen [fɛɐ̯ˈhai̯mlɪçn̩], verheimlicht, verheimlichte, hat verheimlicht:
(jemanden) bewusst (von etwas) nicht in Kenntnis setzen; vor jemandem verbergen: jemandem eine Entdeckung / einen Fund / seine Schwangerschaft verheimlichen · Sie hat den wirklichen Sachverhalt [vor ihm] verheimlicht. · Der Arzt verheimlichte ihr, wie schlecht es um ihren Mann stand. · Du verheimlichst mir etwas!

▸ **ver|hei|ra|tet** [fɛɐ̯ˈhai̯raːtət]:
in einer Ehe lebend: ein verheirateter Mann · Sie sind schon seit vielen Jahren glücklich verheiratet. · Ist sie verheiratet oder geschieden?

▸ **ver|hin|dern** [fɛɐ̯ˈhɪndɐn], verhindert, verhinderte, hat verhindert:
durch entsprechende Maßnahmen o. Ä. bewirken, dass etwas nicht geschehen kann, von jemandem nicht getan, ausgeführt werden kann: einen Anschlag / einen Unfall / eine Katastrophe verhindern · Das muss ich unbedingt / unter allen Umständen verhindern. · Das Schlimmste konnte gerade noch verhindert werden.

ver|hun|gern [fɛɐ̯ˈhʊŋɐn], verhungert, verhungerte, ist verhungert:
aus Mangel an Nahrung sterben: Gefangene verhungern lassen · Täglich verhungern in den Entwicklungsländern viele Menschen. · Er sah ganz verhungert *(sehr elend und mager)* aus.

die **Ver|hü|tung** [fɛɐ̯ˈhyːtʊŋ], der Verhütung, die Verhütungen:
1. *das Verhindern von etwas, was man nicht will, was gefährlich ist:* die Verhütung von Bränden / Arbeitsunfällen / Straftaten.
2. ⟨meist ohne Plural⟩ *das Verhindern einer Schwangerschaft:* Der Arzt erklärte ihr verschiedene Methoden der Verhütung. · Viele junge Leute wissen über Verhütung nicht ausreichend Bescheid.

der **Ver|kauf** [fɛɐ̯ˈkau̯f], des Verkauf[e]s, die Verkäufe [fɛɐ̯ˈkɔy̯fə]:
1. *das Verkaufen:* der freie / illegale / verbilligte Verkauf von Waren [ins Ausland] · der Verkauf von Eintrittskarten übers Internet · etwas zum Verkauf anbieten · Die Verkäufe gingen stark zurück. · Das Grundstück steht zum Verkauf *(ist zu verkaufen).*
2. ⟨ohne Plural⟩ *Abteilung eines Unternehmens, die für das Verkaufen zuständig ist:* Der Verkauf ist heute geschlossen. · Sie arbeitet im Verkauf.

ver|kau|fen [fɛɐ̯ˈkau̯fn̩], verkauft, verkaufte, hat verkauft:
1. *jemandem etwas gegen Zahlung einer bestimmten Summe als Eigentum überlassen:* etwas teuer / billig / preisgünstig / für wenig Geld / für hundert Euro verkaufen · Antiquitäten / Immobilien / Zeitungen verkaufen · Autos verkaufen *(mit Autos handeln)* · Das Kleid war leider schon verkauft. · Sie mussten ihren Anteil / ihre Aktien / ihr Haus verkaufen. · Er hat sein Auto einem Kollegen / an einen Kollegen verkauft.
2. ⟨+ sich⟩ *in bestimmter Weise zu verkaufen* (1) *sein:* Diese Ware verkauft sich gut / schlecht / schwer.
3. *dafür sorgen, dass jemand, etwas bei jemandem auf das gewünschte Interesse stößt, erfolgreich ist:* Er weiß, wie man eine Story geschickt verkauft. · Die Schlagersängerin verkauft sich gut. · Die Parteien wollen die Reform als große Leistung verkaufen.

der **Ver|käu|fer** [fɛɐ̯ˈkɔy̯fɐ], des Verkäufers, die Verkäufer, die **Ver|käu|fe|rin** [fɛɐ̯ˈkɔy̯fərɪn], der Verkäuferin, die Verkäuferinnen:
1. *Person, die in einem Geschäft oder Unternehmen angestellt ist und Waren oder Dienstleistungen verkauft:* Verkäufer für Sportartikel gesucht · Sie ist Verkäuferin / arbeitet als Verkäuferin in einem Schuhgeschäft.
2. *Person, die als Eigentümer[in] etwas verkauft:* der Verkäufer des Grundstücks / des Hauses.

▸ der **Ver|kehr** [fɛɐ̯ˈkeːɐ̯], des Verkehrs:
1. *Beförderung oder Bewegung von Personen, Sachen, Fahrzeugen, Nachrichten auf dafür vorgesehenen Wegen:* der Verkehr auf den Straßen / auf der Autobahn / auf den Flüssen und Kanälen · den Verkehr lenken / regeln / umleiten · Es herrscht starker / lebhafter / reger Verkehr. · Der Verkehr stockt / hat stark zugenommen / ruht fast gänzlich / kommt zum Erliegen / staut sich an der Kreuzung. · Solche Fahrzeuge behindern den Verkehr. · Die Brücke wurde dem öffentlichen Verkehr *(der Öffentlichkeit zur Nutzung)* übergeben. · Das Auto wurde aus dem Verkehr gezogen.
2. *Geschlechtsverkehr:* ungeschützter *(ohne Präservativ ausgeübter)* Verkehr · Verkehr [mit jemandem] haben.

ver|keh|ren [fɛɐ̯ˈkeːrən], verkehrt, verkehrte, verkehrt:
1. ⟨hat / ist⟩ *als öffentliches Verkehrsmittel regelmäßig auf einer Strecke fahren:* Der Omnibus verkehrt alle 15 Minuten / im 20-Minuten-Takt. · Dieser Zug verkehrt nur an Sonn- und Feiertagen. · Das Schiff hat / ist früher zwischen Stralsund und Hiddensee verkehrt.
2. ⟨hat⟩ *mit jemandem Kontakt pflegen; sich regelmäßig mit jemandem treffen, schreiben o. Ä.:* mit jemandem viel / oft / wenig / brieflich verkehren · intim / geschlechtlich mit jemandem verkehren (verhüllend; *mit jemandem Geschlechtsverkehr haben*) · Die Frauen der beiden Kollegen verkehrten miteinander.
3. ⟨hat⟩ *bei jemandem, irgendwo regelmäßig zu Gast sein:* In diesem Lokal verkehren viele Künstler. · Sie verkehrten in den besten Kreisen.
4. ⟨hat⟩ *etwas in das Gegenteil verwandeln:* Recht in Unrecht verkehren · den Sinn der Worte ins Gegenteil verkehren.

▸ das **Ver|kehrs|mit|tel** [fɛɐ̯ˈkeːɐ̯smɪtl̩], des Verkehrsmittels, die Verkehrsmittel: *(besonders im öffentlichen Verkehr) zur Beförderung von Personen eingesetztes Fahrzeug, Flugzeug:* die öffentlichen Verkehrsmittel benutzen.

▸ das **Ver|kehrs|zei|chen** [fɛɐ̯ˈkeːɐ̯stsai̯çn̩], des Verkehrszeichens, die Verkehrszeichen: *Zeichen, mit dem der Verkehr auf den Straßen geregelt wird:* Die Autofahrerin hatte das Verkehrszeichen übersehen und prallte deswegen mit dem Lastwagen zusammen.

ver|kehrt [fɛɐ̯ˈkeːɐ̯t], verkehrter, am verkehrtesten:
falsch: eine verkehrte Politik · ein Wort verkehrt schreiben · den Pullover verkehrt herum *(den vorderen Teil nach hinten gedreht oder die linke Seite nach außen)* anziehen · Das ist die verkehrte Richtung! · Hier sind Sie verkehrt. · Das ist ganz / total verkehrt. · Das ist gar nicht verkehrt. *(Das ist ganz richtig.).* · Er hat alles verkehrt gemacht.

ver|kla|gen [fɛɐ̯ˈklaːɡn̩], verklagt, verklagte, hat verklagt:
gegen jemanden vor Gericht klagen: jemanden bei / vor Gericht verklagen · Die Firma wurde auf Schadenersatz verklagt. · Er wurde wegen Körperverletzung verklagt.

ver|klei|den [fɛɐ̯ˈklai̯dn̩] ⟨+ sich⟩, verkleidet sich, verkleidete sich, hat sich verkleidet:
(besonders zu Karneval) seine äußere Erscheinung durch ein bestimmtes Kostüm, Schminke o. Ä. verändern, um nicht erkannt zu werden: Die Kinder verkleiden sich gern. · Ich verkleide mich als Harlekin.

ver|klei|nern [fɛɐ̯ˈklai̯nɐn], verkleinert, verkleinerte, hat verkleinert:
1. *(in Bezug auf seine räumliche Ausdehnung) kleiner machen:* einen Raum / ein Geschäft [um die Hälfte] verkleinern · den Abstand zwischen zwei Pfosten verkleinern · Die Fläche wurde auf 30 Quadratmeter verkleinert.
2. *(im Hinblick auf Menge oder Ausmaß) kleiner machen:* die Belegschaft / das Kabinett verkleinern · Die Anzahl der Teilnehmer an der Exkursion musste verkleinert werden. · Durch diese Maßnahme wurde sein Kapital erheblich verkleinert.
3. *von etwas eine kleinere Kopie herstellen:* eine Fotografie / ein Bild verkleinern.
4. ⟨+ sich⟩ *(in Bezug auf seine Ausdehnung) kleiner werden:* Der Betrieb hat sich sehr verkleinert. · Fünf Zimmer sind zu viel, wir werden uns demnächst verkleinern.
5. ⟨+ sich⟩ *(in Bezug auf die Menge, die Anzahl, den Umfang o. Ä.) kleiner werden:* Ihr Freundeskreis hat sich verkleinert. · Durch diese Umstände verkleinerte sich seine Schuld nicht. · Sein Vermögen verkleinert sich.

ver|knüp|fen [fɛɐ̯ˈknʏp͡fn̩], verknüpft, verknüpfte, hat verknüpft:
1. *durch Knoten miteinander verbinden:* die Enden einer Schnur miteinander verknüpfen · Du musst die Fäden verknüpfen.
2. *in Zusammenhang bringen, verbinden:* zwei Gedanken logisch verknüpfen · Wir verknüpfen mit seinem Namen bedeutende Bauten des Klassizismus.

ver|kör|pern [fɛɐ̯ˈkœrpɐn], verkörpert, verkörperte, hat verkörpert:
1. *auf der Bühne, im Film darstellen:* den Titelhelden verkörpern · Die Schauspielerin hat die Iphigenie hervorragend verkörpert.
2. *zum Ausdruck bringen:* die höchsten Tugenden verkörpern · Er verkörpert noch den Geist Preußens.

ver|kraf|ten [fɛɐ̯ˈkraftn̩], verkraftet, verkraftete, hat verkraftet:
mit seinen Kräften, Mitteln in der Lage sein, etwas zu bewältigen: einen Schock / Verlust / Rückschlag verkraften · höhere Belastungen / Kosten kaum verkraften können · Sie hat die Trennung von ihrem Mann seelisch gut verkraftet.

ver|küh|len [fɛɐ̯ˈkyːlən] ⟨+ sich⟩, verkühlt sich, verkühlte sich, hat sich verkühlt (österreichisch):
sich erkälten: Ich habe mich ein bisschen verkühlt.

ver|kün|den [fɛɐ̯ˈkʏndn̩], verkündet, verkündete, hat verkündet:
1. *(etwas Wichtiges) öffentlich bekannt geben:* ein Urteil / die Entscheidung des Landgerichts verkünden · Im Radio wurde das Ergebnis der Bundestagswahl verkündet.
2. *laut erklären:* Freudestrahlend verkündete sie ihre Verlobung. · Sie verkündete stolz, dass sie gewonnen habe.

ver|kür|zen [fɛɐ̯ˈkʏrt͡sn̩], verkürzt, verkürzte, hat verkürzt:
1. *die Dauer von etwas verringern:* den Urlaub / einen Auslandsaufenthalt / eine Frist verkürzen · Die Arbeitszeit soll [von 37 auf 35 Stunden] verkürzt werden.
2. *kürzer machen:* ein Seil um einen Meter / auf einen Meter verkürzen · Durch die Brücke ist der Transportweg um 160 Kilometer verkürzt worden. · Das Bein ist durch eine Operation verkürzt worden.

▶ der **Ver|lag** [fɛɐ̯ˈlaːk], des Verlag[e]s, die Verlage:
Unternehmen, das Zeitungen, Bücher o. Ä. herstellt und vertreibt: ein belletristischer / wissenschaftlicher Verlag · für einen / im Verlag arbeiten · Unser

Verlag gibt Kinderbücher heraus. · In welchem Verlag ist das Buch erschienen?

ver|lan|gen [fɛɐ̯ˈlaŋən], verlangt, verlangte, hat verlangt:
1. *haben wollen, fordern:* Rechenschaft / Unmögliches / eine Erklärung / eine Antwort verlangen · Schadenersatz / mehr Lohn verlangen · die Rechnung verlangen *(um die Rechnung bitten)* · Er hat für die Reparatur nichts *(keine Bezahlung)* / 300 Euro verlangt. · Mehr kann man wirklich nicht verlangen. · Das ist zu viel verlangt. *(Das geht über das erträgliche Maß hinaus.).* · Du kannst von ihm nicht verlangen, dass er alles bezahlt. · Sie verlangt, vorgelassen zu werden.
2. *(jemanden) zu sprechen wünschen:* Sie werden am Telefon verlangt. · Bei Kartenbestellungen verlangen Sie bitte die Kasse. · Der Chef hat nach ihm verlangt.
3. *erfordern; unbedingt brauchen; nötig haben:* Eine solche Arbeit verlangt Geduld / Aufmerksamkeit. · Wir mussten das tun, was der Anstand [von uns] verlangte.

das **Ver|lan|gen** [fɛɐ̯ˈlaŋən], des Verlangens: *starkes inneres Bedürfnis:* ein großes / heftiges / sehnsüchtiges / heißes Verlangen · ein starkes Verlangen nach Schokolade / einer Zigarette / Liebe haben · Er zeigte kein Verlangen, sie wiederzusehen. · Der Ausweis ist auf Verlangen *(auf eine Aufforderung hin)* vorzuzeigen.

ver|län|gern [fɛɐ̯ˈlɛŋɐn], verlängert, verlängerte, hat verlängert:
1. *länger machen:* eine Schnur / ein Rohr verlängern · die Ärmel [um drei Zentimeter] / das Kleid bis zum Knie verlängern.
2. *länger dauern lassen als eigentlich vorgesehen:* eine Frist / seinen Urlaub verlängern · ein verlängertes *(durch einen Urlaubs-, Feiertag erweitertes)* Wochenende · Er ließ seinen Pass / seinen Ausweis verlängern. · Der Vertrag wurde um 3 Jahre / bis 2018 verlängert.
3. ⟨+ sich⟩ *länger werden:* Die Kolonne verlängerte sich.
4. ⟨+ sich⟩ *länger gültig bleiben als eigentlich vorgesehen:* Das Abonnement verlängert sich automatisch um ein Jahr.

die **Ver|län|ge|rung** [fɛɐ̯ˈlɛŋərʊŋ], der Verlängerung, die Verlängerungen:
1. *das Verlängern, das Verlängertwerden:* die Verlängerung eines Vertrages / einer Frist · Die Regierung plant eine Verlängerung des Militäreinsatzes.
2. (Ballspiele) *Zeit, die ein Spiel über die normale Dauer des Spieles hinaus verlängert wird:* Der Siegestreffer fiel erst in der Verlängerung. · Auch nach der Verlängerung stand es noch 0 : 0.

der **Ver|lass** [fɛɐ̯ˈlas]:
*** auf jemanden ist [kein] Verlass:** *auf jemanden kann man sich [nicht] verlassen:* Auf ihn ist [kein] Verlass.

ver|las|sen [fɛɐ̯ˈlasn̩], verlässt, verließ, hat verlassen:
1. *(von jemandem, von einem Ort) weggehen:* ein Land / die Heimat / seinen Platz / das Zimmer verlassen · eine Party früh verlassen · Er verließ fluchtartig das Lokal. · Sie hat die Wohnung / die Firma gegen 18 Uhr verlassen. · Sie wird das Unternehmen zum Jahresende verlassen *(aus dem Unternehmen zum Jahresende ausscheiden).* · Er hatte die Schule ohne Abschlussprüfung verlassen *(war ohne Abschlussprüfung aus der Schule ausgeschieden).* · Das Haus war verlassen *(stand leer).*
2. *sich von jemandem trennen:* Er hat seine Frau / seine Familie verlassen. · Ich fühlte mich verlassen / kam mir ganz verlassen vor.
3. ⟨+ sich⟩ *(mit jemandem, etwas) fest rechnen, (auf jemanden, etwas) vertrauen:* Er kann sich auf seine Freunde [hundertprozentig] verlassen. · Man kann sich auf das, was er sagt, nicht immer verlassen. · Sie verlässt sich darauf, dass du ihr hilfst. · Kann ich mich darauf verlassen? *(Ist es sicher?)* · Darauf kannst du dich verlassen / Worauf du dich verlassen kannst! *(Da kannst du sicher sein!).*

der **Ver|lauf** [fɛɐ̯ˈla͜uf], des Verlauf[e]s, die Verläufe [fɛɐ̯ˈlɔ͜yfə]:
1. *die einzelnen Stadien eines Vorgangs vom Anfang bis zum Ende:* den Verlauf einer Feier / einer Krankheit schildern · Die Sache nahm einen guten / katastrophalen / verhängnisvollen Verlauf. · Im Verlauf *(innerhalb)* eines Jahres / von einem Jahr hat sich manches geändert. · Im Verlauf *(während)* der Diskussion kam es zu einem Streit. · Bitte unterrichten Sie mich über den weiteren Verlauf der Verhandlungen.
2. *Richtung, in der etwas verläuft:* der Verlauf einer Kurve / einer Straße · Der Verlauf der Grenze wurde in einem Vertrag festgelegt.

ver|lau|fen [fɛɐ̯'lau̯fn̩], verläuft, verlief, verlaufen:
1. ⟨+ sich⟩ *(beim Wandern, Spazierengehen) nicht den richtigen Weg gehen:* Die Kinder haben sich [im Wald] verlaufen. · Der Park war so groß, dass man sich darin verlaufen konnte.
2. ⟨ist⟩ *in bestimmter Weise (bis zum Ende) ablaufen:* Die Feier verlief sehr harmonisch. · Die Untersuchung verlief ergebnislos. · Die Nacht verlief ruhig. · Es ist alles glatt / gut / nach Wunsch / ohne Zwischenfall verlaufen.
3. ⟨ist⟩ *in eine Richtung führen; sich in eine Richtung erstrecken:* Die beiden Linien verlaufen parallel. · Die Straße verläuft entlang der Grenze / den Bach entlang.

[1]**ver|le|gen** [fɛɐ̯'le:gn̩], verlegt, verlegte, hat verlegt:
1. *an einen anderen Platz, Ort legen:* eine Haltestelle verlegen · Er hat seinen Wohnsitz [nach Frankfurt] verlegt. · Der Sitz der Regierung wurde in eine andere Stadt verlegt.
2. *auf einen späteren Zeitpunkt legen, verschieben:* eine Tagung / einen Termin verlegen · Die Premiere ist [auf nächste Woche] verlegt worden.
3. *an eine andere als sonst übliche Stelle legen, an der man es nicht wiederfindet:* seine Brille / seinen Schlüssel verlegen · Ich habe meinen Pass verlegt.
4. *(von Leitungen, Rohren o. Ä.) an der vorgesehenen Stelle befestigen, anbringen o. Ä.:* Rohre / Kabel / Leitungen verlegen · Der Teppichboden muss noch verlegt werden.
5. *(von einem Verlag) veröffentlichen:* einen Roman verlegen · Dieser Verlag verlegt Bücher / Zeitungen.

[2]**ver|le|gen** [fɛɐ̯'le:gn̩], verlegener, am verlegensten:
so, dass einem etwas peinlich ist: ein verlegener Blick · verlegenes Schweigen · Er war / wurde [ganz] verlegen. · Sie lächelte verlegen.

die **Ver|le|gen|heit** [fɛɐ̯'le:gn̩hai̯t], der Verlegenheit:
1. ⟨ohne Plural⟩ *das Verlegensein:* Man merkte ihr ihre Verlegenheit deutlich an. · Er wurde vor Verlegenheit rot. · Sie brachte ihn mit ihren Fragen in Verlegenheit.
2. *unangenehme Situation:* jemandem aus einer Verlegenheit helfen · in Verlegenheit geraten / kommen · Sie war in großer finanzieller Verlegenheit.

ver|lei|hen [fɛɐ̯'lai̯ən], verleiht, verlieh, hat verliehen:
1. *[gegen Gebühr] vorübergehend einem anderen überlassen, zur Verfügung stellen:* Kostüme / Autos / Fahrräder / DVDs verleihen · Er verleiht nicht gern Bücher an andere. · Die Bank verleiht Geld an ihre Kunden.
2. *(jemandem) als Auszeichnung überreichen:* jemandem einen Orden / einen Titel / einen Preis verleihen · Ihr wurden die Ehrenbürgerrechte ihrer Heimatstadt verliehen. · Die Auszeichnung wird an herausragende Forscher verliehen.

ver|let|zen [fɛɐ̯'lɛt͜sn̩], verletzt, verletzte, hat verletzt:
1. *[durch Stoß, Schlag, Fall o. Ä.] eine Stelle am, im Körper beschädigen:* jemanden / sich mit dem Messer verletzen · Ich habe mich an der Hand verletzt. · Bei dem Unfall wurde er lebensgefährlich verletzt. · Ich habe mir das Knie verletzt. · Die Rentnerin wurde durch Bisse des Hundes verletzt.
2. *jemanden in seinem Stolz treffen, ihn beleidigen:* jemandes Gefühle verletzen · verletzende Worte · Mit dieser Bemerkung hast du ihn verletzt. · Ich fühlte mich in meiner Ehre verletzt.

der **Ver|letz|te** [fɛɐ̯'lɛt͜stə], der Verletzte / ein Verletzter; des / eines Verletzten, die Verletzten / zwei Verletzte:
[männliche] Person, die verletzt ist: einen Verletzten ins Krankenhaus fahren.

die **Ver|letz|te** [fɛɐ̯'lɛt͜stə], die / eine Verletzte; der / einer Verletzten, die Verletzten / zwei Verletzte:
weibliche Person, die verletzt ist: Bei der Verletzten handelt es sich um ein Mitglied des Bundestages.

die **Ver|let|zung** [fɛɐ̯'lɛt͜sʊŋ], der Verletzung, die Verletzungen:
verletzte Stelle am, im Körper: Er hat bei dem Unfall schwere / lebensgefährliche / nur leichte Verletzungen erlitten. · Sie hat sich eine Verletzung am Kopf zugezogen. · Der Verunglückte ist seinen Verletzungen erlegen. · Sie kamen mit schweren Verletzungen ins Krankenhaus.

ver|lie|ben [fɛɐ̯'li:bn̩] ⟨+ sich⟩, verliebt sich, verliebte sich, hat sich verliebt:
von Liebe zu jemandem ergriffen werden: Er hat sich hoffnungslos / unsterblich in die Frau verliebt. · Sie war bis über beide Ohren (umgangssprachlich; *heftig*) verliebt. · Sie war in ihn ver-

liebt. · Er warf ihr verliebte Blicke zu. · Im Park sah man viele verliebte Paare.

▶ **ver|lie|ren** [fɛɐ̯ˈliːrən], verliert, verlor, hat verloren:
1. *(etwas, was man gehabt, besessen, bei sich getragen hat o. Ä.) [plötzlich] nicht mehr haben:* Geld / den Autoschlüssel / seinen Schirm verlieren · Ich muss auf dem Weg zum Bahnhof mein Armband verloren haben. · Der Koffer ist verloren gegangen.
2. *durch unglückliche Umstände nicht mehr haben:* Sie hat ihren Mann im Krieg / durch einen Autounfall verloren. · Bei dem Unfall verlor er ein Bein.
3. *nicht halten, erhalten können:* seine Ersparnisse verlieren · jemanden als Kunden / als Patienten verlieren · sein Amt / seinen Posten / seine Stelle verlieren · sein Ansehen / seinen Einfluss / seine Macht verlieren · Er hat beim Spiel viel Geld / 200 Euro verloren. · Sie hat die Lust / den Mut / die Hoffnung verloren.
4. *bei etwas besiegt werden:* einen Prozess / eine Wette / einen Krieg verlieren · Sie haben das Spiel [mit] 1:3 verloren. · Die Partei hat die Wahlen verloren.
5. *in Bezug auf etwas weniger werden:* an Ansehen / an Einfluss verlieren · Die Sache hat dadurch an Wert verloren. · Das Flugzeug verlor an Höhe.

▶ der **Ver|lie|rer** [fɛɐ̯ˈliːrɐ], des Verlierers, die Verlierer, die **Ver|lie|re|rin** [fɛɐ̯ˈliːrərɪn], der Verliererin, die Verliererinnen:
Person, die in einem [Wett]kampf, einer Auseinandersetzung o. Ä. besiegt wird: ein guter / schlechter Verlierer [sein].

ver|lo|gen [fɛɐ̯ˈloːgn̩], verlogener, am verlogensten (abwertend):
so, dass jemand immer wieder lügt: ein verlogener Mensch · Er ist durch und durch verlogen.

▶ der **Ver|lust** [fɛɐ̯ˈlʊst], des Verlust[e]s, die Verluste:
1. *das Verlieren, Verschwinden:* der Verlust des gesamten Vermögens / der Brieftasche · Wir beklagen den Verlust an Lebensqualität / von Arbeitsplätzen. · Sie meldete den Verlust ihrer Uhr bei der Polizei.
2. *fehlender finanzieller, materieller Ertrag [eines Unternehmens]:* finanzielle Verluste · einen empfindlichen / herben Verlust erleiden · hohe Verluste machen · Dieses Geschäft brachte fast 1 000 Euro Verlust / einen Verlust von 1 000 Euro. · Sie haben das Haus mit Verlust verkauft.

ver|meh|ren [fɛɐ̯ˈmeːrən], vermehrt, vermehrte, hat vermehrt:
1. *an Menge, Anzahl o. Ä. größer machen:* seinen Besitz vermehren · Die Flotte wurde um sechzig Schiffe vermehrt.
2. ⟨+ sich⟩ *an Menge, Anzahl o. Ä. größer werden:* Die Zahl der Unfälle hat sich von Jahr zu Jahr vermehrt. · Die Bevölkerung der Erde hat sich in den letzten Jahrzehnten sprunghaft vermehrt.

▶ **ver|mei|den** [fɛɐ̯ˈmai̯dn̩], vermeidet, vermied, hat vermieden:
es nicht zu etwas kommen lassen; einer Sache aus dem Wege gehen: Fehler / einen Skandal / ein bestimmtes Thema vermeiden · Ich vermied es [peinlich / tunlichst], sie anzusehen. · Ich möchte gern vermeiden, dass ihr dadurch ein Nachteil entsteht.

▶ **ver|mie|ten** [fɛɐ̯ˈmiːtn̩], vermietet, vermietete, hat vermietet:
(einen Raum, eine Wohnung) einem anderen für eine bestimmte Zeit gegen eine festgesetztes Summe Geld überlassen: Autos / Tretboote / eine Wohnung vermieten · Zimmer [mit Frühstück] zu vermieten! · Sie haben das Haus Freunden / an Freunde vermietet.

▶ der **Ver|mie|ter** [fɛɐ̯ˈmiːtɐ], des Vermieters, die Vermieter, die **Ver|mie|te|rin** [fɛɐ̯ˈmiːtərɪn], der Vermieterin, die Vermieterinnen:
Person, die eine Wohnung oder ein Haus vermietet: Der Vermieter kündigte die Wohnung wegen Eigenbedarf. · Unsere Vermieterin hat die Miete erhöht.

▶ die **Ver|mie|tung** [fɛɐ̯ˈmiːtʊŋ], der Vermietung, die Vermietungen:
das Vermieten: Die Vermietung von Wohnungen ist in diesem Stadtteil schwierig. · In dem Haus stehen mehrere Wohnungen zur Vermietung.

ver|mi|schen [fɛɐ̯ˈmɪʃn̩], vermischt, vermischte, hat vermischt:
durch Schütteln, Rühren o. Ä. gründlich mischen: mit Wasser vermischter Wein · Die Zutaten müssen gut vermischt werden.

▶ **ver|mis|sen** [fɛɐ̯ˈmɪsn̩], vermisst, vermisste, hat vermisst:
1. *traurig sein, dass jemand, etwas nicht mehr da ist; sich nach jemandem, etwas sehnen:* seine Kinder / seine Frau [sehr] vermissen · Er vermisst seine Heimat.
2. *das Fehlen von etwas bemerken:* Ich

V

vermisse seit gestern meinen Ausweis. · Fünf der Verunglückten wurden geborgen, drei werden noch vermisst.

ver|mit|teln [fɛɐ̯ˈmɪtl̩n], vermittelt, vermittelte, hat vermittelt:
1. *dafür sorgen, dass jemand etwas oder jemanden bekommt:* jemandem Arbeitskräfte / Kontakte / eine Wohnung / ein Zimmer vermitteln · Er hat ihr eine Stelle bei einer Speditionsfirma / in einem Reisebüro vermittelt.
2. *erreichen, dass sich Gegner einigen:* in einem Streit vermitteln · Sie vermittelte zwischen den Parteien.
3. *weitergeben, zeigen:* Der Bericht vermittelt einen Einblick in die Vorgänge / einen ersten Eindruck / eine Vorstellung. · Er vermittelt uns das Gefühl von Sicherheit. · Das ist den Wählern nicht zu vermitteln *(verständlich zu machen).*

▸ die **Ver|mitt|lung** [fɛɐ̯ˈmɪtlʊŋ], der Vermittlung, die Vermittlungen:
das Besorgen, Beschaffen: die erfolgreiche Vermittlung von Aufträgen / von Arbeitskräften · Ich habe die Wohnung durch ihre Vermittlung bekommen.

das **Ver|mö|gen** [fɛɐ̯ˈmøːɡn̩], des Vermögens, die Vermögen:
1. ⟨ohne Plural⟩ (gehoben) *Kraft, Fähigkeit, etwas Bestimmtes zu tun:* nach bestem Vermögen helfen · Sein Vermögen, auf sie einzuwirken, ist groß.
2. *größerer Besitz:* ein großes Vermögen besitzen / erben · ein Vermögen für etwas [aus]geben / bekommen · sein Vermögen verlieren / verprassen / durchbringen · Das kostet ja ein Vermögen! · Das Bild war ein Vermögen *(sehr viel Geld)* wert. · Er ist durch diese Erbschaft zu Vermögen gekommen.

▸ **ver|mu|ten** [fɛɐ̯ˈmuːtn̩], vermutet, vermutete, hat vermutet:
etwas für wahrscheinlich halten, annehmen: Die Polizei vermutet einen Zusammenhang. · Es wird Brandstiftung vermutet. · Das ist zu vermuten / lässt sich nur vermuten. · Ich vermute, dass sie nicht anruft. · Ich vermute ihn in der Küche *(nehme an, dass er in der Küche ist).*

▸ **ver|mut|lich** [fɛɐ̯ˈmuːtlɪç]:
1. *für möglich, wahrscheinlich gehalten:* der vermutliche Täter · Die vermutliche Ursache des Flugzeugabsturzes ist dichter Nebel.
2. *wahrscheinlich:* Sie wird vermutlich morgen anrufen. · Sie sind vermutlich ins Kino gegangen.

ver|nach|läs|si|gen [fɛɐ̯ˈnaːxlɛsɪɡn̩], vernachlässigt, vernachlässigte, hat vernachlässigt:
1. *sich nicht genügend um jemanden, etwas kümmern:* Frau und Kinder / seine Familie / seine Arbeit vernachlässigen · seine Pflichten / die Schule sträflich vernachlässigen · Sie fühlte sich [von ihrem Mann] vernachlässigt.
2. *bewusst nicht berücksichtigen:* Diese Frage haben wir vernachlässigt / können wir vernachlässigen. · Die Stellen hinter dem Komma kann man hier vernachlässigen.

ver|nich|ten [fɛɐ̯ˈnɪçtn̩], vernichtet, vernichtete, hat vernichtet:
völlig zerstören: Akten / Unterlagen vernichten · Arbeitsplätze vernichten · Das Unwetter hat die Ernte vernichtet. · Das Feuer vernichtete einen Teil des Gebäudes. · Der Gegner erlitt eine vernichtende Niederlage.

die **Ver|nunft** [fɛɐ̯ˈnʊnft], der Vernunft:
geistige Fähigkeit des Menschen, etwas zu verstehen, sich ein Urteil zu bilden, Zusammenhänge zu erkennen und sich in seinem Handeln danach zu richten: die menschliche Vernunft · Vernunft walten lassen *(vernünftig handeln)* · an die Vernunft appellieren · Das ist ein Gebot der Vernunft. · Er handelt gegen alle [Regeln der] Vernunft / ohne Vernunft *(ohne Überlegung).*; * **jemanden zur Vernunft bringen:** *erreichen, dass jemand vernünftig wird:* Der Pfarrer wollte mit dem Geiselnehmer reden und versuchen, ihn zur Vernunft zu bringen.

▸ **ver|nünf|tig** [fɛɐ̯ˈnʏnftɪç], vernünftiger, am vernünftigsten:
1. *Vernunft besitzend; von Vernunft geleitet:* ein vernünftiger Mensch · vernünftig reden / handeln · Für sein Alter ist das Mädchen schon sehr vernünftig. · Sei doch vernünftig!
2. *so, dass es den Erwartungen, Vorstellungen entspricht:* ein vernünftiger Preis · Sie suchen eine vernünftige Wohnung. · Er soll einen vernünftigen Beruf lernen. · Kannst du dich nicht mal vernünftig anziehen? · Bei dem Lärm kann man nicht vernünftig arbeiten.

▸ **ver|öf|fent|li|chen** [fɛɐ̯ˈ|œfn̩tlɪçn̩], veröffentlicht, veröffentlichte, hat veröffentlicht:
in gedruckter o. ä. Form der Öffentlichkeit zugänglich machen: ein Album veröffentlichen · ein Buch / einen Roman bei einem Verlag veröffentlichen · einen Aufsatz in einer wissen-

schaftlichen Zeitschrift veröffentlichen · Das Ergebnis der Umfrage wurde im Internet veröffentlicht. · Der Text wurde im vollen Wortlaut veröffentlicht.

die **Ver|öf|fent|li|chung** [fɛɐ̯ˈ|œfn̩tlɪçʊŋ], der Veröffentlichung, die Veröffentlichungen:
veröffentlichtes literarisches oder wissenschaftliches Werk: eine wissenschaftliche Veröffentlichung · Bitte schicken Sie uns eine Liste Ihrer Veröffentlichungen!

ver|ord|nen [fɛɐ̯ˈ|ɔrdnən], verordnet, verordnete, hat verordnet:
1. *(als Arzt, als Ärztin) festlegen, was zur Heilung eingenommen oder getan werden soll:* Massagen / ein Medikament / eine Kur verordnen · Der Arzt hat mir eine Brille / Bettruhe verordnet.
2. *von amtlicher, dienstlicher Seite anordnen, festsetzen:* strenge Maßnahmen verordnen · jemandem Stillschweigen verordnen · Der Stadtrat verordnete, dass das Thema erneut verschoben wurde.

ver|pa|cken [fɛɐ̯ˈpakn̩], verpackt, verpackte, hat verpackt:
zum Transport (in etwas) packen, (in etwas) unterbringen: die Bücher / das Porzellan verpacken · Gläser in Kisten / in Kartons verpacken · etwas luftdicht / wasserdicht verpacken · die Dose in Folie / Zellophan verpacken · Soll ich Ihnen die Schale als Geschenk verpacken?

die **Ver|pa|ckung** [fɛɐ̯ˈpakʊŋ], der Verpackung, die Verpackungen:
Material, mit dem etwas verpackt wird: eine hübsche / sichere Verpackung · die Verpackung aufreißen / wegwerfen / entfernen.

ver|pas|sen [fɛɐ̯ˈpasn̩], verpasst, verpasste, hat verpasst:
versäumen; nicht zum richtigen Zeitpunkt nutzen: einen Zug / die Straßenbahn / den Anschluss um wenige Minuten verpassen · eine Chance verpassen · eine verpasste Gelegenheit · Er hat immer Angst, er könnte etwas verpassen. · Wir haben uns neulich leider verpasst.

ver|pfle|gen [fɛɐ̯ˈp͡fleːgn̩], verpflegt, verpflegte, hat verpflegt:
mit Nahrung versorgen: Bei meinen Eltern werde ich immer gut verpflegt. · Wir haben uns im Urlaub selbst verpflegt.

▶ **ver|pflich|ten** [fɛɐ̯ˈp͡flɪçtn̩], verpflichtet, verpflichtete, hat verpflichtet:
1. *für eine bestimmte Tätigkeit einstellen, unter Vertrag nehmen:* einen Fußballspieler / einen Trainer verpflichten · Der Schauspieler ist nach Berlin / an das Burgtheater / als Don Carlos verpflichtet worden. · Sie wurde für das Amt der Staatssekretärin verpflichtet.
2. *als Pflicht von jemandem verlangen:* zu etwas gesetzlich / moralisch / vertraglich verpflichtet sein · Sein Eid verpflichtet ihn zum Gehorsam. · Ich bin zum Stillschweigen verpflichtet. · Das verpflichtet dich zu nichts. · Bin ich verpflichtet zu kommen?
3. *etwas ganz fest zusagen; versprechen, etwas zu tun:* Er hat sich zu dieser Zahlung verpflichtet. · Sie hat sich verpflichtet, diese Aufgabe zu übernehmen.

der **Ver|rat** [fɛɐ̯ˈraːt], des Verrat[e]s:
1. *das Mitteilen von etwas, was geheim bleiben sollte:* Er wurde wegen des Verrats von militärischen Geheimnissen angeklagt.
2. *Handlung, mit der jemand getäuscht, betrogen o. Ä. wird:* ein gemeiner / schändlicher Verrat · Verrat an seinen Freunden / an der gemeinsamen Sache begehen · Dass er sich den andern angeschlossen hat, ist Verrat.

▶ **ver|ra|ten** [fɛɐ̯ˈraːtn̩], verrät, verriet, hat verraten:
1. *etwas, was geheim bleiben sollte, wovon nicht gesprochen werden sollte, anderen mitteilen:* ein Geheimnis / einen Plan / eine Absicht verraten · Wer hat dir das Versteck verraten? · Er hat [ihm] verraten, wo das Geheimtreffen stattfinden soll.
2. ⟨+ sich⟩ *durch eine Äußerung oder Handlung etwas, was man geheim halten wollte, mitteilen:* Durch dieses eine Wort / Mit dieser Geste hat sie sich verraten. · Durch sein Verhalten verriet er sich als der Täter.
3. *durch Mitteilen von etwas Geheimem an einen anderen ausliefern:* seinen Freund / sein Vaterland / die gemeinsame Sache verraten.
4. *deutlich werden lassen, erkennen lassen:* Ihr Blick verriet Angst / Unbehagen / Misstrauen. · Seine Sprache verriet seine Herkunft.

der **Ver|rä|ter** [fɛɐ̯ˈrɛːtɐ], des Verräters, die Verräter, die **Ver|rä|te|rin** [fɛɐ̯ˈrɛːtərɪn], der Verräterin, die Verräterinnen:
Person, die jemanden oder etwas verrät:

Der Verräter wurde hingerichtet. · Sie wurde als Verräterin beschimpft.

ver|rech|nen [fɛɐ̯ˈrɛçnən], verrechnet, verrechnete, hat verrechnet:
1. *bei einer Abrechnung berücksichtigen:* einen Betrag [mit etwas] verrechnen · Würden Sie den Gutschein bitte mit verrechnen?
2. ⟨+ sich⟩ *falsch rechnen:* Da muss ich mich verrechnet haben. · Er hat sich um fast 50 Euro verrechnet.
3. ⟨+ sich⟩ (umgangssprachlich) *jemanden oder etwas falsch einschätzen:* Er hatte sich in diesem Menschen sehr verrechnet. · Wenn du glaubst, ich mache das für dich, hast du dich aber ganz gewaltig verrechnet!

▶ **ver|rei|sen** [fɛɐ̯ˈraizn̩], verreist, verreiste, ist verreist:
eine Reise machen: geschäftlich / dienstlich / für einige Zeit verreisen · Die Nachbarn sind verreist.

ver|rin|gern [fɛɐ̯ˈrɪŋɐn], verringert, verringerte, hat verringert:
1. *geringer werden lassen:* die Geschwindigkeit / das Tempo / den Abstand verringern · Die Ausgaben konnten durch entsprechende Maßnahmen deutlich verringert werden.
2. ⟨+ sich⟩ *geringer werden:* Die Aussichten auf Besserung haben sich verringert.

▶ **ver|rückt** [fɛɐ̯ˈrʏkt], verrückter, am verrücktesten (umgangssprachlich):
1. (abwertend) *im Denken und Handeln erheblich verwirrt:* Wenn ich das mache, wird man mich für verrückt erklären. · Mit deiner Fragerei machst du mich noch verrückt *(bringst du mich noch vollständig durcheinander).*
2. *sehr ungewöhnlich, nicht alltäglich:* eine ganz verrückte Mode · Er hat eine verrückte Idee.

ver|sa|gen [fɛɐ̯ˈzaːgn̩], versagt, versagte, hat versagt:
1. *nicht erreichen, was gefordert oder erwartet wird:* Sie hat im Examen versagt. · Da versagt die ärztliche Kunst.
2. *nicht mehr funktionieren:* In der Kurve versagten die Bremsen. · Sein Herz droht zu versagen.

ver|sam|meln [fɛɐ̯ˈzamln̩] ⟨+ sich⟩, versammelt sich, versammelte sich, hat sich versammelt:
sich an einen bestimmten Ort begeben, um dort für einige Zeit mit anderen zusammen zu sein: Bitte versammelt euch vor der Schule. · Die Familie versammelte sich am Bett der Kranken.

▶ die **Ver|samm|lung** [fɛɐ̯ˈzamlʊŋ], der Versammlung, die Versammlungen:
Treffen einer größeren Anzahl von Personen zu einem bestimmten Zweck: eine Versammlung einberufen / abhalten / verbieten · Sie nahmen alle an der Versammlung teil.

▶ **ver|säu|men** [fɛɐ̯ˈzɔymən], versäumt, versäumte, hat versäumt:
1. *nicht tun; unterlassen:* Es ist versäumt worden, die nötigen Reparaturen vorzunehmen. · Sie wollten nichts versäumen, um ihm zu helfen.
2. *verpassen:* den Zug / die Bahn versäumen · Sie hat den richtigen Zeitpunkt versäumt.

ver|schen|ken [fɛɐ̯ˈʃɛŋkn̩], verschenkt, verschenkte, hat verschenkt:
1. *als Geschenk geben:* seine Bücher / CDs verschenken · Er hat einen Großteil seiner Briefmarken verschenkt.
2. *ungewollt nicht nutzen:* Die Mannschaft hat die einzige gute Torchance verschenkt.

▶ **ver|schie|ben** [fɛɐ̯ˈʃiːbn̩], verschiebt, verschob, hat verschoben:
1. *an eine andere Stelle schieben:* einen Schrank / die Möbel verschieben.
2. *auf einen späteren Zeitpunkt legen:* den Arzttermin verschieben müssen.

▶ **ver|schie|den** [fɛɐ̯ˈʃiːdn̩], verschiedener, am verschiedensten:
nicht gleich; Unterschiede aufweisend: verschiedener Ansicht / Meinung sein · die beiden Brüder sind in ihrer Art ganz verschieden.

ver|schla|fen [fɛɐ̯ˈʃlaːfn̩], verschläft, verschlief, hat verschlafen:
1. (umgangssprachlich) *versäumen:* Den Termin habe ich total verschlafen.
2. *zu lange schlafen, nicht rechtzeitig aufwachen:* Ich hatte verschlafen und kam zu spät zur Schule.

ver|schlech|tern [fɛɐ̯ˈʃlɛçtɐn], verschlechtert, verschlechterte, hat verschlechtert:
1. *schlechter machen:* Der Fieberanfall hat den Zustand der Kranken verschlechtert. · Durch dein Verhalten hast du deine Lage verschlechtert.
2. ⟨+ sich⟩ *[noch] schlechter werden:* Ihr Gesundheitszustand hat sich plötzlich verschlechtert. · Der Schüler hat sich in seiner Leistung verschlechtert.

ver|schlie|ßen [fɛɐ̯ˈʃliːsn̩], verschließt, verschloss, hat verschlossen:
1. *mit einem Schloss schließen:* ein Zim-

mer / einen Schrank / eine Schublade verschließen · Die Tür war [mit einem Riegel] fest verschlossen.
2. *mithilfe eines Gegenstandes bewirken, dass etwas nach außen hin fest zu ist:* den Topf mit einem Deckel / die Flasche mit einem Korken verschließen.

ver|schlu|cken [fɛɐ̯ˈʃlʊkn̩], verschluckt, verschluckte, hat verschluckt:
1. *durch Schlucken in den Magen gelangen lassen:* Das Kind hat das Bonbon verschluckt. · Er hat aus Versehen den Kirschkern verschluckt.
2. ⟨+ sich⟩ *falsch schlucken, sodass man husten muss:* sich an der Suppe / beim Lachen verschlucken.

ver|schmut|zen [fɛɐ̯ˈʃmʊtsn̩], verschmutzt, verschmutzte, verschmutzt:
1. ⟨hat⟩ *ganz schmutzig machen:* Sie hat mit ihren Straßenschuhen den Teppich verschmutzt.
2. ⟨ist⟩ *schmutzig werden:* Dieser Stoff verschmutzt leicht.

ver|schrei|ben [fɛɐ̯ˈʃraibn̩], verschreibt, verschrieb, hat verschrieben:
1. *(als Arzt, Ärztin) schriftlich verordnen:* sich etwas für den Kreislauf / gegen Rheuma verschreiben lassen · Der Arzt hat ihm Bestrahlungen verschrieben.
2. ⟨+ sich⟩ *beim Schreiben einen Fehler machen:* Er hat sich in diesem Brief zweimal verschrieben.

ver|schüt|ten [fɛɐ̯ˈʃʏtn̩], verschüttet, verschüttete, hat verschüttet:
ohne dass man es will, aus einem Gefäß schütten: Salz / Suppe / Milch / Bier verschütten · Sie schenkte ein, ohne einen Tropfen zu verschütten.

ver|schwei|gen [fɛɐ̯ˈʃvaign̩], verschweigt, verschwieg, hat verschwiegen:
bewusst nicht sagen; verheimlichen: jemandem eine Neuigkeit / die Wahrheit verschweigen · Er verschwieg ihr, dass er vorbestraft war.

ver|schwen|den [fɛɐ̯ˈʃvɛndn̩], verschwendet, verschwendete, hat verschwendet:
in allzu reichlichem Maße leichtsinnig ausgeben oder verbrauchen: sein Geld / seine Zeit verschwenden · seine Kraft / seine Mühe für etwas verschwenden · Sie hat ihre Liebe an ihn verschwendet.

ver|schwin|den [fɛɐ̯ˈʃvɪndn̩], verschwindet, verschwand, ist verschwunden:
1. *sich entfernen und nicht mehr da sein:* Die Reiter verschwanden in der Ferne. · Der Politiker ist von der Bildfläche verschwunden.
2. *verloren gehen, gestohlen werden:* Ihre Geldbörse war plötzlich verschwunden.

das **Ver|se|hen** [fɛɐ̯ˈze:ən], des Versehens, die Versehen:
etwas, was irrtümlich falsch gemacht wurde; Irrtum, Fehler: Das geschah aus Versehen *(nicht mit Absicht).* · Aus Versehen habe ich deine Karte eingesteckt. · Durch ein Versehen ist Ihr Antrag noch nicht bearbeitet worden.

ver|set|zen [fɛɐ̯ˈzɛtsn̩], versetzt, versetzte, hat versetzt:
1. *an einen anderen Arbeitsplatz schicken:* Er wurde nach Frankfurt versetzt. · Sie will sich versetzen lassen.
2. *in die nächste Klasse aufnehmen:* einen Schüler versetzen · Er konnte wegen des schlechten Zeugnisses nicht versetzt werden.
3. *vergeblich warten lassen:* Wir waren heute verabredet, aber sie hat mich versetzt.
4. ⟨+ sich⟩ *sich vorstellen, dass man in einer bestimmten Lage wäre:* Versetzen wir uns doch einmal in die Zeit vor 1900! · Versuch dich doch einmal in meine Lage zu versetzen.

▶ **ver|si|chern** [fɛɐ̯ˈzɪçɐn], versichert, versicherte, hat versichert:
1. *als sicher, gewiss hinstellen:* Er versicherte, dass er nicht der Täter sei. · Mir ist wiederholt versichert worden, dass alles in Ordnung sei.
2. *sich Sicherheit oder Gewissheit verschaffen:* Ich habe mich seines Schutzes versichert.
3. *eine Versicherung abschließen:* sein Haus / Eigentum / Gepäck gegen Diebstahl versichern · Sie hat ihr Haus gegen Feuer versichert.

▶ die **Ver|si|cher|ten|kar|te** [fɛɐ̯ˈzɪçɐtn̩kartə], der Versichertenkarte, die Versichertenkarten:
kleine Karte, durch die bestätigt wird, dass der Inhaber oder die Inhaberin Mitglied einer bestimmten Krankenkasse ist, und auf der die wichtigsten persönlichen Daten gespeichert sind: Hier können Sie Ihre neue Versichertenkarte anfordern!

▶ die **Ver|si|che|rung** [fɛɐ̯ˈzɪçərʊŋ], der Versicherung, die Versicherungen:
1. *Erklärung, dass etwas richtig sei:* Er musste eine eidesstattliche Versicherung abgeben.
2. *Vertrag darüber, dass ein Unternehmen gegen einen regelmäßig zu zahlenden Betrag Risiken wie Unfall oder Krankheit versichert:* die private /

gesetzliche Versicherung · eine Versicherung abschließen / kündigen · Meine Versicherung läuft noch.
3. *Betrag, der für bestimmte Leistungen der Versicherung bezahlt werden muss:* Wir zahlen jeden Monat über 600 Euro Versicherung.
4. *Unternehmen, bei dem man eine Versicherung abschließen kann:* Die Versicherung kommt für den Schaden auf. · In solchen Fällen zahlt die Versicherung nicht.

die **Ver|si|on** [vɛr'zi̯o:n], der Version, die Versionen:
eine von mehreren möglichen Darstellungen oder Fassungen: an einer Version festhalten · Es existieren mehrere Versionen dieses Gedichtes. · Über diese Geschichte sind verschiedene Versionen im Umlauf.

ver|sor|gen [fɛɐ̯'zɔrgn̩], versorgt, versorgte, hat versorgt:
1. *bewirken, dass jemand etwas Fehlendes bekommt:* die Gäste mit Getränken versorgen · eine Stadt mit Strom / Gas versorgen · Ich habe mich mit Informationen versorgt.
2. *sich um jemanden oder etwas kümmern:* einen Kranken / die Kinder / den Garten versorgen · Der Hausmeister versorgt den Fahrstuhl *(ist dafür verantwortlich).*

die **Ver|sor|gung** [fɛɐ̯'zɔrgʊŋ], der Versorgung:
1. *das Versorgen mit etwas; das Versorgtwerden:* die Versorgung der Bevölkerung mit Lebensmitteln · die ärztliche / medizinische Versorgung der Flüchtlinge.
2. *das Sorgen für den Unterhalt:* Die Versorgung der Rentner ist gesetzlich geregelt.

ver|spä|ten [fɛɐ̯'ʃpɛ:tn̩] ⟨+ sich⟩, verspätet sich, verspätete sich, hat sich verspätet:
später kommen, als es geplant oder gewünscht ist: Der Zug hat sich [um] zehn Minuten verspätet. · Ich habe mich leider verspätet. · Der Roman erschien verspätet.

► die **Ver|spä|tung** [fɛɐ̯'ʃpɛ:tʊŋ], der Verspätung, die Verspätungen:
verspätetes Kommen oder Stattfinden: Die Prüfung begann mit einer halbstündigen Verspätung. · Das Flugzeug wird voraussichtlich mit einer erheblichen Verspätung eintreffen. · Entschuldige bitte meine Verspätung!

► **ver|spre|chen** [fɛɐ̯'ʃprɛçn], verspricht, versprach, hat versprochen:
1. *verbindlich erklären, dass etwas getan oder geschehen wird:* Sie hat mir versprochen, mit ihm zu reden. · Versprich, vorsichtig zu fahren!
2. *erwarten lassen:* Diese Methode verspricht den meisten Erfolg. · Die Apfelbäume versprechen eine gute Ernte.
3. ⟨+ sich⟩ *beim Reden einzelne Laute oder Wörter verwechseln:* Die Vortragende war sehr nervös und versprach sich häufig.

das **Ver|spre|chen** [fɛɐ̯'ʃprɛçn], des Versprechens, die Versprechen:
Erklärung, mit der man etwas verspricht: ein Versprechen geben / einlösen / brechen · Ich habe ihr das Verprechen gegeben auszuziehen.

der **Ver|stand** [fɛɐ̯'ʃtant], des Verstand[e]s:
Fähigkeit des Menschen zu denken und zu urteilen: ein kluger / nüchterner / stets wacher Verstand · Ich hätte ihm mehr Verstand zugetraut. · Für die Aufgabe muss er all seinen Verstand zusammennehmen.; *** den Verstand verlieren:** *geistig verwirrt werden:* Bei diesem Baulärm kann man ja echt den Verstand verlieren!

ver|stän|di|gen [fɛɐ̯'ʃtɛndɪgn̩] ⟨+ sich⟩, verständigt sich, verständigte sich, hat sich verständigt:
1. *jemanden über etwas informieren:* den Notarzt / die Feuerwehr verständigen · Du hättest mich [über den Vorfall] sofort verständigen sollen.
2. ⟨+ sich⟩ *sich verständlich machen:* sich über Dolmetscher verständigen · Wir verständigten uns auf Englisch.
3. ⟨+ sich⟩ *über etwas einig werden, sich auf etwas einigen:* Die beiden Staaten haben sich darauf verständigt, erst einmal abzuwarten.

► **ver|ständ|lich** [fɛɐ̯'ʃtɛntlɪç], verständlicher, am verständlichsten:
1. *so beschaffen, dass es gut zu hören ist:* eine verständliche Aussprache · Er spricht sehr klar und verständlich.
2. *so beschaffen, dass es leicht zu begreifen ist:* ein leicht verständliches Buch · Sie erklärte es in verständlichen Worten.
3. *so beschaffen, dass man Verständnis dafür hat:* ein verständlicher Wunsch · Es ist verständlich, wenn du dich von ihr zurückziehst.

► das **Ver|ständ|nis** [fɛɐ̯'ʃtɛntnɪs], des Verständnisses:
1. *das Verstehen:* Man muss dem Leser

das Verständnis eines so schweren Textes erleichtern.
2. *Fähigkeit des Menschen, zu denken und zu fühlen wie ein anderer und ihn damit besser zu verstehen:* bei jemandem Verständnis finden · Er zeigte großes Verständnis für ihre Sorgen.

ver|stär|ken [fɛɐ̯ˈʃtɛrkn̩], verstärkt, verstärkte, hat verstärkt:
1. *stärker, stabiler machen:* den Druck / elektrischen Strom / eine Spannung verstärken · Die Stimmen werden durch eine Lautsprecheranlage verstärkt.
2. ⟨+ sich⟩ *stärker, intensiver werden:* eine verstärkte Nachfrage nach Neuwagen · Der Lärm hat sich verstärkt.

das **Ver|steck** [fɛɐ̯ˈʃtɛk], des Versteck[e]s, die Verstecke:
Ort, den andere nicht kennen und an dem man deshalb etwas verstecken kann: Der Räuber suchte nach einem passenden Versteck für die Beute. · Er blieb in seinem Versteck.

ver|ste|cken [fɛɐ̯ˈʃtɛkn̩], versteckt, versteckte, hat versteckt:
1. *jemanden oder etwas heimlich an einen unbekannten Ort bringen, sodass die Person oder Sache nicht gesehen wird:* jemandem die Brille verstecken · Ostereier [für die Kinder] verstecken · Wo hast du den Schlüssel versteckt?
2. ⟨+ sich⟩ *an eine Stelle gehen, wo man nicht gesehen oder gefunden wird:* Sie hatte sich vor den Kindern hinter der Mauer versteckt.

ver|ste|hen [fɛɐ̯ˈʃteːən], versteht, verstand, hat verstanden:
1. *klar und deutlich hören:* Der Redner war noch in der letzten Reihe gut zu verstehen. · Verstehst du, was er sagt?
2. *Sinn und Bedeutung von etwas begreifen:* eine Frage / eine Geste nicht verstehen · Das versteht doch kein Mensch!
3. *Verständnis für jemanden oder etwas haben:* Sie ist die Einzige, die mich versteht. · Ich kann deine Reaktion sehr gut verstehen.
4. ⟨+ sich⟩ *gut miteinander auskommen:* sich glänzend / prächtig verstehen · Die beiden verstehen sich nicht besonders.
5. *sich mit etwas gut auskennen:* Sie versteht viel von klassischer Musik. · Verstehst du etwas von Wein?

ver|sto|ßen [fɛɐ̯ˈʃtoːsn̩], verstößt, verstieß, hat verstoßen:
1. *aus einer Gemeinschaft ausschließen:* ein verstoßenes Kind · Er hat seine Frau verstoßen.
2. *gegen ein Gesetz oder eine Bestimmung handeln:* Sie hat mit diesem Vorgehen gegen alle Tabus verstoßen.

▸ der **Ver|such** [fɛɐ̯ˈzuːx], des Versuch[e]s, die Versuche:
1. *Experiment:* ein chemischer / physikalischer Versuch · Er macht Versuche an Tieren. · Wir haben im Labor einige Versuche durchgeführt.
2. *Handlung, mit der etwas versucht wird:* ein kühner / aussichtsloser / verzweifelter / erfolgreicher Versuch · Ich machte den vergeblichen Versuch, ihn umzustimmen.

▸ **ver|su|chen** [fɛɐ̯ˈzuːxn̩], versucht, versuchte, hat versucht:
1. *etwas zu verwirklichen suchen:* Sie versuchte, das Klavierspielen zu erlernen.
2. *etwas ausprobieren, um zu sehen, ob es dadurch besser wird:* zu fliehen versuchen · Wenn das nicht hilft, versuch es doch mit Kamillentee.
3. *eine Speise oder ein Getränk kosten, probieren:* Hast du schon den Kuchen versucht?

ver|tau|schen [fɛɐ̯ˈta̯uʃn̩], vertauscht, vertauschte, hat vertauscht:
irrtümlich mitnehmen; verwechseln: Unsere Mäntel wurden vertauscht.

ver|tei|di|gen [fɛɐ̯ˈta̯idɪgn̩], verteidigt, verteidigte, hat verteidigt:
1. *sich vor Angriffen schützen:* die Demokratie verteidigen · sein Leben / seine Freiheit verteidigen · Die Mannschaft musste in den letzten Minuten mit aller Kraft das Tor verteidigen.
2. *sich mit Worten für jemanden oder etwas einsetzen:* seine Thesen / seine Interessen hartnäckig verteidigen · Er verteidigte lebhaft seine Frau. · Der Minister verteidigte sich in seiner Rede gegen Vorwürfe.
3. *vor Gericht vertreten:* Er wurde von einer guten Anwältin verteidigt.

die **Ver|tei|di|gung** [fɛɐ̯ˈta̯idɪgʊŋ], der Verteidigung, die Verteidigungen:
1. *Schutz gegen einen Angriff; das Sichverteidigen:* Zur besseren Verteidigung der Burg wurde ein Wassergraben angelegt. · Zu ihrer Verteidigung sagte sie, dass sie das nicht gewusst habe.
2. *Vertretung vor Gericht:* das Recht auf Verteidigung · Die Anwältin übernahm die Verteidigung des Angeklagten.
3. *Partei, die einen Angeklagten, eine Angeklagte vor Gericht vertritt:* Die Verteidigung zieht ihren Antrag zurück.

ver|tei|len [fɛɐ̯ˈtai̯lən], verteilt, verteilte, hat verteilt:
1. *Dinge in meist gleicher Menge an mehrere Personen abgeben:* Vorräte / Lebensmittel verteilen · Sie verteilte das Geld an die Armen.
2. *aufteilen und ausgewogen an verschiedene Stellen bringen:* Die Flüchtlinge wurden auf drei Lager verteilt. · Der Wirt verteilte die Portionen auf die einzelnen Tische.

ver|tie|fen [fɛɐ̯ˈtiːfn̩], vertieft, vertiefte, hat vertieft:
1. *tiefer machen:* ein Loch / einen Graben um einen halben Meter vertiefen.
2. *intensiver behandeln:* ein Thema / das bereits Gelernte noch vertiefen · Das will ich jetzt nicht weiter vertiefen.
3. ⟨+ sich⟩ *sich auf etwas konzentrieren; sich mit etwas intensiv beschäftigen:* ganz in Gedanken / in einen Anblick vertieft sein · Ich war so in meine Arbeit vertieft, dass ich ihn nicht bemerkte.

der **Ver|trag** [fɛɐ̯ˈtraːk], des Vertrag[e]s, die Verträge [fɛɐ̯ˈtrɛːgə]:
schriftliche Vereinbarung, in der eine bestimmte Sache rechtlich zwischen zwei Parteien geregelt wird: bilaterale Verträge · an einen Vertrag gebunden sein · Der Vertrag ist amtlich beglaubigt.

ver|tra|gen [fɛɐ̯ˈtraːgn̩], verträgt, vertrug, hat vertragen:
1. *etwas aushalten, ohne Schaden zu nehmen:* ein Medikament gut / nicht vertragen · Ich vertrage diese Hitze nicht.
2. ⟨+ sich⟩ *gut miteinander auskommen:* Ich vertrage mich gut mit meinen Nachbarn. · Kinder, jetzt vertragt euch wieder!

ver|träg|lich [fɛɐ̯ˈtrɛːklɪç], verträglicher, am verträglichsten:
1. *so beschaffen, dass man es gut verträgt:* eine gut verträgliche Kost · Der Wein ist leicht verträglich.
2. *sich mit anderen gut vertragend; friedlich:* Sie ist sehr verträglich.

ver|trau|en [fɛɐ̯ˈtrau̯ən], vertraut, vertraute, hat vertraut:
sicher sein, dass man sich auf jemanden oder etwas verlassen kann: auf Gott / auf sein Glück vertrauen · Ich habe ihr rückhaltlos vertraut.

das **Ver|trau|en** [fɛɐ̯ˈtrau̯ən], des Vertrauens:
Gefühl und fester Glauben daran, dass man sich auf jemanden verlassen kann: mangelndes / fehlendes Vertrauen · Der neue Mitarbeiter erweckt Vertrauen. · Er schenkte ihr sein Vertrauen. · Sie haben mein vollstes Vertrauen.

ver|trau|lich [fɛɐ̯ˈtrau̯lɪç], vertraulicher, am vertraulichsten:
1. *nur für besondere Personen bestimmt:* Was ich Ihnen jetzt sage, ist streng vertraulich.
2. *freundschaftlich:* ein vertrauliches Gespräch führen · in vertraulichem Ton miteinander sprechen.

ver|traut [fɛɐ̯ˈtrau̯t], vertrauter, am vertrautesten:
1. *eng befreundet:* ein vertrauter Freund · Sie tun sehr vertraut miteinander.
2. *gut bekannt:* eine vertraute Erscheinung / Stimme · Die Umgebung ist ihr wenig vertraut.; *** mit etwas vertraut sein:** *gut kennen und können:* Ich bin mit diesem Computerprogramm bestens vertraut.

ver|trei|ben [fɛɐ̯ˈtrai̯bn̩], vertreibt, vertrieb, hat vertrieben:
1. *veranlassen oder zwingen, einen Ort zu verlassen:* die Fliegen vertreiben · Nach dem Krieg hat man viele Menschen aus ihrer Heimat vertrieben.
2. *verkaufen, mit etwas handeln:* Waren / Bücher vertreiben · Dieses Produkt wird nur vom Fachhandel vertrieben.

ver|tre|ten [fɛɐ̯ˈtreːtn̩], vertritt, vertrat, hat vertreten:
1. *jemanden für eine bestimmte Zeit ersetzen:* einen erkrankten Kollegen vertreten · Er vertritt den Minister in seinem Amt.
2. *jemandes Interessen wahrnehmen; für jemanden sprechen:* Ein bekannter Rechtsanwalt vertritt ihn im Prozess.
3. *für etwas eintreten:* eine These / eine Meinung / einen Grundsatz vertreten · Unsere Partei vertritt liberale Positionen.
4. *** vertreten sein:** *da sein, anwesend sein:* Von dieser Partei war bei dem Pressetermin niemand vertreten.

der **Ver|tre|ter** [fɛɐ̯ˈtreːtɐ], des Vertreters, die Vertreter, die **Ver|tre|te|rin** [fɛɐ̯ˈtreːtərɪn], der Vertreterin, die Vertreterinnen:
1. *Person, die eine andere Person für eine Zeit ersetzt:* Er ist der Vertreter des Chefs.
2. *Person, die jemandes Interessen vertritt:* die Abgeordneten als gewählte Vertreter des Volkes · Er ist vor Gericht ihr Vertreter. · Sie ist auf der Messe die Vertreterin unserer Abteilung.
3. *Person, die beruflich für eine Firma*

Waren vertreibt: Er ist Vertreter einer Textilfirma. · Sie ist Vertreterin einer großen Versicherung.

die **Ver|tre|tung** [fɛɐ̯ˈtreːtʊŋ], der Vertretung, die Vertretungen:
1. *das Vertreten:* die Vertretung eines erkrankten Kollegen übernehmen.
2. *Person, die jemanden vertritt:* Der Arzt hat zurzeit eine Vertretung.
3. *Gruppe von Menschen, die bestimmte Aufgaben haben:* eine diplomatische / offizielle Vertretung.

der **Ver|trieb** [fɛɐ̯ˈtriːp], des Vertrieb[e]s, die Vertriebe:
1. ⟨ohne Plural⟩ *das Vertreiben, Verkaufen:* Die Firma übernimmt den Vertrieb des Artikels für die Schweiz.
2. *Abteilung eines Unternehmens, die die Produkte vertreibt:* die Leiterin des Vertriebs.

ver|ur|sa|chen [fɛɐ̯ˈ|uːɐ̯zaxn̩], verursacht, verursachte, hat verursacht:
etwas bewirken, zu etwas führen: Ärger / Missmut verursachen · Das Unwetter verursachte große Schäden. · Wer hat den Unfall verursacht?

ver|ur|tei|len [fɛɐ̯ˈ|ʊrtai̯lən], verurteilt, verurteilte, hat verurteilt:
1. *durch ein Urteil für schuldig erklären und bestrafen:* Er wurde in Abwesenheit zum Tod verurteilt. · Die Angeklagte ist rechtskräftig verurteilt worden.
2. *ablehnen; kritisieren:* den Anschlag / das Attentat aufs Schärfste verurteilen · Sie verurteilte sein Benehmen entschieden.

ver|voll|stän|di|gen [fɛɐ̯ˈfɔlʃtɛndɪgn̩], vervollständigt, vervollständigte, hat vervollständigt:
vollständig, komplett machen: seine Bibliothek / eine Sammlung vervollständigen · Ein neuer Schreibtisch vervollständigte die Zimmereinrichtung.

ver|wal|ten [fɛɐ̯ˈvaltn̩], verwaltet, verwaltete, hat verwaltet:
etwas für jemanden betreuen (und alle damit verbundenen Aufgaben übernehmen): Gelder / ein Vermögen / die Kasse / ein Haus verwalten · Die Jugendlichen möchten ihr Jugendzentrum selbst verwalten.

die **Ver|wal|tung** [fɛɐ̯ˈvaltʊŋ], der Verwaltung, die Verwaltungen:
1. *das Verwalten:* jemanden mit der Verwaltung eines Nachlasses / einer Stiftung betrauen · Er übernimmt die Verwaltung des Hauses.
2. *Stelle, die verwaltet:* Er arbeitet in der Verwaltung der Firma.

ver|wan|deln [fɛɐ̯ˈvandl̩n], verwandelt, verwandelte, hat verwandelt:
1. *völlig ändern:* Der Schnee hat die ganze Landschaft verwandelt. · Diese Begegnung verwandelte sie völlig.
2. ⟨+ sich⟩ *sich völlig ändern:* Nach dem Tod ihres Vaters hat sie sich sehr verwandelt.

ver|wandt [fɛɐ̯ˈvant]:
1. *zur gleichen Familie gehörend; gleicher Herkunft:* mit jemandem nahe / entfernt / durch Heirat verwandt sein · verwandte Personen / Tierarten / Pflanzen.
2. *in wichtigen Merkmalen gleich:* verwandte Anschauungen / Vorstellungen / Formen · Sie sind sich geistig sehr verwandt.

der **Ver|wand|te** [fɛɐ̯ˈvantə], der Verwandte / ein Verwandter; des / eines Verwandten, die Verwandten / zwei Verwandte:
[männliche] Person, die mit einer anderen verwandt ist: ein naher / entfernter Verwandter von mir.

die **Ver|wand|te** [fɛɐ̯ˈvantə], die / eine Verwandte; der / einer Verwandten, die Verwandten / zwei Verwandte:
weibliche Person, die mit einer anderen verwandt ist: Die Kollegin ist eine nahe Verwandte von mir.

die **Ver|wandt|schaft** [fɛɐ̯ˈvantʃaft], der Verwandtschaft, die Verwandtschaften:
1. *alle Verwandten von jemandem:* Wir haben eine große Verwandtschaft.
2. *gleiche Abstammung; das Verwandtsein:* Zwischen ihnen bestand keine enge Verwandtschaft.
3. *Ähnlichkeit, Gleichheit:* die Verwandtschaft des Geistes / der Seele.

ver|wech|seln [fɛɐ̯ˈvɛksl̩n], verwechselt, verwechselte, hat verwechselt:
irrtümlich für jemand anderen oder etwas anderes halten: die Namen verwechseln · Die beiden Brüder kann man doch gar nicht verwechseln!

ver|wei|gern [fɛɐ̯ˈvai̯gɐn], verweigert, verweigerte, hat verweigert:
etwas Gewünschtes oder Erwartetes nicht tun: den Gehorsam verweigern · die Annahme einer Sendung verweigern · Ihr wurde das Visum verweigert.

ver|wei|sen [fɛɐ̯ˈvai̯zn̩], verweist, verwies, hat verwiesen:
1. *auf etwas aufmerksam machen:* jemanden auf die Vorschriften verweisen · Ein Hinweisschild verweist auf die Einfahrt.

2. *veranlassen, sich an eine bestimmte andere Person zu wenden:* jemanden an die Sekretärin verweisen · Der Kunde wurde an den Geschäftsführer verwiesen.
3. *jemandem den Aufenthalt an einem bestimmten Ort verbieten:* jemanden von der Schule verweisen · Der Verurteilte wurde des Landes verwiesen.

ver|wel|ken [fɛɐ̯ˈvɛlkn̩], verwelkt, verwelkte, ist verwelkt:
(aus Mangel an Wasser) trocken werden: verwelkte Blätter / Stäuße · Die Blumen verwelken schon.

▶ **ver|wen|den** [fɛɐ̯ˈvɛndn̩], verwendet, verwandte / verwendete, hat verwandt / hat verwendet:
1. *für einen bestimmten Zweck nutzen, einsetzen:* zum Kochen nur Butter verwenden · im Unterricht eine bestimmte Textsammlung verwenden · Für die Salatsoße verwende ich Olivenöl.
2. *für etwas aufwenden; gebrauchen, verbrauchen:* Zeit / Mühe / Sorgfalt auf etwas verwenden · Er hat seine Abfindung für den Kauf eines neuen Autos verwendet.

die **Ver|wen|dung** [fɛɐ̯ˈvɛndʊŋ], der Verwendung, die Verwendungen:
Gebrauch: die sinnvolle / zweckmäßige Verwendung von Geldern · keine Verwendung für etwas finden.

ver|wirk|li|chen [fɛɐ̯ˈvɪrklɪçn̩], verwirklicht, verwirklichte, hat verwirklicht:
1. *Wirklichkeit werden lassen:* eine Idee / einen Traum verwirklichen · Die Politikerin konnte die Ziele der Partei verwirklichen.
2. ⟨+ sich⟩ *Wirklichkeit werden:* Seine Träume und Hoffnungen haben sich nicht verwirklicht.
3. ⟨+ sich⟩ *seine Erfüllung finden, seine Fähigkeiten entfalten:* Er kann sich in seinem neuen Job endlich verwirklichen.

die **Ver|wir|rung** [fɛɐ̯ˈvɪrʊŋ], der Verwirrung, die Verwirrungen:
1. *Durcheinander, Chaos:* Nach dem Feueralarm herrschte eine allgemeine Verwirrung.
2. *Unsicherheit:* jemanden in Verwirrung bringen · In seiner Verwirrung vergaß er alles.

ver|wit|wet [fɛɐ̯ˈvɪtvət]:
als Witwe oder Witwer lebend: die verwitwete Frau Sommer · Er ist seit zwei Jahren verwitwet.

ver|wöh|nen [fɛɐ̯ˈvøːnən], verwöhnt, verwöhnte, hat verwöhnt:
1. *jemandem zu nachgiebig jeden Wunsch erfüllen und ihn dadurch daran gewöhnen, dass jeder Wunsch erfüllt wird:* verwöhnte Kinder · Sie hat ihre Enkel sehr verwöhnt. · Du darfst deinen Sohn nicht so verwöhnen, er soll sein Spielzeug ruhig selbst aufräumen.
2. *jemandem jeden Wunsch erfüllen:* Er hat seine Frau [mit Geschenken] verwöhnt. · Ich lasse mich gerne verwöhnen.

ver|zeich|nen [fɛɐ̯ˈt͡sai̯çnən], verzeichnet, verzeichnete, hat verzeichnet:
1. *in einer Liste schriftlich erfassen:* das Inventar / die Preise verzeichnen · Das Buch verzeichnet alle Nobelpreisträger. · Die neue Autobahn ist noch nicht auf dieser Karte verzeichnet.
2. *aufweisen, registrieren:* Fortschritte verzeichnen · Er verzeichnet jedes Jahr Einbußen von einigen Hundert Euro.

▶ **ver|zei|hen** [fɛɐ̯ˈt͡sai̯ən], verzeiht, verzieh, hat verziehen:
jemandem ein Unrecht oder eine Kränkung nicht mehr übel nehmen: Verzeihen Sie bitte die Störung! · Verzeihen Sie bitte, können Sie mir sagen, wie spät es ist? · Das habe ich dir schon längst verziehen! · Sie hat ihm seine Lüge verziehen.

▶ die **Ver|zei|hung** [fɛɐ̯ˈt͡sai̯ʊŋ], der Verzeihung:
das Verzeihen; Entschuldigung: jemanden um Verzeihung bitten · Verzeihung, ich habe mich geirrt.

▶ **ver|zich|ten** [fɛɐ̯ˈt͡sɪçtn̩], verzichtet, verzichtete, hat verzichtet:
(auf etwas) nicht bestehen; (einen Anspruch) nicht länger geltend machen: auf ein Amt / auf eine Stelle verzichten · auf jemandes Mitarbeit / Unterstützung nicht verzichten wollen · Darauf kann ich gut und gerne verzichten.

ver|zö|gern [fɛɐ̯ˈt͡søːgɐn], verzögert, verzögerte, hat verzögert:
1. *bewirken, dass etwas langsamer geschieht oder später als geplant eintritt:* Der strenge Winter verzögerte die Baumblüte [um drei Wochen]. · Durch technische Probleme wurde der Bau des Werkes verzögert.
2. ⟨+ sich⟩ *später als vorgesehen geschehen:* Der Anpfiff des Spiels verzögerte sich um wenige Minuten.

ver|zwei|feln [fɛɐ̯ˈt͡svai̯fl̩n], verzweifelt, verzweifelte, ist verzweifelt:
jede Hoffnung verlieren; keinen Ausweg mehr sehen: am Leben / an einer Arbeit verzweifeln · Es besteht kein Grund zu verzweifeln.

ver|zwei|felt [fɛɐ̯ˈtsvai̯fl̩t], verzweifelter, am verzweifeltsten:
1. *sehr schwierig und keine Hoffnung auf Besserung bietend:* eine verzweifelte Situation · Er war in einer verzweifelten Lage.
2. *mit aller Kraft oder Anstrengung [durchgeführt]:* Er machte verzweifelte Anstrengungen, sich zu befreien.

die **Ver|zweif|lung** [fɛɐ̯ˈtsvai̯flʊŋ], der Verzweiflung:
das Verzweifeltsein: in Verzweiflung geraten · jemanden zur Verzweiflung treiben · Eine tiefe Verzweiflung überkam sie. · Sie kämpfte mit dem Mut der Verzweiflung gegen diese Missstände.

das **Vi|deo** [ˈviːdeo], des Videos, die Videos:
Videofilm: Am Wochenende leihe ich mir drei Videos aus.

der **Vi|deo|film** [ˈviːdeofɪlm], des Videofilm[e]s, die Videofilme:
Film, der mit einer Videokamera aufgenommen wird bzw. wurde: Wir haben viele Videofilme gemacht / gedreht.

die **Vi|deo|ka|me|ra** [ˈviːdeokaməra], der Videokamera, die Videokameras:
kleine Kamera zum Aufnehmen von Videofilmen: Der Film wurde mit einer Videokamera gedreht.

der **Vi|deo|re|kor|der** [ˈviːdeoreˈkɔrdɐ], des Videorekorders, die Videorekorder:
Gerät, mit dem man Videofilme zeigen kann: Der Videorekorder ist kaputt.

das **Vieh** [fiː], des Vieh[e]s:
1. *Tiere, die zu einem bäuerlichen Betrieb gehören (wie Rinder, Schweine oder Schafe):* das Vieh füttern / versorgen / schlachten · Der Bauer musste sein ganzes Vieh verkaufen.
2. (umgangssprachlich) *Tier:* Dieses Vieh hat mir wieder den Salat abgefressen!

[1]viel [fiːl]:
1. ⟨Singular⟩ *eine große Menge von, ein großes Maß an:* viel trinken / rauchen / essen · viel Arbeit / Geld / Geduld haben · Mit viel gutem Willen schaffst du es. · Er hat das meiste Geld von allen. · Das viele Geld macht ihn aber auch nicht glücklich.
2. ⟨Plural⟩ *eine große Anzahl; zahlreich:* die vielen Sorgen · viel / viele nützliche Hinweise · Er war viele Wochen krank. · In vielen Fällen wusste sie Rat.

[2]viel [fiːl], mehr, am meisten:
1. *häufig oder lange anhaltend:* zu viel schlafen · Eure Kinder schauen zu viel fern.
2. ⟨bei Steigerung⟩ *in hohem Maß:* Unser Pferd ist viel größer als deines. · Ich bleibe viel lieber zu Hause.
3. ⟨+ zu⟩ *wesentlich:* Der Mantel ist mir viel zu klein. · Im Wasser ist es viel zu kalt.

viel|fach [ˈfiːlfax]:
mehrfach: eine vielfache Millionärin · Auf vielfachen Wunsch wird die Aufführung wiederholt. · Das Pferd wurde bereits vielfach ausgezeichnet.

die **Viel|falt** [ˈfiːlfalt], der Vielfalt:
große Zahl von verschiedenen Arten oder Formen, in denen etwas Bestimmtes vorhanden ist: die Vielfalt des Lebens / der Möglichkeiten · Das Restaurant bietet eine Vielfalt an chinesischer, japanischer und thailändischer Küche.

viel|fäl|tig [ˈfiːlfɛltɪç], vielfältiger, am vielfältigsten:
durch Vielfalt gekennzeichnet: vielfältige Farben / Anregungen · Der Katalog bietet ein vielfältiges Angebot interessanter Stadtrundfahrten.

viel|leicht [fiˈlai̯çt]:
1. *so, dass es möglich oder wahrscheinlich, aber nicht ganz sicher ist:* Er kommt vielleicht morgen. · Vielleicht komme ich zur Party, vielleicht aber auch nicht.
2. *ungefähr:* Ein Mann von vielleicht fünfzig Jahren.
3. drückt aus, dass man etwas besonders bemerkenswert findet und dass es so auch wirklich ist: Du bist vielleicht ein Spinner! · Ich war vielleicht nervös!
4. drückt aus, dass man die Geduld verliert: Würdest du jetzt vielleicht mal kommen?
5. *bitte:* Können Sie mir vielleicht sagen, wie ich von hier zum Schloss komme?

viel|mehr [fiːlˈmeːɐ̯]:
genauer gesagt; im Gegenteil: Er hat gestern oder vielmehr am Montag angerufen. · Das ist kein Spaß, sondern vielmehr bitterer Ernst.

viel|sei|tig [ˈfiːlzai̯tɪç], vielseitiger, am vielseitigsten:
1. *an vielen Dingen interessiert; auf vielen Gebieten gut:* ein vielseitiger Künstler / Wissenschaftler · Wir suchen eine vielseitige Bürokraft.
2. *viele Gebiete beinhaltend:* vielseitige Freizeitangebote · Das Programm ist sehr vielseitig.

vier [fiːɐ̯] (als Ziffer: 4):
die Zahl 4: die vier Elemente · Ich habe einen Tisch für vier Personen bestellt.

das **Vier|eck** ['fi:ɐ̯|ɛk], des Viereck[e]s, die Vierecke:
Rechteck, Quadrat: das Viereck eines Fotos · Die Gebäude bilden ein Viereck.

vier|eckig ['fi:ɐ̯|ɛkɪç]:
mit vier Ecken versehen, in der Form eines Vierecks: Viereckige Teller sind sehr modern.

▶ das **Vier|tel** ['fɪrtl̩], des Viertels, die Viertel:
1. *der vierte Teil eines Ganzen:* im ersten Viertel des Jahres · drei Viertel der Bevölkerung.
2. *Teil eines Ortes, einer Stadt; bestimmte Gegend in einer Stadt:* Wir wohnen in einem ruhigen Viertel.

das **Vier|tel|jahr** [fɪrtl̩'ja:ɐ̯], des Vierteljahr[e]s, die Vierteljahre:
vierter Teil eines Jahres; Zeitraum von drei Monaten: Rezeptvorschläge für ein Vierteljahr.

die **Vier|tel|stun|de** [fɪrtl̩'ʃtʊndə], der Viertelstunde, die Viertelstunden:
vierter Teil einer Stunde; Zeitraum von fünfzehn Minuten: Das Ergebnis stand schon nach einer Viertelstunde fest.

▶ **vier|zig** ['fɪrtsɪç] (in Ziffern: 40):
die Zahl 40: Er hat vierzig Personen zu seinem Geburtstag eingeladen.

die **Vil|la** ['vɪla], der Villa, die Villen ['vɪlən]:
größeres, komfortables Haus, das oft in einem großen Garten oder Park liegt: eine Villa am Meer / im Grünen · Topaktuelle Villen zum Kauf in Ihrer Nähe!

▶ **vi|o|lett** [vi̯o'lɛt], violetter, am violettesten:
(in der Farbe) zwischen Rot und Blau liegend: eine violette Bluse · Ihr Gesicht lief violett an, als sie das hörte.

▶ **vir|tu|ell** [vɪr'tu̯ɛl]:
1. *als Möglichkeit vorhanden:* ein virtueller Gegensatz der Interessen.
2. *nicht in Wirklichkeit vorhanden, aber echt erscheinend:* virtuelle Realität *(vom Computer simulierte Wirklichkeit).*

▶ das *oder* der **Vi|rus** ['vi:rʊs], des Virus, die Viren ['vi:rən]:
1. *kleines Teil, das Krankheiten verursachen kann:* sich mit einem Virus infizieren · Das Virus ist gegen Antibiotika resistent.
2. *Programm, das Computer, Software oder Daten (zer)stören kann:* Ich habe einen Virus auf dem Rechner.

vis-à-vis [viza'vi:]:
gegenüber:
1. ⟨mit Dativ⟩ Wir saßen vis-à-vis dem Büfett. · Vis-à-vis der Arztpraxis ist eine Apotheke.
2. Sie wohnt gleich vis-à-vis. · Das ist der nette Herr von vis-à-vis.

die **Vi|si|on** [vi'zi̯o:n], der Vision, die Visionen:
1. *übernatürliche Erscheinung als religiöse Erfahrung:* die Visionen der Apokalypse.
2. *eingebildete Wahrnehmung:* Sie hat öfter Visionen.
3. *(in jemandes Vorstellung) Bild von einer möglichen Zukunft:* die Vision eines geeinten Europas · Sie wollte ihre künstlerische Vision verwirklichen.

▶ die **Vi|si|ten|kar|te** [vi'zi:tn̩kartə], der Visitenkarte, die Visitenkarten:
kleine Karte mit Namen und Adresse: jemandem seine Visitenkarte geben / überreichen · Sie hat immer ihre Visitenkarten dabei.

▶ das **Vi|sum** ['vi:zʊm], des Visums, die Visa ['vi:za]:
Stempel in einem Pass, der es jemandem gestattet, für eine bestimmte Zeit in ein Land einzureisen: ein Visum ausstellen / beantragen · Für Reisen in dieses Land braucht man kein Visum mehr.

▶ das **Vi|ta|min** [vita'mi:n], des Vitamins, die Vitamine:
für den Körper wichtiger Stoff, der vorwiegend in Obst und Gemüse vorkommt: Möhren enthalten viel Vitamine. · Vitamine sind gesund.

▶ der **Vo|gel** ['fo:gl̩], des Vogels, die Vögel ['fø:gl̩]:
Tier mit Federn, das einen Schnabel und zwei Flügel hat: ein bunter / zahmer / exotischer / fremdartiger Vogel · Der Vogel fliegt / flattert / hüpft von Ast zu Ast. · Viele Vögel ziehen im Herbst nach dem Süden.

die **Vo|ka|bel** [vo'ka:bl̩], der Vokabel, die Vokabeln:
einzelnes Wort in einer fremden Sprache: französische Vokabeln lernen · Hast du sie schon die neuen Vokabeln abgefragt?

das **Volk** [fɔlk], des Volk[e]s, die Völker ['fœlkɐ]:
1. *Gemeinschaft von Menschen, die aufgrund ihrer Sprache, Kultur und Geschichte eine Einheit bilden:* das deutsche / englische / französische Volk · die Völker Afrikas.
2. *gesamte Bevölkerung eines Landes oder Staates:* das Volk auf seiner Seite haben · Das Volk steht hinter der Regierung.
3. *[mittlere und] untere Schichten der Bevölkerung:* das einfache / ungebil-

dete / niedere / gemeine Volk · Er ist ein Mann aus dem Volke.

die **Volks|hoch|schu|le** ['fɔlksho:xʃu:lə], der Volkshochschule, die Volkshochschulen: *Einrichtung, die besonders der Weiterbildung von Erwachsenen dient* (Abkürzung: VHS): Sie hat einen Spanischkurs an der Volkshochschule belegt.

die **Volks|schu|le** ['fɔlksʃu:lə], der Volksschule, die Volksschulen (österreichisch): *Grundschule:* Sie ging in Graz zur Volksschule.

voll [fɔl]:
1. ⟨voller, am vollsten⟩ *ganz oder bis zu einem bestimmten Grad gefüllt:* ein Teller voll Suppe · mit vollen Backen kauen · Der Koffer ist nur halb voll.
2. *erfüllt von:* voll dankbarer Zuversicht · Er steckt voller Dummheiten.
3. *ganz, völlig, vollständig:* bei vollem Lohnausgleich · Das ist die volle Wahrheit.
4. ⟨voller, am vollsten⟩ (umgangssprachlich) *völlig betrunken:* Der Fahrer war total voll.

der **Vol|ley|ball** ['vɔlibal], des Volleyball[e]s, die Volleybälle ['vɔlibɛlə]:
1. ⟨ohne Plural⟩ *Spiel zwischen zwei Mannschaften, bei dem ein Ball, der nicht den Boden berühren darf, mit den Händen über ein Netz [zurück]geschlagen werden muss:* Am Wochenende spielt sie wieder Volleyball.
2. *Ball, mit dem Volleyball gespielt wird:* Mein neuer Volleyball ist auch schon kaputt.

völ|lig ['fœlɪç]: *ganz, vollständig:* ein völliges Durcheinander · Es herrschte völlige Windstille. · Das ist völliger Unsinn.

voll|jäh|rig ['fɔljɛ:rɪç]: *nicht mehr minderjährig:* mit 18 volljährig werden.

voll|kom|men [fɔl'kɔmən]:
1. ⟨vollkommener, am vollkommensten⟩ *ohne jeden Fehler; unübertrefflich:* eine Landschaft von vollkommener Schönheit · Kein Mensch ist vollkommen.
2. (umgangssprachlich) *völlig, ganz:* Ich bin vollkommen deiner Meinung. · Dieses Lexikon ist vollkommen veraltet.

das **Voll|korn|brot** ['fɔlkɔrnbro:t], des Vollkornbrot[e]s, die Vollkornbrote: *Brot, das im Gegensatz zu gewöhnlichem Brot mehr Vitamine und andere wichtige Stoffe enthält:* Woran erkennt man Vollkornbrot?

die **Voll|macht** ['fɔlmaxt], der Vollmacht, die Vollmachten: *schriftlich gegebene Erlaubnis, eine bestimmte Handlung anstelle eines anderen auszuführen:* eine Vollmacht ausstellen / widerrufen · Mit dieser Vollmacht kannst du Geld von meinem Konto abheben. · Ihre Vollmachten reichten dafür nicht aus.

voll|stän|dig ['fɔlʃtɛndɪç]:
1. *mit allen dazugehörenden Teilen vorhanden; keine Lücken aufweisend:* eine vollständige Ausgabe der Werke Brechts · Die Briefmarkensammlung ist [nicht] vollständig.
2. *völlig:* vollständig ratlos sein · in vollständiger Dunkelheit.

die **Voll|zeit** ['fɔlts̮ai̯t], der Vollzeit: *Beschäftigung mit normaler, nicht reduzierter Arbeitszeit:* Immer mehr Mütter wollen [in] Vollzeit arbeiten.

das **Vo|lu|men** [vo'lu:mən], des Volumens, die Volumen und die Volumina [vo'lu:mina]:
1. *räumliche Ausdehnung:* das Volumen einer Kugel berechnen · Der Ballon hat ein Volumen von 1 000 m^3. · Der Schnitt gibt dem Haar Volumen *(Fülle).*
2. *Umfang, gesamte Menge von etwas (innerhalb eines bestimmten Zeitraums):* Das Volumen des Außenhandels ist angestiegen.

vom [fɔm] ⟨Verschmelzung von »von« + »dem«⟩:
1. ⟨kann aufgelöst werden⟩ Ich wäre beinahe vom Baum gefallen.
2. ⟨kann nicht aufgelöst werden⟩ der Weg vom Bahnhof zur Stadt · Schnee fiel vom Himmel.

von [fɔn] ⟨mit Dativ⟩:
1. ⟨räumlich⟩ gibt einen Punkt an, von dem etwas ausgeht: von Berlin / von Norwegen / von der Küste · Er sprang von Ast zu Ast.
2. ⟨zeitlich⟩ gibt einen Punkt an, von dem etwas ausgeht: von Freitag auf Samstag · Von heute an soll es besser werden.
3. gibt eine Person oder Sache als Urheber oder Grund an: Post von einem Freund bekommen · ein Gedicht von Brecht · Sie war befriedigt von dem Ergebnis.
4. dient der Angabe bestimmter Eigenschaften wie Maße oder Entfernungen: ein Mann von Charakter · eine Summe von 1 000 Euro · zwei Kinder [im Alter] von vier und sieben Jahren.

5. nennt die Menge, das Ganze, von dem der Teil stammt: einer von euch · Von zehn Angestellten sind drei krank.
6. anstelle eines Genitivs: in der Umgebung von Heidelberg · Er ist Vater von zwei Töchtern.
7. gibt den Bereich an, für den das Gesagte gilt; *hinsichtlich, in Bezug auf:* Er ist Lehrer von Beruf.
8. (umgangssprachlich) anstelle eines Genitivs; nennt den Besitzer einer Sache: der Hut von meinem Vater · die Stimme von Caruso.

▸ **von|ei|nan|der** [fɔn|ai̯ˈnandɐ]:
1. *einer vom anderen:* voneinander abschreiben · Sie haben schon lange nichts mehr voneinander gehört.
2. kennzeichnet einen bestimmten Abstand: Sie wohnen nicht weit voneinander entfernt.

von|sei|ten [fɔnˈzai̯tn̩]:
seitens, von jemandes Seite: Ihrem Vorschlag wurde auch vonseiten der Gewerkschaft zugestimmt.

▸ **vor** [foːɐ̯]:
1. ⟨räumlich, mit Dativ⟩ zur Angabe der Lage; *an der vorderen Seite:* vor dem Schaufenster / vor dem Spiegel stehen · Vor dem Haus ist ein kleiner Garten.
2. ⟨räumlich, mit Akkusativ⟩ zur Angabe der Richtung; *an die vordere Seite:* Blumen vor das Fenster stellen · das Auto vor die Garage fahren.
3. ⟨mit Dativ⟩ drückt aus, dass etwas vorausgeht; *früher als:* heute vor einem Jahr · Er kommt noch vor Weihnachten. · Sie ging schon vor acht Uhr.
4. ⟨mit Dativ⟩ gibt den Grund an; *aufgrund, bewirkt durch:* vor Kälte zittern · vor Neid erblassen · Er platzte fast vor Neugier.
5. * **vor allem:** *besonders:* Der Kranke braucht jetzt erst einmal viel Ruhe.

vo|ran [foˈran]:
vorne; an der Spitze: Sie wanderten los, [allen] voran die Lehrerin.

vo|ran|kom|men [foˈranˈkɔmən], kommt voran, kam voran, ist vorangekommen:
1. *sich auf einer Strecke nach vorn bewegen:* Das Boot kam gut voran. · Er war auf den verstopften Straßen nur schwer vorangekommen.
2. *Fortschritte machen, Erfolg haben:* im Leben vorankommen · Die Arbeit kommt gut voran.

▸ **vo|raus** [foˈrau̯s]:
1. *vor den anderen, an der Spitze:* Er lief immer voraus, die anderen hinterher.
2. * **im Voraus:** *schon vorher:* Sie zahlte im Voraus. · Wir danken dir im Voraus für deine Mühe.

vo|raus|sa|gen [foˈrau̯szaːgn̩], sagt voraus, sagte voraus, hat vorausgesagt:
prophezeien: Das habe ich vorausgesagt.

vo|raus|set|zen [foˈrau̯szɛtsn̩], setzt voraus, setzte voraus, hat vorausgesetzt:
als vorhanden, als gegeben annehmen: Diese Tatsache darf man wohl als bekannt voraussetzen. · Wir kommen am Wochenende zu euch, vorausgesetzt, ihr seid auch zu Hause.

▸ die **Vo|raus|set|zung** [foˈrau̯szɛtsʊŋ], der Voraussetzung, die Voraussetzungen:
1. *Annahme, von der man bei seinen Überlegungen ausgeht:* Diese Vorstellung beruht auf völlig falschen Voraussetzungen.
2. *etwas, was vorhanden sein muss, um etwas anderes zu ermöglichen:* Ein abgeschlossenes Studium ist die Voraussetzung für diese Position. · Unter der Voraussetzung *(Bedingung)*, dass du den Wagen fährst, komme ich mit.

▸ **vo|raus|sicht|lich** [foˈrau̯szɪçtlɪç]:
sehr wahrscheinlich: voraussichtliche Ankunft: 11:15 Uhr · Wir fahren voraussichtlich erst Ende des Monats.

▸ **vor|bei** [foːɐ̯ˈbai̯]:
1. ⟨räumlich⟩ *neben jemandem oder etwas entlang und weiter fort:* Wenn der Zug vorbei ist, gehen die Schranken wieder hoch.
2. ⟨zeitlich⟩ *vergangen, zu Ende:* Endlich ist der Fasching vorbei.

vor|bei|fah|ren [foːɐ̯ˈbai̯faːrən], fährt vorbei, fuhr vorbei, ist vorbeigefahren:
1. *fahrend an jemanden oder etwas vorbeikommen:* Der Radfahrer ist gerade an der Haltestelle vorbeigefahren.
2. (umgangssprachlich) *für einen kurzen Aufenthalt zu jemandem oder an einen bestimmten Ort fahren:* Wir müssen noch bei der Apotheke vorbeifahren.

vor|bei|kom|men [foːɐ̯ˈbai̯kɔmən], kommt vorbei, kam vorbei, ist vorbeigekommen:
1. *unterwegs an eine Stelle kommen und weitergehen oder weiterfahren:* an vielen Gärten vorbeikommen · Kommen wir unterwegs wieder an der alten Burg vorbei?
2. (umgangssprachlich) *einen kurzen Besuch machen:* Willst du nicht mal wieder [bei uns] auf ein Glas Prosecco vorbeikommen?

▸ **vor|be|rei|ten** [ˈfoːɐ̯bərai̯tn̩], bereitet vor, bereitete vor, hat vorbereitet:

1. *auf etwas einstellen, für etwas geeignet machen:* Unser Trainer hat uns optimal auf dieses Spiel vorbereitet. · Sie bereitet sich gerade auf ihre Prüfung vor. **2.** *die notwendigen Arbeiten für etwas im Voraus erledigen:* eine Tagung / ein Fest / eine Wanderung vorbereiten · Hast du den Kindergeburtstag schon vorbereitet?

▸ die **Vor|be|rei|tung** [ˈfoːɐ̯bəraitʊŋ], der Vorbereitung, die Vorbereitungen:
1. *das Vorbereiten bzw. das Sichvorbereiten auf etwas:* Sie ist mitten in der Vorbereitung für die Prüfung.
2. *Erledigung von Arbeiten, die getan werden können, bevor etwas stattfinden kann:* Wir sind mit der Vorbereitung des Abendessens beschäftigt.

das **Vor|bild** [ˈfoːɐ̯bɪlt], des Vorbild[e]s, die Vorbilder:
Person oder Sache, die als Beispiel dient: als Vorbild dienen · einem großen Vorbild nacheifern / folgen · Die Kathedrale wurde zum Vorbild für die neue Bauweise.

▸ **vor|der...** [ˈfɔrdər ...]:
sich vorn befindend: der vordere Eingang · die vorderen Räder des Wagens · im Wettkampf einen vorderen / einen der vorderen Plätze belegen.

der **Vor|der|grund** [ˈfɔrdɐgrʊnt], des Vordergrund[e]s:
vorderer Teil des Bereichs, den man sehen kann: ein heller / dunkler Vordergrund · Eine Wiese bildet den Vordergrund des Bildes.; *** im Vordergrund stehen:** *besondere Bedeutung haben:* Im Vordergrund stehen hier empirische Forschungen.

vor|drän|geln [ˈfoːɐ̯drɛŋl̩n], drängelt sich vor, drängelte sich vor, hat sich vorgedrängelt:
sich nach vorn, sich vor andere schieben: sich überall vordrängeln · Er hat versucht, sich beim Einsteigen in den Bus vorzudrängeln.

der **Vor|druck** [ˈfoːɐ̯drʊk], des Vordruck[e]s, die Vordrucke:
Formular: Wenn Sie den Betrag überweisen möchten, verwenden Sie bitte den beiliegenden Vordruck!

vor|erst [ˈfoːɐ̯|eːɐ̯st]:
zunächst einmal, fürs Erste: vorerst in Sicherheit sein · Du kannst vorerst bei uns schlafen.

▸ die **Vor|fahrt** [ˈfoːɐ̯faːɐ̯t], der Vorfahrt:
Recht, an einer Kreuzung zuerst fahren zu dürfen: [die] Vorfahrt haben / missachten / verletzen · Der Unfall ist passiert, weil ein Autofahrer die Vorfahrt nicht beachtet hat.

der **Vor|fall** [ˈfoːɐ̯fal], des Vorfall[e]s, die Vorfälle [ˈfoːɐ̯fɛlə]:
plötzlich eintretendes Ereignis oder Geschehen, das meist unangenehm ist: keine besonderen Vorfälle · Wer hat den Vorfall beobachtet? · Sie beteuerte, von den Vorfällen nichts gewusst zu haben.

vor|füh|ren [ˈfoːɐ̯fyːrən], führt vor, führte vor, hat vorgeführt:
1. *zur Untersuchung o. Ä. vor jemanden bringen:* einen Häftling dem Haftrichter vorführen · Die Patientin wurde dem Arzt vorgeführt.
2. *bekannt machen, vorstellen:* neue Kleider / die neue Mode vorführen · Er führte seinen Freunden das neue Auto vor.

der **Vor|gang** [ˈfoːɐ̯gaŋ], des Vorgang[e]s, die Vorgänge [ˈfoːɐ̯gɛŋə]:
1. *etwas, was vor sich geht, abläuft:* ein natürlicher / psychischer / chemischer / komplizierter Vorgang · Der Minister war über die Vorgänge nicht informiert.
2. *alle Akten, die über eine bestimmte Person oder Sache existieren:* Bitte suchen Sie mir den Vorgang zu diesem Tagesordnungspunkt heraus!

vor|ge|hen [ˈfoːɐ̯geːən], geht vor, ging vor, ist vorgegangen:
1. *früher als ein anderer gehen:* Warte nicht auf mich, geh schon mal vor.
2. *geschehen, passieren:* Sie weiß nicht, was hinter ihrem Rücken vorgeht. · Was geht da [draußen] eigentlich vor?
3. *etwas unternehmen, bestimmte Maßnahmen ergreifen:* Die Polizei ging gegen die Demonstranten mit Wasserwerfern vor.
4. *als wichtiger behandelt werden (als etwas anderes):* Die Schulaufgaben gehen vor.
5. *etwas zu früh anzeigen:* Der Tacho geht vor. · Die Uhr geht ein paar Minuten vor.

der **Vor|ge|setz|te** [ˈfoːɐ̯gəzɛt͜stə], der Vorgesetzte / ein Vorgesetzter; des / eines Vorgesetzten, die Vorgesetzten / zwei Vorgesetzte:
[männliche] Person, die anderen in ihrer beruflichen Stellung übergeordnet ist und Anweisungen geben darf: Er hat seinen Vorgesetzten über den Vorfall informiert.

die **Vor|ge|setz|te** [ˈfoːɐ̯gəzɛt͜stə], die / eine Vorgesetzte; der / einer Vorgesetzten, die Vorgesetzten / zwei Vorgesetzte:

weibliche Person, die anderen in ihrer beruflichen Stellung übergeordnet ist und Anweisungen geben darf: Sie ist eine angenehme Vorgesetzte.

▶ **vor|ges|tern** ['foːɐ̯gɛstɐn]:
am Tag vor gestern: die Zeitung von vorgestern · Er ist seit vorgestern verreist.

▶ **vor|ha|ben** ['foːɐ̯haːbn̩], hat vor, hatte vor, hat vorgehabt:
die Absicht haben, etwas Bestimmtes zu tun: eine Reise vorhaben · Er hat Großes mit ihm vor. · Hast du am Wochenende schon etwas vor?

vor|han|den [foːɐ̯'handn̩]:
zur Verfügung stehend: vorhandene Mängel beseitigen · Schlafsäcke, soweit vorhanden, bitte mitbringen!

der **Vor|hang** ['foːɐ̯haŋ], des Vorhang[e]s, die Vorhänge ['foːɐ̯hɛŋə]:
größeres Stück Stoff, das man vor Fenster oder Türen hängen kann, um sie zu verdecken: den Vorhang aufziehen / zuziehen / zurückschieben · zwischen den Vorhängen durchschauen · Die Sonne fällt durch den Vorhang.

▶ **vor|her** [foːɐ̯'heːɐ̯]:
vor einem bestimmten Zeitpunkt; davor, zuvor: einige Tage vorher · Das wusste ich vorher auch schon.

▶ **vor|hin** ['foːɐ̯hɪn]:
gerade eben; vor wenigen Augenblicken: Wir sprachen [gerade] vorhin noch davon.

vo|ri|g... ['foːrɪg...]:
dem Genannten unmittelbar vorausgegangen: am vorigen Dienstag · Dieser Versuch war erfolgreicher als der vorige.

das **Vor|jahr** ['foːɐ̯jaːɐ̯], des Vorjahr[e]s, die Vorjahre:
voriges Jahr: Gegenüber dem Vorjahr ist eine Steigerung zu verzeichnen.

▶ **vor|kom|men** ['foːɐ̯kɔmən], kommt vor, kam vor, ist vorgekommen:
1. *als eine Art [unangenehmer] Überraschung geschehen, passieren:* So ein Irrtum kann schon einmal vorkommen. · Dass [mir] so etwas nicht wieder vorkommt!
2. *vorhanden sein:* Das Wort kommt im Text insgesamt fünfmal vor. · Das Tier kommt nur noch am Amazonas vor.
3. *den Eindruck machen, den Anschein haben:* Die Sache kommt mir komisch vor. · Es kam mir alles vor wie ein Traum.
4. *nach vorn kommen:* Der Schüler musste [an die Tafel] vorkommen.
5. *zum Vorschein kommen:* Zwischen den Steinen kommen Pflanzen vor.

die **Vor|la|ge** ['foːɐ̯laːgə], der Vorlage, die Vorlagen:
1. *das Vorlegen zur Ansicht:* Der Betrag ist zahlbar bei Vorlage des Schecks.
2. *Muster, Plan:* als Vorlage dienen · Der Roman lieferte die Vorlage für den Film.

vor|las|sen ['foːɐ̯lasn̩], lässt vor, ließ vor, hat vorgelassen:
1. (umgangssprachlich) *vorgehen lassen:* Ich habe die ältere Dame am Schalter vorgelassen.
2. *in einer offiziellen Angelegenheit empfangen:* Sie wurde bei der Kanzlerin sofort vorgelassen.

▶ **vor|läu|fig** ['foːɐ̯lɔyfɪç]:
nicht endgültig; vorübergehend: eine vorläufige Lösung / Regelung / Genehmigung · Du kannst vorläufig bei mir wohnen.

vor|le|gen ['foːɐ̯leːgn̩], legt vor, legte vor, hat vorgelegt:
1. *jemandem etwas zur Ansicht zeigen:* dem Kunden mehrere Muster / Stoffe vorlegen · jemandem einen Vertrag zur Unterschrift vorlegen.
2. *übergeben, damit es behandelt, diskutiert oder beschlossen werden kann:* einen Gesetzesentwurf vorlegen · Der Minister legt dem Parlament das Budget vor.
3. *der Öffentlichkeit vorweisen, präsentieren:* Der Verlag hat ein neues Buch vorgelegt.

▶ **vor|le|sen** ['foːɐ̯leːzn̩], liest vor, las vor, hat vorgelesen:
etwas Geschriebenes für jemanden laut lesen: einen Text laut vorlesen · dem Partner aus der Zeitung vorlesen · Sie liest der Tante in jedem Urlaub vor.

die **Vor|le|sung** ['foːɐ̯leːzʊŋ], der Vorlesung, die Vorlesungen:
wissenschaftlicher Vortrag an einer Universität: eine Vorlesung halten / hören / besuchen · eine Vorlesung über Lyrik belegen.

die **Vor|lie|be** ['foːɐ̯liːbə], der Vorliebe, die Vorlieben:
Neigung, besonderes Interesse: Sie liest mit Vorliebe Krimis. · Er hat eine Vorliebe für schnelle Autos.

vor|lie|gen ['foːɐ̯liːgn̩], liegt vor, lag vor, hat vorgelegen:
1. *vor jemandem zur genaueren Prüfung oder Bearbeitung liegen:* Der Fall liegt bereits dem Richter vor. · Der Antrag liegt dem Ausschuss zur Begutachtung vor.

2. *als Tatsache bestehen, die zu berücksichtigen ist:* Gegen ihn liegt nichts vor. · Hier liegt offenbar ein Irrtum vor.

vor|ma|chen ['fo:ɐ̯maxn̩], macht vor, machte vor, hat vorgemacht:
1. *etwas tun, um jemandem zu zeigen, wie etwas gemacht wird:* jemandem jeden Handgriff vormachen müssen · Soll ich es dir noch mal vormachen?
2. *einen falschen Eindruck erwecken, um jemanden zu täuschen:* Mir kannst du [so leicht] nichts vormachen!

▶ der **Vor|mit|tag** ['fo:ɐ̯mɪta:k], des Vormittags, die Vormittage:
Zeit zwischen Morgen und Mittag: gestern / heute / morgen Vormittag · am frühen / späten Vormittag · Er hat den ganzen Vormittag verschlafen.

▶ **vor|mit|tags** ['fo:ɐ̯mɪta:ks]:
am Vormittag; jeden Vormittag: um elf Uhr vormittags · Die Ärztin hat nur vormittags Sprechstunde.

▶ **vorn** ['fɔrn], **vor|ne** ['fɔrnə]:
1. *(von einer bestimmten Stelle aus betrachtet) auf der nahe gelegenen Seite, im nahe gelegenen Teil:* Der Krug steht gleich vorne.
2. *vor den anderen; an der Spitze:* Bei den Bergtouren marschiert er immer ganz vorne.
3. *am Anfang:* Sie musste mit der Planung wieder ganz von vorne anfangen.

▶ der **Vor|na|me** ['fo:ɐ̯na:mə], des Vornamens, die Vornamen:
der erste Namen (vor dem Familiennamen) eines Menschen: jemandem einen Vornamen geben · Wie heißt du mit Vornamen? · Sein Vorname ist Steven.

vor|nehm ['fo:ɐ̯ne:m], vornehmer, am vornehmsten:
1. *zur oberen Schicht der Gesellschaft gehörend:* in vornehmen Kreisen verkehren · Dort trifft sich die vornehme Gesellschaft.
2. *sich durch sehr gutes Benehmen auszeichnend:* ein vornehmer Mensch.
3. *von edlem Charakter:* eine vornehme Dame / Gesinnung.
4. * **vornehm ausgedrückt:** *mit netten Worten gesagt:* Das ist vornehm ausgedrückt nicht gerade schön von dir gewesen.
5. *elegant, geschmackvoll:* eine vornehme Wohnungseinrichtung · vornehm gekleidet sein.

vor|neh|men ['fo:ɐ̯ne:mən], nimmt vor, nahm vor, hat vorgenommen:
1. ⟨+ sich⟩ *den Entschluss zu etwas fassen:* sich einiges / zu viel / allerhand / etwas anderes vornehmen · Ich habe mir [fest] vorgenommen, in Zukunft darauf zu verzichten.
2. zusammen mit bestimmten Substantiven: eine Änderung / eine Untersuchung vornehmen *(etwas ändern, etwas untersuchen)* · An dem Text sollen noch einige Korrekturen vorgenommen werden.

▶ der **Vor|ort** ['fo:ɐ̯|ɔrt], des Vorort[e]s, die Vororte:
kleiner Ort am Rand einer größeren Stadt: die Erfurter Vororte · Er wohnt in einem Vorort von Hamburg.

der **Vor|rang** ['fo:ɐ̯raŋ], des Vorrang[e]s:
1. *wichtigere Stellung oder größere Beachtung (im Vergleich mit jemand, etwas anderem):* den Vorrang behalten / behaupten · Diese Sache hat absoluten Vorrang.
2. (österreichisch) *Vorfahrt:* An Zebrastreifen haben Fußgänger Vorrang [vor den Fahrzeugen].

der **Vor|rat** ['fo:ɐ̯ra:t], des Vorrat[e]s, die Vorräte ['fo:ɐ̯rɛ:tə]:
etwas, was in mehr oder weniger großer Menge für eine spätere Verwendung aufbewahrt wird: ein großer Vorrat an Lebensmitteln / Trinkwasser / Heizöl · Die Vorräte gehen zur Neige.

vor|sätz|lich ['fo:ɐ̯zɛt͜slɪç]:
ganz bewusst und absichtlich; mit Vorsatz: eine vorsätzliche Tat · vorsätzliche Brandstiftung / Körperverletzung · Sie hatten ihn vorsätzlich angegriffen.

▶ der **Vor|schlag** ['fo:ɐ̯ʃla:k], des Vorschlag[e]s, die Vorschläge ['fo:ɐ̯ʃlɛ:gə]:
Rat; Empfehlung eines Plans: ein guter / brauchbarer / akzeptabler / vernünftiger Vorschlag · einen Vorschlag annehmen / billigen / ablehnen.

▶ **vor|schla|gen** ['fo:ɐ̯ʃla:gn̩], schlägt vor, schlug vor, hat vorgeschlagen:
1. *jemandem einen Vorschlag machen:* jemandem einen Handel / einen Kompromiss vorschlagen · Sie schlug mir eine Partie Schach vor.
2. *jemanden für eine bestimmte Rolle oder Aufgabe empfehlen:* jemanden für ein Amt / für einen Posten / für den Nobelpreis vorschlagen · Sie wurde auf der Versammlung als Kandidatin vorgeschlagen.

vor|schrei|ben ['fo:ɐ̯ʃrai̯bn̩], schreibt vor, schrieb vor, hat vorgeschrieben:
durch eine bestimmte Anweisung oder einen Befehl ein bestimmtes Handeln

fordern: die vorgeschriebene Anzahl / Menge / Dosis · Er hat mir vorgeschrieben, wie ich mich verhalten soll.

▸ die **Vor|schrift** ['fo:ɐ̯ʃrɪft], der Vorschrift, die Vorschriften:
Anweisung, der man folgen muss: eine Vorschrift erlassen / umgehen / verletzen · Ich lasse mir von dir keine Vorschriften machen!

vor|se|hen ['fo:ɐ̯ze:ən], sieht vor, sah vor, hat vorgesehen:
1. *durchzuführen beabsichtigen:* Das vorgesehene Gastspiel fiel aus. · Es ist vorgesehen, einige Bestimmungen zu ändern.
2. *festlegen, bestimmen:* Für diese Fälle sieht das Gesetz eine hohe Strafe vor. · Das ist im Vertrag nicht vorgesehen.
3. *für einen bestimmten Zweck verwenden wollen:* Die Steaks hatte ich fürs Abendessen vorgesehen. · Er ist für dieses Amt vorgesehen.
4. ⟨+ sich⟩ *sich in Acht nehmen:* Vor ihm muss man sich sehr vorsehen. · Aber sieh dich vor!

▸ die **Vor|sicht** ['fo:ɐ̯zɪçt], der Vorsicht:
gesteigerte Aufmerksamkeit bei Gefahr oder in bestimmten kritischen Situationen: jemanden zur Vorsicht mahnen · Sie riet [mir] zur Vorsicht. · Vorsicht, bissiger Hund!

▸ **vor|sich|tig** ['fo:ɐ̯zɪçtɪç], vorsichtiger, am vorsichtigsten:
mit Vorsicht handelnd: ein vorsichtiges Vorgehen · eine vorsichtige Autofahrerin · Bitte sei vorsichtig, damit dir nichts passiert!

vor|sichts|hal|ber ['fo:ɐ̯zɪçtshalbɐ]:
zur Vorsicht: Sie hatte vorsichtshalber einen Regenschirm mitgenommen.

der **Vor|sit|zen|de** ['fo:ɐ̯zɪtsn̩də], der Vorsitzende / ein Vorsitzender; des / eines Vorsitzenden, die Vorsitzenden / zwei Vorsitzende:
[männliche] Person, die einen Verein oder eine Partei leitet: Der neue Vorsitzende der Partei geht mit viel Elan an seine Arbeit.

die **Vor|sit|zen|de** ['fo:ɐ̯zɪtsn̩də], die / eine Vorsitzende; der / einer Vorsitzenden, die Vorsitzenden / zwei Vorsitzende:
weibliche Person, die einen Verein oder eine Partei leitet: Der Verein wählte letzten Monat eine neue Vorsitzende.

die **Vor|sor|ge** ['fo:ɐ̯zɔrgə], der Vorsorge:
Maßnahmen, mit denen unangenehme Situationen verhindert werden sollen: finanzielle / medizinische Vorsorge · Auch für diesen Fall haben wir Vorsorge getroffen.

die **Vor|spei|se** ['fo:ɐ̯ʃpai̯zə], der Vorspeise, die Vorspeisen:
kleinere Speise, die eine aus mehreren Gängen bestehende Mahlzeit einleitet: Ich nehme den Salat als Vorspeise.

der **Vor|sprung** ['fo:ɐ̯ʃprʊŋ], des Vorsprung[e]s, die Vorsprünge ['fo:ɐ̯ʃprʏŋə]:
1. *Teil (von etwas), der nach vorne hin größer ist als der Rest:* auf dem Vorsprung eines Felsens / einer Mauer stehen.
2. *Abstand, um den jemand einem anderen voraus ist:* Deutschland führte mit fünf Toren Vorsprung.
3. *überlegene Position:* Der technische Vorsprung dieses Produktes scheint kleiner zu werden.

der **Vor|stand** ['fo:ɐ̯ʃtant], des Vorstand[e]s, die Vorstände ['fo:ɐ̯ʃtɛndə]:
Gruppe, die ein Unternehmen oder einen Verein leitet: dem Vorstand angehören · Sie ist in den Vorstand gewählt worden.

▸ **vor|stel|len** ['fo:ɐ̯ʃtɛlən], stellt vor, stellte vor, hat vorgestellt:
1. *nach vorn stellen:* den Tisch / die Stühle [ein Stück weiter] vorstellen · Die Statue der Fischersfrau in Husum hat den rechten Fuß vorgestellt.
2. *(eine Uhr) auf eine spätere Zeit stellen:* Am Sonntag werden die Uhren auf die Sommerzeit vorgestellt.
3. *durch Nennen des Namens bekannt machen:* Er hat uns seine Begleiterin vorgestellt. · Darf ich dir meinen Bruder vorstellen? · Heute wurde der neue Abteilungsleiter vorgestellt.
4. ⟨+ sich⟩ *einen ersten Besuch machen, sich zeigen und bekannt machen:* sich bei / in einer Firma vorstellen · Er stellt sich [ihm] als Vertreter des Verlages vor.
5. ⟨+ sich⟩ *sich (von jemandem oder etwas) ein Bild, einen Begriff machen:* Ich hatte mir den Ausflug etwas anders vorgestellt. · Ich kann ihn mir nicht als Chef vorstellen.

▸ die **Vor|stel|lung** ['fo:ɐ̯ʃtɛlʊŋ], der Vorstellung, die Vorstellungen:
1. *das Vorstellen einer Person:* die Vorstellung der Kandidaten / einer neuen Mitarbeiterin · Sie stellte sich selbst gleich den Anwesenden vor.
2. *Aufführung:* Der Zirkus gibt täglich zwei Vorstellungen.
3. *Gedanke, Bild, das sich jemand von jemandem oder etwas macht:* eine schöne / schreckliche / naive Vorstel-

lung · Sie hat keine Vorstellung davon, wie das alles vonstattengehen soll.

▶ das **Vor|stel|lungs|ge|spräch** ['fo:ɐ̯ʃtɛlʊŋsgəʃprɛ:ç], des Vorstellungsgespräch[e]s, die Vorstellungsgespräche: *Gespräch mit den Verantwortlichen in einer Firma, bei der man sich beworben hat:* jemanden zu einem Vorstellungsgespräch einladen.

der **Vor|tag** ['fo:ɐ̯ta:k], des Vortag[e]s, die Vortage: *Tag, der einem [besonderen] Tag oder einem bestimmten Ereignis vorangeht:* am Vortag der Prüfung.

▶ der **Vor|teil** ['fɔrtai̯l], des Vorteil[e]s, die Vorteile: *günstiger Umstand, der jemandem oder einer Sache Nutzen bringt:* finanzielle / materielle Vorteile · sich Vorteile verschaffen · Er ist immer nur auf seinen eigenen Vorteil bedacht.

▶ der **Vor|trag** ['fo:ɐ̯tra:k], des Vortrag[e]s, die Vorträge ['fo:ɐ̯trɛ:gə]: *Rede über ein bestimmtes [wissenschaftliches] Thema:* einen Vortrag ablesen / frei halten · in einen / zu einem Vortrag gehen.

vor|tra|gen ['fo:ɐ̯tra:gn̩], trägt vor, trug vor, hat vorgetragen:
1. *künstlerisch darstellen:* ein Gedicht / ein Lied vortragen · eine ausgezeichnet vorgetragene Kür.
2. *sachlich darstellen:* jemandem seine Wünsche / eine Bitte / ein Anliegen vortragen · Ich habe ihm die Gründe für meinen Entschluss vorgetragen.

der **Vor|tritt** ['fo:ɐ̯trɪt], des Vortritt[e]s:
1. *(aus Höflichkeit gewährte) Gelegenheit, zuerst zu gehen:* Beim Betreten des Restaurants ließ er ihr den Vortritt.
2. (schweizerisch) *Vorfahrt.*

vo|rü|ber [fo'ry:bɐ]: *vorbei:* Das Gewitter ist vorüber.

vo|rü|ber|ge|hend [fo'ry:bɐge:ənt]: *nur eine gewisse Zeit dauernd:* vorübergehende Beschwerden · ein vorübergehender Kälteeinbruch · Das ist eine vorübergehende Erscheinung.

das **Vor|ur|teil** ['fo:ɐ̯lʊrtai̯l], des Vorurteils, die Vorurteile: *(meist negative) Meinung über jemanden oder etwas, die man sich bildet, ohne die Person oder Sache selbst zu kennen:* gegen Vorurteile angehen / kämpfen · Er hat ein Vorurteil gegen die Naturheilkunde.

▶ die **Vor|wahl** ['fo:ɐ̯va:l], der Vorwahl, die Vorwahlen: *Telefonnummer, die man bei Gesprächen in andere Orte oder Länder wählen muss:* Was ist bitte die Vorwahl von Berlin? · Ich hätte gern die Vorwahl von Österreich.

▶ **vor|wärts** ['fo:ɐ̯vɛrts]:
1. *nach vorn:* den Rumpf vorwärts beugen.
2. *von vorne nach hinten:* das Alphabet vorwärts und rückwärts aufsagen.

vor|wei|sen ['fo:ɐ̯vai̯zn̩], weist vor, wies vor, hat vorgewiesen: *zeigen und prüfen lassen:* Sie konnte dem Schaffner keine gültige Fahrkarte vorweisen.; *** etwas vorzuweisen haben:** *über etwas verfügen:* Sie hat als Autorin schon einige Erfolge vorzuweisen.

vor|wer|fen ['fo:ɐ̯vɛrfn̩], wirft vor, warf vor, hat vorgeworfen: *heftig kritisieren, wie jemand gehandelt hat:* jemandem Unfähigkeit / Unsachlichkeit vorwerfen · Er warf ihr vor, zu viel Geld auszugeben.

▶ der **Vor|wurf** ['fo:ɐ̯vʊrf], des Vorwurf[e]s, die Vorwürfe ['fo:ɐ̯vʏrfə]: *Äußerung, mit der man jemandem etwas vorwirft:* etwas als Vorwurf auffassen · Diesen Vorwurf kann ich dir leider nicht ersparen.

vor|zei|tig ['fo:ɐ̯tsai̯tɪç]: *früher als vorgesehen:* Sie musste ihren Urlaub vorzeitig abbrechen.

vor|zie|hen ['fo:ɐ̯tsi:ən], zieht vor, zog vor, hat vorgezogen:
1. *nach vorn ziehen:* den Tisch noch etwas / um einen Meter vorziehen.
2. *vor etwas Bestimmtes ziehen:* den Vorhang / die Gardinen vorziehen.
3. *früher als geplant stattfinden lassen:* vorgezogene Wahlen · Die Betriebsversammlung wurde vorgezogen. · Diese Arbeiten müssen wir leider vorziehen.
4. *lieber mögen:* Ein gutes Buch ziehe ich jedem Film vor. · Ziehen Sie Kaffee oder Tee vor?

das **Vo|tum** ['vo:tʊm], des Votums, die Voten ['vo:tn̩]: *Äußerung einer Meinung; Äußerung dessen, wofür sich jemand [bei einer Abstimmung] entscheidet:* sein Votum abgeben · Diese Wahl ist ein Votum gegen die Regierung.

der **Vul|kan** [vʊl'ka:n], des Vulkans, die Vulkane: *Berg, aus dessen Innerem glühende Massen kommen können:* ein aktiver Vulkan · Der Vulkan ist wieder ausgebrochen.

W

die **Waa|ge** ['va:gə], der Waage, die Waagen: *Gerät zum Bestimmen des Gewichts:* eine genaue / zuverlässige Waage · etwas auf die Waage legen · sich auf der Waage wiegen.

▶ **waa|ge|recht** ['va:gərɛçt], **waag|recht** ['va:krɛçt]: *mit einer senkrechten Fläche oder Linie einen Winkel von 90 Grad bildend:* eine waagerechte Linie / Fläche · Das Brett liegt genau waagerecht.

▶ **wach** [vax], wacher, am wachsten:
1. *nicht schlafend:* Bist du noch wach? · Ich war gar nicht richtig wach. · Sie rüttelte ihn, bis er wach wurde.
2. *aufmerksam, schnell denkend:* Sie hat einen wachen Verstand.

das **Wachs** [vaks], des Wachses: *Material für Kerzen, auch zum Herstellen glatter Flächen oder zum Polieren, das in der Natur von Bienen gemacht wird:* den Boden mit Wachs polieren · Das Wachs der Kerzen schmilzt in der Hitze.

▶ **wach|sen** ['vaksn̩], wächst, wuchs, ist gewachsen:
1. *an Größe, Länge, Umfang, Ausdehnung zunehmen:* Der Junge ist in einem Jahr vier Zentimeter gewachsen. · Ich ließ mir die Haare lang wachsen. · Die Stadt wächst sehr schnell.
2. *sich vermehren, größer werden:* die wachsende Arbeitslosigkeit · Seine Familie ist in den letzten Jahren sehr gewachsen.
3. *sich entwickeln, vorkommen:* Im Wald wachsen viele Pilze. · Auf diesem Berg wachsen keine Bäume.

das **Wachs|tum** ['vakstu:m], des Wachstums: *das Wachsen, Zunehmen:* das geistige / körperliche Wachstum eines Kindes · Das Wachstum der Pflanzen wird durch viel Licht gefördert.

wa|cke|lig ['vakəlɪç], wackeliger, am wackeligsten: *wackelnd; nicht sehr stabil:* ein wackeliger Stuhl / Tisch · Die alte Leiter stand ziemlich wackelig.

wa|ckeln ['vakl̩n], wackelt, wackelte, hat gewackelt:
1. *nicht fest stehen oder sitzen; nicht stabil sein:* Der Tisch wackelt. · Sein Zahn wackelt.
2. *sich ein wenig bewegen, während man stillhalten soll:* Beim Fotografieren hat sie gewackelt.

die **Wa|de** ['va:də], der Wade, die Waden: *der Teil des Beins mit dem großen Muskel, der hinten unter dem Knie sitzt:* dicke / stramme / dünne Waden · Er hat einen Krampf in der Wade.

die **Waf|fe** ['vafə], der Waffe, die Waffen: *Gerät, Mittel zum Kämpfen:* eine gefährliche / tödliche Waffe · Wir mussten uns mit der Waffe verteidigen.

die **Waf|fel** ['vafl̩], der Waffel, die Waffeln: *flaches, süßes Gebäck mit einem Muster auf beiden Seiten:* Wir haben frische, knusprige Waffeln gebacken.

wa|gen ['va:gn̩], wagt, wagte, hat gewagt:
1. *trotz Gefahr oder Risiko ausführen:* Sie wagte den Sprung aus dem Fenster.
2. *den Mut haben, etwas zu tun:* Niemand wagt, ihr die Wahrheit zu sagen.
3. ⟨+ sich⟩ *den Mut haben, an einen Ort zu gehen:* Wir wagen uns nachts nicht auf die Straße.

▶ der **Wa|gen** ['va:gn̩], des Wagens, die Wagen:
1. *Fahrzeug mit Rädern zum Ziehen oder Schieben, mit dem Personen und Lasten befördert werden können:* einen Wagen an den Traktor hängen · Zwei Pferde zogen den Wagen.
2. *Auto:* Er parkte / wendete den Wagen. · Sie fährt mit dem Wagen zur Arbeit.

der **Wag|gon** [va'gõ:], des Waggons, die Waggons: *Wagen eines Zuges:* einen Waggon anhängen / abhängen · Sie fuhr im letzten Waggon.

▶ die **Wahl** [va:l], der Wahl, die Wahlen:
1. *Entscheidung zwischen zwei oder mehr Möglichkeiten:* die Wahl haben *(wählen können)* · die richtige Wahl treffen *(das Richtige wählen).*
2. *Abstimmung, bei der Personen für ein Amt, ein Parlament gewählt werden:* freie und geheime Wahlen · eine Wahl gewinnen / verlieren · Sie nahm die Wahl zur Präsidentin an.

wäh|len ['vɛ:lən], wählt, wählte, hat gewählt:
1. *sich entscheiden:* Wir konnten zwischen Suppe und Vorspeise wählen.
2. *durch eine Abstimmung bestimmen:* einen Präsidenten / ein neues Parlament wählen.
3. *eine Telefonnummer beim Telefon oder Handy eingeben:* die Nummer eines Freundes / einer Freundin wählen · Du musst zuerst eine Null wählen.

der **Wäh|ler** ['vɛ:lɐ], des Wählers, die Wähler,

die **Wäh|le|rin** ['vɛːlərɪn], der Wählerin, die Wählerinnen:
an einer Wahl teilnehmende, zur Wahl berechtigte Person: um die Stimmen der Wählerinnen und Wähler werben.

der **Wahl|kampf** ['vaːlkampf], des Wahlkampf[e]s, die Wahlkämpfe ['vaːlkɛmpfə]:
politische Auseinandersetzung der Parteien vor einer Wahl, um Stimmen zu gewinnen: einen fairen / erfolgreichen / schmutzigen Wahlkampf führen.

der **Wahn|sinn** ['vaːnzɪn], des Wahnsinn[e]s:
sich in gefährlicher Weise auswirkender Mangel an Vernunft, Verstand: Es ist Wahnsinn, bei diesem Sturm aus dem Haus zu gehen.

▶ **wahn|sin|nig** ['vaːnzɪnɪç] (umgangssprachlich):
1. ⟨wahnsinniger, am wahnsinnigsten⟩ *gefährlich dumm:* Dieser Plan ist doch wahnsinnig.
2. ⟨wahnsinniger, am wahnsinnigsten⟩ *sehr groß, sehr heftig:* wahnsinnige Schmerzen haben.
3. *sehr:* wahnsinnig reich / nett sein · Ich muss noch wahnsinnig viel erledigen.

▶ **wahr** [vaːɐ̯]:
1. *der Wahrheit entsprechend; richtig:* der wahre Sachverhalt / Grund · Was sie sagt, ist wahr.
2. *wirklich, echt:* Er erwies sich als ein wahrer Freund.

▶ **wäh|rend** ['vɛːrənt]:
1. *zu der Zeit, als:* Während wir im Urlaub waren, hat die Nachbarin die Blumen gegossen.
2. *im Verlauf von:* während der Ferien / der Nacht / des letzten Jahres · Sie hat während ihrer Schwangerschaft nicht geraucht.

▶ die **Wahr|heit** ['vaːɐ̯hai̯t], der Wahrheit:
wirklicher, den Tatsachen entsprechender Sachverhalt: die ganze / volle / bittere / grausame Wahrheit · Sag mir die Wahrheit! · In Wahrheit *(tatsächlich)* verhält es sich genau umgekehrt.

wahr|neh|men ['vaːɐ̯neːmən], nimmt wahr, nahm wahr, hat wahrgenommen:
1. *mithilfe der Sinne erkennen; sehen, hören, riechen oder spüren:* eine Gestalt / einen Klang / einen Duft / die Kälte wahrnehmen.
2. *nutzen:* eine Gelegenheit / seinen Vorteil / eine Chance wahrnehmen.
3. *sich um etwas kümmern:* eine Aufgabe / jemandes Interessen wahrnehmen.

die **Wahr|neh|mung** ['vaːɐ̯neːmʊŋ], der Wahrnehmung, die Wahrnehmungen:
1. *das Erkennen mit den Sinnen:* die Wahrnehmung eines Geräuschs / von Gerüchen.
2. *das Schützen oder Erledigen:* Wir haben einen Anwalt mit der Wahrnehmung unserer Interessen beauftragt.

wahr|schein|lich [vaːɐ̯'ʃai̯nlɪç]:
1. ⟨wahrscheinlicher, am wahrscheinlichsten⟩ *ziemlich gewiss:* Die wahrscheinliche Ursache des Unfalls ist eine defekte Bremse. · Es ist nicht sehr wahrscheinlich, dass sie uns gesehen hat.
2. *mit ziemlicher Sicherheit:* Es war wahrscheinlich nur ein Missverständnis. · Du hast wahrscheinlich recht.

die **Wäh|rung** ['vɛːrʊŋ], der Währung, die Währungen:
die spezielle Sorte Geld, mit dem man in einem Land bezahlen kann: Unsere Währung ist der Euro.

das **Wahr|zei|chen** ['vaːɐ̯tsai̯çn̩], des Wahrzeichens, die Wahrzeichen:
etwas, zum Beispiel ein Gebäude oder ein Berg, an dem man eine Stadt oder Landschaft sofort erkennt: Ein Dom ist das Wahrzeichen vieler Großstädte.

der **Wal** [vaːl], des Wal[e]s, die Wale:
sehr großes, einem Fisch ähnliches Säugetier, das im Meer lebt: Vor der Küste konnten wir einen Wal beobachten.

▶ der **Wald** [valt], des Wald[e]s, die Wälder ['vɛldɐ]:
größeres Gebiet, auf dem viele Bäume dicht nebeneinander wachsen: ein dichter / dunkler Wald · Wir gingen im Wald spazieren. · In großen Wäldern kann man sich leicht verlaufen.

die **Wal|nuss** ['valnʊs], der Walnuss, die Walnüsse ['valnʏsə]:
Nuss mit harter, heller Schale und einem Kern mit unregelmäßiger Oberfläche: Walnüsse knacken / schälen.

wäl|zen ['vɛltsn̩], wälzt, wälzte, hat gewälzt:
1. *rollend oder kippend bewegen:* einen Stein auf die Seite wälzen · Sie wälzten eine schwere Tonne vom Wagen.
2. ⟨+ sich⟩ *sich im Liegen seitlich hin und her drehen:* Die Schweine wälzen sich im Schlamm. · Er hat sich vor Schmerzen auf dem Boden gewälzt.

der **Wal|zer** ['valtsɐ], des Walzers, die Walzer:
Tanz, bei dem Paare sich um sich selbst drehend durch den Saal bewegen: die ganze Nacht Walzer tanzen · Zum

Schluss des Abends tanzten sie noch einen Walzer.

▸ die **Wand** [vant], der Wand, die Wände [ˈvɛndə]:
die senkrechten Seiten eines Raums bildendes Teil in Gebäuden: ein Bild an die Wand hängen · Regale vor die Wände stellen · Sie ließ die Wände in hellen Farben streichen.

der **Wan|del** [ˈvandl̩], des Wandels:
Veränderung, allmählicher Wechsel: ein Wandel der Sprache / der Mode / in der Politik · Wir beobachten einen Wandel des Klimas.

▸ **wan|dern** [ˈvandɐn], wandert, wanderte, ist gewandert:
1. *zu Fuß eine längere Strecke durch die Natur gehen:* durch den Wald / die Felder wandern · einen ganzen Tag in den Bergen wandern.
2. *an einen Ort gebracht werden:* Die alten Möbel wandern in den Keller.

▸ die **Wan|de|rung** [ˈvandərʊŋ], der Wanderung, die Wanderungen:
längeres Gehen durch die Natur: eine Wanderung ins Gebirge / um den See · Das Ziel ihrer Wanderung war ein Gasthaus im Wald.

die **Wan|ge** [ˈvaŋə], der Wange, die Wangen (gehoben):
Backe: blasse / rote / glatte Wangen · Sie küsste ihre Freundin auf die Wange.

▸ **wann** [van]:
1. *zu welchem Zeitpunkt:* Wann kommt sie aus der Schule? · Bis wann ist die Arbeit fertig?
2. *unter welchen Bedingungen:* Wann darf man lügen?

die **Wan|ne** [ˈvanə], der Wanne, die Wannen:
großes Gefäß, in dem man baden kann: heißes Wasser in die Wanne laufen lassen · Er sitzt seit zwei Stunden in der Wanne.

▸ die **Wa|re** [ˈvaːrə], der Ware, die Waren:
Gegenstände, Materialien, die gekauft und verkauft oder getauscht werden: billige / preiswerte / teure Ware · seine Waren auf dem Markt anbieten · Der Supermarkt hat frische Ware bekommen.

das **Wa|ren|haus** [ˈvaːrənhau̯s], des Warenhauses, die Warenhäuser [ˈvaːrənhɔy̯zɐ]:
Kaufhaus: im Warenhaus einkaufen · Die großen Warenhäuser sind schon für Weihnachten geschmückt.

▸ **warm** [varm], wärmer, am wärmsten:
1. *eine relativ hohe Temperatur aufweisend:* warmes Essen / warme Getränke anbieten · am warmen Ofen sitzen · Das Wasser in der Wanne ist noch warm.
2. *vor Kälte schützend:* einen warmen Pullover stricken · sich wärmer anziehen · Der Mantel war mir zu warm.
3. *herzlich:* ein warmer Empfang · Sie bedankte sich bei uns mit warmen Worten.

▸ die **Wär|me** [ˈvɛrmə], der Wärme:
1. *relativ hohe Temperatur:* die Wärme des Sommers / des Sonnenscheins / der Heizung · Tomaten brauchen viel Wärme zum Wachsen.
2. *echte, herzliche Freundlichkeit:* Ihren Worten fehlte die Wärme.

▸ **war|nen** [ˈvarnən], warnt, warnte, hat gewarnt:
auf eine Gefahr oder Schwierigkeit hinweisen: vor einem Betrüger / vor einem Gewitter / vor hohen Kosten warnen · einen warnenden Hinweis geben · Er hatte uns zu spät gewarnt.

▸ **war|ten** [ˈvartn̩], wartet, wartete, hat gewartet:
so lange an einem Ort bleiben, an dem eine Person eintreffen oder sich eine Sache ereignen soll, bis das geschehen ist: auf den Bus / auf den nächsten Zug / auf eine Nachricht warten · ein paar Minuten / eine Stunde / zwei Wochen warten müssen · Wir warteten ungeduldig auf Antwort. · Ich habe jetzt lange genug auf ihn gewartet.

das **War|te|zim|mer** [ˈvartət͜sɪmɐ], des Wartezimmers, die Wartezimmer:
Zimmer in einer Praxis, in dem die Patienten warten, bis der Arzt sie behandelt: Sie hatte zwei Stunden im Wartezimmer sitzen müssen, bis sie an die Reihe kam.

▸ **wa|rum** [vaˈrʊm]:
aus welchem Grund: Warum hilfst du uns nicht? · Warum kommt sie immer so spät? · Warum hat der Mann keine Haare auf dem Kopf? · Ich weiß, warum er so müde aussieht.

▸ **was** [vas]:
1. fragt nach etwas: Was ist das? · Was hast du gesagt? · Was kostet das Buch? · Und was machen wir zuerst?
2. bezieht sich auf vorher oder nachher Gesagtes: Sie kauft alles, was ihr gefällt. · Ich muss dir erzählen, was ich gehört habe. · Was jetzt kommt, wird ihn freuen. · Was man bestellt hat, das muss man auch bezahlen.
3. (umgangssprachlich) *etwas:* Hast du was zum Schreiben? · Könnt ihr was

sehen? · Da muss was passiert sein. · Denk an was Schönes!

das **Wasch|be|cken** ['vaʃbɛkn̩], des Waschbeckens, die Waschbecken: *im Bad oder in der Toilette an der Wand angebrachtes flacheres Gefäß mit einem Wasserhahn, das zum Waschen dient:* ein sauberes Waschbecken · sich am Waschbecken waschen.

▸ die **Wä|sche** ['vɛʃə], der Wäsche:
1. *alle direkt auf der Haut, unter anderen Kleidungsstücken getragenen Kleidungsstücke:* die Wäsche wechseln · frische Wäsche anziehen.
2. *Kleidungsstücke und andere Sachen aus Stoff, die gewaschen werden sollen oder gerade gewaschen wurden:* die Wäsche zum Trocknen aufhängen · schmutzige Handtücher in die Wäsche tun.

▸ **wa|schen** ['vaʃn̩], wäscht, wusch, hat gewaschen: *mit Wasser (und Seife oder Waschmittel) säubern:* sich / einem Kind die Hände / den Hals / die Füße waschen · Strümpfe / Socken / einen Pullover waschen · ein frisch gewaschenes Hemd anziehen · Ich muss mir heute die Haare waschen.

die **Wasch|ma|schi|ne** ['vaʃmaʃi:nə], der Waschmaschine, die Waschmaschinen: *Maschine zum Waschen der Wäsche:* die Waschmaschine auf 60 Grad stellen · die fertige Wäsche aus der Waschmaschine nehmen.

▸ das **Wasch|mit|tel** ['vaʃmɪtl̩], des Waschmittels, die Waschmittel: *zum Waschen von Wäsche dem Wasser hinzugefügtes Pulver oder flüssiges Mittel, das den Schmutz löst:* Reklame für Waschmittel machen · Waschmittel soll man sparsam verwenden.

▸ das **Was|ser** ['vasɐ], des Wassers, die Wasser und Wässer ['vɛsɐ]:
1. *farblose Flüssigkeit, die in der Natur vorkommt (zum Beispiel als Regen oder in Flüssen) und aus Quellen oder Brunnen gewonnen wird:* kaltes / warmes / heißes Wasser · ein Glas Wasser trinken · Nudeln in viel Wasser kochen · im tiefen Wasser des Sees schwimmen.
2. *Mineralwasser:* Ich möchte bitte eine Tasse Kaffee und ein Wasser.

der **Was|ser|hahn** ['vasɐha:n], des Wasserhahn[e]s, die Wasserhähne ['vasɐhɛ:nə]: *Einrichtung, mit der man die Leitung für das Wasser öffnen und schließen kann:* den Wasserhahn zudrehen · Der Wasserhahn tropft.

die **Wat|te** ['vatə], der Watte, die Watten: *weiches, weißes Material aus Baumwolle, das medizinisch und bei der Kosmetik verwendet wird:* eine Wunde mit Watte trocknen und säubern.

das **WC** [ve:'tse:], des WC[s], die WC[s]: *Toilette (2):* ein öffentliches WC · das WC benutzen · Wo ist bitte das nächste WC?

der **Wech|sel** ['vɛksl̩], des Wechsels, die Wechsel:
1. *das Abwechseln, Verändern:* der Wechsel der Jahreszeiten · In der Führung der Partei hat ein Wechsel stattgefunden.
2. *das Austauschen, Wechseln:* über einen Wechsel des Arbeitsplatzes nachdenken.

▸ **wech|seln** ['vɛksl̩n], wechselt, wechselte, hat gewechselt:
1. *etwas durch etwas anderes ersetzen:* den Arzt / die Partnerin wechseln · den Beruf / den Verein wechseln · das Thema wechseln · Die Handtücher müssen täglich gewechselt werden.
2. *Scheine oder Münzen gegen kleinere Scheine oder Münzen oder gegen andere Währung tauschen:* fünfzig Euro wechseln · Euro gegen Dollar wechseln.

▸ **we|cken** ['vɛkn̩], weckt, weckte, hat geweckt: *eine Person, die schläft, wach machen:* Wir wurden um sieben Uhr geweckt. · Du musst rechtzeitig die Kinder wecken.

▸ der **We|cker** ['vɛkɐ], des Weckers, die Wecker: *Uhr, die zu einer bestimmten, vorher eingestellten Zeit durch Läuten oder Klingeln weckt:* den Wecker stellen / abstellen · den Wecker auf 8 Uhr stellen · Wenn der Wecker klingelt, musst du aufstehen.

▸ **we|der** ['ve:dɐ]:
* **weder … noch:** *nicht … und auch nicht:* weder alt noch neu sein · Ich habe sie weder am Montag noch am Dienstag gesehen.

▸ **weg** [vɛk] (umgangssprachlich):
1. *von hier an einen anderen, nicht bezeichneten Ort:* Wir sind schon als Kinder vom Dorf weg. · Weg mit dem überflüssigen Zeug!
2. *nicht mehr an einem bestimmten Ort:* Meine Brieftasche ist weg!

▸ der **Weg** [ve:k], des Weg[e]s, die Wege: *schmale, nicht ausgebaute Straße, auf der meistens keine Autos fahren:* öffentliche / private Wege · auf dem Weg bleiben · Der Weg führt zum Strand / durch den Wald / auf den Berg / am Ufer entlang.

▸ **we|gen** ['ve:gn̩] ⟨mit Genitiv⟩:
gibt einen Grund an: Wegen des Gewitters blieben wir zu Hause. · Die Straße ist wegen eines Unfalls gesperrt. · Er ist wegen einer Grippe krankgeschrieben. · Wir mussten wegen der schlafenden Kinder sehr leise sein.

weg|fah|ren ['vɛkfa:rən], fährt weg, fuhr weg, ist weggefahren:
sich mit einem Fahrzeug entfernen: Ich fahre gleich weg, dann wird der Parkplatz frei. · Wir wollen drei Wochen wegfahren *(in die Ferien fahren).*

weg|ge|hen ['vɛkge:ən], geht weg, ging weg, ist weggegangen:
sich zu Fuß entfernen: Die Kollegin ist vor einer Stunde weggegangen. · Geht lieber weg, hier wird es gefährlich!

weg|neh|men ['vɛkne:mən], nimmt weg, nahm weg, hat weggenommen:
1. *von einer Stelle nehmen, entfernen:* Nimm bitte den Hund / die Zigarette / deine Hand da weg! · Ich nehme meine Tasche weg, dann kannst du dich neben mich setzen.
2. *nehmen, was ein anderer gerade hat:* jemandem seinen Schnaps / sein Geld / seine Wohnung wegnehmen · Sie nahm dem Kind sofort das Messer weg.

weg|wer|fen ['vɛkvɛrfn̩], wirft weg, warf weg, hat weggeworfen:
1. *auf den Boden werfen und dort liegen lassen:* sich eine Zigarette anzünden und das Streichholz wegwerfen · Den Stein kannst du nicht mit nach Hause nehmen, wirf ihn weg!
2. *zum Abfall tun:* schimmliges Brot / verwelkte Blumen / eine kaputte Glühlampe / alte Zeitungen wegwerfen · So ein schönes altes Radio kann man doch nicht wegwerfen!

weg|zie|hen ['vɛkt͜si:ən], zieht weg, zog weg, weggezogen:
1. *durch Ziehen entfernen:* die Gardinen / die Vorhänge wegziehen.
2. *seine Wohnung an einem anderen Ort nehmen:* Die Familie ist vor einem Jahr aus Berlin weggezogen.

weh [ve:]:
schmerzend: einen wehen Zahn / Rücken / Fuß haben.

we|hen ['ve:ən], weht, wehte, hat geweht:
1. *vom Wind sehr bewegt werden:* Bunte Fahnen wehten im Wind.
2. *als Wind bemerkbar sein:* Draußen wehte ein kalter Wind.

weh|ren ['ve:rən], ⟨+ sich⟩, wehrt sich, wehrte sich, hat sich gewehrt:
etwas nicht geschehen lassen, Widerstand leisten: sich gegen einen Angriff / einen Vorwurf / eine Anordnung wehren · Sie wehrte sich tapfer gegen die mächtige Behörde.

▸ **weh|tun** ['ve:tu:n], tut weh, tat weh, hat wehgetan (umgangssprachlich):
Schmerzen verursachen: Mir tut der Zahn / Kopf / Rücken weh. · Tu dir mit dem scharfen Messer nicht weh! · Es hat ihr wehgetan, das Tier so leiden zu sehen.

▸ **weib|lich** ['vai̯plɪç]:
1. *zum Geschlecht der Frau gehörend:* eine weibliche Person · die weiblichen Angestellten der Firma.
2. ⟨weiblicher, am weiblichsten⟩ *für Frauen typisch:* eine weibliche Stimme / Figur / Kleidung.

▸ **weich** [vai̯ç], weicher, am weichsten:
einem Druck leicht nachgebend: ein weiches Kissen / Polster · ein weiches Fell / eine weiche Haut haben · Die Schuhe sind aus ganz weichem Leder.

▸ **wei|gern** ['vai̯gɐn] ⟨+ sich⟩, weigert sich, weigerte sich, hat sich geweigert:
ablehnen, etwas zu tun, wozu man aufgefordert wird: sich weigern, einen Befehl auszuführen / seine Schulden zu bezahlen · Sie weigert sich, das einzusehen.

▸ das **Weih|nach|ten** ['vai̯naxtn̩]:
Fest der Geburt Christi: jemandem frohe / fröhliche Weihnachten wünschen · Die ganze Familie feiert Weihnachten bei den Großeltern. · Wir werden zu / an Weihnachten eine Gans braten.

der **Weih|nachts|baum** ['vai̯naxt͜sbau̯m], des Weihnachtsbaum[e]s, die Weihnachtsbäume ['vai̯naxt͜sbɔy̯mə]:
Tanne, die man zu Weihnachten mit Kerzen und anderem schmückt: ein Weihnachtsbaum mit elektrischen Kerzen · Wir legen unsere Geschenke unter den Weihnachtsbaum.

der **Weih|nachts|mann** ['vai̯naxt͜sman], des Weihnachtsmann[e]s, die Weihnachtsmänner ['vai̯naxt͜smɛnɐ]:
Mann mit langem, weißem Bart, der an Weihnachten die Geschenke bringt: sich als Weihnachtsmann verkleiden · Der Weihnachtsmann hat uns Süßigkeiten und Spielzeug gebracht. Der Onkel spielt den Weihnachtsmann.

Weihnachten

In den christlichen Religionen glaubt man, dass an Weihnachten Jesus Christus geboren ist. Im deutschen Sprachraum ist Weihnachten das wichtigste Familienfest, an dem auch Familienmitglieder zusammen feiern, die sich sonst während des gesamten Jahres nicht sehen. Weihnachten wird an drei aufeinanderfolgenden Tagen gefeiert. Am 24. Dezember ist der Heilige Abend, an dem abends die Bescherung stattfindet (das Übergeben und Auspacken der Weihnachtsgeschenke). In vielen Familien ist der Ablauf vor der Bescherung jedes Jahr gleich. Man nimmt gemeinsam ein Abendessen ein und man singt unter dem mit Weihnachtskugeln, Lametta [= schmale, glitzernde Streifen aus Metall] und (echten oder elektrischen) Kerzen geschmückten Weihnachtsbaum gemeinsam Weihnachtslieder. Viele religiöse Menschen besuchen vor der Bescherung einen Gottesdienst mit Krippenspiel (Theaterstück von Kindern, das die Geschichte von Jesu Geburt erzählt) oder spät am Heiligen Abend einen festlichen Gottesdienst (die Christmette). Der 25. 12. und 26. 12. (erster und zweiter Weihnachtsfeiertag) sind gesetzliche Feiertage. Man besucht Verwandte und isst das traditionelle Weihnachtsessen, wie z. B. Gänsebraten. Die vier Wochen vor Weihnachten bilden die Adventszeit. Am ersten Adventssonntag wird in vielen Familien ein Adventskranz aus Tannenzweigen aufgestellt und die erste von insgesamt vier Adventskerzen angezündet. Mit dem ersten Advent werden in vielen Städten die Weihnachtsmärkte eröffnet, auf denen man neben kleinen weihnachtlichen Geschenken leckere Dinge zu essen und trinken kaufen kann, wie etwa Bratwürste, Lebkuchen, Glühwein oder Punsch. Die Adventszeit ist in der christlichen Tradition die Zeit, in der man auf die Ankunft (lat. *adventus*) Jesu Christi auf der Erde wartet. Um die Tage bis Weihnachten zu zählen und die Wartezeit (besonders für die Kinder) zu verkürzen, gibt es den Adventskalender. Jeder Adventskalender hat 24 Türchen (eines für jeden Tag vom 1. bis 24. Dezember), hinter denen sich Süßigkeiten verstecken. Die Wochen vor Weihnachten wurden in den letzten Jahrzehnten verstärkt zu einer Zeit des Kaufens. Manche Geschäfte, z. B. Buchhandlungen, nehmen in der Vorweihnachtszeit das meiste Geld im Jahr ein. Doch für viele – vor allem arbeitende – Menschen ist Weihnachten einfach eine Zeit der Ruhe und der Erholung. Viele nehmen die zwischen Weihnachten und dem Jahreswechsel liegenden Tage frei, um einen Winterurlaub zu machen.

der **Weih|nachts|markt** [ˈvai̯naxt͜smarkt], des Weihnachtsmarkt[e]s, die Weihnachtsmärkte [ˈvai̯naxt͜smɛrktə]:
Markt in der Zeit vor Weihnachten, auf dem man für Weihnachten Kerzen, Süßigkeiten, kleine Geschenke kaufen kann: über den Weihnachtsmarkt bummeln · Wir haben auf dem Weihnachtsmarkt Lebkuchen und rote Kerzen gekauft.

▸ **weil** [vai̯l]:
leitet einen Satz ein, der etwas begründet: Sie ist traurig, weil ihre Katze gestorben ist. · Ich helfe Ihnen, weil Sie mir sympathisch sind. · Weil er kein Geld hat, kann er sich nichts kaufen.

die **Wei|le** [ˈvai̯lə], der Weile:
nicht sehr langer, nicht näher bestimmter Zeitraum: eine Weile warten müssen · Wir können noch eine Weile bei euch bleiben.

▸ der **Wein** [vai̯n], des Wein[e]s, die Weine:
1. *Getränk aus Weintrauben, das Alkohol enthält:* ein Glas / eine Flasche Wein trinken · Möchten Sie lieber weißen oder roten Wein?
2. *Weintraube:* In dieser Gegend wächst viel Wein.

▸ **wei|nen** [ˈvai̯nən], weint, weinte, hat geweint:
Tränen aus den Augen fließen lassen: vor Schmerz / Angst / Wut / Glück / Freude weinen · Das Kind war müde und hungrig und fing an zu weinen. · Er musste immer noch weinen, wenn er an sein Unglück dachte.

die **Wein|trau|be** [ˈvai̯ntrau̯bə], der Weintraube, die Weintrauben:
Pflanze mit süßen, in Trauben wachsenden Beeren, aus denen meistens Wein gemacht wird: Weintrauben ernten · auf dem Markt Weintrauben kaufen.

wei|se [ˈvai̯zə], weiser, am weisesten:
sehr vernünftig und klug: Es war eine weise Entscheidung, das Geld zu sparen.

die **Wei|se** [ˈvai̯zə], der Weise, die Weisen:
Art, Form, wie etwas verläuft, geschieht,

getan wird: Er hat sich auf eine sehr nette Weise bedankt. · Auf diese Weise können wir viel Geld verdienen.

wei|sen ['vai̯zn̩], weist, wies, hat gewiesen:
1. *zeigen:* jemandem den Weg / die Richtung weisen.
2. *verbieten, dass eine Person an einem bestimmten Ort bleibt:* einen Schüler / eine Schülerin von der Schule weisen.

weiß [vai̯s], weißer, am weißesten:
von der Farbe frischen Schnees: weiße Federn / Haare / Blumen · ein weißes Kleid / Hemd tragen · Alle Wände waren weiß gestrichen.

das **Weiß|bier** ['vai̯sbi:ɐ̯], des Weißbier[e]s, die Weißbiere ⟨aber: zwei Weißbier⟩:
Bier aus Weizen: ein kühles Weißbier trinken.

das **Weiß|brot** ['vai̯sbro:t], des Weißbrot[e]s, die Weißbrote:
helles Brot, für das der Weizen sehr fein gemahlen wird: eine Scheibe Weißbrot mit Butter und Honig.

der **Weiß|wein** ['vai̯svai̯n], des Weißwein[e]s, die Weißweine:
Wein von heller gelber Farbe: Weißwein zum Essen trinken.

die **Weiß|wurst** ['vai̯svʊrst], der Weißwurst, die Weißwürste ['vai̯svʏrstə]:
Wurst von fast weißer Farbe, die vor dem Essen heiß gemacht und mit süßem Senf gegessen wird: Wir aßen Weißwürste und tranken dunkles Bier.

die **Wei|sung** ['vai̯zʊŋ], der Weisung, die Weisungen (gehoben):
Anordnung: Auf Weisung des Direktors müssen Handys während des Unterrichts ausgeschaltet bleiben.

▶ **weit** [vai̯t], weiter, am weitesten:
1. *über eine große Fläche ausgedehnt:* eine weite, trockene Ebene.
2. *über eine Strecke hin ausgedehnt:* Wir könnten zu Fuß gehen, aber es ist ein ziemlich weiter Weg. · Bis zum Dorf ist es nicht mehr sehr weit.
3. *locker sitzend:* weite Hemden / Röcke / Ärmel / Hosen · Sie hat sich ihr Kleid weiter machen lassen.
4. *in hohem Maße:* weit besser / größer / schöner sein · Sie war ihrer Gegnerin weit unterlegen / überlegen.

wei|ten ['vai̯tn̩], weitet, weitete, hat geweitet:
weiter machen: Wir müssen die Schuhe weiten lassen.

▶ **wei|ter** ['vai̯tɐ]:
1. *außerdem, sonst:* Weiter habe ich nichts erfahren können.
2. *zukünftig:* Wir werden auch weiter für euch da sein.

▶ die **Wei|ter|bil|dung** ['vai̯tɐbɪldʊŋ], der Weiterbildung:
zusätzliche Ausbildung, Fortbildung: eine fachliche / politische Weiterbildung.

wei|ter|fah|ren ['vai̯tɐfa:rən], fährt weiter, fuhr weiter, ist weitergefahren:
die Fahrt fortsetzen: In zwei Minuten fährt der Zug weiter. · Wir nahmen erst die Straßenbahn und fuhren dann mit dem Bus weiter.

wei|ter|ge|ben ['vai̯tɐge:bn̩], gibt weiter, gab weiter, hat weitergegeben:
etwas, was man bekommen hat, einem anderen geben: Informationen / einen Bericht weitergeben · Bitte geben Sie die Liste mit den Unterschriften bald weiter!

wei|ter|ge|hen ['vai̯tɐge:ən], geht weiter, ging weiter, ist weitergegangen:
1. *das Gehen fortsetzen:* Bitte weitergehen, nicht stehen bleiben!
2. *fortgesetzt werden:* Wie geht die Geschichte weiter? · So kann das nicht weitergehen, wir geben zu viel Geld aus!

wei|ter|hin ['vai̯tɐ'hɪn]:
auch künftig: Ihr müsst die Entwicklung weiterhin beobachten. · Wir werden uns auch weiterhin um dich kümmern.

wei|ter|ma|chen ['vai̯tɐmaxn̩], macht weiter, machte weiter, hat weitergemacht:
sein Tun fortsetzen: mit der Ausbildung / einer Untersuchung / dem Fußball weitermachen · Die Pause ist zu Ende, wir müssen jetzt weitermachen.

weit|ge|hend ['vai̯tge:ənt], weiter gehend/weitgehender, am weitestgehenden/weitgehendsten:
fast vollständig: Die Band war damals noch weitgehend unbekannt. · Unsere Ansichten stimmen weitgehend überein.

der **Wei|zen** ['vai̯tsn̩], des Weizens:
Getreide, aus dem das weiße Mehl für Kuchen und Brot gemacht wird: Weizen säen / ernten.

▶ **welch** [vɛlç], welcher, welche, welches:
1. *der, die, das:* alle Firmen / diejenigen [Personen], welche von der neuen Regelung betroffen sind.
2. bezieht sich auf eine Person oder Sache aus einer Gruppe: Welche Blume gefällt dir am besten? · In welcher Stadt wohnen Sie? · Sie wusste nicht, welcher Bus zum Bahnhof fährt.

wel|ken ['vɛlkn̩], welkt, welkte, ist gewelkt:
(von Blumen, Gemüse) schlaff, trocken, braun werden: die Rose / der Salat welkt.

die **Wel|le** ['vɛlə], der Welle, die Wellen:
1. *der Teil des Wassers, der an der Oberfläche die Bewegung durch den Wind zeigt:* hohe Wellen · auf den Wellen schaukeln · Die Wellen schlugen gegen die steile Küste.
2. *ein Geschehen, das sich bemerkbar und ziemlich schnell steigert, ein großes Ausmaß erreicht:* eine Welle der Begeisterung / der Gewalt · Es gab eine Welle wütender Proteste, als die Steuern erhöht werden sollten.

die **Welt** [vɛlt], der Welt, die Welten:
1. ⟨ohne Plural⟩ *der Planet Erde als der Ort, auf dem alle Menschen leben:* um die Welt reisen · Touristen aus der ganzen Welt haben das Schloss besucht.
2. *alles, was mit einer Gruppe, einer Person oder Sache in einem eigenen Zusammenhang steht:* die Welt der Insekten / der Musik / des Sports / des Konsums · Sie lebt in ihrer eigenen Welt der Träume.

das **Welt|all** ['vɛlt|al], des Weltalls:
der ganze Weltraum und alles, was es darin gibt: das unendliche Weltall erforschen · eine Rakete ins Weltall schießen.

der **Welt|krieg** ['vɛltkri:k], des Weltkrieg[e]s, die Weltkriege:
Krieg, an dem viele große Staaten beteiligt sind: Er war Soldat im letzten Weltkrieg.

der **Welt|meis|ter** ['vɛltmai̯stɐ], des Weltmeisters, die Weltmeister, die **Welt|meis|te|rin** ['vɛltmai̯stərɪn], der Weltmeisterin, die Weltmeisterinnen:
Person oder Mannschaft, die eine Weltmeisterschaft gewonnen hat: Weltmeister / Weltmeisterin im Fußball sein.

die **Welt|meis|ter|schaft** ['vɛltmai̯stɐʃaft], der Weltmeisterschaft, die Weltmeisterschaften:
Wettkampf, bei dem die Besten der Welt (in einer Sportart) ermittelt werden: die Weltmeisterschaft im Fußball gewinnen.

der **Welt|raum** ['vɛltrau̯m], des Weltraum[e]s:
der gesamte Raum außerhalb der Erde, in dem alle Sterne und alle anderen Planeten sind: den unendlichen Weltraum erforschen · einen Satelliten in den Weltraum befördern.

welt|weit ['vɛltvai̯t]:
die ganze Welt umfassend; in der ganzen Welt: weltweite Verbreitung finden · Die Firma ist weltweit bekannt.

wem [ve:m]:
↑wer.

▶ **wen** [ve:n]:
↑wer.

die **Wen|de** ['vɛndə], der Wende, die Wenden:
1. *Wechsel, entscheidende Veränderung:* eine Wende in der Politik · eine Wende zum Guten / Schlechten · Die Begegnung mit dem Papst bedeutete eine Wende in seinem Leben.
2. *Übergang von einer Epoche zur nächsten:* an der Wende zu einer neuen Zeit stehen.

▶ **wen|den** ['vɛndn̩]:
1. ⟨wendet, wendete, hat gewendet⟩ *durch Drehen in eine neue Lage, Position bringen:* den Braten im Topf wenden.
2. ⟨wendet, wendete, hat gewendet⟩ *durch Drehen in die entgegengesetzte Richtung bringen, die entgegengesetzte Richtung nehmen:* das Auto / das Schiff wenden · Das Auto wendete und fuhr wieder zurück.
3. ⟨wendet sich, wendete / wandte sich, hat sich gewendet / gewandt⟩ *eine Frage, eine Bitte an eine Person richten:* sich mit einem Anliegen an die zuständige Behörde wenden · Als sie Geld brauchte, wendete / wandte sie sich an ihren reichen Onkel.

▶ **we|nig** ['ve:nɪç], weniger, am wenigsten:
1. *nicht viel, in geringem Ausmaß:* wenig Zeit / Geld / Geduld haben · wenig essen / trinken / reden · Die Pflanze braucht nur wenig Wasser. · Wir haben in den letzten Wochen zu wenig *(zu selten, zu kurz)* geschlafen.
2. *eine geringe Anzahl:* Wenige Menschen waren bereit, uns zu helfen. · Sie hat nur noch wenige Freunde. · Der Sturm hat nur wenige Schäden verursacht.

▶ **we|nigs|tens** ['ve:nɪçstn̩s]:
als wenigstes, das doch noch: Es ist zwar kalt, aber wenigstens regnet es nicht. · Wir haben wenigstens genug zu essen. · Du hättest dich wenigstens entschuldigen können.

▶ **wenn** [vɛn]:
1. *unter der Voraussetzung, dass …:* Wenn ihr wollt, könnt ihr mitkommen. · Er wird euch helfen, wenn ihr ihn darum bittet.
2. *zu dem Zeitpunkt:* Wenn es Winter wird, fliegen viele Vögel in den Süden. · Es gibt erst etwas zu essen, wenn ihr mit der Arbeit fertig seid.

▶ **wer** [ve:ɐ̯], wessen, wem, wen:
1. fragt nach Personen: Wer sind Sie? ·

Wen hast du angerufen? · Wem gehört das Fahrrad? · Wessen Bücher sind das? · Für wen ist das Geschenk? · Ich weiß nicht, wer das war.
2. *die Person, die:* Wer die richtige Antwort weiß, soll sich melden. · Wem das nicht gefällt, der muss es nicht kaufen. · Wen ich nicht kenne, dem leihe ich kein Geld.

wer|ben [ˈvɛrbn̩], wirbt, warb, hat geworben:
1. *für etwas Werbung machen:* mit Anzeigen / auf Plakaten / im Fernsehen für etwas werben · Die Firma wirbt für ihr neues Produkt.
2. (gehoben) *sich bemühen, etwas von jemandem zu bekommen:* Die Partei hat um das Vertrauen / die Stimmen der Wählerinnen und Wähler geworben.

▶ die **Wer|bung** [ˈvɛrbʊŋ], der Werbung, die Werbungen:
Maßnahmen, Tätigkeiten, mit denen Menschen dazu veranlasst werden sollen, bestimmte Produkte zu kaufen oder Parteien zu wählen: Werbung für Waschmittel / Bücher / Autos machen · Die Firma hat viel Geld für die Werbung ausgegeben.

▶ **wer|den** [ˈveːɐ̯dn̩]:
1. ⟨wird, wurde, ist geworden⟩ *sich ändern, entwickeln, verwandeln:* müde / wach / krank / kalt / warm / nass werden · Sie wird morgen 21 Jahre alt. · Unsere Tochter will Ärztin werden. · Er ist zu einem erfolgreichen Schriftsteller geworden. · In einer Stunde wird es draußen dunkel. · Es ist Herbst geworden. · Mir wurde heiß / schwindelig / übel *(ich empfand Hitze / Schwindel / Übelkeit).*
2. ⟨wird⟩ dient dazu, Zukünftiges auszudrücken: Wir werden im Sommer in Urlaub fahren. · Bald wird die Sonne wieder scheinen.
3. ⟨wird, wurde, ist worden⟩ dient dazu, ein passives Geschehen auszudrücken: Das Kind wird getragen. · Wir sind beobachtet worden. · Es wurde viel Bier getrunken.
4. ⟨würde⟩ dient dazu, eine Möglichkeit, einen Wunsch auszudrücken: Wir würden dir helfen, wenn du in Schwierigkeiten geraten würdest. · Sie würde so gern einmal ans Meer fahren. · Würden Sie mir bitte die Speisekarte bringen?

▶ **wer|fen** [ˈvɛrfn̩], wirft, warf, hat geworfen:
1. *bewirken, dass etwas mit Schwung durch die Luft fliegt:* einen Ball gegen die Wand / in den Korb werfen · einen Stein ins Wasser werfen · Sie hat ihren Mantel einfach auf den Boden geworfen. · die Tür ins Schloss werfen *(sehr laut und heftig schließen).*
2. ⟨+ sich⟩ *sich mit Wucht fallen lassen:* sich ins Bett / auf den Sessel / ins Gras werfen · Der Torwart warf sich in die linke Ecke des Tors.

die **Werft** [vɛrft], der Werft, die Werften:
Anlage zum Bauen und Reparieren von Schiffen: In der Werft wird eines der größten Schiffe der Welt gebaut.

▶ das **Werk** [vɛrk], des Werk[e]s, die Werke:
1. *Arbeit, Tätigkeit:* das Werk eines Fachmanns · Dieses Verbrechen war das Werk eines Wahnsinnigen.
2. *Ergebnis künstlerischer Arbeit:* ein Werk der Literatur / Musik / Malerei · Im Museum waren die berühmtesten Werke des Malers ausgestellt.
3. *Fabrik, größere technische Anlage:* ein Werk bauen / eröffnen / schließen · In dem neuen Werk werden Kühlschränke hergestellt.
4. *technischer Teil im Inneren eines Apparates, mit dem er bewegt wird:* das Werk einer Uhr / eines Spielzeugs reparieren.

▶ die **Werk|statt** [ˈvɛrkʃtat], der Werkstatt, die Werkstätten [ˈvɛrkʃtɛtn̩]:
Raum, in dem mit Werkzeugen und Maschinen gearbeitet wird: in der Werkstatt arbeiten · sein Auto in der Werkstatt reparieren lassen.

werk|tags [ˈvɛrktaːks]:
an Tagen, die keine Feiertage oder Sonntage sind: Dieser Zug fährt nur werktags. · Der Supermarkt ist werktags von 8 bis 22 Uhr geöffnet.

▶ das **Werk|zeug** [ˈvɛrkt͜sɔ͜yk], des Werkzeug[e]s, die Werkzeuge:
Gegenstand, mit dem etwas bearbeitet werden kann: mit verschiedenen Werkzeugen zum Bohren und Schleifen arbeiten · seine Werkzeuge aufräumen · Der Handwerker hatte Hammer, Zange, Schraubenzieher und anderes Werkzeug mitgebracht.

▶ **wert** [veːɐ̯t]:
*** etwas wert sein:** *einen bestimmten Wert, Preis haben:* viel / wenig / nichts wert sein · Der Schmuck ist mindestens tausend Euro wert.

▶ der **Wert** [veːɐ̯t], des Wert[e]s, die Werte:
1. *Betrag, zu dem man etwas kaufen kann:* einen Wert von 100 Euro haben · Der Wert des Hauses wurde geschätzt, bevor man es zum Kauf angeboten hat.

2. *Bedeutung:* Deine Hilfe ist von großem Wert für uns.; * **Wert auf etwas legen:** *etwas für sehr wichtig halten:* Wir legen großen Wert auf pünktliche Bezahlung.
3. *in Zahlen ausgedrücktes, durch Messen gewonnenes Ergebnis:* hohe / niedrige Werte messen / feststellen / beobachten · Alle Untersuchungen haben nur ganz normale Werte ergeben.

wer|ten ['ve:ɐ̯tn̩], wertet, wertete, hat gewertet:
bewerten: etwas als Erfolg / Misserfolg werten · Ihr letzter Sprung wurde als ungültig gewertet.

▸ **wert|los** ['ve:ɐ̯tlo:s], wertloser, am wertlosesten:
ohne Wert: das wertlose Zeug wegwerfen.

▸ **wert|voll** ['ve:ɐ̯tfɔl], wertvoller, am wertvollsten:
1. *von hohem Wert, teuer:* wertvolle alte Möbel / Bücher / Teppiche · Der Schmuck ist sehr wertvoll.
2. *nützlich:* ein wertvoller Ratschlag / Hinweis · Deine Erfahrung ist für uns sehr wertvoll.

das **We|sen** ['ve:zn̩], des Wesens, die Wesen:
1. *das, was eine Sache besonders kennzeichnet:* das Wesen der Kunst / Musik verstehen.
2. *Charakter, Art eines Menschen:* Sie hat ein friedliches / freundliches / energisches Wesen.
3. *etwas, was in bestimmter Weise erscheint, existiert:* ein menschliches Wesen *(ein Mensch)* · Seine Geschichten handelten von fantastischen und unheimlichen Wesen.

we|sent|lich ['ve:zn̩tlɪç]:
1. ⟨wesentlicher, am wesentlichsten⟩ *bedeutend, wichtig:* ein wesentlicher Unterschied · sich auf das Wesentliche konzentrieren.
2. *in hohem Maße, sehr:* wesentlich besser / schöner / länger · Das Haus ist wesentlich älter, als wir dachten.

▸ **wes|halb** ['vɛshalp]:
aus welchem Grund: Weshalb hast du so schlechte Laune? · Weshalb bekommt er mehr Geld als ich? · Ich weiß, weshalb sie nicht kommen will.

die **Wes|pe** ['vɛspə], der Wespe, die Wespen:
Insekt, das einer Biene ähnlich sieht und dessen Stich sehr wehtut: Sie wurde von einer Wespe gestochen.

▸ **wes|sen** ['vɛsn̩]:
↑wer.

▸ **West** [vɛst]:
Westen: die Grenze zwischen Ost und West.

die **Wes|te** ['vɛstə], der Weste, die Westen:
Kleidungsstück ohne Ärmel, das vorn Knöpfe hat und über einer Bluse oder einem Hemd getragen wird: Er trug einen Anzug mit Weste.

▸ der **Wes|ten** ['vɛstn̩], des Westens:
1. *Richtung am Himmel, in der die Sonne untergeht:* Wir gehen / fahren nach Westen. · Im Westen zogen dunkle Wolken auf.
2. *westlicher Teil von etwas:* Im Westen der Stadt wohnen die reichen Leute.

▸ **west|lich** ['vɛstlɪç], westlicher, am westlichsten:
1. *im Westen liegend:* der westliche Teil der Stadt / des Landes / des Gebirges.
2. *nach Westen gerichtet:* sich in westlicher Richtung bewegen.

▸ der **Wett|be|werb** ['vɛtbəvɛrp], des Wettbewerb[e]s, die Wettbewerbe:
Veranstaltung, deren Teilnehmer sich bemühen, besser zu sein als andere, um ein bestimmtes Ziel zu erreichen, etwas zu gewinnen: in einem sportlichen Wettbewerb siegen · Sie bekam den ersten Preis in einem Wettbewerb um den schönsten Garten.

die **Wet|te** ['vɛtə], der Wette, die Wetten:
Vereinbarung, nach der eine Person, die etwas richtig vorausgesagt hat, einen festgelegten Preis bekommt: eine Wette gewinnen / verlieren · Bei der Wette ging es um 100 Euro.

▸ **wet|ten** ['vɛtn̩], wettet, wettete, hat gewettet:
eine Wette abschließen: mit jemandem um Geld / um eine Flasche Wein wetten · Ich wette, dass ich schneller laufen kann als du.

▸ das **Wet|ter** ['vɛtɐ], des Wetters:
das wechselnde Erscheinen von Sonne, Regen, Wind, Schnee, Kälte, Wärme: schönes / schlechtes / warmes Wetter · Wie wird das Wetter heute? · Die Kinder spielen bei jedem Wetter draußen.

▸ der **Wet|ter|be|richt** ['vɛtɐbərɪçt], des Wetterbericht[e]s, die Wetterberichte:
Information darüber, wie das Wetter sein wird: Der Wetterbericht sagt für morgen Regen und Gewitter voraus.

▸ die **Wet|ter|vor|her|sa|ge** ['vɛtɐfo:ɐ̯he:ɐ̯za:gə], der Wettervorhersage, die Wettervorhersagen:
Wetterbericht: die aktuelle Wettervorhersage im Internet / Radio.

der **Wett|kampf** ['vɛtkampf], des Wettkampf[e]s, die Wettkämpfe ['vɛtkɛmpfə]: *Wettbewerb im Sport:* Die olympischen Wettkämpfe finden alle vier Jahre statt.

▶ **wich|tig** ['vɪçtɪç], wichtiger, am wichtigsten: *von der Art, dass man nur schwer darauf verzichten kann, dass man es dringend beachten sollte:* wichtige Gründe / Entscheidungen / Termine / Dokumente · Ich habe eine wichtige Mitteilung für Sie. · Deine Meinung ist uns sehr wichtig. · Es ist nicht so wichtig, wer die Idee zuerst gehabt hat.

wi|ckeln ['vɪkl̩n], wickelt, wickelte, hat gewickelt:
1. *(mehrfach) dicht um etwas legen:* Schnur auf eine Rolle wickeln · sich einen Schal um den Hals wickeln.
2. *mit einer Art Hülle umgeben:* Sie wickelte den Fisch in eine alte Zeitung.
3. *mit einer Windel versorgen:* ein Baby wickeln.

wi|der ['vi:dɐ] (gehoben):
drückt einen Gegensatz aus: Sie wurde wider ihren Willen festgehalten.

▶ **wi|der|spre|chen** [vi:dɐ'ʃprɛçn̩], widerspricht, widersprach, hat widersprochen:
1. *sagen, dass man anderer, entgegengesetzter Meinung ist:* Sie hat mir energisch / höflich widersprochen. · In diesem Punkt muss ich Ihnen widersprechen.
2. *im Gegensatz zu etwas stehen:* einer Regel / einer Erfahrung / einem Gefühl widersprechen.

der **Wi|der|spruch** ['vi:dɐʃprʊx], des Widerspruch[e]s, die Widersprüche ['vi:dɐʃprʏçə]:
1. *Äußerung, die einer anderen Meinung widerspricht:* Der Vorschlag wurde ohne Widerspruch angenommen.
2. *Gegensatz, fehlendes Übereinstimmen:* Es gibt einen Widerspruch zwischen Wunsch und Wirklichkeit.

wi|der|sprüch|lich ['vi:dɐʃprʏçlɪç], widersprüchlicher, am widersprüchlichsten: *einander widersprechend:* widersprüchliche Aussagen / Meinungen / Hinweise · Es gibt widersprüchliche Meldungen aus dem Ausland.

der **Wi|der|stand** ['vi:dɐʃtant], des Widerstand[e]s, die Widerstände ['vi:dɐʃtɛndə]:
1. *Handlung oder Haltung, mit der man sich gegen etwas wehrt:* den Widerstand gegen ein neues Gesetz organisieren · Es gab heftigen Widerstand gegen die Pläne der Regierung.
2. *etwas, was es schwer macht, etwas zu erreichen:* Trotz einiger Widerstände konnten wir unsere Ziele verwirklichen.

wid|men ['vɪtmən], widmet, widmete, hat gewidmet:
1. *ein künstlerisches Werk als für eine Person geschaffen erklären:* ein Buch einem guten Freund widmen · Sie hat dieses Lied ihren Eltern gewidmet.
2. *für eine Person oder Sache einsetzen:* seine Arbeit / sein Vermögen / seine Zeit den Armen und Kranken widmen.
3. ⟨+ sich⟩ *sich gründlich mit etwas beschäftigen:* sich seinem Beruf / einer Sportart / der Politik widmen.

▶ **wie** [vi:]:
1. *auf welche Art und Weise:* Wie sollen wir das machen? · Wie kann man das erklären? · Sagen Sie mir bitte, wie ich zum Bahnhof komme. · Ich weiß nicht, wie er heißt *(kenne seinen Namen nicht).*
2. fragt nach etwas, was gemessen oder gezählt wird: Wie alt ist er? · Wie groß ist das Haus? · Wie viele Personen nehmen teil?
3. verstärkt Äußerungen der Freude, des Bedauerns, des Erstaunens: Wie schön das hier ist! · Wie schade, dass Ihr nicht kommen könnt! · Wie schnell die Zeit vergangen ist!
4. drückt einen Vergleich aus: Sie ist so hübsch / intelligent / fleißig wie ihre Schwester. · Wir waren wie immer sehr gut untergebracht. · Das Regal ist so breit, wie es hoch ist.

▶ **wie|der** ['vi:dɐ]:
1. *wie vorher, früher schon einmal:* Wir werden im Sommer wieder verreisen. · Der Zug war wieder nicht pünktlich. · Hast du schon wieder so viel Bier getrunken?
2. drückt aus, dass etwas so ist oder wird, wie es vorher war: Das Badezimmer ist jetzt wieder frei. · Den zerbrochenen Stuhl kann man wieder reparieren. · Wir wollen uns wieder vertragen.

wie|der|fin|den ['vi:dɐfɪndn̩], findet wieder, fand wieder, hat wiedergefunden: *etwas finden, was man verloren hatte:* Ich habe den Schlüssel / meine Brieftasche / meine Brille wiedergefunden.

wie|der|ge|ben ['vi:dɐge:bn̩], gibt wieder, gab wieder, hat wiedergegeben:
1. *einer Person etwas geben, von der man es vorher bekommen hat:* Ich kann dir das Geld erst nächste Woche wiedergeben.

2. *beschreiben, berichten:* Der Verlauf der Besprechung wurde im Protokoll nicht ganz richtig wiedergegeben.

¹**wie|der|ho|len** ['vi:dɐho:lən], holt wieder, holte wieder, hat wiedergeholt:
etwas an einen Ort holen, von dem es vorher zu einem anderen Ort gebracht wurde: Ich habe dein Buch gelesen, du kannst es dir jetzt wiederholen.

► ²**wie|der|ho|len** [vi:dɐ'ho:lən], wiederholt, wiederholte, hat wiederholt:
1. *noch einmal sagen oder tun:* eine Warnung / eine Bitte / eine Aufforderung wiederholen · Die Prüfung musste wiederholt werden. · Können Sie bitte den letzten Satz noch einmal wiederholen?
2. ⟨+ sich⟩ *noch einmal geschehen:* So ein Fehler darf sich nicht wiederholen.

wie|der|holt [vi:dɐ'ho:lt]:
mehrere Male [erfolgend]: Er hat wiederholt gegen die Regeln verstoßen. · Trotz wiederholter Aufforderung öffnete sie nicht die Tür.

► die **Wie|der|ho|lung** [vi:dɐ'ho:lʊŋ], der Wiederholung, die Wiederholungen:
1. *Vorgang, bei dem etwas noch einmal gemacht wird:* die Wiederholung einer Prüfung / einer Untersuchung · Eine Wiederholung der Wahl ist nicht zu erwarten.
2. *Sendung, die im Rundfunk oder Fernsehen wiederholt wird:* Es werden immer mehr Wiederholungen gesendet.

Wie|der|hö|ren ['vi:dɐhø:rən]:
* **auf Wiederhören!:** Ausdruck, mit dem man sich beim Telefonieren oder im Rundfunk verabschiedet: Danke für das Gespräch und auf Wiederhören! · Wir beenden jetzt unser Programm und sagen »Auf Wiederhören«!

wie|der|kom|men ['vi:dɐkɔmən], kommt wieder, kam wieder, ist wiedergekommen:
1. *zurück an den Ort kommen, von dem man sich entfernt hat:* Nicht weinen, deine Mama kommt ja gleich wieder! · Wenn ich wiederkomme, bringe ich euch etwas Schönes mit.
2. *erneut erscheinen, auftreten:* Die Kopfschmerzen sind am Abend wiedergekommen. · So eine gute Gelegenheit kommt vielleicht nie wieder.

wie|der|se|hen ['vi:dɐze:ən], sieht wieder, sah wieder, hat wiedergesehen:
nach einer Trennung erneut treffen: Er hat seine Kinder erst nach Jahren wiedergesehen. · Ich würde mich freuen, wenn wir uns bald wiedersehen könnten. · Wann siehst du deinen Freund wieder?

das **Wie|der|se|hen** ['vi:dɐze:ən]:
1. *neue Begegnung mit einer Person, von der man getrennt war:* Wir feierten unser Wiedersehen mit einer Flasche Sekt.
2. * **auf Wiedersehen!:** Ausdruck, mit dem man sich verabschiedet: Auf Wiedersehen, und kommen Sie gut nach Hause! · Bevor wir gehen, wollen wir noch Auf Wiedersehen sagen.

die **Wie|der|ver|ei|ni|gung** ['vi:dɐfɛɐ̯laini̯gʊŋ], der Wiedervereinigung, die Wiedervereinigungen:
die Vereinigung von etwas, was zuvor geteilt wurde: die Wiedervereinigung Deutschlands.

die **Wie|ge** ['vi:gə], der Wiege, die Wiegen:
Bett für Babys, das man schaukeln kann: die Wiege / das Baby in der Wiege schaukeln.

► **wie|gen** ['vi:gn̩], wiegt, wog, hat gewogen:
1. *mit einer Waage das Gewicht einer Person oder Sache bestimmen:* ein Baby / das Gepäck / die Kartoffeln wiegen · Sie wog die Äpfel und rechnete den Preis aus.
2. *ein bestimmtes Gewicht haben:* viel / wenig / ein Kilo wiegen · Wie viel wiegt so eine Elefant?

wie|hern ['vi:ɐn], wiehert, wieherte, hat gewiehert:
helle, laute, für Pferde typische Töne hören lassen: Die Pferde wieherten im Stall. · Er lachte wiehernd über jeden Witz, den wir ihm erzählten.

► die **Wie|se** ['vi:zə], der Wiese, die Wiesen:
mit Gras bewachsene größere Fläche: grüne / frisch gemähte / feuchte Wiesen · Die Kinder spielen auf der Wiese. · Die Kühe fressen das Gras auf der Wiese.

► **wie|so** [vi'zo:]:
warum: Wieso hast du schon wieder kein Geld mehr? · Sie hat sich über mich geärgert, aber ich weiß wirklich nicht, wieso.

wie|weit [vi'vai̯t]:
in welchem Umfang: Ich wüsste gern, wieweit seine Angaben zuverlässig sind.

► **wild** [vɪlt], wilder, am wildesten:
1. *in der Natur lebend oder wachsend, nicht im Garten oder auf dem Bauernhof:* wilde Tiere / Pflanzen · wild wachsende Rosen / Kirschen.
2. *sehr lebhaft, nicht brav:* wilde Spiele / Leidenschaften · Die Menschen rannten in wilder Flucht aus der Stadt.
3. *sehr wütend:* wilde Kämpfe / Auseinandersetzungen · Er wurde richtig

wild, als er den Kratzer an seinem neuen Auto sah.

das **Wild** [vɪlt], des Wild[e]s:
1. *wild lebende Tiere, die gejagt werden dürfen:* Jäger füttern das Wild in strengen Wintern.
2. *Fleisch von auf der Jagd geschossenen Tieren:* Auf der Speisekarte steht heute Wild.

das **Wild|schwein** ['vɪltʃvai̯n], des Wildschwein[e]s, die Wildschweine:
im Wald wild lebendes Schwein: Wildschweine haben alles gefressen, was auf den Feldern wuchs.

der **Wil|le** ['vɪlə], des Willens:
Fähigkeit des Menschen, sich zu etwas zu entschließen, sich vorzunehmen, etwas zu erreichen: etwas aus freiem Willen tun *(ohne dazu gezwungen zu werden)* · Sie hatte den festen Willen, nicht mehr zu rauchen. · Ich musste gegen meinen Willen *(obwohl ich es nicht wollte)* mit diesen Menschen zusammenarbeiten.

▶ **will|kom|men** [vɪl'kɔmən], willkommener, am willkommensten:
angenehm, passend: eine willkommene finanzielle Hilfe · Du bist uns ein willkommener Gast / uns immer willkommen. · Ich möchte Sie alle herzlich willkommen heißen *(begrüßen).*

wim|meln ['vɪml̩n], wimmelt, wimmelte, hat gewimmelt:
voll von einer Menge sein, in der sich Personen oder Dinge rasch in verschiedene Richtungen bewegen, ohne dass man eine Ordnung darin erkennen kann: Im Sommer wimmelt der Strand von Menschen. · In der Wohnung wimmelte es von Ungeziefer. · In seinem Aufsatz wimmelt es nur so von Fehlern *(gibt es sehr viele Fehler).*

die **Wim|per** ['vɪmpɐ], der Wimper, die Wimpern:
kurzes Haar am Rand des Lides: lange / schwarze Wimpern haben · Mir ist eine Wimper ins Auge gekommen.

▶ der **Wind** [vɪnt], des Wind[e]s, die Winde:
stärker bewegte Luft (in der freien Natur): kalter / warmer / sanfter / stürmischer Wind · Der Wind weht von Osten. · Trotz Wind und Regen machte sie ihren Spaziergang.

die **Win|del** ['vɪndl̩], der Windel, die Windeln:
weiches Stück Tuch oder Kunststoff, das um den Po eines Babys gelegt wird (für Kot und Urin): einem Baby die Windel wechseln.

▶ **win|dig** ['vɪndɪç], windiger, am windigsten:
mit dauernd oder immer wieder wehendem Wind: windiges Wetter · Draußen ist es windig.

der **Win|kel** ['vɪŋkl̩], des Winkels, die Winkel:
1. *in der Geometrie etwas, was aus zwei geraden Linien mit einem gemeinsamen Punkt gebildet wird:* ein stumpfer / spitzer Winkel.
2. *Ecke in einem Raum:* in allen Winkeln nach etwas suchen · In einem Winkel stand ein Tisch mit zwei Stühlen.

▶ **win|ken** ['vɪŋkn̩], winkt, winkte, hat gewinkt / gewunken:
mit der Hand oder einem Gegenstand durch eine Bewegung ein Zeichen geben: Der Schiedsrichter winkte die beiden Spieler zu sich. · Die Kinder winkten mit kleinen bunten Fahnen.

▶ der **Win|ter** ['vɪntɐ], des Winters, die Winter:
Jahreszeit zwischen Herbst und Frühling: ein kalter / milder / langer Winter · Im letzten Winter hat es viel geschneit.

win|zig ['vɪnt͜sɪç], winziger, am winzigsten:
sehr klein: winzige Stücke / Punkte / Mengen / Insekten / Häuser · So ein Baby hat noch ganz winzige Hände.

▶ **wir** [vi:ɐ̯]:
bezeichnet eine Gruppe von Personen, zu denen man selbst gehört: wir Menschen / Schüler / Frauen · Wir sind alle einverstanden. · Wenn ihr wollt, können wir zusammen ins Kino gehen.

die **Wir|bel|säu|le** ['vɪrbl̩zɔy̯lə], der Wirbelsäule, die Wirbelsäulen:
der mittlere lange Teil des Skeletts beim Menschen und bestimmten Tieren, der aus einzelnen kurzen Knochen zusammengesetzt ist: Sie hat sich bei einem Unfall die Wirbelsäule verletzt. · Diese Übung ist gut für die Wirbelsäule.

▶ **wir|ken** ['vɪrkn̩], wirkt, wirkte, hat gewirkt:
1. *ein bestimmtes Ergebnis haben, zu einer bestimmten Reaktion führen:* Das Medikament hat schnell gewirkt. · Ihre Worte wirkten beruhigend auf die wütende Menge.
2. *einen bestimmten Eindruck machen:* Sie wirkte zufrieden / fröhlich / gut informiert. · Das Zimmer wirkt durch den Spiegel doppelt so groß.

▶ **wirk|lich** ['vɪrklɪç]:
1. bekräftigt, verstärkt eine Aussage: Es ist wirklich wahr. · Wir haben wirklich nichts davon gewusst. · Sie sollten wirklich besser aufpassen!

2. *den Tatsachen entsprechend, wahr:* Das wirkliche Leben ist anders, als es in Romanen beschrieben wird.

die **Wirk|lich|keit** ['vɪrklɪçkai̯t], der Wirklichkeit, die Wirklichkeiten:
was den Tatsachen, der Erfahrung entspricht; was nicht geträumt oder ausgedacht ist: die politische / gesellschaftliche / soziale Wirklichkeit eines Landes · Seine Träume sind Wirklichkeit geworden. · Es war in Wirklichkeit *(tatsächlich)* alles ganz anders.

wirk|sam ['vɪrkza:m], wirksamer, am wirksamsten:
in der beabsichtigten Weise wirkend: ein wirksames Mittel / Medikament · die Kriminalität wirksam bekämpfen.

die **Wir|kung** ['vɪrkʊŋ], der Wirkung, die Wirkungen:
durch etwas verursachte Veränderung: Das Medikament hatte nicht die gewünschte Wirkung. · Man muss zwischen Ursache und Wirkung unterscheiden.

wirr [vɪr], wirrer, am wirrsten:
1. *unordentlich, durcheinander:* Die Haare hingen ihr wirr ins Gesicht.
2. *unklar, kaum verständlich:* wirre Worte / Gedanken / Träume.

der **Wirt** [vɪrt], des Wirt[e]s, die Wirte, die **Wir|tin** ['vɪrtɪn], der Wirtin, die Wirtinnen:
Person, die eine Gaststätte betreibt: Der Wirt stellte ein Bier auf die Theke. · Wir baten die Wirtin um die Speisekarte.

die **Wirt|schaft** ['vɪrtʃaft], der Wirtschaft, die Wirtschaften:
1. *alles, was mit der Produktion, dem Handel und dem Konsum von Waren zu tun hat:* die Wirtschaft eines Landes fördern · Das Wachstum der Wirtschaft ist langsamer geworden.
2. *einfachere Gaststätte:* in die Wirtschaft gehen, um ein Bier zu trinken.

wirt|schaft|lich ['vɪrtʃaftlɪç]:
1. *die Wirtschaft betreffend:* wirtschaftliche Interessen / Fragen / Probleme · Die wirtschaftliche Lage des Landes hat sich gebessert.
2. ⟨wirtschaftlicher, am wirtschaftlichsten⟩ *sparsam, finanziell günstig:* ein wirtschaftliches Auto / Verfahren · Die neuen Maschinen arbeiten sehr wirtschaftlich.

wi|schen ['vɪʃn̩], wischt, wischte, hat gewischt:
1. *mit einer gleitenden Bewegung von einer Oberfläche entfernen:* sich den Schweiß von der Stirn wischen · Wir müssen im Wohnzimmer Staub wischen.
2. *mit einem feuchten Lappen putzen:* die Treppe / den Fußboden wischen.

wis|sen ['vɪsn̩], weiß, wusste, hat gewusst:
1. *im Gedächtnis, im Bewusstsein haben und mit Sicherheit sagen können:* Wir wissen ihren Namen und ihre Adresse. · Ich weiß, was du kannst / wer du bist / wann der Zug kommt. · Wer weiß die richtige Antwort? · Er weiß sich zu helfen *(braucht keine Hilfe anderer).*
2. *sich sicher sein:* Sie ist eine Frau, die weiß, was sie will.

das **Wis|sen** ['vɪsn̩], des Wissens:
alle Kenntnisse, die eine Person hat: Ihr Wissen im Bereich der EDV ist beeindruckend.

die **Wis|sen|schaft** ['vɪsn̩ʃaft], der Wissenschaft, die Wissenschaften:
Bereich, in dem durch Forschung das Wissen vermehrt wird: Die Wissenschaft kann erklären, warum es auf der Erde wärmer wird. · Geometrie ist eine schon sehr alte Wissenschaft.

der **Wis|sen|schaft|ler** ['vɪsn̩ʃaftlɐ], des Wissenschaftlers, die Wissenschaftler, die **Wis|sen|schaft|le|rin** ['vɪsn̩ʃaftlərɪn], der Wissenschaftlerin, die Wissenschaftlerinnen:
Person, die in der Wissenschaft arbeitet: eine bedeutende / erfolgreiche Wissenschaftlerin · Wissenschaftler und Wissenschaftlerinnen aus vielen Ländern haben an dem Kongress teilgenommen.

wis|sen|schaft|lich ['vɪsn̩ʃaftlɪç]:
die Wissenschaft betreffend: wissenschaftliche Methoden / Untersuchungen / Literatur · wissenschaftlich arbeiten.

die **Wit|we** ['vɪtvə], der Witwe, die Witwen:
Frau, deren Ehemann gestorben ist: Sie ist seit zwei Jahren Witwe.

der **Wit|wer** ['vɪtvɐ], des Witwers, die Witwer:
Mann, dessen Ehefrau gestorben ist: Seit er Witwer ist, lebt er bei seinen Kindern.

der **Witz** [vɪt͜s], des Witzes, die Witze:
kurze Geschichte, deren überraschendes Ende zum Lachen reizt: ein guter / schlechter / alter Witz · einen Witz erzählen.

wit|zig ['vɪt͜sɪç], witziger, am witzigsten:
lustig, zum Lachen reizend: eine witzige Antwort / Rede / Zeichnung · Er kann als Schauspieler sehr witzig sein.

wo [vo]:
1. *an welchem Ort:* Wo bist du? · Wo

finde ich das Büro der Direktorin? · Niemand weiß, wo der Schatz versteckt ist.
2. leitet die genauere Angabe eines Ortes ein: Das ist das Krankenhaus, wo ich geboren wurde. · Zeig uns die Stelle, wo das Unglück passiert ist.

die **Wo|che** [ˈvɔxə], der Woche, die Wochen:
Zeitraum von sieben Tagen (der im Kalender mit dem Montag beginnt): Sie war eine Woche / zwei Wochen im Urlaub. · Wir treffen uns nächste Woche / in der nächsten Woche. · In dieser Woche konnte ich keinen Termin beim Arzt bekommen.

▸ das **Wo|chen|en|de** [ˈvɔxn̩|ɛndə], des Wochenendes, die Wochenenden:
Samstag und Sonntag: am Wochenende arbeiten müssen / einen Ausflug machen / ins Schwimmbad gehen · Wir werden nächstes Wochenende unsere Eltern besuchen.

▸ der **Wo|chen|tag** [ˈvɔxn̩ta:k], des Wochentag[e]s, die Wochentage:
1. *Tag der Woche außer Sonntag:* Das Ticket gilt nur an Wochentagen.
2. *Tag der Woche:* Auf welchen Wochentag fällt in diesem Jahr der erste Oktober?

wö|chent|lich [ˈvœçn̩tlɪç]:
jede Woche geschehend: wöchentliche Zahlungen / Besuche vereinbaren · Wir trainieren zweimal wöchentlich.

wo|durch [voˈdʊrç]:
durch welche Sache: Wodurch wurden Sie wach? · Die Polizei will wissen, wodurch der Unfall passiert ist.

wo|für [voˈfy:ɐ̯]:
für welche Sache: Wofür braucht ihr so viel Geld? · Sagen Sie mir, wofür Sie sich besonders interessieren.

▸ **wo|her** [voˈhe:ɐ̯]:
1. *aus welcher Quelle, von wem:* Woher wisst ihr das? · Woher hat sie diesen teuren Schmuck?
2. *von welchem Ort:* Woher kommen Sie so spät?

▸ **wo|hin** [voˈhɪn]:
zu welchem Ort: Wohin soll ich die Blumen stellen? · Wissen Sie, wohin dieser Zug fährt?

▸ **wohl** [vo:l]:
1. kennzeichnet eine Aussage als Annahme, Vermutung: Sie wird wohl etwas später kommen. · Das hat euch wohl gut geschmeckt?
2. in zurückhaltenden, vorsichtigen Bitten, die als Fragen geäußert werden: Könnten die Kinder wohl etwas zu trinken bekommen? · Ob ich mir wohl noch ein Stück Kuchen nehmen darf?

das **Wohl** [vo:l], des Wohl[e]s:
Zustand, in dem sich eine Person wohlfühlt: für das Wohl der Familie / seiner Gäste sorgen · Ich trinke auf euer Wohl, liebe Freunde.

wohl|füh|len [ˈvo:lfy:lən] ⟨+ sich⟩, fühlt sich wohl, fühlte sich wohl, hat sich wohlgefühlt:
sich gut fühlen; keine Schmerzen oder Sorgen haben: Sie fühlt sich an ihrem neuen Arbeitsplatz sehr wohl. · Die Gäste sollen sich in unserem Hotel wohlfühlen. · Er hat sich gestern nicht wohlgefühlt und ist zu Hause geblieben.

der **Wohl|stand** [ˈvo:lʃtant], des Wohlstand[e]s:
Zustand, in dem die Menschen keine wirtschaftliche Not leiden, sich viele angenehme Dinge leisten können: im Wohlstand leben.

der **Wohn|block** [ˈvo:nblɔk], des Wohnblocks, die Wohnblocks / die Wohnblöcke [ˈvo:nblœkə]:
großes Gebäude mit mehreren Stockwerken und vielen Wohnungen: Sie lebten in einem Wohnblock am Rande der Stadt.

▸ **woh|nen** [ˈvo:nən], wohnt, wohnte, hat gewohnt:
1. *seine Wohnung, sein Zuhause haben:* Er wohnt in einem eigenen Haus / einer alten Hütte / zur Miete. · Seit sie in einer anderen Stadt wohnt, sehen wir sie kaum noch.
2. *vorübergehend eine Unterkunft haben:* im Hotel / in einer Pension / bei Freunden wohnen.

die **Wohn|ge|mein|schaft** [ˈvo:ngəmai̯nʃaft], der Wohngemeinschaft, die Wohngemeinschaften:
Gruppe von Personen, die keine Familie sind, aber in enger Gemeinschaft eine Wohnung oder ein Haus bewohnen: Das Haus ist an eine Wohngemeinschaft vermietet. · Ich habe damals als Studentin in einer Wohngemeinschaft gelebt.

das **Wohn|haus** [ˈvo:nhau̯s], des Wohnhauses, die Wohnhäuser [ˈvo:nhɔy̯zɐ]:
zum Wohnen genutztes Haus: Viele alte Wohnhäuser in der Innenstadt sind abgerissen worden.

das **Wohn|heim** [ˈvo:nhai̯m], des Wohnheim[e]s, die Wohnheime:
Gebäude einer [öffentlichen] Einrichtung, in dem bestimmte Personen wohnen und zum Teil betreut werden: ein

Wohnheim für Studentinnen / alte Menschen / Asylbewerber.

► der **Wohn|ort** ['vo:n|ɔrt], des Wohnort[e]s, die Wohnorte:
Stadt, Gemeinde, wo eine Person wohnt: sich an einem neuen Wohnort anmelden.

► der **Wohn|sitz** ['vo:nzɪts], des Wohnsitzes, die Wohnsitze:
Wohnung an einem bestimmten Ort: Er ist ohne festen Wohnsitz. · Sie hat einen zweiten Wohnsitz *(Wohnort)* in Dortmund.

► die **Woh|nung** ['vo:nʊŋ], der Wohnung, die Wohnungen:
Einheit aus mehreren Räumen, in denen man sich eingerichtet hat, um dort zu schlafen, zu essen und andere Dinge des privaten Lebens zu tun: eine Wohnung mieten / vermieten · Wir suchen eine Wohnung mit Bad und Balkon.

► das **Wohn|zim|mer** ['vo:ntsɪmɐ], des Wohnzimmers, die Wohnzimmer:
größeres, mit Möbeln zum Sitzen eingerichtetes Zimmer, in dem man sich zum Beispiel mit Gästen, zum Fernsehen, zum Lesen, um sich miteinander zu unterhalten, aufhält: Die Familie saß im Wohnzimmer und trank Kaffee.

der **Wolf** [vɔlf], des Wolf[e]s, die Wölfe ['vœlfə]:
in Gruppen wild lebendes, einem großen Hund ähnliches Tier: Die Wölfe haben ein Reh gefressen / heulen in der Nacht.

► die **Wol|ke** ['vɔlkə], der Wolke, die Wolken:
1. *weiße oder graue Erscheinung, die aus kleinen Tropfen besteht und am Himmel schwebt:* Dunkle Wolken bringen Regen und Gewitter. · Das Flugzeug flog über den Wolken.
2. *aus Gas oder vielen sehr kleinen Teilen bestehende Erscheinung, die sich durch die Luft bewegt:* eine Wolke aus Staub / Rauch / Dampf.

wol|kig ['vɔlkɪç], wolkiger, am wolkigsten:
zum größeren Teil mit Wolken bedeckt: ein wolkiger Himmel.

► die **Wol|le** ['vɔlə], der Wolle, die Wollen:
Haare von bestimmten Tieren, besonders Schafen, die so verarbeitet werden, dass man mit ihnen stricken kann: ein Pullover / ein Schal / Strümpfe aus Wolle.

► **wol|len** ['vɔlən], will, wollte, hat gewollt / wollen:
1. *den Willen, den Wunsch haben, etwas zu tun:* aufhören / arbeiten / lesen / etwas essen wollen · Ich will euch nicht stören. · Wer will mit uns ins Kino gehen? · Die Kinder hatten ihre Großeltern besuchen wollen. · Er will jetzt nach Hause *(nach Hause gehen).*
2. *beabsichtigen, etwas zu erreichen, zu bewirken:* Ich will, dass dieser Lärm sofort aufhört! · Was willst du eigentlich? · Dass wir uns jetzt streiten, habe ich nicht gewollt.
3. *sich wünschen, fordern:* Sie will bis morgen ihr Geld zurück. · Er will nur, dass sie glücklich ist.

wo|mit [vo'mɪt]:
mit welcher Sache: Womit soll ich den Teppich sauber machen / das Geschirr abtrocknen? · Sie wusste, womit sie ihm eine Freude machen konnte.

wo|mög|lich [vo'mø:klɪç]:
vielleicht [sogar]: Sie wird womöglich die nächste Bundeskanzlerin.

wo|nach [vo'na:x]:
nach welcher Sache: Wonach suchen Sie? · Erzähl mir, wonach er dich gefragt hat.

wo|ran [vo'ran]:
1. *an welche Sache:* Woran hast du gerade gedacht? · Sag mir, woran dich dieses Lied erinnert.
2. *an welcher Sache:* Woran hast du dich gestoßen? · Weiß sie, woran sie ihn erkennen kann?

wo|rauf [vo'rau̯f]:
1. *auf welche Sache:* Worauf freust du dich so? · Worauf sollen wir noch warten? · Man muss wissen, worauf es bei solchen Geschäften ankommt.
2. *auf welcher Sache:* Worauf steht die Vase? · Frag mich nicht, worauf die vielen Gäste sitzen sollen.
3. *wonach:* Der Arzt gab mir eine Tablette, worauf die Schmerzen nachließen.

wo|raus [vo'rau̯s]:
aus welcher Sache: Woraus wird Butter gemacht? · Wir müssen wissen, woraus dieser Kunststoff besteht.

wo|rin [vo'rɪn]:
in welcher Sache: Worin besteht der Vorteil / Nachteil dieses Verfahrens? · Erklär mir, worin sich die beiden Angebote unterscheiden.

► das **Wort** [vɔrt], des Wort[e]s, die Wörter ['vœrtɐ] / die Worte:
1. ⟨Plural: Wörter⟩ *kleinste sprachliche Einheit, die selbstständig gebraucht wird und eine eigene Bedeutung oder Funktion hat:* Dieser Satz besteht aus sechs Wörtern. · Er kannte / verstand damals nur wenige deutsche Wörter.
2. ⟨Plural: Worte⟩ *Äußerung, ausgesprochener Gedanke:* ein Wort des Dankes

sprechen · Ihre mahnenden Worte blieben nicht ohne Wirkung.

► das **Wör|ter|buch** ['vœrtɐbu:x], des Wörterbuch[e]s, die Wörterbücher ['vœrtɐby:çɐ]:
Buch, in dem man die Wörter einer Sprache, die darin verzeichnet und erklärt sind, nachschlagen kann: ein Wörterbuch der deutschen Sprache · Sieh im Wörterbuch nach, wie man dieses Wort schreibt.

wört|lich ['vœrtlɪç], wörtlicher, am wörtlichsten:
mit jedem Wort eines Textes, einer Äußerung genau übereinstimmend: einen Text wörtlich übersetzen / wiederholen / zitieren · Sie hat wörtlich gesagt: »Eure Hilfe brauche ich nicht.«

wo|rü|ber [vo'ry:bɐ]:
1. *über welche Sache:* Worüber habt ihr gesprochen? · Schenk ihm etwas, worüber er sich wirklich freut.
2. *über welcher Sache:* Worüber hat die blaue Decke gelegen?

wo|rum [vo'rʊm]:
um welche Sache: Worum handelt es sich? · Es gibt etwas, worum ich euch bitten möchte.

wo|run|ter [vo'rʊntɐ]:
1. *unter welche Sache:* Worunter habt ihr euch gestellt, als es anfing zu regnen?
2. *unter welcher Sache:* Worunter hatte sich die Katze versteckt? · Er hat mir gesagt, worunter er am meisten leidet.

wo|von [vo'fɔn]:
von welcher Sache: Wovon ernährt sich ein Elefant? · Wovon habt ihr gerade gesprochen? · Ich weiß, wovon ich so müde bin.

wo|vor [vo'fo:ɐ̯]:
1. *vor welche Sache:* Wovor soll ich einen Vorhang hängen?
2. *vor welcher Sache:* Wovor schützt diese Impfung? · Ich kann mir nicht erklären, wovor das Kind so große Angst hat.

wo|zu [vo'tsu:]:
1. *zu welcher Sache:* Wozu hat er ihr gratuliert?
2. *zu welchem Zweck, warum:* Wozu braucht ihr so viel Geld? · Ich sehe nicht ein, wozu ich mich anstrengen soll.

die **Wucht** [vʊxt], der Wucht:
Kraft, mit der etwas, eine Person getroffen wird: Der Schlag traf ihn mit voller Wucht ins Gesicht.

wund [vʊnt], wunder, am wundesten:
durch Reiben, Scheuern, eine Entzündung an der Haut verletzt: wunde Füße / eine wunde Nase / einen wunden Po haben.

► die **Wun|de** ['vʊndə], der Wunde, die Wunden:
durch eine Verletzung oder Operation entstandene offene, oft blutende Stelle am Körper: eine tiefe / blutende Wunde · eine Wunde untersuchen / reinigen / verbinden · Die Wunde ist schnell geheilt. · Die Ärztin hat die Wunde versorgt.

► das **Wun|der** ['vʊndɐ], des Wunders, die Wunder:
erstaunliches, außergewöhnliches Ereignis, das durch die Gesetze der Natur nicht erklärt werden kann: nicht an Wunder glauben · auf ein Wunder hoffen · Es ist ein Wunder geschehen. · Wie durch ein Wunder hat sie den Unfall überlebt.

► **wun|der|bar** ['vʊndɐba:ɐ̯], wunderbarer, am wunderbarsten:
besonders schön, gut: eine wunderbare Aufführung / Geschichte / Ehefrau · Wir haben einen wunderbaren Abend bei unseren Freunden verbracht. · Sie kann wunderbar Geige spielen.

► **wun|dern** ['vʊndɐn], wundert, wunderte, hat gewundert:
1. *nicht den Erwartungen einer Person entsprechen, erstaunlich sein:* Sein unfreundliches Verhalten wunderte sie. · Es hat mich sehr gewundert, dass er doch noch gekommen ist.
2. ⟨+ sich⟩ *erstaunt, überrascht sein; sich etwas nicht erklären können:* Wir haben uns alle über seine außergewöhnliche Freundlichkeit gewundert. · Ich wundere mich, dass ich so lange nichts mehr von ihr gehört habe.

► **wun|der|schön** ['vʊndɐ'ʃø:n] (emotional):
ungewöhnlich schön; so, dass es Freude hervorruft: ein wunderschöner Tag · Die Blumen sind wunderschön.

► der **Wunsch** [vʊnʃ], des Wunsch[e]s, die Wünsche ['vʏnʃə]:
1. *etwas, was man sich wünscht:* einen Wunsch haben / erfüllen / ablehnen · Es war der Wunsch ihrer Eltern, dass sie Anwältin werden sollte.
2. *etwas, was man anderen wünscht:* Alle guten Wünsche zu deinem Geburtstag!

► **wün|schen** ['vʏnʃn̩], wünscht, wünschte, hat gewünscht:
1. ⟨+ sich⟩ *etwas gern haben wollen, sich nach etwas sehnen:* sich ein Auto / eine

Freundin / ein neues Handy wünschen · Was wünschst du dir zum Geburtstag? · Sie haben sich schon so lange ein Kind gewünscht. · Der Kranke wünschte sich, bald wieder gesund zu werden.
2. *hoffen, dass für eine Person etwas Gutes wahr wird:* Wir wünschen dir alles Gute zum Geburtstag / fröhliche Weihnachten / frohe Ostern. · Sie hat ihm eine gute Nacht / viel Erfolg / schöne Ferien gewünscht. · Dass du bald wieder gesund wirst, wünsche ich dir sehr.
3. *um etwas bitten, etwas haben wollen:* Ich wünsche, nicht gestört zu werden. · Sie wünscht keine langen Diskussionen. · Wünschen Sie ein Zimmer mit Bad oder mit Dusche?

die **Wür|de** [ˈvʏrdə], der Würde:
1. *zu achtender Wert eines Menschen:* Die Würde des Menschen darf nicht verletzt werden.
2. *Haltung, die sich des eigenen Wertes bewusst ist:* Armut / Spott / Misserfolg mit Würde ertragen.

der **Wür|fel** [ˈvʏrfl̩], des Würfels, die Würfel:
1. *in der Geometrie ein Körper, der von sechs Quadraten gebildet wird:* die Oberfläche eines Würfels berechnen.
2. *kleiner, zum Spielen verwendeter Gegenstand, der aus sechs Quadraten gebildet wird, auf denen ein bis sechs Punkte zu sehen sind:* mit Würfeln spielen · Der Würfel entscheidet, wer das Spiel gewinnt.

der **Wurm** [vʊrm], des Wurm[e]s, die Würmer [ˈvʏrmɐ]:
kleines Tier mit langem, weichem Körper ohne Wirbelsäule und ohne Beine, das sich kriechend bewegt: In diesem Apfel ist ein Wurm. · Der Vogel hat einen Wurm im Schnabel. · Der Hund bekommt eine Spritze gegen Würmer.

▸ die **Wurst** [vʊrst], der Wurst, die Würste [ˈvʏrstə]:
Nahrungsmittel aus fein gehacktem oder gemahlenem und gewürztem Fleisch, das in eine Hülle aus Darm oder Kunststoff gefüllt wird: eine Wurst heiß machen / braten / in Scheiben schneiden · ein mit Wurst belegtes Brot essen.

das **Würst|chen** [ˈvʏrstçən], des Würstchens, die Würstchen:
kleine, dünne Wurst, die, bevor man sie isst, in Wasser heiß gemacht oder gegrillt wird: ein Würstchen mit Senf essen.

die **Wur|zel** [ˈvʊrt͜sl̩], der Wurzel, die Wurzeln:
1. *unter der Erde wachsender Teil der Pflanzen:* Über die Wurzel ernährt sich die Pflanze. · Aus der Wurzel dieser Pflanze wird ein Medikament gemacht.
2. *Teil des Zahnes, der im Kiefer sitzt:* Der Zahn musste an der Wurzel behandelt werden.

wür|zen [ˈvʏrt͜sn̩], würzt, würzte, hat gewürzt:
einer Speise mit Salz, Gewürzen, Kräutern einen bestimmten Geschmack geben: die Suppe mit Salz und Pfeffer würzen · eine gut gewürzte Soße.

die **Wüs|te** [ˈvyːstə], der Wüste, die Wüsten:
größeres, sehr trockenes und heißes Gebiet der Erde, in dem fast keine Pflanzen wachsen und das von Sand und Steinen bedeckt ist: auf Kamelen durch die Wüste reisen.

die **Wut** [vuːt]:
Gefühl sehr großen Ärgers: vor Wut rot im Gesicht werden · Sie hat in ihrer Wut über alles und jeden geschimpft / das ganze Geschirr zerschlagen.

▸ **wü|tend** [ˈvyːtn̩t], wütender, am wütendsten:
voller Wut: Sie war wütend auf alle, die sie kritisiert hatten. · Wütend rannte er aus dem Zimmer.

Y

das *oder* der **Yo|ga** [ˈjoːga], des Yoga[s]:
Philosophie, verbunden mit Übungen für den Körper, aus Indien: Montags gehe ich zum Yoga.

Z

zäh [t͜sɛː], zäher, am zähsten:
1. *so, dass es kaum gedehnt werden kann:* zähes Leder · Der Kunststoff ist extrem zäh. · Das Schnitzel war zäh wie Leder.
2. *noch etwas fest und fast flüssig:* eine zähe Paste · Die Masse war zäh und klebrig.
3. *nur langsam vorankommend:* zähe Verhandlungen · Die Arbeit geht nur zäh voran.
4. *so, dass man stärkere Belastungen aushält; robust:* ein zäher Bursche · Frauen sind oft zäher als Männer.

- die **Zahl** [t͜sa:l], der Zahl, die Zahlen:
  1. *Angabe einer Menge, Größe:* die Zahl 1 000 · Zahlen zusammenzählen / addieren / teilen / dividieren / [voneinander] abziehen / subtrahieren / multiplizieren · eine Zahl aufrunden / abrunden.
  2. ⟨ohne Plural⟩ *Anzahl, Menge:* eine [un]bestimmte / beträchtliche / ausreichende / begrenzte / kleine / verschwindende Zahl · Eine große Zahl Besucher war / (auch:) waren gekommen. · Die Zahl der Unfälle steigt ständig. · Die Mitglieder sind in voller Zahl erschienen.
- **zah|len** ['t͜sa:lən], zahlt, zahlte, hat gezahlt:
  1. *bezahlen:* eine Summe auf einmal / in Raten / [in] bar / mit einer Kreditkarte zahlen · für etwas viel Geld / einen hohen Preis / 100 Euro zahlen · Die Versicherung will nicht zahlen.
  2. *eine Schuld tilgen:* Miete / Steuern / Löhne / den Mitgliedsbeitrag zahlen · Er muss ihr Unterhalt zahlen.
  3. *eine Ware, Dienstleistung bezahlen:* das Hotelzimmer / das Taxi / die Reparatur zahlen · Den Schaden zahlt die Versicherung.
  4. (umgangssprachlich) *für eine Arbeit Geld geben:* die Putzfrau zahlen · Die Firma zahlt gut / schlecht / miserabel / unter Tarif.
- **zäh|len** ['t͜sɛ:lən], zählt, zählte, hat gezählt:
  1. *Zahlen der Reihe nach nennen:* von 1 bis 100 zählen · Ich zähle bis drei. Wenn du dann nicht verschwunden bist, gibt es Ärger!
  2. *die Anzahl feststellen:* die Anwesenden / sein Geld zählen.
  3. *sich verlassen:* Auf seine Hilfe kannst du zählen. · Ich zähle auf dich.
  4. *Bedeutung haben:* Für ihn zählt nur die Leistung. · Das zählt nicht.
  5. *zu etwas, jemandem gehören:* Er zählt zu den bedeutendsten Dirigenten seiner Zeit. · Diese Tage zählen zu den schönsten seines Lebens.

der **Zäh|ler** ['t͜sɛ:lɐ], des Zählers, die Zähler:
  1. *Instrument, das den Verbrauch von Gas, Wasser oder Strom misst:* den Zähler ablesen.
  2. (Mathematik) *(bei einem Bruch) die Zahl über dem Strich:* Zähler und Nenner eines Bruches.

- **zahl|reich** ['t͜sa:lrai̯ç], zahlreicher, am zahlreichsten:
  sehr viele: zahlreiche Mitarbeiter / Bewerbungen / Geschenke · Es haben sich zahlreiche schwere Unfälle ereignet. · Ich freue mich, dass ihr so zahlreich *(in so großer Zahl)* gekommen seid.
- die **Zah|lung** ['t͜sa:lʊŋ], der Zahlung, die Zahlungen:
  das Zahlen: Die Zahlung der Miete erfolgt monatlich. · Die Firma hat die Zahlungen eingestellt.
- der **Zahn** [t͜sa:n], des Zahn[e]s, die Zähne ['t͜sɛ:nə]:
  einer der (ursprünglich 32) kleinen weißen, scharfen Teile im Mund, die dazu dienen, die Nahrung in Stücke zu teilen: schöne / gesunde / strahlend weiße / gelbe / schlechte / faule Zähne · einen Zahn plombieren / füllen / ziehen · die Zähne putzen · Der Zahn wackelt / tut weh / schmerzt. · Das Kind bekommt Zähne.

der **Zahn|arzt** ['t͜sa:n|a:ɐ̯t͜st], des Zahnarztes, die Zahnärzte ['t͜sa:n|ɛ:ɐ̯t͜stə], die **Zahn|ärz|tin** ['t͜sa:nɛ|:ɐ̯t͜stɪn], der Zahnärztin, die Zahnärztinnen:
  Person, die kranke Zähne behandelt: zum Zahnarzt gehen / müssen · Er ist Zahnarzt.

die **Zahn|bürs|te** ['t͜sa:nbʏrstə], der Zahnbürste, die Zahnbürsten:
  kleine Bürste, mit der die Zähne gereinigt werden: eine weiche / harte / elektrische Zahnbürste.

- die **Zahn|creme** ['t͜sa:nkre:m], der Zahncreme, die Zahncremes:
  Zahnpasta: eine Tube Zahncreme.
- die **Zahn|pas|ta** ['t͜sa:npasta], der Zahnpasta, die Zahnpasten ['t͜sa:npastn̩]:
  Mittel, das zum Putzen der Zähne verwendet wird: eine Tube Zahnpasta.

der **Zahn|schmerz** ['t͜sa:nʃmɛrt͜s], des Zahnschmerzes, die Zahnschmerzen:
  Schmerz, der von einem kranken Zahn verursacht wird: Sie hat starke Zahnschmerzen.

- die **Zan|ge** ['t͜saŋə], der Zange, die Zangen:
  Werkzeug, das zum Greifen, Halten oder Trennen von etwas dient: die Zange ansetzen · einen Nagel mit einer Zange herausziehen.

zan|ken ['t͜saŋkn̩] ⟨+ sich⟩, zankt sich, zankte sich, hat sich gezankt:
  sich streiten: Er hat sich mit seiner Frau heftig gezankt. · Die Kinder zanken sich um ein Spielzeug.

das **Zäpf|chen** ['t͜sɛpfçən], des Zäpfchens, die Zäpfchen:
  Medikament in der Form eines kleinen Zapfens, das in den Ausgang des Darms eingeführt wird: Die Mutter gab dem Kind ein Zäpfchen gegen die Schmerzen.

zap|fen ['t͜sapf̩n], zapft, zapfte, hat gezapft:
mithilfe eines Hahns o. Ä. aus einem Behälter, einer Leitung fließen lassen: Benzin / Bier zapfen · Kannst du mir mal zwei Pils zapfen?

der **Zap|fen** ['t͜sapf̩n], des Zapfens, die Zapfen:
harte Frucht der Nadelbäume: Nadelbäume mit stehenden, hängenden Zapfen.

zap|peln ['t͜sapl̩n], zappelt, zappelte, hat gezappelt:
heftige, wilde Bewegungen mit Armen und Beinen, mit dem ganzen Körper ausführen: mit den Beinen / Armen zappeln · Die Kinder zappelten vor Ungeduld. · Der Fisch zappelte an der Angel.

zart [t͜saːɐ̯t], zarter, am zartesten:
1. *so, dass es verletzlich, zerbrechlich wirkt:* ein zartes Kind · ihre zarten Finger / Hände · Überall zeigte sich zartes Grün.
2. *(von bestimmten Speisen) so, dass sie leicht zu kauen sind, weich:* zartes Fleisch / Gemüse · Das Steak ist sehr zart.
3. *auf eine angenehme Weise sanft, nicht kräftig:* ein zartes Blau / Rosa · eine zarte Berührung · Sie strich ihm zart über den Kopf.

zärt|lich ['t͜sɛːɐ̯tlɪç], zärtlicher, am zärtlichsten:
liebevoll: ein zärtlicher Blick / Kuss · zärtliche Worte · Die Mutter strich dem Kind zärtlich übers Haar. · Er küsste sie zärtlich.

zau|bern ['t͜sau̯bɐn], zaubert, zauberte, hat gezaubert:
1. *Kräfte, die nicht mit dem Verstand erklärt werden können, einsetzen und dadurch etwas bewirken:* Die alte Hexe kann zaubern. · Die Fee zauberte ein Schloss auf die Wiese.
2. *durch einen Trick hervorbringen, erscheinen, verschwinden lassen:* Kannst du zaubern? · Er zauberte ein Kaninchen aus seinem Hut.
3. *mit großem Geschick, mit besonderer Fähigkeit hervorbringen, entstehen lassen:* Der Maler zauberte eine Landschaft auf das Papier. · Sie hatte in kurzer Zeit einen Kuchen gezaubert.

der **Zaun** [t͜sau̯n], des Zaun[e]s, die Zäune ['t͜sɔy̯nə]:
Konstruktion aus Eisen oder Holz, die die Grenze um einen Garten oder ein Grundstück bildet: ein hoher / niedriger / elektrischer Zaun · ein Zaun aus Maschendraht / aus Latten · einen Zaun ziehen / errichten / reparieren / anstreichen · Die Kinder kletterten über den Zaun.

das **Ze|bra** ['t͜seːbra], des Zebras, die Zebras:
wild lebendes Pferd mit weißen und schwarzen Streifen: Eine Herde Zebras rastet im Schatten.

der **Ze|bra|strei|fen** ['t͜seːbraʃtrai̯fn̩], des Zebrastreifens, die Zebrastreifen:
durch weiße Streifen auf der Fahrbahn gekennzeichnete Stelle, an der Fußgänger die Straße überqueren dürfen: Autos müssen vor dem Zebrastreifen halten.

der **Zeh** [t͜seː], des Zehs, die Zehen:
bewegliches Glied am Fuß: der große / kleine Zeh · Er hat sich einen Zeh gebrochen. · Sie stellte sich auf die Zehen.

▶ **zehn** [t͜seːn] (in Ziffern: 10):
die Zahl 10: die zehn Finger der beiden Hände · Sein Sohn ist schon zehn [Jahre alt]. · Die Sitzung findet morgen um zehn [Uhr] statt.

▶ das **Zei|chen** ['t͜sai̯çn̩], des Zeichens, die Zeichen:
1. *Bewegung der Hände oder Arme, Geräusch o. Ä., mit dem jemand auf etwas aufmerksam gemacht, zu etwas veranlasst o. Ä. wird:* ein heimliches / deutliches Zeichen · Das Zeichen zum Aufbruch ertönte. · Sie machte [ihm] ein Zeichen, er solle sich entfernen. · Er gab ihr mit der Taschenlampe ein Zeichen. · Er nickte zum Zeichen, dass er mich verstanden habe.
2. *Gegenstand, mit dem etwas gekennzeichnet, markiert wird; Kennzeichen:* ein kreisförmiges / dreieckiges / rätselhaftes Zeichen · Er machte sich ein Zeichen auf die betreffende Seite / legte sich ein Blatt Papier als Zeichen in das Buch.
3. *Symbol:* mathematische / chemische Zeichen · die Zeichen der chinesischen Schrift · Mit der Tastatur kann man 80 verschiedene Zeichen schreiben.
4. *Erscheinung, Vorgang, Ereignis o. Ä., wodurch etwas angezeigt oder angekündigt wird:* ein sicheres / schlechtes / böses / alarmierendes Zeichen · Die Zeichen des Verfalls sind nicht zu übersehen. · Das ist kein gutes Zeichen. · Er hielt es für ein Zeichen von Schwäche.

▶ **zeich|nen** ['t͜sai̯çnən], zeichnet, zeichnete, hat gezeichnet:
1. *mit einem Bleistift o. Ä. in Linien, Strichen [künstlerisch] gestalten:* ein Porträt / eine Skizze / eine Karikatur / ein Muster zeichnen · ein Bild mit dem Blei-

stift zeichnen · etwas auf ein Blatt Papier zeichnen.
2. *in Linien, Strichen ein Bild von jemandem, einer Sache herstellen:* jemanden / etwas mit Tusche / mit ein paar Strichen / in knappen Umrissen zeichnen · Sie mussten eine Landschaft zeichnen.

▶ die **Zeich|nung** [ˈt͜saiçnʊŋ], der Zeichnung, die Zeichnungen:
etwas, was in Linien, Strichen gezeichnet ist: eine maßstabgetreue / technische / satirische / großformatige / saubere / flüchtige Zeichnung · eine Zeichnung anfertigen / machen · Der Schrank wurde nach einer Zeichnung angefertigt.

▶ **zei|gen** [ˈt͜saign̩], zeigt, zeigte, hat gezeigt:
1. *mit dem Finger, Arm in eine bestimmte Richtung deuten, auf jemanden, etwas aufmerksam machen:* mit dem Finger / mit dem Stock auf etwas zeigen · Er zeigte auf den Täter.
2. *(jemanden) etwas ansehen, betrachten lassen:* jemandem seine Wohnung / die Sehenswürdigkeiten der Stadt / die Stadt zeigen · Er hat mir den Brief gezeigt. · Wir mussten unsere Pässe zeigen.
3. *jemandem etwas mit Hinweisen, Worten o. Ä. deutlich machen, angeben, erklären:* jemandem den richtigen Weg / die Richtung zeigen · Er zeigte uns, an welcher Stelle das Unglück geschehen war. · Zeige mir doch bitte, wie das Gerät funktioniert.
4. ⟨+ sich⟩ *von anderen zu sehen sein, sich sehen lassen:* sich in der Öffentlichkeit / am Fenster zeigen · Mit ihr kann man sich überall zeigen. · Die Königin zeigte sich der Menge.
5. *zum Ausdruck bringen, andere merken, spüren lassen:* [für jemanden / etwas] wenig / überhaupt kein Verständnis zeigen · Angst / Reue / Interesse zeigen · Er ist nicht in der Lage, Gefühle zu zeigen. · Ihre Frage zeigt mir, dass sie es nicht verstanden hat.
6. ⟨+ sich⟩ *sichtbar werden, deutlich werden:* Auf ihrem Gesicht zeigte sich ein schwaches Lächeln. · Jetzt zeigt sich, dass deine Entscheidung falsch war.
7. ⟨+ sich⟩ *einen bestimmten Eindruck machen; sich als etwas erweisen, herausstellen:* sich dankbar / großzügig / erstaunt zeigen · sich von seiner besten Seite zeigen · Er hat sich als guter Freund gezeigt.

der **Zei|ger** [ˈt͜saigɐ], des Zeigers, die Zeiger:
beweglicher Teil an Uhren, der die Zeit anzeigt: der große / kleine Zeiger der Uhr · den Zeiger vorstellen / zurückstellen · Der Zeiger steht auf zwölf.

▶ die **Zei|le** [ˈt͜sailə], der Zeile, die Zeilen:
Reihe von Wörtern eines Textes, Zahlen [in einer Tabelle] o. Ä., die in einer Linie stehen: die erste Zeile / die drei ersten Zeilen eines Gedichtes · eine neue Zeile anfangen · am Anfang / am Ende der Zeile · in / auf der fünften Zeile von oben · Der Brief war nur wenige Zeilen lang.

▶ die **Zeit** [t͜sait], der Zeit, die Zeiten:
1. ⟨ohne Plural⟩ *das Nacheinander von Augenblicken, Stunden, Tagen usw.:* im Laufe der Zeit · Die Zeit vergeht [schnell] / verstreicht / scheint stillzustehen.
2. *Zeitpunkt:* Ort und Zeit für etwas festsetzen / vereinbaren / ausmachen · etwas auf unbestimmte Zeit vertagen · Dafür ist jetzt nicht die richtige / rechte Zeit. · Die Zeit für den Besuch ist jetzt ungünstig. · Ich habe ihn seit dieser Zeit nicht mehr gesehen.
3. *Uhrzeit:* jemanden nach der Zeit fragen · Hast du [die] genaue Zeit?
4. *Zeitraum:* die schönste Zeit des Lebens / im Leben · auf unbestimmte / für einige Zeit verreist sein · in der letzten / in letzter Zeit · in der nächsten / in nächster Zeit · in absehbarer Zeit · seit / vor einiger Zeit · Sie sind schon längere Zeit verheiratet. · Er hat die ganze Zeit *(ständig)* telefoniert. · Er hat eine Zeit lang *([für] eine gewisse Zeit)* als Taxifahrer gearbeitet. · Nach kurzer Zeit war sie wieder zurück.
5. *Abschnitt des Lebens, der Geschichte:* eine vergangene / die heutige Zeit · kommende / künftige Zeiten · die Zeit Goethes / des Barocks · in früheren Zeiten · in der guten alten Zeit · mit der Zeit gehen *(sich der Entwicklung, den jeweiligen Verhältnissen anpassen).* Diese Zeiten sind vorbei / kommen nie wieder. · Das waren [noch] Zeiten! *(Das war eine schöne Zeit!)* · Die Zeiten sind schlecht / haben sich geändert. · Sie haben eine schwere Zeit durchgemacht.

zei|tig [ˈt͜saitɪç], zeitiger, am zeitigsten:
zu einem frühen Zeitpunkt; früh: ein zeitiger Winter · zeitig aufstehen · Es wird jetzt schon zeitig dunkel.

zeit|lich ['tsaitlɪç]:
die Zeit betreffend: der zeitliche Ablauf / die zeitliche Reihenfolge von etwas · in großem / kurzem zeitlichem Abstand · Der Besuch des Museums war zeitlich nicht mehr möglich. · Die Erlaubnis ist zeitlich begrenzt.

der **Zeit|punkt** ['tsaitpʊŋkt], des Zeitpunkt[e]s, die Zeitpunkte:
bestimmter Augenblick, Moment: ein günstiger Zeitpunkt · der Zeitpunkt seines Todes · den richtigen Zeitpunkt [für etwas] abwarten / verpassen / versäumen · Wir haben den Besuch auf einen späteren Zeitpunkt verschoben. · Zu diesem Zeitpunkt war sie schon abgereist.

der **Zeit|raum** ['tsaitraum], des Zeitraum[e]s, die Zeiträume ['tsaitrɔymə]:
Zeit, zeitlicher Abschnitt von meist längerer Dauer(, in dem etwas besteht oder geschieht): ein Zeitraum von drei Monaten · Die Ausbildung erstreckt sich über einen längeren Zeitraum.

die **Zeit|schrift** ['tsaitʃrɪft], der Zeitschrift, die Zeitschriften:
Heft mit verschiedenen Beiträgen, Artikeln [über ein bestimmtes Gebiet], das regelmäßig (wöchentlich bis mehrmals jährlich) erscheint: eine medizinische / wissenschaftliche / satirische Zeitschrift · eine Zeitschrift für Mode · eine Zeitschrift abonnieren / herausgeben · Sie blätterte in einer Zeitschrift.

die **Zei|tung** ['tsaitʊŋ], der Zeitung, die Zeitungen:
täglich oder wöchentlich erscheinendes Produkt der Presse, das besonders aktuelle Nachrichten und Berichte enthält: eine angesehene / unabhängige / überregionale Zeitung · die Zeitung von gestern · eine Zeitung abonnieren / abbestellen / beziehen / [regelmäßig] lesen · Zeitungen austragen · etwas aus der Zeitung erfahren · ein Inserat in die Zeitung setzen · In der Zeitung steht, dass die Brücke nun doch gebaut werden soll.

zeit|wei|se ['tsaitvaizə]:
1. *hin und wieder:* Er hilft zeitweise im Geschäft seiner Eltern. · Zeitweise schien auch die Sonne.
2. *vorübergehend, eine Zeit lang:* Die Autobahn war zeitweise gesperrt. · Zeitweise schien es so, als sei alles wieder in Ordnung.

die **Zel|le** ['tsɛlə], der Zelle, die Zellen:
1. *enger und sehr einfach ausgestatteter Raum in Klöstern und Gefängnissen:* eine dunkle Zelle · Der Wärter brachte ihn wieder in seine Zelle. · Der Gefangene hat sich in seiner Zelle erhängt.
2. *kleinste Einheit in einem Organismus:* lebende / tote Zellen · Die Zellen teilen sich / wachsen / sterben ab.

das **Zelt** [tsɛlt], des Zelt[e]s, die Zelte:
einem Haus ähnliche Konstruktion aus Stangen, Stoff, Fellen o. Ä., die leicht aufgebaut werden kann und in der man (besonders beim Camping) schlafen und wohnen kann: die Zelte der Nomaden · in einem Zelt übernachten / schlafen · ein Zelt aufschlagen / aufbauen / aufstellen / abbauen · Auf der Wiese steht ein Zelt.; *** die / seine Zelte abbrechen:** *an einen anderen Ort ziehen.*

zel|ten ['tsɛltn̩], zeltet, zeltete, hat gezeltet:
ein Zelt aufschlagen und darin wohnen, schlafen: an einem See zelten · Sie will nie wieder zelten [gehen].

die **Zen|sur** [tsɛn'zuːɐ̯], der Zensur, die Zensuren:
1. *Note, Bewertung einer Leistung:* eine gute Zensur für den Aufsatz / in Deutsch bekommen · Der Schüler hat schlechte Zensuren. · Der Lehrer gibt / erteilt eine Zensur.
2. *von zuständiger, besonders staatlicher Stelle angeordnete Kontrolle, Überprüfung von Büchern, Filmen, Briefen o. Ä. in Bezug auf Unerlaubtes oder Unerwünschtes:* eine politische Zensur · eine scharfe / strenge Zensur ausüben · Das Theaterstück unterliegt in diesem Land der Zensur. · In diesem Staat gibt es keine Zensur der Presse.

der **Zen|ti|me|ter** [tsɛnti'meːtɐ], des Zentimeters, die Zentimeter:
der hundertste Teil eines Meters (Abkürzung: cm): 80 Zentimeter Stoff reicht / reichen für die Decke.

der **Zent|ner** ['tsɛntnɐ], des Zentners, die Zentner:
50 Kilogramm (in Deutschland) bzw. 100 Kilogramm (in Österreich und in der Schweiz): ein Schwein von drei Zentnern · Ein Zentner Kartoffeln kostet / kosten 13 Euro. · Er wiegt anderthalb Zentner.

zen|tral [tsɛn'traːl], zentraler, am zentralsten:
1. *im Zentrum [einer Stadt] liegend:* ein zentraler Ort / Punkt · Büros in zentraler Lage · Seine Wohnung ist zentral gelegen / liegt [sehr] zentral.

2. *im Mittelpunkt stehend, sehr wichtig, entscheidend:* ein zentrales Thema / Problem · die zentrale Figur in diesem Drama · eine zentrale Rolle spielen · Diese Frage ist von zentraler Bedeutung.

die **Zen|tra|le** [tsɛnˈtra:lə], der Zentrale, die Zentralen:
1. *zentrale Stelle, von der aus etwas organisiert oder geleitet wird:* die Zentrale einer Partei / eines Konzerns / einer Bank · Die Anordnungen wurden von der Zentrale ausgegeben.
2. *Stelle, von der aus am Telefon geführte Gespräche vermittelt werden:* sich von der Zentrale verbinden lassen · Er versuchte, sie über die Zentrale zu erreichen.

▶ das **Zen|trum** [ˈtsɛntrʊm], des Zentrums, die Zentren:
1. *Mitte, Mittelpunkt von etwas:* das Zentrum des Erdbebens · Die Stadt ist ein kulturelles / wirtschaftliches Zentrum. · Im Zentrum des Platzes steht ein Denkmal.
2. *Innenstadt:* Sie wohnt im Zentrum.
3. *zentrale Einrichtung:* ein Zentrum für die Jugend / für medizinische Forschung.

zer|bre|chen [tsɛɐ̯ˈbrɛçn̩], zerbricht, zerbrach, zerbrochen:
1. ⟨hat⟩ *(etwas) durch Drücken, Schlagen o. Ä. zerstören:* Sie hat die Tasse / das Spielzeug zerbrochen. · Voller Wut zerbrach er den Stock.
2. ⟨ist⟩ *in Stücke brechen:* Das Glas fiel auf die Erde und zerbrach. · Der Teller zerbrach in zwei Teile.

zer|le|gen [tsɛɐ̯ˈle:gn̩], zerlegt, zerlegte, hat zerlegt:
1. *auseinandernehmen:* den Motor [in seine Bestandteile] zerlegen · Der Kleiderschrank lässt sich leicht zerlegen.
2. *in Teile schneiden:* das geschlachtete Schwein zerlegen · die Forelle auf dem Teller zerlegen.

zer|rei|ßen [tsɛɐ̯ˈraisn̩], zerreißt, zerriss, zerrissen:
1. ⟨hat⟩ *in Stücke reißen:* einen Brief / einen Fahrschein / einen Faden zerreißen · Sie zerriss das Foto in kleine Stücke. · Das Raubtier zerreißt seine Beute mit den Zähnen.
2. ⟨ist⟩ *durch starke Spannung in zwei Teile brechen:* Das Garn zerreißt leicht. · Das Seil zerriss.

zer|ren [ˈtsɛrən], zerrt, zerrte, hat gezerrt:
heftig, mit Gewalt ziehen: an den Schuhbändern zerren · Der Hund zerrt an der Leine. · Sie zerrten ihn in das Auto.

zer|schla|gen [tsɛɐ̯ˈʃla:gn̩], zerschlägt, zerschlug, hat zerschlagen:
in Stücke schlagen: In ihrer Wut hat sie das ganze Geschirr zerschlagen. · Ein Stein hat die Windschutzscheibe zerschlagen.

▶ **zer|stö|ren** [tsɛɐ̯ˈʃtø:rən], zerstört, zerstörte, hat zerstört:
etwas so stark beschädigen, dass es kaputt, nicht mehr brauchbar ist: etwas mutwillig / vollständig / systematisch zerstören · ein Gebäude / eine Brücke / technische Anlagen zerstören · Dieses Haus wurde im Krieg / durch Bomben / durch Feuer zerstört.

▶ das **Zer|ti|fi|kat** [tsɛrtifiˈka:t], des Zertifikat[e]s, die Zertifikate:
Zeugnis über eine bestandene Prüfung; Diplom: ein Zertifikat bekommen / erhalten / ausstellen.

▶ der **Zet|tel** [ˈtsɛtl̩], des Zettels, die Zettel:
kleines Blatt Papier: ein leerer / beschriebener Zettel · etwas auf einen Zettel schreiben / auf einem Zettel notieren · Ich habe den Zettel mit deiner Telefonnummer verloren / verlegt. · Auf dem Zettel stehen mehrere Namen.

▶ das **Zeug** [tsɔyk], des Zeug[e]s (umgangssprachlich):
1. *Stoff, Material unbestimmter Art:* Das Zeug hat furchtbar geschmeckt / gerochen / ausgesehen. · Im Gasthaus bekam ich ein furchtbares Zeug zu essen.
2. *[nicht genau bekannte] Gegenstände, Dinge, Sachen:* Wirf das alte Zeug doch endlich weg! · Nimm das Zeug da weg! · Sie packte das ganze Zeug in ihre Tasche. · Was soll ich mit dem Zeug anfangen?
3. *Äußerung, Handlung, die keinen Sinn hat; Unsinn:* nur albernes Zeug reden · Das ist doch dummes Zeug! · Sie träumte wirres Zeug. · Die Kinder treiben nur dummes Zeug.
4. *Kleidung, Wäsche:* Bei dieser Kälte trug er immer dickes Zeug. · Pack dein Zeug zum Baden ein!

▶ der **Zeu|ge** [ˈtsɔygə], des Zeugen, die Zeugen, die **Zeu|gin** [ˈtsɔygɪn], der Zeugin, die Zeuginnen:
Person, die bei einem Ereignis, Vorfall o. Ä. anwesend war und darüber etwas sagen kann: ein vertrauenswürdiger / wichtiger Zeuge · Zeugin eines Unfalls sein · einen Zeugen benennen / verneh-

men / verhören / befragen / vereidigen · jemanden als Zeugen mitnehmen · etwas im Beisein von Zeugen tun / sagen · Sie sagten als Zeugen vor Gericht aus.

zeu|gen ['tsɔygn̩], zeugt, zeugte, hat gezeugt:
(vom Mann, auch von Paaren) durch Geschlechtsverkehr ein Kind entstehen lassen: Er hat [mit ihr] ein Kind gezeugt. · Sie haben [zusammen] drei Kinder gezeugt.

▶ das **Zeug|nis** ['tsɔyknɪs], des Zeugnisses, die Zeugnisse:
Bescheinigung, Urkunde, die die Leistung eines Schülers, einer Schülerin mit Noten bewertet: ein gutes / schlechtes / glänzendes Zeugnis · Am Ende des Schuljahres gibt es Zeugnisse. · Sie hat nur gute Noten im Zeugnis.

die **Zie|ge** ['tsi:gə], der Ziege, die Ziegen:
Säugetier mit großen Hörnern, weißem bis braun-schwarzem Fell, einem kleinen Bart und oft starkem Geruch, das vom Menschen als Haustier gehalten wird: Ziegen halten / hüten / melken · Die Ziege meckert / gibt Milch.

der **Zie|gel** ['tsi:gl̩], des Ziegels, die Ziegel:
1. *[roter bis brauner] Stein aus gebranntem Ton zum Bauen:* Ziegel brennen · Das Haus ist aus Ziegeln gebaut.
2. *roter bis brauner Stein aus gebranntem Ton zum Decken des Daches:* ein Dach mit Ziegeln decken · Der Sturm hat die Ziegel vom Dach gefegt.

▶ **zie|hen** ['tsi:ən], zieht, zog, hat gezogen:
1. *[unter Anwendung von Kraft] hinter sich her bewegen:* einen Handwagen ziehen · Pferde haben den Heuwagen gezogen. · Der Schlitten wurde von Hunden gezogen.
2. *in gleichmäßiger Bewegung [über den Boden oder eine Fläche] zu sich hin bewegen:* den Stuhl an den Tisch ziehen · das Boot an Land ziehen · den Verunglückten aus dem Auto ziehen · Er zog sie neben sich aufs Sofa.
3. *(einen Zug auf etwas ausüben und es dadurch) aus, von etwas entfernen:* einen Nagel aus dem Brett / den Korken aus der Flasche ziehen · den Ring vom Finger ziehen · [jemandem] einen Zahn ziehen · Er zog ihm den Splitter aus dem Fuß.
4. *sich an irgendeinen Ort begeben:* in die Ferne / durch die Lande / in den Krieg ziehen · Demonstranten zogen *(marschierten)* durch die Straßen / zum Rathaus. · Die Schwalben sind nach Süden gezogen *(geflogen)*. · Sie ist in eine andere Stadt gezogen *(umgezogen)*.
5. ⟨+ sich⟩ *sehr lange dauern; kein Ende zu nehmen scheinen:* Die Feier hat sich [in die Länge] gezogen. · Der Monat zieht sich.
6. *als unangenehme Bewegung der Luft zu spüren sein:* Wenn die Tür offen steht, zieht es. · Es zieht aus allen Ecken / vom Fenster her.
7. *in eine bestimmte Richtung, Lage, o. Ä. bringen:* die Gardine vors Fenster ziehen · die Mütze ins Gesicht ziehen · einen Faden durch das Nadelöhr ziehen · Sie zog eine Schürze über das Kleid.
8. in Verbindung mit bestimmten Substantiven: jemanden zur Rechenschaft / zur Verantwortung ziehen *(für etwas verantwortlich machen)* · einen Schluss aus etwas ziehen *(aus etwas schließen)* · aus etwas Nutzen / Vorteil ziehen *(etwas so auswerten, dass man daraus einen Nutzen, Vorteil hat)* · Lehren aus etwas ziehen *(aus etwas lernen)* · Vergleiche ziehen *(etwas miteinander vergleichen)*.

▶ das **Ziel** [tsi:l], des Ziel[e]s, die Ziele:
1. *Punkt, Ort, bis zu dem man kommen will, den man erreichen will:* das Ziel einer Reise / der Wanderung · am Ziel sein / ankommen · ans Ziel kommen / gelangen · Kurz vor dem Ziel mussten wir umkehren.
2. *Absicht, Zweck des Handelns:* ehrgeizige / hohe / unerreichbare Ziele · ein klares Ziel vor Augen haben · sich ein Ziel setzen · ein Ziel erreichen · sich von seinem Ziel nicht abbringen lassen · Erklärtes Ziel unserer Bemühungen ist es, bessere Arbeitsbedingungen zu schaffen. · Diese Aktionen führen nicht zum Ziel.

zie|len ['tsi:lən], zielt, zielte, hat gezielt:
1. *(etwas, womit man schießt oder wirft) genau auf ein Ziel richten:* gut / genau / scharf zielen · auf die Scheibe / [mit der Steinschleuder] auf Spatzen zielen.
2. *ein bestimmtes Ziel, einen bestimmten Zweck verfolgen:* Seine Bemühungen zielten auf eine Änderung der politischen Verhältnisse. · Der Plan zielt auf eine schnelle Lösung.

▶ **ziem|lich** ['tsi:mlɪç]:
1. (umgangssprachlich) *(in Ausmaß, Menge o. Ä.) nicht gerade gering;*

beträchtlich: Sie hat ein ziemliches Vermögen. · Es herrschte ein ziemliches Durcheinander. · Ich weiß mit ziemlicher Sicherheit *(so gut wie sicher)*, wer das gemacht hat.
2. *sehr, aber nicht ganz und gar:* Es ist ziemlich kalt. · Ich kenne sie ziemlich gut. · Du kommst ziemlich spät.

zier|lich ['tsi:ɐ̯lɪç], zierlicher, am zierlichsten:
klein und fein, zart [gestaltet]: eine zierliche junge Frau · eine zierliche Figur · ein zierliches Sesselchen · Ihre Hände sind sehr zierlich.

die **Zif|fer** ['tsɪfɐ], der Ziffer, die Ziffern:
schriftliches Zeichen, das für eine Zahl steht: arabische / römische Ziffern · eine Zahl mit drei Ziffern · eine Zahl in Ziffern schreiben.

▶ die **Zi|ga|ret|te** [tsiga'rɛtə], der Zigarette, die Zigaretten:
mit Tabak gefüllte Rolle aus Papier, die man rauchen kann: selbst gedrehte Zigaretten · Zigaretten mit / ohne Filter · eine Packung / Schachtel / Stange Zigaretten · eine Zigarette rauchen · Er steckte / zündete sich eine Zigarette an.

▶ das **Zim|mer** ['tsɪmɐ], des Zimmers, die Zimmer:
(für den Aufenthalt von Menschen bestimmter) einzelner Raum in einer Wohnung oder einem Haus: ein großes / helles / gemütliches / kleines Zimmer · das Zimmer lüften / aufräumen / tapezieren lassen · ein möbliertes Zimmer mieten / vermieten · auf / in sein Zimmer gehen · eine Wohnung mit drei Zimmern, Küche und Bad · Jedes Kind hat sein eigenes Zimmer.

▶ die **Zin|sen** [tsɪnsn̩] ⟨Plural⟩:
Betrag, den jemand von der Bank für sein gespartes Geld erhält oder für geliehenes Geld bezahlen muss: hohe / niedrige Zinsen · die Zinsen erhöhen / anheben / senken · Die Zinsen sind gestiegen / gefallen. · Sie bekommt für ihr Geld auf dem Sparbuch nur wenig Zinsen. · Er muss für sein Darlehen 3 Prozent Zinsen zahlen.

der **Zir|kel** ['tsɪrkl̩], des Zirkels, die Zirkel:
Gerät zum Zeichnen eines Kreises: mit dem Zirkel einen Kreis ziehen / schlagen.

▶ der **Zir|kus** ['tsɪrkʊs], des Zirkus, die Zirkusse:
Unternehmen, das Stücke mit Tieren und Künstlern in einem großen Zelt zeigt: Sie ist Dompteurin beim Zirkus.

zi|tie|ren [tsi'ti:rən], zitiert, zitierte, hat zitiert:
eine Stelle aus einem geschriebenen oder gesprochenen Text [wörtlich] anführen: etwas falsch / ungenau / auswendig zitieren · eine Stelle aus einem Buch zitieren · aus einer Rede / aus der Bibel zitieren · Sie zitiert oft Schiller.

▶ die **Zi|tro|ne** [tsi'tro:nə], der Zitrone, die Zitronen:
gelbe, saftige Frucht, die sehr sauer schmeckt: eine Zitrone auspressen · Tee mit Zitrone.

zit|tern ['tsɪtɐn], zittert, zitterte, hat gezittert:
sich kurz, schnell und unwillkürlich hin und her bewegen: Er zitterte vor Angst. · Ihr zittern [vor Angst] die Knie. · Bei der Explosion zitterten die Wände.

▶ der **Zi|vil|stand** [tsi'vi:lʃtant], des Zivilstand[e]s (schweizerisch):
Familienstand: Wie ist Ihr Zivilstand?

zö|gern ['tsø:gɐn], zögert, zögerte, hat gezögert:
sich nicht zu etwas entschließen können und daher mit einer Handlung oder Entscheidung warten: einen Moment / eine Sekunde / zu lange zögern · Er nahm den Auftrag an, ohne zu zögern. · Er zögerte, den Hörer abzunehmen. · Sie zögerte mit der Antwort.

▶ der **Zoll** [tsɔl], des Zoll[e]s, die Zölle ['tsœlə]:
1. *Geld, das für bestimmte Waren beim Transport über die Grenze zu zahlen ist:* Zoll erheben / verlangen / zahlen · die Zölle senken / abschaffen · Auf dieser Ware liegt kein / ein hoher Zoll. · Importe werden mit einem Zoll von 27 % belegt.
2. ⟨ohne Plural⟩ *Behörde, die den Zoll* (1) *erhebt:* Der Zoll beschlagnahmte Waren im Wert von einer Million Euro. · Er ist beim Zoll beschäftigt.

▶ die **Zo|ne** ['tso:nə], der Zone, die Zonen:
1. *nach bestimmten Gesichtspunkten eingeteiltes Gebiet:* eine rauchfreie / verkehrsberuhigte Zone · Das Land wurde in vier Zonen eingeteilt.
2. *(nach Entfernungen) festgelegter Bereich, für den einheitliche Gebühren, Preise o. Ä. gelten:* Innerhalb der ersten Zone kostet die Fahrt 2 Euro.

▶ der **Zoo** [tso:], des Zoos, die Zoos:
große Anlage, in der viele Tiere gehalten und öffentlich gezeigt werden: den Frankfurter Zoo besuchen · Sie gingen oft in den Zoo.

der **Zopf** [ts̮ɔpf̮], des Zopf[e]s, die Zöpfe ['ts̮œpf̮ə]:
geflochtenes Haar: lange / kurze / dicke Zöpfe · sich einen Zopf flechten · Sie hat / trägt einen Zopf.

der **Zorn** [ts̮ɔrn], des Zorn[e]s:
heftiger Ärger über etwas, was man als sehr ungerecht o. ä. empfindet oder das den eigenen Wünschen überhaupt nicht entspricht: ein heller / heiliger / ohnmächtiger Zorn · seinen Zorn an jemandem auslassen · in Zorn geraten · vor Zorn außer sich sein / weinen · Zorn ergriff / packte ihn. · Sie hatte einen furchtbaren Zorn auf ihn. · Voller Zorn schlug er die Tür zu.

zor|nig ['ts̮ɔrnɪç], zorniger, am zornigsten:
voll Zorn: zornige Blicke / Worte · ein zorniger Mensch · Er ist sehr zornig auf mich / über meine Bemerkung. · Sie schrie ihn zornig an. · Das machte ihn sehr zornig.

▸ **zu** [ts̮u:]:
1. gibt die Richtung einer Bewegung auf ein bestimmtes Ziel hin an: sich zu jemandem beugen / wenden · Sie kommt zu mir. · Von hier bis zu ihm sind es zehn Meter. · Das Kind läuft zu seiner Mutter. · Gehst du auch zu diesem Fest? *(Nimmst du auch daran teil?).*
2. drückt aus, dass etwas zu etwas anderem hinzugefügt wird: Zu dem Essen gab es einen trockenen Wein. · Die Schuhe kannst du zu diesem Kleid nicht tragen. · Zu Obstkuchen nehme ich gern etwas Sahne.
3. gibt den Ort, die Lage von etwas an: zu beiden Seiten des Bahnhofs · zu Wasser und zu Lande · Sie ist zu Hause *(in ihrer Wohnung).*
4. kennzeichnet den Zeitpunkt einer Handlung o. Ä., den Zeitraum, in dem sich etwas ereignet: zu Anfang des Jahres · zu Lebzeiten ihrer Mutter · zu Weihnachten / Silvester / Ostern · Von Tag zu Tag wurde es schlimmer.
5. kennzeichnet die Art und Weise, in der etwas geschieht, sich abspielt o. Ä.: Er erledigte alles zu meiner Zufriedenheit. · Sie verkauft alles zu niedrigen Preisen. · Du hast dich zu deinem Vorteil verändert.
6. kennzeichnet die Art und Weise einer Bewegung: Wir gehen zu Fuß. · Sie kamen zu Pferd.
7. kennzeichnet ein in Zahlen ausgedrücktes Verhältnis: Das Spiel endete 2 zu 1 (mit Ziffern: 2 : 1). · Sie haben jetzt schon wieder zu null gespielt (Sportjargon; *kein Tor hinnehmen müssen*).
8. steht in Verbindung mit der Angabe eines Preises: fünf Briefmarken zu 58 [Cent] · Das Pfund Zwiebeln wurde zu einem Euro angeboten. · Es gab Stoff zu zwanzig, aber auch zu hundert Euro der Meter.
9. drückt Zweck, Grund, Ziel, Ergebnis einer Handlung, Tätigkeit aus: eine Feier zu Ehren des Jubilars · jemanden zu einem Spaziergang / zu einer Party einladen · jemandem etwas zu Weihnachten schenken · Er sagte das zu ihrer Beruhigung. · Sie spielten zu ihrer Unterhaltung.
10. bezeichnet das Ergebnis bzw. die Folge eines Vorgangs, einer Veränderung, einer Entwicklung: die Äpfel zu Brei verarbeiten · das Eiweiß zu Schaum schlagen · zu Staub zerfallen.
11. kennzeichnet eine Beziehung: freundlich zu jemandem sein · Sie gehört zu uns. · Das war der Auftakt zu dieser Veranstaltung. · Zu diesem Thema wollte sie sich nicht äußern.
12. kennzeichnet ein (hohes, geringes) Maß, das nicht mehr akzeptiert wird, das nicht passend o. ä. erscheint: Die Wohnung ist zu groß / zu teuer. · Er kam zu spät. · Im Kaffee ist zu viel Milch. · Sie isst zu wenig [Obst].
13. gibt die Bewegung auf ein Ziel hin an: Sie bewegten sich langsam dem Ausgang zu. · Zur Grenze zu verschärften sich die Kontrollen.
14. (umgangssprachlich) *zumachen!:* Tür zu! · Mund auf, Augen zu!
15. (umgangssprachlich) *geschlossen:* Das Fenster ist zu. · Um diese Zeit ist der Laden noch zu.
16. in Verbindung mit dem Infinitiv: Sie ist heute nicht zu sprechen. · Ich habe viel zu tun. · Das Haus ist zu verkaufen. · Sie besuchte ihn, um sich nach seinem Befinden zu erkundigen.
17. bezeichnet in Verbindung mit dem 1. Partizip ein Können, Sollen oder Müssen: der zu zahlende Betrag · die zu erledigende Post.

▸ **zu|be|rei|ten** ['ts̮u:bəra̮itn̩], bereitet zu, bereitete zu, hat zubereitet:
(von Speisen o. Ä.) aus einzelnen Bestandteilen herstellen, zum Gebrauch fertig machen: das Essen / das Frühstück / einen Salat zubereiten · Die

Speisen waren lieblos / mit Liebe zubereitet.

züch|ten ['tsʏçtn̩], züchtet, züchtete, hat gezüchtet:
durch Auswahl, Kreuzung von Arten oder Rassen mit besonderen Merkmalen und Eigenschaften für die Vermehrung von Pflanzen oder Tieren sorgen: Blumen / Rosen / Fische / Bienen züchten · Hier werden besonders Pferde gezüchtet.

zu|cken ['tsʊkn̩], zuckt, zuckte, hat gezuckt:
eine plötzliche und heftige, oft unwillkürliche Bewegung machen: Sie zuckte, als sie die Nadel spürte. · Seine Lippen / Mundwinkel zuckten. · Er zuckte mit den Schultern.

► der **Zu|cker** ['tsʊkɐ], des Zuckers:
meist weißer, aus kleinen Körnern bestehender Stoff, mit dem Speisen und Getränke süß gemacht werden: brauner / weißer / gemahlener Zucker · ein Pfund Zucker / ein Esslöffel [voll] Zucker · Er trinkt den Kaffee ohne Zucker.

zu|de|cken ['tsu:dɛkn̩], deckt zu, deckte zu, hat zugedeckt:
(mit etwas Schützendem o. Ä.) bedecken: das Kind [mit einer Decke] zudecken · die Beete im Winter mit Zweigen zudecken · Es ist kalt, du musst dich gut zudecken.

zu|dem [tsu'de:m]:
außerdem: Es war kalt, zudem regnete es. · Sie verfügt über eine wissenschaftliche Ausbildung und zudem spricht sie fließend Englisch.

zu|dre|hen ['tsu:dre:ən], dreht zu, drehte zu, hat zugedreht:
1. *durch Drehen schließen:* etwas fest zudrehen · den Wasserhahn / den Gashahn / das Ventil zudrehen.
2. *in einer drehenden Bewegung zu jemandem wenden:* jemandem den Rücken zudrehen · Sie drehte sich ihm zu, um ihn besser verstehen zu können.

zu|dring|lich ['tsu:drɪŋlɪç], zudringlicher, am zudringlichsten:
zu vertraulich und dadurch lästig fallend; in belästigender Weise sich jemandem körperlich nähernd: ein zudringlicher Kerl · Der Vertreter war sehr zudringlich. · Er war betrunken und wurde zudringlich.

zu|drü|cken ['tsu:drʏkn̩], drückt zu, drückte zu, hat zugedrückt:
durch Drücken schließen [und geschlossen halten]: die Tür / den Deckel der Truhe zudrücken · Sie drückte dem Toten die Augen zu.

zu|ei|nan|der [tsu|ai'nandɐ]:
der, die, das eine zum, zur anderen: ihr Verhältnis zueinander · Seid nett zueinander!

► **zu|erst** [tsu'|e:ɐ̯st]:
1. *als Erster, Erste, Erstes:* Zuerst kam mein Bruder, dann folgten die andern. · Wer zuerst kommt, wird zuerst bedient. · Zuerst solltest du etwas essen.
2. *am Anfang:* Zuerst hatte er Schwierigkeiten bei der Arbeit. · Sie wollte es zuerst nicht glauben.

► der **Zu|fall** ['tsu:fal], des Zufall[e]s, die Zufälle ['tsu:fɛlə]:
etwas, was man nicht im Voraus erkannt hat, wofür keine Ursache, kein Zusammenhang o. Ä. erkennbar ist: ein merkwürdiger / seltsamer / großer / glücklicher Zufall · Es war reiner / purer Zufall, dass wir uns getroffen haben. · Ich glaube nicht an Zufälle. · Ich habe durch Zufall davon gehört.

► **zu|fäl|lig** ['tsu:fɛlɪç]:
1. *durch Zufall:* eine zufällige Begegnung / Bekanntschaft · jemanden zufällig treffen / kennen · Ähnlichkeiten mit lebenden Personen sind rein zufällig. · Es ist zufällig noch ein Platz frei.
2. *eventuell:* Haben Sie zufällig gesehen, in welche Richtung er gefahren ist?

zu|fol|ge [tsu'fɔlgə]:
nach; laut: Letzten Meldungen / Einem Bericht zufolge ist er verunglückt.

► **zu|frie|den** [tsu'fri:dn̩], zufriedener, am zufriedensten:
1. *so, dass man mit der bestehenden Lage, Situation einverstanden ist und nichts daran ändern möchte:* ein zufriedener Mensch · zufrieden lächeln / aussehen · Sie lebten glücklich und zufrieden.
2. *mit den vorliegenden Verhältnissen, Leistungen o. Ä. einverstanden; nichts auszusetzen habend:* zufriedene Kunden · Sie ist mit dem neuen Auto sehr zufrieden. · Der Lehrer ist mit seinen Schülern nicht zufrieden.

► der **Zug** [tsu:k], des Zug[e]s, die Züge ['tsy:gə]:
1. *Lokomotive mit Wagen:* ein voll besetzter / überfüllter / voller / leerer / verspäteter Zug · den Zug verpassen / nicht mehr erreichen / gerade noch erwischen · auf den Zug warten · Der Zug hat eine halbe Stunde Verspätung /

kommt voraussichtlich zehn Minuten später an. · Der Zug nach / von München fährt auf Gleis 12 ein. · Der Zug fährt ab / bremst / hält nicht auf allen Bahnhöfen / ist entgleist / verkehrt nur werktags / fährt stündlich / hat in Frankfurt 20 Minuten Aufenthalt. · Sie stiegen in den [falschen] Zug ein. · Er fuhr mit dem letzten Zug nach Hause.

2. *Gruppe, die sich von der Stelle bewegt:* ein langer Zug von Trauernden / von Demonstranten · Der Zug bewegte sich langsam durch die Stadt / zum Botschaftsgebäude.

3. *zügiges Trinken:* einen kräftigen Zug aus der Flasche tun · Er leerte das Glas auf einen / in einem Zug.

4. *das Einziehen von Luft, Rauch:* Sie atmete in tiefen Zügen. · Er machte einen Zug aus seiner Pfeife.

5. *als unangenehm empfundene Bewegung der Luft:* keinen Zug vertragen · Hier herrscht [ein] ständiger Zug. · Ihr sitzt / steht dort im Zug. · Ich muss mich vor Zug schützen.

6. *besondere Art des Charakters:* Das ist ein angenehmer / sympathischer Zug an ihm. · Das ist kein schöner Zug von ihr.

7. *das Bewegen einer Figur beim Spiel:* ein genialer / kluger / falscher / unüberlegter Zug im Schachspiel · einen Zug / den ersten Zug machen · matt in drei Zügen · Du bist am Zug.

► der **Zu|gang** [ˈtsu:gaŋ], des Zugang[e]s, die Zugänge [ˈtsu:gɛŋə]:

1. *Eingang, Einfahrt:* ein unterirdischer Zugang zum Schloss · den Zugang bewachen · Der Zugang zu dem Grundstück ist gesperrt.

2. *Zutritt:* freien / keinen Zugang zu etwas haben · den Zugang zu etwas fordern · sich Zugang zu einem Raum / zu jemandem verschaffen.

► **zu|gäng|lich** [ˈtsu:gɛŋlɪç]:

1. *so, dass es erreichbar, offen ist:* ein nur schwer zugängliches Gebiet.

2. *so, dass es für die Benutzung zur Verfügung steht:* Das Archiv ist für alle zugänglich.

3. ⟨zugänglicher, am zugänglichsten⟩ *gegenüber anderen Menschen, für Eindrücke, Ideen o. Ä. aufgeschlossen:* Sie ist guten Vorschlägen immer zugänglich. · Er ist ein schwer zugänglicher Mensch.

zu|ge|ben [ˈtsu:ge:bn̩], gibt zu, gab zu, hat zugegeben:

1. *hinzufügen:* den Zucker unter langsamem Rühren zugeben.

2. *[nach längerem Zögern oder Leugnen] gestehen:* eine Tat zugeben · Der Junge hat zugegeben, dass er die Fensterscheibe eingeworfen hat.

zü|gig [ˈtsy:gɪç], zügiger, am zügigsten: *schnell:* zügig arbeiten / fahren · Die Vorbereitungen gehen zügig voran.

zu|gleich [tsuˈglaiç]:

1. *im selben Augenblick, zur gleichen Zeit:* Sie griffen beide zugleich nach dem Buch. · Sie musste die Kinder beaufsichtigen und zugleich die Wäsche bügeln.

2. *in gleicher Weise; ebenso, auch:* Er ist Maler und Dichter zugleich. · Sie war erschrocken und zugleich erleichtert.

zu|grei|fen [ˈtsu:graifn̩], greift zu, griff zu, hat zugegriffen:

nach etwas greifen und es festhalten oder an sich nehmen: Überall lagen die schönsten Dinge, man brauchte nur zuzugreifen. · Bitte greifen Sie zu! *(Nehmen Sie sich von dem Angebotenen!)* · Bei diesen Preisen sollte man sofort zugreifen *(kaufen).* · Man bot ihr eine Stelle als Pressesprecherin, und sie griff zu. *(Sie nahm das Angebot an.).*

zu|guns|ten [tsuˈgʊnstn̩]:

zum Vorteil, Nutzen; für:

1. ⟨mit Genitiv⟩ ein Basar zugunsten des Tierheims · Sie verzichtete zugunsten ihrer Tochter auf das Erbe.

2. ⟨in Verbindung mit »von«⟩ Ich verzichte zugunsten von Frau Schmidt auf diese Reise.

zu|ha|ben [ˈtsu:ha:bn̩], hat zu, hatte zu, hat zugehabt:

nicht geöffnet haben: Der Laden hat mittwochs nachmittags zu. · Ich wollte noch schnell einkaufen gehen, aber das Geschäft hatte schon zu.

► das **Zu|hau|se** [tsuˈhauzə], des Zuhauses:

Heim, Wohnung, in der jemand zu Hause ist und sich wohlfühlt: ein neues Zuhause finden · Sie hat ein schönes Zuhause.

► **zu|hö|ren** [ˈtsu:hø:rən], hört zu, hörte zu, hat zugehört:

mit Aufmerksamkeit hören, hörend in sich aufnehmen: schweigend / mit Interesse / genau / nur mit halbem Ohr zuhören · dem Vortragenden / der Unterhaltung aufmerksam zuhören · Er hörte bei dem Gespräch zu. · Sie kann gut zuhören. · Du hast nicht richtig zugehört.

▸ der **Zu|hö|rer** ['tsu:hø:rɐ], des Zuhörers, die Zuhörer, die **Zu|hö|re|rin** ['tsu:hø:rərɪn], der Zuhörerin, die Zuhörerinnen: *Person, die jemandem, einer Sache zuhört:* Eine Zuhörerin hat unter Protest den Saal verlassen.

▸ die **Zu|kunft** ['tsu:kʊnft], der Zukunft: *Zeit, die noch nicht da ist; die erst kommende oder künftige Zeit:* eine unsichere / ungewisse Zukunft · die Zukunft des Landes / der Menschheit · Wir wissen nicht, was uns die Zukunft bringen wird. · Du musst an deine Zukunft denken.; * **in Zukunft:** *künftig, von jetzt an:* Ich möchte in Zukunft immer benachrichtigt werden, wenn eine Sitzung stattfindet.

▸ **zu|künf|tig** ['tsu:kʏnftɪç]:
1. *von jetzt an, in Zukunft:* Zukünftig frag bitte mich und nicht ihn! · Ich bitte dies zukünftig zu unterlassen.
2. *künftig, später:* ihre zukünftige Schwiegermutter · die Verantwortung für zukünftige Generationen.

zu|las|sen ['tsu:lasn̩], lässt zu, ließ zu, hat zugelassen:
1. *(etwas) geschehen lassen, nichts unternehmen, es zu verhindern:* Ich kann [es] nicht zulassen, dass sie übergangen wird. · Wie konntest du das nur zulassen!
2. *(jemandem) zur Ausübung, zu einem bestimmten Zweck o. Ä. die [amtliche] Erlaubnis erteilen:* ein Medikament zulassen · ein Auto [zum Verkehr] zulassen · Der Student ist zur Prüfung / für das Studium zugelassen. · Er ist als Anwalt [beim Bundesgerichtshof] zugelassen.
3. *die Möglichkeit zu etwas bieten:* Das Gesetz lässt keine Ausnahme / mehrere Interpretationen zu. · Das lässt die Vermutung / den Schluss zu, dass er nicht mehr kommen wird. · Die Straßenverhältnisse ließen kein höheres Tempo zu.
4. (umgangssprachlich) *geschlossen lassen, nicht öffnen:* das Fenster / die Tür / die Augen / den Mantel zulassen · Lass das Päckchen zu!

zu|läs|sig ['tsu:lɛsɪç]:
(meist von einer amtlichen o. ä. Stelle) zugelassen, erlaubt: eine zulässige Höchstgeschwindigkeit / Menge · ein Verfahren für zulässig erklären · Diese Hilfsmittel sind nicht zulässig.

▸ **zu|letzt** [tsu'lɛtst]:
1. *als Letzter, Letzte, Letztes:* Ich kam zuletzt an die Reihe. · Das beste Fleischstück aßen wir erst zuletzt. · Diese Arbeit werde ich zuletzt machen.
2. *schließlich, zum Schluss:* Wir mussten zuletzt doch umkehren. · Zuletzt sahen wir uns genötigt einzugreifen. · Sie glaubte bis zuletzt, dass er die Tat begangen hatte.

▸ **zum** [tsʊm] ⟨Verschmelzung von »zu« + »dem«⟩:
1. ⟨kann aufgelöst werden⟩ Sie lief zum Haus ihrer Eltern.
2. ⟨kann nicht aufgelöst werden⟩ zum Beispiel · zum letzten Mal · zum Schluss.
3. ⟨kann nicht aufgelöst werden⟩ das Wasser zum Kochen bringen · Er verlangte etwas zum Essen.

▸ **zu|ma|chen** ['tsu:maxn̩], macht zu, machte zu, hat zugemacht:
1. *schließen:* die Tür / das Fenster / den Koffer zumachen · Kannst du mir bitte den Reißverschluss zumachen?
2. *geschlossen werden (sodass kein Verkauf von Waren mehr stattfindet):* Wann machen die Geschäfte zu? · Samstags machen viele Läden früher zu.
3. *den Betrieb einstellen:* Der Laden hat schon nach kurzer Zeit wieder zugemacht.

zu|mal [tsu'ma:l]:
1. *besonders da, weil:* Ich kann es ihm nicht abschlagen, zumal er immer so entgegenkommend ist.
2. *besonders, vor allem:* Alle, zumal die Neuen, waren begeistert.

zu|meist [tsu'mai̯st]:
meist, meistens: Hunderte zumeist jugendliche Demonstranten hatten sich auf dem Marktplatz versammelt. · Es wurden zahlreiche Gebäude abgerissen, zumeist Plattenbauten am Stadtrand.

▸ **zu|min|dest** [tsu'mɪndəst]:
auf jeden Fall: Es ist keine schwere, zumindest keine bedrohliche Krise. · Ich probiere es zumindest.

zu|mu|ten ['tsu:mu:tn̩], mutet zu, mutete zu, hat zugemutet:
von jemandem etwas verlangen, was eigentlich zu schwer, zu anstrengend o. Ä. ist: Den Anblick wollte er uns nicht zumuten. · Ich kann ihm nicht zumuten zu kommen. · Es ist den Bürgern nicht zuzumuten, dass die Gebühren ständig steigen. · Du hast dir zu viel zugemutet.

▸ **zu|nächst** [tsu'nɛ:çst]:
1. *am Anfang, zuerst:* Die Sache war zunächst nicht aufgefallen. · Es sah

zunächst nach schönem Wetter aus, dann regnete es aber doch. · Zunächst einmal werde ich mir die Unterlagen ansehen.
2. *vorerst:* Daran denke ich zunächst noch nicht. · Diesen Aspekt lassen wir zunächst beiseite.

► die **Zün|der** [ˈt͜sʏndɐ], der Zünder (österreichisch):
Streichhölzer: Kaufst du bitte auch noch Zünder?

► das **Zünd|holz** [ˈt͜sʏnthɔlt͜s], des Zündholzes, die Zündhölzer [ˈt͜sʏnthœlt͜sɐ]:
Streichholz: Eine Packung Zündhölzer gehört zur Ausrüstung für Notfälle.

► **zu|neh|men** [ˈt͜su:ne:mən], nimmt zu, nahm zu, hat zugenommen:
1. *größer, stärker werden, sich vermehren:* Die Kälte hatte um einige Grade zugenommen. · Die Schmerzen nehmen wieder zu. · Der Wind hat zugenommen. · Sein Einfluss in der Partei hat zugenommen. · In den letzten Jahren hat das Umweltbewusstsein deutlich zugenommen. · Die Tage nehmen wieder zu *(werden länger).*
2. *schwerer, dicker werden:* Er hat stark / etwas / drei Kilogramm / ein paar Pfunde zugenommen. · Seitdem ich täglich koche, nehme ich immer mehr zu.

die **Zun|ge** [ˈt͜sʊŋə], der Zunge, die Zungen:
bewegliches Organ im Mund vieler Tiere und des Menschen, das besonders beim Essen beteiligt ist und dem Sprechen dient: eine belegte Zunge · mit der Zunge schnalzen · Der freche Junge streckte uns die Zunge heraus. · Ich habe mir mit der heißen Suppe die Zunge verbrannt. · Das Fleisch ist so zart, dass es auf der Zunge zergeht. · Ich habe mir auf die Zunge gebissen.

zu|ord|nen [ˈt͜su:|ɔrdnən], ordnet zu, ordnete zu, hat zugeordnet:
in eine Gruppe einordnen: etwas einem System zuordnen · Die E-Mail-Adresse konnte mühelos dem Absender zugeordnet werden.

► **zur** [t͜su:ɐ̯] ⟨Verschmelzung von »zu« + »der«⟩:
1. ⟨kann aufgelöst werden⟩ Sie fährt mit dem Auto zur Arbeit.
2. ⟨kann nicht aufgelöst werden⟩ zur Ruhe kommen · zur Neige gehen · zur Vernunft kommen.

zu|recht|kom|men [t͜suˈrɛçtkɔmən], kommt zurecht, kam zurecht, ist zurechtgekommen:
mit jemandem oder etwas richtig umgehen können: Ich komme mit meinem neuen Auto / mit meinem Kollegen gut zurecht. · In der Wohnung kann er auch ohne Rollstuhl zurechtkommen.

► **zu|rück** [t͜suˈrʏk]:
1. *wieder in Richtung auf die Stelle, den Ort, wo etwas begonnen hat:* Hin sind wir gelaufen, zurück haben wir ein Taxi genommen. · Einmal Hamburg hin und zurück, bitte! · Die Fahrt [von Paris] zurück war etwas strapaziös.
2. *wieder an der Stelle, an dem Ort, wo etwas begonnen hat:* Sie ist noch nicht aus dem Urlaub / von der Reise zurück. · Ich bin in zehn Minuten zurück *(wieder da).*
3. *nach hinten:* Gehen Sie bitte einen Schritt / einen Meter zurück!

zu|rück|fah|ren [t͜suˈrʏkfa:rən], fährt zurück, fuhr zurück, ist zurückgefahren:
1. *wieder zu der Stelle, zu dem Ort fahren, wo etwas begonnen hat:* Er ist noch am gleichen Tag mit der Bahn nach Leipzig zurückgefahren. · Als sie die traurige Nachricht bekam, ist sie sofort zurückgefahren.
2. *mit einem Fahrzeug wieder an die Stelle, an den Ort befördern, wo etwas begonnen hat:* Sie hat ihre Eltern mit dem Auto nach Hause zurückgefahren.

zu|rück|füh|ren [t͜suˈrʏkfy:rən], führt zurück, führte zurück, hat zurückgeführt:
1. *jemanden wieder an die Stelle, den Ort führen, wo etwas begonnen hat:* Ich führte ihn nach Hause / auf seinen Platz zurück.
2. *(etwas) als Folge von etwas erkennen, erklären:* Das Unglück ist auf menschliches Versagen zurückzuführen. · Die Bauern führen die schlechte Ernte darauf zurück, dass es im Sommer sehr wenig geregnet hat.

zu|rück|ge|ben [t͜suˈrʏkge:bn̩], gibt zurück, gab zurück, hat zurückgegeben:
dem Eigentümer wiedergeben: das Geld / die gestohlenen Sachen zurückgeben · Er hat mir das geliehene Buch [noch nicht] zurückgegeben. · Der Lehrer gibt den Schülern die Hefte zurück.

zu|rück|ge|hen [t͜suˈrʏkge:ən], geht zurück, ging zurück, ist zurückgegangen:
1. *wieder an die Stelle, den Ort gehen, wo etwas begonnen hat:* Der Schüler ging auf seinen Platz zurück. · Ich habe etwas vergessen, ich muss noch einmal zurückgehen.

2. *nach hinten gehen:* Geh bitte ein Stück / zwei Schritte zurück!
3. *seinen Ursprung bei jemandem, in etwas haben:* Die Sache geht auf seine Initiative zurück. · Die Verordnung geht noch auf Napoleon zurück.
4. *abnehmen; geringer, kleiner werden:* Das Fieber ist in den letzten Stunden zurückgegangen. · Das Hochwasser geht wieder zurück. · Der Umsatz ist stark / spürbar / deutlich zurückgegangen.

zu|rück|hal|tend [tsu'rʏkhaltn̩t], zurückhaltender, am zurückhaltendsten:
dazu neigend, sich im Hintergrund zu halten: ein zurückhaltender Mensch · eine zurückhaltende Art · Er ist sehr zurückhaltend.

zu|rück|keh|ren [tsu'rʏkke:rən], kehrt zurück, kehrte zurück, ist zurückgekehrt:
1. *zurückkommen:* [reumütig] nach Hause zurückkehren · aus dem Urlaub / von einem Spaziergang / von einer Reise zurückkehren · Der Großvater war aus dem Krieg nie zurückgekehrt.
2. *sich wieder einstellen:* Allmählich kehrte das Bewusstsein / die Erinnerung zurück.

zu|rück|kom|men [tsu'rʏkkɔmən], kommt zurück, kam zurück, ist zurückgekommen:
1. *wieder zu der Stelle, zu dem Ort kommen, wo etwas begonnen hat:* unverrichteter Dinge / mit leeren Händen zurückkommen · Wann wirst du von der Reise / aus dem Urlaub zurückkommen? · Der Brief ist als unzustellbar zurückgekommen.
2. *Bezug nehmen:* Er kam in seiner Rede immer wieder auf dieses Thema / auf diese Frage zurück. · Ich werde eventuell auf Sie / auf Ihr Angebot zurückkommen.

zu|rück|neh|men [tsu'rʏkne:mən], nimmt zurück, nahm zurück, hat zurückgenommen:
1. *wieder an sich nehmen:* Der Händler hat das defekte Gerät anstandslos zurückgenommen.
2. *rückgängig machen:* eine Entscheidung / ein Verbot zurücknehmen · Die Klage konnte nicht mehr zurückgenommen werden.
3. *(eine eigene Aussage) für falsch oder für ungültig erklären:* Er wurde aufgefordert, seine Äußerung zurückzunehmen. · Er wollte von dem, was er gesagt hatte, kein Wort zurücknehmen.

zu|rück|tre|ten [tsu'rʏktre:tn̩], tritt zurück, trat zurück, ist zurückgetreten:
1. *nach hinten treten:* einen Schritt zurücktreten · Bitte von der Bahnsteigkante zurücktreten!
2. *ein Amt, eine Stellung o. Ä. aufgeben:* Die Regierung ist zurückgetreten. · Der Präsident trat von seinem Amt / als Vorsitzender zurück.
3. *etwas rückgängig machen:* von einem Kauf zurücktreten · Von dem Vertrag kannst du innerhalb einer Woche zurücktreten.

▶ **zur|zeit** [tsʊr'tsai̯t]:
im Augenblick; gegenwärtig: Wir haben zurzeit Betriebsferien. · Er ist zurzeit außer Haus.

▶ **zu|sa|gen** ['tsu:za:gn̩], sagt zu, sagte zu, hat zugesagt:
1. *versprechen:* Sie hat mir schnelle Hilfe zugesagt.
2. *eine Einladung annehmen:* Er hat sein Kommen / seine Teilnahme fest zugesagt. · Sie hat zugesagt zu kommen.
3. *jemandes Vorstellung, Geschmack entsprechen:* Diese Wohnung / Diese Arbeit / Dieses Buch sagt mir [nicht] zu. · Die letzte Bewerberin hat mir am meisten zugesagt.

▶ **zu|sam|men** [tsu'zamən]:
1. *gemeinsam, miteinander:* Die Kinder spielen oft zusammen. · Schönen Urlaub zusammen! · Sie bestellten zusammen eine Flasche Wein. · Wir waren gestern Abend noch lange zusammen.
2. *als Einheit gerechnet, insgesamt:* Alles zusammen kostet 100 Euro. · Sie weiß mehr als die anderen zusammen.

▶ die **Zu|sam|men|ar|beit** [tsu'zamən|arbai̯t], der Zusammenarbeit:
gemeinsames Arbeiten, Wirken an der gleichen Sache, auf dem gleichen Gebiet: die Zusammenarbeit mit dem Betriebsrat · Durch die Zusammenarbeit wollen die Firmen Geld sparen.

zu|sam|men|ar|bei|ten [tsu'zamən|arbai̯tn̩], arbeitet zusammen, arbeitete zusammen, hat zusammengearbeitet:
mit jemandem gemeinsam an der gleichen Sache, für bestimmte Ziele arbeiten: in einer Organisation zusammenarbeiten · Beide Staaten wollen auf diesem Gebiet künftig enger zusammen-

arbeiten. · Sie will nicht mehr länger mit ihm zusammenarbeiten.

zu|sam|men|bre|chen [tsuˈzamənbrɛçn̩], bricht zusammen, brach zusammen, ist zusammengebrochen:
1. *einstürzen:* Das Gerüst ist zusammengebrochen. · Die Brücke brach unter der schweren Last zusammen.
2. *(aufgrund großer körperlicher Schwäche) hinfallen, für eine kürzere Zeit das Bewusstsein verlieren:* vor Erschöpfung / ohnmächtig / tot zusammenbrechen · Der Vater ist bei der Todesnachricht zusammengebrochen.
3. *sich nicht fortsetzen lassen:* Der Verkehr in der Innenstadt brach zusammen. · Das Telefonnetz ist am Montag völlig zusammengebrochen. · Für ihn brach eine Welt zusammen. *(Er sah sich getäuscht.).*

▶ **zu|sam|men|fas|sen** [tsuˈzamənfasn̩], fasst zusammen, fasste zusammen, hat zusammengefasst:
1. *in, zu einem größeren Ganzen verbinden:* die Teilnehmer in / zu Gruppen von 10 Personen zusammenfassen · Die Sportverbände wurden in einem Dachverband zusammengefasst.
2. *(etwas) in wenigen Sätzen wiedergeben, auf eine kurze Form bringen:* seine Eindrücke kurz / in einem Bericht / in Stichworten zusammenfassen · Zusammenfassend lässt sich feststellen, dass damit keinem so recht gedient ist.

die **Zu|sam|men|fas|sung** [tsuˈzamənfasʊŋ], der Zusammenfassung, die Zusammenfassungen:
kurz zusammengefasste schriftliche oder mündliche Darstellung von etwas: eine Zusammenfassung der Ereignisse geben · Am Schluss des Buches steht eine Zusammenfassung.

▶ der **Zu|sam|men|hang** [tsuˈzamənhaŋ], des Zusammenhang[e]s, die Zusammenhänge [tsuˈzamənhɛŋə]:
innere Beziehung, Verbindung, die zwischen Vorgängen, Sachverhalten o. Ä. besteht: die inneren / historischen / wirtschaftlichen Zusammenhänge · die Zusammenhänge durchschauen / erkennen · einen Satz aus dem Zusammenhang reißen · Es besteht kein [direkter] / ein enger / nur ein loser Zusammenhang zwischen diesen Vorfällen. · Sein Tod steht in keinem Zusammenhang mit dem Unfall. · Nur noch eins möchte ich in diesem Zusammenhang *(zugleich mit dieser Sache)* erwähnen.

zu|sam|men|le|ben [tsuˈzamənle:bn̩], lebt zusammen, lebte zusammen, hat zusammengelebt:
gemeinsam (mit einer Partnerin, einem Partner) leben: Sie leben schon fünf Jahre zusammen und wollen jetzt heiraten. · Sie lebt seit Jahren mit ihrem Freund zusammen.

zu|sam|men|le|gen [tsuˈzamənle:gn̩], legt zusammen, legte zusammen, hat zusammengelegt:
1. *(einer Sache) ein kleineres Format geben, indem man sie faltet und eins über das andere legt:* das Tischtuch / die Wäsche / die Zeitung zusammenlegen · Den Tisch kann man zusammenlegen.
2. *miteinander verbinden; verschiedene Teile o. Ä. zu einem Ganzen, einer Einheit werden lassen:* zwei Abteilungen / Schulklassen / Veranstaltungen zusammenlegen · Grundstücke zusammenlegen.
3. *gemeinsam das Geld für etwas haben:* Wenn wir zusammenlegen, dürfte es für ein größeres Geschenk reichen.

zu|sam|men|set|zen [tsuˈzamənzɛtsn̩], setzt zusammen, setzte zusammen, hat zusammengesetzt:
1. *zu einem Ganzen fügen:* eine Maschine / ein Fahrrad aus einzelnen Teilen zusammensetzen.
2. ⟨+ sich⟩ *sich mit einer anderen Person an einem gemeinsamen Platz hinsetzen:* In der Schule will sie sich mit ihrer Freundin zusammensetzen. · Wir müssen uns einmal zusammensetzen und ein Glas Wein trinken.
3. ⟨+ sich⟩ *als Ganzes aus verschiedenen Bestandteilen, Gliedern, Personen bestehen:* Die Uhr setzt sich aus vielen Teilen zusammen. · Die Besucher setzen sich aus allen Kreisen der Bevölkerung zusammen. · Die Kommission setzt sich aus zwölf Mitgliedern zusammen.

die **Zu|sam|men|set|zung** [tsuˈzamənzɛtsʊŋ], der Zusammensetzung, die Zusammensetzungen:
1. *zusammengesetzter Stoff:* eine explosive Zusammensetzung.
2. *Art und Weise, wie etwas als Ganzes zusammengesetzt ist:* die chemische Zusammensetzung eines Medikaments · die soziale / personelle Zusammensetzung des Ausschusses.

3. *Wort, das aus mehreren Wörtern zusammengesetzt ist:* »Haustür« ist eine Zusammensetzung aus »Haus« und »Tür«.

zu|sam|men|stel|len [tsu'zamənʃtɛlən], stellt zusammen, stellte zusammen, hat zusammengestellt:
1. *am gleichen Platz zusammen hinstellen:* Stühle / Tische / die Betten zusammenstellen.
2. *etwas, was man unter einem bestimmten Gesichtspunkt ausgewählt hat, so anordnen, gestalten, dass etwas Einheitliches entsteht:* ein Programm / eine Übersicht / die Speisekarte / ein Menü / eine Liste zusammenstellen · Der Trainer stellt die Mannschaft zusammen.

der **Zu|sam|men|stoß** [tsu'zamənʃto:s], des Zusammenstoßes, die Zusammenstöße [tsu'zamənʃtø:sə]:
1. *Unfall, bei dem zwei Fahrzeuge zusammenstoßen:* ein Zusammenstoß von zwei Autos.
2. (umgangssprachlich) *heftige Auseinandersetzung [mit Waffen]:* Gestern kam es zu Zusammenstößen zwischen der Polizei und Demonstranten.

zu|sam|men|sto|ßen [tsu'zamənʃto:sn̩], stößt zusammen, stieß zusammen, ist zusammengestoßen:
mit Wucht einer gegen den anderen stoßen: mit den Köpfen zusammenstoßen · Auf der Treppe wäre ich fast mit ihr zusammengestoßen. · Die Straßenbahn ist mit dem Bus zusammengestoßen.

der **Zu|satz** ['tsu:zats], des Zusatzes, die Zusätze ['tsu:zɛtsə]:
1. ⟨ohne Plural⟩ *das Hinzufügen:* Unter Zusatz von Öl wird die Mayonnaise ständig gerührt.
2. *[später] hinzugefügter Teil:* Zusätze zu einem Vertrag · Das Manuskript wurde durch Zusätze ergänzt.

▶ **zu|sätz|lich** ['tsu:zɛtslɪç]:
zu etwas, was bereits vorhanden ist, als Ergänzung kommen: zusätzliche Kosten / Belastungen / Informationen · Sie zahlte ihm zusätzlich eine Prämie. · Ich möchte dich nicht zusätzlich belasten.

▶ **zu|schau|en** ['tsu:ʃau̯ən], schaut zu, schaute zu, hat zugeschaut (besonders süddeutsch, österreichisch, schweizerisch):
(bei etwas) aufmerksam zusehen: Sie möchte bei den Theaterproben gerne einmal zuschauen.

▶ der **Zu|schau|er** ['tsu:ʃau̯ɐ], des Zuschauers, die Zuschauer, die **Zu|schau|e|rin** ['tsu:ʃau̯ərɪn], der Zuschauerin, die Zuschauerinnen:
Person, die bei etwas, besonders einer Aufführung o. Ä., zuschaut: Die Zuschauer rasten vor Begeisterung. · Viele Zuschauer waren von dem Stück / Fußballspiel enttäuscht.

▶ der **Zu|schlag** ['tsu:ʃla:k], des Zuschlag[e]s, die Zuschläge ['tsu:ʃlɛ:gə]:
1. *bestimmter Betrag, um den ein Preis, ein Gehalt o. Ä. erhöht wird:* Die Sonderausgabe wurde mit einem Zuschlag von fünf Euro verkauft.
2. *besondere Gebühr für schnelle Züge:* Für die Fahrt mit dem ICE-Sprinter muss man einen Zuschlag zahlen.

der **Zu|schuss** ['tsu:ʃʊs], des Zuschusses, die Zuschüsse ['tsu:ʃʏsə]:
Betrag, der jemandem zusätzlich gegeben wird, um ihm bei der Finanzierung einer Sache zu helfen: staatliche / öffentliche / finanzielle Zuschüsse · einen Zuschuss erhalten / bekommen / bewilligen / zahlen / geben · die Zuschüsse kürzen / streichen · Der Staat leistet einen beträchtlichen Zuschuss für den Bau / zu den Baukosten.

zu|se|hen ['tsu:ze:ən], sieht zu, sah zu, hat zugesehen:
1. *(einem Vorgang) mit den Augen folgen; (jemanden, etwas) beobachten, betrachten:* aus sicherer Entfernung / untätig / interessiert zusehen · jemandem bei der Arbeit / beim Arbeiten zusehen · Ich könnte den Tanzenden stundenlang zusehen. · Ich will zusehen, wie du das machst.
2. *etwas (was nicht so ist, wie es eigentlich sein sollte) geschehen lassen, ohne etwas dagegen zu unternehmen:* Wir mussten tatenlos zusehen, wie die Häuser geplündert wurden. · Wir werden noch eine Weile zusehen, ehe wir eingreifen.
3. *für etwas Bestimmtes sorgen:* Sieh zu, dass du mit der Arbeit fertig wirst! · Ich will zusehen *(mich darum bemühen),* dass ich pünktlich bin.

zu|sper|ren ['tsu:ʃpɛrən], sperrt zu, sperrte zu, hat zugesperrt (besonders österreichisch):
1. *abschließen, verschließen:* die Tür / das Auto zusperren.
2. *machen, dass etwas [vorübergehend, für eine bestimmte Zeit] für Besucher,*

Kunden o. Ä. nicht mehr offen, geöffnet ist: Er sperrt das Geschäft mittags zu. **3.** *nicht mehr für die Öffentlichkeit, für Besucher, Kunden o. Ä. offen, geöffnet sein:* Die Läden in der Fußgängerzone sperren um 20 Uhr zu.

der **Zu|stand** ['tsu:ʃtant], des Zustand[e]s, die Zustände ['tsu:ʃtɛndə]: **1.** *Art und Weise von jemandem, einer Sache in einem bestimmten Augenblick; Verfassung:* jemandes körperlicher / seelischer / psychischer Zustand · der feste / flüssige / gasförmige Zustand eines Stoffs · Der bauliche Zustand des Hauses ist einwandfrei. · Der Zustand des Patienten ist bedenklich / hat sich gebessert. · Die Wohnung befindet sich in einem verwahrlosten Zustand. · Das Auto ist alt, aber [noch] in gutem Zustand. **2.** ⟨meist Plural⟩ *augenblicklich bestehende Lage, Situation:* die politischen / wirtschaftlichen / sozialen Zustände eines Landes · die Zustände in den Krankenhäusern ändern / verbessern · Hier herrschen unerträgliche / unmögliche / chaotische / katastrophale Zustände.

zu|stan|de [tsu'ʃtandə]: * **etwas zustande bringen:** *etwas trotz Schwierigkeiten erreichen, bewirken, herstellen:* eine Einigung zustande bringen; * **zustande kommen:** *trotz gewisser Schwierigkeiten verwirklicht, erreicht, hergestellt werden:* Das Geschäft ist doch noch zustande gekommen. · Wenn ein vernünftiger Kompromiss zustande kommen soll, müssen beide Seiten Zugeständnisse machen.

zu|stän|dig ['tsu:ʃtɛndɪç]: *zur Bearbeitung, Behandlung, Ausführung von etwas berechtigt, verpflichtet, dafür verantwortlich:* das zuständige Amt / Gericht · Die Genehmigung wurde von zuständiger Seite erteilt. · Dafür sind wir nicht zuständig. · Es fühlte sich niemand zuständig.

zu|ste|hen ['tsu:ʃte:ən], steht zu, stand zu, hat zugestanden: **1.** *Anspruch auf etwas haben:* Dieses Geld steht ihr zu. · Dieses Recht steht jedem zu. · Ihr stehen im Jahr 30 Tage Urlaub zu. **2.** *das Recht haben, etwas zu tun; zu etwas berechtigt sein:* Ein Urteil darüber steht dir nicht zu. · Es steht dir nicht zu, ihr Vorwürfe zu machen.

zu|stim|men ['tsu:ʃtɪmən], stimmt zu, stimmte zu, hat zugestimmt: **1.** *mit etwas einverstanden sein, etwas akzeptieren:* einem Plan / einem Vorschlag / einer These [ohne Vorbehalte] zustimmen · Das Parlament hat dem Gesetzentwurf mit großer Mehrheit zugestimmt. **2.** *mit jemandem der gleichen Meinung sein:* Er stimmte ihr / dem Plan zu. · In diesem Punkt kann ich dir nicht zustimmen. · Er nickte zustimmend.

die **Zu|stim|mung** ['tsu:ʃtɪmʊŋ], der Zustimmung, die Zustimmungen: *das Zustimmen, zustimmende Äußerung, Haltung:* seine Zustimmung [zu etwas] geben / verweigern · Ihr Vorschlag fand weithin Zustimmung.

zu|ta|ge [tsu'ta:gə]: * **zutage treten / kommen: 1)** *an der Oberfläche der Erde sichtbar werden:* Unter dem Eis tritt der nackte Fels zutage. **2)** *in Erscheinung treten, deutlich werden:* Die Missstände sind erst jetzt zutage getreten.; * **etwas zutage bringen / fördern:** *etwas sichtbar machen:* Die Untersuchung hat viel Material zutage gebracht.

die **Zu|tat** ['tsu:ta:t], der Zutat, die Zutaten: *Nahrungsmittel, das zur Herstellung einer Speise benötigt wird:* die Zutaten [für den Kuchen] zusammenstellen / abwiegen · das Mehl mit den übrigen Zutaten verrühren / vermischen.

zu|trau|en ['tsu:trau̯ən], traut zu, traute zu, hat zugetraut: **1.** *glauben, dass jemand bestimmte Fähigkeiten, Eigenschaften o. Ä. hat, dass jemand in der Lage ist, etwas Bestimmtes zu tun:* So viel Talent / Einfühlungsvermögen hätte ich ihm gar nicht zugetraut. · Traust du dir diese Aufgabe zu? · Traust du dir zu, das Auto selbst zu reparieren? · Er traut sich zu wenig / nichts zu. **2.** *glauben, dass jemand etwas [Negatives] tun könnte; etwas von jemandem erwarten:* jemandem einen Mord / keine Lüge zutrauen · Ihr ist alles zuzutrauen. · Ich traue ihm nicht zu, dass er Geld unterschlägt.

der **Zu|tritt** ['tsu:trɪt], des Zutritt[e]s: *das Eintreten, Betreten:* ungehinderten Zutritt verlangen / erwirken · freien Zutritt zu etwas haben / erhalten · jemandem den Zutritt zu etwas verweigern / verwehren · [Unbefugten ist der] Zutritt verboten! · Kein Zutritt! · Die

Einbrecher hatten sich über die Terrassentür zu dem Haus Zutritt verschafft.

zu|ver|läs|sig ['tsu:fɛɐ̯lɛsɪç], zuverlässiger, am zuverlässigsten:
so, dass man sich darauf verlassen kann: ein zuverlässiger Mitarbeiter / Freund · ein zuverlässiges Auto · Wir haben diese Information aus zuverlässiger Quelle. · Die Angaben sind zuverlässig. · Sie arbeitet sehr zuverlässig.

zu|ver|sicht|lich ['tsu:fɛɐ̯zɪçtlɪç], zuversichtlicher, am zuversichtlichsten:
voller Hoffnung, optimistisch: eine zuversichtliche Stimmung / Einschätzung · Ich bin ganz / sehr zuversichtlich. · Sie ist zuversichtlich, dass es ihr gelingen wird, die Arbeit rechtzeitig fertigzustellen. · Er sprach zuversichtlich von der weiteren Entwicklung der Firma. · Die Ärztin gibt sich zuversichtlich.

zu|vor [tsu'fo:ɐ̯]:
davor; zuerst: im Jahr / drei Tage / am Abend zuvor · Kurz zuvor hatte es geschneit. · Sie haben ihn nie zuvor gesehen. · Ich hatte mich zuvor erkundigt, was es kostet.

die **Zu|zah|lung** ['tsu:tsa:lʊŋ], der Zuzahlung, die Zuzahlungen:
1. *das Zahlen eines eigenen Anteils zu einer Leistung, die zum größten Teil von jemand anderem finanziert wird:* Chronisch Kranke sind von der Zuzahlung befreit.
2. *Betrag, der als Zuzahlung* (1) *gezahlt wird:* Auf dieses Medikament wird eine Zuzahlung in Höhe von 5 Euro erhoben.

zu|züg|lich ['tsu:tsy:klɪç]:
plus: Die Wohnung kostet 600 Euro zuzüglich der Heizkosten. · Der Katalog kostet 15 Euro zuzüglich Porto. · Die Preise verstehen sich netto zuzüglich Beträgen für Verpackung und Versand.

der *oder* das **Zvie|ri** ['tsfiəri], des Zvieri[s], die Zvieri[s] (schweizerisch):
Imbiss [am Nachmittag]: Es ist Zeit für ein Zvieri.

der **Zwang** [tsvaŋ], des Zwang[e]s, die Zwänge ['tsvɛŋə]:
1. *psychologischer Druck; Belastung:* ein äußerer / innerer / moralischer Zwang · seine Kinder mit / ohne Zwang erziehen · seinen Gefühlen / sich keinen Zwang antun / auferlegen.
2. *von gesellschaftlichen Normen ausgeübter Druck auf menschliches Verhalten; Pflicht:* wirtschaftliche / politische / gesellschaftliche Zwänge · der Zwang des Gesetzes / der Mode · der Zwang zur Kürze · Die Teilnahme ist Zwang. · Es besteht kein Zwang, etwas zu kaufen. · Unter dem Zwang der Verhältnisse unterschrieb er den Vertrag schließlich doch.
3. (Psychologie) *etwas, was eine Person gegen den bewussten Willen tun muss:* neurotische Zwänge · unter einem Zwang leiden.

zwan|zig ['tsvantsɪç] (in Ziffern: 20):
die Zahl 20: zwanzig Personen · Sie ist Mitte [der] zwanzig.

zwar [tsva:ɐ̯]:
*** zwar ..., aber ...:** *einerseits durchaus ..., andererseits aber ...:* Das ist zwar verboten, aber es hält sich keiner daran. · Die Wohnung ist zwar schön, aber sehr teuer.; *** und zwar ...:** schließt eine nähere Bestimmung oder einen Zusatz zu etwas unmittelbar vorher Gesagtem an: Er soll mich anrufen, und zwar sofort. · Ich lehne das ab, und zwar aus folgendem Grund: ...

der **Zweck** [tsvɛk], des Zweck[e]s, die Zwecke:
Ziel einer Handlung; Absicht: der Zweck dieser Sache ist der, dass ... / liegt darin, dass ... · einen bestimmten Zweck verfolgen · einem guten Zweck dienen · Was ist der Zweck Ihrer Reise? · Die Aktion hat ihren Zweck erfüllt / verfehlt. · Das hat doch alles keinen Zweck. *(Das ist doch sinnlos.).* · Das Geld wird für gemeinnützige / wohltätige Zwecke verwendet. · Ich brauche die Bücher für private Zwecke. · Der Wagen ist für meine Zwecke nicht geeignet. · Zu welchem Zweck?

zwei [tsvai̯] (als Ziffer: 2):
die Zahl 2: zwei Personen · zwei Bücher · Das Leben zweier Menschen / von zwei Menschen steht auf dem Spiel. · Viele Grüße von uns zweien. · Wir waren zu zweien *(zu zweit).*

das **Zwei|bett|zim|mer** ['tsvai̯bɛttsɪmɐ], des Zweibettzimmers, die Zweibettzimmer:
Zimmer in einem Hotel, Krankenhaus o. Ä. mit zwei getrennt stehenden Betten: Er wurde im Krankenhaus in einem Zweibettzimmer untergebracht.

der **Zwei|fel** ['tsvai̯fl̩], des Zweifels, die Zweifel:
Bedenken; Unsicherheit darüber, ob man etwas glauben soll, ob eine Handlung richtig ist, ob etwas gelingen kann o. Ä.: ein quälender / nagender Zweifel · an etwas erhebliche / große

Zweifel haben · Zweifel bekommen · Darüber kann kein Zweifel / nicht der geringste Zweifel bestehen. · Zweifel an der Wahrheit seiner Worte stiegen in ihr auf / regten sich in ihr. · Es kamen ihm Zweifel, ob er richtig gehandelt hatte. · Er ließ keinen Zweifel daran, dass es ihm ernst war. · Sie geriet in Zweifel. · Das ist ohne Zweifel *(ganz gewiss)* richtig. · Ihre Loyalität ist über jeden Zweifel erhaben.

zwei|fel|haft ['tsvaiflhaft], zweifelhafter, am zweifelhaftesten:
1. *unsicher, ungewiss:* ein Werk von zweifelhaftem Wert · Es ist zweifelhaft, ob er das durchhalten kann. · Das scheint mir zweifelhaft.
2. *so, dass es zu [moralischen] Bedenken Anlass gibt:* ein Mensch von zweifelhaftem Ruf · Man hat ihn in recht zweifelhafter Gesellschaft gesehen. · Seine Geschäfte erscheinen mir etwas zweifelhaft.

zwei|fel|los ['tsvaifllo:s]:
ohne Zweifel, bestimmt: Die Einrichtungen sind zweifellos vorbildlich. · Sie hat zweifellos recht. · Sie gehört zweifellos zu den besten Schauspielerinnen.

▸ **zwei|feln** ['tsvaifln], zweifelt, zweifelte, hat gezweifelt:
Zweifel haben, bekommen; unsicher sein, werden (in Bezug auf etwas Bestimmtes): Ich zweifle nicht an deinem guten Willen / am Gelingen des Planes. · Sie zweifelt, ob sie der Einladung folgen soll. · An der Richtigkeit seiner Aussage war nicht zu zweifeln. · Langsam begann sie an sich selbst zu zweifeln. · Das lässt mich an deinem Verstand zweifeln. · Ich zweifle, dass er kommt.

der **Zweig** [tsvaik], des Zweig[e]s, die Zweige:
kleiner Ast: ein dünner / dürrer / blühender Zweig · die Zweige eines Baumes · Zweige in die Vase stellen / von einem Baum abbrechen · Die Vögel sitzen auf den Zweigen / hüpfen von Zweig zu Zweig.

zwei|mal ['tsvaima:l]:
zwei Male: Er hat schon zweimal angerufen. · Das lässt sie sich nicht zweimal sagen. *(Auf dieses Angebot geht sie sofort ein.)*.

zwei|spra|chig ['tsvaiʃpra:xɪç]:
1. *in zwei verschiedenen Sprachen:* ein zweisprachiges Wörterbuch · Die Straßenschilder in Südtirol sind zweisprachig.
2. *zwei Sprachen sprechend, verwendend:* ein zweisprachiges Kind · ein zweisprachiges Gebiet *(Gebiet, in dem zwei Sprachen gesprochen werden)* · Das Kind wächst zweisprachig auf.

zweit... ['tsvait...]:
die Nummer zwei in einer Reihe: das zweite Schuljahr · Sie fuhr zweiter Klasse. · Sie wohnen im zweiten Stock.

▸ die **Zweit|spra|che** ['tsvaitʃpra:xə]: der Zweitsprache, die Zweitsprachen:
Sprache, die ein Mensch zusätzlich zu seiner Sprache erlernt, spricht und [täglich] anwendet: Sie hat Französisch als Zweitsprache gelernt. · Viele Kursteilnehmer sprechen Deutsch als Zweitsprache.

der **Zwerg** [tsvɛrk], des Zwerg[e]s, die Zwerge:
(in Märchen) kleines Wesen, das bei Schwierigkeiten hilft: Schneewittchen und die sieben Zwerge.

die **Zwet|sche** ['tsvɛtʃə], der Zwetsche, die Zwetschen:
süße, ovale, blaue Frucht, die innen gelb ist und einen Stein hat: die Zwetschen für den Kuchen entkernen.

▸ die **Zwie|bel** ['tsvi:bl], der Zwiebel, die Zwiebeln:
als Gewürz oder Gemüse verwendete Pflanze mit brauner, dünner Schale, die intensiv riecht und scharf schmeckt: ein Pfund Zwiebeln · eine Zwiebel enthäuten / in Ringe schneiden · Als sie die Zwiebeln schälte, tränten ihre Augen.

der **Zwil|ling** ['tsvɪlɪŋ], des Zwillings, die Zwillinge:
eines von zwei gleichzeitig im Leib der Mutter entwickelten Kindern: eineiige / zweieiige Zwillinge · Die beiden Brüder sind Zwillinge. · Der eine Zwilling / Einer der [beiden] Zwillinge ist nach der Geburt gestorben.

▸ **zwin|gen** ['tsvɪŋən], zwingt, zwang, hat gezwungen:
1. *durch Drohung, Anwendung von Gewalt o. Ä. dazu veranlassen, etwas zu tun:* jemanden zu einem Geständnis / zum Rücktritt zwingen · Es zwingt dich niemand, das zu tun. · Sie musste sich zu einem Lächeln / zum Arbeiten zwingen. · Er lässt sich nicht zwingen.
2. *ein bestimmtes Verhalten, Handeln notwendig, unbedingt erforderlich machen:* Die Situation zwang ihn, rasch zu handeln / zwang ihn zu raschem

Handeln. · Wir sehen uns gezwungen, gerichtlich dagegen vorzugehen. · Die wirtschaftliche Lage zwingt zu Einsparungen. · Dieser Schluss ist nicht zwingend. · Es lagen zwingende *(wichtige)* Gründe vor.

▶ **zwi|schen** [ˈt͡svɪʃn̩]:
1. ⟨mit Dativ; Frage: wo?⟩ *ungefähr in der Mitte von; mitten in, mitten unter:* Unser Haus steht zwischen einer Tankstelle und einem Supermarkt. · Er fand das Foto zwischen den Papieren.
2. ⟨mit Akkusativ; Frage: wohin?⟩ *ungefähr in die Mitte von; mitten hinein; mitten unter:* den Brief zwischen alte Papiere legen · Sie stellte den Wagen zwischen die [beiden] Bäume. · Er setzte sich zwischen seine Gäste.
3. ⟨mit Dativ; Frage: wann?⟩ *innerhalb eines Zeitraums:* Zwischen dem 1. und 6. Januar arbeiten wir nicht. · Komm bitte zwischen 17 und 18 Uhr bei mir vorbei. · Das Buch ist für Kinder zwischen 10 und 12 Jahren geeignet.
4. ⟨mit Dativ⟩ verbindet Wörter, die Personen oder Sachen bezeichnen, die in irgendeiner Beziehung zueinander stehen: der Unterschied zwischen Theorie und Praxis · eine Diskussion zwischen *(unter)* den Teilnehmern · Es ist zum Bruch zwischen ihnen gekommen. · Sie versuchte, zwischen den Parteien zu vermitteln.
5. dient in Verbindung mit »und« dazu, eine unbestimmte Zahl innerhalb bestimmter Grenzen anzugeben: Sie ist zwischen 30 und 40 [Jahre alt]. · Der Preis liegt zwischen 80 und 100 Euro. · Die Bäume sind zwischen 15 und 20 Meter hoch.

die **Zwi|schen|zeit** [ˈt͡svɪʃn̩t͡sa͜it], der Zwischenzeit, die Zwischenzeiten:
Zeitraum zwischen zwei Zeitpunkten: die Zwischenzeit mit anderen Arbeiten ausfüllen · Ich komme in einer Stunde wieder, in der Zwischenzeit kannst du das Abendessen vorbereiten.

zwit|schern [ˈt͡svɪt͡ʃɐn], zwitschert, zwitscherte, hat gezwitschert:
(von Vögeln) helle Töne von sich geben: Die Vögel zwitschern im Garten.

▶ **zwölf** [t͡svœlf] (in Ziffern: 12):
die Zahl 12: die zwölf Apostel · die zwölf Monate des Jahres · Wir sind zu zwölfen *(zu zwölft).*

S. 241: HÄUSER © Fotolia, LianeM (Einfamilienhaus); © Fotolia, PANORAMO (Mehrfamilienhaus); © Digitalstock, B. Leitner (Reihenhaus); © Fotolia, Increa (Hochhaus); © PIXELIO, Thomas Max Müller (Fachwerkhaus); © Colourbox (Bungalow); © Fotolia, runzelkorn (Villa); Wikimedia Commons, gemeinfrei, Triante2009 (Schloss); © Fotolia, Dark Vectorangel (Haus unten) | **S. 242 und 243:** © CV, Anna Koltermann | **S. 244:** © Fotolia, pressmaster (Körper); © Fotolia, Ivan Hafizov (Farben) | **S. 245: KLEIDUNG** © Fotolia, Andrey Armyagov (braune Schuhe, Tasche, Mütze, Handschuhe, Stiefel); © Fotolia, GeoM (Socken); iStockphoto, Peggy de Meue (Schlafanzug); © Fotolia, Izaokas Sapiro (T-Shirt); © Fotolia, Elnur (Jacke); © Fotolia, Klaus Eppele (Jeans); Digitalstock, Michael Kempf (Gürtel); Pixelio, Johannes Vortmann (Hut); Adpic, C. Beutelstahl (Rucksack); © Fotolia, Andrey Armyagov (Mütze); © Fotolia, Dinostock, Dino Osmic (Pullover); © Fotolia, stockmaker (Turnschuhe); © Fotolia, Terex, Igor Terekhov (Kleid, Mantel); © Fotolia, dim@dim (Absatzschuhe); © Fotolia, Yves Bonnet (Unterwäsche); © Fotolia, Aleksandr Lobanov (Anzug); © Fotolia, BVDC (Polohemden); © Fotolia, Vasina Nazarenko (Schal, Top, Rock, Flipflops, Bluse, Bikini) | **S. 246: LEBENSMITTEL** © CV, Paul Smith (Küche, Kühlschrank); © Fotolia, seite3 (Butter); © iStockphoto, Factoria Singular (Eier); © Fotolia, Leonid Nyshko (Joghurt); © Fotolia, Magdalena Żurawska (Honig); © Fotolia, ExQuisine (Käse); © Fotolia, Robby Schenk (Salami); © Fotolia, Lucky Dragon (Jagdwurst); © Fotolia, HLPhoto (Kochschinken); © Fotolia, Richard Oechsner (Leberwurst) | **S. 247: GETRÄNKE** © Fotolia, Lilia Beck, Bremen (Apfelsaft); COMstock (Bier, Limonade, Mineralwasser); © Fotolia, Blue Lemon Photo (Cola); © Fotolia, Elena Moiseeva (Eisschokolade); © Fotolia, LianeM (Früchtetee); © Fotolia, Facundo (Grüner Tee); © Fotolia, Designer_Andrea (Kaffee); © 123rf, Kirill Kurashov (Kaffee mit Milch); © Fotolia, Doris Heinrichs (Kakao); © Fotolia, Sandra Cunningham (Kamillentee); © Fotolia, gtranquillity (Pfefferminztee); © Fotolia (Milch); Wikimedia Commons, gemeinfrei, Scott Bauer (Orangensaft); © Fotolia, kubais (Weine); © 123rf, Yuri Shirokov (schwarzer Tee); Wikimedia Commons, gemeinfrei, Berndt Fernow (Sekt) | **S. 248:** © Linde AG, Wiesbaden (Supermarkt); © PIXELIO, Marco Fischer (Obststand) | **S. 249:** © PIXELIO, R. B. (Bäckerei) | **KARTEN** © Fotolia, Klaus Eppele (Eintrittskarte); © Fotolia, Imaginis (Bankkarte); © Fotolia, Trombax (Postkarte); © Fotolia, Maria.P. (Einladungskarte); © Fotolia, amiganer (SIM-Karte); © Fotolia, Durluby (Spielkarte); © Fotolia, Pumba (Speisenkarte); © iStockphoto, diego cervo (Stadtplan); © Fotolia, mrr (Kreditkarte); © Fotolia, Christopher Nuzzaco (Visitenkarte); © Fotolia, contrastwerkstatt (Weltkarte); © Fotolia, FM2 (Krankenkassenkarte) | **S. 250:** © Fotolia, Monkey Business Images (Kasse) | **S. 251: BEHÄLTER** © Shutterstock, Robert Wolkaniec (Plastikdose); © Fotolia, Thaut Images (Karton); © Shutterstock, mayer kleinostheim (Sieb); © Fotolia, dja65 (Fass); COMstock (Glas, Korb, Milchflasche, Müslischale, Salatschüssel, Schachtel, Senf und Ketchup, Tasse, Tüte); © iStockphoto, Brigitte Magnus (Eimer); © Fotolia, Leonid Nyshko (Joghurtbecher); © Shutterstock, Michael Drager (Papierkorb); © PIXELIO, wrw (Topf); © Fotolia, Bilderjet (Spraydose); © iStockphoto, TommL (Flasche); © Digitalstock, U. Sterner (Mülleimer); © Digitalstock, easyshoot (Dose); © Fotolia, VRD (Gießkanne) | **S. 252: HAUSTIERE** © Fotolia, Simone van den Berg (Hund); © Fotolia (Katze); © Fotolia, Eric Isselée (Hamster, Kaninchen, Maus); © Fotolia, Sascha Burkard (Meerschwein); © Fotolia, The Dragon (Fisch); © PIXELIO, Rike (Schildkröte); © Fotolia, Marianne Mayer (Schlange); © Fotolia, Kerstin Klaassen (Wellensittich); © PIXELIO, Reiner Sauerbier (Kanarienvogel); © Fotolia, craig veasey (Papagei); Wikimedia Commons, gemeinfrei, ELIOT2000 (Ratte) | © CV, Alexander Kops (Garten) | **S. 253 INSEKTEN** © Fotolia, Marianne Mayer (Biene); © 123rf, Melinda Fawver (Wespe); © Fotolia, Scott Harms (Fliege); © iStockphoto, Henrik Larsson (Mücke); © Fotolia, Wild Geese (Bremse); © Fotolia (Libelle); © Digitalstock, R. Schaile (Schmetterling); © iStockphoto, arlindo71 (Raupe); © Shutterstock, Kuttelvaserova Stuchelova (Regenwurm); © Fotolia, Martina Misar (Schnecke); © Shutterstock, Tomas Sereda (Spinne); © Digitalstock, C. Müller (Käfer); © Fotolia, multilens (Grashüpfer); © Fotolia, emer (Ameise) | **TIERE** © Digitalstock, C. Eder (Kuh); © Digitalstock, K. Hopp (Pferd); © Digitalstock, M. Tilly (Schwein); © PIXELIO, Dieter L. (Hühner); © Adpic, E. Isselée (Schaf); © Fotolia, roswitha wesiak (Ziege); © PIXELIO, Cornerstone (Gans); © iStockphoto, Markus Seidel (Esel); © Fotolia, Michaël BICHE (Eichhörnchen); © Fotolia, Ronnie Howard (Fuchs); © Digitalstock, R. Stephan (Hase); © Digitalstock, L. Rajbar (Küken); © Fotolia, Ron Hilton (Wolf); © Fotolia, Friedrich Hartl (Hirsch) | **S. 254:** © CV, Svea Schade (Bauernhof) | **S. 255: ZOOTIERE** © Fotolia, ulga (Nashorn); © PIXELIO, Claus Bünnagel (Elefant); © Fotolia, Cerridwen (Krokodil); © Fotolia, Kica Henk (Flusspferd); © Fotolia, Brendan Howard (Kamel); © iStockphoto, Maria Pavlova (Lama); © Fotoli a, clickit (Löwe); © iStockphoto, Chris Mampe (Tiger); © Fotolia, Stephen Meese (Leopard); © Shutterstock, James Laurie (Gorilla); © Fotolia, Andrey Sliozberg (Orang Utan); © Fotolia, Ronnie Howard (Schimpanse); © Shutterstock, Lorraine Swanson (Giraffe); Wikimedia Commons, gemeinfrei, D. Mudde (Pavian); © iStockphoto, Robert Hardholt (Zebra); © Fotolia (Känguru); © Fotolia, Richard Carey (Hai); © Fotolia, Jose Manuel Gelpi (Delfin); © iStockphoto, Aleksey Kandyba (Robbe); © iStockphoto, John Pitcher (Eisbär); © Fotolia, stevenjfrancis (Seelöwe); © Fotolia, BernardBreton (Pinguin) | **S. 256: VÖGEL** Wikimedia Commons, gemeinfrei, NASA, Gary Rothstein (Adler); © Fotolia, die_maya (Amsel); © Fotolia, Martin Spurny (Blaumeise); Wikimedia Commons, gemeinfrei, Lee Karney (Drossel); © PIXELIO, Alexander Dreher (Ente); © Fotolia, David Davis (Eule); © Fotolia, Stephen Meese (Falke); © Fotolia, marilyn barbone (Fink); © Fotolia, Lemonade (Geier); © Fotolia, Alexander Erdbeer (Kohlmeise); © Fotolia, wildman (Kuckuck); © PIXELIO, Huber (Möwe); © Fotolia, craig veasey (Papagei); © Colourbox (Pfau); © Fotolia, Nikolay.Stoilov (Rotkehlchen); © PIXELIO, seedo (Schwalbe); Wikimedia Commons, gemeinfrei, Gunnar Bohnert (Schwan); © Fotolia, ChantalS (Spatz); Wikimedia Commons, gemeinfrei, A.D. Wilson (www.naturespicsonline.com) (Specht); © PIXELIO, Helmut J. Salzer (Star); © PIXELIO, Norbert Schmitz (Storch); © Fotolia, Xavier MARCHANT (Strauß); Wikimedia Commons, gemeinfrei, Felix Abraham (Taube) | **S. 257: HOBBYS** Wikimedia Commons, gemeinfrei, Arpingstone (angeln); © Fotolia, philippe Devanne (backen); © Fotolia, DevilGB (baden gehen); © Shutterstock, swissmacky (Billard spielen); © iStockphoto, naphtalina (Briefmarken sammeln); © Corbis, Ocean (einkaufen gehen); © Fotosearch (fernsehen usw.); © PIXELIO, Matthias Balzer (fotografieren); © Fotolia, Franz Pfluegl (Freunde treffen); © Colourbox (ins Kino gehen); © Fotolia, Sam Spiro (ins Museum gehen); © Adpic, R. Haid (kochen); © Shutterstock, gorillaimages (joggen); © Shotshop, R.-Andreas Klein (lesen); © Corbis, moodboard (malen); © Fotolia, laurent hamels (Musik hören); © Fotolia, Mavka (nähen); © Fotolia, lekcets (reiten); © Fotolia, Yuri Arcurs (tanzen); © Colourbox (Videospiele spielen); © Fotolia, Monkey Business (wandern) | **S. 258: MUSIKINSTRUMENTE** © Fotolia, Yuriy Kulik (Blockflöte); © Fotolia, LVDESIGN (Querflöte); © Getty Images (Fagott, Keyboard, Klarinette, Mundharmonika, Oboe, Violoncello, Xylofon, Ziehharmonika); © PIXELIO, Rainer Sturm (Trompete); © CV (Saxofon); © PIXELIO, Michael Baudy (Tuba); © Getty Images, Digital Vision (Gitarre); © PIXELIO, Paul Georg Meister (E-Gitarre); © Shutterstock, Laura Frenkel (Geige und Bratsche); Wikimedia Commons, gemeinfrei, Lowendgruv (Kontrabass); © Shutterstock, J. Helgason (Klavier); © Fotolia, Pavel Losevsky (Flügel); © CV (Schlagzeug) | **S. 259:** © Susanne Pratscher, Vienna Business School (Klassenzimmer); © CV, Svea Schade (Aktivitäten) | **S. 260: SPORTARTEN** © Shutterstock, Inge Schepers (Badminton); © Fotolia, Paul Yates (Baseball); © Digitalstock, S. Baum (Basketball); © Shutterstock, Andrey Yurlov (Beachvolleyball); © Fremdenverkehrsamt Salamanca (Bogenschießen); © Shutterstock, Istvan Csak (Boxen); Wikimedia Commons, gemeinfrei, Master Sgt. Lono Kollars (U.S. Air Force) (Fechten); Wikimedia Commons, gemeinfrei, Michelangelo-36 (Feldhockey); © Cornelsen Verlag, Corel Library (Gewichtheben); © PIXELIO, Rainer Sturm (Golf); Wikimedia Commons, gemeinfrei (Handball, Tischtennis); © PIXELIO, rolibi (Inlineskaten); Wikimedia Commons, gemeinfrei, Sgt. Donald Bohanner (U.S. Marine Corps) (Judo); © Shotshop, Bernhard Mayer (Klettern); © Fotolia, vigorin (Mountainbiking); © Fotolia, charlesknoxphoto (Skateboarding); © Shutterstock, AISPIX by Image Source (Squash); © Flickr, CC Attr. 2.0, Georgio (Tennis); © Shutterstock, Aspen Photo (Turnen); Wikimedia Commons, gemeinfrei, Terry Spain (U.S. Navy) (Volleyball) | **S. 261: LEICHTATHLETIK** © Flickr, CC Attr. 2.0, Victor Salgado (Diskuswerfen); © Shutterstock, Maxisport (Gehen); © Shutterstock, Maxisport (Hindernislauf); Wikimedia Commons, gemeinfrei (Hochsprung); PIXELIO, Helmut Wegmann (Hürdenlauf); Wikimedia Commons, gemeinfrei, Miaow Miaow (Kugelstoßen); © Shutterstock, ROBERTO ZILLI (Marathon); © Shutterstock, Stephen Mcsweeny (Speerwerfen); © Shutterstock, Herbert Kratky (Stabhochsprung); © Shutterstock, Sven Hoppe (Staffellauf); © Shutterstock, Maxisport (Weitsprung) | **HALLENSPORT** © Shutterstock, Petur Asgeirsson (Pferd); © Shutterstock, Galina Barskaya (Barren); © Fotolia, Sportlibrary (Stufenbarren); © Fotolia, Oscar Brunet (Reck); Wikimedia Commons, gemeinfrei, ChickenFalls (Kasten und Sprungbrett); © Shutterstock, Brenda Carson (Schwebebalken) | **S. 262: WINTERSPORT** © Shutterstock (Bobfahren); © Alamy, Radius Images (Eishockey); © Shutterstock (Eiskunstlauf); © Shutterstock, Dmitry Yashkin (Eisschnelllauf); © PIXELIO, Michael König (Rennrodeln); © Fremdenverkehrsamt Granada (Skifahren); © PIXELIO, rebel (Skilanglauf); Wikimedia Commons, gemeinfrei, Morgan Goodwin (Skispringen); © Fotolia, cohelia (Snowboarden) | Wikimedia Commons/gemeinfrei, V4nco (Fußball) | **S. 263: WASSERSPORT** Wikimedia Commons, gemeinfrei, Ken Hackman (U.S. Air Force) (Schwimmen); © Fotolia, spot-shot (Surfen); © PIXELIO, Dieter Haugk (Windsurfen); © Fotolia, spot-shot (Kitesurfen); © PIXELIO, Viktor Schwabenland (Wakeboarden); © PIXELIO, Bshaw (Wasserskifahren); © Fotolia, benuch (Rafting); © Fotolia, Irmina Mamot (Tauchen) | © Shutterstock, Joy Brown (Strand) | **S. 264:** © Shutterstock, mates (Camping) | **S. 265: BERUFE I** © Digitalstock, H. Baumgärtner (Altenpflegerin); © Fotolia (Zahnarzt); © Fotolia, carlosseller (Ärztin); © Fotolia, Simone van den Berg (Arzthelferin); © iStockphoto, Sean Locke (Apotheker); © PIXELIO, Gabi Schoenemann (Postbotin); © iStockphoto, Niko Guido (Reinigungskraft); © Shutterstock, Janez Habjanic (Dachdecker); © Fotolia, Roman Milert (Bauarbeiter); © iStockphoto, Willie B. Thomas (Tierarzt); © Fotolia, Stephan Morrosch (Physiotherapeutin); © Fotolia, Greg Pickens (Maler); © Shutterstock, Ungor (Fensterputzer); © iStockphoto, tBoyan (Busfahrer); © Fotolia, Dron (Taxifahrer); © Fotolia, Sophia Winters (Klempner); © iStockphoto, nullplus (Paketbote) | **S. 266: BERUFE II** © Fotolia, Monkey Business (Buchhändlerin); © iStockphoto, Rich Legg (Kindergärtnerin); © Fotolia, Wellford Tiller (Lehrerin); © Digitalstock (Polizist); © Fotolia, Gabriele Abu-Dayeh (Automechaniker); © iStockphoto, bojan fatur (Pilotin); © Fotolia, Valeriy Kirsanov (Imker); © iStockphoto, adrian brockwell (Floristin); © Fotolia, contrastwerkstatt (Bäckerin); © Fotolia, Wissmann Design (Jäger); © Fotolia, photoillustrator.eu (Kellner); © Fotolia, Szasz-Fabian Erika (Friseurin); © Fotolia, Uwe Bumann (Tischler); © iStockphoto (Konditorin); © adpic, K. Neudert (Koch); © iStockphoto, Vicki Reid (Hotelangestellte) | **S. 267:** © CV, Helmut Litters (Fahrrad); © Fotolia, Fatman73 (Auto) | **S. 268:** © Fotolia, Uwe Bumann (Flugzeug); Wikimedia Commons, gemeinfrei (Flugzeugkabine) | **S. 269: VERKEHRSMITTEL** © Fotolia, Konstantin Yuganov (Fahrrad); © Adpic, H. Kater (Motorrad); © Fotolia, Fatman73 (Auto); © PIXELIO (Taxi); © Fotolia, Vitaly Krivosheev (Bus); © Fotolia, Antony McAulay (Reisebus); © Fotolia, fuxart (Straßenbahn); © Fotolia, philipus (U-Bahn); © Fotolia, Andrew Buckin (S-Bahn); © Shutterstock, Tupungato (ICE, Regionalbahn); © Fotolia, Eisenhans (LKW); © Shutterstock, DinoZ (Fähre); © Shutterstock, Anneka (Frachtschiff); © Fotolia, Eric Gevaert (Flugzeug); © Fotolia, Stas (Hubschrauber) | © Shutterstock, Tupungato (Bahnhof) | **S. 270–272:** © Bibliographisches Institut GmbH (Karten)